ISBN 978-0-332-25334-3
PIBN 10998128

GESCHICHTSQUELLEN

DER

PROVINZ SACHSEN

UND

ANGRENZENDER GEBIETE.

Herausgegeben

von der

Historischen Commission der Provinz Sachsen.

ACHTER BAND.

ACTEN DER ERFURTER UNIVERSITAET

ZWEITER THEIL.

HALLE,

Druck und Verlag von Otto Hendel.

1884.

ACTEN

DER

ERFURTER UNIVERSITAET.

Herausgegeben

von der

Historischen Commission der Provinz Sachsen.

Bearbeitet

von

Dr. J. C. Hermann Weissenborn,

Königlichem Professor u. Bibliothekar in Erfurt.

II. Theil

2b—2o. Allgemeine und Facultätsstatuten von 1390—1636

3b. Allgemeine Studentenmatrikel. 2. Hälfte. (1492—1636.)

Mit vier in Farbendruck wiedergegebenen Bildern und Wappentafeln.

HALLE,

Druck und Verlag von Otto Hendel.

1884.

Vorwort.

Nach dem Beschlusse der Historischen Kommission für die Provinz Sachsen sollte die Erfurter Studenten-Matrikel zunächst nur bis zum Jahre 1607 herausgegeben werden; da jedoch nur 25 Jahre nach diesem Termin eine wesentliche Reform unter der Initiative der schwedischen Landesherrschaft, welche an Stelle des Erzbischofs von Mainz die Kanzlerwürde übernommen hatte, eintrat, ging die Kommission auf das Anerbieten des Herausgebers ein, die Matrikel bis zum Jahre 1636 fortzuführen, in welchem Jahre die neuen Statuten vom Jahre 1634 — nachdem die Stadt 1635 dem Prager Frieden beigetreten war und dem Erzbischofe von Mainz die geistlichen Güter zurückgegeben hatte — unter Anerkennung der Kanzlerrechte des Erzbischofs revidirt worden sind. Wenn auch die Zahl der Immatrikulirten in den meisten Jahren während des ersten Drittels des neuen Jahrhunderts nicht sehr groß gewesen ist, so nahmen doch die oft recht ausgedehnten Einleitungen zu den Rectoraten — in denen manches zur Geschichte der Stadt und der Universität nur in entfernterer Beziehung Stehende weggelassen oder abgekürzt worden ist — einen sehr grossen Raum ein, wozu auch die neuen allgemeinen Statuten, der Einigungsvertrag (Formula concordiae oder Concordaten) zwischen dem Rathe und dem Corpus academicum von 1633 und 35 und die nach Abschluss dieses Vertrags 1634 redigirten Statuten (sowohl die allgemeinen für die ganze Universität, als die für die einzelnen Fakultäten) und die Abänderungen derselben nach dem Prager Frieden im Jahre 1636 einen sehr großen Beitrag lieferten. Der Herausgeber hat indessen die Mühe nicht gescheut, die älteren und die jüngeren Redactionen dieser Verträge und Statuten der Raumersparniß halber — da sehr viele Sätze und §§ fast unverändert in beiden wiederkehren — in der Weise zusammenzuziehen, daß er das, was die eine Fassung im Texte Abweichendes enthält, in eckige Klammern, was die andere eigenthümlich giebt, in runde Parenthesen einschloß, wie dies in den Einleitungen zu jedem Aktenstücke besonders angegeben ist; daher auf diese Einleitungen verwiesen werden darf. Denn dieselbe Einrichtung hat der Herausgeber auch bei dem Drucke der älteren Statuten festgehalten, insoweit in einem späteren Statut eine nur mäßige Veränderung noch erkennbar und nachzuweisen ist. Da indessen, wegen des erwähnten größer gewordenen Umfangs dieses zweiten Bandes der Akten, nicht nur die ausführlichen Namen-, Orts- und Realienregister, sowie die Verzeichnisse der in den einzelnen Fakultäten Promovirten und auch eine kurze Uebersicht der Geschichte der Universität, hier nicht mehr aufgenommen werden konnten, sondern in einen dritten Band verwiesen werden mußten; da ferner hierdurch auch in Betreff der Beschreibung der einzelnen Handschriften und Archivalien möglichste Kürze geboten ist; muß der Herausgeber sich auf eine kurze Besprechung der zum Theil schon im I. Bande beschriebenen Handschriften und Archivalien beschränken, und zwar in der alphabetischen Ordnung der Buchstaben, mit denen sie bezeichnet sind; zuvor aber einige Bemerkungen über den „Entwurf der ältesten Statuten“ vorausschicken, der vielleicht schon vor Gründung der Universität oder in den ersten Jahren derselben aufgesetzt worden ist und dessen Handschrift, auf Papier, ohne Einband und nur geheftet, dem Herausgeber beim Beginn des Druckes des ersten Bandes der Akten noch nicht bekannt und zugänglich geworden war; daher er nur (März 1881) am Schluß der Vorrede S. XXII erwähnt und dessen Publikation im II. Bande versprochen werden konnte; er befindet sich im Magdeburger Staatsarchiv, in der Erfurter Abtheilung (VII) XLV, A, 6, und ist nun gleich zu Anfang des vorliegenden Bandes S. 1 abgedruckt, nicht, wie an jenem Orte verheißen wurde, hinter dem Ende der Studentenmatrikel III b, weil es angemessener erschien, auch in diesem Bande, wie im ersten, die noch fehlenden Statuten voranzustellen. Auch in dieser Urkunde finden sich Spuren einer späteren Redaction, indem verschiedene Sätze wieder ausgestrichen wurden, welche im Druck S. 1—8 durch Einschließung in runde Klammern und mit [a]—[a2] bezeichnet sind. Außerdem sind im Druck die entsprechenden §§ der späteren Statuten von 1412 und 1447 (siehe Bd. I, II, S. 5ff.) jedesmal in Parenthese beigesetzt, denen die ältere Fassung als Grundlage gedient hat; was dagegen in der Handschrift mit späterer Schrift am Rande beigefügt ist, habe ich durch [b]—[b2] bezeichnet. Die im ersten Bande abgedruckten (angeblich) „ältesten Statuten der Universität von 1447“ (No. II) S. 5—36 sind aus Motschmann (Erfordia literata I, S. 617—678) abgedruckt, und die Zusätze in der späteren Redaction, wie sie zu der von Herrn Archivar Dr. Geisheim collationirten Redaction von 1398 in Codex D (siehe unten) 1447 hinzugefügt sind, wurden in Band I durch Einschliessen in runde Klammern gekennzeichnet.

Bezeichnungen der übrigen benutzten Handschriften.

A die älteste Matrikel von 1392—1497, in welche bis 1456 die Namen der Studenten und auch die der ältesten Doctoren und Magistri verschiedener Facultäten zuerst hineingeschrieben wurden; später wurden die Immatriculirten in B zusammen hineingeschrieben und in A sauber abgeschrieben. Aus A sind im II. Bande der Akten nur noch die Studierenden der Jahrgänge von 1492—1497, Rectorat 198—208, eingetragen und die abweichenden Lesarten in B in den Anmerkungen; von da schliesst sich die Matricula II (E) an; bei Wörtern und Namen, welche in A fehlen, ist [b] oder von Rectorat 209 an [e] beigeschrieben; dagegen bilden die Lesarten von A, später von E, die Grundlage des Textes und, was in B abweichend steht, ist in den kritischen Anmerkungen [c]—[c] unter dem Texte beigefügt; was dagegen in A oder E fehlt, ist durch beigefügtes [b], was in B fehlt, durch [a] oder [e] bezeichnet. Vergleiche über A Bd. X S. XVI f. und S. 32.

B, die zweite Abschrift der Matrikel von 1392—1509, diente später als Brouillon, nach Prof. Muther schon von 1438 an, aus welchem die Namen später von einem und demselben geschickten Schreiber in A eingetragen wurden, siehe Bd. I S. XVI f. und 32.

C das Rechnungsbuch des Rectors, Liber receptorum, in Pergamenthülle, aus welchem die Namen früher immatriculirter Studenten am Ende eines Rectorats abgedruckt worden sind, welche bei ihrer Aufnahme nicht den vollen Betrag für die Intitulatura gezahlt hatten und den rückständigen Betrag (das Residuum) nachzahlten, wenn sie einen Grad oder eine akademische Würde erlangen wollten. Dagegen sind die übrigen Einnahmen, von denen der Rector größtentheils ein, die Universität zwei Drittel bezog, und seine Ausgaben nicht in die gedruckten Akten aufgenommen. Es umfasst die Jahre 1421—1566. Die Codd. A, B, C, E, F und G sind auf der kgl. Bibliothek zu Erfurt.

D das alte Statutenbuch im Magdeburger Archiv, auf Pergament sehr incorrect geschrieben, in welchem fol. 1—11 die älteren von Herrn Archivar Dr. Geisheim mit dem Motschmannschen Texte verglichenen älteren allgemeinen Statuten aus der Zeit zwischen 1398—1412, II c stehen (siehe oben S. VI Z. 25). Hierauf folgen f. 11—20 die ältesten theologischen Statuten, ohne besondre Ueberschrift, siehe unten S. 46—69; sodann die juristischen von 1398 oder 1408, fol. 20—24, (mit den Zusätzen von 1430 aus J in kleinerer Schrift) auf S. 79—96; fol. 24—27 die medicinischen Statuten (mit den Zusätzen im Decanatsbuche von 1476, aus L. p. 1—17 auf S. 107—112); endlich fol. 26 bis zu Ende die der philosophischen Fakultät mit den Zusätzen von 1449 aus H. fol 215—238 (kleinere Schrift in Klammern), in Bd. II der Akten auf S. 122—156.

E die zweite Matrikel von Ostern 1497 bis Mich. 1599, Rectorat 209—319, S. 200—489; siehe besonders S. 199 Anm. 1 und S. 200. Sie ist im Ganzen sehr sauber geschrieben und enthält die schönsten Bilder und Wappen, von denen das letzte in den Akten (das des Rectors 1520/21 Crotus Rubianus f. 124 mit 16 Wappenbildern seiner humanistischen und reformatorischen Freunde, siehe S. 317 f. Anm. 1), neben S. 317 facsimilirt ist. Die beiden andern, das Hohenzollernsche auf dem Titelbilde, und das ebenfalls am Ende dieser Vorrede beschriebene Wappen des ersten Rectors im zweiten Bande der Akten, Johannes Kyll von Hersfeld, gehören noch dem ersten Bande der Matrikel an, fol. 176 S. 339.

F Matricula tertia, welche sich an E anschließt und auf 328 Blättern die Jahre von 1600—1685, Rectorat 320—365, umfasst. Im Texte der Akten beginnt sie S. 490. Sie ist ebenfalls auf Pergament geschrieben und hat weniger schöne Bilder, vielfach nur illuminirte Kupferstiche, doch auch einige sehr alte Miniaturen, welche aus Handschriften ausgeschnitten sind; so zu Rectorat 322 a, b, 323, vgl. S. 498 Anm. 2, S. 500, Anm. 1, S. 502, Anm. 2. Doch sind auch einige bessere Bilder darin, z. B. die Madonna des 325. Rectorats, fol. 28 c, d, beschrieben S. 506. Anm. 1.

G das zweite Rechnungsbuch des Rectors vom Jahre 1567—1700 in Pergamenthülle, welches die Einnahmen und die Ausgaben, namentlich für Bauten und Festlichkeiten noch viel mehr specificirt, verzeichnet enthält.

H die Matricula Baculariorum et Magistrorum facultatis artium, auf Pergament, gegenwärtig im Besitz der königl. Bibliothek in Berlin, welche von fol. 217—238 die Statuten von 1449, S. 123—157, enthält. Da diese vielfach von den älteren (1412) in Codex D abweichen, namentlich in der Ordnung der §§, so ist S. 158—161 eine Zusammenstellung der §§ in H und der zahlreichen Zusätze (welche mit kleiner Schrift in Klammern eingeschlossen worden sind) hinzugefügt worden. Ueber dieses philosophische Facultätsbuch wird mehr im dritten Bande der Akten mitgetheilt werden, da es die darin verzeichneten in Erfurt geprüften und die auswärts promovirten, aber in Erfurt aufgenommenen Magistri und Baccalaurei aufzählt und auch verschiedne interessante Bilder enthält.

J das Copialbuch der Juristenfacultät im königl. Staatsarchiv zu Magdeburg (Acta, Repert. XVI, 279, Nr. 1), in welchem auf 6 lose hineingelegten Doppelblättern, fol. 1—12 einer Sexterne, die zweite Redaction der Facultätsstatuten, wahrscheinlich aus dem Jahre 1430 (siehe S. 79 S. 8 Anm. 1) und die Einleitung zu den Rennemannischen Statuten von 1634 Bd. II, S. 98, welche die verschiedenen Redactionen der Statuten von 1398, 1408 und 1440 aufzählt, enthalten ist. Den Schluß derselben bilden die neu hinzugekommenen Bestimmungen de festo sancti Ivonis fol. 11, 12 S. 95.[b] Da diese Statuten nicht bloß manche neue Zusätze zu den ältesten noch vorhandenen (1408?) in D enthalten, sondern auch in der Reihenfolge der Rubriken von denselben abweichen, habe ich, ähnlich wie bei den philosophischen Statuten, S. 96f. eine Uebersicht ihrer Rubriken und deren §§. in Vergleichung mit den 54 §§ der älteren Statuten gegeben; wo hinter dem Zeichen = ein — steht, enthalten die Statuten in D den §. gar nicht. Das gebundene Copialbuch J enthält verschiedene Verhandlungen aus dem 15. Jahrhundert, welche die juristische Fakultät besonders angehen und Urkunden über die Stiftung und die Collegiaturen des Juristencollegs (die Schola Mariana) durch Heinrich von Gerbstete 1449, IIf bis IIm, Bl. 30—42 bis zum J. 1515.

L das Decanatsbuch der medicinischen Fakultät, in gepresstes Leder mit je 5 Metallbuckeln eingebunden, ist im Besitz des Erfurter städtischen Archivs, nachdem es wahrscheinlich bei der Aufhebung der Universität an die Familie des Dr. Schiller in Braunschweig gekommen und von demselben später an den Erfurter Rath verkauft worden war. Es ist von Martin Fußer aus Fulda 1476 auf eigne Kosten hergestellt und der Facultät geschenkt worden, siehe unten S. 107, und enthält p. 1—17 außer einer sauberen Abschrift der alten Statuten von 1412 (in D) mit Zusätzen, IIi p. 1—17, unten S. 107ff. die Rathsverordnung vom 31. Dec. 1524 in deutscher Sprache, S. 113. 114, p. 17—22 die revidirten lateinischen Statuten von 1542 und von p. 78 bis zu Ende: „Sequuntur nomina dominorum doctorum ad officium decanatus facultatis medicinae a tempore compositionis huius libri electorum.“

M das medicinische Copialbuch im städtischen Archiv, (Herrmann's Bibliothek VI, 9) 49 Pergamentblätter in schwarz Leder gebunden. Dasselbe enthält p. 1—6 die

[a] Dieser Sammelband befindet sich daselbst nicht unter den Erfurter Urkunden, Abth. VII, XLV sondern unter den Aktenstücken. Bl. 13—20 enthält dieser Band eine Abschrift der juristischen Statuten aus der Schwedenzeit; deren Doublette in dem Archive der königl. Regierung zu Erfurt T von dem Vorstande desselben Herrn Rechnungsrath Andersen zu benutzen gestattet wurde.

[b] Interessant ist es, dass bei den Festlichkeiten auch des ehernen Büßers mit ausgestreckten Armen im Chor des Doms als Leuchter „Wolferum“ Erwähnung geschieht; er heisst in der Inschrift „Hiltwinus Wolfram.“ — Bei Verweisungen bezeichnen fol. die Blätter, p. die Seiten der Handschriften, S. die Seiten des gedruckten I. oder II. Bds.

Stiftungsbullen (Akten Bd. I, p. 1—5.); p. 6—17 die ältere Formula concordiae (siehe unten Z. 13) mit den Unterschriften; die Copia des kgl. schwedischen Donationsbriefes (erwähnt Bd. II S. 556 Anm. 2) vom 9. Oct. 1632, pg. 18—20; Copey des Reverses E. E. E. Raths vom 29. Oct. 1632, p. 21—23; Revers der Universitet, E. E. E. Rathe herausgestellt am Tage Erhardi 1410 p. 24 (abgedruckt unten S. 13 Anm. 1.) p. 25 f. Extract aus E. E. E. Raths Policey-Ordnung; p. 27—64 Statuta academiae Erfurtensis vom 14. Aug. 1634, revidirt 19. Oct. 1636 (S. 23—43); p. 67—76 Statuta facult. philosophicae, Aug. 1634, (S. 161—168); p. 79 b. z. E. Statuta fac. medicae, 1634 (S. 116—123).

N die Formula concordiae vom 29. Oct. 1635 ohne Unterschriften, nach dem Beitritt der Stadt zum Prager Frieden, Akten Bd. II S. 9—21. Es sind Verabredungen des Rathes und des Corpus academicum über das fernere Verhältniss zur Universität und deren evangelischen Charakter. In II c S. 9 ff. sind auch die Abweichungen dieser Concordaten von der früheren Redaction vom 5. März 1634 (M p. 6—17) und Zusätze mit abgedruckt, aber in kleinerer Schrift und in eckige Klammern eingeschlossen, vgl. S. 9—10. Eine unvollständige Abschrift der Concordaten von 1635, von welcher die letzte Seite abgerissen ist, findet sich in der Herrmannischen Bibliothek VI, No. 9 (siehe V) im städtischen Archiv. Was in M fehlt, aber in N und V später hinzugefügt ist, wird dadurch kenntlich gemacht, daß es zwar in großer Schrift gedruckt, aber in runde Parenthesen eingeschlossen ist.

S die Statuta generalia von 1634, von Henning Rennemann revidirt und publicirt im Oktober 1636; auf Papier, ohne festeren Umschlag, geheftet; im Archiv der kgl. Regierung zu Erfurt, abgedruckt S. 23—43. In dieser Handschrift sind auch die Aenderungen des Wortlauts von 1634, welche der Rector machte, erkennbar und es genügt, auf die Darlegungen S. 23 f. und 43 ff. über die dreifachen Publikationen darüber zu verweisen: 1) die Literae restaurationis des darin noch ziemlich selbstherrlich auftretenden Rathes der Stadt nach dem Heilbronner Vertrage 1633, welche nicht mehr aufzufinden sind und nur von Motschmann I. S. 202. 506 erwähnt werden; an diese schliessen sich die bei demselben Bd. I 759—787 abgedruckten Statuten (von 1633) in 57 §§, welche in den Akten nicht abgedruckt sind, aber im wesentlichen mit der Redaction ber allgemeinen Statuten von 1634 in M gleiches Inhalts sind, jedoch in andrer Ordnung stehen, siehe die Zusammenstellung unten S. 43—45; — 2) die Formula concordiae in M., II c. mit den in eckige Klammern eingeschlossenen Sätzen, vom 5. März 1634, denen die allgemeinen Statuten vom 14. Aug. 1634 folgten; 3) die Concordaten vom 29. Oct. 1635, N und V, II c mit den in runde Parenthesen eingeschlossenen Zusätzen und den Unterschriften, zu welchen die revidirten Statuten vom 19. Oktober 1635 gehören und welche wahrscheinlich bis zum Jahre 1670 in Kraft geblieben sind, wo der durch die Reduktion im Okt. 1664 als vollberechtigter Landesherr anerkannte Kurfürst Johann Philipp v. Schönborn die Statuten in kürzerer Fassung gab, welche bei Motschmann I, 77 ff. abgedruckt sind.

T Statuta facultatis theologicae vom 19. Dec. 1634 II f. — (ebenfalls nur ein Heft im Archiv der königl. Regierung zu Erfurt) mit den eigenhändigen Unterschriften des Rectors G. Meyfart, der 4 Scholarchen aus dem Rathe, der Decane und einiger andrer Professoren, unten S. 61—78.

U Statuta facultatis iuridicae in academia Erfurtina, ein ähnliches Heft wie S mit den Unterschriften der Professoren, in dem Archiv der kgl. Regierung zu Erfurt. Dasselbe stimmt mit der Abschrift in dem Copialbuche der Juristenfacultät J auf dem Magdeburger Staatsarchiv überein, nur fehlen in dem letzteren die Unterschriften. Abgedruckt sind die Statuten in den Akten der Universität, Bd. II S. 98—106.

V Eine Abschrift der Concordata vom 29. Okt. 1635 (N) in der Herrmannischen Bibliothek VI, 9 auf dem Erfurter städtischen Archiv; in demselben ist das letzte Blatt ausgerissen und fehlt daher auch Datum Jahreszahl und die Unterschriften der Mitglieder der Universität; dafür steht aber auf dem ersten Blatt die Jahreszahl 1635, sodass kein Zweifel bleibt; vrgl. Bd. II S. 9. 21 und die Bemerkungen bei N.

W Statuta facultatis medicae a. 1634 (14. Aug.) II1, S. 116ff. auf Papier ohne festen Einband, wie S, T, U und X; diese 4 ebenso in dem Archiv der kgl. Regierung zu Erfurt, mit dem Schlusse und den Original-Unterschriften der Scholarchen, des Rectors, der 4 Decane und der damaligen Professoren, (unter denen die Namen der übrigen Juristen fehlen), wie die allgemeinen Universitätsstatuten von 1634 und 1636 S. 42, welche Seitenzahl auch auf S. 122 Anm. 1 Z. 2 statt S. 36 zu schreiben ist. Daß diese Statuten auch in das Copialbuch der Fakultät M (siehe oben) eingetragen sind, ist selbstverständlich; die wenigen Abweichungen vom Text und Zusätze sind in den Anmerkungen unten S. 116—122 mit dem Beisatze M angegeben.

X Statuta philosophicae facultatis (Aug. 1634) IIo S. 161—168; außer diesem Exemplar im Archiv der kgl. Regierung, von welchem dasselbe gilt wie von W, auch betreffs der Unterschriften, ist eine Abschrift derselben Statuten in M p. 67—76; die wenigen Abweichungen dieser Abschrift sind ebenfalls in den Anmerkungen zu S. 161—168 mit dem Beisatze M aufgeführt.

Indem ich nun zur Besprechung der facsimilirten Bilder in diesem II. Bande übergehe, spreche ich zuerst Herrn Prof. Ad. M. Hildebrandt in Berlin meinen Dank aus, daß er mir nicht nur bei der heraldischen Beschreibung der Wappenbilder im II. Bande der Matrikel (Rectorat 209—319) freundlich Rath und Hülfe gewährt, sondern auch zweimal das Unternehmen der Herausgabe dieser Matrikel in dem von ihm herausgegebenen „Herold“ freundlich angekündigt und gewürdigt und selbst zwei schwarze Bilder (welche in den Akten Bd. II kolorirt erscheinen) seinen Aufsätzen beigegeben hat: das erste Mal — noch vor Erscheinen des ersten Bandes gleich in der ersten Nummer, nachdem er die bis dahin von Herrn Dr. Clericus geleitete Redaction übernommen hatte, in der Aprilnummer (4) des Jahres 1880 S. 56 f., welcher das Hohenzollernsche Wappen des 156. Rectors (im Winter 1470—71) beigegeben war; das zweite Mal in der Septembernummer 1881 S. 115 „zur Kunstbeilage, die Wappen der Reformatoren in der Erfurter Universitätsmatrikel,“ welchem die Wappengruppe des Crotus Rubianus und seiner Freunde beigegeben war. Der zweite Dank gebührt Herrn Maler H. Kruspe, Zeichenlehrer an dem hiesigen Realgymnasium, welcher stets der Vorzeit seiner geliebten Vaterstadt und der Darstellung ihrer Denkmäler mit großer Hingebung sich gewidmet und mit seinem schönen Talente dafür gewirkt hat. Er hat mich besonders bei der Beschreibung der Bilder, namentlich in der Bezeichnung der Heiligen auf den-

selben, der Gewänder und Attribute derselben, wie der Geistlichen und der Frauen, mit freundlichem Rath unterstützt.

Das Titelbild dieses Bandes konnte erst diesem zweiten beigegeben werden, weil die ungünstige Jahreszeit (Winter 1880—81), in welcher der Druck des ersten sich seinem Ende nahte, nicht mehr die Vollendung der Fascimilirung bis zum Erscheinen des Bandes gestattete. Es ist bemerkenswerth wegen der zwei Schildhalterinnen (Engel) und Herr Prof. Hildebrandt, der gründliche Heraldiker, bemerkt a. a. O. 1880 S. 57: „Die Darstellung des hohenzollernschen Wappens ist insofern nicht ganz correct, weil der Brackenrumpf entweder ganz von W und # quadriert sein soll, oder außerdem das Ohr noch apart ebenso. Silbern ist nur der Helm; Feld 1 und 4, das Innere der Helmdecken und das W am Kleinod ist weiß, ebenfalls der liegende Hund. Der Grund ist blau mit kleinen goldnen Ranken bestreut; ebenfalls blau sind die Gewänder und Flügel der Engel, sodaß diese erst bei näherer Besichtigung deutlich werden; nur die Köpfe mit gelben Haaren und die Hände treten lebhaft hervor." Der damals 20 Jahre alte Rector, „Fridericus comes in Tzolr et Roczincz," war der Sohn des Grafen Jost Nicolaus I. von Zollern, (welcher am 10. Februar 1488 starb) und der Agnes, Tochter Johanns von Werdenberg und Heiligenberg, (welche am 13. December 1458 starb) und ein Enkel des Grafen Eitelfriedrich I. von Zoller und der Ursula, Tochter des Freiherrn Heinrich von Rätzüns in Graubündten. Geboren 1450, war er bei seiner Immatrikulation (das Jahr vorher 1469, 18. Oct.) schon Domherr der Kathedralen von Strassburg und Konstanz, wurde 1486 zum Bischof von Augsburg erwählt und starb am 8. März 1505.

Wie das erste Titelbild, so konnte aus dem ersten Bande der Akten S. 428 (A fol. 256) auch noch das Wappen des (193) Rectors aus dem Winter des Jahres 1489—90, Dr. artium et iuris utriusque Henning Goede v. Havelberg, erst dem zweiten beigegeben werden, der schon vorher (187) Rector gewesen war und 1521 in Wittenberg starb und der dortigen Schloßkirche, wie dem Erfurter Marienstifte den schönen Erzguß von Peter Vischer, die Krönung der Maria, hinterließ. Schon in die Wirren des tollen Jahres 1509—10 verwickelt, flüchtete er von Erfurt nach Wittenberg, kehrte aber 1516 nach Erfurt zurück und wurde glänzend empfangen, weil er den Vertrag zwischen der Stadt und dem Kurfürsten von Sachsen vermittelt hatte. Das Wappen ist getheilt: oben ein halbirter goldner Stern in rothem, unten eine rothe Rose in goldnem Felde; Schildhalterin ist die heilige Katharina mit goldner Krone, das Schwert in der Rechten, neben ihrem rechten Fuße das Rad. In dem höheren Stabe der Initiale H (zur Linken des Beschauers) steht Maria goldgekrönt in goldbrokatenem Gewande mit rothem Mantel, das Kind auf dem linken Arme haltend; im kleineren Stabe des H (rechts) ein Engel (Bd. I S. 428 Anm. 1) oder wahrscheinlich Johannes der Evangelist mit Heiligenschein, den goldnen Kelch in der Rechten, die Linke segnend darüber haltend.

Das große Bild zum 198. Rectorate, dem ersten in diesem Bande (fol. 265, Akten Bd. II S. 161) das Wappen des sein Amt im Mai 1492 antretenden Johannes Kyll von Hersfeld, Domherrn an dem Marienstifte (Dom) zu Erfurt und an der Würzburger

Johanniskirche in Haugis, welcher der erste Rector im beginnenden 2. Jahrhundert der Universität war. Auf dem reich geschmückten von Säulen eingefassten Bilde steht die h. Maria, über welcher 2 Engel eine goldne Krone halten, mit den Füßen auf einem mit Bäumen bepflanzten Hügel über einem Flusse, der bei einer schönen Kirche vorbeifließt. An der Säule zur Linken des Beschauers steht der h. Johannes mit goldnen Locken, in einem von goldnen Fäden durchzognen eng anschließenden Gewande, darüber einem rothbraunen Mantel, den Kelch in der Linken haltend; zur Rechten des Beschauers (zur Linken der Madonna) steht der h. Johannes der Täufer in blauem Mantel, ein Buch in der Linken haltend, auf welchem das weiße Lamm sitzt; vor ihm kniet der Donator in weißem blau gestreiften Gewande und darüber einem grauen kurzen Domherrnmantel mit Quasten; links unten, vor Johannes dem Evangelisten, ist das Wappen, ein schräger rother Querstreifen mit drei goldnen Sternen in goldnem Felde; auf dem silbernen Helme (Helmdecken roth und grün) ein Hut mit umgeklappter Krämpe und darüber 2 aufrecht stehende goldne Flügel, deren jeden ein ähnlicher rother Querstreifen mit 3 goldnen Sternen schräg in der Mitte theilt. Außerdem befinden sich in den 4 Ecken der Einrahmung 4 Wappen: oben links das des Vaters (Kyll), rechts das der Mutter: eine blaue florentinische Lilie (wie auf dem Helme der Milwitze, halb (links) in gelbem, halb (rechts) in blauem Felde. Unten die Wappen der Großeltern: links der braune Hirsch des h. Hubertus mit dem Kreuz zwischen den Geweihen in gelbem Felde, rechts ein blaugekleideter Ritter ebenfalls in gelbem Felde.

Der Bitte, welche der Herausgeber in der Vorrede zum I. Bande ausgesprochen hatte, ihn durch Berichtigungen und Ergänzungen zu unterstützen, ist nur von wenigen, so weit es zu seiner Kenntnis gekommen, entsprochen worden. Dankend erwähnt er der topographischen Mittheilungen von Herrn Oberbibliothekar Prof. Roth in Tübingen, von Herrn Dr. K. Koppmann in Hamburg „Hamburger Studenten in Erfurt“ in den Mittheilungen des Vereins für Hamburgische Geschichte 1883, Oktoberheft Nr. 10, und des Herrn Revisionsraths Balck in Schwerin „Mecklenburger auf auswärtigen Universitäten“, Schwerin 1883, abgedruckt aus den Jahrbb. für Mecklenburgische Geschichte, Bd. XLVIII; — welche, so wie das schon vor Jahren zusammengestellte Verzeichniß der auf deutschen Universitäten vor Gründung der Universität Marburg studirenden Hessen von Dr. Stötzel, bei dem Index im 3. Bande mit Dank werden benutzt werden. Vielleicht kommen nun nach dem Erscheinen des II. Bandes der Akten mehr Zuschriften an den Herausgeber, namentlich Verweisungen auf Bücher und Zeitschriften, damit sie noch für den Index, der schon vorbereitet ist, aber noch grosser Arbeit bedarf, benutzt werden können. Ebenso fühlt sich der Herausgeber aufgefordert, für die freundlichen und anerkennenden Beurtheilungen des I. Bandes der Akten die Versicherungen seines Dankes auszusprechen; so Herrn Prof. Gosche für die Anzeige in der Saale-Zeitung, 23. April 1881; Herrn Prof. Kolde in d. Leipziger theolog. Literaturzeitung 1882 S. 612—15, Herrn Dr. Härtel in d. Magd.-Ztg. 1881 N. 211. 323, Herrn Falk in einer westphälischen Zeitschrift, welche mir unter Kreuzkouvert zugekommen ist, u. a.

Der Recensent im Literarischen Centralblatt rügt das Versehen, daß im I. Bande die erste Bulle Clemens' VII. in der Ueberschrift S. 1 vom „18. Sept." 1379 datirt ist und im Vorwort S. X. neben das richtige Datum 16. September in Parenthese das falsche „XVIII. Kal. Octobr." beigeschrieben ist, während am Schlusse der Bulle S. 338 das einzig richtige „XVI. Kal." in den Wortlaut der Bulle aufgenommen ist, und auch das richtige Iulianische Datum 16. Sept., wie es auch bei Motschmann und Erhard steht, an 3 Stellen des 1. Bandes, S. X, Z. 10 v. u., S. XII, Z. 6 und auch in der Anmerk. 1 zur ersten Bulle S. 3 des Textes angegeben ist; ich bitte daher, mir Nachsicht zu gewähren und an beiden zuerst bezeichneten Stellen XVIII und 18 in XVI und 16 zu ändern.

Abkürzungen.

a. annus (anni anno).
ao anno.
den. denarium (-ios).
dni domini.
dn (dns) dominus.
dnum dominum.
dr. (dri, dre) doctor (doctori, doctore).
ddt. dederunt.
dt. dedit.
eccl. ecclesia.
fl. (flor.) florenum (-os).
gr. grossum (-os).
h. e. hoc est.
joach. joachimicum sc. thalerum.
Ioh. Iohannes.
iur. od. jur. (hinter dem Namen des Immatriculirten) juravit (-erunt).
iur. utr. juris utriusque.
lic. licenciatus.
mag. (mgr.) magister.
n. iur. non juravit (-verunt).
nim. nimirum.
nov. novum (novos).
ord. ordinis.
p. pauper.
pecun. pecuniae.
ren. renensem (-es).
S. Summa.
schneberg. (sneb.) schnebergensem (-es).
schreck. schreckenbergensem (-es).
sexag. sexagenam (-nas).
sol. solidum (-os).
th, tal., thal. thalerum (-ros).
Thyr., Tyr. Thyringus.
Thur. Thuringus.
tm. totum.
utr. j. utriusque juris.

Die übrigen Abkürzungen sind in der Regel leicht zu errathen.

*) Obgleich dafür in E und B hier der 2. Mai 1501 angegeben ist, muss es 18. Oct. heissen.
**) Nicht 1. Mai, wie in E steht. Siehe S. 224 Anmerk. a.

Nr.	Name des Rectors.	Tag der Wahl.	Zahl der Immatriculirten.	Cod. E. fol.	Seite.	Zeile.
260.	M. Hnr. Herebold. Hoxariens.	18. Oct. 1523	19	140[c d]	326	26
261.	Reinbertus Reinberti Brunsvic.	2. Mai 1524	24	142	328	26
262.	M. Ant. Leuffer Erf.	22. Mai* 1525	21	143	330	15
263.	M. Eob. Draco Erf. I.	2. Mai 1526	13	145	331	25
264.	Maternus Pistoris de Ingwiller	2. Mai 1527	36	146	333	1
265.	Dr. Hnr. Eberbach II.	2. Mai 1528	28	148	334	16
266.	Hnr. Eberbach III.	2. Mai 1529	20	148[c]	335	1
267.	M. Conr. Felix	2. Mai 1530	28	148[d]	335	18
268.	Nic. Rotendorffer Carolipolit. Franc.	2. Mai 1531**	43	151	336	1
269.	Joh. Schönman Erf.	2. Mai 1532***	42	153	337	16
270.	Joh. Edeßheim Northeim	2. Mai 1533	76	155	339	1
271.	Joh. Mengerßhusen	2. Mai 1534	68	158	341	·19
272.	M. Joh. Algesheim Gröning.	4. Mai 1535	74	160	343	6
273.	Joh. Hupff Kindelbrug.	2. Mai 1536	50	162	345	4
274.	Joh. Prießberg	2. Mai 1537	56	162	346	27
275.	Jac. Russel Norinberg.	2. Mai 1538	114	166	348	1
276.	M. Eob. Draco Erf. II.	18. Oct. 1539	68	168	350	17
277.	Joh. Rudolphi Northeim	18. Oct. 1540	69	170	352	12
278.	M. Hnr. Herebold Hoxar. II.	18. Oct. 1541	82	172	354	13
278[b].	M. Hnr. Hereboldus Hoxar. III.	18. Oct. 1542	81	173	356	36
279.	M. Cornel. Linden Berckensis	18. Oct. 1543	88	175	358	7
280.	M. Nic. Algesheim Gröning.	18. Oct. 1544	87	177	361	10
	(M. Jo. Ruperti Hoxariensis design.				361	28
	aegrot.)				363	24
281.	M. Henni. Hopff (Hoppe) Gandersheim.	30. Apr. 1546	78	179	363	22
281[b].	id. continuatus	2. Mai 1547	113	180[c]	366	1
282.	M. Frider. Burdian de Münnerstad	18. Oct. 1547	200	182	367	31
283.	Joh. Ellingerot Gotting.	18. Oct. 1548	108	186	372	17
284.	Joh. Leonis Eimbeccensis	18. Oct. 1549	131	189	375	6
285.	M. Herm. Hausen I.	18. Oct. 1550	125	193[c d]	378	3
286.	M. Wolffg. Westermerus Ingolstad.	18. Oct. 1551	95	196	380	37
287.	Hnr. Coci Hoxariensis	18. Oct. 1552	73	198	383	5
288.	Eob. Ziegeler Salzensis	18. Oct. 1553	74	200	385	1
289.	M. Joh. Femelius	18. Oct. 1554	73	201[c]	386	36
290.	M. Joh. Sutoris de Marckerlbach	18. Oct. 1555	81	203	388	8
291.	M. Henningus Hopfe †	18. Oct. 1556	66	206	390	21
291[b].	idem continuatus II. ††	18. Oct. 1557	73	207	392	11
292.	M. Hugoldus Strecker Heiligenstad.	18. Oct. 1558	84	209[c d]	394	1
293[b].	M. Gottfr. Berckman Susat. II.	18. Oct. 1559	90	212	396	30
293[a].	idem continuatus III.	18. Oct. 1560	76	213[c d]	398	20
294.	Dr. Herm. Hausen Berck. II. ***)	18. Oct. 1561	103	215	400	1
294[b].	idem continuatus III.	18. Oct. 1562	110	216[c]	401	38
295[a].	Dr. Pancrat. Helbich	18. Oct. 1563	109	218	403	30

* Wegen des Bauerntumults die Wahl verschoben.
** Als 291. Rector ist Henn. Hopfe II zu bessern.
*** R. 291 ist zu Hopfe III hinzuzufügen und das J. 1556 in 1557 zu ändern.
† R. 294 ist Hausen I in II zu ändern.
†† Rect. 296 ist in 297 zu ändern.

Die folgenden bis 1662, deren Immatrikulationen nicht mit Namen angegeben sind, die aber doch in den früheren Verzeichnissen erwähnt werden, sind Seite 560 verzeichnet.

Druckfehler und Berichtigungen.

S. 122 Anm. [1] Z. 2 statt S. 36 Z. 25 lies S. 42 Z. 22.
S. 123 Z. 14 l. Beifügung st. Beifüngung.
S. 175 über der Z. 1 l. 1494 st. 1394.
S. 180 z. E. Anm. [1] hinter Doctorwürde setze hinzu: angenommen hatte.
S. 181 Anm. [1] l. Richtiger st. Richtige.
S. 190 Z. 16 l. Mergethum st. Merge hum.
S. 191 Z. 4 i in Cauponis ist ausgefallen.
S. 191 Z. 25 a. R. l. 25 statt 52.
S. 213 Anm. [cc] l. 137 st. 136.
S. 220 Z. 26 setze [r] nach Zwigkavia.
S. 220 Anm. [hh] l. 120 st. 113.
S. 220 Anm. [rr] l. Richtig st. Richtiger 137.
S. 235 Ueberschrift l. 235 st. 335.
S. 239 z. Anm. [oo] in B 140 in E 143; die Zahl 153 ist falsch.
S. 271 Anm. [e] l. Richtig st. Richtiger 128.
S. 304 Anm. [b] l. 202 st. 204.
S. 336 Z. 1 in der Ueberschrift l. 1531 st. 1530.
S. 337 Z. 16 in der Ueberschrift l. 1532 st. 1531.
S. 356 nach Z. 24 l. Summa 82.
S. 389 Z. 14 muss es nomina st. nostra heissen.
S. 390 Z. 21 l. Hopfe II st. H. III.
S. 392 Z. 12 l. 1557 st. 1556 und Hopfe II st. Hopfe.
S. 398 Z. 20 l. III st. II.
S. 400 Z. 1 l. II st. I.
S. 436 Anm. [h] l. 110 st. 109.
S. 476 Z. 4 l. avenae st. avena.
S. 483 Z. 27 setze II zu Cornerus.
S. 521 Z. 2 l. arbitror st. arbritor.
S. 525 Z. 19 l. 92 st. 88.
S. 525 Z. 33 l. S. 150 st. 140; die Gesammtsumme in den 3 Jahren (292) ist richtiger 289.
S. 544 Z. 13 zu 88 füge: (89) mit Einrechnung des C. Isserstedt S. 543 Sp. 2 Z. 13.
S. 556 Anm. [2] Z. 2 st. (Motschmann Erf. lit. l. S.) 525 (z. E) l 505.
S. 560 Z. 8 l. 48 st. 14.

IIb.

Entwurf der ältesten Statuten.

Wahrscheinlich aus dem Jahrzehnt vor Gründung der Universität.[1] (Staatsarchiv in Magdeburg, Erfurtisches Gebiet (VII) XLV. A. 6.)

REGISTRUM PRIMO QUOMODO UNIVERSITAS CONSTITUATUR. fol. 2

RUBRICA (1). DE CONSTITUCIONIBUS UNIVERSITATIS. f. 2 v.

Primo quod statutis universitatis ligentur singula supposita eiusdem, quamdiu (in loco eiusdem studii degent et morantur)[a] iuramento prestito rectori non renunciaverint. 20

(Item[a] quod universitas potest et debet nova statuta honesta facere, quando necessitas vel utilitas hoc exposcit, et antiqua mutare ex causa simili necessaria vel utili hoc suadente[a2]) (1 S. 7, 8 r. 1, 3). Superfluit[b], quod hoc potest universitas de iure communi.[b2]

25 RUBRICA (2). QUOMODO UNIVERSITAS CONSTITUATUR. 25

(Primo[a] ut iuxta privilegia apostolica a domino nostro papa, pie memorie Urbano VI, opido Erffordensi concessa, inibi vigeat studium generale et de facultatibus theologie,

[a-a2] Durchstrichen (die Citate beziehen sich auf die Statuten II. in Bd. I, S(eite) und r(ubrica). [b-b2] Steht am Rande. [c] Steht über der Zeile.

[1] Dies ist die Annahme des Archivraths Erhard, welcher auch diese auf die Universität Erfurt bezüglichen Urkunden und Archivalien im J. 1826 aus Erfurt mit nach Magdeburg genommen hat, um sie dort zu bearbeiten. Von seiner Hand rührt die Aufschrift auf dem Bogen her, in welchen diese auf schmal-folio geschriebenen 6 Papierblätter eingeschlagen sind. Vielleicht sind aber diese Statuten erst nach 1395 entworfen, wegen rubr. IX; siehe Th. I, S. 45, 9.

iuris canonici et civilis, medicine, philosophie arcium liberalium et aliis scientiis licitis sit una tantum universitas et unum corpus indivisibile)[a2] (I S. 6, 11—14). Hoc[b] habetur ex privilegiis.[b2]

Item hec universitas rectorem habeat, quem universitas eligat de medio anno in medium, videlicet de festo sancti Luce (18. Oct.) in festum Philippi et Jacobi (1. Mai) (I S. 7, 29), secundum modum qui infra sequitur in rubrica de electione rectoris proxima et officio eius.

Item quod hec universitas non distinguatur per nationes[1] sed per facultates.

Item quod universitas habeat matriculam, ad quam scribantur omnes, qui privilegiis universitatis gaudere et pro membris reputari volunt, nec recipiatur quis, nisi prestet iuramentum solitum (rubr. 4, 2 S. 12, 26).

Item quod iuret, quod velit pro posse et nosse servare statuta universitatis racionabilia et honesta edita et edenda (I 9, 34 r. 3, 3).

Item quod habeat fiscum cum quinque clavibus, pro[c] reponendis (rebus ad fiscum spectantibus)[c] (I 7, 18 r. 1, 5).

Item duo sigilla scilicet universitatis et rectoratus et[e] universitatis[e] debet stare sub fisco (r. 1, 6).

Item is qui recipitur ad universitatem, si fuerit insolvendo, solvat quartam partem floreni,[d] de qua rectori universitatis tertia pars cedat,[2] relique due fisco (religiosis mendicantibus exceptis).[e]

Item nulli parcat, qui fuerit insolvendo de sallario intytulature, nisi de parte sua si velit (I 12, 22 r. 4, 1).

Item quod nemo recipiatur ad aliquam facultatem, nisi prius receptus fuerit ad universitatem et iuraverit, ut prefatur, cuiuscumque gradus vel status fuerit (I 13, 6; r. 4, 7).

Item quod quilibet, qui voluerit studere in universitate studii, post eius adventum infra mensem intytulari se faciet (r. 4, 9).

Item si quis audierit non intytulatus et iuratus, ut premittitur, id quod audivit ei non computetur pro forma (r. 4, 9).

(Item[f] nullus doctorum magistrorum vel graduatorum scienter legat vel alium actum scolasticum scienter faciat coram non intytulato iurato pro studente se gerente, et nullus studentium legentem non intytulatum et iuratum scienter audire presumat (r. 4, 10). Que rector universitatis ipsis legentibus et studentibus bis in anno sub pena obediencie mandare teneatur).[f2]

[a-a2] Durchstrichen. [b-b2] Steht am Rande. [c] Nachgetragen mit anderer Tinte. [d] floroni. [e] et univers. überflüssig. [f-f2] Item — teneatur durchstrichen.

---

[1] Gersdorf (Beitrag zur Geschichte d. Univ. Leipzig, in den Mittheilungen der Deutschen Gesellschaft z. Erforsch. vaterl. Spr. und Alterth. V, 1, 1869) S. 9, 10 sagt, dass eine Eintheilung in 4 Nationen, wie in Prag (Böhmen, Baiern, Polen, Sachsen), Wien (1365: Oestreicher, Rheinländer, Sachsen, Ungarn), Leipzig (1409. Meissner, Sachsen, Baiern, Polen), in Heidelberg (1386) nicht zur Ausführung gekommen, in Köln (1385), Erfurt, Rostock (1419) gar nicht vorgesehen worden sei. Vergleiche jedoch unten die theologischen Facultätsstatuten IIe, Rubr. 10 § 74. In den Statuten von 1447 (Bd. I, N. II) sind „Nationen“ gar nicht erwähnt.

[2] Dieselbe Bestimmung steht Th. I, S. 10, rubr. 3, 6.

Item quod nullus intytulatus aliquis literas vel processus extrahat a conservatoribus vigore privilegiorum, nisi prius rectorem requirat et consensum eiusdem habeat, f. 4. quem non dabit, nisi prius per tres menses lectiones audierit et terciam partem floreni rectori persolverit, nisi super hoc per rectorem et universitatem secum fuerit dispensatum, (religiosis quoad solvendum pecuniam et (criminalibus)[a] spolii causis dumtaxat 5 exceptis).[c]

RUBRICA TERTIA DE ELECTIONE RECTORIS.

Primo ad electionem rectoris antiquus rector ad locum universitati competentem et honestum convocet totam universitatem et talis electio fiat bis in anno, ut in prima rubrica (1 7, 28 r. 2, 1). 10

Item officium antiqui rectoris (expiret quando novus officium huiusmodi acceptabit)[a] (1 8, 21 r. 2, 7) durabit[c] donec novus solitum prestiterit iuramentum.[c2]

Item rector eligatur de intytulatis et iuratis (quicumque de consilio universitatis fuerit aut alias persona ydonea)[a] (r. 1, 3) et[c] qui ad minus fuerit studens per annum.[c2]

Item in electione rectoris servetur talis modus, quod facultates segregent se ad 15 loca distincta et quelibet facultas eligat et nominet ex se unum, illi vero eligant (septem)[a] quinque[b] in communi de universitate, illi eligant demum tres (quinque, unum de theologis, secundum de canonistis, tertium de medicis, quartum de artistis, quintum de communi).[a] (Si vero aliqua facultas non fuerit, recipiantur residui de communi).[a] (Insuper) et[b] (hi)[a] tres[b] (quinque habeant eligere)[a]. Ita[d] tamen quod hi tres vel duo eorum 20 non sint de una facultate, qui tres habeant eligere[d] rectorem et quemcunque illi f. 4 v. (quinque)[a] tres[b] concorditer vel maior eorum pars elegerit seu electum pronunciaverit (sine ulteriori sollempnitate)[a] habeatur pro rectore (r. 2, 2).

Item electores demum in continenti electionem electo insinuent et eum inducant, ut statim assumat. Si vero deliberare voluerit, tunc deliberatio triduum non excedat 25 (r. 2, 5).

Item si sic electus in officium rectoratus assumere recusaverit, extunc solvat fisco universitatis tres sexagenas grossorum misnensium infra mensem; quod si non fecerit, amittat gratiam et privilegia universitatis studii ipso facto, nisi rationabilis causa ipsum excusaret, de qua debet cognoscere consilium universitatis (r. 2, 6). 30

Item quod si pro novo rectore fiat collectio, reus mendacastia(?).

RUBRICA QUARTA DE OFFICIO ET POTESTATE RECTORIS.

Primo antiquus rector infra octo dies post electionem et consensum novi rectoris convocet singula supposita universitatis ad locum competentem universitati ad recipiendum iuramentum per novum rectorem prestandum. Et tunc inmediatus rector pre- 35 decessor novo rectori tradat sigillum rectoratus et alia clenodia et utensilia universitatis et pro tunc consiliarii eligantur de qualibet facultate duo (r. 3, 1 und Rect. 4, I, S. 45, Z. 9).

Item infra octo dies post prestitum iuramentum novi rectoris fiat computacio de f. 5 perceptis et expositis per antiquum rectorem presentibus antiquis et modernis consiliariis ad hoc vocatis; et tunc si voluerit rector in computatione propinam facere, 40

[a] Durchstrichen. [b] Uebergeschrieben [c-c2] Nachgetragen. [d] Ita — eligere ist später zugefügt.

faciat his qui intersunt cuius summa (medietatem floreni non excedat)[a] ad[b] minus[b] sit[b] florenus[b] (r. 3, 5).

Item computatis et solutis singulis, residuum, si quid fuerit per antiquum rectorem collectum, per novum rectorem una cum illis, qui habent claves fisci universitatis, ad 5 hoc vocatis ad fiscum reponatur infra octo dies (r. 3, 6).

Item quod nullus rector aliquid de fisco vel collecta universitatis emat vel exponat, nisi de scitu et consensu universitatis, nisi tempore convocationum vel simili modo in festis universitatis modicam propinam facere voluerit (r. 3, 10).

Item quod nullus de universitate se rectori pro tempore existenti alicubi se 10 preferre presumat, cuiuscumque ordinis status vel conditionis existat (ubique locorum)[a] (r. 3, 11).

(Item rector omnibus menbris universitatis preferatur et pre omnibus teneat locum primum, ymmo in actibus sollempnibus universitatis omnibus eciam tytularibus, abbatibus, decanis, prepositis et vicecancellariis, alioquin universitas distincte faciat pro- 15 cessionem.)[a]

f. 5v. Item rector habeat corrigere excessus studentium universitatis de consilio consiliariorum sibi deputatorum et adiunctorum ad minus duorum, et si difficultas emerserit perferat ad universitatem (r. 3, 12).

Item rector universitatis non faciat congregationem seu consilia celebret, quando 20 actus scolastici doctorum et magistrorum impediuntur, nisi necessitas vel evidens utilitas aliud deposcat (r. 5, 5).

Item rector (non[a]) faciat mandata sua sub pena pecuniaria, (que medium florenum non excedat, sub pena vero)[b] obediencie vel iuramenti, mandata[c] huiusmodi non[c] emittat[c], nisi de consensu decanorum facultatum, vel maioris partis vel nisi statuto aliquo id 25 caveatur expresse; necessitatis[c] articulis[c] exceptis[c] et in convocationibus pro consiliis habendis potest apponere penam non contradicendi. Eciam apponat causam convocationis; et si quis tunc vocatus absens fuerit, postea non habeat vocem contradicendi, et si contradixerit nullatenus audiatur (r. 3, 13).

f. 6 Item quilibet rector post principium sui rectoratus infra quindecim dies, quam cito 30 commode poterit, facta ad hoc plena congregatione in loco competente universitati, statuta supposita universitatis generaliter concernentia per se vel alium in presentia rectoris semel publicare teneatur (r. 3, 16. 18).

Item faciendo mandato (non)[a] ponat[c] alium tytulum, quam istum „„rector universitatis studii Erffordensis““ (proprium nomen cum cognomine non apponat)[a] super ex- 35 pressione vero proprii nominis et cognominis suo arbitrio relinquatur (r. 3, 17).

Item faciendo mandata publica ad hostiam scribet: „mandat omnibus et singulis suppositis vel membris universitatis eiusdem.“

RUBRICA QUINTA DE CONSILIIS TENENDIS IN UNIVERSITATE.

Primo ad consilia universitatis tantummodo birretati inmatriculati et iurati 40 vocentur et admittantur. Si tamen in aliqua facultate non fuerint tres birretati,

[a] Durchstrichen. [b] Am Rande. [c] Item — eiusdem nachgetragen; ebenso Z. 23 m. h. n. em. und Z. 25 nec a. exc. Z. 33 pon.

licentiati in eadem admittantur, quousque numerus ternarius birretatorum sit completus (r. 5, 1).

Item quecunque in consiliis tractata celanda fuerint, teneantur secrete, nisi per universitatem decreta fuerint revelanda et publicanda; et presertim ea, que rector nomine universitatis mandaverit secrete teneri, nullatenus revelentur (r. 5, 2). f. 6v.

Item quod nemo in consiliis dicat alteri convicia turpia inhonesta seu alia, unde verisimiliter possent displicentie rixe et odia directe vel indirecte per(?) oriri (r. 5, 4).

Item serventur consilia universitatis, sicut hactenus sunt servata, si tamen non esset plena concordia, tunc fiat conclusio secundum facultates et quelibet facultas faciat unam vocem tantum.[a] Discutiatur[c] maturius.[c]

RUBRICA SEXTA DE ORDINE FACULTATUM ET GRADUATORUM.

Primo una facultas non statuat vel attemptet aliquid, quod sit contra aliam facultatem directe vel indirecte, in specie vel in genere (r. 6, 1).

Item quod nemo detrahat facultati cuicunque in scolis in collationibus in principiis vel alias ubicunque. Sed quelibet facultas servetur in suo honore a quolibet graduato et aliis eciam scolaribus pro posse et nosse (r. 6, 2). f. 7

Item quod (facultas[b]) universitas non intromittat se de his, que specialiter pertinent ad aliquam facultatem, nisi in causa negligencie; nec tunc universitas, nisi prius premonuerit et si tunc adhuc negligens fuerit, poterit universitas providere (r. 6, 3).

Item prima facultas theologie, secunda facultas iuris canonici, tertia facultas iuris civilis, quarta facultas medicine, quinta facultas artium liberalium. Ordo[c] graduatorum placet usque ad baccalarios in theologia et magistros in artibus[c] (r. 6, 4).

RUBRICA SEPTIMA DE LOCIS NOBILIUM, ET QUOMODO IN UNIVERSITATE SINT HONORANDI.

(Lücke.)

RUBRICA OCTAVA DE LOCIS PRELATORUM (r. 6, 5).

(Lücke.)

RUBRICA NONA DE OFFICIO CONSILIARIORUM.

f. 7v.

Officium consiliariorum est assistere rectori in iudiciis et alias eum visitare pro consiliis universitati incumbentibus, quando rector eos duxerit ad hoc vocandum (r. 7, 1).

Item consiliarii non sint in consiliis universitatis, nisi essent de illis, qui alias possunt consiliis universitatis interesse; sed officium eorum sit rectori assistere in iudiciis (r. 7, 2).

Item consiliarii eligendi sunt per facultates et quelibet facultas eligat duos, quorum officium durat per medium annum, et novis consiliariis electis exspirabit officium antiquorum ipso facto etc.

[a] Am Rande. [b] Durchstrichen. [c] ordo — artibus ist später zugefügt; ebenso am Rande Z. 10 disc. mat.

RUBRICA DECIMA DE OFFICIO RECTORUM BURSARUM.

f. 8 Primo nullus rector bursarum teneat vel foveat scienter in domo sua discolum vel inmorieratum (r. 8, 1).

5 Item quod bursales subesse debeant suo rectori burse et ei parere in his, que bursam concernunt et regimen eius (r. 8, 5).

Item quod bursales debeant suum rectorem burse in reverencia habere (r. 8, 5).

Item non debent secum contendere seu convicia sibi dicere vel aliud, quod possit eum offendere (r. 8, 6).

10 Item quilibet bursalis ad omnia iura bursalia teneatur, videlicet ad ponendum bursam et sufferre alia onera burse, nisi rationabilis causa eum actibus excusaret (r. 8, 7).

Item inobedientes rebelles discoli ac qui conspiraciones discordias in bursis ac alia illicita faciunt, dimittantur de bursis et censum integrum persolvant (r. 8, 10).

Item quod dimissi propter dictas causas alibi nullatenus recipiantur, nisi rector 15 universitatis duxerit eos fore recipiendos. Alioquin eos recipiens suspensus sit a regimine burse per medium annum (r. 8, 11).

Item burse claudi debent post campanam quinque solidorum (r. 8, 8).

Item clavem burse habeat rector burse vel commissarius eius (r. 8, 9).

Item nemo de bursa exeat de nocte post clausuram domus sine licentia rectoris 20 burse; quod si fecerit, poterit eum rector burse dimittere de bursa et quod nichilominus teneatur ad totum censum (vgl. 8, 10).

Item bursales nullum ludum inhonestum vel nocivum, inconsuetum in nocte vel in die eciam in domo habeant (r. 8, 14).

f. 8 v. Item quod nullus bursalis presertim in mensa turpia faciat vel loquatur seu cum 25 aliquo contendat (r. 8, 13).

Item nullus bursarum conventor conveniat aliquam domum vel bursam, in qua alter moratur, nisi prius requisitum habent conventorem inhabitantem, si resignare velit domum conductam vel optinere sine dolo sub pena duodecim florenorum antiquo conventori persolvendorum et fisco (r. 8, 15).

30 RUBRICA UNDECIMA[a] (10) DE OFFICIO BEDELLORUM.

Primo bedelli universitatis sint communes omnibus facultatibus et ad quemlibet diligenter respectum habeant.

Item bedelli ad minus sunt[b] duo.

Item de citatione habeant dimidium grossum a membro universitatis; sed si extra- 35 neus citaverit studentem, solvat integrum.

Item de arrestatione alterum medium grossum et rectori solidum.

Item quod sint iurati rectoris universitatis et quod cedulas pro habendo consilio nullis ostendant nisi hiis, quorum interest audire consilia, et omnes diligenter querant et convocent, qui tenentur visitare consilia universitatis a maximo usque ad minimum

[a] duodecima im Mskpt. [b] Unter dem ersten Strich des u steht ein Punct; über dem 2. ein schräger Strich, also soll es wohl sint heissen.

inclusive et nulla consilia, si que[a] intellexerint, revelent, sub pena privacionis officii et iuramenti prestiti (r. 10, 1).

Item quod nulli suppositorum irreverenciam vel verecundiam faciant tam extra quam intra scolas. f. 9

Item quod novus rector habeat de novo acceptare bedellos et reservare eosdem vel mutare, cum consilio tamen universitatis in principio rectoratus, aliter non (r. 10, 1). 5

RUBRICA DUODECIMA[b] (r. 9) DE VITA STUDENTIUM.

Primo post campanam, que dicitur quinque solidorum, nullus scolaris absque necessitate vel racionabili causa vadat per plateas, et si causam rationabilem habuerit, vadat cum lumine aperto et per loca honesta (r. 9, 6). 10

Item nullus vadat ad coream civium, nisi ad hoc fuerit specialiter invitatus (r. 9, 7).

Item ad publicas tabernas non vadant in nocte seu in die nec alia loca inhonesta et suspecta.

Item nullus propriam iniuriam vindicet, sed ad iudicem competentem recurrat et coram eo iustitiam recipiat et faciat (r. 9, 8). 15

Item quilibet scolaris vel studens doctori suo seu magistro debitam reverenciam exhibeat.

Item quilibet scolaris doctorum suorum et magistrorum taliter notitiam requirat, quod de studio conversatione et vita, si opus fuerit, testimonium poterit perhibere veritatis. f. 9 v. 20

Item nullus conspiraciones congregaciones iniuriosas quomodolibet faciat vel consilium vel favorem ad hoc prestet vel intersit.

Item nullus deferat arma sub pena amissionis armorum et duorum florenorum.

Item nullus dimicare vel ad taxillos ludere presumat sub pena unius floreni fisco applicandi (r. 9, 4). 25

Item nullus in veste bypartita vel nimia brevitate notata incedat in plateis (r. 9,9).

Item nemo portare presumat tunicas manicis brevioribus seu manicas immoderate longas et latas (vgl. 9, 10).

Item nullus ortos domus vel areas alicuius domini sine permissione et voluntate intret et presertim animo nocendi vel offendendi (9, 11). 30

RUBRICA (13). DE PREBENDIS UNIVERSITATIS SEU STIPENDIIS COLLEGIORUM.

Primo quod nemo ad prebendas beate Marie virginis vel sancti Severi universitati incorporatas per universitatem eligatur, nisi magister in theologia vel doctor in iure canonico existat[c] vel licentiatus in altero predictorum, si copia magistrorum vel doctorum in universitate studii non habeatur (r. 13, 1). 35 f. 10

Item quod talis eligendus debet antea esse iuratus et intytulatus et in studio presens (13, 2).

Item quod eligendus seu assumendus antea teneatur iurare universitati, quod 40

[a] Uebergeschrieben. [b] XIII im Ms. [c] Am Rande: Superfluum est.

regere velit diligenter et legere saltem ter vel bis in septimana, secundum quod universitati hoc videbitur expedire, nisi rationabilis causa eum excusaverit.

Item nullus ad stipendium collegii recipiatur, nisi primo iuraverit pro posse et nosse certum quod[a] prout universitas dictaverit, quod regat legat vel disputet (vgl. 5 13, 8 9).

RUBRICA (16.) DE PENIS STUDENTIUM DELINQUENTIUM.

Pena inobedientium non[c] convictorum: si fuerit graduatus, suspendatur a magistralibus, doctoralibus actibus[d] seu istis, que ad suum gradum pertinent; scolaris vero a gremio universitatis excludatur et amplius non sit membrum, nisi reconciliatus 10 fuerit, et reddatur inhabilis ad aliam universitatem. Si tamen se ad aliam universitatem voluerit transferre et transtulerit, postquam hoc intellectum fuerit, supplicet illi f. 10 v. universitati universitas ista, ut talem ab universitate ista exclusum et repulsum non recipiat et, si receperit, receptum dimittat.

Item non servantes statuta premissa vel aliquod premissorum, ubi pena specia- 15 liter non est expressa, puniantur arbitrarie ad dictamen universitatis et rectoris seu maioris partis.

(Item de candelis ad missam.[b])

RUBRICA (14.) DE MISSA UNIVERSITATIS.

Missa universitatis ad minus in anno bis est[d] celebranda, pro incremento univer- 20 sitatis, ad honorem omnipotentis dei et gloriose virginis Marie totiusque curie celestis et omnium fundatorum et benefactorum studii, una in principio studii sancti[d] Luce[d] de Spiritu sancto, alia circa Philippi et Jacobi pro defunctis vel alia sicut universitati videbitur expedire (r. 12, 1).

Item de candelis ad missam alteram dimidiam libram cere et ad vigilias tantumdem.

25 RUBRICA (15) DE EXEQUIIS GRADUATIS SCOLARUM HIC MORIENTIUM.

Primo si sint doctores magistri nobiles vel prelati, convocetur tota universitas ad vigilias et missam defunctorum. Si alius, tunc facultas illa sit ibi sub precepto, in qua studuit, et alii ad hoc rogentur (r. 14, 1).

[a] Am Rande: exponatur. [b] Durchstrichen. [c] Verwischt: ob demum? [d] Uebergeschrieben.

IIc.

Formula concordiae

[I] vom 5. März 1634; (II) Concordata vom 29. Oct. 1635.

I. Festsetzungen des Erfurter Rathes über sein ferneres Verhältniss zur Universität und deren evangelischen Character; die nur in der späteren Redaktion (II), aber in I nicht enthaltenen Worte und Sätze sind in ()[v] eingeschlossen. Der Wortlaut ist aus dem Copialbuche der medicinischen Facultät (M) S. 6-17 entnommen (Hermannische Bibliothek im Erfurter Rathsarchiv VI, 9). Wo der Text von M nur in einzelnen Worten und in der Rechtschreibung von dem in II abweicht, ist dies in den kritischen Anmerkungen [a], [b], [c] u. s. w. angegeben. Der Text dieser älteren Urkunde setzt sich also aus den Stellen zusammen, welche nicht, oder nur in [][m] eingeschlossen sind, und aus den Varianten in den Anmerkungen.

II. Concordata (siehe S. 14, § 7.) oder Vertrag des Rathes mit der Universität nach dem Prager Frieden, deren Verfassung und Stellung zum Rathe betreffend. Der Wortlaut dieser Urkunde setzt sich aus denjenigen Stellen zusammen, welche nicht, oder nur in runde Klammern ()[v] eingeschlossen sind. Eine sauber gehaltene Abschrift (V) dieser Redaktion, auf Pergament und in schwarzes Leder gebunden, enthält die Herrmannische Bibliothek des städtischen Archivs unter der Signatur VI, 10; eine zweite vollständige (N) ist im Magistratsarchive (VI, 64, A B).

Im ersteren Bande (II) fehlen aber die letzten Zeilen und die Unterschriften; auch die darauffolgenden lateinischen allgemeinen Statuten von 1633 scheinen herausgerissen; dieselben stehen bei Motschmann I, 760 ff. im Text (s. die Bemerkungen am Schluss von IIc und zu IId (S. 21 — 23).

FORMULA CONCORDIAE.

Einleitung.

M. p. 6

[Zu wissen sey hiermit jedermänniglichen: Nachdem eine Zeit hero zwischen E. E. E. Hochw. Rathe der Stadt Erffurd an einem, und der hochlöblichen Universität daselbst anderntheils, unterschiedlicher Puncten halber allerhand Gebrechen, Differentien und Mißhelligkeiten fürgefallen, welche bey vorigen Jahren durch mancherley Zufälle und sonderlich ex dissidio religionis, auch wegen damaliger mitt zugeschlagener vielfeltiger Ungelegenheiten, ie mehr und mehr invalescieret und zugenommen, daß durch solche Occasion wolgemeldte Hohe Schule fast sehr in Abnahme gerathen und zum Fall kommen: — und aber die Königl. Maystät in Schweden, glorwirdigsten und seligsten Andenkens, bey dero hochrühmligen Intention und Gedanken, wie löbliche Respublica in guten Gesetzen und Ordnungen wieder reflorescieren, auch an Vermögen, Nahrung und Freyheiten in ihren uhralten Zustand gebracht und darinnen förders wachsen und zunehmen mögte; unter andern fürnehmlich mitt gesehen, daß sie unter sich selbst in ihren Membris bey rechtem guten eintrechtigen Willen erhalten, alle schädliche Sporn und Mißverstände zur Seiten geräumet, jeder ohne Sorge und Klage des Seinigen in Friede und Ruhe geniessen und abwarten, der Stadt Obrigkeit

der schuldige Respect conservieret, die Membra aber und Unterthanen hinwieder auch bei ihren Rechten Freyheiten und Herkommen gehandhabt; sonderlichen aber dieser
p. 7 uhralten Universität wiederumb auf die Beine geholffen und zu voriger Celebritet erhaben befördert und restaurieret werden möge. Dannenhero dann bei dero ansehnligen
5 Donation und Begnadung, womit vorhöchstsehligst ermelde Königl. Mayst. E. E. E. Rath sampt gantzer gemeiner Bürgerschaft allergnädigst und mildest bedacht und unter andern glorwirdigst verordnet, dass wollgemeldter Universitet darvon wieder aufgeholffen und alles zu besserm Wachsthumb und Aufnehmen deroselben eußersten Vermögens gerichtet und reduciert werden solte; daß solchem nach, quod felix faustumque sit, durch Ver-
10 leihung Gottes des Allmechtigen vermittels Auctoritet Königl. Mayst. und der Reiche Schweden hochverordneten Raths Cantzlers bevolmechtigten Legatens in Teutschland und bey den Armeen, auch Directoris des Evanglischen Bundes daselbsten, des hochwohlgebohrnen Herren Herren Axel Ochsenstirn, Freyherrn zu Kymitho, Herren zu Fiholmen und Fidorn, Ritters Excellents, wie auch vielfeltiger Unterhandlung hocher-
15 meldter Cron Schweden Raths und Residenten in Thüringen, des wolledlen gestrengen und vesten Herren Alexander Eßkens uf Lindershagen Erbsaßens etc. solche Irrungen und Sporn nachfolgender Gestalt vermittelt unternommen und gentzlichen beygeleget und aufgehaben worden][m]

(Wir Rathsmeister undt Rath der Stadt Erffurdt sambt den Eltisten Meistern undt
20 Vieren an einem, sodann wir Rector Doctores Licentiati undt Magistri der löblichen Universitet alhier am andern Theil, hiermit uhrkunden und bekennen, daß im Nahmen der heiligen hochgelobten Dreieinigkeit, in sonderbahrer Erwegung des vielfältigen großen Nutzen, den hierdurch sowohl hiesige Stadt, als viel andrer Oerter verhoffentlich zu empfinden, wir beiderseits mit allem Fleiß dahin getrachtet, wie wohlgemelte Uni-
25 versitet, so bey vorigen Jahren durch vielfältige Angelegenheiten undt Zufälle in merckliches Abnehmen gerahten, wider refloresciren, zu beßerem gedeylicherem Zustandt gebracht undt darbey künfftiger Zeit vermittelst göttlichen Segens undt trewer Vorsorge erhalten werden mögte. Ob denn wol in den nechst verfloßenen Jahren hiertzu ein guter Anfang gemacht undt zu solchem Endt etliche Punkten seindt auffgesetzet
30 worden, so haben doch damals dieselben nicht alsbaldt per mutua pacta zu einmütiger Richtigkeit können gebracht, noch wegen derer bißhero eine lange Zeit continuirten Unruhe undt des leidigen Kriegswesens volnzogen werden.)[v]

(Wir haben sie aber nochmals durch die hiertzu beyderseits Deputirte fleißig revidiren und erwegen laßen, undt an einem Theil im sitzenden Rath undt Gegenwartt
35 der Eltisten Meister undt Viere, am andern Theil in dem Consilio academiae generali reiffe Beratschlagung hierüber gepflogen, auch endtlich uuß einmütig mit einander verglichen undt zum kräfftigsten zugesagt und versprochen, daß uber allen in dießer Verschreibung begriffenen Punckten iedertzeidt stedt, fest und unverbrüchlich sol gehalten werden.)[v]

40 [§ 1. Und ist demnach anfangs in der hochgelobten und unzertheileten heil. Drey-

[ ][m] Steht nur im Copialbuche der medicinischen Facultät M (Formula concordiae I.) ( )[v] Steht nur im Vertrage des Raths mit der Universität von 1635 V. F. c. II.

faltigkeit die Universität binnen Erffurd bei der wahren Erkänd- und Bekäntnis der evangelischen unverfälschten und ungeenderten Augspurgischen Confession, wie die im Jahre 1530 Carolo V. Römischem Kaiser ubergeben, auch hinfüro gelassen, das Word Gottes auß den Propheten und apostolischen Schriften, den 4 christlichen Hauptbekentnissen und andern dero Lutherischen Kirchen Libris symbolicis unverfelschet 5 und offentlich gelehrt, ohnverdechtige und solcher Confession zugethane berühmte Theologi und Facultatum quarumcunque Professores jedesmahl hierzu successive weiters vocieret, auch daß sie solchen treulich wollen geleben, gnugsame Rerversales durch E. Ehrnv. Hochw. Rath dieser Stadt gefodert und genommen werden sollen.][m] (Sollen und wollen wir unß bestes fleißes angelegen sein laßen, daß die wahre ohnge- 10 enderte Augspurgische Confession, wie die im Jahre 1530 dem Großmächtigsten Keyser Carolo V. höchstlöblichen Andenkens übergeben worden, bey mehrgemelter Universitet ferner erhalten, das Wortt Gottes aus den prophetischen und apostolischen Schrifften, den vier christlichen Haubtbekenndtnüßen undt anderen der lutherischen Kirchen libris symbolicis durch ohnverdächtige undt solcher Confession zugethane Theologos ohnver- 15 fälscht undt öffentlich gelehrt werden möge, jedoch mit dießem Bescheidt, weil beyder Religionen freye Uebung sich alhier von Anfang derer dißfals im heiligen Reich erfolgten Ender- undt Verbeßerung biß auff dieße Zeidt befunden, daß der andern Religion zugethane Personen dadurch von der Universitet nicht ausgeschloßen oder dero Beneficiorum ohnfähig geachtet, sondern bey ihren Würden Aembtern undt Beneficiis, 20 so sie bey mehrgedachter hohen Schul haben, billich ohngehindert gelaßen; ingleichen weil an sich selbst offenbahr, daß deß hochwürdigsten Fürsten undt Herrn, deß Herrn Ertzbischoffn undt Churfürsten zu Meintz, unsers gnädigsten Herrn Churf. Gnaden, vermöge der uhralten privilegiorum academiae bey derselben einen Procancellarium zu bestellen hat, daß darbey es allerdings ohne Enderung verbleiben undt ermeltem 25 Procancellario niemals Eintrag in seiner Verrichtung geschehen, sondern angeregte Privilegia auch in diesem Punkt conservirt werden sollen.)[v]

§ 2. Damit [auch][m] vors[a] andere ferner[b] zwischen (uns dem)[v] [wollgemeldten][m] Rath undt[d] der Universitet alles in guter Richtigkeit, Einigkeit undt[d] Ordnung soviel mehr p. 8 erhalten, schädlichen Spaltungen undt[d] Mißhelligkeiten aber vorkommen werden mögen, 30 ist (schon hiebevor)[v] [auf hierüber vorgangene Consultation für][m] nützlich befunden, auch von (unß Rectore, Doctoribus, Licentiatis undt Magistris)[v] [von] der Universitet (wegen) beliebet worden, daß E. E. [E. und Hochw.] Rath aus (seinem)[v] [ihrem][m] Mittel[e] vier gelehrte undt[d] hierzu tüchtige Persohnen[b] zu Scholarchen (bestelt)[v] [möchte ernennen und bestellen, welchen][m] (denselben)[v] perpetuam[f] academiae curam[f] auffgetragen undt sie 35 mit gemeßener Instruction befehlicht [werden sollen],[m] der Universitet von [Rahts und][m] gemeiner Stadt (undt E. E. Rahts)[v] wegen vätterlich[g] vorzustehen, auf ihre Versorgung undt[d] (fleißige)[v] Conservation [fleißige][m] Acht zu haben, nach Erforderung der Sachen Nothurft[h] in publicis academiae negotiis mit dem Magnifico Domino Rectore (in)[v] [und][m] consilio generali darauß zu communiciren, das beste sicherste undt[d] nützlichste 40

[ ][m] Steht nur in der ersten Formula concordiae von 1634, im Copialbuch der medicinischen Facultät. [v] Steht nur in den Concordaten (II.). [a] vohr statt vor, vohrs statt vors. [b] Personen M., in Z. 28 künftig statt ferner. [c] t statt dt. [d] d statt dt. [e] ll statt l. [f] perpetua ac. curam. [g] tt statt t; t statt tt. [h] Notturft.

[helffen][m] schließen undt effectuiren (zu helffen)[v]; doch (haben wir unß hierbey beyderseits verglichen),[v] daß weder (gedachte)[v] [die Herren][m] Scholarchen (allein),[v] noch die andere zu solchem Consilio[i] gehörige Persohnen[h] absonderlich vor[a] sich [allein] etwas von dergleichen Sachen zu statuiren Macht haben (sondern sie mit gesambtem Rath dißfals verfahren undt handeln)[v] sollen.

§ 3. Da auch vors[a] dritte nach Gottes gnädigem [gned. M.] Willen einer oder der ander aus[n] denen jetzo[k] verordneten Scholarchen mit Todt[k] abginge, oder sich sonsten mit ihme eine Enderung zutrüge, daß er solches Muneris nicht ferner mögte[l] abwarten: sol[e] auf der anderen [Herren][m] Mit[g]-Scholarchen vorgehendes Erinnern undt[d] Anhalten ihnen von dem iedesmahls[n] regierenden Rath mit[g] Zuthun undt einhelligem Schlus[n] der Eltisten[o] Meister undt[d] Viere eine andere gelehrte undt tüchtigePerson[p] aus der Räthe Mittel[e] adjungirt undt also erstangeregte Zahl der Scholarchen ohngeringert[q] erhalten werden.

§ 4. Undt[d] weil[e] vors[a] vierdte[d] [nechst obangedeuteter Einigkeit in Glaubenssachen][m] wohlgemelte[r] Universitet ohne gebührlichen Unterhalt undt[d] Versorgung der Professoren[s] nicht beständig[t] zu erhalten: so (haben wir der)[v] [hat sich E. E. E.][m] Rath (nochmals unß)[v] darzu [freywillig][m] anerbotten,[g] [die Professores facultatum congruis stipendiis zu versehen und also die Verordnung zu thun, daß dem, so albereit von Alters hero darzu deputieret, ferner aus deren von allerhöchst gedachter Königl. Mayt. zu Schweden, glorwirdigsten Andenkens, ihme und gemeiner Bürgerschaft gnedigst geschenck- und eingereumeten geistlichen Gütern, von dero Vorstehern jedesmahl ohne Auffenthalt gegen gebührende Quitung zur Verbesserung soviel gereicht und nachgeschossen werden soll, alß die mit eines jeden gutem Belieben verglichene Sum erfordert.][m] (daß mit ehester Gelegenheit wegen der Salariorum, so den Herren Professoribus zu entrichten, wir mit der Universitet eines gewißen unß vergleichen, eine richtige Veranlassung deswegen machen undt[d] dieselbe zur Nachrichtung zu Endte[d] dießer Verschreibung wollen verzeichnen laßen.)[v]

[§ 5. Dieweil auch, vohrs fünfte, der Wohnung halben die Herren Professores facultatis theologicae albereit nach Notturft accommodieret; hatt mehr wollgedachter Rath sich gleichsfals dahin erkleret, damit deßwegen keine aemulatio und Wiederwertigkeit unter den Professorn reliquarum facultatum entstehen möge, zwischen denselben dißfals soviel müglich eine durchgehende Gleicheit zu halten und selbige, wann sie in den Collegiis oder sonsten nicht albereit mit guter und gnugsamer Wohnung versehen, gleichsfals mitt geistlichen Heusern zu ihrem Auffenthalt zu versorgen; jedoch daß ermeldte Professores reliquarum facultatum nichts wenigers als von den Theologis geschicht, solche ihnen assignierte geistliche Häuser selbsten bewohnen, aber ohne E. E. E. Hochw. Raths Vohrbewußt niemanden, viel weniger demselben wiedrigen oder verdechtigen Persohnen solche zu verlocieren Macht haben, dieselbe an Thüren Fenstern Oefen und dergleichen Eingebewden in dem Stand, maßen sie ihnen vermittels der Inventarien überliefert, hernacher weiters erhalten und wieder abtreten; auch da sie

[i] Concil. statt Consil. (in Z. 10 Jedesmahls M). [k] itzo; Z. 7 Tode statt Todt. [l] möchte. [m] Steht nur in M. [n] sz statt s (Z. 10 Jedesmahls). [o] e statt i. [p] Persohn. [q] ungeringert. [r] wollgemeldte. [s] Professorn. [t] bestendtig.

mitt Vorbewust der Herren Scholarchen der Nothwendigkeit nach darin Verbeßerung thun und Kosten anwenden musten, solches ihnen und ihren Widwen nach ihnen gebührlich refundieret und ex bono et aequo wiedererstattet, die Conducentes aber ab onere recipiendi hospites et excubiarum — cum persona hic locum faciat privilegio — nicht eximieret seyn sollen.][m] 5

(§ 5. Da auch vors fünfte von unß dem Rathe einem oder dem andern aus den Herrn Professoribus Wohnungen verschaft undt eingethan würden; sollen sie dieselbe an Thüren, Fenstern, Oefen undt dergleichen Eingebewden in dem Standt, maßen sie ihnen vermittelst der Inventarien überliefert, hernacher weiters erhalten undt wieder abtreten, auch da sie mit Vorbewust der Scholarchen der Nothwendigkeit nach darin Verbeßerung tuhn undt Kosten anwenden musten, solches ihnen undt ihren Witben nach ihrem tödtlichen Hintrit gebührlich refundirt undt ex bono et aequo wider erstattet werden.)[v] 10

[§ 6. Hergegen so hat vohrs Sechste die Universitet angelobet und zugesaget, E. E. E. Hochw. Rath der Stadt Erffurd, alß auf welche Sie ihres Anfangs gewiedmet, erigiret und fundirt, wie auch dero vielfeltigen Wollthats und Schutzes bishero genoßen, alß ihre ohnmittelbahre Obern Patronen und Fundatorn hinfüro weiter zu erkennen, zu respectieren und zu verehren, sich aller schuldigen Gebühr und Gehorsams gegen dieselbige zu bezeigen und in terminis derer wollgemeldtem Rath am Tage Erhardi im J. 1410 von ihren Vorfahrn herraus gestelten Reversalen auch dieser Formulae concordiae in allem gemeß zu halten.[1]][m] 15 20

(§ 6. Hergegen haben, vors 6., wir Rector Doctores Licentiati undt Magistri wegen der Universitet nochmals zum kreftigsten versprochen undt zugesagt; E. E. Hochw. Rath

[1] Dieser Vertrag des Rathes und der Universität vom 8. Januar 1410, bez. Revers des letzteren, steht auch im Copialbuche der medicinischen Facultat; die Urkunde selbst liegt im Staatsarchiv zu Magdeburg (Abtheilung Erfurt XLV, 18) und lautet folgendermassen:

(Magd. St.-A. XLV, 18.)

Revers der Universitet. E. E. E. und Hochweisen Rathe
herausgestellet am Tage Erhardi 1410.

„Wir der rector und die ganczo gemeyne der freyhin schule zcu Erfforte bekennen vor uns und alle unser nachbarn, als die ersamen wiesen ratismeistere rethe unde dy gemeyne zcu Erfforte uns vil guttete irczeigit haben unde nach bewiese mogin in künftigin zcytin hirumme, daz dichein unwille zcwuschin uns unde den obgenantin reten unde der gemeyne zcu Erfforte entstehin sullen von keinerleie sachen, besundern von gesetzin oder erwerbunge wegin, haben wir uns eynmutlichen obirtragin umme des besten willen, daz wir dicheine gesetcze ordenunge sullen nach wullen machen ader die, dy ytczunt gemachit sind in dicheine wiese wandeln oder mynren, davon der schule den künstin den reten unde der gemeyne zcu Erfforte schade zcweitracht ader unwille mochte bekomen, unde wullen unde sullen ouch keynerleie irwerbunge thun ader bestellin, daz die geschee heymelich ader uffinbar an briefin ader gnaden, wie das mochte komen der schule den künstin der stadt Erfforte [zcu schaden] der obgenandten stad friheite stadtrecht ader gewonde zu krenkin, unde ab die irworbin worden, nicht gebruchin mit deheinerleie hulffe geistlicher oder wertlicher rechte, sundern wir wuln unde sullin der stadt Erfforte bestis nach unserme Vermogen werbin unnd vordern, ane geverde unde globin unde redin, daß also ane argelist zu haltin, unde

alhier, alß welcher nach klarem Inhalt der Hauptprivilegiorum dieselbe der Universitet erlanget, sie fundirt undt[a] neben gedeylichem Schutz vielfältige Wohlthaten erzeiget, vor dero ohnmittelbahre Oberen Fundatoren Benefactoren undt Patronen hinfüro weiter zu erkennen, zu respectiren undt[d] zu verehren, unß aller schuldiger Gebür gegen dieselbe zu bezeigen undt[d] in terminis derer wohlgemeldten Rath am Tage Erhardi[1] im Jahre 1410 von unseren Vorfahren herauß[u] gestelten Reversalen undt dieser Concordaten iederzeit beständig zu verbleiben.)[v]

§ 7. Maßen denn nichts wenigers darneben vors[a] siebende auch wir[u] der[u] Rath dem Magnifico Domino Rectori undt[d] der gesambten Universitet versprochen, uns[w] derselben Conservation zum besten angelegen sein zu laßen, alßo daß sie sich alles Schutzs[w] Trosts undt[d] Zuflucht zu (uns)[v] [Ihm][m] versehen undt[d] demnach bey allen undt jeden bißhero erlangten undt[d] habenden Privilegiis Herrligkeiten[x] Exemptionen Obrigkeiten oder Jurisdiction, vernünftigen löblichen tam generalibus quam specialibus Statutis, wie sie theils albereidt[e] ernewert worden, theils bei der[y] Facultate[y] juridica[y] [folgendermaßen][m] noch zu vernewern undt[d] zu verbeßern sein, wie auch Freyheiten undt Gerechtigkeiten, sowohl[z] diesen[aa] Concordaten[aa] [2] allerdings gelaßen undt[d] darüber in keynerley Wege weder durch unß[bb] selbst, noch andere beschwehrdt[d] [cc] undt verunruhiget werden sollen.

§ 8. Und weil vors[a] achte in denen jetzo[k] mit beyder Theilen gutem Willen ernewerten generalibus Statutis [Artic. 33][m] (Rubr. V. Art. 15)[v] [3] wegen Aufricht- undt[d] Promul-

[u] a statt az; (in Z. 8 „woll bemeldter" statt „wir der"). ( )[v] Steht nur in den Concordaten (II.) Vertrag des Raths mit der Universität vom 29. Oct. 1635. [w] Z. 9 ihnen; Z. 11 Schutzes. [x] r statt rr, rr statt r. [y] den übrigen Faculten. [z] woll statt wohl. [aa] dieser Formulae concordiae. [bb] Ihn. [cc] h fehlt.

haben des unser rectorat unde der obgenantin universiteten insegele zue bekenteniße wißentlichen an desin uffin brief gehengit. Gegebin nach Cristi geburt Virczehenhundert jahr yn dem zcenden jare an Sante Erhardi tage des heiligen Bischofis.

Sigillum rectoratus stud. Erfurt.	Sigillum univ. studii Erfurtensis.

Diese Siegel fehlen in der Urkunde; es sind blos noch die Pergamentpresseln vorhanden.

Im Text der Abschrift fehlen nur die Worte „zcu schadin," welche jedoch in der Urkunde noch stehen. Die Vergleichung der Abschrift im Copialbuche mit dem Original hat Herr Archivar Dr. Geisheim gütigst besorgt.

[1] Am 8. Januar, im lutherischen Kalender den 11. Januar.

[2] Unter Concordaten ist die 1. neuere Redaction des Restaurationsbriefs vom 29. Oct. 1635 zu verstehen, während in der älteren Formula concordiae (I.) vom 5. März 1634 diese Bezeichnung F. c. beibehalten ist; siehe die kritische Anmerkung [aa].

[3] Diese verschiedenen Citation derselben Bestimmung in den Statuten gestattet uns, einen Schluss auf das Verhältniss der Statuten von r. 34, welche bei Motschmann I, S. 759—788, nicht aber in unsern Akten der Univers. Erfurt abgedruckt sind, zu den hier unten IId, S. 28 ff. aus dem Copialbuche der medicinischen Facultät abgedruckten zu ziehen, von welcher Motschmann in den Anmerkungen S. 760 – 763 nur den Anfang mittheilt. Die ersteren, in 57 Statuta eingetheilt, sind mit der ältesten Formula concordiae (I) publicirt, die letzteren in 12 Rubriken eingetheilt, sind zwar auch schon am 15. August 1634 dem Consilium vorgelegt, aber unter H. Rennemann 1636 verändert worden.

girung, wie auch fürfallender nötigen Enderung der Statutorum generalium et specialium quarumcunque facultatum gewiße Veranlaßung [beschehen][m] (geschehen,)[v] so sol[e] es hinfüro auch darbey (sein Bewenden haben.)[v] [verbleiben; jedoch gleichwoll die albereit aufgerichtete Statuta facultatis theologicae, weil das Concilium generale, davon gedachter Articulus meldet, damahls noch nicht integre et plene constituiret gewesen, umb 5 Verhütung ferner Streits und Weiterung bey ihren Würden gelaßen werden; maßen denn auf die sich künftig begebende Fälle wollermeldte Facultet auf ihres theils angeregtem Articulo praecise nachzukommen erbötig.][m]

[§ 9. Mitt Bestellung der Professorn, vohrs Neunde, soll es also gehalten werden, daß diejenige, welche bey diesen kümmerlichen und schweren Zeiten uns schlechte und geringe 10 Besoldung in facultatibus gewesen, aufgewartett und die Studia publica helffen erhalten, nicht verstoßen, sondern ferner, so lange sie solchem ihrem Ampt noch vohr sein können, darbey gelaßen werden; damit sie also auch ihrestheils der verbeßerten Besoldung zu genießen haben mögen.][m] (§ 9. Ein ieder auß den Professoribus soll bey seinem Munere ruhig verbleiben, auch wenn erhebliche Ursachen fürfallen, in deren Betrachtung 15 einer seines Ambts zu erlaßen, hiervon in Consilio Academiae generali gehandelt undt[d] darüber der Schluß gemacht worden.)[v]

[§ 10. Bey den vacierenden Stellen aber, vohrs zehende, und welche entweder itzo oder nach der Zeit zu ersetzen, soll E. E. E. Hw. Rath Macht haben, 3 tüchtige und untadelhafte Persohnen der Universitet zu denominiren und zu präsentieren; die Optio 20 aber und Delectus unter solchen bey der Universitet vermittels des Concilii generalis seyn und bleiben; jedoch mitt der Erklerung, dass E. E. E. und Hochw. Rath die praesentandos dem Herrn Magnifico Rectori vertraulich entdecke und da derselbe facta deliberatione ihrer Qualiteten halber etwas der Notdurft nach zu erinnern, daß solche p. 11 Erinnerung zeitlich vohr dem Termino praesentandi geschehe, damit ohne Beschimpfung 25 der Subjectorum fügliche Enderung darmit getroffen werden[1] möge.][m]

(§ 10. Bei den vacirenden Stellen sollen aber vors[a] zehende der Professoren, so von unß dem Rath besoldet werden oder Verbeßerung ihrer Salariorum haben, sol uns die Nominatio undt[d] Praesentatio einer oder mehr hierzu tüchtiger und wohl qualificirter Personen freystehen, aber keiner eher angenommen undt[d] bestelt werden, den nicht 30 entweder das gantze Consilium Academiae generale oder doch zum wenigsten die meiste Adsessores dießelben mit ihren Votis approbirt haben undt zu solcher Stelle qualificirt undt tüchtig befunden.)

§ 11. (Wenn denn)[v] [Wann dann][m] auch vors[a] eylfte umb [die][m] Dimission der Vocandorum, uf vorgangene Deliberation undt[d] Schlus[n] mit[g] dem Senatu academico, frembden[dd] 35 Herrschaften[dd] zu schreiben sein wirdt,[d] sollen solche Schreiben [nomine Senatus][m] (in unsern des Raths Nahmen)[v] abgefaßt, auch unter der Stadt Secret ausgefertigt[n] werden.

[dd] den Herschaften oder Ständen.

[1] Hier zeigt sich der Rath so anspruchsvoll, dass er, wie er der einzelnen Pfarrgemeinde 3 Candidatos zur Wahl ins Pfarramt präsentirte, so auch die Universität nur aus 3 von ihm vorzuschlagenden Gelehrten einen Nachfolger wahlen sollte!

§ 12. Wie denn nichts minder vors[a] zwölfte die Bestallungsbriefe gedachter[ee] Professorum [im Nahmen E. E. E. Hochw. Raths|[m] (in unserm deß Raths Nahmen)[v] begriffen, darneben der Vocirten[gg] Reversalien ihm[hh] heraußgestelt[hh] undt also derselbe bey solchen Actibus alß die immediate Superiores et Patroni gebürlich obser-
5 virt[gg] werden

§ 13. Es sollen[ii] aber, vors[a] dreyzehende, der pro tempore vocirten[gg] Professorum Reversalen expresse unter anderen mit[c] einverleibt werden, daß[u] sie der Universitet Nutz undt Wohl[ee]farth suchen, Schaden warnen undt[d] so wohl[r] den Statutis Academiae generalibus, [et cuiuscunque|[c] (alß ieder Professor)[v] facultatis (suae)[v] specialibus, (wie
10 nicht weniger diesen Concordatis trewlich nachkommen sollen.)[v] [alß dieser Formulae concordiae treulich nachkommen wollen. Und damit desto mehr unter den semptlichen Herren Professoren omnium facultatum Einigkeit erhalten und fernerer Zwiespalt vermieden werde, so soll E. E. E. Hochw. Rathe frey stehen, diejenige, so itzo unter den vorigen vorhanden seyn und ihme gegen Einhendigung dero Bestallungsbriefe die ge-
15 wöhnliche Reversalen herauszustellen Bedenken tragen möchten, honeste zu dimittiren und ihre Stellen mitt andern tüchtigen Subjectis zu ersetzen. Da auch sonsten künftiger Zeit ein Professor seinem Ampt renuncieren oder von demselben aus erheblichen Ursachen zu removieren sein würde; so soll hierin in gedachtem Concilio generali reiflich gerathschlaget und nach recht- und billigmeßiger deßen Befindung und erfolgter Relation
20 von oft wolgedachtem Rathe die Dimissio oder Remotio solchergestalt, wie sichs nach Gelegenheit der Fälle gebührt, jederzeit effectuieret werden.][m]

§ 14. Wofern auch vors[a] vierzehende ein Professor deswegen,[n] daß er zugleich Burger ist, umb gemeiner Stadt Wohlfarth[kk] und zu seiner Person[p] sonderbahren tragen-
p. 14 den Vertrawens willen, in den Rath gewehlet würde, sol[e] ihm sich excusationis munerum
25 publicorum zu gebrauchen unbenommen sein, auch er damit gebürlich[mm] zugelaßen undt gehört werden.[d]

§ 15. So sollen auch, fürs[ll] fünftzehende,[nn] die Professores Doctores (Licenciati) Magistri und andere Universitetsverwandten, ob sie gleich Bürger undt[d] Biereigen weren,[oo] mit den Ambteren[pp] der Viertelsvormünder,[pp] Haubtleute[pp] in den Pfarren, Altarleute,
30 Walpurgisherren oder anderen dergleichen beschwerlichen Functionibus, dardurch[qq] sie an ihren Studiis Hinderung endpfinden,[rr] nicht beleget, sondern damit gäntzlich[ss] verschonet, aber[tt] wenn sie entweder in den Collegiis oder denen ihnen assignirten[gg] Häuseren wesentlich wohnen (undt keine bürgerliche Nahrung treiben, auch)[v] [weder mit der receptione hospitum, noch|[c] mit der bürgerlichen Wacht (nicht beschwert
35 werden)[v] [solcher befreyeten habitationum beschwert, auch sich dißfalls mit Gelde loßzukauffen, nicht angehalten werden.][c]

§ 16. Aldieweil auch vors[a] sechzehende zu mehrer Erbaw- undt Conservirung[gg] dieser Academiae sehr rathsam undt nützlich, daß ferner das[uu] generale[uu] Consilium[uu] in vorfallenden[a] wichtigen den Statum academicum betreffendten[vv], wie auch anderen
40 nothwendigen Sachen erhalten[ww] werde: alß verbleibt [es][m] dißfals darbey, was

[ee] der. [ff] dann. [gg] ier statt ir. [hh] ihme herrausgestellet. [ii] soll. [kk] Wolfarth. [ll] vohrs. [mm] gebührlich. [nn] y statt tz. [oo] wehren. [pp] Aemptern der Virthels Vor (ünder, Hauptleute. [qq] dadurch. [rr] empfinden. [ss] e statt ä. [tt] wie auch. [uu] ein generale Concilium. [vv] d statt dt. [ww] integre et plene constituiret.

deßwegen albereidt[e] vermöge obangeregter Statutorum generalium (Rub. 3, Art. 3) verordnet, also daß solches Consilium[i] auctoritate Magnifici Domini Rectoris angestelt, beneben den [Herren][m] Scholarchis, die demselben angehörige Membra academica hierzu gebürlich[xx] beruffen, es auch wegen der Session also gehalten werde, damit erstlich der Magnificus Dominus Rector undt[d] nach demselben immediate a dextro latere die Herren Scholarchen, a sinistro vero die Herren Decani quatuor facultatum ihre Stelle einnehmen, der fürnehmbste[yy] aus den Scholarchis primum votum, das andere der Decanus facultatis theologicae und also förters[zz] alternatim oder welchselsweiße[nn] ein Scholarcha undt[d] ein Decanus undt[d] hierauf die andere Assessores ihre Suffragia geben und eröffnen mögten.

§ 17. Wann dann vors[a] siebenzehende solche Sachen fürfielen,[c] darauß[c] (mit uuß dem Rath selbst) die Universitet noth hette zu communiciren;[gg] so soll[b] sie zween[h] ihres Mittels zu solchem Behuf[ss] auf das Rathhauß abordnen und die Nothurfft[ff] anbringen undt[d] werben, deßgleichen vice versa [mehrwolbemeldter][m] (wollen wir der)[v] Rath in fürfallenden Sachen per viros honoratos bey dem Magnifico Domino Rectore undt[d] dem Consilio secreto (oder generali), was [pro emergentiis causarum][m] (nach Beschaffenheit der Sachen)[v] fürfallen wirdt,[d] hinc inde suchen erinneren undt[d] fürtragen laßen.

§ 18. So viel vors[a] achtzehende weiter den Punctum jurisdictionis academicae belanget, [ist deßwegen beiderseits verwilliget und angenommen][m] (verbleibt es nochmahls darbey)[v] daß in personalibus der Rector Academiae über den[i] Studenten undt[d] Gliedtmaßen[d] der Universitet, (wie auch)[v] in civilibus undt[d] levioribus delictis plenariam jurisdictionem (solchergestaldt, wie von uhralter Zeit herkommen)[v] exerciren möge.

[§ 19. Was aber vohrs neunzehende Erbfälle, earum divisiones, liegende Gründe, bürgerliche Häuser, deren Praedial-servituten, wie auch Matrimonial- und Vormundschaft-Sachen, jura dotium contributionum und was das mehr anlanget, weil es causam ab academicis institutis separatam hatt, soll zu E. E. E. Hochw. Raths Cognition gestelt verbleiben und sich die Universitet daran nicht zu intromittieren haben.][m]

(§ 19. Was vors neunzehende[nn] Erbfälle undt derselben Vertheilung derer Universitetverwandten, so da Bürger oder Bürgers Kinder sein oder bürgerliche Guter, Vormundt- oder Nähergelderschafft, oder Baw-Irrungen, Geschoß, Contributiones Ungeldt undt dergleichen anlanget, quae causam ab academicis institutis separatam haben, soll eine iede derselben an dem Ort, dahin sie ihrer Art undt Eigenschaft nach gehörig, gehandelt undt darin erkanndt werden, undt in die ihr nicht zustehende Cognition die Universitet sich nicht mischen, aber in Erbfällen derer Academicorum, so nicht Bürger oder Bürgers Kinder sein, nach gemeiner Stadt Statuten urtheilen undt erkennen.)[v]

§ 20. Die Criminalsachen vors[a] zwantzigste anreichendt,[d] darin sol[k] sowohl deß Angriffs, alß auch der Cognition halben es dem uhralten Herkommen gemeß gehalten werden,[l]

[][m] Steht im Copialbuche der medicinischen Facultät (Formula concordiae von 1634). [xx] gebührlich. [yy] fürnehmste M. [zz] forters M. [a] vohr statt vor, vohrs statt vors. [b] sollen. [c] vohrfielen, woran M [d] d statt dt oder t. [e] tt statt t, t statt dt. [f] ss statt s M. [g] e statt i. [h] zwene. [i] Concilium M, (Z. 20 die). [k] ll statt l. [k-l] Nach soll steht in M: E. E. E. und Hochw. Rath so woll den Angrif, alss auch die Cognition haben.

jedoch daß die delinquirende Universitets-Verwandten in einer leidtlichen[d] Custodi verwahrt,[l2] auch mit[e] der Bestraffung wieder sie anderer gestalt nicht, denn wie es[f] zu Recht und nach dießer Stadt wohlhergebrachter Gewohnheit erfordert wirdt, verfahren werden.

§ 21. Dieweil[k] auch vors[a] einundtzwantzigste[d] zu Erhaltung guter Disciplin undt der Universitet gehörigen Respects nötig undt[d] billich ist, daß sie mit einem Carcere academico versehen [werde, deßen sie bißhero ermangelt][m] (bleibe)[v]; alß[n] wirdt es nochmahls darbey gelaßen, daß dieselbe[o] an einem[p] bequemen Ordt dergleichen Gefängnuß habe, darinn[q] die Studiosi undt[d] andere Universitetsverwandte, so etwas verbrochen haben [werden],[m] deßen Bestraffung dem Herrn Rectori gebühret, darin füglich verwahret undt[d] coërcirt werden mögen: maßen [dan][m] der Custos carceris zu dem Ende in der Universitet undt[d] des Magnifici Domini Rectoris Pflichten sein sol.

§ 22. Sonsten in Fällen, die dem Rectori zu straffen gebühren, undt[d] da wegen nächtlichen Tumults Schlägerey undt[d] anderer Insolentien Studiosi oder Universitetsverwandte von der Bürgerwacht zur Hafft kommen, sol[k] ad requisitionem Domini Rectoris der Delinquent binnen vierundt[d]zwantzig Stunden facta sponsione de non vindicando carcere et praestanda emenda, ohnfeilbar[u] abgefolgt[v] undt dem Herrn Rectori die Bestraffung nach Außweiß[w] der Statuten vorbehalten[a] werden.

§ 23. Wir[x] der Rath haben auch zugesagt daran zu sein,[y] daß die Relegati alsbaldt[d] dem Urtheil pariren, im widrigen[aa] sie darzu per competentia media zu[z] weisen[f] undt[d] anzuhalten.[bb]

§ 24. Was weiter vors[a] vier undt[d] zwantzigste den Punctum appellationis an Consilium[i] generale belanget, verbleibt es[f] dißfals bei der Universitet wohlgemeindtem[d] Vorschlag: daß nehmlich[cc] von denen, so dem vorigen Consilio,[i] a quo appellatum, beygewohnet, die relatio cum rationibus dubitandi et decidendi, den ubrigen alß den [Herren][v] Scholarchis undt[d] anderen eröffnet undt[d] ihr Bedencken auch darüber vernommen; dann wo sie sich darob mit einander des Bescheidts[d] zu vergleichen hetten,[dd] solcher den streitigen Partheyen ertheilet, im Gegenfall aber von denselben die Notthurft[ff] mit[e] zweyen abgewechselten Setzen[dd] schrifftlich hinc inde eingebracht undt[d] förterß[gg] solche auf ermelter[u] Partheyen Unkosten ad Consilium sapientum verschickt werden sollen.

§ 25. Wann[ll] aber, vors fünf undt[d] zwantzigste, von solchem des Consilii[i] generalis gethanen Ausspruch oder denen bey dem Consilio sapientum eingeholten undt[d] publicirten Urtheil[k] dem dadurch beschwerdten[mm] Theil ferner zu appelliren[nn] von nöthen thun würde: soll solches an uns[oo] den[oo] Rath, alß immediate superiorem, dem beschwerdten[mm] Theil zu thun erlaubt undt[d] nachgelaßen sein, (aber gleichwohl darbey alle Verzögerung undt protelatio litis bestes fleißes verhütet werden.)[v]

[§ 26. Was denn ferner vohrs 26., die Immunitates Academicorum betrift, sollen

[l2] behalten. [m] Steht in der Formula concordiae von 1634. [n-o] hat oft wollermeldter Rath der Universitet solchen zu haben verwilligt, will auch darauf bedacht sein, dass solcher ehesten. [p-q] an einen beq. Orth verfertigt werde damit auf von mehr wollberührter Universitet. [t] woll statt wohl. [u] ohnfehlbar abgefolget M N. [v] Steht in V. [w] Auszweis. [x-y] Es soll auch vohrs 23., E. E. E. und Hochw. Rath daran sein [z] fehlt. [aa] ff statt f. [bb] anhalten. [cc] nemblich. [dd] ß statt e V. [ee] s statt sz. [ff] Notturft. [gg] dan M. [hh] Persohn. [ii] dt statt t. [kk] z statt tz. [ll] Was. [mm] t statt dt. [nn] le statt l. [oo] E. E. E. und Hochw. [pp] e statt ß.

die Universitetsverwandten, die nicht Bürger sein, sich gentzlich enthalten, bürgerliche Güter an sich zu bringen oder bürgerliche Nahrung zu treiben: da aber einer hierwiederhandelt, wieder denselben nach Außweis der alten Statutorum und hiesiger Policeyordnung unableßig verfahren werden.]m

(§ 26. Vors sechsundtzwantzigste sollen dieienige Universitetverwandte, so da 5 unserer des Raths Botmeßigkeidt sich zu unterwerffen undt unß mit bürgerlichen Pflichten undt Gelübden verwandt zu machen Bedenken tragen, auch burgerliche Güter an sich zu bringen undt burgerliche Nahrung zu treiben sich günzlich enthalten.)v

[§ 27. So sollen auch, vohrs 27., dergleichen Persohnen von ihren, ihrer Eheweiber 10 oder sonsten der Ihrigen bürgerlichen Gütern gemeiner Stadt die schuldige Gebühr jedesmahl unweigerlich abstatten und entrichten.]m

(§ 27. Jedoch wann wegen erlangter Erbfälle oder getroffener Heyrathen sie sich gegen unß genugsam reversiren würden, daß von ihnen, von ihrer Eheweiber oder sonst der Ihrigen bürgerlichen Gutern sie gemeiner Stadt alle Gebührnuß, wie auch von dem 15 Wein das gewöhnliche Ungeldt unweigerlich abstatten wolten, sollen sie darbey geruhig gelaßen werden.)v

§ 28. Wann vors a acht undt zwantzigste, ein Universitetsverwandter Bürger wird undt d bürgerliche Güter an sich bringt, soll er communi reliquorum sorte et censu (in denen bey diesem Vergleich nicht excipirten Fällen)v gehalten werden [wie auch von 20 dem Wein das gewöhnliche Ungeld, vermöge vohrberührter Statutorum und der Policeyordnung gemeiner Stadt, entrichten].m

[§ 29. Denen Universitetsverwandten aber, vohrs 29., die Bürger sind, soll nichts weniger als andern Bürgern freystehen bürgerliche Nahrung zu treiben; jedoch daß sie denen deßwegen aufgerichteten Ordnungen ihrestheils sich bequemen und solcher 25 Nahrung halben alles abstatten und erlegen, was sich dißfals abestatten und zu erlegen gebühret.]m

(§ 29. Und soll ihme alsdann vors neunundzwantzigste nicht weniger als anderen Bürgeren freystehen, bürgerliche Nahrung zu treiben. Jedoch daß er denen deswegen aufgerichteten Ordnungen auch seines Theils sich bequeme undt solcher Nahrung halben 30 alles abstatte, was sich dißfalls abzustatten undt zu erlegen gebühret.)v

§ 30. Was den Punctum sessionis [et suffragiorum ferendorum]m vors a dreyßigste [qq] belanget [ist außer allem Zweiffell, das itziger Zeit dem Procancellario, alß welcher die Hochlöbliche Cron Schweden repräsentieret, primus locus zukommen, nechstdem in actibus Academiae publicis, promotionibus et consessibus academicis, wie auch sonsten 35 in allen andern processionibus, conventibus, Hochzeit, Leichbestattungen und dergleichen, dem regierenden Obristen Rathsmeister oder, in dessen Abwesen, sonsten dem Fürnehmbsten unter E. E. Raths Abgefertigten, in alle Wege primus, dem Magnifico Domino Rectori aber secundus, und dann E. E. E. und Hochw. Raths anderen obersten Rathsmeistern und Vieren, auch den Scholarchis wechselsweise von denen auß dem 40 Rathsmittell anzufangen, die Praecedents und Praesession gebühren solle.]m (wirdt

qq dreysigste V.

in den Promotionibus und anderen Actibus Academiae publicis iederzeit das Decorum dißfals in Acht genommen undt auch sonsten beyderseits zum besten verhütet werden, daß bey keinem academico actu publico hierin etwas ohnziemliches vorlauffe, sondern der Respectus personarum von denen, so deßwegen die Anordnung zu thun observirt, 5 insonderheit aber dem Herrn Magnifico der fürnehmste undt denen von unß dem Rath deputirten Scholarchen der hier oben art. 16 beniembte oder auch anderen von unß zu den Actibus Verordneten dignus locus tribuirt werde.)[t]

§ 31. Es sollen auch vors[a] ein undt[d] dreysigste die Professores in ihren Häuseren[rr] undt[d] Wohnungen [mit][m] der wirklichen Einquartierung [und Wachten][m] befreyet sein, 10 da sie aber (ihre) Häußer[tt] vermiethet[ss] oder[ss] sonsten[ss] Güter hetten, die zu gemeinen burgerlichen Rechten gelegen, [und sie sich derselben nicht verziehen wolten; so][m] sollen sie sich in denselben Häuseren[tt] undt[d] gedachter Güter halben nachbarlichen[xx] Rechtens halten, auch darvon die Kriegssteur[yy] bürgerliche Geschoß undt[d] alle andere ordinari undt[d] extraordinari Anlagen, (darvon auch keiner unter den fürnehmsten Rathspersonen 15 befreyet ist)[v] unweigerlich erlegen undt[d] betzahlen.

§ 32. Undt damit ins künfftige vors[a] zwey undt[d] dreysigste[qq] nicht Streit sey,[zz] welche Personen[c] für Universitetsverwandte[b] zu halten undt[d] sich derselben Privilegien zu erfrewen[d]: ist solcher Punct dahin verglichen undt[d] erkläret worden, daß alle Docentes Legentes et Audientes, so alhier immatriculirt;[g] ohne Unterschiedt[h] ob sie 20 cum gradu oder nicht, auch alhier oder anderstwo promovirt[e] seindt,[d] wie auch der Secretarius [vel Notarius][m] Universitatis, deroselben [Cursores oder][m] Pedellen undt[d] immatriculirte[ww] Schreiber undt[d] Famuli der Professorum sampt aller vorgedachter graduirten[i] undt ungraduirten[i] Persohnen Weiber undt[d] Kinder, männliches[l] undt weibliches Geschlechts, wie auch dero hinterlaßene Witben pro veris membris Aca- 25 demiae billich gehalten werden: undt[d] demnach aller undt[d] ieder Immuniteten[h] undt[d] Freyheiten gedachter Universitet, ohngeachtet[h] wenn sie schon sonsten wegen ihrer burgerlichen Behausungen[y] undt[d] Güter [E. E. E. Hochw. Rath][m] den Bürgereydt[d r] geleystet, jedoch gemeiner[l] Stadt[l] an den burgerlichen von solchen Gütern berechtigten Gebühhrnißen undt[d] Gefällen ohnnachtheilig[q] zu genießen undt[d] zu gebrauchen 30 haben sollen.

§ 33. Deßgleichen soll auch vors[a] drey undt[d] dreysigste[qq] dieser[y] löblichen Universitet einen Typographum zu halten vergönnet sein,[r] welcher unter deß Rectoris Juris diction begriffen undt[d] pro membro Academiae zwar gehalten werden, jedoch sich anderer bürgerlichen Nahrung gäntzlich eusern[y] sol.

35 § 34. Hingegen sollen vors[a] vier undt[d] dreysigste[qq] nachgesetzte davon excludirt[ww] sein, nehmlich[v] so den Privilegiis academicis selbst renunciirt[o] oder per sententiam derselben verlustig declarirt[g] worden. Ingleichen alle undt[d] iede, so weder lehren noch lernen undt also nicht actu den[aa] Studiis[aa] obliegen[aa] (undt[d] derselben halben

[rr] befreyeten Höfen. [ss] und andere. [tt] Heusern (Z. 10 Heuser). [uu] fehlt. [vv] ff statt f. [ww] ie statt i. [xx] nachtbarlichen. [yy] Kriegesteuer. [zz] s statt sz. [a] vohr statt vor. [b] Universitetsverwandten. [c] Persohnen (oder Persohn statt Person). [d] d statt dt oder t (Z. 18 erfreuen). [e] t statt tz. [f] erkleret. [g] ieret statt irt. [h] Underscheid. [i] Concilium, ...r statt ...ten (Z. 23). [l] n statt nn. [m] Steht in M (Z. 19 t statt d oder dt). [o] Immuniten. [p] Concil. statt Consil. [q] un... statt ohn... [r] y statt i. [s] demselben. [t] vohr statt vor, vohrs statt vors. [u] Gebührnissen. [v] Steht in V (Z. 36 nemblich.) [w] renuncieret [x] tt statt t oder dt. [y] sz statt s oder ss. [z] e statt i. [aa] ihre Studiis nicht nachsetzen. [bb] ll statt l.

eigentlich sich alhier aufhalten)[v] (sondern etwas anders bevorab aber)[v] burgerliche Gewerb[r] undt[d] Nahrung an sich genommen undt[d] treiben.

§ 35. Doch ist solches vors[dd] fünf undt dreysigste[pp] nicht zu verstehen, als[ee] ob einem Universitetsverwandten, so seines Studierens abwartedt[kk] und Burger ist, zu seinem undt der Seinigen beßern Unterhalt bürgerliche Nahrung zu treiben gewehrt sein solte, 5 weil solches [albereit][m] obiger Verfaßung nach und auf vorerzehlte Maße ihm (albereit)[v] nachgelaßen.

§ 36. Ferner sollen auch vors[s] sechs undt dreysigste[pp] für keine Studiosen gehalten werden der Universitets[gg]verwandten erwachsene Söhne, die bey den Studiis nicht bleiben, sondern ad militaria oder andere commercia divertiren,[ww] Fechter Apothecker[ii] 10 Buchtrucker[s] [Buchbinder][m] Buchhändler, sambt allen (ietzo gemelter)[v] [itzo genandter][m] Gesellen, Jungen und teutschen Schreibern.

§ 37. Da nun vors[t] sieben undt dreysigste[pp] ins künfftige uber vorberuhrte Puncta zwischen[nn] uns[y] anfangs genanten beyden Theilen[oo] mehr Irrungen oder Zweiffel sich zutrugen undt[s] ereigneten, sollen dieselbe [auctoritate amplissimi Senatus et Magnif. 15 D. Rectoris][m] durch gewiße (ex utroq. ordine)[v] Deputirte[ww] geschlichtet undt[d] dieße[qq] Concordata[rr] nach ihrem rechtlichem,[ss] wörtlichen[d] Verstandte (darbey attendirt),[v] [benigne et favorabiliter interpretieret][m] der verus sensus darauß[qq] genommen undt[d] nicht darin getragen werden. Undt damit obigem allen beyderseits ohnverbrüchlich nachgelebt undt[s] in allen Puncten nachgesetzt werden möchte[tt]; (seindt[uu] von dieser Ver- 20 schreibung zwei gleichlautende Originalia gefertiget)[v] [ist diese Formula concordiae][m] von seiten E. E. Hochw. Raths mit gemeiner Stadt Insiegel [bedrückt][m] wie [denn][m] auch [von][m] der Universitet mit dero undt deß Magnifici[uu] Domini Rectoris gewöhnlichen Secreten confirmirt und bestärckt (undt[s] eines darvon von wohlgedachtem Rath, das andere von mehr wollgemelter Universitet in Verwahrung genommen) worden. 25 So geschehen [Mittwochs nach Reminiscere den 5. Martii, anno reparatae salutis 1634][m] (am 29. Oct. im Jahr nach Christi unsers lieben Herrn undt Seeligmachers Geburth 1635.)[u]

[Alexander Eßken[1] m. ppr.]

[Locus secreti Senatus]	[Locus secreti Residentio]	[Locus secreti Universitates]	30

[Joh. Wilhelm Förster m. ppr.
Hieronymus Brückner, Dr. m. ppr.

Rector Academiae Erfurtensis M. Justus Heckelius Ethices P. Prof.]

[ee] Gewerbe. [dd] fürs. [ee] alsz. [ff] g. wehret. [gg] Univeisitet. [hh] rr statt r. [ii] k statt ck. [kk] t statt dt, oder th. [ll] genandten. [mm] woll statt wohl. [nn-oo] zwischen wollgemeldten Rath und der löbl. Universitet. [pp] dreysigste. [qq] s statt sz. [rr] Formula Concordiae. [ss] rechten. [tt] möge. [uu] Von hier an fehlt in V der Schluss und die Unterschriften in dem Vertrage des Raths und der Univer-ität (Concordata, s. oben § 7 oder Form. concordiae II von 1635), welche nach Motschmann, Erfordia literata II, S. 510. am 29. Oct. 1635 an Stelle des ersten (?) Restaurationsbriefs von 5. März 1634, (und des ältesten von 1633, s. S. 28, Z. 12) unterzeichnet worden war. Die letzten Worte der älteren

[1] Der königl. Schwedische Resident in Erfurt, welcher im Auftrag des Reichskanzlers Axel Oxenstierna verhandelte.

[Joh. Balthasar von Brettin mppr.
Jacob Langutt mppr.
Ern. Gothofr Norinbergius D. mppr.
Henning Kniphoff mppr.

Joh. Matth. Meyfart SS. Th. D. p. t. Fac. Decanus.
Georgius Großehayn SS. Th. Lic. et Prof. P.
Nicolaus Zapfius SS. Th. Lic. et Prof. P.
5 Bartholomeus Elsner SS. Th. Lic. et Ling. orient. P. P.
Quirinus Schmaltz med. D. ejjusdemque Fac. p. 1. Decanus.
Johann Rehefeld med. P. P. et Physicus
10 Erff. ordinar. m. ppr.
M. Liborius Capsius Prodecanus nomine Facultatis m. ppr.
M. Georgius Kaltschmid P. P.
M. Steph. Ortelius s.][m]

Formula concordiae sind in dem Copialbuche der medicinischen Facultät und in N erhalten. Jene zweite Redaction war nicht von dem Schwedischen Residenten mit unterzeichnet, dessen Name schon unter den renovirten lateinischen Statuten vom 19. Oct. 1636 fehlt; denn damals hatten die Schweden schon bald dem Beitritt der Stadt zu dem Prager Frieden aus der Stadt weichen müssen und Banner erzwang erst im Dec. 1636 wiederum die Besetzung der Stadt, welche die Schweden erst nach dem Westphälischen Frieden wieder räumten. Auch rührt diese neue Redaction der allgemeinen Statuten von dem Rektor Dr. jur. Henning Rennemann her, welcher am 18. Oct. 1635 (16 Jahre nach seinem ersten Rectorate) nach dem neuen Wahlstatut dies Amt übernommen hatte.

IId.

Allgemeine Universitäts-Statuten
von 1634 und 1636.

Die im ersten Bande der Akten der Erfurter Universität abgedruckten allgemeinen Statuten gehören dem Statutenbuch von 1412 (?) D an, aus welchem auch die folgenden Facultätstatuten IIf, h, l, n entlehnt sind; dazu kamen die Zusätze in den Statuten von 1447, wie sie bei Motschmann I, S. 617 bis 678 abgedruckt sind, durch Einschliessung in () von der früheren Redaktion unterschieden und kenntlich gemacht. Seitdem war der berühmte Prof. Matthaeus Dresserus, der Mitbegründer des evangelischen Rathsgymnasiums 1561, im J. 1565 mit der Abfassung neuer Statuten beauftragt worden, aus denen Motschmann (Erfordia lit. I, S. 682. 683) nur die ersten 4 §§ mittheilt. Eine grosse Veränderung führte die schwedische Besitznahme herbei, welche jedoch keinen langen Bestand hatte.

Nach Motschmann (Erfordia literata I, S. 506) erliess schon 1633 der Rath nach seinem Beitritt zum Heilbronner Bündniss (entsprechend dem schwedischen Memorial vom 31 August 1632) Literae restaurationis oder Formula concordiae, deren Hauptpunkte er S. 506 mittheilt, und wahrscheinlich wurden damals auch die neuen Gesetze in 57 §§ erlassen, welche bei M. I, S. 759 – 788 [1] abgedruckt sind. Beides aber findet sich handschriftlich weder auf dem Staatsarchiv zu Magdeburg, noch auf dem Erfurter Magistratsarchiv vor. Wohl aber enthält das Copialbuch der medicinischen Facultät im Erfurter Archiv (M) den Wortlaut der Formula concordiae (I) vom 5. März 1634 und ein andrer Band desselben Archivs (V), der aussen mit der Zahl 1635 bedruckt ist, den Wortlaut der vom 29. October des Jahres 1635 datirten 2. Formula concordiae oder Concordaten, welche beide oben S. 9 — 22 unter IIc abgedruckt sind. Zu der ersten Redaktion der Formula concordiae (I) gehören auch die bei Motschmann I, 759 ff im Text abgedruckten obenerwähnten Statuten in 57 §§, von denen § 33 in Formula concordiae I, § 8 citirt wird (siehe oben S. 14). Zu der zweiten Redaktion (den Concordaten vom 29. Oct. 1635) [2] gehören die hiernächst S. 24 ff. abgedruckten in 12 Rubriken eingetheilten Statuten vom 14. August 1634, von denen Motschmann I, S. 760 — 763 in den Anmerkungen nur den Anfang, Rubr. 1 — 3 mittheilt, welche aber vollständig in dem mehrerwähnten Copialbuche (M) und ausserdem in 2 Abschriften auf Papier im Archiv der Erfurter Kgl. Regierung (S) enthalten sind. In beiden Handschriften sind aber auch die Aenderungen und Zusätze angebracht, welche unter Mitwirkung des Rectors und des Conciliums der Universität und mit Rücksicht auf den Beitritt zum Prager Frieden und die

---

[1] Diese frühere hier nicht mit abgedruckte Redaction der akademischen vom Rathe erlassenen Statuten in 77 §§ vom 21. Sept. (Motschm. I, S. 762) 1634 (so steht Motschm. I, S. 788 am Ende des Wortlauts derselben) ist wohl wahrscheinlich richtiger in das Jahr 1633 zu setzen, wie Motschmann an zwei Stellen (I, 506 und 758) angiebt. Nur so ist die Schwierigkeit zu lösen.

[2] Leider ist dieser zweite, so wie der erste, in 37 §§ abgefasste Vertrag nicht vollständig in dem andern Buche der medicin. Facultät (V) enthalten, sondern es fehlt das letzte Blatt mit dem Datum und wahrscheinlich sind auch die dazugehörigen Statuta generalia mit herausgerissen; sie lauteten aber sicher übereinstimmend mit den vom Rector Henning Rennemann in wenigen Puncten geänderten und am 18 Oct. 1636 vom Collegium majus vorgelesenen Statuten vom 14. August 1634, wie sie hier abgedruckt sind. Doch hat die Magistratsbibliothek ein zweites vollständiges Exemplar (N).

Wiederannäherung an Kurmainz zu Stande gekommen und beim Beginn des neuen Universitätsjahres am 18. Oct. 1636 vorgelesen worden sind. Was bei dieser letzten Redaktion vom Rector H. Rennemann weggelassen wurde, ist in eckige Klammern mit dem Zusatze [], was neu hinzugefügt ward, in runde Klammern () eingeschlossen; gehört die so eingeklammerte Stelle dem 5 ursprünglichen Entwurfe des Raths an, so ist den Klammern ein r beigefügt, rührt sie von den Vertretern der Universität her, so ist u beigesetzt. In den Variantennoten ist den abweichenden Lesarten des medicinischen Copialbuchs der Buchstabe M, denen der Handschrift im Regierungsarchiv, aus welcher die erstere abgeschrieben sein muss, der Buchstabe S beigefügt. (Mehrere Zusätze in S von anderer Hand sind in M mit derselben Schrift und in fortlaufendem gleich-10 mässigen Texte geschrieben.[1] Auch ist die Handschrift M meist in der Orthographie Henn. Rennemanns, M dagegen in gewöhnlicher Weise geschrieben.)[2] Es setzt sich nun der Text der in XII Rubriken eingetheilten (1634 renovirten) Statuten aus dem zusammen, was nicht und aus dem, was in [], der Text der 1636 renovirten Statuten aus dem, was nicht, und aus dem, was nur in runde Klammern () eingeschlossen ist. Lesarten, welche nur in M stehen, in S ausgestrichen 15 sind, werden durch m, solche, welche nur in S stehen, durch s bezeichnet.

M. p. 33

Statuta academiae Erfurtensis generalia.

(Vorrede der städtischen Behörde, in M nicht, wohl aber in S durchstrichen.)

[Consules et senatus reipublicae Erffurtensis lecturis salutem!

Quamvis causa quae ruinam huic nostrae ab annis 100[a] intulit academiae, non sit 20 una; inter omnes tamen illa non immerito gravioribus adcensenda, quod tempora interciderint ejusmodi, quae a praedecessoribus nostris et nobis procerum academiae, maiori ex parte aliunde istac tempestate dependentium, animos abalienantia diligentiorem academiae curam admodum praepedierunt. Quae cum non parum videantur cum mutata rerum nostri temporis conditione sic et ipsamet commutata et iam per dei gratiam 25 paene nihil,[b] quod porro dissidium illud academiae nostrae perniciosum foveat, obstare possit. Et quo reconciliatio haec imposterum majore cum fiducia sibi constet durabilior, huic academiae nostrae — quae matri non inepte comparatur viduae, cui salus sua et suorum sine curatorum certorum administratione fideli conservari nequit: — quibusdam ex eius proceribus ita monentibus et consulentibus provida nostra cura nuper admodum, 30 quo imposterum illa et salva sit et tecta sartaque permaneat, ex ordine nostro viri et egregie docti et exacta prudentia conspicui, qui universitati nostrae tam consilio fidissimo, quam auxilio substent firmissimo, si temporum hoc sive necessitas sive utilitas exigat, sunt scholarchae delecti et legitime[c] constituti: Hos[d] magnificus dominus rector, decani

[a] centum et quod superest M. [b] nihil poene M. [c] legitimi S. [d] Nos (?) M.

[1] Dies beweist, dass der Text in M von einer und derselben Hand aus S abgeschrieben worden ist, nachdem die Aenderungen und kleinen Zusätze des Revisors in S mit andrer Hand schon beigefügt waren. Diese Modificationen des vom Rathe am 14. Aug. 1634 dem Rector und Concil vorgelegten Entwurfes rühren also wohl von dem Beschlusse der letzteren her.

[2] Proben dieser wunderlichen Orthographie giebt in Rennemann's Biographie Motschmann II, S. 611; ejjus, ajjo, respoplica, describtio, conlegium, obficium, quinctus u. a. — Bemerkenswerth ist noch, dass noch in den Statuten des Raths die Schreibweise consilium für die Gesammtheit der Beisitzer des Rectors vorkommt, während in den Redaktionen von 1636 schon derselbe Ausdruck fast regelmässig in concilium verändert ist.

et professores facultatum singularum, maiorum hac in re vestigia secuti, in consilium adhibentes, de statutorum academiae generalium emendatione ac renovatione aliquoties gravissimas deliberationes instituerunt ac tandem nobis consentientibus illam eo, qui sequitur, tenore adornarunt.][r]

(Vorwort der akademischen Behörde vom 19. Oct. 1636.) 5

Rector et facultatum quatuor decani (seniores et reliqui)[u] [atque][r] professores (academiae Erfurtensis)[u] lecturis salutem.

(Quamvis caussa, quae ruinam huic academiae ab annis 100 et quod superest intulit, non sit una, inter omnes tamen illa non immerito gravioribus adcensenda, quod tempora interciderunt ejjusmodi,[e] quae primorum hujjus[f] reipublicae animos, quo minus academiae 10 hujjus[f] et praedecessorum nostrorum rationibus tanta, quam antea impendere consueverant, cura prospexerint, non parum offenderunt. Ex quo aliud evenire non potuit, quam quod res academiae, patronorum suorum munificentia auxilio et consilio destitutae, paullatim in deterius labascere coeperunt. Academia enim non inepte matri comparatur viduae plurium liberorum educatione onustae; cui sua et suorum salus sine tutorum et 15 patronorum administratione fideli neque procurari neque conservari potest. Cum igitur singulari et ad posteritatem nostram, si qua erit futura, admirabili hac nostra tempestate plus quam turbulenta factum sit dei clementissimi providentia, ut superiorum temporum offensis non tantum mitigatis, sed et amotis penitus amplissimi hujjus[f] reipublicae senatus fortunam academiae plus satis adflictam miseratus clementibus ad- 20 spexerit oculis: quando, quantum per bellicas calamitates fieri licuit, inter strepitus Martios professoribus quibusdam aliunde arcessitis nova (ex aerario suo)[g] salaria[h] decrevit et horum, qui praesentes erant, tenuiora didactra mediocriter adauxit et aliis modis statum academiae publicum subfulsit: nos etiam,[i] ut nostram instaurandae academiae pro viribus opellam conferremus, posteaquam perlustratis nostris academiae 25 generalibus statutis multa animadvertimus, quae progressu temporis partim in abusum ceciderunt, partim mutatis rerum circumstantiis emendationibus et additionibus indigere visa sunt; nostrorum antecessorum hac in re et nominatim anno 1565 vestigia prementes, hanc statutorum nostrorum renovationem pro antiquorum statutorum norma, sed pro nostri temporis circumstantiis, deliberato consilio perpensa nuper auspicati sumus; 30 et praevio consensu amplissimi senatus, ad quem superioribus seculis nos antecessorum nostrorum cum eo [amplissimo senatu][k] pacta adstringunt, illa quae sequitur, quod felix et faustum siet, forma promulgamus.)[u]

RUBRICA I. DE CORPORIS ACADEMICI CONSTITUTIONE ET UNITATE. p. 25

§ 1. *Caput et membrum academiae.* Academiae nostrae cum corpus sit unicum, 35 hujus caput summum *Rector*, membra vero facultates quatuor, theologica, iuridica, medica,[l] philosophica,[l] cum suis sibi singulis seorsim addictis doctoribus, licenciatis, magistris, baccalaureis[n] et studiosis sunto reliquis.

[e] ejusmodi M. [f] hujus M. [g] Späterer Zusatz in S, mit gleichartiger Schrift, wie das Uebrige, in M abgeschrieben; vgl. S. 24 Anm. 1. [h] solaria M. [i] et M. [k] in S durch eo ersetzt., fehlt in M. [l] med. et philos. S. [m] Steht in M. [n] baccalariis.

RUBRICA II.
DE RECTORIS ELECTIONE ET INAUGURATIONE STATUTUM.

§ 1. *Rectoris electio.* Rectoris officium duntaxat annuum esto; cuius electio posthac alias non desiderabit ceremonias, quam ut in feriis divi Lucae sacris rector anni iam 5 praeterlabentis ex omnium facultatum doctoribus et magistris consilium in collegii maioris conclavi philosophico congreget; in eorum praesentia sua se rectoratus abdicet provincia et statim ad novi rectoris electionem secundum ordinem facultatum et cuiusque in sua facultate, quem pro temporis ratione primatum obtinuit, ita procedatur, ut huius anni rectori, qui ex facultate est [philosophica[1]]m (iuridica)s ab officio suo recedenti 10 succedat primarius professor in facultate [theologica]m (medica)s; quem post annum abeuntem sequatur in facultate prior (philosophica)s [iuridica]m et hunc qui priores obtinet in (theologica)s [medica]m [et tandem in philosophica]s: a quo revertatur ordo secundum cuiusque temporis [praerogativam]m (rationem)s ad [theologos]r iurisconsultos, (medicos, philosophos)s et sic deinceps.

15 § 2. *Illustri personae prorector adjungitur.* Si vero persona illustris studiorum causa hic commoretur, ei more perantiquo huius et aliarum bene constitutarum universitatum supremus magistratus academicus per annum ita committatur, ut professor, quem in facultate sua tum ordo tangit, prorectoris munere fungatur.

p. 29 § 3. *Rectoris vices gerens.* Rectoris, si casus ita ferat, vel extra oppidum ab- 20 sentis vel morbo correpti vel etiam vita defuncti vices supplebit proximus eius antecessor.

§ 4. *Rectoris inauguratio.* Rectoris noviter electi sequatur octiduo post inauguratio talis, ut [praemissa concione in aede sacra beatae Mariae virginis]m exrector (loco solito)u conscendens cathedram novum publice rectorem praevia eiusdem commendatione 25 proclamet et ipsi, postquam iuramentum praestiterit, tradat insignia et instrumenta ad hoc munus pertinentia. (In renovatis hoc statutis plane omissum est.)m [2]

§ 5. *[Recitatio statutorum generalium.]* [Quae cum est adeptus rector novus, e suggestu publico statuta generalia a deputato magistro recitari faciat; ad horum observantiam subditos adhortetur et sic conventui colophona imponat.][2]

30 § 6. *Adsessorum*o *et consiliariorum rectoris electio.* Quo facto primum adsessores, deinde consiliarii ex singulis eligantur facultatibus novi, qui novo rectori in fu-

o Adsessores M.

---

[1] Diese Aenderungen der Facultätsnamen erklären sich aus der Zeit, in welcher die Statuten geändert wurden 1634 und 1636: 1634 bis zum 18 October war noch Justus Heckel aus der philosoph. Facultät Rector im 3. Jahre; auf ihn folgte zufolge dieses neuen Statuts der Prof. theol. Meyfart; 1635 bis 1636 18. Oct. war auf den Mediciner der Prof. jur. Henning Rennemann (huius anni rector) gefolgt. Diese Einsetzung des Rectors nach dem Turnus und nach den Facultäten, statt der Wahl durch 3 Electores, dauerte nur bis 1649, wo an ihre Stelle wieder die alte Weise zu wählen trat; Motschm. I, S. 343. — So gehören die in Klammern []m eingeschlossenen Facultätsnamen der Entstehungszeit der früheren Statuten (1634), die in ()s eingeschlossenen dem Jahre der renovirten Statuten (1636) an; diese letzteren sind in M gar nicht beigefügt.

[2] § 5 ist in S durchstrichen, § 4 aber nicht.

turum praesto sint annum, (ita quidem, ut adsessor eligatur unus ex junioribus cujjuscunque facultatis, consiliarii vero duo, quorum unus facultatis cujjusque decanus, alter senior).[u]

§ 7. *Rectoris solemnis deductio.* Et hoc expedito ad conclave, quod in collegio maiori est, (conciliis academicis)[s] [consilio generali][r] destinatum, ille a [dominis scholarchis][r] (dn. exrectore decanis et)[u] professoribus, [ac] reliquis facultatum doctoribus et magistris, nec non studiosis solemniter deducatur.

§ 8. *Convivium rectorale prohibitum.* Indeque ad sua quisque sine ullius convivii sequela, ne sumtibus et impensis praegraventur academiae membra inutilibus, redeat.

§ 9. *Exrectoris rationum redditio.* Postero die exrector (concilio secreto)[u] [consilio generali][r] acceptorum et expensorum rationem reddat, ac residuum pecuniae, (si quod erit),[u s] in fisco academico recondi et asservari curet.

RUBRICA III. DE RECTORIS IURISDICTIONE STATUTUM.

§ 1. *Cognitio causarum academicarum per adsessores rectoris.* Penes rectorem academica jurisdictio in suos subditos communiter omnes sic resideto, ut in causis inter cives academicos controversis, si non ita magni sint momenti, quatuor adsessores ex junioribus facultatum singularum sibi tempore inaugurationis ad hanc causam deputatos in concilium[p] convocet et has lites vel amicabili transactione (componat)[u] vel, si haec locum non inveniat, per sententiam, causa cognita [componat][r] (decidat)[u].

§ 2. *Per consilium secretum.* In gravioribus vero et magni momenti causis octo consiliarios, decanos scilicet quatuor cum suis singularum facultatum senioribus, itidem tempore inaugurationis suae sibi adsignatos ad accuratiorem deliberationem in concilium, quod secretum vocatur, adsciscat.

§ 3. *Per concilium generale.* Sed si de publicis academiae negotiis — ut sunt professorum vocationes vel dimissiones, eorundem in certis auctoribus praelectiones, salariorum constitutiones [et aerarii academici rationes][m] aedificiorum refectiones, statutorum novorum promulgationes vel caeterorum interpretationes, item relegationes et aliae similes statum academiae publicum concernentes — consilia sint capienda; nonnisi dominis scholarchis academiae praeter omnium facultatum professores in consilium adhibitis et per pedellos ad *concilium*[p] quod *generale* voca[bi][m]tur rogatis, illa proponat et sine horum consensu in causis publicis neutiquam procedat.

§ 4. *Mulcta professorum a concilio*[p] *se subducentium.* A quo generali, vel quovis etiam alio secreto concilio, si professorum quispiam temere absentiae causa, apud rectorem non prius allegata et probata, se subduxerit, ab eo dominus rector mulctae loco joachimici quadrantem per pedellos exigi curet.

§ 5. *Ordo votorum.* In conquirendis autem votis eum observabit ordinem, (quem cujjusque auctoritas et dignitas promeretur; ita tamen ut prae reliquis professoribus decani prius compellentur)[u] [ut juxta formulae concordiae 5. Martii anno 1634 utriusque politici et academici magistratus consensu conciliatae articulum 16. primo e dominis

[p] Ueber die Orthographie von consilium und concilium siehe die Einleitung S. 24 Anm. 2. Häufig ist auch s nicht in c geändert.

scholarchis primum, deinde reverendi collegii theologici decanum et deinceps alternatim scholarcham et decanum ante reliquos professores compellet].[r]

§ 6. *Sententia gravati provocatio.* De quibus diversis conciliorum[p] speciebus hoc p. 31 observabitur, quod a sententia domini rectoris et adsessorum ipsius ad concilium secretum et a secreto ad generale sit provocatio litigantibus concessa.

§ 7. *Provocatio gravati sine impendio admittatur.* Quia autem antehac provocans ad concilium[p] secretum, nisi thalerum solveret, admissus non fuit; quo factum saepius, ut hace sumptibus absterriti sint a prosecutione sui juris actores; imposterum hoc onere provocans non gravetur.

§ 8. *Honorariolum concilii adsessoribus non offerendum.* Eandem ob caussam posthac pro praesentia in concilio[p] nemini dominorum adsidentium honorariolum antehac receptum offerre rector debet.

§ 9. *Poena temere provocantium.* Quod si tamen temere quempiam provocasse ad concilium post adparebit, temerarii[q] litigii mulcta[t] pro arbitratu concilii[p] irrogabitur provocanti.

§ 10. *Secretarii academici munus.* Actis et gestis conciliorum custodiendis, judicialibus controversiis omnibusque,[v] quae [extrajudicialiter][r] in praedictis tribus conciliis (quin et quae extrajudicialiter)[u] tractantur,[w] in protocollum digerendis; (item)[u] epistolis testimoniis et aliis academiae et rectoris nomine describendis adhiberi debet [a][m] concilio generali receptus et juramento obstrictus secretarius academiae.

§ 11. *Protocolla rectoris et decanorum.* Ipsemet etiam rector et cujuslibet facultatis decanus omnia coram se gesta et acta in protocollis academiae vel facultatum[x] diligenter [notabit][r] (notabunt)[u] (istaque protocolla successoribus suis[y] fideliter relinquent).[u] [y]

§ 12. (Et ne quispiam ex subditis academicis ignorantia statutorum se possit excusare, quivis rector (pro more antehac recepto)[u] durantibus feriis aestivis, statutorum praelectionem publicam certo die, ad quem publico programmate omnes invitentur academici, sic instituet in majjori conlegio loco solito, ut ipse brevem praemittat de quavis materia; quae rei gerendae conducat, praefationem;[z] deinde per quempiam ex junioribus magistris statuta ex cathedra publice recitari procuret)[u]

§ 13. *Testimonia non temere impertienda.* Et quia plurimum refert in aliis testimonio publico academiae decorandis, ut in illorum vitam et vitae conditionem mores et studia diligenter inquiratur, ne post incutiant aliena sibi peccata pudorem, ut poeta recte censet; non modo sine domini rectoris aut decani facultatis illius, a qua gradu quis ornatus fuit aut commendari cupit, praevio consensu testimonium secretarius nemini scribito.

p. 32 § 14 *Rectoris et decanorum in testimoniis impertiendis circumspectio.* Sed nec ipse dominus rector sine secreti consilii[aa] auctoritate, aut decanus sine facultatis suae approbatione, quo cautius procedat, huiusmodi testimonia cuiquam impertito.

[q] temeraria S. [r] Steht so in der Redaction des Raths (1631). [s] Steht so in S. [t] multa S. [u] Steht so in der 1636 renovirten Redaktion der Universität. [v-w] Statt omnibusque — tractantur steht in M: omn quae extrajudicialiter (quin et quae)[r] in praedictis tribus conciliis tract.; und ist in M nichts ausgestrichen. [x] facultatis M. [y] [istudque protocollum successori suo fid. relinquet.][r] [z] praefacionem S. [aa] Hier ist es nicht, wie an anderen Stellen, in concilii geändert.

RUBRICA IV. DE RECTORIS MUNERE.

§ 1. *Rectoris munus circa inscriptionem. Tempus inscriptioni praefinitum.* Ut de subditis academicis, quinam illi sint, utrique magistratui constare possit, cautum hoc esto: ut quisquis mercaturae literariae faciendae gratia hac in urbe conversari et academicis gaudere privilegiis voluerit, si sit incola, quamprimum per aetatem licuerit vel publico se 5 studiorum cursui adcinxerit; sin advena, intra octiduum a primo adventus sui die, domino rectori nomen suum professus se praestito prius iuramento matriculae academicae inscribi petat: in qua cuiuscunque nomen non fuerit repertum, civis academicus censeri non debet; tantum abest, ut ad facultatem quampiam admitti vel officium aliquod in ea, licet minimum sit, usurpare queat.[1] 10

§ 2. *Jurisdictioni rectoris se subtrahentium poena.* Haud item permittatur amplius, ut quis pro studioso se gerens suam in exagitandis novellis academicis (vel aliis modis)[u] exerat petulantiam atque in nequitia deprehensus modo amplissimi senatus, modo domini rectoris jurisdictioni se subtrahere conetur, sed tale quidpiam ante receptionem in academiae album perpetrans, pro non studioso habeatur ac inclyto senatui, ut dignam 15 facinore suo poenam luat, indicetur.[bb]

§ 3. *Inscribendorum qualitates.*[cc] Circa nominis cuiusque inscriptionem hoc cautum esto: ne dominus rector in album academiae referat ullum, nisi de quo certum sit, quod et in ordine literas excolentium sit et literarum excolendarum vel tractandarum gratia hac in academia commorari velit; et licet inscriptus rite sit, quod tamen subditus 20 academiae diutius haberi non debeat, quam quousque (in vita academica permanserit p. 33 et)[u] literarum studia, sive in theoria sive in praxi, excoluerit. Qui si (vita academica vel)[u] castris musarum derelectis ad militiam mercaturam vel negotiationem quamvis aliam in alio vitae genere se contulerit, subditus academicus non amplius agnosci debebit. 25

§ 4. *Inscriptiones peregrinantium.* Quod si tamen quispiam ex literatorum grege honoris vel tantum memoriae gratia mox alio se collaturus,[dd] quod quandoque inter peregrinantes contingit, nomen suum in albo conspicuum esse velit, haut gravatim etiam injuratus pro honorario oblato inscribi poterit.

§ 5. *Cautio circa iuramenti praestationem.* Alias et regulariter iuramenti prae- 30 statio nemini, qui civitatis academicae jus adipisci desiderat, remittatur, nisi sit illustri genere aut annos nondum sedecim natus.

§ 6 *Honorariolum [ulterius tempore juramenti praestiti]*[m] *antea inscriptus haut*[ee] *exsolvat.* Iste tamen hac inscribendus est lege, ut adultior factus ad iusiurandum — citra exactionem ulterioris honorarioli — adigatur utque de eo constare possit, quod 35 nondum iurarit inscriptus, in margine matriculae notetur.

§ 7. *Honorariolum pro inscriptione solvendum.* Pro inscriptione rector ab his, qui

[bb] judicetur M. [cc] qualitas M. [dd] conlaturus M. [ee] non S.

[1] Dieser § stimmt fast wörtlich mit Statut 5 der Gesetze von 1633 überein, Motschmann S. 766f. Siehe die Uebersicht nach Juramenta S. 44.

nobilitate vel dignitate quavis alia conspicui sunt, thalerum vel florenum argenteum; ab aliis, si fortunae lautioris sint, thaleri vel floreni semissem; si mediocris ex sorte communi vel plebeia, grossos 8, a tenuioribus saltim 4 exigito; et omni nummorum subsidio destituti, gratis; sed hac lege illi et isti admittuntor, ut ad meliorem fortunam 5 vel honorum gradus provecti, quod vulgari pretio deest, suppleant; vel qui nihil antea praestiterint, totum pro communi sorte solvant. Talis vero pecuniae triens rectori, reliquum vero academiae fisco cedat.

§ 8. *Inscriptorum ordo haut fraudulenter invertendus.* Et cum huc usque observatum sit in facultate philosophica, ut regulariter in actu promotionum eo procedant ordine 10 candidati, quo diversis temporum intervallis ipsorum nomina reperiuntur matriculae inserta, priores posterioribus praeferendi: rector bona fide singulos, prout se obtulerunt, p. 31 inscribito, nec in fraudem candidatorum alios aliis praeferto; multo minus antecessorum catalogis inserito.

§ 9. *Professio hospitiorum ab inscribendis facienda.* Tempore inscriptionis hoc 15 observabit magnificus dominus rector, ut inscribendus, si sit advena, profiteatur suum hospitium vel museum sibi pro mansione diurna nocturnaque conductum, idque ad marginem notabitur, ut sciri possit, ubi in urbe tam ampla inveniri queat et ecquid eiusmodi sit locus, qui studiosi persona non sit indignus.

§ 10. *Circa studiosos intra officii limites coercendos.* Cum munus rectoris in eo 20 etiam plurimum versetur, ut suos in officio subditos contineat singulos, utque in studiorum stadio currentibus calcar subdat, extra orbitam vero prosilientes freno coerceat; hanc ipsus operam dato, ut in singulorum mores et studia diligenter inquirat: ecquid propria quis quadra vivat vel aliorum stipendiis; et in qua facultate, sub quibus militet praeceptoribus, advertat. Et hanc ob causam collegia vel contubernia academiae sin- 25 gula saltim semel sub rectoratu suo decanorum singulorum cum comitatu invisat, in inquilinorum vitam inquirat et, ne quid detrimenti capiant aedes vel musaea ab ipsis habitata, pari cura circumspiciat.

§ 11. *Degeneres et pseudo-studiosi ex academia repellendi.* Quod si igitur inter hos ex certis indiciorum argumentis, quempiam otio turpi, posthabita omni litterarum 30 cura, inter quotidianas compotationum et alearum sordes diffluxisse hactenus, sumptibus omnibus a parentibus et patronis suppeditatis futiliter impensis, compertum habeat rector; hunc si post unam atque alteram admonitionem emendari nolle videat, ad parentes suos curatores vel patronos, ut illum ab otio turpi domum revocent, deferto vel, si cessent illi, ex studiosorum catalogo excludito.

35 § 12. *Poena studiosorum delinquentium.* Si vero deprehendantur aliqui flagitiosae vitae maculis in tumultibus turbis rixis oppugnationibus aedium famosis libellis iniuriis et aliis per Bacchi Venerisque castra publice vel privatim patratis facinoribus conspurcati; rector ex suorum consilio pro delicti gravitate illis mulctam pro modo facultatum dicat, cujus ipse trientem, reliquum academiae fiscus capiat.

p. 35 40 § 13. *Poena carceris quando locum habeat.* Si vero delinquentes nihil habeant in aere aut gravius sit maleficium, tum eos rector carceris ad aliquot dies vel septimanas molestia coërceat.

§ 14. *Relegationis poena quando et quomodo dictanda.* Denique si gravissimum sit delictum, pro resecandis contagiosis et putridis membris ad relegationis ad tempus vel etiam in perpetuum poenam, sed utroque casu non nisi ex approbatione generalis consilii, procedat.

§ 15. *Severitas a rectore in delictorum vindicatione adhibenda.* In summa, omnium delictorum acerrimus inter suos observator et vindex rector esto, et quamvis sive contumaciam sive petulantiam ita compescito, ut magistratus et cives urbani non habeant, de quo negligentiam vel indulgentiam ipsius merito incusare queant.

§ 16.[gg] *Circa praesentiam in actibus publicis exhibendam sedulo.* Publicis item academiae actibus, inprimis vero declamationum, quas sub exordium demandatarum sibi [provinciarum][r] (operarum)[u] noviter recepti professores recitant et inauguralium [concionum quas candidati s. s. theologiae atque ejusdem facultatis exdecani singulis annis in aede beatae Mariae habent ac][r] (pro gradu disputationum, quas candidati)[u] in qualibet superiorum facultatum (habuerint)[u] interesto.

§ 17. *[Circa formulae concordiae observationem.]*[f] Praeterea etiam operam dato, ut omnes academici suo loco, (quae senatus amplissimi honorem et auctoritatem concernunt)[u] [praedictam formulam concordiae][r] studiose observare nitantur.[hh]

RUBRICA V. DE ELECTIONE ET MUNERE DECANORUM.

§ 1. *Facultates quomodo constituantur.* Singulae facultates ex aliquot suae professionis (personis),[u] inprimis omnibus illis, qui publice docent et ad supremos in illis honores, sive in hac sive in aliis academiis, evecti — pro certo tamen receptionis praemio — constituuntor.

§ 2. *Decani electio.* In singulis etiam facultatibus, qui praesit earum negotiis, ad annum stato tempore decanus, (pro cujuscunque statutorum vigore)[u] [sed nonnisi ex numero professorum][r] eligitor. [p. 36]

§ 3. *Decani claves cistae academicae adservent.* Quilibet e decanis unam e clavibus [cistae academicae][r] (aerarii academici[ii])[u] adservato.

§ 4. *Facultatis cujuslibet senior.* A decano proximus sit is, qui quoad tempus receptionis reliquos praecedit, *senior* [vocandus][r] (vocatur).[u]

§ 5. *Successio in decanatu.* In officio decanatus finito, qui pro tempore receptionis tunc erit priori proximior, succedito.

§ 6. *Decani cura circa professorum publicas operas.* Porro decani muneri haec inprimis incumbit procuratio, ut suae facultatis professores suo[ii] in praelectionibus disputationibus declamationibus et aliis exercitiis publicis, autoritate consilii generalis sibi decretis, officio rite fungantur et, si quod secus factum sit, emendetur.

§ 7. *Ratio collegia privata aperiendi.* Si quisquam praeter professores publicos disputationum sive a se, sive ab aliis conceptarum exercitio privatim inter aliquot

[ff] In M ausgestrichen. [gg] In S ist § 16 ausgestrichen, aber beigeschrieben: hoc statutum maneat deletis delendis. Diese delenda sind durch [ ][r] bezeichnet: concionum — habent; dagegen sind die neuen Zusätze und Aenderungen in den renovirten Statuten der Universität in ( )[u] eingeschlossen. [hh] Auch § 17 ist in S ausgestrichen, in M nicht, sondern nur die in [ ] eingeschlossenen Worte. [ii] Z. 27: aerarii fehlt in M ganz, ist also in S erst nach der Abschrift in das Copialbuch geändert worden. — Z. 33: zu suo gehört officio Z. 35.

studiosos pro praemio quopiam sibi solvendo praesidere velit; id non difficulter et si ad gradus honorum nondum adscenderit ille, modo dignus adscensu sit, sed hoc pacto impetrabit, si pro disputandi licentia sibi permittenda decanum suae facultatis reverenter convenire et disputationem, si praelo eam committere sit animus, decani prius censurae 5 subjicere velit.

§ 8. *Theatra declamationum frequentanda.* Quia declamationum oratoriarum etiam exercitia sunt ad ingenia et memoriam utilissima, dabit et hoc operae decanus quilibet, maxime philosophus, ut illa in materiis ethicis physicis politicis historicis et similibus, singulis frequentari mensibus et in publicam produci concionem ac decenter reci- 10 tari possint.

§ 9. *Promotiones rite peragendae.* Si promotionis offeratur negotium, decani se- p. 37 cundum facultatis suae scita cum collegis in candidati vitam et doctrinam acriter inquirant et sine ullis[kk] sive sortium corruptelis, sive affectuum praepedimentis per legitimos examinum tramites ita rigorose procedant,[ll] ne quem, qui vel propter male feriatos 15 mores vel imperitiam tam facultati quam academiae, imo toti reipublicae sit dedecori postea futurus, ad gradus superiores promoveri permittant. Qua in re cum decani tum collegarum ipsius conscientia et fides esto praegravata.

§ 10. *Invitatio ad disputationes et lectiones inaugurales.* Ad disputationes et lectionum, quae in facultatibus suis instituuntur inaugurales, exordium et finem illi non 20 tantum collegas suos, sed et dominum rectorem et reliquarum facultatum professores invitari curabunt.

§ 11. *Inauguralia exercitia negligentium poena.* Quorum quilibet etiam nisi justam excusationem habeat comparere tenebitur aut mulctae loco quadrantem joachimici solvet.

25 § 12. *Leges sumtuariae curiose custodiendae.* Leges sumtuarias in tribus[mm] facultatibus jam latas atque (in posterum adhuc ferendas)[u] [in quarta adhuc reformandas][r] in observantiam ita curiosam decani reducant, ne quid in fraudem legis superflui vel luxuriosi, sive volentibus sive invitis candidatis, possit animadverti; nisi velint transgressores illo casu mulctam sibi dici, hoc vero periculo restitutionis obnoxii censeri.

30 § 13. *Dispensatio quoad leges sumtuarias.* Quoties autem casus occurret, quo quaedam quoad leges illas dispensatio necessaria et aequa videbitur, eam a concilio generali candidati petent, et causa cognita (siquidem justa videbitur)[u] [haud difficulter][r] impetrabunt.

§ 14. *Alibi promoti ad facultates recipiendi.* Decani ad facultatum suarum consortium 35 interius alibi promotos, si ad solvendum receptionis praemium parati sint atque in eo locus vacet, (cum consensu conlegarum[nn])[u] haud difficulter recipiant.

§ 15. *Statutorum, quae facultates habent specialia renovatio vel abrogatio.* Si quae sint imposterum statuta, pro facultatibus cujuscunque rationibus, quae pro temporum diversitate saepe mutari solent, prout necesse vel utile videbitur, vel reformanda vel p. 38 40 abroganda vel noviter sancienda; licentiam quidem cum collegarum scito decanus

[kk] ullius M. [ll] procedunt S. [mm] In S ausgestrichen. [nn] collegarum.

quilibet hanc obtineto; sed nemo, nisi in consilio illo generali — [et sic dominis scholarchis nomine prudentissimi senatus consentientibus][m] — sint adprobata, ad illorum observantiam adigitor. (Am Rande:) (Haec in quorundam incurrent offensam; quae tamen ut exprimantur hic non est opus; cum si a generali sunt concilio adprobanda, cui scholarchae intersunt, eo ipso a scholarcharum consensu saltim tacite dependent.)[u] 5

RUBRICA VI. DE PROFESSORIBUS.

§ 1. *Professorum electio.* (Professores)[s] [Professorum][m] in qualibet facultate (publica senatus amplissimi stipendia merentes legitimo de quo convenit)[u] [tali qui in saepius dicta formula concordiae praescriptus est][r] modo eligantur et constituantur.

[§ 2. *Juramentum.* Constituti solitum in eodem consilio juramentum praestent.][m oo] 10

[§ 3.][m] (2.)[s] *In facultatem receptio.* Si nondum in facultate, in qua docere debent, fuerint, statim in eandem praestitis praestandis (si locus fuerit in illa vacuus)[u] recipiantur.[pp]

§ 4. (3.)[s] *Religionis morum et eruditionis studium.* In suo munere primo omnium religionis ac morum, deinde doctrinae et eruditionis curam habeant.

§ 5. (4.)[s] *In actibus sacris devotio.* In actibus sacris praesentia modestia attentione 15 et devotione juventuti praeluceant.

§ 6. (5.)[s] *Vestitus.* Vestibus honestis utantur.

§ 7. (6.)[s] *Gravitas.* In reliquis vitae actionibus conspicui sint, talesve semper se gerant, ut eos ob pietatem humanitatem et eruditionem studiosi admirentur venerentur[qq] et diligant. 20

§ 8. (7.)[s] *Praelectionum ratio et methodus.* Quilibet eorum certum auctorem,[rr] qui accurata methodo per definitiones et divisiones cum regulis et exceptionibus illarum proprietates explanantibus, et quidem a generalibus ad specialia per subalternas species usque ad specialissimas suae professionis praecepta complexus sit, ex praescripto consilii generalis sibi propositum habeat, quem ita commentando declaret, ut [operosis][r] 25 p. 39 ex charta ad pennam dictatis abstineat ac potius ore tenus vel penitus memoriter vel e domi notatis memoriam juvantibus continua oratione, thesis praelegendae veritatem ex principiis suis confirmet, angustiorem interpretando extendat, latiorem exceptionibus restringat et per antitheseos refutationem stabiliat, ut denique totum hunc suum commentarium ad summum biennio definiat. 30

§ 9. (8.)[s] *Tempus praelectionibus publicis destinatum.* Utque hoc obtinere queat, (si non pluribus),[u] saltem quatuor cujusque septimanae diebus, qui sibi commodiores fuerint, praelectionibus (publicis)[u] incumbat.[ss]

§ 10. (9.)[s] *Horae collegiis privatis relictae.* Horae publicis lectionibus ita destinentur, ut professoribus atque aliis facultatum permissu privata collegia adornantibus commodae 35 quaedam superent.

§ 11. (10.)[s] *Tempus praelectionum non negligendum.* Nullus professor ullam horam operis suis definitam temere praeterlabi patiatur, aut negligentiae suae poenam luat.

[oo] In M nicht durchstrichen; a. i. Rande: hoc stat; in renovatis deest. In S steht dieser Zusatz nicht, wohl aber ist der ganze § 2 ausgestrichen. Darnach enthält S die Statuta renovata; aber die Nummern der §§ der Rubr. VI sind um 1 niedriger, als in M. [pp] Dieses Wort steht in M vor dem eingeschobenen Satze si — vacuus. [qq] verentur M. [rr] authorem M. [ss] prael. incumbat (publicis) M.

§ 12. (11.)* *Vitia in praelectionibus vitanda.* In praelectionibus nec laudem acuminis cum fraude et damno auditorum professor venetur, sed perspicuitati verborum, quantum fieri poterit, studeat; nec auditores progredi cupientes — nisi materiae difficultas id requirat — crebra molestaque repetitione remoretur.

5 § 13. (12.)* *Disputationes ordinariae.* Ut controversiae in omnibus[tt] subortae[tt] disciplinis[tt] facultatum[tt] exercitii et eruendae veritatis gratia in disputationes publicas, tam ordinarias et consuetas quam extraordinarias et solennes, ita vocentur, ut illae certum in eadem disciplina, quam praeses profitetur, auctorem, qui praecepta illius methodicis thesibus incluserit, per intervalla 14 dierum sibi seligant, ordine, donec ad finem 10 deducantur, disceptandum.

§ 14. (13.)* *Extraordinariae et solennes.* Istae vero ex arbitrio praesidis ita dependeant, p. 40 ut per intervalla sex hebdomadum certam sibi artis suae pro lubitu materiam a se per theses digestam et typis publicis excusam deligat; eamque ab hora sexta aestivo, septima hyberno tempore inchoatam eo usque, donec palaestritae, cujus- 15 cunque sint ordinis, superfuerint vel in vespertinum usque tempus publicae disputationi[uu] committat.

§ 15. (14.)* *Opponendi facultas non restringenda.* Ad disputationes certae cujusdam facultatis publicas non tantum, qui in ista hic vel alibi honores est adeptus, sed etiam ex quacunque facultate quivis ad opponendum admittatur.

20 § 16. (15.)* *Disputationum collatio sit placida.* Quilibet opponentium placide amice et secundum leges disputandi publice receptas de propositis thesibus suos sensus in medium proferat.

§ 17. (16.)* *Ordo opponentium.* In concursu plurium honoris causa proferantur auctoritate et honore prae aliis insigniores; vel qui officii ratione sui longiorem trahere moram 25 non possunt, reliquis non exclusis, sed in tempus ulterius postponendis.

§ 18. (17.)* *Modestia in defendendis opinionibus et sententiis servanda.* Etsi inter docentes et discentes doctrinarum et praeceptorum in universis et singulis facultatibus harmonia in omnibus et per omnia nihil esset optabilius; quia autem in rerum humanarum vel philosophicarum — theologicas enim hic excipimus ad sacrae scripturae normam[1] 30 ubique et per omnia dirigendas — disciplinis hoc obtineri non potest; cum pleraeque sint ita comparatae, ut in his[vv] docendis et discendis alii huius, alii illius opinionis auctoritatem sequantur; neque vero hoc in illarum artium, quae ab humanae rationis dependent judicio, in quo sententiae — dummodo veritatis scopum et principiorum in unaquaque scientia ex sanae rationis dictamine probatorum fundamentum sibi prae- 35 fixum habeant — liberae debent esse, commentatione mirum videri debeat; idcirco, quo minus quisque ex notitiis humanae certitudinis depromptos in praelectionibus et dis-

[tt] omnibus fac. sub. disc. M. [uu] disquisitioni M. [vv] fehlt in S.

[1] Dass diese hier als alleinige Norm und nicht die Tradition daneben aufgestellt wird, zeugt für den durchaus evangelischen Charakter der Statutenreform, an welchem auch nach dem Prager Frieden festgehalten wurde.

putationibus publicis tueatur per argumenta logica ad veritatis inquisitionem sensus nemo prohiberi quidem debet; sed hac lege tamen et conditione, ut id omne fiat modeste sincere et cordate, solius veritatis rectius investigandae fine, ex justis humanae certitudinis in rebus humano judicio subjectis principiis, sine cavillis et calumniis sophisticis et sine ulla illorum, quorum quisque sequitur auctoritatem, ignominia, sine maledictis injuriis vel invectivis in hujus vel illius personam et doctrinam sive dictis sive scriptis; et si causa in disputationis versetur palaestra, sine clamosarum altercationum et gestuum plus aequo fervidorum, quibus alter alterum cupit obtundere φιλονεικίᾳ. p. 41 5

§ 19. (18.)* *Absurdas opiniones defendentium poena.* Quia judicii et sententiarum libertate in libera academia[ww] cuique concessa, si quis pro opinionibus absurdis vel a bonis moribus aversis praefracte sine logicae certitudinis humanae norma, ex pravorum affectuum lacunis, ad sectas introducendas et factiones alendas, quibus status academicae pacis publicus conturbari possit, abusus fuerit; is vindictam a generali consilio contra se decretam et pro delicti gravitate severissimam experiri debet. 10

§ 20. (19.)* *Professores quomodo monendi.* Si quidam e professoribus pro re nata monendus erit, eum primo decanus facultatis, in qua docet; postea, si hoc non sufficit, dominus rector praesente decano; ulterius, si ne hoc proficit, uterque in praesentia plurium moneat, ac tandem inveterata ejus pervicacia a consilio generali digne plectatur. 15

RUBRICA VII. DE STUDIOSIS.

§ 1. *Studiosorum mores.* Studiosus nomen suum rectori professus, si privilegiis gaudere voluerit academicis, juramenti praestiti memor id quod sui muneris est agito, hoc est, honestis moribus et honestarum disciplinarum studiis quantum potuerit operam dato. 20

§ 2. *Disputationes et declamationes beneficia percipientium.* Disputandi et declamandi provinciam studiosi in hac academia beneficiis fruentes suscipere etiam inviti tenentor. 25

§ 3. *Eorundem examina.* Iidem obstricti sint, ut quolibet anno examini decani et collegarum facultatis illius, cujus studia colunt, se subjiciant talesque, qui beneficiis digni sint, se ostendant. p. 42

§ 4. *Beneficiorum translatio.* Si secus fiat nullaque spes emendationis[xx] superet, beneficia ab illis ablata in digniores transferantur. 30

§ 5. *Bacchi Venerisque castris studiosis interdicitur.* Bacchi Venerisque et quae illorum pedisequa ferme perpetua desidiae vel ignaviae castra studiosi[yy] fugiunto.

§ 6. *Bacchanalium prohibitio.* Nullus eorum nefanda bacchanalia celebrato.

§ 7. *Poena noctambulorum.* Inprimis autem quilibet nocturno tempore se in musaeo suo contineto; et si forte causa sit, ut per plateas eundum sit, modeste sine armorum strepitu sine vociferatione jubilis insanis et sine ulla alterius injuria domum se conferto. 35

§ 8. *Carceris poena debacchantes affligantur.* Si quis enim[yy] contra fecerit, in

ww in acad. libera M. xx emend. spes M. yy fehlt in M.

obvios vel civium aedes quovis modo debacchatus, non tantum si eum offenderit, qui vim vi repulerit, a suo magistratu academico tutelam sui non expectabit; sed insuper turbarum et[zz] injuriarum convictus 8 dierum carcere coërcebitur.

§ 9. *Poena vim atrociorem facientium.* Quod si vim atrociorem fecerit, civium 5 aedes oppugnando, fores effringendo, fenestras jactu lapidum vel alia ratione laedendo, vulnus cuiquam infligendo aut verberibus quempiam obtundendo; non tantum carcere conclusus damna data resarcire, sed et ad certum tempus relegari debet.

§ 10. *Remissio studiosorum captivorum ad carcerem academicum.* Quibus casibus si forsan in urbani magistratus vigilias inciderit et tanta fuerit vesani hominis petu-10 lantia, ut aliter quam abstractione in carcerem publicum refrenari non potuerit; amplissimus tamen senatus illum ita constrictum ad postulatum magistri domini rectoris e carcere suo indemnem academico carceri et arbitrio magistratus academici puniendum remittet p. 43 nec patietur, ut ab excubitoribus et ministris suis indigne tractetur.

§ 11. *Poena auferentium ligna.* Si vero quispiam materiam lignorum pro fornace 15 calefacienda[a] ex plateis vel aliunde abstulerit, utut hoc sine turba forte clanculum sit factum; non tantum quod abstulit domino restituere vel, si non sit integrum, aestimationem solvere, sed et 5 dierum carcere constringi vel pro delicti qualitate lignorumve ablatorum quantitate arbitraria poena affici debet.

§ 12. *Modestia et verecundia in conviviis et choreis nuptialibus exercenda.* Con-20 viviis et choreis civium maxime nuptialibus nemo non vocatus se misceto; si vero vocatus fuerit, ita reverentiae erga superiores, modestiae erga pares et verecundiae erga foemineum sexum studeto, ut inter virtutis et artium studiosos et alios, qui hisce in studiis exculti non sunt, discrimen adpareat, ut et aliis in hisce studiis non enutritis bono praeluceat exemplo; secus si fecerit, pro qualitate delicti poenam 25 non effugiet.

§ 13. *Prohibita bonorum ad cives pertinentium violatio.* Hortos domos vineas et alia civium bona sine ipsorum venia nemo ingreditor, multo minus damnum dato, nisi et damnum emendare datum et carcerem pro gravitate delicti sustinere malit.

§ 14. *Magistratus utriusque veneratio.* Magistratum utrumque reipublicae huius 30 quilibet honorifice et reverenter habeto; adeoque huius politiae senatus, utpote academiae nostrae fundatoris patroni et protectoris, statum et utilitatem pro viribus quisque suis colito et moveto: secus qui fecerit, carceris vel relegationis poenam pro facinoris conditione sibi paratam scito.

§ 15. *Plebeius ab academico non despiciatur.* Nullus item academicorum plebeios 35 despicito, sed potius eorum animos virtute devincire studeto.

§ 16. *Vindicta privata prohibita.* Si cui ex nostris cum alio sive academico, sive cive urbano vel extraneo litigium fuerit subortum, nemo sibi propriam vindictam sumito, p. 44 sed magistratus sui et illius, quocum sibi lis est, auctoritatem et opem implorato. Si quis enim conviciis vel armis jus suum prosecutus[b] fuerit, etiamsi causam forte non 40 malam foveat, poena injuriarum damnorum vulnerum, vel quicquid inde sequetur

[zz] vel M. [a] calfacienda M. [b] Soll wohl persecutus heissen.

incommodi, sive civili sive criminali pro ratione maleficii mulcta carcere vel etiam relegatione pulsabitur.

§ 17. *Poena suspectam mulierem subintroducentis.* Si quis suspectam mulierem in contubernium suum introduxisse convictus fuerit, menstrui carceris poena plectitor.

§ 18. *Poena stupri.* Qui stuprum patrarit, laesae satisfacito ac per triennium relegator.

§ 19. *Ludi quinam liciti et prohibiti.* Quamvis a pilae lusoriae latrunculorum discorum et aliis ad motum corporis vel acumen ingenii exercendum lusibus, si tempore et locis instituantur congruis, studiosa juventus arceri non debeat; attamen aliis chartae lusoriae, alearum astragalorum et similium a solius fortunae jactu pendentibus et ad turpem pecuniae quaestum destinatis ludorum generibus omnibus academiae subditis interdictum sic esto, ut si quis hujusmodi illicitis lusibus alicui pecuniam emunxerit, id non tantum aerario inferendum reddere totum, sed etiam in tridua carceris mansione puniri debeat.

§ 20. *Prohibitio armorum gestandorum limitata.* Posteaquam cum Marte Musis et cum gladio calamis nihil esse commercii solet, experientia autem testis est, gestandorum armorum indiscretam multis ansam praebere duellis vulneribus et luctuosis homicidiis; idcirco accincti gladii et aliorum lethalium armorum usus diu noctuque in urbe versantibus, nisi extra moenia urbis iter fecerint,[c] et nisi quis illustris vel generosus vel etiam docturae et licentiae insignibus [conspicuus][m] (sit dignus)[n], studiosis omnibus sub poena amissionis armorum et mulcta pecuniaria pro arbitrio consilii infligenda interdictus esto.

§ 21. *Provocantium iisque parentium poena.* Et quia flagitium illud pessimum provocationis ad armatam pugnam etiam juveniles in academiis animos dementavit, unde saepe caedes et tristissimae calamitates miseris parentibus subortae deprehenduntur; statuimus ut quisquis ex studiosis alium ad pugnam ejusmodi provocare ausus fuerit, siquidem inde subsecuta fuerit digladiatio, etiamsi sine caede vel vulnere p. 45 sit peracta, ut nihilominus provocans relegationis triennalis poenae sit subiectus et is, qui provocanti adsensum praebuit, menstrui carceris molestia adfligatur; et si de auctore primo non constet, uterque relegetur. Si tamen circumstantiarum ratio vel severiorem vel mitiorem poenam exposcat, libera[d] eam dictandi facultas arbitrio consilii generalis relinquitor.

§ 22. *Novellos studiosos exagitantium poena.* Cumque non minus perniciosus[g] ille mos sit, qui ante annos plus minus 25 per aliquot Germaniae academias a pessimo est inventus genio: ut studiosi, qui ultra annum (in academia versati sunt, alios juniores, qui nondum in ea transegerunt annum)[h] quos vulgo *pennales*, barbaro sane vocabulo, diffamant, prae se longe contemnant et omnis generis ignominia hos tanquam famulos suos vilissimos afficiant; quam si ferre nolint, magna vi pecuniae per compotationum insanarum sumtibus redimere illam ferme dies in singulos cogantur; — unde hoc incommodi provenit, ut hi juniores una cum illis, si dis placet, senioribus ebriositatis

[c] fecerit M. [d] liberam S. [g] pernitiosus M. [h] Die eingeklammerte Stelle ist in S nachgetragen, weil per Homoeoteleuton ausgelassen, in M gleichmässig fortgeschrieben.

insanos et ignavos inducant[i] habitus, litterarum studia, quae pennalem dedecorant, ex ipsorum iudicio, insuper habentes, et in tam profundam aeris alieni se praecipitent abyssum, ut exinde posthac emergere non possint, maximo cum parentum miserorum detrimento et optimae spei de filio conceptae jactura; discrimen illud infame et perniciosum ex nostro studiosorum consortio ita sublatum volumus, ut quisquis quenquam ex iunioribus ad hanc academiam adventantibus hoc pennalismi vel quovis alio, quod eodem tendat, convicio denigrare vel eo nomine ipsi in compotationes pecuniam extorquere sibi in animum induxerit etiam volenti, non tantum debeat extortum reddere, sed et in carcere menstruo pervicaciae et malitiae huius poenam luere et, si post ad eundem impegerit lapidem, in perpetuum relegari.

§ 23. *Poena contumacium.* Quod si quis eo contumaciae perrexerit ut, nulla ad superiorem provocatione legitime interposita, domini rectoris et secreti vel generalis consilii decretis repugnando parere nolit; hic petulantiae suae convictus, etiamsi docturae vel magisterii insignibus decoratus fuerit, relegationis in perpetuae discrimen ipso jure incidisse censeri debet.

§ 24. *Poena arrestum violantium.* Si quis etiam arresto adstrictus, contemta rectoris auctoritate, ausu proprio aufugerit, ter citetur et moneatur ac deinde in contumacia persistens ad relegationem vel omnimodam exclusionem condemnetur.

§ 25. *Tempus relegatis ad discessum praefinitum.* Quisquis a publico generalis consilii decreto relegatus fuerit, intra tertium a publicata sententia diem — quod spatium ipsi pro componendis rebus suis indulgetur — urbe hac sine turbis et offeusionibus exito. Si non paruerit, magistratus urbanus illum carcere suo conclusum per suos ministros cum ignominia, ut exeat, se compulsurum promisit.

§ 26. *Juramentum purgationis.* Caeterum ne longior in huiusmodi controversiis processuum tela nectatur, statuimus ut, quisquis alicujus maleficii accusatus fuerit et iureiurando sibi a consilio delato se purgare recusaverit, pro convicto haberi et condemnari debeat.

§ 27. *Perjurii crimine quinam notandi.* Pro perjuro non habeatur, qui contra statuta aliquid commiserit, eove nomine mulctam aliamve poenam penderit, nisi talis sententia generalis consilii fuerit declaratus.

RUBRICA VIII. DE COLLEGIORUM CURA ET ADMINISTRATIONE.

§ 1. *Collegia frequenter inhabitentur.* Cum collegia vel contubernia hac in universitate hunc in finem condita sint, ut musarum alumnis hospitia praebeant commoda; studiosi, inprimis advenae et qui, ut cognati clientes alumni convictores paedagogi vel ministri, in civium vel incolarum aedibus hospitii beneficio non gaudent, ea frequenter incolunto nec clanculum in obscuris vel suspectae famae locis delitescunto.

§ 2. *Decani collegiorum gubernatores.* Quibus ut eo melius perspectum sit, singulis collegiis singuli gubernatores vel inspectores, qui decani collegiorum etiam vocari solent, praefecti sunto; et hi collegia quisque sua ipsimet[l] sine ulla exceptione inhabitanto.

[i] inluant M. [k] Steht nur in M. [l] ipsemet S.

§ 3. *Decanorum electio.* In collegio scholae iuris, Amploniano et Saxonico certi a collegiatis pro suorum statutorum norma eliguntor.

§ 4. *Collegii maioris senior.* In collegio maiore quisquis inter septem collegiatos pro receptionis ad consortium tempore major aetate fuerit, a consilio facultatis philosophicae peculiari ad hoc negotium, quotiescunque necesse[m] fuerit, in dicto[n] conventu 5 omnium inquilinorum ephorus constituitor, senior vocandus.

§ 5. *Collegiati in maiori[o] collegio habitent.* Ipsemet una cum reliquis collegis diu noctuque in collegio degito et de rebus in eodem gestis rationem reddito.

§ 6. *Eorundem munus dextre obeundum.* Horum ab officio requiritur, ut virtute atque doctrina graves bono praesint discipulis ac inquilinis suis exemplo; ne, si 10 corruptis ipsi sint moribus, non ausint delicta corrigere discipulorum, quos ad linguarum et artium studia sedulo cohortari et in ipsorum desidiam vel depravatos mores diligenter animadvertere debent.

§ 7. *Tempus claudendarum et aperiendarum collegii forium.* Aedium collegii fores per aestatem circa nonam, per hyemem vero octavam conclusas habeant, nec [non ??][s] 15 nisi mane exorto sole aperiant.

§ 8. *Compotationes in collegiis prohibitae.* Compotationes et aleas a musaeis prohibeant.

§ 9. *Pernoctantium extra collegium poena.* Alibi sine justa causa extra collegium pernoctantibus gravem mulctam dicant et dictam exigant.

§ 10. *Tumultus interdicti.* Strepitus et tumultus domi vel foris, quibus offendantur 20 vicini, severe puniant.

§ 11. *Discoli in collegiis non tolerentur.*[q] Discolis vagabundis contumacibus et p. 48 rebellibus, de quorum emendatione nulla sit spes, et stipendiis suis et habitationis jure interdicant.

§ 12. *Aedes collegiorum sartae et tectae serventur.* Mature caveant et procurent, ut 25 sartae tectaeque serventur aedes et musaea collegii, ne quid detrimenti capiant in fenestris fornacibus et foribus.

§ 13. *Damni in aedibus collegii dati reparatio.* Si quid damni datum fuerit, illius auctores aut ipsimet decani, si ea in re negligentes fuerint, id resarciant.

§ 14. *Rebelles in collegia non recipiendi.* Rebellem et contumacem, si sit a collegio 30 quispiam exclusus, nemo decanus in aliud ejectionis conscius recipito, sed ut membrum putidum, ne inficiat alios, sub poena gravi caveto.

§ 15. *Non studiosus in collegio haut toleretur.*[t] In collegio decanus vel quivis alius praeceptor in contubernio suo neminem studiosum, qui nomen suum rectori nondum professus sit, ultra triduum foveto; si nolit profiteri nomen, ex suo illum collegio vel con- 35 tubernio dimittito.

RUBRICA IX. DE FERIIS.

§ 1. *De feriis.* Feriatae academicis sunto singulae dies dominicae atque extra has in ecclesiis [Augustanae confessionis][r] (utriusque religionis)[s] festivae, adeo ut nulla posthac hisce feriis deputari debeant gymnasmata. 40

[m] necessum M. [n] indicto M. [o] majore. [p] Ueber die Orthographie von concilium und consilium siehe am Ende der Einleitung S. 24 Anm. 2. [q] tollerentur M S. [r] Gehört der Redaktion des Rathes an (1634). [s] Steht in S. [t] tolleretur M S.

§ 2. Quibus accedunt tres dies priores post dominicam Quinquagesimae.
§ 3. Sex dies ante festum Paschatis et reliqui usque ad dominicam Quasimodogeniti.
p. 49 § 4. Item qui sequuntur Pentecostes ferias usque ad Trinitatis.
§ 5. Et Natalitias usque ad Circumcisionis.
5 § 6. Circa messem aestivam a festo divi Jacobi usque ad Bartholomaei.
§ 7. Autumnalem vero, si vindemiae sint faciendae, per dies 10.
§ 8. Et singulis nundinis insignioribus, circa Trinitatis Bartholomaei et Martini per triduum feriae celebrantur.
§ 9. Extra has disertis verbis expressas caeterae omnes cessanto et ignavis non 10 permittuntor.

[RUBRICA X. DE BIBLIOTHECA ACADEMICA.][v]

[§ 1. Bibliothecae a consilio generali unus pluresve e professoribus prope eam habitantibus praeficiantur[v] eorumque custodiae claves committuntor.
§ 2. Duo indices omnium in bibliotheca asservatorum librorum conficiuntor, quorum 15 unus in bibliotheca relinquitor, alter in academiae cista asservator.
§ 3. Bibliothecarius nulli professorum vel studiosorum tempestive petentium facultatem perlustrandi bibliothecam denegato.
§ 4. Claves bibliothecae nulli alii tradito sed, quoties ea est aperienda, ipsemet adesto.
§ 5. Nulli ex ea librum, nisi professori recognitionis loco schedulam danti, 20 commodato.
p. 50 § 6. Pro libris indici insertis, si qui postea ex iis desiderabuntur, consilio generali ipsemet respondeto.
§ 7. Magnificus dominus rector cum 4 decanis bibliothecam singulis annis visitanto.
§ 8. Tempore visitationis per secretarium academiae et duos magistros perlecto 25 indice diligenter exploranto, ecquid quidam e libris academiae desiderentur.
§ 9. Iidem curanto ut singulis annis, quantum fieri potest, novorum et utilium librorum comparatione bibliotheca augeatur.
§ 10. Omnes bibliothecae libri peculiari signo notentur.][v]

[RUBRICA XI. DE TYPOGRAPHO ACADEMIAE.][w]

30 [§ 1. Typographus academiae officinam suam typis cardinalium linguarum probe instructam habeto.
§ 2. Ministros, quibus opus habet, mature conducito.
§ 3. A rectore professoribus et studiosis sibi tradita ocius[x] typis exscribi curato.
§ 4. Caveto ne quid exprimat, quod deputati domini censores aut non viderint aut 35 censura sua rejecerint. (Statutum hoc nos quidem non offendit, sed quia generale est ac ad omnes pertinet typographos, satius erit hoc senatoria constitutione moneri.)[u]
p. 51 § 5. Mercede in literis a consilio secreto sibi traditis definita contentus esto, nec quemquam professorum aut studiosorum ulterius gravato.][w] (Hoc eque (esset?) bonum; si placeret hac de re cum typographo cavisse quidpiam.)[u]

[u] Gehört der Redaktion der Universität an (1636). [v] Tota haec rubrica in renovatis statutis omissa M. In S durchstrichen, besonders stark § 4 u. 5, in M nicht S. (Z. 13 praeficiantor S.) [w] Et haec rubrica in renovatis omissa fuit M. [x] ocijus M.

RUBRICA XII. DE FAMULIS ACADEMIAE.

§ 1. Ministri duo academiae, quos pedellos vel famulos communes appellant, generalis consilii consensu constituuntor; [non etiam][m] (nec) nisi ab eodem, quotiens evidens ratio efflagitabit, removentor.

§ 2. Domino rectori ambo fideliter inserviunto. 5

§ 3. Novitios ad academiam venientes per consuetum depositionis, ut vocant, ritum initianto.

§ 4. Ad rectorem vocanto, quos ille vocari volet.

§ 5. Alia quaevis iussa vel mandata rectoris ad alios deferunto.

§ 6. Eidem per plateas exeunti se pedissequos praebento. 10

§ 7. In actibus publicis sceptra praeferunto.

§ 8. A cuiuslibet facultatis decano, quod eiusdem nomine expediendum sit, quotidie resciscunto.

§ 9. Quicquid universitatis in causis agendum erit, fideliter peragunto.

§ 10. Quae sibi secreto commissa (sunt),[a] sub fide silentii iurata retinento. 15

§ 11. Ordinariis suis salariis contenti sunto.

§ 12. Praeter quae etiam quilibet in matriculam universitatis inscribendus pro fortuna sua honorariolum iis dare obstringitor. p. 52

§ 13. A singulis item studiorum nomine hic versantibus — extra professores et collegiorum decanos eorumve famulos — academiae civibus, ut in hospitii conditionem 20 inquirendi tanto maiorem habeant ansam, singulis anni cuiusque quatuor temporibus, ut vocant, grossum exigendi facultatem habento.

§ 14. Festivitatis natalitiae Christi occasione a viris passim politicis pariterque academicis — exceptis studiosis promiscue quibusvis — strenam petere iis licitum esto.

§ 15. Candidati tempore promotionis, quod vigore statutorum cuiuslibet facultatis 25 iis debetur, prompte solvunto.

§ 16. A respondente, cuius theses distribuunt, tres grossos et sex nummos exigere iis permissum esto.

§ 17. Carceratus pro visitatione et victus praebitione quolibet die grossum iis pendito.

SEQUUNTUR ACADEMICORUM IURAMENTA. 30

§ 1. *Iusjurandum albo academiae recipiendorum.* Ego N. iuro et promitto me domino rectori huius academiae et consilio ipsius in omnibus rebus honestis ac licitis, quantum intellexero et potuero, obedientiam debitam praestiturum, quarumcunque facultatum dominos professores honore et reverentia decenter prosecuturum; statutis academiae jam ante conditis et posthac legitime condendis obtemperaturum et cum 35 honorem ac utilitatem totius universitatis procuraturum, tum dedecus illius atque damnum, ad quemcunque statum posthac pervenero, aversurum esse. Quodsi mihi controversia cum quopiam fuerit, siquidem ab alio hic conveniar vel civem academicum ipsemet convenire velim, quod coram alio iudice quam domino rectore academico vel consilio ipsius nec componere nec causam agere cupiam; sin vero a domino rectore vel consilio ipsius aliquid in mandatis habeam, vel ob delictum in poena relegationis haeream, p. 53 quod illo casu ad eludendum mandatum ab hac academia me clam non subtraham, isto vero intra praestitutum mihi diem sine turbis vel damnis ex hac urbe discedam; nec ad illam, nisi licentia prius a magistratu academico impetrata revertar. Ita me deus juvet! —

§ 2. *Iusjurandum rectoris.* Ego N. juro et promitto quod academiae huius iura privilegia immunitates et statuta pro virili conservare ac tueri omniaque fideliter peragere velim, quae ob legitime delatum rectoris munus mihi incumbunt. Ita me deus juvet.[y]

§ 3. [*Iusjurandum professorum.* Ego N. juro et promitto quod ea, quae ob professionem mihi demandatam vigore statutorum academiae generalium et facultatis meae specialium ac literarum muneris mei nomine mihi traditarum peragi debent, fideliter peragam. I. m. d. j.[y]][m][z] (Est in renovatis omissum.)[m]

§ 4. *Iusjurandum secretarii academiae.* Ego N. iuro et promitto, quod ea, quae in statutis academiae generalibus ac literis peculiariter mihi traditis a me tanquam universitatis secretario exiguntur, fideliter peragam. Ita me deus juvet.

§ 5. *Iusjurandum pedelli.* Ego N. iuro et promitto, quod magnifico domino rectori eiusque successoribus ac toti inclytae academiae fidelis ero omniaque, quae officii mei exigit ratio, quaeve a domino rectore et dominis decanis quatuor facultatum mihi demandabuntur, pro virili sedulo expediam. Ita me deus juvet.

[Tandem reservamus nobis potestatem, statuta haec academiae generalia pro re p. 54 nata, eo qui antiquitus receptus est et noviter denuo utrinque placuit modo, in consilio academiae generali in melius reducendi corrigendi addendi diminuendique, prout utilitas et necessitas temporum personarumque conditio exegerit.][s][z]

Perlecta fuerunt haec statuta generalia [14.][s][z] Augusti anno (1636)[s] [1634][m] in consilio academiae [generali][z] atque ab omnibus eius dominis assessoribus [partim tum praesentibus, partim postea domi ea diligenter relegentibus et expendentibus][z] unanimiter approbata, [nempe a viris magnificis admodum reverendis amplissimis consultissimis prudentissimis experientissimis et humanissimis domino M. Justo Heckelio, ethicae Prof. publ. atque academiae rectore; dominis 4 scholarchis, domino Hieron. Brücknero, J. U. D. consule primario et h. t. academiae procancellario; domino Steph. Ziegelero quatuorviro primario; domino Joh. Balth. a. Brettin, reip. huius syndico et proconsule; dn. Henningo Kniphoffio proconsule; quatuor facultatum decanis: dn. Joh. Matth. Meyfarto ss. theol. D. et P. P.; dn. Henningo Rennemanno D. J. C. prof. publ. et collegii Saxonici decano; dn. Quir. Schmaltzio med. D. et prof.; dn. Libor. Capsio, metaph. et log. prof. publ. ac reliquis facultatum omnium professoribus: dn. Georg. Großehain ss. theol. et P. P.; dn. Nic. Zapfio ss. theol. et P. P.; dn. Barth. Elsnero ss. theol. D. et P. P.; dn. M. Zach. Hogelio, ss. theol. P. P.; dn. Aug. Zeithopfio J. U. D. et P. P.; D. Joh. Rehefeldio med. D. et Prof.; d. M. Henr. Starcklofio, ebr. ling. P. P.; dn. M. Georg. Kaltschmi-

[y] adjuvet M. [z] In S ausgestrichen, in M stehen geblieben, ebenso das ganze folgende Nachwort und die Unterschriften.

dio phys. P. P.; dn. Joh. Rave historr. et eloq. P. P.; D. M. Christoph. Schultzio math. P. P][z]

[Placuit item ut horum statutorum generalium duo authentica documenta sigillis civitatis et academiae munirentur eorumque unum in curia, alterum in academia asservaretur. 5

Quodque hactenus memorata ita se habeant, nos infra nominati subscriptionibus nostris attestamur.][z] p. 55

Es folgen dieselben Namen mit dem Zusatze mppr., welche ebenfalls in S durchstrichen sind.[1]

(Quamvis[aa] haec renovatio statutorum academiae nostrae 14. Aug. anno 1634 concepta fuerit et praevio senatus nostri amplissimi consensu confecta; quia autem 10 post inciderunt ejjusmodi tempora, quae locis in aliquibus requirere visa sunt aliquam emendationem; hac illam formam tandem perfecisse placuit. Quae cum non displicuerit eidem senatui amplissimo, cujjus,[2] ut patroni nutritoris et conservatoris hujjus academiae munifici et de nobis optime meriti revisioni, pro eo quod sua interest, illam exhibitam oportuit: sub auspiciis ipsius haec in secreto concilio relecta revisa et com- 15 probata est denuo sub rectoratu domini Henningi Rennemanni ICti Dr., pro tempore p. 56 rectoris magnifici: praesentibus reverendis consultissimis clarissimis et doctissimis viris dominis Barthol. Elsnero et Joh. Matth. Meyfarto, Tob. Lago, Quir. Schmaltzio et Joh. Rebefeldio: Henr. Starclofio, Justo Heckelio, Georg. Kaltschmid et Liborio Capsio, spectabilibus in facultatibus theologica juridica medica et philosophica p. t. decanis 20 et senioribus, professoribus doctoribus et magistris: quorum omnium votis concordantibus haec statuta in hunc libellum conscribta[2] sunt, ut in posterum quotannis coetui studiosorum academico juxta formam superius rubr. 3 stat. 12 praescriptam pro memoria et observantia illorum praelegantur. Quod actum in conclavi conlegii[2] majjoris[2] XIV Cal. Novemb. anno salutis Christianae 1636.)[bb] 25

Da die erste Redaktion der vom Rath entworfenen Statuta generalia vom 21. Sept. 1633 (?)[3] in 57 §§, welche bei Motschmann I, 751—788 abgedruckt ist, nur so kurze Zeit Geltung hatte, ist sie hier nicht wiedergegeben; doch zeigt die nachfolgende vergleichende Uebersicht, in welcher jedem § der ihm entsprechende und in der Hauptsache mit ihm übereinstimmende § der 12 Rubriken

[aa.bb] Dieser Zusatz ist nun sicher von dem Rector des Jahres 1635/36 Henning Rennemann, der auch in der gleichen Orthographie (siehe oben S. 24 Anm. 2) die juristischen Facultätsstatuten geschrieben hat.

[1] Auf dem Umschlage dieser Handschrift der Statuten S, welche auf dem Archiv der Erfurter Regierung sich befindet, ist bemerkt:

„Bey diesen Statutis, wie sie alhier in etzlichen geendert, hat es ein Bewenden gehabt, seindt am 18. October 1636 im concilio secreto verlesen und unanimiter approbiret worden.

[2] Auch diese Schreibweise cujjus, conscribta, conlegii u. dgl. beweist, dass der letzte Zusatz, wie die ganzen juristischen Facultätsstatuten von 1636, (siehe unten IIg) von H. Rennemann herrühren.

[3] Leider sind die Rathsprotokolle von 1632—35 nicht mehr auf dem städtischen Archiv zu finden; sonst liesse sich der Zweifel heben. Dass die ersten Literae restaurationis oder instaurationis vom Rathe schon 1633 abgefasst wurden, sagt Motschmann I, S. 202, 506 und Erhard in seiner handschrift-

der vom Rath und von der Universität vereinbarten revidirten Statuten vom 14. Aug. 1634 zur Seite gestellt ist, was in der früheren Redaktion enthalten und in welcher Ordnung es gestellt war.

1633 Motschm. II, 759 ff.		1634 Medic. Copialb. p. 26 ff.		Akten d. U. Erfurt. Bd. II.	Seite
S. 763		p. 27		Einleitung	24
„ 765	§ 1	„ 28	Rubr. 1	§ 1. Caput et membra	25
	„ 2	„ 29	„ 3	„ 1. 2. Rectoris jurisdictio, assessores concilii.	27
	„ 3	„ 30	—	„ 3.	
„ 766	„ 4		—	„ 6. 7. Provocatio	28
	„ 5	„ 32	Rubr. 4	„ 1. Rectoris munus	29
„ 767	„ 6		—	„ 3. 4. Inscriptio; quinam recipiendi.	
„ 768	„ 7	„ 52	Rubr. (13)	„ 1. Jurament. recipiendorum	41
	„ 8	„ 33	„ 4	„ 5. 6. Cuinam remittendum	29
„ 769	„ 9		—	„ 7. Pretium inscriptionis.	
	„ 10		—	„ 8. Ordo inscribendorum	30
	„ 11	„ 34	—	„ 9. Hospitium inscribendi.	
„ 770	„ 12		—	„ 10. Eius mores et studia inquirenda.	
	„ 13		—	„ 11. Turpiter viventes removendi.	
	„ 14	„ 35	—	„ 12. 13. 14. Relegatio	31
„ 771	„ 15		—	„ 15. Severitas in petulantes.	
	„ 16	„ 28	Rubr. 2	„ 1. Rectoris electio, ordo facultatum . .	26
„ 772	„ 17		—	„ 4. ejus inauguratio.	
	„ 18	„ 51	Rubr. 12	„ 1. 3-7. 9. 10. Pedelli	41
„ 773	„ 19	„ 51	„ 12	„ 11. 13. Pedelli.	
	„ 20	„ 31	„ 3	„ 10. Secretarius	28
„ 774	„ 21	„ 32	—	„ 13. 14. Testimonia.	

---

lichen Geschichte der Universität (Magd. Archiv X, A. 1.). In der im Copialbuche der medicinischen Facultät enthaltenen Formula concordiae vom 5. März 1634, welcher Name selbst in § 7 dieser Redaktion vorkommt, ist § 8 der 33. Artikel der Statuta generalia citirt (den Text siehe bei Motschmann S. 779), während in den diesen entsprechenden Concordaten vom 29. Oct. 1635 (Formula concordiae II) in dem entsprechenden § 8. dafür Rubr. V, Art. 15 citirt ist. Also haben jene älteren Statuten des Raths in 57 §§, welche nach der Einleitung zu denselben (Motschm. I, 762) am 21. Sept. vom Concilium secretum approbirt, am Tage Lucae (18. Oct.) von Rath und Concil angenommen wurden, am 5. März 1634 schon bestanden und die beiden Data müssen auch dem Jahre 1633 angehören. Auch Motschmann spricht dies I, S. 507 deutlich aus und setzt die Abfassung der ersten und der revidirten Statuten in die Jahre 1633 und 1635 S. 341. Dafür, dass die Literae restaurationis von 1633, bei Motschmann S. 506, nicht mit der Formula concordiae (I) vom 5. März 1634 identisch sind, spricht auch der Umstand, dass die letztere nicht die von Motschmann angeführten Sätze enthält, dass „der Rath der rechte Stiffter Patron und Oberer der Universität sey und wolle er sich also gegen dieselbige verhalten, wie die Räthe zu Strassburg und Nürnberg sich gegen ihre Akademien zu bezeigen pflegten“ (vgl. Motschmann I, S. 202 über die Zurechtweisung dieser Anmassung von Seiten des Rathes durch die schwedische Krone, welcher der Rath das vom Kurfürsten von Mainz ausgeübte Recht auf das Kanzleramt der Universität und auf Ernennung eines Vicekanzlers zugestehen musste.

1633 Motschm. II, 774 ff.		1634 Medic. Copialb. p. 26 ff.		Akten d. U. Erfurt Bd. II.	Seite
S. 774	§ 22	p. 35	Rubr. 5	§ 1. 2. 4. 5. Decani facultatum	31
	„ 23	„ 36	—	„ 6. Officium.	
	„ 24	„ 38	Rubr. 6.	„ 8. 9. Professores	33
„ 775	„ 25	„ 39	—	„ 13. 14. Disputationes	34
„ 776	„ 26	„ 40	—	„ 15. 16. 17. Quinam ad disputationes admittendi.	
	„ 27	„ 36	Rubr. 5	„ 7. Disputatio privata	31 sq.
„ 777	„ 28		—	„ 8. Exercitia philosophica	32
	„ 29	„ 48	Rubr. 9	„ 1.-9. Feriae	39
	„ 30	„ 36	„ 5	„ 9. Promovendorum vita inquirenda. . . .	32
„ 778	„ 31	„ 37	—	„ 12. Sumtus vitandus.	
	„ 32		—	„ 14.	
„ 779	„ 33	„ 37	Rubr. 5	„ 15. Quae statuta facultatum mutanda.	
	„ 34	„ 46	„ 8	„ 1. Collegia a studiosis habitanda	38
	„ 35	„ 47	—	„ 2. Collegiorum inspectores.	
	„ 36		—	„ 3. 5. Schola juris, colleg. Amplon., coll. majus.	39
„ 780	„ 37	„ 47	Rubr. 8	„ 6-10. 12. 13. Collegiati coërcendi.	
	„ 38	„ 48	—	„ 14. Exclusi non recipiendi.	
„ 781	„ 39		—	„ 15. Non inscripti repellendi.	
	„ 40	„ 41	Rubr. 7	„ 1. 5. Studiosis quid vitandum etc.	35
	„ 41	„ 42	—	„ 7. 8.	
	„ 42		—	„ 9.	36
„ 782	„ 43		—	„ 10.	
	„ 44	„ 43	—	„ 11.	
	„ 45		—	„ 12.	
„ 783	„ 46		—	„ 13	
	„ 47		—	„ 14. Reverentia in magistros et senatum.	
	„ 48		—	„ 16. Vindicta non sumenda.	
	„ 49	„ 44	—	„ 17. 18. Stupri poena	37
	„ 50		—	„ 19. Ludi puniendi.	
„ 784	„ 51		—	„ 20. Gestatio armorum prohibita.	
	„ 52		—	„ 21. Provocatio ad arma.	
„ 785	„ 53	„ 45	—	„ 22. Pennalismus.	
„ 786	„ 54		—	„ 23. Relegatio	38
	„ 55	„ 46	—	„ 25.	
	„ 56		—	„ 26.	
S. 786/7	„ 57	„ 40	Rubr. 6	„ 18. 19.	34 sq.

f. 11v.

Aelteste Statuten der theologischen Facultät.

In dem Statutenbuch (D) von 1412[1] (Staats-Archiv in Magdeburg, Gebiet Erfurt, XLV. A. 19) fol. 11v (Rückseite) bis fol. 20 Anfang. Die Abschrift ist sehr nachlässig gemacht. Da keine spätere Umarbeitung der Statuten der theologischen Facultät sich findet, sind nur die ursprüng-
5 lichen Lesarten der Handschrift in den Anmerkungen angegeben, wenn in den Text Berichtigungen aufgenommen sind. Eine besondere Ueberschrift „Statuta facultatis theologice" haben sie nicht, sondern sie schliessen gleich an die allgemeinen Statuten[1b] an.

RUBRICA PRIMA DE HIIS QUE AD CULTUM PROVENIUNT DIVINUM.

§ 1. Cum teste salvatore primum querendum sit regnum dei, ut alia temporalia
10 ad necessitatem vite nobis adiiciantur, inprimis circa divinum cultum, quo regnum Christi acquiritur, statuimus et ordinamus ut nostre facultatis graduati et membra circa divinum officium, prout expedit et oportet, debent habere sollicitudinem, precipue quando missa universitatis sollempniter celebratur aut exequie nostre facultatis graduati peragentur, presentes sint induti cappis suis sive, prout eorum religionem decet,
15 se presentent.

§ 2. Item statuimus et ordinamus quod quilibet biblicus[2] sive baccularius paratus sit et promptus ad faciendum sermonem latinum in predictis missis et alias, quociens pro honore facultatis ad sermocinandum fuerit ordinatus per nostram facultatem vel eciam decanum, nisi legittime fuerit impeditus, et tunc alium pro se poterit subrogare.

20 § 3. Item statuimus quod faciens sermonem ex racione universitatis vel facultatis nostre extra divinum officium tempus ultra horam unam vel horam cum media non occupet quovis modo; si vero infra divinum officium vel missarum solempnia contingat
f. 12 aliquem facere sermonem, tunc minus occupet de tempore ad prolixitatem tediosam vitandam.

25 § 4 Item statuimus quod quilibet baccularius predictis temporibus et eciam alias sermonem predictum extra cartam[3] pronunciet lucide et distincte.

---

[1] Diese Zahl findet sich zwar nicht in dem Text des Manuscriptes D angegeben, sie ist aber bei der Katalogisirung auf den Umschlag gesetzt. [1b] In derselben Handschrift stehen auch fol. 1—11 die älteren Statuten der Universität, deren Abweichungen von dem Motschmann'schen Abdrucke (der allgemeinen Statuten von 1447) nach der Vergleichung durch Herrn Archivar Geisheim im Anfange des I. Th. der Akten mitgetheilt sind.

[2] Diejenigen, welche nach erlangtem Magisterium in der Facultas artium dem theologischen Studium sich zuwenden wollten, wendeten sich erst als cursores 2 Jahre dem Bibelstudium zu (siehe unten Rubr. 9, 1.) und hiessen nach Ende derselben baccularii biblici; hierauf hörten sie die Sententiae des Petrus Lombardus (sententiarii) und wurden beim Beginn des dritten Buchs baccularii formati. Von da an arbeiteten sie auf den Licentiaten hin. Siehe Rubr. 9 § 72.

[3] Ohne abzulesen.

RUBRICA SECUNDA DE DISCIPLINA ET HONESTATE IURIS IN GENERALI SUPPOSITORUM FACULTATIS NOSTRE.

§ 5. Quia sacra scriptura doctrix est discipline et morum, statuimus et ordinamus quod theologice facultatis doctores baccularii et discipuli pre omnibus morum reluceant insigniis, ut sicut modesti in verbis sint, honesti in gestu corporis et in vestitu, prout 5 congruit statui et facultati, sint decentes, non bibuli, non fornicarii, non brigosi aut litigiosi, vitent malas societates, caveant loca infamata et suspecta, non currant ad vana mundi spectacula, ne deum offendant et aliis in scandalum theologice facultatis prebeant malum exemplum.

§ 6. Item quod omnia morigerate[a] honeste et secundum ordinem fieri decet,[b] statuimus 10 quod ordo magistrorum secundum antiquitatem promocionis, quoad hic magistratus, vel recepcionis, quoad alibi magistratus et hic receptus, serventur. Et si unus aliquem alium prehonorare voluerit, non prohibemus, dummodo hoc non concedat in prejudicium alterius, inhibentes specialiter, ne quis magistrorum nostrorum in publicis congregacionibus universitatis nostre aliquem doctorem alterius facultatis nostris magistris 15 preferat in ordine sedendi sine omnium magistrorum nostrorum consensu.

§ 7. Item statuimus et ordinamus quod in nostra facultate promovendi sunt singulis nostre facultatis doctoribus magistris in licitis et honestis obedientes, contra eos nequaquam protervientes aut superbientes, neque aliquem eorum contempnentes, sed eis ubique, prout decet, honorem et reverenciam exhibentes[c]. Et si quis huius statuti et 20 mandati transgressor repertus fuerit et contemptator, nequaquam ulterius promoveatur, quousque satisfecerit offensae[d] iuxta reverendorum magistrorum facultatis determinacionem atque iudicium commune.

§ 8. Item statuimus et ordinamus quod nullus baccularius nostre facultatis a civitate Erffordensi per mensem vel ultra absens permansurus recedat, nisi de scitu 25 venerabilis decani et specialiter sui magistri, sub quo legit.

§ 9. Item statuimus quod baccularius et scolares nostre facultatis compositi sint f. 12v. et morigerati[e] in audiendis lectionibus disputacionibus, caventes clamores strepitus risus et cachinos aliasque dissoluciones indecentes.

RUBRICA TERTIA DE INSTITUTIONE DECANI ET EIUS OFFICIO. 30

§ 10. Quia in omni regulata congregacione oportet unum esse, qui aliis presit curam gerendo agendorum, hinc statuimus et ordinamus quod nostra facultas habeat unum magistrum,[1] quem vocare volumus decanum, qui maneat in officio decanatus per unum

[a] morierate D. [b] debet D. [c] exhibientes D. [d] offensa D. [e] morierati D.

[1] In der ältesten Zeit heisst auch derjenige, der die höchste Würde in der theologischen Facultät erhalten hat, magister in theologia; die theologische Facultät ist die erste in der Reihe der altiores facultates. (Diese Bezeichnung gebraucht M. Amplonius Ratingk in dem Statut für sein Collegium öftern, z. B. § 19, Weissenborn, Urkunden zur Geschichte des Amplonius Erfurt 1879, S. 65.)

annum. Et eligatur talis ab omnibus magistris, qui tunc in Erffordia presentes fuerint annuati in festo sancti Ieronimi (30. Sept.) et sequenti die studium nostre facultatis inchoetur.

§ 11. Item statuimus et ordinamus quod novus decanus officio suo non fungatur, nisi prius ad manus antiqui decani nomine facultatis fidelitatem[f] eiusdem facultatis 5 iuraverit publice coram omnibus magistris.

§ 12. Item statuimus quod decanus magistrorum habeat in sua custodia librum statutorum facultatis et librum,[g] in quo conscribende sunt omnes gracie,[h] quas reverendi magistri graduandis et graduatis concedere voluerint, ne graciarum concessarum[i] propter oblivionem contigerit fieri excessum sive abusum.

10 § 13. Item volumus et statuimus quod noster decanus habeat cistam[k] seu capsulam duabus clavibus diversis seratam, quarum clavium unam ipse teneat, aliam senior magister; in qua capsula sigillum facultatis claudatur et pecunia a graduandis collecta reservetur. Nec unquam decanus solus capsulam illam aperiat, eciam si senior magister mitteret sibi clavem secundam.

15 § 14. Item statuimus et ordinamus quod quilibet decanus in fine officii sui decanatus computare debeat coram magistris et lucidam reddere racionem de singulis receptis atque expensis.

§ 15. Item statuimus et ordinamus quod quilibet decanus die computacionis, antequam officium resignet, magistris faciet pro eorum fatigacione de pecunia facultatis 20 unam decentem et competentem consolacionem secundum placitum (plm?) eorundem.

§ 16. Item statuimus quod decanus post resignacionem officii sui ab Erffordia infra octo dies non recedat sine dispensacione magistrorum.

f. 18 § 17. Item statuimus quod, si contingat decanum recedere de Erffordia, ita quod sit mansurus absens per mensem, tunc de consensu facultatis alius magister substi- 25 tuatur in vicedecanum, qui eius officio per omnia fungatur per totum tempus absencie decani.

§ 18. Item statuimus et ordinamus, quod nostre facultatis decanus in congregacionibus fiendis magistrorum causas congregacionis magistris primo literaliter sub pena non contradicendi insinuet per bedellum et in ipsa congregacione pro determinacione 30 causarum consensum singulorum magistrorum inquirat et post concludat, quasi fiendum cum omnium aliorum voluntate atque consensu, ita quod si aliquis magistrorum id quod petitur denegaverit, extunc supplicacio reputetur ab aliis frustrata atque interempta ingraciosam (?) et cum racione alias concludatur secundum pluralitatem vocum.

§ 19. Item statuimus quod ad congregaciones magistrorum decanus non vocet 35 baccularios vel scolares, nisi in casu paucitatis vel necessitatis aut si eis loqui habebit.

§ 20. Item statuimus et ordinamus quod, si aliquis magistrorum explicite et in propria persona aliquam[l] supplicacionem pro se vel pro alio porrexerit, locum det aliis magistris deliberandi et se absentet a congregacione recedendo, facta vero deliberacione magistri eum revocent, reverenter ei quod decreverint exprimendo 40 per magistrum decanum.

[f] fidelio (z statt schliessendem m über der Zeile als Abkürzung) D. [g] libris D, gedankenlose Abschrift nach der gewöhnlichen Abkürzung. [h] grc D, siehe fol. 17. [i] concessorum D. [k] sistam D. [l] aliquem D.

§ 21. Item statuimus quod, si contingat peticiones principum vel quorumcunque dominorum seu prelatorum promocione alicuius non bene meriti nec ydonei porrigi magistris, allegaciones fiant statutorum et iuramentorum prestitorum de eisdem ob servandum, nolentes quovis modo eos, qui ante legerint, posttergare et iuniores preponere ad preces importunas.[m]

§ 22. Item statuimus et ordinamus quod nichil de novo statuatur in facultate et ordinetur, nisi ad minus tres magistri sint presentes et consencientes, dummodo tot sint in facultate nostra, qui pro tunc continue ad minus per spacium duorum mensium hic in Erffordia commorando steterint.

§ 23. Item statuimus et ordinamus quod novus decanus in principio officii sui ad minus semel in anno publicet baccalariis simul congregatis nostre facultatis statuta eos concernencia, ne quis per ignoranciam se[n] ab eorum conservacione excuset

RUBRICA QUARTA. DE FORMA ET MODO RECIPIENDI IN ALIIS UNIVERSITATIBUS RIGOROSE MAGISTRATOS.

§ 24. Statuimus quod, si quis in alia universitate approbata rigorose magistratus, hoc non est de bulla domini pape, nostre facultati incorporari voluerit, prius universitati sit intytulatus et acceptatus cum consuetis iuramentis exigendis per rectorem. f. 18v

§ 25. Item statuimus et ordinamus quod quilibet taliter alibi magistratus, volens hic in Erffordia esse membrum nostre facultatis, doceat reverendos magistros per literas autenticas et patentes, se in alia universitate approbata magistratum, aut per aliud sufficiens testimonium, quod per facultatem approbatum fuerit.

Item statuimus et ordinamus quod quilibet talis magistratus alibi[o] in universitate approbata informet magistros, an in sua universitate, in qua magistratus est, fecerit resumptam, et si non, hic in Erffordia ordinario non disputet, nisi hic prius faciet eam.

§ 26. Item statuimus et ordinamus quod quilibet talis alibi in aliqua universitate approbata sollempniter magistratus hic in Erffordia nequaquam admittatur, ne[p] prius coram magistris iuraverit infrascripta iuramenta: Primo quod non velit aliquam hereticam vel erroneam doctrinam, aut que sit contra determinacionem ecclesie, seminare et quamcunque aliquam[q] doctrinam huius docere audierit et certive[1] perceperit, quod talem quam cito poterit velit nominare nostre facultatis decano. Secundo quod procurabit bonum huius facultatis nostrę hic et ubique, et semper, ad quemcunque statum pervenerit, pro nosse et posse. Tercio quod fovebit pacem et concordiam inter religiosos et seculares hic et ubique, precipue tamen inter nostre facultati incorporatos. Quarto quod magistris nostre facultatis hic in Erffordia incorporatis debitam exhibeat reverenciam. Quinto quod secreta, que in congregacionibus magistrorum tractantur vel tractabuntur, non revelet. Sexto quod quilibet talis tantum solvat ad fiscum facultatis, quantum solvisset, si ab inicio rigorose in Erffordia magistratus fuisset,

[m] inportunias D. [n] sa. [o] allibi D. [p] Richtiger wäre nisi. [q] Richtiger wäre aliam.

[1] Das Wort entspricht dem französischen certainement, sérieusement.

degraduatus (?) vero de bulla solvat duplum, sicut in sequenti rubrica patebit. Septimo, quod velit servare statuta nostre facultatis et statuenda pro tempore et loco.

§ 27. Item statuimus et ordinamus quod quilibet magister alibi° rigorose magistratus, qui ad nostram facultatem de cetero fuerit assumendus, retineat locum sue anti-
5 quitatis per tempus promocionis sue inter magistros hic Erffordie magistratos.

f. 14 RUBRICA QUINTA. DE MODO ET FORMA RECIPIENDI MAGISTROS ALIBI DE BULLA DOMINI PAPE MAGISTRATOS.

§ 28. Statuimus et ordinamus quod quilibet magister de bulla domini pape promotus et doctoratus, volens incorporari nostre facultati in Erffordia, priusquam admittatur,
10 procedat modo infra scripto: primo in publicis scolis respondeat uni de magistris nostris, quem facultas ad hoc deputaverit, qui utram[r] (?) faciet positionem cum tribus vel quatuor conclusionibus et corollariis mittendo eam baccularis et arguant in illa disputacione magistri in theologia, si eis placuerit; post quos arguant prelati, si affuerint et voluerint, deinde in sacra theologia baccularii et biblici, demum in artibus magistri
15 et alii, quibus presidens magister dare voluerit tempus et locum; qua disputacione facta in alio die, quem magistri eidem assignaverint, in scolis suis, vel quas magistri ad hoc deputaverint, legat unam brevem leccionem, sacram theologiam commendando, et tunc determinet[r] unam theologicam questionem per tres aut per quatuor conclusiones cum corollariis et brevibus probacionibus; cuius questionis positionem mittat omnibus
20 baccalariis et biblicis, eciam arcium magistris, si voluerit, et audiat eos arguentes eorundem argumentis respondendo. Et illi secundo actu intersint decanus et unus magistrorum facultatis nostre, deinde alium diem magistri sibi assignabunt et tunc pro se disputet, assumendo unum baccularium nostre facultatis pro responsali, contra quem arguant baccularii et biblici, et ceteri, ut inmediate fuit statutum; quibus peractis
25 magistri conveniant deliberatione, an velint ipsum admittere. Et si concordaverint in eis, ad missionem nequaquam admittatur, nisi prius iuret omnia et singula, que iurare debet alibi rigorose magistratus, prout in precedenti rubrica illud annotatum, excepto quod ad fiscum facultatis solvat duplum ad idem, quod hic vel alibi non de bulla pape magistrati et hic recepti solvere debent, bedellis eciam satisfaciat pro vestitu ad
30 decanum facultatis.

RUBRICA SEXTA. DE ACTIBUS SCOLASTICIS MAGISTRORUM REGENCIUM IN ERFFORDIA.

§ 29. In primo statuimus et ordinamus quod magistri nostre facultatis in Erfordia regentes legant secundum tempus et locum lectiones suas et secundum disposicionem
f. 14 v. 35 magistri decani et facultatis, si aliqua circa hoc disponere voluerint, nec unus incipiat legere aliquem sacre scripture librum, quem alter magister legit actualiter, nisi de conlicencia speciali atque consensu.

§ 30. Item ad vitanda scandula et occasionem magistrorum inhibemus, ne magistri

[r] Könnte unam oder vielleicht veram gelesen werden. (Z. 18 determinat D.)

in suis publicis lectionibus sermonibus aut determinacionibus mutuo se impugnent livorose et inhoneste, sed si unus contra alium replicare voluerit, id faciant cum reverencia et decenter neminem nominando, nisi forte, quod absit, aliquis magistrorum in suis actibus publicus talia diceret, que fidei catholice et determinacioni ecclesie sanctisque doctoribus repugnarent, contra quem quilibet magistrorum et omnes[s] simul se opponere 5 debent ex catholice fidei iusto zelo, sicut ex professione sue sciencie obligantur atque teneutur.

§ 31. Item nullus magistrorum plures lectiones legat in ebdomade (vel)[a] quam duos vel tres ad maius.

§ 32. Item statuimus et ordinamus quod magistri in disputacionibus presidentes 10 loca distribuant secundum etatem graduum arguere debencium, ut sunt baccularii formati sentenciarii biblici sive cursores.[1] Si vero rector universitatis vel aliquis doctor iuris canonici legum aut medicine vel licenciati in predictis facultatibus aut facultatis arcium decanus vel alicuius religionis lector aut venerabilis pater sive eciam alius arcium magister aut alie honeste et scolastice persone arguere voluerint, poterit 15 talis magister preponere vel interponere nostris baccularriis, prout sue[t] discrecioni videbitur expedire.

§ 33. Item statuimus et ordinamus ad profectum scolarium et probacionem bacculariorum, quod magistri in disputacionibus presidentes omnibus baccularriis et biblici dent locum arguenti, sic quod arguere valeat collegiatus[u] contra collegiatum[u] et eiusdem 20 collegii religiosus contra religiosum, si fuerit eciam ordinis sui, nisi quoque causa prolixitatis vitande vel ob[v] aliam causam magistro presidenti videatur de quorundam argumentis supersedendum; sicut maxime in vesperiis et aulis resumptis,[2] que fieri communiter solent.

§ 34. Item statuimus et ordinamus quod magister post prandium disputaturus ante 25 prandium (si?) voluerit legat, disputaturus vero ante prandium vel cicius legere incipiat, vel breviorem lectionem faciat aut tantum lectionem incipiat et questionem preponat,[v] prout sibi videbitur expedire.

§ 35. Item a[w] vigilia sanctorum apostolorum Petri et Pauli (29. Juni) usque ad festum sancti Jeorii[3] magistri, non legant ordinarie, nisi forte alius magister vellet 30 J. 15. tempore vacacionum disputare, et tunc premittere poterit collacionem brevem, si placuerit sibi et nisi in suis sentenciis neglectum quis resumat. Si tamen aliquis magistrorum aut baccalariorum voluerit lectiones ordinarias continuare, poterit usque

[s] omnis D. [t] suo D. [u] collegatus contra collegatum D. In dem Statut des Amplonius von 1433 steht die richtige Form. [v] ab D. (Z. 27 richtiger ponat.) [w] a mit einem Häkchen: aut D.

---

[1] Siehe oben § 2 S. 46, Anm. 2.

[2] Resumpta, actus publicus in scholis theologicis, in quo de veteri et novo testamento disputat novus doctor, ut comitiis sacrae facultatis interesse possit, iuribusque doctoratus potiatur. Vesperia, ultimus actus in universitatibus ad consequendam doctoris dignitatem seu disputatio, quae a baccalariis fit pridio quam birreto doctorali donetur, in qua disputant tres doctores cum eodem baccalario. Ueber aula siehe zu § 44, Anm. 2.

ad festum sancti Petri ad vincula (1. Aug) et non ultra, reincipere vero lectiones poterit quilibet ipsorum statim post festum sancte Crucis.[3]

RUBRICA SEPTIMA. DE ETATE QUALITATE DISPOSICIONE ET CONDICIONE PROMOVENDORUM GENERALI.

5 § 36. Inprimis statuimus et ordinamus quod promovendi in theologica facultate sint de thoro legittimo nati et non turpiter viciati, etatis vero ad minus XXV annorum et accoliti ordinati. Gradum vero doctoratus et magisterii nemo adipiscatur, nisi eciam ante fuerit ordinem sacerdotalem adeptus.

§ 37. Item statuimus et ordinamus, quod nullus cursor in theologia sive biblicus 10 aut baccularius, qui sub aliquo magistro nostre facultatis incepit legere cursum vel bibliam vel sentencias in nostra facultate et universitate Erffordensi, aliquem magistrum eligere possit, sub quo legat vel incipiat seu birretum magistrale in Erffordia recipiat, nisi de speciali licencia tocius facultatis et magistri illius, sub quo incepit legere. Si autem magistrum, sub quo inceperit, finaliter recedere aut mori contigerit, extunc cursor 15 biblicus aut sentenciarius, qui sub eo incepit, alium magistrum de regentibus duntaxat eligere poterit, de scitu tamen nostre facultatis.

§ 38. Item statuimus quod magister iste, sub quo quis incepit sive birretum recepit, ad quartale anni prius in Erffordia causa studii steterit et aliquos actus scolasticos inibi fecerit et quia in reccione manendi ibidem ad minus ad annum supervenerit, 20 tamen si ex causa eum ante anni revolucionem recedere contigerit,[x] istam facultati ante eius recessum insinuet.

§ 39. Item statuimus et ordinamus, quod baccularii seculares biblici sive cursores cappa seu habitu baccul ariorum theologice facultatis induantur in omnibus actibus scolasticis solempnibus, ut sunt disputaciones magistrorum vesperie et aule, et quando f. 15 v. 25 alius talis baccularius vel biblicus habuerit sermocinari in latino, utantur eciam in cottidianis lectionibus suis et quando alii baccularii vel biblici faciunt principia sua et si qua alia sunt tempora, in quibus baccularii et biblici huiusmodi habitu communiter uti in approbatis universitatibus consueverunt.

§ 40. Item statuimus et ordinamus quod, si contingat baccularium alterius facultatis 30 hic se petere admitti, prius videantur eius sufficientes litere testimoniales et investigetur,[y] querere[z] de sua facultate universitate recesserit et quantum ac qualiter legerit, et si repertus fuerit in singulis verax et ydoneus, admittatur, sic quod bonum antiquitatis teneat inter baccularios secundum tempus, quo ad nostram facultatem hic in Erffordia intravit, in gradu sibi pares sequendo.

[x] contingerit D. [y] in ausgestrichen D. [z] ob quare?

[3] Hier ist wohl nur an das Fest der Auffindung des heil. Kreuzes (14. Sept.), nicht an Kreuzes Erhöhung (3. Mai), zu denken. Der Tag des heil. Georg des Märtyrers ist der 23. Apr., aber hier ist wohl an den h. Georg, Diakonus im Kloster Sabas bei Jerusalem zu denken, der am 27. Julius in Spanien durch die Saracenen den Märtyrertod erlitt; Kölb in Ersch und Gruber's Allg. Encyklopädie I, Sect. Bd. 59 S. 282. Vgl. Weidenbach. Calend. hist. christianum, Regensb. 1855. S. 133.

§ 41. Item statuimus quod quilibet baccularius sentenciarius teneatur quolibet anno ante suum magistrum respondere ordinarie quatuor magistris, si tot fuerint commorantes in Erffordia magistri nostre facultatis; et si ultra hoc aliquis magistrorum aliquem baccularium requisierit ad respondendum, volumus quod obediat et ad respondendum sit paratus iuxta suum posse; tamen si aliquis magistrorum baccularium aliquem isto 5 anno vel protunc, cum se baccularius magistro ad respondendum exhibuerit, audire noluerit, sit baccularius excusatus, et si non sint quatuor magistri, extunc tribus vel duobus sufficit respondisse, nisi baccularius, ut predictum est, per magistrum requiratur.

§ 42. Item volumus et statuimus quod si magister disputaturus baccularío reponsuro materiam disputacionis sive titulum questionis dare noluerit, tunc baccularius respon- 10 surus utilem materiam practicam vel speculativam theologicam vel in morali propter philosophiam assumat et tytulum formet clarum et decentem, ponatque conclusiones maturas sine superfluis nominibus[aa] (?) et verbis inutilibus fictis vel peregrinis, quarum conclusionum numerus ternarium vel quaternarium non[bb] excedat, poterit tamen, ut est moris, cuilibet questioni annectere unum corollarium vel duo. 15

§ 43. Item statuimus et ordinamus quod nullus bacculariorum vel biblicorum, quando respondet ad questionem ordinariam sive in aula sive in vesperiis sive in resumptis positam, recitet[bb] de cartha, sed extra cartham eam proponat, sicut Parisius[1] et Bononie[cc] est consuetum; ad hoc tamen statutum vesperiandos ob prolixitatem questionis nolumus f. 16 esse adstrictos. 20

§ 44. Item statuimus quod in decisione questionum in disputacionibus et in principiis bacculariorum protestacione sentenciarum ac eciam in actibus publicis, ut in aula,[2] pretermittere debeant baccularii protestaciones laudabiles, quibus protestentur dictos actus facturi, quod non intendunt dicere aliquid, quod sit contra fidem et contra determinacionem sancte matris ecclesie, aut quod cedat in favorem articulorum Parisius[1] 25 aut hic condempnatorum, aliquid quod sit contra doctrinam sanam, contra bonos[dd] mores aut quod offendit pias aures. Et si aliquid istorum contingerit aliquem dicere lapsu lingue[ee] vel ex inadvertencia aut aliqua quacunque alia occasione seu causa, quod dicunt se ex illo nunc pro tunc revocare retractare exponere declarare velle ad ordinacionem facultatis theologice huius studii Erffordensis. 30

§ 45. Item statuimus et ordinamus quod baccularii licenciati ac actu legentes nec non biblici et cursores ad disputaciones magistrorum respective veniant, nolentes quod aliquis predictorum graduatorum a disputacione alicuius nostre facultatis se absentet, nisi rationabilem habet causam.

§ 46. Idem intelligendum de sermonibus magistralibus et de vesperiis ac aulis. 35

§ 47 Item statuimus et statuendo inhibemus ad vitandum[ee] hereses et errores, ne

[aa] nomis D; vielleicht soll es normis heissen. (Z. 18 recidet D.) [bb] non non D. [cc] Banonie D. [dd] bonis D. [ee] ligwe D. (Z 36 vitandam D.)

[1] Parisius als Locativus steht selbst noch in alten Drucken häufig.

[2] Aula, französ. aulique, thesis publica, quae propugnatur ab aliquo e iunioribus theologis, cum laurea doctoris donandus est aliquis. Der Name kommt von der aula archiepiscopi Parisiensis. Der neu Promovirte führte den Vorsitz bei derselben. Statuta univ. Paris T. VI, p. 381.

quis baccularius biblicus legat in conclavi seu extra scolas publicas aliquem librum sacre theologice scripture, hoc statutum ad magistros nequaquam extendere volentes.

§ 48. Item statuimus et ordinamus quod biblici et baccularii et licenciati suas posiciones determinaciones collocaciones et sermones ostendant magistro suo vel decano facultatis et stent eius consilio et moderacioni, nec volumus quemquam de licenciatis bacculariis ac scolaribus in nostra facultate publicum actum facere de predictis, nisi ea, que dicturus est, ostendat suo magistro.

§ 49. Item statuimus quod si contingat aliquem ex quocunque casu hereticam vel erroneam aut male sonantem doctrinam docere, quod illam revocet iuxta formam nostre facultatis decano et magistris sibi tradendam, dum a facultate convictus talis fuerit.

§ 50. Item statuimus quod baccularii cursores et biblici lecturas suas incipiant secundum tempus a facultate eis assignandum.

f. 16v. § 51. Item statuimus et ordinamus quod nullus ad gradum in nostra facultate Erffordie admittatur, nisi sit sufficiens magister in artibus, si est secularis; si religiosus, promovendus talis sit ita edoctus, quod sufficienter in scolis theologicis opponere et respondere sciat quod si ante promocionem eius non constet facultati sufficiencia alicuius predictorum, prius respondeat uni magistro.

RUBRICA OCTAVA. DE MODO ET FORMA ADMITTENDI CURSORES SEU BIBLICOS IN SPECIALI ET QUO TEMPORE CURSUS FACERE DEBEAT.

§ 52. Inprimis statuimus quod volens incipere cursum biblie in Erffordia se humiliter facultati presentet cum testimonio, quod ad talem gradum est promotus, si est religiosus; si est secularis, ostendat cuius sit condicionis originis et status, ne facultas per incognicionem personarum in promocionibus fallatur et sic quilibet predictus nostre (facultati)[ff] universitati prius incorporatus per rectorem et tunc reverenter et humiliter supplicet, ut ad biblie admittatur lecturam.

§ 53. Item statuimus et ordinamus quod nullus pro cursu legendo sive ad bibliam legendam admittatur in nostra facultate, nisi iuret quod post gradum magisterii in artibus adeptum studuerit in eadem facultate theologica ad minus per quinque annos hic in Erffordia, vel alibi[gg] in aliquo studio privilegiato lecciones magistrorum, iugiter et fideliter audiendo et visitando disputaciones eorundem et ad minus semel sentencias complete audierit in studio privilegiato a legente pro forma, ad istud autem statutum obligari nolimus religiosos per suos superiores promotos, sed eos admittere sine isto iuramento, sicut admittuntur Parisius[1] et Bononie[cc] et in aliis universitatibus ad biblie lecturam.

§ 54. Item statuimus et ordinamus ad biblie lecturam quod nullus admittatur hic Erffordie, nisi prius respondeat ordinarie uni de[hh] nostro facultatis magistro.

ff In D wieder ausgestrichen. gg allibi D. hh de zu streichen; wenn es aber bleiben soll, ist nostre fac. magistris zu ändern.

1 Parisius als Locativus steht selbst noch in alten Drucken häufig.

§ 55. Item statuimus quod quilibet biblicus pro cursu suo duos legat libros, unum veteris, alium novi testamenti, quos[ll] quidem libros volumus ut facultas eidem assignaret, continuacionem lectionum et temporis determinando cuilibet tali lectori, prefigendo.

§ 56. Item volumus et statuimus quod quilibet biblicus pro quolibet cursu suo tene- 5 atur facere collacionem preambulam sine questione ad recommendacionem sacre scripture et libri, quem legere proponit.

§ 57. Item statuimus et ordinamus quod biblicus nostre facultatis seu cursores f. 17 textum quem legunt solide exponant et glosas notabiles declarent et si voluerint dubia literalia compendiose et breviter moveant et solvant. 10

§ 58. Item volumus quod facultas biblicis et cursoribus assignare debeat passus biblie noviter seu recenter per alios predecessores non lectas pro eorum lectura et cursu.

§ 59. Item statuimus et ordinamus quod, licet biblici cursorie legere debeant, non tamen debet in una leccione plus legere quam unum capitulum de textu, minus legere 15 poterunt, si placuerint eisdem.

§ 60. Item statuimus quod biblici legant post prandium, exceptis illis diebus quando ieiunium ecclesię celebratur, ut in quadragesima, in vigiliis sanctorum, sextis feriis[1], in quibus temporibus legant ante prandium.

§ 61. Item statuimus et ordinamus quod quilibet lecturus bibliam solvat pro fisco 20 facultatis unum florenum et det bedellis nostris medietatem unius floreni.

RUBRICA NONA. DE MODO ET FORMA ADMITTENDI ALIQUEM AD LECTURAM SENTENCIARUM ET QOUD TALIS FACERE DEBEAT.

§ 62. Inprimis circa baccularios lecturos sentenciarum statuimus quod nullus ad- 25 mittatur ad lecturam sentenciarum hic in Erffordia; nisi iuret quod compleverit duos annos, postquam incepit legere cursus suos studendo et legendo in eadem facultate; per hoc tamen non intendimus restringere et limitare religiosos specialiter per suos superiores promotos et facultati nostre ad legendum sentencias presentatos, sed eos admittere sicut isto iuramento, sicut[kk] Parisius Bononie[cc] et in aliis universitatibus tales 30 solent admitti.

§ 63. Item statuimus et ordinamus quod nullus admittatur ad lecturam sentenciarum hic in Erffordia, nisi prius ordinarie racione lecture sentenciarum responderat alicui nostre facultatis magistro, non obstante quod prius respondeat antequam bibliam incepit. 35

§ 64. Item statuimus quod baccularius lecturus sentencias per biennium ad minus in septimana legat tres lecciones, si[kk] tot dies legibiles habuerit, lecturus vero per

[ll] quod D. [kk] sicud D. (Z. 37 sic D.)

[1] An den Freitagen.

unicum annum continuet lecciones suas per omnes dies legibiles nec aliqua die legibili lectiones suas omittat,[ll] nisi ex dispensacione facultatis, et si causa infirmitatis vel
f. 17v. alia de causa, quam facultas iudicaverit excusativam, leccionem aliquam[mm] vel lecciones aliquas pretermisit, tot tempore vacacionum magnarum legat et resumat, quot[nn] legere
5 determinato tempore obmisit, si inicio studii incepit firmante (?)[oo] anno inmediate sequenti compleat legendo tot dies in principio studii incipiendo, quot prius neglexit.

§ 65. Item statuimus quod quilibet baccularius legens sentencias totum textum de verbo ad verbum et ipsum[pp] difficilis est exponendo declaret.

§ 66. Item statuimus et ordinamus quod quilibet senteneiarius pro quolibet libro
10 sententiarum faciat solempne principium pro recommendacione sacre scripture thema suum, quod debet esse de biblia, resumendo et questionem moveat theologicam cum suis collegentibus et concurrentibus, honeste sine verbis offensivis concurrendo, et in ultima lectione faciat pro sacre scripture collacione[pp] concurrentibus regraciando, et si habet successorem, ipsum in eadem collacione aliis lecturis recommendet.

15 § 67. Item statuimus et ordinamus quod quilibet sentenciarius faciat secundum principium tercium aut quartum, nisi librum precedentem totaliter compleverit ordinate legende[qq] legendo, ita quod ille, qui fecit prius primum principium faciat, prius[rr] secundum et sic deinceps, et si negligens in hoc fuerit, ipso facto perdat locum suum et sequens eum principiet ante ipsum.

20 § 68. Item statuimus quod baccularii sentenciarii omnes legant ante prandium et nullo tempore prandio peracto.

§ 69. Item quilibet intrans sentencias pro fisco facultatis solvat[ss] et presentet decano florenos duos et bedello unum florenum.

§ 70. Item statuimus et ordinamus quod quilibet sentenciarius post primum princi-
25 pium in sentencias, post octo dies inmediate sequentes debeat incipere primam lectionem suam et deinceps fideliter continuare lecciones suas iuxta statutum tercium istius none rubrice.

§ 71. Item statuimus quod nullus baccularius in aliquem librum sentenciarum principiet, nisi super hoc specialiter nostre facultatis requirat et contineat[tt] consensum.

30 § 72. Item statuimus quod quilibet sentenciarius post tercium principium suum in sentencias habeatur baccularius formatus, si vero finitis duobus libris in eo non stet, quod tercium principium faciat, ut in casu suspensionis lectionum ab universitate causa iniurie vel alias nichilominus baccularius formatus habeatur, et si suspensio duraverit per totum residuum tempus, per quod legere deberet, non tenebitur illud tempus postea
35 supplere, nisi facere voluerit ob exercicii et studii causam.

f. 18 § 73. Item statuimus quod si alius baccularius fuerit admissus ad lecturam sentenciarum, qui in alia universitate legit bibliam, solvat unum florenum fisco pro biblia et duos pro sentenciis, prout habetur in rubrica quarta de magistris alibi rigorose magistratis.

[ll] omittet D [mm] aliquem D. [nn] quod D. [oo] finant D finiente? [pp] Nach ipsum folgt eine kleine Lücke, vielleicht fehlt quando. (Z. 13 collacionem D.) [qq] Wohl auszulassen. [rr] Vielleicht postea zu lesen. [ss] solvet D. [tt] Richtiger wäre obtineat.

RUBRICA DECIMA. DE IURAMENTIS CURSORUM BIBLICORUM ET INTRARE VOLENCIUM LECTURAM SENTENCIARUM.

§ 74. Statuimus et ordinamus quod cuilibet volenti intrare lecturam biblie vel sentenciarum[uu] primo legantur ad minus statuta eius gradum specialiter tangencia, que habentur supra rubrica septima octava nona, et iuret facultati infrascripta puncta: 5 primo quod velit procurare bonum facultatis semper et ubique, ad quemcunque statum pervenerit, pro posse et nosse; 2° quod magistris nostre facultatis debitam exhibeat reverenciam et honorem, nec aliquem eorum contempnat,[vv] ymmo se eis et cuilibet eorum subiiciat,[ww] sicut discipulum decet se subicere magistro; 3° iuret quod si quem nostre facultatis incorporatum sciret vel audiret, qui seminaret et doceret heresin vel errorem 10 aut aliquid, quod esset contra determinacionem ecclesie, talem denunciet, quam cito commodose poterit, nostre facultatis decano; 4° quod iuret quod servet et procuret pacem et concordiam nostre universitatis et facultatis et precipue unionem, quantum in eo est, foveat inter quatuor facultates, inter naciones,[1] inter religiosos et seculares, hic et ubique locorum, ad quemcunque pervenerit statum; 5° quod gradum magisterii 15 alibi nequaquam recipiat, quam hic in Erffordia[2] et pro eo adipiscendo labores continuet,[xx] ita quod sua negligencia sine racionabili causa eum acquirere adipisci non deferat, salvis nostre[yy] facultatis statutis; 6° iuret quod statuta nostre facultatis et eciam statuenda pro loco et tempore velit servare pro posse nec eis scienter frivole[zz] contradicere.

RUBRICA UNDECIMA. DE BACCULARIIS FORMATIS ET QUID FACERE DEBEANT. 20

§ 75. Statuimus circa baccularios formatos, qui bibliam et sentencias legerunt, antequam ordinarie et de rigore presententur ad licenciam, quod per duos annos ad minus post complecionem lecture teneantur in studio Erffordensi permanere et exercere se in opponendo et respondendo, in sermocinando visitando lectiones et disputaciones magi- 25 strorum, principia bibliorum et sentenciariorum et eo fruencius, quanto plus sunt liberi et ad legendum minus constricti, ut eorum sciencia et mores cercius comprobentur et f. 18 v. qui ydonei comperti fuerint communi iudicio facultatis ad gradum licencie presentari poterint, examine fideliter consueto premisso, et hoc statutum observare volumus, nisi ex specialibus meritis alicuius promovendi facultas iudicaverit cum aliquo tali fore dispensandum. 30

uu sentenciarium D. vv contempnet D. ww subiaceat D. xx continuat D. yy nostris D. zz frivele D.

1 Hier ist einmal von Nationen die Rede, während oben in dem Entwurf der ältesten Statuten (S. 2, Anm. 1) ausdrücklich gesagt ist, dass die Studenten nur in Facultäten, nicht in Nationen eingetheilt werden sollten.

2 Dies wurde später (1514) Luthern zum Vorwurf gemacht, dass er seine ersten Grade in Erfurt, die Doctorwürde in Wittenberg angenommen habe (1512), besonders von dem Erfurter Augustinermönche Nadin. In der Wittenberger Matrikel zu Halle fand Prof. Köstlin die Notiz, dass Luther 1509 in Erfurt gewesen und Baccalaureus biblicus geworden sei. Hierüber habe ich in Erfurt keine Nachricht aufgefunden.

§ 76. Item statuimus quod quilibet talis baccularius formatus teneatur cuilibet magistro in Errfordia commoranti quolibet anno vacante post lecturam ad minus semel ordinarie respondere et sermones facere, prout superius rubrica septima fuit (facit D.) expressum.

5 § 77. Item statuimus quod, si aliquis venerit Errfordiam in aliqua alia universitate privilegiata factus baccularius formatus, postquam hoc nostre facultati ostenderit literis autenticis et testimonio sufficienti et ydoneus in singulis repertus fuerit, non admittatur hic in Errfordia, nisi prius iuret quod locum antiquitatis inter baccularios alios formatos, qui hic legerunt, secundum diem et tempus, quo admittitur, velit tenere, prout superius 10 de magistris alibi rigorose magistratis et hic admissis rubrica quarta est expressum, et solvat pro fisco tantum quantum solvisset, si hic in Errfordia legisset, dummodo tamen per bullam domini pape fuerint promoti, quia tunc duplum solvere debet, sicut superius rubrica quinta de huiusmodi promotis fieri est statutum.

RUBRICA DUODECIMA, DE MODO OBSERVANDO IN EXAMINE ALICUIUS 15 PRESENTANDI AD LICENCIAM MAGISTRALEM ET QUALITER FIERI DEBEAT EXAMEN.

§ 78. Statuimus et ordinamus quod nullus ad licenciam magistralem presentetur cancellario[a] nostre universitatis vel eius vices gerenti, nisi prius examinetur per omnes magistros facultatis simul congregatos per hunc modum, quod videlicet cancellarius 20 vel vicecancellarius, si examini interesse voluerit, vel saltem aliquis magistrorum locum alterius eorundem tenens mittat examinando unum passum de textu biblie et hoc de veteri testamento, circa quam muta[b] sibi titulum questionis, dictus vero examinandus passum sibi assignatum dividat et exponat per glosas et exposiciones approbatas moraliter vel textualiter vel utroque modo secundum exigenciam textus sibi assignati, 25 ad questionem vero circa eundem passum examinandum ponat duas conclusiones cum conclusione responsali absque corrolariis, contra quas dictus vicecancellarius vel locum f. 19 tenens, si quis talium assit, opponat et arguat quantum sufficit pro examine diligenti. Similiter decanus, qui pro tempore fuerit, passum aliquem de veteri testamento cum questione mittat dicto examinando et circa illum fiat modo supradicto; alii eciam duo 30 magistri, si fuerint in nostra facultate regentes, secundum senium mittant puncta circa novum testamentum cum questionibus, circa que consimiliter, ut predictum est, procedatur; quod si plures actu regentes fuerint, nostre facultatis doctores arguant secundum senium ad quamcunque voluerint predictarum questionum, quas quidem questiones cum conclusionibus predicti quatuor magistri[c] alios quotquot fuerint mittere teneantur. 35 Locus autem huius examinis sit in domo habitacionis decani vel sicut ipse dixerit disponendum. Quocirca ordinarius, ut huiusmodi puncta cum questionibus per triduum ante examen mittantur examinando, poterit eciam quilibet magistrorum, si vi (?)[c] sibi visum fuerit, preponere unum probleuma; debet eciam supradictum examen quantum ad tempus et locum per eundem examinandum cum cedulis affixis ad fores domus uni- 40 versitatis et alibi, ubi scilicet oportunum fuerit, solempniter publicari.

[a] cancellario D. [b] Vielleicht mittat? [c] magistris D. (Z. 37 vi zu streichen.)

RUBRICA DECIMA TERCIA, DE MODO ET FORMA PRESENTANDI EXAMINATUM ET APPROBATUM BACCULARIUM DOMINO CANCELLARIO VEL VICES GERENTI AD LICENCIAM MAGISTRALEM, ET DE IURAMENTIS, QUE HUIUSMODI LICENCIANDUS FACERE DEBET.

§ 79. Item statuimus et ordinamus quod quicunque baccularius nostre facultati incorporatus gradum licencie in theologia contra ordinaciones nostre facultatis quocunque modo sine consensu et beneplacito omnium magistrorum adeptus fuerit, in consorcium facultatis nostre recipi non debet quovis modo. 5

§ 80. Item statuimus quod, postquam aliquis licenciatus in nostra facultate, amplius non regat in artibus. 10

§ 81. Item statuimus et ordinamus quod si contingerit, ut speramus, nostram facultatem plures habere licenciatos simul vel successive, ille qui primum locum tenuit in licencia doctorali, vel qui prius fuerit licenciatus, esset negligens circa sue aule celebracionem, quam quidem negligenciam iudicare et discernere habebit nostra facultas duntaxat. 15

§ 82. Item statuimus et ordinamus quod nulli debetur licencia magistralis, nisi ante publice coram domino cancellario vel eius vices gerenti iuret infrascripta iuramenta: Primo quod non velit docere aperte vel occulte heresim vel errorem, aut quod sit contra determinacionem sancte matris ecclesie et approbacionis doctoris; ymmo si talem sciverit vel audiverit, qui huiusmodi docuerit, ipsum quam cito quomode[d] potest denunciare nostre facultatis in Erffordia decano. f. 19v. 20

§ 83. Item iurabit quod domino cancellario aut eius vices gerenti, decano et singulis magistris eiusdem theologice facultatis reverenciam et honorem faciat condecentem: 3° quod procuret bonum nostre universitatis et facultatis pro posse et nosse, ad quemcunque statum pervenerit; 4° quod servabit et fovebit concordiam predicte universitatis et precipue unionem et tranquillitatem inter quatuor facultates et naciones[1] et inter religiosos et seculares hic et ubique locorum, in quocunque fuerit gradu et statu. 5° quod cancellario vel vicecancellario studii nostri Erffordensis, qui pro tempore fuerit, fidele dabit testimonium de baccalariis in theologica facultate ad gradum doctoratus promovendis, quociens debite super hoc loco et tempore apte fuerit requisitus. 6° quod gradum licencie hic receptum alibi non reiterabit neque resumet. 7° quod infra annum a die licencie aulam[2] suam velit tenere in Erffordia, nec hoc omittat sine dispensacione tocius facultatis nostre. 8° quod ad minus habeat etatem triginta annorum. 9° quod in aula sua sive in festo magisterii non exponat ultra tria milia thuronensium, simul et constitucionem Clementis, que habetur de magistris, inclementer se conformet. 25 30 35

[d] Statt commode.

[1] Ueber die Nationen siehe oben S. 57, Anm. 1 zu § 74 und S. 2, Anm. 1.
[2] Ueber aula siehe oben zu § 44, Anm. 2.

RUBRICA XIV., DE MODO ET FORMA PERAGENDI VESPERIAS ET QUE FIERI DEBEANT IN EISDEM.

§ 84. (Lücke.)

RUBRICA XV., DE MODO ET FORMA AULE ET QUE FIERI DEBEANT IN EADEM.

§ 85. Aula magistralis secundum formam hactenus servatam celebratur sic, quod magistrandus in theologia suo magistro debet providere de vestimento secundum status sui qualitatem, ita tamen[e] pro huiusmodi vestitu solvendo ultra 12 florenos non trahatur, nisi forte voluntarie ultra [12 florenos non trahatur, nisi forte voluntarie ultra][f] illud facere vellet, quod omnino stabit in arbitrio magistrandi.

f. 20

Salva semper condicione addendi minuendi emendandi corrigendi, quociescunque et quandocunque fuerit oportunum.

ORDINACIONES SPECIALITER PRO FACULTATE THEOLOGICA.

Auf einem Blatte, welches in dem Statutenbuche des Staats-Archivs in Magdeburg (D) liegt, finden sich unter dieser Aufschrift folgende Bestimmungen mit der Schrift des angehenden fünfzehnten Jahrhunderts:

Doctores sacre theologie ordinent et procurent ut de sex septimanis in sex septimanas fiat ex parte facultatis theologie collacio vel sermo latinus per aliquem ex ipsis vel ipsius facultatis baccalariis.

Doctor vel baccalarius sermocinaturus hoc et diem sermonis[g] . . . . .

[e] Hier fehlt quod. [f] Die Worte in [] sind per Homoeoteleuton wiederholt. [g] Es fehlt wahrscheinlich: decano annunciet, oder etwas Ähnliches.

IIf.

Statuten der theologischen Facultät
vom 19. December 1634.

p. 1

Auch diese wurden, infolge der von der Krone Schweden gegebenen Anregung, noch vor dem Beitritte der Stadt zum Prager Frieden vollendet und am 19. Dec. 1634 unter dem Rektorate 5 J. G. Meyfart's unterzeichnet. Von diesen findet sich die Reinschrift auf Papier im Archive der königl. Regierung zu Erfurt, Nr. 9; und dieses Exemplar gewährt darum besonderes Interesse, weil es die eigenhändigen Unterschriften (mppria.) des Rektors G. Meyfart, der vier Scholarchen aus dem Rathe und einiger Professoren trägt. Ausserdem findet sich in demselben Archiv der Erfurter Regierung eine zweite Abschrift, in welcher die Namen von der Hand des 10 Abschreibers beigefügt sind.

Aus der Einleitung (S. 62, Z. 25) erhellt, dass schon gleich nach Berufung der 5 lutherisch-theologischen Professoren Statuten für die neue Facultät am 17. Sept. 1633 entworfen worden waren, dass aber diese (IIf.) bis Ende des folgenden Jahres weitläufiger ausgeführt und redigirt worden sind. 15

Consules et Senatus reipublicae Erfurtensis lecturis salutem.

Varias fuisse sacrosanctae theologiae vicissitudines, extra omnem controversiam est positum: testantur siquidem scripturae, ejusdemque tum originem, tum incrementum et decrementum clarissime ostendunt, et his historia ecclesiastica suffragatur. Ante lapsum primorum parentum admirati fuerunt angeli infantilem innocentiam et inno- 20 centem infantiam. Sub Enoscho[a] theologiae puritia se exeruit, Kajinitarum stultitiam exulare jussit, publicos conventus indixit populumque ad festivas solennitates evocavit. Vivida theologiae adolescentia, cum Noachus jam sexcentos annos explevisset, floruit et usque ad confusionem linguarum, exclusa idololatria, uti quidam volunt, et pertinax consensus doctissimorum virorum, dum Belum tanti facinoris reum peragunt, evincit, 25 p. 2 duravit. Ab eo tempore vegeta theologiae juventus suas exercuit vires, strenue laborantibus patriarchis, quod vel ex circumcisione patet, quam plures Asiae gentes haud invite susceperunt. Quemadmodum vero Isaacus ad latus habuit irrisorem Ismaelem; ita theologia in finibus suis sectas paulatim subpullulantes. Virilis theologiae aetas robusta satis et firma a gloriosis Mosis natalibus praeclara edidit facinora, eorumdem- 30 que celebritate non incolis modo et accolis, sed universis per orientem nationibus inclaruit. De theologia siquidem Israëlitica loquebantur ethnici exultantibus conviviis, pagani ardentibus hostiis, ipsa etiam Rachab in clancularibus consiliis. Duravit hic vigor usque ad infaustum Jerobhami imperium: hic enim non contentus, se decem p. 3 tribus a familia Davidica avulsisse, easdem etiam a puro dei cultu abduxit, atque ad 35

[a] Henoch.

vitulinam superstitionem compulit; imitatus scilicet Aegyptiorum amentiam, qui ex divino Pharaonis somnio occasionem adorandi bovem, futurorum quasi praenuncium, jam olim arripuerant. Incipiebat ergo morbida theologiae senectus, et per annos quingentos quinquaginta (sic nonnemo numerat) languidum traxit pedem.

5 Verum enim vero eluxit satis mature sapiens dei providentia effecitque, ut non obstantibus Jerobhami vitulis Bethele et Jerichunti frequentia sanioris theologiae viserentur collegia, quorum studiis horrenda ecclesiae Israeliticae ruina sisteretur et a p. 4 lapsu vindicaretur. Infensissimi erant idololatrae professoribus propheticis ob diversam religionem et contrariam plane vitae rationem, quod exemplo pessimorum puerorum, 10 Elischae sive communi et familiari sive personali convitio illudentium, satis superque patet. Alia autem fuit hujus reipublicae conditio, imo multis modis alia. Posteaquam enim pleraeque ejus ecclesiae a profana statuarum et imaginum ab innumeris prope Jerobhamis positarum veneratione ad interruptam evangelii doctrinam retrocesserunt, mansit in conversa Bethele magnum illud malum, quod in ejusdem academia collegium theo- 15 logicum a longaevo vanitatis jugo haud liberaretur neque nitori vere catholico mox p. 5 restitueretur. Misertus tandem hujus calamitatis vel potius pertaesus Deus felicissimis e septentrione educti Joschijae auspiciis citra ullius altaris et excelsi destructionem, citra ullorum sculptilium combustionem et in pulverem conversionem, lucum illum amoenissimum radiis propheticis et apostolicis pervium reddidit.

20 Cumque ea occasione academia nostra, quae ob cumulatas superiorum temporum injuria adversitates diu in ruinis jacuit, reflorescere ac restaurari inciperet, virique admodum reverendi inque orthodoxe explicandis scriptis propheticis et apostolicis maxime assidui et dexterrimi professionibus s. s. theologiae rite praeficerentur, eorundem con- p. 6 silio ope et opera sequentia, post accuratam antiquorum revisionem, statuta reverendi 25 collegii theologici confecta, die Lamperto sacra anni proxime lapsi (17. Sept. 1633) promulgata, in instrumento primariae obligationis, qua reipublicae academia obstringitur huicque illa mutuo revincitur, 5. Martii ad exitum jam properantis anni (1634) feliciter conciliatam renovationem comprehendente art. 8[b] expresse approbata; ob graves vero causas, inprimis quod praedicto collegio placeret etiam hac in parte 30 reliquis facultatibus conforme fieri, denuo revisa adaucta in concilio academiae generali hodie (19. Dec.) praelecta, unanimi senatorum eiusdem consensu firmata, majorisque auctoritatis ergo etiam nostro placito corroborata fuerunt.

RUBRICA I. DE HIS QUAE AD CULTUM DIVINUM PERTINENT.

p. 7 § 1. Cum teste salvatore nostro Jesu Christo oporteat, ut primo regnum Dei quae- 35 ramus et justitiam ejus certe eum in finem, quo aeternus pater caetera e certis beneficia nobis liberaliter conferat, quando solemnes preces nomine collegii theologici in feriis s. Hieronymi in aede gloriosissimae Virginis et Matris cathedrali quotannis habentur, omnes, qui de facultate sunt, se sistant, reverenter adsideant et ab initio usque ad finem in eodem actu religiose perseverent.

[b] Siehe oben Formula concordiae S. 15, Z. 4.

§ 2. In dicto festo exdecanus concionem congruam loco tempori et actui coram populo Christiano habeat, fusisque piis ac ardentibus precibus salutem ecclesiae reipublicae academiae et facultatis Creatori Redemptori et Sanctificatori commendet.

§ 3. Theologicae facultatis professores indesinenter cogitent, se vocatos esse ad reducendas animas et restituendas suo Creatori Redemptori et Sanctificatori. Haec 5 p. 8 autem res, quia est omnium difficillima, ea qua unquam fieri potest opera media illa exhibeant, quae causam instrumentalem cum principali et hominem cum Deo conjungunt. Enitantur itaque ad christianas virtutes et praecipue ad claritatem, puram intentionem tam divini officii quam obsequii et familiaritatem cum Deo in perpetuis precum et devotionis exercitiis et zelum sincerum ad lucrandas animas et summae majestatis 10 gloriam amplificandam. Quicunque theologus hunc scopum animo suo non praefigit, telis suis aerem verberat: ipse vero vel a vilissimo diabolo in extremum abripitur barathrum.

§ 4. Omnes, qui e facultate theologica sunt, exequiis in eadem defunctorum collegarum celebrandis, praevia per decanum aut seniorem invitatione, intersint et unus e 15 p. 9 collegio paulo post in memoriam pie defuncti orationem parentalem habeat, nullis verborum ampullis sed apertis argumentis, siquidem ex vita elucent, ad imitationem studiosam juventutem invitet.

RUBRICA II. DE DISCIPLINA ET MORUM HONESTATE ILLORUM, QUI GAUDERE VOLUNT FACULTATE THEOLOGICA. 20

§ 1. Caeterum, quia ad theologicam facultatem spectat, normam bene christianeque vivendi aliis tradere et nefandum est, quoties verba Christi olim contra scribas et Pharisaeos enunciata in theologos torqueri possunt, quasi dicant, sed non faciant: ideo omnia ac singula facultatis membra allaborent, juvante Dei gratia caeteris esse exemplo. Haec vera est theologorum gloria coram Deo ac sanctis 25 angelis, non minus vita quam doctrina ad omnem virtutem christianam homines p. 10 allicere.

§ 2. Omnia et singula facultatis membra honesto habitu theologorum ordini et dignitati ecclesiasticae congruente utantur. Hac enim ratione modestia habitus externi de interna morum honestate testabitur. 30

§ 3 Insuper studeant sobrietati in verbis, pudori in gestibus et honestati in omnibus actionibus.

§ 4. Inprimis exemplo suo eos, qui futurae ecclesiasticorum munerum functioni in academia praeparantur, doceant, ut eo magis spectacula ludicra, lascivas comoedias, ebriosa convivia et insanas choreas fugere studeant. Nec enim frustra scripsit Hiero- 35 nymus: facile contemnitur clericus, qui saepe vocatus ad prandium non recusat. Nec p. 11 sine causa Chrysologus: ebrietas in alio crimen est, in sacerdote sacrilegium. Pulchre etiam Tatianus contra gentes de christianorum moribus loquitur: nec spectacula, inquit, spectamus, μὴ μολύνωνται ἡμῶν οἱ ὀφθαλμοὶ καὶ τὰ ὦτα. Similiter Epiphanius in expositione fidei asseverat: ecclesiam ἀποκηρύττειν θεάτρῳ. 40

§ 6. Haud iis accumbant mensis, in quibus temulenti studiosi et valde tinnuli passim petulanti lingua strepunt et extra gyrum eruditae rationis blaterant magis quam disputant.

§ 7. Nullus doctorum et professorum hujus facultatis in suo contubernio patiatur et exercitiis suis adhibeat scortatores aleatores pejeratores grassatores bibones et lurcones, novellorum academicorum persecutores et innocentissimorum juvenum carnifices.

p. 12 § 8. Operae etiam pretium esset, si praedicti doctores et professores, quoties enumeratis sceleribus hos et illos istosque coinquinatos nossent, confessionariis ecclesiarum indicarent et nominarent, ad evitandam satanicam sacramentorum prophanationem, quae toties committitur, quoties tam execranda generis humani portenta admittuntur.

RUBRICA III. DE DECANO ET EJUS OFFICIO.

§ 1. Quoniam necesse est in omni collegio eminere unum, qui reliquis praesit et curam rerum gerendarum suscipiat: ideo quotannis ante festum beati Hieronymi (30. Sept.) designetur decanus facultatis et in ipso festo invitatis prius decenter magnifico domino rectore omnibus concilii generalis adsessoribus nec non reliquis doctoribus p. 13 inauguretur, eidemque in templo gloriosissimae Virginis et Matris epomis tradatur, mox alibi liber statutorum et conclusionum et clavis cistae theologicae, in qua tum sigillum tum κειμήλια una cum documentis continentur.

§ 2. Inauguratus decanus diligenter admoneatur de iis, quae ad officium ejus spectant: nimirum quae sibi ut novo decano tradita sunt, tempore administrationis suae fideliter custodiat, de singulis rationem elapso anno redditurus et ad omnia interrogata, quae ad ejus officium spectant, responsurus.

§ 3. Decanus novellus suo haud fungatur munere, priusquam exdecano nomine totius facultatis jurata quasi manu spoponderit, se futurum esse assertorem legum et privilegiorum.

p. 14 § 4. Hoc munus circulariter cuilibet illorum eo ordine, quem in facultate quisque obtinet, deferatur, nisi forte aliquando ob causas praegnantes ex facultatis judicio aliter id fieri expediat. Tum enim decanatus ad alium, qui in ordine proximus est, devolvatur. At nullum ob orationem novi decani convivium nullaque symposia instituantur.

§ 5. Quodsi vero elapso anno decanus moram ex mora nectere sategerit, officium ultra praescriptum tempus violenter retinere adeoque jugum facultati imponere voluerit, caeteri plenam potestatem habeant procrastinatori magistratum abrogandi et mulctam imperandi.

§ 6. Decanus post resignationem suae functionis et inaugurationem alterius intra octiduum Erfordia haud discedat, non impetrata a facultate licentia, ne rationum redditio temere differatur.

p. 15 § 7. Adventante termino, quo novus eligendus est decanus, jam exdecanus functionem suam modeste resignet et pro futuro capite suffragio singulorum senatorum exquirat, et qua prima potest occasione fieri, post inaugurationem alterius acceptorum et expensorum rationem reddat.

§ 8. Decanus per integrum mensem Erfordia minime absit, non subrogato vicario.

§ 9. Statuta facultatis theologicae quolibet anno et die ad tantam solemnitatem commodo studiosae juventuti, praevia elegantioris ingenii oratione, quae auditorio grata et utilis esse potest, publice promulgentur eorumque observantia diligenter persuadeatur. 5

§ 10. Ad officium decani pertinet conficere programmata in solemnioribus festivitatibus, passionis dominicae Paschae, Pentecostes et nativitatis Christi, nec non eo tempore, quo statuta facultatis theologicae praelegentur novusque decanus creabitur; p. 16 inspicere item scripta theologica imprimenda, et si probat, subscribere et praeter exemplaria, quae collegis debentur, exigere de singulis editionibus, quae facultatis censura 10 approbatae sunt, unum et tradere bibliothecario academico, pro augmentanda bibliotheca academica. Nullus tamen s. s. theologiae studiosus, qui disputationem publice vel privatim habendam proprio elaboravit Marte, ob ejus censuram aliquid pecuniae solvere teneatur.

§ 11. Provideat quoque decanus, ne testimonia doctrinae et vitae, quae quandoque 15 tribuuntur vocatis ad ministeria ecclesiastica et obsignantur sigillo publico, dentur mala fide ac citra consensum melioris partis de consilio aut, si res ita postulat, omnium p. 17 collegarum.

§ 12. Scrupulose item, quantum in ipso est, caveat, ne libri indocti petulci lascivi vani phanatici, pleni non argumentis, sed invectivis scommatibus et scurrilitatibus 20 referti, quatenus forum theologicum attinet, hic imprimantur. Ex ejusmodi enim nugis et ineptiis ingens dedecus reverendae facultati universitati et inclytae reipublicae acceleratur. Utque in hoc negotio aliisve facultatem concernentibus causis eo tutius procedat, inprimis seniorem facultatis audire et sine ejus consilio in rebus gravibus nihil praecipitanter agere debet. 25

RUBRICA IV. DE CONCILIIS IN FACULTATE INDICENDIS ET CELEBRANDIS.

§ 1. Nemini licitum sit, quae in concilio facultatis dicta gesta et scripta sunt, p. 18 evulgare et ad alias academias transcribere.

§ 2. Nemo cum crapula vel aliqua affectuum perturbatione ad concilium facul- 30 tatis veniat.

§ 3. Nemo audeat in consessu totius facultatis vel majoris partis, contra alium, sive de facultate sive extra facultatem sit, convitiis calumniis cachinnis depugnare, sua devotionibus pejerationibus blasphemiis et clamosis vociferationibus defendere.

§ 4. Unicuilibet licitum sit, si quod dubium habet circa quaestionem dogmaticam, 35 illud humaniter proferre et informationem petere.

§ 5. Licitum item sit circa propositas quaestiones sententiam libere et candide dicere, alterius rationem modeste refutare et suas astruere.

§ 6. Aequum est ut decanus doctoribus facultatis et professoribus causam indictae p. 19 congregationis per ministrum missa schedula significet, inprimis quoties causae arduae 40 ad facultatem devolvuntur, quaestiones et facultatis responsa petuntur. Oportet enim, qui sunt de facultate, ut proposita capita domi probe expendant, accurate considerent adeoque fixa in verbo dei sententia ad concilium veniant.

§ 7. Decanus in istiusmodi negotiis nihil per se concludat, sed semper, quidquid 5 determinandum est, auditis et attente ponderatis aliorum doctorum sententiis, secundum pluralitatem votorum doctorum definiat; ubi autem suffragia erunt paria, ex eorum sententia concludere poterit, quibus ipse suo suffragio accesserit. Hac etenim ratione duo vota decano relinquuntur.

p. 20 § 8. Conclusiones omnes in singulari libro scribantur, sub mentione ejus decani, 10 sub quo fuerint factae: in libro autem statutorum nomina decanorum et qui ad facultatem conciliumque sub illis admissi sunt, scribi poterunt.

§ 9. Controversiae difficiliores de dogmate aliquo vel alia de causa motae, decani et collegarum opera sententiis collatis componantur; ubi conatus minus successerit, rector vel rei gravitate ita urgente consilium secretum aut etiam generale in auxi-15 lium vocentur.

§ 10. Decanus sibi soli in censuris acutorum auctorum et subtilium scriptorum, et intricatarum materiarum judicandi et definiendi potestatem haud sumat, sed collatis cum tota facultate, cujus concilio nemo collegarum a decano rogatorum se facile subtrahat, sententiis nomine totius facultatis pronunciet.

p. 21 20 RUBRICA V. DE FORMA ET MODO RECIPIENDI AD FACULTATEM THEOLOGICAM.

§ 1. Nullus hic in facultatem theologicam recipiatur neque in eadem toleretur, qui non puram ecclesiae Christi doctrinam sincere profiteatur.

§ 2. Hanc enim puram evangelii doctrinam consentaneam scripturae propheticae 25 et apostolicae, tribus symbolis, apostolico Niceno et Athanasiano confessioni item, quam Augustae anno 1530 Imperatori Carolo V ordines sacri Imperii evangelici exhibuerunt, postea autem in apologia, Schmalcaldicis articulis, et Lutheri catechismis amplius illustrari curarunt, declarationi denique piae, quam illorum satis multi in libro Christianae concordiae repetierunt et adversus varias phanaticas opiniones communi-p. 22 30 verunt, cui etiam majores nostri subscripserunt (quam doctrinam conjunctim certo statuimus esse verum et perpetuum consensum ecclesiae catholicae Dei) in hac academia pie et fideliter proponi conservari et propagari volumus.

§ 3. Severissime etiam prohibemus spargi et defendi haereses veteres damnatas in synodis Nicena, Constantinopolitana, Ephesina et Chalcedonensi. Nam harum syno-35 dorum decretis de explicatione doctrinae de Deo patre, Filio et Spiritu sancto et de duabus naturis in Christo nato ex virgine Maria assentimur, eaque judicamus in scriptis apostolicis certo tradita esse.

§ 4. Omnes in facultatem recepti inter se invicem concordes sint non tantum, sed etiam dignitatem reverendi ministerii conservare, cum eo amice ac modeste agere stu-p. 23 40 deant, nullis contentionum ac dissidiorum flabellis ansam praebeant, neque alter alterum

vel reverendi ministerii caput aut membra in praelectionibus disputationibus declamationibus aliisque congressibus et colloquiis vel publice vel privatim perstringat aut suggillet. Eadem officia vicissim reverendum ministerium illis exhibebit.

§ 5. Noviter receptus collega in facultatis cistam dependat aureum rhenanum.

§ 6. In ejusdem matricula[1] illius nomen ac tempus receptionis exacte describantur. 5

§ 7. Decano stipulata manu juramenti loco promittat: quod statutis academiae generalibus et facultatis hujus specialibus parere, inprimis decano ejusque successoribus debitum obsequium praestare, facultatis honorem et dignitatem pro sua virili[a] tueri, p. 24 ac disputationibus declamationibus aliisve actibus theologicis assidue interesse velit.

§ 8. Numerus facultatis collegarum haud temere augeatur sufficiatque, si in eo 10 quinque aut sex interque eos quatuor ordinarii professores sint, omnesque facultatis hujus professores decanatus munere fungi suo tempore poterunt. Interim si quis non est promotus doctor, alii e collegis prodecanatum in actu promotionis pro suo arbitrio committat.

RUBRICA VI. DE VOCATIONE PROFESSORUM AD FACULTATEM THEOLOGICAM ET IMMISSIONE. 15

§ 1. Si quis in numerum professorum recipiendus erit, id semper eo fiat, qui in praedicto mutuae obligationis instrumento praescriptus est, modo, summa ope adhibita, p. 25 ne indignus propinquitatis convictus familiae similiumve circumstantiarum intuitu, aut ob alios quospiam affectus sinceritatem votorum corrumpentes, digniori praeferatur; 20 sed ut qualitates ad feliciorem vacantis muneris expeditionem necessariae unice attendantur.

§ 2. Immissus novus professor felicis initii ergo orationem panegyricam sua professione dignam habebit et paulo post disputationem publicam de materia congrua et doctae considerationis pro loco in facultate sibi concesso solemniter proponet. Quo 25 ipso ab omnibus hujus almae universitatis professoribus membrum senatus academici censebitur.

RUBRICA VII. DE LECTIONIBUS IN FACULTATE THEOLOGICA.

§ 1. Lectiones publicae ita instituantur, ut studiosus diligens et ingeniosus infra p. 26 breve temporis spatium Dei beneficio, propheticorum et apostolicorum librorum 30 cognitionem adipisci possit, ita quidem, ut quamvis non omnium librorum enarrationem integram audiverit, eos tamen possit sibi utiles et privata industria familiares reddere.

§ 2. His subordinetur lectio historiae ecclesiasticae, inprimis per quinque priora saecula, quibus purior ecclesiae facies orbi universo enituit. Monstrentur ergo initia 35 incrementa et decrementa ecclesiarum, adinventiones et progressiones atque exitus

[a] Es ist parte zu ergänzen.

[1] Diese ist leider nicht aufzufinden.

haeresium haereticorum schismatum schismaticorum controversiarum rituum abusuum, et si quae alia sunt et ad hanc eruditionem faciunt.

p. 27 § 3. Inprimis autem ex linguis orientalibus scripturas interpretari illustrare et enodare operae pretium erit maximum: textus siquidem hebraicus literarum sensum 5 pandit, chaldaicus syriacus arabicus inaestimabilem suppeditant aut observationem amplificationem et philologiae sacrae copiam.

§ 4. Atque hae lectiones si augentur expositione Augustanae confessionis et locorum communium, non habet vel academia vel ecclesia, de quo jure conqueratur.

§ 5. Caeterum in omnibus enarrationibus professores oportet investigare nudam 10 simplicem et apertam veritatem, tractare materias utiles et aureas, seponere supervacaneas et stipulares, fugere sordidas scholasticorum lacunas, et eas nullo modo limpidissimis Israelis fontibus immiscere; abstinere spinosis sophistarum captiunculis, quae p. 28 cum nullius pili sint, plurimis in locis pro gemmis et margaritis imperitae juventuti venduntur.

15 § 6. Non circumducant professores auditorium prolixis nimium commentariis et fastuosis ambagibus, multo minus tractent res lecturam ad suam non facientes.

§ 7. Abstineant a rixis nec praeceptores pie defunctos, qui fideles ecclesiae Christi praestiterunt operas, collegasve vel criminentur vel sugillent in ullis praelectionibus aut disputationibus. Philosophiam ipsam et philosophos non damnent. Interim si qui 20 errant et contra fidem ac theologiam pugnant, tum illi theologica modestia refelli erroresque luculenter juventuti monstrari debent, salva philosophiae et omnium saniorum philosophorum auctoritate. Qui his contra nituntur, severe judicio non facultatis solum, p. 29 sed totius academiae puniantur.

§ 8. Horae ita distribuantur, ne duo eandem, nisi summo consilio et communi au-25 ctoritate facultatis, occupent et exinde offensiones et simultates et consequenter scandala enascantur. Distributio interim fiat placide omnesque professores bonum publicum amice respiciant.

§ 9. Limites certos determinent professores labiis suis, nec fraena linguis laxent et in adversarios virulentis convitiis debacchentur et iracundis affectibus pugnent. 30 Quin potius erudite refellant errores, doctores errantes humaniter et modeste moneant magis quam culpent. Hoc regula ac praxi apostolicae gloriose creditur consentaneum.

§ 10. Sapientia habitat in sicco, ajunt veteres: idcirco si professores sapienter p. 30 docere volunt, mentem siccam et non madefactam in publicas portent cathedras. 35 Sanniones olim erant, qui de apostolis ac discipulis dicebant: vino dulci pleni sunt. Turpe vero, imo turpissimum, si vere de professoribus dicitur: vino dulci pleni sunt.

§ 11. Pari prudentia abstineant coram auditoribus a rebus plane politicis theologo non competentibus; similiter a fabulis castarum aurium et conscientiarum offensivis.

40 § 12. Atque adeo cum humilitas valde ornet theologos, circumspecte agant professores ac de se laboribus et donis suis magnifice in lectionibus nunquam, nec etiam leniter loquantur, sed cum pudore et verecundia, si quando melius sentiunt, auditores informent.

§ 13. In praelectionibus ordo is servetur, quem earundem typus quolibet anno in concilio generali renovatus demonstrabit, atque in illis professores proprio et perspicuo genere sermonis utantur, ac formam saniorum verborum, juxta divi Pauli monitum, exacte custodiant nec res per se faciles perplexitatibus auditorum captum excedentibus involvant. 5

p. 31

RUBRICA VIII. DE DISPUTATIONIBUS IN FACULTATE THEOLOGICA.

§ 1. Disputent hoc ordine doctores theologiae, ut quilibet eorum singulis anni quadrantibus unam habeat solennem, de materia suo arbitrio selecta gravis magnique tum argumenti tum momenti.

§ 2. Dent operam professores, ut quavis feria sexta septimanae praesto sit di- 10 sputatio publica de materia tempori et loco apta, semperque tamen utili ad erudiendos auditores. p. 32

§ 3. Ipsae materiae priusquam publice proponantur, ostendantur decano hujus collegii, qui si quid improbabit, jubeat corrigi. Si quis autem vel non ostendat vel jussus non corrigat, rector et decanus jubeant differri disputationem in aliud tempus et 15 propositiones prius in toto collegio examinentur.

§ 4. Theses publice affigantur die dominico, nec ante diem sextum sequentem, nisi praegnans necessitatis casus aliud exigat, disputando discutiantur: initio facto tempore aestivo mane hora sexta, hyberno hora septima. Et quia modus rebus inesse debet, ordinariarum disputationum nullam ultra undecimam horam protrahi volumus. Ideo et 20 p. 33 objectiones singulae proponantur brevi et concinna forma syllogismi vel enthymemate et in plurium opponentium concursu; ultra tria aut quatuor argumenta proponere nemini facile concedatur, ne quis disputandi commoditate fraudetur.

§ 5. Poterunt etiam disputationes, si magnitudo negotii exigere videatur, continuari, adque vel a meridie vel post octiduum, prout videbitur commodum. 25

§ 6. Damnatae opiniones et propositiones, quaeque magnum scandalum cum dissidio majori sufflare possunt, non defendantur; si quis vero contumaciter defendat, coërceatur a facultate severitate tali, ut noxiae fruges in ipsa herba extirpentur.

§ 7. Si quidam velit probatum aliquem auctorem, qui locos theologicos methodice 30 et orthodoxe tractat, vice disputationum in gratiam pauperum studiosorum proponere, p. 34 non debet impediri; et tunc non est opus — nisi vehemens intervenerit causa — censura. Interim oportet disputationis materiam et horam affixa schedula academicis significare.

§ 8. Porro cum exercitia disputatoria non in gratiam unius aut alterius, sed 35 totius studiosae juventutis instituantur, non abs re foret, si praeses, quoties fieri potest, primo tyrones, secundo perfectiores, tertio candidatos, quarto scholarum collegas, quinto ecclesiae ministros, sexto reliquarum facultatum doctores et professores et septimo theologicae facultatis doctores evocaverit.

RUBRICA IX. DE CONCIONIBUS IN FACULTATE THEOLOGICA HABENDIS.

p. 35 § 1. Cum multum prosit, doctores theologos hujus facultatis bono praeire aliis exemplo, dabunt operam collegae singuli, ut hac in parte exspectationi ecclesiae satisfaciant.

§ 2. Utile est, si in celebrioribus concionibus eo allaborant, ut non minus pueri et plebeji quam alii aedificentur.

§ 3. Utile est populo Christiano proponere omnia, quae ad captum et informationem auditorum sunt accommodata, iisque insistere, quae ad Christianam institutionem, ad extirpanda vitia et implantandas virtutes valent.

§ 4. Utile est, si a rerum subtilium et fundamentum fidei minime attingentium operosa disquisitione tractatione et disputatione concionatores abstinent.

p. 36 § 5. Utile est, si populo verum Christianismum solide inculcant, inprimis vero studiosae juventuti, quomodo se ad varios vitae status praeparare debeat, modum et medium ostendunt. Hoc in loco gravissime monendi sunt alumni theologiae, ut incipiant mature de vocatione sua cogitare adeoque vitam suam tempestive ad seriam pietatem componere.

§ 6. Caveant concionatores facultatis arrogantiam et ostentationem; econtra vero humilitatem, cui ex intimo cordis affectu studere debent, in omni actione prae se ferant. Turpe siquidem est, si orthodoxi in his ab heterodoxis superantur.

§ 7. Inepti sunt plane, qui illorum volunt imitari facta, quorum non habent dona et mensuram spiritus sancti aut vocationem.

p. 37 RUBRICA X. DE DECLAMATIONIBUS IN FACULTATE THEOLOGICA.

§ 1. Profecto si quid est unice academiis Augustanae confessioni addictis necessarium, est studium eloquentiae sacrae, uti difficillimum, ita utilissimum. Oratorem definivit Cicero virum bonum dicendi peritum. Orator ecclesiasticus est vir christiane bonus dicendi peritus.

§ 2. Urgebunt itaque doctores et professores hujus facultatis studiosos theologiae ad exercitia, 1. exegetica, 2. didactica, 3. paedeutica, 4. epanorthotica, 5. paracletica, 6. elenchtica. Alias obtinet illud: quia non necessaria didicimus, necessaria ignoramus.

RUARICA XI. DE SCRIPTIONIBUS PUBLICIS IN THEOLOGICA FACULTATE.

p. 38 § 1. Doctores et professores theologicae facultatis dent operam, ut more majorum per scripta publica vetustam hanc academiam accolis et dissitis faciant celebriorem, etiam exteris nobilem et honorabilem.

§ 2. Nihil sive in didacticis sive in elenchticis universali committant luci, nisi industria elaboratum, limatum genio, probatum judicio et multoties rigidiorem ad incudem revocatum. Canis festinus parit coecos catulos, ait proverbium; doctiores in

Italia viri durante seculo Augustaeo novennem culturam requirebant, priusquam liber omnium conspectui se exponeret.

§ 3. Minime autem desudent in materia humili vulgari et frustranea, sed in argumento gravi raro et utili.

§ 4. Ubi necessitas non postulat, contra adversarios rudes et impudentes non 5 scribant; generosos potius equos imitentur, qui canum latratus non curant. Eligant p.39 ergo sibi antagonistas literatos claros et in aliquo dignitatis gradu constitutos. Recte Salomon: ne respondeto stolido secundum stultitiam ejus, ne adaequeris ei tu quoque. Et iterum: responde stolido secundum stultitiam ejus, ne sit sapientior in oculis suis. Videatur ergo, cui quid quando et quomodo sit respondendum et cui non deceat. 10

§ 5. Interim nullus doctorum et professorum promiscue contra plurimos calamum exerceat, nisi a plurimis iisque laudatis adversariis singulariter lacessitus. Cum plurimis litigiosam disputationis serram reciprocare, nota est tum temeritatis, tum inscitiae. De Ismaele dicitur: Erit homo ferus, cujus manus feretur contra omnes et p.40 manus omnium contra eum. 15

§ 6. Si graves circa res theologicas aliis in locis motae sunt quaestiones, quemadmodum saepe factum est cum ingenti ecclesiae scandalo, memores eorum, quae majores nostri in ordinatione politica tit. 2 anno 1583 salubriter de tali casu disposuerunt, sub placida quiete cohibeant manus suas et his bellis civilibus se non immergant; si vero ad discendam sententiam rogantur, modeste veritatem tueantur; ubi ipsa fides 20 periclitatur, sui memores sint officii.

RUBRICA XII. DE PROMOTIONIBUS IN GENERE ET IN SPECIE DE CONDITIONE PROMOVENDORUM.

§ 1. Longo abhinc tempore compertum est, nimium facilem graduum academicorum p.41 et promiscuam collationem ecclesiae obtulisse hypocritas et lupos in theologia, tyrannos 25 et leones reipublicae in jurisprudentia, homicidas et dracones familiae in medicina, scholae Orbilios et asinos in philosophia. Facultatis itaque hujus professores hac in parte prudenter agant, aestiment quam ardua sit haec provincia, quam plena laborum meditationum contemplationum et periculorum. Aestiment quam ineffabili cum damno et pernicie multarum animarum larvati theologi a nullo sacrilegio et flagitio abhorreant, 30 quam violenter invadant episcopatus et parochias, quam callide intrent ut vulpes, quam crudeliter saeviant ut tygrides, quam turpiter moriantur ut canes.

§ 2. Nulli itaque debent admitti, quos ex illegitimo toro genitos esse constat. Hos ab ara sua sacerdotium Leviticum exclusit atque a cathedra doctorea mos bene con- p.42 stitutarum academiarum repellit. 35

§ 3. Nulli admittendi sunt, quos natura mutilavit aut aliquo evidenti et probroso signo notavit, aut quibus remoram in his et istis animi ac corporis vitiis posuit; nisi vigilans Dei providentia sublimioribus donis hunc defectum compensaverit.

§ 4. Nulli admittendi sunt, qui non per integrum quinquennium in academicis scholis vixerunt et ipsi theologiae incubuerunt, nec hunc hiatum sub praeclaro theologo in 40 ministerio verbi et sacramentorum instauraverunt. Eos autem excipimus, qui aliquamdiu in universitatibus commorati fuerunt, ex iis autem evocati in gymnasiis academicis cum p. 43 laude theologiam docuerunt et hujus rei egregia specimina ediderunt.

§ 5. Nulli admittendi sunt αὐτοδίδακτοι. Hi enim semper fere absconditas in scrinio 5 pectoris sui asservant opiniones, quas honoribus academicis insigniti audacter propalare longe lateque dispergere mordicusque defendere solent.

§ 6. Nulli admittendi sunt, qui magisterii gradu aut carent aut plane sunt indigni. Oportet enim theologum philosophiae disciplinis ac praesertim artibus instrumentalibus eximie instructum esse.

10 § 7. Nulli admittendi sunt, qui a linguarum cardinalium, latinae graecae et hebraicae, notitia deseruntur.

§ 8. Nulli admittendi sunt, quos vita dedecorat: infames enim ab orthodoxa disci- p. 44 plina scienter et volenter apostatae et perversis moribus praediti ac nefandi pertinacissimi fautores et asseclae, quantaque etiam eruditione excelluerint, ab omnibus pro- 15 motionibus merito arceantur. Magistratui siquidem christiano haud convenit, ut diaboli sobolem honore et horrendas in ecclesiis et scholis clades per emissarios tales edi permittat.

§ 9. Olim sub primitiva ecclesia nomina candidatorum, quotquot ad presbyterium aut diaconatum aut etiam episcopatum adspirabant, publica proponebantur in tabella 20 et columnis et valvis templorum affixa, ut si quis haberet, quod ob vitam et mores objiceret, impune id faceret. Utinam tam laudabilis consuetudo hodie in academiis duraret.

§ 10. Idcirco, quoties nomina sua dant candidati, omnes et singuli facultatis hujus p. 45 doctores et professores in pietatem et probitatem hominum rigide inquirant et an 25 admittendi vel rejiciendi sint, accurate deliberent. Si quis rejiciendus, vel tarda procrastinatione exspectationem eludant vel palam repudient; si admittentur, hilariter significent.

§ 11. Interim ubi spes est melioris frugi et infirmitates saltem juveniles, a quibus ne sanctissimus quidem Isai filius liber extitit, se produnt, pro sua discretione facultatis 30 hujus doctores et professores mitius agant.

§ 12. Quoad promotiones doctorum licentiatorum et baccalaureorum hoc observetur, ut nemo invitus unum e modo dictis gradum assumere cogatur, sed semper dignis gradum summum sive doctoris prensare liberum ac integrum sit.

p. 46 § 13. Candidatus nomen suum apud decanum praemissa decenti gradus petitione 35 profiteatur ac inscriptionis nomine aureum rhenanum exsolvat, simulque documentum legitimae nativitatis suae, nisi de ea aliunde constet, exhibeat atque exemplaria exercitiorum in hac facultate publice a se habitorum ostendat.

§ 14. Jurata manu promittat, quod eos honorum gradus, quos a facultate exspectat, in aliis academiis nec petere nec assumere sicque post impetratam baccalaureatus 40 gloriam, alibi nec licentiaturam nec docturam, neque post acceptam licentiaturae dignitatem, alibi docturae titulos, sed hic, si conditio occasio et vocatio id feret, quaerere velit.

§ 15. Petiturus gradum infimum, quatuor; medium, sex; summum vero octo joachimicos dependat, qui, si tentamine perfecto petitionis eventus sinister sit, minime restituatur. p. 47

§ 16. Tentamen cuiuslibet candidati sigillatim decano et omnibus ejus collegis praesentibus ab hora septima matutina usque ad meridiem in aedibus decani ab- 5 solvatur nullumque ab illo vel tentaminis vel examinis ratione convivium, nulla refectio praebeatur.

§ 17. Ei, qui in tentamine steterit, postridie hora matutina sexta a decano per ministrum academiae duo dicta difficiliora e veteri et novo testamento petita transmittantur, quorum explicatione intra 24 horas absoluta ille altero die hora septima 10 in examine se sistat, quod praedicti decanus et professores rigide usque ad meridiem producant.

§ 18. Examinandus joachimicos duodecim, si secundo, et si supremo gradu condecorari velit, sedecim, sub auspicium examinis dependat atque eorum, quae tentaminis et examinis nomine resoluta fuerunt, pars una decano cedat, partes reliquae 15 duae inter eum et collegas examinatores aequaliter dividantur. p. 48

§ 19. Summum autem gradum omissis duobus inferioribus petiturus, ob horum neglectum nihil, sed ea tantum, quae illius nomine constituta sunt, praestare teneatur.

§ 20. Examinati adque disputandum admissi a decano approbatae et typis evulgatae disputatio octiduo, antequam instituenda est, aedis beatae Mariae et collegiorum 20 valvis exemplaria affigantur, moxque alia omnibus consilii generalis senatoribus atque reliquis doctoribus et magistris ac nonnullis studiosis per ministrum academiae transmittantur, atque die Veneris ante- et pomeridianis horis, quamdiu opponentes adsunt, sive praesidis aut respondentis ope disputatio habeatur. p. 49

§ 21. Omne, quod in ea praeter decorum opponentes moliri possent, decanus au- 25 ctoritate sua mature avertat.

§ 22. Disputatione feliciter peracta ille candidato injungat, ut per aliquot dies librum quempiam biblicum vel ejus partem aut dictum, non quidem dictando ad calamum, sed perorando publice legat et interpretetur.

§ 23. Si plures sunt candidati, qui pensum suum absolverunt simulque promoveri 30 cupiunt, eorum arbitrio decanus una cum facultatis collegis collocationem permittat. Si inter illos non convenerit, hi eruditionis officiorum aliarumque circumstantiarum ratione habita illos collocent. Si pares inveniantur aliaeve rationes hoc suadeant, collocatio[4] sorti committatur. p. 50

RUBRICA XIII. DE TENTAMINE, EXAMINE, DISPUTATIONE, LECTIONE 35 ET RENUNCIATIONE BACCALAUREANDI ET OFFICIO BACCALAUREATI.

§ 1. Qui gradum baccalaureatus suscipere volunt, posteaquam nomina sua collegii decano dederint, petant ab eodem ut prima occasione per ministrum academiae doctores et professores facultatis convocare dignetur.

[4] collatio Cod. X[2].

§ 2. His omnibus et singulis congregatis denuo supplicet, ut sibi aditus ad baccalaureatus gloriam concedatur, examen aperiatur potestasque disputandi et legendi publice indulgeatur.

§ 3. Decanus audita supplicatione et suffragiis totius collegii cognitis, candidatos p. 51 5 ad solennem stipulationem cogat faciatque ut sancte polliceantur, se velle stare et cadere ex legibus facultatis fundamentalibus nec ullum aliquem eventum sinistrum vindicare.

§ 4. Praestita pollicitatione decanus collegis suis candidatos commendet, collegas ad tentamen invitet, candidatis vero certum diem denunciet.

10 § 5. Priusquam vero conventus plane dimittatur, praelegantur in praesentia doctorum et professorum facultatis statuta de cultu Dei disciplina et conditionibus promovendorum. Interdum autem consultum est hoc fieri, antequam de admissione deliberetur.

§ 6. In ipso tentaminis initio, quod debet fieri ab imploratione divini luminis atque cum exhortatione ad candidatum, ut praesenti animo deque illapsu Spiritus sancti, p. 52 15 qui juxta gratiosam Christi promissionem tali conventui interesse soleat, minime dubitet; diligenter inquirant doctores et professores in doctrinam et controversias de scriptura sacra et ecclesia.

§ 7. Deinde diligenter inquirant in linguarum cardinalium notitiam simulque animadvertant, quos progressus in artibus instrumentalibus fecerit et qua tum dexteritate 20 tum alacritate in respondendo sit praeditus.

§ 8. Ab his progressus fiat ad alios fidei articulos, sepositis acutis subtilitatibus et controversiis sublimioribus; haec duo enim rigorosis licentiaturae et docturae examinibus sunt reservanda.

§ 9. Inprimis vero exploranda est candidati cujuslibet experientia in sacris bibliis p. 53 25 et libris ecclesiarum symbolicis. Debet enim omnino scire, qui auctores in codice biblico sint apocryphi, quot articuli Augustanae confessionis et formulae concordiae, quaeve iis doceantur.

§ 10. In his si satisfecerit, praevia deliberatione gratulabitur de primo labore feliciter superato decanus ac candidato liberam optionem de seligenda ad disputationem 30 materia dabit.

§ 11. Postridie hora matutina sexta, quemadmodum jubet rubrica antecedens, duo dicta sed mediocriter difficilia candidato decanus mittat, communicato cum collegis consilio, quorum analysi intra viginti quatuor horas absoluta se altero die examini p. 54 alicui sistat. Illud autem prosequantur decanus et professores ex transmissis scriptu- 35 rarum locis et extra hos nec evagentur nec operose candidatum fatigent.

§ 12. Examen hoc sequatur disputatio in praesentia totius facultatis, qua durante decanus suo non desit officio. Haec horis matutinis absolvatur.

§ 13. Post disputationem aget Deo gratias, secundo protestabitur in hunc fere sensum: Ego N. sacrae theologiae studiosus coram vobis venerabilibus meis prae- 40 ceptoribus totoque auditorio protestor, me nequaquam animo decrevisse vel in hac actione theologica vel aliis similibus dogma aliquod proponere aut mordicus defendere, quod cum fide apostolica et catholica Augustanae confessionis articulis sana doctrina

et sanctis moribus pugnet, vel etiam, quod sine suspicione erroris, nota temeritatis aut aurium piarum offensione defendi non possit. Quodsi vero mihi non cogitanti aut lapsu linguae aut mentis oblivione vel alia quavis de causa aliquid ejusmodi exciderit, jam nunc revoco et semper revocare vel interpretari secundum informationem facultatis paratus sum. p.55 5

§ 14. Concludat tandem candidatus gratiarum ad facultatem et totum auditorium actione.

§ 15. Lucta ultima baccalaureandi sit lectio: locum biblicum dictabit decanus praescitu facultatis et ita comparatum, ut viribus baccalaureandi minime sit impar sed is eundem possit per exegesin analyticam tractare, deinde didascaliam et paediam 10 monstrare, elenchum in aliqua fidei controversia, usum practicum in consolationibus et adhortationibus ostendere. Interim delineatam in charta lectionem decano censendam, priusquam ordiatur, offerat. p.56

§ 16. In hac palaestra si applausum candidatus meretur, implevit imperium statutorum et desiderium facultatis; si in uno et altero lapsus fuerit, moneatur severe et ad ube- 15 riorem diligentiam provocetur.

§ 17. Si quis petat baccalaureatus solennem collationem, significetur dies programmate publico, convocentur magnificus dominus rector concilii generalis adsessores ac reliqui doctores et magistri in aulam collegii majoris; ex ea fiat progressus ad auditorium Marianum, praeeuntibus pedellis cum sceptris. 20

§ 18. Eo in loco decanus sine pomposa ac prolixa declamatione candidatum commendet ac eidem, ut orationem brevem de materia actui conveniente habeat, mandet. Finita oratione, brevissima compellatione baccalaureum proclamet, lauream theologicam tradat una cum codice biblico, admoneat de diligentia et morum honestate largiaturque potestatem exercendi actus huic honori annexos. p.57 25

§ 19. Recens appellatus baccalaureus agat gratias et concisa compellatione concludat et comitantibus omnibus academiae proceribus et alumnis in collegium majus redeat, conventumque actis gratiis sine prandio officiose dimittat.

§ 20. Honorarii loco promotori aureum rhenanum et cuilibet ministrorum academiae pro labore, quem promotionis ratione peregerunt, dimidium joachimici solvat. 30

§ 21. Caeterum promoti baccalaurei officium erit, frequenter interesse disputationibus lectionibus et concionibus et nullam addiscendi occasionem praetermittere. Haec mirum juvabit ad superiorum graduum eminentiam decens praeparatio. p.58

RUBRICA XIV. DE TENTAMINE, EXAMINE, DISPUTATIONE, CONCIONE ET LECTIONE LICENTIANDI ET DOCTORANDI. 35

§ 1. Circa illos, qui nomina sua ad consequendam licentiaturam et docturam profitentur, accuratiori et acutiori opus est inquisitione. Si quis enim paratus esse debet ad respondendum cuilibet petenti rationem ejus spei, quae in ipso est, cum mansuetudine et timore; sacrosanctae theologiae licentiati et doctores debent esse paratissimi. 40

§ 2. Idcirco in primo tentamine moveantur candidatis quaestiones, quas ethnici
p. 59 vel judaei christianis movere et quidem atrociter solent. Experientia docuit, saepe viros doctos contra hos et istos adversarios egregie et gloriose pugnavisse, sed contra ethnicos et judaeos parum movisse, nedum promovisse.

5 § 3. Has excipiant quaestiones magis arduae, quibus candidati haereticorum et sectariorum ecclesiam Christi adhuc hodie maxime oppugnantium sophismata refellendi peritia exploretur.

§ 4. Scrupulose etiam exigatur notitia tum historiarum ecclesiasticarum, tum geographiae biblicae et ecclesiasticae, tum linguarum cardinalium.

10 § 5. Ex duobus dictis difficilioribus (de quibus supra) rigidior instituatur disceptatio et per varias locorum theologicorum classes deducatur, casus conscientiae intricatiores
p. 60 proponantur, ordo et materiae generales juris canonici investigentur. Caetera ex praescripto agantur.

§ 6. Disputatio et lectio, uti jam dudum dictum, absolvantur et omnis labor con
15 cione inaugurali in templo Mariano finiatur.

§ 7. His ergo rite factis fiat deliberatio.

RUBRICA XV. DE AULA FACULTATIS ET PUBLICO ACTU TUM LICENTIATURAE TUM DOCTURAE.

§ 1. Feria quinta septimanae promotionum festivitati destinata deductis e decani
20 domicilio candidatis quidam ex iis in aede beatae Mariae concionem habeat, qua finita fusisque pro felice honestorum a promovendis susceptorum conatuum successu piis precibus, decanus, cui semper etiam promotoris munus incumbet, e cathedra ad ejusmodi actus adornata orationem recitet, deinde quidam ex illis dissertationes de quae-
p. 61 stionibus selectis proponentes audiantur, postea singuli, impositis sceptro per ministrum
25 academiae exhibito digitis, verba praeeunte universitatis secretario hocce juramentum praestent: Ego N. juro et sancte promitto Deo patri, creatori coeli et terrae, Deo filio, domino nostro Jesu Christo, et Deo spiritui sancto, quod divina ope ecclesiae Christianae in doctrina legis et aeterni evangelii sine ulla corruptela fideliter inservire ac tria approbata symbola, apostolicum Nicenum et Athanasianum, mascule tueri inque
30 harmonia doctrinae, quae in prima et immutata Augustana confessione, imperatori Carolo V. anno 1530 solenniter exhibita, nec non in ejusdem apologia ac tandem formula concordiae istis innitente continetur, coelesti gratia adjutus constans permanere
p. 62 et perseverare, deque subortis gravibus controversiis ac dubiis casibus haud temere et inconsulto cognoscere statuere et pronunciare neque ex amore aut odio in unius et
35 alterius praejudicium aliquid definire, sed momenta sive merita rei sacrarum scripturarum trutina diligenter ponderare supernamque Spiritus sancti illuminationem ardenter ea de causa implorare, dehinc aestimare ac, quoties necesse erit, eruditorum piorum orthodoxorum minimeque suspectorum seniorum ecclesiae doctorum sententias explorare ac juxta normam Christianae fidei respondere velim. Promovebo summis viribus
40 salutarem inter ecclesias evangelicas pacem, salva semper veritate. Nunquam deero

conscientiis afflictis, nutantibus in christianae religionis arduis articulis succurram, p. 63
dubios circa haec et illa puncta informabo, pertinaces in perversis dogmatibus et moribus pro ratione personarum temporum et aliarum circumstantiarum fraterne, juxta apostoli praeceptum, et animose admonebo. Et haec omnia pro mensura vocationis et donorum a Deo mihi concessorum expedita dabo. Ita me Deus juvet. 5

§ 2. His peractis decanus licentia a procancellario petita atque obtenta candidatos adhibitis consuetis solennitatibus doctores renunciet ac proclamet tandemque ultimus ex iis gratiarum actione actui finem imponat.

§ 3. Distributio librorum chirothecarum aliorumve munerum, quibuscunque etiam p. 64
personis superiori tempore illa facta fuerit, nec non exornatio puerorum, qui in actu 10
quaestiones candidatis proponant aliudve recitent, in posterum plane sit prohibita ac quilibet e noviter creatis doctoribus decano duos aureos ungaricos honorarii loco ob operas in promotione praestitas solvat.

§ 4. Prandium doctorale in loco a decano et candidatis selecto ita institui debet, ne hospitum numerus major sit, quam qui quinque mensis (nisi singularis concilii 15
academiae generalis dispensatio illis petentibus peculiarium circumstantiarum ratione plures permiserit) et quidem singulis receptioni duodecim aptis commode assidere queant, p. 65
neve plura quam quatuor fercula in grandioribus patinis absque omni alio apparatu, exclusis etiam secundis mensis, apponantur, neve ultra justum tempus protrahatur. 20

§ 5. Testimoniis recens creati doctores, prout quisque in tentamine et examine suaque disputatione promeruerint, exornentur ac quilibet secretario pro juramenti praelectione, pro testimonii descriptione, item pro membrana filo serico cera et capsula duos joachimicos ac cuilibet e duobus academiae ministris pro labore, quem ratione promotionis sustinuere, aureum rhenanum solvat. 25

RUBRICA XVI. DE STUDIOSIS THEOLOGIAE. p. 66

§ 1. Severa vox est apostoli: filii obedite patribus vestris in Domino. Est alia non minus severa: patres nolite ad iracundiam provocare liberos vestros, sed educate illos in disciplina et correctione Domini. Doctores itaque et professores doctrina ac vita suis praeeant auditoribus, nullum tamen de se morositatis aut (et T[2]) tyrannidis 30
exemplum praebeant, sed gravitatem suam animi dexteritate lenitateque morum exaequent, quibus solis probabitur iis apud suos auctoritas.

§ 2. Quodsi quis vero e studiosorum grege aut baccalaureorum quempiam e majoribus petulanter offenderit, collegium et rector, si opus fuerit, de illo sic poenas sumant, ut a caeteris deinceps inviolata teneatur aetatis et personae reverentia 35 p. 67
aut auctoritas.

§ 3. Auditorum etiam ingenia observent doctores et, si quis pètulans delectabitur pravis opinionibus, hunc vocatum ad collegium admoneant et in viam revocent, contumaces vero severe coërceant. Mores etiam auditorum severe regant, curent ut vestitu honesto utantur, puniant helluationes et scortationes, si quae innotescent. Prohibeant 40
et libellos famosos et criminationes et in auctores advertant legitimis poenis.

§ 4. Denique meminerint hos coetus theologicos similes esse debere scholis Eliae
p. 68 Elisaei Johannis baptistae Christi Johannis evangelistae Polycarpi Irenaei et similium. Quandocunque enim ecclesia floruit, tales aliquos habuit scholasticos coetus, per quos doctrina pia propagata est. Horum studia et mores nostri etiam imitentur.

5 § 5. Tandem quia luctuosus Germaniae status satis superque docet, quam horrendae clades ecclesias invaserint ob neglectam disciplinam inter studiosos theologiae academicam, propterea quia ad colendam vineam Domini universitates devastatores et mercenarios ut plurimum emiserunt; avertent doctores et professores quantum possunt hanc labem et perniciem studiosamque juventutem de sacrosancti ministerii dignitate,
p. 69 10 et qua pietate religione innocentia devotione omnes ad hanc tremendam functionem se praeparare debeant, ubicunque se obtulerit occasio monebunt. Hoc si fecerint, practicae theologiae fundamenta probe erunt jacta.

Haecque reverendae facultatis theologicae statuta 19. Decembris anno 1634 in concilio academiae generali perlecta salvaque eadem juxta praescriptum in statutis 15 generalibus rubrica V stat. 15 modum reformandi facultatem unanimiter approbata fuerunt. Quodque hactenus exposita ita gesta fuerint, nos infra nominati subscriptionibus nostris attestamur.

Johannes Matth. Meyfart D. p. t. rector univ. Erfurt.

(Hierauf folgen die Namen der 4 Scholarchen aus dem Rathe, die Dekane Georg Große-20 hain, J. Rehefeld, Liborius Capsius (für Henn. Rennemann, Dekan der juristischen Fakultät, ist eine Lücke gelassen) und unter den Professoren die Theologen Zapf, Elsner, Hogel, der Mediciner Quir. Schmaltz, die Philosophen J. Heckel, Kaltschmid, Geo. Schultz und Heinr. Starckloff).

Die Abweichung von den unter den allgemeinen Statuten unterschriebenen Namen vom 25 14. August desselben Jahres 1634 erklärt sich daher, weil zwischen diesem Datum und dem 19. December der Rektoratswechsel eingetreten, Großehain aber an Stelle des zum Rector eingesetzten Meyfart Dekan geworden war. Es fehlen nur die beiden Juristen und Prof. Rave.

IIg.

Statuten der juristischen Facultät

nach den Handschriften D (1398) und J (1430).[1]

In dem zweiten Konvolute, welches die Statuten der juristischen Facultät enthält (Magdeburger St.-Archiv XLV. A. 6, Cod. J bezeichnet, siehe die Vorrede, Abschnitt von den juristischen Facultätsstatuten II g) liegen lose in einander gelegt 6 halbe Bogen in gross 4⁰ (I), von denen der erste fol. 1 und fol. 12, der zweite fol. 2 und 11 paginirt ist u. s. f., welche in der Einleitung fast wörtlich mit der Redaktion in dem Gesammtstatut von 1412 D übereinstimmen, aber weiterhin vielfach wortreicher sind. Der Kürze halber sind diese Zusätze, welche in D nicht stehen, durch kleinere Schrift, in [ ][i] eingeschlossen, gekennzeichnet; dasjenige aber, was nur in D und nicht in I enthalten ist, in ( )[d] eingeschlossen; was in beiden Handschriften übereinstimmend steht, ist nicht in Klammern eingeschlossen, Abweichungen der Codd. von der wahrscheinlich richtigeren Lesart in den Anmerkungen durch den Zusatz D oder J bezeichnet. So setzt sich der Text von D aus den nicht oder nur in ( )[d] eingeschlossenen Worten und Sätzen, der Text von J (1430?) aus den gar nicht eingeklammerten und aus den in [ ][i] eingeschlossenen Worten und Sätzen zusammen.

Die älteren Statuten nehmen vorzugsweise Rücksicht auf die „domini doctores" des kanonischen Rechts, welche das Consilium bilden; nur zuweilen werden in denselben, wie in einem Anhange, von den Doctoren des jus civile und der Vorbildung zu dieser Würde Bestimmungen hinzugefügt. In den neueren Statuten von 1430 (oder 1449) erscheinen beide gleich berechtigt und wird auch von doctores utriusque iuris gesprochen. Auch die Reihenfolge der Abschnitte ist nicht in beiden gleich.

Die Ueberschriften in J lauten: Rubrica 1. de doctoribus facultatem iuris et collegii iuridice facultatis constituentibus, f. 1ᵛ. 2. de officio decani, fol. 3. 3. de doctoribus licenciatis et baccalariis alibi promotis. fol. 3. 4. de ordine doctorum licenciatorum et baccalariorum, f. 4. 5. de doctoribus et licenciatis ac baccalariis in facultate iuridica legentibus, f. 5ᵛ. 6. de doctorandis, f. 5ᵛ z. E. 7. de licenciandis, f. 7. 8. de baccalariandis, f. 8ᵛ. 9. de repetitoribus, f. 11. 10. de scholaribus, ebd. 11. de immutacione et variacione statutorum, f. 11ᵛ. Hieran schliessen sich, ohne numerirt zu sein, die Bestimmungen de festo s. Ivonis 1425 an.

(STATUTA FACULTATIS IURIS CANONICI,)

f. 20.

Einleitung.

§ 1. Cum lex dictat quod plura sint[a] negocia quam vocabula, hinc est quod nulle iuris sancciones, quantumcumque maturo[b] digeste consilio,[b2] omnes casus occurrentes ad quaslibet[c] dispositiones presertim de novo emergentes sufficiant nec ex eis ad plenum mederi possunt. Cum itaque in[e] opido insigni Erffordensi in Thuringia Maguntine dyocesis ex concessione et largicione sedis apostolice deo volente vigeat et de cetero vigere debeat in qualibet facultate licita studium literarum generale, videlicet in theologia

[a] sunt D. [b] mature D. [b2] singulos J. [c] qualibet D. [d] Steht im alten Statutenbuch der Universität, Cod. D. [e] ex D.

[1] Siehe S 2 Anm. 1.

sacris canonibus iure civili medicina et philosophia, in quibus tamen studium literarum vigere nequit, nisi ordo debitus datus fuerit et observatus[f] aliasque honor[g] [erit][i] et modicus fructus inde sequi solet; et[h] cum[h] dominus deus a summo usque ad deorsum nichil inordinatum esse velit; ne igitur facultas iuris canonici et sacrorum canonum[k] 5 inordinata[l] remaneat, per quondam dominos[m] [Conradum][i] de Driborg et Iohannem Ryman et me Lodowicum[n] Molitoris[o] de Arnstete ac totum collegium [doctorum][i] dicte facultatis nonnulle ordinaciones facte et conscripte,[1] quas nos Lodowicus[p] de Arnstete et Hermannus[q] Ryman decretorum doctores de consilio et consensu[r] dominorum Henrici Bredenbachs[r] Johannis[s] Hammerschen Rudulffi[t] de Nebra licenciatorum renovandas 10 duximus, demptis quibusdam renovatisque et superadditis, prout eidem facultati et (eius)[d] suppositis congruere videbatur per modum qui sequitur infrascriptum. Et primo tractatibus nonnullis et deliberacionibus pluribus[u] prehabitis[u] concorditer ad honorem dei et tocius celestis curie et[v] pro incremento et augmento studencium ac posteris[w] studere cupiencium duximus statuenda et ordinanda capitula infrascripta, f. 20 v. 15 volentes quod singuli in eadem facultate proficere seu laborare [volentes seu][i] desiderantes terminos huiusmodi statutorum seu ordinaciones excedere vel contravenire nullo modo presumant. Alioquin a gradibus et promocionibus se ex nunc noscant fore indignos penitus et excludendos [etc.][i].

20 (Per quas personas collegium facultatis iuris constituatur.)[d]

[RUBRICA I. DE DOCTORIBUS FACULTATEM IURIS ET COLLEGIUM IURIDICE FACULTATIS CONSTITUENTIBUS.][i]

§ 2. [r. 1,1.] Primo namque statuimus et ordinamus quod (soli)[d] doctores (in facultate iuridica)[d] [iuris utriusque sive canonum duntaxat aut legum duntaxat][i] hic promoti seu (re- 25 cepti et admissi licet)[d] alibi promoti (fuerunt)[d] [et iuxta formam statutorum, infra sub rubro[2]

[f] abservatus D. [g] horror D. [h] ecum D et cum J. [i] Steht im jüngeren Statutenbuch der juristischen Facultät J. [k] legum in J von späterer Hand übergeschrieben. [l] inordinate D. [m] dominum J. [n] Ludewicum J. [o] Molitoris J. [p] Lodewicus J. [q] In D stand wahrscheinlich erst Iohannis, was aber ausradirt und der richtige Vorname auf die radirte Stelle geschrieben wurde. [r] assensu. (Z. 9 Breydenbach J.) [s] Johannes D. [t] Hammerschin Rudolfi J. [u] prehabitis pluribus. [v] ac J. [w] in posterum J.

[1] Diese ältesten Statuten wurden 1398 abgefasst, wie die neue Redaktion im Anfange des 17. Jahrhunderts (siehe unten II[h]) berichtet; die nächste Umformung der Statuten fand schon 1408 durch denselben Dr. Molitor oder Molner von Arnstadt, den ersten Rector der Universitat (1392—94), Joh. Breitenbach, Joh. Hammerstein und Rud. de Nebra statt, hierauf abermals 1415 durch den Z. 6 genannten Dekan Hermann Ryman, den Ordinarius Christian Vornzien von Mühlhausen, und die Doctoren Joh. de Nebra und Otto von Stotternheim; endlich wird in den neueren Statuten — deren Enstehung wohl auf Henning Rennemann in der Schwedenzeit zurückgeführt werden darf, weil sie in der diesem Oberstrathsmeister und Rector der Universität, — früher auch Rector des evangelischen Rathsgymnasiums (1602—12) — eigenthumlichen Orthographie „ejjus“ u. ähnlich geschrieben sind — auch eine Redaction von 1480 durch Heinrich von Gerbstete, Joh. Vochs, Nik. Beyer, Thilo Ziegeler, Jac. Hartmann, Johann von Allenblumen (später Vicedominus von Erfurt) Nik. Weise (Sapientis) und Heinrich von Bottelstete erwähnt; es ist wohl kaum zu zweifeln, dass wir dieselbe in den losen Blättern der Handschrift I noch erhalten haben.

[2] Rubr. 3, entsprechend § 42.

de doctoribus licenciatis et baccolariis alibi promotis positorum per doctores collegii unanimi consensu et nemine discrepante ad collegium recepti et legittime admissi, collegium iuridice facultatis constituant, qui doctores duntaxat collegialiter congregati][1] **habeant regere (gubernando[y])[d]** [et quecunque][1] **negocia [et iura][1] facultatis eiusdem (in legendo[z])[d]** [seu ad eandem quovis modo spectancia et pertinencia gubernare et de eisdem, prout eis racionabiliter expedire videbitur disponere].[1]

[1,2. Item quod de cetero nullus hic in utroque vel altero[aa] iurium in doctorem promotus de collegio antedicto reputetur, nisi post eius promocionem accedente consensu tocius vel maioris partis collegii doctorum ad idem collegium fuerit cum solempnitate debita assumptus.][1]

§ 3. [1,3.] **Item quod hii soli** [doctores de collegio existentes ad tractatus et consilia facultatis iuridice vocandi sunt et hiis][1] **(consiliis facultatis)[d] interrerunt[bb] (et soli sunt vocandi)[d] nisi in defectum doctoris** [aut ex aliis causis per eos doctores unanimi consensu approbandis][1] **aliquos de licenciatis sibi adiungere voluerint, quos eciam valeant et possint[cc] excludere** [et][1] **mutare, quociens ipsis doctoribus placuerit et visum fuerit[dd] eis (et facultati)[d] expedire.**

§ 4. [1,4] **Item quod hii** [soli][1] **doctores** [iuris, qui hic promoti et admissi seu alibi promoti et hic ad collegium, ut premittitur, recepti sunt][1] **habebunt examinare et (concorditer)[d] approbare et[ee] reprobare in eadem[ff] facultate (ad licenciam promovendos),[d]** [licenciandos vel baccalariandos et eisdem promotores deputare et gradus assignare], **premisso tamen aliquo** [inter eosdem][1] **tractatu et concilio[ff] (doctorum ad (?) per decanum pro tempore existentem convocando)[d] de sciencia vite ac morum honestate huiusmodi (promovendi)[d]** [promovendorum et eorundem legittimitate][1].

[1,5. Item quod alii quicunque sive utriusque iuris aut canonum duntaxat, vel legum duntaxat doctores ad collegium doctorum, ut premittitur, non admissi sive non recepti, nominari debent doctores facultates et non collegii, qui tractatibus facultatis ac examinibus approbacionibus et reprobacionibus examinandorum ac aliis supra specificatis, eciam si quis eorum ordinarie aut alteri lecture iuris canonici vel civilis preficeretur, interesse non debent, nec ad ea nisi unanimi consensu doctorum accedente vocari et eisdem facultatis doctoribus singuli doctores de collegio in locacionibus et sessionibus debent preferri.][1]

§ 5. (Item quod in facultate eadem[ff] sit unus decanus, quem collegium doctorum duxerit eligendum; talis officium decani agat et loco decani habeatur, cui tunc et ceteri doctores honorem deferant in sessionibus (cessionibus D.) prout in ceteris facultatibus dicte universitatis et presertim in sacra theologia observatum est et observatur.)[d]

2. De officiis decani sive senioris doctoris.

[RUBRICA 2. DE OFFICIO DECANI SIVE VICEDECANI.

Doctores collegii facultatis iuridice singulis annis in die sancti Ivonis, que cedit (cadit?) decima nona mensis maii, habebunt eligere et constituere sibi unum ex ipsis doctoribus collegii decanum iuxta formam hactenus observatam.][1]

[2,1. Item talis decanus officium decani per totum ipsius anni circulum in dicto festo

[x] S. 80, Z. 25 der Anmerkung [1], fuerint statt fuerunt. [y] gubernandos D. [z] Hier endet der § 2 in D. [aa] alterum D. [bb] intererint D. [cc] possunt D. [dd] viderit D. (in J: et eis visum fuerit expedire.) [ee] ac J. [ff] Z. 18 u. 30 eodem D. (Z. 20 consilio J.)

sancti Ivonis inchoandum, et in eodem revoluto anno finiendum agat et ab aliis doctoribus licenciatis membrisque et suppositis eiusdem facultatis pro vero decano habeatur, ipsique decano interim, quod eius duraverit officium, ceteri doctores deferant et in locacione et sessionibus ipsum preferant et honorem eidem faciant et impendant, prout in ceteris facultatibus dicte uni-
5 versitatis et presertim theologie consuetum fieri et observatum est.][i] [1]

§ 6. [r. 2,2.] **Item officium decani erit**[gg] **convocare doctores (et licenciatos)**[d] [collegii facultatis][i] **ad** [tractatus et][i] **consilia** [ac negocia quecunque facultatem concernencia][i] **quando** [et quociens id][i] **necessitas vel**[hh] **utilitas (id)**[d] **exposcit**[ii] **(cuius quidem decani officium duret ad unum annum duntaxat in festo sancti Yvonis inchoandum et in eodem anno**
10 **revoluto anno finiendum).**[d]

§ 7. [r. 2,3.] **Item habeat facultas archam communem apud decanum huiusmodi, in qua idem decanus pro tempore existens reponat sigillum facultatis et**[kk] **ea que ad ipsam**[ll] **facultatem**[ll] **conferuntur, dabuntur**[mm] **et solventur,**[nn] **(et in fine sui regiminis inde computum facere debet, et teneatur racionem dispensacionis pecuniarum et rerum ad**
15 **facultatem ipsam pertinencium absque concilio tocius collegii doctorum S.ª (?)**[oo] **penitus interdicta)**[d] [ita quod in fine sui regiminis de hiis decano novo et doctoribus collegii legalem computacionem facere debeat].[i]

[r. 2,4. Item similiter penes eundem decanum vel alium doctorem collegii per ipsum et doctores deputandum libri ad facultatem pertinentes deponi debent et per eundem in bona custodia
20 haberi, quos anno elapso et in fine sui regiminis, predicta computacione facta una cum archa facultatis, novo decano presentibus aliis collegii doctoribus salvos et illesos presentabit.][i]

[r. 2,5. Item idem decanus in principio sui regiminis, adiunctis sibi tribus vel 4 doctoribus collegii, visitabit librarias collegiorum bursarum quarumcunque facultatis iuridice et collegiatorum, ac rectores bursarum ac alios eiusdem facultatis baccalarios et scolares quoscunque convocari faciat
25 et ab eisdem primo de numero librorum, et si libri ac alie res bonaque et iura collegiorum et bursarum ac domus et tecta inesse conserventur, et ipsi ac alii bursas sive collegia ac (?) inhabitantes secundum instauracionem tenoris[oo] et statutorum facultatis et collegiorum ac bursarum formam se in studio et leccionum iuris visitacione diligentes sint et in vestitu et moribus se honeste habeant et regant, investigacionem diligentem faciant. Et deinde simili modo seorsum a
30 quolibet membro de numero leccionum et studii diligencia ac morum honestate investiget et ad
f. 13 studii continuacionem et diligentem lectionum frequentacionem eosdem exhortari curet, ac ne collegiati vel rectores bursarum a loco studii, nisi accedente speciali licencia decani facultatis se absentent, sub pena 5 florenorum fisco facultatis applicandorum.][i]

[r. 2,6. Item si contingat decanum facultatis se a loco studii Erffordensis absentare vel legittimo
35 impedimento, quo minus suum officium exercere possit impediri, tunc senior doctor collegii vel decanus precedens ad placitum impediti loco decani habeatur; est ea que sunt de officio decani, tempore absencie et impedimenti huiusmodi duntaxat exerceat, sessione et processione non mutatis.][i]

[gg] est J. [hh] aut J. [ii] Hier endet r. 2,2 in J. [kk] ac J. [ll] facult. ipsam J. [mm] dabantur D. [nn] solvuntur J. [oo] substancia? (Z 27 tenores J.)

[1] Siehe den vorhergehenden § 5 und den folgenden § 6 in D.

3. Rubrica [8.] de baccalariandis.

§ 8. [r. 8,1.] Item quilibet doctor de collegio poterit formare baccalarium in iure canonico [vel civili],[i] quem tamen in collegio doctorum nominabit, dummodo promovendus in[pp] studio[pp] huiusmodi[pp] privilegiato[qq] generali (in eo decretales et nova iura semel audiverit per quatuor complete;)[d] [tempus in statutis facultatis expressum audiendo cum diligencia, lecciones huic gradui convenientes adimplevit et per collegium doctorum examinatus][i] et (alias si)[d] sufficiens (ad hunc gradum ac vite laudabilis et honeste conversacionis)[d] [repertus][i] ac de legittimo matrimonio procreatus [aut laudabilis vite et conversacionis fuerit][i] (existat, de quo ultimo faciat fidem per testes aut proprio iuramento et quod solverit legentibus collectam saltem petentibus[rr]).[d]

§ 9. [r. 8,2.] Item hoc discusso dabitur eidem licencia et facultas legendi unum vel duos titulos, quem vel quos doctor promovens eidem assignabit et istum vel istos loco publici examinis leget publice in scolis.

§ 10. [r. 8,3.] Item dicta lectura completa et si in illa competenter se habuit[ss] et fama hoc testatur (et)[d] per unum doctorem assignabitur ei una decretalis de mane pro punctis [collegio doctorum ad hoc per decanum convocato][i] et eodem die hora vesperorum [se in collegio eorundem examinandum presentabit].[i] Doctor [autem][i] promovens [sibi assignabit punctum, sed collegium][i] examinabit [secus in licenciando][i] (adiunctis simul seniore doctore et uno vel duobus aliis doctoribus si voluerit).[d]

§ 11. [r. 8,3 b.] (Item)[d] [Quia][i] promovendo[tt] ad licenciam in iure puncta dabuntur secundum ordinem (doctorum regencium)[d] [collegii][i]; primo senior, deinde alius et sic deinceps, salvo eo, qui presentat, non dabit puncta illa vice.

§ 12. [r. 8,4.] Item (quod)[d] examen baccalarii[uu] fiet in domo doctoris promoventis vel alio loco, de quo sibi videbitur. Sed examen licenciandi fiet[vv] apud ecclesiam sancte Marie[1] [virginis][i] vel alio honesto loco, ad placitum dominorum doctorum ad hoc deputando.

§ 13. [r. 8,5.] Item quod baccalarius factus infra primum annum post suam promocionem legat quartum decretalium [et si in iure civili, librum institutionum][i] vel eius equivalenciam, nisi desuper per facultatem[ww] iuris[ww] canonici[ww] secum fuerit dispensatum. f. 21 v.

§ 14 [r. 8,6.] Item quod per unum annum [integrum][i] maneat in studio [et][i] audiat, nisi similiter [per doctores collegii secum][i] fuerit dispensatum.

§ 15. [r. 8,7.] Item post approbacionem [eius in altero iurium][i] solvere debet doctori promoventi (tres)[d] [duos][i] florenos et ad fiscum (universitatis)[d] facultatis 2 florenos [renenses][i] (collectori ad hoc deputato)[d] et (dimidium florenum)[d] [integrum renensem][i] bedellis[ww] tempore promocionis [et tantundem, si in iure civili promovetur, solvere teneatur].[i]

§ 16. [r. 8,8.] Item quod baccalariandus in susceptione gradus [in iure canonico][i]

pp huiusmodi in studio D. qq privilegiata D. rr competentem? ss habuerit J. tt promovendus D. uu baccalariorum J. vv fiat J. ww doctores collegii J. (Z. 34 pedellis J.)

[1] Wahrscheinlich im Coelicum über dem östlichen Kreuzgange des Doms, wo auch die Rectorwahlen stattfanden.

repetet unam decretalem [et in iure civili unam legem][l] sub aliquo (doctore)[d] promovente et audiat tres vel quatuor opponentes, scilicet duos baccalarios et duos scholares vel unum baccalarium et duos scholares.[xx]

§ 17. [r. 8,9.] Item doctor promovens si volt potest opponere (repetenti)[d] duo vel
5 tria argumenta sine magna deduccione, ut de tanto actus solempnior[xx] habeatur.

§ 18. [r. 8,10.] Item quod doctor sedeat[yy] in cathedra maiori et promovendus in [cathedra][l] minori, quia hoc doctori promoventi utile et honestum et scole fructuosum [erit][l] propter argumenta occurrencia per ipsum solvenda.

§ 19. [r. 8,11.] Item repetens repeticione consummata habebit iurare ut sequitur:

10 Ego N. iuro et promitto quod hunc gradum baccalariatus non resumam et quod bonum unitatem et honorem universitatis studii [huius][l] (et membrorum)[d] et specialiter (et)[d] facultatis huius iuris[zz] canonici[zz] [pro posse et nosse][l] procurabo, ad quemcunque statum pervenero. [Item quod non recedam ab universitate, nisi prius legerim quartum decretalium. Vel si in iure civili promovetur, librum iusti vel equivalens michi doctores[a] collegii
15 assignatum, nisi mecum desuper fuerit dispensatum.][l] [Insuper promitto quod][l] statuta seu statuenda, ordinaciones et consuetudines facultatis eiusdem editas et edendas, in licitis et honestis pro posse et nosse servabo [sub pena per collegium facultatis iuridice arbitranda.][l]

§ 20. [r. 8,12.] Item hoc facto doctor eum recommendabit et in fine gradum assignabit eidem.

20 [r. 8,13. Item cuilibet promovendo ad gradum baccalariatus in iure canonico vel civili debet sufficere triennium, si interim steterit in expensis cum prelato canonico vel vicario aut equali ecclesiastica persona aut in bursa per doctores collegii sive per universitatem approbata aut in societate scolastica similiter per doctores collegii expresse approbata aut per se stanciam honestam tenuerit quadriennio, nisi super minoritate triennii per duas partes collegii et super minoritate
25 quadriennii ac aliis prescriptis per maiorem partem eiusdem fuerit dispensatum.][l]

§ 21. (Item quod baccalarius post promocionem recognicionem de suo gradu sub forma desuper concepta et sub sigillo facultatis illico procurare debet et solvere teneatur pro litera et sigillo medium florenum ad fiscum facultatis in iure canonico applicandum.)[d]

30 [r. 8,14. Item statuimus de promovendo ad licenciam a tempore baccalariatus fore observandum, nec sufficit sibi tanti temporis spacium complevisse, ut premissum est, nisi decretales et nova[1] iura semel plene et, si in iure civili promoveri petat, iura civilia, tam in digesto quam in codice et institucionibus suprascripto tempore cum diligencia audiverit sine fraude.][l]

[r. 8,15. Item cuilibet in utroque simul studenti promovendo ad gradus baccalariatus in
35 eisdem debet sufficere quinquennium, si interim steterit in expensis cum prelato canonico vicario aut alia equali ecclesiastica persona, aut in bursa vel societate scolastica per doctores collegii expresse approbata sex annis, nisi super minoritate quinquennii per duas partes collegii et super minoritate sex annorum per maiorem partem collegii fuerit dispensatum.][l]

xx scolares D, J. (Z. 5 sollempnior D.) yy sedat D. zz iuridice J. a lies: a doctoribus oder per doctores..

---

1 Siehe die Erklärung von iura nova in der Anmerkung zu § 44 [r. 5,1] S. 92.

[r. 8,16. Item statuimus de promovendo ad licenciam in utroque iure a tempore baccalariatus fore observandum.][1]

[r. 8,17. Item si aliquis leges per annum audivit et in canonibus promoveri voluerit, solummodo annus in legibus pro medio in canonibus computari debebit et e converso, et sic de aliis temporibus in altero iurium mediandis.][1] 5

[r. 8,18. Item statuimus et ordinamus quod facultas iuridica societatem scolasticam burse equiparabilem approbare non debet, nisi coram facultate iuridica decano et doctoribus collegii scholares in ea societate esse cupientes compareant in presencia eorundem principalem rectorem sive principalem societatis constituentes, pacta et convenciones, sub quibus stare voluerit, exprimendo, et strepitus insolencias et clamores nocturnos vicinorum offensivos cavere et lecciones 10 duas ad minus, ita quod altera sit in novis,[1] si canonista fuerit, audire diligenter promittant, sub pena per facultatis iuridice decanum arbitranda.][1]

[r. 8,19. Item statuimus quod bursales debent mensam communem tenere et suo[b] rectori, si fuerint duodecim, expensas dare. Pro quibus eorum curam in moribus et disciplinis debent gerere, nec non singulis diebus legibilibus ipsis leccionem ordinariam resumere aut alium actum 15 in facultate iuridica facere, quem bursales racionabiliter duxerint eligendum. Si autem pauciores duodecim fuerint, rector loco cuiuslibet deficientis pro supplemento 5 denarios ebdommedatim prestabit bursalibus, in reliquis morem aliarum bursarum in artibus sequentibus illibate.][1]

[r. 8,20. Item statuimus ut exiens bursam vel societatem scolasticam unam ut premittitur 20 privilegiatam, ad aliam bursam vel societatem recipi non debet, nisi de consensu rectoris burse vel principalis societatis aut rectoris universitatis vel decani iuridice facultatis, sub pena amissionis privilegii bursalis vel scolastice societatis approbate, quod privilegium consistit in minoritate annorum ad gradum requisitorum.][1]

[r. 8,21. Item stantes in bursis et societatibus huiusmodi approbatis possunt in domibus et 25 stanciis eorum habere cervisiam Nuenburgensem inter se vendendam aut communiter bibendam, quamdiu consulatus hoc duxerit tollerandum.][1]

[r. 8,22, Item statuimus et ordinamus ut de cetero volens promoveri quolibet quartali anni elapso a lectore suo vel baccalario recognicionem recipiat de hoc quod ab ipso quartali anni quid ab eo audierat etc. sub hac forma: Ego N. recognosco quod N. per quartale anni immediate 30 preteritum a me diligenter audiverat n sexto Clementinis vel in secundo decretalium, vel quod f. 11 protestor meo signeto inferius impresso anno etc. Quales recogniciones cuiuslibet lectoris debet tempore, quo promovendus voluerit admitti, pro gradu debet doctoribus exhibere, ut videant an diligens fuerat audiendo vel non.]

[r. 8,23. Item statuimus et ordinamus ut lectores ordinarii in antiquis vel novis in presencia 35 scolarium iuris suo rectori burse aut principali societatis scolastice rebellis et in rebellione perdurantis per rectorem burse aut per principalem non legat, donec coram collegio facultatis iuridice se emendare sufficienter iuxta eiusdem collegii arbitrium promittat et pro excessu satisfaciat.][1]

---

[1] Siehe die vorhergehende Anmerkung.

[b] sui J.

4. [7.] Rubrica de licenciandis.

§ 22. [r. 7,1.] Licenciandus in iure canonico [vel civili][i] debet esse de legittimo matrimonio procreatus et quod pro tali sit habitus et reputatus, et quod sit ad minus annorum XXV (etc.).[d]

§ 23. [r. 7,2.] Item debet esse antea baccalarius in eodem [iure][i], ne per saltum promoveatur.

§ 24. [r. 7,3.] Item debet post baccalariatum et ante presentacionem [ad][i] examen pro licencia [semel][i] unam decretalem [vel si in legibus promoveri desiderat unam legem in][i] scolis[c] publice repetivisse[e] et omnes opponentes et opponere volentes audivisse vel uni de doctoribus ad aliquam[f] questionem[f] respondisse.

§ 25. [r. 7,3 b.] (Item[g] in studio generali audiverit canones seu iura canonica diligenter per annos octo integraliter et ex toto)[d] [et][i] quod infra (idem)[d] tempus [a facultate statutum][i] audiverit in decretis per biennium (publice in scolis)[d] vel [quod][i] per eum non steterit quominus audiverit.)[h d]

§ 26. [r. 7,4.] Item licenciandus [in iure canonico][i] ante presentacionem suam debet legisse duas causas in decreto in scolis[k] publice [vel unam ad minus, licenciandus vero in iure civili unum titulum in ff.[l]][i]

§ 27. (Item ante presentacionem debet satisfecisse omnibus doctoribus et licenciatis, quorum lectiones audivit de collecta consueta et de premissis omnibus faciat fidem saltem proprio iuramento.)[d]

§ 28. [r. 7,5.] Item examinandus pro licencia in iure[m] (predicta)[d] habeat unum doctorem regentem[n] presentacionem[n] et iste istum presentandum antea solus examinare[o] debet[o] in sciencia moribus vita [et][i] facundia etc. (demum)[d] ut secure [cum][i] cancellario vel locum tenenti (mediis)[d] etc. (iuramentis etc.)[d] valeat presentare [et simili modo cum licenciando in iure civili servandum est.][i]

§ 29. [r. 7,6.] Item examinandus pro licencia etc. debet bis per suum vel [per][i] suos doctores presentatores presentari cancellario; semel privatim; et fiet [saltem si exactum fuerit][i] medio iuramento [credulitatis][i] (ut supra).[d]

§ 30. [r. 7,7.] Secunda presentacio fiet publice, tota facultate iuris presente [in scholis iuristarum vel][i] in aliquo loco honesto per aliquam brevissimam arengam et sine iuramento; et tunc petetur[p] per cancellarium vel vicecancellarium aperire[q] examen, et tunc cancellarius vel vicem tenens examen aperiet[r] et assignabit primam horam sequentis diei in diluculo ad dandum et recipiendum puncta; adveniente illa hora omnes doctores [collegii illius facultatis, in qua licenciandus debet examinari][i] (in facultate illa regentes essent)[d] [debent esse ibidem][i] presentes (cum cancellario vel vicem tenente);[d] et ibidem primo producetur[s] decretum [in canonibus digestum novum digestum infortiatum et digestum vetus in legibus][i] et per illum [doctorem][i] quem tangit ordo, (doctorem) aperietur, et proiciet

[c] scholis J. [d] Steht in dem älteren Statutenbuche D. [e] repetuisse D. [f] questionem aliq. J. [g-h] Dieser Satz ist zum Theil in J dem 7,3 beigefügt und die in J auch stehenden Worte „quod infra — audiverit" schliessen sich unmittelbar an § 24 = r. 7,3 an. [i] Steht in dem Juristischen Statutenbuch J. [k] scholis J. [l] digesto. [m] altero iurium J. [n] Statt regentem, hat D regens, J presentantem ohne presentacionem. [o] debeat examinare J. [p] petitur J. [q] aperiri J. [r] apperiat D. [s] produceretur D.

idem doctor ad [medium libri ad][l] causas, et de illo folio, quod occurrit casu, eliciat unum canonem (in quo licenciandus examinari debeat)[d] et si (ibidem canonem)[d] non reperit[t] disputabilem, poterit adhuc semel [vel bis][l] proicere et (non)[d] ultra; [et ita similiter in ff. veteri aut ff. novo vel ff. inforciato;][l] demum produci debent decretales [in canonibus et codex in legibus][l] et illas [decretales][l] aperiat iunior doctor (regens)[d] et proiciet semel vel bis, et tunc de folio quod sic casu occurreret[u] eliget[u] decretalem et hec[v] tamen priori canone huiusmodi examinando assignabuntur (pro punctis)[d] [et ita similiter in codice].[l]

§ 31. [r. 7,8.] Item eodem die (in vesperis)[d] [hora prima prandio peracto][l] vel circa (examinabuntur)[d] examinabitur, [et][l] primo in decreto, secundo in decretali, et quilibet doctorum in examine presencium opponet,[w] presentatore duntaxat excepto; et primo contra canonem, secundo contra decretalem opponetur, et debet tunc examinari non solum in lectura[x] et in (una)[d] [via][l] iuris, sed eciam (in)[d] facundia moribus atque vita. Item in examine sint [omnes doctores de collegio facultatis in eo iure, in quo examen fit promoti et collegio incorporati][l] (sex doctores, si haberi possunt; alioquin recipiantur ad minus tres etc.)[d]

§ 32.[y] (Item in huiusmodi privato examine respondet, vicecancellarius habebit pro opera 2 florenos renenses, presentator habebit duplum. Item quilibet licenciatus florenum 1. Item fiscus facultatis tres florenos. Item bedellis flor. 1 ½.[y])[d]

[r. 7,9. Item in examine sint omnes doctores de collegio facultatis in eo iure, in quo examen fit promoti, et collegio incorporati.][l]

[r. 7,10. Anno domini 1430 2[a] die mensis octobris in lectorio theologorum beate Marie virginis hora vesperum vel circa, fuit per doctores facultatis iuridice concorditer conclusum et statutum: quod examinandus in iure canonico pro licencia debet exponere 24 florenos renenses inter examinatores equaliter dividendos, et quod ultra hos debet dare 3 florenos renenses vicecancellario et tot suo presentatori nec non totidem facultati antedicte; insuper 1 florenum universitati et non minus uno floreno bedellis eiusdem. Item tantundem dabit examinandus in legibus. Doctores presentes fuerunt domini Heinricus Gerpstete, prepositus ecclesie beate Marie decretorum, Johannes Vochs, decanus facultatis predicte utriusque iuris, Nicolaus Beyer, Otto de Stottemheim, Tylemannus Czegeler, Jacobus Hartman, Johannes von Alnblumen et Heinricus Buttelstete, decretorum doctores etc][l]

§ 33. [r. 7,11.] Item in examine procurabitur vinum et confectiones (prout est consuetum)[d] [ad arbitrium ipsius examinandi].[l]

§ 34. [7,12.] Item post admissionem iurabit in privato demum post [ipsius][l] admissionem et approbacionem certo die, super quo licenciandus et doctores conveniunt[z] licenciabitur in scolis magnis sancte Marie vel propriis[aa] facultatis, prout oportunitas se obtulerit; et tunc licenciandus conveniet[bb] cum aliquo doctore[cc] suo[cc] quod[cc] collacionem faciat, [recommendaticiam et a cancellario in fine collacionis petat ut examinato et inprivatim licenciato prestet licenciam in publico et eidem suo presentatori et collacionanti][l] (cui) dabit

[t] recipiat D. [u] occurit eligat J. [v] hoc D. [w] opponat D. [x] literatura J. [y] Dieser § wurde 1430 ersetzt durch r. 7,10. [z] convenerint J. [aa] proprius D. [bb] conveniat J. [cc] suorum presentatorum qui J.

florenos[dd] 2,[dd] et in eodem actu post primam collacionem, cancellarius vel locum tenens
f. 23 [facta collacione in qua petitioni presentatoris respondebit][1] dabit ei licenciam in (iure canonico)[d] [eo iure, in quo examinatus et admissus est][1] et tunc habebit jurare in publico iuramentum quod sequitur:

5 § 35. Ego N. iuro et promitto quod hunc gradum non resumam neque iterabo, neque insignia doctoralia alibi, quam in hac alma universitate recipiam; et quod in aula mea et in recepcione insigniorum doctoralium (non expendam contra consilium vestrum)[d] ultra [consilium Viennense][1] summam trium milium parvorum turenensium argenteorum[ee] [non expendam],[1] et quod bonum unitatem[dd] et pacem et[ff] honorem doctorum universitatis 10 et membrorum et specialiter (facultatis)[d] iuris (canonici)[d] procurabo, ad quemcunque statum pervenero; et scienter indignum ad aliquem gradum nullatenus promovebo aliquem [nec[gg] eius promocioni dabo consensum, nec promovebo aliquem[hh]][1] ad gradum, nisi quem totum collegium doctorum vel maior pars eorum duxerit approbandum.

5. Rubrica [6.][1] de doctorandis.

15 [r. 6, Einleitung: Item statuimus et ordinamus ex certis racionabilibus causis ad id animos nostros moventibus: quod de cetero nullus in iure canonico vel civili licenciatus recipere debeat insignia doctoralia ab aliquo vel aliquibus doctorum collegii iuridice facultatis non incorporatorum sub pena eciam prestiti iuramenti.][1]

[r. 6,1. Item nullus doctorum incorporatorum collegio facultatis iuridice huius studii debet 20 alicui licenciato facultatis iuridice insignia doctoralia dare, nisi de consensu doctorum omnium eiusdem collegii iuridice facultatis vel maioris partis eorundem.][1]

§ 36. [r. 6,2. Item][1] Doctorandus in iure canonico [sive civili][1] (vestire)[d] debet duos doctores [collegii facultatis iuridice][1] (in eadem facultate regentes)[d] qui ei dabunt[ii] insignia doctoralia [decenter vestire][1] doctori inponenti birretum (pro vestimentis)[d] XII florenos 25 (renenses; item)[d] [et][1] alteri doctori assessori (pro vestimentis)[d] VI florenos renenses [pro vestimentis dare,][1] nisi fuerit persona[kk] notabilis,[kk] qui voluerit actum huiusmodi[ll] cum maiori solempnitate fieri.

[r. 6,3. Item de promovendo in utroque iure provideatur per doctores collegii.][1]

§ 37. [r. 6,4,2.] Item vestiet duos bedellos decenter, quemlibet ad minus cum decem 30 ulnis, quod possit habere inde capucium et tunicam.

§ 38. [r. 6,4,2 — 13.] Forma illius actus est talis, quod erigatur cathedra (consueta)[d] in ecclesia beate Marie virginis, vel in choro vel [in][1] (alio)[d] honesto loco per doctores [collegii facultatis][1] (pro tempore existentes)[d] deputando et [in die promocionis de mane conveniant doctores de collegio ad domum promovendi, et hora convenienti precedant aliquot 35 paria iuvenum cum clenodiis; deinde bedelli cum sceptris maioribus et post hoc promotores][1] duo doctores et doctorandus [in medio eorum][1] pariter et uniformiter induti; et [cum ecclesie appropinquaverint, [6,4,6] pulsabitur cum campanis duabus maioribus brevis pulsus; quo facto duo doctores promotores ascendent cathedram et promovendus sedebit sub cathedra.][1]

dd tres fl. J. (Z. 9 universitatem D.) ee argentorum D. ff ac D. gg-hh Auslassung per homoeoteleuton. ii dabunt ei J. kk nobilis persona D. ll huiusmodi actum D.

§ 39. [r. 6,4,7. Tunc doctor][i] **presentans** [invocabit breviter divinum auxilium; deinde][i] **faciet[mm] arengam seu collacionem pro recommendacione aliquali doctorandi, per quam concludet[nn] et inducet[oo] ipsum doctorandum ad repetendum unum canonem** [vel legem][i] **breviter (et succincte)[d]** [r. 6,4,9. Quo facto doctorandus assumet repeticionem et primo invocet breviter divinum auxilium et repeticione facta surgat][i] **et** [stando][i] **audiat unum[pp]** [duntaxat] **opponentem (et)[d] sine replicacione.** [r. 6,4,12. Quo facto iterum doctor presentans faciat brevem arengam, vocando doctorandum ad cathedram; qua finita doctorandus ascendat et in medio promotorum consedeat; et unus doctorum iuris vel theologie ascendat unam kathedram, que fiat in opposito kathedre promocionis, et faciat arengam vel collacionem et incitabit doctorandum ad petendum insignia; qua facta tunc doctorandus incipiat et][i]

§ 40. [r. 6,4,14.] **(Secundo)[d] assumet[qq] thema et faciet[rr] brevem collacionem pro recommendacione sciencie et in illa[ss] petet[tt] insignia doctoralia sex, scilicet kathedram, librum et osculum ab uno doctore, (et)[d] annulum aureum birretum et benedictionem ab alio doctore** [presentatore].[i]

§ 41. [r. 6,4,15.] **Et (conclusione facta in illa)[d] collacione** [facta][i] **surget doctor (unus),[d] a quo petiti[uu] sunt liber[vv] kathedra et osculum, et assumet[ww] (sibi[d] thema cum brevi collacione)[d]** [arengam vel collacionem brevem et][i] **secundum ordinem** [predictum][i] **dabit insignia supradicta[yy] et concludet.[xx]** [r. 6,4,16.] **postremo alter doctor (similiter)[d] cum collacione** [vel arenga][i] **reliqua insignia assignabit et cum benedictione concludet.** [Et si fuerit promovendus in utroque iure, tunc primo promovendus petat ab uno doctore insignia in legibus per arengam, et doctor per arengam vel collacionem respondeat et tradat omnia insignia in legibus. Deinde promovendus reincipiat et petat ab alio doctore insignia in canonibus, et ille doctor respondendo tradat omnia insignia in canonibus. Si autem fuerint duo promovendi in utroque iure, tunc iunior petat in legibus pro utrisque, et senior in canonibus pro utrisque.][i] [r. 6,4,17.] **Et tunc promotus referat graciarum actiones et sic terminatur[zz] (ille)[d] actus.** [Et statim descendentibus promotoribus et promoto de kathedra, precedentibus pedellis cum sceptris et rectore universitatis, promotus cum promotoribus accedant ad summum altare pro graciis deo referendis, et orando unum pater noster se inclinent; quo facto procedant promotus cum rectore universitatis, et statim sequantur promotores ante omnes prelatos; dehinc prelati et domini secundum ordinem.]

[r. 6,4,21. Item eodem die de sero promotus convocet omnes doctores de collegio ad cenam, ut cum eodem iocundentur et conswetum est ut cena peracta fiat corea.[1]][i]

[r 6,7. Sequenti die sub summa missa, si promotus insteterit et doctoribus de collegio visum fuerit, recipiatur ad collegium; et tunc statim eodem die prandium faciet doctoribus; quo facto cum omni gratitudine se illis offeret ac[a] iuramentum consuetum prestet.[b]][i]

---

[1] Ein Tanz.

[mm] faciat D. [nn] concludit D [oo] inducat D, J. [pp] unam D. [qq] assumat J. Das vorhergehende Secundo fehlt in J, wo kein neuer § anfängt. [rr] faciat J. [ss] fine illius J. [tt] petat J. [uu] petita J. [vv] libri D. [ww-xx] Diese Stelle lautet in J so: assumat arengam vel collacionem brevem et secundum ordinem predictum dabit insignia predicta et concludat. [xx] concludat J. [yy] predicta. [zz] terminabitur J. [a-b] Späterer Zusatz; die letzten Worte unleserlich.

6. Rubrica [3.] de doctoribus licenciatis et baccalariis [ALIBI PROMOTIS].[i]

§ 42. [r. 3,1] **(Primo)**[d] [Statuimus quod, si doctor licenciatus vel baccalarius extra Erffordiam in utroque vel altero iurium promotus advenerit.][i] **quod talis**[c] **ad nullum actum scholasticum**[e] [in iure canonico vel civili][i] **admittatur,**[f] **nisi prius sit**[g] [et fuerit][i] **intitulatus**[g] [sive in matricula universitatis][i] **per rectorem universitatis (ad matriculam ipsius)**[d] [descriptus][i]; **et deinde** [quod][i] **sit** [unanimi consensu doctorum collegii facultatis iuridice ad ipsam facultatem][i] **receptus (ad facultatem iuris);**[d] **et** [ad eandem recipi][i] **non** [debet][i] **(recipietur),**[d] **nisi prius (docuerit)**[d] **de suo gradu per** [instrumenta][i] **testes vel literas** [aut quecunque legittima et sufficiencia documenta, quibus merito fides adhiberi debeat, doctus fuerit].[i] **Et si** [recipiendus][i] **baccalarius** [in altero iurium][i] **fuerit,** [tempore sue recepcionis][i] **(dabit)**[d] **unum florenum** [renensem];[i] **si licenciatus, duos, (florenos)**[d]**; si doctor, quatuor florenos** [renenses; si vero in utroque inre recipi voluerit, duplum prescriptorum][i] **ad fiscum facultatis.** [Ad universitatem vero seu universitatis fiscum, si recipiendus baccalarius in altero iurium fuerit, dimidium florenum, si doctor vel licenciatus, unum integrum florenum, si in utroque, duplum][i] **solvere teneatur; (et prestabunt iuramentum quod sequitur:)**[d]

§ 43. **(Ego N. iuro quod statuta ordinaciones et consuetudines ipsius facultatis iuris canonici fideliter observabo**[h] **pro posse et nosse. Item quod pacem universitatis**[h] **unitatem ut supra; et si doctor fuerit etc. eciam iurabit quod scienter indignum ad nullum gradum in iure canonico promovebit nec promocioni**[k] **illius consensum dabit; et quod nullum promoveat nisi cum scitu assensu et approbacione tocius collegii doctorum seu maioris partis**[k] **eiusdem.)**[d]

[r. 3,2. Item sic ad facultatem in suo gradu receptus et de observandis statutis factis et faciendis per prius doctoribus collegii presentibus iuramento prestito in actibus universitatis et facultatis locum inter alios facultatis doctores, ita tamen quod nulli doctorum collegii in sessionibus et processionibus preferatur, habeat et a decano et doctoribus collegii, cum principiare legere repetere sive disputare voluerit, petita et obtenta licencia ad legendum in scholis et ad repetendum sive disputandum, quandocunque voluerit, dummodo doctoribus collegii legendo et disputando in nullo preiudicet, admittatur.][i]

[r. 3,3. Item statuimus et inviolabiliter observari volumus ut nullus dictorum iuris utriusque sive in altero iurium doctorum extra Erffordiam promotorum ad collegium doctorum antedicte facultatis assumatur, nisi prius ad facultatem receptus et ad legendum admissus, post suam recepcionem et admissionem huiusmodi in eadem facultate per biennium continuum in eo iure, in quo receptus est, et si in utroque per triennium ad minus legerit et singulis diebus legibilibus, quibus doctor ordinarie legens consuevit intrare, lecciones suas continuaverit, nisi per doctores collegii ex urgentibus et racionabilibus causis super lectura minori temporis unanimi consensu et nemine discrepante secum fuerit et sit dispensatum.][i]

[r. 3,4. Item statuimus et forcius observari volumus quod nullus doctorum extra Erffordiam promotorum, eciam lectura biennii sive triennii completa, super quo eius stetur iuramento vel

[c] tales D. [d] Steht im alten Statutenbuch der Universität, Cod D. [e] scolasticum D. [f] admittantur D. [g] sint intytulati D. [h] observare D. Den vollen Eid siehe unter [3,?]; universitatis ist in D wieder ausgestrichen. [i] Steht im jüngeren Statutenbuch der juristischen Facultät J. [k] promocione (Z. 21 propter D statt partis.)

dispensacione aliquanti temporis obtenta, ad collegium doctorum recipiatur, nisi ad hoc unanimis et nemine discrepante omnium et singulorum doctorum, collegium antedictum representancium et super tali facto expresse convocatorum, expressus accesserit consensus, et si in utroque recipiatur, decem, et si in altero, quinque solvat florenos inter doctores collegii loco consolacionis distribuendos.][l] 5

[r. 3,5. Item statuimus quod doctor ad collegium receptus statim post suam recepcionem infrascriptum teneatur iurare iuramentum (cf. § 43.):

Ego N. iuro et promitto quod bonum unitatem et pacem ac honorem doctorum universitatis et membrorum et specialiter iuris procurabo, ad quemcunque statum pervenero; et[l] scienter indignum seu eciam dignum et per doctores collegii approbatum sine eorum consensu ad aliquem 10 gradum non promovebo;[m] quodque quecunque consilia et consultaciones ac sentencias per doctores collegii ad scripta sive requisicionem cuiuscunque sive quorumcunque conficienda et concipienda, seu conficiendum et concipiendum absque exaccione specialis sallarii et sub equali porcione et sallario aliorum doctorum, interim quod novissimus et quoad recepcionem iunior doctorum collegii sum et alius post me ad collegium non fuerit receptus, velim per me, si collegio doctorum 15 placuerit, aut me legittime impedito vel absente, per alium facultatis aut collegii doctorem concipere, et sic concepta ad consultacionem et conclusionem doctorum ponere et presentare, contradiccione quacunque ac dolo et fraude in premissis et circa ea cessantibus, sic iuro et promitto.][l]

[r. 3,6. Item statuimus et ordinamus ut doctor alibi promotus et ad collegium doctorum 20 cum prescripto iuramento receptus, in congregacionibus quibuscunque et in votis sessionibus et processionibus, interim quod quoad recepcionem suam novissimus et iunior est, ceteris paribus, ultimum inter doctores collegii locum debeat habere, ita tamen quod doctoribus qnibuscunque facultatis nondum ad collegium receptis in locacione et sessione preferatur, nec vocem contradicendi infra biennium a tempore que recepcionis numerandum habeat, nisi propter dignitatem 25 seu senium sint[n] recepti aut aliam iustam et racionabilem causam doctores collegii aliter duxerint concorditer ordinandum et statuendum.][l]

[r. 3,7. Item statuimus quod doctor ad collegium receptus de primo examine baccalariandorum, item de primo examine licenciandorum, sive in utroque sive in altero iurium examinati fuerint, carere debeant omnibus et singulis presenciis et emolimentis, de examinibus et pro- 30 mocionibus eorundem baccalariandorum et licenciandorum quovismodo provenientibus, nec eciam, cum eum prima vice turnus concernit, in decanum facultatis, sed prima vice preteriri et sequens eum in ordine, si saltem semel preteritus est, eligendus est et eligi debet, contradiccione quacunque istius preteriti cessante.][l]

[r. 3,8. Item quod extunc doctor in eo iuris duntaxat, in quo insignitus et ad collegium 35 receptus et admissus est, et non in alio, saltem auctoritative intersit examinibus promovendorum et emolimenta de huiusmodi duntaxat obvenientibus consequatur; unde si in utroque ad examina in utroque iure, si in altero, ad examina in eo iure, in quo insignitus et receptus est, promovendorum duntaxat et non in alio admittatur, et emolimenta de huiusmodi examinandis proveniencia consequatur.][l] 40

[l-m] In J. in Klammern eingeschlossen. [n] sit J.

[r. 3,9. Item statuimus et ordinamus quod de huiusmodi doctoribus extra Erffordiam promotis et hic ad facultatem receptis non debeant simul et eodem tempore in collegio doctorum nisi *duo aut ad maius tres esse*, quorum altero defuncto vel animo, infra *annum vel ad maius biennium, non redeundi*[1], recedente, alius in locum defuncti vel sic recedentis recipi et deputari
5 poterit; quo assumpto alius, qui recessit, eciam expost rediens de collegio doctorum non censeatur, nisi de novo fuerit secundum formam prescriptorum statutorum assumptus, nisi aliter in premissis et quolibet eorum doctores collegii ex causis racionabilibus unanimi consensu duxerint statuendum et ordinandum.][1]

7. Rubrica [5.] de doctoribus et licenciatis in facultate legum (?).[o] [2]

10 § 44.[3] [r. 5,1.] Primo quod sit unus ordinarius, qui de mane legat in decretalibus; [r. 5,2.] item quod alius doctor vel licenciatus, qui legat (in decretalibus; item quod, alius vel licenciatus, qui legat)[d] nova iura[2] in vesperis[o]; [r. 5,3.] item tercius doctor, qui decretum legat horis competentibus. [r. 5,4. Item alii doctores licenciati sive baccalarii qui legant alias lecciones, tam in iure canonico quam civili, prout decano et doctoribus collegii
15 videbitur expedire][1] et omnibus [istis legentibus iura canonica et civilia, quibus alias non est provisum][1] per fundatores studii provideri debebit. Et si sallariati sufficienter fuerint, debent[p] legere singulis diebus horis suis, dominicis diebus et festivis, de quibus in calendario facultatis, et in diebus Jovis, quando septimana integra fuerit, exceptis; et [quilibet eorum semel][1] in[q] anno debet (semel)[d] repetere sive disputare.[r] [Volumus tamen et
20 ordinamus quod nullus doctorum licenciatorum sive baccalariorum predictorum quamcunque leccionem in scholis iuridice facultatis nostre principiare sive quamcunque leccionem legere

[o] iuridica legentibus J. Die Lesart legum passt gar nicht. S. Anm. 2. (Z. 12 vesperiis D.) [p] debet D. [q-r] in a. r. vel disputare debet J.

---

[1] Die cursiv gedruckten Worte sind in J unterstrichen.

[2] Nova iura hält Motschmann (Erf. lit. II, S. 202 § 29) für das erst später eingeführte römische Recht; sie bezeichnen aber vielmehr die jüngeren Theile des kanonischen Rechts, den Liber VI Decretalium und die Clementinae, im Gegensatze zu den älteren Theilen des kanonischen Rechts, den Decretales I-V und dem Decretum, über welche beide Theile auch in den Wiener Statuten verschiedene Bestimmungen getroffen werden. (Diplomata etc. constitutiones et statuta Univ. Vindebonensis 1365—89, Vienn. 1791, 4, S. 103.) Der iura nova geschieht auch in den Heidelberger Statuten Erwähnung, Hautz, Geschichte der Univ. Heidelberg 1864 II, S. 400, wonach der zu Promovirende gehört haben soll: ordinarie in iure canonico decretales decretum et nova iura per 3 annos etc. — si tamen in utroque iure simul promoveri velit, obligatus sit per 5 annos in iure canonico et civili audivisse. Auch hier werden die nova iura zum kanonischen Rechte gerechnet. Das ältere Erfurter Statutenbuch handelt aber vorzugsweise vom Studium des kanonischen Rechts, daher legum in der Ueberschrift dieses Abschnitts in legentibus, wie in J steht, zu ändern ist. Unzweifelhaft macht aber eine Stelle in der Rubrica de baccalariandis [8,14], welche auf § 21 folgt, S. 84 Z 32 die Zusammengehörigkeit von decretales und nova iura, weil dann erst folgt: et si in iure civili promoveri petat, iura civilia etc. — Vgl. auch die darauffolgende Stelle R. 8,18 z. E. S. 85 Z 11 altera sit in novis, si canonista fuerit.

[3] Dieser § ist in J der erste, zweite und dritte der 5 Rubrica und wird mit denselben Worten von Motschmann, Erfordia literata II, 2,1 § 29 S. 202 citirt, der also D benutzte, aber sie für die ältesten Statuten von 1398 hält, § 7 S. 149.

aut repetere vel disputare presumat, nisi a decano et doctoribus collegii petita et obtenta licencia.][i]

[r. 5,5.[s] Item statuimus et ordinamus quod ordinarius in iure canonico summo mane legens debet quolibet festo Martini dare rectori horologii in ecclesia beate Marie existenti unum florenum renensem aut eius in moneta valorem expedite; et nichilominus scholares iuris et presertim leccionis ordinarie requirere, quatenus quilibet ipsorum eidem secundum suam honestatem unum vel duos grossos antiquos pro custodia et regimine eiusdem tribuere non recusat, et hoc in novo anno, quando idem rector accedit, dominos canonicos et alios pro novo anno sibi tribuendo.[t]][i]

8. [RUBRICA 4 DE ORDINE DOCTORUM LICENCIATORUM ET BACCALARIORUM.][i]

[r. 4,1. Item statuimus et ordinamus quod promotus prius in baccalarium licenciatum vel doctorem in uno iurium debet alium in gradu simili posterius promotum in eodem vel altero iurium in voce vel locacione antecedere; eo salvo quod, si senior licenciatus infra annum sue licenciature non fuerit insigniis doctoralibus insignitus et posterior in licencia infra annum sue licenciature eisdem insigniis ante seniorem licenciatum fuerit insignitus, ipsi preferatur, non obstante consuetudine contraria hactenus observata de consensu omnium doctorum tunc presencium taliter conclusum concorditer: similiter hic promotus debet alteri alibi eodem tempore promoto in equali gradu in predictis anteferri, duobus hic vel alibi eodem tempore promotis, in equali gradu concurrentibus, prius hic ad facultatem iuris vel, si doctor fuerit, ad collegium doctorum receptus, alias canonista legiste preferatur. Si vero ambo canoniste vel legiste fuerint in predictis omnino pares, sorte prelocacio inveniatur vel facultas ordinet, inspectis qualitate personarum, sciencia et moribus et ceteris, nulla prerogativa in premissis, promoto in utroque ultra in altero iurium promoto exinde concessa.][i]

§ 45. [4,2.] Item doctor ex[u] eo[u] quod[u] ordinarius [in iure canonico vel civili][i] non debet habere [aliquam][i] prerogativam [neque][i] in congregacione doctorum eundo [vel][i] sedendo [neque in aliis quibuscunque negociis][i] nisi ab aliis sibi fuerit prerogativa huiusmod [propter dignitatem vel ex aliis racionabilibus causis][i] delata, quam tunc invitatis [doctoribus] senioribus poterit et valeat acceptare, et (nullus)[d] [neque ipse ordinarius neque alius][i] doctor presumat [aliquem in convocacionibus processionibus sive sessionibus quibuscunque ad se attrahere, nec][i] aliquid, quod facultatem tangit, solus facere, sed maturius[v] consilium[v] et assensum[w] doctorum collegii vel maioris partis exspectare debebit.

§ 46. (Item quod singuli doctores vel licenciati ordinarie legentes singulis diebus legibilibus[x] in decretis, decretalibus seu iuribus novis[1] possunt collectam petere et recipere. Et scolares audientes et quilibet eorum ad unum florenum pro illo anno teneatur cuilibet doctori et efficaciter sit obligatus, in tantum quod nisi solverit vel voluntatem legentis super hoc habuerit, debet esse inhabilis et poterit de scolis expelli.)[d]

[s] In J steht 8 am Rande, während § 4 schon vorher numerirt ist. [t] Hier endet in J die 5. Rubrica. [u] ex quo J. [v] maturum concilium D. [w] consensum J. [x] legebilibus D

[1] Siehe Anm. 2 S. 92 zu § 44.

9. Rubrica [10.] de scolaribus.[y]

§ 47. [r. 10,1.] Item statuimus et ordinamus quod scolares in iure canonico singuli lecciones ordinarias in decretalibus singulis diebus, quibus legetur,[z] nisi causa eos excuset,[z] audire teneantur. [r. 10,2.] Item [et][i] adhuc unam in decretis [vel][i] novis iuribus seu alia parte iuris ubilibet omnino audiant et auditam[aa] studeant; alioquin privilegiis studii careant et a gradibus et promocionibus reputentur alieni. [Et ad idem de scholaribus in legibus hoc statutum extendatur.][i]

§ 48. (Item quilibet scolaris se mancipiet scolis in principio studii, scilicet in festo sancti Luce ewangeliste, cuicunque doctori ordinarie decretum decretales seu nova iura legenti audiverit et continuaverit per mensem sequentem; is ad collacionem 1 florenum pro illo anno suo[bb] (?) doctori legenti omni (?) teneatur et efficaciter reddatur obligatus.)[d]

§ 49. (Item si quis scolaris repertus fuerit, qui tempore solvende collecte seu absentaverit a scolis, seu scholas sine libris intraverit ad defraudandum suum doctorem in collecta, ut plerumque in studio Erffordensi est comparatum, is habeatur pro disculo[cc] et ut abiectus reputetur et audicio eidem pro graduato[dd] (?) nullatenus computari debebit.)[d]

§ (50. Item doctor legens ordinarie decretales sive nova iura poterit petere collectam pro turno[ee] (?) suo futuro ante festum omnium sanctorum (1. Nov.) vel Martini (11. Nov.) et ultra exspectare nullatenus teneatur.)[d]

§ 51. (Item ordinamus quod si quis venerit ad scolas post principium studii scilicet in festo natalis domini, in quadragesima seu Pascha (?) festo Pasche seu alio illo tempore collectam usque ad tempus (?) instans festum Luce (18. Oct.) principium studii pro rata solvere teneatur.)[d]

10. Rubrica [9.] de repeticionibus.[ff]

§ 52. [r. 9,1.] Item quilibet (scolaris vel)[d] baccalarius repetere volens repetet sub doctore [scolaris sub baccalario vel licenciato repetat, petita tamen ad repetendum a decano facultatis licencia et eadem obtenta].[i]

§ 53. [r. 9,2.] Item repetitoribus non arguant doctores vel licenciati, possunt tamen actui interesse ad ipsum repetentem corporali presencia honorandum. [r. 9,3.] Si tamen aliquis doctor magnus supervenerit, forte in ambasiata pape [vel alterius principis aut magni domini][i] et repetere vellet, huic ad ipsius honorem doctores apponere possent illa vice.

[RUBRICA XI.] De variacione[gg] et mutacione[gg] statutorum.

§ 54. Postremo volumus disponimus et[hh] declaramus quod doctores facultatis[ii] iuris canonici [et civilis][i] (sive)[d] collegium doctorum [facultatis iuridice representantes][i] (regencium vocatis vocandis)[d] possint premissa statuta et ordinaciones revocare mutare [et][i] corrigere

[y] scholaribus D. [z] legitur — excusat J. [aa] audita D. [bb] Etwas ist radirt und suo undeutlich darüber geschrieben. [cc] dyscolo. [dd] grado. [ee] tunc a? [ff] repetitoribus J. [gg] immutacione et variacione st. J. [hh] atque J. [ii] collegii J.

et emendare, eis addere vel subtrahere, attentis[kk] circumstanciis temporum seu qualitatibus personarum vel eciam secundum varietatem casuum, seu si necessitas vel utilitas id exposcit.[ll] Et si id fieri contingerit, tunc eis[mm] (premissa)[d] statuta servare iuraverit[nn] (tunc)[d] revocata vel mutata statuta in ea parte, qua mutata vel renovata[oo] fuerunt,[oo] nullatenus servare teneantur;[pp] (et sic)[d] [ex quo][1] sublata substancia [scilicet][1] statuto eius 5 qualitas, que ei accessit, scilicet iuramentum remanere non possint[qq] (etc. Amen.).[d]

[DE FESTO SANCTIS IVONIS.][1]

[Notandum quod anno domini 1425 die mensis Maii 10., Hermannus Ryman decanus, Cristianus Vorczin de Molhusen ordinarius, Johannes de Nebra et Otto de Stotternheym doctores cum concilio et assensu nobilium dominorum Bossonis comitis de Bychelingen ac Dytheri 10 Schencke de Erpach omniumque et singulorum aliorum scholarium facultatis iuris deliberaverunt et concluserunt, predictum festum beati Ivonis XIV. kal. Junii, que est dies 19. Maii in ecclesia beate Marie Erffordensis solempniter celebrari cum certis distribucionibus et expensis, que 4 florenorum summam non excedunt, in libro et inter alia statuta facultatis expressis et infra dicendis impetrato et obtento, ad hoc consensu et licencia venerabilium virorum dominorum decani et capituli 15 eiusdem ecclesie; et servabitur modus qui sequitur:

In primis et secundis vesperis et in missa locentur super altari beati Ivonis in sacrista 2 candele, quelibet de dimidia libra et super candelabrum in medio chori, quod dicitur Wolveram,[1] 3 candele de tribus libris, que ardebunt dictis horis continue, et illustres principes et nobiles comites et barones, si adsint, nec non doctores et scolares iuris, qui volunt, possunt interesse 20 privato modo. In missa vero diei omnes solempniter intererint (?) in vestibus fulgencioribus et decencioribus secundum uniuscuiusque statum et stabunt in sinistro latere chori et domini prelati et canonici alieque persone ecclesie eis cedent et stabunt in dextro. Et tempore offertorii domini prelati canonici et vicarii in religionibus suis secundum ordinem suum offerent primi; deinde domini illustres comites ac barones, doctores baccalarii et scolares, eciam secundum dignitates 25 suas, quos precedent pedelli cum baculis universitatis. Et propter conformitatem ad solemnizandum festum predictum post primam pulsacionem cum campana, que dicitur Wolveram, et est tercia post maiorem, domini illustres comites barones nobiles doctores et scolares omnes vel maior pars, qui commode possunt, congregentur in ambitu ecclesie beate Marie predicte et quando pulsatur sexta, que est inmediate ante missam ad chorum, cum campana, que dicitur nova et est 30 secunda post maiorem, intrantibus pueris ad chorum, tunc domini precedentibus pedellis cum baculis et 4 scolaribus de maioribus de scolis superpelliciatis vel saltem aliunde competenter vestitis portantibus candelas magnas 4 de novo ad hoc factas et perpetuo continuandas incensas; eciam domini inmediate chorum intrent et se locent ad sinistrum chorum, ut dictum est, et illi 4 portatores candelarum teneant ipsas candelas vel locentur in competentibus locis interim quod 35 missa durat. Et tempore elevacionis sacramenti altaris illi quatuor tenentes in manibus candelas, duo stent ad latus dyaconi et alii duo ad latus subdyaconi, donec perficiatur consecracio et elevacio. Quibus perfectis et dicto „pater noster" per sacerdotem et responsione secuta per chorum: „sed libera nos a malo," locentur candele in prioribus suis locis usque ad finem misse.

kk atthentis D. ll exposcat J. mm iste qui J. nn iuravit J. oo revocata fuerint J. pp teneatur. qq possit J.

[1] Der bekannte Büsser im Chore des Doms mit 3 Leuchtern.

Item de festo dantur 2 floreni[rr] dominis canonicis eciam sacri fontis, nec non omnibus vicariis et officialibus, qui omnes offerent in missa.

Item rectori scolarium unus solidus et intererit misse cum scolaribus; item succentori 6 denarii, ecclesiastico 1 solidus et eius scolari 6 denarii; dormitoriali 6 denarii, choralibus 5 2 solidi, organiste solidus, calcantibus 6 denarii, et cantabitur in magnis organis, in primis vesperis et in missa tantum. Et ad turrim fiat bona prepulsacio; pulsantibus 2 solidi, item pedellis cuilibet 6 denarii, portatoribus candelarum cuilibet unus gr. antiquus. Et ad turrim fiet bona propulsacio ante sextam cum campana, que dicitur Wolveram, pro congregacione dominorum doctorum et scolarium, qui misse solempniter intererunt; ceterum pulsabitur sicut in diebus 10 celebribus apostolorum. Item pueris ministrantibus ad altare cuilibet antiquus grossus; item davisefero 6 denarii, item sermocionanti 28 grossi antiqui. Et predictas distribuciones expediet slominus decanus facultatis iuris de fisco donec perpetuentur.[1]

Uebersicht der Rubricae I-XI

der Statuten von 1430 in J und Vergleichung mit § 1 — 54 der älteren Statuten von 1408 in D.

Einleitung = § 1, fol. 1.

Rubr. I de doctoribus facultatem iuris et collegium iuridice facultatis constituentibus fol. 1 v.

R. 1,1	=	§ 2.	R. 1,4	=	§ 4 fol. 2.
„ 1,2	=	—	„ 1,5	=	—
„ 1,3	=	§ 3.	—	=	§ 5.

Rubr. II de officio decani sive vicedecani fol. 2.

R. 2. Einleitung	=	§ 6.	R. 2,4	=	·
„ 2,1	=	„ 5).	„ 2,5	=	·
„ 2,2	=	„ 6.	„ 2,6	=	·
„ 2,3	=	„ 7.			

Rubr. III de doctoribus licenciatis et baccalariis alibi promotis fol. 3.

R. 3,1	=	§ 42.	R. 3,5	=	§ 43 fol. 3 v.
„ 3,2—4	=	—	„ 3,6—9	=	— „ 4.

Rubr. IV de ordine doctorum licenciatorum et baccalariorum fol. 4 v.

R. 4,1	=	—	R. 4,2	=	§ 45.

Rubr. V de doctoribus et licenciatis ac baccalariis in facultate iuridica legentibus fol. 5.

R. 5,1—3	=	§ 44 fol. 5 v.	R. 5,5	=	—
„ 5,4	=	—			

[rr] Isti 2 floreni empti sunt de pecuniis facultatis et assignati sunt canonicis et vicariis etc., ut in registro presencia (?) dicte ecclesie habetur (am Rande beigeschrieben).

[1] Hier endigt die Abschrift der älteren Statuten von 1430 im Copialbuche der Juristenfacultät.

Rubr. VI de doctorandis fol. 5v.

R. 6,1 = —		R. 6,3	=	—
„ 6,2 = § 36.		„ 6,4,1—21	=	§ 37—41.

Rubr. VII de licenciandis fol. 7.

R. 7,1—9 = § 22—32.		R. 7,11—13	=	§ 33—35
„ 7,9. 10 = —				

Rubr. VIII de baccalariandis fol. 8v.

R. 8,1. 2. = § 8. 9.		R. 8,12. 13	=	§ 20.
„ 8,3 = „ 10. 11.		„ 8,14—23	=	—
„ 8,5—11 = „ 12—19.				

Rubr. IX de repetitoribus fol. 11.

R. 9,1 = § 52.		R. 9,2. 3	=	§ 53.

Rubr. X de scholaribus fol. 11.

R. 10,1. 2 = § 47.

Rubr. XI de immutacione et variacione statutorum fol. 11v.

R. 11,1 = § 54.

Rubr. XII de festo S. Ivonis fol. 11. 12.

IIh.

Statuten der juristischen Facultät

von Henning Rennemann[1] (1634?).

Diese finden sich in dem Copialbuche der juristischen Facultät, im Staatsarchiv zu Magdeburg (J) Statuta fac. iuridicae N. 2 auf Pergament. Der Codex enthält auch die Stiftungsurkunde der Schola iuris von 1449 (siehe unten Anm. 5) und andere Urkunden.

Statuta facultatis iuridicae in academia Erfordina.

Facultatis juridicae in academia Erfurtensi statuta vetustiora, quorum ad nos notitia pervenit, anno 1398 condi coeperunt per decretorum doctores dominos Conradum de Dryborg,[2] Johannem Ryman[3] et Ludovicum Molitoris[4] Arnstatinum: quae post annos 10 circa annum salutis 1408 per eundem dominum Molitorem, Johannem Breitenbach, Johannem Hammerschin, et Rudolfum de Nebra renovata et in certos

---

[1] Henn. Rennemann war Sohn eines Landmanns aus Nordstemmen im Hildesheimischen Amte Pabenburg, war seit 1589 Dechant des Sachsen-Collegs in Erfurt, 1598 Rector in Hildesheim, 1602—12 Rektor des Erfurtischen Rathsgymnasiums, 1604 Assessor der Juristenfacultät zu Erfurt, Professor der Institutionen, ein tüchtiger Rechtsanwalt und Consulent mehrerer fürstlicher Personen, 1631 Mitglied des Raths, 1632—35 Stadtschultheiß, ja 1638 und 1643 auch oberster Rathsmeister. Das juristische Decanat bekleidete er 7mal, das Rektorat 3mal, 1617/18, 1635 und 1643; er starb 1646 80 Jahre alt. Wahrscheinlich revidirte er die juristischen Statuten während seines Decanats 1634, wie er die letzte Revision der allgemeinen Statuten während seines Rektorats 1635/36 mit den durch den Prager Frieden nothwendig gewordenen Modificationen vornahm. Vgl. Motschm. Erford. liter. I, S. 661—78; über seine eigenthümliche Rechtschreibung ebd. S. 671 und meine Bemerkungen bei den allgemeinen Statuten IId oben S. 23. Daß die Statuten von ihm verfasst worden sind, schloss schon Motschmann, Erfordia literata II, 2, S. 151 § 9 aus der von ihm beliebten lateinischen Orthographie, (ejjus, conlegium, labsu etc.) welche deshalb auch in diesem Abdruck beibehalten ist. Weder der Name noch die Jahreszahl ist in der Handschrift J angegeben.

[2] Das erste in der Matrikel des Gründungsjahres eingeschriebene Mitglied der Universität, siehe Akten Th I, S. 36, 22 Er war Ordinarius der Juristenfacultät und der erste vom Rath besoldete Professor. Er war Propst der Kirche von Bardewigk, Domherr von Halberstadt und Verden, scheint also keine Lectoralpräbende von B. Mariae V. oder von St. Sever in Erfurt bezogen zu haben, wie später die Canonisten, Motschmann II, 203 § 30.

[3] Der 4. Rector der Universität i. J. 1395/96.

[4] Der erste und 35. Rektor 1392—94 und 1410/11; er heisst auch Molner.

titulos disposita[1]; et iterum post annos 7 ab Hermanno Ryman[2] decano, cum ceteris conlegis domino Dr. Christiano Vornzien[3] Mulhusino, ordinario, Johanne de Nebra[4] et Ottone de Stotternheimb, anno salutis 1415, et tandem circa promotionis potissimum negotia anno 1430 pluribus rubricis per dominos doctores Henricum de Gerbstete,[5] Johannem Vochs, Nicolaum Bejer,[6] Tilemannum Zigeler,[7] Jacobum Hartmann,[8] 5 Johannem von Allenblumen,[9] Nicolaum Sapientis et Henricum de Buttelstet,[10] cum scholarium suae facultatis adsensu comprobata fuerunt. Quae licet a subcessoribus superiori et hoc seculo sint aliquibus in locis aucta, et nostris his temporibus, rebus aliter jam stantibus, omnia non possint adcommodari; haec tamen sequentia hoc tempore, cum amplissimi senatus urbani, patronorum nostrorum magnificorum, cura et munificentia 10 professorum hujjus facultatis salaria liberaliter adaucta sint, ex illis excerpta et aliquibus in locis maxime circa professionis negotium emendata et renovata sunt statuta, commodius usui nostro servitura.

RUBRICA 1. DE DOCTORIBUS CONLEGIUM IURIS CONSTITUENTIBUS ET DE ILLORUM RECEPTIONE 15

Stat. 1. Conlegium studii jurisprudentiae constituunt aliquot personae doctorum olim alterutrius, hodie juris utriusque, hic vel alibi promotorum, qui ex consensu et adprobatione omnium jurisprudentiae studiis consecratorum primitus electi, sed post per doctores ipsosmet in illorum, qui subinde decesserunt, locum alii sunt recepti.

2. Qui interdum numero fuere plures, adeo ut excreverint aliquando ad octo- 20 narium et ultra, interdum pauciores; ita tamen ut superioribus annis inter doctores convenerit, ne ultra quinarium numerum se pluralitas haec extenderet; quod observatur huc usque.

3 Si igitur locus aperiatur in conlegio vacuus et plures illum ambire velint, praeferuntur reliquis, qui hac in academia ad gradum docturae conscenderunt, et inter hos, 25

[1] Dies ist wohl die Redaktion in dem Gesamt-Statutenbuch der Universität (1398) und der 4 Facultäten (fac. theologica, fac. iuris canonici, fac. medicine, fac. arcium) im Staatsarchiv zu Magdeburg (D). Breitenbach, Canonicus zu Fritzlar, wird in der Matrikel als erster Sextista bezeichnet, las also schon über das 6. Buch der Decretalen, das zu den Nova iura gehört, welche Motschmann II, S. 203 § 30 irrig als kaiserliches, d. i. römisches, Recht auffasst. Siehe oben IIg S. 92 Anm. 2. Rud. de Nebra war der 18. Rector 1402.

[2] Der 22, 30. und 60. Rector, 1404, 1412/13 und 1423.

[3] Otto von Stotternheim war der 59. und 72. Rector, 1422/23 und 1429.

[4] Joh. de Nebra war der 47. Rector 1416.

[5] Heinrich von Gerbstete, Stifter der Schola iuris war der 44. und 91. Rector 1415 und 1438.

[6] Nic. Beyer war der 85. Rector 1435/36.

[7] Til. Zigeler war der 68. und 108. Rector 1427 und 1446/47.

[8] Jac. Hartmann war 87. und 111. Rector 1436/37 und 1448.

[9] Joh. von Allenblumen war der 69., 76. und 105. Rector, 1427/28, 1431 und 1445, ausserdem Vicedominus und Vicecancellarius.

[10] Heinrich von Bottelstet war der 95. Rector 1440.

qui juxta tempus promotionis sunt priores aliis, solutis tantum thaleris tribus; quorum unus cedit aerario universitatis, alter facultatis, tertius ministris academicis.

4. Si nemo ex illis, qui promoti sunt hic, petat recipi, recipitur alius quispiam, qui praesens hoc petit, alibi legitime promotus: si matriculae academicae inscribtus, 5 natalium suorum virtutis et eruditionis documenta cum promotionis instrumento fidei indubitatae producat et pro receptione 32 thaleros exsolvat; ex quibus unus iterum cedit aerario universitatis, alter facultatis, tertius ministris academicis; reliquis inter conlegas, prout quemque tangit ordo, quem vulgo turnum vocant, distributis.

5. Sive autem hic sive alibi promotus fuerit, qui recipiendus venit: ille ex fide jura- 10 menti antehac in actu promotionis praestiti stipulato, hic vero jurato promittit: quod statutis hujjus facultatis et in eadem posthac statuendis fideliter parere, domino decano et in ipsius absentia seniori pro tempore obsequium reverenter praestare et, de jure respondere jussus, ex sincera conscientia sententiam, prout illam recognoverit justam et aequam, sine ullis adfectuum conruptelis proferre, neque promotioni illius, quem 15 animadvertat indignum, interesse velit.

6. Quod item de materia quapiam juris utriusvis, pro suo quidem arbitrio, sed cum consensu conlegii selecta, publice extra ordinem profiteri per biennium gratis velit.

7. Si receptus alio se locorum cum laribus suis ex hac academia contulerit, si 20 quidem faciat hoc impetrata a conlegio venia et hac conditione, ut sibi postmodum huc reverso locus aperiatur rursus in conlegio suus; si quidem ejjusmodi casus obtigerit ad locum pristinum (sed ita ut, si nullus tunc vacet locus, exspectet, donec aliquis ex numero quinario discesserit) restitui debebit.

8. Receptus autem quisquis ad conlegium juris de novo fuerit, loco a juniore 25 secundum, reliquis cum illo ordine adscendentibus, tam diu obtinebit, donec alius post hunc receptus fuerit, qui illo adscendente hujjus locum iterum obcupabit.

9. Idem etiam, quamdiu in hoc sessitaverit loco, referentis onus in dandis responsis sustinebit et responsum conceptum cum actis ad illum, qui ante se junior fuerat, et hic ad suum sibi in ordine adscendendo superiorem, et hic ad seniorem, senior tandem ad 30 decanum ita transmittet.

10. Ut singuli responsum a referente conceptum fide sincera et adcuratissima diligentia examinent et, si probent, subscriptione sua firment: sin aliquid in illo, sive in jure sive facto desideraverint, candide subscribtum notent; ut, sicubi sit aliquid sinistre conceptum, emendari queat.

35 11. Qui vero in hoc conlegium solemniter et ex unanimi omnium de conlegio doctorum consensu adsciti sunt, soli (solius?) jurisprudentiae studium gubernandi, responsa interrogantibus dandi et promotionum negotia dirigendi, ex suo omnium arbitratu, pro sui conlegii et academiae salute potestatem a condita academia obtinere soliti sunt huc usque, et posthac obtinebunt.

40 12. Extra hoc conlegium qui in academia hac versati et in matriculam illius relati sunt doctores, licentiati, vel bacalarii, studii quidem juridici consortes sunt habendi, sed non facultatis vel conlegii juris.

RUBRICA II. DE PROFESSORIBUS

Stat. 1. Professores in facultate juridica ordinarii, olim in jure canonico duo et in jure civili tres, illi quidem mediocribus, sed hi tenuioribus stipendiis conducti fuere. Sed superiore seculo post mutatam religionem illi paullatim esse desierunt: hi vero 5 multis abhinc annis ad duorum tantum fuere redacti numerum: qui ex conlegio iuris fuere, si modo essent in illo, qui hoc onus subire vellent, adsumti.

2. Qui cum ab amplissimo senatu nostro sint nuper augmentis liberaliter ex aerario reip. dotati non contemnendis: ut semper illi in et ex conlegio juris sint et maneant. 10

2. Cautum est et conventum: si quempiam illorum, qui professorio munere jam funguntur, ex hoc conlegio decedere contigerit, per cujjus decessum locus in quinario numero relinquatur vacuus: ut haec vacuitas ante tempus a decessu septimenstre non subpleatur, idque in hunc finem.

4. Ut si senatus amplissimus hac de re monitus a facultate intra hoc temporis inter- 15 vallum legitime et secundum normam academiae statutorum generalium vocatum rite repraesentaverit academiae professorem alium, sive hic sive alibi promotum; quod hic, si velit, ad conlegium juris, praestitis ut supra dictum praestandis, in locum illius, qui junior ante in altiorem gradum conscendit, recipi possit.

5. Si nemo interea praesentatus fuerit vel, qui adscitus est ad professionem, recipi 20 se ad facultatem nolit; conlegio alium quemvis idoneum se recipi petentem labso septimenstri in vacuum locum recipere pro arbitrio suo licitum erit.

6 Ceterum inter hos ordinarios professores, qui antecessor est, pro adultioribus totum jurisprudentiae corpus in duas partes distributum, intra quadriennium eo, quo in generalibus academiae statutis cautum, modo profitendo et e cathedra publice 25 docendo, simul et disputando, sic absolvet.

7. Ut jus non tantum privatum plenarie, sed una cum illo jus etiam publicum convenientibus locis, summatim tamen hoc et breviter contractum proponat.

8. Utque non tantum hoc, quod institutionibus Justiniani juris est inclusum, sed totum illud, quod in corpore juris per omnes suas partes titulos leges novellas capita 30 paragraphos et versiculos est contentum, compendiose quidem sed tamen integre doceat.

9. Neque hoc tantum, sed ut illi etiam jus canonicum, quatenus civilia vel civilibus adfinia tractat; item feudale et germanicum per recessus imperii germanici promulgatum; item Saxonicum, denique loci hujjus statutarium et generales in imperio germanico consuetudines, quatenus haec omnia vel a jure civili discordant, vel aliquid in illo 35 non repertum quidem, attamen in foro harum regionum communiter frequentatum continent, locis inserantur congruis et simul ad discendum exponantur.

10. Qui vero antecessori adjungitur, professor alter pro tironibus et junioribus institutiones juris a Justiniano imperatore editas juxta seriem et filum ab ipso praescribtum breviter praelegendo et, si fieri per discipulos potest, singulis septimanis 40 privatim vel publice disputando explicet et regulas juris tam civilis quam canonici una cum titulo de verborum significationibus alternis annis, prout cuique titulo con-

venientes sunt, interspergat, ut singulis trimenstribus libros finiat singulos et ita spatio annuo omnes quatuor institutionum libros absolvat.

11. Professio autem explanatio et declaratio praeceptorum totius juris, tam publici quam privati maxime pro adultioribus, debet procedere non nisi methodice, h. e. per 5 definitiones et divisiones, cum totius in partes et partium in particulas, tum generis in species ad subalternas et specialissimas usque, regularum juris et exceptionum observationibus singulis et partibus et speciebus, ubi commodum fuerit, inserendis.

12. Ita tamen ut inter jura antiquata et huc usque recepta talis observetur cautela: ut illa, quae a foro moderno recesserunt (quorum non parva seges est, etiam in jure 10 Justinianeo reliqua) summatim et praeceptis breviter contractis explicentur, reliqua vero nostro tempore vigorem adhuc obtinentia, per omnia ad rem pertinentia pluribus evolvantur capita, sed tamen non aliter quam quatenus ex his vel omnia vel aliqua tantum in foro nostri temporis usum adhuc habent aliquem, ad quem omnis doctrina referri et prout hodie in usu moderno praecepta juris rite versantur, ita etiam ex- 15 planari et huic usui adplicari debent.

13. Dispartitio laborum talis ab antecessore iniri debet, ut pars jurisprudentiae prior circa jus personarum, dehinc rerum, post obligationum; posterior vero circa actionum exceptionum probationum et tandem processuum jura procedat.

14. Ut item antecessor singulis mensibus elabsis, si respondentium et typographiae 20 copia dabitur, disputationem publicam ex suarum superiore tempore praelectionum materia excerptam solemniter instruat.

15. Et si tempus atque obcasio tulerit, extraordinariam singulis trimenstribus finitis adjungat.

16. Idque ad formam disputandi in academiis receptam, ut sit, qui ex numero 25 professorum in disputationibus hisce praesidis, et qui ex discipulis, respondentis obficio fungatur.

17. Quodsi cui ex professoribus tantum sit otii, ut privato disputationum exercitio citra praelectionis et disputationis publicae dispendium vacare queat, quo minus illi conlegium ejjusmodi aliquod instituere pro tolerabili praemio permittatur, nihil qui- 30 dem obstet.

18. Interim tamen extraordinariis professoribus et aliis jurisprudentiae candidatis privatas et disputationes et praelectiones inter discipulos adornare, si hujjus rei licentiam a conlegii juris decano petiverint et, quod sine justa et toti conlegio doctorum juris adprobata causa nemini denegabitur, obtinuerint, licebit.

35 19. Praelectionis autem munia cujjusvis hebdomadis diebus Lunae Martis Jovis et Veneris semper sine procrastinatione, nisi in illos sacrae quandoque feriae vel negotia neutiquam differenda inciderint, obire praemeditato debent.

20. Si quis id sine causa neglexerit, multa pro arbitrio senatus conlegii coercebitur ab annuo stipendio subtrahenda.

40 21. Dies Mercurii et Saturni disputationibus sive poplicis sive privatis destinabuntur.

22. Feriae non aliae sint nisi sacrae ex instituto ecclesiae et illae, quae tempore

messium vindemiarum et nundinarum solemnes haberi solent, juxta seriem in statutis academiae generalibus declaratam.

RUBRICA III. DE OBFICIO DECANI

Stat. 1. Decanatus juridici obficium penes conlegium doctorum juris residet; cujjus nemo, nisi de conlegio sit, capax esse poterit. 5

2. Idque annuum die 19. Maii inchoandum et eodem post anni labsum die, redditis prius rationibus, deponendum; quo facto mox eligitur ex numero doctorum novus in annum subsequentem, ut secundum ordinem, quo quisque prior ad conlegium est cooptatus, ita posteriori praeferatur: dummodo prima vice ducoraverit (?), ut veteres loquuntur, h. e. semel sit, cum ordo ipsum tetigit, praeteritus. 10

3. Post decanum sequitur senior, et hunc pro temporis praerogativa reliqui ad conlegium recepti. Quos in publico panegyris processu sequantur alii doctores; ita tamen ut professores, si qui sint extra collegium, aliis ejjusdem gradus omnibus, et post hos hic promoti reliquis praeferendi, sequantur hos licentiati.

4. Ad decani curam cura conlegii et facultatis juridicae pertinet, sed ita ut sine 15 consilio doctorum conlegii in rebus alicujjus momenti non procedat, sed illis convocatis et deliberatione habita de totius conlegii procerum sententia, quod est decretum, exequatur.

5. Inprimis ipsius obficio incumbit, ut dandorum responsorum negotia dirigat et de honorariis conlectis rationem reddat. 20

6. Ut item rationes professorum in muneribus praelectionum et disputationum diligenter obeundis adcurate inspiciat et, si quid perperam fiat, quantum potest conrigat.

RUBRICA IV. DE PROMOTIONIBUS

Stat. 1. Promotionis negotium decanus habet, ex consilio tamen conlegarum 25 dirigendum, et quidem secundum normam et formam hucusque ab antiquis moribus observatam.

2. Cujjus caput est, ut non per saltum, uti loquuntur statuta veterum, sed per gradus a primo, qui bacalariatus vulgo dicitur, ad secundum, qui licentia, et hinc ad tertium vel supremum, qui doctura vocari solet, procedatur. 30

De gradu primo.

Stat. 1. Primus honoris gradus promovendus a solo dependet conlegii arbitrio, quod in eo versatur, ut cum quispiam primum hunc honoris in jurisprudentiae studio gradum scribtis ad decanum sibi decerni petit litteris, ille ad consilium facultatis se causam polliceatur certo die delaturum, quo labso responsum petat. 35

2. Decanus convocatis conlegis desiderium ad se delatum proponit: quo facto in personam et mores petitoris inquiritur: cum ut a natalibus sit inculpatus et moribus honestis conspicuus, tum ut sit philosophice doctus et, si non diutius, saltim per annum integrum in jurisprudentiae studio sit assidue versatus.

3. Quae circumstantiae si concurrant integrae, responsum dat ipsi decanus, ut se praeparet ad tentamen, ut vocant, certo die cum eo instituendum.

4. Pridie illus diei decanus circa horam 12 meridianam per famulum academicum mittit candidato duo puncta chartulae inscribta, unum ex paragrapho quodam tituli institutionum Justiniani, alterum ex tituli cujusdam decretalium capitulo; qua intra 24 horas per rationes dubitandi et decidendi chartae inscribtas resolvat et, hac charta postero die hora II. pomeridiana exhibita, desuper placidam cum doctoribus conlationem per sex horas continuas expectet.

5. Si videbitur hoc honoris gradu non indignus, soluto 13 thalerorum honorario, dies proclamationis ipsi certus designatur, qui post etiam programmate publico indicari solet.

6. Quo veniente decanus promotor oratiuncula quapiam praemissa candidatum ex cathedra publica primo in utroque jure honoris gradu dignum publice proclamat: qua proclamatione facta conventus dimittitur singulis ad sua revertentibus.

7. Quo peracto, si sit adhuc aetate minor et nondum absolverit studii juris cursum vulgo praescribtum, biennium, ut ad altiora conscendere queat, expectare jubentur.

De gradu secundo

Stat. 1. Si vero aetate majjor ita sit in juris studio versatus, ut ad altiora, et quidem ad gradum mox progredi queat secundum, tunc licentiam docturae per litteras toti conlegio inscribtas petere licebit.

2. Quo facto, siquidem is ex tentamine antehac praemisso et aliis circumstantiis conlegio visus erit, qui honoris hunc titulum honorifice petat, duo ipsi injunguntur: ingenii et profectus in litteris et in studio jurisprudentiae pericula, unum in praelectionis et alterum in disputationis, utriusque publicae, exercitio certis diebus, qui publicis indicantur programmatis, circa materiam pro arbitrio ex juris doctrina seligendam facienda.

3. Disputatio autem ita est informanda, ut in illa dominus candidatus praesidem agat et quempiam ex primariis jurisprudentiae studiosis respondentem adsciscat.

4. Peractis hisce exercitiis decanus conventu conlegii indicto de periculis hisce candidati dominorum conlegii [illegible] suffragia conquirit: quae si satisfaciant, bona ut vocantur nova decernuntur candidato, ut certo die se ad examen ut vocant rigorosum instruat, per puerum quempiam transmittenda.

5. Quo adpropinquante decanus pari, ut ante dictum, modo duo puncta, unum ex decretalibus, alterum ex digestis vel codice, pridie examinis diei circa 12 meridianam per ministrum in schedula describta tradi curat: circa quae postero die hora II. pomeridiana rationes dubitandi et decidendi chartae inscribtas conlegio doctorum exhibeat et de istis ad usque sextam vespertinam συζήτησιν amicabilem secum institui sibi decorum ducat.

6. Qua finita si tam bene [illegible] constiterit, ut hunc honoris gradum laudabiliter tueri queat, exsolutis prius 32 thaleris, ipsi ad petendam, quandocunque libuerit, pro gradu docturae licentiam fores aperiuntur.

7. Quibus apertis pro illa impetranda dominus procancellarius domi suae a decano et candidato, uno atque altero ex conlegio doctorum comitante, salutandus et obficiose rogandus est, ut praesenti candidato huic rigorose examinato et idoneo licentiam ad honores doctoreos in utroque jure sibi conferendos impartiri non dedignetur.

8. Quibus precibus cum dominus procancellarius, caussa de idoneitate summatim 5 cognita, morem gerit;

9. Statim ipsi pro honorario obferuntur quattuor thaleri, sesquilibra sacchari et duo congii (stubichae),[1] alter vino cretico, si haberi potest, alter nostrate sed optimae notae repleti.

10. Licentia privatim data et facto de eadem publice danda promisso, dies certus, 10 de quo inter dominos procancellarium et decanum convenit, definitur et hic a decano programmate publico indicitur.

11. Quo adparente in auditorio jurisconsultorum decanus cum candidato post horam secundam conscensa cathedra orationem praemittit; post pro licentia domino candidato ad gradum honoris docturae in utroque jure conscendendi danda dominum procan- 15 cellarium honorifice compellat et candidatum, cum quod petit impetrat, praestito prius juramento, mox juris utriusque licentiatum publice proclamat.

12. Proclamatum domini procancellarius et decanus promotor, reliquis jurisconsultis et quibusdam facultatum reliquarum professoribus invitatis in conlegii juris conclave proximum deducunt et bellaria quaedam cum aliquot vini et cerevisiae cantharis ad 20 horulam unam atque alteram, sermonibus inter hos qui convenerunt familiariter caesis, obferunt et circa crepusculum ad sua quisque redeunt.

De gradu tertio et eo supremo.

Stat. 1. Quibus peractis domini licentiati novelli arbitrio, ecquid et quando velit festum promotionis docturae in utroque jure diem publice et solemniter celebratum 25 ire relinquitur.

2. Si vero subsistere in hoc gradu licentiae mens est, pro honorario adhuc aliquid promotori suo pro arbitrio donat et renanum florenum pro testimonio promotionis ad licentiam.

3. Si vero placuerit festiva ad docturam promotio, certus dies publico programmate 30 a promotore, qui semper decanus, modo esse velit, declaratur et ad festivitatem requisita praeparantur.

4. Inprimis quae ad prandium spectant finito promotionis actu sumtibus promoti doctoris praebendum.

5. Ad quod invitantur ex academicis tantum qui sunt de conlegio juris et 35 reliqui actu profitentes vel emeriti intra numerum doctores et magistri, ex politicis consules et scholarchae cum syndicis, item promoti proximiores cognati et adfines, in quorum censum referuntur hospites extra urbem aliunde arcessiti, omnes masculi.

---

[1] Stübchen.

6. Sed hoc cum moderamine ut exceptis cognatis et adfinibus proximioribus, item hospitibus, ultra tres mensas (quibus singulis convivae adsideant ad summum 12) nullae praeparentur aliae, nisi pro singulis convivis superfluis singulos thaleros fisco solvere pro poena velit.

7. Utque ad repotia diei proximi, siquidem illa promotus, quod in ipsius arbitrio, celebrare velit, non alii invitentur, nisi doctores de conlegio juris cum uxoribus et filiabus, item proximiores cognati et adfines cum hospitibus et, si qui munera domino promoto pridie obtulerunt, cum suis uxoribus et filiabus, siquidem hos invitare (non enim invitus cogitur) sit ipsi libitum. In ipso promotionis actu nihil agitur amplius, quam ut promotor orationem, in qua de genere virtute et vita licentiati praeconium brevibus explanet dicat eidemque post praestitum juramentum insignia pro more recepto docturae conferat et doctorem in utroque jure publice proclamet, dehinc ipsi quaestionem a puero proponi jubeat decidendam et tandem gratias agat.

8. Ad munera quod adtinet, promotus ad alia non est obligatus, quam ut promotori honorarium offerat pro suo arbitrio et ministris academiae publicis pro variis laboribus et functionibus obeundis 4 thaleros eroget inter se aequaliter distribuendos.

RUBRICA V. DE PROVENTUUM FACULTATIS EMOLUMENTIS

Stat. 1. Emolumenta et commoda promotionum responsionum et receptionum juridicarum aequaliter inter omnes collegas distribuenda quidem, sed ita:

2. Ut ex promotione primi gradus praecipiantur 2 thaleri et florenus unus, quorum hic aerario universitatis, ex illis alter aerario conlegii nostri et alter famulis universitatis cedat.

3. Ex promotione vero licentiaturae praecipiantur 5 thaleri, quorum unus universitati, duo conlegio juris et reliqui duo ministris academicis donentur.

4. Ex receptionibus tres, quorum unus universitati, alter aerario juridico, tertius ministris tribuatur.

5. Ut ex junioribus conlegis illi, qui nunquam antea actui promotionis vel receptionis ejjusmodi, quae jam peragitur, interfuerunt sive unus sive plures, prima hac vice ducconare, h. e. a perceptione commodorum promotionis vel receptionis, donec altera vice alia contigerit, abstinere cogantur.

6. Ut item quae ex responsionibus annuatim obveniunt singulos trimenstribus inter collegas aequaliter dividantur et ultimo trimenstri labso rationes acceptorum et expensorum una cum distributionis modis a decano provinciam suam deponente reddantur.

7. Ut denique si quispiam ex conlegis ex hac vita discesserit, qui vel liberos cujjuscunque gradus ex se procreatos vel viduam vel utrosque post se reliquerit, his non tantum portio proventuum, quam parens vivus pro rata temporis promeruerat, sed etiam quae proximo a discessus die semenstri provenerit, non secus ac si in vivis ille permansisset erogari debeat.

III-1.

Statuten der medicinischen Facultät.

L p. 1
D f. 25

Die ältesten noch vorhandenen Statuten sind auf 4 1/2 Seiten in Pergament in D, fol. 25—27, enthalten und reichen wohl bis an den Anfang des 15. Jahrhunderts, wenigstens bis 1412 zurück; eine zweite saubere Abschrift derselben mit Ergänzungen steht in dem schönen Sammelband L p. 2, die auch die Dekanatswahlen und andere auf die Geschichte der Facultät bezügliche Notizen, zum Theil mit schönen Initialen, verzeichnet enthält, doch nicht die Namen aller von der Facultät Promovirten; diesen liess Mag. Conrad Fusser von Fulda 1476 auf eigene Kosten auf Pergament abschreiben und binden, wie auf p. 77 berichtet wird. Auf dem Umschlage von L ist als Titel eingepresst: Facultatis medicae statuta et hypomnemata Erphor. etc. 1577. Auf S. 2 folgt die Ueberschrift: Statuta facultatis medicine; am äusseren Rande sind die §§ jeder Rubrik einzeln gezählt, auf der innern Seite aber sämmtliche §§ in fortlaufender Reihe von § 1—39 bezeichnet. Was in beiden Handschriften steht, ist nicht in Klammern eingeschlossen. Was in D fehlt, in L aber steht, ist in eckige Klammern [ ][1] eingeschlossen und in kleinerer Schrift gedruckt; was in L fehlt, in D aber steht, ist in runde Klammern ( )[d] eingeschlossen und mit grösserer Schrift gedruckt. Der in D und L gleichlautenden, aber im Text vom Herausgeber berichtigten Lesart beider Handschriften ist in den Anmerkungen D L beigesetzt. So ist alles, was in der älteren Redaktion von D enthalten ist, in grösserer Schrift gedruckt; dagegen setzt sich der Text von L zusammen aus dem, was in grösserer Schrift gedruckt ist, ohne in ( )[d] eingeschlossen zu sein und aus dem, was in kleinerer Schrift und in [ ][1] eingeschlossen ist.

III. Statuta facultatis medicine (1412?).

RUBRICA PRIMA.

§ 1. Primum statutum est, quod soli doctores in facultate medicine (Erffordie)[d] promoti seu recepti et admissi, licet alibi promoti fuerint, habeant regere, gubernare negocia facultatis eiusdem.

§ 2. Item quod hii consiliis facultatis intererunt[a] et soli sunt vocandi, nisi in defectu[b] doctorum aliquos de licenciatis[c] seu[c] baccalauriis[c] sibi adiungere voluerint, quos eciam valeant et possint[e] excludere, mutare, quociens ipsis doctoribus placuerit et facultati expedire videtur.

§ 3. Item (quod)[d] hii doctores habebunt examinare et concorditer approbare et reprobare in eadem facultate promovendos.

§ 4. Item quod in facultate eadem sit unus decanus, quem collegium doctorum duxerit eligendum, cui ceteri doctores honorem deferant in sessionibus,[f] prout expostulat facultatum consuetudo.

[a] intererint D L. [b] defectum D L. [c] licenciatos seu baccularlis D. [d] Steht in dem alten Statutenbuche D; ( )[d] fehlt in L. [e] possunt D. [f] cessionibus D.

RUBRICA DE OFFICIO DECANI.

§ 5. [1.][1] Officium decani erit convocare doctores ac alios[g] ad consilia, quando necessitas vel utilitas id exposcit.

§ 6. [2.][1] Item habebit[h] facultas archam communem apud decanum, in qua idem decanus reponat sigillum facultatis et ea, que ad ipsam facultatem conferuntur[i] dabuntur et solventur; et in fine sui regiminis inde computum facere debet et ad rationem teneatur.

§ 7. [3.][1] Item decanus contra statuta laborantes debet[k] monere, quod statim cessent sub pena; qui si non obedient, citentur ad facultatem ut acrius[m] puniantur.

RUBRICA DE BACCALARIANDIS.[n]

§ 8. [1.][1] Quilibet doctor de collegio existens poterit formare baccalarium [in][1] medicina, dummodo promovendus huiusmodi in studio privilegiato per duos annos complete audivit libros autenticos de [iudicio][1] [o] urine (et)[d] de pulsu artem[p] comentatam[p] quartam seu primi canonis et primam[q] seu quarti canonis et aliquem librum in practica, sicut novum Almansoris vel viaticum Constantini vel aliquem librum consimilem; et hoc si magister in artibus fuerit licenciatus. Si autem non fuerit magister in artibus vel[r] licenciatus, tenetur audivisse primum canonem Avicenne Johannicium et stetisse per tres annos complete ac de legittimo matrimonio procreatus existat.

§ 9. [2.][1] Item hoc discusso habeat licenciam respondendi doctori vel[r] doctoribus ter publice in scolis responsionibus completis, et si competenter se habuit[t] in moribus vita et scienciis et fama,[u] hoc testatur per unum doctorem, assignabitur ei unus aforismus[v] Ypocratis et unus canon Integni Galieni, seu in alio libro artis commentate de mane pro punctis et[w] eodem die hora vesperorum doctores eum examinabunt (etc.).[d]

§ 10. [3.][1] Item puncta dabuntur a non promovente et fiat examen in domo doctoris promoventis vel alio loco honesto.

§ 11. [4][1] Item post approbacionem solvere debet doctori promoventi duos florenos renenses[s] et ad fiscum facultatis duos et bedellis dimidium florenum tempore promocionis.

§ 12. [5.][1] Item baccalariandus in suscepcione gradus determinet unam questionem medicinalem et duo probleumata vel tria sub doctore promovente, et audiet tres vel quatuor baccalarios et octo vel decem scolares eiusdem facultatis.

§ 13. [6.][1] Item (doctor)[d] promovens potest determinanti duo vel tria argumenta sine magna deduccione proponere, ut de tanto actus solempnior[x] habeatur.

§ 14. [7.][1] Item doctor sedeat in kathedra maiori et promovendus in minori, hoc utile [est][1] et honestum ac scole fructuosum.

Item determinans[z] habebit iurare ut sequitur:

§ 15. [8.][1] (Item)[d] Ego N. iuro et promitto quod hunc gradum baccalariatus non

[g] alio D. [h] habeat L. [i] conferentur L. [k] debent D. [l] Steht in L; [ ][1] fehlt in D. [m] artius L. [n] baccalariandis D. [o] fehlt in D [p] arte commetata D. [q] primi D. [r] seu D. [s] (Z. 27) rynenses D. [t] habuerit L. [u] famam D. [v] anforismus D, in L ist n durchstrichen. [w] in statt et L. [x] solemnior L. [y] et D. [z] determinando D

resumam[aa] et quod unitatem[aa] et honorem universitatis studii Erffordensis et membrorum eius, et[bb] specialiter facultatis medicine procurabo, ad quemcunque statum pervenero; et eciam statuta ordinaciones et[cc] consuetudines facultatis eiusdem editas et edendas (L p. 4) in licitis et honestis pro posse et nosse servabo. (Item)[d] Hoc facto doctor eum recommendabit et in fine assignabit gradum eidem. 5

RUBRICA DE LICENCIANDIS.

§ 16. [1.][1] Licenciandus in medicina debet esse de legittimo matrimonio procreatus et quod pro illo vel tali sit habitus et reputatus et quod sit ad minus annorum viginti quinque.

§ 17. [2.][1] Item debet (esse)[d] antea baccalarius in eadem [facultate esse][1] ne per (saltem)[d] 10 [saltum][1] promoveatur.

§ 18. [3.] Item debet post baccalariatum et ante presentacionem ad examen pro (D f. 26) licencia ter publice (respondisse)[d] doctori seu doctoribus [respondisse][1] et practicasse in medicinis[dd] per duos annos (set)[d] sub doctore seu direccione doctoris in domicilio[ee] Erffordensi vel extra (sine)[d] [cum][1] doctoris iuvamine. 15

§ 19. [4.][1] Item quod in studio privilegiato seu generali audiverit libros communiter legibiles Yppocratis[ff] Galieni et Avicenne diligenter per annos sex publice in scolis vel [quod][1] per eum non steterit quominus audiverit.

§ 20. [5.][1] Item examinandus pro licencia habeat unum doctorem presentantem et iste eum examinare debet in sciencia moribus et vita. [Nam nostra verborum sciencia 20 non est, sed rerum experiendarum][1] ut secure cancellario vel locum tenenti[gg] mediis suis[hh] iuramentis valeat presentare etc.

§ 21. [6.][1] Istud autem iuramentum fiat per presentatorem cancellario private. (L p. 5) Secundo presentetur[ii] in aliquo loco honesto publice[kk] cum brevissima[ll] arenga et sine iuramento: et petatur a cancellario (vicecancellario)[d] vel [locum][1][mm] tenente examinis 25 apericio[nn] [et assignabit][1] secundam horam (assignabit)[d] sequentis diei in diluculo[oo] ad dandum et[pp] recipiendum puncta et convenient eadem hora de[qq] eadem facultate[rr] doctores et ibidem primo producetur ars commentata, et assignetur sibi punctus per doctorem seniorem seu decanum[ss]; et idem decanus seu senior proiciet[tt] casualiter (in)[d] librum, sibi (presentatum)[d] punctum seu canonem assignans; deinde producatur, 30 deinde portentur libri Galieni seu Avicenne; et iunior doctor proiciet semel vel bis (et)[d] tunc de folio; quod si[uu] casu occurret,[vv] assignet sibi canonem et cum priori assignato pro punctis examinandus[ww] habeatur; et in illis examinabitur non solum in lectura[xx] sed[yy] [etiam][1] in moribus (eciam)[d] et vita.

§ 22. [7.][1] Item in examine sint tres doctores, si haberi possunt,[zz] sed [sint][1] 35 ad minus duo, et assumere possunt licenciatos seu baccalarios antiquos eiusdem facultatis.

[aa] res mmam L et q. bonitatem D. (lies: bonum et unit.) [bb] ac L. [cc] est D. [dd] medicina D. [ee] d micilium D. [ff] ypocratis D. [gg] tenente D. [hh] suo D [ii] presentem D. [kk] publico D. [ll] previssima D. [mm] loco D. [nn] apperitio D. [oo] dilieulo D. [pp] seu L. [qq] ad D. [rr] facultatem D. [ss] decani D. [tt] proiciat D. [uu] sic L. [vv] occurreret D. [ww] examinandi D. [xx] litteratura D. [yy] seu D. [zz] possint L.

§ 23. [8.][l] Item in huiusmodi privato examine habebit cancellarius vel[a] vicecancellarius pro opera[a] unum florenum et quilibet examinatorum duos florenos renenses.

§ 24. [9.][l] Item fiscus facultatis [habebit][l b] duos florenos et procurabit[c] (in examen)[d] vinum[c] et confecciones secundum modum consuetum et post[e] cancellarius vel locum 5 tenens dabit ei licenciam.[f]

§ 25. [10.][l] Jurare[f] [debet][l] in publico iuramentum quod sequitur:

Ego N. [iuro][l] et promitto, quod hunc gradum non resumam[g] neque iterabo nec insignia doctoralia alibi quam in hac alma universitate recipiam et quod in aula mea et in recepcione insigniorum doctoralium non expendam contra consilium [Viennense][l] 10 ultra [valorem][l] trium milium parvorum thurenensium[h] argenteorum;[h] et quod bonum unitatem pacem et honorem doctorum universitatis et membrorum et specialiter facultatis medicine procurabo, ad quemcunque statum pervenero. Et scienter indignum ad aliquem gradum nullatenus promovebo (nec eius promocioni dabo consensum nec promovebo aliquem ad gradum)[d] nisi quem totum collegium doctorum vel maior pars 15 [eorum][l] duxerit approbandum.

RUBRICA DE DOCTORANDIS.

§ 26. [1.][l] Doctorandus in medicina vestire debet duos doctores in eadem facultate, qui ei dabunt insignia doctoralia, vel ad minus unum decenter; (et debet apponi taxa[i] decano ne quis exaccionetur).[d] [Volumus quod amplius istud equaliter dividatur inter doctores, 20 preter quod promovens ultra alios doctores unum florenum habeat duntaxat.][l]

§ 27. [2.][l] Item vestiet duos bedellos secundum facultatis medicine dictamen.

RUBRICA DE DOCTORIBUS ET LICENCIATIS ET BACCALARIIS ALIBI[k] PROMOTIS.

§ 28. [1.][l] Tales ad nullum actum scolasticum admittantur[m] in medicina, nisi prius 25 sint intitulati per rectorem universitatis ad matriculam ipsius et inde[n] recepti ad facultatem medicine et prius docuerint[o] de suo gradu per testes vel litteras. Et si baccularius[p] fuerit, dabit unum florenum; si licenciatus, (dabit)[d] duos (florenos)[d]; si doctor, quatuor [florenos][l] ad fiscum facultatis. Et prestabunt iuramentum quod sequitur:

30 § 29. [2.][l] Ego N. iuro (quod)[d] statuta ordinaciones et consuetudines ipsius facultatis medicine fideliter observare pro posse et nosse, [et quod bonum unitatem][l] pacem et unitatem ut supra. Et si doctor fuerit, iurabit quod scienter indignum ad nullum gradum in medicina promovebit nec promocioni[q] illius consensum prebebit,[r] et quod nullum promoveat, nisi cum [scitu][l] assensu et approbacione tocius collegii doctorum 35 seu maioris partis eiusdem (etc.).

Hierauf folgt in L ein rothes Kreuz, auf welches sie beim Schwur die Finger legten.

[a] seu D. (Z. 2 opere L.) [b] fehlt in D, in L von späterer Hand übergeschrieben. [c–c] procurabuntur in exa. unum (statt vinum) D. [d] Steht in D: ( )[d] steht in D, aber fehlt in L. [e] Z. 4 postquam D. [f] In D folgen die Worte: Iurare in publ. iur. quod sequ., ohne Interpunktion auf licenciam, während sie in L als Ueberschrift roth geschrieben sind. [g] presumam D. [h] turen. argentorum. [i] toxa D. [k] allibi D in der Wiederholung dieser Ueberschrift. [l] Steht in L: [ ][l] fehlt in D. [m] admittuntur L. [n] deinde D. [o] docuerit D. [p] baccalarius L. [q] ad promocionem D. [r] dabit D.

Die nun folgenden §§ 30—37 fehlen in D, stehen aber in L p. 8—15.

[JURAMENTUM BACCALAUREORUM ET DOCTORANDORUM MEDICINAE.][1]

L p. 8

(Von späterer Hand.)

[Ego N. N. iuro et promitto, me post divinae gloriae scopum omnia, ad quae iuramentum Hippocratis Coi quemlibet medicum obstringit, fideliter et sedulo servaturum. Et quod bonum concordiam et honorem doctorum huius universitatis, specialiter autem facultatis medicae, prout novero et potero, pro viribus procurabo, ad quemcunque statum pervenero.

Quodsi forte contingat, ut in examinibus secuturis a praedicta facultate medica inhabilis ad summum gradum inveniar, spondeo me pro nulla iniuria id habiturum nec unquam pecuniam modo expositam repetiturum. Ita me deus adiuvet et sanctum ejus evangelium.][1]

[JURAMENTUM ASSESSORUM AD FACULTATEM RECIPIENDORUM.][1]

[Ego N. N. iuro et promitto, quod statuta ordinationes et consuetudines hujus facultatis medicae fideliter ac pro posse et nosse observare, insuper quod bonum concordiam et unitatem dictae facultatis pro viribus promovere velim. Ita me deus adiuvet per sanctum suum evangelium.][1]

(§ 30 in Mönchsschrift.)

[§ 30. [1.][1] Insuper eciam statuimus et firmiter observari volumus: Quod quilibet promotus ad baccalariatus gradum in medicina det ad minus medium florenum renensem domino rectori ad fiscum universitatis, iuxta morem et consuetudinem aliarum facultatum maiorum, ne videamur ab eisdem facultatibus differre. Presens statutum concorditer per facultatem est editum pro nunc et pro futuro observandum.][1]

L p. 9

[§ 31. [2.][1] Ad hoc statuimus quod suspecti leprosi vel mala contagiosa aegritudine infecti ac deplorati a facultatis doctoribus et nullis aliis non receptis neque hic promotis medicis iudicari aut censeri debeant: adhibito et accersito chirurgo perito, qui si necessum fuerit administratione instrumentali et manus operatione iussa doctoris idoneus exequi poterit.][1]

[§ 32. [3.][1] Pro quibus officiis et oneribus sane molestis et iudicandi periculosis facultati tribus florenis in auro satisfaciant.][1]

[§ 33. [4.][1] Quum vero inopes et pauperes fuerint, ut debitam mercedem solvere non possint, quia reipublicae interest, senatus pietatis causa ex pyxidibus curialibus pro more subsidio talibus veniat, quo facultati idem solvatur; indignum enim est cum periculo laboriosa officia praemio iusto ac decenti non compensare.][1]

L p. 10

[§ 34. [5.][1] De singulis iudicatis octo grossos fisco tribuent, quos decani ad computum et rationem conferre debent, reliquam pecuniam doctores, qui iuditio intersunt, dividant et chirurgo, quoties accersitur, pro arbitrio aequum sui praestiti offitii honorarium seu munus persolvant.][1]

[§ 35 [6.][1] Praeterea cum multi pseudomedici† ad hanc urbem volitent, peritos doctores saepenumero suis defraudent meritis furtumque illorum praxi ignarum apud vulgus praeripiant vel impediant, merito omnes impostores, chirurgi, lithotomi aut cuiuscunque generis medici hic degere, vendere aut practicare volentes, facultati tributum et censum solvant et pro ratione circumstantiarum et consilio dominorum facultatis aerario extenuato conferant. Nec ulli medico vel etiam his, qui inter civium numerum sese associaverint, practicandi potestas concedatur, nisi ante scientiae et artificii sui aut suarum mercium decano et doctoribus facultatis debitam L p. 11 reddiderint rationem et licentiam — dato tamen prius fisco et dominis tributo — assecuti fuerint ac veniam impetrarint.[1]][1]

[De singulis florenis fisco facultatis quatuor grossi sunt inserendi.][1]

5 [§ 36. [7.]][1] Soli doctores promoti et recepti regere et gubernare negotia facultatis debent, et lectionem ordinariam administrare ac providere.][1]

[§ 37. [8.]][1] Recepti nisi per biennium compleverint, ad inspectiones et actus alios non admittantur, nisi in defectu doctorum, participem tamen neminem emolumenti faciant.][1]

Nach § 29 folgt nur noch ein § in dem alten Statutenbuch der Facultäten fol. 27.

10 In L folgt zunächst p. 12—14 das Auctarium statutorum anno 1670 unanimi facultatis decreto sancitum § 1—10; hierauf ein leeres Blatt p. 15 u. 16, und auf S. 17 die §§ 38 und 39.

L p. 17
D f. 27

[RUBRICA DE VARIACIONE STATUTORUM.][1]

§ 38. [1.][1] Doctores facultatis medicine vocatis vocandis possunt[s] premissa statuta et ordinaciones revocare[t] mutare corrigere et emendare, [et][1] eis addere et subtrahere, 15 attentis[u] circumstanciis temporum seu qualitatibus personarum vel[v] eciam secundum varietatem casuum; (seu)[d] si[w] utilitas sive[w] necessitas id exposcit,[x] cum epieikeia[y] in mundo fuerit necessaria; et si id[z] fieri contigerit,[aa] tunc si[bb] quis[bb] premissa statuta servare iuraverit,[cc] tunc[dd] mutata vel revocata statuta in ea parte, qua[ee] mutata[ff] vel[ff] revocata[ff] fuerint,[ff] nullatenus servare teneatur,[gg] quia[hh] sublato antecedente seu sub- 20 stancia [rei stilum][1] (scilicet)[d] statutó eius consequens seu qualitas, que ei accessit, scilicet iuramentum,[ii] remanere non potest.[kk]

(RUBRICA DE DOCTORIBUS.)[d]

(§ 39. Rubrica de doctoribus et licenciatis in facultate medicine legentibus vacat, cum nullus fuerit sallariatus; eciam de scolaribus medicine quia ordinarium legentes 25 non habent.)[d]

[§ 39. Insuper statuimus et firmiter observari volumus: quod nullus doctorum receptorum ad decanatus apicem eligatur neque ex facultate emolimenta capiat, nisi quousque lecciones aut disputaciones sibi iniunctas pro recepcione perfecerit. Sin autem, sit interim[ll] ad eligendum inabilis.][1]

---

[1] Zu § 35 pseudomedici†: Laudatissimus imperator Carolus V hos vehementer taxat artic. 134 dum dicit: Und in diesem soll allermeist Achtung gehabt werden auf leichtfertige Leute, die sich Artzney unterstehen und die mit keinem Grundt gelernt haben.

[s] possint L. [t] In D renotare mit einem Zeichen über no, welches in vielen Wörtern als Abkürzung für ra oder na dient, z. B. in subtrahere und personarum. [u] atthentis D. [v] et D. [w-x] si nec. vel utilitas id exposcat L. [y] epikegia D. [z] illud L. [aa] contingerit D. [bb] eius D. [cc] iuvaverit D. [dd] ipsa L. [ee] que D [ff] rev. v. m. f. L. [gg] teneantur D. [hh] et sic D. [ii] in iuramentis D. [kk] possit D. [ll] intrim L

IIk (1).

Verordnung des Rathes
von 1524.

L p. 71

Diese Reformation der Statuten ist nur in dem medicinischen Dekanatsbuch (L) p. 71—75 auf Pergament geschrieben. 5

Wir Ratismeister unnd Rath der Stadt Erffurdt bekennen uffintlich und thun kunth allermenniglich, das wyr mit zceitlichem rathe und wolbedacht denn achtbarnn hochgelarthenn herrenn doctoribus inn der facultet der crczeney mit nachvolgende Reformationn zcuhaltenn eingebundenn haben allenn promovendenn derselbienn facultet, szo sich inn unnser promovirenn lassenn zcu nutz und cherenn unnd zcu wachßsung yrer 10 facultet unnßerer uniuersitet unnd stadt:

§ 1. Nemlich also: Baccalariandenn in medica facultate soll gebenn ante examenn funff guldenn post examenn zcucker in einer schußeln unnd darzcu ettlich kandell weynns und bier denin doctoribus promotoribus unnd nichts meher.

§ 2. Nach der promotionn soll er alleynn dem rector, vier dechantenn der vier 15 facultet nnnd der facultet medicorum einn prandium vonn funff oder sechs gerichtenn uffs meyste gebenn mit landtweynn unnd bier.

§ 3. Inn der licenciatur soll es alßo gehaltenn werdenn: der licenciande inn eroffenunge des examens soll gebenn eynn guldenn dem cancellario, zcwene guldenn examinatori, zcwene guldenn dem fisco facultatis unnd keynn prandium. Nach dem 20 examenn solle er denn doctoribus eynn refectionn mit zcucker weynn unnd bier, wie pro gradu baccalariatus, bestellenn.

§ 4. Aber nach der promotionn, szo er licenciat wordenn, soll er ime und seyner freuntschafft zcu eherenn unnd das die geste, die zcu seyner promotion erscheynenn, nur eynn transitum myt rygall-zcucker gebenn unnd nicht meher vonn bier unnd 25 schlechtem weynn soll er drey transitus gehenn laßen.

L p. 72

§ 5. Darzcu sollen doctores magistri und diejhenigenn aus den stiefftenn, die darzcu gehorenn, unnd dann der sitzendn rath sampt irem sindico stadtschreiber meyster unnd viernn geladenn werdenn unnd sunst nyemandes, der dem promovenden nicht geliebt. 30

§ 6. Doctorandus soll gebenn facultati zwenczigk guldenn ante promotionem unnd die dem decano uberantworthenn außczutheylenn.

§ 7. Die zcwenn famulos der universitet soll er cleydenn oder iglichem vor seyne cleider vier guldenn gebenn.

§ 8. Die equitatur soll in des promovenden willkore stehenn. 35

§ 9. Czu der promotionn des newenn doctors soll der promovend nicht mehir ladenn unnd bitthenn dann diejhenigenn, die zcu der licenciatur gebethenn unnd dennselbienn seynenn gebetthenenn gestenn wie vor alters pyreth[a] unnd hentzschuch aber (außgeschloßenn dye stadtschreyber und achtknechte) unnd keynn andernn 5 dienernn der stadt soll der promovende schuldigk seynn hentzschuch zcu gebenn.

§ 10. Dergleichenn denn geladenn gestenn unnd sunst nyemantis eynn eßenn gebenn.

§ 11. Im praudio unnd uber tysche soll der newe doctor gebenn sechs gericht unnd L p. 73 nicht daruber mit landtweynn unnd bier uff das, was zcu eheren dem promovendenn der universitet unnd stadt kömmet nicht also geschnöde geacht werde; süße weynn 10 zcugebenn soll inn seyner willköre stehenn.

§ 12. Es sollenn auch die doctores der erczney, wann sie inn iren collegio vier doctores habenn, doctores der erczeney ann andernn enden promovirt, nicht schuldig sein auffzcunehemenn. Aber hie sollenn sie zcu promovieren macht habenn, szo vill darzcu geschickt, unnd dieselbienn, szo hie doctores werdenn, sollenn des andernn 15 tages inn die facultet unnd collegium der erzceney nach lauth irer statutenn auffgenuhemenn werdenn ane widdersprechunge

§ 13. Es sollenn auch die facultet der erzceney keynenn frömbdenn licenciatenn oder doctornn an andernn endenn promoviert auffnehemenn, er gebe denn der facultet zcwenczigk guldenn, dovonn die doctores der erzceney denn pedellnn ire gebure 20 gebenn sollenn. Ueber das soll auch der auffgenuhemenn doctor ader licenciat eynn prandium zcu funff tischenn außrichtenn unnd die darzcu ladenn laßenn, die auß alther gewonheit darzcu gehorenn. Des alles zcu urkunth habenn wir der rath zcu Erffurdt dyeße reformationn bestettigt unnd confirmirt, die altenn beschwerlichenn statutt unnd stücke dokegenn abgethann unnd dieße zcu schuttzenn unnd hanthabenn 25 zcugesagt, unnß aber nicht desteweniger zcu andernn mehernn ader myndernn vorbe- L p. 74 haltenn unnd zu meherm glaubenn unnßer der stadt secreth an dießem brieff wissentlich thunn hengenn. Geschehenn in vigilia Circumcisionis domini anno eiusdem funffczehenhunderth unnd vierunndzcwenczigk.

IIk (2).

30 Revidirte Statuten der medicinischen Facultät von 1542.

L p. 18

Approbacio statutorum medice facultatis sub decurionatus officio experientissimi domini doctoris Georgii Sturciade, a facultate medica facta anno a Christo nato millesimo quingentesimo quadragesimo secundo mense Marcio die decima sexta.

35 Quum prudentissimus huius nostre civitatis magistratus nostre facultati reformacionem in scriptis tradiderit vulgari sermone litteris conscriptis; quarum tenor in principio hec verba habet:

[a] Barett, lat. birretum.

„Wyr ratismeister und rath der stadt Erffurdt bekennen etc.“; in fine vero hec addita[a] sunt verba: „Und zcu mehren glauben unßer der stadt secret an diesßen brieff wissentlich thun hengen; geschehen in vigilia Circumcisionis domini anno eiusdem funffzcehenhundert und vier und zwentzigk.“

Que hactenus observata statuta ac ordinationes in certis capitulis ac articulis 5 aufferunt alterant ac in meliorem ordinem colligunt, nulla tamen illorum capitum habita vel declaratione vel mencione; summopere necessarium visum est collegio doctorum, quod eos articulos ac capita e medio tollant, ne aliquando dissensio[b] vel controversia in facultate ea de re oriretur; potissimum quum prefata prudentissimi senatus reformacio in decimum octavum usque annum approbata ac roborata a nostra facultate 10 fuerit, eam ob rem capita reprobatorum statutorum hoc ordine adscripta sunt:

Quo unusquisque nostre facultatis successorum noverit, ea sublata mutata ac L p. 19 correcta neminem iuramento inposterum gravare vel adstringere; quum maxime rubrica de variacione statutorum id statuat ac precipiat. Capita hec sunt:

Reprobata capita statutorum. Ex rubrica de baccalaureandis: Item post appro- 15 bationem solvere debet doctori promoventi duos florenos renenses etc. —

Ex rubrica de licenciandis:[c] Item in huiusmodi privato examine habebit cancellarius etc. — Item fiscus facultatis duos habebit florenos etc.

Ex juramento publico: Et quod in aula mea et in recepcione insigniorum doctoralium non expendam contra concilium Viennense ultra valorem trium milium par- 20 vorum thuronensium argenteorum.

Ex rubrica de doctorandis: Doctorandus in medicina vestire debet etc. Item vestiet duos bedellos.

§ 1. *Renovata capita statutorum.* Preterea sancimus[d] ordinamus ac statuimus, quod primus articulus rubrice de licenciandis in omni gradu nostre facultatis dili- 25 gentissime debet observari, potissimum in extraneis et alibi gradu ac dignitate auctoratis. Quum iste articulus per omnes huiusce nostre alme universitatis facultates diligentissime observetur.

§ 2. Verum cum hactenus perpauci studio medicine operam dederint, quod certe L p. 20 delictum publicis prelectoribus adscribendum est, ordinamus statuimus ac inviolabiliter 30 observari volumus: Quod quivis baccalaureatus in hac nostra facultate creatus vel ad eandem receptus a die recepte lauree vel ad facultatem adscripcionis per integrum subsequentem annum publice praelegat summa diligencia.

§ 3. Item licenciatus vel doctor per biennium publice in medica arte prelegat. Si vero[e] ob honestam ac urgentem caussam impedietur, prelegat per substitutum. 35 Cum vero temere per mensem integrum a prelectione cessaverit, dabit facultati pro quolibet mense, quo non prelegerit, unum aureum; et si ter per decanum facultatis admonitus temere a prelectione se subtraxerit nec facultati mulctam dederit, habito ea de re consilio doctorum a facultate excludatur, ut commodum et bonum facultatis diligenter observetur. 40

[a] adita L. [b] discensio L. [c] licenciandum L. [d] sanctimus L. [e] vere L.

§ 4. Porrho cum prudentissimus senatus publicam nostre facultatis prelectionem honesta condicione laudabiliter institutam foveat ac humaniter tueatur; necessum est in negligenciam ordinarii animadvertere, ne senatus sua exhauriatur[f] pecunia et facultas emolumento careat. Est enim facultatis officium curare ut, que pie ac honeste a
L p. 21 5 maioribus sunt instituta, serventur. Eam ob rem statuimus et ordinamus quod, quociescunque ordinarius prelector per mensem a publica prelectione cessaverit, dabit facultati 2 florenos, de qua pecunia facultas ordinabit prelectorem; quodsi contumaciter cessaverit, deferetur[g] caussa ad prudentissimos senatores; quodsi senatus eum non coegerit ad prelectionem, excludatur a facultate. Indignum enim est velle liberali
10 conditione ac titulo gaudere et laborem honestum ac utilem subterfugere.

§ 5. Postremo magna ad facultatem delata est questio, quod admodum raro publice disputaciones in medica facultate celebrentur; quo factum est, quod scolastici suis responsionibus statutis minime deferre potuerint. Ea propter quivis licenciatus ac doctor semel in anno per se vel substitutum themata nonnulla publice disputanda proponat,
15 ut scolastici occasionem respondendi habeant; quod si quispiam negligens fuerit, dabit facultati aureum; que pro eo aureo alium substituet, qui publicum illum actum celebret; id enim facultati honestum commodum ac utile erit.

§ 6. Fuerunt preterea nonnulli, qui leprosos reviderunt ac iudicarunt, non requisita facultate; quorum iudicia postea iussu prudentissimi senatus per facultatem
20 fuerunt revocata. Ne itaque posthac quispiam temere eam subeat provinciam ac sibi ipsi tantam arroget autoritatem, statuimus et sanctissime ordinari volumus, ut nullus de facultate id negocii sibi adscribat, non consenciente facultate. Si quispiam autem
L p. 22 temerario ausu contra facultatem hoc commiserit, excludatur a facultate irrevocabiliter nec in posterum ad aliquem actum facultatis admittatur, nec commoditatem aliquam
25 ex ea recipiat. Nam quicunque scienter contra statuta ac sanctiones facultatis laboraverit, merito periurus habetur quoniam iusiurandum prestitit, se decreta ac sanctiones facultatis velle observare.

L p. 23 (leer.)

III.

Statuta facultatis medicae a. 1634.

M p. 79 30

Aus dem Copialbuch der Facultät (M), und dem gehefteten Exemplar im Archiv der königl. Regierung zu Erfurt (W). Am Rande von Z. 35 steht in M: vide statuta antiqua fol. 71; originales vero literas in cista.

Consules et senatus reipublicae Erffurtensis lecturis salutem.

Periculosus ille totique nostrae academiae fere lethalis morbus etiam medicam
35 facultatem penitus extinxisset, nisi ea ad tutricem opem mature confugiens promtis usa fuisset pharmacis. Inter quae haud minimum hoc esse censemus, quod statutorum, quae facultas illa habuit, specialium accurata revisione facta, exemplo majorum nostrorum, quo illi quoad meliorem facultatis hujus constitutionem in vigiliis Circum-

[f] exhauriatur L. [g] differetur L.

cisionis domini anno 1524 nobis praeiverunt,[a] nova haec pro ejus statu melius firmando fida peritorum quorundam e nostro et academico ordine, inprimis vero e praedicta facultate ad hoc negotium deputatorum opera fuerunt adornata.

RUBRICA I. DE ELECTIONE ET OFFICIO DECANI

Statutum 1. E collegis facultatis, qui professor sit, quolibet anno in feriis divis Cosmae et Damiano (27. Sept.) sacris novus decanus creetur. 5

§ 2. Hocque munus circulariter cuilibet professorum eo ordine, quem in facultate obtinet, deferatur, nisi forte aliquando ob causas praegnantes aliter id fieri expediat; tum enim decanatus ad alium, qui in ordine proximus est, devolvatur.

§ 3. Nullum ob creationem novi decani convivium nullaque symposia instituantur. 10 p. 80

§ 4. Decanus facultatis totius caput et statutorum custos vindexque acerrimus sit talemque se gerat, ut et apud collegas honor reverentiaque ac in exequendo munere auctoritas inviolata consistat.

§ 5. Matriculam, librum statutorum, cistam et sigillum aliaque, quae facultatis sunt, decanus diligenter custodiat, literas ad facultatem datas rescret, in causis ad eam 15 spectantibus collegas rite convocari curet, iis negotium, de quo agendum sit, exacte proponat et sententiam, quae majori parti aequior videbitur aut, si paria fuerint vota, eam cui ipse calculum adjecerit exequatur.

§ 6. Idem quotiescunque petitores unus alterve sese obtulerint, jus examina et promotiones aperiendi eoque modo, qui infra sequetur, peragendi habeat. 20

§ 7. Ut collegae munere suo strenue fungantur, operam det simulque studiosos adsidue moneat, ut exercitia medica alacriter tractent.

§ 8. Disputationibus declamationibus aliisve exercitiis et actibus medicis ipsemet intersit aut, si praesentia ejus ob causas necessarias et probabiles impediatur, alium collegam in locum suum substituat. 25

§ 9. De bibliotheca item medica horto botanico theatro anatomico ac laboratorio chymico apparandis et apparatis conservandis una cum collegis sollicitus sit.

§ 10. Bibliothecae medicae instruendae augendaeque gratia a quolibet doctorum aut professorum in facultatem receptorum, itemque a baccalaureis licenciatis et doctoribus recens creatis certi precii auctorem medicum muneris memoriaeque loco 30 offerri curet. p. 81

§ 11. Ad officium quoque decani spectat, ut pro re nata a quibusdam e collegis pharmacopoeos chirurgos — sive magistri sive famuli fuerint — lithotomos empiricos seplasiarios examinari curet.

§ 12. Eadem de hominibus lepra lue venerea et similibus chronicis et contagiosis 35 morbis laborantibus, inprimis qui in nosocomiis haud degunt, nec non de maniacis vulneratis interfectis, ut ii post honorarium facultati medicae solutum probe inspiciantur ac de iis dextrum feratur judicium, sententia sit.

§ 14. Hoc in casu tamen adhibendus chirurgus peritus, qui si necessum fuerit

[a] Am Rande ist in M beigefügt: Vide statuta antiqua f. 71, originales vero literas in cista.

administratione instrumentali et manus operatione jussa doctoris idonee exequi possit; cui honorarium pro arbitrio doctorum, qui judicio interfuere, persolvendum.

§ 14. Preterea decani et collegarum opera officinae pharmacopoëticae praecipuae et privilegiatae bis singulis annis, nempe post finem nundinarum Lipsensium vernalium 5 et autumnalium, reliquae vero saepius et quidem toties, quoties ratione suspicionis aut querelae opus fuerit, probe visitentur.

§ 15 Visitatio et inspectio ejusmodi respiciet dispensatoria taxas medicamentorum apparationes ministros et discipulos.

§ 16. Nullum pharmacopoei visitatoribus convivium, nulla symposia nihilque aliud 10 praebeant, sed illae, quo dexteriores fiant,[b] sine ullis impendiis perficiantur.

p. 82 § 17. Si durante annuo officio decanus alio vocatus hinc discesserit, vel diem suum obierit; is, qui proxime praecedente anno in officio ipsum praecessit, munus hoc usque ad anni finem in se suscipiat.

§ 18. Exdecanus statim librum statutorum matriculam sigillum omneve reliquum ad 15 dignitatem illam pertinens noviter creato decano exhibeat.

§ 19. Postridie toti facultati, interdum quoque, si urgens ratio ita exigat, consilio[c] academiae generali sufficientem de omnibus rationem reddat.

§ 20. Nullumque eo nomine convivium nullaque symposia habeantur.

§ 21. Quilibet medicinam hic facturus nomen suum apud decanum eo fine pro-20 fiteatur, ut in illius peritiam mores et conditionem probe inquiri possit.

§ 22. Quoties autem nonnulli hoc facere recusabunt et nihilo secius hic latitare ac pro medicis se gerere conabuntur; toties decanus facultatis hujus amice eos ut desistant monebit, aut si hoc facere nolint, amplissimo senatui eo fine id significabit, ut severius id iis inhibeatur.

25 § 23. Nulli, qui dignus atque albo academiae inscriptus est, si munere hanc artem docendi extraordinario quoad praelectiones vel disputationes in collegiis privatis fungi velit, talis conatus denegetur aut taediose differatur, etiamsi gradu nondum decoratus sit.

§ 24. Praxis vero nulli nisi medicinae licenciato vel doctori, qui vel in facultate 30 medica vel minimum in numero civium aut incolarum sit, regulariter permittatur.

p. 83 § 25. Si vero casus occurreret, quo iis, qui nondum in facultate medica gradum obtinuere, praxis indulgenda esset, utrinsque et amplissimi senatus et inclytae facultatis consensu id fiet.

§ 26. Idem de iis, qui domi proprio alienove Vulcano medicamenta parare 35 student, judicium esto.

RUBRICA II. DE PROFESSORIBUS FACULTATIS.

Stat. 1. Sufficit si duo tres aut ad summum quatuor in facultate hac professores sint, nullusque in numerum eorum recipiatur, nisi qui insignia doctoralia adeptus fuerit vel antea hic vel alibi examinatus luculentum eruditionis in arte medica specimen

[b] In W: sint, fiant darüber geschrieben. [c] concilio M.

publice disputando ediderit ac sancte promittat, quod intra proximum a receptione semestre illa consequi velit.

§ 2. Noviter receptus collega in facultatis cistam pro augenda bibliotheca dependat aureum rhenanum.

§ 3. In ejusdem matricula illius nomen ac tempus receptionis exacte describantur. 5

§ 4. Idem decano stipulata manu juramenti loco promittat, quod formulae concordiae die 5 Martii hujus anni (1634) inter amplissimum senatum et academiam hanc feliciter conciliatae, nec non ejusdem statutis generalibus et facultatis hujus specialibus parere, in primis decano ejusque successoribus debitum obsequium praestare, facultatis p. 84 honorem et dignitatem pro sua virili tueri ac disputationibus declamationibus aliisve 10 actibus medicis adsidue[d] interesse velit.

§ 5. Omnes recepti collegae non tantum inter se invicem concordes sint, sed etiam cum reliquarum facultatum professoribus ac collegis amice et modeste agere studeant, nullis contentionum dissidiorumve flabellis ansam praebeant neque alter alterum in praelectionibus disputationibus declamationibus aliisque congressibus et colloquiis vel 15 publice vel privatim perstringat aut suggillet

§ 6. Omnes item facultati huic addicti summa ope nitantur, ut pseudomedici empirici circumforanei ac ejusdem farinae homines, qui vocationis terminos transgredientes nequitia aut imperitia sua aegrotis nocere ac marsupia evacuare solent, si peregrini, nunquam immittantur aut, si inquilini fuerint, dignas temeritate sua 20 poenas luant.

§ 7. Haud item illi permittent, ut mulieres pharmaca praebeant. Hujusque mali tanto magis vitandi ergo summopere studebunt, ut pharmacopoei programmati, quo iis publice a prudentissimo senatu inhibebitur, ne alia in officinis suis parent pharmaca, quam quae facultatis hujus collegae vel alii ab istis laudati, de quorum peritia non 25 ambigitur, autographis suis componere jubent, legitime pareant.

§ 8. In praelectionibus ordo is servetur, quem earundem typus quolibet semestri in consilio generali renovatus monstrabit, atque in illis professores proprio et perspicuo genere sermonis utantur neque ullam praelectionem, quae alternis diebus fieri queat, nisi adversa valetudine vel aliis gravissimis causis praepediti intermittant. 30

§ 9. Nemo professorum facultatis hujus sine legitima et gravi causa ac venia p. 85 decano prius impetrata iter suscipiat.

RUBRICA III. DE DISPUTATIONIBUS

Stat. 1. Decanus, ut minimum quolibet trimestri disputatio medica publice habeatur, diligenter provideat. 35

§ 2. Omnes disputationum medicarum hic excudendarum theses, ut et alia scripta medica, quae typis exscribi debent, prius perlegat diligenter attendens, ne quid in iis sub- et obrepat, quod vero adversum vel academiae aut facultati sit dedecori; praemiolique loco pro labore, quem in censendis ejusmodi scriptis impendit, pro cujuslibet plagulae

[d] assidue M.

perlectione grossum etiam tum accipiet, quando oblatum scriptum tanquam publica typorum exscriptione indignum rejectum fuerit.

§ 3. Facultes sine praeside etiam exercitii causa disputandi petentibus, si digni sint, ab illo haud denegetur.

5 § 4. Quo plures opponentium audiri possint, nullus ex iis, si alii superent, praesertim medici aut medicinae studiosi objectiones suas in ordinariis exercitiis ultra dimidiam, in extraordinariis vero ultra integram horam producat.

RUBRICA IV. DE PROMOTIONIBUS

p. 86 Stat. 1. Quoad promotiones doctorum licentiatorum et baccalaureorum hoc observetur, 10 ut nemo invitus unum e modo dictis gradibus inferioribus assumere cogatur, sed semper dignis statim gradum summum sive doctoris prensare liberum ac integrum sit.

§ 2. Candidatus nomen suum apud decanum, subjecta decente gradus petitione, profiteatur ac inscriptionis nomine aureum rhenanum exsolvat simulque documentum legitimae nativitatis suae — nisi de ea aliunde probe constet — exhibeat atque exemplaria 15 exercitiorum in hac facultate publice a se habitorum ostendat.

§ 3. Petiturus gradum infimum quatuor, medium sex, summum vero octo joachimicos dependat; qui, si tentamine perfecto petitionis eventus sinister sit, minime restituantur.

§ 4. Tentamen cujuslibet canditati sigillatim decano et omnibus eius collegis praesentibus ab hora septima matutina usque ad meridiem in aedibus decani in pro- 20 paedia medica, videlicet physiologia et hygiia, absolvatur nullumque ab illo vel tentaminis vel examinis ratione convivium nullaque refectio praebeatur.

§ 5. Ei, qui in tentamine steterit, postridie hora septima matutina a decano per ministrum academiae duo difficiliora themata physico-medica transmittantur, quorum p. 87 explicatione intra 24 horas absoluta ille altero die hora septima in examine se sistat, 25 quod decanus et professores in ipsa paedia medicinali et inprimis in pathologia cum generali tum speciali, et quidem de morborum internorum et externorum tam cognitione quam curatione, rigide usque ad meridiem producant.

§ 6. Examinandus joachimicos sex, si primo; duodecim, si secundo; at si supremo gradu condecorari velit, sedecim sub auspicium examinis dependat atque eorum, quae 30 tentaminis et examinis nomine soluta fuerunt, pars una decano cedat, partes reliquae duae inter eum et collegas examinatores aequaliter dividantur.

§ 7. Summum autem gradum, omissis duobus inferioribus, petiturus ob horum neglectum nihil, sed ea tantum, quae illius nomine constituta sunt, praestare teneatur.

35 § 8. Examinatus a decano et reliquis facultatis collegis approbatus adque disputationem pro gradu admissus eam, antequam typis exscribi coeperit, decani et facultatis censurae subjiciat.

§ 9. Disputatio approbata et typis evulgata octiduo, antequam instituenda est, solitis locis affigatur, professoribus doctoribus magistris ac studiosis per pedellos transmittatur 40 atque die Veneris horis ante- et pomeridianis, quamdiu opponentes sunt, sine praesidis ac respondentis ope habeatur.

§ 10. Omne, quod in ea quidam praeter decorum moliri possent, decanus interposita auctoritate sua mature avertat.

§ 11. Disputatione feliciter peracta ille candidato injungat, ut per aliquot dies auctorem de affectibus morbidis cum internis tum externis disserentem, non quidem dictando ad calamum sed perorando, vel memoriter vel adhibitis domi notatis memoriam juvantibus, publice legat et interpretetur. 5

§ 12. Quod quando debite factum fuerit, candidatus in praesentia decani reale aliquod artis suae specimen, vel in theatro anatomico horto botanico laboratorio chymico et officina cum chirurgica tum pharmacopoetica, vel minimum in infirmatorio quodam privato, tam pulsus et urinae examine, quam diaetae et pharmaciae 10 quoad materiam dosin et usum praescriptione, edere nullus intermittat.

§ 13. Si plures sint candidati, qui pensum suum absolverunt simulque promoveri cupiunt, eorum arbitrio decanus una cum facultatis collegis collocationem permittat. Si inter illos non convenerit, hi eruditionis officiorum aliarumque circumstantiarum ratione habita illos collocent. Si pares inveniantur aliaeve rationes hoc suadeant, collo- 15 catio sorti committatur.

§ 14. Die Jovis promotionum festivitati destinato, deductis e decani domicilio candidatis fusisque in aede beatae Mariae virginis pro felice honestorum a promovendis susceptorum conatuum successu piis precibus, decanus, cui semper etiam promotoris munus incumbet, e cathedra ad ejusmodi actus adornata orationem recitet; deinde 20 quidam ex illis dissertationes de quaestionibus selectis proponentes audiantur.

§ 15. His peractis decanus, licentia a domino procancellario petita atque obtenta, candidatos in sedem doctoream collocatos, impositis sceptro per ministrum academiae exhibito digitis, sequens juramentum a secretario academiae praelegendum devote praestare jubeat: 25

Ego N. N. juro ac sancte promitto, quod fidelis medici munere diligenter fungi, nunquam vero venefico-magicis superstitiosis aliisve vetitis remediis morbos curare nec cuiquam ut hoc faciat auctor esse nihilque committere velim, quod gradu hoc, qui mihi jam solemniter confertur, indignum sit. Ita me deus juvet.[a]

§ 16. Quo juramento praestito eos, adhibitis reliquis consuetis solemnitatibus, ille 30 doctores renunciet ac proclamet tandemque, si plures sint, ultimus ex iis gratiarum actione actui finem imponat.

§ 17. Distributio librorum chirothecarum aliorumve munerum, quibuscunque etiam personis superiori tempore illa facta fuerit, nec non erogatio expensarum in exornationem puerorum, qui in actu quaestiones candidatis proponere aliudve recitare 35 solent, inposterum plane sit prohibita ac quilibet e noviter creatis doctoribus decano duos aureos ungaricos honorarii loco ob operas in promotione praestitas solvat.

§ 18. Prandium doctorale in loco a decano et candidatis selecto ita instituatur ut, nisi evidens ratio in consilio academiae generali approbata aliud suaserit, ultra quinque mensas, et quidem singulas receptioni 12 hospitum aptas, haud extendatur nec plura 40

[a] adjuvet M.

quam quatuor fercula in grandioribus patinis absque omni alio apparatu, exclusis etiam mensis secundis, apponantur. Ad convivium autem, quo postridie illud excipitur, paucissimi hospites invitentur.

§ 19. Testimoniis recens creati doctores, prout quisque in tentamine et examine 5 suaque disputatione promeruerit, exornentur ac quilibet academiae secretario pro juramenti praelectione, pro testimonii descriptione, item pro membrana filo serico cera capsula, duos joachimicos ac cuilibet e duobus academiae ministris pro labore, quem ratione promotionis sustinuere, aureum rhenanum solvat.

Tandem reservamus nobis et successoribus nostris potestatem, statuta haec pro re 10 nata eo, qui dictae formulae concordiae artic. 8 praescriptus est, modo in melius reducendi corrigendi addendi diminuendique, prout utilitas et necessitas temporum personarumque conditio exegerit.

Perlecta fuere haec statuta medicae facultatis specialia 14. Aug. anno 1634 in consilio academiae generali etc.[f]

//42

[f] Die hierauf folgenden Worte und die eigenhändigen Unterschriften lauten in der Hauptsache übereinstimmend mit dem Wortlaut am Ende der allgemeinen Statuten von demselben Datum, oben S. 16 Z. 26 ff: nur ist nicht gesagt, dass sie, wie jene, am Anfange des Semesters den Studenten vorgelesen worden sind. Es fehlen auch hier die Unterschriften der Juristen, selbst des Decan's H. Rennemann, und in der philosophischen Facultät des Professors der Geschichte und der Beredtsamkeit Joh. Rave, während in dem vorhergehenden lateinischen Schlussworte ihre Namen aufgeführt sind; die übrigen Unterschriften sind in W eigenhändig, in M nur von der Hand des Abschreibers. — In M sind noch Spuren zweier Siegel, wahrscheinlich des Rectors und des Decans, wahrzunehmen.

IIm, n.

Aeltere Statuten der philosophischen Facultät.

Wie nach der bei den älteren juristischen Statuten befolgten Bezeichnungsweise sind die ausführlichen Aenderungen und Zusätze der 37 Jahre jüngeren Redaction von 1449 (n) in der Facultätsmatrikel (H) in kleinerer Schrift gesetzt und in eckigen Klammern [ ][h] beigefügt, sowie auch einzelne auf dieselbe sich beziehenden Rubriken und deren Paragraphen;[1] was dagegen 1449 aus der älteren Redaktion von 1412 (D) weggelassen worden ist, ist in grösserer Schrift gesetzt und in runde ()[d] eingeschlossen. Also liegt dem vorliegenden Abdrucke (auch der Reihenfolge der §§ entsprechend) zunächst die ältere Fassung der Statuten D zu Grunde; ergänzt wird dieselbe durch alles das, was in gleicher Schrift in ()[d] eingefügt ist. Der Text der späteren Fassung von 1449 (H) setzt sich dagegen aus dem zusammen, was nicht in Klammern oder in kleinerer Schrift und in eckige [ ][h] eingeschlossen und aus dem, was in den Anmerkungen [a],[b],[c] als Variante mit beigefügtem H angegeben ist. Nur wo der so nachlässige Abschreiber von D Falsches geschrieben hat, ist dies in die Anmerkungen mit der Beifügung D verwiesen und das Richtige aus H oder nach der Verbesserung des Herausgebers in den Text gesetzt.

Nach § 147 folgt das, in der Fakultätsmatrikel H von 1449 schon auf fol. 216v.—217 zusammengestellte, wörtliche Inhalts-Verzeichniss der Rubriken, mit Beifügung der Nummern der §§ der älteren Statuten von 1412, welche dasselbe enthalten, oder hinter welchen der neue Zusatz eingeschoben ist.

Statuta facultatis arcium [STUDII ERFFORDENSIS].[h]

(In nomine domini amen. Anno domini millesimo quadringentesimo duodecimo mense Septembri XIIII° die eiusdem in decanatu magistri Johannis Lorber de Cassel in plena congregacione facultatis arcium ex unanimi consensu magistrorum eiusdem facultatis sunt reformata et renovata statuta facultatis arcium, resecatis superfluis et superadditis necessariis in hunc modum infrascriptum: volentes quod singuli in eadem facultate presertim proficere seu laborare desiderantes terminos huiusmodi statutorum seu ordinaciones excedere vel contravenire nullo modo presumant; alioquin gradibus et promocionibus se exnunc noscant fore indignos et ab ipsis penitus excludendos.)[d]

[In nomine domini amen. Anno a nativitate eiusdem 1449 sub decanatu M. Johannis Langediderick de Wismaria ex unanimi consensu magistrorum facultatis arcium reformata sunt statuta eiusdem facultatis, resecatis superfluis et superadditis necessariis atque ordinata sub rubricis infrascriptis. Singuli autem in eadem facultate presertim proficere seu laborare desiderantes terminos huiusmodi statutorum seu ordinaciones facultatis excedere vel eis contra-

---

[1] (Z. 6.) Wo denselben ein = Zeichen und eine andere Zahl beigefügt ist, z. B. § 2 [2,1 = 10],[h] steht diese so in der Fakultätsmatrikel am Rande rechts und bezieht sich die letztere Zahl auf eine fortlaufende Gesamtnummer der §§ einer zwischen 1412 und 1449 hergestellten Fassung der Statuten.

16*

venire nullo modo presumant; alioquin gradibus et promocionibus noscant se fore indignos et ab ipsis penitus excludendos.][h]

(Siehe am Schluss nach § 147.)

D f. 27

[SEQUUNTUR TITULI RUBRICARUM etc.][h]

5 **§ 1.** [r. 1,1 = 9.][h] **Nullus eligatur in decanum facultatis arcium, nisi fuerit in consilio facultatis per triennium** [et sit actu regens][h]; **et censetur**[a] **actu regens, qui legit per tres menses in anno in facultate.**

[r. 13,1. Require statutum primum rubrice prime, quod sic canit in sui (?) parte: Magister censetur actu regens, qui legit per 3 menses in anno in facultate.][h]

[r. 13,2 = 37. Item moderatum est illud statutum de actu regencia juxta hunc modum: 10 quod non obstante predicto statuto magistri seniores infirmitatibus preventi vel pre senio debiles ac magistri actu laborantes in superiori facultate, ut in theologia legentes cursum biblie vel sentencias, eo tempore, quo huiusmodi laboribus insistunt, actu regentes debent censeri, eciam dato quod nullum actum scolasticum in artibus legendo vel disputando exerceant, ordinariarum disputacionum et quotlibeti visitacionibus ac earundem presidenciis tantum exceptis.][h]

15 [Require statutum nonum rubrice decime.]

[r. 1,2 = 2.] Item nullus magistrorum in decanum facultatis arcium eligatur, qui infra proximos duos annos fuerit in officio decanatus, nisi in casu necessitatis incumbentis.][h]

§ 2. [r. 2,1 = 10.][h] **Officium decani est convocare magistros, quando necessitas et utilitas id exposcit, materiam convocationis** [exprimendo][h] **(exprimere)**[d] **et providere (in** 20 **statutis)**[d] [ut statuta][h] **facultatis rite et utiliter observentur.**

§ 3. [r. 2,2 = 11.][h] **Item quilibet electus in decanum tantum per medium annum in suo officio (per)**[d]**manebit.**

§ 4. [r. 1,3 = 12.][h] **Item sabbato ante festum sancti Luce**[1] **pro hyeme et ipso die Georgii**[2] **pro estate decanus eligatur; et inicium studii hyemalis sit crastina die** 25 **sancti Luce,**[3] **inicium vero studii estivalis sit proxima die feriata festum Georgii**[2] **sequente.**

§ 5. [r. 1,1 = 13.][h] **Item electus in decanum per voces ultra medium tocius congregacionis obtinebit per medium annum decanatum.**

§ 6. [r. 1,5 = 18.][h] **Item forma eligendi decanum est: prima per induccionem vocum,** 30 **secunda per scrutinium, tercia per compromissum et** [deficiente][h] **(de**[b] **fidelitate**[b]**)**[d] **prima acceptetur secunda et (sic)**[d] **continenter.**

[r. 1,6 = 2.] Statutum est in decanatu magistri Henrici de Gheismaria, quod decanus et similiter examinatores per scrutinium eligantur et tempore eleccionis decanus ante eleccionem tenetur et debet legere et magistris presentibus innovare omnia et singula statuta eleccionem 35 respiciencia, videlicet quod quilibet magistrorum tenetur in eligendo et consiliando dare vocem secundum dictamen consciencie sue, et ideo pro bono facultatis, ad quod promovendum quilibet

[a] senсetur D. [h] Steht nur in D als Nachlässigkeitsfehler.

[1] 18. Okt. [2] 23. April. [3] 19. Okt.

eorum per iuramentum suum tenetur in eligendo decanum et examinatores, dare debet vocem suam pro eligendo non propter favorem vel odium cuiuscunque; aut propter preces vel munera sive promociones, sed prout pro bono facultatis sibi in consciencia sua videbitur expedire. Et decanus pro tempore, qui vocum scrutator fuerit, sub pena prestiti iuramenti nullum eligere volentem movere debet aut inclinare ante eleccionem vel in eleccione ad eligendum magis unum quam alium, cum eleccio deberet esse libera ex consciencia eligentis. Sub eadem pena tenetur scrutator fideliter singulorum colligere voces et nullius eligentis vocem manifestare, sed ex vocum pluralitate electum pronunciare. Quodsi voces pro duobus vel pro pluribus fuerint equales in numero, protunc innovabitur scrutinium super electis duntaxat, donec per pluralitatem vocum alteri eorum ad decanatus officium vel examinandi ius acquiratur.][h]

[r. 1,7. Circa hoc statuimus et volumus, quod duo magistri per quotam (?) debent deputari, qui simul cum decano perscrutentur vota eligencium; qui duo magistri sic deputati primo iurabunt decano, quod nullius vocem eligentis debent manifestare nec aliquem in eleccione ad eligendum magis unum quam alium debent inclinare. Quo facto primo sua sigillatim et secrete dabunt vota decano et alteri deputato, et tunc sic cum decano audiant vota singulorum. Que statuta volumus tamdiu practicare, donec aliud videatur pro utilitate facultatis expedire.][h]

§ 7. [r. 1,8.][h] Item decanus electus iurabit (iuramentum infrascriptum)[d] [infrascriptum iuramentum][h]: Ego N. iuro et promitto facultati arcium et vobis [N.][h] (domine decane antique)[d] [decano antiquo][h] nomine facultatis, quod fideliter velim agere pro facultate in officio mei decanatus, inquantum me[c] et officium meum concernit: sic me deus adiuvet et hec sancta dei evangelia.[e]

[r. 1,9 Item decanus antiquus eodem die statim post eleccionem novi decani in presencia tocius facultatis medio suo iuramento sit obligatus ad presentandum novo decano cistam parvam facultatis cum sigillo facultatis et signeto decanatus, libris statutorum ceterisque clenodiis solitis presentare[e] tempore eleccionis.][h]

[r. 1,10. Item tempore statuto pro eleccione decani vocari debent omnes magistri de consilio facultatis sub pena, quam diligunt bonum facultatis, et sub pena suspensionis a facultate ad medium annum, sicut consueverunt magistri pro eleccione examinatorum.][h]

R. 2,1 und 2 siehe oben § 2 und 3.

§ 8. [r. 2,3 = 16.][h] Item decanus infra octo dies post eius officium de loco Erffordensi non recedet, nisi cum consensu facultatis arcium.

§ 9. [r. 2,4 = 17.][h] Item in quolibet actu solempni facultatis arcium decanus birretum habere tenetur.

§ 10. [r. 2,5.][h] Item nullus racione decanatus sine consensu facultatis aliquam propinam faciet de fisco facultatis.

§ 11. [r. 2,8][h] Item decanus in consilio facultatis concludet per pluralitatem vocum.

§ 12. [r. 2,7][h] Item in qualibet cedula convocacionis facultatis et[e] magistrorum exprimat decanus ad minus sub pena non contradicendi.

§ 13. [r. 2,6][h] Item decanus mandet[f] bedellis, quatenus ad minus unus eorum singulis[f] diebus eum visitet et, si aliquid fuerit intimandum, hoc ei committat.

[c] ne D. [d] Steht in D; ()[d] fehlt in H. [e] ewangelia D. Vollständig steht der Eid in H fol. 215[c] zu Anfang der Statuten. (Z 25 presentari H.) (Z 37 ac statt et D.) [f] mandat D. (simul statt singulis D.)

D f. 28 § 14. (Item decano iurat quilibet presentatus et acceptandus seu admittendus ad facultatem iuramentum[e] infrascriptum:)[d]

Ego N. iuro et promitto debitam obedienciam et reverenciam vobis domino [N.][h] decano (N.)[d] vestrisque in hoc officio successoribus et facultati arcium in licitis et 5 honestis; et statuta et[g] statuenda atque ordinaciones ipsius facultatis arcium fideliter et firmiter pro posse et nosse observare, et quod bonum unitatem (et)[d] pacem et[i] honorem debitum facultatis arcium procurabo, ad quemcunque statum pervenero; sic me deus adiuvet et hec sancta dei evangelia.

§ 15. [r. 2,10 = 23.][h] Item decanus (per)[d] nullum permittet[k] laborare [publice][h] in 10 (eadem)[d] facultate (publice),[d] nisi sit graduatus in eadem.

§ 16. (Item per decanum nullus intituletur ad examen, nisi in disputacionibus sex responsionibus ter ordinarie et ter extraordinarie per eundem completis et nisi pro exerciis et leccionibus magistris suis solvendo pastum secundum statuta facultatis satisfecerit vel alias cum eo propter plenam congregacionem facultatis fuerit dispensatum.)[d 1]

15 § 17. [r. 2,9 = 25; cf. § 122. 24,1.][h] Item decanus debet publicare circa inicium studii in primo mense magistris baccalariis studentibus et scolaribus[l] statuta eos [et eorum statum][h] concernentia et hoc tempore decanatus sui semel vel bis ad maximum.

§ 18. [r. 2,11 = 26.][h] Item decanus laborantes contra statuta facultatis (in facultate)[d] monere, quod statim cessent, sub pena dimidii floreni; qui si non obedierint,[m] citentur 20 per decanum ad facultatem, ut acrius[n] puniantur.

§ 19. [r. 3,1 = 27.][h] (Item)[d] Per decanum[o] perpetuis mediis annis ordinari debet celebracio misse[o] facultatis, alias fraternitatis arcium pro defunctis in principio decanatus cuiuslibet scilicet in primo mense, nisi alias notabilis[o] necessitas [illam][h] ad sequentem mensem postposuerit in parrochia collegii facultatis [arcium vel alias in propinqua se- 25 cundum beneplacitum facultatis; et protunc decanus ordinabit, quod collectores facultatis][h] in missa servientibus campanatori ac portantibus candelas etc. ultra medium florenum non exponant. [De hoc autem vide in libro papireo, quoniam extensum est ad florenum in decanatu magistri Jacobi de Salfeldia anno dni 1438.][h]

§ 20 [r. 3,6 = 28.][h] Item decanus ibidem erit birretatus, similiter dabit predicanti 30 in scriptis commemoracionem defunctorum magistrorum baccalariorum studencium et aliorum (beneficorum)[d] [benefactorum][h] et ordinabit, quod ibidem fiet (collacio)[d] [sermo][h] brevis in theutunico.[p q]

§ 21. [r. 3,2 = 29.][h] Item forma convocacionis pro intimacione scilicet ad collegium D f. 29 v. (et)[d] affigenda (erit)[d] [est hec][h]: Notificat decanus facultatis arcium omnibus suppositis 35 eiusdem, quod hodie finitis vesperis erunt vigilie novem leccionum; et cras hora terciarum, scilicet post missam parrochialem, missa pro [defunctis, pro][h] suppositis facultatis eiusdem, similiter pro suis fundatoribus ac benefactoribus liberarie[r] communis

[g] ac H. [h] Steht in H; [ ][h] fehlt in D. [i] ac H. [k] permittet H. [l] scholaribus H. [m] obedierit D. [n] artius H. [o] decanus D. (Z. 22 missa D; Z. 23 notabiles D) [p] teutonico H. [q] Hiermit schliesst die Rubrica 3 in H. [r] libraria H.

[1] Vgl. § 109 [r. 20,8].

et promotoribus eiusdem; unde exhortatur decanus omnes predictos et[s] protunc conveniunt[s] graduati in habitibus et alia supposita in vestibus decentibus ad offerendum ibidem; datum anno domini millesimo etc. decanatus sub (sigillo)[d] [signeto].[h]

[r. 3,3 = 30. Item ista intimacio debet decani poni ad ianuam collegii artistarum, ad ianuam scole iuristarum et ad valvam ecclesie beate Virginis, ut nullum magistrum excuset ignorancia. Similiter talis missa debet de cetero fieri in die legibili. De hoc vide in libro papireo sub decanatu magistri Kanuti de Arusia.][h]

§ 22. [r. 3,5 = 31.][h] Item decanus (facultatis arcium)[d] ordinabit, ut illis[t] horis in facultate non legatur[u] nec disputetur.[v]

§ 23. [r. 2,12 = 32.][h] Item decanus facultatis arcium singulos defectus atque negligencias contingentes in leccionibus et exerciciis collegiatorum aliorumque magistrorum de facultate arcium corrigere debet cum effectu; quod si facere non possit, tunc huiusmodi cum consilio facultatis predicte dominis consulibus proponere debet, eorum auxilium implorando.

§ 24. [r. 2,13 = 33.][h] Item per[w] decanum[w] prelati canonici ecclesiarum cathedralium seu nobiles, membra [huius][h] universitatis, cuiuscunque facultatis fuerint, ita decenter locari debent, si venerunt[x] ad actus solempnes (facultatis),[d] sicut si alii venerunt[y] ad eosdem actus consimilis status, qui non essent de gremio universitatis[z] huius[z] alme.[z]

§ 25. [r. 2,14 = 34.][h] Item decanus faciet convocacionem in die sancti Augustini[1] pro ordinaria distribucione librorum studii hyemalis.

[r. 2,15 = 142. Item decanus pro tempore de cetero debet diligenter sollicitare rectores bursarum, ut exhortentur combursales suos sub pena ad visitandum disputacionem ordinariam magistrorum, iuxta tenorem unius statuti, quod habetur infra sub rubrica statutorum disputacionem ordinariam magistrorum concernencium. Similiter quod visitent diligenter disputacionem ordinariam baccalariorum.][h]

[r. 2,16 = 142. Item conclusum est in finem, ut rectores bursarum ac eciam studentes per amplius in reieccione aut limitacione non incurrerent confusionem; quod de cetero decanus pro tempore ante tempus apercionis examinis magistrandorum et baccalariandorum preavisare debet singulos rectores bursarum, ut dissuadeant quantum possint, ne aliquis inabilis ad aliquem gradum examen intret, de quo timetur aliqua confusio.][h]

[r. 2,17. Item de cetero decanus pro signeto baccalariandis aut aliis dando post eorum presentacionem ultra novum grossum recipere non debet. Et conclusum est, illud statutum in futurum rigorose observari debere tam quoad magistrandos quam quoad baccalariandos.][h]

[r. 2,18. Item ad cavendum dispensaciones nimis exorbitantes quandoque factas per facultatem circa promovendos quilibet decanus pro tempore teneatur quocunque examine appropinquante magistros de consilio prius avisare et eosdem exhortari, quod in hoc bonum facultatis attendant, quod omnes iuraverunt procurare et non ita faciliter dispensetur in gravibus defectibus et precipue non dispensetur contra statuta facultatis de non stando in bursis sine causa racionabili.][h]

[s] ut p. t. conveniant H. [t] illas D. [u] legetur D. [v] disputabitur D. [w] prodecanus H. [x] venerint H. [y] venirent H. [z] h. a. univ. H.

[1] 26. Mai.

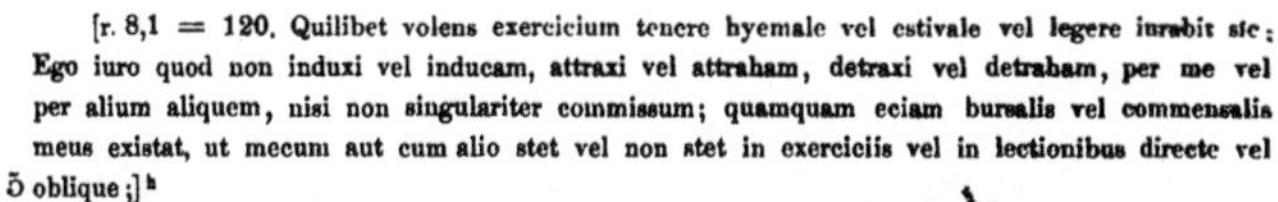

[r. 8,1 = 120. Quilibet volens exercicium tenere hyemale vel estivale vel legere iurabit sic: Ego iuro quod non induxi vel inducam, attraxi vel attraham, detraxi vel detraham, per me vel per alium aliquem, nisi non singulariter commissum; quamquam eciam bursalis vel commensalis meus existat, ut mecum aut cum alio stet vel non stet in exerciciis vel in lectionibus directe vel 5 oblique;][h]

[r. 8,2 = 121. Item quod nullum pactum de pastu citra statutum [illegible]ndo cum aliquo feci vel faciam, omni dolo et fraude penitus seclusis, nec minus quam integrum pastum capiam, nisi de consensu decani facultatis arcium et duozum magistrorum sibi condeputatorum. Et hoc statutum intelligitur de primo actu quoad secundam eius partem; sic me deus adiuvet et hec sancta dei 10 evangelia.][h]

§ 26. [r. 8,3 = 38.][h] Item nullus magistrorum habeat simul et semel duo vel plura exercicia in hiis materiis, videlicet: in parvis loycalibus, in loyca Aristotelis, in phisicorum, in de anima (et in ethicorum).[d] [Salvum tamen est magistro exercicium ethicorum cum alio exercicio disputare.][h]

15 [r. 8,4. (a. R.): in libro papireo. Item de cetero nullus magistrorum legere debet duas lectiones sub una hora sic, quod ad ceteros dies legat in una, aliam suspendendo et post hoc vice versa.][h]

§ 27. [r. 8,5 = 39.][h] Item nullus magistrorum disputet in exerciciis aut legat[aa] publice illo[bb] die, quo[bb] disputabitur[cc] ordinarie, nec alium actum scolasticum [in artibus][h] publice faciat;[dd] idem de baccalariis servetur.[ee]

20 [r. 10,1. Ordinarie disputaturus intrare debet hora sexta in estate; scilicet a festo Pasche usque ad festum Mychaelis, et in hyeme hora septima sub pena trium grossorum antiquorum decano facultatis solvendorum.][h]

§ 28. [r. 10,2 = 40.][h] Item magister ordinarie disputans et eciam in quolibet actu solempni facultatis presidens birretum habere tenetur.

25 § 29. [r. 10,3 = 41.][h] Item magistri actu regentes tenentur ordinarie disputare sub pena octo grossorum et non regentes actu, postquam decanus eis tempestive per bedellum disputacionem ordinariam intimaverit, et si acceptaverint, tenentur sub pena prefata disputare; si vero non possent seu[ff] vellent, intiment per bedellum decano tempestive, ut decanus de alio disputante provideat, ne facultas taliter in actibus suis 30 impediatur.

D f. 29

[r. 10,4 = 64. Item quilibet magister ordinarie disputans tenetur et debet disputacionem post prandium resumere et continuare, respondentes audiendo, sub pena octo grossorum. Et quicunque respondencium post prandium se absentaverit, illius actus respondendi factus ante prandium non reputabitur sibi pro responsione.][h]

35 [r. 10,5 = 80. Item quilibet presidens in huiusmodi disputacione congregatis quatuor magistris habituatis tenetur se statim expedire ad cessandum.][h]

[r. 10,6 = 86. Item de cetero a disputacione magistrorum ordinaria in tactu hore decime debet cessari, et facto prandio post horam duodecimam continuari, et magistri protunc arguere volentes audientur; et hoc statutum intelligitur tempore estivali, quia hyemali tempore potest 40 ultra horam decimam disputari.][h]

[aa] leget D H. [bb] illa die qua H. [cc] disputatur H. [dd] faciet D H. [dd-ee] idem serv. d. baccal. H. [ff] nec H.

[r. 10,7 = 65. Item quilibet magister presens ordinarie disputacioni aut disputacioni de quolibet in habitu magistrali apparebit sub pena trium grossorum antiquorum.][h]

§ 30. [r. 8,6 = 42.][h] Item nullus magistrorum leget diebus festivis pro pastu nec sine pastu aliquem librum ad gradum pertinentem; idem servetur de baccalariis.

§ 31. [r. 8,7 = 43.][h] Item nullus magistrorum incipiet legere aliquem librum post dies caniculares, nisi possit ipsum secundum statuta ante proximum inicium (studii)[d] finire.

§ 32. [r. 8,8 = 44.][h] Item nullus magistrorum incipiet nec lecciones nec exercicia in proxima[gg] mensis[gg] ante inicium studii, nisi possit huiusmodi ante idem inicium secundum statuta finire.

§ 33 [r. 8,9 = 45.][h] Item nullus magistrorum incipiet (aut)[d] legere (ordinarie)[d] aliquem librum [ordinarie][h] receptum post distribucionem, eciam si ante inicium studii eum finire possit secundum statuta facultatis.

§ 34. [r. 8,10 = 46.][h] Item recipiens ordinarium leget eum per se vel[hh] resignet[hh] eum[hh] facultati.

§ 35. [r. 10,8 = 47.][h] Item nullus magistrorum [audiatur][h] in arguendo sine habitu in disputacione (potest tamen ultimo loco argumentum proponere).[d]

[r. 10,9 = 70. Item quilibet de senioribus magistris censeri volens actu regens debet esse ad minus in tercia disputacione ordinaria per penam unius grossi antiqui, [in?] quam incidet, quociens terciam huiusmodi disputacionem habituatus neglexerit visitare, argumenta ibidem deducendo. Et quilibet magister de iunioribus ad eandem penam sit obligatus, quociens secundam huiusmodi disputacionem non visitaverit cum habitu ibidem arguendo. Quem grossum si magister non dederit, cum per decanum requisitus ad dandum fuerit, non habeatur pro regente actuali. Cuius grossi medietas cedit decano, alia fisco facultatis, de qua decanus faciet computum tempore, quo collectores facultatis solent computare. Et debet pro seniori magistro haberi, qui complete est magister sex annorum, quos si non finierit, debet pro iuniori computari.][h]

[r. 10,10 = 71. Item quilibet rector burse seu magister, habens secum extra bursam socios in nostra facultate studentes, tenetur cum suis combursalibus seu sociis disputacionem infrascriptam honeste visitare, exhortando eosdem ad penam infrascriptam; scilicet quociensecunque ipsi disputacionem huiusmodi non visitaverint, det quilibet eorum unum grossum antiquum, qui cedat communitati ad usum suorum combursalium seu commoranciam sociorum. Quos magistros et rectores bursarum decanus si invenerit in istis negligentes, tenetur ad prescripta exhortari; et istud statutum volumus in futurum inviolabiliter observari.][h]

[r. 10,11 = 81. Item nullus magistrorum in prefata disputacione debet plura argumenta proponere quam tria sine confirmacionibus, tantum duo deducendo, nisi aliud viderit presidens fieri posse propter paucitatem magistrorum.][h]

§ 36. [r. 8,11 = 48.][h] Item magistri[ii] et licenciati in artibus debent servare vacaciones[kk] secundum modum infrascriptum, videlicet quod a festo Margarethe[1] usque ad[ll]

[gg] proximo mense H. [hh] aut resignabit ipsum H. [ii] mag'ster D. [kk] vocacionem D. [ll] in H.

[1] 13. Juli.

festum Bartholomei[mm] ordinarie non disputent, nec a festo Jacobi[1] usque ad[nn] festum Bartholomei[mm] legent.

§ 37. [3,4 = 49.][h] Item quilibet magistrorum atque baccalariorum in artibus tenetur esse in vigiliis et missa facultatis, sub pena quatuor grossorum irremissibiliter decano
5 persolvendorum.

§ 38. [r. 8,12 = 50.][h] Item nullus magistrorum in summis festis debet legere vel disputare nec hora diebus festivis inmediate[oo] post prandium propter disputacionem baccalariorum legere debet.

[r. 12,1 = 127. Quilibet rector burse debet sic promittere rectori universitatis, decano facultatis
10 arcium ceterisque magistris ad hoc deputatis in visitacione burse: Ego promitto quod meis bursalibus volo fideliter in moribus et doctrina preesse, ipsos ad latinizandum inducere, bursam meam horis statutis ab universitate firmitate non ficta claudere clausamque temporibus congruis pro posse et nosse tenere, discolum aut vagabundum incorrigibilem mecum non sustinere, quin illum domino rectori vel eius substituto per me vel per alium denunciem emendandum. A beano
15 pro beanii ipsius deposicione non plus tercia parte floreni renensis exigere aut exigi permittere, licencia ad magis exponendum a rectore universitatis et secreto consilio non obtenta; strepitus et incommoditates, quibus vicini vexantur, aut commessaciones frequentes cum effectu prohibere; alterius bursalem absque eius vel rectoris universitatis seu eius substituti consensu, sub pena quatuor florenorum renensium dictis rectoribus dandorum tociens quociens contrarium fecero, non
20 colligere; eciam promitto curare quantum valeo, ut mei combursales vestitu superiori in corpore in plateis et in scolis honeste togis vel tunicis iuxta statuta universitatis incedant.][h]

[r. 12,2 = 128. Item quilibet receptus et ad bursam recipiendus debet sic promittere in presencia bursalium: Ego promitto bona fide contra magistrum meum rectorem burse non insurgere, eius informacionem et direccionem pacienter audire, nullas conspiraciones aut ligas contra ipsum
25 aut in preiudicium universitatis facere aut faciendis interesse. Octavum respice rubrice 16[e]; cf. rub. 12.][h]

§ 39. [r. 12,3 = 111.][h] Item quilibet regens bursam ordinet, ut domus sua claudatur circa primum pulsum cavete; alias, si domus tempore noctis aperta inveniatur ex negligencia eius, solvat facultati medium florenum. Sed si quis ibidem mulierem [suspectam][h]
30 introducat vel domum tempore noctis violenter aperiat, solvat integrum censum et facultati unum florenum, et cum hoc de bursa repellatur.[pp]

[r. 12,4 = 134. Item rectores bursarum, quorum quilibet ex parte suorum bursalium integram bursam sublevaverit, sint ad leccionem bursalem vel disputacionem fructuosam ferialibus diebus per se vel per alios cotidie obligati; quod si non perfecerint, bursales bursam integram poterunt[qq]
35 eis denegare.][h]

D f. 30 § 40. [r. 8,14 = 52.][h] Item magister non continuans labores scolasticos secundum determinatum tempus statutorum recipiet de pastu solum secundum ratam temporis.

§ 41. [r. 8,13 = 50.][h] Item nullus magistrorum debet concurrere cum aliquo ordinarie

[mm] 24. Aug. [nn] in H. [oo] inmediata H. [pp] repellantur D. [qq] poterint H.

[1] 28 Juli.

legente[rr] aliquem librum ante octavam Epiphanie,[1] sed protunc duo possunt petere concurrenciam a facultate, qui debent exaudiri.

§ 42. [r. 26,1 = 54.][h] (Item)[d] Hore exerciciorum[ss] in loyca Aristotelis sint inmediate ante prandium vel de mane prima hora diei; sed in sophistria grammatica rethorica de anima de celo et in de generacione sint hora secunda post prandium [id est hora duodecima.][h]; sed in phisicorum (et)[d] [in][h] ethicorum et in parvis loycalibus sint[tt] inmediate ante horam cene.

§ 43. [r. 26,2 = 55.][h] Item nullus disputans phisicorum in uno exercicio medii anni disputet plus quam phisicorum.

§ 44. [r. 26,3 = 56.][h] Item exercicia, que debent durare ad dimidium anni[uu] non debent, nisi in principiis vel infra quindenam, post inicia studiorum inchoari.

§ 45. [r. 8,15 = 79.][h] Item si quis magistrorum ordinarium suum (libenter)[d] legere inceperit[tt] et ad tempus continuaverit, tantam eius partem finiendo, quod partis eiusdem resumpcio legentem et audientes gravaret, talis si ex causa racionabili eundem ordinarium finire fuerit impeditus, resignare potest alteri in presencia decani, dummodo decanus causam approbaverit; et si postposuerit ordinarium, non resignando eum secundum formam prescriptam, pro pena tenebitur decano in quarta parte floreni et recipiens eundem sine licencia decani pro pena solvet decano duos solidos, et in arbitrio decani stabit, an permittere velit penam dantem ordinarium continuare vel, si velit, de alio ipsum lecturo providere.

§ 46. [r. 8,16 = 58.][h] Item recipiens ordinarium ita cito post inicium studii incipiet eundem, quod nemo ante proximum examen propter nimiam dilacionem dicti ordinarii possit impediri.

§ 47. [r. 8,17 = 59.][h] Item quilibet magister tempore incepcionis alicuius libri det in scripto[vv] decano tempus incepcionis et in fine tempus finicionis eiusdem, et teneatur magister post incepcionem [libri][h] continuare librum sine notabili interrupcione vel postponere in toto.

[r. 8,18 = 84. Item nullus magistrorum vel baccalariorum disputando vel legendo debet materiam, quam legit vel disputat, ad pennam pronunciare, sub pena duorum florenorum facultati persolvendorum, de quibus habebit decanus pro tempore terciam partem; sed tamen non inhibetur exercitantibus vel lecciones audientibus, quin colligere possint notabiliora et argumenta magistrorum, dummodo fiat sine pronunciatura.][h]

[r. 8,19. Item nullus magistrorum in disputacione ordinaria baccalariorum dirigere debet aliquo modo vel iuvare aliquem respondentem, arguentem vel eciam presidentem, nisi duntaxat dominus decanus vel tempore absencie sue senior magister in ordine sedens, et hoc maxime propter rixas aut displicencias ibidem tollendas.][h]

[r. 8,20. Item decanus facultatis arcium in eligendo lectorium pro suo exercicio disputando et similiter in promovendo singulis magistris, quemadmodum et in aliis, in ordine est preferendus.

[r. 8,21. Item nullus magistrorum in die beati Augustini[2] ad eleccionem et quotam tunc dandam admittatur, nisi secundum statuta facultatis fuerit actu regens et decenter habituatus habitu magistrali.

[rr] legenti D. [ss] exercicia D. [tt] sunt D. (Z. 13 incepit D.) [uu] annum D. [vv] scriptis D.

[1] 13. Januar. [2] 28. August.

[r. 8,22. Item quilibet magistrorum in eleccione comparens die beati Augustini ad eligendum lecciones sit obligatus.][h]

[r. 9,1 = 124. Quilibet regens in facultate arcium promittet hoc modo: Ego promitto bona fide, quod in plateis publice incedam cum mitra in capite et capucio in collo vel in scapulis, non cinctus in veste exteriori; sub pena quarte partis floreni tociens, quociens contrarium fecero, media parte rectori universitatis, reliqua medietate decano facultatis arcium solvenda, nisi ab ipsis coniunctim mecum fuerit dispensatum, dispensacione solum per medium annum perdurante. Nota quod istud statutum extensum est per consilium facultatis ad omnes magistros de facultate arcium, prout in libro papireo satis claret, sub decanatu magistri Kanuti de Arusia.][h]

[r. 9,2 = 3. Item quia propter importunas preces quorundam facultas minus utiliter, ymmo minime decenter interdum vexatur et oneratur; similiter examinatores, si molles fuerint, in detrimentum facultatis corrumpuntur, statuimus quod nullus magistrorum nostre facultatis vexare aut inquietare debet facultatem aut examinatores pro quocunque examinando aut examinato intercedendo per se vel per alium, per preces sive per munera aut per equivalencia. Quod si quis fecerit et innotuerit decano aut magistris de facultate, si est actu regens, sit de facto suspensus ab actibus scolasticis. Si fuerit de consilio, sit ad unum annum suspensus de consilio facultatis, quem sic suspensum decanus facultatis declarabit; et taliter suspensus post annum elapsum ad actus scolasticos sive ad consilium facultatis non admittatur, nisi per satisfaccionem previam facultati fuerit reconciliatus.][h]

§ 48. [r. 9,4 = 60.] **Item nullus magistrorum promoveat aliquem in baccalarium** D f. 30 **nec[ww] conferat alicui insignia magistralia, nisi prius sit certificatus, quod eum promovere possit per signetum vel vivam vocem decani.**

§ 49. [r. 9,5 = 62.][h] **Item signetum continere debet nomen promovendi (semper)[xx] scriptum propria manu decani (protunc existentis)[d] et signetum[yy] decani, sic quod super nomen promovendi apponatur sigillum decani.**

§ 50. [r. 9,6 = 62.][h] **Item nullus magistrorum per se vel per alium ab aliquo munus vel pecuniam postulet, vel ad dandum[aa] cuiquam[a] aliquid intuitu promocionis ad gradum per se vel per alium quemquam inducat, sine disposicione facultatis;** [r. 9,7 = 71. Item][h] **eciam[a] nullus[a] magistrorum ab illis in examine vel examinatis aut examinandis racione promocionis ad gradum recipiat[b] aliquid quod**[cunque][h] **(quandoque)[d] promissum vel iuramentum sine disposicione[c] facultatis.**

[r. 9,8. in libro papireo. Item stans in aliquo collegio vel bursa sub tempore examinis, promoveatur sub illo vel illis, cum quo vel quibus tempore examinis stetit, non obstante quod post examen et ante eius promocionem ad alibi standum locum mutaverit.][h]

RUBRICA DE QUANTITATE TEMPORIS ET PASTUS EXERCICIORUM (cf. § 42—44).

[r. 26,4 = 71. Item quod ab inicio studii hyemalis usque ad festum Circumcisionis domini inclusive, nullus magistrorum aut baccalariorum hora duodecima post prandium exercicia habere debet nisi in methaphysica.][h]

[ww] neque H. [xx] Statt scriptam verschrieben und wieder ausgestrichen D. [yy] sigillum H. [aa] dandam D. [a] tanquam D. (Z. 27 nullus eciam H.) [b] recipiet D. [c] disputaciono D. [d] Steht nur in D; ()[d] fehlt in H.

§ 51. [r. 26,5 = 72.][h] Item per[e] medium annum in exerciciis[f] per [unam][h] horam de die debet disputari, ad minus vetus ars et, si placet, elencorum in toto vel in parte.

§ 52. [r. 26,6 = 73.] Item per medium annum in exerciciis per unam horam de die debet disputari ad minus priorum posteriorum et elencorum et, si placet, topicorum[g] in toto vel in parte. 5

(§ 53. Item in parvis loycalibus per medium annum per duas horas vel per unam cum media debent disputare ad minus tractatus Petri Hispani supposiciones confusiones consequencie et si placet sophistria cum illis possunt disputari)[d]

[r. 26,7 = 87. Item metaphisica inposterum debet pro forma disputari hoc modo, quod 10 disputans omnes libros metaphisice, qui solent communiter disputari, debet disputare et quilibet audiencium debet pro pastu dare disputanti unum florenum tantum, et debet disputari istud exercicium hora duodecima post prandium.][h]

[r. 26,8 = 82. Item in exerciciis vespertinis debent disputari tractatus Petri Hispani sine adduccione materiarum inpertinencium cum sophismatibus Alberti, que debent diligenter 15 declarari.][h]

[r. 26,9 = 83. Item parva loycalia scilicet supposiciones confusiones consequencie ampliaciones appellaciones restricciones Biligam obligaciones et insolubilia debent disputari in exerciciis per medium annum.][h]

§ 54. [r. 26,10 = 75.][h] Item quilibet exercitans det pro pastu de phisica vel (in)[d] 20 loyca Aristotelis per medium annum de die disputabili per unam horam [unum florenum][h] sed per duas [horas][h] vel ad minus per[i] unam horam cum media, unum florenum cum medio.

§ 55. [r. 26,11 = 76.][h] Item pro pastu de exerciciis parvorum loycalium, per duas horas vel per unam (horam)[d] cum media, unum florenum solvere debet. 25

§ 56. [r. 26,12 = 77.][h] Item pro pastu sophistrie grammatice rethorice vel metaphisice[k] modo proporciona(bi)[d]li secundum tempus et horam et[l] labores debet pecunia solvi pro exerciciis in illis.

§ 57. [r. 26,13 = 78.][h] Item quilibet intrans ter exercicium vel leccionem [alicuius][h] circa principium ille sit obligatus ad totum pastum illius exercicii vel libri, nisi talis 30 D f. 80v. legittime[m] fuerit impeditus et tunc solvat secundum ratam temporis.

§ 58. [r. 26,13 b.] Si vero ter intrans[n] non circa principium, sed post veniat,[o] solvet[p] iterum secundum ratam temporis; sed si legens vel disputans non est continuans usque ad determinatum tempus, recipiet ab audientibus pastum tantum pro rata temporis.

§ 59. [r. 26,15 = 59.][h] Item quilibet visitans exercicium vel leccionem audiens 35 debet magistro suo satisfacere infra tempus laboris, alias magister habet[q] posse et est ei salvum illum tempore promocionis impedire, sic quod ad examen non admittatur; eciam[r] in casu, quo admissus ad examen fuerit, quod ulterius promoveri non possit.

[r. 26,16 = 90. Item quilibet studencium facultatis arcium satisfacere debet et tenetur 40

[e-f] in exerc. p. m. a. [g] thopicorum H. [h] Steht in H, [][h] fehlt in D. [i] ad H. [k] mathematice H. [l] seu H. [m] legitimo H. [n] intraret H. [o] veniret H. [p] solvat H. [q] habeat H. [r] et H.

infra tempus laboris sive leccionum sive exerciciorum vel solvendo pecunialiter,[s] aut ponendo valida pignora et sufficiencia; quod si non fecerit, extunc huiusmodi lecciones et exercicia pro forma nullius gradus acceptandi debet computari, ita tamen quod infra mensem satisfaciat pignus redimendo.][h]

5 [r. 26,17 in libro papireo Item nullus censeri debet servitor alicuius magistri, nisi cum suo magistro in eadem domo habitet et servicia debita servitorem concernencia eidem impendat.][h]

RUBRICA DE LIBRIS LEGENDUM PER QUOD TEMPUS.

§ 60. [r. 27,1 = 88.][h] Liber phisicorum debet legi per menses[t] octo,[t] de anima per tres menses, de generacione et corrupcione per (3)[d] [2][h] menses, de celo et mundo per 10 quatuor menses, [methaurorum[1] per 4 menses][h] parva naturalia per duos[u] menses, ethicorum per octo menses, politicorum per sex menses, yconomicorum[v] per unum mensem; methaphisica per sex menses; Euclides per sex menses, theorica planetarum per alterum dimidium[w] mensem, musica per 1 mensem, arismetrica per unum mensem, perspectiva per 3 menses, spera materialis per alterum[w] dimidium[w] mensem; vetus ars per 4 menses,[x] 15 (secunda pars Alexandri per unum mensem)[d] priorum per 4 menses, posteriorum per 4 menses, topicorum[y] per 4 menses, elencorum per 2 menses, Petrus Hispanus per 3 menses, supposiciones ampliaciones restricciones [et][h] appellaciones simul per duos menses, consequencie[z] per unum mensem, obligatoria[aa] et insolubilia[bb] per 1 mensem,[cc] Biligam per 1 mensem, Priscianus minor per 3 menses, Donatus per 1 mensem, prima 20 pars Alexandri[dd] per 1 mensem, [secunda pars Alexandri per 1 mensem, tercia pars Alexandri per 1 mensem][h] Boecius de disciplina per 1 mensem; Boecius de consolacione philosophie per quatuor menses, loyca Hertisbri[ee] per 4 menses, poetria per duos menses, computus per unum mensem, algorismus per 1 mensem, [laborintus per 2 menses.][h]

§ 61. [r. 27,2][h] Item audientes lecciones pro quolibet mense tenentur irremissibiliter 25 solvere legenti 3 grossos antiquos pro pastu infra tempus laboris.

[r. 16,1 = 1. De cetero omnes magistri de facultate tempore admissionis examinandorum ad examen pro gradu baccalariatus vel magisterii debent vocari ad videndum personas illorum sub pena quatuor grossorum antiquorum. De cetero eciam tempore apercionis examinum, sive pro magistrandis sive pro baccalariandis, omnes magistri de consilio facultatis debent vocari ad 30 eligendum examinatores, sub pena qua diligunt bonum facultatis, et sub pena suspensionis a facultate ad medium annum.][h]

[r. 16,2 = 4. Item quociens examinatores in admissione vel reieccione alicuius fuerint discordes, eciamsi quatuor eorum concordaverint contra unum, referendum erit ad facultatem, que debet iudicare et diffinire secundum statuta facultatis, si causa discordie cadit sub aliquo statu- 35 torum; sin autem facultas debet eiusmodi discordie causam per diffinicionem vel per novum statutum pro honore et utilitate facultatis providenter eliminare, in locis vero distribuendis se-

[s] Am Rande steht: De hoc vide libro papireo fol. 79. [t] octo menses H. [u] duas D. [v] iconomicorum H. [w] 1½ H. [x] mensem H. [y] thopicorum H. [z] consequencia D. [aa-cc] Steht hinter Biligam p. u. m. H. [bb] insolobilia D. [dd] Allexandri D. [ee] Heysbri H.

[1] Soll meteororum heiszen.

In Prag ~~würde~~ verlangt, daß die baccalariandus publice ~~gehört~~ habe: summulae Petri Hispani, vet. ars, priora, posteriora, elenchi, physica, de [illegible], tractat. de sphaera, Lib. de [illegible]

cundum pluralitatem vocum concludatur, nisi ita notabilis fuerit inequalitas; que merito ad facultatem esset referenda. In quo casu unus examinatorum potest contra pluralitatem vocum ad facultatem appellare.

§ 62. [r. 16,3 = 91.][h] Item omnes magistri quotcunque[ff] electi promittant decano vel facultati, quod velint conclusiones examen concernentes infrascriptas[gg] inviolabiliter observare, prout pro honore et utilitate facultatis expedire videtur. [r. 16.4 = 92.][h] Prima est quod ipsi examinatores nonnisi ydoneos sufficientes et morigeratos ad gradum in artibus velint admittere et admissis[hh] post examen loca ordinarie[ii] distribuere, habendo respectum ad sciencias facultatis arcium et ad alia merita, videlicet ad mores et condiciones persone.

§ 63. [r. 17,1 = 93.][h] (Item)[d] Nullus post examen admissorum debet luere suam paupertatem, ita quod solum propter paupertatem debet aliquis per rigorem examinis admissus ad gradum in ordine postergari, nec debet aliquis propter divicias solum in ordine preferri.

§ 64. [r. 17,3 = 94.][h] Item quod locatis ordinarie post examen non resument[kk] suos [ordines sive loca statim et inmediate, sed dicent eis] quod, cum voluerint disputacionem ordinariam in habitibus suis visitare, tunc debent ire ad decanum inquirendo, quis precedat eos inmediate et quis sequatur (eum)[d] inmediate, in ordine baccalariorum.

§ 65. (Item examinatores baccalariandorum ad examen debet admittere post publicam intitulacionem factam.)[d]

[r. 20,5. Item nullus baccalariandorum ad examen debet admitti post publicam intitulacionem factam.][h]

§ 66. [r. 20,3 = 96.][h] Item nullus debet admitti ad examen baccalariandorum, nisi prius audivit exercicia et lecciones secundum statuta facultatis.

§ 67. [r. 20,1 = 97.][h] (Item)[d] Examen baccalariatus debet aperiri bis in anno, videlicet in duobus quatuor temporibus autumpnali et vernali[ll] intimando sabbato proximo [et] inmediate precedente.

[r. 20,2 = 186. Item forma vocacionis baccalariandorum est ista: Notificat omnibus et singulis pro gradu baccalariatus in artibus examinari volentibus, quatenus cras hora conveniant in stuba facultatis arcium ad intitulandum, alias pro hac vice non admittentur. Datum anno domini etc. decanatus sub signeto etc.][h]

[r. 20,4. Item volens audire lecciones vel exercicia, secundum statuta nostre facultatis, omni tempore actuum scolasticorum pro posse suo diligens existet; si vero ex causa racionabili ab uno actu vel pluribus defuerit, tractatum capitulum vel aliam partem notabilem, citra librum parcialem seu mensem postponendo, petat resumpcionem in cathedra a magistro legente seu disputante, in cuius beneplacito sit resumere vel non resumere materiam obmissam. Si autem quis ad mensem vel ad librum parcialem, sicut est tractatus Porphirii vel alius liber parcialis in loyca vel in phisica, defuerit, solvat pro aliis libris restantibus secundum ratam et taxam communem et librum non auditum non per resumpcionem, sed a novo legente vel disputante audiat tempore oportuno, alias tales actus pro forma minime computentur.][h]

(§ 68. Item quilibet ad gradum baccalarii examinatus det ad fiscum facultatis

[ff] quocunque D. [gg] infrascriptos D. [hh] admissum D. [ii] ordinate H. [kk] insinuent H. [ll] vernalis.

novem solidos denariorum Erffordensium et quilibet ad gradum magisterii examinatus dabit decem et octo solidos denariorum Erffordensium ad fiscum facultatis arcium, quam pecuniam presentare debet collectoribus facultatis pro tunc existentibus ante admissionem suam.)[d]

5 [r. 6,4. Item statutum antiquum tangens, quod quilibet ad gradum baccalariatus examinatus det ad fiscum novem solidos denariorum Erffordensium etc., de unanimi consensu magistrorum facultatis arcium est repositum ad verba clariora iuxta modum solitum iam servati videlicet: Quilibet ad gradum baccalariatus examinatus unum florenum renensem in auro, et quilibet ad gradum magisterii examinatus tres florenos renenses in auro det et presentet examinatoribus 10 tempore sue admissionis ad fiscum facultatis.][h]

§ 69. [16,5 = 99.][h] Item nullus magistrorum eligat examinatorem vel eligatur in examinatorem ante complecionem[mm] byennii.

§ 70. [r. 9,3 = 100.][h] Item quilibet magister, non obstante quod non complevit byennium, potest examinatos promovere.

15 [r. 21,1 = 95. Examinatores baccalariandorum debent esse quinque et eligantur inmediate post intitulacionem examinandorum; quod intelligitur sic, quod quatuor debent eligi et decanus debet esse principalis sive quintus.][h] [1]

§ 71. [r. 21,2 = 101.][h] Item examinatores baccalariandorum taliter (examinandorum pro baccalariatu)[d] examinare debent[nn] in grammatica, quod experienciam capiant, an 20 aliquis[oo] adeo[oo] sit debilis in grammatica, quod communem latinitatem congrue exprimere non possit, et si talis inventus fuerit, nullatenus admittatur; et similiter non admittatur Df. 31r. aliquis in parvis loycalibus non (bene)[d] fundatus.

§ 72. [r. 16,6 = 102.][h] Item examinatores cum convenerint ad admittendum examinatos[pp] vel ad reiciendum, vel ad distribuendum examinatis loca, non moveant inter 25 se contenciones,[qq] sic quod unus examinatorum dicat, alium irracionabiliter facere vel aliquid huiusmodi, sed quilibet vocem suam det et suum consilium secundum suam conscienciam, sicut sibi videtur[rr] bonum[rr]; et in admissione reieccione [et][h] locacione conclusio fiet[ss] secundum pluralitatem vocum, reclamacione unius vel duorum non obstante; et si quis vel qui recesserit vel recesserint, nichilominus alii secundum 30 quod eis videtur procedant, ne per unum vel per duos facta facultatis contingat impediri.[tt]

[r. 16,7 = 105. Item ne aliquis magistrorum vel examinatorum seusui aut capiti suo nimis pertinaciter innitatur et inutiliter alios inquietet, suis coexaminatoribus sine causa racionabili lites et discordias movendo et facultatem per importunas et inutiles relaciones et questiones sedule vexando, statuimus quod, quicunque magistrorum in supra dictis vel similibus discordias movens et 35 ad facultatem referens bina vice repertus fuerit iniustus et importunus, facultate contra eum diffiniente, solvat facultati irremissibiliter unum florenum et deinde tociens unum florenum solvat, quociens amplius et in futurum excesserit simili excessu; et sit exclusus a consilio facultatis et ab actibus scolasticis de facto suspensus, donec persolverit dictam penam, quam decanus cum facultate contra eum dictare et ab eo teneatur postulare.][h]

40 [mm] completorium D. [nn] debeat D. [oo] adeo aliq. H. [pp] examinantes D. [qq] contencionem D. [rr] bon. vid. H. [ss] fiat H. [tt] impedire D.

[1] Siehe die Beschlüsse von 1439 hinter § 147 in Rubr. 28,3.

§ 73. [r. 17,2 = 103.][h] Item examinatores tam baccalariandorum quam magistrandorum infra proximam quindenam post eorum admissionem loca eis [ordinate][h] distribuere non debent[1]; et si aliquis examinatorum infra quindenam de loco [vellet recedere, ille ordinem locandorum secundum sui voluntatem in cedula conscriptum aliis examinatoribus presentabit, qui cum distribuerint loca][h] pro voce absentis semper priorem in cedula non- 5 dum locatum nominabunt. Et si quis infra quindenam predictam ad baccalariatum sive (ad)[d] magisterium promotus fuerit et in habitu disputacionem ordinariam visitare voluerit, sedeat secundum eundem ordinem, quem prius habuit, si sit magister; et si sit baccalarius, sedeat in ordine cum alio de suo examine promoto, sicut venit, sic quod [qui][h] prius [venit][h] (veniens)[d] ad disputacionem sedeat super alium de suo examine post 10 eum venientem et ultra hanc ordinacionem statutum de occultatione locorum [quod statim sequitur][h] (supra positum)[d] quantum cum presenti stare poterit debet observari (etc.).[d]

STATUTA CONCERNENCIA TEMPTAMEN ET EXAMEN MAGISTRANDORUM.

§ 74. [r. 18,2 = 114.][h] Item nullus baccalarius ad temptamen admittatur pro gradu 15 magisterii, nisi prius steterit in exerciciis post gradum baccalariatus in tota loyca Aristotelis, in naturali philosophia et [in][h] morali [et metaphysica].[h]

§ 75. [r. 18,3 = 115.][h] Item nullus ad temptamen magisterii admittatur, nisi facultas arcium fuerit[uu] sufficienter[uu] informata de moribus conversacione statu et condicionibus ipsius taliter, quod verisimiliter facultati apparuerit, quod ipsa non[vv] paciatur de eo[ww] 20 confusionem et decanus sub debito officii sui diligenter de predicta[xx] una[yy] cum aliis magistris faciet[zz] inquisicionem (statutum quod sequitur inmediate debet predictum precedere.)[d]

§ 76. [r. 16,8 = 104.][h] Item nullus ad examen magistrandorum sive[a] baccalariandorum admittatur, si in casu offenderit verbis iniuriosis aut[b] factis aliquem magistrum 25 de gremio huius facultatis, nisi prius magistro sic leso satisfecerit et emendam pro tali prestiterit sufficientem.

[r. 16,9 = 106. Item examinatores de cetero cum nullo magistrorum atque baccalariandorum dispensare debent super aliquo defectu egente dispensacione, ut est defectus unius responsionis aut plurium aut libri parcialis aut totalis aut consimilis istis; sed remittendi sunt ad facultatem, 30 quia examinatores ex suo officio duntaxat habent examinare et insufficientes reicere et sufficientibus loca secundum eorum meritum assignare.][h]

[r. 16,10 = 107. Item statuimus quod de cetero examinatores tempore admissionis nulli baccalariandorum aut magistrandorum parcere aut graciam facere debent in huiusmodi florenis, quos tenentur facultati solvere secundum statuta facultatis arcium; sed tales remittendi sunt ad 35

[uu] sufficienter fuerit H. [vv-ww] de eo non paciatur H. [xx] predictis H. [yy] una v. (für vel). [zz] facient D.
[a] vel H. [b] atque D.

[1] Am Rande von H steht: isto tamen semper attento, quod locacio celebretur infra proximum mensem post eorum admissionem.

facultatem, in cuius dictamine stabit, an velit eis causa dei parcere et eorum paupertatem approbare aut eos aut alios causa alicuius meriti in hoc honorare.][h]

[r. 16,11 = 108. Item statuimus et volumus quod de cetero examinatores pecuniam collectam tempore examinis a baccalariandis et magistrandis inter se nequaquam dividant, sed cum illa 5 pecunia fiant expense communes omnibus examinatoribus, sine tamen gravamine ipsorum examinatorum.][h]

§ 77. (Item eligendi sunt quatuor magistri arcium in examinatores magistrandorum pro facultate arcium regentes et quintus erit cancellarius aut vicecancellarius vel ille, quem cancellarius vel eius vices gerens duxerit eligendum.)[d] (Vergl. rubr. 28,3 hinter § 147.)

10 § 78. [r. 18,4 = 107][h] Item examinandi pro gradu magisterii, antequam intrabunt temptamen, iurabunt infrascriptum iuramentum:

Ego N. iuro et promittto vobis domino N. decano et examinatoribus quod, si propter defectum morum aut scienciarum reiectus vel minus bene locatus fuero, quod hoc non volo vindicare in aliquo per me aut per alium seu (per)[d] alios, directe vel indirecte, 15 verbo aut facto, nec[c] volo pro promocione mea vexare facultatem aut examinatores per preces importunas prelatorum vel aliorum dominorum; et quod steti in studio vel studiis privilegiatis per quartum medium annum [complete,][h] et quod ad minus sum viginti duorum annorum, et quod credo me esse de legittimo[e] thoro natum, et quod nunquam in fama communi oppositum percepi; (et)[d] quod audivi libros infrascriptos: in loyca 20 librum thopicorum, in philosophia naturali librum de celo (et mundo,)[d] de generacione, metheororum cum parvis naturalibus, scilicet de sensu et sensato, de memoria et reminiscencia, de sompno et vigilia; in morali ethicorum yconomicorum et politicorum;[f] in mathematica arithmeticam[g] Muris, (musicam Muris)[d] Euclidem[i] perspectivam communem cum theorica planetarum et methaphisica;[k] et quod steti in exerciciis loyce[l] 25 Aristotelis naturalis philosophie et moralis; et si aliqua fuerint michi iniuncta tempore promocionis mee ad baccalariatum, quod illa diligenter complevi; et quod omnes huiusmodi lecciones sive exercicia audivi secundum statuta facultatis arcium; nec non quod omnibus satisfeci in pastu leccionum et exerciciorum; et (si)[d m] in casu, quo admissus fuero, non recipiam insignia magistralia nec incipiam, nisi per me favore petito a 30 facultate et obtento; nec recipiam insignia magistralia ab aliquo magistro, nisi sit de gremio huius facultatis arcium; et quod tricesies disputacionem ordinariam visitavi et quindecies respondi secundum statuta facultatis arcium. Sic me deus[n] adiuvet et hec sancta dei evangelia.

§ 79. [r 18,1 = 118.][h] (Item)[d] Omnibus et singulis annis examen magistrandorum 35 debet aperiri[o] circa festum Epiphanie domini (nullis demum.[p])[d]

§ 80. [r. 18,5 = 119.][h] Item nullus de magistrandis limitetur, sed simpliciter[q] admittatur, si (est[r])[d] ydoneus et morieratus, vel reiciatur, si non est ydoneus vel si est inmorieratus.

[c] neque H. [d] Steht in D; ()[d] fehlt in H. [e] legitimo H. [f] pollticorum D. [g] ariamethicam H. [h] Steht in H; fehlt in D. [i] oder Euclidis D? [k] metaphisicam D. [l] loycis D. [m] Lücke in H, si ausgewischt. [n] des D. [o] operari D. [p] Nur in D, aber wieder durchgestrichen, weil es gedankenlos aus den Anfang von § 80 abgeschrieben war. [q] firmiter (?) D. [r] est verwischt in H.

(STATUTA LICENCIAM ET LICENCIATOS IN ARTIBUS CONCERNENCIA.)[d]

§ 81. [r. 19,1 = 129.][h] (Item)[d] Licenciandi et examinati pro magisterii gradu ante admissionem suam iurabunt infrascriptum iuramentum:

Ego N. iuro et promitto vobis domino decano et examinatoribus, quod birretum 5 hic in ista et non in alia universitate recipiam, et quod velim infrascripta statuta licenciandos et licenciatos concernencia pro posse et nosse observare; sic me deus adiuvet et hec sancta dei evangelia. [Item aliud iuramentum de non attrahendo invenies stat. 1 rubrice 8.][h] (Siehe vor § 26.)

§ 82. [r. 19,3 = 131.][h] Item quilibet admissus in incepcione sua dabit [ad minus][h] 10 medium florenum (ad minus)[d] bedellis.

§ 83 [r. 19,2 = 132.][h] Item examinati et admissi facere debent in eorum recommendacione propinam decentem pro honore facultatis, nec ibidem de cetero erunt [incepciones nec][h] determinaciones, sed duntaxat honesta recommendacio ipsorum.

§ 84. [r. 19,4 = 133.][h] Item nullus recipiet insignia magistralia post prandium nec 15 in die festivo, qui a populo consuevit celebrari.

§ 85. [r. 19,5 = 134.][h] Item non fient due incepciones una[s] die, nisi duo simul sub uno magistro incipere et simul expensas facere vellent.

§ 86. [r. 19,7 = 135.][h] Item in die incepcionis vel insigniorum[t] recepcionis[t] ante prandium in facultate non legetur nec disputabitur. 20

§ 87. [r. 19,6 = 136.][h] Item plures quam duo una[s] die non admittentur [ad incepcionem seu][h] ad recepcionem insigniorum.

§ 88. [r. 19,8 = 137.][h] Item licenciati in eorum incepcione seu insigniorum magistralium recepcione tenentur facere expensas[u] solempnes isto modo, videlicet: si duo incipiunt simul secundum modum prius dictum, tenentur habere tot magistros de facul- 25 tate ad minus, quot[v] sufficiunt ad duodecim scutellas. Si vero unus solus incipit, tenetur ad minus habere[w] tot[w] magistros[w] de facultate, quot sufficiunt ad octo scutellas; potest tamen vel possunt de pluribus scutellis, si voluerit vel voluerint, habere doctores sive alios providere.

[r. 19,9. Item de cetero licenciandi in artibus in dando propinam domino vicecancellario 30 collectam sive summariam, quaternarium florenorum numerum non excedant. Quod statutum ratificavit universitas anno 1451 die 17 Januarii.][h]

STATUTA DISPUTACIONEM DE QUOLIBET CONCERCENCIA.

§ 89. [r. 11,1 = 143.][h] (Item)[d] Quolibet anno die feriata proxima post festum Bartholomei[1] debet disputari de quolibet in artibus in lectorio ordinariarum dispu- 35 tacionum, pulsu primarum relicto incipiendo et continuando usque ad horam prandii et

[s] uno H. [t] recepc. insigniorum H. [u] expenses D. [v] quod D. [w] tot mag. habere H.

[1] 24. August.

facto prandio usque ad horam vesperorum, quousque singuli magistri responderunt[x] presidenti.[y]

§ 90. [r. 11,2 = 144.][h] Item eleccio quotlibetarii debet celebrari[z] crastina die Circumcisionis domini. (2. Jan.)

5 § 91. [r. 11,7 = 144.][h] Item [in][h] quotlibeto solum pulchre[aa] utiles et honeste questiones[bb] et probleumata de materia arcium liberalium proponi et tractari debent, et magistri presentes solum proponant et solvant probleumata [honesta][h] per scolares[cc] magistris scripta; inhonesta vero nec legant nec solvant in publico, nec proponi debet aliquid contumeliosum rixosum vel odiosum[dd] contra alium.

10 § 92. [r. 11,8 = 145.][h] Item in quotlibeto tam a presidente quam a respondente, nec non ab aliis magistris debet servari[ee] honestas morum tam in verbis quam in factis, nec[ff] ibi fiant rancores (?) contenciones, vituperaciones vel inutiles garrulaciones, nec unus alteri convicia dicat; et si aliquid illorum contigerit,[gg] tunc[hh] decanus[hh] talibus silencium inponat; cui si non obeditur, talis inobediens sit perpetuo[ii] a facultate ipso 15 facto exclusus.

§ 93. [r. 11,3 = 146.][h] Item pro[kk] quotlibetario deputetur magister in artibus [actu regens][h] non licenciatus in alia facultate; (sub illo modo videlicet quod senior magister, qui prius non disputavit quotlibetum, tenetur disputare quotlibetum, si acceptaverit, sub pena duorum florenorum fisco applicandorum; si vero non acceptaverit, sed supersedere 20 ex causis eum moventibus voluerit senior, post hoc disputabit pena sub prefata.)[d]

[r. 11,4. Item electus per facultatem sub pena trium florenorum fisco facultatis applicandorum acceptare et disputare teneatur, nisi causam assignaverit racionabilem, quam facultas duxerit approbandam. Et si huiusmodi penam dare recusaverit, ipso facto a facultate sit exclusus et alius eligatur pena sub eadem.][h]

25 § 94. [r. 11,5 = 147.][h] Item quotlibetarius colliget[ll] unam communem et utilem questionem moralem naturalem vel metaphisicalem, quam[mm] disputet in principio quotlibeti, (et)[d] ad quam respondeat unus baccalarius sibi et consequenter aliis magistris secundum ordinem, nec non doctoribus [et][h] prelatis, si qui rogantur adesse, et arguere volentibus.

30 § 95. [r. 11,6 = 148.][h] Item quotlibetarius[nn] disponat[nn] pro quolibet magistrorum in artibus et pro nullis aliis unam pulchram questionem cum probleumate annexo de materia facultatis arcium distribuendo huiusmodi magistris per duas vel (per)[d] tres septimanas ante inicium quotlibeti, dando[oo] unicuique quod suum est, (scilicet)[d] uni in grammatica, alteri in loyca (etc.)[d] [consequenciis[oo]].[h]

35 § 96. [r. 11,9 = 149.][h] Item circa inicium quotlibeti ipsi quotlibetario propinari[pp] debet unum clenodium in valore trium vel[qq] quatuor florenorum et decano unum clenodium de uno floreno.

STATUTA BACCAL. CONCERNENCIA (BACCALARIANDOS[rr]).[d]

§ 97. [r. 22,3 = 150.][h] Item baccalariandus tempore promocionis sue tenetur ad 40 minus dare servitoribus universitatis quartam partem floreni.

[x] responderint H [y] presedenti D. [z] celebrare D. [aa-bb] pulchre quest. ut. et hon. H. [cc] scolaris D. [dd] odiosis D. [ee] servare D. [ff] ne D. [gg] contingeret H. [hh] decanus tunc H. [ii] perpetue H. [kk] quod D. [ll] colleget D. [mm] quem D. [nn] disponat quolibetarius H. [oo] dandum D. (Z. 34 'cis H. [pp] propinare D. [qq] aut H. [rr] baccalariandos nur in D.

§ 98. [r. 14,7 = 151.][h] Item nulli baccalario liceat legere vel disputare aliis horis et diebus, quam in quibus magistro est[ss] licitum[ss] legere seu lecciones et sua exercicia habere.

§ 99. [r. 14,8 = 152.][h] Item baccalarii legere[tt] possunt[tt] grammaticalia (et)[d] rethoricalia et parva loycalia, nec debent cum magistris concurrere, quando non licet magistris simul concurrere.

§ 100. [r. 14,9 = 153.][h] Item nullus baccalarius debet legere libros Aristotelis sine consensu facultatis.

[r. 14,10 = 139. Item de cetero non debent fieri publice tales pronunciaciones exerciciorum communium per baccalarios, sed si volunt possunt pronunciare questiones approbatas, utputa Byridani Marsilii etc. vel alterius, cum consensu tamen facultatis, que discernere debet, an sint tales, quod sint pronunciande licite; et conclusum est per facultatem, quod idem statutum intelligi eciam debet de magistris, quia non est racio diversitatis.][h]

§ 101. [r. 14,11 = 152?] Item quilibet baccalarius volens promoveri ad magisterium tenetur ad minus quindecies respondisse et ad minus visitasse tricesies[uu] disputacionem ordinariam habituatus vel alias[vv] veste decenti[ww] vestitus et a proposicione questionum[xx] usque ad[yy] finem disputacionis in banco baccalariorum sedisse: sic tamen quod habituati precedant et alii iuxta eorum ordinem loca[zz] inferiora et sequencia observabunt.

§ 102. [r. 14,12 = 155.][h] Item quod hoc est complecio[a] byennii,[a] [scilicet][h] occies extraordinarie disputare et legere ad minus per dies caniculares (illorum dierum)[d] [dummodo autem alias per biennium in leccionibus et exerciciis magistrorum diligens repertus fuerit et studiosus, potest tunc huiusmodi diligencia loco leccionis computari.][h]

[r. 14,13 = 67. Item statutum de complecione byennii quoad baccalarios, videlicet quod debeant legere per caniculares, habet sic intelligi: Baccalarius per caniculares legat librum, quemcunque voluerit, longum vel brevem, ad suum gradum pertinentem, vel si idem tempore eodem diligens in exerciciis et leccionibus suis audiendis repertus fuerit, diligencia sua sibi pro libro legendo computetur.][h]

§ 103. [r. 14,1 = 156.][h] Infrascripta sunt baccalariis in convocacione eorum[b] dicenda:[b] primo exhortandi[c] sunt[c] ad mores, videlicet quod[e] regant se honeste in conversacione et vestitu et suis superioribus, scilicet magistris (etc.)[d] [et aliis],[h] debitam obedienciam et reverenciam exhibeant et cum aliis pacifice vivant, neminem ledendo, in bonis exterioribus corpore aut fama, et hoc verbo signo vel facto, sed omnes[f] tales se exhibeant, ut[g] ex hoc crescat fama bona nostre[i] universitatis[i] et facultatis et honor eorum, qui est premium virtutis.

§ 103 b. [r. 14,2 — 5 = 157 — 160.][h] Secundo exhortandi sunt ad scienciam, videlicet ut studium inchoatum in artibus perficiant, nam baccalariatus gradus solum est predisposicio ad magisterium; et specialiter inducendi sunt ut legant[k] et disputent[k] extraordinarie diebus festivis secundum ordinem suum, qui eis per decanum intimabitur, vel per se in exerciciis disputent aut alios audiant[l] complendo[l] byennium, sub pena iuramenti vel[m]

[ss] lic. est H. [tt] poss. leg. H. [uu] trigesies H. [vv] alius D. [ww] debiti D. (Z. 17 in statt ad H.) [xx] questionis D. [yy] in H. [zz] locis D. [a] complere biennium H. [b] dicenda eorum H. [c] sunt exhortandi H. [d] Steht in D; ()[d] fehlt in H. [e] ut H. [f] omnibus D. [g] et D. [h] Steht in H; [][h] fehlt in D. [i] univ. nostre H. [k] legent et disputant D. [l] audient complendum D. [m] et.

pecuniaria, et ut visitent disputacionem ordinariam frequenter et respondeant iuxta statutum desuper editum. [14,3 = 158.][h] Tercio intimandi sunt eis libri, quos licite possunt legere, et modus[n] utendi libris facultatis et forma danda in scripto[o] continens protestacionem sui gradus. [r. 14,4 = 159. Item][h] (Quarta)[d] nullus debet laborare in artibus quoad materiam tempus et locum excedendo statuta[p] facultatis intimando publice, sub pena unius[q] medii[q] floreni. [r. 14,5 = 160.][h] Item [ut][h] iniuncta eis tempore promocionis compleant, scilicet ea, que eis examinatores iniunxerunt, et ut servitoribus universitatis sallarium solvant.

§ 104. [r. 14,6 a = 161.][h] Item ut suas intimaciones figant sub cardine superiori [et quod].[h] (§ 105. [r. 14,6 b.][h] Item)[d] non[r] ferant habitum fissum alias [divisum][h] sed causa paupertatis habeant rogatum.

[r. 14,14 = 87. Item baccalarii ad facultatem arcium recepti hic vel alibi promoti tenentur ad legendum in canicularibus in artibus, similiter[s] ad visitandum disputaciones ordinarias magistrorum et baccalariorum, nec non ad disputandum ordinarie secundum statuta, nisi causam racionabilem allegaverint, quam decanus cum certis magistris habebit examinare, illam approbando vel refutando, prout ei cum suis assessoribus videbitur expedire.][h]

[r. 14,15 = 123. Item quilibet baccalarius in artibus in actibus scolasticis per ipsum fiendis mantello ultra suras extenso undique clauso, duobus foraminibus lateralibus solummodo demptis, potest uti loco habitus hucusque consueti, quatenus ipsum deferat libencius, licencia a decano prius petita et obtenta, et ad sic deferendum quilibet baccalarius iam promotus debet esse obligatus, modo et pena in statuto de baccalariandis expressatis.][h]

[RUBRICA XV. STATUTA DISPUTACIONEM ORDINARIAM BACCALARIORUM CONCERNENCIA.][h]

[r. 15,1 = 162. Disputaciones baccalariorum fieri consuetas diebus festivis quilibet baccalarius arcium studens vel de ulteriori promocione gaudere volens in eisdem tenetur visitare ibidem arguendo vel argumenta proponendo: sub pena unius grossi antiqui, quociens duas disputaciones inmediate se sequentes neglexerit visitare, que pena pro medietate cedat decano, alia fisco imponatur, ad quam penam extorquendam decanus pro tempore sit stricte obligatus.][h]

[r. 15,2 = 163. Item nullus baccalariorum plura proponat ibidem argumenta quam tria sine confirmacione tantum duo deducendo.][h]

[r. 15,3. Item in eadem disputacione habituati precedant in sedendo arguendo et deducendo, post quos alii non habituati secundum ordinem ipsorum, tantum argumenta proponendo.][h]

[r. 15,4 = 164. Item quilibet baccalarius disputans vel presidere debens sub eadem pena expressa ante horam duodecimam intrabit; qui convenientibus aliis tenetur se brevius expedire et aliis dare loca.][h]

[r. 15,5 = 166. Item presidens baccalarius strepitus inordinatos studencium seu aliorum ibidem nullatenus admittat, inquantum in eo est, sub pena correctionis decani sibi infligenda.][h]

[n] modos D. [o] scripta D. [p] statutis D. [q] ½ D. [r] Dieser Zusatz ohne Item schliesst sich in H eng an das Wort superiori, ohne Interpunktion. [s] simili H.

[r. 15,6 = 165. Item nullus baccalariorum disputancium dabit arguentibus seu respondentibus assaturam vel quamquam aliam propinam, nisi super hoc licenciam habeat decani specialem; sub pena valoris tanti, ad quantum consumpserit cum predictis, quam iterum decanus extorquebit sibi et fisco persolvendam.][h]

(Späterer Zusatz zu r. 15,5 (166): studiosorum inordinati strepitus non admittendi per oppositiones.) 5

STATUTA EXAMINANDOS PRO BACCALARIATU CONCERNENCIA.

§ 106. [r. 20,10 = 169.][h] Item examinandi pro gradu baccalariatus, antequam intrabunt examen, iurabunt infrascriptum iuramentum decano et examinatoribus:

Ego N. iuro et promitto vobis domino decano[t] N.[t] et examinatoribus, quod si propter 10 defectum morum aut sciencciarum reiectus vel minus bene locatus fuero, quod hoc non volo vindicare in aliquo per me aut per alium seu alios, directe vel indirecte, verbo aut facto, neque volo pro promocione mea vexare facultatem aut examinatores per preces inportunas prelatorum vel aliorum dominorum; et quod steti in studiis privilegiatis per alterum medium annum complete; et quod audivi [lecciones a facultate ordinatas][h] 15 infrascriptos libros: in *grammatica* Priscianum minorem, secundam partem Alexandri,[u] in *loyca* tractatus Petri Hispani, veterem artem, priorum posteriorum [et][h] elencorum; [in rethorica laborintum][h] in *philosophia naturali* phisicorum [et][h] de anima et speram materialem; et quod steti in exerciciis [Petri Hyspani][h] parvorum loycalium, [loyce][h] Aristotelis (loyce)[d] veteris et nove, [et] philosophie, scilicet in phisicorum et in de 20 anima; et [quod omnes][h] huiusmodi lecciones sive exercicia audivi secundum statuta facultatis arcium; et[v] quod omnibus satisfeci in pastu leccionum et exerciciorum; et quod respondi extraordinarie et ordinarie secundum statuta facultatis arcium; et (si)[d w] in casu, quo admissus fuero, non determinabo, nisi fuero[x] presentatus[x] facultati et acceptus, nec determinabo sub aliquo magistro, nisi talis sit de gremio huius facultatis arcium; et 25 quod non sum limitatus ad aliquem magistrum per pactum illicitum ante examen nec post: sic me deus adiuvet et hec sancta dei evangelia.

[r. 20,11. Item baccalariandi tempore examinis ordinem teneant in sedendo secundum senium intitulature uniuscuiusque ad matriculam universitatis, ita quod qui prius tempore intitulatus est preferatur in sedendo, duntaxat sub examine, illi qui posterius; cum hiis tamen salvum est decano 30 comites barones aut alios nobiles atque eciam ecclesiarum cathedralium canonicos et religiosos ceteris anteferre iuxta status eorum preeminenciam, prout hec fieri congruit decencie et honestati.][h]

[r. 20,12. Item quilibet ad examen baccalariandorum (?) admittendus (?) tenetur ad minus semel baccalariis in eorum disputacione ordinaria respondisse.][h] 35

§ 107. [r. 20,6 = 170][h] Item nulli baccalariandorum computentur pro forma ad gradum plures lecciones de libris Aristotelis simul audite quam due[y]; sed libri metaphisicales[z] rethoricales et grammaticales possunt computari [audiri][h aa] pro tercia lectione pro forma [sequencia usque ad decimum].[h]

[t] N. decano H. [u] Allexandri D. [v] nec non H. [w] si ausgestrichen in H. [x] present. fuero H. [y] duo D. [z] mathematica'es H. [aa] pro 3. lect. computari (audiri in H über computari geschrieben.)

§ 108. [r. 20,7 = 171.][h] Item liber Porphirii et tractatus Petri Hispani pro tercia leccione non debent computari.

§ 109. [r. 20,8 = 172.][h] Item quilibet promovendus ad baccalariatum ter debet magistris in disputacionibus ordinarie (respondisse)[d] et ter eciam magistris in dispu-
5 tacionibus extraordinariis [respondisse][h]; si tamen pluries quam ter quis ordinarie responderit,[bb] responsio facta in disputacione ordinaria computari potest pro responsione extraordinaria[cc] neglecta, sed non e contra.

[r. 20,9 = 64. Item quicunque respondencium post prandium se absentaverit, illius actus respondendi factus ante prandium non reputabitur sibi pro responsione.][h]

10 (§ 110. Item examinandi de audientibus librorum et exerciciis habitis examinentur in plena congregacione facultatis, et quod non fiet cum aliquo dispensacio in hiis, nisi facta super hoc plena congregacione in die, quando magistri convenienter et absque impedimento possunt convenire.)[d]

[22,1 = 22. Decano iuret quilibet presentatus et acceptandus seu admittendus ad facultatem
15 iuramentum infrascriptum: Ego N. iuro et promitto debitam obedienciam etc. Require supra circa evangelia.][h 1]

[22,2 = 122. Item quilibet baccalariandus in artibus promittet decano facultatis arcium sic:

Ego promitto bona fide, quod non existens viator in plateis et publice in scolis huius loci non volo alia veste in corpore pro superiori uti, quam mantello ultra suras extenso undique
20 clauso duobus foraminibus lateralibus solummodo demptis, aut aliter incedendo tociens quociens decano facultatis arcium octavam partem floreni sibi querendam solvere, nisi ad aliter incedendum mecum per decanum fuerit dispensatum.][h]

§ 111. [r. 22,4 = 174.][h] Item ad maximum tres pro baccalariatu examinati possunt (se)[dd] simul determinare et facere expensam.[ee]

25 [r. 22,5 Item conclusum est concorditer in decanatu magistri Johannis Northusen, quod baccalariandi de mane prandia facientes cenam solempnizare non debent sive collacionem serotinam, neque vocabunt examinatores etc. Respice in libro papireo fol. 17.][h]

§ 112. [r. 24,3 = 175.][h] [Item][h] Infrascripta sunt *studentibus* intimanda per decanum in principio eleccionis sue, [in][h] (et)[d] disputacione ordinaria: primo exhortandi sunt ad
30 mores et sciencias secundum formam scriptam de baccalariis.[2]

§ 113. [r. 24,4 = 176.][h] Item studentes debent esse intitulati[ff] in matriculam[ff] universitatis et debent esse re studentes et non solum nomine dici studentes.

§ 114. [r. 24,5 = 177.][h] Item intimaciones ante[gg] collegium[gg] positas[gg] non debent deponere.

35 § 115. [r. 24,6 = 178.][h] Item in disputacionibus non debent facere strepitus pulsando ad scampna.

bb respondeat D. cc extraordinarie D. dd nur in D, aber wieder durchstrichen. ee expensas. ff intytulati in matricula H. gg positas ante coll. H.

---

1 Siehe oben § 14, in H vollständig fol. 215.c

2 Siehe Rubr. 14,1.

§ 116. [r. 24,7 = 179.][h] Item [cum][h] minctura non debent[hh] maculare collegium tamquam proprium nidum, in quo [continue][h] audiunt (commune?)[d] lecciones.

§ 117. [r. 24,8 = 180.][h] Item non debent de nocte vagari[hh] sive volare in plateis, sed manere in suis commodis.

§ 118. [r. 24,9 = 181.][h] Item non debent habere penitus conversacionem cum mulieribus inhonestis [et suspectis].[h]

§ 119. [r. 24,10 = 182.][h] Item tenentur benivole[ii] bedellis[ii] certis temporibus suum[kk] solvere[kk] sallarium.[kk]

§ 120. [24,11 = 183.][h] Item quod diligenter debent visitare disputaciones ordinarias et eciam ibidem respondere; et quod debent lecciones suas audire ex textibus.

§ 121. [r. 24,12 = 184.][h] Item [quod][h] non deferant vestes inhonestas nec sint publici[ll] fornicarii[ll] aleatores lusores [gladiatores][h] et huiusmodi, quia tales noscuntur[mm] a gradibus esse alieni.[nn]

§ 122. [r. 24,1 = 185.][h] (Item)[d] Decanus publicet scolaribus[oo] statuta eorum statum concernencia, prout hinc inde in libro reperiuntur; [de quo eciam vide statutum 9 secunde rubrice][h]

[r. 24,2 = 168. Item forma intimacionis pro convocacione scolarium ad audiendum legi statuta est ista: Decanus facultatis arcium notificat omnibus et singulis scolaribus eiusdem facultatis, quatenus cras mane hora septima ad disputacionem ordinariam conveniant ad audiendum legi et publicari statuta facultatis predicte scolares ipsos et statum eorum concernencia, sub pena non excusacionis ignorancie temporibus in futuris; datum etc.][h]

[r. 24,13. Item inhiberi debet sociis, ne aliquis eorum quidquam colligat in exerciciis vel leccionibus, nisi ad coopertorium vel ad ceram seu dicticam (s. Bd. I, S. 20, A. 4.), et si secus quis fecerit, talis actus eidem pro forma computari non debet.][h]

[RUBR. XXV. DE OBLIGACIONE STUDENCIUM AD STUDIUM IN BURSIS.][h]

[r. 25,1 = 109. Quia studentes non commorantes magistris in domibus et in bursis eorum communiter habitant, in angulis et locis, ubi mores et diligencia studendi per magistros cognosci non possunt, ymmo magistri nostri pluries sunt ignari de vita et honestate volencium promoveri, ex quorum ignorancia sepius sunt decepti, et ex hoc est racionabile, quod quilibet studens volens ad altiora promoveri in vita moribus sciencia et conversacione laudabili per illos, qui habent eum promovere, sit approbatus. Ideo volumus et statuimus quod nullus studens in artibus ad aliquem gradum debeat promoveri, nisi ad minus per annum ante suam promocionem steterit in aliqua bursa cum magistris, qui tempore promocionis in facultate laudabile testimonium de sua conversacione sciencia et moribus habeant perhibere.][h]

[r. 25,2 = 110. Item statuimus et ordinamus quod studentibus predicto statuto se non conformantibus lecciones et exercicia pro forma non debent computari et eque bene eosdem volumus ad solucionem pastus obligari.][h]

[r. 25,3 = 111. Item volumus quod ad predicta statuta filii incole civitatis et habentes

hh debet D. (Z. 8. vagaro D.) ii bedellis bonivoli H. kk suis D. suum sall. persolvere H. ll publice fornicatorii D. mm-nn a gradibus noscuntur esse alieni H. oo scholaribus D.

consanguineos ministrantes eis expensas et cum doctoribus et cum magistris extra bursam commorantes non sunt obligati, honestate eorum supposita vite sciencie atque morum.][h]

[r. 25,4 = 113. Item ad predicta statuta pedagogi, de quorum paupertate sufficienter et plene constat magistris, non restringantur.][h]

5 [r. 25,5 = 126. Item cuilibet promovendo in artibus debet sufficere tempus per facultatem arcium statutum, si toto tempore in bursa aut cum magistro regente in eadem steterit, alioquin eciam licencia habita ad alibi standum, si per annum in bursa steterit, debet habere pro gradu baccalariatus et magisterii residui temporis requisiti duplum, nisi secum fuerit dispensatum, dispensacione fienda a magistris de consilio facultatis non per cedulas in mitram mittendas per 10 singulos de consilio facultatis; ut si maior pars fuerit cedularum 55 dispenso continenciam, sit secum dispensatum, alias non, statutis facultatis arcium, ubi minus anno in bursa steterit baccalariandus in suo robore, extensis tamen ad magistrandos, firmiter duraturis.][h]

[r. 25,6 = 112. Item quod nullus magister de gremio facultatis arcium pro promocione alicuius contra predicta statuta sub pena exclusionis a facultate debeat laborare; quam penam si 15 non curaret, sub pena iuramenti eundem statuimus ad predicta esse obligatum.][h]

STATUTA DE PROMOTIS IN ALIIS UNIVERSITATIBUS.

§ 123. [r. 23,1 = 187.][h] (Item)[d] Quilibet promotus ad aliquem gradum in artibus in alia universitate solvet hic ad fiscum facultatis arcium tantum [quantum][h] aliquis hic promotus solvit,[1] videlicet si est baccalarius, solvet (novem solidos Erffordenses den[pp])[d] 20 [unum florenum renensem in auro][h] si magister, (decem et octo ₰ Erffordenses)[d] [tres florenos, quam pecuniam presentare debet][h] (et hoc)[d] collectoribus facultatis pro tempore existentibus ante suam[qq] recepcionem[qq] ad facultatem.

§ 124. [r. 23,2 = 188.][h] Item quod det tantum bedellis, quantum aliquis hic promotus eis secundum statuta dare tenetur.

25 § 125. [23,3 = 190.][h] Item iurabit in recepcione sua iuramentum de recipiendis ad facultatem et cum hoc iurabit (sic)[d]: si sit magister quod credit,[rr] se esse natum de legitimo[ss] thoro, et quod in communi fama nunquam percepit oppositum.

§ 126. [r. 23,4 = 189.][h] Item quod doceat per evidens testimonium suam promocionem et quod bene et honeste se rexerit,[tt] ubi prius conversatus erat, vel 30 stet hic in universitate per tantum tempus, quod facultas poterit de moribus conversacione[uu] et condicionibus ipsius informari sufficienter; et nisi hoc sic factum fuerit, non admittetur ad facultatem.

§ 127. [r. 23,5 = 191.][h] Item cuilibet magistrorum alibi promoto, admittendo ad facultatem arcium, assignetur locus competens et honestus per facultatem, habendo re-35 spectum ad condiciones persone et ad utilitatem et honorem facultatis.

pp den wohl nur Wiederholung der dritten Sylbe von Erfforden. qq recepcionem suam H. rr credat H. ss legitt. D. tt rexit D. uu conversatus D.

---

1 Am Rande steht: sed post legatur 13[m] rubrice inmediate sequentis cum 15[mo] 16[mo] et ultimo eiusdem rubrice.

§ 128. [r. 23,6 = 92.][h] Item si aliquis talium magistrorum debeat recipi ad consilium facultatis arcium, tenetur primo complevisse byennium et ultra [hoc][h] in facultate fuisse per annum.

SEQUUNTUR STATUTA DE FORMA IURAMENTI PROMOVENDORUM.

§ 128. [f. 215.v][h] Ego N. iuro et promitto quod (istum)[d] [illum][h] gradum in nulla 5 [alia][h] universitate resumam et statuta ac[vv] statuenda, que sunt pro bono facultatis arcium, firmiter observabo, et quod bonum unitatem pacem ac honorem facultatis arcium, ubi potero, secundum meum iudicium procurabo, ad quemcunque statum pervenero; sic me deus adiuvet et hec sancta (dei)[d] evangelia. Insuper promitto quod per byennium in ista universitate in facultate arcium legam, nisi super hoc mecum per facultatem (arcium)[d] 10 fuerit dispensatum.

STATUTA CONSILIUM FACULTATIS ARCIUM CONCERNENCIA.

§ 129. [r. 4,1 = 194.][h] (Item vocentur)[d] Ad consilium facultatis arcium [vocentur][h] magistri consiliativi[ww] bene morierati,[xx] pulchre a principio sue promocionis secundum status suos [se][h] regentes in vestitu et conversacione; et eciam quod sint tales, quod 15 fama communis omnium testetur de predictis, cum quibus sunt conversati.

§ 130. [r. 4,2 = 195.][h] Item magistri possunt vocari et sint abiles[yy] ad vocandum, byennio ipsorum totaliter[zz] completo hic secundum statuta facultatis arcium, et solum magistri in consiliis esse debent.

[r. 4,3.][h] Siehe § 135. 20

§ 131. [r. 4,4 = 196.][h] Item quando recipiuntur ad consilium, iurabunt infrascriptum iuramentum:

Ego N. iuro et promitto quod velim vocem dare in consilio facultatis arcium pro bono facultatis eiusdem, secundum quod michi videtur expedire in consciencia mea; et quod non velim revelare[a] consilium[a] facultatis,[a] quod facultas duxerit celandum; et 25 quod bonum unitatem pacem et honorem facultatis, ubi convenienter potero, secundum meum iudicium, ad quemcunque statum pervenero, procurabo: sic me deus adiuvet et hec sancta dei evangelia.

§ 132. [r. 4,5 = 197.][h] Item (quod)[d] magistri vocati ad consilium habeant voces suas consiliandi secundum quod ad consilium recipiuntur, eo modo quod seniores in consilio 30 priores voces habeant et alii consequenter, secundum quod ad consilium recepti sunt; nisi facultas duxerit[b] cum[b] aliquibus[b] dispensandum.

§ 133. [r. 4,6 = 198.][h] Item quilibet magister, vocatus ad consilium facultatis sub pena non contradicendi, non comparens non habeat auctoritatem contradicendi contra conclusum[c] in convocacione eadem. 35

§ 134. [r. 4,7 = 199.][h] Item magistri actu regentes, postquam per decanum convocati fuerint, tenentur venire ad consilium sub pena unius novi grossi, et tales sint obligati ad prefatam penam dandam, quando magistri in facultate dictaverunt[e] eam esse

[vv] seu D. [ww] consilianti D. [xx] morati H (als spätere Aenderung H). [yy] habiles H, h ist von einer späteren Hand übergeschrieben. [zz] totalis D. [a] consil. fac. revel. H. [b] cum aliq. duxerit H. [c] conclusa H. [d] Steht in D; ()[d] fehlt in H. [e] dictaverint H; eum D.

dandam, nisi tales habuerint causam vel causas racionabiles ipsos a prefata pena excusantes.

§ 135. [r. 4,3 = 200.][h] Item decanus quoad futuros sive recipiendos ad consilium[f] facultatis[f] servabit infrascripta: scilicet quod audiat omnes magistros existentes in
5 consilio, tam illos, qui ad minus compleverunt byennium, quam alios; et si communiter [omnes][h] sint[g] concordes, tunc concludet,[i] si vero sit discordia notabilis, tunc eo ipso consilium facultatis magistris actu regentibus et qui ad minus compleverunt quadriennium, est commissum, et tunc decanus iuxta statuta facultatis in illo concludet.

STATUTA USUS LIBRORUM FACULTATIS RERUM CLENODIORUM
10 CONCERNENCIA.

[r. 7,1 = 201. Statuimus et ordinamus unum esse observatorem librorum librarie, qui libros in suo numero diligenter custodiat et ad infrascripta teneatur.][h]

§ 136. [r. 7,2 = 202.][h] (Primo quod)[d] [Item][h] magistri volentes uti predictis[k] libris[k] postulent[l] concedere[l] eos[l] a conservatore[m] ipsorum librorum, sic quod talis magister
15 manu propria scribat nomen suum et nomen libri, quem recepit,[n] similiter diem horam et locum et personam, a qua recepit,[o] ad registrum predictorum librorum.

§ 137. [r. 7,3 = 203.][h] Item quod magistri ultra predictam pro libris notabilibus et magnis obligent pignus equivalens, quod ponetur ad cistam facultatis et restituatur[p] eis restituto libro accomodato.[q]

20 [r. 7,4 = 138 Item de cetero librarius nulli magistrorum plures libros propria auctoritate debet concedere, quam libros necessarios pro una leccione in artibus, et super hoc solum unum in altiori facultate pro studio suo, nisi tunc esset aliquis magistrorum aut doctorum legens in altiori facultate; illi posset concedere tot, quot indigeret pro leccione sua, nisi hoc in certis preiudicaret facultati; utputa quodsi ille liber non esset nisi semel ibi et eciam ibidem esset necessarius;
25 eciam exceptis concordanciis biblie, quas nulli simpliciter sine consensu facultatis debet concedere, et ultra hoc librarius peramplius non debet habere auctoritatem; si quis autem ultra hoc ab eo peteret, illum potest remittere ad facultatem, si placet.][h]

§ 138. [r. 7,5 = 204][h] Item baccalarii et studentes utantur predictis libris per magistros, sic quod habeant magistrum petentem seu postulantem pro eis secundum for-
30 mam (primi)[d] [unius premissi][h] statuti, [nichilominus][h] (nullotenus?)[d] teneantur pro quolibet libro accomodato facere sufficientem caucionem pignoraticiam.

§ 139. [r. 7,6 = 205.][h] Item (quod)[d] libri accomodati bis restituantur in anno, videlicet circa inicium studii hyemalis et estivalis.

[r. 7,7 = 223 Item si aliquis librorum in loco suo non haberetur, pro illo respondere
35 librarius debet esse obligatus; et si perditus fuerit negligencia librarii, suis expensis eundem tenetur recuperare, nisi eum excusare duxerit legitime communitas collegiatorum atque seniorum magistrorum.][h]

[f] facultatem consilium D. [g] sunt H. [h] Steht in H; [ ][h] fehlt in D. [i] concludat H. [k] libris predictis H. [l] postulent sibi eos concedi H. [m] conservatores D. [n] recipiet D. [o] recipit D. [p] restituitur D. [q] accommodato H.

[r. 7,8 = 224. Item semper tempore computacionis facultatis, que bis fit in anno, debet librario decanus pro tempore dare unum florenum de collecta communi spectante ad fiscum facultatis.][h]

[r. 7,9 = 225. Item circa quodlibet pulpitum habeantur libri scripti in affixo vel appenso assere[r] secundum numerum et ordinem suum.][h] 5

[r. 7,10. Item statuta de visitacione librarie in antiquo libro contenta, in decanatibus magistri Johannis Holt de Brema et magistri Nycolay Cruytheym conclusa ad modum nunc solitum servari reducendo et quedam ex eis relaxando iuxta conclusionem, de qua in libro papireo anno domini 1432,[o] volumus quod de cetero decanus pro tempore existens debet expectare novum rectorem ad visitacionem librarie obligatum et visitare cum eo, apportando tria registra librarie sibi in principio 10 sui decanatus presentata. Debet eciam decanus in proxima convocacione magistrorum de consilio facultatis post librarie visitacionem de statu eiusdem debitam facere relacionem.][h]

[RUBRICA V. SUB QUA CONTINENTUR STATUTA DECANUM ET COLLECTORES FACULTATIS CLENODIA QUOQUE ATQUE UTENSILIA RESPICIENCIA.][h]

(§ 140. Item decanus habere debet *clenodia* seu utensilia facultatis et medio suo 15 iuramento presentet illa sine aliqua deperditione successori suo et eciam faciet computum de istis preceptis racione usus predictorum pro tempore, quo procuratores existentes facultatis facient computum, et in casu si aliqua perdentur decanus persolvet illa.)[d]

[r. 5,1 = 35. Infra proximam quindenam post eleccionem novi decani *collectores* pro tempore, 20 existentes computare debent novo decano et collectoribus novis et collectam integram presentare;[r] et quidquid presentatum fuerit debet per eosdem fisco facultatis integraliter apponi et in scriptis representari, et si aliquis collectorum summam collectam aut eius partem pro tempore computacionis non presentaret fisco apponendam, pro pena tenebitur irremissibiliter dare duplum et simul per unum annum fore suspensus a consilio facultatis][h] 25

[r. 5,2. Item statuta antiqua huius rubrice reducendo ad cursum iam solitum in facultate practicari statuimus et ordinamus inviolabiliter observari, quod antiquus decanus et antiqui collectores infra proximam quindenam post eleccionem novi decani ipso die computacionis facultatis presentet decano novo et collectoribus novis *clenodia* facultatis arcium sub numero sui totaliter et complete, et si aliquid clenodiorum fuerit amissum aut ex negligenciis predictorum 30 perditum, ad integraliter persolvendum teneantur.][d]

[r. 5,3. Item decanus novus sit obligatus ad scribendum manu propria numerum clenodiorum sibi presentatorum ad librum papireum facultatis arcium.][h]

[r. 5,4 = 210. Item si quis voluerit uti clenodiis omnibus simul, solvet per unum integrum diem quartam partem floreni decano ad fiscum. Si vero de mane tantum voluerit uti, solvet 35 decem grossos antiquos; si vero medietate predictorum voluerit uti, solvat secundum ratam prioris summe.][h]

[r. 5,5. Item tempore computacionis decanus et collectores faciant computum de perceptis racione usus clenodiorum et aliis perceptis.][h]

[r] asserem D. (Z. 21. Am Rande ist von Prof. Isid. Kepler (um 1790) beigeschrieben: Laudabiliter instituta non esse mutanda.)

RUBRICA DE PROPINIS FACIENDIS EX PARTE FACULTATIS.

[r. 6,1 = 85. Omnium consensus colligendus est ex pluralitate vocum secundum interpretacionem facultatis factam anno etc.][h]

[De cetero non debet aliqua pecunia de fisco facultatis exponi, nisi comnes magistri de con-
5 silio facultatis ad hoc vocentur et consensum prestent, exceptis tamen propinis decano domino quotlibetario et librario dandis temporibus consuetis.][h]

§ 131. [r. 6,2 = 216.][h] **Item magistri in facultate nulli facient[s] propinam summam quatuor florenorum renensium excedentem, et solum doctorandis, presertim in theologia, si sint[t] de gremio nostre facultatis arcium, huiusmodi propina fiet. Si vero religiosus
10 doctorandus[u] fuerit,[u] medietas summe prefate, scilicet duo floreni, si expedierit pro utilitate et honore facultatis, potest[v] propinari.[1]**

[r. 6,3 = 140. Item anno domini 1437,[o] facta convocacione ad tractandum de propina danda domino doctorando magistro Arnoldo de Hervordia, fuit conclusum quod statutum facultatis de propinis dandis dominis doctorandis deberet cum eo necnon cum aliis, in futurum rigorose servari
15 propter concordiam magistrorum, quemadmodum eciam conclusum fuit in doctoratu domini doctoris magistri Henrici de Diest; ex quo eciam non fuit excessum statutum in doctoratu mag. Herbordi de Lippia et mag. Johannis Wolffis.][h]

STATUTA BEDELLOS CONCERNENTIA.

§ 142. [r. 29,1 = 217.][h] **(Item)[d] Bedelli in principio decanatus cuiuslibet decani
20 promittere debent inviolabiliter observare ad manus eius infrascripta: primo, quod magistrum disputantem ordinarie solempniter introducant, vel ad minus unus eorum (introducat)[d] ad collegium facultatis arcium et ad (locum)[d] lectorium disputacionum ordinariarum, et ibidem ad minus unus eorum permaneat in actu, magistros venientes ad disputacionem solemniter suscipiendo, nisi habuerint causam[w] racionabilem excu-
25 santem, quam proponant[x] decano; et si fuerit cognita racionabilis per decanum, extunc decanus dabit eis licenciam recedendi, nec alias sine licencia decani recedant.**

§ 143. [r. 29,2 = 218.][h] **Item publicare debent, maxime in scolis theologorum et medicorum, actus solempnes facultatis, scilicet determinaciones baccalariorum, incepciones magistrorum, disputacionem[y] ordinariam[y] consequenciis[y] (?).**

30 **§ 144.** [r. 29,3 = 219.][h] **Item si non servaverint[z] predicta vel aliquid predictorum, penam sustinebunt infrascriptam, videlicet quod solvant tres grossos antiquos de propria bursa decano facultatis et cum hoc ex parte magistri disputantis [ordinarie][h] careant sallario per medium annum. Illud statutum non est de mente consulum.**

[r. 29,4 = 232. Item volumus quod bedelli absque omni murmure et reclamacione debeant
35 esse parati mandato librarii ad repostulandum libros ab illis, quibus in loco existentibus sunt

[s] faciant H. [t] sit D. [u] fuerit doctorandus H. [v] propinari potest H. [w] tamen D. [x] proponent H. [y] disputaciones ordinarias H; etc.[iis] D. [z] servabunt H.

[1] Spätester Zusatz, mit blasserer Tinte geschrieben.

concessi; sub pena carencie sallarii quatuor temporum a suppositis nostre facultatis et reverencie novi anni; quam penam si non curaverint, accusentur coram universitate.][h]

RUBRICA DE MUTACIONE STATUTORUM.

§ 145. [r. 30,1 = 235.] **Postremo volumus disponimus atque declaramus, quod magistri existentes in consilio facultatis arcium vocatis vocandis (possunt)[a] premissa statuta et ordinaciones revocare mutare corrigere et emendare** [possint],[h] **eis addere vel subtrahere, attentis[aa] circumstanciis temporum seu qualitatibus personarum vel eciam secundum varietatem casuum,** [seu][h] **si necessitas vel utilitas id exposcit[bb] et si illud[cc] contigerit, tunc is, qui premissa statuta servare iuraverit, in ea parte, qua mutata vel renovata[dd] fuerint, nullatenus servare teneatur, et sic sublata substantia, scilicet statuto, eius qualitas, que ei accessit, scilicet iuramentum, remanere non possit.**

(§ 146. Nota: illud statutum non placet communitati Erffordensi nec ita conditum fuerat cum magistro Henrico de Geysmaria; emendetur, ut facultas disponendi et alterandi eciam penes consilium remaneat, alias egre ferent.)[d]

(§ 147. Item habeatur collacio et auscultacio cum originalibus, quia consilium petit ingrossari et aput se reponi etc.)[d]

In der Redaktion der Statuten von 1449 folgen auf die Aufzählung der zu lesenden Bücher und der auf den Vortrag über jedes derselben zu verwendenden Zeit (§ 60. 61. Rubr. 27. oben S. 134) genauere im J. 1439 vereinbarte Bestimmungen über die Zusammensetzung des Consiliums der philosophischen Facultät und die Wahl des Decans und der 5 Examinatoren (vgl. § 77 S. 138) aus den Mitgliedern des Collegium majus im Kirchspiel St. Michaelis, aus den Collegiaten des 1412 gestifteten und 1433 erweiterten Amplonianischen Collegiums[1] und aus den übrigen Magistris, welche in der Facultät thätig sind. Sie sind daher hier im Zusammenhange gedruckt:

[Rubrica XXVIII. continens statuta quedam universitatis anno domini 1439 edita.][h]

[Ad plantandam caritatem et concordiam inter magistros facultatis nostre alme universitatis, super ordinacione et disposicione consilii facultatis arcium eleccioneque consiliariorum eiusdem, volumus statuimus et ordinamus, quod in *consilio facultatis* arcium ad minus sint et esse debeant viginti magistri arcium, videlicet primo octo collegiati de collegio universitatis parrochie ecclesie sancti Mychaelis; ita quod quilibet factus collegiatus in eodem collegio sive in magisterio, iuvenis sive senex, in prima convocacione consilii facultatis eiusdem iuxta formam recepcionis consuetam ad

[aa] atthentis D. [bb] exposcat H. [cc] id fieri H. [dd] revocata H.

[1] In der Himmelspforte oder Porta coeli, welche vormals in der Michaelisstrasse lag; erst 1767 wurde es in das von der Familie Nacke erkaufte Haus seitwärts von der Marktstrasse verlegt, in welchem bei der Niederreiszung verschiedene Handelsbriefe von Herbord Nacke gefunden wurden, ehe an dieser Stelle die neue Mittel- und Bürgerschule für Mädchen errichtet wurde. Ueber das ursprüngliche Gebäude der Himmelspforte in der Michaelisstrasse und das von dem zweiten Rector der Universität (1394) Dr. med. Amplonius Ratingk von der Buchen darin gegründete Collegium für 15 Collegiaten vgl. auszer „Sinnhold Erfordia literata III., 1. S. 23 ff.“ „Hartung, Häuserchronik von Erfurt,“ Erfurt 1870. S. 122, auch des Herausgebers „Amplonius Ratingk und seine Stiftung,“ Erfurt 1878 und „die Urkunden zur Geschichte des Amplonius Ratingk de Bercka,“ Erfurt 1879.

dictum consilium assumatur, nisi aliquid racionabile eidem opponatur, quare merito non sit assumendus; quod si ad discordiam deductum fuerit, per dominos de secreto consilio discutiatur. Item sex magistri de collegio Porte celi[1] sunt assumendi ad consilium prefatum, dum tamen quilibet illorum sex magistrorum sit magister trium annorum, si tot magistri in tali etate ma-
5 gisterii reperiri possent; alias sufficiat, quod sint duorum annorum vel unius; quorum aliquis si recederet, vel alias eius locus in dicto consilio vacaret, totum collegium prefatum Porte celi alium magistrum ibidem collegiatum in etate seu anno magisterii prefata constitutum eligere habeat electumque ad dictum consilium presentare. Si vero recedens reversus fuerit, alius prius in locum eius receptus, interim quod reversus presens fuerit, ei cedat in consilio prefato. Item
10 extra ista duo collegia sint et esse debeant sex magistri actu regentes in consilio prefato; quorum aliquis si recederet vel alias eius locus vacaret, alii quinque extra dicta duo collegia habebunt alium magistrum actu regentem in dictis collegiis non collegiatum ad locum eiusdem eligere, et electum ad consilium prefatum presentare. In quibus quod dictum est in proximis superioribus de etate et reversione est servandum; salvo quod magistri alii extra dicta collegia,
15 ad dictum consilium iam recepti, maneant in dicto consilio, donec eis placuerit, licet non sint actu regentes; quibus defunctis nullus magistrorum sit in dicto consilio, nisi sit actu regens in facultate eadem. Doctores tamen cuiuscunque facultatis ad dictum consilium recepti vel recipiendi seu magistri de consilio facultatis ad dictum consilium recepti vel recipiendi, seu magistri de consilio prefato in doctores in posterum promoti, continue maneant in eodem actu, licet non
20 sint regentes in facultate predicta.][h]

[r. 28,2. Item pro *eleccione decanatus* facultatis eiusdem volumus statuimus et ordinamus, quod in proxima eleccione ad decanatum eligatur unus in decanum de octo collegiatis collegii universitatis; pro alio medio anno sequente unus de sex collegiatis consiliariis collegii Porte celi, in tercio medio anno unus de sex magistris extra dicta duo collegia actu regentibus, et sic ad
25 collegium universitatis pro medio anno suo et consequenter ad alios de consilio iuxta ordinem prefatum est deinceps redeundum.][h]

[r. 28,3. Item quod quinque *examinatores* tam pro magistrandis quam baccalariandis eligantur de omnibus tribus partibus, sic videlicet, quod in quolibet examine sit ad minus unus examinator de qualibet parte, quandoque tamen duo et nunquam plures. Unde volumus quod
30 decanus et vicecancellarius, in quacunque parte fuerint, semper debent in numero computari; ut si decanus esset in illa parte, ubi debent esse duo examinatores, tunc decanus sit unus et ad eum eligatur secundus. Et idem fieri debet de vicecancellario; si autem in ea parte, ubi deberent esse duo examinatores, esset decanus et vicecancellarius, tunc nullus alius de illa parte pro illa vice eligatur, sed dictus decanus et vicecancellarius dictum numerum binarium implebunt. Si
35 vero vicecancellarius constitueretur in illa parte, in qua tantum unus deberet esse examinator, tunc vicecancellarius sit ille unus et nullus alius de illa parte eligatur. Similiter fieri debet de decano, si contingeret, quod decanus esset in illa parte, ubi debet esse tantum unus examinator, quod tamen non fiet, quia decanus semper erit in illa parte, ubi debent esse duo examinatores, ut ex infrascriptis patebit. Ut ergo sciatur, quando quevis pars debeat habere duos examinatores

---

[1] Siehe Anmerk. 1 auf Seite 151.

et quando unum solum statuimus quod in examine in proximo ieiunio pro baccalariandis celebrando duo examinatores sint de collegiatis collegii universitatis, et quia protunc in illa parte erit decanus, tunc solum unus examinator in illa parte est eligendus et ipse decanus erit alius. Duo eciam sint de collegiatis Porte celi et quintus de magistris ab extra regentibus. In secundo examine, quod erit in autumpno post primum, sint duo examinatores de collegiatis Porte celi, 5 quorum unus erit decanus, eo quod tunc in illa parte erit decanatus. Alii duo sint de magistris ab extra regentibus et quintus de collegiatis collegii universitatis. In tercio examine sint duo examinatores de magistris ab extra regentibus, quorum solum unus eligatur et alter, qui decanus iam electus est; alii duo de magistris collegii universitatis et quintus de Porta celi. In quarto examine est reincipiendum et ita continue per turnum est procedendum. Sed in proximo examine 10 pro magistris celebrando talis ordo, sed non substancia facti mutatur, videlicet quod primi duo debent esse de collegio universitatis et quia tunc in illa parte est decanatus, ideo ad decanum est solum unus de ista parte eligendus; si tamen de illis magistris ibidem constitueretur vicecancellarius, tunc nullus esset de illa parte eligendus sed dicti duo, scilicet decanus et vicecancellarius, supplerent et constituerent numerum binarium. Secundi duo debent esse de magistris 15 ab extra regentibus et si ibi constitueretur vicecancellarius, tunc ad eum unus esset eligendus. Quintus debet esse de Porta celi et si ibi constitueretur vicecancellarius, ille habere deberet locum illius unius et nullus foret ad eum eligendus. In secundo examine magistrandorum primi duo debent esse de magistris ab extra et quia ibi tunc erit decanus, qui erit unus examinatorum solum unus est eligendus de illa parte, secundi duo de Porta celi et quintus de collegio universitatis. In 20 tercio examine primi duo debent esse de Porta celi, ubi protunc habebunt decanum, et ideo solum unus ad illum est eligendus. Secundi duo erunt de collegio et quintus de magistris ab extra, semper secundum illum modum, quod vicecancellarius et decanus in numerum sue partis computentur. In quarto examine est reincipiendum et ita continue, ut iam dictum est, procedendum et pro regula est tenendum: quod semper illa pars debet habere tantum unum examinatorem, que 25 in proximo precedenti examine habuit decanum; et hoc erit regulariter, verum tam de examine baccalariandorum quam magistrandorum. Quelibet autem aliarum parcium habebit duos, scilicet illa pars, que actu habet decanum, et illa, que in proximo futuro habebit.

[r. 28,4. Item si vicecancellarius principalis vellet examini magistrandorum interesse vel unum substituere, qui non esset de aliqua trium parcium, extunc debent esse sex examinatores, quorum 30 quinque sunt per modum supradictum electi, et vicecancellarius vel suus substitutus sit sextus, et hoc, ne ordo suprascriptus infringatur, et ille sextus non debet habere vocem admittendi vel reiciendi, sed solum alios quinque examinatores audiet et secundum pluralitatem concludet. Nec talis eligi debet in recommendatorem nec habere partem in propina pro recommendacione in licenciatura danda.] [h] (Am Rande von späterer Hand: abolitum et in desuetudinem abiit.) 35

[r. 28,5. Item quinque examinatores pro gradu magisterii debent unum ex se per sortem eligere in recommendatorem licenciandorum in artibus.] [h] (Am Rande: NB. Nota de eo, qui recommendare licenciandos in artibus debeat.] [h]

[r. 28,6. Item licenciandi in artibus, sive pauci sive multi, omnes simul dabunt pro recommendacione tres florenos renenses, quorum unum habebit recommendator, aliis duobus florenis 40 inter alios quatuor examinatores equaliter dividendis, nec aliqua alia propina fiet recommendatori aut aliis quibuscunque, excepta honesta collacione confectorum et potabilium prelatis et aliis iuxta consuetudinem antiquam facienda, iuxta statutum super hoc specialiter editum, quod de propina ibidem posita interpretamur iuxta iam dicta.][h]

[r. 28,7. Item consuetudinem de scampnalibus duorum novorum grossorum a magistrando, et unius novi a baccalariando admittimus; balneales tamen simpliciter tollimus atque inhibemus, ne 5 aliquis admissus in quocunque examine aliquem vel aliquos directe vel indirecte ad balneum vocet vel vocari faciat, seu pro aliquo vel aliquibus aliis a se solvat vel solvi procuret, sub pena suspensionis a gradu, ad quem admissus est, ad duos menses; infra quos talem suspensum promovens ab actibus scolasticis per medium annum sit suspensus][h]

[r. 28,8. Item ab examinando pro gradu baccalariatus quinque duntaxat novi grossi et 10 pro gradu magisterii media sexagena antiquorum grossorum pro expensis examinatorum recipientur, ultra quas summas ad huiusmodi expensas nichil est contribuendum seu superaddendum.][h]

[r. 28,9. Item in collegio Porte celi non fiant lecciones, que pro forma ad gradum baccalariatus vel magisterii debeant computari; si autem alie lecciones ibidem congruis temporibus 15 legerentur, non vetatur, salvis semper leccionibus et disputacionibus serotinis pro bursa fieri consuetis, donec universitas aliter duxerit statuendum.][h]

[r. 28,10. Item si aliqua fuerint construenda in collegio universitatis in cameris lectoriis tectis vel aliis quomodocunque de pecuniis fisci facultatis predicte, talis structura fieri debet per collectores fisci facultatis eiusdem; ita tamen quod ad structuram pro tempore faciendam 20 dicti collectores ultra unum florenum renensem sine speciali mandato dicti consilii vel maioris partis, expressa eciam mencione in cedula convocacionis de structuris facienda, non expendant; alias residuum ultra florenum renensem expositum de propriis persolvant, statuto tamen antiquo super exposicione pecunie fisci facultatis eiusdem prius edito semper salvo. Similiter si alius a dictis collectoribus se de huiusmodi structuris intermiserit et aliquid exposuerit, de proprio 25 persolvat.][h]

M f. 237 v. [r. 28,11. Item magistri collegiati in collegio universitatis apud sanctum Mychaelem preleccionem in lectoriis et horis in facultate arcium in posterum non habebunt, sicut hucusque habere consueverunt; sed in lectoriis et horis fiant elecciones per sortem, sicut in leccionibus hyemalibus observatur.][h]

30 [r. 28.12. Item nota, quod eadem die conclusa fuerunt duo alia statuta, quorum unum continet in effectum, quod nulla consuetudo debet allegari. Secundum continet in effectum, quod quidquid lucratum fuerit per taxiludium,[1] cedere debet fisco universitatis][h]. — —

H f. 238 v. [Quamquam sub anno domini 1439 duodecima mensis Augusti per universitatem certa edita fuerunt statuta super ordinacione et disposicione consilii facultatis arcium 35 electioneque decani consiliariorum ac examinatorum eiusdem, quibus dicta facultas hucusque usa est; certis tamen ex motivis circa quedam ex eis aliter duximus ordinandum ac ordinamus prout sequitur.][h]

[Primo circa constitucionem consilii facultatis arcium quoad magistros collegiatos in domo universitatis nichil innovamus, sed volumus ut statuta priora quoad illos in 40 suo permaneant vigore. Sed quoad magistros collegiatos de collegio Porte celi, quorum

[1] taxiludium, von taxilli, tesserae ludicrae. Die folgenden Bestimmungen stehen nur in H.

sex eciam secundum antiqua statuta esse debent in consilio facultatis predicte, hoc ordinamus quod, cum de cetero aliquis de novo ex magistris dicti collegii est ad consilium assumendus, eleccio seu presentacio eiusdem non fiat per magistros de Porta celi, sed per omnes magistros de consilio facultatis. De magistris vero non stipendiatis in altero predictorum collegiorum volumus, ut de cetero sint novem in consilio facultatis.][h] 5

[Unde statuimus, quod ultra sex magistros vigore antiqui statuti iam existentes in consilio eligantur infra mensis spacium adhuc alii tres per omnes magistros de consilio et, quociens aliquis in futurum de illa parte est ad consilium eligendus, volumus quod similiter per totam facultatem eligatur, prout eciam de magistris de Porta celi iam ordinatum est. Volumus eciam in huiusmodi cuiuslibet conscienciam eligentis esse onera- 10 ratam, ita ut magis ydonei eligantur. Et maxime attendatur quoddam statutum antiquum de qualificacione magistrorum recipiendorum ad consilium facultatis sub hoc tenore editum. Item vocentur ad consilium facultatis arcium magistri consiliativi bene morigerati pulchre a principio sue promocionis secundum status suos se regentes in vestitu et conversacione, et eciam quod sint tales, quod fama communis omnium testetur de predictis, 15 cum quibus sunt conversati.][h]

[ELECCIONEM DECANI CONCERNENTIA.][h]

[Item circa eleccionem decani volumus quod maneat turnus sive circuitus in prioribus statutis expressus; hoc adicientes, quod eo tempore, quo novus decanus est eligendus, omnes magistri illius partis, de qua decanus est eligendus, abiles reputentur, 20 ita quod ex omnibus magistris illius partis decanus eligatur, non obstantibus quibuscunque statutis ad inabilitacionem quorundam tendentibus, quibus per presens statutum derogatum esse volumus. In huiusmodi tamen eleccione cuiuslibet magistri eligentis conscienciam volumus esse oneratam, ut eum nominet, quem reputet inter dictos magistros facultati proficuum et utilem.][h] 25

[Item circa eleccionem examinatorum volumus similiter, ut turnus iuxta priorum statutorum formam teneatur; hoc eciam adiecto, ut omnes magistri cuiuslibet partis abiles reputentur preter duos scrutatores, quos ineligibiles esse volumus. Et debent hii duo scrutatores esse de duabus istis partibus, de quibus ista vice non est decanus, quos deputatos esse volumus hoc modo, quod de qualibet parte ille magister, qui in proxi- 30 miori precedenti examine fuit inter examinatores sue partis iunior, si ibi fuerunt plures, vel unicus, si in illa parte non fuerint plures, sit scrutator. Et si forte illi vel aliquis eorum abessent, tunc alii post eos iuniores.][h]

[Istis duobus sic exceptis, reliqui omnes abiles reputentur, non obstantibus quibuscunque statutis vel consuetudinibus in contrarium tendentibus, quibus per presens 35 statutum derogamus. Nichilominus volumus quod in huiusmodi eleccionibus quilibet magistrorum eligencium utilitatem et honorem facultatis attendere debeat.][h]

[Postremo volumus ut omnia priora statuta salva et illesa permaneant in omnibus suis partibus, ubi presencia eisdem non obviant, que in antea servari volumus, donec aliter visum fuerit universitati.][h] 40

Auf der Seite fol. 238ᵛ, welche diesem späteren, der Zeit nach nicht genau zu bestimmenden Zusatz, (der aber der zweiten Hälfte des 15. Jahrhunderts angehört) vorangeht, steht hinter rubr. 80 ein Excerpt der Statuten des Collegium majus (in II m. noch collegium universitatis genannt), welche unter dem Senior und Decan desselben und Professor an der Universität Quirin 5 Listemann de Molhusen († 1596.) erlassen sind. Als Collegiat wird dieser schon in seinem 3., 4. und 5. Decanat der Facultas artium (März 1558—61) genannt, als Senior des Collegii im 6., 1561. Wahrscheinlich wurden die Statuten zugleich mit der Revision der allgemeinen Universitätsstatuten durch Math. Dresserus 1570 publicirt.

CAPITA STATUTORUM COLLEGARUM MAJORIS COLLEGII,

10 describenda et servanda a domino decano M. Quirino Listemanno, communicato dominorum consensu illis exhibita.

I. Collegae nihil damni aut detrimenti collegio inferant.

II. Nihil ex aedificio collegii tollant, et ad suum usum avertant.

III. Singuli collegae in collegio dies noctesque habitent.

15 IV. Servata consuetudine a maioribus introducta iuxta ordinem suo quisque tempore collegium aperiat et claudat clausumque teneat.

V. Omnes clandestinos exitus et introitus prohibeant.

VI. Culturam horti non negligant.

VII. Singulis mutationum temporibus pro elocandis novis aedibus apud decanum 20 facultatis arcium solicitent.

VIII. Omni cura et studio provideant, ne quis non inscriptus apud rectorem in collegio habitet aut sub disciplina quacunque (?) inveniatur (?).[1]

IX. Pueris non permittant pilae lusum sub horis publicarum lectionum (?).[1]

Studiosos publicarum lectionum contemtores si super his a profess. quo . . . . 25 fuerint (?).[1]

X. Petulantes et rebelles, conspirationis alicuius conscios, rixatores, turbarum autores in collegio vivere ne patiantur.

---

[1] Die letzten Worte in § VIII und IX sind gänzlich verwischt.

Titel der 30 Rubriken der Redaction von 1449 (H)
mit den denselben entsprechenden Paragraphen der Redaction von 1412 (D) und den Seitenzahlen der Acten Bd. II.

Vor der Einleitung in H fol. 215v.
- juramentum decani electi, § 7 . . . . S. 125.
- juramentum admittendorum, § 14 . . . S. 126.
- juramentum promovendorum, § 128 . . S. 147.

Rubr. I. Statuta eleccionem decani concernencia, in H fol. 217.

Stat. 1 = § 1. . . . . S. 124.
„ 2 = hinter § 1, r. 13,1. 2.
„ 3 = § 4.
„ 4 = „ 5.
„ 5 = „ 6.
Stat. 6 = — } hinter § 6. . . S. 124 f.
„ 7 = — }
„ 8 = § 7. . . . . S. 125.
„ 9 = fol. 217v. — } hinter § 7.
„ 10 = — }

Rubr. II. Statuta decanum et ęius officium concernencia, fol. 217v.

Stat. 1 = § 2. . . . . S. 124.
„ 2 = „ 3.
„ 3 = „ 8. . . . . S. 125.
„ 4 = „ 9.
„ 5 = „ 10.
„ 6 = „ 13.
„ 7 = „ 12.
„ 8 = „ 11.
„ 9 = „ 17. fol. 218. . . . S. 126.
Stat. 10 = § 15.
„ 11 = „ 18.
„ 12 = „ 23. . . . . S. 127.
„ 13 = „ 24.
„ 14 = „ 25.
„ 15 }
„ 16 } hinter § 25.
„ 17 }
„ 18 }

Rubr. III. Statuta circa missam facultatis observanda, fol. 219.

Stat. 1 = § 19. . . . . S. 126.
„ 2 = „ 21.
„ 3 = hinter § 21. . . . . S. 127.
Stat. 4 = § 37. . . . . S. 130.
„ 5 = „ 22. . . . . S. 127.
„ 6 = „ 20. . . . . S. 126.

Rubr. IV. Statuta consilium facultatis arcium respiciencia, fol. 219v.

Stat. 1 = § 129. . . . . S. 147.
„ 2 = „ 130. . . . . S. 147.
„ 3 = „ 135. . . . . S. 148.
„ 4 = „ 131. . . . . S. 147.
Stat. 5 = § 132. . . . . S. 147.
„ 6 = „ 133.
„ 7 = „ 134.

Rubr. V. Statuta decanum et collectores facultatis clenodia quoque atque utensilia respiciencia, fol. 220.

Stat. 1 = — } . . . . S. 149.
„ 2 = — } hinter § 141. r., 6,3.
„ 3 = — } fol. 220v.
Stat. 4 = — } hinter r. 5,3. . . S. 149.
„ 5 = — }

Rubr. VI. Statuta fiscum facultatis et propinas ex parte facultatis concernencia, fol. 221.

Stat. 1 = — hinter r. 25,5 (§ 140) S. 150.
„ 2 = § 141.
Stat. 3 = — hinter § 141. . . S. 150.
„ 4 = — hinter § 68. . . . S. 136.

Rubr. VII. Statuta librariam et librarium concernencia, fol. 221v.

Stat. 1 = — hinter § 135. . . S. 148.
„ 2 = § 136. . . . . S. 148.
„ 3 = „ 137.
Stat. 4 = — hinter § 137. . . S. 148.
„ 5 = § 138.
„ 6 = „ 139.

Stat. 7 = — } . . . . S. 147.
„ 8 f 222. = — } hinter § 139. fol. 220. . S. 148.
„ 9 = — }
„ 10 = — }

Rubr. VIII. **Statuta magistros quoad actus scilicet lecciones et exercicia concernencia**, fol. 222 v.

Stat. 1 = — } hint § 25 r. 2,15 18. S. 128.
„ 2 = — }
„ 3 = § 26.
„ 4 = — hinter § 26.
„ 5 = § 27. . . . . S. 129.
„ 6 = „ 30.
„ 7 = „ 31.
„ 8 = „ 32.
„ 9 = „ 33.
„ 10 = „ 34.
„ 11 = „ 36.

Stat. 12 = § 38. . . . . . . S. 130.
„ 13 = „ 41.
„ 14 fol. 223 = § 40.
„ 15 = § 45. . . . . S. 131.
„ 16 = „ 46.
„ 17 = „ 47.
„ 18 = — }
„ 19 = — }
„ 20 = — } hinter § 47.
„ 21 = — }
„ 22 = — } . . . . S. 132.

Rubr. IX **statutorum magistros et eorum statum quoad vestitum et promovendos concernencium**, fol. 223 v.

Stat. 1 = — } hint. r. 8,22 (§ 47.) S. 132.
„ 2 = — }
„ 3 fol. 224. = § 70. . . . . S. 136.
„ 4 = § 48. . . . . S. 132.

Stat. 5 = § 49. . . . . S. 132.
„ 6 } = „ 50.
„ 7 }
„ 8 = — hinter § 50.

Rubr. X. **Statuta disputacionem magistrorum ordinarium concernencia**, fol. 224 v.

Stat. 1 = — hinter § 27. . . . S. 128.
„ 2 = § 28.
„ 3 = „ 29.
„ 4 = — }
„ 5 = — } hinter § 29.
„ 6 = — }

Stat. 7 = — hint. § 29, r. 10,4—6. S. 129.
„ 8 = § 35.
„ 9 = — }
„ 10 fol. 225. = — } hinter § 35.
„ 11 = — }

Rubr. XI **statutorum disputacionem de quolibet concernencium**, fol. 225.

Stat. 1 = § 89. . . . . S. 139.
„ 2 = „ 90. . . . . S. 140.
„ 3 fol. 225 v. = § 93.
„ 4 = — hinter § 93.
„ 5 = § 94.

Stat. 6 = § 95. . . . . S. 140.
„ 7 = „ 91.
„ 8 = „ 92.
„ 9 = „ 96.

Rubr. XII. **Statuta per rectores bursarum et bursales observanda**, fol. 226.

Stat. 1 = — } hinter § 38. . . . S. 130.
„ 2 = — }

Stat. 3 = § 39. . . . . S. 130.
„ 4 = — hinter § 39.

Rubr. XIII. **Statuta de actu regencia**, fol. 226 v.

Stat. 1 = — hinter § 1. . . . . S. 124.

Stat. 2 = — hinter r. 13,2. . . . S. 124.

Rubr. XIV. **Statuta baccalarios et eorum statum concernencia**, fol. 226 v.

Stat. 1 fol. 227. = § 103. . . . S. 141.
„ 2 = }
„ 3 = } § 103.[b]
„ 4 = }
„ 5 = }

Stat. 6 = § 104. 105. . . . . . S. 142.
„ 7 = „ 98. . . . . S. 141.
„ 8 = „ 99.
„ 9 = „ 100.
„ 10 = — hinter § 100.

Stat. 11 = § 101. . . . . . S. 141.
„ 12 fol. 227 v. = § 102.
„ 13 = — hinter „ 102.

Stat. 14 = — } hinter § 105. . S. 142.
„ 15 = — }

Rubr. XV. Statuta disputacionem ordinariam baccalariorum concernencia, fol. 228.

Stat. 1 = — } . . . . . . S. 142.
„ 2 = — } hinter r. 14,15 (§ 105.)
„ 3 = — }

Stat. 4 = — } . . . . . . S. 142.
„ 5 = — } hinter r. 15,3.
„ 6 = — } . . . . . . S. 143.

Rubr. XVI. Statuta examen et examinatores in genere concernencia, fol. 228 v.

Stat. 1 = — } hinter § 61. . . S. 134.
„ 2 = — }
„ 3 } = § 62. . . . . . . S. 135.
„ 4 }
„ 5 = „ 69. . . . . . . S. 136.
„ 6 = „ 72.

Stat. 7 = — hinter § 72. . . . S. 136.
„ 8 fol. 229 = § 76. . . . S. 137.
„ 9 = — }
„ 10 = — } hinter § 76.
„ 11 = — } . . . . . . S. 138.

Rubr. XVII. Statuta examinatores quoad locacionem concernencia, fol. 229 v.

Stat. 1 = § 63. . . . . . . S. 135.
„ 2 = „ 73. . . . . . . S. 137.

Stat. 3 = § 64. . . . . . . S. 135.

Rubr. XVIII. Statuta temptamen et examen magistrandorum concernencia, fol. 229 v.

Stat. 1 fol. 230. = § 79. . . . S. 138.
„ 2 = § 74. . . . . . . S. 137.
„ 3 = „ 75.

Stat. 4 = § 78. . . . . . . S. 138.
„ 5 = „ 80.

Rubr. XIX. Statuta licenciandos et licenciatos in artibus et recepcionem insigniorum magistrorum respiciencia, fol. 230 v.

Stat. 1 = § 81. . . . . . . S. 139.
„ 2 = „ 83.
„ 3 = „ 82.
„ 4 = „ 84.
„ 5 = „ 85.

Stat. 6 = § 87. . . . . . . S. 139.
„ 7 = „ 86.
„ 8 = „ 88.
„ 9 fol. 231. = — hinter § 88.

Rubr. XX. Statuta examen baccalariandorum et baccalariandos concernencia, fol. 231.

Stat. 1 = § 67. . . . . . . S. 135.
„ 2 = — hinter § 67.
„ 3 = § 66.
„ 4 = — hinter r. 20,2 (§ 67.).
„ 5 fol. 231 v. = — hinter § 65.
„ 6 = — § 107. . . . . S. 143.

Stat. 7 = § 108. . . . . . S. 144.
„ 8 = „ 109 (vgl. § 16.).
„ 9 = — hinter § 109.
„ 10 = § 106. . . . . . . S. 143.
„ 11 = — } hinter § 106.
„ 12 = — }

Rubr. XXI. Statuta examinatores baccalariandorum concernencia, fol. 232.

Stat. 1 = — hinter § 70. . . S. 136.

Stat. 2 = § 71. . . . . . . S. 136.

Rubr. XXII. De baccalariandorum admissorum iuramentis promissionibus et aliis eos concernentibus, fol. 232.

Stat. 1 fol. 232 v. = — } hinter § 110. (vgl. § 14.) S. 144.
„ 2 = — }
„ 3 = § 97. . . . . S. 140.
„ 4 = „ 111. . . . . S. 144.
„ 5 = — hinter § 111.

Rubr. XXIII. Statuta circa promotos in aliis universitatibus observanda, fol. 232v.

Stat. 1 fol. 203.	= § 123.	S. 146.		Stat. 4	= § 126.	S. 146.
„ 2	= „ 124.			„ 5	= „ 127.	
„ 3	= „ 125.			„ 6	= „ 128.	S. 147.

Rubr. XXIV. Statuta scolares et eorum statum in genere concernencia, fol. 233.

Stat. 1	= § 122.	S. 145.		Stat. 8	= § 117.	S. 145.
„ 2	= — hinter § 122.	S. 145.		„ 9	= „ 118.	
„ 3 fol. 233v.	= „ 112.	S. 144.		„ 10	= „ 119.	
„ 4	= § 113.			„ 11	= „ 120.	
„ 5	= „ 114.			„ 12	= „ 121.	
„ 6	= „ 115.			„ 13	= — hinter § 122. r. 24,2.	
„ 7	= „ 116.	S. 145.				

Rubr. XXV. De obligacione studencium ad studium in bursis, fol. 233v.

Stat. 1 f. 234.	= }	S. 145.		Stat. 4	= — }	S. 146.
„ 2	= } hint. § 124. r. 24,2.13.	S. 145.		„ 5	= — } hinter r. 25,3.	
„ 3	= }			„ 6	= — }	

Rubr. XXVI. Statuta circa quantitatem temporis et pastus exerciciorum observanda fol. 234v.

Stat. 1	= § 42.	S. 131.		Stat. 10	= § 54.	S. 133.
„ 2	= „ 43.			„ 11 fol. 235.	= § 55.	
„ 3	= „ 44.			„ 12	= § 56.	
„ 4	= — hinter § 50. r. 9,8.	S. 132.		„ 13	= { „ 57. „ 58.	
„ 5	= § 51.	S. 133.		„ 14	(fehlt in H.).	
„ 6	= „ 52.			„ 15	= § 59.	
„ 7 }				„ 16	= — } hinter § 59.	
„ 8 }	= § 53.			„ 17	= — }	S. 134.
„ 9 }						

Rubr. XXVII. Statuta circa quantitatem temporis et pastus lectionum fol. 235v.

Stat. 1	= § 60.	S. 134.		Stat. 2	= § 61.	S. 134.

Rubr. XXVIII. Statuta quedam universitatis a. 1439 edita fol. 235v., oben S. 151 ff.

Stat. 1	fol. 236.	— Consilium ex 3 partibus componendum	S. 151.
„ 2		— decanus ex 3 partibus eligendus	S. 152.
„ 3		— examinatorum turnus (vide § 77)	
„ 4	fol. 237.	— vicecancellarius inter examinatores	S. 153.
„ 5		— recommendator magistrorum eligendus.	
„ 6		— quid a licenciandis solvendum.	
„ 7		— grossi scampnales et balneales	S. 154.
„ 8		— quid a baccalariatis et magistratis solvendum.	
„ 9		— de leccionibus in Porta celi habendis.	
„ 10		— pro structura in collegiis quid solvendum sit.	
„ 11	fol. 237.	— } collegiis maioris collegiati prelectio	
„ 12		— } lectoriorum non permissa.	

Rubr. XXIX. Statuta bedellos concernencia fol. 237 v.

Stat. 1 = § 142. . . . . . . S. 150. Stat. 3 = „ 144. . . . . . . S. 150.
„ 2 = „ 143. „ 4 = — hinter § 144.

Rubr. XXX et finalis de mutacione et variacione statutorum, fol. 238.

Stat. 1 = § 145. . . . . . . S. 151. Stat. 3 = § 147. . . . . . S. 151.
„ 2 = „ 146.

IIo.

Statuta philosophicae facultatis (Aug. 1634.)

Nach dem von den Professoren eigenhändig unterschriebenen Exemplar im Archiv der Regierung (X) und nach der Abschrift in M. S. 67—76

Consules et senatus Erfurtensis lecturis salutem. Optima spe, quod hac ratione 5 inclyta facultas philosophica magis florere plusque commodi inde percipere possit, factum est, ut ejusdem statuta specialia in suscepta academiae nostrae instauratione et ipsa renovarentur; viri itaque nonnulli clarissimi e nostro et academico ordine, quibus peculiariter hoc negocium in consilio generali 5. Junii hujus anni demandatum fuit, ea,[a] quae dominus decanus et collegae praedictae facultatis pro temporis huius ratione vel 10 in prioribus statutis emendanda vel iis addenda esse putarent, accurate perpendentes et examinantes, postquam ea de re praedicto consilio retulissent, unanimiter cum illis consenserunt, ut inposterum saepius dicta facultas sequentibus statutis uteretur. Idque nobis etiam placuit devote optantibus, ut haec statutorum renovatio tam in memoratae facultatis, quam academiae nostrae cedat utilitatem et incrementum. 15

RUBRICA 1. DE ELECTIONE ET OFFICIO DECANI.

Stat. 1. Decanatus philosophicus esto annuus.

§ 2. Decanus non nisi e professorum numere eligitor et quidem, qui reliquos quoad tempus receptionis praecedit; nisi causae in contrarium graves militent.

§ 3. Electio annis singulis fiat die, quo divi Georgii festum celebratur, ubi insimul 20 caetera omnia examinatorum collectorum bibliothecarii oeconomi constituuntor[b] officia.

§ 4. Decanus electus statim in consilio facultatis solitum praestet juramentum.

§ 5. Octiduo post publico coacto conventu promulget statuta, addita seria commonefactione de causis obedientiae in republica literaria et de poenis, quas contumacibus leges minitantur. Eodem etiam actu typum publicet lectionum et exercitiorum per 25 illum annum in hac facultate proponendarum.

§ 6. In rebus ad facultatem spectantibus consilium facultatis convocandi rogandique sententias jus ac potestatem habeat, secundum majora tandem conclusum exsecuturus.

§ 7. Quisquis a consilio temere abfuerit, non modo iis, quae a collegis gesta et decreta fuerunt, contradicendi facultatem non habeto, sed etiam insuper mulctae loco 30 quadrantem joachimici collectori solvito.

§ 8. Praeterea decanus librum, in quo leges et nomina eorum, quibus gradus ma-

[a] fehlt in M. [b] constituuntur M.

gisterii et baccalaureatus, quocunque tempore collati sunt, consignata cum facultatis sigillo utroque diligenter custodito.

§ 9. Matriculam professorum et adjunctorum in facultatem receptorum adornato quoad nomen et tempus.

5 § 10. Procuret ut facultatis suae professores suo, in praelectionibus disputationibus declamationibus et aliis exercitiis publicis autoritate consilii generalis sibi decretis, rite fungantur officio et, si quid secus factum, emendetur: ubi insimul observet accurate auditores singulorum professorum, ut de praecipuorum diligentia obedientia et profectu testari, in promotionibus et commendationibus et ubicunque necessum fuerit, possit.

10 § 11. Curae sit decano, ut privatae lectiones tempestive fiant, ne publicae impediantur aut minuantur; hae vero ita disponantur, ut etiam idoneae horae privatis collegiis superent.

§ 12 Det operam ut in bibliopoliis publicis sit copia eorum librorum, qui in collegio publice praeleguntur.

15 § 13. Sit director disputationum publicarum, studiose providens ut materiae, quarum usus in vita utilis est, ad disputandum proponantur, accurateque cavens, ne de rebus futilibus per barbaras tricas et nugas rixae moveantur; omnium maxime vero prospiciat, ne παράδοξα ἄδοξα scripturae canoni, rationi sobriae et universali experientiae manifeste repugnantia publicis committantur palaestris. Si quae tamen ob rationum contrariarum 20 aequilibrium a communi philosophantium sententia pro philosophica libertate recedere videantur, ea non serio statim, sed saltem[e] exercitii veritatisque eruendae gratia publice discuti permittat.

§ 14. Insuper caveat, ne privatis in collegiis philosophica cum theologicis adeoque coelum cum terra inconsideratius et extra modum permisceantur.

25 § 15 Ne promovendi et promoti onerentur ultra praescriptas leges sumtibus in convivium et renunciationis solemnitatem conferendis, diligenter circumspicito ac càveto.

§ 16. Curet ut, qui in collegio habitant, modesti sint et opera suae vocationis fideliter faciant. Quod ut commodius praestare possit, visitet saepius rectores et inquilinos cujusque domus, collegii, hosque graviter admoneat, ut exercitia publica fre- 30 quenter et alacriter tractent.

§ 17. Matriculam singularem magistrorum habeto.

§ 18. Finito decanatus officio successori suo et reliquis collegis acceptorum et expensorum rationem reddito.

§ 19. Consilio ibidem generali ex justa causa postulanti facultas redituum ad eam 35 spectantium eorumve, qui iis fruuntur, designationem exhibeto ejusque decretis, si emendatio eo nomine necessaria fuerit, pareto.

RUBRICA II. DE OFFICIO PROFESSORUM IN FACULTATEM ADMITTENDORUM.

§ 1. Quilibet noviter designatus professor, qui antea in facultate non fuit, mox in eandem recipiatur.

[e] saltim M.

§ 2. Receptus fidem et strenuam operam in consilio generali solito facultati obstringat juramento.

§ 3. Idem receptus instruendae augendaeque bibliothecae gratia 3 joachimicos bibliothecario annumerato.

RUBRICA III. DE OFFICIO ADJUNCTORUM IN FACULTATEM RECIPIENDORUM. 5

Statutum 1. Magistri sine discrimine vel hic vel alibi promoti in facultatem recipiantur.

§ 2. Adjuncti recipiendi per praeviam disputationem publicam et consilii philosophici inde facta suffragia receptione se dignos habilesque faciunto.[d] 10

§ 3. Statuta facultatis se fideliter observaturos esse, decano in ipso receptionis actu juramenti loco stipulata manu promittunto.

§ 4. Pro receptionis precio fisco facultatis augendae bibliothecae ergo 1 rhenanum solvunto.

§ 5. Promotionibus quicunque et quotcunque a facultatis consilio designati fuerint, 15 una cum reliquis examinatoribus dextre et diligenter praesunto.

§ 6. Et hi quidem soli aequa parte participanto de fisco distributionis ex promotionibus collecto.

§ 7. Libertate collegia privata intimandi, praescio tamen facultatis decano, gratis gaudento. 20

§ 8. In facultatibus superioribus ordinarii ad prandia doctorandorum invitatores sunto.

§ 9. Numerus adjunctorum senarium regulariter non excedito.

RUBRICA IV. DE OFFICIO MAGISTRORUM IN GENERE.

Statutum 1. Magistri una cum discipulis suis actus publicos quoscunque, ad quos 25 a rectore vel decano invitantur, sua praesentia studiose ornanto in eaque re obedientiam ac reverenciam academiae, cui jurarunt, debitam praestanto.

§ 2. Conventus in causa litigiosa, ad quos nomine decani vocantur, sub mulcta arbitraria ne temere negligunto.

§ 3. Disputationes publicas frequentanto. 30

§ 4. Discipulos ad lectiones, quas cum fructu audire possunt, pariterque disputationes publicas adigunto.

§ 5. Magistri vel hic vel alibi promoti privatorum collegiorum potestatem omnium primo laudabili disputationis publicae edito specimine redimunto; illi insuper facultati dimidiatum, hi integrum florenum in bibliothecae usum solvunto. 35

§ 6. Inde pro quovis collegio privato, cujus quidem aperiendi potestas a decano semper nominatim impetranda, sex grossos ad eundem usum expendunto.

§ 7. Nihil privatim sub iis horis, quibus publice docetur, legunto, quia academiae

[d] faciunt M.

interest, authoritatem publicorum professorum conservari ideoque deducere studiosos ad publicos praeceptores aequum est.

§ 8. Programmata, quae ut publice affigantur excudi volunt, prius decano exhibento.

§ 9. Disputationes excudendas et publice discutiendas, prius censurae ejus pro-
5 fessoris, ad quem materia isthaec spectat, committunto.

§ 10. Ipsius vero decani curae carminum nuptialium censura incumbito, diligenter provisuri, ne quid in iis obrepat, quod castas aures laedere possit.

RUBRICA V. DE STATU ET OFFICIO MAGISTRORUM COLLEGIATORUM IN SPECIE.

10 Statutum 1. Juxta tenorem statutorum generalium, a senatu philosophico is, qui inter septem collegiatos magistros collegii majoris[1] pro receptionis ad consortium tempore prior fuerit, reliquorum *senior* omnibus praesentibus designator, diu noctuque in collegio habitaturus[e] deque rebus inibi gestis facultatis consilio rationem redditurus.

§ 2. Reliqui itidem diu noctuque sine ulla exceptione in collegio degentes ordine
15 collegium stato tempore aperiunto et claudunto clausumque tenento, omnes exitus et introitus clandestinos prohibituri.

§ 3. Singulis annis pro elocandis novis aedibus apud decanum sollicitanto.

§ 4. Omni cura et studio providento, ne quis non inscriptus apud rectorem in collegio habitet aut sub disciplina ipsorum vivat.

20 § 5. Studiosos inquilinos publicarum lectionum contemtores temerarios, si super his a professoribus querelae fuerint motae, itemque petulantes et rebelles conspirationis alicujus conscios, rixarum ac turbarum autores in collegio non patiantur.

§ 6. Ne promiscue quibusvis adventantibus aedes collegii incautius elocentur, conductores, qui se offerunt a singulis collegiatis, in quorum partibus sunt habitaturi[f], ad
25 decanum prius adducuntor, quo explorari possit, utrum studiosorum titulo et consortio sint digni necne.

[e] habituros M. [f] habituri M X.

---

[1] Das Collegium majus, in den Zusätzen zu IIn, (rubr. 28, S. 151 ff) auch collegium universitatis genannt, enthielt in seinem an der Michaelisstrasse liegenden Vordergebäude die grossen Säle für die Disputationen der philosophischen Facultät (parterre rechts vom Eingang); und für die medicinische Facultät (parterre links vom Eingang); eine Treppe hoch den für die juristische (1 Tr. hoch); die Wohnung für die Collegiaten der philosophischen und deren Bibliothek lagen in dem südlich nach der Gera hinlaufenden Seitengebaude an der Studentengasse, welches jetzt ganz niedergerissen ist. In diesem Seitengebäude des heutigen Hauses der höheren Bürgerschule (vorher eine Zeitlang Arbeitshaus, daher der Volkswitz die „Spinnhausler" auch „Studenten" nannte) befand sich auch das academische Carcer; vgl. Sinnhold, Fortsetzung der Erfordia literata III. 1, S. 21. 22; über das collegium majus überhaupt siehe ebend. S. 8ff.; über das Verhältniss der 8 Collegiaten desselben zu den 6 des Amplonianischen Colleg's (Himmelspforte) und den übrigen Magistris der philosophischen Facultät bei der Zusammensetzung des artistischen Consilii und über die Wahl des Decans und der Examinatoren aus diesem Collegio siehe oben rubr. 28,1—6, S. 151 ff Die älteren Statuten (1570?) siehe S. 156.

§ 7. Collegiati damna aedibus refectis illata ipsi praestanto in poenam negligentioris inspectionis.

§ 8. In numerum collegiatorum non nisi actu magistri recipiantur.

§ 9. Recipiendi stipulata manu juramenti loco facultati promittant obedientiam et erga collegiatorum leges inviolabilem observantiam. 5

§ 10. Collegiati in disputationibus publicis primum locum ad opponendum habento; quas ideo temere ne negligunto.

RUBRICA VI. DE OFFICIO BACCALAUREORUM.

Statutum 1. Cum discendi causa gradus in philosophia instituti sint, non cessanto discere hi, qui baccalaurei in academia renuntiati sunt; sed lectiones sibi utiles et ne- 10 cessarias diligentes audiunto, ex quibus uberiorem doctrinam indies hauriant et judicium informent acuantque.

§ 2. Disputationes frequentanto easque respondendo et opponendo, quantum quisque potest, ornanto.

§ 3. Baccalaurei stipendiati, qui tenentur ex tenore fundationis assumere gradum 15 magisterii, pro ordinario duas disputationes publicas et totidem orationes habento.

§ 4. Publicis actibus, ad quos a decano vocantur, intersint sub mulcta decani arbitraria.

RUBRICA VII. DE PUBLICIS DISPUTATIONIBUS.

Statutum 1. Disputationes publicae professorum, quotiescunque respondentium copia 20 suppetit, diebus quibuscunque, adjunctorum aut magistrorum Mercurii aut sabbathi habeantur.

§ 2. In singulis opponendi partes primae sint magistrorum collegiatorum; 2) magistrorum, qui nomina sua professi fuerint, 3) studiosorum omnium, 4) professorum. Quibus singulis statutum generale de praelectionibus et disputationibus (IId, rubr. VI.) 25 studiose observandum.

RUBRICA VIII. DE PROMOTIONIBUS.

Statutum 1. Promotio magistrorum singulis annis, baccalaureorum quolibet semestri adornetur;

§ 2. Magistrorum circa festum Mychaelis.[1] Quodsi tamen extra hoc tempus ordi- 30 narium candidati et competitores decano se obtulerint, quovis etiam alio tempore promotiones institui debent.

§ 3. Baccalaureorum aestivali tempore circa Bartholomaei, hyemali circa trium Regum ferias.

§ 4. Utraque septimanis decem ante promulgetur a decano. 35

[1] Früher fanden sie in den ersten Tagen des neuen Jahres, diebus telesphorianis, statt; siehe die Einleitungen zu den einzelnen Promotionen in der Matricula facultatis artium IV, 2, z. B. fol. 127c, als Luther in Erfurt Magister wurde.

§ 5. Apud eum candidati nomina sua ipsi sine commendatore profiteantur: ita tamen ut baccalaureandi praeceptorum suorum testimonia legitime impetrata decano coram exhibeant.

§ 6 Candidatorum specimina sint publica et privata.

5 § 7. Publica, ut orationes binas, disputationes totidem respondendo habuerint.

§ 8. Privata, ut orationem vel thema quoddam elaboratum manu descripta offerant, quod a facultate asservetur.

§ 9. Examina sint et privata et publica:

§ 10. Privata a decano professoribus cum adjuncto instituantur.

10 § 11. Et fiant, quocunque tempore quis suum nomen profiteri voluerit.

§ 12. Decanus faciat initium generaliter et praesertim ex iis philosophiae terminis, qui in theologia reperiuntur.

§ 13. Materia examinis esto logica rhetorica metaphysica physica mathematica ethica et lingua graeca, accuratius quidem rigorosiusque cum magistrandis atque cum[a]

15 baccalaureandis tractanda.

§ 14. Eo ordine regulariter baccalaureandi locentur, quo nomina eorum albo academiae inscripta deprehunduntur.

§ 15. Inter magistrandos vero ii precedent, qui prius infimum gradum assumserunt.

§ 16. Si vero officii dignitas singularis eruditio aliaeve similes circumstantiae aliud

20 suaserint, earum ratione habita candidato serius inscripto vel laurea ornato potior locus a facultate designabitur.

§ 17. Examina publica quatuor diebus ante promotionem habeantur.

§ 18. A decano programmate quodam inviteutur omnes doctores et magistri.

§ 19. Habeantur tribus diebus continuis horis a prima in quintam pomeridianis.

25 § 20. Invitatio ad solenne magisterii per adjunctos duos et totidem electos candidatos fiat, praeeuntibus facultatis insignibus.

§ 21. Renunciatio hoc ritu absolvatur.

§ 22. Promotionis munere semper decanus fungatur.

§ 23. Is actum erudita oratione ordiatur.

30 § 24. Deinde primus e candidatis thema aliquod per rationes dubitandi proponat.

§ 25. Istud ab examinatorum primo resolvatur.

§ 26. Postea a domino procancellario promotor licentiam creandi philosophiae doctores et eruditae doctrinae magistros rite petat.

§ 27. Pro ejus impetratione gratiis actis ritus in ciusmodi actibus adhiberi solitos,

35 nempe collocationem in cathedram, praestationem juramenti, impositionem pilei, attributionem annuli, aperti et clausi libri traditionem, adiecta ad saluberrimas admonitiones spectante expositione, observari curet.

§ 28. Quas solennitates ipsa renunciatio excipiat.

§ 29. Qua facta quidam e candidatis toti consessui dignas agat gratias.

40 § 30. Sumtum facient baccalaurei non ultra quinque joachimicos, magistri non ultra octodecim.

[a] fehlt in M.

§ 31. Pro recepcione baccalaureus 2 joachimicos, magister 4.

§ 32. Decano promotori — qui tamen pro oblato honorario ullove alio respectu noviter promotis prandium aut coenam instruere nullatenus tenebitur — baccalaureus 1 joachimicum, magister 2 vallenses.

§ 33. In bibliothecam facultatis baccalaureus joachimicum, magister 2. 5

§ 34. In ministros baccalaureus 12 gr., magister joachimicum expendat.

§ 35. Baccalaurei nec prandium nec ἀκράτισμα[h] praebeant, sed sic ad solitum conclave deductis, quilibet e comitibus post expositam gratulationem ad sua redeat.

§ 36. Prandium magistrale mensis ad summum 4 absolvatur, in singulas mensas quatuor tantum ferculis appositis. 10

§ 37. Pro honorario poculentorum ab amplissimo et prudentissimo senatu offerri solito primus magistrorum decentes sibi referendas gratias meminerit

§ 38. Pro quolibet hospitum, quos candidati adduxerint, joachimicum;

§ 39. Pro testimonio baccalaurei 12 argent. magistri vallensem solvant;

§ 40. Cuius semis decano, alter academiae secretario cedat. 15

RUBRICA IX. DE BIBLIOTHECA ET BIBLIOTHECARIO.

Stat. 1. Precium pro recepto professore in eius professionis aliquem librum aut opus impendatur.

§ 2. Reditus alii aequa parte pro quavis professione impendantur. 20

§ 3. Munus bibliothecarii ambulatorium sit, pro integro tamen anno secundum ordinem professorum.

§ 4. Librorum facultatis duplex catalogus conficiatur, quorum unus in cista academiae, alter a bibliothecario asservetur.

§ 5. Facultatem perlustrandi bibliothecam nulli professorum vel studiosorum tempestive petentium bibliothecarius deneget. 25

§ 6. Permittat idem, ut professor vel studiosus per aliquot horas studiorum causa in bibliotheca commoretur.

§ 7. Nulli autem nisi professori schedulam recognitionis loco prius tradenti libros e bibliotheca commodet. 30

§ 8. Successori suo omnes libros in catalogo descriptos relinquat.

§ 9. Novi libri praevio totius facultatis consilio et consensu prima post novi decani electionem septimana comparentur.

RUBRICA X. DE DEPOSITIONIBUS.

Stat. 1. Depositiones eo instituantur modo, qui academiae magis laudi quam dedecori sit. 35

§ 2. Quibuslibet nundinis solennibus ordinaria depositio habeatur; ad quam quicunque tenuioris fortunae fuerint, ut gratis deponi possint, remittantur.

§ 3. Locus depositionibus publicis commodus seligitur.

[h] ἰκράτισμα M.

§ 4. Extraordinaria depositio in decani domo fiat.

§ 5. Precium depositionis ordinarium sunto 6 gr. aequa parte inter depositorum utrumvis distribuendi, examinis et absolutionis 12 gr.

§ 6. Absolvendi officium esto decani, cui redituum ex depositionibus triens accrescat, 5 reliquis professoribus de residuo aequaliter participantibus.

RUBRICA XI. DE PEDELLIS STATUTUM.

Stat. 1. Pedellorum unus singulis diebus adeat decanum facultatis arcium, quaerens num quid sit agendum.

§ 2 Annuae statutorum recitationi pariterque disputationibus professorum cum 10 facultatis insignibus uterque intersit.

§ 3. Intersint et disputationibus adjunctorum et aliorum magistrorum, absque tamen insignibus, ut si quid accidat, quod decano narrandum, ab alterutro ocyus expediri possit.

JURAMENTUM

15 § 1. Decani electi. Ego N. N. juro et promitto facultati artium et vobis N. decano antiquo nomine facultatis, quod fideliter velim agere pro facultate in officio mei decanatus, inquantum me et officium meum concernit. Ita me deus juvet!

§ 2. Baccalaureandorum et magistrandorum. Ego N. N. juro et promitto, quod hunc gradum in nulla alia universitate resumam et statutis pro commodo facultatis 20 artium firmiter observatis bonum unitatem pacem et honorem academiae ac facultatis, ubicumque potero, secundum meum judicium, ad quemcunque statum[1] etiam[1] pervenero, procurabo. Ita me deus adjuvet!

Tandem reservamus nobis et successoribus nostris potestatem statuta haec facultatis philosophicae specialia, si futuri temporis ratio ita exegerit, consultatione prius eo 25 nomine in consilio generali per scholarchas et academiae proceres mature habita, immutandi et renovandi.

Perlecta fuerunt haec statuta facultatis philosophicae specialia die . . . Augusti a. 1634 in consilio academico etc. etc. (wie oben; in den Unterschriften fehlen Rennemann und Zeithopf.)

[1] etiam statum X.

IIIb.

Die allgemeine Studenten-Matrikel

von 1492 bis 1636.

1492. Ost. 198. Rect. Ioh. Kyll de Hersfeldia.[1]

f. 265cd

Nunc observatis prefulgide universitatis huius legibus solemnitatibusve legittimis minime pretermissis, die crastino festivitatis sanctorum Philippi et Iacobi apostolorum emicante post saluberrime Virginis partum anno Redemptoris millesimo quadringentesimo nonagesimo secundo, cunctis pro ellectione[c] rectoris interesse habentibus convocatis et comparentibus, ex unanimi approbatione ac electione spectabilium dominorum doctorum ultimorum electorum, videlicet Iohannis Glugkrym, censarii[d] pontificiique iuris interpretis ecclesie beate Marie virginis Errfordensis canonici et sancti Severi, eiusdem canonici et decani facultatis iuridice decani huius alme universitatis vicecancellarii, Iohannis Bonemilch de Laspbe, sacre theologie professoris eiusdem facultatis decani ecclesie beate Marie virginis Erffurdensis canonici, et Conradi Sehusen de Northeim, gemini iuris interpretis dignissimi, publice pronunciatus est in prefate achademie primatem ac monarcham venerabilis vir dominus Iohannes Kyll de Hersfeldia, beate Marie virginis Errfordensis et sancti Iohannis in Hawgis Herbipolensis ecclesiarum canonicus; sub cuius rectoratu immatriculati sunt infrascripti:

f. 266a

Reverendus pater dns Gasparus abbas monasterii Paule Celline[e] ordinis sancti Benedicti dt. 1 flor. pro universitate et 1 flor. pro pedellis
frater Iohannes Lutelff professus prefati monasterii gratis ob reverenciam dni abbatis.
Martinus de Kera } nobiles tm.
Stephanus de Hermstat } nobiles tm.
Conradus Rympach plebanus in Tettelbach[f] tm.
Iohannes Hognigk de Hyldesheim.[g] tm.
Henricus Helmolt de Gottingen tm.
Iohannes Sawren de Badelbornis tm.
Iohannes Helmolt de Gottingen tm.
Henningus[a] Everhelm de Moringen tm.
Tylomannus Rutheri de Moringen tm.
Iohannes Stagken de Moringen tm.
Otto Hertlin de Ulma tm.
Fridericus Rugigheim de Praunheym[h] tm.
Iohannes Pistoris de Dingelstat tm.
Liborius Weyrauch de Heiligenstat[i] tm.

f. 266b

Iohannes Rauchenrodt de Treysa tm.
Steffanus Vywegk de Monte nivis tm.
Iohannes Gronewalt de Treysa tm.
Iohannes Friderici canonicus Lubicensis tm.
Heinricus[i] Milticz } nobiles tm.
Georius Petsch } nobiles tm.
Iohannes Rudolffi } nobiles tm.
Iohannes Schyl de Brunswygk tm.

[a] Fehlt in B. [b] Fehlt in A. [c] l statt ll. [d] cesarii. [e] Soll wohl Celle Paulino heiszen. [f] t statt tt. [g] haym statt heim. [h] n fehlt. [i] e statt ei.

[1] Das zu der Einleitung gehörige Bild wird dem Drucke beigegeben und ist am Ende der Vorrede zum II. Bande genauer beschrieben.

Heinricus[i] Syffridi[k] de Cruczburg tm.
Nicolaus Kyrn[l] de Heymbach tm.
Iohannes Klocz de Bacharach tm.
Mathias Cerdonis de Heymbach tm.
5 Iohannes Brenner de Wyssenhorn[m][l] tm.
Petrus Schlemlein de Nurinberga[n] tm.
Georgius Klein de Weindingen tm.
Iohannes Morman[o] de Cocheim tm.
Iohannes Hermanni[p] de Ediger tm.
10 Henricus Leyen de Clotten tm.
Georius Sawr de Polch tm.
Conradus Wolff de Caldern[l] tm
Iohannes Rummel de Hersfeldia tm.
f. 266c Iohannes Jungkman de Herborn[l] tm.
15 Iohannes Sander de Cappel tm.
Dytmarus Schelhaffer de Curbach tm.
Cyriacus[m] Schorer de Aquisgrano tm.
Iohannes Alberti de Emda tm.
Iacobus Stellwagen[c][q] de Wynsheym tm.
20 Casparus Lybman[m] de Guttesberg[d] tm.
frater Bernhardus[l] Winter[r] de Nova civitate tm.
Heinricus Nyderberg[m] de Aschoffenburg tm.
Andreas Sell presbiter de Tunczenhausen tm.
Petrus Textoris de Morsdorff tm.
25 Henningus[s] Doleatoris de Osterode tm.
Andreas Crautall de Tettelbach[d] tm.
Wilhelmus Rottendorff de Erffordia tm.
Anthonius Hulderlin de Erffordia tm.
fr. Iacobus Lansheym de monasterio Roborensi(?) tm.
30 Iohannes Kesseler[t] de Wildungen tm.
Iohannes Smitd[u] de Schmalkaldia[v] tm.
Georius Benning de Koburgk tm.
Ludolffus Kruger de Eltza tm.
Gerhardus Fabri de Wesalia tm.
35 Heinricus Voyt de Lich tm.
Iohannes Gysel de Londorff tm.
Heinricus Zymmern[w] de Werinshusen tm.
Iohannes Hoße[x] de Rorbach tm.
Anthonius Schucz[y] de Westerburg[q] tm.
40 Mathias Zwirgk de Sancto Vito tm.
Noe Koller de Brunswigk tm.
Iohannes Bedigke de Hagen tm.
Andreas Grossener de Stalburg tm.
Valentinus Jungerman de Zerbst tm.
45 Iohannes Koder de Luchaw tm.
Wolfgangus Doleatoris de Tettelbach[d] tm.
Conradus Zyher de Strollindorff[z] tm.
frater Georgius Gaberwitz tm.
frater Hieronimus Steynbach tm.

Bertol. Heygersheym[aa] de Hyldishaym (-heym B) tm.
Valentinus Zygelman[m] de Dydesheym tm.
f. 266d Arbogastus Dych[m] de Offenburg med.
Heinricus Tunczenrodt[bb] de Herbstein med.
5 Conradus Pistoris de Zygenhain[m] med.
Nicolaus Höler[cc] de Morstat med.
Heinricus Theodrici[ee] de Brunswig[dd] med.
Christofferus Thum de Tyllingen med.
Hermannus Ulrici de Numburg med.
10 Egkardus[ff] Bylin de Hyldescheym med.
Iohannes Brandis / (Otto Wingkelman)[z] } de Hyldesheym med.
Clemens Patzigk de Wandesleuben med.
Andreas Tyl de Ysennaco med.
15 Iohannes Cunczman[y] de Heilgelsheym med.
Iohannes Nachtrabe de Nydda med.
Laurencius Fabri de Nurinberga med.
Ulricus Spyß[x] de Weindingen med.
Conradus Huttwelker[d] de Curbach med.
20 Walterus Wyß[x] de Fulda med.
Laurencius Schregk[ii] de Lawden med.
Michael Lawr de Aquisgrano med.
Conradus Fabri de Montireall[gg] med.
Udo Udonis de Gardelegen med.
25 Symon Scutellificis de Tryß med.
Iohannes Halopderheyde de Herffordia[hh] med.
Wolffgangus Wonniglich de Wassertruglingen[q] me.
Michael Durre de Wassertrugelingen med.
Cristofferus Nicolai de Wassertrugelingen med.
30 Burgkardus Dewbiger de Lawden med.
Iacobus Doleatoris de Weybelingen med.
Hermannus Gansbein de Homberg med.
Iacobus Eychenhausen de Swinfurt med.
Conradus Beringer de Dungkelspul[ii] med.
35 Iohannes Frey de Constancia med.
Iohannes Kop de Susato med.
Georius Hoffmann de Weczensteyn[q] dt. 5 nov.
Iohannes Wesenbach de Bydenkap dt. 5 nov.
Wilhelmus Leonis de Emergka dt. 8 nov.
40 Iohannes Borggreffe de Helheym dt. 17 gr.
Georius Seligmann de Heydingsfelt dt. 17 gr.
f. 267a Iohannes Gareysse de Monte nivis dt. 16 gr.
Georius Cerdonis de Felburg[dd] dt. 8 nov.
Heinricus Hermanni[kk] de Frangfordia dt. 5 nov.
45 Iohannes Latrificis de Hagenogia med.
Iohannes Kalde de Kurbach[ll] med.
Iohannes Kewpper de Offenheym med.
Georius Schade de Moppergk med.
Ludwicus Equitis de Sultzburg med.

---

[k] f statt ff. (Z. 2 Kyren?) [l] rn statt n. [m] i statt y. [n] Nuberga. [o] Moran. [p] Herman. [q] b statt w. [r] y statt i. [s] Henningnus. [t] Kesler. [u] Schmidt. [v] s statt sch. [w] m statt mm. [x] s statt ss. [y] tz statt cz. [z] e statt i oder ei. (Z. 48 Georius.) [aa] Heygesheym. [bb] Tuntzenrot. [cc] o statt ö. [dd] gk statt g. [ee] Teodorici. [ff] gh statt k oder ck. [gg] Monreall. [hh] Erffordia. [ii] ck statt gk. (Z. 34 Dungkelspuehil.) [kk] Herman. [ll] gh statt ch.

Iohannes Rost de Rudestet med.
Petrus Wyse de Margburgk[mm] med.
Iohannes Ratfritz de Yppingen med.
Nicolaus Antesmeyer[nn] de Keskastell[c] med.
Magnus Nese de Ulma med.
Iohannes Stulmanshans de Herbstein med.
Matheus Beymbichen de Welmich med.
Reinhardus Werthrami de Warburg med.
Henricus Heyse[oo] de Allendorff med.
Georius Kauffman de Ulma med.
Caspar Burgkell de Beyrewt[pp] med.
Sebastianus Sunlin de Wassertrugling med.
Heinricus[a] Cymmerman[qq] de Nova civitate med.
Iohannes Friderici de Eymbegk[rr] med.
Andreas Fleyschhawer de Herbesleuben dt. 4. nov.
Petrus Fegenbeutel[ss] de Oppenheim dt. 4 nov.
Christianus Gunderam de Allendorff dt. 4 nov.
Nicolaus Venediger de maiori Glogovia dt. 4 nov.
Michel Schutz de Stadis[tt] dt. 4 nov.
Conradus Schregk[tt] de Lauden dt. 1 nov.
Casparus Stellwagen[uu] de Herbipoli gratis ob reverenciam doctoris Petri Petz dt. 1 nov.
Martinus Dyrlin de Ratisbona[vv] gratis pro socio quia famulus rectoris.[1]

Summa 144.

[mm] g statt gk. [nn] Antesmeyr. [oo] ss statt s. [pp] W statt B. [qq] Cimerman. [rr] Eymbecke. [ss] Fegenpeuti. [tt] Staudis. [uu] Stelbagen. [vv] p statt b.

[1] In dem Liber receptorum ist von dem 198. Rectorate des Ioh. Kyll nur die ausgemalte Initiale N eingetragen, sonst 2 leere Seiten gelassen.

1492. Mich. 199. Rect. Iohann.[c] Biermost.[d]

Omnibus[1] Erfurdiensis[e] academie moderatoribus et universa literaria sodalitate XV. calendas Novembris ad rectoralia comitia legittime concitis, et id quidem anno a natali Christiano supra quadringentesimum ad millesimum nonagesimo secundo, ex scholastice reipublice senatoribus tres eruditissimi simul et integerrimi atque inprimis prudentes viri constituti sunt, ut in conciliabulo, quemadmodum fieri soleat, semestrem principem veluti dictatorem nuncupatis votis deligerent ac porro publicarent. Itaque liberalium disciplinarum excellentes illi magistri et domini Ioannes Clockerim, edis divi Severi decanus eiusque templi et christifere Virginis canonicus et vicecancellarius Ariopagi nostri dignissimus, Conradus Sehusen, iuridice facultatis decanus eximius, qui duo celebratissimi viri cum Northeimenses sunt, tum utriusque iuris doctores, et Nicolaus Lörer Herbipolensis, in studiosorum domicilio cui maiori cognomentum est collegiatus non illaudatus, modestissimum virum optimumque magistrum Joannem[c] Biermost,[d] civilis pontificiique iuris baccalarium ac collegialem gubernatorem, memoratis in edibus rectorem designarunt et e vestigio declaraverunt. Qui pro ingenii sui acrimonia creditum sibi dignitatis munus ita ornare amplificareque studuit, ut per

[a] Fehlt in B. [b] Fehlt in A. [c] In A ist fast durchgängig Ioannes, in B Iohannes geschrieben. [d] In der Ueberschrift der Einleitung hat B Birmost. [e] ff statt f.

[1] In A: In der von Blumengewinden im Viereck eingeschlossenen Initiale O steht in der Mitte Maria, das Kind auf dem rechten Arme haltend, von einem Flammenkranz umgeben, zu ihrer Rechten die h. Katharina mit Krone auf dem Haupte, in rothem Mantel, mit der Linken nach dem Kinde hinzeigend. Zur Linken Maria's steht ein Pilger in grünem, innen roth gefärbten Mantel mit einem Stab in der Rechten, mit Pilgerhut auf dem Haupte. Unter Maria ist das Wappenschild mit einem aufgerichteten nach rechts schreitenden Ziegenbock in silbernem Felde. In B ist in der Mitte der blauen Initiale mit Goldgrund dasselbe Wappenschild, aber der Bock nach links hin schreitend.

id temporis pro doctoreis ornamentis et insignibus dignaretur licenciatura (quam vocant); quo principe subscripti Erfurdiano[e] gymnasio sese devoverunt:

Generosus dns Georgius Burggravius[f] de Kirchburg,[g] dns in Farnrode dt. 1 fl. pro universitate. 5
Ioannes[c] Furstenauwe[h] Erffurdensis gratis ob reverenciam dni rectoris, quia cognatus eius.
Ioannes[c] Wiße de Duderstett gratis pro reverencia dni doctoris Steinbergs.[i] 10
Marcus Greffe[k] Erffurdensis gratis ob reverenciam dni Ioannis Greffenn.[k]
f. 268b Casperus (de)[b] Tenstett[l] Erffurdensis tm.
Cristoferus[c] (de)[b] Tenstett[l] Erffurdensis tm.
15 Ioannes de Drebes Erffurdensis nobilis tm.
Ernestus Smalstig[m] de Dreffort nobilis tm.
Henningus[n] de Wardisleiben[n] nobilis tm.
Cristoferus[c] de Debis nobilis tm.
Michael[o] Bach de Koburg[g] nobilis tm.
20 Cristoferus[c] de Wichsenstein nobilis tm.
Iodocus Vetter de Bidelborn tm.
Georgius Lackennemer[p] de Oterwig tm.
f. 268c Ioannes[c] Krol de Amenauw[q] tm.
Ioannes[c] Schebe de Wetter tm.
25 Ioannes[c] Bitmann de Sundershusen[r] tm.
Nicolaus Höbener de Esefelt[s] tm.
Ioannes[c] Halknecht de Cassel tm.
Iodocus Klumpe de Wissenburg[s] corone[1] tm.
Franciscus Bot de Myndelheym[t] tm.
30 Wolffgangus Marck de Sonßheym tm.
Ioannes[c] Rinfranck de Gotha tm.
Thomas Thum de Schwynungen tm.
Ioannes[c] Vogler de Wratislavia[s] tm.
Ioannes[c] Lenglin de Wassertruhingen[x] tm.
35 Ioannes[c] Francz[u] de Hanauw[q] tm.
Sebastianus de Selbenitz de Siczenburg[v g] nobilis[g] tm.
Hermannus[y] Weczel[u] de Greffenstein[w] tm.
Ioannes[c] Witmar de Turego tm.
40 Iodocus Kralock de Brait tm.
Ioannes[c] Trechsel de Thurego tm.
Nicolaus Schröter Erffurdensis tm.
Heinricus Lutifiguli de Sobernheym dt. tm.
Symon Zcorn[z] de Bernkastel dt. tm.
45 Hermannus Herßberger de Gligpurck[g] dt. tm.
Caspar Necker de Nurnberga dt. tm.

Heinricus Holt de Bercka dt. tm.
Ioannes Rauscher de Nurnberga[aa] dt. tm.
Bartholomeus Crapffe de Ulma dt. tm. 5
Ioannes Stenglin de Dylingen dt. tm.
Nicolaus Rawfleisch[bb] de Wissenburg[s] corone[1] dt. tm.
Heinricus Funificis de Franckfordia dt. tm.
fr. Anthonius Konig ord. premonstratensium plebanus in Themar dt. tm. 10
Hermannus Herghen de Dransfelt dt. tm.
Heinricus vom Hagen Northeymensis dt. tm.
Lasarus[bb] Stickler de Mölhusen dt. tm.
Wilhelmus Scholten de Wesalia inferiori dt. tm. 15
Wernherus Eiche[dd] de Glighburg gratis quia famulus dni rectoris.
Theodricus de Bello Subibariensis gratis ob reverenciam dni doctoris Northeym, quia cognatus eius. 20
Urbanus Bayar de Buch dt tm.
Ioannes[c] Weblisch, Ioannes[c] Spieß[ee] } de Swinfordia[m] dt. tm.
Ioannes Leutholt de Dietfart presbiter baccalarius Ingelstaviensis dt. tm. 25
Bernhardus Oelschläger de Wasalia[ff] inferiori tm.
Andreas Mengen de Kirchheym tm.
Heinricus Großconrat de Leonberg[g] tm.
Andreas Zcerrer de Villingen tm.
Volckwinus Rucker de Wetter tm. 30
Heinricus Bilsinger[x] de Leonberg tm.
Ioannes[c] Piscatoris de Westerburg cancellarius dni lantgravii Hassie tm. f. 268d
Ioannes[c] Homan de Ylmen tm.
Conradus Meczel[u] de Ylmen tm. 35
Ioannes[c] Macher de Yder tm.
Adam Textoris de Hirstein tm.
Casperus Thome de Stockheym tm.
Ioannes[c] Weiler de Lawda tm.
fr. Christoferus[c] Pausing de Wratislavia tm. 40
Iohannes Golderßhoffen de Hachenburg[g] tm.
Hermannus Zcenger de Hachenburg tm.
Thomas Golderßhoffen de Aldenkirchen tm.
Petrus Anzcegel de Wittlich tm.
Bernhardus Fabri de Arnstein tm. 45
Andreas Spreger de Arnstein tm.

[f] Burgravius. [g] gk statt g oder ck. [h] Furstennaw. [i] Steinberg. [k] Greve. [l] t statt tt. [m] Sch statt S. [n] Heningnus de Wardißleubin. [o] Michahel. [p] Lackennehmer. [q] aw statt auw. [r] Sunderßhußen. [s] sz statt s oder ss. [t] ei statt ey. [u] tz statt cz. [v] y statt i. [w] v statt ff. [x] sß statt ss (Waßertrwhingen Z. 34.) [y] Harmannus. [z] Zcern (?). [aa] Nurenberga. [bb] z statt s; Z. 7 ch statt sch. [cc] ll statt l; l statt ll. [dd] Eych. [ee] s statt ß. [ff] Wesalia. (Z. 27 Kircheym.)

[1] Stuhlweißenburg.

Petrus Schmerlep de Fulda tm.
Laurencius Krusa de Berstett tm.
Iohannes Kyß de Subernheym tm.
Mathias Mynczmeister[u] de Weringerod[gg] tm.
5 Heinricus Horn de Halberstatt[gg] tm.
Wolfgangus[e] Menlen de Wendingen[hh] bacc. Ingelstaviensis tm.
Wernherus Huetz de Frideßlaria tm.
Theodricus[ii] Elbin de Frideßlaria tm.
10 Hermannus Rode de Leve tm.
Sebastianus Sauber de Geilßheym[t] tm.
Ioannes[c] Waltfurster de Scheide tm.
Udalricus Sartoris de Dirdorff tm.
Andreas Molwicz[u] de Ascania tm.
15 Conradus Weser[s] de Wissensee[ii] tm.
Iohannes Elsesser[ii] Erfurdiensis gratis (ob reverenciam)[b] rectoris.
(dns)[b] Iohannes Rosental[s] Isenachensis presbiter[rr] gratis
20 Ioannes[c] Marte de Capel tm.
Heinricus Huseleite[s] de Gardeleiben[kk] tm.
Ioannes Martini de Halberstatt[ll] tm.
Hermannus Fister de Franckenhusen[s] tm.
Conradus Horand de Warpurg tm.
25 Conradus Ramsberg[g] de Goßlaria tm.
Hermannus Nidewalt de Kurbach tm.
Ioannes[c] Schnehagen de Embeck tm.
Melchior Gedelndecken de Hoxaria tm.
Bertoldus[nn] Segel de Goßlaria tm.
30 Ioannes Hollenkalb de Hardegessen tm.
Andreas Burcke de Rench tm.
Ioannes[c] Besa de Northusen[s] tm.
Conradus Warolderen de Korbach tm.
Philippus Scheffener de Korbach tm.
35 Philippus Moreller de Dramstatt[ll] tm.
Mathias Leinach (Lemach?) de Lindelbach tm.
Valentinus Stahel de Wratislavia[s] baccal. Lipzcentis tm.
f. 269a Ioannas[c] Fueß de Burckhusen[s] tm.
40 Iodocus Mock de Fulde tm.
Conradus Furchfelt de Duderstat (-stet B) tm.
Philippus Schmalholcz[u] de Lanspurg[g] tm.
Georgius Molitoris de Nurnberga tm.
Ioannes[c] Schwer de Nurnberga tm.
45 Heinricus Werther de Northusen tm.
Ioannes[c] Bomgartener de Uffenheym tm.
Thomas Sawer vicarius ecclesie maioris Bambergensis tm.
Petrus Fasel[s] de Wolffstein tm.

Petrus Hilt de monasterio Meinfelt tm.
Iacobus Ruperti de Hernborn tm.
Ioannes[c] Schleiffer de Westerburg tm.
Cristianus Eylhartgen de Westerburg tm.
Anthonius Gropengiesser[x] de Warpurg tm. 5
Ioannes[c] Vingen de Buren tm.
Ioannes[c] Wirczer[u] de Gersleuben[s] tm.
Heinricus Schwelborn de Molhusen[oo] tm.
Heinricus Grevestein de Bercka tm.
Iob Phertener[pp] de Dornbach tm. 10
Ioannes[c] Pellificis de Wissenburg[s] tm.
Ioannes[c] Waldel de Diepurg[v] tm.
Symon Ce.donis de Widersdorff[v s] tm.
Ioannes[c] Sartoris de Sarburg tm.
Ioannes[c] Wegel de Dornbach tm. 15
Ioannes[c] Degen de Geminiponte tm.
Thomas Seligmann Erffurdiensis tm.
Casparus Hauffe de Geilnhußen[ce] tm.
Anthonius Gernum de Slichtern[m] tm.
Frobinus Carnificis de Salmonster tm. 20
Hermannus Hausman[v] de Nyda tm.
Philippus[qq] Kolbe de Oschaffenburg[g] tm.
Ioannes[c] Gluenspieß[ce] de Lare tm.
Dietherus Philsticker de Dramstat tm.
Steffanus Passauwer[mm] de Swabach[m] tm. 25
Michael[o] Dyring de Lisperg[s] tm.
Ioannes[c] Plancz[u] de Confluencia dt. 9 nov.
Ioannes[c] Erffurdia de Wisensehe[ss] dt. 8 nov. et 2 den.[tt]
Nicolaus Keisener[s] alias Schefft de Ihenis dt. 4 sneberg. (schneb. B). 30
Ioannes[c] Anthonii de Padeborn med.
Georgius Voigt[uu] de Margenburg med.
Michael[o] Hepel de Zwingenburg med.
Michael[o] Schultheiß[vv] de Eberstal med. 35
Nicolaus Knorr[ww] de Homberg med.
Bernhardus Zcelner de Brugk med. f. 269b
Ioannes[c] Walteri de Franckfordia[xx] med.
Michael[o] Doleatoris de Brucka med.
Ioannes[c] Doleatoris de Stuckardia med. 40
Matheus Heyneman[yy] de Bercka med.
Ludwicus Schisseler[x] de Sontro[zz] med.
Nicolaus Krawß de Nova civitate med.
Paulus Kempter de Luenmyngen med.
Ioannes[c] Waldesa[s] de Allndorff med. 45
Petrus Acht de Hilpurg[g] med.
Ioannes[c] Ylingen de Thusa med.
Ioannes[c] Franß de Leibingen[ww] gratis quia famulus magistri Meßminß (?).

[gg] stett für statt (Z. 4 Werungerode). [hh] Wending. [ii] Theodericus; (Z. 15 Wißensee, Z. 16 Eiseßer.) [kk] -leuben statt -leiben. [ll] t statt tt. [mm] Bassawer. [nn] th statt t. [oo] se statt s. [pp] Pfertener. [qq] tt statt t. (Z. 22 Pilippus.) [rr] p statt b. [ss] Wißensee. [tt] ₰ (Pfennig) statt denar. [uu] Voit. [vv] Schulteiß. [ww] y statt i. (Z. 36 Knor.) [xx] c statt ck. [yy] i statt y. [zz] Sontra. [a] Fehlt in B. [b] Fehlt in A. [c] Iohannes.

Ioannes[e] Zcinsmeister[d] alias Zcöllner[d] de Eistavia gratis pro honore Iohannis Zcinß-meisters pedelli.[e]
Georgius Weidener de Gerliczhoffen med.
Ioannes[c] Mulckenbuch de Lenego med.
Mathias Cortonaw de Heger[g] med.
Dyonisius Bolte de Gardeleiben[kk] med.
Ioannes[c] Gyr de Thuna med.
Ioannes[c] Frey de Appenzcelle[f] med.
Conradus Hase[e] de Landeßburg[ir] med.
Ioannes[c] Huttener de Gamundia med.
Walterus Molitoris de Mynczenberg med.
Iodocus Streit[ww] de Lymburgk dt. 4 nov.
Ioannes[c] Nicolai de Stutburg dt. 4 nov.
Paulus Cesaris de Salmonster dt. 4 nov.
Hermannus Sparer de Mynczenberg[a] dt. 4 nov. minus 1 den.
Paulus vom Walde[h] gratis quia famulus magistri Nicolai Lorers.
Leborius Bruning Heilgenstatt[i] dt. 4 nov.
Summa 180.[k]

(De[l] residuo intitulature. Ii qui sub decanatu sapientis illius theologi magistri Sigismundi Thome de Stockheim baccalaureati sunt, pro supplemento solito dedere 1 sexagenam 15 nov. gr. 2 ₰. Quorum nomina etsi per racionarii cuiusdam amissionem ignorentur, haud tamen difficile iudicatu est, omnes per idem tempus promotos totum intitulacionis debitum liberaliter prestitisse.)

(Ceterum die Iovis 13. mensis Decembris anni salutifere incarnacionis memorati Ioannes Hupfelt quum aliis multis de causis, tum quod in collegiatos maioris, ut vocant, collegii conspiraverat et veluti factionis princeps in publico consessu minabundus loqui auderet, relegatus est ad patria limina; que quidem eliminacio facta est ab dominis de secreto consilio, sigillatim per Ioannem Marquis monachum ordinis dominici theologice facultatis decanum, Petrum Petz Herbipolensem sacrarum scripturarum professorem, Conradum Sehusen Northemensem, iuridice facultatis decanum, Henningum Göde Havelburgensem, eiusdem facultatis doctorem, Georium (Eberbach) Rotenburgensem, medice artis professorem, Sigismundum Thome de Stockheim, artium liberalium decanum, et magistrum Ioannem Ganß de Herbenstein etc.)[m]

[d] Zcinßm a'. Czolner. [e] ff statt f; b statt p. [f] Appenzcell. [g] Heyer (Z. 2 Lymburg). [h] Wald. [i] Heiligenstatt. [k] Richtig. [l-m] Aus dem Liber receptorum. [m] Dieser Bericht über die Relegation eines Studenten verdient wohl Beachtung, weil wir aus demselben zugleich erfahren, welche Professoren damals zu dem Consilium secretum gehörten.

---

f. 263c

1493. Ost. 200. Rect. Sebastianus Weynman.[c]

Philippi[1] et Iacobi sanctorum apostolorum transacta festivitate anno domini millesimo quadringentesimo nonagesimo tercio in convocatione universitatis per venerabiles et eximios viros, dominum doctorem Iohannem de Lasphe, sacre theologie professorem, dominum Conradum Sehusen, utriusque iuris doctorem, et honorabilem dominum Theodericum de Mandelsheym,[c] canonicum Hildensheimensem, in rectorem universitatis electus est venerabilis dominus Sebastianus Weynman[c] de Osschatz, artium et philosophie[d] magister sacre theologie professor; sub cuius rectoratu intitulati sunt hii:

[a] Fehlt in B. [b] Fehlt in A. [c] i statt y. (In B über der Seite Wyman.) [d] z statt s.

[1] Die Initiale ein blaues P mit Goldgrund; am Rande hangen Blumen und Zweige herunter.

Illustris princeps et dns dns Wilhelmus senior,
f. 269 b lantgravius Hassie comes in Zcigenhain[e]
et Nidda, dominus meus semper graciosus,
et dedit ad universitatem quatuor flor. et
5 bedellis duos flor.; et facta est assumpcio
eiusdem illustris ad universitatem in die
sancti Augustini in hospicio suo, presentibus venerabilibus dominis et magistris Iohanne Ganß de Herbstein[g] et Iohanne Cappel,
10 sacre pagine baccalariis formatis, nec non
venerabili magistro Cristofero (Haußner
de Egra)[a] [Eger et aliis][b] (etc.).[a]
dns Bertoldus Avunculi capellanus eiusdem
principis, sed gratis ob reverenciam
15 dni sui.
dns Wolfgangus de Harras canonicus Misnensis dt. 1 flor.
dns Balthasar Schlipf[h] capellanus eiusdem, gratis
pro dno suo.
20 dns Conradus Cellarii de Berleburg ord. teutonicorum plebanus ad sanctum Nicolaum
dt. 27 (gr.)[b] antq.
dns Iacobus Tenner Erffurdensis dt. 1 nov.
dns Augustinus Gruber de Moravia ord. pre-
25 monstratensium dt. tm.
dns Iohannes Udonis de Wiczenhußin[i] dt. tm.
dns Michael Lange[k] de Molczen tm.
dns Iohannes Rasoris de Ortenberg tm.
dns Iohannes Coci de Wiczenhußin[i] tm.
f. 270 a 30 Tilomannus, Melchiar, Heinricus[t], Bernardus } fratres de Kuczeloubin[l] tm.
Heinricus[t] Kesebiß Erffurdensis tm.
35 Erasmus Huttener[m] Erffurdensis tm.
Mathias Bischoff Erffurdensis tm.
Iohannes Krocaw[n] de Londorff[t] tm.
Simon Tetzschell[o] de Sangerhuß[p] tm.
Iohannes Bollerßleiben[q] de Sangerhußin[i] tm.
40 Helmbertus Greven de Uczlaria[r] tm.
Herboldus Wedderolt de Wartborch tm.
Iohannes Gladebeck de Göttingen tm.
Iohannes Bodecker[s] de Blanckenborg[s] tm.
Iohannes Treber Erffurdensis tm.
45 Iohannes Schenig de Meronna tm.

Iohannes, Heinricus } Veltman de Gottingen[m] fratres tm.
Andreas Schönner, Cristoferus Graßlin[u] } de Themar tm.
5 Bartholomeus Kouffman[w] de Walstro tm.
Paulus Lichtenhayn de Fridberga tm.
Fridericus Pistoris, Iohannes Wirsingen } de Werdea tm.
10 Kilianus Becker de Fridberga[x] tm.
Karolus Roß, Iohannes Rudolff[z] } de Nurenberga[y] tm.
Albertus Lole de Grevenstein[aa] tm.
Conradus Kartenger[bb] de Corbach tm.
Andreas Gronewalt[m cc] de Halberstat[dd] tm.
15 Wilhelmus Baldecker de Ebingen tm.
Nicolaus Dittich de Fulda tm
Iohannes Goltstein[aa] de Rastat[ee] (?) tm.
Balthasar Hederich de Vach tm.
Iacobus Schunman[dd] de Danczk tm.
20 Wolffgangus Knot de Bamberga tm.
Sebastianus de Rotenhan de Repeldorff[g] tm.
Gangolffus[z] Smerbuch de Feltengel tm.
Mathias Triber de Constat tm.
(Valentinus Knochenhauer de Rosteleben
25 mediet.)[b hh]
Caspar Bechtlin de Constat tm.
Georius[ii] Swab[kk] de Bernnhußin[ll] tm.
Heinricus[t] Gols de Bamberga tm.
Iohannes Fabri de Lichtenaw tm.
30 Iohannes von dem Hagen de Dudelstet tm.
Iohanner Klünfart[mm] de Duderstet[nn] tm.
Sebastianus Adelczhöffer de Augusta tm.
Nicolaus Tetelbach[oo] de Kitzingen[pp] tm.
f. 270 b Iohannes Hosseharth de Nurenberga[y] tm.
35 Ieronimus[qq] Mornberg[m] de Wratislavia[qq] tm.
Caspar Frischwint de Esfelt tm.
Martinus Pfeilsticker de Koenigßberg[rr] tm.
Iohannes Godelinck[ss] de Elrich tm.
Erentricius Marschalck[tt] de Arthern tm.
40 Heinricus[t] Burckardi[tt] de Sula superiori tm.
Petrus Missner de Stalberg tm.
Erhardus von der Beck de Darpt tm.
Georgius Hein de Vilseck tm.
Livinus de Wolframstorff[vv] tm.
45 Iohannes Veit de Sweinfordia tm.

---

[e] Cz statt Zc oder tz. [f] s statt ß. [g] Herbesteyn. (Z. 21 Rempelsdorff.) [h] Z. 16 Schelpf? [i] hußen statt hußin oder husin; (Z. 24 Wieczenhußen.) [k] Lang. [l] Kutzeleben. [m] ü statt u, ö statt o; f statt ff [n] a statt o. [o] l statt ll. [p] In A: Sangerhuß Abkürzung für -husen. [q] Bollerslobe [r] Uslaria. [s] k statt ck, g statt ch. [t] f statt ff; (Z. 30 Henricus statt Heinricus.) [u] Gruslein. [v] h fehtl. [w] Kofman. [x] Friberga. [y] Nurinberga; (Sp 2 Z. 8 und 34 Nureinberga). [z] f statt ff, [aa] ey statt ei. [bb] Kortenger (?). [cc] d statt t. [dd] stad für stat, sted für stet; (Z. 17 Schüneman). [ee] Kastat. [ff] ü statt u, ö statt o. [gg] Rempelsdorf. [hh] Stand nach M. Triber in B aber wieder ausgestrichen; fehlt in A ganz. [ii] Georgius. [kk] Swob de Bernhußen. [ll] n statt nn. [mm] C statt K. [nn] Dudestet. [oo] p statt b. [pp] Kiczczingen. [qq] V statt W; (Z. 33 Iheronimus). [rr] Konigesporg. [ss] K statt G. [tt] k statt ck [uu] Missener. [vv] d statt t.

Phillippius[vv] Horant (de)[a] Brossolczheim[r] tm.
Eckardus Steyn de Hildenßheim[f aa] tm.
Franciscus Greutsch de Elxleubin[vv] tm.
5 Iohannes Ruspe de Unna tm.
Andreas Hoffman de Maspach tm.
Iohannes Fuchshart de Bopfingen tm
Olaus Petri ex D..cia tm.
Iohannes Hip de Trochtelfingen tm.
10 Iohannes in Pira de Aquisgrano tm.
Andreas Schaffitel[ww] de Fiessen tm.
Iohannes Textoris }
Iohannes Wlpis (Volpis) } de Segen tm.
Iohannes Fabri }
15 Iohannes Lolei de Bamberga tm.
Iohannes Sartoris de Zellis tm.
Sixtus Kochlin[xx] de Gailßheym[xx] tm.
Georgius Rasoris de Ingwiler[yy] tm.
Iohannes Richardi de Biedicken tm.
20 Henricus Schemmlinck de Weczlaria tm.
Ieronimus[zz] Buck[oo] de Nürenberga[y] tm.
Bernardus Carnificis de Malterdingen[d] tm.
Iacobus Kelbelin de Haßlach[f] tm.
Iohannes Epinawer de Obermanstet[e] tm.
25 Iohannes Koenngesse[g] de Ysennach[g] tm.
Iohannes Weytschuch[e] de Rotenburg[h] tm.
Iohannes Landesint[i] de Heiligenstat[i] tm.
Heinricus[t] Magk de Fulda tm.
Iohannes Am Ende de Fulda tm.
30 Iohannes Iacobi de Grevental tm.
Iacobus Doleatoris[k] de Wesalia tm.
Martinus Wipff[t] de Winterßhur[l] tm.
Phillippus[vv] de Manspach tm.
Georgius Kastenbein Erffurdensis tm.
35 Iohannes Sartoris de Franckenstein[aa] tm.
270c Andreas Fögler[n] de Wratislavia[q] tm.
Iohannes Koch Erffurdensis tm.
Iacobus Engelhart[p] de Sweinfurt[p] tm.
Nicolaus Reuthen de Marpurg[q] tm.
40 Iohannes Lawenstein[aa] de Halberstat[dd] tm.
Iohannes Lederer de Fiessen tm.
Iohannes Wend de Arnstet[dd] tm.
Iohannes Guste }
Conradus Lotrede[ww] } de Grevenstein tm.
45 Henricus Hartleb de Rode tm
Iohannes Schlunckerher[m] de Nova civitate tm.

Iohannes Schol de Segenn[ll] tm.
Iohannes Braxtoris[r] de Herborn tm.
Iacobus Wintheim de Hanover tm
Andreas Walcz de Rotenburga[s] tm.
5 Iohannes Straub de Fiessen tm.
Wolffgangus Specht de Salczungen tm.
Theobaldus Rud[m] de Sarburg tm.
Iohannes Böße[n] de Friedberga tm.
Iohannes Rütlin[u] Erffurdensis tm.
10 (Iacobus Jode de Duderstadt tm.)[a]
Heinricus[t] Hein de Rudolffstat[dd] tm.
Iohannes Fabri de Eckerßwiler[v] med.
Petrus Sutoris de Hornnbach[ll] med.
Iohannes Sachs de Fulda med.
15 Iohannes Vierner de Hilperhusin[w] med.
Iohannes Textoris de Minczenburg med.
Ludewicus[x] Hesseler Erffurdensis med.
Iohannes Herolt[vv] de Meyningen[c] med.
Nicolaus Homan[y] de Nürenberga[y] med.
20 Anthonius Trespach de Segen med.
Erhardus Scheffer de Salcza med.
Conradus Buer[z] de Cruczenach[z] med.
Iohannes Baldenstein de Wurmacia med.
Mathias Meyger de Hallis med.
25 Cristoferus Meyr[bb] de Sesseheim med.
Nicolaus Holczige de Ylmen med.
Heinricus[t] Pflcz de Duren[cc] med
Andreas Lupi de Seckach med.
Theodericus Orlei de Besfart med.
30 Paulus Leuterman de Ochsinfurt[dd] med.
Udalricus[ee] Bissendorff de Brünswigk[ee] med.
Dionisius[ff] Brender de Polich med.
Martinus Rock[n] de Fridberga med.
Iacobus Weydman[gg] de Hachenburg med.
35 Paulus Wideman de Myndelheym[hh] med.
r. 270d Leonhardus[s] Seuter de Kochenstetea med.
Petrus Ostermans de Ediger med.
Mathias Zcersen[u] de Dussel med.
Gregorius Lamprecht de Willungen med.
40 Erasmus Snops de Luternnbach[ll] med.
Silvester Czickenbraut de Wissenburg[f] med.
Crasto[kk] Schurger[kk] de Rulczhusin[kk] med.
Caspar Lideman }
Heinricus Monckrod[mm] } de Duderstat[dd] med.
45 Hartmannus Röleff[t] de Hanover med.
Heilmannus Heselborn[nn] de Sege med.

[vv] d statt t; (Z. 1 und 33 Philippus: Z. 1 Exleiben). [ww] tt statt t. [xx] Kochlen de Gailshain [yy] Ingeweiler. [zz] Iberonimus. [a] Fehlt in B. [b] Fehlt in A. [c] i statt y. [d] Maltertingen. [e] Ubermanstad. [f] s statt ß oder ss. [g] Küngesse de Ysenacho. [h] Rotenburga. [i] Landissint de Halgenstad [k] i statt e. [l] Wintherthur. [m] ü statt u, b statt o. [n] (Z. 36 Fögler) in B ein Häkchen über o. vgl I, S. 411 Anm.* [o] l statt ll [p] Engelert de Sweinfordia [q] Martpurg. [r] Braxatoris [s] th statt t. [t] f statt ff. (Z. 28 u. a O. Henricus statt Heinr.) [u] Rimlin. [v] h fehlt (Z. 1.) (Z. 12 Eckerßwiller). [w] Hilpurgnaußen. [x] Ludowicus. [y] Hofeman de Nüreinberga. [z] Büer de Cruczinach [aa] ey statt ei. [bb] Mayr. [cc] Dürn. [dd] e statt i. (Z. 40 u. 42, Sp. 1 Z. 11 stad für stat, sted für stet.) [ee] Odalricus B. de Brunswigk. [ff] Dyonisius. [gg] Weideman. [hh] Mindelheym. [ii] cz statt tz oder zc. [kk] Craftho Schürger de Rulczhußen. [ll] n statt nn. [mm] Mockenrot. [nn] Heseibein.

Conradus Scriptoris de Balhornn[ll] med.
Andreas Wolffer de Oderßleuben[oo] med.
Martinus Hitstock de Sancto Martino med.
Iohannes Clot de Eltze[pp] med.
5 Iohannes Durck de Slusselfelt[qq] med.
Hermannus Tordonis de Dacia med.
Iohannes Pistoris de Thusprun med.
Iohannes Waßße de Franckeberg[rr] med.
Tilmannus Meineken dt. 16 (gr.)[b] antq.
10 Valentinus Knochenhawer de Rosteleben dt. 16 antq. (dt. tm.)[b]

Iohannes Etzler[ss] de Mendich dt. 12[ss] gr. antq.
Petrus Carpentarii de Argentina dt. 21 gr. antq. (postea totum.)[a]
Andreas Müller de Ficssen dt. 15 antq.
Iohannes Dittwin[tt] de Echezel dt. 15 antq. 5
Iohannes Pistoris de Wildungen dt. 15 (antq.)[a]
Petrus Huenringer de Kemnathen dt. 12 (antq.)[a]
Zuederus Steffani[uu] de Hattem dt. 12 (antq.)[a]
Iohannes Lindingen[vv] de Moringen[vv] dt. 9 (antq.)[a]
Iohannes Grauer de Saltza[kk] dt. 1 nov. 10
Summa 180.[ww]

(De[xx] residuo intitulature et primo de examine baccalariandorum post Trinitatis:

Caspar Wegener de Arnsted
Iohannes Beyer de Esfeld
15 Iohannes Simon de Winsheym
} quilibet ante medium solvit suo rectori et nunc aliam medietatem. 15

De examine post Michaelis:

Conradus Spieß de Oppenheim prius solvit 4 nov. et 6 ₰, modo autem reliquum.
Thomas Knot de Werden dt. prius 1 nov. pro bedellis et modo reliquum.
Georgius Maccellarii de Impse prius dt. 4 nov. modo reliquum.
20 Conradus Scriptoris de Maguncia dixit se gratis fuisse intitulatum ob reverenciam dni sui. 20
Georgius Hoffmann de Beczenstein dt. prius 5 nov. modo reliquum.
Ludolfus Stock de Halverstad solvit prius med., modo reliquum.
Iohannes Francz de Kaisfeld prius med. et iam iterum medium.
25 Iohannes Korp de Susato prius 8 gr. nov. modo residuum. 25
Iacobus Dorstadler de Ulma prius 8 nov. et iam residuum.

De penis nichil quia omnes fuerunt valde probi)[yy]

[oo] leben statt leuben [pp] Elcze. [qq] U statt V. (Z. 5 d statt t.) [rr] Franckenberg. [ss] Elczer d. M. dt. 16 antq. [tt] Ditwinus. [uu] ff statt ph. [vv] Ludingen de Morrigen. [ww] Richtig. [xx-yy] Aus dem Liber receptorum.

1493. Mich. 201. Rect. Nic. Loerer.[1]

f. 271[b]

Quorum interest singulis presentibus convocacione ad hoc ritu[c] statutisque floren-
30 tissime unniversitatis studii Erfordensis exigentibus,[c] (prehabita),[a] ad annum domini millesimum quadringentesimum nonagesimum tercium ipso die sancti Luce evangeliste in rectorem[c] prefate universitatis unanimi venerabilium dominorum electorum (consensu)[b] (Henningi puta Gode de Havelberg, ecclesie gloriose virginis Marie canonici

30 f. 271[c,d]

[a] Fehlt in B [b] Fehlt in A. [c] Abweichungen in B von der Fassung in A: Z. 29 ff. statt ritu — rectorem: prehabita alme universitatis studii Erffordensis ritu statutisque exigentibus in monarcham B p u. u. v. v. d. e. c. A B. Die Namen und Titel der Wähler sind in B ganz weggelassen.

[1] In der Mitte ein Bischof mit Stab in der Rechten, einen goldenen Schädel in der linken Hand, in der Alba (Untergewand) mit goldbrokatener Casella darüber. Auf der rechten Seite des Bischofs steht der h. Andreas mit seinem Kreuz, auf seiner linken die h. Margaretha mit wallendem Haar und goldener Krone in rothem Gewande; zu ihren Füssen windet sich der Drache herauf. Unter dem Bischof das grüne Wappenschild mit einer silbernen (florentinischen) Lilie.

et scolastici gemini iuris, Iohannis Frauenschuch, utriusque medicine professorum egregiorum earundem et facultatum decanorum, nec non Iodoci Trutfetter de Ysenach, arcium liberalium magistri sacreque theologie licenciati profundi, facultatis arcium ac ecclesie beate Marie virginis Ysennachensis decani bene digni)[a] rite electus pronunciatus[d]
5 et[d] confirmatus[d] est[d] venerabilis[e] vir dominus Nicolaus Lörer de Herbipoli, arcium liberalium[f] magister[f] doctissimus collegii maioris studii[g] predicti[g] collegiatus (anno
f. 272a domini 1493 XV. Kal. Octobris)[b]; sub cuius rectoratu infrascripti sunt immatriculati[h]:

dns Wilhelmus de Wolfßkel,[k] archidiaconus et
10 capitularis maioris Herbipolensis ac Eystetensis ecclesiarum canonicus dt. 3 flor. ad universitatem et unum medium (flor.)[b] (pro)[a] petellis[i] (die lune decima Marcii).[a]
dns Gervasius Gering[l] procurator sancti Valen-
15 tini dt. 1 flor. ad universitatem.
(Egidius Stiring[l] gratis ob reverenciam dni de Wolfskell.)[b] Siehe fol. 273[c] S. 181 Z. 6.
(Martinus Molitoris gratis ob reverenciam dni
20 Gervasii procuratoris sancti Valentini.)[b]
Wigandus de Rebnitz[n] canonicus Bambergensis.
Iodocus Juncker de Bamberga[m] bacc.
(Iacobus Brüdler de Crutzennach tm.)[b]
Heinricus Ruckslehen[o] nobilis tm.
25 Tylemannus[kk] Dilbolle de I uderstat[p] tm.
Leonhardus Schwab[q] de Maguncia (gratis ob reverenciam dni doctoris Petri).[b]
Georius
Sefridus[r] } Starcke Errffordenses tm.
30 Wolfgangus
Iohannes Udalrici de Nova civitate tm.
Iohannes Hiersfeld[s] de Nova ecclesia tm.
dns Valentinus Boycz de Belcz[t] tm.
dns Nicolaus Simonis[u] de Northusen[u] tm.
35 Iohannes } Kelner Errffordenses (gratis ob
Mathias } reverenciam patris eorum.)[b]
fr. Iohannes de Damis ord. carmelitarum tm.
Martinus Sutter de Fussen[w] gratis quia familiaris dni rectoris
40 Emmeramus[d] Heror de Gemundia sindicus Nurnburgensis[x] tm.
Lampertus Kysel[y] de Wormacia[z] tm.[n]
Iohannes Pistoris de Sancto Martino tm.
Ludewicus Haberkornn nobilis tm.

(Iohannes Welter[aa] de Wildung tm.)[a]
Iohannes Hut[bb] de Wildungen[w] tm. 10
Heinricus Kabott Erffurtensis (gratis propter reverenciam dni rectoris quia patrimus eius.)[b]
Ditmarus Sonheim[cc] de Capel[dd] tm.
Iohannes Fiscalis de Wittlich tm. 15
Florencius Heydelberg de Argentina tm.
Amandus Schlap[ee] de Argentina tm.
Iodocus von Einem[cc] de Eymbeck tm.
Iohannes Kalczung[gg] de Smalckaldia[ff] tm.
Iohannes Röder de Zuzato[hh] tm. 20
Eberhardus } Nucke de Ymenhausen tm.
Iohannes }
Iohannes Vogt[ii] de Nyderbreyt[bb] tm. f. 272b
Iohannes Merckel[j] de Capel[dd] tm.
Iohannes Windeck[kk] de Cassel[dd ll] tm. 25
Iohannes Holczmuller[gg] de Geythan tm.
Iohannes Krim de Culsheim[mm] tm.
Iohannes Ellingerott de Hardesheim[cc] tm.
Conradus Sybenhorer de Dinckelspühel[oo] tm.
Dytterus[pp] Appel[y] de Steinheim[cc] tm. 30
Mathias Werneri de Neubrun[qq] tm.
Bernhardus Geheman[rr] de Herbipoli tm.
Andreas Cristan[ss] de Schmalckaldia[ff] tm.
Casperus Tzwiste de Korbach tm.
Iohannes Aspicher[tt] de Niderkichen[tt] tm. 35
Seyfridus Pistoris de Marpurck[uu] tm.
Iohannis Pistoris de Fridberga tm.
Vincencius Schwin[kk] de Rotenburga tm.
Anthonius Krohang de Geyßa tm.
Heinricus Honsperg[nn] de Oschucz[gg] nobilis tm. 40
Mathias Daphart } de Fussenn tm.
Bartholomeus Stickl[y v] }
Heinricus Coci } de Herdegessenn tm.
Widekundus Jese (Zese?) }

---

[d] pronunciatus est et confirmatus; (Z. 40 mm statt m). [e] spectatissimus. [f] lib. et philosophie mag. [g] antedicti studii. [h] intitulati. [i] bedellis [k] Wolfskell. [l] gk statt k; (Z. 14 Göringk) [m] Bomberga. [n] Rebuitz folgt in B erst nach Kysell, unten nach Sp. 1 Z. 42. [o] Rückslebenn; dieser steht in B hinter Dilbolle nach Z. 25. [p] -statt für -stat. [q] Schwob [r] Seyfridus. [s] Hersfelt [t] Beltzg. [u] Symonis de Northusenn. [v] ü statt u, ö statt o. [w] nn statt n [x] Nürnburgensis. [y] ll statt l. [z] V statt W. [aa] Steht in B hinter C. Fuchs S. 180 Z. 3. [bb] tt statt t. [cc] ey statt ei. [dd] Cappell [ee] pp statt p. [ff] Schmalkaldia. [gg] tz statt cz. [hh] Suzato. [ii] Vock. [kk] y statt i. [ll] In A stand ursprünglich auch Capel ist aber corrigirt. [mm] Kulßheym. [nn] ß statt s. [oo] Dinckelspuell. [pp] Ditterus. [qq] Newbrünn. [rr] Geha(wer)mann. [ss] Cristenn [tt] Aspecher de Nyderkirchenn. [uu] g statt ck.

Anthonius Erffurt[ww] de Batra tm.
Iohannes Schmuck[v] de Rotha[zz] tm
Hartmannus Coci de Wechterspach tm
Hermannus Bischoff de Montkroten[u] tm.
5 Nicolaus Ebener de Bastenn tm.
Iohannes Schuttesamen[w] de Schleichsingen[yy] tm.
Iohannes Gregorii de Erbach tm.
Iohannes Wygel[y] de Marburg tm.
Conradus Spaster de Fussenn tm.
10 Iohannes Bulhausen[zz] de Marburg tm.
Leonhardus Marck de Ochsenfurt[c] tm.
Henricus Buynger de Arbona (gratis).[b]
Iohannes Opilionis de Germerode tm.
Heinricus Kurseweych de Gottingen tm.
15 Iohannes Sumer[d] de Kelbra tm.
Henricus Brul[v l] de Gangolfsommernn tm.
dns Iohannes Lodichman de Brunschwick[uu] tm.
Philippus Werdenauer[e] de Eßlingen tm.
f. 272 c Iohannes Ulstet Erffurdensis tm.
20 Henricus Buttorot[f] de Northusen[nn] tm.
Iohannes Molitor[g] de Mulhusen[h] tm.
Iohannes (Vogeler)[b] de Pliderhausen[aa w] tm.
Reinbertus[cc] Reinberti[i] (Algermissen)[b] Brunsvic.[k] [tm.
Volgmarus[m] Koppe de Wyssensee tm.
25 Hermannus Goll de Lich[n] tm.
Cristinus[o] Wildenn[w] de Consiluencia[p] tm.
Conradus Zimermann[q] de Hyldesheim[r] tm.
Hermannus Eynem } de Hyldesheim tm.
Hartman[s] Hartman[s] }
30 Adam Glock de Sancto Wendelino tm.
Iohannes Pelczmecher[gg] de Hervordia tm.
Philippus Hoffman de Sevenich tm.
Anthonius Wilgenn[t] de Meyenn tm.
Mathias Rach de Kreuczingen[gg w] tm.
35 Casperus Damenheim[u] de Collede tm.
Casperus Scherpf de Kissingen[x] tm.
Matheus Obrecht de Ubirskirchen[aa] baccal. tm.
Iohannes Keysser[nn] de Argentina tm.
Nicolaus Sartoris de Kyrenn tm.
40 Petrus Husten[w] de Andernaco tm.
Albertus Lysseman[kk nn] de Werningerode tm.
Marcus Walsche de Hyldesheim[dd] tm.
Lucas Wyler[ff] de Andernaco tm.
Iacobus Grim[kk] de Nottingen tm.

Walterus Stephani[hh] de Urba tm.
Philippus Kremer de Direnburg tm.
Theodericus Melhauer[ii] de Stolberg tm.
Iohannes Stephani[hh] de Alczeya[hh] tm.
Iohannes Vil de Berckastel[y] tm 5
Iacobus Glippurg de St. Goare tm.
Iohannes Teuffl[ll] de Halberstat tm.
Lampertus Schreyner de Finstinge[mm] tm.
Iohannes Piscatoris de Dormstat[oo] tm.
Heinricus Happen[w] } de Folckmaria tm. 10
Martinus Geuling[pp] }
Georius Rebel[y] Erffurdensis tm f. 272 d
Wilhelmus Erkel[qq] Nurinberga tm.
Philippus Hirt[kk] de Openheim[ee] tm.
Iohannes Lemecken[d] de Duderstat tm. 15
Casperus Ghevert de Duderstat tm.
Iohannes Fabri de Bercka tm.
Iacobus Sartoris de Nassaw tm.
Iohannes Gassemann } de Heringen tm. 20
Valentinus Fogler[rr] }
Iohannes Coci Erffurdensis tm.
Iohannes Wideuman[ss] de Homburg[ss] tm.
Andreas Amdor de Stockheim[cc] tm.
Iohannes Cantrifusoris de Gmunden[tt] tm.
Iohannes Zicke[kk] de Stockardia baccal. tm. 25
Hermannus Nicolai de Hilpershausen tm.
Iohannes Schumeleffel[vy] de Rotigernn tm.
Casparus Gobert de Luterbach[hh] tm.
Georius[vv] Wyß de Fulda tm.
Cristofferus (f B) Hinderstein[ee w] de Fulda tm. 30
Casperus Meye de Kranchfeld[yy] tm.
Franciscus Philmanni de Borgk tm.
Reinerus[eo] Bos de Emmel[y] tm.
dns Volckmarus Fabri de Ruckstetenn[zz] tm.
(gratis ob reverenciam dni Wilhelmi do Wolfskell.)[b] 35
Bernardus[d] Sculteti de Belicz tm.
Balthazar Geylhusen[aa w] de Franckfurt[f] tm.
Thomas Spisser de Monaco tm.
Philippus Thil[y] de Salczungen[gg w] tm.
Bartholomeus (de)[a] Kevelen de Gmunden[g] tm. 40
Nicolaus Nidernhober de Marpurg tm.
Iohannes Bopp de Numburg tm.
Iohannes Mathei de Numburg[h] tm.
Theodericus Wyß[i] de Lumpurg[k] tm.

[vv] Stickell. [ww] dt statt t. [zz] h fehlt. [yy] Schleusinge[n]. [zz] Bulßhausenn. [a] Fehlt in B. [b] Fehlt in A. [c] a statt u. [d] mm statt m. [e] w statt u. [f] in A Lutterott urspr. Butt. [g] Moltor. [h] Mülhußenn. [i] vor Algermissen von einer späteren Hand Reinberti alias übergeschrieben. [k] de Brunswig. [l] gk statt g oder ck. [m] Volcgmarus. [n] Liech. [o] Cristianus. [p] Confluencia. [q] Cymmerman. [r] i statt y. [s] Henricus Hartmanni. [t] Iligenn. [u] haynn statt heim. [v] ü statt u, ö statt o. [w] nn statt n. [x] Kyssingen. [y] ll statt l. [z] v statt w. [aa] a fehlt. [bb] tt statt t. [cc] ey statt ei oder ay. [dd] Hildeßheym. [ee] pp statt p. [ff] Weyler; in A corrigirt (Z. 4 de Alltteya.) [gg] tz statt cz. [hh] ff statt ph. [ii] Melhawer. [kk] y statt i. [ll] Teuffell. [mm] Finstingen. [nn] ß statt s oder ss. [oo] Darmstat. [pp] Geyling. [qq] Erckell. [rr] Vogeler. [ss] Wideman de Homborg. [tt] Gemunden. [uu] g statt ck oder gk; k statt ck. [vv] Georgius. [ww] dt statt t. [xx] h fehlt. [yy] t statt d. [zz] Ruckstettenn. [a] Fehlt in B. [d] Bernhardus. [e] w statt u. [f] c statt ck oder gk. [g] Gemunden. [h] Nurinberga. [i] Weyß. [k] Limpurg. [b] Fehlt in A. [e] a statt u. [l] gk statt g oder ck.

Mathias Sloczher[m] de Salczungen tm.
Nicolaus Wester de Ylmen[o] tm.
Conradus Fuchs de Wynßheim[cc] tm.
(dns Hermannus Rudelstat tm.)[a]
5 (Iacobus Brudler de Creuczenach.)[a]
(Iohannes Welter de Wildungen tm.)[b]
(dns Conradus Weyß tm.)[b]
f. 273a Iohannes Ermar de Salczungen[kk] dt. 7 nov. cum 6 den. (tm.,[a] (dt. postea tm.)[b]
10 Iohannes Teckner[1] de Ordorff dt. 16 antq.
Melchar Lawer de Frissenhausen 5 nov.
Iohannes Moser de Symneren[n] 5 nov.
Iohannes Haße de Inspruck[v] 5 nov.
Emericus Dreher de Wilburck[l] 5 nov.
15 (dns Conradus Weyß[p] de Kranckfeldt 8 nov.)[a]
Iacobus Schroczburgk de Rotenburga med.
Udalricus Heyden[w] de Ulma med
Wilhelmus Weckel[y] de Herbipoli med.
Petrus Fabri de Friburga med.
20 Vitus Juncker de Kanstat[q] med.
Andreas Coci de Wollentsagk[r] med.
Hermannus Schinde de Wirheim med.
Iohannes Lindenheim de Herstein[u] med.
Vitus Sartoris de Nuberga med
25 Balthazar Geysmann[nn] de Bibraco med.
Wolfgangus Scriptoris de Korbach med.
Georius Florschucz[gg] de Morstat med.
Iohannes Schnitter[kk] de Walczenhausen[s] med
30 Albertus Stockele de Elwang[y] med.
Iohannes Stockelenn de Walsee med.
Michael Dale[t] de Ratispona med.
Iohannes Schumechenn de Herstein[u] med.
Heinricus Damptman de Schettenn med.
35 Iohannes Benczer[gg] de Meckenfelt med.
Nicolaus Brömel[y] de Schala med.
Theodericus Kauffenmarck[1] Erffurdensis dt. tm. doctori Zcerbist anno (etc.)[b] XIII°.
Georius Bawer de Ulma med.
40 (dns Hermannus Rudelstat med.)[b]
Iohannes Sagatarii[tt] de Helpurck[l] med.
Sebastianus Heydelberg de Argentina med.
Iohannes Geßweyde de Segenn med.
Iohannes Lindensis de Northeim[cc] med.
45 Henningus Drutte[v] de Eldagessenn med.

Wolfgangus[hh] Danielis de Kemnicz[gg] med.
Georius Baltheri[z] de Wilnaw med.
Iohannes Karoll de Sangerhusen[nn] med.
Wernerus Nicolai de Botigernn med.
5 Wenczeslaus Fruauff[aa] de Amberga med.
f. 273b Georius Rabe de Alfeldia[dd] med.
Petrus Pistoris de Openheim[ee] med.
Henricus Piscatoris de Aschenburg med.
Iohannes Awer[ff] de Nurmberga med.
10 Georius Mol[y] de Gnotstadt med.
Kilianus Beck de Wynßheim[cc] med.
Anthonius Vonnancka de Morstat med.
Adam Schultheys[ii] de Ulma med.
Valentinus Grassenbergk Erffurdensis (gratis quia patrinus[2] dni rectoris).[b]
15 Leonhardus Beheim[kk] de Sumerhusen[kk ll] med.
Conradus Tholle de Fridburg[ll] med.
(Petrus Carpentarii de Argentina med.)[a]
Conradus Ruch de Basilea quatuor nov.
20 Iohannes Lutenroth[mm] de Northusen[nn] quatuor nov.
Iohannes Natynn[1] de Nova ecclesia quatuor nov.
Iohannes Heylt de Nuburck quatuor nov.
25 Henricus Hesell de Tullingen[oo] quatuor nov.
Iohannes Dorß de Wyßenbrun[w] quatuor nov.
Symon Ysebrant[pp] de Grunecken quatuor nov.
Thomas[qq] Sauler (aw B) de Geltzhem quatuor nov.
30 Casperus Gloczeysen[gg nn] de Dullingenn (n)[b] quatuor nov.
Conradus Kumallein[w] de Eldagasen[rr] quatuor nov.
Bartholomeus Koczner[gg] de Zellingen quatuor nov.
Wolfgangas[hh] Dall de Schmalckaldia quatuor nov.
35 Iohannes Sutoris de Kanstat quatuor nov.
Balthazar Ludowici de Northusen[nn] quatuor nov.
Wolfgangus[hh] Repp de Ebernn[ss] 4 nov.
Cristofferus Sutoris de Oberndorff 4 nor.
Vitus Kolbe Erffordensis 4 nov.
40 (Petrus Carpentarii de Argentina residuam dt. partem.)[b]
Gerhardus Oleatoris de Bercka 3 nov.
Petrus Butteleve de At'endar 3 nov.
Iohannes Unslott de Rotenburga 3 nov.
45 Iohannes Angermeyer[cc] de Raynn 3 nov.

---

[m] Slockshewer. [n] Z. 12 Symmernn. [o] Ylmen. [p] Steht in B 7 Nummern früher. (Z. 7) [q] Kanstatt. [r] l statt P. [s] Baltzennhausen. [t] Daler. [u] Hersteynn. [v] ü statt u, ß statt s. [w] nn statt n. [x] Walteri. [y] ll statt l. [z] V statt W. [aa] Frauff [bb] tt statt t. [cc] ey statt ei. [dd] Alfeldia. [ee] pp statt p. [ff] Sawer. [gg] tz statt cz. [hh] ff statt ph oder f. [ii] Schulteyß. [kk] y statt l. (Z. 16 Behem de Summerhußenn residuam partem dederunt.) [ll] Behem und Thollen sind in B mit blasserer Tinte später zugeschrieben. [mm] Luttenrot. [nn] ß statt s. [oo] d statt t. [pp] Yßbrant. [qq] Thomas [rr] ß statt s oder ss. [ss] Eberenn.

[1] Wahrscheinlich jener Augustinermönch Natin in Erfurt, welcher Luther heftig angriff, weil er in Wittenberg die theologische Doctorwürde, nachdem er in Erfurt Baccalaureus scripture sacre geworden war

[2] patrinus Tauf- oder Firmpathe, hier vom Knaben gesagt.

Nicolaus Haller de Werdea 3 nov.
Michael[y] Simonis de Kiczingen[ss w] 3 nov.
Petrus Eschwenig de Kemigkenn 3 nov.
(Iohannes Buler[tt] de Nova civitate[tt] gratis ob reverenciam salvi conductoris.)[a]
f. 273a Egidius Stiring gratis V. (S. 178, Z. 17.)
(Martinus Molitoris gratis ob reverenciam dni Gervasii procuratoris.)[a]
Gallus Sartoris de Argentina (1 nov. dt.)[b] (2 nov.)[a]
Sebastianus (de)[a] Wilhart de Gotha (ob reverenciam dni decani facultatis arcium dt. 1 nov.).[b]
Christianus Andres de Kindlpruck[vv] dt. 1 nov. ad peticionem magistri hospitalis magni.
Ludwicus Wernburg Erffurdensis gratis.
Iohannes Linckenn de Bercka[xx] (gratis)[a] 1 nov. dt. (quia filius nunccii de Porta celi).[b]
dns Iohannes Beyer de Elßfeld[yy] dt. 1 nov. (bedellis ob reverenciam provisoris hospitalis.)[b]
Petrus Seybot de Salfeldia[zz] (pro deo)[a] (1 nov. bedellis, aliam partem remisit rector propter deum).[b]
Iohannes Molitoris de Canstantia (Const. B) (gratis ad peticionem dni licenciati Stockheym)[b] dt. 1 nov. (pro)[a] bedellis.
Nicolaus Regis de Arnstat (1 nov. bedellis)[b] ob reverenciam dni Iohannis Kil.[c]
(Iohannes Buler de Nova civitate 1 nov. bedellis ob reverenciam salvi conductoris.)[b]
Iohannes Richardi de Blewde[d] gratis (ob peticionem doctoris Lasphe).[b]
Walthazar[e] Brasberger[e] (de Constancia 1 nov. dt. bedellis, aliam partem remisi)[b] gratis quia famulus tocius collegii (maioris).[a]
Iohannis Tholl[f] de Steinheim[f] (dt.)[b] 1 nov.
Iohannis Leyßner[g] 1 nov. gratis ob reverenciam ord. minorum.
fr. Iohannes Furderer[h] lector gratis ob reverenciam ord. minorum.
fr. Andreas de Arnstat gratis ob reverenciam ord. minorum.
fr. Bonaventura de Herbipoli gratis ob reverenciam ord minorum.

Summa 240.[i]

De residuo intitulature:

Conradus Molitoris de Wormatia dt. 14 antq. gr.
Iohannes Coci 4 nov. gr.
Christiannus Hoste dt. 4 nov. gr.
Bernhardus Zolner dt. 14 antq. gr.
Michael Doleatoris dt. 14 antq. gr.
Et quidam alius iste fuerat gratis intitulatus nil dt.

[tt] In B S. 181 Sp. 2 Z. 6. [uu] g statt ck. [vv] Kindelpruch. [ww] dt statt t. [xx] Berca. [yy] Es elt. [zz] Salvelt.
[a] Fehlt in B. [b] Fehlt in A. [c] Kyll. [d] Bleude. [e] Balthazar Prasberger. [f] Doll de Steinheym. [g] Leßner.
[h] Furder r. [i] Richtig: 241 nach Abrechnung von 10, welche zweimal in ( ) aufgeführt sind.

1494. Ost. 202. Rect. Henr. Rulandus.[c]

f. 274ab

(Rolandus[c 1] ille, cui parentes Henrico nomen indiderunt, nacione Hasso[d] patria Aldendorfensis, honorata natus familia, sexto nonas Maias millesimo quadringentesimo nonagesimo quarto suffragiis et nuncupatis votis Henningi Goedenn, iuris interpretis

[a] Fehlt in B. [b] Fehlt in A. [c] In B über der Initiale Rulandt, in dem Texte Roland. [d] Statt Hessus aus Hessg verkehrt abgeschrieben.

[1] Im untern Theile der Initiale ein Fuchs nach rechts hin schreitend, aber den Kopf mit einem Weinbeerzweig im Rachen, nach rückwärts (links) gerichtet, in weissem Felde.

[2] In B lautet die Einleitung so: Rector et gymnasiarches suffragiis electissimorum patrum designatus est Heinricus cognomento Roland, vir plane justus et integer idemque consultissimorum nemine secundus, postridie quam refulsit orbi terrarum Ph. et J. app. sacrosancta celebritas a. sal. nre. MCCCCXCIIII. Gessit autem hunc magistratum non sine maxima laude nominis sui tam prudenter, ut natus ad illam dignationem videretur: adnixus virili pro parte sic scholasticos ipsos in officio continere, ne prophanis et illiteratis stomachum facerent, sed literarum studiis honore virtute nihil antiquius existimarent. Infra quem doctoralibus ornamentis insignitus presentem juventutem excepit iniciavitque consuetudinario sacramento.

apud aedem dive virginis Marie scholastici, Ioannis Frauenschuch, medendi artis, et Iacobi Scholl, tocius philosophie doctorum multi nominis et dignitatis, literarie reipublice pretor in statis comiciis deligitur et honorificentissime consalutatur. Ac merito quidem vir n.[e] fuit singularis facundie iusticie pietatisque cultor, de deo et hominibus
f. 275[1] c d 5 optime meritus, ut qui non minus semestri suo magistratui decoris attulerat, quam ab eodem accepit. Confirmatur de more pridie nonas memorati mensis nullo genere augustioris civilitatis non adhibito, sive respicias epulum sive conciones. Et ne virtutibus hominis meritum deesset premium, tercio decimo calendarum Novembrium die donatus est pontificii iuris insignibus; sub cuius imperio relati sunt in studiosorum
10 ordinem nominatim annotati, posteaquam affirmassent iureiurando, sese gymnasio nostro fidelissimos fore. Vale lector.)[a]

Ioannes Iungenn[f] de Grebensteyn[g] tm.
Hermanus Wagenfelt de Ymenhusen tm.
Heinricus[h] Am Ende de Saltzungen tm.
15 Andreas Wengkim Erffurdensis tm.
Paulus Neler de Norlingen tm.
Anthonius Sartoris de Brunsvigk tm.
Dythmarus Redesem de Brunsvigk[i] tm.
Heinricus Helmold[i] de Brunsvigk[i] tm
20 Bartholomeus Kunigk de Meynbernheym tm.
Heinricus Busemann de Hamborgk tm.
Nicolaus Trinkuß[k] de Hilborgk tm.
f. 275 d Casperus Poppe[l] de Sensheym[k] tm.
25 Nicolaus Faßman (Fußeman B) de Kisßignen tm.
Kilianus Helrigel[m] de Murstat tm.
Ioannes Hunt de Dachauw tm.
Ioannes Carspach Erffordensis tm.
Paulus Dorfelder de Ostheym tm.
30 Ioannes Carpentarii de Ostheym tm.
Ioannes Mutzingk[m] de Feuchtwangk tm.
Andreas Sesselman de Hirczogurach tm.
Heinricus Baunach de Wertheym tm.
Iacobus Holtegel de Eymbeck tm.
f. 276 a 35 Cristianus Noringk de Herbesleben tm.
Ieorius Rabe Erffordensis tm.
Erhardus Museler de Zcwickavia tm.
Siffridus Winthusein[n] de Konigsbergk tm.
Ioannes Schorgen de Wetzfelaria tm.
40 Conradus Wael de Bacherach tm.
fr. Georius Lizer de Herbipoli[o] tm.
Martinus Kesler de Smalkaldia tm.
Iacobus Kelsterbach de Franckfordia tm.
Ioannes Odenwalt[p] de Lutrea tm.
45 Heinricus Cappe de Wahlshusen tm.
Mattheus Zcelle de Keysersbergk tm.

Theodericus Groß de Sommerde tm.
Iohannes Wust de Ebern presbiter tm.
Theodericus Smecks Erffordensis[q] tm.
15 Allexius Leyser de Murstat tm.
Adelarius Coci de Erffordia tm.
Heinricus Struder de Smalkaldia tm.
Egidius Hedenseller de Herbipoli tm.
Ioannes Streter Erffordensis tm.
20 fr. Ieorius Schol de Eßlingen tm.
Ioannes Bock de Ravensborgk tm.
Michael Pronniger de Artingen tm.
Philippus Honchen de Dussenauw tm.
Wilhelmus Adolph de Smalkaldia tm.
25 Georius Molitoris de Nißsen[r] tm.
Iohannes Sander de Elrich tm.
Wilhelmus Bolte de Bercka tm.
Iacobus Bonemilch de Lasphe tm.
f. 276 b Iodocus Sculteti de Berckastel tm.
30 Eberhardus Kangisser de Segen tm.
Ioannes Hellingk de Wormacia tm.
Eukarius de Thungenn[s] tm.
(Theodericus de Thungenn tm.)[a]
Wendlinus Doleatoris[t] de Borckenhain[u] tm.
35 Andreas Brentzlin de Borckenhain[u] tm.
Ioannes Elerman[v] de Northain tm.
Ioannes Bruneck de Ihenis tm.
Michel Nirer de Wertheym tm.
Ioannes Sutoris de Saltzunge[w] tm.
40 Iohannes Pellificis de Kirchberg[x] tm.
Casperus Neuth de Kyrchberg[g] tm.
Nicolaus Pleyschel[y] de Greventał tm.
Ioannes Vindiseim Erffordennsis[q] tm.
Ieorius Diriger[z] de Uffinborgis[aa] tm.
45 Conradus Niheger de Aldendorff tm.
Iohannes Braxatoris de Dylnbergk[aa] tm.

[a] Soll wohl nominatus heißen. [f] Jungen. [g] i statt y. [h] ey statt ei. [i] ck statt gh oder gk. (Z. 19 Helmbold.)
[k] ß statt s oder ss. [l] a statt o. [m] Helregel (Z. 31 Mutzungk.) [n] husen statt husein. [o] Herbipali. [p] Oudenwalt.
[q] u statt o. [r] Nißa. [s] Thurgen. [t] i statt e. [u] Brackenhain [v] Eberman. [w] cz statt tz. [x] gk statt g oder ck. [y] Pruschel. [z] Deriger. [aa] e statt o oder y. (Z. 46 Dilnbergk.)
[1] Fol. 275 ist mit dem f. 274 zusammengeklebt.

(Sivelinus Muth de Dilnbergk tm.)[a]
Michel Frumilder de Hagenauw[bb] tm.
Laurentius Kesler de Zcwynbrugk[cc] tm.
Ioannes Scriptoris de Francfordia[i] tm.
5 fr. Ioannes Stulter[dd] de Wratislivia tm.
Nicolaus Resenn[ee] de Veter Symeren[ee] tm.
Adam Pistoris de Hirczenhain[ff] tm.
Iacobus Fulcker de Frydebergk[ss] tm.
Wolffgangus Unger de Estvelt[ll] tm.
10 Iohannes Holer de Sleusingenn tm.
Albertus Kirchman de Osniburgis[gg] tm.
Hermannus Bolingk de Northorn tm.
f. 276[c] Iohannes Schauwer de Romhilt tm.
Nicolaus Winnemuth de Franckenhusen tm.
15 Ludolphus Bandendorp de Waltersdrop[hh] tm.
Heinricus Wehernn de Friderg[ii] tm.
Conradus Steynberg[z] nobilis tm.
Heinricus Bolhusen[kk] de Gandersheym tm.
Ioannes Schade de Estfelt[ll] tm.
20 Conradus Kappersmit[mm] de Hombergk tm.
Heinricus Erlich de Lensteyn med.
Ioannes Gagerer Erffordensis med.
Conradus Grauregk de Dorheym med.
Adam Fechenbach de Argentina med.
25 Iohannes[mm] Heß de Fußheyn med.
Ieorius Schros de Denstet presbiter med.
Michel Hoelle de Wenningen[nn] med.
Blasius Liest de Franckenhusen med.
Blasius Helmbrecht de Milchendorf med.
30 Ioannes Rucker de Wetter med.
Heinricus Fastnacht[oo] de Urba med.
Ioannes Vohelin[pp] de Ulma med.
Ioannes Crismanni de Hornbach med.
Melcher Jech de Gemunden[qq] med.
35 Laurentius Richlin de Schifftersheym med.
Iacobus Rexrat de Eschewege med.
Bartolus[rr] Rangendinger de Truchtelfingen med
Nicolaus Berger de Nurenberge[ss] med.
(Nicolaus Pelhamer de Nurenbergis med.)[a]
40 Eberhardus Swartz de Heydelborgk[ss] med.
Ioannes Frotzel de Argentina med.
Severus Muren de Argentina med.

Petrus Bethdolff de Ysenbach med. f. 276[d]
Ioannes Molitoris de Eschewege med.
Ioannes Hermanus[ss] Hentzesen (de)[b] Dreseldorff med.
Heinricus Horn presbiter de Nova ecclesia med. 5
Iacobus Sundhuser[tt] de Argentina med.
Theodericus Rolach de Argentina med.
Ioannes Piscatoris de Smalkaldia med.
Bernhardus Mathe de Driverin med.
Bertoldus Borgentrick[uu] de Brunsvigk med. 10
Simon Bachman de Cranach med.
Ioannes Fabri de Laugungen[uu] med.
Nicolaus Sellatoris de Symmer med.
Nicolaus Pruscher de Koborgk dt. 6 nov.
Conradus Morlin de Friborgk dt 16 antq. 15
Iacobus Reynhard Erffordensis dt. 5 nov.
Ioannes Tufl[vv] de Korbech dt. 5 nov.
Ulricus Kernthen de Baden dt. 4 nov.
Ioannes Grunigen[ww] de Lich dt. 4 nov.
Tylmannus[xx] Reym Erffordensis dt. 4 nov. 20
Heinricus Hoelgrafe[yy] de Blanckenbergk dt. 4 nov.
Ludwicus[zz] Bruwer de Herbipoli dt. 4 nov.
Albertus Sieck de Truchtelfingen dt. 4 nov.
Conradus Philsticker de Corberg[z] dt. 4 nov.
Ioannes Achenbach de Lasphe dt. 4 nov. 25 f. 277[a]
Ioannes Thilhelm[c] de Hallenberg[z] dt. 4 nov.
Andreas Gieger de Heinbuer dt. 4 nov.
Ioannes Hafferman de Nurenborgis[ss] dt. 8 nov.
Blasius German[e] de Molhusenn dt. 8 antq.
Iohannes Trunckigerer de Werdea[f] dt. 8 antq. 30
Iacobus Pulfinger de Eistet dt. 8 nov.
Ioannes Norheym Erffordensis gratis ad peticionem dni abbatis sancti Petri.
Anthonius Holers de Kochheym gratis quia familiaris dni rectoris. 35
Ioannes Schil de Aldendorff gratis quia familiaris dni rectoris.
Martinus Langenbergk de Rokersbergk gratis ad peticionem dni prepositi regularium.
dns Wilhelmus Offlanagen Elschinensis, gratis ad peticionem dni abbatis Scotorum. 40

Summa 146.[i]

Residuum intitulature quod vocant:

Heinricus Wengeß de Nova ecclesia dt. med.
45 Ioannes famulus doctoris Osnaburgensis dt. med.

Ioannes Maior universitatis nostre stator numeravit mihi 2 sexag. 9 nov. 1 ʃ de undecim qui medium solverunt. 45

[bb] aw statt auw. [cc] burgk statt brugk. [dd] Sculteti. [ee] Rosen de Weter Symern. [ff] tz statt cz. [gg] Osnaburgk. [hh] dorp statt drop. [ii] Fridebergk. [kk] Bolshusen. [ll] Esefelt [mm] h fehlt (Z. 20 Kuppirsmit. [nn] Wennigen. [oo] Fastnach. [pp] Vogelin. [qq] n statt nn. [rr] Bertoldus R. de Truchtelfingen. [ss] Nurenber.k. (Z. 38 Heildelborgk; Z. 3 Hermanns.) [tt] t statt th. (Z 6 Sonthuser.) [uu] n statt i, i statt u. (Z. 12 Laugingen.) [vv] Tufel. [ww] Gruningen. [xx] Tilemannus. [yy] ff statt f. [zz] Ludevicus. [a] Fehlt in B. [b] Fehlt in A. [c] Tilhelmi. [d] Nürenbergk. [e] Germun. [f] Werda. [g] i statt y. [h] ey statt ei. [i] Richtiger 145.

f. 277c d

1494. Mich. 203. Rect. Conr. Piscatoris[1] (Fischer).[b]

(Servata[1] consueti moris observancia omnibus eciam quorum intercst pro rectoris electione celebranda publice convocatis, a venerabilibus artium et philosophie magistris, domino Ioanne Fabri de Bercka, collegii Porte celi collegiato utriusque medicine (f. 278a b) 5 bacculaurio formato inclite facultatis artium decano, domino Iohanne Kremer de Elspe, eiusdem collegii collegiato gemini iuris licenciato, ac domino Nicolao Lorer de Herbipoli, maioris collegii collegiato, ultimis tribus electoribus, vir iste celeberrimus Conradus Aldendorffensis, cui Piscatori cognomen, artium ac philosophie magister utriusque iuris licenciatus, tunc denique perendine doctorali honore sublimandus, anno do- 10 minice incarnacionis currente millesimo quadringentesimo nonagesimo quarto ipsa sancti Luce die elucescenti, in monarcham alme universitatis studii Erffordiani legittime electus pronunciatus dieque sui doctoratus quarto debitis solennitatibus confirmatus est; sub cuius revera rectorali presidencia subscripti iurati ad dicte universitatis recepti sunt matriculam:[2])[a]

15 dns Iohannes Steger vicarius ecclesie St. Severi Erffurdensis dt. med. flor.
Ernestus de Campis nobilis tm
Ieronimus Druckelman de Monasterio tm.
Tilemannus Gernant de Transfelt tm.
20 Hermannus Runcke de Wydenhusenn[c] tm.
Iohannes Ewenmeyer de monasterio Meynfelt tm.
Mathias Rulant de Luctzenburgk[d] tm.
(f. 278c) Caspar Kremer de Rotha tm.
Andreas Spictznase tm.
25 Nicolaus Zcoedt[e] Erffordensis tm.
Sigismundus[e] von Bergk de Koburgk tm.

15 Nicolaus Gunctzel[g] de Franckenhusen tm
Iohannes Hennel[f] de Morstadt tm.
Urbanus Soldener de Aldenborgk tm.
Andreas Dostorff Erffordensis tm.
Iohannes Braxatoris de Gotha tm.
20 Appello Watczdorff[g] tm.
Lucas Ledder de Oschatz[g] tm.
Dithardus Strudel de Veerdt tm.
Iohannes Busseleb[h] Erffordensis tm.
Herm/nnus Botthenbach de Segenn[i] tm.
25 Cristianus de Plonis[k] de Franckenbergk tm
Wernherus Grotthe de Northeym[l] tm.

[a] Fehlt in B. [b] Fehlt in A. [c] Widenhussen. [d] Lutczenburgk. [e] o statt oe, ue statt u. (Z. 15 Segismundus.) [f] ll statt l. [g] cz statt tcz, cz oder tz. [h] s statt ss. (Z. 23 Buseled) [i] nn statt n, n statt nn. [k] Diplonis [l] i statt y.

[1] In dem die obere halbe Seite füllenden Quadrat der Initiale S stehen: rechts der heilige Andreas mit seinem Kreuze und links die heil. Barbara als Schildhalter: zwei sich kreuzende blaue Fische stehen mit den Köpfen sich durchkreuzend und nach aussen gewendet, in silbergrauem Felde, daruber C.F. Der Heilige hat ein goldbrokatenes Gewand an, darüber einen blauen Mantel; die heilige Barbara, in wallendem Haare mit goldener Krone, trägt ein blaues, oben mit drei Spangen, unter der Brust mit goldener Schnur zusammengehaltenes Gewand, darüber einen goldbrokatenen Ueberwurf mit goldnem Saume. Mit der Rechten umfasst sie die Basis eines auf der linken Ecke des Wappenschildes stehenden Thurmes.

[2] Die Einleitung lautet in B: (Solitis accedentibus solennitatibus pro eligendo rectore consuetis observari ipsa sancti Luce ewangeliste die anno salutis nostre currente 1494 per 3 ultimos electores in alme universitatis studii Erffordensis monarcham venerabilis vir iste Conradus Piscatoris de Aldendorff, artium et philosophie magister utriusque iuris licenciatus, extunc tertio die doctorandus, rite electus pronunciatus, quartum quoque adepti rectoralis culminis diem agens festive confirmatus est; cuius presidencia defluente universitatis corpori subscripti iuramento prius prestito sunt incorporati:)[h]

Georius Falck de Pappenlauwer[m] tm.
Wolfgangus Heulert[n] de Gera tm.
Iohannes Gotsgedreuge[o gg] de Molsleben tm.
Oswaldus Bertlin de Fußen tm.
5 Gerwinus Agneß[h] de Cappel tm.
Iohannes Monch de Someren[o] tm.
Henricus[p] Beyger de Warborgk tm.
Otto von Honnigen Errfordensis tm.
Iohannes Wonnimedt[q] de Grussen tm.
10 Iohannes Schoner de Karstadt tm.
Andreas Dorninger (Doringer?) de Argentina tm.
Hinricus Voydt[r] Errfordensis tm.
dns Wilhelmus de Noppen canonicus regularis Brandenburgensis tm.
15 Eberhardus de Grysheym tm.
Caspar Bockwietz de Gera tm.
f. 278d Valentinus Futtherhecker[r] Errfordensis tm.
Nicolaus Hinkeldey[s] de Sangerhußen tm.
Casperus Hinkeldey[s] de Sangerhußen[t] tm.
20 Lucas Folclant[s] Errfordensis tm.
Vincencius Harcz[s] de Herbipoli tm.
fr. Petrus Keß de Elingen tm.
Iohannes Brandiß de Hildensem tm.
Theodericus Bodingenstaff de Hannover[t] tm.
25 Laurencius Kremer de Raniß tm.
Georius de Rebenitz tm.
Hermannus Wolff de Hammel tm.
Richardus Richardt de Nassaw tm.
Petrus Fabri de Kactzenelbogen[t] tm.
30 Emricus Sartoris de Nassaw tm.
Iacobus Gusa de Heyndorff tm.
Iohannes Spyß[t] de Grunsfelt tm.
Nicolaus Ditterich de Grunsfelt tm.
Michael Puchler[u] de Straubing[u] tm.
35 Simon Dorinck de Nuenburgk[v] tm.
dns Lawrencius Gäbol[w] de Lawen tm.
Iohannes Sartoris de Homburgk tm.
Iohannes Fabri de Monchrodeln tm.
Bernhardus Kyrchner de Northußenn[h] tm.
40 Georius Beltam[x] de Wißenburgk tm.
Udalricus Clyfoß[y] alias Hauck de Guchseim[z] tm.
Enkarius Nuen[aa] de Guchseim[z] tm.
Philippus Udalrici de Guchseim[z] tm.
Andreas Adam de Kelbra tm.
45 Iohannes Fußknecht de Gotha tm.
Rudolffus[aa] Textoris de Argentina tm.
Nicolaus Hack de Gotha tm.
Bernhardus Orth der[bb] (det?) Etlingenn[bb] tm.

f. 279a Iohannes Goßlin de Etlingen[cc] tm.
Henningus Thernen de Hildensem tm.
Hermannus Lunde de Hanover tm.
Iodocus Oltcz de Ysenach tm.
5 Philippus Francisci de Montenbur[dd] tm.
Andreas Fischer de Tangermundis tm.
Iohannes Iuech[dd] de Rinstede tm.
Theodericus Fischer Errfordensis tm.
Iohannes Doernheim de Honigen tm.
10 Iohannes Kerchner[ee] de Gotha tm.
Fredericus Kauffmann de Ysenach tm.
Gerhardus Lutkebote[ff] de Hyldensem tm.
Henricus Meyger de Gottingen tm
Iohannes Treysa[aa] ex[ff] Gißen[n] tm.
15 Bonifacius Molschenckel de Fulda tm.
Cuno de Petra de Katczenelbogen tm.
Nicolaus Brant de Golhoffen tm.
Iohannes Snetter de Bebra tm.
Iohannes Bolde de Northußen tm.
20 Andreas Zceuge de Northußen[h] tm.
Nicolaus Eckardi de Smalkaldia tm.
Adam Hausman[g] de Luterburgk[v] tm.
Nicolaus Rebelinck de Northusen[gg] tm.
Martinus Roßherr (Roshert B) de Bischaffem[hh] tm.
25 Michael Schopper[ii] de Gerlczhoven tm.
Iohannes } Surinck de Molsdorff tm.
Hinricus }
Lodewicus Moller de Gerstede tm.
Iohannes Borckart de Gerstede tm.
30 Hinricus Moeck Errfurdensis tm.
(Georgius Pehan ex Pleinfelt tm)[h]
Hermannus Horche de Eschwego med.
Iohannes Huphe de Kindelbrucke med.
Iohannes Leymelin[kk] de Armerswil[kk] med.
35 f. 279b Wendelinus Riffesteck de Howiller (supplevit residuum in rectoratu doctoris Georgii Eberbach 1498.)[a] med.
Benedictus Welttin[ll] de Nidau med.
Iohannes Yrinck de Confluencia med.
40 Iacobus Sengewin Erffurdensis med.
Iohannes Currificis Grevenwerdt[cc] de Bavaria med.
Fredericus Hoenfels de Rosentall[gg] med.
Steffanus de Leone de Embrica med.
Iohannes Bolen de Mersslach med.
45 Iohannes Fabri Errfordensis med.
Conradus Schertlin de Constancia med.
Iohannes Rendeleb de Roßental med.
Iohannes Berringer[nn] Errfordensis med.

---

[m] aw statt auw [n] y statt u oder i. [o] w statt u. (Z. 6 Sommern.) [p] i statt e. [q] Wonemodt. [r] t statt th oder dt. [s] ck statt c oder k. [t] Katzenellbogen. (Z. 32 Spiess.) [u] gk statt g. (Z. 34 Puchelor.) [v] burgk statt burgk. [w] Gabel. [x] Seltam. [y] u statt o oder i. [z] Guchsen. (Z. 43 Guchßen.) [aa] Nuwen. (Z. 46 Ludolffus.) [bb] d · Elongen. [cc] Eelengen. [dd] ue statt u, u statt ue. [ee] Kerchener. [ff] Lutkebodt (Z 14 de statt ex in A.) [gg] ß statt s. (Z. 47 Roßental.) [hh] Bischaffeim. [ii] Schepher. [kk] Lemelin de Armeswil. [ll] Weltin. [mm] t statt dt [nn] r statt rr.

Bertoldus Emmer de Melchendorff med.
Conradus Rickman de Hildenshem[oo] med.
Casperus Moer de Ancermunden med.
Sebastianus Sauger de Scto Gallo med.
5 Casperus Koci de Wisßensehe[pp] med.
Gebhardus Huser[gg] de Mindelheym[u] med.
Iohannes Kese[gg] de Myndelheym med.
Martinus Moller de Argentina med.
Iohannes Mergart de Cassel med.
10 Ieronimus Fauczhan de Fulda med.
Conradus Schrabaum de Sonthra[x] med.
Iohannes Kens[gg] de Fuchtingen[y] med.
Fridericus Leyninger de Wisßenburgk med.
Casperus Krußе de Blicherode med.
15 Hermannus Hornung[u] de Saltez med.
Wilhelmus Trumper de Eschwege med.
Iacobus Bruen de Herbern med.
Iohannes Waldenrodt de Luchau[o] med.
Conradus Heymborger de Molhußen med.
20 Theodericus Sartoris de Tryeß[qq] med.
Tilemannus Borckart de Wolfferßhußen med.
f. 279c Anthonius Doppe de Sundershußen med.
Iohannes Karprecht de Seborg[u] med.
Bernhardus Ludolff de Molhusenn[h] med.

Petrus Cantrifusoris dt. 26 antq.
Wolffgangus Witczleben de Sommern dt. 8 nov.
Iohannes Spede de Cassel dt. 7 nov.
Andreas Schuemann[dd] de Sundershußen[rr] dt. 5 sneberg.
Andreas Bartholomei de Rothenburga[oo] dt. 6 nov.
Ieronimus Zcinckgrave de Koburgk dt. 6 nov.
Hermannus Schell de Franckenbergk dt. 5 nov.
Augustinus Moeß de Heyn dt. 4 nov.
Petrus Coci de Andernach dt. 4 nov.
Iohannes Fuchsen de Sarle[ss] dt. 3 nov.
Bertoldus Busck de Hildensem dt. 3 nov.
(Pancracius Carnificis de Licht dt 3 nov.)[a]
Ciriacus Phisel[gg] de Lich dt. 3 nov.
Iohannes Draco Erffordensis gratis ob reverenciam dni rectoris.
Herboldus Holtbeck de Slesewygck[tt] quia pauper dt. 1 nov.
Thomas Yrinck Erffordensis ad reverenciam dni licenciati Elspe dt. 1 nov.
Cristoferus Goß[uu] de Wendingen dt. 1 nov.

Summa 156.

25 Im Rechnungsbuch des Rectors[vv] folgt eine leere Seite, an deren Ende nur steht:

Hic deficit rectoratus dni doctoris Conradi Allendorf.

[oo] h fehlt. [pp] Weissensehe. [qq] Tryß. [rr] hußen statt husen. [ss] Sale. [tt] Slesewick. [uu] Goeß. Dieser Name steht nur in A mit dem flüchtig geschriebenen Zusatz: dedit residuum Mich. Valentino Jungerman. [vv] Aus dem Liber receptorum.

1495. Ost. 204. Rect. Iohannes Schoener.

f. 260a b

Transcursa[1] gloriosa beatorum Philippi et Iacobi apostolorum solemnitate, anno a nativitate millesimo quadringentesimo nonagesimo quinto luce crastina legittimis solemnitatibus pro electione rectoris famatissime huius universitatis Erffurdensis rite celebratis, per spectabiles et eximios viros et dominos Petrum Betze[c] de Herbipoli, Iohannem Bonemilch de Lasphe, sacre theoloye professores egregios, ecclesie beate

f. 260c d

[a] Fehlt in B. [b] Fehlt in A. [c] Betz.

[1] In der blauen Initiale Bild einer Landschaft: im Vordergrunde ein Ritter (St. Georg) in goldener Rüstung, auf einem weißen Rosse nach rechts zu gewendet, holt mit dem Schwerte aus nach dem vor ihm liegenden Drachen, in dessen Hals eine abgebrochene Speerspitze steckt. Hinter dem Reiter steht die heil. Catharina mit dem Schwert, in grünem Gewande, darüber einem scharlachrothen goldbesäumten Mantel, hinter derselben der heilige Andreas, sein aufrechtstehendes Kreuz umfassend, in goldnem Gewande, darüber einen grauen Mantel, der unter dem Kinn mit einer Spange zusammengehalten wird. Im Hintergrunde eine Stadt mit Kirchthürmen und Schloss; links vom Beschauer kniet auf einem Berge eine betende Jungfrau in rothem Gewande, mit grünem goldgesticktem Schapel auf dem Kopfe. Ein Wappen befindet sich in dem ganzen Bilde nicht.

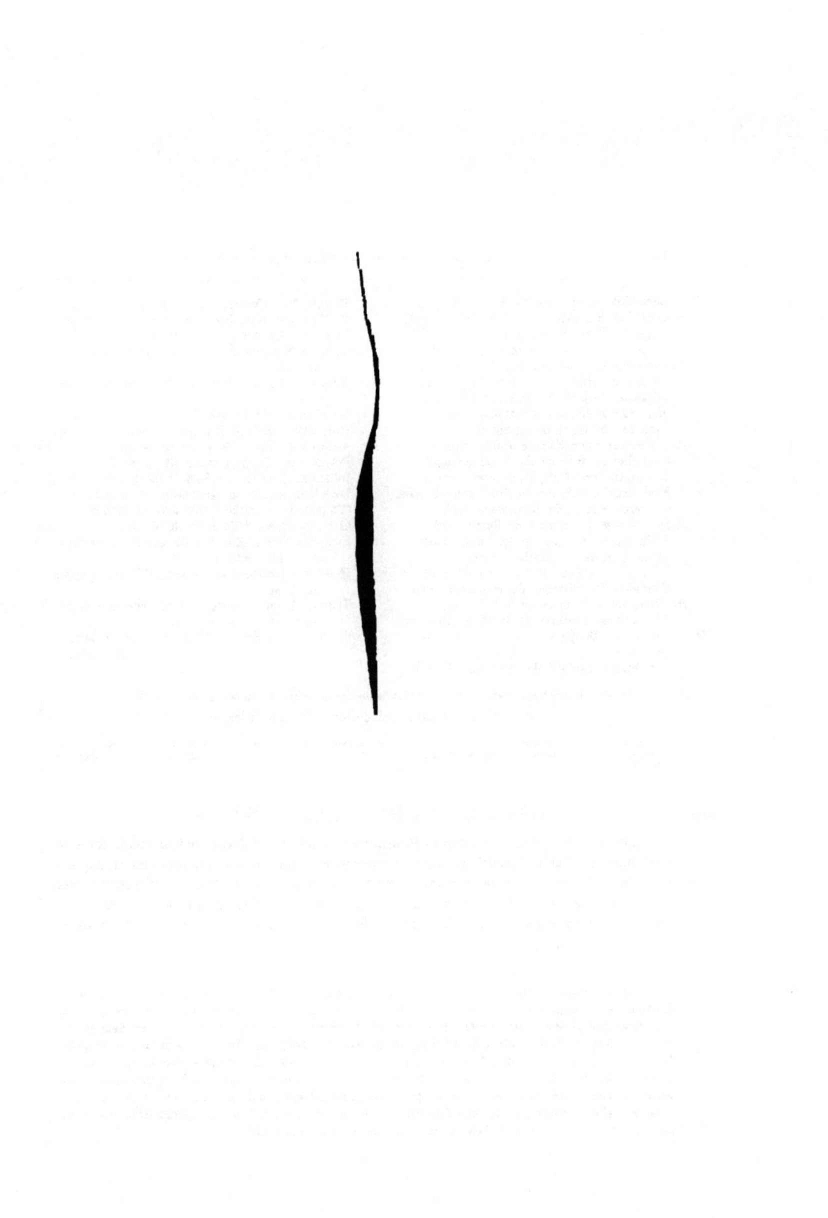

Marie virginis (Erffurdensis)[h] canonicos celeberrimos, et Iohannem Reynhardi de Smalkaldia,[d] arcium philosophie et[e] medicine artis doctorem profundissimum,[f] in quos ultimo electionis[g] sors[g] et auctoritas[g] cecidit,[g] unanimi et concordi voto invocante[h] spiritus sancti gratia,[h] in rectorem universitatis (studii)[a] Erffurdensis electus et publice 5 pronunciatus est venerabilis et egregius vir dominus Iohannes Schöner de Wassertruhending, sacre theoloye professor ac ecclesie sancti Georii Erffurden. plebanus, in cuius rectorali presidentia infra[i] notati[i] sunt (legittime)[a] intitulati:

dns Rudolffus Schenck de Wedennbech (baro)[a] dt. ad universitatem 1 flor.
10 Berchtoldus Salcza de Kelbra nobilis dt. med. flor.
Iacobus Lenglin ex[i] Wassertruhending[k] gratis ob reverenciam dni rectoris, quia nepos et suus familiaris.[l]
15 Heinricus Hoffman Erffurdensis tm.
Ludwicus Krauß de Burdalingen tm.
Iohannes Muratoris de Trochtelfingen[m] tm.
Wolfgangus Kristlein[n] de Herbipoli tm.
Ludolffus Knobe[o] de Hildesheim[o][p] tm.
20 Iohannes Hagelsteyn de Franckfordia tm.
Georius Krancz de Fulda tm.
Conradus Richenbach de Homberg tm.
Iohannes Lawterbach de Eystet[q] tm.
Iohannes Wylant de Fribergia tm.
25 Wilhelmus Sartoris de Calmyncz tm.
Iohannes Steffani de Orba[r] tm.
Henricus[s] Roßendornn de Nurinberga tm.
Georius Bethen[t] de Lucko tm.
Nicolaus Eberwin[t] } de Bulczesleuben tm.
30 Seiffridus[u] Hesso[k] }
Karolus Schulteti de Winßheim[v] tm.
Andreas Stoll Erffurdensis tm.
Nicolaus Kleynschmid Erffurdensis tm.
Iohannes Gerlaci Erffurdensis tm.
35 Lucas Swarczkornn de Kruczenach tm.
Hermannus Luticken de Gandersheym tm.
Iohannes Schmid de Franckenhusen[o] tm.
Thomas Mann de Fußßen[t] tm.
Ionas Wertter[w] de Northusen[o] tm.
40 Iohannes Wickenhowbt de Lauden[t] tm.
Sigißmundus[x] Engelbrecht de Engen tm.
Iohannes Wernheri de Aurbach[y] tm.
Henricus[z] Wigant[aa] de Franckenhusen tm.
fr. Iohannes de Oberwymar professus (mona-
45 sterii)[a] Salvoldensis.

Kilianus } Deyer de Nurinberga fratres tm.
Iohannes }
Nicolaus Magerstet de Denstet tm.
Fridericus Thomoei[bb] de Fesslaw tm.
Ieronimus Thurmer[cc] de Herbipoli tm.
Iohannes Zcymmerman de Romolt tm.
Michael Fabri de Rottenburga tm.
Henricus[z] Süer (Süre B) Erffurdensis tm.
Adam Furer de Northusen tm.
Petrus Ewele de Kanstath[dd] tm.
Valentinus Sangerhusen de Kindelbrucke tm.
Iohannes Arnnding[ee] alias Hellenhagen de Hervordia tm
Georius Schade de Staffelsteyn tm.
Heinricus[s] Fabri de Rodenburg tm.
Beatus Szengel[ff] de Barr tm.
Iohannes Koberstheter de Czellis tm.
Hinricus Tilleman de Northusen tm.
Nicolaus Osterman de Northusen tm.
Iohannes Anesorg de Grefensteyn tm.
Iohannes Hipler[gg] de Nowensteyn tm.
Laurentius Spengler[hh] de Braytenbrunnen tm.
Iohannes Burgaw de Eckersburgk med.
Iohannes Gumberti de Campis med.
Iohannes Guman de Nurinberga med.
Iohannes Lib[ii] de Engensteyn med.
Iohannes Steynhauf[kk] de Nyda med.
Iohannes Schleicher[ll] de Mergenthem med.
Martinus Brawn de Wemdingen med.
Paulus Kretzer de Lucha med.
Iohannes Bawm de Bischofsßheim[mm] med.
Iohannes Krewter[mm] de Felsdorff[nn] dt. 15 antq.
Hinricus Spiegel de Sommerde dt. 15 antq.
Nicolaus Brün[oo] de Bucheldo dt. 15 antq.
Iohannes Heydeburg de Kannewurff[pp] dt. 15 antq.
Iohannes Laurencii de Abenstat dt. 15 antq.
Martinus Faucz de Arnißwiler[qq] dt. 15 antq.
Hermannus Aurifabri de Sußato dt. 15 antq.

[d] Smalkaldia. [e] ac. [f] famatissimum. [g] cecidit s. et auctor. [h] Es sollte invocata od. gratiam stehen. [i] sequentes; (Z. 12 de) [k] sß statt ss. [l] famulus. [m] u statt o. [n] Kristlin. [o] ß statt s. (Z. 19 Knob.) [p] ey statt ei oder oy. [q] th statt t. (Z. 23 Eystetin.) [r] Orla (?). [s] i statt e. [t] nn statt n. [u] Seyfridus [v] Wynsheim. [w] tt statt t, t statt tt. [x] s statt ß. [y] Aurach. [z] Hinricus. [aa] d statt t. (Z. 43 Wyg.) [bb] Thomei. [cc] Thurmerl. [dd] h fehlt. [ee] Ueber dem n ein Strich, vielleicht Arnending. [ff] ll statt l. [gg] Hippeler. [hh] Spengeler de Braytttenbrunnen. [ii] Libe. [kk] w statt u. [ll] Schlechter. [mm] Bischoffsheim (Z. 39 Krewer.) [nn] ß statt s. [oo] u statt ü. [pp] Kannewerff. [qq] s statt ß.

Anthonius Geysel[rr] de Kitzingen dt. 15 antq.
Casper Kremer de Heringen dt. 12 antq.
Iohannes Fabri de Gemunden dt. 12 antq.
Laurentius Fridman de Tettelbach[w] dt. 12 antq.
5 Iohannes Freytag de Ulma dt. 12 antq.
Iohannes Schnürmecher[ss] de Drop[ss] dt. 9 antq.
Iohannes Wolferam }
Iohannes Deyer (s. Z. 18) } de Miltenberg dt. 9 antq.
Nicolaus Pistoris de Dillenborg dt. 15[ss] antq.
10 Iohannes Bertram de Querfordia dt. 16 antq.
Iohannes Spangenberg de Northeym dt. 16 antq.
Melchior Wigandi de Rassenburck[k] dt. 6 schneberg.
Erhardus Wintergerst de Meningen[tt] dt. 10
15 antq.
Mathias Schulteis de Koburg baccal. Coloniensis gratis ob reverenciam rectoris dt. 1 schneb.
f. 251[d] fr. Hinricus Kirchem[uu] prepositus in Koburgk[vv] gratis ob reverenciam rectoris dt. 1 schneb.
20 Nicolaus Weyner de Kissingen dt. 2 nov., residuum dimissum est propter deum.
Iohannes Brandis dt. 1 schneberg. (pro pedellis)[b] residuum dimissum (est propter paupertatem quia famulus)[a] (ob reverenciam)[b] doctoris Georii (quia famulus)[b]
Eustochius Schoneman de Filczeck dt. pro tota intitulatura 8 antq. 2[ww] denarios.[ww]
fr. Hinricus Institoris ord. carmelitarum dt. 5
1 schneberg residuum dimissum propter ordinem.[xx]
fr. Fridericus Textoris ord. carmelitarum de Babenhusen dt. (6 antq.)[a] pro integra[yy]
intitulatura (6 antq. gr.).[b] 10
Heinricus[zz] Kirssenbruck[c] de Sommerde dt. 1 schneberg. residuum (dimissum)[a] propter deum.
fr. Nicolaus Heßeler de Krutheym[rr] (ord. minorum)[b] (gratis)[a] ob reverenciam doctoris[d] 15
ministri (ord. minorum.)[a]
(Iohannes Wolferam[e] } de Miltenberg dt. 3 nov.)[a]
(Iohannes Deyer[e] } (s. Z. 7 u. 8.) dt. 3 nov.)[b f]
Conradus Zcop de Rotwila dt. 1 sol. (aliud gratis)[a] ob reverenciam doctoris Frawen- 20
schuch (quia famulus).[b]

Summa 95.[g]

De residuo intitulature:

25 De examine Trinitatis baccalaureandorum:

Iohannes de Heylingen dt. 2 antq.
Iohannes Fabri de Eckorswiler dt. 14 antq.
Iohannes Eger dt. 16 antq.
Iohannes Luthenroth de Northusen dt. 16 antq. 25
Iohannes Sutoris de Kempstet dt. 16 antq.

Summarium 1 schneberg. 4 antq.

De examine anticipato ante festum Michaelis:

30 Andreas Giger 16 antq.
Nicolaus Pentzscher dt. 10 antq.
Petrus Vegenbutell dt. 16 antq.
Adam Fenchenbach }
Wernherus Bodingen }
35 Hermannus Schmide } quilibet dt. 14 antq.
Blasius Germar }
Martinus Siglin }

Iohannes Vogelin }
Eberhardus Swarcz } 30
Blasius Hellenbrecht }
Michael Simonis } quilibet dt. 14 antq.
Iohannes Kawl }
Wolfgangus Danielis }

Summarium 3 sexag. 16 antq. 35

[rr] i statt y. [ss] Schnurmecher de Drapp. (Z. 6) [tt] Menningen. [uu] Kirchhem. [vv] g statt gk. [ww] cum duobus denariis. [xx] reverenciam ordinis. [yy] tota. [zz] Hinricus. [a] Fehlt in B. [b] Fehlt in A. [c] e statt i. [d] patris. [e] ff statt f. [f] Wolferam und Deyer stehen schon oben S. 188 Z. 7 u. 8. [g] Richtiger 94.

1495. Mich. 205. Rect. Ioh. Bonemilch de Lasphe.

f. 282ab

Universitatis[1] preoelse Errfordiane quatuor facultatibus convocatis iuxta statutorum eiusdem ordinacionem ipso die Luce beatissimi scribe (et)[a] evangeliste, anno domini millesimo quadringentesimo nonagesimo quinto (per spectabiles et eximios viros M. Nicolaum Institoris de Gengenbach, philosophie ac medicine artis doctorem sagacissimum, M. Iohannem Gnaß de Bercka, utriusque iuris licenciatum peritissimum, ac M. Conradum de Eylßfeldia, maioris collegii collegiatum, in quos ultimo sors cecidit electionis)[b] concordi consensu nunc vice secunda rite electus ac publice pronunciatus est in prefate achademie primatem (rectorem)[a] et monarcham egregius vir magister Iohannes Bonemilch de Laßphe,[c] sacre pagine professor (profundissimus)[a] ecclesiarum beatissime virginis Marie opidi (Errfordensis)[b] canonicus (et magister fabrice)[a] ac sancti Michaelis ibidem plebanus; sub cuius regimine immatriculati sunt subscripti:

Nicolaus Schöl[d] de Confluencia artis medicine doctor tm.
Baltazar Milwicz, Georius Milwicz, Philippus Milwicz } Errfordenses fratres tm.
Georius de Sachßa[e], Franciscus de Sachßa[f] } fratres Errfordenses tm.
Georius Junghe[g], Livinus Junghe[g], Sigismundus Junghe[g] } fratres Errfordenses tm.
Burdo Bradhe ex Holsacia tm.
Georius Hagen de Herpipoli[h] tm.
Bartholomeus Beiger[i] de Salczungen tm.
fr. Valentinus Helmolt[k] de Nova civitate tm.
Symon Frederici de Ysenaco[l] tm.
Paulus Herberczsen[m] de Laßphe[c] tm.
Valentinus Thome de Stockheim[n] tm.
Bartholomeus Im Kirchoff de Sunthoym tm.
Bernhadus Daßsenger[o] de Weczlaria[o] tm.
Iohannes Greffenaw[p] Errfordensis tm.
Martinus Venatoris de Longa villa servitor rectoris gratis (ob reverenciam rectoris)[a] dt. 1 sol.

[a] Fehlt in B. [b] Fehlt in A. [c] s statt ß. [d] o statt ö, u statt ü. [e] Zacha. [f] Zachsa. [g] h fehlt. [h] Herbipoli. [i] Beger. [k] Helmelt. [l] i statt y. [m] Herberszhusen. [n] Sthocheim. [o] Daßsengor de Weczflaria. [p] Greffenawe.

[1] Die Initiale nimmt die ganze Seite, bis auf 6 Zeilen der Einleitung ein; aber auch diese sind, sowie die Initiale, von einem reichen Blumengewinde eingeschlossen. Innerhalb der Initiale ist ein an Figuren reiches Bild enthalten, welches an die Gruppen auf dem Altarbild in der Kreuzkirche zu Hannover erinnert (Mitthoff, Archiv für Niedersachsens Kunstgeschicht, I. Heft S. 7 Taf. IV.) In den grünen Stäben der Initiale stehen: in dem zur Linken des Beschauers die h. Katharina mit dem Schwerte, in goldbrokatenem Untergewande mit blauem Mantel darüber, im rechten der Erzengel Michael im weißem Gewande, als Vollstrecker des Weltgerichts mit dem Schwerte in der Rechten und der Waage in der Linken, in deren einer Schale ein betendes nacktes Kind kniet, in der anderen ein Teufel sich befindet. In der Füllung der Initiale sitzt die heil. Anna in goldbrokatenem Gewande, den Kopf mit einer weissen Hülle bedeckt, ein offenes Buch in der Hand, das nackte Christuskind lehrend, welches Maria in goldbrokatenem Gewande und grünem Mantel auf dem Schosse hält, ausserdem 2 Frauen mit weißer Kopfhülle und 3 Paare Kinder, hinter ihnen 5 Männer, wahrscheinlich Priester und Schriftgelehrte: Zacharias, die drei Männer der heil. Anna und Joseph. Ueber der ganzen Gruppe halten zwei Engel, einer in rothem, der andere im blauem Gewande, einen goldbrokatenen Teppich. In der rechten von Zweigen und Blumen gebildeten Randleiste steht der junge Rector als Domherr im Pelzkragen mit Hermelinspitzen über dem Rochet. (Aehnlich ist Henning Göde auf einem Bilde an einer Säule im Dome zu Erfurt, zunächst dem Gleichen'schen Grabdenkmale, dargestellt.)

Thomas Goßwin[q] de Yponen Helmeczem[r] tm.
Iohannes Vormeßen[s] de Munden tm.
Rudolffus[t] König de Brisaco tm.
Nicolaus Brandenraidt Erffordensis tm.
5 Georius Regis[v] de Koburck[v] tm.
Iohannes Hunger de Salcza tm.
Michael Heyde de Rockingen tm.
Iohannes Sutoris de Nackstete[w] tm.
Andreas Kaveman de Scieser tm.
10 Petrus Kradel de Borch tm.
Andreas Novem de Fulda tm.
Casper (ar B) Schaller de Argentina tm.
Iohannes Eychelberger de Herpipoli[h] tm.
Eberhardus Werner de Morstadt[x] tm.
15 Michael[y] Erman de Mergethiim[z] tm.
Iacobus Philips[aa] de Mergethum tm.
Iohannes Ysenhart de Arnstedt tm.
Caspar Bynder de Canstadt tm.
Sebastianus[bb] Theyn[l] de Morstadt tm.
20 Bartholomeus Brawt de Beringen tm.
f. 283a Casperus Stoczer de Ysenach tm.
Henricus Topper de Cappel tm.
Ewaldus Sculteti[cc] de Heustra tm.
Hermannus Loddeßheym de Northeym tm.
25 Michael[y] Bur ex[dd] Phorczheym[dd] tm.
Theodericus Stoczman de Herßfeldia[e] tm.
Thomas Heyneman de Eygestat tm.
Benedictus Seckel[ee] de Roda tm.
Iohannes Sartoris de Marpurgk tm.
30 Nicolaus Andree de Aldendorff tm.
Cristofferus[gg] Hille de Aldendorff tm.
Ludowicus Wackelrinck de Molhußen tm.
Sebastianus Rodeman de Molhußen tm.
Iohannes Trappe de Osterrade[ff] tm.
35 Iohannes Kilian Erffordensis tm.
Heinricus Swarcz Erffordensis tm.
Hermannus Hussenbech de Aldendorff tm.
Iohannes Stock de Golhoffen[gg] tm.
Heinricus Wighe[hh] de Hyldenßheym[hh] tm.
40 Iohannes Meiger de Hyldenßheym[ii] tm.
Hermannus Braxatoris de Nurenbergha[kk] tm.
Nicolaus Libolt de Franckenhußen tm.
Ortwinus Swarcz de Bischoffßheym[ll] tm.
Theodericus Lyriman de Soltwedel[mm] tm.
45 Hermannus Dufel de Lemigo tm.
Iohannes Gresten de Byluoldia[i] tm.

Iohannes Honehamer de Ratispana tm.
Iohannes Storm de Hemmawe tm.
Gangolfus Bickingk[nn] de Grußen[oo] tm.
Thomas Wißiger[pp] de Aldenborck tm.
5 Petrus Kyrnuß[qq] de Aldenborgk[v] tm.
Theodericus Ryme de Aldendorff[qq] tm.
Nicolaus vom Ende de Starckenborgk tm.
Henricus Regis de Goßlaria tm.
fr. Iohannes Fabri de Peßnig[v] ord. carmelitarum tm. f. 283b
10 fr. Iohannes Kogen de Peßnigk ord. carmelitarum tm.
Iohannes Carnificis de Lich tm.
Bertoldus Meyger[l] de Hyldeßheim[a] tm.
15 Bertoldus Rapphun[rr] de Northeym[l] tm.
Henricus Grotejan[ss] de Eynbeck[tt] tm.
Iohannes Glockrym de Eynbeck[tt] tm.
Iohannes Lotredde de Grevenstein[q] tm.
Heinricus Wolder de Ganderßheym[c l] tm.
20 Theodericus Hacken de Ußlaria[uu] tm.
Vitus Houbt[vv] de Sommerde tm.
Wolffgangus Fabri de Dondorff tm.
Iohannes Gerume[ww] de Vselbach (Viselbach?) tm.
Adam Gerhardi de Erlebach tm.
25 fr. Leonhardus[g] Stecher[xx] de Nerlingen ord. carmelitarum tm.
Heinricus (Henr. B) Piscatoris Erffordensis tm.
Guntherus Northußen de Konnigessee[yy] tm.
Christofferus[gg] Meckenlar de Wymaria tm.
30 Iohannes Pistoris de Stolberck[yy] tm.
Sebastianus[zz] Swobe de Eckstet[zz] tm.
Conradus Dorner de Nurenberga[kk] tm.
Cristianus Kot de Sunderßhußen[e] tm.
Iohannes Megen Erffordensis tm.
35 Hermannus (Hartm. B) Rorici de Franckfordia tm.
Iohannes Steuber[f] de Lore tm.
Henricus Lyndeman de Helgenstadt tm.
Blasius Goczgeradt[h] de Molhußen tm.
Yspertus[i] Steynhuß de Bienkap[i] tm.
40 Bertoldus Tyllecken[k] de Hoxaria tm.
Iohannes Coci de Gebeßenn[m] tm.
Iohannes Ermetrudt de Buczstete tm.
Iohannes Racz Erffordensis tm.
Daniel Wigelen de Bidenkap tm.
45 Gerhardus Textoris de Colonia tm. f. 284a
Iohannes Trop de Alßfeldia tm.

---

[q] y statt i. [r] Helmetzen. [s] sß statt ß. [t] Rudulffus. [u] u statt o. [v] gk statt ck oder g. (Z. 5 Reges.) [w] Mackstete. [x] t statt dt oder tt. [y] Michabel. [z] Mergethum. [aa] Philippi, steht in B hinter Ysenhart. [bb] Sebestianus. [cc] Schulteti. [dd] de statt ex, (Z. 25 Potczheim) [ee] k statt ck. [ff] Osterade. [gg] f statt ff. [hh] Wige de Hildeßheym. [ii] Hildesheim [kk] Nurenbergis. [ll] Buschofsheym. [mm] Soltweddel. [nn] Bickung. [oo] Grussen. [pp] Wißigerer (?). [qq] Kirmeß de Oldenborgk (?) [rr] Raphun. [ss] Grotean. [tt] Eymbeck. [uu] Ossiaria. [vv] Heubt. [ww] Grume. [xx] Stocher [yy] ss statt s oder ß. (Z. 30 Stalbergk.) [zz] Sebestianus S. de Eckstedt. [a] Fehlt in B. [b] Fehlt in A. [c] s statt ß. [d] o statt ö, u statt ü. [e] Sunderhußen. [f] Stober. [g] h fehlt. [h] tz statt cz. (Z. 13 Herbipoli.) [i] Yffertus. St. de Bydenkap. [k] Tylliken. [l] i statt y. [m] Gebesßem. [n] Wigeln de Biedenkap.

Michael[o] Waßermann[yy] de Nova civitate tm.
Petrus Distell[p] de Smalkaldia tm.
Paulus Meyß de Ditterßbron[q] tm.
Iohannes Scheffer de Slußelfelt[yy] 4 sol.
Georius Bewter de Bach 4 sol.
Georius Breytenbech[r] de Franckenhußen[s] 4 sol.
Iohannes Leythsch[s] de Staffelsteyn 4 sol.
Wilhelmus Steinbach[q] de Bisschofßheym[q] med.
Iohannes Schacken de Arnstein[q] med.
Iohannes Gernhart de Vipech Fydelhußonn[u] med.
Hermannus Smant de Balhornn med.
Iohannes Scheyde de Seßelbach[yy] med.
Wilhelmus Fabri de Steyn med.
Conradus Pictoris de Aldendorff med.
Henricus Lumbel de Fulda med.
Wolffgangus[t] Funificis de Franckfordia med.
Iohannes Juppe de Welfferßhußen[w] med.
fr. Albertus Engelschalck de Peßnig ord. carmelitarum med.
Georius Buer de Peßnigk[v] med.
Hermannus Grußen[s] de Bercka med.
Arnoldus Cwegreffe[x] de Cziczheym[z] med.
Tilmannus Caupon|s de Else[aa] med.
Allexander[bb] Stettener[x] ex Austria med.
Sebastianus[zz] Pollinger[t] de Norenberga med.
Georius Linck de Norenberga[cc] med.
Iohannes Goßwin[q] Errfordensis med.
Iohannes Scheffmann de Aldendorff med.
Iohannes Adelffi Doleatoris ex Offwiler med.
(solvit reliquam medietatem sub rectoratu Georgii Eberbach 1498.)[a]
Georius Holczmann de Slingo } 3 nov.
Michael[o] Sartoris de Norlingen }
Walterus Kachent[dd] de Nuenhelligenn 1 solid.
Michael[o] Pistoris de Friczlaria[ee] 1 solid.

Summa 140.[ff]

De residuo intitulature:[gg] In Quadragesima

Iohannes Elsesßer dt. tm.
Iohannes Hop de Kyndelbrucken dt. med.
dns Petrus de Bisseß sub rectoratu mag. Regis intitulatus dt. med.

[o] Michahel. [p] l statt ll. [q] y statt i. [r] Breytenbach. [s] sß statt ß oder ss. [t] u statt o. (Z. 6 Pulbinger.) [u] Fyddelhußen. [v] gk statt ck oder g. [w] Wulffershußen. [x] t statt dt oder tt. [y] g statt gk. [z] Zwegreffe de Tziczheim. [aa] ß statt s. [bb] l statt ll. [cc] gh statt g. [dd] Kochem. [ee] Fryczlaria. [ff] richtig. [gg] Aus dem Liber receptorum.

1496. Ost. 206. Rect. Ioh. Knaesz.

Altera[1] beatissimorum apostolorum Philippi et Iacobi die anni millesimi quadringentesimi nonagesimi sexti, universitatis studii huius inclite quatuor facultatum convocatis doctoribus magistris ac suppositis per celeberrimos viros ac dominos M. Petrum Petz de Herbipoli, sacrarum literarum professorem eximium, Iohannem Frouwenschoch,[c] arcium philosophie et medicine doctorem accuratissimum, ac M. Iohannem Kremer de Elspe, utriusque iuris licenciatum consultissimum (ecclesie sancti Patrocli in Susato canonicum et scolasticum)[b] ultimos electores, in rectorem huius precelse universitatis electus est et designatus venerabilis dominus ac magister Iohannes Knaeß de Bercka, utriusque iuris licenciatus (collegii Porteceli collegiatus)[a]; sub cuius moderamine infrascripti sunt universitati incorporati et intitulati:

Tilomannus, Otto } Czegeler fratres tm.
Georius, Cristoferus } Czegeler fratres tm.

[a] Fehlt in B. [b] Fehlt in A. [c] sc statt sch.

[1] In der rothen Initiale steht nur Maria mit goldener Krone und Heiligenschein, in rothem Gewande mit blauem Mantel, auf dem linken Arme das mit dem Kopfe an ihre linke Wange sich anschmiegende und mit den Händen nach ihr greifende Christuskind; die ganze Figur in einem hellgoldigen ovalen Strahlenkranze auf dunkelem Goldgrund. Unter ihren Füssen das schräg stehende Wappenschild: eine französische Lilie in dunkelblauem Felde.

Nicolaus Gronenhagen de Lunenborch tm.
Sigismundus Ecke de Herbipoli tm.
Iohannes Knyse de Ysleben tm.
Iohannes Nycolai[d] ex Ditmercia tm.
5 Andreas Moelberg de Ysleben[d] baccal. (arcium)[b] Lipczensis tm.
Petrus Clinger de Eystadt tm.
Iohannes Ditmars[e] de Goslaria tm.
Ambrosius Deen de Wittenbergh[f] tm.
10 Allexius Koppen de Wittenbergh[f] tm.
(Alexander Dabrun de Wittenberg tm.)[a]
Petrus Retich de Lubeck tm.
Simon[g] Kolter (de)[a] (Erfford.)[b] tm.
Iohannes Lodvici de Salsa tm.
15 Lodolphus[h] Marschall[h] de Wilverhusen tm.
Henricus Casselman } de Volkmaria[i] tm.
Georius Germitte (Gernutte?) } de Volkmaria[i] tm.
Wolfgangus Fueßberg de Salveldia tm.
fr. Iohannes Doliatoris ord. scti Wilhelmi tm.
20 Iohannes Erkenbrech de Ylperhusen tm.
Nicolaus Rodolphi de Amsterdammis tm.
Iohannes Sartoris[b] de Kyderich[k] tm.
Nicolaus Wilhelmi de Busco ducis tm.
Martinus Sartoris de Nova civitate tm.
25 Casperus Kremer de Bisschofhem tm.
Iohannes Preschel de Grevendal tm.
Petrus Dornenbuss[l] de Bisschofhem tm.
Wendelinus Fulwil de Freidberg tm.
Michael Stridle de Nurenberga tm.
f. 284d 30 Hermannus Eysfelder Erffordensis tm.
Iohannes Sartoris de Pinguia tm.
Sigismundus Havelsberg Erffordensis tm.
Petrus Honfelt Erffordensis tm.
Henricus Molitoris de Arteren tm.
35 Ieronimus Fuesch[m] de Swynßhem tm.
Sebastianus de Wysenfelt tm.
Iohannes Kun de Gogsem tm.
Iohannes Roet de Lubeck tm.
Bernardinus Morgenrot[n] de Vratislavia pres-
40 biter tm.
Bernardus van dem Damme de Brunsvich tm.
Martinus Kumertaler[o] de Woden tm.
Iohannes Vispach de Nova civitate tm.
Nicolaus Monych de Arnstedt tm.
45 Daniel Richart de Argentina tm.
Iohannes Erich de Moelhusen tm.
Martinus Drosthen[p] de Wolshem tm.
Iohannes Venatoris de Segen tm.

Tilmannus Fabri de Segen tm.
Valentinus Snel de Moelhusen tm.
Daniel Becherer de Moelhusen tm.
Sigismundus Lanck de Beringer tm.
5 Erhardus de Arena canonicus in Haugis (in)[a] Herbipoli[q] tm.
Iacobus Hesse ex Ymbst tm.
Petrus de Hallis ex Gißingen tm.
Iohannes Waes de Kranach tm.
10 Nicolaus Heybergh[r] de Asschania[s] tm.
Iohannes Balneatoris de Basilea tm.
Georius Gurres de Elka[t1] tm.
Zacharias Gurres de Elka[t3] tm.
Vitus Halter de Stoffensteyn[t4] tm.
15 Thomas Apotecarii de Argentina[t5] tm.
Henricus Witzenhusen de Hidensem[u t6] tm.
Peregrinus de Mosa de Goch[t7] tm.
Iohannes Griß de Brunsvich[t2] tm. f. 285a
Dionisius Wideman de Hervordia[t8] tm.
20 Henricus Hultzher de Alsfeldia tm.
Iohannes Fleman de Vratislavia tm.
Bernardus Asberg de Bunna tm.
Petrus Stetz de Wilnau tm.
Andreas Ernesti de Gotingen tm.
25 fr. Iohannes de Scocia magister[v] Lipczensis[v] ord.[v] cisterciensis[v] tm.
Adam Letzer de Isleben tm.
Iacobus } Fuchß[w] de Lucendorff fratres tm.
Andreas } Fuchß[w] de Lucendorff fratres tm.
30 Iohannes } Meyer de Phare fratres tm.
Everhardus } Meyer de Phare fratres tm.
Casperus Ebelynck ex Stendal tm.
Iohannes Yngerden de Hildensem tm.
Iohannes Luckeman } de Northusen tm.
35 Iohannes Sperlyng } de Northusen tm.
Laurencius } Textoris fratres de Usingen tm.
Ditherus } Textoris fratres de Usingen tm.
Iohannes Pistoris de Wirhem tm.
Theodericus Pistoris de Murlen tm.
40 Iohannes Frunt de Francfordia tm.
Iodocus Rock de Nova civitate tm.
Iohannes Nicolai de Lasphe tm.
Wilhelmus Czegeler de Sulsfelt tm.
Iohannes Rover de Smalkaldia tm.
45 Iohannes Lappe de Holvelt tm.
Iacobus Koch de Gota tm.
Valentinus Dippel de Kunsbergh[x] tm.
Tilmannus Eicht de Glippurg tm.

---

[d] i statt y. [e] o statt a. [f] h fehlt. [g] i statt y. [h] Ludolphus Marschalk. [i] Volcmaria. [k] Siehe unten S. 193 Z. 27. [l] ß statt ss oder s. [m] Fuecs. [n] Morgenroet. [o] mm statt m. [p] Drosthem. [q] Herpipoli. [r] Heytberg. [s] s statt ss. [t] In B folgen auf Geor. Gurres: Ioh. Griß, Zach. Gurres, V. Halter, Th. Apotecarii, H. Witzenhusen, P. de Mosa, Dion. Wideman. [u] Hildersem. [v] ord. cist. mag. Lipczensis. [w] c statt ch. [x] Kunsperg.

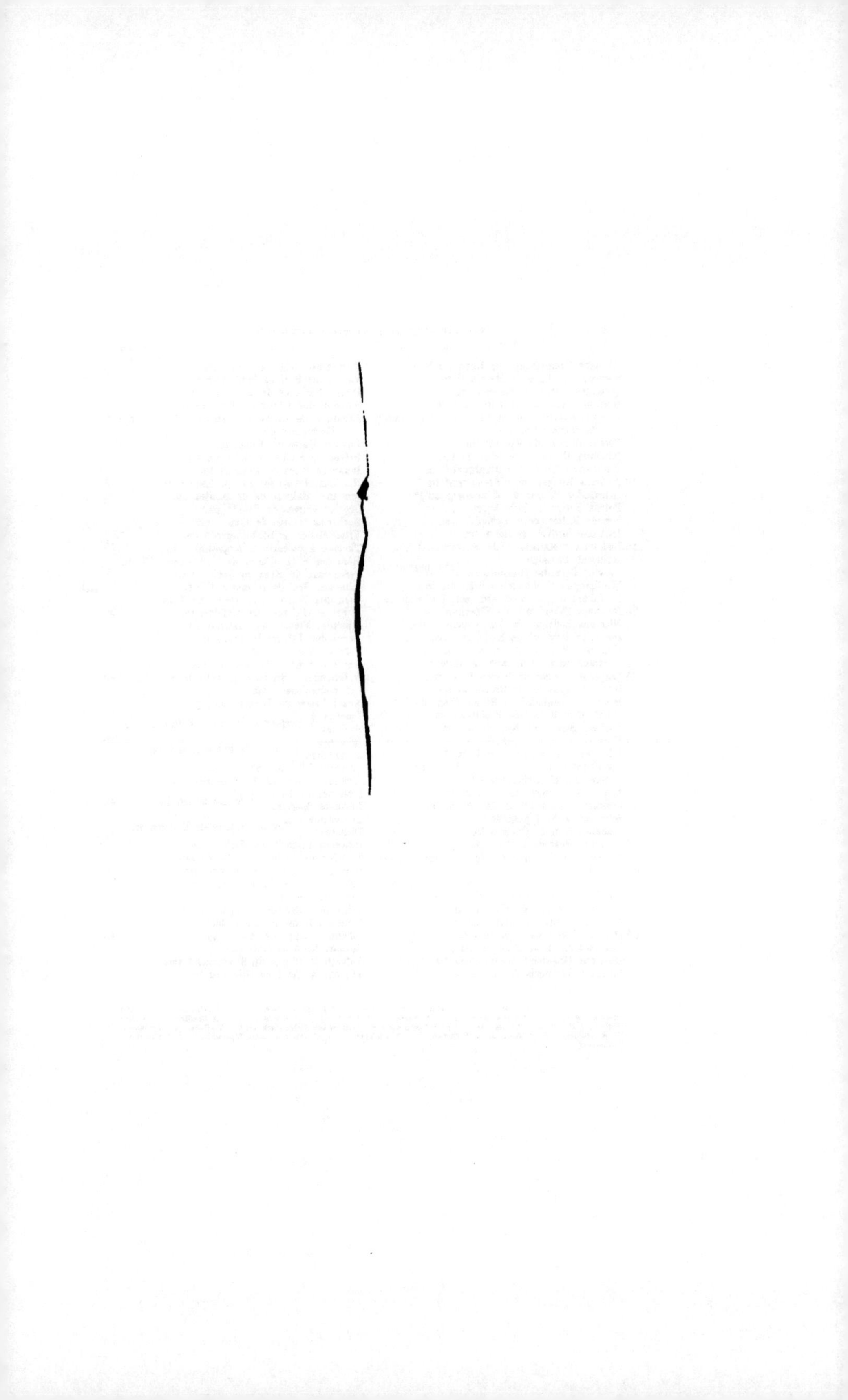

Sebastianus Bornecke de Sangerhusen tm.
Paulus Haenmoler de Slusingen tm.
Iohannes Stanger de Nurenberga tm.
5 Anthonius Gauler de Allendorff tm.
Thomas Tolde de Hetstedt tm.
Iohannes Semler de Hartzenaurach tm.
Georius Sartoris de Gaina (Gama?) tm.
Nicolaus Wenßman Erffordensis tm.
10 Iohannes[y] Vynck Erffordensis } (quilibet)[a]
Wolfgangus Richter de Kempnytz[z] } (dt.)[b] 6 sol.
Iohannes Haeck de Allendorff } quilibet
Iohannes Closeterl de Nurenberga } dt.
Anthonius Lertz de Andernaco } 4 sol.
15 Henricus Steyndecker de Werhem (quilibet)[b] dt. 3 sol. 9 den leon.
f. 254b Iohannes Vosloen de Padelborn (quilibet)[b] dt. 3 sol. 9 den. leon.
Georius Pletzgen de Fulda med.
20 Iohannes Philsticker de Sundershusen med.
Iohannes Balneatoris de Montabur med.
Iohannes Kobestet de Schilingstat med.
Iohannes Ottonis de Ratzin[g] med.
Iohannes Lipczich de Arnstedt med.
25 Conradus Scher de Alsfeldia med.
Henricus Geilhen de Ylbach med.
Iohannes Sartoris[aa] de Kyderich med.
Everhardus Wigel de Egelsteyn med.
Conradus Beck de Arnstedt tm.
30 Tilmannus Brant de Montabur med.
Maternus Lantfoit de Myncenberg[cc] med.
Conradus Steyndecker de Werhem med.
Iohannes Aerleber de Maguncia med.
Iohannes Ulrici de Myltenberga med.
35 Petrus Ysenberg de Ortenberg med.
Iacobus Czynck de Herbipoli med.
Conradus Koeb de Osnaburgis med.
Benedictus Mathis de Koburg med.

Iodocus Gensel de Stolberg med.
Wilhelmus Sellatoris de Smalkaldia med.
Andreas Swaenhilt de Stolberg[cc] med.
Albertus Qunol de Vratislavia med.
Ernestus Dene de Gootingen[bb] med. 5
Nicolaus Glichen de Hilphenhusen[dd] med.
Iohannes Pol de Lutendail med.
Mathias Langefelt de Ballingen med.
Iohannes Bartel de Eschwe med.
Iohannes Gast } de Francfordia med. 10
Iohannes Duner }
Iohannes Nosbickel } de Cassel med.
Conradus Kuel (Knel?) }
Wolfgangus Nebel de Wendingen med.
Hermannus Rengen de Griften med. 15
Iacobus Groß de Ylmen med.
Iohannes Bloem de Morstadt med.
Volcmarus Gutel de Franckenhusen med.
Iohannes de Warshem med.
Iohannes Sneller de Wimaria dt. 2 sol. 9 den. leon. 20
Nicolaus Kuen Erffurdensis dt. 3 sol.
Caspar Leuwer de Nova civitate gratis ob reverenciam doctoris (Ioh.)[a] Frouwenschoch[ee] dt. 1 sol. (pro pedellis).[b] 25
Ludolphus van der Hart de Bercka gratis ob reverenciam rectoris dt. 1 sol. pro pedellis.
fr. Adam Haefken } de Goiria ord. carmelitarum gratis ob reverenciam ord. quilibet dt. 1 sol. pro pedellis. f. 255a
fr. Iohannes Treick[hh] } 30
Fredericus Gysa de Northusen dt. 1 sol. pro pedellis, reliquum dimissum est propter paupertatem.
Hermannus (Hamer)[a] Cantrifusoris dt. 1 sol. pro pedellis, (residuum vel)[a] reliquum dimissum est propter paupertatem. 35
Summa 158.[gg]

De residuo intitulature:

40 Georius Wedener de Gerlehofen dt. 14 antq.
Walterus Molitoris de Wynterbergk dt. 14 antq.
Henricus Heyse de Allendorf dt. 14 antq.

---

[y] Conradus (Iohannes ist in B durchstrichen.). [z] Kemnytz. [aa] Steht oben schon einmal S. 192 Z. 22 in A und B. [bb] k statt ck. (Z. 5 Gotingen.) [cc] gh statt g. [dd] Hilperhusen. [ee] sc statt sch. [ff] Treicke. [gg] Richtig.

f. 287ab

1496. Mich. 207. Rect. Mart. von der Marthen (Margrithen B).

Bonarum[1] arcium studiosis preficitur **Martinus von der Margrithen**, vir prestabilis et non modo facultatibus, sed eciam ingenio et omni virtutis genere clarus, XV⁰ calendas Novembres anno Cristi regis millesimo quadringentesimo nonagesimo sexto, electus suffragiis eruditi et inprimis spectati theologi Iohannis Lasphe, canonici in templo Matris virginis, Georgii Rotenburgii, celeberrimi artis medendi antistitis[c] et acuti ac modesti hominis, Heinrici Brunsbicii (s. p. 196,5) decani philosophorum; promotus (f. 287c) autem ad scholasticam preturam ita sapienter administravit omnia, ut ex gubernacione tanti magistratus nomen cum laude reportaret: donatus est enim doctoreis utriusque iuris insignibus et appellatus honorificentissime rector atque doctor innocentissimus. Infrascriptos exemplo maiorum redegit in hunc libellum, quem castrensi vocabulo matriculam vocant:

Herbordus, Gerlacus, Wolfgangus, Leo — fratres Margrithensis familie: agnati dni rectoris tm.
Bertoldus, Ioannes — Molhusensis familie, filii sororis dni rectoris tm.
Henricus, Hermannus — Dangstorffensis familie: filii sororis dni rectoris tm.
Wolffgangus Groß diaconus ord. St. Benedicti monasterii Bantz nobilis tm.
Conradus de Amendorff nobilis tm.
Iohannes Guethjar de Sangerhusenn[e] tm.
Iohannes Hoeffel de Kindelbrocken tm.
Hermannus Cingulatoris de Marporgk[f] tm.
Eberhardus Doner de Bischoffsheym tm.
Ioannes Specht de Argentina tm.
Ioachim Kop de Hirßperg tm.
Ioannes Wesseling de Herfordia[g] tm.
Ioannes Nolten presbiter de Meundern[e] tm.
Ioannes Fischer de Nova civitate tm. (f. 287d)
Ioannes Swave presbiter Cominensis dioc. oriundus
Gregorius Mislaff Stolpensis tm. Stolpensis tm.
Ioannes Krafft de Herffordia tm.
Iacobus Kistener de Gronbergk tm.
Hermannus Schulteti[h] de Berckenfelt tm.
Rudolphus, Ioannes, Sebastianus — Zcigelerenses fratres tm.
Conradus Golner de Spissen tm.
Ioannes Greve de Gottingen[i] tm.
Nicolaus Hösße[k l] de Colonia tm.
Iacobus Sibigk de Egistedt tm.

[a] Fehlt in B. [b] Fehlt in A. [c] Z. G: antistis. [d] Ioannes. [e] n statt nn. [f] k statt ck. [g] ff statt f. [h] Schulteti. [i] t statt tt. [k] o statt ö, u statt ü. [l] ß statt sß.

[1] Die Initiale blau auf Goldgrund, von halb grün, halb roth gefärbten Streifen eingerahmt. Das Wappen des 207. Rectors Dr. v. d. Marthen nimmt die ganze Rückseite des Blattes 286[cd] ein. Getheilter Schild mit einem nach links aufgerichteten Löwen, dessen untere Hälfte silbergrau auf rothem Felde, die obere, Kopf und Vorderklauen roth auf silbergrauem Felde; über dem Schild ein Helm mit Geweih, das rechte silbergrau, das linke roth. Die Schildhalterin ist eine Frau in goldbrokatenem Unterkleide mit violettem Obergewande, welches geschlitzt, mit weissen Puffen, auf den Ellenbogen und an der Brust nach unten spitz ausgeschnitten ist, mit einem schwarzen golddurchstickten Halsband geschmückt. Das Haar verdeckt ganz die weisse bürgerliche Haube. Später (1510) erhielt die Familie vom K. Maximilian ein 4fach getheiltes Wappenschild, s. u. Rect. 245. Das ganze Wappen ist von Stäben mit Blumengewinden eingerahmt, in den Ecken die Wappen der nächsten Anverwandten: links oben in der Ecke ist wiederum das gleiche Wappen (seines Vaters), rechts ein stehender getheilter Schild, (in der oberen Hälfte ein brauner Fuchs auf silbernem, untere Hälfte Mondsichel auf rothem Felde) links unten ebenfalls getheilt: oben zwei silberne Lilien auf grünem Felde, unten grüne Lilie auf silbernem Felde. Rechts unten ein silbergrauer Schild, schrag von links oben nach rechts unten durch einen hellen Streifen mit 3 silbergrauen Sternen getheilt.

Wolffgangus Kentz de Nurinberga tm.
Ioannes Gerhardi de Salveldia tm.
Ioannes Blume de Honover tm.
Ioannes Godicke (de)[b] Molhusensis[m] tm.
5 Ioannes Roder de Dornfelt[n] tm.
Henricus Hennberg Erphordensis tm.
Andreas Zcorgis de Bernborgk tm.
Casperus Butzel de Geyßell tm.
Ioannes Scamnum de Dechredt[o] tm.
f. 288a 10 (Ioannes Greve de Gottingen.)[e]
Andreas Gericke de Osterrodt tm.
Ewaldus Weide de Hesloch tm.
Petrus Botticher de Yßeleuben[q] tm.
Bartholomeus Blanckenberg[p] de Ysoleben[q] tm.
15 Mauritius Smawser Bambergensis tm.
Paulus Teuffel de Eyßeleubenn[r] tm.
Bernhardus Wendelini de Stein prope Phortzen tm
Conradus Bawman Herbipolensis tm.
20 Conradus Sartoris de Alsfeldia tm.
Hermannus Udonis de Folckmaria tm.
Paulus Pfruscher de Coborgk tm.
Henricus Snehan de Gronaw tm.
Henricus Remeling Brunßwicensis tm.
25 Hermannus Aßwen[s] } de Gandersheym[t] tm.
Conradus Konigk }
Ioannes aus[t] der Moell de Eimbeck tm.
Iohannes Bassenberg[u] de Rinthelen tm.
Henningus Udalrici de Werningerode tm.
30 Valentinus Spor Spirensis tm.
Cristianus Grafenmoller[v] Halberstatensis tm.
Conradus Bovenhawßen de Lemegaw tm.
Ioannes Kompan Fuldensis tm.
Valentinus Lauch Stolborgensis tm.
35 Hillebrandus Truteteboell de Aschania tm.
Iohannes Auce de Heilstra tm.
Wolffgangus Golden de Nova civitate tm.
Paulus Carnificis de Waldenborg[u] tm.
Iohannes Gothart de Wittenberg[u] presbiter tm.
40 Ioannes Horden de Ihenis tm.
Henricus Schlunt de Kranach tm.
f. 288b Casperus Hardeck de Friborga tm.
Hieronimus[x] Neuman Vratislavianus tm.
Martinus Oßeler Vratrislavianus tm.
45 Ioannes Nolte de Gottingen tm.
Hermannus Wegker Gottingensis tm.
Georgius Wernheri de Smalkaldia tm.
Iohannes Brücher de Dußa tm.

Ioannes Sybolt Warmacensis[y] tm.
Valentinus Monich de Walterßhusenn[z] tm.
Henricus Haldeck[u] de Brothenurff tm.
Petrus Gich de Wipffer tm.
5 Henningus Dußing Halberstatensis tm.
Michael[aa] Knawß de Newstein tm.
Ioannes Bauch de Huesten tm.
Georgius Ratz de Nova civitate tm.
Iohannes Pepelin de Nova civitate tm.
10 Conradus Nist de Hertzaurach tm.
Georgius Helber de Anßpach tm
Degenhardus Gilspach de Smalenborgk tm.
Volgkmarus Molitoris de Smalenborg[u] tm.
Ambrosius Coci de Eyßeleuben (nn B) tm.
15 Martinus Tetzfell de Sangerhusen[bb] tm.
Eobaldus Grißheim de Oppenheym dt. 6 nov.
Conradus Weyß de Altvill dt. 5 nov.
Ioannes Heßße[cc] de Fuert[dd] dt. 5 nov.
Theodericus Andree de Bergentrick dt. 5 nov.
20 Nicolaus Gyßen de Hanaw dt. 5 nov.
f. 288c Ioannes de Nova domo ex Groningen[ee] med.
Ioannes Schulteis de Hirßperg[u] med.
Iohannes Geyß de Reyffenberg[p] med.
Ioannes Bremer Warmacensis med.
25 Ioannes Gerhardi de Urba med.
Ioannes Froben[ff] de Greventall med.
Bartholomeus Crauß de Steinich med.
Wolfgangus Felckener de Eyßen med.
Ioannes Fischer de Franckenhusenn[t e] med.
30 Andreas Oetz[k] de Eringenn[e] med.
Valentinus Kremer de Gelnhusen[t] med.
Henningus Frech Erphordensis med.
Iohannes Gols de Osthawsenn[z] med.
Hermannus Cantrifusoris de Osthusenn med.
35 Thomas Faber Rothenborgensis med.
Ioannes[gg] Rasoris de Butzbach med.
Ioannes[gg] Pistoris } de Segen med.
Nicolaus Textoris }
Ioannes Mutzler } de Urach med
40 Ioannes Hefelein }
Theodericus Wigendi de Marporgk med.
Ioannes Pruße de Butzbach med.
Ioannes Ernst de Franckfordia med.
Henricus Beil de Ditz med.
45 Iacobus Boyden[hh] de Rochelitz med.
Kilianus Bawrbeck de Ochsenfort med.
Petrus Fideler de Othenbergk med.
Heinricus Fabri de Smalenborg med.

[m] Molhawsensis. [n] dt statt t. [o] Techredt. [p] -borg statt -berg. [q] Yßleuben. [r] Eyßleuben. [s] a statt ß. [t] ß statt s oder ss. [u] gk statt g oder ck. [v] o statt a. [w] Heustra. [x] Hieronomus. [y] tz statt c. [z] hawßen statt husenn. [aa] ll statt l. [bb] hußenn. [cc] Hesse. [dd] Furt. [ee] In A Gottingen, aber -ott- ausgestrichen und durch -ron- ersetzt. [ff] Fröben. [gg] Ioannis. [hh] i statt y.

(Sequentes quinario numero)[a] gratis ob[ii] egestatem, quilibet dt. 1 sneberg. bedellis.[kk]
Ioannes Wolcke Hildesemensis.
Andreas Eschern de Lewtenberg.
Ioannes Remer de Hombergk.
Thomas Symonis de Sayda.
Ioannes Coci de Saltza.

Summa 131.[ll]

5 Qui[mm] baccalaureatum meruerunt sub exercitatissimo viro Henrico Sickten Brunsbitio, artium magistro academie nostre decano, secundum morem observatum hactenus supplementarios dederunt grossos 8 et quinquaginta. Nomina quidem ignorantur, idque rationarii amissione, sed constat eadem tempestate esse promotos omnes, ac totum ad intitulationem debitum solvisse perliberaliter.[nn]

[ii-kk] Steht den 5 Namen nach. [ll] Richtiger 131. [mm-nn] Aus dem Rechnungsbuche des Rectors.

---

f. 289 a b 10

1497. Ost. 208. Rect. Ioann. Sommeringk.[c]

Communi[1] suffragio in comiciis ad academicum imperatorem deligendum celebrato ad sextum nonas Maias destinatus ac delectus est Ioannes Sommerringk,[c] vir undecunque celebris ac prestans scholastice iuventuti moderator ad annum a natali Christiano millesimum quadringentesimum nonagesimum septimum per excellentissimum[d] virum 15 Petrum cognomento Petcz, sacrarum literarum interpretem ac canonicum templi dive christifere Virginis, et item Sigismundum (Thome de)[b] Stockheym,[e f] sacrosancte philosophie sub idem tempus decanum et in divinis literis licenciatum ut aiunt prestabilem, et Andream Zcolßdorff de Wittenberg; qui huic dignissime moderationi tanta cura vigiliis ac studio prefuit, ut summum omnium suorum favorem assequeretur ac nomen 20 egregium et ad exemplum Martini Margritensis et viri excelsissimi,[d] cum quo paulo post doctoreis insignibus civilis pontificiique iuris decorabatur, etiam hunc amplissimum honorem academice moderationis non tam omnium voluntate quam sua reportaret. Itaque et rector et doctor ab omnibus appellatus ad imitationem maiorum nomina scholasticorum, que tum in matriculam ut appellant erant inscribenda, ex ordine ita 25 annotavit:

(dns)[b] Nicolaus Klenger (fr.)[a] ord. predicatorum sacrarum[g] literarum[g] professor tm.
(fr.)[b] Albertus de Brandenstein (Salveldensis)[b] (fr. ex monasterio in Salvelt)[a] tm.

[a] Fehlt in B. [b] Fehlt in A. [c] g statt gk. [d] c fehlt. [e] gk statt ck oder g. [f] ey statt ei. [g] sacre theologie.

[1] In der Initiale ist das Wappen ein getheilter Schild: in der obern Abtheilung der Vordertheil eines goldenen Einhorns mit goldnem 5fach sich theilendem Schwanze in rothem Felde, unten ein weisses Feld ohne Zeichnung; über dem goldenen Wappenhelm erhebt sich das Einhorn; hinter demselben nach rechts steht ein Heiliger in rothem Talar mit Aermelschlitzen, aus denen die mit anliegendem grünem Stoff umkleideten Unterarme herausragen, welche er horizontal nach der Mitte des Körpers zu vorstreckt, die linke Hand nach oben weisend. Ueber die Schultern hängt ein mantelartiger violetter Kragen, von welchem stolaartig ein Streifen herabhängt. Auf dem Kopfe trägt er ein rothes Käppchen, um welches ein goldener Nimbus herumgeht. (Vielleicht der heilige Sturmius von Fulda, dessen Symbol das Einhorn ist?)

Urbanus de Redewitcz nobilis tm.
(dns)[b] Heinricus[h] Boßße de Ranis[i] nobilis tm.
Engelhardus de Molsburg[bb k] nobilis tm.
Leonhardus Koppe[l] de Turga tm.
5 Gerhardus Gerhardi de Isleben[m] tm.
Hermannus Sweinhart de Ulffna tm.
Iohannes Metzel de Ilmen tm.
Tilomannus Banße[n] de Lynungen tm.
Ulricus Baumaister de Laugingen[o] tm.
10 Melchiar[p] Senghas de Erlebach tm.
Iohannes Schomaker[q] de Luneborg tm.
Thonas[r] Hartungi de Quernfart tm.
Philippus Sartoris de Bidenkap tm.
Iohannes Gerner de Staffelstein tm.
15 Hermannus Krum de Schotten tm.
Iohannes Osterman de Elrich tm.
Sebastianus Godeke de Madeburg[e] tm.
Gerhardus Kumingk[s] Osnaburgensis tm.
Iohannes de Grusßen nobilis tm.
20 Heinricus Wulsche } de Luneborg[e] tm.
Nicolaus Wulsche }
Henningus Tulke de Elrich tm.
Heinricus Hailßperg de Blanckenhayn[u] tm.
Iohannes Kratczer de Filtczeck tm.
25 Wolfgangus[v] Forster de Langenburgk[w c] tm.
Iohannes de Germar nobilis tm.
f. 290a Heinricus de Germar nobilis tm.
Paulus Grucker de Obernheim tm.
Georius Coci de Wechterbach tm.
30 Conradus Seger de Kuborg[e] tm.
Nicolaus Fabri de Staffelstein tm.
Iohannes Torman de Sundershusen[x] tm.
(dns)[b] Volgkmarus Stede de Konigessehe tm.
Heinricus Heyner de superiori Asphe tm.
35 Dominicus Morgenrot Wratislanus tm.
fr. Leonhardus Iost de Wasungen tm.
Wilhelmus Wyße[y] de Muckenbul tm.
(dns)[b] Iohannes Hoch de Wyda[u] tm.
Fridericus Starcke Erffurdensis tm.
40 Iohannes Lindenbaw[z] de Kappendorff tm.
Martinus Styer[u] de Hammelborg[e] tm.
Nicolaus Loße Erffordianus[aa] tm.
Cristofferus Gunterßberg Erffordianus[aa] tm.
Iohannes Rospach[bb] Hirsfeldensis tm.
45 Daniel[cc] Platczfus de[cc] Gotha[cc] tm.
Gerhardus Koris de Aquisgrano tm.
(dns)[b] Rupertus Sartoris de Rotenberg[c] tm.

fr. Nicolaus Kutman ord. carmelitarum tm.
Eucharius[dd] Hain de Smalkaldia tm
Laurencius Lange de Friburgk[w] tm.
Cristianus Bloch[ee] de Zcerbst tm.
Conradus Rasoris de Konigesbach tm. 5
Thomas Nyrer[u] de Wertheim tm.
Georius Hevener[ff] de Nova civitate tm.
fr. Bartholomeus Kortcz (de Novoforo)[a] (ord. scti Wilhelmi)[b] tm
Nicolaus Walthman[r] Aschaniensis tm. 10
Borghardus de Bortfelt[gg] (nobilis)[a] (Hildensemensis)[b] tm.
Iohannes Coci de Hildensheim[hb] tm.
Iodocus de Amelungsen[bb] de Hoxaria tm.)[a]
(Theodericus Knode de Hoxaria tm.)[a] 15
fr. Heinricus Suppel }
fr. Sigismundus Wagener } Norici ord. carmelitarum.
fr. Andreas Irrer }
Iodocus Munthofer Erffurdensis tm. f. 290b
Iohannes Reckwil canonicus Asschaffenburgensis tm. 20
Conradus Reckwil de Asschaffenburg tm.
Conradus Cantrifusoris de Cirenberg tm.
Nicolaus Schenke de Arnstet[hh] tm.
Iohannes Buchener de Arnstet[hh] tm. 25
Udalricus Korner de Steynach tm.
Ieronimus Brunfelchs[ii] tm.
Symon Rutter[kk] de Oppenheim tm.
Henningus Blomberg Goslariensis[ll] tm.
Iohannes Harten de Goslaria tm. 30
Theodericus Stude de Elsa[bb] tm.
(dns)[b] Andreas Goppener[mm] tm.
Iohannes Schonebach de Herborn[nn] tm.
Nicolaus Dorreplatcz de Nidda tm.
Iohannes Molitoris Isenacensis[oo] gratis quia famulus dni rectoris tm. 35
Ambrosius Stein gratis quia cognatus[pp] dni doctoris Stein.[qq]
Tilomannus Krolßs de Trießs[rr] med.
Iohannes Dorring[ss] de Munden[nn] med. 40
Nicolaus Simon[tt] de Berga med.
Nicolaus Egenstein de Gottingen med.
Nicolaus Bule de Heynerstorff med.
Iohannes Piscatoris de Aldendorff med.
Conradus Garbrecht de Northeim med. 45
Nicolaus Fridel[uu] de Wertheim med.
Iohannes Backhus[vv] de Hanaw med.

---

[h] e statt ei. [i] ße statt s oder ß. [k] borgk statt burg. [l] Koppbe. [m] Ißleuben. [n] Banse. [o] w statt u. [p] Melchar. [q] u statt o. [r] Z. 18 Kuming. [s] k fehlt. [t] mm statt m. [u] l statt y. [v] ff statt f. [w] o statt u. [x] Sunderßh. [y] Wiß. [z] Lindenbawm. [aa] Erffurdensis. [bb] ß statt s oder ss. [cc] Tangel Pl. Gotensis. [dd] k statt ch. [ee] P statt B. [ff] b statt v. [gg] Brotfelt. [hh] stedt statt stet. [ii] Brunfels. [kk] Ritter. [ll] de Goslaria. [mm] Joppener. [nn] nn statt n. [oo] de Isennach. [pp] agnatus. [qq] Steins. [rr] Trißs. [ss] Dhering. [tt] y statt i. [uu] ll statt l. [vv] Bachuß.

Iohannes Muller de Herfordia[ww] med.
Nicolaus Teybach de Gotha med.
Iohannes Mayer[u] } de Ilmen med.
Iohannes Martini }
5 Iohannes Hertwig de Liptzk med.
Wolffgangus Corlin[yy] de Ammergaw med.
Theodericus Currificis de Longa villa med.
Benedictus Molitoris Ihenensis med.
Fredericus Hasceler de Solborgk med.
10 Gotschalcus Dorsiffe[zz] de Segen med.
Conradus Daws[d] Nwkircken[d] med.
Andreas Lindener de Stolberg[e] med.
f. 290c Heinricus Zcicken[e] de Gottingen med.
Wendelinus[g] Kyriß[g] de Husen[hh] med.
15 Iohannes Schutcze[i] Erffurdensis med.
Andreas Huber de Ritlingen[k] med.
Iohannes Saurwan[l] Herbipolensis[l] med.
Udalricus Hilt de Ulma med.
Gallus Strobel[m] de Fußen med.
20 Iohannes Kosnoder[bb] de Bamberga med.
Iohannes Apel Ihenensis[n] med.
Iohannes Scherer de Horsfeldia[o] med.
Nicolaus Schade Molhusensis med.
Conradus Treutell[p] de Laer[q] med.
25 Iohannes Linificis de Dyetcz[s] med.
Iohannes Fabri de Rotenburgk med.
Iohannes Bartht[v] de Curia Regenicz med.
Heinricus Sachße med.
Crafftmannus Rudolffi de Glippurg med.
30 Eowaldus Rueß[w] de Adelhofen med.
Bertoldus Voit de Franckenhusen med.
Iohannes Mersbach[y] de Staffelsteyn med.
Volkmarus Backhus de Guttern[nn] med.
Petrus Leupolt[z] de Kronach[z] med.
35 Andreas Lengefelt Wratislavianus med.
(dns)[b] Andreas Scharlach de Weltwitz med.
Iohannes Wolffram de Konigeß[aa] med.
Ieorius Quernheymer[u] de Forcheim med.
Iohannes Vichtenmoller de Beyrotht[cc] med.
40 (dns)[b] Iohannes Wida de Rudelstat[dd] maiori med.
Iacobus Brauwer de Zcietcz[ee] med.
Eowaldus Rewße[ff] de Yersheim[gg] med.
Fridericus Zcorn de Fulichpfandt med.
45 Volpertus Gebel[ii] de Velsperg[r] med.
Donatus Weyner de Zcietcz med.

Iohannes Beyer de Zceyll[kk] med.
Iohannes Frick de Uffenheim med.
Laurencius Ecke de Uffenheim med.
Iohannes Suppis (de Alsfeldia)[a] med.
Wolffgangus Taschonberg gratis (quia)[a] agnatus dni abbatis Vallis St. Georii. 5
Leonhardus Schlerhart de Nova civitate dt. 26 gr. antq. 1 (den.)[b] (₰).[a] f. 290d
Heinricus Klinge de Hersfeldia[ll] (dt. quilibet)[a] 15 antq. gr. (monete)[b] leonin. 10
Ioachim Breitenbach de Altwege (dt. quilibet)[a] 15 antq. gr. (monete)[b] leonin.
Ioachim Fabri de Bidenkap (dt. quilibet)[a] 15 antq. gr. (monete)[b] leonin.
Petrus Kluner (de Howisel dt. quilibet)[a] 15 antq. gr. (monete)[b] leonin. 15
Mathias Holczhusen[mm] (de Gudensberg dt quilibet)[a] 15 antq. gr. (monete)[b] leonin.
Iohannes Silbach de Wetczfelaria (dt. quilibet)[a] 15 antq. gr. (monete)[b] leonin. 20
Ieronimus Beck de Anspach dt. 13 gr. antq. mon. leon. 2 (den.)[a] (₰).[b]
Iohannes Ritter Erffurdensis dt. 12 gr. antq. leon.
Ditmarus[oo] Klungel[uu] (de Velsperg)[a] dt. 12 gr. monete leonine. 25
Iohannes Dietlin de Pleinfelt[pp] dt. 12 gr. mon. leon.
Conradus Beschler de Burgberg dt. 12 gr. mon. leon. 30
Bertoldus Besseken[hb] de Brunswig[c] dt. 12 gr. mon. leon.
Iohannes Doleatoris de Lich dt. 9 gr. (antq.)[b] mon. leon.
Georius Schmedt Erffurdensis gratis (pro honore)[a] (ob reverenciam)[b] dni Iohannis de Heringen (cantoris ecclesie beate Virginis Erffurdensis)[a] (et idem)[b] dt 1 sol. 12 ₰ pro pedellis. 35
Petrus Geßenick de Lewbako[pp] pro deo gratis. 40
Lampertus Kummelin de Geilndorff[qq] gratis pro[rr] deo[rr] dt. 1 nov. pro pedellis.
Iohannes Wolff[rr] de Karlstedt[ss] dt. 4 gr antq. mon. leon.
Hermannus Gawch[rr] de Herbipoli dt. 12 gr. (antq.)[a] mon. leon. 45

[ww] v statt f. [xx] Liptcz. [yy] Orlin. [zz] Dorsouffe. [a] Fehlt in B. [b] Fehlt in A. [c] g statt gk. [d] Doub de Newkirche. [e] gk statt ck oder g. [f] ol statt ey. [g] Wilhelmus Kyris. [h] s statt ß. [i] Schutcz. [k] Rutlingen. [l] Sarwan de Herbipoli. [m] ll statt l. [n] de Ihenis. [o] Hirsfeldia. [p] Trutell. [q] Loer. [r] h fehlt. [s] Ditcz. [t] mm statt m. [u] i statt y. [v] Bart. [w] Rueße. [x] n statt nn. [y] Merßebach. [z] Luppolt de Cronach. [aa] Konigesgeh. [bb] ß statt s oder ss. [cc] Beyerrudt. [dd] Rudestat. [ee] i statt ie. [ff] Rußs. [gg] Igesheim. [hh] -stedt für -stat. [ii] Gebbel. [kk] Zcelll. [ll] Hirsfeldia. [mm] Holtcshußen. [nn] nn statt n. [oo] th statt t. [pp] Pleifelt. (Z. 40 Loubaka.) [qq] Gelndorff. [rr] propter deum, idem. (Z. 43 u. 45 Gawch und Wolff stehen in B nach Z. 32.) [ss] t statt dt.

Volkmarus Hartman de Dilßdorf[uu] gratis ob honorem[vv] dni Iohannis Bobentzen et (propriam sui egestatem et)[b] remanet (idem)[b] obligatus in 1 novo pro pedellis.

Summa 161.

De residuo intitulature:

5 10 gr. antq. presentavit mihi Iohannes Czinsmeister collectos a baccalariandis ad festum Trinitatis.

1 sexagenam et 4 gr. antq. monete attulit mihi Iohannes Senior de residuo intitulature a baccalariandis post festum Michaelis promotis. 5

19 gr. antq. dt. Iohannes Visel (?) de Lich.

14 gr. antq. dt. michi Casperus Lindemann.

14 gr. antq. dt. michi Bernhardus Ludolff.[zz]

10 Finis primae matriculae.[1] 10

[tt] y statt i. [uu] ell statt el. [vv] peticionem. [ww-zz] Aus dem Liber receptorum.

[1] Mit diesem (208.) Rectorat endet das Studentenverzeichniss in A, der auch von Motschmann so bezeichneten Matricula prima, in welche gleich bei Beginn der Universität 1392 die Rectoren anfangs eigenhändig die Namen eintrugen; siehe Bd. 1 der Akten, S. XVI f. und 32, Anm. [a]. In der erst 1455 begonnenen Abschrift B, in welche dann die Namen zuerst eingetragen und in A abgeschrieben wurden, ist das Verzeichniss noch bis zum J. 1510 fortgeführt; von da an stehen sie nur in der durch trefflich ausgemalte Initialen und Heiligenbilder, später auch durch historische Darstellungen geschmückten Matricula secunda E (siehe die Vorrede dieses Bandes).

(Secundam incipit medicine doctor Georgius Eberbach Tuberenus anno 1497 rector in altera matricula (E) fol. 210.[b])[a]

Matricula II

ab anno 1498 inchoata et usque ad annum 1599 continuata, et sic tertia matricula incipit.[a]
Secunda Matricula augustis (?)[a] Gymnasii nostratis Erphurdiensis anno MCCCCXCVIII incaepta (steht auf dem sonst unbeschriebenen Pergamentblatte in E, welches nicht paginirt ist.)

f. 1ab 5 **1497. Mich. 209. Rect. Georgius Eberbach.**[1]

(Ad[1] annum a natali Christiano nonagesimum octavum[d] (97) supra millesimum quadrin- f. 1cd gentesimum in comiciis ad imperatorem[c] academicum communi suffragio deligendum designatus simul et rite delectus calendis hibernis est Georius Eberbach de Rotenburgo Tuberino, archiatrus longe consultissimus, qui scolastice iuventutis[f] imperet 10 teneatque habenas per virum excellentissimum Conradum Steyn, civilis ac pontificii iuris interpretem equabilissimum templi dive Virginis ac Severiani canonicum bene merentissimum, et item Iodocum Isennachensem, litterarum sacrarum licenciatum ut aiunt, f. 2ab ac Ioannem Gast, ingenuarum arcium magistrum. Moderacionem vero ipsam felicissime cum adolescentulis, quos in matriculam nominatim recensitos videre hic ex ordine 15 licet, pariter et omnium favore presentissimo administravit.)[e 2] 15

dns Udalricus de Lentersheim dt. 1 aureum universitati ac[g] statoribus[3] (eius).[e]

Henricus, Petrus } Eberbach liberi moderatoris.

[a] Von Isidor Keplers Hand auf den ersten papiernen Titel der Handschrift E geschrieben (Z. 3 augustis, vielleicht Abkürzung von augustissimi.) [b] Steht so in B. ( )[b] fehlt in der Matricula II (E). [c] In E modiperatorem; in der ganz abweichenden Einleitung in B imperatorem. [d] In E steht über den lateinischen Zahlen das richtige 97. [e] Steht in E: ( )[e] fehlt in B. [f] Der Dativ wäre richtiger. [g] et.

[1] Wappen nach links gekehrt: im goldnen Schilde aufspringender Eber; goldner Helm, der Eber wachsend, Decken gold und schwarz. In dem Stabe der Initiale A (rechts vom Wappen) steht links ein seine Wissenschaft vortragender Docent der medicinischen Facultät in scharlachrothem Talar mit langgeschlitzten Aermellöchern, aus welchen die engen Aermel eines goldbrokatenen Untergewandes hervorsehen, und mit rothem Käppchen bedeckt. Auf der rechten Schulter hängt an breitem Bande das Barett (birretium.) Auf der linken Seite steht ebenfalls ein Gelehrter mit einem Buche im Arme, in carmoisinfarbigem, weite Aermel zeigenden und oben mit einem blauen Umlegekragen geschmückten Talare; auf dem Haupte trägt er ein rothes Käppchen. In der Ueberschrift auf der Rückseite von E heisst er Dr. Rotenburgk.

[2] In B (f. 210[r]) lautet die Einleitung folgendermassen: (Dum comicie ad imperatorem academicum Erphurdiensem anno a natali Christiano 1498 deligendum celebrarentur calendis hibernis, Conradus Stein, i. u. doctor famatissimus edis Mariane ac Severiane canonicus celebratissimus, itemque Iodocus Isennachensis, divinarum licenciatus ut appellant litterarum, et Ioannes Gast, arcium optimarum litterator iucundissimus Georgium Eberbach ex Rotenburgk Tuberino, ingenuarum arcium ac virum singularis in medicina ingenii doctorem archiatrum, designavit, qui tam honeste provincie sapientissime prefuit et munere scholasticorum tirunculorum nominatim consignatorum emporium ipsum litterarium preter reliquas virtutes in illo suo imperio egregias amplissime loquupletavit.)[b]

[3] Statores, apparitores, officiales magistrorum (Henschel): also hier für bedelli.

Christopherus Hesseler nobilis.
Guntherus Krucker de Grußen.
Christopherus Greffe de Sommerde.[h]
Wygandus[i] Morentzhußen de Bydenkap.[i]
5 Conradus Roth Lubecensis.[k]
Andreas Rotendorffer } Erffurdienses.
Nicolaus Rotendorffer }
Eobanus } Stoer Erffurdiensis.
Sebastianus }
10 Sebastianus de Butteler de Northeym.
Everhardus Textoris de Schonsteynn.[l]
Henricus Frye de Aldendorff.
Christophorus Rumph de Sternberg.
Iohannes Knoblauch de Holffeylt.[m]
f. 3 c d 15 Urbanus de Lynsynngen[i l] nobilis.
Iohannes Klopphel[n] Herbipolitanus.
Herbordus Lobelman[ll] de Warburg.
Lucas Kotzschauw de Schoffstet.[o].
Bruno Avenshußenn[l] de Eymbec.[p]
20 Georgius Lugeynnßlant[l q] Herbipolitanus.
Gregorius Byertumphel[i] de Hilperhaußen.[ll]
Ioannes Lumperck de Werbenn.[l]
Ioannes Dytwynus[i] de Echzell.[s]
Ioannes Guntheri Erffurdiensis.
25 Andreas Bruno de Ysennacho.[i l]
Conradus Coci } de Hildenßheym.[t]
Hennyngus[i] Kramer }
Rupertus Buchsenhoffer[o] de Wydenn.[v]
Hennyngus[l] Lynnthoff[i l] de Eymbec.
30 Miahel Wucherer de Funffsteten.[o ll]
Caspar[w] Westhußenn[l] de Meyningen.
Conradus Fynck[i] de Velsperg.
Iodocus Treysch de Crutzburg.
Ioannes Molitoris de Hagnauw.
35 dns Levinus de Bernaborg[x] presbyter.[l]
Ioannes Lumph de Steynheym.[y]
Henricus Kestner de Lychtenfels.[l]
Nicolaus Jacobi de Hilperhaußen.
Henricus Hymme de Gotthynngen.[i l]
40 Ioannes Steynnmetz[l] de Kyderych.[i]
Ludovicus[z] Regis Erffurdiensis.
f. 3 a b Ioannes Vogel de Saltzungen.
Ioannes Opilionis de Nydderweyssel.[aa]
Sebastianus Heydel[i] de Koningsbach.[bb]
45 Ioannes Czygler[cc dd] de Wyhe.
Ioannes Welssenndorff[l] de Pegavia.
Iacobus Zceytloß[aa] de Karlstat bacc. Coloniensis.

Erasmus Swaynhanß de Fulda.
Iohannes[ee] Mayer de Rosennheym.[l]
Ioannes Echter de Eblynngen.[i l]
Ioannes Hammershußen de Wyßbaden.[i]
Wolfgangus Obernytz[i] nobilis. 5
Iacobus Prangel de Quernfurd.[ff]
Mauricius (Pfruscher)[b] de Koburg.[gg]
Georgius } Voyt[i] de Gorlytz.[i]
Ioannes }
Henricus Stynckel[i] de Hersfeldia. 10
Ioannes Gryesbach[i] de Molhußen.
Ioannes Hering de Monheym.
Ioannes Sartoris de Hersfeldia.
Simon Carpentarii de Cussel.
Georgius Sprynnger[i l] de Dornauw (-aw B). 15
Nicolaus (Greffenn)[c hh] Reberi[hh] de Greffenauw.
Henricus Hanner[ii] de Neapoli.
Ioannes (de)[e] Koningerode Erffurdensis.
Henricus Iacobi de Ermanach. 20
Wolfgangus Wytzleubenn[kk] vom Lebensteyn.[kk]
Udalricus Rythman.[ll] f. 3 c d
Martinus Hauwer de Sanngerhußen.[l]
Ioannes Zceller Basileensis (Basiliensis B).
Ioannes Hartman[ll] de Halberstat.[mm] 25
Leonhardus[ee] Hartmut de Kytzyngen.[nn]
Henningus Hylle[i] de Wernigerode.
Ioannes Fyscher[i] de Arternn.
Henricus Scriptoris de Wernigerode
Ioannes Schynndekoph.[i l] 30
Hartungus Arnoldi de Gotha.
Petrus Czygler[cc dd] } de Neapoli.
Miahel[oo] Scriptoris }
Theobaldus Geller Spyrensis.[l]
Miahel[oo] Meler de Molhußen.[s] 35
Gyselerus[i r] Hume de Gottingen.[pp]
Matthias Bortz (Bartz B) de Bolch.
Hennigus Tyßemann[i] de Alveldia.[z]
Ioannes Bornn de Bybeßheym.[qq]
Ioannes Pistoris de Zwynngenberg.[i l] 40
Fredericus Babest de Wyssensehe.[rr]
Miahel[oo] Metzler (Meczeler B) de Kytzynngen.[i]
Bertoldus (th B) Ludwig de Isennacho.[l]
Ioannes Schlotheuwer[ss] de Isennacho.[l]
Nicolaus Swenbeck de Ascania. 45
Ludewicus Trutebuch de Ascania.[tt]
Iodocus Kornlyn[i] de Herbipoli med.

---

[h] m statt mm. [i] i statt y. [k] Lubicensis. [l] n statt nn. [m] Holfelt. [n] Klopfel. [o] f statt ff. [p] ck statt c oder k. [q] ß fehlt. [r] ß statt s. [s] l statt ll. [t] Hildenßheym. [u] s statt ß. [v] ei statt y. [w] Jaspar. [x] u statt o. [y] Steinbeym. [z] w statt v. [aa] ei statt ey. [bb] Konigsbach. [cc] Zc statt Cz; cz statt tz. [dd] ie statt y. [ee] h fehlt. [ff] dt statt d. [gg] gk statt g oder ck. [hh] Greffen in B wieder ausgestrichen, Reberi in E nur am Rande beigeschrieben. [ii] Hanners. [kk] Witzleuben vom Libenstein. [ll] nn statt n. [mm] stadt für stat. [nn] Kytzingenn. [oo] Mihael. [pp] tth statt tt. [qq] Bibesheym. [rr] Wisensehe. [ss] Slothamer. [tt] sch statt sc.

f. 4ab Conradus Byssener[uu] } de Cassel.
Martynus[i] Mebeß }
Paulus Mundmeyster[ff i] de Weringerode.[vv]
Henricus Kettzer[bb] de Fuessenn.
5 Martynus[i] } Premel de Ilmen.
Ioannes }
Ioannes Schepler de Auffkyrchen.[o l]
Miahel Aleman de Parthenopoli.
Ioannes Olßheym Argentinus.
10 Iodocus Kußblat } de Ganderßheym.[n]
Tylemannus[i] Schaper }
Henricus Wydeman[i] nobilis.
Hennyngus Konerdynngs[ll] de Hyldensheym.[ww]
Barbardus Kruß[xx] de Brunsbycio.[yy]
15 Reynnhardus[ll] Wustefeylt[zz] de Melsungen.
Ludevicus[a] Platz de Melsungen.[1]

(Medium.)[b]

Jaspar Furster de Bucheym.
20 Ioannes Lange de Hyldensheym.[c]
Balthazar Altamer de Dynnckelspul.[ll]
Leonhardus Fryedel[f] de Aysafeylt.[f]
Symon Schrumph[d] de Lyptzk.[i]
Matthias[g] Betz[cc] de Deyningenn.[l]
f. 4cd 25 Henricus Cordeß[u] de Waßynngen.[k l]
Nicolaus Futerhecker } de Grunenberg.
Ioannes Hetzel[cc] }
Petrus Hattennrod[m] }
Henricus Rubeßam[n] }
30 Ioannes Trutman de Dorla.
Wilhelmus Hofeman Erffurdensis.
Jaspar Gylß[i] de Phortzenn.[d l]
Ioannes Bruling de Ylmen.
Ioannes Walther de Nurenberga.
35 Ioannes Spyran[i] de Kanewerff.[ll]
Ioannes Schyck[i] de Paden.
Federicus Cleberg[q] de Lymperck.
Ioannes Heußynngen[r] de Westerburg.
Wolfgangus Scherer de Smalkaldia.
40 Melchior Schryner[i] de Smalkaldia.
Ioannes Jardassenn[t] de Hyldensheym.[c]
Lucas Doleatoris Argentinus.
Ioannes Nurenberg de Rynfeylden.

Nicolaus Voytlender[i] de Arnstet.
Conradus Lamperth de Duren.
Iohannes Rhodeß[u] de Hagnauw.[v]
Ludolphus Merckel de Cassel.
Ioannes Magnus (ex)[e] (de)[b] Hagnauw.[v] 5
Adelarius Schenck Erffurdensis.
Henricus Ker[w] } de Hersfeldia.
Hermann Enngelbrecht[n] } f. 5ab
Nicolaus Etzdorff de Schrapla bacc. Lyptzensis.[1]

Adiaphorum. 10

Martynus[i] Bannbach[y] de Wertheym[aa] 16 antq.
Mattheus[bb] Hamys[hh] de Stolberg[x] 21 antq.
Ioannes Grymmel[i] de Dessauw[ll] 21 antq.
Wygandus Guldennaph de Frydslaria[kk] (4 nov.[e]
(12 antq.)[b] 15
Ioannes Gantzer de Gryemstet[nn] (5 nov.)[e]
(15 antq.).[b]
Ioannes Breytensteynn de Horla (21 antq.)[b]
(7 nov.)[e]
Ioannes Weymund[oo] de Haynauw[pp] (5 nov.)[e] 20
(15 antq.).[b]
Conradus Beyer[oo] de Loer (5 nov.)[e] (15 antq.).[b]
Iohannes[ee] Dascher de Grunenberg 5 nov.
Martynus[i] Wydeman[qq] de Wystock[i] (4 nov.)[e]
(12 antq.)[b] 25
Ioannes Jacobi } de Neapoli
Ioannes Pistoris } quilibet (5 nov.)[e]
Ioannes Ludowici[rr] } (15 antq.).[b]
Ioannes Polroß de Monte solis (5 nov.)[e]
(15 antq.)[b] 30
Nicolaus Seratoris de Alben (5 nov.)[e] (15 antq.).[b]
Wolfgangus Rudolff de Dynckelspul[ss] 8 antq.
Ioannes Hauw[ii] de Bamberga (5 nov.)[e] (15 antq.).[b]
Wolffardus[o] Lamperti de Alpmaria (3[tt] nov.)[e]
(9 antq.).[b] 35

Pauperes.

Wendelynus[i] Reynnhardi[ll] de Mergetheym.[aa] f. 5cd
Frovinus[x] Sartoris de Segen.
Henricus Selle Erfurdensis.[uu]
Petrus Flaschwyler[vv] de Treveri. 40
Hermannus de Franckenfordia.[ww]

Summa 169.

[uu] Glasener. [vv] Werningerode. [ww] Hildenßheym. [xx] Kruße. [yy] Brunswig. [aa] e statt oy. [a] Ludwicus
[b] Steht in B; ( )[b] fehlt in E. [c] Hildensheym. [d] pf statt ph. [e] Steht in E; ( )[e] fehlt in B. [f] Fridel de Aysafelt.
[g] t statt tt. [h] m statt mm. [i] i statt y. [k] Wasingen. [l] n statt nn. [m] Hattenrode. [n] Rubsam.
[o] f statt ff. [p] ck statt c oder k. [q] Leberg. [r] Heusingen. [s] l statt ll. [t] Jardessen. [u] s statt ß. [v] Hagenauw.
[w] ee statt e. [x] a statt o. [y] Baunach. [z] w statt v. [aa] ei statt ey. [bb] t statt tt [cc] Cz statt Zc oder tz.
[dd] ie statt y. [ee] h fehlt. [ff] dt statt d. [gg] gk statt g. [hh] Hanys. [ii] aw statt auw. [kk] Fridßlaria.
[ll] nn statt n. [mm] stadt für stat [nn] Grimstet. [oo] Weynmundt. (Z. 21 Bier.) [pp] Hauaw. [qq] Widman. [rr] Ludwici.
[ss] Dinckelspuel. [tt] In E ursprünglich VII, in III geändert. [uu] Erffurd. [vv] sch statt sc. (Z. 39 Flaswiler.)
[ww] Francfordia.

[1] Der bekannte Humanist der älteren Gruppe, der schon Eoban's Führer war; Krause Eob. Hesse Bd. 1 S. 26.

1498. Ost. 210. Rect. Io. Fabri.[1]

f. 6cb

Beatorum[a][2] Philippi et Jacobi apostolorum luce crastina anno a natali Christiano nonagesimo octavo supra millesimum quadragentesimum, legittimis solennitatibus pro electione rectoris florentissime huius universitatis Erffordiane de more ac rite celebratis, ex clarissimorum virorum eligencium concordi voto unanimique consensu, scilicet magistri Iohannis Frouwenscho, medendi pericia prestantissimi professoris, ac magistri Helwici Bidenkap, sacrarum literarum licenciati excellentissimi facultatis arcium decani acutissimi, et magistri Iohannis Kremer de Elspe, pontificii cesariique iuris licenciati consultissimi Porte celi collegiati, in huius prefate achademie primatem ac gubernatorem precipuum magister Iohannes Fabri de Bercka, Porte celi collegiatus medicine indagator et doctor accuratissimus ac sub idem tempus eiusdem facultatis decanus, dignissimus designatur publicatur et confirmatur; sub cuius presidencia in hac matricula sequentes nominati et legittime conscripti sunt:[c]

f. 6cd
f. 7ab
f. 7cd

Dns Balthasar Grasslach de Dibborch canonicus maioris ecclesie Maguntine dt 1 flor. universitati et statoribus[3] 1 flor.
magister Fredericus Heumanni[d] de Elssa Maguntie promotus, ob reverentiam prescripti dni quia famulus.[f]

Totum:

(dns Otto de Buren nobilis.)[e]
Casperus Hesselbach de Ramstal.
Iohannes Brudegam[g] de Homborch.[g]
Michael Hall[h] de Gnotstet (-stat B).
Anthonius Fuxs[i] de Brunswick.
Iohannes Flur[k] de Heystet.
Cristophorus Geilfoys de Eschve.[l]
Hermannus Hoffmann de Arnstet.
Wolfgangus Schelchen de Franckenhusen.
Nicolaus Phol de Wissense.
(dns Otto de Buren nobilis)[b]
Martinus Günter de Heligenstet.[m]
Hermannus Sybolt de Franckenhusen.
Iohannes Kun[n] de Royt.

f. 8a

[a-c] Siehe Anm. 2. [b] Steht in B; ( )[b] fehlt in E (an dieser Stelle). [d] w statt u. [e] Steht in E; ( )[e] fehlt in E (an dieser Stelle). [f] familiaris. [g] Brudigam de Homberch. [h] l statt ll. [i] Fuexs. [k] Flor. [l] Eschwe. [m] Heligestat. [n] nn statt n.

---

[1] Wappen innerhalb der blauen Initiale B: Im rothen Schilde erniedrigter goldner Sparren, begleitet von 3 gestürzten silbernen Hufeisen. Goldner Helm: rother Flügel wie der Schild gezeichnet; Decken gold und roth (nach links). Auf dem linken Stabe der Initiale steht St. Petrus mit aufgehobenem Himmelsschlüssel in braunem Gewand und grünem faltenreichen Mantel; auf dem rechten die Gestalt des Rectors in scharlach-rothem Talare, aus dessen langen Aermelschlitzen die mit engen und sehr kurzen schwarzen Aermeln bedeckten Unterarme hervorsehen.

[2] In B lautet die Einleitung so: (Eo die, quem vocant VI nonas Maias honoratissimum rectoratus officium et siquidem laudatissimam dignitatem magister Iohannes Fabri de Bercka iniit, Porte celi collegiatus Phebeae Hippocraticaeque artis fidelissimus cultor ac doctor eiusdemque facultatis decanus dignissimus, anno a natali Christiano 1493, eum vero designantibus ac pariter eligentibus 3 clarissimis dominis ac magistris Iohanne Frouwenscho scilicet, in primis medendi pericia admodum insigni professore, ac Heltwino Bidenkap, sacrarum rerum contemplatore et licenciato optimo, facultatis artium decano acutissimo, et Iohanne Kremer de Elspe, Porte celi collegiato pontificiique cesariique juris enodatore ac licenciato consultissimo, quin eciam tota mente ac vigilancia suscepta nostre achademie gubernacula prenominatus moderator tam accurate custodivit et illustravit, inde omnium favorem et laudem sibi habunde comparans. Demum secundum ordinem suorum scholasticorum nomina huic matricule (ut decet) legittime demandavit:)[b]

[3] Siehe im vorhergehendem Rectorat S. 200 f. 2[a] Anm. 2.

Adolarius Ottera Erffurdensis.
Albertus Fabri de Nova ecclesia.
Conradus Fleshouwer[o] de Molhusen.
Mauricius Gogreve de Hamel.
5 Melchior Bisscop de Aschania.
Iohannes Linsyn ex Biberach.
Iohannes Stuyt[p] de Herbron (Herbrot B).
Iohannes Fabri de Alen.
Bernardus Fabri de Diest.
10 Iohannes Schoenbach de Herbort.[r]
Ludolphus Bere de Padborn.[s]
Ludolphus Asseborch de Brakel.
Iohannes Andree de Warbach.
Georius Gesmer de Royt.
15 Iohannes Schedel de Norenberga.
Anthonius Fuschener de Dobelen baccal. Lipczensis.
Nicolaus Hunsberch de Swetau.
Nicolaus } Guntheri[t] ex Schutzfeltz.[u]
20 Iohannes }
Georius Borgardi de Spaltz.
8a Iohannes Bour de Norenberga.
Iohannes Wegener[v] de Grevennou.
Martinus Lantbudel de Norenberga.
25 Nicolaus Holtzgen (?)[x] de Altzfeldia.
Iohannes Wilhelmi de Bamberga.
Adamus Kreger de Grussen.[y]
fr. Martinus Spol de Wratislavia ord. canonicorum regularium.
30 Andreas Kupth de Helperhusen.[z]
Iohannes Missel de Franckenhusen.[cc]
Andreas Schutzeldorff de Wittenberch.
Gregorius[aa] Bruter[aa] de Dieben.
Iohannes Bisscop de Arnstet.[bb]
35 Matthias Sartoris de Cappel.
Iodocus Holtzappel de Wetzlaria.
Iohannes Smedberch[rr] de Medeborch.
Nicolaus Axt ex Helborch.
Valentinus Mangolt de Fulda.
40 Melchior de Niff de Augusta.
Wilhelmus Geilvoys de Wissenhusen.
Simon Schonborn[cc] de Frankenberch.
Donatus Richter de Heyninghen.
Henricus Grothoeft de Havelberch.
45 Petrus Dorenhencz[dd] de Gronenberch.[dd]

Mathias Hoffmol[ee] de Abelinck.
Udalricus Sach de Gesdorff.
Iohannes Bilep de Wasserlasendalen.
Anthonius Strasborch de Nüstut.
Henningus[ff] Steynhuys de Bidenkap. 5
Iohannes Stichtreyschen de Guttinge.[gg]
Georgius Wackart de Northusen. f 8b
Laurencius Groner[hh] de Solar.
Iohannes Pencke de Phimelbech (Phiv. B).
Ernestus Ducis de Brunswick.[ii] 10
Wigandus Sacharie de Bidenkap.
Nicolaus Gosten de Grotkau.[hh]
Wolfgangus Nagel de Smalkaldia.
Iohannes Finck de Eystet.
Iohannes Tobinck de Lunenborch baccal. Rostingensis. 15
Iohannes Lüdicke (u B) de Blicherade.
Iodocus de Steynborch ex Bodenborch.
Iacobus Denicke ex[kk] Brunswick.
Bernardus Schot de Swalbach. 20
Philippus Fabri (de)[c] Crufftelbach.
Iohannes Weyman ex[kk] Norenberga.
Conradus Presant de Dorlach.
Andreas Franck de Alen.
Balthasar Ruff de Helbron. 25
Henricus Dringestete[ww] de Hagenberch.
Iacobus Kersten de Gesa.
Iohannes Marsalck de Paffenheym.[mm]
Sebastianus Boys } de Nottingen.[nn]
Iohannes Grim[oo] } 30
Cristophorus Daniel de Gangolfsemmeringe.[pp]
Thomas Reyn de Illenberch.[qq]
Wingandus Wyman de Marberch.
Herdewicus[rr] Schomeker de Lunenberch.
Franciscus Goetz de Rottlingen.[hh ss] 35
Conradus Sturwalt de Remerde.[tt] f. 8c
Iohannes } Kelner fratres et filii Balthasar
Anthonius } Kelner[1] Errfordenses.
Wilkynus Steyn de Cassel.
Henricus Dendeller de Oppeheym.[uu] 40
Henricus Haen de Haggenberch.
Laurencius Morgensteyn de Kemniptz.[vv]
Iohannes Ritterburger de Werdea.
Leonardus Wedeman de Gammund.[xx]
(Iohannes Fryess de Gammundea.)[b] 45

[o] ow statt ouw. (Z. 3 Fleyshower.) [p] Stuyd. [q] t statt n. [r] Herbron. [s] Padelborn. [t] Guntherus. [u] z fehlt a. E. [v] Weneger. [w] n statt nn. [x] Holzger. [y] Gruyssen. [z] Helpershusen. [aa] Georius Buter. [bb] Arnsteyn. [cc] Schoenborn. [dd] Doernhentz de Gronberg. Vor diesem steht in B Baltasar Rybelinck de Stalberch, ist aber wieder ausgestrichen, s. S. 205 Z. 29. [ee] Hoffmoler. [ff] Hermannus. [gg] Guttingen. [hh] oe statt o. [ii] ch statt ck oder c. [kk] de [ll] gg statt g. [mm] Bappenheym. [nn] Netinge. [oo] y statt i. [pp] Gangolfsemmeringe. [qq] borch statt berch. [rr] Smedeberch. [ss] t statt tz. [tt] Remende (?). [uu] Oppheym. [vv] Kymniptz. [ww] Dringesten. [xx] Gammundea.

[1] Dieser Balthasar Kelner ist wahrscheinlich der Bruder des unglücklichen Obervierherrn Heinrich K. gewesen, von dem das Weimarische Archiv noch Briefe über die Behandlung seines Bruders enthält. Hartung, Häuserchronik von Erfurt I, S. 20, Dr. Burckhardt im Archiv für sächsische Geschichte XII, 4.

Michael Hartung de Ardern.
Nicolaus Ockel de Rumbelt.
Iohannes } Meyer fratres de Noremberch.
Otto }
5 Michael Amman de Argentina.
Iohannes Jeger de Dornheym.[1]
Oswaldus Reynheym[yy] } de Constancia.
Georius Fogeler }
Iohannes Schonenberch de Heligestet.[zz]
10 Henningus[a] Hernecke[a] de Hildesym.
Georius Blomendal de Kertz.
Iohannes Martz[c] de Kertz.
Severinus Stendel de Swartz.
Casperus Grytz de Wittenberch.[aa]
15 Theodericus Myngewyn de Tonna.
Iohannes Bomeshemer de Beynheym.
Nicolaus Joncker de Koningrade.
Henricus Ludeke de Brunswick.
Conradus Bunschoch[t] de Stenbach.[t]
20 Iacobus Sperner de Grevennou.
Iohannes Cyngreff de Franckfurt.
Melchior Nottenroyt de Harstringe.
Marcus Vipach[oo] de Vipach.[oo]
Sebastianus } Saelvelt { fratres
25 Henricus } { de Usterstet.
(Qui integrum non dederunt)[e]:
(Dantes medium neque integrum)[b]
Melchior Foeter de Dipen[oo] dt. med.
Balthasar Rybelinck[f] dt. med.
30 Cristophorus Reyse de Wortheym med.
Balthasar Keysberch } ex Heifelt med.
Valentinus Gebhart }
Iohannes Denner[f] de Swinfordia[f] med.
Gerhardus Munsel de Kiderich med.
35 Cristianus Sculteti[k] de Salsa med.
Petrus Joncker de Steynnau 5 ß.
Hermannus Wegener de Eschwe[k] 3 ß.
Iohannes Wert } de Rossem (ym B) med.
Theodericus Frederici }

Iohannes Faght de Hagenberch med.
Iohannes Semundt[l] de Wissense med.
Benedictus Sporner de Tzeytz med.
Iohannes Kruyt de Cassel med.
5 (Iacobus Balneatoris de Thonoeschingen med.)[b]
Nicolaus Gouwen[m] (de)[b] Gesa med.
Mertinus[m] Erbelin de Stalberch[p] 6 ß.
Andreas Kelner[r] de Grevenaut med.
Iohannes Exsefart (?)[s] de Ilmen med.
10 Conradus Remla de Steffensten med.
~~Iohannes Sutoris de Swabach med.~~
Martinus Artes de Meynnunge med.
Iohannes Brun[u] de Helegestat[v] med.
Leonardus Kraet de Rayn 6 ß 2 ₰.
15 Iohannes Wabel de Norenberga 16 antq. (poeta entheus †.)[e]
Conradus Heyse[x] de Salsunge med.
Wolfgangus (Wolg. B) Molitoris de Ebeline med.
Mathias Schorler de Swickavia med.
20 Conradus Molner de Rebis 5 ß.
Wolfgangus Westermeyer[y] de Ilmes[z] med.
Iohannes Strytberger de Wilseg med.
Casperus Rickauer } de Kemniptz med.
Iohannes Wolff }
25 Adolarius Tzegeler Erffordensis 8 antq.
Egidius Kaboyt Erffordt 4 antq.
Iohannes Selman de Duderstet[aa] gratis ob preces doctoris Steynberch.

Pauperes:

30 Nicolaus } Froynraet fratres de Northusen.
Iohannes }
Hermannus Plogel de Grascop.
Iohannes Dolt de Netingen[nn] 6 antq.
Iohannes Gilstbach de Grascop 1 ß.
35 Henricus Garethenn de Swerenytz.
Michael Staff de Argentina.

Summa 173.[bb]

[yy] Reympheym. [zz] Heyligestat. [a] Hennigus Arnecke. [b] Steht in B; ( )[b] fehlt in E. [c] Maß. [d] w statt u. [e] Steht in E; fehlt in B. [f] In B hinter den folgenden Namen. [g] sch statt sc. [h] l statt ll. [i] [k] s statt sch; sch statt sc. [l] Semunck. [m] a statt e oder o. [n] n statt nn. [o] uw statt ouw. [p] o statt a. [q] t statt u. [r] Bleuer. [s] Oxsefart? [t] Z. 19: Bonsehoch de Steynbach. [u] Brun n. [v] Heyligestat. [w] n statt nn. [x] ß statt s. [y] Westermeyr. [z] Ilmenster (?). [aa] stat für stet. [bb] Richtiger 172; vgl. S. 203 Sp. 1 Z. 21 und Sp. 2 Z. 21.

[1] Der nachmals so berühmte Humanist, Crotus Rubianus, Hauptmitarbeiter an den Epistolae obscurorum virorum, später mit den Lutheranern zerfallen. Kampschulte de Croto Rubiano. Bonn 4°.

f. 9cd

1498. Mich. 211. Rect. Conr. Steyn.[1]

Conradum Steyn,[2] civilis pontificiique iuris doctorem celeberrimum phanorum[a] dive Marie et Severi canonicum, virum sine controversia et integrum et omnis literature principem, delegerunt in moderatorem[c] academie nostre Erffordiensis Iohannes Sommerringk, iuris utriusque consultus[d] templi Severiani canonicus et reverendissimi in Christo patris (illustris)[e] d. domini Bertoldi archipresulis Moguntini sigillifer, simul et Ioannes Frauwenschuch, medicine artis doctor peritissimus, ac Iacobus Scholl, artium ingenuarum[f] magister, ab olympiade christiana millesima quadringentesima nonagesima octava ad brumam celebri omnium consensu; sub cuius rectoratu[g] scholastici, quos cum magna et incredibili opera tutabatur tutaturusque fuisset, nisi Parcarum illum ultima amarulenta (?) nobis abstulisset, nominatim in[h] matricula[h] sunt[h] conscripti[h]:

(Margin: f. 10ab; f. 10cd. Line numbers 5 and 10 printed in both margins.)

f. 11a

Totum dederunt:

Conradus } Francke Erffurdenses
Heinricus }
15 Wolffgangus Hertwig de Sunderßhußen.[oo]
Iohannes Zcoller[i] de Alenn.
Siffridus de Kramm.[k]
Heinricus Rymann[k] (ex Vineborch).[n]
Eberhardus Boeß de Sabernia.
20 Iacobus Molitoris de Anxstedt.
Iacobus Rußel de Nurnberga.
Bernhardus Jhaen de Guttern.[l]
Georius Fabri de Reyn.
Iohannes Heßeler de Hammelburgk.
25 Iohannes Rytmoller de Ottingen.
Iohannes Becker de Bendeleybenn.
Rudolffus de Velthem (ex Ruthee)[em] (canonicus Hildesheimensis)[en]
Erhardus Elbel de Curia.
30 Iohannes Wolfflc de Renhertczhoffen.[o]
Benedictus Loneman de Stendell.[p]
Iohannes Proßener[q] de Engeltaill.[r]
fr. Iohannes Swardt Zuzaciensis ord. predicatorum.
35 Hermannus Kenner } de Hertzogenawerrach [o]
Hermannus Teycher }

Iohannes Hugo de Warendorff.
Cristofferus[s] Bremel de Schala.
Riffardus Stoll de Hachenborgk.
15 Sebastianus Teczell de Nurnberga.
Valentinus de Sultle de Halberstat.[t]
Iohannes Lintheym[u] ex Isirgenn.
Wilhelmus Breytenbach de Widenkop.[u]
fr. Henricus[y] Muntzer de Wernheiwellaria ord. cisterciensium.
20 Petrus Sartoris de Lutrea.
Iohannes Fryße de Bottenburgk.
Iohannes Konigestein[v] Moguntinus.[v] (f. 11b)
Philippus Kemmerer de Mynczenberg.[w]
25 Iohannes Reylingk[x] de Rochlitz.
Ernestus Krage.
Heinricus Mews[z] de Cassell.
D. Procopius Thain de Awssigk.
Henricus[y] Ardt[aa] de Budingenn.[bb]
30 Hinricus[cc] Dulde de Aldendorff.
Andreas Zcerhaffernn de Wimffen.
Nicolaus Mathei de Arnstat.
Wolffgangus Hoppenberger de Ayblinġ.
Leonhardus Meyger de Geilßhain.[u]
35 Iohannes Rewber[dd] de Bockenheym.
Iohannes Siffridi de Breitennaw.

[a] templorum (phanorum schr. fanorum für Kirchen). [b] Steht in B; ( )[b] fehlt in E. [c] rectorem. [d] doctor. [e] Steht in E; ( )[e] fehlt in B. [f] liberalium. [g] gubernamine. [h] ins matricule sunt adepti. [i] Zcolner. [k] m statt mm (Z. 18 Rethmann). [l] nn statt n. (Z. 21 Gutern.) [m] In B ausradirt. [n] Später in E zugeschrieben; also ist er es wohl erst nach seinem Abgang von Erfurt geworden. [o] c fehlt (Z. 35 z fehlt.) [p] Stendall. [q] Proß·er. [r] l statt ll. [s] f statt ff. [t] stait für stat. [u] y statt i. [v] Konigstayn Magunt. [w] tz statt cz [x] g statt gk, gk statt g. [y] ei statt e. [z] Meyß. [aa] dt statt t; t statt dt. [bb] eu statt u. [cc] Heinricus. [dd] u statt w.

[1] Von hier an sind nur die Einleitungen zu den Rectoraten in E abgedruckt, gänzlich abweichende in B weggelassen und nur die in Titelbezeichnung und im sprachlichen Ausdruck verschiedenen Ausdrücke in den Anmerkungen notirt.

[2] Wappen in der Initiale: im blauem Schilde schräg links gelegter grüner Lilienzweig mit 3 weißen Blumen.

Iohannes Krafft de Mortzhußen.
Conradus Czapff (Zapff B) de Arnstedt.
fr. Andreas Furstenberg Wratislaviensis.
Mathias Pistoris de Cronia.
5 Iohannes Richmanni de Cronia.
Heinricus Bueßs[ee] de Sabernia.[ee]
Benedictus Zcymmermann de Quedelenburg.
Georgius (Georius B) Burchardi de (Sula)[b] superiori.
10 Iohannes Blichenrodt de Gotha.
Iohannes Fabri de Ulleybenn.[ff]
fr. Theodericus Coci (ord. scti Benedicti)[e] } de Brunswigk.[hh]
Henricus Kruchenneke (gh B) } de Brunswigk.[hh]
15 Hermannus Smalcan } de Brunswigk.[hh]
Iohannes Suderdick de Verdenn.
Iacobus Hurle Franckenbergensis.
Melchior Kreger de Gotha.
Iohannes Bachman de Homberg.[x]
20 Georius Zcehentperger de Wassertreudingen.[kk]
Lodewicus Haen de Wissenhornn.[kk]
Michel Stock de Erdingen.
Iohannes Speiwer de Greffenaw.
Iohannes Moßspach[mm] de Walterßhußen.
25 Iohannes Hwther[dd] } de Meyningen.
Baltazar Pfuwher (Pfwher B) } de Meyningen.
Iacobus Sidenstefel[nn] de Ingelnheym.
Baltazar Robitz Erffordianus.
Dominicus Rußentail[oo] Erffurd.
30 Heinricus Rost[pp] de Saltza.
Ludolffus Meyer[qq] de Hildensßheym.
Ludolffus Elßen de Brunswigk.
Balthazar Kutczinger[o] de Herbipoli.
Theodericus Wynes de Butczbach[c] (Butzb. B)
35 Georgius Frussle de Sidenstadt.[u]
Philippus Roder de Sydenstadt.
Andreas Sutoris de Grumbrachtshußen.[rr]
Wolffgangus Schroll[r] de Herbipoli.
Walramus Meyer de Trorbach.
40 Arnoldus von Gitze de Magdeburg (gk B).
Iohannes Wenden[ll] de Magdeburgk.
Iohannes Aßewirer de Hirßaw.
Andreas Zceytcz de Zcerbist.
Ieronimus Iohannis von Berga de Swydenitz.
45 Iohannes Fabri de Hoyger.[ss]
Heinrirus Olheim de Swdell (Swdel B).
Iohannes Cerdonis de Gysßen.

Nicolaus Wothegast de Blichenrade.[tt]
Iodocus Krawßs (Krawß B) de Wynßheim.
Georgius Hildenbrant[u] de Totelbach.[uu]
Manto Herborn[ll] de Duderstadt.[vv]
Symon[tt] Schorle[ww] de Tuderstadt.[vv] 5
Heinricus Haken[xx] de Mundenn.[gg]
Ludolffus Lentcze (-tzc- B) de Brunswigk.
Pancracius Rumpleri[yy] de Forcheim.[nn] f. 11[a]
Adam Schouwenberger[zz] de Greventail.[a]
Laurencius Pistoris de Rolpach. 10

Sequentes dederunt quattuor grossos sneberg.:

Iohannes Dreßel de Auwerbach.[zz]
Georius Voilgengesang[u] Noricus.
Conradus Waßmuth de Hungen. 15
Philippus von der Helle de Stockheim.[u]
Iohannes Selhen de Gradern.[zz]
Conradus Vickel[a] de Hersfeldia.
Georgius Kittel[u] de Forcheim.
Heinricus Textoris de Brunswigk. 20
Caspar Pochk[c] de Aybling.[c]
Michel Ellenb ch de Ratispona.
Iohannes Dranan de Pottensendt.
Iohannes Hoffeman[d] de Gotha.
Valentinus Eckebrecht de Exilio. 25
Iohannes Ernfordt de Elrich.
Iohannes Reymprecher[f] de Waßkirchen.
Georgius Forster de Kolbergk.
Iohannes Newnn[ff] de Fulda.
Heinricus Knode de Gysßenn. 30
Syffridus Wyßemer de Melpach.
Michel[h] Schleredt de Hammelpurg.[f]
Iohannes Heydenn de Karlstadt[vv]
Petrus Nappenbach[h] de Karlstat.
Conradus Pfaltzer de Meyningen.[ll] 35
Iohannes Pockell[f] de Saltzpurga.[f]
Albertus Hußer de Hornbergk.

Dimidium sequentes dedere:

Michel[h] Fabri de Gerelßhofen.
Iohannes Villicus de Hornburg Westravie. 40
Iohannes Storeycht de Alßfeldia.
Valentinus Sculteti de Korner.
Georgius[i] Iohannes Laurentii de Calo.
Nicolaus Platz de Milßungenn.
Iohannes Keyßer Erffurd. 45

[ee] Bueß de Zabernia. [ff] Neuwn. [gg] n statt nn. [hh] w statt v. [ii] Krughenneke. [kk] sß statt ss. [ll] nn statt n. [mm] Morßpach. [nn] ey statt i oder ei. [oo] s statt ß oder ss [pp] e statt o. [qq] Meyger [rr] Grunbrachtshußenn. [ss] Heyger. [tt] o statt a. [uu] e statt o. [vv] Z. 4 Tuderstat; Z. 33 Karlstadt [ww] Scherre. [xx] ck statt k. [yy] Rumpler. [zz] ow statt ouw. (Z. 13 Awerbach; Z. 17 Graderen.) [a] ll statt l. (Z. 9 Greffentall.) [b] Steht in B; ( )[b] fehlt in E [c] Bochk de Aylelling. [d] e fehlt. [e] Steht in E; ( )[e] fehlt in B [f] b statt p. [g] p statt b [h] M statt N. (Z. 32 u. 39 Michael) [i] Georius. [k] m statt mm.

Iohannes Dorrehencze[pp] de Grunbergk.
Mathias Holtzhußen de Gutenßberg.[l]
Caspar Mewtzsch de Hersfeldia.
Conradus Wengk Noricus.
5 Anthonius Krafft de Variola.
Hermannus Gerwig de Hersfeldia.
Conradus Hayne de Wyrbach.[m]

Sequentes dederunt tres grossos:

Bartholomeus Feyler de Wissenstat.[u]
10 Hinricus (ey B) Schmidt[n] de Kytczingen.
Nicolaus Krolyn[p] de Kolbergk.

Sequentes dederunt tres grossos:

Mathias Rüstewalt[q] de Ilbergk.
Wendelinus Heßße dedit 5 gr. mon. sneberg.

Pauperes:

Lucas Barbitonsoris de Confluentia dt. duos grossos schneberg.[m] 5
Conradus Dalwig de Wildingen[a] gratis ob preces dni dr. Steinbergs.[l]

Summa 147.

[l] Z. z Gutensbergk. [m] i statt y. [n] S statt Sch. [o] c fehlt. [p] Kroylin. [q] u statt ü. [r] l statt ll.

1499. Ost. 212. Rect. Siphridus Utespergk.[a] 10

f. 12cd

f. 13ab Dum[1] ad annum nostre salutis millesimum quadringentesimum nonagesimum nonum sexto Nonas Maji ex more non minus laudabili, quam multis retro temporibus observato 15 huius precelsi nostri gymnasii eligendus esset gymnasiarcha, qui cuncto Erphurdiensis accademie scolasticorum ordini nedum preesset, verum eciam singulos scolasticos prudencia et autoritate regeret; ex omni disciplinarum genere doctissimorum virorum ad 15 id in ede dive virginis Marie, cui par nulla est ac nulla erit, secunda convocacione f. 13cd maturaque deliberacione prehabitis unanimi omnium consensu ac nemine refragante de- 20 signati sunt electores viri spectabiles bonarum arcium professores M. Ioannes Brinckmann,[b] Northusensis maioris collegii collegiatus, M. Sebaldus Berger de Nurinbergia[c] et Hinricus[d] Guntheri de Northeym, et cesarii et pontificii iuris baccalarius: quorum 20 f. 14ab suffragiis egregius vir Sifridus[f] Uttesperger, arcium et philosophie ac iuris utriusque doctor peritissimus, in rectorem est electus; sub cuius scolastica prefectura infra- 25 scripti litterario sese ocio tradiderunt:[2]

Ad integrum solventes:

Ioannes[g] Bertoldi[h] } de Awe ob re-
Federicus[i] Hans Bertoldi[h] } verenciam rectoris.
Wernherus[k] Goltman de Fulda ob reverenciam rectoris
Ioannes Kolo de Kerner ob reverenciam decani 25 facultatis arcium.

[a] g statt ck oder gk. [b] Steht in B, ( )[b] fehlt in E. [c] Nurenbergia. [d] Hen icus. [e] Steht in E, ( )[e] fehlt in B. [f] Siphridus (in B in der Ueberschrift Uttespergk.) [g] Iohannes. [h] Bertholde. [i] Fridericus. [k] h fehlt.

[1] Wappen in der Initiale: im rothen Schilde bärtiger Mannskopf, die Halsbekleidung unten kronenartig gezackt, besteckt mit einem Theile des Katharinenrades (5 Speichen). In B ist das Wappen nach rechts gelehnt, in A nach links hin trägt eine Schildhalterin, mit goldig-blondigem Haare und weissem Kopftuch, ein braunes vor der Brust geschlitztes Gewand, das an den Ellenbogen weisse Puffen (s. Rectorat 207), unten wie auch am Rande der Aermel einen Saum von bunten Dreiecken zeigt Ihre Brust ist mit einem weißen Gewand bedeckt, das oben mit einem schwarzem Bande abschliesst. Sie trägt eine goldne Halskette.

[2] Die Einleitung in B ist anders gefasst als in A; doch sind in den kritischen Anmerkungen einige abweichende Schreib- und Ausdrucksweisen angegeben.

Albertus Kremer ex Donstadt[l] ob reverenciam sigilliferi.
Bertoldus[m] / Conradus } Mornholt de Brunswigk.
5 Ioannes Casperi de Susato.
Philippus Staff (-pff B) de Werunghusonn.[o]
Ioannes Schrötter[p] de Korner.[q]
Martinus Maier de Lauda.
Ioannes[g] Legenholt de[r] Havelburgk[r] baccal.
10 Rostecénsis[s]
f. 14a Paulus Cordes[t] de Havelbergk.
Balthasar[u] Rotrmunt[v] / Burchardus[x] Rotrmunt[v] } de Walterßleubenn.[w]
Iohannes Fremt[y] ex Tenstedt.
15 Stephanus Fabri de Spalt.[z]
Hermannus Wise[n] de Sundershusenn.[aa bb]
Nicolaus Wernroth de Quernfurdt.
Ioannes[g] Pleze[cc] de Rodeßheym.[dd]
Laurencius Kremer de minori Langhim.[ee]
20 Ioannes[g] Phocht de Nebra.
Ioannes[g] Odermer de Urbach
Ioannes[g] Swellenburgk[ee] de Molhusenn.[n aa]
Georius Byla de Unleybenn.
Iodocus de Sebych.[ff]
25 (Nicolaus Enttewile de Ryncke1eubenn dt. 14 antq.)[e]
Ioannes[g] Bernoldi de Hilpurgk.[gg]
Nicolaus Thyll.[hh]
Richardus Groß de Morssenn.[n aa]
30 Petrus Margsteller (oppidi)[b] Ratispanensis (-tap. B)
Casperus Frigenhayn[ii] ex[tt] Gorßlaria.[kk]
Andreas Romer de Weydhoffenn.[ll]
Nicolaus Teichmoler[mm] de Salczungen.[mm]
Henricus Bruneruge[nn] de Lestenn.
35 Ioannes[g] Wendereyß de Blichenrode.[oo]
Ioannes[g] Nurinberger.[pp]
Ioannes[g] Wedel ex Hanau.[qq]
Iohannes Worm.
(Gangelynus Dyll ex Nebra.)[e]
40 Ioannes[g] Keyncken[rr] de Bischoffsonn.
Nicolaus de Gych.[ss]
Andreas Rottendorffer ex[tt] Carstadt.
Conradus Siffridi (Sifr. B) ex Sontra.

Albertus Kruß[dd] de Saltzungenn.[uu]
Ioannes Bruhardt de Molhusen.[n]
Ioannes[g] Schubeler de Molhusenn.[vv]
Agacius Thille Brixinensis.
Ioannes[g] Hoffman de Nurmberga[ww] (-rinb-?). 5
f. 15ab (Ioannes Haller de Nurmberga.)[e]
Heinricus Rode de Beckenhusenn.[bb]
Iheronimus Pontz de Winßheym.[xx]
Iohannes Hofelnn.[yy]
Martinus Wolffbergk de Heringsdorff.[yy] 10
Ioannes[g] Much de Crombergk.[c]
Ioannes[g] Hampe de Margborck.[a]
Ioannes[g] Schonaw de Lenungenn.[f]
Ioannes[g] Zcerdonis[h] de Hombergk.[a]
Gerlacus Mercatoris de Welbergk. 15
Conradus Walther[k] de Geresheim.
Iohannes Walde ex[tt] Cassala.
Anthonius Bolenn[a] de Rumlichenn.[ww]
Casperus Wasse de Kongeshoffenn.
Federicus[i] Textoris ex[tt] Merckendorff[a] baccal. Ingelstatensis. 20
Hinricus[d] Sachs ex[tt] Cassala.
Andreas Dorst de Badenn.
Hinricus (Henri. B) Wissenuer[l] de Wolffernheym.
Vulpertus (Volp B) Sculteti de Hasselbach. 25
Franciscus Scherenbrant[l] de Kerzcellingen.
Baltazar Steinfugk[l] ex[tt] Furstnegk (nobilis).[e]
Georius Groner de Ballersteynn.[ww]
Martinus Omerings ex[tt] Zceitlingenn.[r ww]
Anthonius Bringell[o] de Germundia.[s] 30
Caspar[t] Gerung[t] de Ramstall.
Bartholomeus Habacker[v] ex[tt] Grestall.
Iohannes Bentz ex[tt] Oringen.
Ciriacus Wisswergk[n] ex[tt] Franckenhusen.
Martinus Molitoris Erphurdiensis.[x] 35
Gallus Edeler ex[y] Noerlingenn.[y]
Iohannes Schomann[z] ex[tt] Molhusenn.[n ww]
Ioannes Snormann[aa] de Molhusenn.[n ww]
Volgmarus Franckennbergk.[a]
Albertus Cerdonis ex[tt] Gyssenn. 40
Georius Lenigk ex[tt] Schott.
Ioannes[g] Humuler[cc] ex[tt] Vach.
Ioannes[g] Doringk ex[tt] Hanstis.

---

[l] Tenstedt. [m] th statt t. [n] ß statt s oder ss. [o] Wernuchhusen. [p] o statt ö. [q] nn statt n. [r] de Havelbergk hinter bacc. Rostoc. [s] Rostecensis. [t] Cordis. [u] z statt s. [v] Rottermunt. [w] Waltersleyben. [x] gh statt ch. [y] Fremde. [z] Spalde. [aa] n statt nn. [bb] hußen statt husen oder husenn. (Z. 7 Bochenh.) [cc] y statt i. (Z. 18 Pletz.) [dd] s statt ß. [ee] e statt u. [ff] i statt y. [gg] Hiltburgk. [hh] Dill. [ii] Freygenhaynn. [kk] Gorsslarensis. [ll] Widenhoffenn [mm] Dichmuller de Salczungen. [nn] Bennige. [oo] rodt statt rode. [pp] Nurnberge. [qq] w statt n [rr] Kenigken. [ss] Gach (?). [tt] de statt ex. [uu] cz statt tz. [vv] Molsleyben. [ww] n statt m oder nn. (Z. 18 Rumligken.) [xx] Willheym [yy] Hoffeleen (Z. 10 Heringdorff). [zz] s fehlt. [a] g statt ck oder gk. (Z. 12 b rgk statt borck). [b] Steht in B; ( )[b] fehlt in E. [c] Kronbergk [d] gk statt ck. (Z. 22 Henricus). [e] Steht in E; fehlt in B. [f] Leningen. [g] Iohannes. [h] c fehlt. [i] Fridericus. [k] Walscher. [l] w statt f. (Z. 24 Weisserner; Z. 26 Scherebrandt). [m] th statt t. [n] ß statt s. [o] l statt ll. [p] o statt ö. [q] nn statt n. [r] Z statt Zc. [s] Gerundia. [t] Casperus Geron. [u] s statt s. [v] p statt b. [w] gh statt ch. [x] ff statt ph. [y] Noringensis. [z] mm statt m. [aa] Schorman. [bb] hußen statt husen. [cc] ll statt l. [dd] s statt ß.

Michaell[ee] Rottingk de Haustro.
Caspar[gg] Wardt ex[tt] Steinnach.
Wolffgannus[hh] Ostericher ex[tt] Wasserburga.
Bartholomeus Brull.
f. 15[cd] 5 Ioannes[g] Hoch de Malsheim.[ii]
Gabriel[cc] Steinmach[kk d] ex Wendingen.[kk]
Conradus Michelman de Hunfelt.
Gangelinus Dill de Nebra.
(Iohannes Haller de Nurnberga.)[b]

10 (Dimidiatum vel citra solventes:)[e]

Wernherus[kk] Langwasser[ll] ex[tt] Amelbergk (Havelbergk B) dt. (8 nov.)[e] (24 gr. antq.).[e]
Hinricus[xx] Heinolt[ll] ex[tt] Ullen dt. 22 antq. gr.
Ioannes Cleburgk[d ll] dt 16 (gr.)[b] antq.
15 Leonhardus Königk[mm ll] ex[tt] Ochsenfurdt[mm] dt. 16 antq.
fr. Nicolaus Halper[ll] ex[tt] Pesenegk[v] dt. 5 nov.
Melchar Fabri[ll] ex[tt] Dreuwonn[nn] dt. 5 nov.
Ioannes[g] Turgk ex[tt] Slusselvelt[oo] 14 antq.
20 Bertoldus Grobe[pp] ex[tt] Teulstedt[pp] (Tetilstedt?) 14 antq.
Nicolaus Entefeyl ex Ryngleubenn[rr] 14 antq.
Georius ex[tt] Eylstedt 14 antq.
Petrus Vingk ex[tt] Franckenhusenn[d ww] 14 antq.
25 Paulus Wickhart[d] ex[tt] Cassala 14 antq.
Iohannes Munscher ex[tt] Hersfelt[vv]
Hinricus[xx] Stachelbergk ex[tt] Herfordia 14 antq.
Agacius Snapperger ex[tt] Geisenhusen[ff bt] 14 antq.
Urbanus Votzberger 14 antq. (de Carencia med.)[e]
30 Ioannes[g] Blode ex[tt] Globendorf 14 antq.
Wipertus Stoltz ex[tt] Bochunn (enn B) 14 antq.
Laurencius Kursaw ex[tt] Bruden 14 antq.
Petrus Konniger ex[tt] Dyngelstadt[yy] 14 antq.
Wilhelmus Slussingen[c] 14 antq.
35 Marcus Wagener ex[tt] Franckenbergk[a] 14 antq.
Rupertus ex[tt] Confluencia 14 antq.
Ioannes[g] Sachs (Erffurdens.)[b] 14 antq.
Christophorus[f] Rumell[o] ex[tt] Meringen 14 antq.

Hermannus Pistoris ex[tt] Richelshusen[bb] 14 antq.
(Michahel Harbwygk de Slusingen med.)[b]
Ioannes[g] Rodt ex[tt] Cranach (Kr. B) 14 antq.
Ioannes[g] Boshart[n] ex[tt] Winterthum[b] 14 antq.
Erasmus Hemell[o] de Wasserlega[k] 14 antq. 5
Martinus Alther ex[tt] Saltzburgk[p] 14 antq.
Iohannes Richenwideman ex[tt] Mensbach[n] 14 antq.
Caspar[s] Hohenhusen[bb] ex[tt] Mensbach[n] 14 antq.
Ioannes[g] Wettich Erphurdiensis[x] 4 nov. (12 gr. 10 f. 16[ab] antq B).
Ludewicus Franckenbergk 4 nov. (dt. 12 antq. B).
Ioannes[g] Molitoris ex[tt] Hombergk 4 nov.
Ioannes[g] Schilin ex[tt] Nurnbergk[s] 4 nov.
Caspar Ilhagk[t] ex[tt] Argentina 4 nov. 15
Ioannes[g] Roeder ex[tt] Nurmberga dt. 14 antq.
(Michel Harwygk ex[tt] Schleusyngen dt. 14 antq.)[e]
Iohannes Adriani ex[tt] Delfft dt. 10 antq.
Iacobus Bartholomei de Sancto Vito 9 antq. (dt. 3 nov.)[b] 20
Petrus Wormacia dt. 2 nov.
Gerhardus de Bolch[v] (pauper)[b] dt. 12 ₰.
Hinricus[xx] Detelff[y] ex[tt] Warburgk (pauper dt.)[b] 12 ₰.
Marcellinus Salender ex[tt] Confluencia (pauper 25 dt.)[b] 12 ₰.
Iacobus ex[tt] Franckenbergk (pauper dedit)[b] duodecim denarios.
Gabriel de Hauß presbiter[v] propter deum (Erphurdensis).[e] 30
Ioannes Lantgreffe (-eff B) pauper (Erphurdiensis)[e] propter deum.
Conradus Coci (qui)[b] intitulatus quondam sub rectoratu doctoris Hennigni[z] ad[aa] annos[aa] absens[aa] quinque[aa] pro quadam[ee] caucione[ee] 35 maiori[ee] iterum matriculatus[ff] est[ff] ad gratis.[gg]

Summa 141.

[ee] Michahel. [ff] i statt y. [gg] Casperus. [hh] Wolffgangus. [ii] Malßhim. [kk] ey statt ei. (Z. 6 Wendigk; Z. 11 Wernerus) [ll] Langwasser Z. 11 und die folgenden Heinolt, Cleburg, Halper und Fabri stehen in B Sp. 2 nach Z. 17 Harwygk u. s. w. [mm] Koningk de Oschenfurdt. [nn] Drewen. [oo] Sluseveit. [pp] Grob de Teulstedt. [qq] w statt u. [rr] Entteweile Ringkeleiben, siehe S. 209 Z. 25. [ss] dt statt t. [tt] de statt ex. [uu] ex statt tz. [vv] Herschfeldia. [ww] n statt nn. [xx] Henricus. [yy] Tingelstadt. [zz] Sch statt S. [a] Frankenborgk. [b] Steht in B; ()[b] fehlt in E. [c] Z. 34 Schlusingen. [d] gk statt ck, g oder ch. [e] Steht in E; ()[e] fehlt in B. [f] Cristoferus. [g] Iohannes. [h] Wintterthum. [i] Fridericus. [k] Wasserloga. [l] w statt f. [m] th statt t [n] ß statt s. [o] l statt ll. [p] Salczburga. [q] nn statt n. [r] Z statt Ze. [s] Z. 9 Casperus; Z. 13 Nurnberga. [t] y statt i. [u] x statt s. [v] p statt b; B statt P. [w] gh statt ch. [x] ff statt ph. [y] Detteleff. [z] mm statt m; n statt nn. (Z. 34 Heningn) [aa] sed absens per quinquennium. [bb] hußen statt husen. [cc] ll statt l. [dd] s statt ß. [ee] maiori cautela. [ff] immatriculari petiit. [gg] pro huiusmodi immatriculatura nihil dedit.

f. 16'd

1499. Mich. 213. Rect. Sifr. Cziegeler.[c]

Electus[1 a] in gymnasii nostri monarcham cum summo fere omnium plausu inclitus
f. 17ab vir ille Sifridus Cziegeler,[e] arcium philosophieque magister acutissimus, iuris eciam
utriusque interpres consultissimus, ea celebritatis die, qua beatissimi Luce ewangeliste
5 festivitas peragebatur, salutis nostre currente millesimo quadringentesimo nonagesimo 5
nono, unanimi accedente singulorum consensu pari voto nemine penitus discrepante,
presertim a novissimis delectoribus venerabilibus doctissimisque viris ac dominis, patre
Nicolao Marquis,[d] sacrarum literarum professore eximio simulque heretice malignitatis[f]
de religione dominiciorum inquisitore acerrimo, magistro Conrado Dulcis de[g] Hombergk[g]
10 ac Henrico Guntheri (de Northheym)[b] cesarii[h] iuris[h] pontificii[h] eciam, ut vocant bacca- 10
lariis, designatoribus tam piis quam eruditis designatus, haud longo[i] post tempore solempnitate confirmacionis egregie transacta, omnium de achademia suffragiis interveni-
entibus, Clementinarum lector ac eciam in ede Severiana[k] canonicus salutatus, religiose simul ac strenue toti literatorum turme prefuit atque infrascriptorum scolasticorum
15 in literisque neophitorum quorundam nominibus splendidam ornatamque universitatis 15
nostre matriculam reddidit succrescereque designavit.[l]

f. 17c (Integrum dantes.)[b]

Reverendus in Christo pater et dns dns Heinricus[m] episcopus Callensis, olim reverendissimi dni episcopi Numbergensis[n] suffraganeus (in spiritualibus)[e] dt. tm. 20

nobilis et generosus dns Karolus comes de Glichen et dns in Blanckenhain[o] dt. 1 flor. ad universitatem et pro bedellis 1 flor. 25

Heinricus[m] Hagk[o] de Kelbra nobilis.

Cristoferus de Gronaw[p] nobilis dt. med. flor.

Georgius Bart do Beninge nobilis dt. tm.

Eobanus Zciegeler[q] Erffurdensis tm.

Georgius Denstet Erffurdensis[r] } fratres tm.
Wolfgangus Denstet Erffurdensis[r] }

Adam Bodewitz[s] Erffurdensis[r] tm.

Ieronimus Bodewitz[t] Erffurdensis[r] tm. 20

Fridericus Arter Erffurdensis[r] tm.

fr. Iohannes[u] Rustici ex Bamberga ord. carmelitarum tm.

fr. Iohannes Klingestheın[o] de conventu Beßnigk[w] ord. carmelitarum tm. 25

fr. Heinricus Sideman[x] ord sancti Wilhelmi de monasterio Albi fontis vulgariter (wulg. B) Wißenburn.[r]

Wernherus Trumbach[s] de Wera tm.

Conradus Ingraben[x] de Siegen[x] tm. 30

[a-l] Die Einleitung zu diesem Rectorate lautet in B ganz anders als in E; doch sind hier nur die abweichenden Lesarten von B in Betreff der sachlichen Verhältnisse, z. B der Titel und Prädikate, in den kritischen Anmerkungen beigefügt. [b] Steht in B. ()[b] fehlt in E. [c] In B über der Seite Zciegeller. [d] Margquicz. [e] Steht in E; ( )[e] fehlt in B. [f] pravitatis. [g] Hombergensis. [h] in legibus et canonibus. [i] longe E. [k] dicti Severi. [m] e statt ei. [n] Nubergensis. [o] gk statt ck; ck statt gk. [p] u statt w. [q] i statt ie. [r] o statt u. [s] p statt b. [t] Benedicti; vielleicht Vorname des Vaters Bodewitz. [u] h fehlt. [v] Clingenstheın. [w] s statt ß. [x] y statt i. (Z. 30 Ingraiben de Sygen.)

[1] Das Wappen des in 5 Linien zerfallenen, in unserem Jahrhundert ausgestorbenen Geschlechts (unser Siegfried ist der Sohn Rudolphs, Enkel Siegfrieds d. Aelteren und gehört der Kronenburgischen Linie an) ist im silbernen Schilde ein vorwärts gekehrter rother Hirschkopf zu 8 Enden; auf dem goldnen Helme liegen 2 rothe Hirschköpfe, jeder mit einer vierendigen Stange; die Helmdecken sind roth und silbern. Als Schildhalter erscheint ein Bischof mit der Mitra in weisser Albe, grüner Tunica, carmoisinrothem Mantel und hellgelben Handschuhen. In der Linken trägt er den Walkerbaum (Iacobus minor?) während die Rechte auf dem Wappenschilde ruht. In der Randleiste (links vom Beschauer) steht ein russischer (schwarzgekleideter) Prälat, der im rechten Arme einen Bischofsstab und ein Buch tragt, während die Linke den Kopf eines ihn anspringenden Thieres streichelt.

Nicolaus Fabri de Koburgk tm.
Bartholomeus (de)[b] Aitener de Smolb[y] tm.
Iohannes[u] Weiber de Wickerßheim[bb] tm.
Wendelinus Glock[aa] de Bischofßheim[bb] tm.
5 Anthonius Hacke[cc] de Stasfart tm.
Georgius Tzender[dd] de Sundershußen tm.
Georgius Beher de Wratislavia[ee] tm.
Casperus Sculteti de Frawenstat[ff] tm.
Georgius[yy] Meßke de Kreßenn tm.
f. 17d 10 Wolffgangus Bolenveßer[gg] de Nurenberga tm.
(fr. Thilomannus Colonensis carmelita.)[b]
Valentinus Dannerock de Salczungen tm.
Iohannes[u] Coci de Brunswigk[hh] tm.
Nicolaus Smermul de Franckenhußin[o] tm.
15 Iohannes Herbertshusin[ii] de Lasphe tm.
Ioannes Deynhardt[kk] de Franckenbergk[o] tm.
Georius[ll] Boling de Gemundia tm.
(Wolffgangus Arknalt[mm] de Gemundia tm.)[e]
Martinus de Sangerhußin (inn B) tm.
20 Martinus Mukaler[nn] de Bondorff tm.
Philippus Brun de Aw tm.
Leonhardus Kamerstat[oo] de Erich tm.
Franciscus Dechman de Cassel[pp] tm.
Heinricus Ockeshusin[qq] de Cassel[pp] tm.
25 Iohannes[u] Langebergk de Soltwedel tm.
Iohannes[u] Cling de Confluencia tm.
Iohannes[u] Schoner de Swinfurt tm.
Ioannes Steinhart de Fribergk tm.
Hartungus[rr] Statz[rr] de Hildensem[rr] tm.
30 Conradus Wuller de Bokelim[ss] tm.
Conradus Rymbruker[tt] de Hayn[tt] tm.
Iohannes Thor de Salvia tm.
Iodocus Wegner[uu] de Winsheim[vv] tm.
Wolffgangus[ww] de Paphenhofen tm.
35 Melchiar[xx] Forsters de Artern tm.
Nicolaus Ruther de Cassel[oo] ex Nova civitate.
Iohannes Ryman de Cappel tm.
Michael Grembedt de Wadhofen[zz] tm.
Martinus Rigel de Salczburga tm.
40 Petrus Keller de Hornbergk tm.
Nicolaus Dantz[a] de Ilman[c] tm.
Paulus Wulffenßbergk[r] de Hergenssdorff tm.
Petrus Stigkbeck[hh] de Erdingen[f] tm.

Nicolaus Bruckener[o] de Kemnit[g] tm.
Nicolaus Am Ende de Gotha tm.
Martinus Haß de Dernbach tm.
Iohannes Goch Erffurdensis tm. f. 18a
5 Mathias Stutternheym de Gungerß (-ſen?) tm.
Andreas Bodensteyn de Karlstat[h] tm.
Iohannes Fistulatoris de Guttern tm.
Iohannes Wegker[hh] de Krelsheim[i] tm.
10 Georius[ll] Brugkmeister de Rußenheym tm.
Iohannes[u] Lobentantz[a] de Nova civitate tm.
Iohannes Bollingk[k n] de Hildensheim (-seim B) tm.
Paulus Hoch[u n] de Wida tm.
Iohannes[u] Heyner[n] de Ollenken[l] tm.
15 Iohannes de Rogkingen[f n] nobilis tm.
Iohannes[u] Spina vulgariter[gg] Dorn de Franckfordia tm.
Iohannes Bartherodt de Gottingen tm.
Iohannes Scriptoris de Gottingen[f] tm.
20 Nicolaus Hildebrech de Gottingen.
Andreas Michaelis[t] de Hallensleufen[d] tm.
Henningus Molitoris[x] de Hallensleufen[v d] tm.
Sanderus Draume de Hallensleufen[y] tm.
Iohannes Gerungßh[z] de Madebach tm.
25 Mauricius Swanfelt[aa] de Koburgk tm.
Nicolaus Keczensbach de Koburgk tm.
Cosmas de Sedewitz[bb] tm.
Sigismundus Hagenbuch de Heilbronn (on B) tm.
Georgius vom Hayn[x] tm.
30 Conradus Konck[cc] (?) de Kongeßsehe[cc] tm.
Iohannes Konken de Budewerder tm.
Arnoldus Berenfel de Franckfordia[k] tm.

(Medium.)[b]

35 Steffanus Kaczman de Frislaria[d] med.
Caspar Iliges de Schotten med.
Egidius Wegkelgen[ll] de Bingen[ll] med.
Paulus Stogkhart de Ollendorff med.
Anthonius Stigk de Paden med.
40 Bernhardus Fabri de Oßßenfurt[kk] (alias de Roden)[b] med.
Melchior[mm] (Issinger)[b] de Eßlingen med.
Martinus Philsmit[nn] de Kranach med. f. 18b

---

[y] Smolis. [z] Wigkersein. [aa] a statt o. [bb] Bischoffheym. [cc] Hack. [dd] Zc statt Tz. [ee] v statt w. [ff] auw statt aw. [gg] w statt v. [hh] ck statt gk. [ii] Herbertzhußen. [kk] Deynhardt. [ll] Georgius. [mm] t statt k. [nn] Mukeler. [oo] Z. 22 Komestat. [pp] sß statt ss oder ß. [qq] Okorßhußen. [rr] Henningus Stacz de Hildemßem. [ss] e statt i. [tt] Rymbrucker de Haynau. [uu] V statt W. [vv] Wynßheim. [ww] f statt ff. [xx] Melchar. [yy] Georius. [zz] Wadehofen. [a] cz statt tz. [b] Steht in B; ( )[b] fehlt in E. [c] Ilmen. [d] ß statt s. [e] Steht in E; ( )[e] fehlt in B. [f] gh statt g. [g] tt statt t. [h] Karlestat. [i] Creßheim. [k] g statt gk oder ck. [l] Olleuben (so auch in E bei der Wiederkehr dieses Namens; s. Anm. [n]. [m] e statt ei. [n] Die 4 vorhergehenden Namen I. Bollingk, P. Hoch, I. Heyner und Io. de Rogkingen kehren hier in E zum zweiten Mal wieder. [o] gk statt ck. (Z. 14 Frangkenhoßen.) [p] u statt w. [q] c statt ck. [r] o statt u. [s] p statt b. [t] Michahelis [u] h fehlt. [v] l statt ll. [w] s statt ß. [x] y statt i. (Z. 22 Mollitoris; Z. 29 Hain.) [y] b statt f. [z] Gerungkhußin. [aa] e statt a. [bb] Zcedewitz. [cc] Bruck de Kongenßehe. [dd] zc statt tz [ee] v statt w. [ff] auw statt aw. [gg] w statt v. [hh] ck statt gk. [ii] Wekelgen de Bunghen. [kk] ss statt sß. [ll] Georgius. [mm] Melchar. [nn] tt statt t.

Mauricius Rigeler de Rabenßburga[pp] fr. ord. carmelitarum med.
Georgius Knoph Erffurdensis[r] med.
Iohannes Meynhart de maiori Rittha med.
5 Conradus Roßbach[w] de Hirßfeldia[qq] med.
Petrus Ernest[rr] de Buchheim[x] med.
Michael Giseling[oo o] de Saltzburga[a] med.
Iohannes Palcz de Alßheim[w ss] med.
Iohannes Rotsthack[o] de Hettstat[tt] med.
10 Echardus Hopff[vv] de Luder med.
Martinus Dicz de Ortenbergk[xx] med.
Iohannes Reßch[w] de Rempa[yy] med.
Nicolaus Kiptz[a] Erffurdensis med.
Iodocus Baum de Staffelstein med.
15 Nicolaus Marschalck[o] de Flademen med.
Iohannes Nobeler Erffurdensis[r] med.
Heinricus[m] Blanck Erffurdensis[r] med.

(Supra et infra dimidiatum.)[b]

Udalricus[r] Eischelbach de Erdingen 5 nov. 3 ₰.[zz]
20 Bertoldus Seber de Benunge 5 nov. 3 ₰.
Udalricus[r] Anehauß[w] de Norlingen 5 nov.
Nicolaus Mürer[c] de Wendingen 5 nov.
Otmarus[g] de Elkaw[h] 5 nov.
Iohannes Tolde de Aldendorff 5 nov.
25 Iodocus Korber de Bamberga 5 nov.
Iohannes Godenrot de Hombergk 5 nov.
Theodericus Sartoris de Limpurg[i] 5 nov.
Steffanus Gleubiger[l] de Geilnhusin[m d] 5 nov.
Gotfridus Hagkenburg[n] 5 nov.
Eukarius Göbel[ss] 4 nov. 4 ₰.
Iohannes Barbe de Heyger 4 nov.
Marternus (Mat. B) Relman de Argentina 4 nov.
Anthonius Herman de Columbaria dt. 3 nov. 5
Iohannes Schopp[r] de Herbipoli gratis ob reverenciam dni decani ecclesie beate Marie (huius opidi Erffurdensis)[e] dt. 1 nov. pro pedellis.
Iohannes Holewegk[hh] de Grana gratis ob reverenciam dni doctoris Haygenrodt[r] officialis preposituree ecclesie beate Marie (virginis Erffordensis)[b] satisfecit (tamen)[b] bedellis. 10 f. 18 c
Iohannes Arant[t] de Duderstat gratis ob reverenciam (et peticionem)[e] dni Georgii Steinbergk canonici (predicte)[e] ecclesie (prefate)[b] dt.[s] bedellis[s] 12 ₰[s] 15
Andreas Koczelin[u] de Burgklernen[v] gratis propter deum.[x] 20
Iacobus Tzwenkarge[y] de Sangerhusin[ff] }
Valentinus Sutoris de Margkerlebach[bb] } (gratis quia famuli rectoris.)[b]
Michael[t] Fabri de Margkerlebach[bb] gratis pro deo (quia pauper).[b]
Franciscus Scriptoris de Hilbron[cc] (gratis propter)[a] (ob)[b] paupertatem (eius)[a] (gratis)[b] dt. bedellis[dd] 1 nov. 25

Summa 141.[ee]

[oo] sß statt ss oder s. [pp] Ravenßburga. [qq] Hersfelt. [rr] Ernst. [ss] i statt e. (Z. 8 Alsheym.) [tt] Hottstet. [uu] v statt w. [vv] Hophff. [ww] f statt ff. [xx] tth statt t. [yy] Remda. [zz] denarios. [r] cz statt tz. [b] Steht in B; ()[b] fehlt in E. [c] u statt ü. [d] ß statt s. [e] Steht in E; ()[e] fehlt in B. [f] gh statt g. [g] th statt t. [h] Elkau. [i] Limpburgk. [k] g statt gk oder ck. [l] ou statt eu. [m] e statt ei. [n] Hagganburgk [o] gk statt ck. [p] u statt w. [q] c statt ck. [r] o statt u. (Z. 7 Schepp; Z. 11 Heygenrot) [s] dt. 12 ₰ pro pedellis. [t] Michahel. [u] e fehlt. [v] Burgklornen. [w] s statt ß. [y] Zcwenkange. [z] Arent. [aa] e statt a. [bb] g fehlt. [cc] Hilbrun [dd] pro pedellis. [ee] Richtiger 136. [ff] Sangerhußen.

17

1500. Ost. 214. Rect. Lic. Hiltw. Doleatoris.

f. 18 d

30 Futurus[1 a] gymnasiarches et rector Erffordiane achademie ad imminentem estatem currentis iubilei anni 1500 crastina irradiante luce apostolici diei sanctissimorum Philippi et Jacobi quatuor facultatum doctoribus magistris ac suppositis in unum 30 f. 19 a

[a-g] Auch hier lautet die Einleitung in B anders und sind nur einige Varianten in [e-f] notirt. [b] Steht in B; ()[b] fehlt in E.

[1] In der prachtvoll ornamentirten blauen Initiale steht auf Goldgrund die Figur des h. Papstes Gregor I. in Alba, grünem Untergewand, rothem Pallium (welches vor der Brust durch eine große Rosette zusammengefasst wird) und langen gelben Handschuhen; in beiden Händen trägt er ein aufgeschlagenes Buch, im rechtem Arme hält er den mit dem päpstlichen Doppelkreuze geschmückten Stab. Des Bischofs Name ist über der Initiale beigeschrieben.

per celeberrimos[c] viros et dominos Petrum Petz de Herbipoli, sacre theologie professorem Henricum (Collen)[e] de[d] Osnaburgis[d] utriusque[d] iuris doctorem eximios, ac Iohannem Emmerici ex Frangkenberg, arcium et philosophie magistros subtilissimos, ultimos electores, rite eligitur ac designatur venerabilis vir dominus **Hiltwinus Doli-**
5 **atoris** de Biedenkapp, arcium et philosophie magister, sacre pagine licenciatus basilice[f] Gregoriane (alias mercatorum vocitate)[b] precelsi opidi huius pastor; sub cuius rectoratu immatriculati sunt subscripti[g]: 5

(Dantes totum:)

Dns Bado burggravius vann Donymm.
10 Georius Dawin de Vietzaurach.
Conradus Drudel de Oppenheym
Iohannes Roit de Hongen.
f. 19b Conradus Dupp de Hongen.
Hartmannus Dussel de Colonia.
15 Caspar Herdegen de Gorsleiben.
Bernhardus de Wolkerode (Duderstadensis †).[e]
Hermannus Rosfelt de Goslaria.
Iohannes Dietz de Bettenhusen.
Iacobus Theodorici de Horn.
20 Leonhardus Egk de Hasfurt.
Iohannes Balckmecher de Smalkadia.[h]
Adam Corber (de)[b] Blichenrode.
Hugo Terwtloe de Gronunchen
Heinricus de Honoff de Confluencia.
25 Iohannes Velgeret de Haßleuben.[i k]
Gerlacus Smet de Willungen
Petrus Michaelis de Crutzenach.[l]
Georius Hofeman Erffordensis.
Otto Carspach de Gotha.
30 Conradus Iringk de Aldendorff.
Iodocus Pistoris de Herbornn.[n]
Iohannes Haller de Goltbach.
Wigandus Lupi de Franckfurdia.[m]
Bruno Welcker de Isennach.
35 Iohannes Starckart[m] Erffordens.
Iohannes Hûter de Eschwe.
Conradus Maiger de Constancia.
Cristoferus Guntzenrait de Schrexbach.
Iohannes Hille de Goslaria.
40 Henricus Myntzenberg Erffordensis.
Michael Danheimer de Koufbeiren.[o]
Iohannes Schefersteyn de Elrich.
Iacobus Knyse de Isleubin.[p]
Philippus Funck[q] de Herbipoli.
45 Georius Sommer de Herbipoli.

Simon Herlin de Herbipoli.
Iacobus Iacobi de Greventail.[r]
Adolffus Geisel de Londorff. 10
Iohannes Giese de Groningen.
Iohannes Giese de Fredeberga.
Cristoferus Anderßleben[i] de Kyndelbrug.[s]
Georius Biermann de Mergetheim.[t]
Bertoldus Iordanß de Hildenßheym.[i] 15 f. 19c
Michael Halsperg[n] de Engarten.
Anthonius Spicznaß[u] de Saltza.
Conradus Pontziger de Bienkapp.[w]
Iodocus Coci de Isennach.
Martinus Brutczan[z] Erffordensis. 20
Heinricus[t] Hepman de Herbipoli.
Iohannes Tolhart de Aquisgrani.
Mathias Gerhardi de Salchendorff.
Georius Osmunde de Hallis.
Conradus Wigant (d B) de Mansfelt. 25
Georius Custodis de Stasfurdia.
Rodulffus Paws de Orner.
Iohannes Meixner de Nurenberga.
Erasmus Kobel de Arnstet (tt B).
Kilianus Apel de Bamberga. 30
Nicolaus Kieseling de Koburg.[x]
Wolfgangus Nutzel de Nurnberga.[y]
dns Iohannes Gupe de Marpurg.
Bernhardus Wasserman de Arnnstet.[n]
Iohannes Richardi Erffordensis. 35
Ludolffus Stoteroghe de Lûneborg.
Wolfgangus Amici de Franckfurdia.[m]
Rupertus Cummentaler de Weiden.
Iohannes Trebra Erffordensis.
Iohannes Schefer de Saltza. 40
Franciscus Regke de Nurenberga.[y]
Michael Coci Erffurdensis.
Cristoferus Duthe (ß B) de Grußen.[l]
dns Burgkardus Sittaw de Kemnitz.
Georius Schiller de Amberga. 45
Michael Alinger de Tachaw.

---

[c] spectabiles. [d] Osnaburgensem gemini. [e] Steht in E; ( )[e] fehlt in B. [f] ecclesie. [g] Siehe Anm. [a]. [h] Smalkaldia. [i] s statt ß. (Z. 13 -leiben; Z. 17 -naso.) [k] w statt u. [l] nn statt n. [m] g statt ck oder c. [n] n statt nn. [o] a statt o. [p] Isleiben. [q] gk statt ck. [r] Greffendail. [s] l statt y. [t] e statt ei. (Z. 14 Mergettem.) [u] ß statt s. [v] tz statt cz. [w] Biedenkapp. [x] Coburgk. [y] Nurinberga. [z] zc statt cz oder tz.

Wolfgangus Dieperßkircher de Aibling.
dns Iacobus Friderici[aa] de Bernaw.
Vulpertus Heenn de Fritzlaria.
Cristoferus Tzitstorff[z] de Zcerwist.[bb]
5 Iohannes Calciatoris de Sawelnnheym.[n]
dns Iacobus Eberhart de Sweidenitz.
Heinricus Hoderman de Smalkadia.[h]
Nicolaus Frigke de Bopardia.
f. 19d Iohannes de Goßlaria.[i]
10 Hillebrandus Ordingk de Sundis.
Heinricus[t] Sutoris de Basilea.
Iohannes Piscatoris de Aldendorff.
Anthonius Udalrici de Campp.
Petrus Storm de Gemundia.
15 Georius Ewch de Gemundia.
Conradus Mercatoris de Biendenkap.[w]
Iohannes Gotel de Loquitz.
Iohannes Wigker de Osnaburg.
Heinricus[w] Schillingenstat de Collede (-da B).
20 Iohannes Gutwasser[cc] de Waxenburg.
Iohannes Sutoris de Biedenkap.[dd]
Henricus Wesarch vann Billen de Schoppenstede.
Henningus Norden de Lamspringe.
25 Heinricus[t] Bonhorst de Halberstat.
Nicolaus Currificis de Walterßhusen.[ee]
Iohannes Burger de Kennicken.
Heinricus[t] Beringer[ff] de Kennicken.
Iohannes Rußer de Fredeberga.
30 Iohannes Winckelman de Salina.
Stephanus Osterdagk de Rota.
Martinus Gutberelt[g] de Rastorff.[gg]
Franciscus Glebsatel[g] (d B) de Confluencia.
Iohannes Sartoris de Horla.
35 Conradus Phiel de Melsungen.
Cristoferus Hirspach[u] Erffordensis.
Otmarus Textoris de Phaffenhoffen.
Arbogastus Gerster de Phaffenhoffen.
Iohannes Lösche Erffordensis } fratres.
40 Balthasar Lösche Erffordensis }
Caspar Cleinsmydt[hh] de Aldendorff.
Iohannes Scheckenbach de Oxenfurt.[ii]
Iohannes Meyger de Werningenrode.[kk]
Hermannus Pontziger de Biedenkapp.
45 (Tilomannus Brun Coloniensis carmelita.)[e] [ll]
Iohannes Roit de Scheslitz dt. 6 sneberg.[mm]
Iohannes Pölmer de Hallis dt. 6 sneberg.[mm]
Nicolaus Cappel de Cassel dt. 16 antq.
Heinricus[t] Berruter[t] de Nova civitate dt. 16 antq.

Dantes quinque novos:

f. 20a
Arnoldus Stocstat de Oppenheym.
5 Warmundus Hachenbuch de Critstat.
Hartmannus Schadecker de Gronynchen.[s]
Martinus Meyger de Goslaria.
Petrus Wilken (ck B) de Smalkaldia.
Albertus Suring de Franckfurt.[nn]
10 Martinus Tengk de Potania (Patavia?).
Martinus Scriniatoris de Culmach.
Conradus Bolen de Meynungen.[oo]
Kilianus Fabri de Murstatt.[pp]
Iohannes Schintler de Bruck in Austria.
15 Paulus Hulwig[qq] de Kitzingen (-ngk B).
Andreas Fabri de Herbipoli.
Tilomannus Textoris de Hachenberg.
Vitus Molitoris de Undensdorff.
Iohannes Hartman de Karlstat.[rr]
20 Henricus Kraczisen[ss] [tt] Erffordensis.
Iohannes Tzoph[z] de Lewbingen.[tt]
Leonhardus Ingerlin de Nurenberga.[cc]
Iohannes Betzdorff de Hachenbergk.[uu]

Dantes medium 14 antiquos.

25 Hermannus Mosseler[vv] de Cruczennach.
Iohannes Prenner de Walsteten.[l]
dns Iohannes Fawt de Herbipoli.
dns Thomas Steinholtz[ww] de regno Scocie.
Marcus Bawer de Murstatt.[xx]
30 Wolffgangus Haen de Mellerstat.[r]
Iohannes Otto de Herbstet[yy]
Wilhelmus Hofeman de Heilichenstat.[z]
Liborius Herst de Helchenstat.
Wernerus Carnificis de Epstein.[a]
35 Iohannes Fabri de Diel.
Anthonius Maurult de Ringingen.
Wolfgangus Perger de Prünaw.[c]
Conradus Ostheymer de Meskilch.
Iohannes Donitzer de Nova civitate.
40 Andreas Wolkaring.
f. 20b Iohannes Scheitt[d] de Slusingen.
Eckardus Haelganß de Luterbach.
Petrus Heen[l] de Luterbach.
Cristianus[d] Horner de Gemundia.
45 Theodericus Leyer de Gemundia.

[aa] Frederici. [bb] e statt i. [cc] ü statt u. [dd] pp statt p. [ee] hußen statt husen. [ff] Berringer. [gg] Gutberlet de Rastroff. [hh] y statt i. (Z. 41 -smitt statt smydt.) [ii] -fart statt -furt. [kk] Moyger de Wernigenrode. [ll] In B ein Name ausradirt. [mm] s statt sch. [nn] Frangfurd. [oo] ch statt g. [pp] Molrstatt. [qq] b statt w. [rr] -statt für stat. [ss] C statt K [tt] b fehlt. [uu] k fehlt. [vv] ll statt l. [ww] Steynhultz. [xx] ö statt u. [yy] Herpstett. [zz] Helchenstat [a] y statt i. [b] Steht in B; ( )[b] fehlt in E. [c] Prünawe. [d] t statt tt. (Z. 44 Cristanus). [e] Steht in E; ( )[e] fehlt in B.

Udalricus Birher de Ehingen.
Iohannes Gotz de Nova civitate.
Brandanus Spuer[k] de Verden.
Iohannes Coci de Hachenberg.
5 Iohannes Wurffeler Erffordensis
Nicolaus Crafft de Luder.
Fridericus[g] Sutoris de Saraalben.
Iohannes Schalle de Forcheym.[f]
Georius Richenheym de Kemnytz.[e]
10 Iohannes Schewff de Myltenberg.[e]
Sigismundus Hüterlechner de Stira.
Conradus Reynhart de Oberdorff.
Conradus Bempel de Melsungen.
Cristoferus Egke de Rotenburga.
Gregorius Laber de Gemundia.
Stephanus Walden de Gemundia.
Wilhelmus Barbitonsoris de Hoengen.[i]
Henricus Rasoris de Breitenbach.[h] 5
Anthonius Carpentarii de Wiher.
Hermannus Roß de Rodenberg.
Iohannes Erwini de Fredeberga.
Conradus Vetten[l] de Gronaw dt. 12 antq.
Allexius Waxman de Stogheym dt. 9 antq. 10
Albertus Degeler de Bamberga gratis ob eius paupertatem.

Summa 188.[m]

[f] u statt o. [g] Fredericus [h] d statt t [i] Houngen. [k] u statt w. [l] nn statt n. [m] Richtig.

---

f. 20cd

1500. Mich. 215. Rect. Conradus Orlein.[1]

15 Gracia[2] spiritus sancti invocata electus est ab egregiis venerabilibusque viris et dominis ultimis electoribus, Georio[a] Eberbach ex imperiali opido Rotenburgk Tuberino, liberalium medendique arcium doctore famosissimo magistro Bernardo[c] Ebeling Brunopolitano[d] et humanissimo Iohanne ex honestissima familia der Reinboten[f] procreato Erfurdiano, in pontificio atque cesario iuribus baccalaureis utique doctissimus anno 20 Christiane salutis 1500 divi Luce ewangelici scribe die festo in moderatorem ac primatem huius famatissimi Erfurdiani studii universalis spectabilis vir dominus **Conradus Orlein** Neopolitanus,[g] arcium liberalium magister et sacre pagine licenciatus maioris collegii collegiatus nec non ecclesie sancti Viti Erfurdensis plebanus; sub cuius rectoratu universitati predicte infrascripti sunt ingremiati[h]:

f. 21a 25 dns Anthonius von der Schulenburg[i] ecclesie Halberstatensis[k] canonicus dt. 1 flor.

(Totum:)[b]

Hermannus Remman de Peinis.
Anthonius Fossingk[l] de Lubeck.
30 fr. Franciscus Russburm professus monasterii Hirßfeldensis.[l]
Martinus Horler de Franckenhußin. 25
Marcus Kun de Elmendingen.[m]
Iacobus Ott de Elmendingen.
Sixtus Sprentz de Norling.[n]
Georgius Kerbitz de Czerbist.[o]
Hermannus Schufut de Moguncia. 30
Caspar Koler de Gerltzhofen.
Bertoldus Brieffer de Stolbergk.

[a] Georg. [b] Steht in B: ( )[b] fehlt in E. [c] Berhard. [d] Brunschwicens. [e] Steht in E: ( )[e] fehlt in B. [f] Reymbote. [g] de Nova civitate. [h] Auch hier ist der Text in B vielfach ein anderer. [i] ch statt g oder gk. [k] Halberstadensis [l] s statt ß. [m] Emeldingen. [n] gh statt g. [o] Zerbtst.

---

[1] Pastor St. Viti in Erphordia.

[2] In der Mitte eines schön verzierten rothen G steht in Goldgrund der heilige Vitus (an dessen Kirche der Rector Pfarrer war) in blauem Gewande mit weißem Skapulier; in der Linken trägt er ein großes rothes Buch, auf welchem ein Hahn sitzt; seine Rechte hält die Palme. Ein Wappen ist auf dem Bilde nicht vorhanden; wohl aber eine schöne Randleiste mit einem Blatte und mehreren Blumen.

Fridericus Horter de Holfelt.
Iohannes[o] Ley de Pottensteyn.
Iohannes[o] Hofman } de Winßheim.[bb l]
Georius Rudiger }
5 Leonhardus Honger[q] }
Valentinus Sateler }
Heinricus[r] Helt de Norlingen.[s]
Iohannes[o] Wernnburg Erffurdensis.[v]
Georius[u] Eckleyn de Küngshoffen.[u]
10 Iohannes[o] Molitoris Erffurdensis.[v]
Iohannes[o] Heymbergk Erffurdensis.[v]
Iohannes[o] Rheyß[w] de Nurenberga.
Iohannes[o] Gudes de Horstein.
Petrus Konnicken de Bischofseim.[x]
15 Iohannes[o] Crafft[y] de Werbach.
Fridericus Fischer de Northeim.[bb]
Iohannes[o] Transfelt de Gottingen (ing B).
Iacobus Sleck[z] de Beckringen.
Heinricus[r] Hacken de Uslaria.[z]
20 Rudolphus[aa] de Punaw.
Wolffrumus Marschalck de Ebmet (?).
Deinhardus[bb] Emerici de Franckenbergk.[l]
Henricus Hemmerde de Wratislavia (Vr. B).
Anthonius Werner de Gorlitz.
25 Hermannus Sibeldingk de Hildesheim.[p]
f.21b Wilhelmus Forstmeister[w] de Steinach.[bb]
Ludewicus[cc] Hollant de Brunswick.[dd]
Iohannes[o] Borgaw (-au B) de Egerspergk.[ee]
Augustinus Baitz[bb] de Brandenburgk.[dd]
30 Daniel Gumberti de Widenkap.[bb]
Iohannes[o] Currificis de Wilburgk.[dd]
fr. Casperus Ebur[ff] ord. predicatorum.
Bernhardus[gg] de Wefferling nobilis.
Heinricus[r] Abertzhusen de Hyttendorff.[w]
35 Heinricus[r] Westval[hh] de Magdeburg (Madeburck B).
Diotherus[hh] Felthenn de superiori Lonstein.
Andreas Frowin Erffurdensis.[v]
Paulus[ss] Wolczendorff ex Litzen.
Ioannes Kerneman de Stolberg.[ii]
40 Iohannes Sartoris ex Pleinfelt.
Ioannes Werningrodt[kk] de Brunswigk.[ll]
Georius[u] Selbher de Obermessigen.
Arnoldus Rankenheym[mm] de Rintelin.[nn]
Theodericus Spar de Bischofsheim.[oo]
45 Nicolaus[pp] Rota de Sangerhusen.
Nicolaus Bichenser[qq] de Memmyngen.

Georius[u] Becker de Sangerhusen.
Hartmannus Gerst de Rigelsheim.[bb]
Iohannes[o] Seidel[bb] ex Somerfelt.
Lucas Szemisch de Cotbuß.
5 Andreas Doliatoris[rr] de Gorlicz.[ss]
Iohannes[o] Hemmiger[bb] de Esslingen (Esly. B).
Hermannus Surwynt de Isnaco.[bb]
dns Tilomannus (Th. B) Swidershusen[tt] de Sesen.
dns Bertoldus Fabri de Camen.
10 Ludolfus Omann de Brunswigk.[l]
Tilomannus Kroger de Brunswigk.[l]
Ioachim Ruwe de Sehusen.
Diterus Hönsroeck[q] de Lonsteyn.
Ioseph Heyner de Cella.
15 Ciriacus Kramer de Blanckenhain.[bb]
Heinricus[r] von Erff nobilis.
Ioannes Günther de Stetfelt.
Ludowicus Piscatoris de Stertzingen.[bb]
Thilomannus Weistefelt de Brunswick.[uu]
20 Cristanus[vv] Peyer de Inferiori[vv] Lanckeyn.
(Iohannes Probest de Andeßleben.)[e]
Ioannes Eberhart de Eufelstat. f.21a
Ioannes Hoche Erffurdensis.[ww]
Conradus Pistoris de Crucznach.[ss]
25 Martinus Hencklen de Gottingen (-ing B).
Iohannes Heysen Gottingensis.
Ioannes Grove de Pattonsen.
Heinricus[r] Lengende de[xx] Gotting.[xx]
Heinricus[r] Coci de Northeim.
30 Heinricus[r] Lene de Gotting.
Albertus Hillen de Gotting (ngen B).
Georius[u] Hew de Gorlitz.
Iohannes Tudelroth (-rodth B) de Brucken.
Georius[u] Seitz de Eslingen.
35 Syfridus[yy] Fetten de Wetter.
Sebaldus Koch de Helgenstat.[zz]
Hermannus Küniken[mm] de Oxaria.[a]
Heinricus Nwmüller (-muler B) de Alsfeldia.
Iohannes[o] Maelsow de Lubeck.
40 Mauricius Kestner Erffurdensis.[v]
Iohannes[o] Bornnhusen[t] de Goslaria.
Iohannes Marthe de Cappel.
Fabianus Guck de Cotbus.
Iacobus Schraffenberg de Franckenhusen.[c]
45 Georius[u] Arent ex Dantz.
Casperus Bormm nobilis de Herbsleuben.[d]

---

[o] Ioannes. [p] heym statt heim. [q] ö statt o; ü statt u. [r] e statt ei. [s] Norlingk. [t] n statt nn. [u] Georgius. (Z. 9 Eckl. de Kunigshoffen.) [v] Erfordiensis. [w] u statt y oder o. [x] Bischoffheym. (Z. 18 Schleck.) [y] K statt C. [z] Urslaria. [aa] Rodulphus. [bb] y statt i. [cc] o statt e; e statt o. [dd] g statt ck oder gk (Z. 27 Brunschwig). [ee] -perchgstatt -pergk. [ff] Eybart. [gg] Bernardus. [hh] nn statt n. (Z. 35 f statt v; Z. 36 Ditberus.) [ii] gk statt g. [kk] Wernigrodt. [ll] Brunschuick. [mm] ck statt k. [nn] Rynteleyn. [oo] Bischoffeim. [pp] ch statt c. [qq] Bischenser. [rr] Doleatoris. [ss] tz statt cz. [tt] Schuldershusen. [uu] Brunschwigk. [vv] Cristannus P. de minori L. [ww] f statt ff. [xx] Gottingensis. [yy] Siffridus. [zz] stadt für stat. [a] Hoxaria. [b] Steht in B; ()[b] fehlt in E. [c] ckk statt ck. [d] l statt n. [e] Steht in E; ()[e] fehlt in B.

Eberhardus Eberdes de Peinis tm.
Heinricus Dorntten[f] de Goslaria tm.
Hartmannus Carpentarii[f] de Sarburgk[f] intitulatus pro reverencia rectoris[f] tm.

5 (Sequentes dederunt ut sequitur:)[e]

Iohannes Meisterscheffer de Sancto Nabore 20 antq. (dt.)[b]
Nicolaus Kleinhanß[bb] de Meyningen[g] 20 antq.
Philipp Camburch[g h qq] de Siegen[h] 20 antq.
10 Theobaldus Wescher[h] de Ingenheim (16 antq.)[e k]
Martinus Bulckendorff[m] de Allendorff (16 antq.)[e]
Iohannes Tilmanni[h m] de Kircheym[bb] 16 antq.
Georius[u] Weigant[n h] de Plawen 16 antq.
Iohannes Kuchner[h] de Homberg[o] (dt.)[e] 5 nov.
f. 21d 15 Otto Schiltpach[h] de Arczpurgk[p] 12 antq.
Paulus Tremp[h] de Seßlach[s] 12 antq.
Conradus Wildheintz[i ss] de Merczpach[ss] 12 antq.
Balthasar Hallis de Luchaw med.
Franciscus Tryfuß de Hallis.
20 Iohannes Kestener (-stn- B) de Mopburck.
Iohannes Czingerlein[bb] (Zi- B) de Krumpach.
Iohannes Lang Erffurdensis[v] (Hussita apostata)[e cc]
Heinricus[r] Lyndeman[ff] Erffurdensis.[v]
25 Iohannes Pol[q] Erffurdensis.[v]
Petrus Cancer[ee] de Kochen (Kothen B)
Iohannes Hucher de Ebern.[ff]
Cristoferus[pp] Kesseler de Smalkaldia.[gg]
Iacobus Otto[ll] de Scherslitz.[kk]
Iohannes Schünck de Heinczendorff.[ss] 5
Iordanus Picker de Weiden.
Petrus Roeß de Smalkaldia.[gg]
Fabianus Sartoris[ll] de Senfftenberg.[hh]
Baltazar[ll] Pellificis de Grunbergk.[i]
Michael Bolch de Condeto. 10
Nicolaus Rorer de Moldorff.
Christoferus Eichorn de Isenburgk.[nn]
Casperus Walcz[ss] de Reisch.
Iohannes[o] Lanspurgk de Muschal.
Daniel Richeling de Witzenhusen. 15
Heinricus Molitoris Erffurdensis.[oo]
Adam Scheffer[x w] de Eßlingen.
Franciscus Tinkenrodt de Isnach.[bb]
Ciriacus Glesener de Rotenbergk.
Heinricus Ernst de Wittenrod.[qq] 20
Ludewicus[rr] Lendergut de Rayn dt. 3 nov. (iam anno vicesimo in Cwburg (?) reverendissimi Moguntinensis in Erffurdia.)[e]
Iohannes Mulbach de Gerlczhoffen[ss] dt. 8 antq.
Summa 147. 25

[f] Harmannus Carpentarii de Saraburgh intitulatus pro reverencia doctoris Gengenbach, steht in B hinter C. Borm. S. 218 Z. 46. [g] Memmyngen. [h] Die nun folgenden Camburch de Segen bis Wildheyntz stehen in B zu Ende nach H. Ernst (Z. 20) als solche, die 4 sneperg. gegeben haben. [i] ck statt g oder gk. [k] 4 schneperg. [l] s statt ß oder z. [m] W statt B. (Z. 12 Tilmandi.) [n] Wigant. [o] h fehlt. (Z. 14 Humburgk.) [p] Urtzburgk. [q] ö statt o, ü statt u. [r] Erfordiensis [s] Seesloch. [t] ey statt ei. [u] Georgius. [v] Erfordiensis. [w] u statt y oder o. [x] Bischoffheym. [y] K statt C. [z] Urrs aria. [aa] Rodulphus. [bb] y statt i. (Z. 21 Zyngerleyn; Z. 18 Yeenach.) [cc] Der Zusatz mit sehr abgeblasster Tinte geschrieben. [dd] g statt ck oder gk. [ee] Cancor. [ff] nn statt n. [gg] Sch statt S. [hh] ck statt g. [ii] gk statt c. [kk] r fehlt. [ll] F. Satoris in B vor I. Otto Z. 4. (Z. 9 Balthasar.) [mm] ck statt k. [nn] Ysenburckg. [oo] Erfurdiensis. [pp] ch statt c. [qq] Erst hier nach H. Ernst folgen in B die oben Z. 9—17 aufgeführten Namen von Camburg bis Wildheincz. [rr] Ludovicus. [ss] tz statt cz.

---

f. 22b

1501. Ost. 216. Rect. Iod. Trutvetter Isenachensis.[1]

Iodoco cognomento Trutvetter Isennachense, liberalium studiorum professore in ecclesiastica doctrina licentiato, schole iureconsultorum ut vocant collegiato, ad sextum nonas Maias anno Christo quingentesimo primo supra millesimum, ut gymnasii 30 nostri famigeratissimi habenas moderaretur, unanimi, ut fit, postremorum trium electorum[a] 30

[a] Diese sind weder in E noch in dem etwas von E abweichenden Texte von B mit Namen aufgeführt. Die Einleitung lautet in B anders als in E. [b] Steht in B, ( )[b] fehlt in E.

1 In der Mitte der blauen Initiale H auf Goldgrund schreitet der heilige Jacobus der jüngere in kurzem grauem Reisekleide, rothem Mantel, Muschelhut (darüber einen goldenen Nimbus) und mit der Reisetasche nach links; er trägt in der linken Hand den Wanderstab, in der Rechten einen Rosenkranz. Zu bemerken ist, dass die nackten Füße in schwarzen Schnabelschuhen stecken.

consensu designato, subscripti sunt in tutelam suam et nobilissime schole nostre suscepti:

Nobiles et generosi domini:

dns Georius metropolitane Coloniensis simul et
5 divi Gereonis ecclesiarum canonicus et
dns Ioannes de Seynne[c] germani comites in Witgensteyn et dni in Homburgk dederunt ad universitatem 4 aureos et bedellis 2.
Gotfridus[1] de Witgenstein,[1] illorum famulus
10 gratis.

f. 22c

Totum:

Conradus Kareman de Halberstadt.
Henricus Gran de Brunswigk.[d]
Ioannes Mechtildt de Regio stagno.
15 Henricus Stupher de Lüneburgk.
(Ioannes Othusen de Drelytz.)[b]
Georius Weschede Lubicensis.
Ioannes Tendalen Hamburgensis.
Michael Hoffmann de Kesten (Kersten B).
20 Ioannes Byebel de Minfelt.[p]
Wolffgangus Gast de Wendingen.
Balthasar Sculteti de Breydenstein.
Ioannes Lawe de Eimbegke.
Henricus Schwartz[f] de Kennyken.
25 Georius (-rg. B) Setznaghel de Salczburga.[r]
(Wolfgangus Settelstedt de Schlusingen.)[b]
Paulus Werner de Markelßheym.[g]
(Nicolaus Lindenfelß de Eltfell.)[b]
Ioannes Rymbach[h] de Aw.
30 Ioannes Yolingher de Weygkersheim.
Ludewicus Christiani de Frangkenbergk.
Ioannes Hüen de Frangkenbergk.
Petrus Stecher de Werpach.
Nicolaus Carpentarii de Magkstedt.
35 Ioannes de Schawenbergk nobilis.
Theodericus Kremer de Lobenstein.
Ioannes Kallenbergk de Saltza.
Ioannes de Lauwenrein[m] de Czwigkavia.[m]
Petrus Hoxstar de Langen.[i]
40 Ioannes Heße de Assindia.
Henricus Preyn de Lemego.
Ioannes Schyntzel de Konigesehe.[k]

Ioannes Hengkman de Kirchhagen.
Nicolaus Grimer de Frankenhußen.[l]
5 Laurentius Truther de Ilmen.
Ioannes Penderhans de Syeghenn.
Andreas Schönenberg[hh] de Elbingk. f. 22d
Lubencius Schürer de Lympurgk.
Erhardus Hoch de Wydha.
10 Hermannus Nydernhoffer de Marppurgk.
Antonius Currificis de Allendorff an der Lumbe.
Martinus Ludher[n] ex Mansfeldt.
Ioannes Schaffnicht (-ffe- B) de Allendorp.[o]
Sigismundus Kirchener de Schonstet.[p]
15 (Iohannes Othusin de Drebytz.)[e]
Iodocus Barbitonsoris de Syegen.[i]
Iacobus Julich[q] de Aquisgrani.
Sebastianus Klebergk de Czerbst.[r]
Theodericus Grymmelshusen de Sula.[q]
20 (Wolfgangus Settelstedt de Schlusingen.)[e]
Melchiar Fröwel de Kanewerffenn.
Ioannes Keyckys Erphordiensis.[s]
Appollinaris Pfhlügher de Konnigehofen.[t]
Bernhardns Fabri de Karlleborgk.
25 fr. Ludewicus Fabri de Cassel ord. carmelitarum.
Ioannes } Sarlopp (Garl. B) de Luneburgk
Gotfridus } germani.
Valentinus } de Pock germani nobiles.
30 Otto }
Hartmannus Muris de Gronigen.
Eustachius Koler de Kauffbeyren.
Matthias Friderici de Isleyben.
Ioannes Heyl de Hanaw.
35 Ioannes Botz de Francfordia.[u]
Colinus Osburgk[v] de Witlich.[d]
Conradus Werheman[w] de Oringhenn.
Wendelinus Geitingher de Bietica (?).
Henricus Trutwin de Isenach.
40 Hermannus Hemmeler de Gunstedt.[q] f. 23a
Ioannes Bartholomei de Elrich.
Iacobus Tuthe de Heringhen.
Conradus Hewler de Herbipoli.

[c] nn statt n. [d] y statt l. [e] Steht in E, ( )[e] fehlt in B. [f] S statt Sch [g] aß statt ß oder s. [h] i statt y. [i] gh statt g. [k] Konygesehe. [l] ß statt s. [m] Laueurein de Zczwigkavia; steht in B um 9 Zeilen später. [n] In den Verzeichnissen der Baccalaurei und Magistri Luder geschrieben. [o] -dorpff statt -dorp [p] dt statt t oder tt. [q] ü statt u, ö statt o. [r] tz statt cz. [s] u statt o. [t] Konnigeshofen. [u] Ph statt F. [v] aß statt s. [w] Wenheman.

[1] Dieser gehört gewiss nicht der gräflichen Familie an, sondern ist nur aus Witgenstein gebürtig.

Iodocus Flegk de Bergha.
Nicolaus Malterrogk de Gamundia.
Andreas Bodhen de Duderstadt.
Conradus Kolman de Brunswigk.[d]
5 Ioannes Pantzer de Kranach.
Henricus Bostmann alias Clar de Hamel.
Bruno Wymar de Isennach.[d]
Iodocus Schedel de Torgaw.
Ioachim Wernigk de Havelbergk.
10 Simon Michelman de Hünefelt.[p]
Ioannes Matzman (ctz B) de Kofestadt.
Valentinus Hoffman (de)[e] Karlstadt.
Martinus Junghe de Wydhen.
Michael Fledher de Detelbach.
15 Laurencius Adelhofen de Kothingen.
Sebaldus Meichsner[d] de Nornberga.[i]
Michael Ludolff de Eschwe.
Balthazar Begker de Nurnberga[i] (Nurenb. B).
Ioannes Löwer[y] de Salmonster.
Leonardus Kanßraufft de Scheyrn.
20 Petrus Glockener[q] de Gernsheim.
Petrus Maltz de Cube.
Nicolaus Crutzenach[q] de Orßeel.
Ioannes Muris[q] de Liech.
25 Conradus Herthewygk de Kirchdorf.[d bb]
Andreas Göllenhöfer[z] de Zwigkavia. (In B hinter S. 219 Sp. 1 Z. 34.)
Ioannes Lunß[aa] de Pfaffenbergk.
Ioannes Hegelin de Eschenbach
30 Caspar Thammhe de Wratislavia.
Paulus Salfelt[p] de Balstedt.
Tilemannus Salfeldt de Balstedt.
f. 23b Ioannes Erkel de Kyrchdorff.
Matthias Struß[g] de Grosselfingen.
35 Nicolaus Brieff de Burgkhaslach.
Ioannes Molitoris de Buczbach.[r]
Ioannes Schorheyß[g] de Isennach.[bb]
Arnoldus Glaburgk de Phrangkfordia.[cc]
(Nicolaus Lindenfelß de Eltfell.)[e]
40 Henricus Krenczler[r] de Krebenhusen.
Ioannes Geysmar de Goslaria.[v]
Ioannes Dyl[dd] de Hochstadt.
Erhardus Boritsch[d] de Delichß.
Georius Medherr de Wissensehe.[d]
45 Franciscus Coci de Salcza.[r]
Wolfgangus Iacobi de Zwickavia.[ee]

Bertholdus Spar de Orthenbergk.
Henricus Helen[ff] de Brunschwigk.
Erasmus de Schauvenburck.[hh]
Georius Bonemilch de Lasphe.
(Summa 117.[hh])[e] 5

Medium:

Antonius Krebel Bopardensis.
Andreas Seratoris de Sweinfordia.
Petrus Burgkardt[ii] de Römbildt.[kk]
Ioannes Burman ex Lubegke. 10
Casperus Lyndeman de Heringen.
Georgius Hesse de Nova civitate.
Henricus Kommelman de Wysman.
Ioannes Wetther de Wyll.
Conradus Scharman de Dusenbach.[l] 15
Henricus Knöttel[ll] de Eimbegk.[d]
Ioannes Degker de exilio.
Gangolfus Wolff de Stogkardia.
(Summa 12.)[e]

Inaequale: 20 f. 23c

Philippus Rysß de Oppenheim 3 sneberg.
Nicolaus Egra de Czwigkavia[r] gratis ob reverenciam scolastici[mm] templi dive Virginis.
Marcus Herdeghenn de Duderstadt 3 schneberg.[mm] 25
Sixtus Wendenstreidt[d] de Scheirn[d] 1 nov. bedellis.
Petrus Lutenbergk[nn] de Ölßen 4 sneberg.
Ioannes Gelen[gg] de Wesalia 1 nov. bedellis. 30
Andreas Sartoris de Gröningen[oo] gratis ob reverenciam dni Pauli notarii universitatis.
Iacobus Cistificis de Confluencia[pp] 3 sneberg. 35
Rothgerus Auerhoff de Gladhebegk 1 nov. bedellis ob peticionem dris Dorsten et eius paupertatem.
Nicolaus Bayrll de Bergka 1 nov. bedellis ad peticionem dnorum sancti Petri. 40
Nicolaus Krauß[g] de Symmern 4 sneberg
(Summa omnium)[e] 143.[rr]

---

[x] t statt dt oder tt. [y] oü statt ö. [z] Steht in B hinter S. 219 Sp. 1 Z. 34. [aa] Lunße. [bb] n statt nn. [cc] c statt g(?). [dd] ll statt l. [ee] Tzwigkavia. [ff] ff statt f. [gg] nn statt n. [hh] gk statt ck, g od. k. (Z. 5 Richtiger 113.) [ii] kh statt k. [kk] Römbidt. [ll] Knotthel. [mm] sch statt sc; s statt sch. [nn] th statt t. [oo] Grönigen. [pp] t statt c. [qq] Tzigkavia. [rr] Richtiger 137.

Residuum intitulature:

Ioannes Hack Allendorfiensis sub doctore Ioanne Lasphe prestitit semiquatuor (3½) schneberg.

Conradus Wendt Nurenbergensis 4 sneberg.
Ioannes Schelin illi conterraneus 3 sneberg.
Wolffgangus Scriptoris de Rorbach dt. 4 sneberg.
} et hi ex numero Trinitatis promotorum.

Heinricus Byruther de Duderstat dt. 4 sneb.
Ioannes Salem de Graderen dt. 4 sneb.
Ioannes Haw Bambergensis
Kylianus Fabri de Morstadt dt. 13 antq. leoninos.
} et isti censuram tulerunt philosophicam circa festum Mychaelis.

Steph. Glawbiger de Geylnhusen dt. 13 antq. leon.

1501. Mich. 217. Rect. M. Conr. Widelingh.[1a]

Illo[1c] salvatoris anno saluberrima a nativitate Ihesu[d] Cristi[d] redemptoris[d] nostri 1501 die secunda mensis Maii[f] viri electores tres legittimi, dns scilicet Nicolaus Fuldanus, et philosophie et medicine doctor egregius, Bernnhardus[n] Ebelingk[g] Brunswicensis, philosophie magister insignis meritissimus gemini iuris baccalaurius collegiatus autem collegii maioris perhonestus facultatis arcium (quoque)[b] decanus dignissimus, nobilis et Iacobus cognomento Fuchs,[dd] philosophie baccalaurius honorabilisque Bambergensis ecclesie maioris canonicus; hi simul nedum concorditer elegerunt (sed)[e] et pronunciarunt, Errfordianum universalis studii monarcham fore dignissimum Conradum Wydelingk,[kg] philosophie magistrum doctissimum medicine baccalaurium studiosissimum Porte celi collegiatum officiosissimum; qui denique eos subscripta, quorum videris nomina studentes velut pecierunt effecit feliciter[h]:

Totum:

Michael[i] Currificis de Bydiken[kl] tm.
Theodericus Juncker Errfordens.[m] tm.
Eobanus Draco Errfurdens. tm.
Hermannus Bakhuß de Letigo tm.
Michael[i] Bischoff Errfurdensis tm.
Conradus Goltfoß de Gebeseim (Gebens. B) tm.
Paulus Flotwedel de Meydeburgk[kg] tm.
Petrus Muller Erffurdensis tm.
(Bernhardus Bertoldi Hildensemensis.)[b]
Bertoldus Egke[l] de Goßlaria tm.
Henricus Roxtze de Stendel tm.
Iohannes Aldiger Erffurdensis tm.
Bernnhardus Bertoldi Hildensemensis tm.
Iohannes Karl[o] de Künspergk[g] tm.
Iohannes Meyndorff de Gercho tm.

[a] In E: medicine baccalaureus et collegiatus Porte celi. [b] Steht in B; ( )[b] fehlt in E. [c-h] Die Einleitung in B stimmt, bis auf eine grössere Umstellung im Anfange, mit der in E überein: Mensis Maii die secunda anno 1501 a nativitate Salvatoris nostri viri electores etc. [d] Salvatoris nostri. [e] Steht in E; ( )[e] fehlt in B. [f] In E am Rande: festo die. [g] g statt gk oder ck. [h] foeliciter. [i] Michel. [k] i statt y. [l] ck statt k oder gk. [m] u statt o. [n] Gnebenseim. [o] Karle.

[1] In einem blauen J steht ein Jüngling in rothem Tricot und braunem goldgestreiften an den Ellenbogen und Achselhöhlen geschlitzten und mit Puffen verzierten Gewande, welches auf der Brust ein weisses Untergewand mit schwarzem Streife sehen lasst. Das Haupt bedeckt eine rundliche Mütze von Brocat. Um die Lenden ist ein weisser Schurz geschlungen, in dem Gurtel trägt er ein Schlachtmesser; die schwarzen Schuhe sind ausgeschnitten und hufförmig gerundet (Kuhmäuler). Mit der Linken fasst er einen zusammengebrochenen Stier am Horne, während die Rechte das Schlachtbeil schwingt. Es ist zu bemerken, dass der junge Mann eine elegante Kleidung trägt, deren Farbenglanz durch die feinen Goldornamente des blauen Grundes noch bedeutend gehoben wird. In der Randzeichnung ist unten in der Mitte die Portraitfigur des Rector's in carmoisinrothem Talar und Barett, welches an einem shawlartigen rothen Tuche befestigt ist, als Halter eines blauen getheilten Schildes, in dessen oberem Felde ein silbernes Hufeisen, im unteren ein W sich befindet.

Gregorius Ram de Salburgk tm.
Gerhardus Brumwalt de Bercka tm.
Iohannes Wissenbergk[g] ex Northusin[p] tm.
Theodericus Hyne de[q] Sunthusin[p] tm.
5 Wolffgangus Früschlich[r] de Kauffburren (r[b]) tm.
Gregorius Rödiger[r] de Marspurg.[dd]
f. 24[c] Casperus Gleßer de Nottingen tm. [tm.
Heinricus[cc] Flidener de Breytmen[k] ord. Benedicti
Mathias Schotzburg (Schu- B) de Bacharach tm.
10 Conradus Werlich Erffurdens. tm.
Valentinus Currificis Erffurdensis tm.
Cristoferus Schelte[t] de Delnburgk[g] tm.
Henningus (Henr. B) Stötberg[r] de Bodenwerde tm.
Fridericus Synger de Ochsinfurt[u] tm.
15 Georius Gerreuen[v] de Lanberge[w] tm.
Hermannus Donßpach[x] de Segen[y] tm.
Iohannes Harreß de Goßler (-ar B) tm.
Valentinus Schöneman[r] Brandeburgensis.
Conradus Fabri de Kritebergk[g] tm.
20 Iohannes Haffernigk[z] de Wenigenrode tm.
Iohannes Bogk[l] de Wyldungen[k] tm.
Hermannus Hawenkernn[l] de Wyldungen[k] tm.
Georius Icher de Offinburgk[aa] tm.
Conradus Stegertal[bb] de Stalbergk[g] tm.
25 Michael Bur de Horda tm.
Iohannes Ruch de Ißleuben[cc y] tm.
Iohannes Ruslein[s] de Hordo tm.
Bartolomeus Huser[dd] de Horb tm.
Iohannes Junge Erffurdensis tm.
30 Iohannes Moller[ee] de Molhußin tm.
Augustinus de Hersburgk[ff] tm.
Sigismundus Henffener de Grymmiß tm.
Georius Utenshöfer[gg] de Gössen[gg] tm.
Iohannes (Albrecht)[e] de Gampsßterßhusin[hh] tm.
35 Iohannes Schmetner[kk] de Wassertrudingen tm.
Paulus Butenbacher de Norlingen tm.
Hermannus Scheppelen alias Engelhardi de Munden tm.
Henricus Mocken[mm] de Münden[r] tm.
40 Heinricus Federer[nn] de Osterode tm.
Burckardus Schalckochen[oo] de Hamolen[oo] tm.
Petrus Thudeman[pp] de Gandersheim[dd] tm.
Iohannes Heinrich de Kranach tm.
Burkhardus[g] Trobe de Konigßhoven tm.
45 Andreas Hagen[g] de Brunswigk tm.
Michel Kesewiß[qq] de Arnnstet[tt] tm.

Iohannes Rothart de Molhusin[p] tm.
Iohannes Loman de Egelsheim[rr] tm.
Heinricus Foß de Northeim tm. f. 24[d]
Iohannes Harunger de Hyldensheim[k] tm.
Philippus Geysel[ss] de Schonaw tm. 5
Michael Conlin de Geyßlingen[k] tm.
Bernnhardus[tt] Lyndeman[k] de Elrich tm.
Conradus Loy (Loyde B) de Wissenburg tm.
Fridericus Hebener de Halfelt[uu] tm.
Conradus Scheller de Thurnaw[vv] tm. 10
Iohannes Leuchtenmecher de Hoxaria tm.
Henricus[ww] Herboldi[ww] de Hoxaria (baccal.? Rostok. †)[e] tm.
Paulus Umbach de Kassel tm.
Hermannus Marstmeyer de Bodenwerde[yy] tm. 15
Iohannes Wedigen de Bodenwerde tm.
Lodewicus[m] } Iohannes } Sculteti fratres de Cassel[zz] (sß B) tm.
Iohannes Petri de Cassel tm.
Iohannes Digkmeyer[l] de Armßleuben[cc y] tm 20
Otto Vinczelbergk[g] de Soltwedel tm.
Iohannes Topffer de Konigesse tm.
Iohannes Kün[r] de Moguncia[yy] (? Limwendorff)[e] tm.
Iohannes Stogkhey[xx] de Bennighen tm.
Iohannes Elsesser de Lich tm. 25
Anthonius Esbegk[dd] de magna Salma tm.
Ernestus Ernesti de Embegk[l] tm.
Lucas Heiliger de Besigka[l] tm.
Benedictus Ergk[l] de Mur tm.
Martinus Kophen Erfordenn[ll] tm. 30
Iohannes Köl de Ußingen tm.
Conradus Molitoris de Schwabach[kk] tm.
Iohannes Fige de Lichtenaw[zz] tm.
Valentinus Bornn[tt] de Sonneborn[g] tm.
Theodericus Thumart[a] de Northeim tm. 35
Iohannes Folprecht de Northeim tm.
Kilianus Crafft de Herbipoli tm. [tm.
Hartmannus Haße[c] de Reichelsheim (Richelßh. B)
Iohannes Thuman (Tho- B) de Northeim tm.
Ieorius Mengershusin[dd p] de Northeim tm. 40
Hennyngus[k] Grymmer[k] de Sprinck tm.
Michael Breithem[d] de Gotha tm.
Eckhardus[f] Petri de Burgk[g] tm.
Henricus Osse (Esse B) de Hombergk[ll] tm.
Martinus Tilonis de Franckfordia tm. 45
Iohannes Kolbe de Aschoffenburgk[g yy] tm. f. 25[a]

---

[p] -hußen statt -husin. [q] ex. [r] u statt ü, o statt ö. [s] Raßlein. [t] Schelt. [u] ßen statt sin. [v] Getreuen. [w] Lanbergk. [x] s statt ß. [y] nn statt n. [z] Hafferung. [aa] -berg statt -purgk. [bb] tall statt tal. [cc] e statt eu od. ei. [dd] ß statt s. [ee] Muller. [ff] Herbßburg. [gg] Utenßhoffer de Gyssen. [hh] Gampsßerßhußen. [ll] -burg statt -bergk. [kk] S statt Sch. [ll] Erffurdensis. [mm] Mecken. [nn] Feddere. [oo] Schalckochen de Hameln. [pp] h fehlt. [qq] Kesewiß. [rr] Egelscheint. [ss] Giißel. [tt] n statt nn. [uu] Halsfelt. [vv] Tornauwe [ww] Hinr. Heboldi. [xx] K statt C oder gk. [yy] a statt o. [zz] auwe statt aw. [a] Thuman, (s. Z. 39) [b] Steht in B; ( )[b] fehlt in E. [c] Haß. [d] ei statt e. [e] Steht in E; ( )[e] fehlt in B. [f] h fehlt. [g] g statt gk, ck oder k. (Z. 45 a statt o.)

Iacobus Teyle[h] Erffurdensis tm.
Iohannes Kemmerer de Honebra tm.
Iacobus Aschenbornn (Assch. B) de Spangenburg tm.
5 Iohannes Schoch de Elbram tm.
Beatus Berman de Nothingen tm.
Iodocus Blüm[r] de Franckfordia tm.
Iohannes Glyna Erffurdensis tm.
Georius Frunt de Echßwe tm.
10 Iohannes Hann[tt] Erffurdensis tm.
Iohannes Sculteti de Wratislavia tm.
Nicolaus (-lai B) Fabri de Bidenkap tm.
Balthasar Reincken de Goslaria[ee] tm.
Iohannes Sculteti de Halchenhusin[i] tm.
15 Iacobus Decker de Ißleubin[m] tm.
Cristoferus Muratoris de Fussen tm.
Andreas Hering de Gerlshoffen[ee] tm.
Sanderus de Holle ex Rynckelyngen[k] tm.
Metardus (th B) Müthich[r] de Crowar tm.
20 Iohannes Bartholmes[n] de Velspergk[ee g] tm.
Michael Letsch Erffurdensis.
Adelarius } Speter Erffurdenses tm.
Eobanus }
Iohannes Happenal de Eberspach[ee] tm.
25 Iohannes Henn[tt] ex Tetelbach tm.
Erhardus Ditmar ex Volkach tm.
Iohannes Hespurgk[g] de[q] Sluchter tm.
Petrus Nündorffer[r] de[q] Redwitz tm.
Conradus Elbißen[q] de Egbeck tm.
30 Henning de Reden tm.
Conradus Molitoris de Heylpergßhusen[s] tm.

Medium:

Hermannus Butman de Kerbey.
Naso Fachner de Augusta.
35 Paulus Heilingen de Adelshusin.[ee p]
Conradus Struven de Halberstat.
Nicolaus Heiligenstat[cc] Erffurdensis.
Nicolaus Schultes de Altzeia.

Iohannes Iacobi de Homburgk.[g]
Hartungus Siboldi de Herbstleubin.[m]
Anthonius Hachenbergk[g] (Hack. B) de Batherate. f. 25 b
Michael Otto de Swynfordia.[k]
5 Steffanus Lippe de Stasfurt.[t]
Iohannes Gelther[u] de Ebernn.
Laurencius Müller[r] de Offinburgk.[g]
Petrus Fabri de Erwerdingen.
Iohannes Neunhoffen de Nurenberga.
10 Laurencius Kochamer[v] de Colnnbach.
Oswaldus[cc] Schaffhußen de Myspach.[k]
Ciriacus Imber Erffurdensis.
Iohannes Bryel[w] de Reythersweisen.[cc]
Iohannes Reuther[z] de Offenburg.
15 Wolffgangus Feyel de Steten.
Petrus Lebe de Walstat.
Iohannes Münczer[aa] ex Sulbergk.[aa]
Ioachim Am de Eymbeck[k] (dt. residuum).[b]
Conradus Knock de Harem.[bb]

Inequaliter:

20 Iohannes Cleremant de Aquisgranis dt. 3 sneberg.
Iohannes Spyß[k] de Wyda[k] 4 sneberg.
Matheus Rogkstet[l] de Wenningerod (Weningenrode B) 4 sneberg.
25 Appollinaris Sifridi de Numburg 5 sneb.
Iohannes Rogke[dd] de Nova civitate 1 sneb.
Bartolomeus Rogke[dd] de Meynungen[ff] 5 nov.
Iohannes Peynhart[gg] de Sunthra[r] 5 nov.
30 Albertus Sartoris de Hoxaria 5 sneberg.
Conradus Nesenhen[ee] de Rotenburg 4 sneberg.
Balthasar Keßler de Kempnat[h] 5 nov.
Iacobus Blangk[l] de Arbon 4 sneberg.
Bartoldus Langkmüller[l] de Granaw 4 sneberg.
35 Franciscus Drützenne[r] Erffurdensis 2 sneberg.
Michael Prussel Erffurdensis 1 sneberg.
Marcus Kreyer de Logingen[ii] 1 sneberg.
Summa 185.[kk]

---

[h] Teil. [i] Halthenßeym. [k] i statt y. [l] ck statt gk oder k. [m] -ben statt -bin. [n] Bartolomes. [o] w statt b. [p] -hußen statt -husin. [q] ex statt de, de statt ex. (Z. 29 Elwissen.) [r] u statt ü, o statt ö. [s] Heilperghußen. [t] Strusfart. [u] Geltern. [v] Kothamer. [w] u statt y. [x] s statt ß. [y] nn statt n. [z] Reuten. [aa] Muntzer ex Salberg. [bb] Haren. [cc] e statt eu, ei oder ey. [dd] Rock. [ee] ß statt s. [ff] Meynungenn. (Sp. 1 Z. 31 Heilperghußen.) [gg] Pynhart. [hh] p fehlt. [ii] Lagirgen. [kk] Richtiger 175.

f. 25cd

1502. Ost. 218. Rect. Dr. Iac. Doliatoris.

Kalendarum[a][1] Maii[a] capite huius urbis apud altissimum pii patroni et intercessoris divi Severi capellanus Iacobus Doliatoris ex Embeck, utriusque iuris doctor f. 26a **et decanus cognominatus prope apostolorum Philippi et Iacobi festivitatem ad annum** 5 **domini 1502 per venerabiles egregiosque viros Iohannem Gnaes, utriusque iuris interpretem concapellanum, Bernhardum Ebeling de Brunswig, utriusque iuris baccalarium facultatis arcium decanum, et Bartholomeum de Usingen, arcium ac philosophie magistros, in huius gymnasii rectorem electus est et confirmatus: sub quo incorporati sunt sequentes:**

Dantes totum:

10 fr. Baldewinus de Marnholt ord. sancti Benedicti monasterii in Luneburg[c] dt. $^1/_2$ flor. (postea abbas).[b]
Wichpertus de Ebenheym canonicus ecclesie Herbipolensis dt. med. flor.
15 dns Bertoldus Reße[d] ex Gottingen mag. Liptzensis dt. med. flor.
Gerhardus Hocker de Bilveldia tm.
Iohannes Baumgarter de Lantzhut tm.
Magnus Sigen de Brunswigk[f] tm.
f. 26b 20 Nicolaus de Wildenrode Erffurdensis tm.
Steffanus (de)[e] Wildenrode Erffurdensis tm.
Wendelinus Helmerich de Schlusselfelt tm.
Nicolaus Hartman de Wispach prope Lobenstein tm.
25 Iohannes Puffel de Wispach (prope Lobenstein)[e] tm.
Iohannes Wigandi de Gottingen tm.
Iohannes Bel de Franckfurt tm.
Bartholomeus Furster de Zwiccavia tm.
30 Nicolaus Cristenhoffer de Zwiccavia tm.
Sigismundus Focker[g] de Auspurgk (-rg B) tm.
f. 26c Thomas Roth de Nurenberga tm.
Iohannes Sutoris de Seßen tm.
Adamus Ihane[h] alias Gleßer de Winsheim[i] tm.
35 Ewaldus Mulsinger de Grunsfelt tm.
Bernhardus de Luchaw[k] de Nova civitate tm.
Hermannus Peyn ex Salma Ditfart tm.

Iohannes Olber de Mundenn tm.
10 Henricus Bennungen de Reinstorff tm.
Petrus Rußworm de Ihenis tm.
Iohannes Muntzemeister Erffurdensis tm.
Iohannes Bart de Martvipich tm.
Iohannes Fuchß[l] de Burgkonstet[m] tm.
15 Anthonius Espacher[i] de Herbipoli tm.
Iohannes Rastorff de Isenach tm.
Theodericus Loer de Tryße[n] tm.
Mathias Knorrenn[o] de Saltzich tm.
Bruno Pistoris de monasterio Meifelt[q] tm.
20 Iohannes Stefes de Tryße[n] tm.
Andreas Hauck religiosus canonicorum regularium monasterii in Heydefelt tm.
Iodocus Eylfzehen[r] religiosus eiusdem monasterii tm.
25 Detlevus Godecke de Hamburg tm.
Ypolitus de Huttenn[o] nobilis ex Franconia tm.
Leonhardus Pfeiffer[p] de Auwe tm.
Iohannes Murer Erffurdensis tm.
30 Iohannes Molitoris de Czelle[s] in partibus Suevie tm.
Henricus Warmuth de Northußenn[o] tm.
Iohannes Hilman de Rettebich tm
Wilhelmus Sunckmar[t] de Nurenberg tm.
35 Balthasar Koberstet de Greventail[r] tm
Iohannes Zceubelreyt[u] de Kitzingenn[u] tm.
Iohannes Slutzhauwer de Fulda tm.

[a] Secunda Maii: die Einleitung in B ist kürzer gefasst. [b] Steht in B; ( )[b] fehlt in E. [c] gk statt g oder ck. [d] Reß. [e] Steht in E; ( )[e] fehlt in B. [f] ck statt gk oder k. [g] V statt F. [h] Ihan. [i] ß statt s. [k] auw statt aw. [l] Fuß oder Puß (?). [m] o statt u. [n] Tryß. [o] n statt nn. [p] Pfiffer. [q] y statt i. [r] ff statt f oder v. [s] Zcellen. [t] c statt ck. [u] Zibelrit de Kitzungen.

[1] In der blauen Initiale erscheint die sitzende Figur eines Bischofs in weissem Gewand und weisser Mitra, rothem goldumsäumten und grungefütterten Mantel und gelben Handschuhen; er trägt in der Linken den einem grossen Geigenbogen ähnlichen Walkorbaum, in der Rechten den Bischofsstab; zu seinen Fussen ist nach links geneigt das Wappen: im silbernen Schilde eine grüne Lindenstaude zu 5 Blattern

Andreas Molitoris de Kossenblatt.[v]
Petrus Kubeler de Gruningen in Suevia.
f.26a Balthasar Wernher[v] de Hunefelt.
Simon Wilhelm mag. Coloniensis de Kotbuß
5 in Lusacia.
Petrus Bergholtz de Storckauwe sacerdos.
Iohannes Zcetwitz[w] nobilitaris de Koßwig.
Iohannes Ritter de Magdeburg.
Iohannes Pewschel[x] de Nurenberga.
10 Philippus Sterer[ii] de Wersem.[y]
Allexius Poschn[z] de Constancia.
Wolffgangus Loner de Romhelt.
Iohannes Borneck de[aa] Stolberg.[aa]
Jeorgius[bb] Pappe[bb] de Heidensfelt.
15 Andreas Doleatoriß de Heidensfelt.[cc]
Rulinus Thile[dd] de Gruningen.
Iohannes Ecz[ee] de Amelburg.
Iohannes Rypenhußen[ff] de Gottingen.
Iohannes de Lunden de Gottingenn.
20 Georgius[gg] Kybiß de Confluencia.
Martinus Beichel de Confluencia.
Hermannus Frouff de Crutzenach.
Leonhardus Walt de Crutzenach.
Michel Kern de Rayn Bavarie.
25 Paulus Weygant[hh] de Winßheim.
Iodocus Eckart de Winßheim.
dns Erasmus Koppermann sacerdos religiosus monasterii in Breytingenn[o] ord. sancti Benedicti.
30 Iohannes Scharsacke[kk] de Sultzbruckenn.
Nicolaus Raßmol de Wetlich.
Nicolaus Hausman[ll] de Wetlich.
Jeorgius Fabri[ll] de Norlingenn.[o]
Melchior Zcehender de Alenn.[o]
35 Petrus Henhach de Ruckershußen.[cc]
Wolffgangus Jechel de Brixenn.[o]
Sabellus Kemenitze[mm] de Pritzwalck.
Iohannes Sartoris de Nuwiler.
Iacobus Hucke[nn] de Swinfart.
40 Margwardus (de)[b] Hatstein nobilis ex Wedderavia.
Theodericus Wertorff nobilis ex Esscherßhusen.[oo]
Iacobus Fetzsch de Tyssenn.[pp]
f.27a Philippus Cerdonis de Elltfil.
45 Philippus Pistoris de Usingenn.
Jacobus Snebelinge de Horbe.
Melchior Butz de Hormm.[qq]

Jacobus Schitz de Horbe.
Henricus[hh] Beymigk[rr] de Butzbach.[xx]
Casperus Hiller de Wisseburg.[ss]
fr. Jeronimus Koch de Wratislavia ord. canonicorum regularium sancti Augustini. 5
Anthonius Pastoris de Thurnn.
Conradus Meyger de Herridenn.[o]
Balthasar Hellenn[o] de Spey sub Buppardia.
Iohannes von der Weda de Schoneck sub Buppardia. 10
Iohannes Rabe de Brampach prope Egram.
Iohannes Ertman de Oßnaburgis.

Medium solventes:

Balthasar Pfortzen de Argentina. 15
Iohannes Bune de Kassel.
Henricus Karpe[tt] de Stalberg.
Hermannus Noldo de Marpurg.
Nicolaus Koydel Erffurdensis.
Balthasar Fuchß de Heydensfelt 20
Franciscus Punger (Bunger B) de Hatzenportz.
Franciscus Voyt de Hatzenportz.[uu]
Conradus Tidersheym de Bellersen.[cc]
Bartolomeus Molitoris de Breytenbrun.
Michel Baumann[o] de Mospach.[cc] 25
Tilomannus Repusch de Franckfordia.
Iohannes Wiltman de Bobenhaußen.[vv]
Petrus Brest de Freisingenn.[o]
Conradus Meyner de Karlstat[ww]
Gerhardus Ernst de Sassenberg. 30
Henricus Wigandi de Richensassen sacerdos.
Iohannes Sturer de Puch sacerdos. f.27b
Iohannes Hang de Langenarme.
Caspar Boltz[xx] de Crow.
Andreas Ruchamer de Nurenberga. 35
Conradus Eichstet de Eichsted.[ww]
Iohannes Obser de Greventail.
Iohannes Kremer de Elrich.
Iohannes Leonis de Schonstad.[ww]
Nicolaus Polczel de Monte nivis. 40
Iacobus Sellatoris de Quedingborg.
Iohannes Fabri de Gemunden.
Wolffgangus Pistoris de Northußenn.
Sixtus Vachentzer de Horwe.
Steffanus Siber de Wyda. 45
Henricus Wackener de Alveld.[yy]
Georgius[gg] Stalecke[zz] ex Brixenn.

[v] h fehlt (Z. 1 Kosse..blart.) [w] Zcottwitz. [x] Puschel. [y] Werßheym. [z] Perschn. [aa] Stolbergensis. [bb] G statt J. (Z. 14 Pape.) [cc] ß statt s. [dd] Thiel. [ee] tz statt cz. [ff] i statt y. [gg] J statt G. [hh] i statt ey oder e. [ii] r statt rr; rr statt r. [kk] Scharsack. [ll] Hußman, steht in B nach Fabri. [mm] Kemnitz. [nn] Huck. [oo] -hußen statt -husen. [pp] Tyschenn. [qq] m statt mm. [rr] Beyming. [ss] Wissenburg. [tt] Karp. [uu] Hatzenburg. [vv] a statt o. [ww] -stet für -stat, -sted oder -stad. [xx] cz statt tz. [yy] f statt v. [zz] Staleck.

Adamus[a] Hawenkernn[k] de Willungen.
Iohannes Fromholt[vv] (Fra. B) de Weninges.
Casperus Bobitzsch do Sangerhußenn.
Sigismundus Bloer de Hoblenßberg.
5 Ludewicus Orderzcehenn[d] de Argentina.
Nicolaus Tile de Sunthußenn[o] prope Gotha.
Cristoferus (ff B) Espacher de Herbipoli.

Inequale solventes:

Tilomannus Heyenrodt[f] de Duderstat gratis ob
10 honorem doctoris Heyenrodt.
Iohannes Termstorff Erffurdensis gratis ob honorem patris sui proconsulis secum venientis.
Erhardus Mock de Schampach 4 sneberg.
Gangolffus Becker de Arternn 4 sneberg.
Wernerus Hauwenschilt de Mannembach prope 5 Brunswig 3 sneberg.
Nicolaus Axt de Porrewt[h] gratis pro deo choralis.
Arnoldus Potheff[i] de Brunswigk.[l]
Iohannes Gotze de Gruningenn 2 snebergenses. 10

Summa 148.[l]

[a] Adam. [b] Steht in B; ( )[b] fehlt in E. [c] gk statt g oder k. [d] Orderzehen. [e] Steht in E; ( )[e] fehlt in B. [f] Heynrodt. [g] v statt f. [h] Parrewt. [i] ß statt s. (Z. 9 Potheff.) [k] auw statt aw. [l] Richtig.

f. 27cd
f. 28ab

1502. Mich. 219. Rect. Ioh. Gans.[a]

(Omnipotentis dei nomine invocato)[b]

Legitimis[1] Erffurdie pro rectore[c] gimnasii[d] eligendo comiciis initis iamque can- 15
15 didatis in ea descendentibus nobilis et generosus dominus dominus Georgius comes in Witgynstein[f] dominus in Homburgk, cathedralis ecclesie atque sancti Gereonis Colonie Agrippine canonicus, simul venerabiles viri Leo de Berka magister, de collegio Porte celi[g] et Ioannes (de)[b] Franckenbergk, item magister et phisicus, suffragia primi extulerunt virumque clarissimum Ioannem Gannßen,[h] arcium[i] liberalium magistrum ecclesiastice 20
20 literature licenciatum, moderatorem creavit et gimnasii principem (ad)[e] XV. kal. Novembres anno salutis nostre supra quingentesimum[k] secundo[k] (?): sub cuius gimnastica pretura universitati[q] infra(scripti)[e] sunt incorporati:

Alexander de Redwitz canonicus Herbipolensis[l] dt. florenum pro intitulatura et 1 sneberg.
25 (schneb. B) (pro)[b] bedellis.
dns Iohannes[m] Leymbach[aa] prepositus Wurtzensis dt. (1)[b] florenum.
Cristoferus } Sebastianus } de Seckendorff canonici ecclesie Bambergensis aureum dederunt nummum.
30 dns Iohannes[m] de Lichtensteyn canonicus maioris ecclesie Herbipolensis dt. 1/2 flor. 25
Sifridus[n] de Heym (?)[n] canonicus maioris ecclesie Magdeburgensis et Halberstatensis dt. 12 nov. et 8 ₰.
Hermannus } Iohannes } Rodenborch[n] germani ex Hamborgk } Paulus Jordan[n] Nowon } dederunt aureum cum tribus sneb. 30

[a] Herbstein über der Seite in B. Ausser dem Zusatze Omnipotentis — invocato, welcher in E fehlt, stimmt die Einleitung in E mit der in B überein. bis auf die Varianten [c-k]. [b] Steht in B; ( )[b] fehlt in E [c] tempore. [d] gymnasii. [e] Steht in E; ( )[e] fehlt in B. [f] e statt y. [g] coeli [h] Ganßenn. [i] artium. [k] quingentesimo tercio. [l] Herbipolensis. [m] Ioannes. [n] Siffridus de Hoym; in E ursprünglich auch Hoym, aber verändert. (Z. 29 Rydenburgk; Z. 31 Gordann.)

[1] In der blauen Initiale L auf Goldgrund steht ein Bischof, der über weißer Alba ein rothes Messgewand und eine blaue Chorkappe, gelbe Handschuhe und weiße Mitra trägt; er hält in der Rechten den Bischofsstab. in der Linken eine Weintraube (St. Urban von Langres, Patron des Weinbaus). In der reichen Randverzierung ist unten ein schlichter blauer nach links geneigter Wappenschild mit einer nach links schreitenden weißen Gans.

Totum:
Georius Balwach de Eyfelstat (Eylf. B).
Hermannus Roest (Rost B) de Flarcheym[o]
Iohannes[m] Barchman de Bokelem.
5 Ioannes (Iannes B) Heyße[aa] de Günstet.[p]
Ioannes Hartungi Erffurdensis.[q]
Georius Rasoris[r] de Lasphe.
Anthonius Volker Fuldensis.[q]
Iacobus Hofeman (Hoffm. B) de Sunderßhusen.[q]
10 Iohannes (Iannes B) Kolhen[s] de Bachennem.[yy]
Nicolaus Vischpach de Treysa.
Bruno de Teyteleben.[t]
Ernestus de Bothmer.
Valentinus de Teiteleben.[t]
15 Hermannus Preyn[aa] de Lemgo.
Nicolaus Conradi de Sassenberck.[v]
f. 283c Fridericus Swinde[w] de Hannaw.
Iohannes Reyul[gg] de Cubito.
Ioannes Moller de Herbipoli.[y]
20 Michael Molitoris[z] de Arnnstet.
Iacobus Pellificis de Oppenheym.[aa]
fr. Bartholomeus Antrech de Nova civitate.
Ulricus Seiler de Meiningen.[bb]
Christianus Wintergerst de Meynningen.[bb]
25 Phillus (Philippus B) Phieffensticker[cc] de Darmmstet.
Iohannes Meczler[dd] de Mergethem.
Heinricus Henseller[ee x] de Steinaw.[ff]
Iacobus Hotzel[gg] de Berka.[hh]
Ioannes Leuffenner (ou B) de Franckeberg (-enb- B)
30 Georius Eschenbach de Bappenheim.
Leonhardus[ii] Steynbach[aa] de Rotwil.[gg]
Thomas Beyer de Oschacz.[dd]
Fridericus (von Wulfferoda)[e] de Wulfferoda.[kk]
Ioannes Werne[ll] de Gissen.[ll]
35 Gerlacus (Gi. B) Girlachshen (Gy. B) de Gissen.[ll]
Iohannes Goysses[mm] de Ediger.
Hermannus Leyme (Leine B) de Ediger.
Ioannes Hoenßrock[nn] de Lansten (-stenn B).
Ioannes[m] Dreybach de Brubach.
40 Nicolaus Wynnantz de Lutzenrodt.
Erhardus Bone de Nuenbork.[qq]
Reinpertus[rr] von Byedenfelt.[rr]
Iacobus Hildebrant ex Nurenberga (Nürenb. B).

Heinricus Wimelop[ss] de Embeck.
Bartholomeus Wissenhayn[tt] de Wiffera.
Fridericus Lantgreve[p] de Franckenhusen.[ee]
Mathias Buel[gg] de Kochem.
5 Iohannes Pape de Goßlaria.[r]
Gangolffus[oo] Fabri de Monaco.
Nicolaus de Horen.[uu]
Fridericus Grae Wormaciensis.
Ioannes Böloff[vv] de Novo foro.
10 Iacobus Schott de Linth.
Andreas Weber de Wittenbergk.
Ioannes Harhusen[ww] de Goslaria.[ee]
Andreas Berckman[oo] de Cassel.[tt]
Melchior Bruel[gg] de Lichtenaw.[ff]
15 f. 284 Laurencius[xx] Steckel[gg] de Northenn.
Iacobus Fuchs de Ruegenn.
Ioannes Lyrer[zz] de Spangenberg.[y]
Ioannes Fraweneng[a] de Cassel.[a]
Heinricus Krekenmeger[c] de Bodenwerder.
20 Gregorius Herwen de Wlßen.[d]
Simon Remel[gg] de Olßnitz
Georius Stapfe[g] de Forchem[g]
Balthasar[i] Finckeltaus[h] Erffurdensis.
Heinricus Roderßhem[k] de Embeck.[k]
25 Heinricus Heller de Cassel.[l]
Hermannus Furster[n] de Tryß.[cc]
Iohannes[ii] Neben de Segen.[oo]
Heinricus Pfaffen[ee] de Segenn.
Ioannes Selbolt de Bingenheym.[o]
30 Iohannes Heschel[gg] de Denckendorff.[s]
Bartholomeus Beyer de Augusta.
Ludewicus[n] Balneatoris de Roßenfelt.[t]
Tilmannus (Tilem. B) Conradi de Gottingen.
Andreas Meyher[ii] de Gottingen.[oo]
35 Hermannus Ghyr[v] de Padelbornn.
Iohannes Golda[w] de Salcza.[dd]
Iohannes Jeger[s] de Slusingenn.
Iohannes Pretz Eler[bb] de Sundershußen.
Iohannes Haeß de Wesalia inferiori.
40 Georius Willer Erffurdensis.
Iohannes Schropfer[ee] Erffurdensis.
Ludewicus Theveßhan[ff] de Gronberg.[ff]
Gotfridus Hauer de Zusato.[gg]

---

[o] Fladicheim. [p] dt statt t (Z. 5 Gunstet.). [q] nn statt n (Z. 9 -haußen.). [r] a statt o. [s] Kolheim. [t] Teutelleyben (Z. 14 Teitelleubenn.). [u] i statt y. [v] gk statt ck. [w] Schwinne. [x] l statt ll. [y] p statt b. [z] Moliatoris. [aa] i statt y. [bb] Meinungenn. [cc] i statt ie. [dd] tz statt cz. [ee] ß statt s. [ff] awe statt aw. [gg] ll statt l. [hh] ck statt k. [ii] h fehlt. [kk] Wulfferode. [ll] Wernner de Gyßteun. [mm] Gysles. [nn] Hoenßrucke. [oo] nn statt n. [pp] rode statt rodt (Z. 7 Hoerun.). [qq] Neunborgk. [rr] Reimpertus von Beidenfelt. [ss] Weinlab. [tt] sß statt ss. [uu] sch statt s. [vv] ü statt ö. [ww] Horhaußen. [xx] c statt t. [yy] n statt nn. [zz] ey statt y. [a] Fraweng de Caßela. [b] Steht in B; ()[b] fehlt in E. [c] Kregengeger. [d] Ulßenn. [e] Steht in E; ()[e] fehlt in B. [f] e statt i oder y. [g] Stapphe de Forcheim. [h] th statt t. [i] Bartalsar. [k] Rodeßheim de Eimbeck. [l] Caßell. [m] Iohannes. [n] o statt u. [o] d statt g. [p] dt statt t. [q] n statt nn. [r] a statt o. [s] Denckeindorff. [t] s statt ß [u] Tilemannus. [v] gk statt g. (Z 34 Gyll.) [w] Golde. [x] i statt ll. [y] p statt b. [z] Jheger. [aa] i statt y. [bb] Pretzeler. [cc] i statt ie; ie statt i. [dd] tz statt cz. [ee] ph statt f (Z 25 und 40 statt pf.). [ff] Theveßhain de Grenberg. [gg] S statt Z.

Andreas Jeriger (Eriger B) de Baden.[oo]
Conradus vom Hagen Halberstatensis.[kk]
Heinricus Ußler de Goslaria.[ll]
Heinricus Kipperoge de Hildeßheim.[mm]
5 Albertus Sanfftelеuben[nn] Wernegerodensis.[pp]
Nicolaus Scheffer de Rinstet.[kk]
Iodocus Meder de Winßheim.
Caspar Belcz de Nova civitate.
Georius Rytmeller[aa rr] de Werdea.
10 Petrus Karnn de Brandenburg.[v]
Siffridus Lancze[dd] de Adeleinßen.[oo]
Henningus Kopman de Hardelessen[ss]
Ioannes Immischußen[oo] de Boventen.
f. 29a Ioannes Hübener[tt] de Sula.
15 Petrus Swegler de Oringenn.
Sebaldus Swertfeger[uu] de Norlinge.
Adelbertus Muldenhawer[vv] de Monte (regis).
Hertwicus Stipendarii } ex Ingwiler.
Iohannes Sartoris }

20 **Inaequale:**

Ioannes Gronberg[ww] (de Wormacia)[e] dt. 5 nov.
Ioannes Meyger de Gandershem[xx] 4 sneberg.[uu]
Petrus Mercatoris de Nydda[aa] 3 1/2 sneberg.
25 Ioannes Heytlein[yy] de Tramach 3 1/2 sneberg.
Nicolaus Bischoff de Slösterßhem[uu] 3 1/2 sneberg.
Andreas Hechinger de Torinth 3 1/2 sneberg.
Caspar Reinhart de Isennach[q] 3 1/2 sneberg.
Heinricus Roßenfelt de Rößenfelt[a] 3 1/2 sneberg.
Ioannes Grommer de Offenbergk[c] 3 1/2 sneb.
Gregorius Schlemmer (de Nunkirchen)[e] 3 1/2 sneberg. 5
Erhardus Ertman de Gesebornn[d] 4 1/2 sneberg.
Nicolaus Textoris de Remda 4 1/2 sneberg.
Andreas Weneman de Elrich[g] 4 1/2 sneberg.
Iohannes[ii] Fabri de Herbipoli[h] 4 sneberg.
Erhardus Heseler[i] de Beckin 4 1/2 sneberg. 10
Leonhardus[ii] Furster (de Lanßhut)[e] 3 sneberg.
Iodocus Cantrifusoris de Bacheraw[k] 3 sneberg.
Vitus Gotfridus de Detelbach[k] 3 sneberg.
Iohannes[ii] Sybolt de Symmerda 4 1/2 sneberg.
Petrus Fuchs de Northem[l] 4 1/2 sneberg. 15
Petrus Im Hoeff de Lichenrode[m] 4 sneberg.
Gratis intitulati ob reverenciam quorundam dominorum de universitate:
Arnoldus Geswini[n] de Herdewick[n] dt. sneberg.[uu] alias gratis ob reverenciam doctoris Salden.[o] 20
Symon Frolich gratis ob reverenciam doctoris Petri.
Vitus Rorunck (-ng B) de Sangerhusen[oo] 1 sneberg.[uu] gratis intuitu[q] doctoris Dorsten.
Guntherus } Bodewitz Erffurdenses gratis ob 25
Ludewicus[n] } reverenciam rectoris.
Wolffgangus Schenck[r] de Lipczk[r]

Summa 140[s]

De residuo intitulature:

Mgr. Werlich Erffurdensis.
30 Iohannes Kuchenner intitulatus sub lic. Nuenstadt.
Ludolffus von der Hart de Bercka (rect. dr. Ganß).
Adam Scheffer de Eßlingen (rect. lic. Nuenstadt.)
35 Casperus Hornhußen de Mießbach (rect. dr. Utesperg).
Hinricus Detleff de Warberck (rect. dr. Utesperg.) 30
Iohannes Cleremundt de Aquisgrano (rect. mag. Wideling).
Hinricus Rasoris de Breytenbach (rect. lic. Hiltwinus). 35
Albertus Sartoris de Hameln (rect. lic. Nuenstadt).
Martinus Arthes de Meynungen.

Hee decem persone, ut impleretur residuum intitulature dederunt 2 sexagenas 3 nov. 1 antq. 40

[hh] ck statt k. [ii] h fehlt. [kk] statt für stat. (Z. 6 Rinstett.) [ll] Gorßlaria. [mm] Hildenßheim. [nn] e statt a. (Z. 5 Werigenrodensis.) [oo] nn statt n. [pp] Weregenrod. [qq] -stett für -stet. [rr] tt statt t. [ss] Hardeßleben. [tt] Hubner. [uu] Sch statt S. [vv] Multenhawer. [ww] Gronenberger. [xx] Ganderßheym. [yy] Heitlein. [aa] Schloßterheim. [a] o statt ö. [b] Steht in B; ( )[b] fehlt in E. [c] Ossenberg. [d] Geselbornn. [e] Steht in E; ( )[e] fehlt in B. [f] e statt i oder y. [g] Erlich. [h] Herpoli. [i] Heßeller. [k] T statt D. (Z. 12 a statt e.) [l] Fuchß de Northeim. [m] Lichtenrodt. [n] o statt u. (Z. 19 Geßwin de Herdewig.) [o] Fuldensis. [p] Rorung de Sangherhußen. [q] n statt nn. (Z 24 ob reverenciam.) [r] Schencke de Leipzigk. [s] Richtig.

1503. Ost. 220. Rect. Ioann. Hoffmann de Cranach.

f. 29cd

Monarcha[a][1] gymnasii nostri, summo fere omnium plausu venerabilis vir ille Iohannes[p] Hoffmann[c] ex Coronach Bambergensis imperialis dyocesis,[d] arcium philosophieque magister, sacre theologie licenciatus, ecclesie beatissime Marie virginis huius 5 precelsi opidi Erffurdensis vicarius, anno (domini)[b] 1503 crastina irradiante luce apppostolice[f] diei sanctissimorum Philippi et Iacobi unanimi singulorum accedente consensu parique voto presertim a novissimis electoribus, (venerabilibus)[b] doctissimisque viris ac dominis, Henrico[g] Colle de[h] Osnaburgensi, Iohanne Gnaes[i] Berkensi,[k] artium philosophie atque utriusque iuris doctoribus consultissimis, divi Severi Erffurdensis 10 canonicis dignissimis, atque venerabili viro Ioanne Werlich (Gw. B) Erffurdensi, artium philosophieque magistro sacre theologie baccalario facultatis artium decano bene merito collegii maioris collegiato perhonesto, rite eligitur atque electus publice pronunciatur (ct- B) recommendatur atque confirmatur. Sub cuius rectoratu infra scripti sunt immatriculati:

f. 30a

15 Dantes totum.

f. 30c

Dnus Iodocus (Iud. B) Behem[l] artium baccalarius Liptzensis[m] premissarius in Erlang[n] Bambergensis dyocesis.[1]
Iohannes Zapff[o] de Gotha.
20 Leonhardus[p] Hinttermatt[q] de Gredingen.
Iohannes Dorinck[r] de Herbipoli.[s]
Iohannes Hoffman de Hogenaw.[t]
Iohannes Sengell de Bischofseym.[u]
Iacobus Zceylner[d v] de Kennate.
25 Valentinus Ust de Gunsteth.[w]
Iohannes Reinhardi Erffordensis.[x]
Bartoldus (Bert. B) Wolfhaynn[y] de Northußen.[y]
Martinus Decker de Rettenbach.
Georius Molitoris[z] de Suntheym.[d]
30 Syffridus[d] Tull de Steynheym.[d]
Leonhardus[p] Gretsch[aa] de Kitzing.[bb]
Steffanus Fisch Franckfurdensis.
Iohannes Maspach.
Iohannes Karnß[cc] de Helmestadth.[w]
f. 30b 35 Wilhelmus Roßdorff Marckpurgensis (-gkur- B).
Valentinus Lapide Lichensis.[n]
Iohannes[p] Finck de Putzpach.

(Bertoldus Binder Brunßwick.)[e] 15
Barbardus[cc] Tafelmacher[ee] de Brunßwig[ee]
Conradus Weydman[gg] de Lappach.
Iohannes Fruhende de Wildungen.
Heinricus Schore[hh] de Eynbeck.[hh]
Iohannes[p] Schroter }
Iohannes[p] Theodrici[ii] } Fritzlarienses.[n] 20
Valentinus Kyfer[kk] mag.[ll] Hingelstadensis[ll] de Anspach.
Iohannes Scherb de Craylscheym.[mm d]
Iohannes[p] Hoffman de Anspach. 25
Franciscus Ulman de Symeren.[nn]
Wilhelmus Jeger de Cassell.
Rudolfus Schwollis.[oo]
Georgius Eckelman Lumarßheym.[d]
Burckhardus[pp] de Mylcz.[d qq] 30
Wilhelmus Ebner de Bastein.
Conradus Gluck de Friczlaria.
Iohannes Kalder de Gorßlaria (Goßl. B).
Iohannes Schulteti Luneburgensis.
Iodocus Eyrellerderß[rr] de Rottenburga. 35
Iodocus Kinckstein de Franckfurdia.[ss]
Melchior Schacht de Cassell.[tt]

[a] Pretor. [b] Steht in B; ( )[b] fehlt in E. [c] Hoffemann. [d] i statt y. [e] Steht in E; ( )[e] fehlt in B. [f] p statt pp. [g] ei statt e. [h] Kollen. [i] ß statt s. [k] ck statt k. [l] Behm. [m] zc statt tz. [n] nn statt n. [o] Zcapffe. [p] h fehlt. [q] d statt tt. [r] g statt ck oder gk. [s] p statt b. [t] a statt o. [u] Bischoffheim. [v] ll statt l. [w] dt statt th oder dth. [x] u statt o. [y] Wolffheim de Northußn. [z] Moliatoris. [aa] tz statt t oder cz. [bb] Kitzingen. [cc] Karnes. [dd] b statt p. [ee] Barb. Taffelmecher de Branswig [ff] ff statt f. [gg] Weideman. [hh] Score de Eimbecke. [ii] Theodoriel. [kk] Kyffer. [ll] mag. Hingel, steht hinter de Anspach. [mm] Ch statt C. (Z 24 Chrailsheim.) [nn] Symeronn. [oo] S statt Sch. [pp] Burkardus. [qq] tz statt cz. cz statt tz. [rr] Eyllerderß. [ss] Francfordia. [tt] sß statt ss oder s.

[1] In der Mitte der schön verzierten Initiale steht auf dem goldnen Halbmonde Maria mit dem Kinde in der Linken, in goldbrokatenem Kleide und blauem Mantel, und stutzt mit der Rechten die Füsschen. Zu ihren Füssen kniet der Rector in schwarzem Talar und weissem Rochet.

Bernhardus[p] Coci de Confluencia.
Anthonius Meffart de Winnigen.
Heinricus Gluck[uu] de Monteborg.[ww]
Georgius[vv] Holl de Lich.
5 Ioachim[xx] Rodenborgk[ww] de Hamburg (3 germanus.)[e]
Iohannes Becker de Livonia.
Mathias Weyß[yy] de Elsaff.[yy]
Conradus Ludwici[zz] de Normburga.[zz]
Iohannes Molendal[v] de Segen.
10 Nicolaus Mor de Goarhußen.[n]
Thomas Calciatoris de Wisenbergk.[a]
Iohannes Scheblen de Wisenburga.[tt]
Wernerus Holman de Heyßmaria.[d]
Andreas Stockel[v] de Arnstein.[n]
15 Mathias Henscheim de Cassel.[tt]
Sebastianus Ylaw[c] de Orthern.[n]
Fribinus de Goß de Schiltkrippen.[n]
Hermannus Bode de Northeym.[d]
Iohannes Kitzing de Herbipoli.
20 Iohannes Rich de Orthernn.
Wolfgangus Fierle[h] de Gundelßheym.
Mathias Kip[k] de Allendorff.[k]
Wolfgangus Bruckenmulner[l] de Oringen.
Petrus Berner[n] de Karlstath.[m]
25 Fridericus Wenczelaus[m] de Kerchan.
Iohannes Enckel[o v] de Egra.
f. 30d Iacobus de Erdorff.
Adam Bote (Roche B) de Ketterich.
Rupertus Hamer[r] de Kitzingen.
30 Iohannes[p] Beitkamer de Cronach.[t]
Iohannes[p] Puczel[aa v] de Schlecz.[aa]
Cristofferus Coci de Schlecz.[aa]
Iohannes[p] Kreyer de Oringen.[n]
Andreas von Crolach de Salczingen.[aa]
35 fr. Kilianus Sidelman[v] de Orlamunde.[s]
Iohannes[p] Bedenrot[u] de Northeym.[d]
Sebastianus Fabri Erffurdensis.[n]
Iohannes[p] de Oberwimber[y] (de)[e] Bichlingen.
Iohannes Althuß de Monchußenn.
40 Andreas Wygandt[d w] de Smalkaldia (Schmak. B).
Petrus Wanner de Kaufpiro.
Iohannes[p] Hutter de Meynnigen[z] (ř)[e] (?).
Michel Huler de maiori Lanckheym.

Iohannes[p] Kraus de Bischoffeym.[aa]
Caspar Wurcz de Molburgk.[bb]
Heynbrath[cc] Schreundißen de Cassel.[tt]
Iacobus Figuli de Aschania baccal. Lipsensis.[qq]
5 Iohannes Gesselman[dd] de[dd] Salcza.[dd]
(Michel Huler de maiori Lanckheym. s. Sp. 1 Z. 43)[e]
Ioachim[g] Helt de Norlingen.
Iohannes Lutley de Hertzenaw.
Eberhardus Queck[ee] de Meyningen.[z]
10 Albertus Stromer de Elbangen.
Arnoldus Bremeck[gg] de Bodenwerder.[gg]
Heinricus Mushart[i] de Hersfeldia.[i]
Michael[xx] Keyser[d i] de Arnsteynn.[d kk]
Nicolaus Gotze[t] de Gotha.
15 Wolfgangus Dagsteyn[d] de Offenburg.
f. 31a Hermannus Cerdonis de Widenkap.[hh]
Nicolaus Breczhemer[ii] de Breytenbach.[d]
Iohannes[p] Glunt de Cappell.
Iohannes[p] Wigelhenn[kk] de Fridberga.[ll]
20 Martinus Schuterpergk[mm] de Winterthur.
Assorus Helsigborg[i] de Dacia.
Nicolaus Ahus de Dacia.
Petrus Frubyn[d] de Botsteth (Butstedt B).
Syffridus Bulschleyben[pp] de Stadworbis.[pp]
25 Paulus Vokte[rr] de Egenspach.
Iohannes Stoder[ss] Johan[n] de Cassel.[v]
Steffanus Holman[n] de Geyßmaria.[uu]
Petrus Philippi de Meiningen.[t]
Conradus Allexandri de Udenstat.[vv]
30 Iohannes[p] Lantgreff[ww] de Mulhußen.[ww]
Bartoldus (Berto. B) Reydeßheym[d] de Brunswick.[yy]
Luderius[xx] Deleff de Brunswick.[zz]
Iohannes Ruß de Erbernburk[a]
Syffridus[d] Wildungen de Hombergk.[bb]
35 Rudolfus Wilandt Goslarienßis.[c]
Heinricus Haw de Bamberga.
Vitus Molitoris de Walsteten.[nn]

Medii solventes:

Iohannes[a] Rymann de Heringen.
40 Petrus Tiboldi de Traneygag.[f]
Nicolaus Korich de Franckfordia.
Iohannes[p] Institoris de Kirchporg.[g]

[uu] Glucke. [vv] Georius. [ww] burg statt borg oder borgk. [xx] Jachelm. [yy] Weiße. [zz] Lodewici de Nurenberga. [a] Wissenberg. [b] Steht in B; ( )[b] fehlt in E. [c] u statt w. [d] i statt y. [e] Steht in E; ( )[e] fehlt in B. [f] p statt pp. [g] el statt e oder l. [h] V statt F. [i] ß statt s. [k] Kippe de Aldenborff. [l] Bruckenmolier. [m] tt statt th. [n] nn statt n. [o] ng statt nc. [p] h fehlt. [q] z statt tz. [r] mm statt m. [s] t statt d. [t] a statt o. [u] tt statt t. [v] ll statt l. [w] dt statt th oder t. [x] u statt o. [y] Obirweymar. [z] Meinungen. [ř] soll vielleicht renunciavit bedeuten. [aa] tz statt cz. (Z. 1 Bischoffheim.) [bb] g statt gk. [cc] Heinbrott. [dd] Gyßelman Saltzensis. [ee] gk statt ck. [ff] ff statt f. [gg] Bremecke de Bodewerder. [hh] Widenkappen. [ii] Bretzemer. [kk] n statt nn. [ll] Friberga. [mm] Schuterberg. [nn] Butstedte. [oo] s statt sch. [pp] Bulßleibenn de Statworbis. [qq] sc statt s. [rr] Vogkte. [ss] dd statt d. [tt] sß statt ss oder s. [uu] y statt ey. [vv] statt tür stat. [ww] Lantgreve de Molhaußen. [xx] Michell. [yy] Braunschwig. [zz] Braunschweigk. [a] Ebernburgis. [b] Steht in B; ( )[b] fehlt in E. [c] Garßl[r]iensis. [d] i statt y. [e] Steht in E; ( )[e] fehlt in B. [f] e statt ey. [g] el statt e oder l. (Z. 42 -bergk statt -porg.)

Iohannes[p] Pistoris Krampff (Kirchburgensis)[e] (de Hunorum Kirchburgio vom Hüme Koeck).[h e]
Iohannes Sonder de Dyßlch.[d]
f.31b 5 Eberhardus Monetarius de Bachrach.
Hopelinus Scherer de Noheym.[d]
Iohannes Rospach[i] de Friberga.
Iacobus Kyl (Il B) de Spangenburgk.
Casperus Widecker de Willungen.
10 Hennignus[k] Kuleman de Northeym.
Iohannes Reynhart[d] de Plawen.
Nicolaus Kleyn (Clein B) de Allenburgk.
Iohannes[p] Braun de Herbipoli.
Nicolaus Huczel[l] de Konicze.[m]
15 Nicolaus Hegewant de Olßnitz.
Iacobus Coci de Großenlynden.
Laurencius[qq] Pistoris de Winßheym.[d]
Mathias Doleatoris[o] de Schauensteyn (Sc. B).
Iohannes Sutoris de Albo fonte.
20 Petrus Hilprandt[q] de Hallerdorff.
Andreas Nagel[l] de Erlabach.
Kilianus Fabri de Herbipoli.
Valentinus Ihen de Eylxleuben.[r]
Iohannes Hofman[s] de Elbangen.[t]
25 Symon Fabri de Fideli Britzenaw.[v]
Erasmus Seydepeter[d] de Freyleberßheym.[w]
Mathias[u] Kernn de Steinnack.[x]
Nicolaus Lefler[y] de Gemunden.[y]

Adam Hawenkern de Willung.
Iohannes[p] Equitis Oschnaburgis.[aa]
Oswaldus[bb] Schafhußensis.[bb]
Baltazar[cc] Pforczen.[cc]
5 Caspar Belcz.[aa]
Iohannes[p] Cassell.
Laurencius Molitoris.[o] f.31a
Wernerus[n] Samerschildt.[dd]
Iohannes Notteler.[l]

10 Gratis:

fr. Andreas Zcapff[ff] de Arnsteth[p] ob reverenciam (venerandi)[e] patris abbatis montis (monasterii B) sancti Petri.
Albertus Radkenß[gg] de Hanburgk ob reverenciam reverendissimi dni Reimundi[gg] cardinalis, cuius extitit famulus.[hh] 15
Andreas Theme.
Martinus Steynbruck.[ii]
Heinricus Winer.[kk]
20 Iohannes[p] Ewan.
Iohannes Schonawhg.[ll]
Iohannes[p] Pecke[mm] fratres ord. canonicorum regularium[s] sancti Augustini ob reverenciam prepositi opidi Erfurdiensis.
25 Otmarus Richart Erffurdiensis familiaris eiusdem prepositi regularium.

Summa 170.[nn]

[h] Die Worte sehr unleserlich am Rande und zwischen den Zeilen. [i] ß statt s. [k] Henningus. [l] ll statt l. [m] Konitz. [n] nn statt n. [o] Moliatoris. [p] h fehlt. [q] t statt dt. (Z. 20 b statt p.) [r] E statt Ey. [s] ff statt f. [t] Elbanngk. [u] tt statt t. [v] Britzenawe. [w] Frostebeißheym. [x] Steinnacke. [y] Leffeler de Gemundenn. [z] Meinungen. [aa] tz statt cz. (Z. 2 de Oßnaburgis.) [bb] Oßwaldus Schaffhußenn. [cc] Baltasar Phortzenn. [dd] Samerschillt. [ee] gk statt ck. [ff] Zcapphe. [gg] ai statt ei. (Z. 14 Radkennß.) [hh] familiaris. [ii] Steinburgk. [kk] Wynner. [ll] Schönenawe. [mm] Becke. [nn] Richtig. [oo] t statt c.

1503. Mich. 221. Rect. Ioann. Lasphe.[1] f.32ab

30 (Quod)[b] Nunc[1] tertia vice concordi consensu[a] per ultimos tres electores (neminem lateat)[b] rectorem elegendo congregatos, electus est in principem monarchamque alme 30 universitatis Errfordiane[c] ipso die (sancti)[e] Luce reverendus in Christo pater et dominus

[a] assensu. [b] Steht in B; ( )[b] fehlt in E. [c] u statt o.

[1] In den Stäben der Initiale N stehen, im linken (vom Beschauer) der heil. Eobanus, im rechten der heil. Adolarius in weissen Gewändern mit rothen Mänteln und Mitren, innerhalb des N der heil. Martin zu Pferd in rothem Reitermantel und Barett und blauem Mantel darüber, welchen er mit einem kurzen Schwert durchschneidet, um ihn einem zu seinen Füssen knieenden lahmen Bettler zu geben, der die Rechte zu ihm hinaufstreckt. In der Randzeichnung steht die goldgekrönte Maria (mit aufgelöstem Goldhaar) in rothem Gewande mit blauem goldumsäumten Mantel, das nackte Kind in der Linken haltend, während die Rechte das Füsschen fasst; darunter der Erzengel Michael in

dominus Iohannes[d] Dei et apostolice sedis gracia episcopus Sydoniensis, reverendissimi in Christo patris et domini nostri domini Bertoldi eadem gracia[f] (ecclesie)[e] Moguntine[g] archipresulis in pontificalibus vicarius; (hi)[b] sub[h] cuius[h] digna presidencia (subscripti)[b] in matriculam universitatis (memorate)[e] sunt recepti[i]:

f. 82c 5 Dederunt totum:
Iacobus Fischelnbach[k] de Lasphe tm.
Anthonius Breytruck[l] de Marpurg[x] tm.
Iohannes Kesewyß[m] (Keß- B) de[n] Erphurdia[n] tm.
Theobaldus[d] Leman[o] de Argentina tm.
10 Mathias Kercher[p] de Hornbach[q] tm.
Iohann[r] Wener de Richensaßenn tm.
Iohann[r] Linckouff[s] de Berchtenn tm.
Martinus Fogeler[t] de Wendingenn tm.
Iohann Drolmann de Wendingen tm.
15 Valentinus Strus[u] de Molhusen[u] tm.
Henricus[v] Balneatoris de Segenn tm.
Iacob Büttener[w o] de Steynn tm.
Conradus Wilkynn de Smalkaldia tm.
Iohannes Schymelp nnig de Eschwegen[x] tm.
20 Iohan[o] Kluppel[y] de Elckelßhusenn[y] tm.
Conradus Czenig[z] de Bamberga tm.
Henricus[m] Schatlis[aa] de Hirßfeldia[bb] tm.
Petrus Offener de Argentina tm.
Leonhardus[d] Venner[cc] de Argentina tm.
25 Hieronymus[dd] Mützel[dd] de Nurnberga tm.
Cosmas[ee] Wulff[ee] de Argentina tm.
Adolfus[ff] Sellatoris de Nuwiller[gg] tm.
Mauricius Zcech[hh] de Wißman[hh] tm.
Bernhardus Balistarii de Zabernia tm.
30 Iohannes Schotzmeister de Isenach[o] tm.
Petrus Goler de Wissenburgk[ii] tm.
Iohannes Kesseler[ii] de Grefentail[ff ll] tm.
Iohannes Wulffart de Lasphe tm.

fr. Wolfgangus Cappel[ll] de Haseloch[kk] religiosus (Salffeldenßis monasterii)[b] tm. 5 f. 82d
Iohannes[r] Fischer[mm] de Bamberga tm.
Casperus Auffsesser[ii] de Westensteynn[s] tm.
Georgius Reuther[nn] de Bulna tm.
Cristianus Pistoris de Wylpurgk[oo] tm. 10
Iohannes[d] Muschart[pp] de Sunbornn[pp] tm.
Otto Mollitoris[qq] de Bamberga tm.
Ioannes[rr] Udalrici alias Kuppherschmit[ss] de Hallis Suevie.[tt]
Henricus[v] Bock de Grotkaw. 15
Henricus[v] Dechenn[uu] de Cassel[ii ll] tm.
Iohan Beck Erffurdiensis[n] tm.
Iodocus Fabri de Eschwege tm.
Magnus Schot[nn] de Kubach tm.
Iohannes Venatoris de Strubingen tm. 20
Bernhardus Zcedewigh[d] tm.
Cristoferus[vv] / Laurencius / Iohannes } Schuler[ll] fratres Erffurdienses.
Iohannes Mercke[ww] de Vara tm. 25
Sigismundus Echardi[ww] de Molburgk tm.
Hermannus Wendereße de Blicherode[xx] tm.
Henricus Neweman de Nova ecclesia tm.
Iohannes Siffride[yy] de Eschwege[yy] tm.
Henricus[v] Marschalck de Czermudt.[zz] 30
Iohannes / Anthonius } Borrmann[c] de Smira[tt] fratres tm.
Ludvicus (-dew. B) Gleitzmann[a] de Allendorff tm.

[d] h fehlt. [e] Steht in E; ( )[e] fehlt in B. [f] t statt c. [g] a statt o. [h] sunt eius. [i] inscripti. [k] Vischenbach. [l] Breitterugk. [m] ei statt y oder e. [n] Erffurdensis [o] nn statt n. [p] Kicher. [q] Horenbach. [r] Ioannes [s] n statt nn. [t] Vogelle-. [u] Strauß de Molhaußenn. [v] Heinricus. [w] u statt ü. [x] n fehlt. [y] Cluppell de Elleßhaußenn. [z] gk statt g. [aa] Schallis. [bb] Herßfeldia. [cc] W statt V. [dd] Iheronimus Guntzell de Nurenberga. [ee] Coßmas Wolff. [ff] ff statt f. [gg] n statt r. [hh] Ioch de Weißmann. [ii] aß statt ss. [kk] Haßelach [ll] ll statt l. [mm] V statt F. [nn] tt statt th oder t. [oo] i statt y. [pp] Mußhart de Sonnebornn. [qq] l statt ll. [rr] Iohannes. [ss] Kupherschmitt. [tt] Sch statt S. [uu] Dechenut. [vv] Ch statt C. [ww] r fehlt (Z. 26 Eckardi.) [xx] Blicbrode. [yy] Siffridi de Eschewege. [zz] Zc statt Cz. [a] ei statt e. [b] Steht in B; ( )[b] fehlt in E. [c] Bormau. [d] h fehlt. [e] Steht in E; fehlt in B. [f] t statt c. [g] a statt o.

weissem Gewande, rothem Mantel und mit bunten Flügeln, mit aufgehobenem Schwerte, in der Linken eine Wage haltend (s. Rect. 205 S 189 Anm. 1). Unter dem Engel folgt die heil. Katharina im grauen Gewand, grünen mit roth gefütterten Mantel und mit der Königskrone; die Linke hält das Schwert, die Rechte hebt sie lehrend empor. In der Mitte am unteren Rande im Medaillon ein Cardinal (St. Hieronymus) mit goldnem Hammer; vor ihm ein grosses aufgeschlagenes Buch; zu seinen Füssen ruht ein Affe. Vor demselben kniet in anbetender Stellung Johannes Bonemilch de Lasphe in weissem Gewande mit rothem Mantel und rother Mitra, mit betend erhobenen Händen, welche gelbe Handschuhe tragen; an die rechte Schulter ist der Krummstab gelehnt. Zu seinen Füssen steht sein blauer Wappenschild und vier goldne Sterne.

Andreas Heß[h] de Sangerhusen[p] tm.
Iohann[rr] Butelstet[i] Erffurdiensis[n] tm.
f. 33a Adolarius Swabesdorff[tt] Erffurdiensis tm.
Georius Moller de Spangenbergk[k] tm.
5 Henricus Danielis de Erffurdia tm.
Andreas Meßerschmidt (schmit B) de Ebernn tm.
Henricus[v] Reynder de Goßlaria tm.
Henricus[v] Roist de Wolffhagenn tm.
10 Wigandus Heckmann[l] de Volckmaria tm.
Iohannes Czin[zz q] de Velsbergk[p] tm.
Conradus Han de Homburgk tm.
Rupertus Fabri de superiori Morla tm.
Theodericus Furbach de Butzbach tm.
15 Hermannus Pistoris de superiori Morla tm.
Iohann[r] Fabri de Clebergk tm.
Henricus[v] Doleatoris de Laupach[t] tm.
Iohannes Cantoris de Eschwege[t] tm.
Fridericus Ratz de[n] Erffurdia[n] tm.
20 Iohan[rr] } Georius } Bock fratres de Erffurdia tm.
Ortwinus Semmeler[ll] de Hartenn tm.
Philippus Lichtmann de Lichtnaw[u] tm.
Erhardus Ritter de Gotha tm.
25 Benedictus Blanck[x] de Karlspergk[x] tm.
Cristophorus[y] Wisung[p] de Walpach tm.
Cristianus[aa] Opilionis de Greventonna tm.
Henricus[a] Henrici[a] de Luchaw[bt] tm.
Balthasar Weydmann[cc] de Laugingenn[cc] tm.
30 Steffanus Berger Erffurdiensis[n] tm.
Iohannes Rißbach[dd] de Burckenn tm.
fr. Hermannus Bucheister Brunschwickensis[ee] ord. sancti Benedicti tm.
f. 33b 35 Bartholomeus Krinis[gg] de Fratislavia[p] tm.
Henningus Tilingk[k] } Henningus Tack[z] } Herman[hh] Swarte[tt] } Iohannes Coci } de Goßlaria tm.
40 Henricus[hh] Bawmgarte[hh] (de)[e] Molhusenn[s p] tm.
Iohannes[d] Mengershusenn[p s] de Mundenn[s] tm.
Iohannes[kk] Knawer de Armbober tm.
Fridericus Brendel[ll] de Aumaw tm.

Iohannes Stutmeyer[mm] de Eimbergk[nn] tm.
Martinus Beydermann[oo s] de Molßlebenn[s] tm.
Iohannes[kk] Ludemann[pp] de Lawensteynn[s] tm.
Iohannes Scolten de Halberstat[ss] tm.
5 Martinus Sewecks[k] de Embeck tm.
Nicolaus Sperlingk[k] de Northusen[uu] tm.
Iohannes Clingenrode[ww] de Gottingenn tm.
Hieronymus[xx] Sonnenberg de Troppenstet[yy] tm.
10 Gerhardus Vanter[a vv] de Silgenstat tm.
Henricus[v] Henckenn[s] de Eimbeckenn[s] tm.
Henricus[v] Friderici de Eimbecken tm.
Henningus Ingeberg[g] de Northeym tm.
Tilmannus[h] Meyerhenck[h] de Northeym tm.
15 Conradus Ruterberg[nn] de Eimbeck tm.
Conradus Arnsteyn[oo] de Erffurdia tm.
Ludulffus[c] Bickeleben[l] (de)[b] Hamburg tm.
Iohannes Schroter Erffurdiensis tm.
Laurentius Salvelt (de)[e] Erffurdia tm.
20 Iacobus Grymmen (de)[e] Goßlaria tm.
Casperus Rebel[ll] Erffurdiensis tm.
Iohannes Decker de Halstat[ss] tm.
Casperus Wirth[nn] de Besnick (Besingk B) tm.
Petrus Frolich de Kroppach tm.
25 Iohannes[r] } Conradus } Guntzel[ll] fratres Erffurdienses tm. f. 33c
Cristofferus[y] Iugel[ll] de Braxma tm.
Iohannes[kk] Scharer de Mundelnheym tm.
Martinus Molitoris de Mundelnheym tm.
30 Iohannes Porsich (de)[e] Mundelnheym tm.
Kilianus Reitwiser[q] de[q] Herbipoli[q] tm.
Bernhardus Czorn[zz o] de Biebererdenn[t] tm.
Eucharius Heppenstein (de)[e] Kitzingenn tm.
Theodericus Gast de Aschaffenburg tm.
35 fr. Iohannes[r] Schambach de Meynungen custos minorum gratis (intitulatus)[e] propter ordinem.
fr. Theodericus Fritz de Besnigk (?) ord. carmelitarum dt. 5 schneberg.
40 Iacobus Keyser[p] de Isenborga[x] tm.
Balthasar[d] Kusel[p ll] de Ascania (dt. med.).[e]
Leonhardus[d] Model[ll] de Ratispana (dt. med.)[e]
Ioachim Mell de Nova mago (dt. med.).[e]

---

[h] Heßo. [i] -stott für -stet. [k] g statt gk oder ck. [l] Heckeman. [m] ie statt y oder e. [n] Erffurdensis. [o] nn statt n. [p] ß statt s. [q] y statt i. [r] Ioannes [s] n statt nn. [t] u statt au (Z. 16 Doliat., Z. 18 Eschewege). [u] Richtnaw. [v] Heinricus. [w] u statt ü. [x] Blancke de Karßpergk. [y] Christoferus [z] gk statt g oder ck. [aa] Ch statt C. [bb] Ruthaw. [cc] Weideman de Raugingen (?). [dd] p statt b. [ee] Braunß. [ff] ff statt f. [gg] Krienitz. [hh] Hermannus Baumgarte. [ii] sß statt ss. [kk] Iohan [ll] ll statt l. [mm] meyger statt meyer. [nn] tt statt t oder th. (Z. 43 Enberg.) [oo] i statt y. [pp] Luderman. [qq] l statt ll. [rr] Iohannes [ss] -statt für stat. [tt] Sch statt S. [uu] i statt e. [vv] th statt t. [ww] Klingenrode. [xx] Iheronimus. [yy] Troppensteyn. [zz] Zc statt Cz [a] W statt V. [b] Steht in B; ( )[b] fehlt in E. [c] u statt o (Z. 17 Ludolffus). [d] h fehlt. [e] Steht in E; ( )[e] fehlt in B. [f] n statt nn oder m. [g] Ingeberb. [h] Tilemannus Meigerbeng. [i] stett für stet. [k] g statt gk oder ck. [l] leubin statt leben. [m] tt statt th oder t. [n] Erffurdensis. [o] nn statt n. [p] ß statt s. [q] Reittweißer Herbipolensis. [r] Ioannes. [s] n statt nn. [t] Bewerden. [u] Iohannes. [v] Heinricus. [w] n statt ü. [x] Ysenborga. [y] Christoferus. [z] gk statt ck oder g.

Iohannes[r] Kirchberger de Nurnberga[aa] (dt. med.).[e]
Iohannes Reyer[bb] de Dirhauppen (dt. med.).[e]
Iohannes Hoffmann } Erffurdiensis (dt. med.).[e]
Iohannes Knor[cc] }

(Dederunt medium.)[e]

Cristoferus[r ff] Hirßberg[ee] de Ratispana (-po- B) med.
Casperus Gundelin[ll] de Gemundia med.
Matheus Kruter[uu] Erffurdiensis med.
Anthonius Heylhentz[gg] de Sudel[gg] med.
Iohannes[r] Freißlebenn de Schalkenn med.
Anthonius Cinctoris de Wesalia[p] med.
Andreas Priser[hh] de Gerenn med
Hermannus Carnificis de Hornbach[kk] med.
Conradus Lorey de Salmunster med.
Petrus Klein[mm] de Konigestein[mm] med.
Paulus Kremer de Rotaw med.
f. 33d Petrus Gareth de Miltenbergk med.
Iohannes Roder de Isßenhusenn[nn] med.
Iohannes Twert[pp] Erffurdiensis[n] med.
Iohannes[r] Geyer de Augusta med.
Laurencius Wenger } de Weykerßheym[oo rr]
Iohannes[p] Reyser[qq] } med.
Georius Meynwirt[ss] de Hanebra[ss] dt. (med.)[b] (reliquum scilicet ad minus quattuor sed in rectoratu mag. Henrici Sickten.)[e]
Heymman Seratoris de Kirchberg[d x] med.
Iacobus Scheu de Schefftterßheym[oo] med.
Herbordus Borck[k] de Liech med.
Friedericus Rupell[pp] de Hanaw med.
Henricus Helbach de Molburgk med.
Iohann Stiffel[ll] de Ranis[p] med.
Iohannes Ellyger[qq] de Buttstedt[qq] (alias de Gosserstet, residuum dt. mihi Ioanni Werlich puta 4 sneberg.)[e]
Ludulffus[rr] Luchtendorff[rr] de Stuppendt[rr] dt. 2 solid.

Summa 164.[ss]

De[tt] residuo intitulature:

Item bedellis Iohannes presentavit michi de uno dumtaxat quatuor nivenses ex examine in quadragesima celebrato.[uu]

[aa] Nurenberga. [bb] Reger. [cc] Kroer. [dd] p statt b. [ee] Hirspach. [ff] ff statt f. [gg] Heilbentzen de Sadell. [hh] Prießer. [ii] aß statt ss [kk] Horenbach. [ll] ll statt l. [mm] Clein de Kongisteinn. [nn] Ysenhaußenn. [oo] i statt y. [pp] Twertt. (Z. 11 pp statt p.) [qq] Keyßert. (Z. 14 Ellicher de Buttelstedt.) [rr] ck statt k. (Z. 17 Ludolffus Luchtendorff de Stupendt.) [ss] Meynwirdt de Hanabra. (Z. 19 Richtiger 166.) [tt-uu] Aus dem Rechnungsbuche des Rectors.

---

f. 34ab 1504. Ost. 222. Rect. Iac. Schollus.

Omnipotentis[a 1] mortalium[a] redemptoris[a] Christi Iesu[c] anno a natali die quarto supra millesimum quingentesimum quinto calendas Maias celeberrimus vir Iacobus Schollus Argentinus, ingenuarum et liberalium disciplinarum cultor ac doctor, omni

[f. 34cd]

[r] Redempt. mort. omnip. [b] Steht in B; ( )[b] fehlt in E. [c] Ihesu. [d] super. [e] Steht in E; ( )[e] fehlt in B.

[1] In der grauen Initiale O stehen links Jacobus der Jüngere mit dem Walkerbaum, rechts Johannes der Täufer; im Mittelfeld wird oben die Anbetung der drei Weisen aus dem Morgenlande dargestellt; darunter kniet in dunkelbraunem Talar mit rother Mütze bedeckt und mit betend erhobenen Händen ein Geistlicher vor einem Bischofe, der ihm den Segen ertheilt (ohne Attribut, Augustinus oder Adolar?); rechts davon steht die Figur eines Papstes (ohne Nimbus) mit Tiara und Doppelkreuz. Die Randzeichnungen des sehr figuren- und farbenreichen Bildes zeigen oben den Erzengel Michael (s. Rect. 221 Anm. 1 S. 232 z. E.) darunter den heil. Georg in goldner Ritterrüstung, wie er den Lindwurm erlegt. Unterhalb der Initiale und der ersten 5 Zeilen der Einleitung ist in einem Medaillon ein Allianz-Wappen angebracht: vorn ein goldner Mohrenrumpf in rother Kleidung und mit rother Mütze; derselbe steht auf dem Helme. Dahinter (rechts vom Beschauer) ein nach rechts getheilter Schild, unten silbernes Feld, oben zwei achtstrahlige goldne Sterne in blauem Felde. Auf dem Helme ein wachsender Mannsrumpf blau gekleidet mit silbern gestülptem Hute.

vel conspicua eruditaque litteratura opidoquam excultus maiorisque collegii Erphordiensis[vv] collega, litterario gymnasio nostro litterarum ac litteratorum altrici apprime nobili, princeps rectorque primarius utpote solercior et maxime idoneus cum inveterato tum laudatissimo maiorum ritu concordi consensu preficitur; Henrico Collen Osna-
5 burgico[f] Severiane ecclesie canonico, et Martino Marthenio[f] Erphordiensi iurecon- 5
sultis impense peritis delectoribus; sub cuius rectoratu scolasticorum ordini legittime et asciti[i] et ascripti sunt sequentes:

Totum:

Hieronymus (Ier. B) Emser[k] mag. arc. Basiliens.
10 Bartholomeus Coci de Nunburg[m] sacerdos.
Michael[l] Schoene de Aldennburg.[o]
Augustinus Chirmes de[p] Aldennburg.[p]
Nicolaus Heydeke[q r] } de Ascania.
Iohannes Muller }
15 Ioannes Huser[k s] Brunsvicensis.
Hermannus Schuneman[t] Goslariensis.[t]
Ioannes Wighman[u] de Hernneborgh.[u]
Hermannus Buch de Geysmaria.[k]
Conradus Sartoris de Homborgh.[v]
f. 35a 20 Conradus Demmer de Alsfeldia.[s]
Petrus Markel[i l] de Homburg.[cc o]
Martinus Kaubart de Lobingen.[w]
Iacobus Detz de Stega.
Ioannes[x] Darris de Ellenhusen.[y]
25 Ioannes[x] Brandenburch Duders(tadensis).[e]
(baccal.)[e] Mathias Richennawer[z] de Egra (baccal.)[b]
Baltazar[ee] Holtzapfel[aa l] de Wormacia.
Dominicus Lesphe Erphordiensis.[bb]
30 Conradus[cc] Pistoris de Lich.
Herrmannus Orspach[dd] de Morlin.
Conradus Urbani de Zeile.[ee]
Stephanus[aa] Hoch de Sensem.
Paulus Kelner[l] Erphordiensis.[bb]
35 Guernerus Piscatoris de Marburg.[ff]
Ioannes[x] Roder de Bidencapp.[gg]
Tilemannus Winckelman de Horneborg.[hh]
Ioannes Institoris de Susato.
Sigismundus Vicithum[ii] de Beryngen.
40 Fridericus Burdian de Morstadt[qq] canonicus (Roemhildensis).[e]

Guernerus Billingshuzen[kk] de Lubeca.
Ioannes[x] Stoppingk[ll] de Groventhunna (-nno B).
Mathias Brant de Kindelbrug.[hh] 10
fr. Henningus Krage de Brunsvig.[mm]
Bernhardus Ergenroth de Northusen.[kk g]
Ioannes Hymmelhan de Ala.
Martinus Steinn.etz[nn] de Ysleben.[oo] f. 35b
Albertus Orthmann Ullessennsis.[pp] 15
Antonius Rosenower[k g] de Gauberstadt.[qq]
Ioannes Schnabel[l] de Nova civitate.
Ioannes[x] Agnes de Cappell.
Ioannes Brendell de Werter.
Iodocus Herborn de Wintzheym.[rr] 20
Ioannes Lodaig[ss] de Duderstadt.[qq]
Guilhelmus (Gw- B) Fachs de Saltza.
Ioannes Trampe de Goslaria.[k]
Ioannes Guntzel.[l]
Ambrosius Jungerman[uu] de Jutirbock.[o] 25
Guolfgangus[tt] Trinckel[l] de Ardingen.
Sebaldus Currificis de Nurenberga mag. arcium Ingelstaviensis.
Henricus[ww] Bothger (-chg- B) de Netra.
Henricus[ww] Mech Erfordensis. 30
Ioannes Cinglificis de Cassell.[xx]
Bertholdus[yy] Achterman de Goslaria.[k]
Leonardus Murer de Dillingenn.
Iacobus Udeman de Aschania.[zz]
Nicolaus Schmons[a] de Wissenfels.[c] 35
Thomas Rinslingk[k ll] de Ysleben.
Conradus Varle (Fa. B) de Prema (Br. B).
Fridericus Hopfgatenn[d] de Schlotheim (Schlocheim?)
Hermannus de Heylingenn[q] (nobiles).[e] 40
Ioannes Isennhart[k n] de Salveldia.

---

[f] Oßnaburgio. (Z. 5 Margerito.) [g] nn statt n. [h] iurisconsultis. [i] assiti B E. [k] ß statt s. [l] ll statt l. [m] Kunburg. [n] n statt nn. [o] gk statt g oder ck. [p] Alburgensis. [q] i statt y. [r] ck statt k. [s] ou statt u. [t] Schoenemann Gorßlariensis. [u] Wigkeman de Herenburgk. [v] Homburgk. [w] ou statt o. [x] Iohannes. [y] -haußenn statt husen. [z] Richnawer. [aa] ph statt f, ff statt ph. [bb] Erffurdiensis. (Z. 29 -ffu-; Z. 34 Erffurdensis.) [cc] a statt o. [dd] Ortpach der Molln. [ee] s statt ß oder z (Z. 32 Seile). [ff] -purgk statt -burg. [gg] Bidencappen. [hh] -burg statt -borg oder -brug. [ii] tz statt c. [kk] -haußen statt -hußen oder -husen. [ll] g statt gk. [mm] Brunschwig. [nn] Steinmetze. [oo] ißleubenn. [pp] Ulleßeim. [qq] tt statt dt (Z. 40 Morstat.) [rr] Weinßheim. [ss] Lodewig. [tt] w statt gu. [uu] -mann statt -man. [vv] ff statt f. [ww] ei statt e. [xx] sß statt ss. [yy] h fehlt. [zz] sc statt sch. [a] a statt o. [b] Steht in B; ( )[b] fehlt in E. [c] ß statt ss oder s. [d] Hophgarten. [e] Steht in E; ( )[e] fehlt in B.

Nicolaus Gerlaci de Guaberstadt.
Ioannes Hertzog de Islebenn.[oo]
Iodocus Nolten de Embeck.[f]
Ioannes Moroldi de Gereltzhofen.[ff]
5 Ioannes Richardi de Gemunden.
Nicolaus Buchener[h] de Ror.
Ioannes Kolb[i] de Nurennberga.[n]
Caspar Schwalbe[m] Isennacensis[m] (sacerdos uxoratus).[e]
10 Nicolaus Strobeling Isnacensis (Ißenach. B).
Ioannes Textoris Erphordiensis.[bb]
Conradus Schrumpf[s] Otershusensis (Otterßhauß. B).
Ioannes Kunchel (Konchell B) de Hener.
Caspar Hemmerich de Romhilt.
15 Ioannes Heister de Geysmaria.
Albertus Busse[zz] de Paderburg.[o]
Ioannes Wys[k] de Aschaffennburg.[o]
Ioannes Hunger de Hyldensem[v]
Ioannes Stackelbeck de Osnaburgis.[k]
20 Georius Behem[w] de Fulda.
Symon Wistoff[k aa] de Suerstadt (Swerstett B).
Hermannus Bockenn[n], Liborius Westphol[x l] } de Paderbornn.
Conradus Dum[y], 25 Ambrosius Tentener } Wendingenses.
Reichardus[z] Gelnhusen[dd] de Fulda.
f.35d Ioannes Hau (Han?) de Bomberga.[ee]
Andreas Meygen[q] de Argentina.
Georius Flach de Etlingen.[g]
30 Florentius Diebolth de Oschofen.[ff]
Ioannes Ospurg[gg] de Stolberg.
Guickerus Bernnhardi[u] Wynneke.[q]

Ioannes Slangenburg[hh] de Confluencia.
Ioannes Meinhart de Segen.[g]
Hermannus Fulda de Saltzungen.[kk]
Laurencius Eckardi de Arnißleuben.
Adam Nam[mm] de Kulsheim.[k] 5
Iodocus Thorman de Spangenberg.
Mathias Skeseler[nn] de Kirchburg.
Henricus[ww] Promel de Ylmenn.[qq]
Nicolaus Krippendorff de Kindel.[l]
Melchiar Eychelberger[ww] de Bombarga.[ee] 10
Balthazar[yy ee] Eychelberger de Bombarga.[ee]
Chilianus Richter de Butstadt.[pp]
Conradus Goetzn[rr] de Cappell.
Gotfridus Geiling, Henricus[ww] Kole } de Volcmaria. 15
Iodocus Eckart de Wanßheym[g]
Ioannes Piscatoris de Wintzheim.[ss g]

Minus tercia parte floreni solventes:

Christianus Fogel[l] de Mulhusen[uu] 7 solidos dt.
Ioannes Guarlich Erphordiensis[bb], Ioannnes Bockßberg[vv] de Ganderheym } 7 solidos uterque dt. 20 f.36a
Andreas Hermanni de Hallis 6 sol.
Henricus[ww] Surdeich de Segenn[u], Andreas Marner de Offennburga[xx] } 5 nov. uterque.
Ioannes Henslyn[yy] de Campidona 4 nov. et 5 ₰. 25
Sixtus Streler de Ron, Christoferus Spinler Morhaltensis[zz] } gratis inscripti quia pauperes atque eciam pro quorundam honore ac honestamento. 30
Summa 120.

[f] Elmbecke. [g] nn statt n. [h] Buchner. [i] Kolbe. [k] ß statt s. [l] ll statt l. [m] Scalbe de Isennach. [n] n statt nn. [o] gk statt ck oder g. [p] Ißenachensis. [q] i statt y. [r] ck statt k. [s] Schrum [t] o statt u. [u] m statt mm. [v] Hildenßheim. [w] Behm. [x] pf statt ph. [y] Daum. [z] i statt ei. [aa] ph statt f oder ff. [bb] Erffurdiensis. [cc] a statt o. [dd] Geilnhußenn. [ee] a statt z (Z. 27 Bamberga, Z. 10 u. 11 Bomberga). [ff] ff statt f; Osthofenn. [gg] -prug statt -purg. [hh] Sch statt S. [ii] tz statt cz. [kk] Saltza. [ll] g statt gk. [mm] Name. [nn] Keßeller. [oo] Ißleubenn. [pp] Butstett. [qq] tt statt dt. [rr] Gotze. [ss] ß statt tz. [tt] et. [uu] Molhaußenn. [vv] s statt ß [ww] ei statt e oder ey. [xx] sß statt s oder ss (Z. 24 s fehlt). [yy] Z. 11 u. 30 h fehlt; Z. 25 Heußlein. [zz] Moralzcensis.

---

f.36ad

1504. Mich. 223. Rect. Ioann. Werneri[a 1] Tettelbachensis.

Probata[2] consuetudine, que in moderatoris famosissimi gymnasii Erfordiani sele- 35 ctione inolevit firmiter observata, ad id singulis (ut fieri solet) quorum intererat

[a] I. Guernerus Tetelbach. [b] Steht in B; ( )[b] fehlt in E.

[1] Kein Wappen. In den beiden Stäben der rothen Initiale stehen Bischöfe, der links vom Beschauer in grauem Gewande und grünem Mantel, in der Rechten das Schwert, der rechts stehende in schwarzem Gewande und blauem Mantel, in der Rechten ein rothes Herz haltend; beide tragen den Bischofsstab in der Rechten und eine weiße Bischofsmütze. In der Mitte der Initiale kniet Maria

accersitis die, quo orthodoxe fidei ecclesia sanctissimi ewangelici scribe Luce venerabatur festa, anno salutis nostre millesimo quingentesimo quarto, ab egregiis venerabilibusque viris ac dominis Iohanne cognomento Schöner de Waßertrudingenn, arcium et sacre theologie doctore profundissimo edis divi Georgii pastore dignissimo nec non 5 theologice facultatis decano electissimo, Martino de Margaritis artium et utriusque iuris doctore consultissimo, et Materno Pistoriensi, artium et philosophie interprete excellentis doctrine et bonitatis tunc facultatis artium decano commendatissimo, ultimis electoribus existentibus: quibus id facti condigne creditum fuit, in monarchie ac reipublice memorati studii praesedentem venerabilis vir dominus Ioannes Werneri de Detel- 10 bach, artium et philosophie mag. ac sacre theologie licenciatus ecclesie beate Virginis Erffordensis vicarius collegii iureconsultorum collegiatus, unanimi sententia electus ac voce publica designatus; sub cuius gymnastico moderamine scholasticorum ordini designati sunt sequentes:

f. 37a Nobilis et generosus dns (dns)[b] Christophorus 15 dominus in Swarzenberg baro dt. 1 flor.[c]
Nobilis et generosus dns (dns)[b] Georgius dns in Bardorff et Warberk[d] dt. 1 flor. unniversitati[d] et 6 ß pedellis.
f. 37b dns Otto Winkelman de Hyldensheym antea 20 intitulatus sub dno Io. Kyll.
dns Nicolaus Engelmann de Nowendorff[f] mag. coquine (curie archiepiscopi)[e] Moguntini.

Totum:

Iohannes Mense[g] de Hervordia.[h]
25 Conradus Klupfell[l] de Burbach.
f. 37c Ioannes Ritter[i] de Nova civitate.
Georgius Raven de Bodenwerder.
Henricus Straube[k] de Smalcaldia[k] 15
fr. Ioannes Frosch carmelita de Bamberga.
Conradus Isengart[m] Alsfeldensis.
Christophorus } von dem Hagenn[n] germani
Henricus } (fratres).[o]
Ioannes Wigardi de Paderborn.[o] 20
Iodocus von Nordegken[p] zcu[p] Rabenaw.
Ioannes Sauler de Gnoczen.[q]
Michael Ernst de Hohentruhendinghen.
Valentinus Carnificis de Lich.
Georgius Pfannensmidt de Lich. 25
Valentinus Smidt Erphurdensis.
Conradus Banße de Ascania.

[c] aureum. [d] Warpergk d. 1 fl. ad universitatem. [e] Steht in E; ( )[e] fehlt in B. [f] Nwendorff. [g] ß statt s. [h] ph statt v. [i] Visscher. [k] Straube de Smalecaldia. [l] l statt ll, ll statt l. [m] dt statt t oder tt. [n] n statt nn. [o] Padelbornn. [p] Nordek zu R. [q] k statt g. [r] h fehlt. [s] S statt Sch.

---

in goldbrokatenem Gewande, blauem Mantel und mit Nimbus vor dem auf dem Boden liegenden unbekleideten Kinde betend, ihr gegenüber der Rector in grünem Gewande, rothem Mantel mit blauem Kragen, das Haupt unbedeckt. Hinter ihnen eine Mauer, über welcher kirchliche Gebäude (Tettelbach?) sichtbar sind.

[2] Die Einleitung in B weicht so wesentlich ab, dass sie hier vollständig abgedruckt ist: Scholasticorum toto examine apud divae Mariae aedem congregato et cunctis summatis et proceribus Ioannes cognomento Schöner, sapientissimus theologus, Martinus Margaritus jureconsultus et Maternus Pistorius Inguilernus, totius encyclopediae celeberrimus interpres, ad futurum reipublicae litterariae moderatorem decernendum suffragatores delecti sunt. Commendant igitur eum ducatum Ioanni Wernero Tetelbacchio consecratorum studiorum licentiato, ut eiusdem templi vicario integerrimo, ita collegii iurisprudentum college dignissimo, XV. Kal. Novembris anno post cruciferi Jesu genitalem diem MDV. Qui dum Athenaeo huic nostro litterarum litteratorumque seminario praefuit, non tam apud summi subsellii, quam apud infimi lecti viros acceptissimus et gratiosus extitit, tyrunculos suae fidei commissos quam maxime potuit tutatus est, atque hic in ordinem quendam digestos eloquentiae et philosophie candidatos albo scholastico inscripsit.

Ioannes Huble de Erdingen.
Ioannes Cristiani[t] de Frankenberg.
Bertholdus Heymborger[u] de Grefenthonna.
Ioannes Weyberk de Eymbek.[v]
f. 37d 5 Henricus Bucking de Grosengutternn.
Cuno Carpentarii de Dicz.[x]
Wolffgangus Staffell de Ballensteyn.
Sebastianus Rigkawer de Planaw.
Ioannes Kemmerer de Sebach.
10 Ioannes Stolcz de Ostheym.[y]
Ioannes Stramer Erphurdensis.
Benedictus Lyrhammer Weisenburgensis.[z]
Andreas Stuczell[1] Nurnbergensis.
Ioannes Hurn Nurnbergensis.
15 Wolffgangus Golner de Eynhaußen.[aa]
Osvaldus[bb] Fabri de Durego.
Georgius de Koczleuben.[u cc]
Laurentius Westhaußen[aa] Erphurdensis.
Symon Bilsteyn de Hachenberg.[dd]
20 Herasmus de Wangheym.
Wilhelmus de Mosa de Goch.
Fridericus Vogel de Snalzpach.[ee]
Gallus Klein de Rutlingen.[ff]
Iacobus Braun de Cappel.[l]
25 Baltassar Lucenberger[ee] de Kottershausenn.[gg]
Albertus Alberti de Blummel.
f. 38a Georgius Scharffheinrich[hh] de Netern.[cc]
Ciryacus Volk de Wasingenn.
Mathaeus[hh] Volmer de Ascania.
30 Hermannus Forcz[ii] de Ludwigstad.[ii]
Wolffgangus Steyn Zuickavius[kk]
Ioannes Kolor de Dorla.
Nicolaus Frank de Smalcaldia.
fr. Io. Bechman canonicus regularis Wratis-
35 laviensis.[ll]
Georgius Hopfener de Thomasbruk.[i]
Henricus Heyne de Fulda.
Ioannes Packerode Wurmatiensis.
Ioannes Kempff[mm] Wurmatiensis.
40 Balthaßar Etht (Echt?) Erphordensis.
Wilebaldus Warnfelser de Weyssenburgo.[oo]

Lazarus Kacz[ee] de Haselbach.
Caspar[nn] Swartz de Werleswangen.[nn]
Ioannes Schimpf de Osterode.
Ioannes Fabri de Heydenheym.
Henricus Vos[pp] de Hirsfeldia (Hersf. B). 5
Nicolaus Pilgerim[qq] Erphurdensis.
Ioannes Firlishofen de Munden.
Ioannes Weldige[rr] de Munden.
Henricus Melsing[ss] Olsensis. f. 38b
Ioannes Heylmanni Sarsteten(sis)[e] 10
Tilemannus Ossenfelt[tt] Hildensheymensis.
Eobanus Hessus[uu] Francobergius[1] (iam Rex).[e1]
Andreas Kratigk (-tik B) de Ascania.
Adam Kam[vv] Gothanus.[vv] 15
Bertholdus Schaderoß[ww] Salzensis.
Augustinus Suppern de Ylmen (Ilmen B).
Nicolaus Ioannis Vratislaviensis.
D. Hermannus Coci de Mulhaußenn[n] plebanus (pastophorus B) in Mittelsommerde. 20
Sifridus Coci de Aschavenburgo.[xx]
Georgius Stegmar de Rain.[yy]
Conradus Delinghußen Eymbeccensis.[zz]
Iacobus Reger[a] de Eschwe.[a]
Danyel de Redwitz[c] de Densebnitz[d] nobilis. 25
Ioannes Kneltaw de Honfeld[f]
Bartholomeus[h] Schrodt Erphordensis.
Paulus Wilant[m] de Nurinberga.[k]
Paulus Wick de Augusta.
Laurencius Roßße[o] Erphurdensis. 30
Bartholomeus[h] Gotz de Treyß.[p]
Conradus Brecht de Dassel[l]
Ioannes Stompel de Dassell.
Conradus Sifridi de Prenaw.
Gerlacus Nolte de Lasphe. 35
Hermanus Ham[n] de Lasphe. f. 38c
Ludevicus[k] Schult[m] de Stendal.
Iacobus Brasche (-ssche B) de Stendal.
Ioannes Schluther[r] de Stendal.
Ioannes Werner de Melsingen. 40
Andreas Martini Constantiensis.[q]

[t] Ch statt C. [u] u statt o. [v] g statt k. (Z. 5 Bugkingen.) [w] ck statt k. [x] Dietz. [y] Osschelm. [z] Wissenburgis. [aa] hußen statt haußen. [bb] w statt v. [cc] nn statt n. [dd] -borgk statt -berg. [ee] tz statt z, tz statt c. [ff] tt statt t [gg] t statt tt. [hh] o statt el (Z. 29 e statt ae). [ii] Fortsch de Ludwigstatt. [kk] de Zuicavia. [ll] Vratislaviensis. [mm] f statt ff. [nn] Casperus S. de Werleswank. [oo] o fehlt. [pp] sß statt ss. [qq] Pilgerym. [rr] gh statt g. [ss] gk statt g. [tt] Ostenfelt. [uu] Coci; ursprünglich stand es wohl auch in E, ist aber ausradirt und Hessus darauf geschrieben worden. [vv] (Kain?) Gothensis. [ww] sß statt ß. [xx] -burgk statt -burgo. [yy] y statt i. [zz] Eimbecens. [a] Reger de Eschwebe. [b] Steht in B; ( )[b] fehlt in E. [c] Rebenicz. [d] s statt sch. [e] Steht in E; ( )[e] fehlt in B. [f] Henfelden. [g] ß statt s. [h] ae statt e. [i] gk statt ck oder k. [k] o statt e. [l] l statt ll; ll statt l. [m] dt statt t, d oder tt. [n] n statt nn oder m. [o] Rasß. [p] Treyson. [q] de Constantia. [r] h fehlt. [s] s statt sch.

[1] Dies war der Beiname, den ihm Reuchlin in seinem Briefe, Neujahr 1515, ertheilt hatte: Krause, Eoban Hesse, Gotha 1879, I, S. 175. Also ist es hier auch späterer Zusatz.

Georgius Braun de Ordingenn.
Ioannes Winther de Bodenheylingen.

Medii:

Wolffgangus Oeme[t] de Seidha (ai B).
5 Nicolaus Wilde de Aldenburg.[ss]
Leonardus Sauler de Gnotzen.
Ioannes Ristener[u] de Gronenberg.[ss]
Martinus Heym[n] de Ichenhußen.
Valentinus Salch Francofurdianus.
10 Conradus Hopff de Eswehe.
Henricus Rasoris de Oppenheym.
Ioannes Grafft[w] de Herriden.
Hermannus Farbeck de Smalenbergk.[v]
Lucas Herbeshaußen[x] de Lasphe.
15 Ioannes Adelhart[m] ex[y] Bodensteyn.
Leonardus Berthenschling[z] de Aislingenn.[z]
Andreas Ostermeyer de Pfaffenhofenn.
f.38d Georgius Walz[aa] de Herbipo(li)[b]

Incerti:

20 Petrus Werlich 2 nov. (superaddidit 4 nov. et 7 ₰ Cosme et Dam. anno XI).[e]
Ioannes Erbesser[bb] de Meinnungen[bb] 2[dd] nov.
Ioannes Nierodt[yy] de Duderstadt 4 sneberg.
Ioannes Pflenzel Erphordensis 2[e] nov.
25 Urbanus Rauch de Mindelheim 2 nov.
Michael Gast de Mellerstad[m] 2 nov.
Petrus Romelt de Winsheym[ee] 2 nov.
Petrus Arnolt[m] de Bergell[l] 2 nov.
Iodocus von Bunczendorff de Bamberga 4 (sneberg.)[e] (nov.).[b]
Wolffgangus Vogell[l] de Wormatia[u] 2 nov.
(Georgius Windeck de Wormatia 2 nov.)[e]
Ioannes Meczger de Babenhaußenn[x] 2 nov. 5
Petrus Guernheym de Leyninghen[ff] 2 nov.
Andreas Mulhaußen[x] Erphordensis 5 sneberg.
(Otto Zapff de Cranach 2 nov.)[e]
Conradus Schoner de Zabernia (4 nov. dt. residuum sub rectoratu mag. Ioannis Werlich)[e] (3 ß).[b] f.39a 10
Pancratius Keppenn[n] de Forcheym 14 antq.
Ioannes Ambuel de Wintherthur[gg] 14 antq.
Valentinus Swabe[hh] de Creuzennach[hh] 4 sneb.
Petrus Clangk[ii] de Confluencia 4 nov. 15
Wolffgangus Eysenhudt[gg][m] de Oringenn[kk] 4 nov.
(Fredericus Goler de Dornberg 2 sneberg.)[e]

(Sequentes gratis intitulati sunt et quisque dt. duntaxat 1 sneberg.)[e]

Iodocus Trutfetter[ll] Isenachus[mm] (ob reverenciam rectoris Iodoci). 20
Petrus Dubenspegk de Morsa (ob paupertatem)[e] (1 sneb.).[b]
Georgius Hindergardt[nn] de Stalberg (ob reverenciam comitis It. ibidem)[e] (1 sneberg).[b] 25
Marcus Smidt de Augusta (pauper)[e] (1 sneberg.)[b]

(144[oo])[b] Summa 153 (?).

De residuo intitulature: 30

30 Petrus Leuchtenbergk de Oelßheym dt. 4 sneberg.
Eberhardus Manetarii de Bacharach 15 antq.
Vitus Gotfridi Tettelbachii dt. 4 sneberg.
Iohannes Stapf de Lauden dt. 15 antq.
Caspar Gündlin, intitulatus sub dno suffraganeo dt. 15 antq. quapropter reputabatur pro integro tempore promocionis sue.

---

[t] Ohme. [u] u statt i (Z. 3 Wurmatia.) [v] g statt gk. [w] K statt G. [x] -hußen statt -haußen. [y] de. [z] Bertensling de Ayslingen. [aa] tz statt z. [bb] Erbasser de Meniningen. [cc] nn statt n. [dd] 4. [ee] Windsheim. [ff] Leynigen. [gg] ue statt u. [hh] Swab de Crucenach. [ii] Klanck. [kk] Oringe. [ll] v statt f. [mm] de Isenach. [nn] Hindelgardt. [oo] Richtig für B; in E stehen 3 mehr.

f. 39b

1505. Ost. 224. Rect. Icor. de Bardorff.

Quibuslibet[a 1] solennitatibus usitato[c] more huius inclite universitatis in eleccione rectoris rite servatis ac minime pretermissis electus est in rectorem huius precelsi studii Erffordiani dominus Icorrius[d] de Bardorff per venerabiles et egregios viros, 5 dominum Petrum Petz de Herbipoli, arcium magistrum sacre pagine doctorem profundissimum, et dominum Iohannem Reinhardi de Smalkaldia, arcium et medicine[f] doctorem subtilissimum, et dominum Casperum Gesinde, arcium[g] liberalium ast philozophie magistrum,[h] qui eciam non longe ante electionem suam per dominos secreti consilii fuerat prelocatus, anno salutis millesimo[i] quingentesimo[i] quinto altera die f. 39c 10 sanctorum Philippi et Iacobi apostolorum. (Quo preside in album scolasticum recepti sunt qui sequuntur:)[b]

(Sequuntur qui dederunt)[e] (Dantes)[b] integrum:

Fridericus de Trotta nobilis.
15 Heinricus[k] de Wirtzburgk.
Iohannes von dem Lande.
Ludewicus[l] de Rabenaw.[l]
Iohannes Spitznase.
Reinhardus[n] Keudel[ll] de Eschwege.[m]
20 Iohannes vom Lande.
Erasmus Zcigeler Erffurdensis.
Icorrius[o] Sommerhafer Erffurdensis.
Icorrius[o] Stoltz de Monte sancte Anne.
25 fr. Michael Pfeilsmid[q] (de)[e] ord. canonicorum regularium.
Iohannes Heyne.
Heinricus[k] Ortting[r] Erffordensis.
Paulus Zeymer[s] Erffordensis.
30 Steffanus Theodrici[t] de Confluencia.[u]
Hermannus Geilman de Salczungen.[u]
Iohannes Schaur de Ardung.
Clemens Mangolt de Fulda.
Heinricus Hubenner[v] de Petznick.[w]
35 Matheus Stortz de opido Demer.
Anthonius Kurgsteyn von der Hart.
Nicolaus Iost de Butstad.[q]
Martinus Furchemer de Dorlach.
Hermannus Kalenberg de Faner.
Iohannes Zcigeler de Saltza.
Iohannes Doleatoris de Swartza.
Iohannes Fulbrot de Oberburgk.[y]
Nicolaus Fladenheym de Guttern.
Iohannes Breyssing[z] de Smeck.
Theodericus Preussel de Stotterheym.[aa]
Reinhardus Meyger de Dinckelßpul.[bb]
Iohannes Thor de Morstadt.
Iohannes Carnificis de Bruswiller.[cc]
Magnus Michel[dd] de Reyn.
Iohannes Eckan de Oschoffenburgk.[ee]
Iohannes Gluer de Kempnat.
Iohannes Flamming de Gota.[ff]
Petrus Bopp[x] de Ordorff.
Leonhardus Falthauber de Mospach.
Heinricus[ll] Halbrick de Franckfordia.[gg]
Nicolaus Greslen de Heidenheym.[n]
Hermannus Lutifiguli de Ihenis.
Hainricus[ii] Losel[hh] de Hergelshausen.[kk]
Conradus Willn[ll] de Boppenhausen.[hh]
Baltasar Ganß de Hirtzbergk.
Iacobus Stauffenbul[mm] de Molhausen.[kk]
Egidius Tzigeler[nn] de Wertheym.[oo]
Matheus Ditterich[ff] de Wertheym.
Conradus Siffridi[p] de Breittenaw.[qq]

[a] Wenn auch etwas verändert, ist doch der Text der Einleitung, wie er in B steht, nicht in seiner ganzen Fassung wiedergegeben, sondern nur einzelne abweichende Ausdrücke. [b] Steht in B, fehlt in E. [c] tradito. [d] Georgius. [e] Steht in E; ( )[e] fehlt in B. [f] phebee Hippocraticeque. [g-h] bonarum arcium doctorem iurisque prudentie litteratura oppido quam excultum. [i] sesquimillesimo. [k] i statt e oder ei [l] Ludwicus de Rubenauwe. [m] Esshwege. [n] y statt i. [o] r statt rr [p] m statt mm. [q] dt statt d. [r] t statt tt. [s] Tzymmer. [t] Theoderici. [u] t statt c. [v] n statt nn. [w] gk statt ck. [x] Boppe. [y] u statt o. [z] s statt ss oder ß. [aa] Stotternheim. [bb] Dinckellspuell. [cc] o statt u. [dd] Michael. [ee] Aschaffenburgk. [ff] th statt t oder tt. [gg] g statt gk oder ck. [hh] ß statt s. [ii] i statt ai oder ei. [kk] -hußen statt -hausen. [ll] l statt ll, ll statt l. [mm] Stauffelbul. [nn] Zeigeler. [oo] i statt y. [pp] f statt ff. [qq] Breitenauwe.

[1] Kein Wappen, sondern nur eine einfache Initiale.

f. 39a

Sequentes[rr] non dederunt integrum[ss]:

Bertholdus[tt] Schuchart de Saltza dt. 7.
Marcus Graw de Northen dt. 7.
5 Iohannes Stain de Leybach dt. 7.
Leonhardus Thobel de Ardung dt. 6.
Iohannes Allfrid[q] de Denstad[uu] dt. 5.
Ieorius Franckman de Eysted[q] dt. 3½ gr. 3 ₰.
Iohannes Meyer dt. 4.
10 Heinricus[tt] Funck dt. 3½ (gr.) 3 ₰.
Valentinus Goltauer de Erich dt. 3½.
Iohannes Cristoferi de Bischoven 3½.
Hermannus Worm de Gota dt. 3½.
Mauricius Speckert de Regis curia 3½.
15 Ieorrius[o] Mercel[vv] de Kempnat dt. 2.
Ieorrius[o] Foltz de Etlingen dt. 3.
Martinus Iggelstadt dt. 3.
Fridericus Staph de Fredenbergk[gg] 3½.
Valentinus Mersmer[ww] (Meismer ?) de Kelbra
20 3½ (gr.) 3 ₰.
Iohannes Schaupp[xx] de Limpurg[k] 3½ 3 ₰.
Iohannes Cantrifusoris 3½ 3 ₰.
Fridericus Ennel[tt] de Limpurg 3½ (gr.) 3 ₰.
Andreas Aldendorff de Northausen[yy] 3½ (gr.)
25 3 ₰.
Iohannes Mohs de Confluencia 3½ gr. 3 ₰.
Sebordus Fribotte de Isennach[r] 4.
(Richardus Fribotte de Isennach 4.)[c]
Luderus Degener de Brunswick[w] 3½.
30 Caspar Thormer de Affenburg[w] (-mb- B) 3½.

Wolgangus[zz] Datinger de Ardung 3 (gr.) 3 ₰ (3½ B).
Iohannes Fredeburg[w] de Roderstadt 3½.
Wolfgangus (-lff- B) Breiger de Kerspeleuben
5 3½ (gr.) 3 ₰.
Wolffgangus Monsam de Utensbergk[gg] 3½ (gr.) 3 ₰.
Iohannes Reinhart[a] de Veitzhoichen 3½.
Paulus Peyseck de Ardung 3.
10 Iohannes Laurentii de Crutzborg[k] 3½ (gr.) 3 ₰.
Iohannes Mens de Kauffbeygeren[a] 3.

Sequuntur (modo)[b] pauperes:

Leonhardus Hausman de Eychstadt[c] gratis ob reverenciam doctoris Petri.
15 Michael[tt] Brant gratis.
Iohannes Zcwigeler de Nurenberga[cc d] gratis.
Eukarius Haß de Gemunde gratis.
Iohannes vom Hayn[oo] gratis.
Dom:nianus Wollensleger gratis.
20 Vitus Currificis[f] de Dyfort gratis.
Georius de Rosenheym[hh] gratis.
Gregorius Aramannus Torquacius[g] et Benarius Traborces[h] poeta et orator gratis (postea dictus Vigilantius Francophordiensis . . de Ranis adeo nobilis et pro opido Italiam
25 petiturus sagittis (?) necatus miserabiliter.)[e]

Summa 94.[i k]

rr–ss Non dantes integrum (in B als Ueberschrift). tt Bertoldus. uu -stedt für -stad oder -stadt. vv k statt c. ww Meismer. xx p statt pp yy -hußen statt -hausen. zz Wolffgangus. a -beygern. b Steht in B, ( )b fehlt in E. c Eiebelstadt. d m statt n. e Steht in E, ( )e fehlt in B. f Carnificis. g Dorquacius. h Debotes. i Richtig, wenn Z. 22 als zwei zu zählen sind. k Im Rechnungsbuche des Rectors steht nur sein Name und der Spottvers: „Heu quandoque bonus dormitat Homerus", wahrscheinlich weil er nichts weiter eingetragen hat.

1505. Mich. 225. Rect. Nicolaus Fuchszer[1] de Fulda.

f. 40ab

Radiis[a] solaribus rutilantibus quibus divi Luce evangeliferi sollennia agebantur ab 30 optimi summique Christi anno millesimo quingentesimo quinto, pestilencie quo rabies

a–c Bis auf Umstellung ganzer Sätze (die Wähler voran) stimmt der Wortlaut der Einleitung in B mit dem in E überein. b Steht in B; ( )b fehlt in E.

[1] Wappen des Rectors nach links geneigt, im schwarzen Felde ein nach links hin aufspringender Fuchs, ebenderselbe auf dem goldnen Helm, schwarze und goldne Helmdecken; als Schildhalter rechts vom Wappen ein Dompropst in rothem Mantel, das rothe Barett von der Schulter herabhängend; links eine Jungfrau in grünem Aermelrock, unter welchem der brokatene Rock mit weißen Spitzen zu sehen ist. Sie ist nicht näher zu bestimmen. An der äußeren Randleiste zwischen Blütenzweigen

et furor Erphordianos et obsidebat et oppugnabat, partim necando partimque fugando, designatus selectus atque pronunciatus est in rectorem ast monarcham a venerabilibus f. 40c viris et dominis Ioanne Schoner, sacre pagine professore, Ioanne Reynhardi de Schmalkaldia, utriusque medicine doctore, nec non Ioanne Ethaußenn, bonarum arcium magistro, 5 Nicolaus Foechßer ex Fulda, ingenuarum scientiarum ast utriusque medicine doctor; 5 sub cuius rectoratu intitulati sunt subscripti:[c]

Rudolffus[d] Scherck nobilis de Swainßberga dt. med. flor.

Totum:

10 Georgius Bestzeman de Luchaw tm.
Symon Moliatoris de Begau[f] tm.
Noe Sutoris de Cronbergia[g] tm.
Martinus Offenberger de Prisach tm.
Volckmarus Bevera (?)[h] Erfordensis tm.
15 Nicolaus Stophornn de Ylmen tm.
Petrus Glaßmecher de Bercka tm.
Iohannes Walter de Amberbach tm.
Casperus Rotfelt de Thuleda tm.
Petrus Hantzwig de Czwickavia tm.
20 fr. Andreas Rymenschneider[i] de Schweynfordia carmelite tm.
Ioannes } Ciriacus } Sorgen de Theopoli tm.
Bertoldus Tolle de Theopoli tm.
25 Ioannes Calopificis de Hirßfeldia tm.
Udalricus Kaschawer de Norenberga tm.
Heinricus Meyer de Heildenßeim tm.
Theodericus Frue uff de Hilperhußen tm.
Hieronimus[k] Lichtensteyner de Saltzberga
30 tm.
Balthasar Kruß } Blasius Wydemann[x] } de Ottegen (Ottagon B) tm.
Georgius Guntelfinger de Norlingen tm.
Caspar Heckel de Wysenberga tm.
Ioannes Maeyer de Kaufburo tm.

Caspar Forck de Dorsten.
Hermannus Vorwerck de Dorsten tm.
Eberhardus Woltman Bruynschwige(nsis)[e] tm. 10 f. 40d
Balthasar Walteri de Lauringen tm.
Balthasar Zechner (-nir B) de Ardung tm.
Ioannes Richart de Stolberga
Martinus Usickhem tm.
Iacobus Cantrifusoris de Kytzingen[l] tm. 15
Ioannes Vormans de Czyrnberga tm.
Eberhardus Heomann de Birckuler[m] tm.
Ioannes Röver de Cassel (?)[n] tm.
Valentinus Lawe de Yßleuben tm.
Martinus Osburgk de Stolberga tm. 20
Ioannes Fabri de Schmalkaldia tm.
Heinricus Clennberck Erfordensis tm.
Wilhelmus Gerwyck[o] } Ioannes Rere } Theodericus Grunnyngen[p] } Heinricus[q] Foßß } Herßfeldenses tm. 25
Ioannes Hayß de Rychelßheym tm.
Ioannes Voyt de Lich tm.
Caspar Bayer de Ordorff tm.
Ioannes Fleckenlib[r] de Byrgel nobilis tm. 30
Ioannes Fabri de Ruschenberga tm.
Heinricus Solde de Franckenbergk tm.
Heinricus Sudich de Sassenhusenn tm.
Ioannes Eberhardi de Kranßbergk tm.
Thilomannus Nawe } Ioannes Henneböle[s] } Goslariensis tm. 35

[d] f statt ff. [e] Steht in E; ( )[e] fehlt in B. [f] w statt u. [g] Cronberga. [h] Benera. [i] y statt i. [k] Hironimus. [l] cz statt tz, tz statt cz. [m] k statt ck. [n] Dassel. [o] i statt y. [p] Grunnigen. [q] e statt ei. [r] -lid statt -lib. [s] o statt ö.

---

steht oben ein Bischof in blauem Gewande und braunem faltenreichen Mantel mit gelben Handschuhen nach rechts gewandt; sein Attribut, die vom Schwerte durchstochene Bibel, macht ihn als Bonifacius kenntlich. Unterhalb des heil. Bonifacius steht der Evangelist Iohannes in grauem Gewande mit einem rothen, innerlich grün gefütterten Mantel, in der Linken den Kelch mit der Schlange haltend, die Rechte segnend erhoben, nach links gewandt. — Leider sind die Gesichter der beiden Schildhalter und das des heiligen Bonifacius muthwillig verwischt, wie so viele andere Gesichter von Geistlichen und Heiligen in den Bildern der ersten Jahrzehnte dieses Bandes der Matrikel.

Ludolffus Wyte de Brunschwigk tm.
Martinus Volfferam Erforden tm.
Ioannes Stritberch } Bruynswizenses[t] tm.
Bertoldus Brostidde }
5 Ioannes Moeden de Herdessem tm.
f. 41a Anthonius Lypgen de Wurmacia tm.
Georgius Sculteti de Pfaffenhoffen tm.
Stephanus Sarburg de Argentina tm.
Iacobus Stumph de Lachenn tm.
10 Nicolaus Gröber[s] de Hilperhußen tm.
Nicolaus Jeckel de Rydenberga tm.
Ioannes Ordenn de Cusa tm.
Vilhelmus Fabri de Roßkop tm.
Iodocus Ana de Sunderßhusenn[u] tm.
15 Georgius Leffellath (ck B) de Laub tm.
Mauricius Halke (ck B) de Stusfart tm.
Heinricus Hardunge de Franckenhußen[a] tm.
Casperus Schaub Erfordensis tm.
Hartmannus Weittert de Grunberga.
20 Ernestus Saltz[1] de Blichenrodt tm.
Ioannes Schnetteller de Blichenrodt tm.
Hermannus Hesselant de Marckwart ord. teutonicorum dnorum.
Cristoferus Fridiaunn } Erfordenses tm.
25 Ioannes Loßchs }
Hii tres intitulati[v] sunt ob reverenciam rectoris.[w]

Dederunt 4 argenteos:

Ioannes Duentzeler[1] de Vratislavia dt. (5)[e] (4)[b] argenteos.

Laurentius Dytmar de Grunenberga.
Paulus Stylitz[1] de Nammislavia.
Iohannes Koeler de Eschenwe.
Georgius Reyger de Wyndeßheim.[q]
5 Iohannes (Ioa. B) Hiltiner de Wendagen.
Ioannes Richart de Phertingßleuben.
Oswaldus Möser[s] de Ardung.
Wolffgangus Mildenberger[y] de Ylmen.
Ioannes Hilbrandi de Trußen.
10 f. 41b Ioannes Heller de Schmalkaldia.
Nicolaus Molitoris de Heryngenn.
Leonhardus Bock de Aebblyng.
Andreas Glasyll de Ardungh.
Conradus Pistoris de Sassenberg.
15 Hermannus Picht Goßlariensis.
Henricus Badenhußen de Rudenn.
Reinhardus Doliatoris de Aeschenwegann.

Ioannes Buckyngk Erfordensis dt. 2 argenteos.

(Dederunt unum argenteum bedellis:)[b z]

20 Conradus Gleser de Halberstat } ddt 1 argente. bodellis.
Fridericus Lunteman Moryngensis[aa] }
Gabriel Plaetzgen[1] de Fulda }
Valentinus Salch de Francfordia[bb] dt. doctori Ioanni Tyttelbach rectoratus sui tempore 25 med. Etque[dd] hoc evo[cc] residium[ee] tocius.)
Summa 101.[ff]

[t] Bruynßwczen. [u] s statt ß. [v-w] ob rev. rect. intitulati sunt. [x] n statt nn. [y] u fehlt. [z] Steht in B nur am Rande. [aa] Moringen. [bb] ck statt c. [cc] In B und E euo mit Punkt über u, der auch die Stelle eines r vertreten könnte; vielleicht ist eius zu lesen. [dd] Soll vielleicht estque heissen. [ee] residuum. [ff] Richtig.

30 1506. Ost. 226. Rect. Dr. Mathias Meyger. f. 41c

Sabbato,[a 1] que erat secunda mensis Maii dies, anno domini millesimo quingentesimo sexto, per spectabilem et venerabiles viros dominos Henningum Goede,[c] ecclesie 30 beate Marie Errfurdensis[c] scolasticum, Siffridum Utißbergk,[d] iuris utriusque doctores, ac

[a] Die Einleitung in B gleichlautend mit E. [b] Steht in B; ( )[e] fehlt in E. [c] o statt ö oder u. [d] g statt gk.

[1] Im Vordergrunde steht der Heiland in rothem goldbesäumtem Mantel über dem nackten Leib, mit goldnem Heiligenschein; vor ihm kniet zu seiner Rechten der heil. Thomas in brokatenem Gewande mit blauem goldbesäumtem Mantel, den er mit der Linken zusammenhält, während er mit seiner vom Heiland erfassten Rechten dessen Wundmale befühlt, zur Linken des Heilands kniet der Rector in seiner Chorkleidung. An seinen Knieen lehnt das nach rechts geneigte schräggetheilte Wappenschild, welches oben im rothen Felde einen goldnen achtstrahligen Stern zeigt, unten in gelbem Felde eine rothe fünfblättrige Rose.

Conradum Wideling, arcium et philosophie magistros, electus est in rectorem universitatis et die lune tunc proxime sequente confirmatus (dominus)[b] **Mathias Meyger de Hallis**, f. 42a iuris utriusque doctor prefateque ecclesie beate Marie canonicus; sub cuius rectoratu intitulati sunt qui sequuntur:

5 Nobilis et generosus dns Franciscus comes in Waldeck dt. flor. universitati et 1 flor. pro pedellis in auro. Item pro dno Iohanne Histe[f] de Wildingen,[f] capellano gracie sue med. flor.
10 Wolffframus de Redewitz Bambergensis et Herbipolensis ecclesiarum canonicus dt. flor. in auro
Iohannes Wolkensteyn de Hallis nepos (dni)[b] rectoris.
15 Petrus (de)[e] Eisenberg[g] de Hallis arcium mag. et sacre theologie baccal.[h] formatus Leiptzk.[i]

Totum:

Iohannes Zciegler[k] Errffordensis zcum Steyn-
20 lawen.
Guntherus de Bunaw de Elsterberg.
Heinricus de Cram.
Fridericus de Berlichingen.
Casper[l] et } de Gralßheym.[m]
25 Wilhelmus }
Casperus de Housfelt.
Iohannes Fischer Casselensis.
Kilianus Bereitßgelt de Bamberga.
Conradus Meyger de Lonerstadt.
30 Theodericus Lampe de Hildenßheym.[n]
Wolffgangus[o] Dorffer de Hallis.
Wolfigangus Scheffer de Morstadt.
Iohannes Wolmerstorff de Zcerbist.[p]
Iohannes Lauter de Gronenberg.
35 Gerlacus Poder de Gronenberg.
Philippus Hofeman de Fridenberg.
Thomas Wisße de Pesenick.
Egidius Casperi Errffordensis.
f. 42b Conradus Bertoldi[q] de Frislaria.
40 Iohannes Gutto de Reinhartsborn.[i]
Iohannes Ramme de Northusen.[ff]
Sebastianus Mauwer de Coburgk.[d]
Iodocus **Ionas**[t] de **Northusen**.[t]
Nicolaus Luchaw de Erich.

Fridericus Rode de Wetzflaria.[u] 5
Wilhelmus Rincke de Aquisgrano.
Iohannes Zcurgke de Walhusen.
Iohannes Lincke de Nuremberga.[v]
Cristofferus Waldeck de Blichenrode.[w]
Anthonius Brun de Topfstedt. 10
Baltazar[q x] Wurm de Meldingen.
Iohannes Tile de Gotha.[y]
Iacobus Schack de Gotha.[y]
Iohannes Senger de Hombergk.[d]
Iohannes Crauße[z] de Volkach. 15
Iohannes Coci de Gerstungen.
Lucas Steyn de Freyenstadt.[aa]
Nicolaus Ferer[r] de Northusen.[ff]
Iohannes Dangwort de Northeym.
Henningus Frieße[k] de Northeym. 20
Valentinus Frieße et } de Northeym.
Iohannes Bischoff }
Iohannes Bader de Coburgk.[d]
Iohannes Mag de Huna.
Iohannes Worffel[bb] de Hunefelt.[m] 25
Iohannes Utenhofer[cc] de Wertheym.
Iohannes Wanner de Kauffbiro.[ff]
Stephanus[dd] Schelin de Ulma.
Heinricus Wißenbacus[ee] de Hamelburg. f. 42c
Augustinus Berckheym de Lichtenaw. 30
Andreas Scheckenbach de Bulczhusenn.[ff]
Heinricus Grefe[dd] de Wittilßberg.[kk]
Ernestus Swartze[u] de Frideburg.
Emericus Schilling de Loensteyn.
Wilhelmus Heppenberger de Dietz.[u] 35
Iohannes Bechel de Confluencia[gg]
Iohannes Bock de Confluencia[gg]
(Carnelius Casener de Confluencia.)[e]
Iacobus Kortzer[u] de Kocheym.
Iohannes Banemilch[hh] de Bidenkap.[hh] 40
Martinus Ramme de Stolberg.
Conradus Mechtißhusen[s] de Goßlaria.
Cornelius de Nuwenstat[ii] de Zcorbergk (-rg B).
Philippus[ll] Scherff de Waldeck.

---

[e] Steht in E; ( )[e] fehlt in B. [f] Isthe de Wildungen. [g] Isemberg. [h] baccarius. [i] y statt i. [k] ie statt i; i statt ie. [l] a statt e. [m] o statt a oder u. [n] Hildesem. [o] f statt ff. [p] i fehlt. [q] th statt t. [r] Forer. [s] hußen statt husen. [t] In E ist der ursprüngliche Familienname ausradirt, und Ionas später geschrieben; in B **Hane**. Förstemann, kleine Schriften S 22. O. Plathner, die Familie Plathner S. 271 (siehe auf folg. Seite Anm. 1). [u] cz statt tz. [v] n statt m [w] n fehlt. [x] s statt z oder ß. [y] h fehlt. [z] ß statt s. [aa] i statt y. [bb] u statt o. [cc] Utenhöffer. [dd] ff statt ph oder f. [ee] Wissenbach. [ff] -hußs statt -husen oder husen (Z. 27 w statt u). [gg] Confluentia. [hh] Bonnemilch de Bidekap. [ii] Neuenstadt. [kk] u statt w (Z 31 Wittilsperg). [ll] ll statt l.

Iohannes Balneatoris de Ilmenaw.
Iohannes Karius de Ilmenaw.
Iohannes Hentze[u] de Duderstat.[mm]
Heinricus Gunthери de Duderstat.[mm]
5 Anthonius West de Wihe.
Iohannes Molitoris de Duderstat.[mm]
Tilemannus Pletener de Stolberg.[1]
Wolffgangus Fabri de Brisenstadt.
Mathias Mulich de Wynningen.
10 Iosephus Horcheymer de Golß.
Wilhelmus Moritz[u] de Heuchlingen.
Bertoldus Hardegen de Duderstat.[mm]
Anthonius Kerckener[nn] de Duderstat.[mm]
Conradus Rotendorffer[oo] Erffordensis.
15 Anßhelmus[x] Schrandenbach de Karlstat (-stad B).
f. 42d Volckmarus Rot[oo] de Saltza.[u]
Mathias Horber de Helcheleuben.
Georgius Rudolf de Morstet.[mm]
Iohannes Steynbrunner de Lauwingen.[pp]
20 fr. Bernhardus[qq] Mercatoris[qq] ord. carmelitarum de Maguncia.[rr]
Reinhardus[i] Pistoris canonicus regularis Erffordensis.
Volckmarus Trumstorff Erffordensis.
25 Heinricus Broet de Bercka.
Iodocus de Bambach (Baurbach ?).
Casperus Hun de Fulda.
Siffridus Fabri de Gundelfingen.
Hermannus Reddessem de Brunschwig.
30 Iacobus Schilling Erffordensis.
Franciscus Schilling Erffordensis.
Petrus Heumanni de Elß.[uu]
Iohannes Wilhelmi de Maguncia.[rr]
Iohannes (de)[b] Buchebach de Ingelfinger.
35 Heinricus Arleder[vv] de Echtsel.
Valentinus Heymandi de Warpurgk.
Iohannes Richgang[ww] de Kern.
Stephanus[q] Doleatoris de Bacherach.
Silvester Euchelhain de Gotha.
40 Iohannes Henno (Heuno ?) de Kennigken.
Matheus Sartoris de Kulchßen.[x]
Iohannes Dornheym de Frinstedt.
Valentinus Nopel de Hallis.

Udalricus Windenmecher[xx] de Confluencia.[rr]
Casper Bleicher de Loekirch.
Martinus Wagener de Waltsee.
Nicolaus Ritter de Remda. f. 42a
fr. Heinricus (de)[b] Wanwach de Speniẞhart ord. premonstratensis. 5
Iacobus Weiß[i uu] de Alen.
Leonardus Brandthofer[dd] de Franckenhusen.
Georgius Beer de Wiltperg.
Wolffgangus Utenhofer[dd] de Ihera. 10
Bernhardus[yy] Schill de Molhusen.
Sebastianus Langhans de Aschania.
Andreas Zcymmern[zz] de Dachbech.
Iohannes Angerßbach[a] Erffordensis.
Wolffgangus de Etzdorff.[u] 15
Casper[1] Probst de Volkach.
Iohannes Kalbfleisch de Lutterbach.[f]
(Casperus Obenhaug de Lutterbach.[f])[e]
Iohannes Maws[kk s] de Imchin.
Laurencius Andree de Hanaw.[kk] 20
Petrus Pleting[oo] de Ubern Isenßheym.
Iohannes Kortz de (de)[b] Nuwenkirch.[g]
fr. Iheronimus Sander de Hallis ord. serv. Marie.
Wilhelmus Molitoris Erffordensis.
Nicolaus Schuchman de Salveldia. 25
Iohannes Strymbach[h] de Arnnstedt.
Wendelinus Knabenschuch de Hombergk.[d]
Tilemannus Brandis[2] de Hildißheym.[a]
Iohannes Ertwin de Ruschenberg.
Iheronimus Tobing de Luneborg. 30
Iohannes Werneri de Morßsen.
Laurencius Zcincke de Stasfordia.
Iohannes Nagst de Gerstadt.
Ciriacus Holbech Erffordensis.

Sequuuntur (hii)[e] qui non solverunt integrum: 35 f. 42b

Hermannus Heseler[z] de Sangerhußenn (4 schneb.)[e]
Petrus Mekelen de Kocheym (4 schneberg.).[e]
Iohannes Storm de Wisberg[k] (5 schneberg.).[e]
Iohannes Fabri de Werdea (3½ sneb. 4 ₰).[e] 40
Nicolaus Weyße[i uu] de Walhußen (4 schneb. 3 ₰).[e]
Heinricus Fricke de Dransfelt (dt. med.).[e]

[mm] stadt für -stat oder -stet. [nn] Kirchner. [oo] tt statt t. [pp] b statt w. [qq] Bernnardus Mercaris. [rr] t statt c. [ss] s statt sch (Z. 27 Bun ?). [tt] ss statt ß. [uu] sß statt ß oder ss. [vv] Ardeler. [ww] Eichgang. [xx] Windemacher. [yy] h fehlt. [zz] Zcymeren. [a] -burg statt -bach. [b] Steht in B; ( )[b] fehlt in E. [c] o statt ö oder u. [d] g statt gk. [e] Steht in E; ( )[e] fehlt in B. [f] Luterpach. [g] Neuwenkirchen. [h] Steynbach (?). [i] y statt i. [k] Wilperg.

[1] Die Familie Plathner, der Familie gewidmet von Otto Plathner, Berlin 1866, S. 271.

[2] Der Stifter des Sachsencollegs in Erfurt (am 25. April 1520, Osann Erfordia literata III, 2 S. 42) für in Erfurt studirende Niedersachsen. Er starb 5. Juli 1525.

Iohannes Molczan[u] de Walhusen[l] (dt. med.).[e]
Iohannes Prißwerg Erffordensis (dt. med.).[e]
Wedekindus[p] Koch de Battenberg (dt. med.).[e]
Iohannes Sotularis de Kelßen (dt. med.).[e]
5 Bartholomeus Brabant Erffordensis (dt. med.).[e]
Sebastianus Beyer de Eckerßberga[r] (dt. med.).[e]
Iohannes Jung de Offenburgk[d] ($3^1/_2$ ß).[e]
fr. Henningus Tegentmeiger[aa] de Brunschwig[s] } (ddt. med.)[e]
10 fr. Tilemannus Bertram de Brunschwig[s] } (ddt. med.)[e]
Conradus Hamel de Knusselßheym[t] } (ddt. med.)[e]
Iohannes de Franckfurt[gg] (scis Renum)[e] } (dt. med.)[c]
15 Iohannes Heller de Kittzingen[u] } (dt. med.)[c]
fr. Erhardus Gelner[v] de Theris ord. sancti Benedicti (dt. $3^1/_2$ schneborg.)[e]
Iohannes Hemeling de Bremis (dt. $3^1/_2$ schn.).[e]
Nicolaus Erffa Erfordensis (dt. med.).[e]
Wolffgangus Reichel de Ratispana (o.[r])[e] (ddt. 4 ß.)[e]
Sebastianus Wager de Weyden } (o.[r])[e] (ddt. 4 ß).[e]
Michael[y] Hopff de Gotha } (o.[r])[e] (ddt. 4 ß).[e]
Iohannes Textoris de monasterio Meynfelt (3 ß 10 ₰).[e] 5

f. 45ab

Sequuntur paupercs:

Iohannes Stange Erffordensis (dt. 2 schneberg.).[e]
Iohannes Junging de Bockoldia (propter deum gratis).[e]
Heinricus Crauße de Weischenfelt (3 schneb.).[e] 10
Martinus Brun de Malstet[cc] gratis pro deo instante decano facultatis arcium[ee] (1 schneberg. pro pedellis.)[e]
Henricus Hartmann pauper (1 schneberg.).[e]
Carnelius Oculman Hibernicus capellanus abbatis Scotorum conservatoris gratis per omnia propter deum. 15

Summa 177.

[l] ss statt ß. [m] o statt a. [n] Hildesem. [o] f statt ff. [p] Widekindus. [q] th statt t. [r] a fehlt
[s] s statt sch. [t] Kungßheym. [u] cz statt tz oder ttz, tz statt cz. [v] Kelner. (o in Sp. 2 Z. 1 bedeutet obiit (?).
[w] Michahel. [x] s statt ß oder z. [y] h fehlt. [z] ß statt s. [aa] i statt y. [bb] u statt o, o statt u. [cc] Malstedt.
[dd] ff statt f. [ee] t statt c. [ff] hußen statt husen oder hussen. [gg] dt statt t.

f. 44cd

1506. Mich. 227. Rect. Dr. Ioannes Reimboth.

f. 45ab

Traditum[a][1] est a viris doctrina et sanctitate clarissimis, eum potissimum moderandis eruditorum cetibus prefici debere, qui omni vite officio consultissimus non solum dignitatem ac splendorem studiorum conservare, sed eciam studiosorum fructum famam decus amplificare posset. Bonis igitur auspiciis in celebri comicio creatus est rector Ioannes Reimbotthe; mirum profecto est et memoria[c] dignum, quanta prudencia et consilio salutis anno millesimo quingentesimo sexto tres amplissimas dignitates acceperit: iuris tum pontificii tum caesarii pridie[d] nonas Iulii insignibus donatur; postridie convivium nupciale[f] magnificentissime largitur, nobili Mechtildae de clara

f. 45cd

[a] Die Einleitung stimmt in B und E überein. [b] Steht in B; ()[b] fehlt in E. [c] memorie in E und B. [d] predie.
[e] Steht in E; ()[e] fehlt in B. [f] u statt w (Z. 28 t statt c).

[1] Ueber der Initiale fol 45^{ab} ein kleineres Viereck: in demselben steht unter dem Kreuze, umgeben von sämmtlichen Passionswerkzeugen, Nägeln u. s. w., der Heiland, nackt und nur mit dem Lendentuche bekleidet; aus den Wunden fliesst noch Blut. Zu beiden Seiten des Kreuzes knien, unter dem rechten Arme des Heilands der Rector Ioannes Reimboth in schwarzem mit Pelz verbrämtem Talar, in rothem Barett, unter dem linken Arme die ihm am 7. Juli angetraute Mechtild von der Sachsen in gleicher Gewandung und mit der weissen Kopfhaube; vor beiden lehnen ihre Wappen, die auch auf fol. 44^{cd} erscheinen. Das Wappen der Reimbotthen ist hier in rothem mit silbernen Schindeln bestreutem Schilde eine aus dem linken Schildrand hervorgehende silberne Greifenklaue: auf dem goldenen Helme stehen zwei silberne nackte Greifenklauen. Die Helmdecken sind roth und silbern von schöner Zeichnung. Schildhalter sind rechts ein wilder behaarter Mann, links eine wilde Frau, ebenfalls

Saxonum familia domum ducta, et a tribus prestantissimis patribus ac dominis Sebastiano Weyman, theologorum eloquentissimo, Conrado[g] Weydeling, philosopho et medico, et Henrico Leonis, celestium rerum inprimis perito, scolasticorum[h] ordinibus rector preficitur, XV° calendas Novembris (anno 1506.)[e], bonis omnibus pre leticia exultantibus 5 et merito quidem; nam iam fatus rector ita utriusque iuris sciencia moribus genere claro facundia preditus est, ut a maximis et illustrissimis principibus, Foederico Caesarie maiestatis et sacri Romani imperii locum tenente generali archimarscalco et f. 44a principe electore, ac Ioanne fratribus germanis ducibus Saxoniae lantgraphiis Thuringiae[i] et marchionibus Misnae,[k] consiliariorum collegio aduniatur et in obeundis reipublice 10 officiis commendetur probetur admiretur.

Sequuntur eorum nomina, quos in album gymnasticum recepit:

Egregie ac prudenter precedunt agmen:

Nobilissimi duo fratres Georgius et Bertoldus Hennebergii principes, ambo cathedralium 15 ecclesiarum Agrippinensis et Argentinae[l] canonici, ambo sine iactancia litterati et ornatissimi morum integritate; qui 4 florenis universitatem et duos pedellos adornarunt.

20 dns Nicolaus Weydener canonicus Frieslariensis[m] solvit[m] med.[m] flor.

dns Conradus[g] von[n] Groppeling (-gen B) de arce Steinberg canonicus Hildensheymensis[o] dt. med. flor.

25 dns Hermannus de Buchenaw nobilis dt. med. flor.

Carolus von[n] Krosig[k] de Alsleuben[k] nobilis dt. 10 sneb. (cum)[b] 2 denar.

Andreas Helderit nobilis ob reverenciam prefatorum principum gratis cum eorundem familiaris esset.

Heinricus Garlawb de Luneburgk dt. medium f. 46b 15 florenum.

Ioannes Swicker de Wormacia 9 solvit sneberg.

Bartolomeus Hilder de Alslewben[r k] dt. 8 sneberg.

Ioannes Ferrer de Northawsen[r] dt. 8 sneberg.

Integrum solventes:

20 Geyso de Hesberg nobilis.

f. 46c Pangracius Greuner (de Rigesreurt)[e] nobilis.

Conradus[g] Marschalk[p] nobilis.

Matthias Gyntzer[q] de Bißeneck[k] baccal. (Lipzcensis).[e]

25 Sebastianus Reinboth[r], Cristofferus[t] Reinboth[r] fratres (germani)[e] moderatoris Erffordenses.

[g] Chunrad. [h] sch statt sc oder st. [i] -e statt -ae. [k] ß statt s (Z. 23 Bißenecke). [l] duobus in E und B. [m] Frißlariensis s. dimidium. [n] de. [o] Hildenß. [p] g statt k oder gk. [q] Ginter. [r] Reimboth. [s] rectoris. [t] Ch statt C.

behaart und mit langem goldnem Haupthaar. Dasselbe Wappen erscheint kleiner in der linken Ecke der oberen Randleiste f. 44c mit zwei dunkelfarbigen Greifenklauen auf dem silbernen Helme; diesem zunächst nach der Mitte zu das Wappen der Gemahlin (von der Sachsen), silberner Bocksrumpf in rothem Felde. Von da in der innern Ecke ist das Wappen: ein aufspringendes weissgelbes Einhorn mit rothem Halsband in schwarzem Felde; auf dem goldnen Helme ein schwarzer mit dem Einhorn belegter Flügel. In der Mitte der äussern Randleiste, unter dem Wappen der Reimbotten, ein gespaltener Schild, vorn Schach von rothen und grünen Feldern, die linke silberne Hälfte ist leer diesem gegenüber, hinter der wilden Frau das rechts geneigte Wappen der Ziegler, rother Hirschkopf zu 8 Enden in silbernem Felde; ebenso links unten in der Ecke dasselbe Wappen, Schild vorwärts geneigt, darüber der silberne Helm mit zwei aufliegenden rothen Hirschköpfen, wie bei dem Rectorat 213. In der Mitte der unteren Randleiste sind zwei aufgerichtete zugewendete Fische in blauem Felde; von diesen rechts in der unteren Ecke in blau ein unten in einen natürlichen weiss beschleierten Frauenkopf endigendes mit sieben silbernen Kleeblättern belegtes schwarzes Büffelhorn; auf dem Helme dieselbe Figur; Decken blau und schwarz.

Adelarius Zcigeler[u] ad atrum grippum
Fridericus Zcigeler[u]
Adelarius Zciglei[u] ad aureum[v] vas
5 Ioannes Schatt[w]
Heinricus Hartungen.
Sifridus[x] / Ioannes } Starcken[y] (fratres)[b]
Ioannes Geringk[p]
10 Hermannus / Ioannes } Wurmudt[z] fratres
Ciriacus Hoffemann[aa]
Heinricus Schutze[aa]
Petrus Hunger
15 Adelarius Hornn
Wolffgangus Derrer } Erffordenses.
Aureus Millgis[bb] de Heyligenstat.[cc]
Andreas Bartman (de)[b] Hanhofer (Benhoff. B).
Andreas Wechter de Dachebech.
20 Balthasar[dd] Swartzburg de Arnstet[y] (-stett B).
f. 46a Bernhardus[dd] Rodenitz de Aldemburg.[ee]
Bernardus Rusthart de Wandesleuben.[k]
Brendanus Dide de Eschwe.
Bartolomeus[hh] Weise[k] de Sultzfelt.
25 Benedictus Neuman de Meissen.[ff]
Blasius Kein[gg] de Hunefelt.
Baltasar Robein de Gorslaria.[k]
Cristofferus[t] Schutz de Spangenberg.[ee]
Conradus[g] Gebart de Miltenberg.
30 Conradus[g] Schonheide de Konigissee.[yy]
Cristianus[t] Fuchs Coloniensis.
Cristoferus[t kk] Rasoris de Caßel.[ww]
Carolus Ditzgaw de Stasfart.
Conradus[g] Rosenhain[k] de Embech.[ll]
35 Erasmus Schnedewein[mm] de Wye.
Fridericus Kawtsch[ggf] de Kranach.[f]
Gregorius Hofman[x] de Gramppersdorf.[k]
Georius Guntzenrot[nn] (alias Langenstein)[e] de Scheckebach.
40 Gothardus Schmaltz de Gotha.
Gregorius Kremer de Blanckenhain (-hainn B).
Gregorius Pusth[oo] de Meissen.[ii y]
Georgius Striniatoris[n] de Weissenburg.[ii ee]
Georgius Gleis de Rosenhain.[k]
45 Georgius Furster[pp] de Schneidt.[n]

Heinricus Bawer de Northeim. f. 47a
Heinricus Poppe de Waudelslewben.[qq]
Heltmannus Westvalus de Segen.[y]
Heinricus Fleischhawer de Suntra.
Heinricus Wygolt[rr] de Plawen. 5
Heinricus Hacka[ss] de Pfieffen.[ss]
Heinricus Rueun[tt] de Swollis.[uu]
Heinricus Sartoris de Moringen.
Hermannus Sott de Tauderstat[vv]
Heinricus Keyl[rr ww] de Blichenrode 10
Heinricus Rodeshann[xx] de Brunswig.
Heinricus Kuleman de Northaim.[ll]
Heinricus Fabri de Konigissehe.[yy]
Heinricus Heintz de Eriche (Erich B).
Hennyngus[rr] Kalm de Braunschweigk.[zz] 15
Iacobus Breitenbek[a] de Duderstat.
Iacobus Peczer[c] de Volckbach.[d]
Iacobus Buderbach de Lasphe.
Iacobus Deteill de Herbipoli.
Iodocus Kornner de Volkach. 20
Ioannes Ungefuge de Homberg (-burg B).
Ioannes Huttenc[bb y] de Segen.
Ioannes Groß de Gemunden.[y]
Ioannes Hoczell[e] de Groneberg.
Ioannes Nacke de Waltershawsen.[f k] 25
Ioannes Lapicida de Gotha.
Ioannes Koch de Saltza. f. 47b
Ioannes Ferrich de Luterbach.
Ioannes Theoderici de Werter.
Ioannes Tinctoris de Wesalia. 30
Ioannes Olei de Rinckelowben.[f y]
Ioannes Ecke de Salvelt.
Ioannes Herffart de Arnstedt.[y g]
Ioannes Freckenharst de Monasterio.
Ioannes Sedelman de Kindelbruck.[h] 35
Ioannes Brawer de Schonstet.[i]
Ioannes Doleatoris[k] de Dirckheim.[dd]
Ioannes Hoffman de Ulach.
Ioannes Mongershawsen[k f] de Northaim.[m]
Ioannes Rothart[dd] de Dircken.[y] 40
Ioannes Reucke de Hiltlingen.
Ioannes Heym[rr] de Feussen.[ll]
Ioannes Hisper de Gundelslingen.[k]
Ioannes Hugel[ww] de Ingelstedt.[g]
Ioannes Gudener de Kleinmonster.[o] 45

[u] Zcicgeller. [v] aurium. [w] dt statt tt. [x] ff statt f. [y] nn statt n. [z] t statt dt. [aa] e fehlt. [bb] Millics. [cc] stadt für stat (Z. 17 Heiligennstadt). [dd] h fehlt. [ee] gk statt. g. [ff] Meyßenn. [gg] K statt K. [hh] th statt t. [ii] sß statt ss. [kk] o statt e. [ll] el statt e oder al. [mm] Schneweln [nn] Guntzerot. [oo] Putsch. [pp] Furstett. [qq] Wandeßleuben. [rr] i statt y. [ss] Hocken de Phieffenn. [tt] n statt nn. [uu] Swollißenn. [vv] Duderstat. [ww] ll statt l. [xx] Rodeßhein. [yy] Kongisßee. [zz] Braunsweig. [a] -bergk statt -beck. [b] Steht in B; ( )[b] fehlt in E. [c] tz statt cz. [d] F statt V. [e] Steht in E; ( )[e] fehlt in B. [f] u statt w. [g] -stett für -stedt (Z. 29 u. 30 Chunradus). [h] sch statt st (Z. 35 -burgk statt -bruck). [i] Schonerstett. [k] ß statt s. [l] i statt e. [m] -heym statt -hain oder -haym. [n] Schriniatoris. [o] Kleinmonster. [p] g statt gk oder k.

Ioannes Swätz de Geislingen.[k]
Ioannes Frolich de Ingelhaym[m] superiori.
Ioannes Henckel[r] de Cassell.
Ioannes Somerkorn (Sonn- E) de Witzenhausen.[s]
5 Ioannes Moshawer[k] de Islewben.[kf]
Ioannes Mattes de Alsfeldia.[k]
f.47a (dns)[e] Ludolphus (-ff- B) Freden[y] Gorslariensis.
Ludowicus[n] Trutebul de Ascania.
Leonhardus[dd] Amborn de Elsbach.[k]
10 Laurencius Fisbraun[k] de Urba.
Michaelis Drot de Ostheim.
Martinus Heise[vk] de Guttrnn[aa] maiori.
Mattheus Boell de Northawsen.[fk]
Michel Hicke de Volckbach.[bb]
15 Melchior Hasell[k] de Suntra.
Martinus Ethawsen[fk] (alias Coci)[e] de Butzbach.
Michael[v] Keyer[cc] de Dreyß.[cc]
Marcus Tischenner de Bercka.
20 Magnus Hesselein[ll] de Feußen.[lly]
Martinus Koler de Melsingen.[ff]
Nicolaus Smidt de Wutzbach.
Nicolaus Gunther de Ascania.
Nicolaus Kriech de Meynungen.
25 Oswaldus[gg] Winter de Rosenhaim.[k]
Otto Gisseler[rll] de Warburg.[ee]
Petrus Franck[y] de Kindelburg.[kk]
Paulus Honnyngertt[rr] de Winsheim.[k]
Petrus Werner de Wickersheim.[k]
30 Petrus Breithut de Ilperhawsen.[fk]
f.47d Sebaldus Rorhaws[f] de Speckeshornn.[mm]
Steffanus Swegerick de Ibegaw.
Steffanus Kolhose[k] de Hunefelt.
Sixtus Volk[nn] de Erstet.[oo]
35 Symon Delefelt de Horenbach (bonus socius 3).[b]
Theodericus Grieben de Soltweldia.
Theodericus Funcke de Molhawsen.[fk]
Tylomannus Reipkogell de Gottingen.
Vitus Scherlein de Nuremberg.[pp]
40 Valentinus Herbot de Quedelburg.[ee]
Valentinus Lumprecht de Wolterßleuben.[qq]
Wolfgangus[x] Petz de Osten.[y]
Wigandus Kernn de Wesalia.[k]
Wolfgangus[x] Heyse[k] de Erich.
45 Wolfgangus[x] Kulh[ss] de } de Weissennburg.[q]
Wolfgangus[x] Hering de }
Wolfgangus[x] Gulh[uu] de Dulingen.
Wilhelmus Rudiger de Forchheim.[dd]
Wolffgangus Kurffer de Rosenhaim.[km]

Inequaliter solventes:

Egidius Ottwein[z] (de)[e] Nuremberga[vv] 7 sneberg. 5
Ioannes Rudeller de Cullenbach[ww] 7 sneberg.
Conradus[xx] Kirchener de Kelheim[v] 7 sneb.
Iacobus Hutter de Eschwe 7 sneberg. 3 den. f.48a
Nicolaus Hober de Kitzingen[yy] 7 sneb. 3 den.
Iodocus Harnns de Cassel 7 sneb. 3 den. 10
Conradus Stuckerot (de Baumbach)[e] 7 sneb. 3 den.
Balthasar[k] Smidt de Hachenburg 6 sneberg. 6 den.
Leonhardus[dd] Kogeler[r] (de)[e] Novo foro 5 sneberg.
Ioannes Tyleman[rr] de Spangenberg 4[zz] sneberg 3 ob. 15
Ioannes Bock de Grefenaw[z] 3 sneberg.
Wolffgangus Furst de Eschwe 4 sneb. (3 den).[e]
Adelarius Bonner[tt] Erffordensis 4 sneberg.
Mathias Sensener (de Halstat)[e] 4 sneberg. 3 den. 20
Wolfgangus Kiesewetter[a] (de Langewesen baccal. Lipsensis)[e] 5 sneberg.
Valentinus Hofferacker (de Uteleuben)[e] 4 sneb.
Bernhardus[dd] Einhorn[c] (Errfordensis)[e] $2^1/_2$ sneb. 25
Conradus Hetz de Konunge 4 sneberg.
Adrianus Vigell de Winsheim[k dd] 4 sneberg.
Michael Smackenberg (de Iffelstet)[e] 4 sne.
Matteus Botzcker (de Langenburg)[e] 5 sneb.
Andreas Ilmen Erffordensis 2 sneberg. 30
Ioannes Lutifiguli (de Rauwen)[e] $3^1/_2$ sneberg.
Eucharius Stenger (de Geilhawsen)[e] 4 sneberg.
Marcus Engelbrecht (de Heidenswelt)[e] 4 sneb.
Gerhardus Olhardi (de Brackel ex Geldria)[e] 2 sneberg. 35
Sifridus Gisseler[lr] (de Bultzingesleuben)[e] $3^1/_2$ sneberg.
Ioannes Strausburg[k] (de Aldendorff)[e] 4 sneberg.
Udalricus Scriptoris (de Lato fonte)[e] 4 sneberg. f.48b
Arnoldus Engel[r] de Hallis 4 sneberg. 40
Ruffus Punckstat (de Odornhaim)[e] 4 sneberg.
Cristofferus[td] Breitenbach (de Arnstet)[e] 5 sne.
Nicolaus Schliphacke (de Scheppenstet)[e] 4 sneb.
Michael Megenberg (de Steina)[e] 8 den.[n] leon. 45

---

[q] Z. 45 Wyßenburg. [r] ll statt l. [s] cz statt tz. [t] ch statt c. [u] e statt o. [v] y statt i. [w] dt statt tt. [x] ff statt f. [y] nn statt n. [z] t statt dt oder tt. [aa] Guttenn. [bb] k fehlt. [cc] Reyger de Dreyße. [dd] h fehlt. [ee] gk statt g. [ff] Meißingenn. [gg] Oßwaldus. [hh] th statt t. [ii] sß statt ss oder s. [kk] -brugk statt -burg. [ll] ei statt e oder ey. [mm] Speckelsbornn. [nn] ck statt k oder gk. [oo] Etstett. [pp] Nurenberga [qq] l statt t. [rr] l statt y. [ss] Krull. [tt] n statt nn. [uu] Gull. [vv] Nurnberga. [ww] Kulenbach. [xx] Chunradus. [yy] Kintzingen. [zz] 6. [a] Krießeweter. [b] Steht in B; ()[b] fehlt in E. [c] Einhornn. [d] f statt v oder ff. [e] Steht in E; ()[e] fehlt in B. [f] u statt w. [g] stett für stedt. [h] $2^1/_2$. [i] $3^1/_2$. [k] ß statt s. [l] i statt e. [m] ey statt ai oder ay.

Patroclus Pictoris (de Susato)[e] 4 sneb.
Udalricus Fabri (de Ingelstavia)[e] 2 sneb.
Gregorius Fabri (de Brickenaw)[e] 4 sneb.

Ob quorundam dominorum reverenciam gratis:

Benedictus Lutribergius (gratis ob honorem dni doctoris Muciani).[e]

Martinus Carpentarii (Erffurdensis)[b] (filius scribe consulatus ob reverenciam patris).[e]

Vitus Wagener de Ditfurt[o]
Balthasar[dd k] Weissensehe[ll p] Erffurdensis
Gabriell Ressell[ll] de Pfaffenhofen[x]
} pauperes.

Summa 195.

(Vale lector et aspice digitos 2.)[e]

[o] a statt u. [p] -seo statt -sehe.

1507. Ost. 228. Rect. Ioannes von der Sachsen.[1]

Unanimo consensu et omnium facile plausu rector designatus est nostro gymnasio per novissimos electores viros optimos clarissimosque, Martinum de Margarithis,[d] utriusque iuris doctorem ecclesie divi Severi canonicum, Henricum Sickten[c] de Braunsweig[c] et Ioannem Meygenn Erffurdennsem, artium ac philosophiae magistros, precellens vir dominus **Iohannes**[d] **de Sachßa**, utriusque iuris doctor et ducalis consultor prestantissimus integerrimusque, festo die, quo ab ecclesia sancta invenctio[f] sanctissime Crucis recolitur, seu quinto nonas Maii anno nostri seculi septimo; sub cuius moderatu sequentes sunt intitulati:

Totum solventes.

Iohannes Wierßburg (Wrißberg B) de Hildenßheym (canon. Hild.).[b]
Wilkynus[g] Monchaußen de Gronn.
Theodericus Einhornn de Ostenrade.
Iodocus Lamperti de Wildungenn.
Lodewicus Doliatoris de Franckenberg.
Conradus[h] Pistoris de Franckenberg.
Anthonius (de)[b] Bewelbach de Cralßheym.
Ambrosius Preuß de Kralßheym.[i]
Iohannes Fischer de Caßel.[l]
Wolffgangus Huber de Ratispana.
Iohannes Wanrath[d] de Burigk.
Fridericus Hugk[k] de Erich.
Baltaßar Sußmet[m] de Eschwe.
Iohannes Langenheym[g] de Gotha.
Michael[l] Kuchentaill de Blichenrade.[n]
Anthonius Krauß de Sweinfordia.
Bartholomeus Keißer[o] de Forcheim.
Theodericus Doring de Lunenburgk.[p]
Iohannes Bingell[q] de Heilgestat.[o]
Casperus Haynn (Haym B) de Heringenn.
fr. Laurentius Berwert[r] de Pißnecke.[r]
Erhardus Fochs de Swartzpach.[r]
Heinricus Weingart de Caßell.
Iohannes Kerner de Kalmintz.[n]
Simon Schrecke de Dußa.
Sebastianus Milwitz de Hallis.
Heidericus Horla de Lasphe.
Valentinus Henning de Gotha.
Hartungus Brucken de Cappell.
Iohannes Dooll[t] de Cappell.
Iohannes Berger de Nurenberga.
Magnus Hainlein[u] de Norlingenn.
Andreas Schneider de Nurnbergk.[k]
Tilmannus[v] Brock de Braunßweig.[v]
Heinricus Seiler[o] de Enßelßheim.[w]
Conradus Piscatoris de Hirßfeldia.
Adam Piscatoris de Wetzlaria.

[a] nn statt n. [b] Steht in B; fehlt in E. [c] Sickenn de Braunsweigk. [d] h fehlt [e] Steht in E; ( )[b] fehlt in B. [f] invencio. [g] i statt y. [h] Chunradus. [i] Kralßheim. [k] g statt gk. [l] ll statt l. [m] Sußmidt. [n] ei statt i oder ey. [o] y statt i (Z 18 Heylgenstatt) [p] Luneburg. [q] Bngell. [r] p statt b (Z. 20: In E und B über dem w ein Häkchen, also soll es vielleicht wie u ausgesprochen werden; ebend. Pißneck.) [s] b statt p. [t] t statt d [u] i statt ei. [v] Tilm. B, de Braunswig. [w] Enßelsheim.

[1] In der Ueberschrift in B ist beigefügt: utriusque iuris doctor et consiliarius ducum Saxonie. Das Wappen und sogar die Initiale fehlen auf fol. 49; aber das Wappen der v. d. Sachsen kommt im vorhergehendem Bilde (Rect. 227) vor; siehe S. 247 Anm. 1.

Thomas Muller Erffurdennsis.
Sebastianus Nierodt[x] de Aldendorff.
Heinricus Mechteßhaußnn[y] de Gorßla.[y]
Ioannes Ruprecht de Hoxaria.
5 Ioannes Kraug de Sonntra (Suntra B).
Ioannes Kremer de Herbipoli.
Ioannes Schorge de Gronenbergk.[z]
Laurentius Freundt de Dennstett.[aa]
Henningus[bb] de Sachßa Erffurdensis.
10 Bernhardus Hoßedenn[cc] de Monasterio mag. Coloniensis.
Iohannes[d] Guting[dd] de Bwrenn.[ee]
Georgius Guldenn de Monte sancte Anne.
Andreas Stiplitz de Collede.
15 Ioannes Schade de Schmalkaldia.
Ioannes Fabri de Herbipoli.
Nicolaus Werneri de Smalkaldia.[ff]
Iohannes[d] Weißße de Smalcaldia.
Georius[gg] Weppenner de Smalcaldia.
20 Franciscus Langwet de Feilstorff.[hh]
f. 50a Bonifacius Benedicti de Luchaw.[ii]
Iohannes[d] Koch de Casßell.
Iohannes[d] Schuch de Butstet.[kk]
Bernhardus[d] Becker de Treißbach.
25 Paulus Grober canonicus (ecclesie sancti Iohannis)[e] Herbipolennsis.[mm]
Iodocus Weithers[d] de Homburgk.[k]
Albertus Aldenecke[ll] de Colonia.
Nicolaus Dietz de Wildungenn.
30 Ciriacus Melßing[nn] de Hirßfeldia (He- B).
Steffanus Herolth[oo] de Heroldia.
Casperus Eberhart de Kongißhoffenn.
Heinricus Stoll de Dippach[pp]
Iohannes Gra de Bacharach.[qq]
35 Mathias Cunler[rr] Grotkawennsis.
Conradus Barcke de Welckamaria[ss]
Conradus Weterheim (de)[e] Casßell.
Ciriacus Lannge de Bultzing(ßleuben).[e]
Nicolaus Wilburg de Treyßa.
40 Georgius Bitzbaudeler[l] (de)[e] Forcheim.
Iheronimus[d] Schram[tt] de Koh (Koch B).
Michael[l] Morgensternn[uu] (Eckerßbergennsis).[o]
Petrus Schade de Obernnburgk.[cc k]

Iohannes[d] Rost Erffurdennsis.
Iohannes Huter de Heydenheim.[vv]
Petrus Brandis de Braunßweig.[nn u]
Iohannes Dorheim[ww] de Groningenn.
5 Andreas Nolten[xx] de Gottingenn.
Bernhardus[d] Weigant[u] de Duderstatt.[yy]
f. 50b Conradus[h] Spalder de Hyldennßheim.[zz]
Ieorius Scriniatoris de Swatz.
Iohannes[d] Eberlein de Leubenn.
10 Guntherus Heckell Erffurdennsis.
Severinus Segell de Ußler.
Heinricus Rothe Erffurdennsis.
Marcus Ciriaci de Homburgk.
Iohannes Schacht de Casßell.
15 Heinricus Falckwiner de Neuenburgk.[c]
Iacobus Hirßpach[nn] de Walpurgk.[f]

Inequaliter solventes:

August(inus)[c] Institoris (de)[e] Wratißlavia 4 sneberg.
20 Franciscus Hederich Erffurdensis 3 sneberg.
Conradus Kempff de Wickerßhoim 4 sneb.
Ioannes Machlot[i] de Arnnstat[cc] 5 sneb.
Ioannes Hellregell[m] (de Beretzhaußen)[e] 4 sneberg.
25 Ioannes Knußell de Maguntia pauper.
Ioannes Bottelstet[t] (de Ottenhaußen)[e] 4 sneberg.
Iodocus Ditzman de Eschwe 4 sneberg.
Cristianus[p] Weckster (de Tolstett)[e] 4 sneberg.
30 Wolffgangus Scheppell[q] (de Kongißhoffen)[e] 3½ sneberg.
Michael Moliatoris (de Hilberhaußen)[e] 4 sneb.
Heinricus Ysencratz[g u] de Seigenn.[v]
Andreas Toppher[w] Schmalcaldensis (Smalck. B) 3½ sneberg. 3 ₰.
35 Severinus Hogreff (de Hameln)[e] 4 sneberg.
Theodericus Folger (de Hannoffer)[e] 4 sneb.
Eberhardus Ethaußenn de Butzbach 2 schneberg.
Marcus Richart de Bucha 4 sneberg.
Georgius[gg] Osthenner[y] de Herbipoli 2 sneberg.
40 Ioannes Seulner[z] de Brux ob reverenciam rectoris (gratis)[b] (intitulatus)[e]

Summa 116.[aa]

---

[x] Merot (mit M geschrieben). [y] Mechtißhaußen de Gorßlach. [z] Groneberg. [aa] t statt tt. [bb] In E Henungus. [cc] u statt nn. [dd] tt statt t. [ee] awr statt wr. [ff] c statt k. [gg] J statt G. [hh] o statt e. [ii] B statt L. [kk] -stett für -stet. [ll] ll statt ld. [mm] Herpil.- [nn] s statt ß. [oo] Herot. [pp] pb statt pp. [qq] Bachara. [rr] Kemeller (in E corrigirt). [ss] Walckmaria. [tt] Stram. [uu] Morgensternn. [vv] ey statt ei. [ww] Dornheim. [xx] Noltenn. [yy] dt statt tt. [zz] Hildenßeim. [a] nn statt n. [b] Steht in B; ( )[b] fehlt in E. [c] Nuburg. [d] h fehlt. [e] Steht in E; ( )[e] fehlt in B. [f] Warpurg. [g] i statt y. [h] Chunradus. [i] Machleit. [k] g statt gk. [l] ll statt l. [m] Helleregell. [n] ei statt i oder ey. [o] y statt i. [p] ch statt c. [q] Schepel. [r] p statt b. [s] b statt p. [t] t statt d oder tt. [u] Z. 3 i statt ei; Z. 32 ß statt s. [v] e statt ey oder ei. [w] f statt ph (Z. 26 t statt tt). [x] ck statt k. [y] Ostener. [z] Seuldener. [aa] Richtiger 113.

1507. Mich. 229. Rect. Ioann. Reynhardt de Smalkaldia.

(Ad florentissimi)[b] Christi[1] Iesu salvatoris nostri super nativitate annum sacrosancta ecclesia millesimum quingentesimum septimum celebrante, (ad florentissimi)[e] huius gymnasii continuationem[a] maiorumque decreta quatuor facultatum doctoribus magistris et suppositis in unum accersitis, ex disposito venerabilium dominorum Ioannis Fabri de Bercka, arcium et medicine doctoris egregii, Ioannis Sixti, arcium et philosophie magistri iuris utriusque baccalarii[c] diserti, et Hermanni Roders ex (et B) Love, liberalium disciplinarum magistri divine sciencie baccalarii[c] nec non maiorum edium collegiati optime digni, finaliter electus est venerabilis et egregius vir dominus **Ioannes Reynhardt**[f] de Schmalkaldia, arcium et medicine doctor profundissimus gemini iuris baccalarius[c] bene dignus; sub cuius rectoratu subditi intitulaturam peciere:

(In E sind die meisten Studenten nach der alphabetischen Ordnung in den Vornamen zusammengestellt: darum ist die Nummer eines jeden, wie er in B, chronologisch nach der Einzeichnung in die einzelnen Kategorieen, geordnet ist, vorangesetzt.)

1. Nobilis et generosus dns dns Sigismundus (burgkgravius)[e] de Kyrchberg[g] dns in Farnrode: dt. honoris causa[g] pro intitulatura 2 flor. ad[h] universitatem[h] et bedellis 1 (flor. etc.).[e]
2. strenuus[k] et validus Georgius de Wangheym dt. pro intitulatura 12 schneberg.
3. strenuus[k] et ingenuus[l] dns Reynhardus de Ebra dt. pro intitulatura tm.
4. Christoforus[m] Emer de Dolsted[n] gratis (est)[e] intitulatus ob reverenciam dnorum suorum comitis prefati et nobilis supradicti, quia eorum familiaris (ex toto gratis).[e]
5. Ioannes Langstruff[o] de Berstat nobilis dt. pro honore suo med. flor. ad[p] intitulaturam.[p]

Integrum[q] solventes[q]:

6. Ioannes Sommer de Gotha.
7. Ioannes Dietz de Landenburgk.[r]
11. Ioannes Rumhat[s] ex Landenburgk.[r]
13. Ioannes Hesse de[u] Erffordia.[u]
16. Ioannes Schamperheyntz (alias Textoris)[e] de Fridburgk.[v r]
19. Ioannes Lieglyn de Gemunde (arcium baccal.)[e] Fryburgensis.[y]
22. Ioannes Morhart de Wertheym.
29. Ioannes Falckenbergk.
34. Ioannes Dulbawm[w] de Hallerdorff.
36. Ioannes Hellodwig[x] de Fridburgk.
38. Ioannes Osterman de Elrich.
39. Ioannes Berckman de Dornheym.
46. Ioannes Kün de Monte regio.
49. Ioannes Andree[z] de Groningen.[z]
50. Ioannes Vyell[y] de Gemundya.[aa]
53. Ioannes Possecker de Hilpurhausen.[bb]
55. Ioannes Schifferling de Clingnaw.[cc]
66. Ioannes Budolffi de Northeym.
74. Ioannes Heyne[y] de Hemelen.
83. Ioannes Zcell[dd] de[ee] Erffordia.[ee]
84. Ioannes Ubler de Landen.[ff]
87. Ioannes Krutheym Erffordiensis.
91. Ioannes Beßing[v] de Erich.
92. Ioannes Bartolt[gg] de Kennicken.

[a] convocacionem. [b] Steht in B; ( )[b] fehlt in E. [c] baccular. [d] ŏ statt o. [e] Steht in E; ( )[e] fehlt in B. [f] Reynardi. [g] gk statt g oder ck (Z. 17 intuitu st. causa). [h] universitati. [i] b statt p. [k] nobilis. [l] ingeniosus. [m] -ferus statt -forus. [n] Tolsted. [o] u statt a. [p] pro intitulatura. [q] Solventes totum: [r] g statt gk. [s] Rumhart. [t] ss statt ß. [u] Erffodiensis. [v] y statt i. [w] u statt w. [x] ck statt g. [y] i statt y. [z] Andres de Gruningen. [aa] Gemunda. [bb] Hilperhausen. [cc] Clyngenawe. [dd] Z statt Zc. [ee] Erfordiensis. [ff] Landen. [gg] Bertoldt.

[1] In der Mitte der Initiale X auf Goldgrund Maria mit goldner Krone und goldnem Scepter in der Rechten, das Christuskind in der Linken, welches eine goldne Kugel in beiden Händen hält; zwischen ihr und dem vor ihr knieenden Rector in rothem Gewande und mit rothem Barett steht das nach rechts gelehnte Wappen: der Schild quadrirt, 1 und 4 enthält eine rothe Rose mit goldnem Samen in silbernem, 2 und 3 einen silbernen Stern in rothem Felde.

93. Ioannes Kleyn de Kennycken.[y]
94. Ioannes Notzel[hh] dc Saltzsa.[ii]
96. Ioannes Rauchmar[kk] ex Augusta.
100. Ioannes Dilcher de Hombergk.[r]
101. Ioannes Dorschs de Myltenbergk.[ll]
60. Ioannes Bagkhuß[x] Erfordiensis.
59. Adelarius Prußell[mm] Errfordiensis.
67. Adam Degenhart de Northeym.
77. Adelarius Newer Erfordiensis[nn] (-ff- B).
86. Adam Kalnborgk[r] de Gunderßleuben.
85. Albertus Ruckeweyn de Burstat.
17. Balthasar Stegmayr[oo] de Reyn.
26. Bernardus(-rnha-B) Kratzber de Zcwickavia.
30. Bartholomeus Stura de Gundelfingen.
31. Benedictus Rentz de Weyssenhornn.
68. Benedictus Frey de Stolbergk.[r]
69. Bartholomeus Hefener de Laer.
103. Balthasar Ortell[qq] de Ihenis.
102. Christofferus[ss] Ortel[pp] de Igenis.[rr]
21. Casperus Hecker[tt] de Gumperthausen.
37. Conradus Rauch de Nyderwolnstat.
44. Casperus Schmedt[uu] de Beyerßdorff.[mm]
47. Conradus Gerlach de Folkach.[vv]
65. Casperus[xx] Schmedt[uu] Errfordensis.[ee nn]
75. Caspar Weymar de Monte sancte Anne.
99. Caspar Prompst de Mellerstadt.[yy]
98. Conradus Bornemann de Vake.
35. David Glumenhayn de Fritzelaria.[zz]
12. Erasmus Reuter ex Landenburg.
27. Ewaldus Stauffenbull[qq] de Mollhausen.[a]
97. Ernestus Rese de Guttingen.[c]
105. Fridericus Schosser[mm] de Walterßhusen.[f]
51. Gregorius Neckerkolb de Wertheym.[vv]
f. 51[c] 58. Georgius Strobel de Frensted.[h]
62. Gerhardus Ungefugh[k] de Hamberg.
76. Georgius Frowyn Erfordiensis.[nn]
88. Georgius Krutheym Errfordensis.[ee nn]
15. Hartungus Hildebrant de Pffertingß-leuben.[l]
20. Henricus[m] Glaris de Trochtelfingen (Thr. B) (ex Schueina).[b]
33. Henricus Rode de Hombert.
42. Hartmannus Mack de Hachenem.
24. Georgius Rogener de Ummerstadt.
56. Ioachim Keuel de Wernigerode.
63. Iodocus Schonheintz de Randerßacker.
82. Iheronimus[k] Iacoff de Zwickavia.
8. Lazarus Deymer[n] de Wynßheym.[p]
9. Leonhardus[k] Bunß de Wynßheyn.[p]
10. Lůdowicus[q] Defften de Dorsten.
106. Ludowicus Lutz de Heydenheym.
80. Leonardus Lanificis de Treveri.
64. Martinus Gentzel de Stolbergk.[r]
78. Marcus Schwartz Errfordensis.[ee nn]
95. Michael Pistoris ex Deydesheym.[s]
25. Nicholaus[k] Schade de Frymar.
54. Nicholaus[k] Wetzel de Lucerna.
71. Nicolaus Femel Errfordensis.[ee]
81. Otto Pocklisch de Kaulstorff.
104. Paulus Pistoris de Heilprunna.[t]
89. Stephanus[nn] Textoris de Ebernn.
32. Thilomannus[vv] Vaselt[u] de Suntra.
41. Theodolus de Walmen.
57. Thomas Bortmer de Ober-Elßbach.
43. Michael de Castell.
79. Philippus Langendorff de Karstede.
45. Wolffgangus de Nyßmyntz.
61. Valentinus Stengel[v] de Buchen.
70. Udalricus de Grunrode.[c]
(Steffanus Waltersdorff.[z])[e 1]
72. Volffgangus[u] Schmyt[dd] Herbipolensis.[aa] f. 51[d]
73. Wilhelmus Troxeß.[bb]
48. Laurencius Schenck de Berlstat (-stad B).
14. Theodericus Hesse Errfordensis.
52. Sixtus Deyninger de Gundelfingen.

Solventes medium:

107. Kylianus Hagel de Steten. (med. B).
28. Leonardus Schmidt[uu] de Burckunstat (dt.
108. Ioannes Metzler de Koburg.[g]
40. Georgius Golthammer[ff] de Ottingenn.[cc]
109. Vitus Wyntzerleyn de Walstedtin.
111. Nicolaus Volck de Gemunda.
112. Nicholaus[k] Fußse de Homberg.

[hh] u statt o. [ii] Saltza. [kk] Rauchmayr. [ll] Mittenberg. [mm] ss statt ß. [nn] ff statt f oder ph. [oo] Stegmayer. [pp] tt statt t. [qq] l statt ll. [rr] Ihenis E. [ss] f statt ff. [tt] cck statt ck. [uu] Schmyd. [vv] e statt o oder ey. [ww] ll statt l. [xx] n statt nn (Z. 24 Casper). [yy] t statt dt oder tt. [zz] e fehlt [a] Mulhusen. [b] Steht in B; ( )[b] fehlt in E. [c] o statt u [d] ö statt o. [e] Steht in E; ( )[e] fehlt in B. [f] au statt u. [g] gk statt g oder ck. [h] Fryenstadt. [i] b statt p. [k] h fehlt. [l] Pfertingeßleuben. [m] Ioannes. [n] Diemer. [o] u statt a [p] Wynsheim. [q] Lodovicus. [r] g statt gk oder ck. [s] ß statt s. [t] i statt ei. [u] W statt V. [v] Stengeck. [w] u statt w. [x] ck statt g oder gk [y] i statt y. [z] Später zugeschrieben. [aa] de Herbipoli. [bb] Trugeß. [cc] Erffordiensis (Z. 39 Ottingen). [dd] d statt t. [ee] Erfordiensis (ee nn bedeutet Erffordiensis). [ff] m statt mm.

[1] Waltersdorff ist der einzige in E, welcher in B fehlt, daher in B 141, in E 142 Immatrikulirte gezählt werden.

113. Conradus Neuman de Koburck.[f]
114. Michael Mauß de Brixena.
115. Philippus Ludewigk[gg] de Novo foro.
116. Ioannes Res[mm] de Landenburg.
117. Paulus Golker[vv] de Stauffenburg.
118. Kylianus[j] Kranch de Gyntzburg.[j gg]
120. Blasius Bauler[ii] de Waltsteten.
119. Ioannes Fischer de Elchingen.
121. Ioannes Vollandt de Spangenberg.[kk]
122. Valentinus Titzel de Wyssenfels.[ll]
136. Ioannes Rasoris de Gronberg.

Inequaliter solventes:

18. Ciriacus Sunthemer de Hennenberg[oo] dt. 4 schneberg.
110. Conradus Moller de Ummerstat[rr] 4 schneberg.
127. Georgius Piscatoris de Dyngelfingen (dt.)[b] 4 schneberg.[i]
128. Franciscus Piscatoris de Felkrich 4 schneberg.
129. Ioannes Kyseling[vv] de Ochsenfurt[tt] (dt.)[b] 4 schneberg.[i]
130. Henricus[ww] Kuntzken de Wernigerode 4 schneberg.[m]
125. Iohannes Sichelwack[r] de Northusen dt. 4 schneberg.[m]

f. 52a

131. Henricus Hille de Wernigerode 4 schneberg.[m]
90. Ciriacus Schledornn de Wymaria (dt. 16 antq.)[b] (4 nivenses; (dt. 16 antq.)[b] residuum sub rectoratu dni Francisci comitis de Waldecke)[e] (16 antq.).[b]
133. Nicolaus Kreyß (Cr. B) de Gernßheym dt. 4 (schneberg)[b] (nivenses).[r]
134. Conradus Bole de Munden (4 schneberg.)[e] (dt. 16 antq.).[b]
123. fr. Herebordus[yy] Carmelite[yy] de Wormacia dt. 3[a] schneberg.[a] cum dimidio.[a]
23. Ioannes Schymer de Babenhusenn[c] dt.[a] 3[a] schneberg. cum dimidio.[a]
135. Ciriacus Molitoris de Munden dt. (3 schneberg. cum dimidio)[e] (semiquatuor nivenses).[b]
124. Udalricus Harder de Weyssenhorn[d] dt. 3 schneberg.
137. Petrus Tenerß de Nussia dt. 1 schneberg. pro pedellis (tantum, postea dt. 7 snebergenses in rectoratu generosi dni de Waldeck).[e]
138. Laurencius Essefelt (Esef. B) (de Erfordia)[e] (pro pedellis)[e] dt. 1 schneberg. (pro pedellis)[b] alias propter[g] deum[g] intitulatus est.
126. Ioannes Steyn de Berlstadt (dt.)[b] 3 schneberg.[i]
139. Valentinus Clyphammer[y] (-m- B) Errfordensis[ze] dt. 1 schneberg. pro pedellis[i] (alias gratis).[b]
132. Casperus Wyrtenburgk de Blanckenhau[h] dt. (1 nov. gr.)[e] (3 antq.).[b]
140. Michael Scheffer de Vippach (-p- B) dt. 1 schneberg. alias gratis (intitulatus est)[b] ob reverenciam dris Ioannis Fabri de Bercka
141. Steffanus Springer[l] de Buchen[f] gratis ex toto, (quia omnino pauper)[e] ob reverenciam rectoris (dris Ioannis Reynhardi de Schmalkadia)[e] (quia ex toto pauper).[b]

Summa 142.[n]

[gg] ck statt gk oder g. [hh] u statt o. [ii] Baucker. [kk] -burg statt -berg. [ll] Wyssenfelß. [mm] ss statt ß. [nn] ff statt f oder ph. [oo] Henneberg. [pp] tt statt t. [qq] l statt ll. [rr] Wmmerstadt [ss] f statt ff. [tt] Ochschefurt. [uu] Schmyd. [vv] e statt o oder y oder ey. [ww] Henningus. [xx] n statt nn. [yy] Herbordus carmelita [zz] t statt d oder tt. [a] semiquatuor schneb. [b] Steht in B; ( )[b] fehlt in E. [c] -hausen statt husenn. [d] Weysserhorn. [e] Steht in E; ( )[e] fehlt in B [f] f statt ff. [g] gk statt ck oder g (Sp. 2 Z. 18 gratis). [h] Wyrtzpurg de Blankenhayn. [i] b statt p; p statt b. [k] h fehlt. [l] Spirynck de Luchem. [m] nivenses. [n] Richtig; siehe oben die Bemerkung S. 152 Anm. 1. zu Waltersdorf.

f. 53ab

1508. Ost. 230. Rect. Georg. Com. in Hennenbergk.[1]

f. 53cd

(Bona)[b] Arte[1] magna(que)[b] tractandus est homo et ob hoc expetitur ad gubernanda publica munera vir prudencia disciplina et virtute insignis, cuius consilio cuncta debite regantur, auctoritate pensitentur, dexteritate moderentur: cui subditi (tamquam

f. 53ab

[1] Das Hennebergische Wappen, gehalten von einem behaarten bärtigen wilden Manne (der einen grünen Kranz trägt) und einer wilden Frau (wie in Rect. 227), ist quadrirt: 1 und 4 eine silberne golden gekrönte Säule in Roth, 2 und 3 in Gold eine schwarze Henne auf einem schwarzem Hügel

in corpore bene composito cetera consenciunt membra) audiant auscultent subscribant. Quamobrem docti homines Erphordiani, ut bene consulerent reipublice litterarie, frequenti comitio unanimis suffragiis honestissimo scholasticorum ordini rectorem prefecerunt Georgium illustrem Comitem Hennebergensem, adolescentem duobus
5 sacerdotiis[a] cathedralium ecclesiarum apud Agrippinenses et Argentinenses amplificatum, 5
quem inprimis hijs fascibus dignum iudicarunt; siquidem in quo fulgeat indoles mirifica,
f.54a mores defecati, dexteritas supra etatem, consilium ante annos. Non sunt ergo spe et opinione frustrati[c] patres; quippe incredibile dictu est, quantum in moderanda hominum societate polleat nobilitas suo fundamento coniuncta virtuti; qua ipse ita splendescit,
10 ut non minus a se partam, quam ex illustri suorum maiorum origine tractam possidere 10
videatur. Finita autem est hec novissima selectio a tribus maximis viris, Sebastiano Weyman, Sigismundo Stockheym. consultissimis sacrarum litterarum doctoribus ambobus canonicis aedis dive Virginis apud Erphordiam, et Brunone Yßnachensi, in philosophia magno magistro, quinto kalendas Marcias anno sesquimillesimo octavo. Quo preside
15 recepti sunt in collegium scholasticorum sequentes discipuli: 15

Solventes totum:

Chunradus de Bebra canonicus maioris ecclesie Herbipolensis (et postea episcopus).[b]
Oswaldus de Grunbach canonicus novi mona-
20 sterii Herbipolensis, honorarunt universitatem aureo nummo et 21 gr.
Iacobus Oethe de Northußen.[d]
Ioannes Kusar[v] de Hachenburgh.[m]
Hennyngus Homelen de Brunschwigk[g]
25 Henningus Schorkop de Brunswigk.
Eggerdus Loberen de Hyldeßheym.
Laurencius Hosthene[h] de Franckenberg.
Ioannes Madern de Aitzbach.
Ioannes Hartmanni[k] de Breidenbach[l] prope Laßphe.
30 Paulus Scheffer de Asphe.
Chunradus Lyppolt[p] de Ordorff.
Chunradus Brandis de Brunswigk.
f.54b Conradus[l] Seligk de Hospenrodt.
Marsilius Voyt de Rynneck generosus dt. 8 schneb.
35 Georgius Walter Herbipolensis.

Ioannes Dentzer de Schwynphordia.[g]
Ioannes Michaelis de Koburgk.
Michael Horner de Herbipoli.
Ioannes Reinhardi[o] de Herbipoli.
20 Hieronimus Wemperhusen[q] de Northeym.
Sebastianus Lodovici[r] de Wisenburg.[i]
Ioannes Conradi de Lynden.
Ioannes Eccem de Wetter.[s]
Ioannes Mates vel Lobesteyn de Arnstadt.
25 Philippus Holfelder de Nova civitate.
Ioannes Degen[x] de Nova civitate.
Engelhardus Doleatoris de Morstadt.
fr. Hermannus Waldesteyn ord. carmelitarum de Cassell.[t] f.54c
30 Iacobus Iacobi de Eschwe.[u]
Ioannes Vos de Hardis (Hardegessen).[e]
Henricus Honacka Hoxariensis.[w]
Nicolaus Offstenner de Francofordio.
Ioannes Leneck de Butzbach.
35 Laurencius Voyt de Yßleuben.[x]

[a] c statt t. [b] Steht in B; ( )[b] fehlt in E. [c] In E steht fustrati. [d] s statt ß. [e] Steht in E, ( )[e] fehlt in B. [f] e statt o. [g] s statt sch. [h] Hochschene. [i] y statt i. [k] th statt t. [l] Chunradus. [m] ck statt gh. [n] n statt nn. [o] ey statt ei. [p] pph statt pp. [q] Wimperhußen. [r] Lodewici. [s] Wertter. [t] l statt ll. [u] Eschewe. [v] ß statt s. [w] Hopariensis (vom deutschem x abgeschrieben). [x] nn statt n.

stehend. Der goldne Helm (mit schwarzen und goldnen Helmdecken) trägt einen wachsenden goldumkleideten Mädchenrumpf, ebenfalls mit Krone, aus welcher eine mit der Henne belegte gekrönte und mit Pfauenschweif besteckte goldne Säule hervorwächst. Alles ist nach links gewendet. Die beiden Randleisten tragen Blumenstengel auf Goldgrund; die innere auch einen Vogel; in der untersten steht ein Jäger in grünem Wamms mit rothen Tricots und schwarzen Kuhmäulern an den Füßen, der auf einen schwarzen Bären schießt. Diesem gegenüber in der Ecke rechts ein nackter Knabe der einen Stab emporhält, während seine Linke eine Ornamentblume faßt.

Augustinus Wyshierer[v] de Kauffbyren prope Augustam.
Nicolaus Milcheling de Dresen.
Henricus Steynbergk[z] nobilis.
5 Conradus Steynbergk nobilis.
Ioannes Kale de Brunschwigk.[g]
Ioannes Iacobi de Brunswigk.
Leonardus (-nha- B) Wulffhart Erphordiensis.
Adam Eichelbronner[i] de Hombylt
10 Henricus Bercka Erphurdiensis.
Caspar Zusolt de Spalt.
Volckmarus Temme[aa] } de Gorslaria.[bb]
Conradus Hirsmam (?) } de Gorslaria.[bb]
Cristophorus Flans de Greffentall.
15 Petrus Honigmeste de Lutenburg[cc] prope Ienis.[bb]
Ioannes Gotha de Stolbergk.
Andreas Voyt de Reynhartzbornn.
Valentinus Seitz de Konigishoffen.[dd]
Enricus[ee] Thome de Northusen.[v x]
20 Ioannes Neckerkolbe de Northusen.[ff]
f. 54[d] Ioannes Bauman de Nurenberg.
fr. Nicolaus Vorwort ord. servorum Marie Erphurdiensis.
fr. Christoforus[y] Schewygk[gg] ord. carmelitarum
25 ex Schweynfordia.[hh]
Ioannes Konig de Gorslaria.[dd]
Iacobus Ioannis aut[ii] Alberti[ii] ex Hornn.[n]
Iacobus Iodoci ex Hornn.
Ioannes Nicolay Wyß ex Hornn.
30 Caspar Dotelsheym[v] de Wetzelaria.
Ioannes Gans de Halberstadt.
Lodovicus[kk] Spulman de Franckfordia.
Michael Haw de Klyngenburg.
Ioannes Wetzmann de Moringen.[i]
35 Nicolaus Siglin de Malvisheim.[v]
Ludolphus Coci de Bilsfelt.[v]
fr. Ioannes Kiliani canonicus regularis Erphordiensis.
Ioannes Zcigeler de Confluencia.
40 Bertoldus Wynterhelt de Neidenaw.
Conradus Sibel de Frislaria.[v]
Georgius[ll] Hack de Schneidt.
Ludolphus Wyscheman[mm] de Gottingen,[i] (baccalarius Lipchensis).[e]
45 Gotfridus Rabensberg[v] de Sigen.
Franciscus Gerlach Erphurdensis.

Bartholomeus Gerlach Erphurdiensis.
Hubertus Schonesteyn de Aquisgranis.
Wolffgangus Milwitz[nn] Erphurdensis.
Ioannes Wapff de Morstadt.
5 Wernerus Fuerbach de Butzbach.
f. 55[a] Caspar Tuchscherrer (-erer B) de Aulon.
Enricus[ee] Schwartzborg[g] Monasteriensis.
Everhardus Regis de Forcheym.
Georgius Denderleyn[pp] de Dynckelspuel (-ül B).
10 Ioannes de Luneborgk[z] Doring cognomento.
Ioannes Korner Erphurdiensis.
Ioannes Heyse[v] de Cellis.
Conradus Stubelinger de Cupreo monte.
Ioannes de Heltrit nobilis.
15 Fabianus Boryngk de Saltza.
Nicholaus Schennen de Cellis baccal.
Petrus Grunenberg[dd] fr. ord. servorum beate Marie Erfordiensis.
Fridericus Plisck ex Wymaria.
20 Burckardus Borsmer ex Eiffelstadt[i] prope Herbipolim.
Arnoldus Blangk[dd] de Luneborgk.[kk]
Ioannes Becke de Hyldesheym[v] presbiter.
Caspar de Rumpenheym nobilis.
25 Iacobus Junge Erphurdiensis.
Ioannes de Wallenfels nobilis puer.
Everhardus Nordis de Bremen.
Ioannes Jeger Bremensis.
Nicolaus Friderici Durckheym.
30 Bartholomeus Weynmaier de Gundelfingen.
Wolffgangus Sigel ex Landenburgk.[dd]
Caspar Sturlyn de Schmalkaldia.
Ioannes Hesse[ss] de Wymaria.
f. 55[b] Ioannes Theoderici de Wymaria.
35 Baltasar[k] Seubeling de Wymaria.
Georgius Wortmani[k tt] de Karlstadt.
Anthonius Symonis de Wynsheim.[v]
Wolffgangus Volchlandt de Wymaria.
Nicolaus Querntin de Wymaria.
40 Franciscus Buerman de Gottingen.[i]
Michael Wornlen[uu] de Wissenburck.
Martinus Borneman de Werningenrode.[vv]
Ioannes Mornter de Hachenburgk.
Henricus Gronheyn[ww] de Hachenburgk.
45 fr. Theodericus Heinbach de Nova civitate ord. carmelitarum.

---

[y] h fehlt. [z] g statt gk. [aa] Tenne (auch in E ursprünglich Tenne). [bb] Gorßlario (Z. 15 Ihenis). [cc] gk statt g. [dd] ck statt g oder gk. [ee] Henricus. [ff] Später in E zugeschrieben (Siehe Anmerkung [ii]). [gg] i statt y. [hh] Swynfordia. [ii] Später übergeschrieben und auch rechts an die Seite. In B ist es in ganz gleichartiger Schreibweise, wie das übrige geschrieben, also wahrscheinlich dieser Theil der Handschrift aus E abgeschrieben, nachdem dies schon den späteren Zusatz erhalten hatte; ähnlich ist es oben Anm. [ff]. [kk] w statt u. [ll] Georius [mm] sth statt sch. [nn] Mylwitz. [oo] r statt rr. [pp] -lyn statt -eyn. [qq] o statt u. [rr] u statt o. [ss] ß statt ss. [tt] -mann statt -mani. [uu] Wornlenn. [vv] Wernigeurode. [ww] -heym statt -heyn.

Conradus Zuckensagk de Tenstadt.
Martinus Hesse[p] Erphurdiensis.
Ioannes Hartman de Nova civitate.
Albertus Steyer de Nova civitate prope Orlam.
Hieronimus Grymme de Gorslaria.[bb]
Cristophorus Doebigk de Cubis presbyter.[gg]
Ioannes Belleven de Ascania.
Daniel Strutmuller (-müll- B) de Mulhusen.[p]
Symon Noringk[i] de Eißfelt.[id]
Ioannes Thome de Northusenn.[p]
Andreas Thome de Northusenn.
Ioannes Grentz de Elskerlöben.
Caspar Lener de Margkerlbach.
Nicolaus Kutel de Marlishusen.[p]
Ioannes Capelman de Herbipoli.
Hii totum solverunt.

Inequaliter solventes:

Chunradus[xx] Kos de Hylperhusenn[n] dt. 4 schneberg.
Wilhelmus Koler de Wasingen dt. 4 schneberg. 3 den.
Valentinus Im[yy] de Kynshofen[p] dt. 4 schneberg.
Tilmannus Witte[zz] de Gorslaria[p] dt 3 schneberg. (residuum dt. sub rectoratu M. Ioannis Werlich).[e]
Martinus Hunen de Gittelde dt. 4 schneberg. minus 6 den. reliquum dt. in rectoratu M. Henrici Sickten[c] de Brunsvig.
Ioannes Haw de Wetter dt. 4 schneberg.
Andreas Flam de Wendingen dt. 4 schneberg.
Sebaldus Hirslach[p] de Nurenberga dt. 3½ schneberg.
Eobaldus Roder de Monster dt. 3 schneberg. cum dimidio.
Nicolaus Holaw de Walbar[h] dt. 4 schneberg.
Bartholomeus Kalo de Herbipoli dt. 4 schneberg.
Georgius Rampos Erfordiensis dt. 4 schneberg.
Ioannes Kyrchener[gg] de Burghun prope (Hunsfelt)[e] dt. semiquatuor schneberg. 3½.[l]
Henricus Rospach[p] de Hersfelt[dd] dt. sesquiquatuor schneberg. 3½.[l]
Caspar Scharpff de Gernrode dt. semiquatuor schneberg. 3½.[l]
Ioannes Geisler[lp] de Frigestadt dt. semiquatuor schneberg. 3½.[l]
Ioannes Brunnick[m] de Arnstadt dt. 4 schneberg.
Everhardus Elborch dt. 3½ schneb.
Bernardus Henrici (Elborch)[b] dt. 4 (3½ B) schneberg. reliquum dt. sub rectoratu mag. Henrici Sickten[c] Brunopolitani.
Ioannes Herman de Vorden dt. 3 schneberg. et 10 den.
Ioannes Erlenbach de Rolbach dt. 3 schneberg. et 3 ₰.
Paulus Wydeman de Offingen dt. 3 schneberg. 6 ₰.
Ioannes Baumeister[igg] de Laubingen dt. semiquatuor schneberg. 3½.[l]
Andreas Grossen[q] de Ostenrode dt. semiquatuor schneberg. 3½.[l]
Valentinus Hernnworst[n] de Butzbach dt. semiquatuor schneberg. 3½.[l]
Laurencius Hamsdorff[dd] de Hartensteyn dt. 4 schneberg.
Caspar Margaritoris de Blanckenhayn dt. 4 schneberg.
Ioannes Altman de Nurenberga dt. 4 schneberg. 3½.[l]
Ioannes Topffer[q] de Plaw dt. 4 schneberg.
Wolffgangus Hoppel de Saltzburgia dt. 4 schneberg.
Ioannes Helwici de Wabern dt. 3 schneberg.
Thomas Brauser de Misne dt. 3 schneberg. et 8 denar.
Ioannes Rocken de Susato dt. 3 schneberg. 8 denar.
Iacobus Dorner de Barcksteyn prope Nurenbergam dt. 4 schneberg.
Udalrichus[r] Gresner de Weyssenburgk[k] dt. 4 schneberg.
Leonardus Heissler[lp] de Eystedt dt. 4 schneb. reliquum dt. in rectoratu dni Iohannis Alberti.
Ioannes Seitzenhentz (Settz. B) de Rot dt. semiquatuor schneberg. 3½.[l]
Caspar Kunaugk de Monte sancte Anne dt. semiquatuor schneberg. 3½.[l]
Andreas Sifrydt de Wernyngenrode[s] dt. semiquatuor schneberg. 3½.[l]
Georgius Golffus de Gebese[dd] dt. 5 nov.
Georgius Weys de Kamp dt. 4 schneberg.

[xx] Chonradus. [yy] Qin (?). [zz] Wytti. [a] c statt t. [b] Steht in B; ( )[b] fehlt in E. [c] c statt ck. [d] s statt ß. [e] Steht in E; ( )[e] fehlt in B. [f] In E stand semiquatuor, ist aber ausgestrichen und durch 3½ ersetzt. [g] s statt sch. [h] Walbir. [i] i statt y; y statt i. [k] th statt t. [l] Die doppelte Zahlenbezeichnung steht in B und E. [m] Bruninck. [n] n statt nn. [o] ey statt ei. [p] ß statt s; sß statt ss. [q] Topher. [r] h fehlt. [s] y fehlt. [t] l statt ll.

Ioannes[u] Kyser[u] de Ysenach dt. semiquatuor schneberg. 3½.[1]
Wolffgangus Lange de Hirsbergk[p1] baccal. Francfordensis[v] dt. 3½ schneb.
5 Ioannes Hecht de Erich dt. 3 schneb. 4 den., reliquum dt. sub rec'oratu dni Iohannis Alberti.
Ioannes Cipolt de Vilmaria dt. 6 schneberg. cum dimidio.
f. 56b 10 Iacobus Voitell[v] de Monte sancte Anne dt. 4 schneberg.
Adam Andree de Dudenhoiffen dt. 4 schneberg.
Ioannes Krich de Hombergk dt. 4 schneberg.
Allexander Guckenius de Segk dt. semiquatuor
15 schneberg. 3½.[1]
Bartholomeus Sculteti de Madeburgk dt. semiquatuor schneberg. 3½.[1]
Wilhelmus Suns de Altzeia dt. semiquatuor schneberg. 3½.[1]
20 Erhardus Giseler[1p] de Waltershusen[p] dt. semiquatuor schneperg.[w] 3½.

Gratis recepti:

Gerardus Spinler de Bolch dt. 1 schneberg., reliquum remisit dns rector propter deum ob illius paupertatem et reverenciam abbatis divi Petri. 5
Ioannes (Seyler)[e] de Confluencia dt. 1 schneberg. pro pedellis, reliquum remisit dns rector ob honorem dni coquine magistri.[1]
Achacius Rotmar de Brixia dt. 1 schne- 10 berg. alias propter deum inscriptus est.
Henricus Appollo de Honkirchen gratis inscriptus ob reverenciam dni dris Muciani et Spalatini etc. dt. 1 schneberg. pro pe- 15 dellis.
Iacobus Turbergk de Lendoia penitus nichil dt.

Summa 191.

[u] (Johanne E) Kyeßer B. [v] l statt ll. [w] b statt p.
[1] Siehe Rectorat 221 fol. 37[b].

f. 56cd 1508. Mich. 231. Rect. Franciscus C. ex Waldegk.[1] 20

f. 57ab Bene[a] ac[a] (ut aiunt)[e] libenter formoso principi homines obediunt cuiusque non minus speties[c] digna est imperio, quam elegans corporis dispositio[c] moribus preclaris 25 fulcita scientiarum[c] genere prefulgida. Ad cuius exemplum quicquid in republica degit tanquam ad tutissimum asilum confugiens remedia queritat; cuius[d] et probate vite studio dispartitum offitium[c] in republica litteraria salute tenenda perpetuo silescat. Iam- 25 que hoc non potest non honorifice esse factum, eum in clarissimis atque amplissimis omnium rerum dotibus non minus excultum, quam magna pietate decoratum debere 30 proficisci in habenas regiminis Palladie provintie,[c] cuius[f] consilio et animi dexteritate subditorum revocetur instantia; cuius[f] denique firmitudine[g] gravitateque animi omnia

[a] Cito ac bene; die Initiale fehlt in B. [b] Steht in B; ( )[b] fehlt in E. [c] c statt t. [d] sinus (?). [e] Steht in E; ( )[e] fehlt in B. [f] eius. [g] framitudine (scheint auch in E so verschrieben).

f. 56cd [1] Wappen: 8strahliger schwarzer Stern in goldnem Schilde; auf dem Helme offner silberner Flug, je mit dem schwarzen Stern belegt; Decken gold und schwarz. In den Randleisten sind ausser dem Waldeckischen in der obern, und dem Hennebergischen Wappen (schwarzer Hahn in goldnem Schilde) in der Mitte der unteren Randleiste noch fünf Wappen verschwägerter Häuser dargestellt.
f. 57ab Ueber der Einleitung zu dem Rectorate stehen in der grünen Initiale B auf Goldgrund Petrus und Paulus, ersterer in rothem Talar und blauem Mantel, in der Rechten den Himmelsschlüssel tragend, letzterer in grauem Gewande mit carmoisinfarbigem grün gefüttertem Mantel; in der Rechten hält er das Schwert, unter dem linken Arme trägt er ein Buch. Auch diese Seite ist in Randornamente eingeschlossen.

reipublice litterarie membra inconcussa indebilitataque continuo permaneant. Nam nihil isto potest esse iucundius; quamobrem docti Erphordiani gymnasii moderatores non spe ac unanimi consensu frustrati, quo digna premia ferant, ad futurum reipublice litterarie gubernatorem decernendum suffragatores delecti eo, quo constitutum est, agmine iter arripiunt. Commendant demum eum ducatum nobili et generoso domino domino Francisco Comiti ex Waldegk, utriusque parentis longo stemmate nobilissimo, qui tanta indole fortes conscendit ad annos, ut nullus sui ordinis secundus extat. Hec reß[h] sane laudanda felici exitu in portum deducta est, postrema electione a tribus viris multa doctrina conspicuiß[h] Nicolao Fochßer[h] ex Fulda archiatro, Iohanne Emmerich Frankenbergio,[kk] ingenuarum artium magistro iuris tum pontificii tum cesarii bacillario et Iohanne Meygis, philosopho facundissimo, XIV. kalendas Novembris anno domini octavo supra sesquimillesimum.

Sequuntur eorum nomina, quos in album scolasticum legittime ac scite recepit; et primo solventes integrum:

Mauritius de Bibra Bambergensis et Herbipolensis ecclesiarum canonicus dt. universitati 21 sneberg.[i]
Hinricus[k] Brandis de Hildenßem[l] dt. tm.
Theodericus Struve Brunswicensis.[m]
Iohannes Pfeffer[n] (Ph- B) de Kytzingen.
Iohannes Esfelder de Aldendorff.
Sigismundus Wysheit[s] de Arnsteyn.
(Iohannes Wysheit de Arnsteyn.)[e]
Hinricus[k] Pistoriensis de Stolbergk.
Hillebrandus Kremer de Stolbergk.
Iohannes Ubell[o] de Kunigsbergk (Kungßb. B).
Iohannes Schilling de Gotha.
Steffanus Schreck[p] de Volkach.
Nicolaus Eyliger[q] de maiori Sommern.[r]
Bernhardus Zceyner de Saltzfelt.
Iohannes Kelderman de Monte regio.
Iohannes Koenolt[t] de Esschwege.[t]
Nicolaus Spitznaße de Schoenstadt.
Steffanus[u] Duyrer de Hilperhaußen.[y ee]
Theodericus Gans[s] de Saltza.
Henningus Olsborgk[s] de Hildenßeim.
Henningus Pegaw de Helmstedde.
Iohannes Neffe de Laudenburgk.
Steffanus Wetzel de Laudenburgk.
Georgius Stocklitz de Rayn.
Christoferus[v] Chariteus de Rayn.
Kanutus Daha ex Datia.[e]
fr. Hermannus Mylsing ord. sancti Benedicti.
Martinus Rode Magdeburgensis.
Georius de Truppach nobilitaris.
Iohannes Heydenfeller.
Casparus Coci ex Gruessen.[w]
Henricus Eberhardi de Wabern.[x]
Anthonius Bothe de Henffstadt.
Petrus Scheyn de Wormatia.
Georius Raw de Esefelt.
Andreas Ramme de Northußen.
Andreas Scriptoris de Meyningen.
Gregorius Rebeling de Northußen.
Iohannes Alhardt[z] de Northußen.[h]
Petrus Heyne de Butstet (Bustedt E).
Martinus Rudolff de Meyningen.
Udalricus Femersheym[s] de Brisaco.
Iohannes Dorffer[r] de Kanewerff.
Iohannes Greve alias Storll Errfordensis.
Iohannes Rynman de Gotha.
Iohannes Guede[r] de Cassell.
Thimotheus Roitwisch de Butstedt.[z]
Iohannes Hentzeman de Ihenis.
Bartholomeus Meynhart de Curia.
Hinricus Reyner de Noremberga.
Erasmus Volker[r] de Fulda.
Henningus Brun de Salina (Salvia B).
Nicolaus Dithmari (Dytm. B) de Borchuna.
Iohannes Bartholomei[aa] de Rotemburgk.[bb]
Valentinus Loerber de Esschwege.[t]
Iohannes Spangenberg de Herdegeßen.[cc]
Iohannes Lieve neue de Elrich.
Iodocus Gregorii de Isenach.[x]

---

[h] s statt ß. [i] sch statt s. [k] Henricus. [l] -hem statt -em. [m] Brunsvicensis. [n] ph statt pf. [o] l statt ll. [p] Schrecke. [q] E statt Ey. [r] ö statt o, ü statt u. [s] ß statt s. [t] Kunolt de Eschewege. [u] a statt e. [v] Cristofferus. [w] sß statt ss (Z. 17 Grüsßen). [x] nn statt n. [y] y statt i. [z] t statt dt. [aa] Bartolmei. [bb] g statt gk. [cc] ss statt sß.

Iohannes Kotte de Isenach.[n]
Iohannes Femell[o] Erffordensis.
Iacobus Tzitz[dd] de Eßlingen.
Iohannes Capitii de Wratislavia.
5 Iacobus Fabri de Hilperhaußen.[ee]
Hinricus Eylborch de Warningerode.[ff]
Nicolaus Eßßen[cc] de Bremis.
Iohannes Cesar de Steten.
Hieronimus Krontaill de Tetelbach.
10 Nicolaus Fabri de Gruesßen.
Hermannus } Stakelbergk[kk] de Hervordia
Iohannes } fratres.
Iacobus Doliatoris de Hachenburgk.
f 56b Geverhardus Sluter de Goslaria[a]
15 (Germannus Geysmar de Goßlaria.)[b]
Iohannes Fabri ex Winsheym.[a]
Wilhelmus Tauber ex Wassertrihending.
Iohannes Huddesßen de Hildenßem.
Iohannes Zceiskum[a] de Ladembergk.
20 Iohannes } Vos de Herdegesßen fratres.
Conradus }
Gotschalcus Sperber de Huxaria.
Vitus Coci de Huxaria.
Iodocus Waltheym de Hallis.
25 Hinricus Meyner de Kytzingen
Simon[y] Wasmudt[a z] de Blicherode.
Hinricus Pfert de Herxem.
Georius Marggreve Erffurdensis.
Hinricus Osterradt de Helmstedde.
30 Iohannis Currificis de Horbe.
Valentinus Buteler de Wymaria.
Iohannes Gulmanni de Enckrich.
Iacobus Ervinus de Nuwen-Wilnauwe.[gg]
Bertoldus Briling de Sternbergk.[bb]
35 Hinricus Ritter[y] de Remda.
Wernerus Rumelandt de Butspach.
Severus Boors de Butstadt.
Kilianus Scherer de Fulda.
Iohannes Iacobi de Than.
40 Hieronimus Inguiler[hh] de Inguiler.
Wernerus de Regkerot[kk] ex Wenigenswina.
Iohannes Hoveman[ii] procurator Erffurdensis.
Sebastianus Moller de Meyningen.

Adam Wingertener[y ll] de Balnhußen.
Nicolaus Vargula de Balnhußen.[b]
Bernhardus Mengos canonicus in Heugis secundario intitulatus nihil dt.

Inequaliter solventes: 5 f.56a

Nicolaus Bonecker de Frankenbergk[kk] dt. 4 sneberg.[i]
Dietherus Slagman de Wechtersbach[a] dt. 4 sneberg.[i]
Iohannes Smeltz de Phyeßen dt. 3½ sneberg. et 3 ₰. 10
Adelarius Richart Erffurdensis dt. 4 sneberg.
Iohannes Herschler[mm] de Argentina dt. 4 sneberg.[i]
Iohannes Laub de Augusta dt. 4 sneberg.[i] 15
Iohannes Molitoris de Landeßbergk[a bb] dt. 3½ sneberg.[i] et 3 ₰.
Iohannes Hanen de Herdegesßen dt 3½ sneberg.[i]
Ioseph Wallich de Veltkirchen dt. 6½ sneberg.[i]
Gregorius[nn] Bola de Buttelstadt dt. 3½ sneberg. et 3 ₰. 20
Iodocus Mengos de Heydelberga dt. 7 sneberg.[i]
Nicolaus Steinmitz de Fulda dt. 3½ schneberg.[i] et 3 ₰.
Iohannes Hesße de Luneburgk dt. 3½ sneberg.[i] 25
Mathias Reuber de Arnstedt dt. 4 sneberg.[i]
Iohannes Steeck de Binge dt. 4 sneberg.[i]
Wolffgangus Albich de Gemundia dt. 3½ sneberg.[i] et 3 ₰.
Wendelinus Sorge de Bruesßel[ee] dt. 3½ sneberg.[i] et 3 ₰, dt. residuum mihi Ioanni Werlich. 30
Hinricus[k] Beytz de Kubergk dt. 4 sneberg.[i]
Bernhardus Piscatoris de Argentina dt. 3 sneberg.[i] 35
Iohannes Suerbier de Saltza dt. 4 sneberg.[i]
Leonhardus Starcke de Norlingen gratis.
Gerardus Sluter de Kalffe dt. 1 sneberg.[i] pro pedellis.
Sigismundus Ast de Argentina dt. 1 ß[oo] pro pedellis. 40

Summa 118.[pp]

[dd] Cz statt Tz. [ee] -hußen statt -haußen. [ff] n statt nn. [gg] awe statt auwe. [hh] Valentini in B, auf eine radirte Stelle, die wahrscheinlich auch Inguiler enthielt, geschrieben. [ii] Hoffeman. [kk] ck statt gk oder k. [ll] th statt t. [mm] ß statt sch. [nn] Georgius [oo] solid. [pp] Richtiger 127, in B 126.

f. 58cd

1509. Ost. 232. Rect. Henr. Sickte.

f. 59ab Comiciali[a][1] divorum altera Philippi et Iacobi (die)[b] observatione maiorum denuo ex comiciatu virum quendam censorium magistratui scholastico delegendum nobili et (ex B) generoso domino pridem gymnasium multa laude et gloria moderanti Henricus
f. 59c 5 Sickte Brunopolitanus, Bruning avito patritoque vetusto cognomento dictus, optimarum 5 arcium et philosophie doctor maioris contubernii collega, in scholastica hac prefectura a disertis doctisque viris, Martino de Margaritis iureconsulto Nicholao Foxer[c] Fuldano phisico, doctoribus eximiis, et Ioanne Karspacho, bifidi iuris baccolaureo ingenuarum arcium et philosophie magistris dignissimis suffectus, gymnasiarcha coram designatur.
10 Postquam[c] quadriduum die Martis proximo legittime et festivo ritu confirmatur; sub 10 cuius sceptro in album nominatim subsequentes inscripti sunt:

Integrum persolventibus prenotatis:
Iacobus } (de)[e] Thawbenheym[d] fratres
Cristoferus[f] } ddt florenum.
15 Ioannes Schauw Herbipolitanus.
Petrus de Sancto Goare.
Valentinus Obßer[g] de Bacharach.
Iacobus Guderman de Salveldia.
Iodocus Essig de monasterio Meynfelt.
20 Anthonius Christiani de Basselscheyt.
Ioannes Rappolt de Tettelbach.
Hieronimus Rosener de Confluencia.
Ioannes Worffel de Ludwigstadt.
Gerherdus Arnoldi Emdensis.
25 Nicholaus Conradi Campensis.
Mathias Nennonis Campensis.
Henricus Leschornn de Tresa.
Henricus Barbare de Myntzenberg.
Petrus Engelberti Stolbergensis.
30 Ioannes Sutoris de Marg-Erlbach.

Guipertus } Uher de Confluencia fratres. f. 59d
Otto }
Conradus Lengefelt de Confluencia.
Iacobus Losen[h] de Clotten. 15
Michahol[l] Berch de Czellis.
Georgius Machtis [m] Numborch.
Petrus Molitoris de Lymborg.
Christofferus Anniger de Miltenberg.
Fredericus Talhem de Blycherode.[i] 20
Udalricus Mysierer de Rubiaco.
Hermannus Semler de Herczogaurach.[k]
Michahel[l] Kober Hallensis ex Suevia.
Nicholaus Fogel Speyrensis.
Ioannes Helmolt Molhusensis. 25
Laurencius Dume Molhusensis.
Bernherdus Ruckenrodt[o] Molhusensis.
Ioannes Wagener de Ilmenoe.
Tilemannus Hoppe Fridebergensis.
Bernnherdus Cyrou de Stendalia. 30 f. 60a

[a] Die. [b] Steht in B; ( )[b] fehlt in E. [c] Foxen (Z. 10 lies Post). [d] Taubenheym. [e] Steht in E; ( )[e] fehlt in B. [f] ff statt f. [g] s statt ß. [h] ß statt s. [i] i statt y. [k] zc statt cz. [l] Michael. [m] W statt Gu. [n] n statt nn. [o] o statt u.

---

[1] In einem Rahmen auf Goldgrund steht die gekrönte Madonna in die gewöhnlichen Farben gekleidet (rothes Gewand, blauer Mantel, mit herabwallenden blonden Haaren), mit dem Kinde auf dem Arme, nach links gewendet; auf beiden Seiten stehen zwei bischöfliche Personen in Ornat mit Hirtenstab; der zu ihrer Rechten trägt über der weißen Albe ein grünes Gewand und carmoisinfarbigen goldbesetzten Mantel und hält im linken Arme ein Kirchenmodell. Die bischöfliche Figur zur Linken der Madonna, in blauem Talar, blauer Mitra und scharlachrothem Mantel mit goldnem Brustschloss, hält in der Rechten ein Buch, in der Linken den Bischofsstab, zu seinen Füssen liegt ein weißes Lamm. Dicht vor dieser Gestalt, zwischen ihm und der Madonna, kniet der Rector in schwarzem Talar, in seiner Rechten ein violettes Birrett haltend; vor ihm unter den Füssen der Madonna sein Wappen: ein silberner Stern, mit rothem Herz belegt, in blauem Schild. In der unteren Randleiste ist ein Schütze in grünem Wamms und Mi-part-Beinkleidern, der mit einer Armbrust nach einem Hirsche schießt.

Nicolaus Wisße de Smalkaldia.
Guolffgangus[m] Polkmacher de Wysßennstat.[i n v]
Ioannes Czeyße[k] de Nurenberga.
Nicholaus Bolstett[p] de Kyndelbrugk.[q]
5 Petrus Symonis Verhornn[s] de Hornn.[n]
Albertus Ißbrandi de Hornn.[n]
Nicholaus Ulfex de Treisa.[r]
Ioannes Crayen
Christofferus[s] Frytzko[i] de Kemnytz.
10 Ioannes Hunkel[t] de Herryden.[i]
Wendalinus Bauwr ex Buchenn.[n]
Conradus Frangfort[t] ex Molhusenn.[h n]
Bertholdus (Hugolt)[e] ex Molhusenn.[n]
Liborius Wichfredt Crucenborgensis.
15 Nicholaus Sander de Northusen.[h]
Georgius Lucae[u] de Schonebach.
Ioannes Echennauwer de Frangfordia.[t]
Ioannes Siffridi de Herdechesßen.
Fabianus Clee de Trochenytz.
20 Petrus } Ioannes } Merboll de Nova civitate fratres.
Ioannes Schram Herbipolitanus.
Hermannnus Gerlaci de Cappel.
Iohannes Furer de Northußen.[g v]
25 Ioannes Contz de Platten.
Matheus Lubbrecht de Lentzenn.[n]
Ioannes Mathiaseleches de Earych.[i]
Albertus de Speeth[s] ex Hoffyngen.
Nicholaus Vasolt Erffordensis.
30 Laurencius Salender de Elßbach.
Conradus Hoffeman de Drunckendorff.[w]
Iodocus Scholer de Wetzflaria.
Ioannes Fruren de monasterio Meynfelt.
f. 60b Ioannes Heym[m] de Rotenburga.
35 Iodocus Morder de Wynßheymm.
Caspar } Laurencius } Karßpach[g] Erffordenses fratres.
Andreas Lodewici de Herbipoli.
Georgius Schyel[x] de Frymaria.
40 Georgius } Romanus } de Stritberg fratres.
Casparus Scherczelyng[k] de Collede.
Georgius Fabri de Grusßen.[q]
Christofferus[s] Sommerschoech[y] de Frauwen-
45 schöch (schuch B).
Bartholomeus Capitis Aschanionßis.
fr. Andreas Brun de Spangenberg.
fr. Matheus Wymudt de Spangenberg.
fr. Iohannes Cantrifusoris de Worm(acia).

dns Ioannes Volker de Steynheym.
Ioannes Wysß de Camborg.[z]
Georgius[aa] Lodewici de Steinheym.[r]
Marcus Rampff de Laugyngen.
5 Christofferus Hack de Erich.
Iodocus Munich de Freysingen } Ioannes Munich de Freysingen } fratres.
Baltezar[bb] Keyßer[g] Erffordensis.
Harlippus Volrath de Sangerhußen.[g]
10 Ioannes Rethberg de Bernnßen.[n]
Borcherdus von der Echs de Stockheym.
Ioannes Schatz de Frankenhusen.[h t]
Michahel[i] Alberti ex Doen.
Paulus Keyßer de Argentina.
15 Ioannes Bollynger[i] de Ulma.
Georgius Schott de Brunfelß.
Sebastianus Tilner de Scheßlitz.
Bertheramus Hanneman de Wernigrode.[cc]
Erherdus (-har- B) Snepff de Helprunna.
20 f. 60c Bertoldus Fritz de Westerengel.
Ioannes Bellyng Emmyngensis.
Conradus Streue Ußlariensis.
Ioannes Thome de Sancto Gnarehusen.
Andreas Grote de Barbey.
25 Hieronimus Bernnßhuser[n] de Butzbach.
Theodericus Borchmeyger de Hannover.
Caspar Wanns[n h] de Salsungen.
Ioannes Scheych[i] de Gronenberg.
Iohannes Heßler de Heßler.
30 Georgius Lippolt[r] ex Weysßenburga.[dd]
Leonherdus } Ioannes } Wergkman[ee] Iaccenses fratres.
Hennigus[ff] Scaper de Hardechsen.
35 Iohannes Kelner de Wilnaw.[r]
Hermannus Pauli de Wilnaw.[r]
Franciscus } Ioannes } Corper Aldendorffenses[gg] fratres.
Michahel[i] Ottonis de Marteßeehe.
Henricus Wedeler de Blychrode.[i]
40 Georgius Steyr de Weyda.
Ioannes Konnigsteyn[n] de Wilnaw.[r]
Ioannes Molitoris de Spangenberg.
Ioannes Boeck de Alßfeldia.
Martinus Rowalt Gedanensis.
45 Laurencius Wegener de Slusyngen.[hh]

Inequaliter solventes succedunt:

Nicolaus Hambach de Kyssyngen[ii] $3^1/_2$ sneberg.
Iacobus Lyngk[ee] de Nurenberga dt. $3^1/_2$ sneberg.

---

[p] t statt tt. [q] -ßck statt -ugk. [r] y statt i. [s] h fehlt. [t] ck statt k oder g. [u] e statt ae. [v] ss statt sß oder ß. [w] Druckendorff. [x] Schil. [y] o statt oe. [z] K statt C. [aa] Georius. [bb] Balthesar. [cc] Wernigerode. [dd] Wyssenburga. [ee] ck statt gk. [ff] Henningus. [gg] ll statt ld. [hh] Sch statt S. [ii] Kyssingen.

Ioannes Molitoris de Huxgernn[n] dt. 4 sneb.
Adularius[kk] Hocheym alias Scherer 4 sneberg.
Ioannes Coci de Karlstadt[ll] dt 4 sneb.
Caspar Schomerer de Weysßenhornn[n] 4 sneb.
Albertus Snack de Eck dt. 4 sneberg.
f. 60d Valentinus Schylhornn[l n] de Eßfelt dt. 4 sneb.
Ioannes Hornn[n] de Pegenytz dt. 4 sneberg.
Ioannes Cultzemeter[mm] de Coczem dt. 4 sneb.
Ioannes (-nne B) Suanfelder (Sw. B) de Heydelberga 4 sneberg.
Nicholaus[a] Hildebrandi de Cassel dt. 4 sneberg.
Gongolffus[nn] Crathis de Olbersleben[h] dt. 4 sneberg.
Nicholaus[a] Gruel de Gytelde dt. 4 sneberg.
Ioannes Loeck de Wulffhagen[oo] dt. 4 sneberg.
Ioannes Hyrning[pp] de Mynßyngen[pp] 4 sneberg.
Bertholomeus[qq] Borchardi de Engen 4 sneberg.
Ioannes Knor de Wynßheym dt. 4 sneberg.[hh]
Ioannes Brunner de Margdorff 4 sneberg.
Henricus Struch de Alßfeldia dt. 4 sneberg.
Crafftmanus[v] Schephenne de Dresen[h] uff der Lune 4 sneberg.

Bertholomeus[qq] Erlyger de Althem dt. 4 sneberg.
Michahel Malman[rr] de Geysa dt. 4 sneberg.
Ioannes Arnoldi de Usyngen[l] dt. 4 sneberg.
Georgius Tuchsmedel de Hilboltsteyn 4 sneberg.
Ioanne[ss] Eckencleseken de Serbrucke 3 1/2 sneberg.
Hermannus Smet[tt] de Cappel dt. 3 1/2 sneberg.
Henricus Boman de Cellis dt. 3 sneberg.[hh]
Melcher Greffe de Argentina dt. 4 sneberg.[hh]
Hermannus Wulff Hamellensis inscriptus denuo.

(Primo dempto gratis inscripti sunt sequentes;)[a] (Miselli gratis inscripti:)[b]

Ioannes Trach de Kerlstadt[tt] dt. 4 sneberg. (et)[a] ob cuiusdam boni viri rogatum quia orphanus, reliquum eidem dimissum est.
Ecklevus Bertlyng de Brunswig dt. 1 sneberg.[hh] pedellis.
Hennigus[ff] Funcke[uu] Errfordenßis 1 sneberg. pedellis.
Gregorius Frydel de Wertheym dt. 1 sneberg. pedellis.

Summa 164.

[kk] Adelarius. [ll] t statt dt. [mm] Culczemer. [nn] Gangolffus. [oo] f statt ff. [pp] Hyring de Mynsingen. [qq] Bartholomeus. [rr] Mahnan? [ss] Iohannes. [tt] dt statt t. [uu] e fehlt.

1509. Mich. 233. Rect. Ioannes Alberti[1] de Einbeck.

f. 61ab Delectus[a] est pretor scholasticus[c] ac studii Erphurdiani rectorum catalogo digne accommodatus consonis suffragiis honestissimorum eruditissimorumque virorum dominorum magistrorum Ioannis Lupi Erphurdiani, Henrici Leonis Berckensis et Gangolphi f. 61c

[a] Lectus. [b] Steht in B; ()[a] fehlt in E. [c] sc statt sch.

[1] Grosses Bild über der Initiale: in der Mitte die Madonna mit dem Christuskinde, durchaus blau gekleidet; sie hat aufgelöstes goldiges Haar und zwei in violett gekleidete Engel mit bunten (grün und gelben) Flügeln setzen ihr die goldne Krone auf das Haupt; hinter ihr eine bunte Landschaft. Im Vordergrunde steht links vom Beschauer der heil. Alexander in vollständiger Ritterrüstung, statt des Helms ein rothes Barett tragend, in der Linken hält er eine aufgerichtete weiße Fahne, auf welcher in Goldschrift sein Name S. Allexander steht; ihm gegenüber steht ein Bischof in blauer Dalmatika und rothem Mantel, der in der Rechten den Hirtenbischofsstab, in der Linken den Walkerbaum trägt; vor ihm unter der Madonna kniet in Chorkleidung der Rector, zu seinen Füssen das nach rechts gelehnte Wappen: Schild getheilt, oben ein wachsender silberner Löwe in blauem Felde, unten durch eine Spaltung und eine aufsteigende Spitze vierfach getheilt, von roth und Purpur. — In der unteren Randleiste ein Jüngling in blauem Gewande und gelben Aermeln mit Speer in der Linken; mit der Rechten führt er einen Bären an der Kette.

Grussennii, ipso die divi Luce Christi actorum scribe fidissimi, post mille et quingentos nati Christi Hiesu[d] salutaris anno nono, spectabilis et venerabilis vir dominus Ioannes Alberti, cui patrium solum Einbeck primum ingenuarum disciplinarum, secundum et ecclesiastici et imperatorii iuris baccalarius aedis[f] Severiane architectus 5 et canonicus; sub semestri cuius pretura centum et viginti octo tirones, ut universitatis studii graciis privilegiis et benficiis concessis gauderent ac litterarum morumque dogmata honeste salutariter utiliterque nanciscerentur, communi scholasticorum matricule eorundem nominibus propriis personarum cognationum et patriarum expressis inscripti sunt:

10 Totum dederunt:
Michael Huttener canonicus in Haugis extra muros Herpipolenses.[g]
Ioannes Piraphaginus dictus Birnesser de Buchen, mag. artium nove universitatis Francken-
15 fordiensis.[h] [1]
Hinricus Großhans de Konigeßsee.[i]
Iohannes Cratz } de Enkerich.
Mathias Cerdonis } de Enkerich.
Ieorius[l] de Plesse Northusensis.[m]
20 Sigismundus Meyger de Moßberg.
Wernerus Edemissen } de Embeck.
Iohannes Kiliani } de Embeck.
Iohannes Moring[n] de Hilperhusen.[s]
Iohannes Piscatoris alias Fincke de Nelstet.
25 Iheronimus Flamme de Eyßfelt.[o]
Iohannes Schaper de Northeym.
Conradus Sloisser[p] de Curia.
Ieorius Gerlach de Bercka presbiter.
Ioseph Goltsmeth de Stalbergk.
30 Iohannes Steger de Butsteth.[q]
f. 61a Wilhelmus Unsinnich de Herpipoli.[g]
Iohannes Kitzs[n] de Bußbach.
Baltasar[r] Lupft de Smalkaldia.
Roricus Lon de Frißlaria.
35 Goar Wymar de Rentz.
Iohannes Ysenbach[t] de Ordorff.
Bartholomeus Fabri de Ulleibin (-ben B).
Adam Feltheinß de Hungen.
Bertoldus[r] Pistoris de Czimmern.[n]
40 Simon Herspach[s] Erffurdienßis.
Iohannes Fabri de Fredericherode.[v]
Melchiar Missenrodt de Molhusen.[s]

Iohannes Pryß de Gundelfinge. 10
Petrus Heildunge de Argentina.
Iohannes Mercken de Aschaffenburg.
Fredericus Iodoci de Meiningen (Menu-B).
Nicolaus Hua de Botteldorff.
Hinricus Eiserlin de Beitnitz. 15
Iohannes Doleatoris de Densteth.
Nicolaus Lauwinhagen (-wen- B) de Dingelstedt.[x]
Nicolaus Werneri[w] de Melsungen. f. 62a
Martinus Korner de } Tetelbach.[y]
Casperus Heyne de } Tetelbach.[y] 20
Iohannes Langwet (-wer B) de Hilperhusen.
Iodocus Sunnensmedt de Remda.
Casperus Kroppel[z] de Usingen.
Andreas Kegel de Halberstadt.
Emeramus Prunne de Wendinge. 25
Iohannes Speß[o] de Wendinge.
Iohannes Marci de Gundelfingen.
Petrus Swartz de Ladenburg.
Andreas Finke de Veltzperg
Iohannes Becke de Angermunde. 30
Iohannes Geiß[n] de Lich.
Valentinus Hoffeman de Nurenberga.
Iohannes Vigenbom[aa] de Weckerßem.
Casperus Walpoth[x] de Gottingen.
Hinricus Kortledder de Volckmaria. 35
Iohannes Niggenhagen de Hannover.
Laurentius Lungerßhusen de Utleiben.
Gabriel Swencke de Eysefelt.
Anthonius Institoris de Wetzßlaria.
Erasmus Dentzscher de Kelhom. 40
Iohannes Conradi de Franckenberg.
Wilhelmus Selberch de Brunswigk.[bb]

[d] Ihesu. [e] Steht in E; ( )[e] fehlt in B. [f] e statt ae. [g] Herbipol. [h] Franckfordiensis. [i] -sehe statt -see. [k] ck statt k. [l] G statt J. [m] Northusiensis. [n] y statt i. [o] s statt ß [p] aß statt as. [q] dt statt th. [r] th statt t. [s] ß statt s. [t] Isenbergk. [u] -ben statt -bin. [v] Friderichherode. [w] Wernen. [x] t statt dt oder th. [y] Tettelbach. [z] r fehlt. [aa] o statt ö; u statt ü. [bb] g statt gk oder ck.

[1] Der Universität Frankfurt a. d. Oder, welche 1506 von Kurfürst Joachim I. Nestor gegründet worden war.

Casperus Magk de Mellerstadt.
Franciscus Quentin de Butte.stet.[cc]
Iohannes Eberschümer[ss] de Wolmatia (?).[dd]
Cristianus Wuczam de Kelheym.
5 Hinricus Reigen de Ysennach.[ee]
Iohannes Kolne de Gota.[r]
Iohannes Lichtenhagen de Friberg.
Iohannes Schoriger de Elmbach.
Iohannes Dulle de Morßem.
10 Gregorius (Geor. B) Speß } de Rodenberg.
Hertmannus Grauwe }
Iohannes Kalder de Northeym.
f. 62b Iohannes Hothmer de Ossenbrugke.[ff]
Nicolaus Ranis de Peßeuick[gg hh] presbiter.
15 Conradus Molitoris Erffurdiensis.[hh]
Rulinus Doleatoris de Butzbach.
Iohannes Hobehir de Rodenberg presbiter.
Iohannes Siffrides[ii] de Goßlaria.

Quatuor schnebergenses dederunt:

20 Iohannes Roßman de Walterßhusen.
Gregorius Haugk de Wittenberg.
Nicolaus Erinck[bb] de Stockheym.
Iohannes Cosvelde[kk] de Colonia.
Sebestianus Unreyne de Koburck.
25 Iacobus Milpach[ll] de Nuwekirchen.[mm]
Thomas Timpt de Kauffbegernn.
Bernherdus[nn] Mercatoris de Herbornn.[cc]
fr. Casperus Giseleri de Nova civitate } ordinis carmelitarum.
30 fr. Iohannes Scheider de Heydingeßfelt }
Baltasar[r] Amaling de Mellerstadt.
Michael Prisacher de Friberg.
Conradus Regis de Clingnouw.[oo]
35 Arnoldus Robrecht de Hoxaria.

Medium (solverunt)[e] scilicet 15 antq.

Michael Fabri de Kissingen.
Hinricus Komel de Nuwenkircheym.
Baltasar Pappenhamer de Wendingen.

Iacobus Schonaw de Pretzst.
Iacobus Klimatz de Cramburg.
Ieorius Sobel de Laginge.
Kilianus Fabri Erffurdiensis.
Wolffgangus Sporer de Ossenbrug. 5
Nicolaus Richardi de Czimmernn.[n ee]
Iohannes Hin de Wabern.
Iohannes Holtzapfel de Heydingeßfelt.
Happelinus[pp] Gelberti de Nuheym.
Iohannes Materni de Friberg. 10
Marcus Kirchoff de Basilea.
Wilhelmus Herwagen de Gebeße.
Iohannes Pistoris de Seßlach. f. 62c
Iohannes Schulteti[e] de Soltwedel.[qq]
Anthonius Iekel de Wissenbach. 15
Ludigerus Luder de Volckmaria.
Iacobus Sunckwalt[bb] de Gundersheym.[t]
Ieorius Sardonis de Wetzlaria.
Nicolaus Entemaier de Buttelßpach.[o]
Iohannes Lichter de Schotten 20

Hinricus Korbeler de Arnstet $3^1/_2$ sneberg.
Ioachim Humel de Gundelfingen[rr] 3 sneberg.[tt] et 4 ₰ leonin.
Erasmus Kruth de Asschania[ss] 3 sneberg.[tt]
Wolffgangus Schmoter[e] de Rosenheym dt. 3 sneberg.[tt] 25
Matheus Sartoris de Widelbach[uu] 3 sneberg.[tt] reliquum remissum quia familiaris doctoris Rolandi decani Casselensis.
Nicolaus Doliatoris de Grunenberg gratis ob reverenciam decani sancti Severi cuius familiaris. 30
Iohannes Carpentarii eciam gratis ob reverenciam scribe Erffurdensis cuius filius.
Nicolaus Kirchener de Konnigessee.[vv]
Iohannes Sutoris de Rytlingen.[ww] 35
Leonhardus Pruchmester de Langingen.
Conradus Moseler de Krutzenach et predicti quatuor propter paupertatem gratis pro deo intitulati sunt.
Summa 128.[xx] 40

40 **Ex[yy] residuo intitulature:**

Paulus Wedemans $3^1/_2$ snebergenses.
Iohannes Bauwmester dt. 15 antq. leoninos.
Iacobus Dorner dt. 4 sneberg.
Adam Andree dt. $3^1/_2$ sneberg.
Iohannes Hecht de Elrich dt. 4 sneberg. 2 ₰ leon.
Leonhardus Heseler de Eystadt dt. $3^1/_2$ sneberg.[zz]

[cc] -stedt für -stet. [dd] Wormacia. [ee] n statt nn. [ff] Ossenburck. [gg] ss statt ß. [hh] o statt u. [ii] Siffirdes. [kk] a statt o. [ll] Mylbach. [mm] Nuwekircheym. [nn] Bernhardus. [oo] ow statt ouw. [pp] ll statt l. [qq] Soltwadel. [rr] nn statt n; Z. 22 Gundolfingenn. [ss] s statt ss. [tt] sch statt s. [uu] dd statt d. [vv] Konigißsee. [ww] Rithlingen. [xx] Richtig. [yy-zz] Aus dem Rechnungsbuche des Rectors, welches viele Lücken hat.

f. 63a b

1510. Ost. 234. Rect. Ioh. Lupi.

Mit dem Rectorate 233 hört die seit 1455 begonnene und dann weiter geführte Abschrift (die Handschrift B) auf, welche später zur ersten Eintragung aus dem Rechnungsbuche über die Einzahlungen der Studenten bei ihrer Immatriculation benutzt worden ist. Von dem Jahre 1510 an 5 konnte also nur die Matricula secunda (E) benutzt werden und es sind in den Anmerkungen [a], [b], [c] u. s. w. nur ganz verkehrte Schreibweisen derselben oder grammatisch falsche Formen und Wendungen angegeben, für welche das Richtige von dem Herausgeber nach Conjectur in den Text gesetzt worden ist, wie dies zum Theil auch schon früher durch Beifügung von „in B und E" in den Anmerkungen bezeichnet worden ist.

10 Errfordiane[1] prefulgide universitatis observatis legibus solemnitatibusve legittimis ad imminentem estatem alteraque sanctorum Philippi et Iacobi appostolorum die post f. 63c saluberrime Virginis partum anno redemtoris 1510 cunctis pro electione rectoris interesse habentibus comparentibus, tribus venerabilibus viris ultimis electoribus dnis Iohanne Schoner, arcium et philosophie mag. sacrarum literarum professore eximio ecclesie 15 beatissime Marie virginis Errfordensis canonico, et Valentino Jungermann ex Sczerbst, utriusque iuris doctore ac dive edis Severiane canonico, ac eciam Iohanne Duderstadt, arcium et philosophie magistro nec non eiusdem facultatis decano, rite electus publiceque pronunctiatus est in prefate achademie primatem et monarcham venerabilis vir dns Iohannes Lupi Errfordensis, arcium philosophieque magister sacre eciam theologie 20 baccalaurius formatus ecclesie beatissime Marie virginis Errfordensis vicarius; qui aliquos post dies suo sub rectoratu ad licenciam recipiendi insignia doctoralia in prefata theologica facultate est admissus; et in hac matricula sequentes scholasticos nominatim et legittime conscripsit:

Integrum solventes:

25 Iohannes Pistoris de Wynneck.
Henricus Port de Hoffheym.
Casperus Rich de Blichenrode.
Iohannes Hockel de Borsall.
Henricus Fispach de Freudenborg.

---

[1] Ueber der Initiale E steht die Madonna in rothem Gewand mit blauem Mantel, das Kind haltend, wie in Rectorat 220, im goldnen Strahlenglanze; vor ihr ein Bischof in blauem Gewande und rothem Mantel, in der Linken den Bischofsstab, in der Rechten ein Buch haltend. Zwischen beiden kniet der Rector in Chorherrnkleidung zur Madonna betend; vor ihm steht sein Wappen: der Schild von Weiß und Roth gespalten; im Fuße des Schildes querliegender grüner Ast, aus welchem zwei sich kreuzende natürliche Distelstengel hervorgehen. Eine Inschrift in der Ecke unter den Füssen der Madonna: „Sentiunt omnes tuum .... men quicunque cel .... tuam concepcionem," ist zum Theil verwischt. In jedem der Seitenstäbe stehen zwischen Blumen auf Goldgrund je drei Heilige übereinander: in dem linken oben Katharina mit goldner Krone, zu ihren Füssen das Rad; in der Mitte Maria Magdalene in rothem Rocke mit weißem pelzverbrämtem Talar und rothem Käppchen; unten Barbara mit einem Kelch in der Hand und der Hostie darüber; in dem Stabe zur Rechten oben die heil. Dorothea (oder Elisabeth) mit einem Korbe in der Hand; in der Mitte eine Greisin, Maria Salome, Mutter des Jacobus (oder Maria, Mutter des Cleophas oder die Mutter des Alphaeus): unten die heil. Apollonia mit der Zange, durch welche ihr die Zähne ausgerissen wurden. Unten in der Querleiste der heil. Martinus auf einem Schimmel, in blauem Wamms und grünem Barett, in der Linken einen Zipfel des rothen Mantels zusammenhaltend, in der Rechten das Schwert, neben den Hinterfüssen des Pferdes kniet ein Bettler. Hinter demselben trägt ein grauer Wolf eine Gans im Rachen.

Theodericus Gotfridi de Ranis.
Mattheus Rüdel de Salveldia.
Egidius Clingener de Wymaria.
Jenß (Iohannes?) Sleffer de Salveldia.
5 Iohannes Graw de B[r]ach (Bacharach?).
Laurencius Iacobi de Grefentall.
Iohannes Swartz de Hasforth.
Michael Roedt Erffordensis.
Gerhardus Boecköm alias de Mosa ex Goch.
f. 63[a] 10 Nicolaus Höbergk de Northußen.
Iohannes Nellenbach de Gundelfingen.
Iasperus Heckelman de Ganderßheym.
Cristianus Schroter ex Franckenbergk.
Sigismundus Schencke de Tuttenberg.
15 Bonaventura Gerhardi Erffordensis.
Iohannes Gerhardi Erffordensis.
Gundekindus Stenckenrodt de Rotenberg.
Bartoldus Erben de Smalkaldia.
Daniel Forster plebanus in Sneyt Bambergensis
20 dioc
Albertus Iacobi de Horen.
Iohannes Petri de Horenn.
Petrus Ackerman de Wyda.
f. 64[a] Henricus Wagener Erffordensis.
25 Iohannes Mulich de Hilperhußen.
Iheronimus Muller de Stolbergk.
Wolffgangus Kuberger de Ryda.
Nicolaus Urbach de Saltza.
Iohannes Holtzapphell de Segen.
30 Iodocus Pfaffheym de Segen.
Maroldus Bertoch de Tenstedt.

Solventes quatuor snebergenses:

Hennyngus Bremer de Eylslenben.
Iohannes Pfaff de Oringen.
35 Ambrosius Bechel de Confluencia.

Iacobus Bobe de Lora: — superaddidit 4 rectori Ioanni Schoneman.[c]
Christofferus Hertz de Spreta.
Petrus Saugenhen de Gronenberg.
Casperus Ernst de Osterrode. 5
Iohannes Nordorff de Ascherßleben.
Henricus Smedt de Schlichßa.
Wilhelmus Huthans de Bochxberg.
Petrus Funcke de Wysßenbach.
Georius Schenckel de Ethnßenn. 10
Henricus Wernheri ex Ammelborg.
Guntherus Ciriaci de Benstedt.
Georius Sprentz de Anspach.
Franciscus Lapicida de Northußen.
Iohannes Buchß de Staffelsteynn. 15
Nicolaus Eschewe alias Morgenstern de Yßenach
Wilhelmus Nuschelingk de Molhußenn.
Wolffgangus Ditman de Rochlicz.
Gerlacus Mandt de Kettich. 20
Theodericus Forster de Frißlaria. f. 64[b]
Hermannus Emer de Tulstedt.
Valentinus Sachßenbergk de Blichenrode dt. 5 nov. leon.
Gangolffus Olber (Ower?) ex Blichenrode dt. 14 antiquos leon. 25
Georius Muller de Campidena dt. 14 antiquos leon.
Wolffgangus Dytz de Mittwedis gratis ad preces abbatis montis scti Petri. 30
Iohannes Molitoris Erffordensis gratis ad preces patris Martini prioris scti Petri.
Anthonius Heller de Memmyngen gratis ob reverentiam rectoris, idem dedit unum snebergensem pedellis. 35

Summa 64.

De[a] residuo intitulature:

Iohannes Haw de Werter $3^1/_2$ sneberg.
Adrianus Vigil de Winßheim $3^1/_2$ sneberg.
Michael Megenberg de Steyna 6 sneberg. 10 denar. leon.[b]

---

[a] — [b] Aus dem Rechnungsbuche des Rectors. [c] Schoneman E.

f. 64d

1510. Mich. 235. Rect. Cunr. Dulcis.[1]

Festum divi Luce evangeliste dum celebraretur, totus scolasticorum coetus apud dive Marie edem congregatus est. Ubi e cunctis primatibus et viris antesignanis Ioannes Zömmeringk, iurisprudentie peritissimus archipresulis Moguntini sigillifer sancte f. 65a 5 Severiane edis canonicus ac pontificii iuris ordinarius doctissimus, nec non alii ad futurum reipublice litterarie, ea tempestate mira alioqui fluctuantis turbatione, moderatorem decernendum auspices delecti sunt. Commendant igitur hii eam inextricabilem curam nostri famatissimi gymnasii excellentis ingenii viro, Conrado Dulcis ex Homberg, arcium et philosophie erudito magistro, iuris quoque utriusque licenciato sapien-10 tissimo, humane salutis anno sesquimillesimo decimo. Qui dum huic prefecture et litteratorum ducatui prefuit, omnibus ut fuit gratissimus ita gratiosus et benignus extitit. Neoptolemos quoque sue fidei demandatos ordine subscripto scholastico albo ascripsit:

Integrum solventes:

15 Bartolomeus Lange Zwickaviensis frater ordinis servorum Marie.
Theodericus Schilter ex Tenstedt.
Adam Bauffe, Ioannes Kuen, 20 Gilbertus Hamer, Martinus Goell } ex Lasphe.
Ioannes Ostermeyer Eimbeccensis (?).
Rembertus Segemeyer, Ieorius Conradi } Brunswigkenses.
25 Hermannus Wildener Marpurgensis.
Ioannes Bothner (?) ex Wenckheym.
Theodericus Heringk ex Frislaria.
Ioannes Sachse de Bambergk.
Petrus Belne de Ascania.
30 Michael Burler de Hilperhusen.
Ioannes Weisse Nurenbergensis.
Laurentius Unfride Nurenbergensis.
Ioannes Cerdonis ex Wetzlaria.
Ioannes Wasser de Rudelstedt.
35 Ioannes Kolve ex Eimpigk.
Michael Hefelich de Wenckheym.
Andreas Murer de Stölbergk.
f. 65b Ioannes Kolnbach Nurinbergensis.
Conradus Kalman ex Nuenhilligen.
40 Conradus Lam Gandershemensis.
Theodericus, Ioannes } Eckman fratres de Grevenstein.
Ioannes Calopificis de Wetzlaria.
15 Ioannes Murer ex Wormacia.
Ioannes Roest de Hardegessen.
Ioannes Kula de Maiori[a] Sommerde.
Iohannes Hutter de Saltza.
Tilo Komrinck Erffordensis.
20 Henricus Schuwerdt de Nova ecclesia.
Heningus Krage Brunopolita.
Georius Eichelberg Argentinensis.
Iohannes Schrier ex Basilea.
Henricus Coci Bielfeldensis.
25 Ioannes Crach ex Volkmaria.
Nicolaus Moller Hambergensis.
Melchiar Loebich Agrippinensis.
Nicolaus Loerbecher de Wesalia.
Iacobus Luer de Grunenbergk.

30 f. 65c Hij subsequentes dederunt medietatem:

Andreas Alxmann ex Kelheym.
Iacobus Boerrstoll de Obenheim.
Henricus Reynhart, Ioannes Heyneman } de Ursleiben.
35 Ludolphus Dalenrodt Mundensis.
Ioannes Hoxer Lubecensis (dt. aliam medietatem Paulo episcopo rectori, ut computatio ostendit et matricula).
Iacobus Schnaphoff de Sundershusen (Sangerhusen[b]) residuum dt. magistro Lich. 40
Baltazar[c] Reith de Fulda.
Iohannes de Vorwerdt de Nova ecclesia.

[a] a°ri E. [b] Mit blasser Tinte beigeschrieben. [c] Baltizar E.

[1] Hier ist das Wappen ganz weggelassen, welches auf fol. 64cd stehen müsste.

Iohannes Gobell de Elßnitz.
Ioannes Sutoris de Usingen dt. 2 snebergenses.

Gratis intitulati:

Eobanus Adelheyth Erffordensis.
5 Melchiar Coch religiosus.
Nicolaus Werner famulus custodis sancti Georii.
dns Ioannes Lurer quia prius intitulatus sub dno Hermanno Steinberg.
Ioannes Grosse famulus baccalarii Hurnberg.
Liborius Petri de Wythenhusenn.
Anthonius Borneck. 5

Summa 61.

De[c] residuo intitulature:

Decanus facultatis arcium mag. Maternus dt. $13^1/_2$ sneberg.[d]

[c-d] Aus dem Rechnungsbuche des Rectors.

1511. Ost. 236. Rect. Ioannes Schoeneman.[1]

f. 66a b

10 Gymnasium[1] Erphordiense tempore enceniorum sancti Michaelis anno priori, quo 10 spectabilis vir dns Ioannes Lupi Erphordiensis, arcium et philosophie magister et sacre theologie licenciatus, gubernacula scolastice prefecture teneret, maxima etiam civium sedicione suborta et principum factiosorum quorundam rabulorum diabolo suadente, bellico furore exspoliatum direptum et pene depopulatum erigere iterum et reformare vo- f. 66c d
15 lentes, omnium doctorum magistrorumque legittima convocacione premissa, statutum de et 15 super rectorali confirmatione renovantes; sic quoque reformatum observatum iri debere statuentes. Unanimi consensu, divina quoque et humana sorte premissa, electus fuit et pius et gratissimus vir dns Ioannes Schoeneman Erphordianus, arcium et philozophie magister sacre theologie licenciatus, aedis quoque Severiane vicarius et orator
20 assiduus, ab egregiis spectabilibusque tribus sortitoribus, Sigismundo Thome ex Stotherheym, theozophie antistite Mariane aedis canonico dignissimo, Ioanne Sömeryngensi, 20 pontificii cesariique iuris professore ordinario et decano, sigillifero edis quoque Severiane canonico, et Siffrido Utensbergensis familie, eiusdem[2] et utriusque iuris clarissimo doctore. Qui inter turbulenta etiam tempora belli formidine centum decem et septem
25 infrascriptos solito more matricule nostre universitatis ordinatim et rite obsignavit: 25

f. 67a

Solventes debitum:

Wendelinus Backhus civis Erphordianus et pretor, medicine facultatis baccalaurius Wittenburgensis,[a] doctor quoque egregius Maguntinensis: pro sua et Marci minoris natu et liberi immatriculacione liberaliter et magnifice dedit unum florenum in auro renensem.

[a] Wirttenburgensis E.

---

[1] In dem linken Stabe der grünen Initiale G steht Johannes der Täufer, barfuß in goldbrokatenem Gewande mit kurzen Aermeln, darüber blauem rothgefütterten Mantel, in der Linken das Lamm haltend; in dem rechten Stabe ein Bischof mit seinem Stabe in rother goldgestickter Dalmatica über der weißen Alba und blauem roth gefütterten und goldbesäumten Mantel mit rother Mütze. Im Innern der Initiale kniet vor einem Bischof in einem grünen Gewande mit rothem Mantel, der in der Rechten den Stab, in der Linken den Walkerbaum hält, der Rector im Chorgewand und mit der Tonsur. In den Randverzierungen sieht man rechts unten einen dicken nackten Knaben mit einer großen Schafscheere, in der unteren das Wappen des Rectors: blauer Schild, in welchem aus einer goldenen Krone ein Taubenkopf herauswächst.

[2] Wahrscheinlich theologiae, vgl. Z. 19 und 21.

Totum dederunt:

Marcus Backhues ut supra etc.
Georius Fuchs Herbypolitanus canonicus.
Ioannes Sandri Theopolitanus.
5 Melchar Woltz ex Heydensfelth.
Paulus Standuff ex Heydensfelt.
Ioannes Remenschneider ex Staffesteynn.
Bertoldus Hassenkerl ex Schönstedt.
Ioannes Sartoris ex Dudenhoffenn.
10 Petrus Sendelyn Eilsfeldensis.
Conradus Frytz Alsfeldensis.
Ioannes Saltzman iunior ex Sonnenbornn.
Christophorus Fogk ex Asschoffenborgk.
Heinricus Schwob Erphordiensis.
15 Erasmus Hoffeman Erphordiensis.
Marcus Meynhart ex Isenbergk.
Wolfgangus Hoch ex Wyda.
Conradus Gögkum ex Frydenrichenrode.
dns Ioannes ex Dalheym }
20 Bertoldus Boden Elssensis } prope S. Nabor.
Desiderius ex Dydersdorff }
Theobaldus Lellich.
Conradus Greutz ex Mellingenn.
Cristianus Wirtman Dythburgensis.
25 Matthias Truthwetter ex Isenaco.
Ioannes Lesfeler }
Ioannes Rost } ex Eschwe.
Ciriacus Wargbergk }
Eucharius Helman ex Arsteynn.
f. 67b 30 Iacobus Doleatoris de Heydensfelth.
Balthasar Klette de Haymerytz.
Andreas Gewaldius ex Northusen.[b]
Egidius Boeker ex Hylperhusenn.
Ioannes Lynck ex Sprutavia.
35 Georgius Sthöß de Lenthenn.
Paulus Höß de Sarburgk.
Cristoforus Cristaner de Lelytz.
Ioannes Molitoris de Nova ecclesia.
Nicolaus Morharth ex Wertheym.
40 Egidius Jorge ex Ochssenfarth.
Cristoferus Han ex Herborn.
Balthasar Wilhelm ex Schmalkaldia.
Petrus Klyncker de Mosbach.
Georgius Zcegeler de Megmollen.
45 Heinricus Sygell }
Paulus Aylhardt } Erphordienses.
Andreas Kress ex Myltenbergk.
Nicolaus Stöher Erphordianus.
Paulus Dempher de Gundelfingen.
50 Henricus Molhusen de Goltbach.

Conradus Braun ex Bysen.
Ioannes Walbergk ex Cassell.
Ioannes Hane ex Northeym.
Theodericus Fredregkes Verdensis.
Ioannes Styngke ex Elrich. 5
Conradus Werneri ex Hyldenßheym.
Ioannes Assemyssen Bylffeldensis.
Hieronymus Pölde ex Elrich.
Wolffgangus Ryndis }
Sebastianus Schmydt } Argentinenses. 10
Balthasar Mollitoris Rynfeldensis.
Petrus Piscatoris ex Seslach.
Bonifacius Remp ex Arnstadt. f. 67c
Ioannes Veterle ex Wendingenn.
Nicolaus Sutoris alias Kneuschen de Bolch. 15
Henricus Piscis alias Fyscher ex Treveri.
Georius Fynck Wratislaviensis baccularius Frangfordiensis.
Theobaldus Ioannis Petri de Bulch.
Ioannes Byrmlyn ex Utingenn. 20
Mattheus Heyder Erphordianus.
Iodocus Becker ex Hyrßfelth.
Blasius Kochelyn ex Walstetthen prope Ulmam.
Iohannes Erbes ex Stogkheym. 25
Henricus Nack Erphordensis.
Ioannes Lengker ex Meynbern.
Erasmus Heusseler alias Rynlender ex Stolbergk.
Rychardus Than de Beckelheym. 30
Ioannes Saurmann de Hyreyden.
Sebastianus Branthall ex Tittelbach.
Georius Wildenröder Neopolitanus.
Ioannes Molitoris ex Usyngenn.
Ambrosius Karolo Wyttenburgensis. 35
Iodocus Dytz Margburgensis.

Citra debitum:

Sebastianus Dytterich ex Schlösselfelth dt. 4 schnebergenses cum 8 ₰.
Iohannes Herttewyck[c] ex Schwyenburgk dt. 4 schnebergenses cum 4 ₰. 40
frater Ioannes de Salite alias de Aquisgrano ordinis carmelitarum dt. 4 schnebergenses.
Eucharius Zcegeler ex Mölhusenn dt. 4 schnebergenses. 45
Georgius Maull de Oringenn dt. 5 novos
Iacobus Bobe ex Lathe intitulatus sub licenciato Lupi: superaddidit 4 snebergenses.
Petrus Bauman ex Wympina dt. 5 schnebergenses f. 67d dt. residuum mihi Iohanni Werlich.[d] 50

---

[b] Nothusen E. [c] Hertyewick E; doch y in t umgeändert. [d] Dieser war der 239. Rector.

Ioannes Haußman de Kotheym dt. 3 schnebergenses cum 6 ₰.
Ioannes Rysseyngk Bylffeldis dt. 4 schneberg.
Bartholomeus Daniel Gothensis dt. 4 schneberg.
5 Ioannes Sußman ex Alsfeldia dt. 4 schneberg.
Paulus Wöste de Enßheym dt. 4 schneberg.
Fredericus Metemann ex Vyppich Fidelhusen dt. 3 schneberg. cum 9 ₰.
Wolfgangus Byerthömphel de Hylperhusen, dt
10 3 schneberg. cum 6 ₰.
Eynolphus Weyse ex Lasphe, Ioannes Fleyschawer de Lameschyn } dt. 4 schneberg. et 4 ₰.
Leonardus Zcaum ex Arnsteyn dt. 3 schneberg.
15 cum 8 ₰.
Volgmarus Steckelbergk ex Northusen dt. 4 schneberg
Iudocus Barbenheyntz ex Herbern dt. 3 schneberg. cum 8 ₰.
20 Nicolaus Böttener ex Tonna dt. 4 schneberg.
Petrus Lanius ex Mönster Meynfelt dt. 5 schneberg. cum 4 ₰.
Laurentius Kastropp ex Northen dt. 4 schneberg.
Henricus Bußman Neapolis zum Röbenberge
25 dt. 3 schneberg. cum 8 ₰.

Gothfridus Jans ex Uslaria dt. 4 schneberg.
Bartholomeus Faber de Heustrau citra Mellerstad dt. 4 schneberg.
Valentinus Beumer Herbipolitanus dt. 3 schneberg. 9 ₰. leoninos. 5
Nicolaus Hillebrant Herbipolitanus dt. 3 sn. 9 ₰.
Thomas Uleman Leoathoriensis (?) dt. 4 sn. cum 8 ₰.
Iohannes Mercatoris ex Gotha dt. 4 sn. 10
Petrus Rotman Wormazcensis dt. 4 sn.
Blasius Buß Wormazcensis dt. 4 sn.
Ioannes Storgk ex Selchsem prope Ochsenfarth dt. 5 sn. et 3 ₰ leoninos.

Pauperes: 15

Ioannes Schnela ex Holfelt ad preces bedelli quia pauper et pro deo. dt. 2 sneb.
Severus Hömner prope Kongeßhoffen ad preces capitanei Maguntinensis propter deum.
Michael Bertell de Mangkfel prope Rosenheym: 20 ad preces rectoris.

Summa 117.[a]

De[f] residuo immatriculature:

Item 6 baccalariandi dederunt supplentes 21 snebergenses cum 7 ₰ leoninis:
Petrus Werlich 3 sneberg. cum 7 ₰.
30 Hengnighus Frech dt. 5 nov. gr.
Sebastianus Vineynn dt. 3 sneberg. 6 ₰.
Marcus Kyrchoffer dt. 5 nov. gr. 25
Ioannes Herschler dt. 3 sneberg. 6 ₰.
Anthonius Jeckel dt. 3 sneberg. 6 ₰.[g]

[a] Richtig: 100. [f-g] Aus dem Rechnungsbuche des Rectors.

1511. Mich. 237. Rect. Paulus episc. Ascalonit.

Habita[1] matura deliberacione per egregium et venerabiles viros dominos Iodocum Truttfetter, arcium et sacre pagine canonicum ecclesie beate Marie virginis Erffurdensis, 30 Heinricum Leonis ex Bercka decanum et Philippum Comburgk ex Segen, collegiatos 35 collegii Porte celi philosophie professores, in quos ex practica legum et statutorum huius inclite nostre unniversitatis studii Erffurdensis id genus faciendi sors ceciderat,

[1] In der rothen Initiale ist Saulus mit goldigen Locken in blauem Gewande mit rothem goldbesäumten fliegenden Mantel, schwarzen Tricots (der rothe spitze Hut ist auf die Erde gefallen) das Schwert an der Seite, auf einem auf die Vorderfüße niedergeknickten Pferde sitzend und nach dem aus den Wolken herabschauenden Brustbilde des Herrn in rothem Gewande (mit goldnem Nimbus) schauend, wie er die Hand ausstreckt und die auf einem gewundenen Bande geschriebenen Worte ruft: „Saule, Saule, quid me persequeris?“ — Er antwortet: „quis es, domine?“ — „Ego sum Jhesus, quem tu

designatus et electus est in rectorem et monarcham eiusdem nostre universitatis reverendus in Cristo pater et dominus dominus Paulus, dei gratia episcopus Aschaloniensis decretorum doctor reverendissimi in Cristo patris et domini nostri Urielis, sancte Maguntine sedis archiepiscopi sacri Romani imperii per Germaniam archican-5 cellarii ac principis electoris et dicte nostre universitatis cancellarii, in pontificalibus 5 vicarius ecclesie beate Marie predicte canonicus, ipso die sancti Luce ewangeliste anno a nativitate domini 1511; sub cuius rectoratu infrascripti sunt immatriculati et eidem nostre universitati incorporati, recepto ab eis et eorum quolibet solito juramento:

10 Infra nominati solverunt totum:
Dns Michael Hase ex Wertheim canonicus in Haugiß.
dns Iohannes Komphain canonicus sancti Iohannis in Haugis extra muros Herbipol.
15 dns Iohannes Troll vicarius ecclesie beate Marie virginis Erffurdtensis.
dns Iodocus Stuten de Eynbeck vicarius beate Marie virginis Erffurdtensis.
fr. Wolffgangus de Wallenfels ord. sancti Bene-
20 dicti Salveldensis nobilis.
Cristofferus Worme de Huchelheym.
Cristofferus Mengerßhusen ex Gemunden.
Ciriacus Ortlep } de Rodenburgk.
Heinricus Smedt } de Rodenburgk.
25 Heinricus Wesant de Ylmen.
Valentinus Wolffart de Herbipoli.
Nicolaus Sendefelt de Eysfelt.
Iohannes Deyn de Eysfelt.
f. 69ab Iohannes Sybolt de Greutz.
30 Iohannes Reuber de Werter.
Iohannes Brechfelt de Lotzenburen.
Iohannes Sartoris de Bockelheym.
Petrus Eslinger ex Nurinberga.
Thilmannus Litfe de Siegen.
35 Iacobus } Kitzkatz de Nebra.
Cristofferus } Kitzkatz de Nebra.
Franciscus Loseman de Korbach.
Georgius Forstewalt de Cassel.
Wendelinus Frone de Homburg.

Conradus Leymbeck ex Olsen 10
Petrus Konau de Stargart.
Cristianus Fabri de Dietz.
Bernhardus Nerer de Wertheim.
Iohannes Molitoris de Putzbach.
Adam Ulner de Gronungen. 15
Ciriacus Krebiß Erffurdensis.
Bernhardus Sumelhart de Oringen.
Georgius Schack ex Wembdingen.
Michael Koydel Erffurdensis.
Iohannes Giseler de Molhusen. 20
Iacobus Dipner de Volckau.
Conradus Molle de Heylberga.
Iohannes Rop de Schyfferstat.
Iohannes Wiße de Bercka.
Iohannes Hoffeman alias Currificis de Longa 25 villa.
Iohannes Doringk de Heustrowe.
Steffanus Scheffer de Oringen.
Nicolaus Hetzel de Rerschit.
Georius Eckhart de Cassel. 30
Melchior Zcigeler ex Aschaffenbrugk.
Petrus Leup de Wetzflaria. f. 69c
Vitus Lindeman de Duderstat.
Paulus Louwer de Offenburg.
Georgius Meyer de Olßpach. 35
Iohannes de Werter nobilis.
Iohannes Hammenn Maguntinus.
Conradus Lasche de Herbipoli.
Bertholdus Steyn de Gandersheym.

---

persequeris; durum est tibi contra stimulum calcitrare." Die ganze Initiale und 8 Zeilen der Einleitung sind von Blumengewinden umgeben; am äußeren Rande steht zwischen denselben oben Maria mit dem Kinde in der oft beschriebenen Tracht und Haltung, darunter „S. Ebanus" (Eobanus) und „S. Adelarius" als Bischöfe mit Mitra und Stäben, in violettem Gewande, ersterer in grünem, letzterer in rothem Mantel; unten sitzt in der Mitte der heil. Martin in rothem Rock und Barett auf einem Schimmel, eben im Begriff das Schwert zu ziehen, um seinen Mantel mit einem zur Seite knieenden Armen, der nach ihm die Hand ausstreckt, zu theilen (vgl. Rect. 234.). Hinter ihm kniet ein Bischof (der Rector in weißer Albe und goldbrokatenem Mantel mit rother Mitra).

Engelhus Hollenßenn de Eynbeck.
Iohannes Bardenwerper Brunswicens.
Andreas Sley de Memmelßdorff.
Theodericus Bertels de Luneburgk.
5 Andreas Coci de Gottingen.
Iohannes Detmers de Luneburg.
Iohannes Fabri de Berga circa Gemundiam in Suevia.
Iohannes Kotte de Stolberg.
10 Ernestus Rodolff de Duderstat.
Iohannes Saltzer de Heilgenstat.
Thomas Florer de Hallis in Suevia.
Casperus Bosseler de Rosentael.
Heinricus
15 Ludwicus } Schrendysen germani de Cassel.
Georius Nusbicker de Cassel.
Conradus Nußbicker alias Wyngart de Cassel.
Iohannes Dhorre Erffurdensis.
Otto Korber vicarius sancti Gangolffi Bam-
20 bergensis.
Heinricus Badenhusen de Greffensteinn.
Iohannes Sifart de Stolbergk.
Christianus Porneyger de Brunswick.
Thilmannus Meyge de Brunswick.
25 Georgius Rode de Duderstat.
Iohannes Rodeman de Molhusen.
Gotfridus Groningen Erffurdensis.
Simon Steffan de Oldenburgk.

f.69d Quatuor snebergenses dedit quilibet ex
30 infrascriptis:

Rodolffus Schelhorn de Kadelsburg.
Petrus Scheffer de Roltze prope Spiram.
Arnoldus Murer
Oswaldus Karst } de Manbach.
35 Iodocus Gerhartßheyn de Alsfeldia.
Iohannes Dorbecher de Saltza residuum dt. mihi Ioanni Werlich.
Iohannes Frentzsch de Hachenburgk.
Iohannes Auwerstet.

Iohannes Swartz de Wickerssen.
Iohannes Scheydel de Wormacia.

Subscripti dederunt medietatem videlicet quilibet 15 grossos antiquos leoninos:

Valentinus Moller ex Linden 5
Baltazar Pfloger de Konnigißhofen, dt. residuum michi Ioanni Werlich.
Andreas Kratzysen.
Matthias Zymmerman de Herborn, dt. residuum mihi Ioanni Werlich. 10
Ioannes Alsteten de Kocheym.
Bartholomeus Zcierfuß de Notleben.
Nicolaus Blome de Bercka.
Nicolaus Sontagk de Ordorff.
Bulinus Sutoris de Gronungen. 15
Iohannes Hoper Lubicensis prius sub rectoratu dni lic. Conradi Dulcis de Homburgk intitulatus ad medietatem, dt. residuam medietatem.

Inequaliter solventes: 20

Iohannes Swab de Orba dt. 12 antq.
Wolffgangus Ernfridde de Koburgk dedit 8 antq.
Iohannes Gyer de Hasfart Herbipolensis dioc. dt. 12 gr.

Pauperes et gratis intitulati: 25 f.70a

Iohannes Fernauwe de Frankenrode gratis ob reverenciam patris abbatis sancti Petri Erffurdensis.
Iohannes Wilt de Betmeß ob reverenciam dris Fulde cuius est famulus, dt. 1 sneberg. 30 pro pedellis.
Paulus Dhoner de Indagine 1 sneberg. dt. pro pedellis.
Nicolaus Rampusch Erffurdensis dt. 1 sneberg. pro pedellis. 35

Summa 105.

---

40 1512. Ost. 238. Rect. Henr. Eberbach. f.70cd

Inter treis administrande reipublice species nulla magis divino probatur Platoni quam unius principatus. Nam et apibus rex unus, dux unus in gregibus[a] et in armentis ductor

[a] gregib. E.

[1] Wappen bekannt (s. Rect. 209 Anm. 1): eine Schildhalterin mit Goldnetz auf dem Kopfe, an der rechten Seite des Schildes in roth gelb grün und weiß gestreiftem Gewande, dessen Aermel am Ellbogen

f. 71 a b unus; imo et unus mundi rector, qui universa que sunt verbo iubet, ratione dispensat, virtute consumit.[b] Academici quoque Erphurdienses non tam Platonem quam naturam sequentes ab uno moderari volunt: cuius imperium (ne potestate insolescat) ad semestre tempus contraxerunt. Et id quidem sapientissimo consilio nihil magis in offitio con-
5 tinet presides, quam si cogitent in ordinem se quandoque redigendos. Advocatis itaque publicis numinibus anno 1512 non longe post hilaria Martinus Margeritus, patricius domo, Severiano sacerdotio ac iurisprudentia celeber, Chunradus Neapolitanus, popularibus declamationibus sacrisque theorematis, nedum philosophie studiis insignis, et item Georgius Streitbergius, equestri gente adulescens, omnibus quot in eam aetatem
10 virtutes cadunt longe ornatissimus, rectorem inaugurarunt doctorem Henricum Eberbachum, Georgii filium, liberalium artium magisterio ac medicinae doctrina sine controversia inlustrem, ad haec nature dotibus egregie auctum, pollet n.[c] ingenio, valet experientia, consilio nemini cedit: diligentiaque in obeundis magistratus negotiis mirifice excelluit. Qui ut cognovit eo se dignitatis promotum, nihil non e re studiosorum
15 effecit, nihil non boni rectoris expressit, ditavitque censum publicum novis civibus; quorum hic nomina et in aerarium collationes, ne posteritatem lateant, adnotari coeravit.[d]

f. 71 c Reverendus in Christo patre dns Benedictus abbas monasterii S. Iacobi Scotorum aca-
20 demie nostre conservator donavit accensis gymnasii 2 sol.
Ioannes de Grifendorff de Knaw nobilis dt. 10 sol.
Iacobus Heupchen de Segen dt. 9 sol.
25 Franciscus Mullental de Segen dt. 8 sol.

Classis neoptolemorum[1] prima, qui solverunt assem.

Iohannes Genßlin de Schleusinga.
Paulus Kneller ex Rotenburgo Tuberino.
30 Georgius } Man Erphord. fratres.
Dionysius }
Mathias Gumbertus ex Coburgo.
Maximus Dost de Neuburga.
Lazarus Zcigler de Winßhemio.
35 Theodorichus Heßberger de Schluchtern.
Ioannes Fasnacht ex Urba.
Ioannes Molitoris ex Urba.

Bernardus Schmeisser de Gengen.
Ioannes Frey de Bamberga.
20 Matthias Morich de Duderstadt.
Adamus Schad de Eschwe.
Ioannes Gil de Weissenbach.
Andreas Baier de Plawen.
Nicolaus Enck de Salveldt.
25 Bartolomeus Buob de Lora.
Ludovicus Kuling de Mulhausen.
Ioannes Balbach de Herbipoli.
Henricus Halsperg de Sirburg (Sitburg?).
Ioannes Becker de Walhaußen.
30 Ioannes Wechter de Creutzburgo.
f. 71 d Ioannes Voß de Trebra.
Ernestus de Boyneburg nob.
Chunradus Glim de Vylßberg.
Iannes Rosenblat de Melsingen.
35 Hermannus Luickinck ex Lemgo.
dns Nicolaus Gedinck de Malchin Antonita.
Henricus Pistorius de Hoest.
Henricus Bierwirt de Newenkirchen.

[b] consumat E. [c] nimirum (?) [d] Steht für curavit.

durch weiße Puffen verziert sind; an der äußern Randleiste steht zwischen Blumengewinden Amor mit dem Bogen und Pfeile; unter demselben eine Taube; am untern Rande hält ein Jäger, in grünem Wamms und grau und gelb gestreiften Hosen und sehr breiten Kuhmäuler-Schuhen, den Spieß mit beiden Händen gegen einen schwarzen Bären mit geöffnetem Rachen gerichtet.

[1] Der neu in den Kampf ziehenden Studenten.

Ioannes } Mulhaußenn Errford.
Nicolaus }
Hilarius Sutoris Argentinus.
Fridericus Siber Isennachus.
5 Ioannes Stoltz de Aschaffenburgo.
Nicolaus Schlitz de Wolmerstett.
Hartmannus Sponsus de Homburg.
Bernardus Heusgen de Kircheim.
Ioannes Dorner de Heiligenstadio.
10 Ioannes Worm de Kauffbeyren.
Henricus Wypell de Lindelbach.
Ioannes Geysel de Finstadt.
dns Vollcmarus Farenbruch de Leiningenn.
Ioannes Herpel de Wetter.
15 Wernerus Baumgarte de Fulda.
Burchardus Balbach Herbipolita.
Georgius } Kastenbeyn Erphurdiensis.
Wilhelmus }
Hieronymus Lupi de Moßbach.
20 Guolffgangus Pfiffer de Rapperßwiler.
dns Eobanus Czigler Saltzensis.
Caspar Steinfeld de Sunderßhaußen.
Ioannes Molitoris de Erlenbach.
Ioannes Edisheim de Northeim.
25 Ioannes Waltheri de Battenburg.
Ioannes Algisheimer de Gruningen.
f. 72a Ioannes Tuncker alias Uncherod de Gottingenn.
Ioannes Urbach de Saltza.
Michael Entefeil de Feltengell.
30 Ioachimus Offenbach de Francford.
Christophorus Wickawer de Lawingen.
Ioannes Lober de Hachenburga.
Ioannes Reuß de Mellerstadt.
Nicolaus Ochs de Volckach.
35 Ioannes Binengeschwend de Kauffbeyren.
Michael Sartoris de Wechtersbach.
Paulus Erbiger de Sprotavia.
Henricus Reppell de Konbergk.
Hedericus Selheymer de Martpurg.
40 Wendalinus Leps de Sancto Wendalino Trevir. dioeceseos.
Antonius Duldt de Aldendorff.
Paulus Hein de maiori Busseck.
Ioannes Birenstill Erphordensis.
45 Hermannus Caplan de Salfeld.
Herman Textoris de Keppel alias de Segen.
Eobanus Puler Erphordensis.
Ioannes Gengerer de Gundelfingenn.
Fridericus Sibel alias Pistoris de Tillenburgk.
50 Sibyllinus Burs de Tillenburgk.
Ioannes Kerpen de Tillenburgk.
Michaelus Fabri de Holstadt.
Andreas Pfenrelin de Maltertingen.

Valentinus Zeigeler de Saltza
Ioannes Olentagk de Grefenstein.
Georgius Lößken de Mengeringhaußen.
dns Hermannus Schmidt Goßlariensis.
Henricus Steckeben de Northen. 5
Hermannus Rheiß de Mulhaußen.
Chunradus Moeß de Sesenn.

Classis secunda qui semissem: f. 72b

Petrus Frowin de Echsentall.
Petrus Hest de Carolistadio, residuum dt. magistro Lich. 10
Simon Drost ex Volkach.
Sanderus Bertholdi de Brunsviga.
Ioannes Colbonach de Selingestadt.
dns Tilemannus Becker de Eimbeck. 15
Albanus Hofer de Wertheim.
Sebastianus Angel de Fronhausen.
Sigismundus Schon de Romhilt.
Ioan. Udalrici Rotenburgius Tuberinus.
Michaelus Stuntzinger de Schweinfurdt. 20
Iodocus Hartung de Gerstungenn: residuum dt. mihi Ioanni Werlich (s. Rect. 239).
Melchior Tau de Norlingen.
Simon Hoffmann de Hilperßhaußenn.
Ludolphus Bart de Bernaw. 25
Caspar Bigenot de Schweinfordia.
Ludovicus Gebell de Linden, residuum dt. mihi Iohanni Hoch (s. Rect. 244).
Blasius Wesel de Kauffbeyrenn.
Martinus Engelhart de Walhaußen. 30
Paulus Kestener de Schmalkaldia.
Gualterus Platz de Butzbacchio.
Ioannes Grevicus de Hombergk.
Henricus Knot de Staffelstein.
Guolffgangus Maler de Offenburgo. 35
Philippus Zimmerman de Budeßheim.
Ioannes Fleischawer de Northaußen.

Classis tertia qui plus minus semissem:

Henricus Korner de Mulhausen 5 sol.
Iohannes Topffer de Hienis 5 sol. 40
Simon Moroch ex Apffelstet 5 sol. minus 3 ₰.
Iacobus Pistorius de Weissel 3 sol.
Pancratius Halbich de Holfeldt 4 sol. f. 72v
Ioannes Walther de Coburgo 4 sol.
Guolffgangus Blumberg de Heidelberg 4 sol. 45
Fridericus Lamus de Erlenbach 5 sol.
fr. Balthasar Schwab monasterii Scotorum 3 sol.
Chunradus Setzret de Carolistadio 4 sol.
Fridericus Vetter de Kadelßburg 5 sol. 50

Lixae,[1] quorum quilibet dt. 1 sol. viatoribus:

Ioannes Pfeil Francofordiensis famulus rectoris.
Adam Buob de Fisschenburgo.
5 Ioannis Molitoris de Landsperg.
Nicolaus Steinbrun de Mulhußen Suncavie.[2]
Mathias Agathi de Wenigeforra.
Gotiphridus Luchs de Segenn.
Chunradus Benißheim de Winneck.
Vale et salve sequens aetas. 5
Summa 140.[d]

[d] Richtig.

[1] Auch dieser Ausdruck ist vom Soldatenstande übertragen: es sollen die Armen, die zum Gefolge der wohlhabenderen und angeseheneren Studierenden gehörten, damit bezeichnet werden.

[2] Im Sundgau, also zu Elsaß gehörig.

---

f. 73 a b

1512. Mich. 239. Rect. Ioannes Guerlich.

Kalendarum[1] Novembrium quintodecimo, quo die virgineo grammatheo populus adhuc fidelis ferias sacras servabat, sanctissimo s. (?) evangelistae Lucae pictori et medico venerabilis et vere verax[2] et insignis philosophus et theologus Porteque celi 10
10 collega M. Ioannes Guerlich Erphurdianus a preclaris postremis electoribus gymnasiarcha unanimi voto et nobili applausu omnium nostrati scholae proclamatur; sub cuius fideli sagacique tutela qui sequuntur matriculae communi nomina dedere anno Christi 1513:

f. 73 c

Integrum solventes:

15 Conradus de Hanstein.
Theodericus de Mandelshaim nobilis 1 flor.
Valentinus Erckel ex Cassel canonicus Moguntinus aedis principis apostolorum extra muros 9 schneberg.
20 Ioannes Hochamer Herbipolitanus.
Heinricus Murer de Gemünden.
Valentinus Tampkenrod ex Nebra.
Wolffgangus Kamerer Rhainensis.
Georgius Gebick ex Sangelhusen.
Rheinhardus Weittmann de Norten.
Ioannes Schonhentz de Rausacker. 15
Tilmannus Volckmar de Plawe.
Ciriacus Schuchart de Saltza.
Henricus Rorici de Fritzlaria.
Hermannus Stackelberg Osnaburgens. baccal. Coloniensis. 20
Udalricus Schafferode ex Kindelbrücke.
Ioannes Denner ex Nova civitate baccal. Lipsensis.
Georgius de Farnrode nobilis.
Matheus Wengenrode ex Isleben. 25

[1] Ueber der einfachen blauen Initiale auf Goldgrund ein großes farbenreiches Bild: auf einer Wiese vorn eine nackte mit Wunden bedeckte Jungfrau „Veritas" mit herabwallendem blonden Haare, über dem linken vorgestreckten Arme ein weißes Tuch tragend, mit dessen Ende die Linke ihre Scham deckt, an der Hand ein Schriftband: „Veritas filia temporis"; vor ihr steht zwischen grünen Bäumen ein Jüngling „Philalethes," (s. Anm. 2) barfuß und die rechte Hand mit aufgerichtetem Daumen, Zeige- und Mittelfinger (schwörend). Hinter der Veritas stehen Männer in weiten Mänteln, voran ein König mit Krone, in goldbrokatenem mit Hermelin besetztem Talar; Matronen und Jünglinge, deren einer eine Hellebarde trägt, ein andrer einen Dreschflegel hält. Im Hintergrunde eine mittelalterliche Stadt. Dieses Bild zeichnet sich vor den meisten andern durch eine feine Technik aus, besonders durch eine gute Ausführung der Köpfe. In der Randverzierung rechts steht oben der Erzengel Michael, in der Linken eine Wage haltend (Teufel und Christuskind in beiden Schalen), in der Rechten schwingt er das Schwert.

[2] Dieses Lob bezieht sich wahrscheinlich auf das Bild, dessen Philalethes den Rector darstellen soll.

Wolffgangus Wonsbicz de Brißberga.
Fredericus Stein Aldorfennsis Lumbi (?).
Ioannes Krom de Sindelfingenn.
Andreas Ulner alias Huthene de Gruninngen.
5 fr. Anastasius de Sancto Nabore ord. sancti Benedicti.
Nicolaus Schimer de Wolfferschwenden.
Valentinus Keurich de Neckershusenn.
Petrus Ioannes Laudulphi de Biedburg baccal.
10 Treverensis.
Georgius Muller de Schlewtz.
Ioannes Kiliani de Hunfelt.
fr. Martinus Schluch Northusenius Mariane professionis.
f. 73 c 15 Balthasar Rhobitz Erffurdens.
Cyriacus Volprecht Erfurdianus.
Petrus Ostuer ex Armborck.
Laurencius Lamprecht canonicus maioris ecclesie Herbipolitanus.
20 Philippus Coci ex Lawstein.
Engelbertus Semeren.
Martinus Tilmanni Pletner Stolbergensis.
Gerhardus Schupkalck alias Flick Osnaburgensis.
25 Fredericus Groed de Dornheim.
Ioannes Dichel de Bentzhusen.
Guilhelmus Kannegisser de Lichtenaw.
Ioannes Garder Tunensis.
Rheinhardus Hirstinck de Lora.
30 Winandus Gotschack Davendriensis.
Bernhardus Komerforste de Mulhusen.
Caspar } Tensted ex Sangerhusen
Melchior } fratres germani.
Iacobus Lucz } de Geugelbach.
35 Martinus Schiller }
Ioannes Graufe de Memmingen.
Nicolaus Brun Erfurdiens.
Ioannes Schnel de Molhusen.
Nicolaus Udalrici Clausen Heringensis.
40 Georgius Kaufholt de Molhusen.
Hermannus Kistener ex Witzenhusen.
Alexander Hopfer de Kaufbeiern.
Conradus Probst de Lannßburck.
Ioannes Oßwalt ex Molhusen.
45 Ludewicus Frutsted ex Gotha.
Sebastianus Rukirchen Hersfeldensis.
Ioannes Pistoris Welschpilch baccal. Treverensis.
Nicolaus Emmerlinck ex Arnstedt.
50 Georgius Warin de Campidina.
Volpertus Rusthenberg de Witzenhusen.

Hermannus Pollinger de Neukirchen.[a]
Udalricus Grempler ex Sangerhusen.
Cristofferus Stoltzenberg ex Bischofshemm.
Ioannes Ditmar de Gottingen. f. 74 a
5 Georgius Bowensteiner de Kaufebeieren.
Iohannes Krosch de Nydernsdorfe.
Engelbertus Werneri de Fronhofen.
Heinricus Sartoris Goßlariensis.
Hennignus Hofner Goßlariensis.
10 Caspar Keyßer de Newkirchen.
Leonardus Engelschack de Redershusen.
Iudocus Rawb de Zachen (Lachen?).
Ioannes Riem de Treisa.
Andreas Fabri Heimfeldensis.
15 Sebastianus } Rodeman Molhusenses.
Valentinus }
Georgius Hilbertus de Gletstat.
Balthazar Sunthener de Unßleben.
Andreas Phichtolde de Kaufebeirn.
20 Ioannes Probst de Mulhusen.
Gregorius Utensberck ex Sundershusen.
Iudocus Brendecken Goßlariensis.
Anastasius Meczer de Petershein.
Ioannes Bubelhemer ex Alzen.
25 Ioannes Matsted de Wimaria.
Nicolaus Blenckenburg de Molhusen.
Ioannes Linde Gangershaimensis.
Ioannes Crafft ex Schwinsborck.
Ioannes Pistoris de Wetter.
30 Heinricus Ort de Marbburga.
Nicolaus Antonii de Cassel baccal. Lipsensis.
Thomas Erfurde von der Loßße.
Ioannes Blichenrode de Gota.
35 Hieronimus Weys } de Fulda.
Adamus Crafft }
Georgius Lendeke de Gottingen.
Ioannes Diffenbach de Netphe.
Fredericus Steinmitz de Wetter.
40 Conradus Hinckelman de Bomberga. f. 74 b
Ioannes Ernst de Molhusen.
frater Mattheus Mensatoris de Ulsna.
Andreas Husener de Saltza.
Ioannes Franck Erfurdensis.
45 Ioannes Tileböle de Duderstatt.
Ioannes Eckardi de Melsingen.
Ioannes Reinecke de Pathensheim.
Nicolaus Hepfhener de Cranach.
Cristofferus Bornhusen ex Sulingessehe.
50 Heinricus Floxdorff ex Segen.
Ioannes Rasoris de Trarbach.

[a] Nwkirchen.

Bertholdus Hertzog de Schönstedt.
Fredericus Dicklin de Lawstein.
Guntherus Riffenheim Erfurdensis.
Ioannes Schneller Wymariensis.
5 Heinricus Bickerig de Gissen.
Ioannes Foltz de Amerbergk.
Ioachim Stöcke de Kelbra.
Andreas Frust de Northusen.
Valentinus Siffridi de Cappel.
10 Anastasius Molitoris de Spira.
Michael Wichart de Hetstedt.
Andreas Gordan de Milttenberg.
Sebastianus Hertwick de Weberstedt.
Erhardus Heße de Etzbach.
15 Sigismundus Heringer de Ratispana.
Nicolaus Loß de Bretzenheim.
Ioannes Farbenholtz de Bobenhusen.
Ioannes Steinbys de Schonwaltt baccal. Lipsens.
Ioannes Widdenheuber de Franckenberg.
20 Ioannes Dangell }
Volgmarus Brun } de Erich.
Volgmarus Matthiae }
Valentinus Schaweruck de Saltza.
Theodericus Genge de Udenheim.
25 Georgius Ochsner Herbipolitanus.
Ioannes Regis ex Sangelhausen.
Ioannes Ennheim ex Eymickt.
Heilmandus Selbet de Hanaw.

f. 74 c

Medium solventes:

30 Gallus Mair ex Ulma 8 nov.
Ioannes Naigeborn ex Bibra quinque schnebergenses cum dimidio.
Ioannes Cymer de Kirchps 5 schneberg.
Ioannes Zaulnrodt de Coburg 4 schneberg.
35 Iacobus Pruckener de Schirdigen (Schwinigen?) 6 nov.
Hermannus Gebeke de Wolfhagenn 4 schneb. 3 ₰.
Nicolaus Greßman ex Orlemunde 4 schneb.
40 Bernhardus Deim ex Nuhusen 4 schneb.
Ioannes Fabri de Rottenburg 4 schneb.
Valentinus Sartoris de Dideßheym 4 schneb.
Matthias Feudt Erfurdensis 4 schneb.
Conradus Koler Goslariensis 4 schneb.
45 Ioannes Brigsen de Tillenbergk 16 antq.
Ewaldus Seratoris de Schwinsborck 4 schneb.

Ioannes Greve ex Segen 4 schneb.
Ioannes Vockel de Artern 4 schneb. reliquum dt. mihi Andreo de Ilmen (Rect. 240).
Hugo Drechseler Herbipolitanus 4 schneb.
Udalricus Klosterman de Augusta 4 schneb. 5
Georgius Fabri de Steinach.
fr. Ioannes Grun de Ratispana 4 schneb.
Tilmannus Gull ex Herborn 4 sneb.
Ioannes Erbes de Stockem 5 nov.
Adrianus Bart de Crutzenach 5 nov. 10
Ioannes Krustein ex Ditz 5 nov. residuum dt. mihi Io. Hoch.
Gotschalcus Kremer ex Lintz 5 nov.
Ioannes Konigk Sotvaniensis 5 nov. f. 74 d
Servatius Metzler Confluentinus 5 nov. 15
Thomas Macken ex Kern 5 nov.
Georgius Hack de Horsselgawe 5 nov.
Petrus Schmidt Volcmariensis 5 nov.
Ioannes Lapicida Wespillich 5 nov.
Michel de Herborn 5 nov. 20
Theodericus Kalden ex Mengershusen 5 nov.
Melchior Wißgar de Lar 5 nov.
Ioannes Strombergk de Herfordia 5 nov. residuum dt. magistro Lich.
fr. Beatus Osteringen ordinis carmelitarum de conventu Wynhemensi 5 nov. 25
Ioannes Weymer de Rusthenberg 5 nov.
Ioannes von der Mol de Karlstat 5 nov.
Augustinus Weymer ex Cappel 5 nov.
Nicolaus Regis de Goßlaria 5 nov. 30
Melchior Kindelman ex Legnitz 5 nov.
Ioannes Hecheler Bernensis 14 antq.
Ioannes Hansthorff de Franckenberg 5 nov.
Ioannes Hebicher de Lare 5 nov.

Inequaliter solventes: 35

Iacobus Notarii de Osternitz 3 schneberg.
Ioannes Bronder ex Treveri 3 schneberg.
Ioannes Currificis de Kaufbeirn 2 schneberg.
Leonardus Synwolt ex Herbipoli gratis ob reverenciam doctoris Hermanni Dorsten 1 schneberg. bedellis. 40
Thomas Schütz Erfurdiensis gratis ob reverenciam rectoris dt. 1 schneberg. pedellis.
Ioannes Feler Herbipolensis gratis ob paupertatem 1 schneberg. dt. pedellis. 45

Summa 191.

De[b] residuo intitulature:

Mag. Ioannes Ellyger de Butstet alias ex Gosserstet dt. 4 schneberg.
Conradus Schoner 6 nov.
Tilemannus Viti 6 nov.

Mathias Carpentarii 5 nov.
Ioannes Dorbecher 14 antq.
Baltasar Phuger 5 nov.
Wendelinus Sorge 14 antq.
Petrus Bauman ex Wympina 10 antq.
Iudocus Hartung de Gerstungen 5 nov.[c]

b–c Aus dem Rechnungsbuche des Rectors.

1513. Ost. 240. Rect. M. Andreas Schill.[1]

f. 75 a b

5 Legitimis prefulgide universitatis Erphordiane observatis omnibus anno dominicam post nativi(ta)tem millesimo quingentesimo decimotercio sexto nonas Maias vir venerabilis ac spectatus dominus Andreas Schill de Ilmen, sacrarum chartarum licenciatus philozophieque encyclice doctor canonicus Severianus, a prestantissimis patribus doctore Hermanno Sergis de Dorsten, theologorum decano, et Iudoco Trutfetter 10 ex Isenaco, consecratarum litterarum doctoribus longe primariis ast Mariane edis canonicis bene merentissimis, et Siffrido Utisberg, iurisprudencie professore eiusque ordinis decano delectus est rector et monarcha; cuius diligentissime cum indicia passim reperies, tum hunc accipe brevem [indicem] eorum, quos sacramento scholastico inauguravit:

f. 75 c

Sequentes integrum dederunt:

15 Georgius Snidewyn mag. Lipcensis sacre theologie baccalaureus plebanus in Heringen dt. 1 schnebergens. quoniam prius intitulatus est 1/2 flor.
Pancracius de Aufses maioris ecclesie Herbipolennsis canonicus dimidiatum dt. flor.
20 Wyldewaldus de Redwiz ecclesie maioris Bambergensis canonicus 1/2 dt. flor.
Laurencius de Monster nobilis canonicus maioris ecclesie Herbipolensis.
25 Hildebrandus Drogses de Witzhusenn canonicus sancti Burghardi Herbipolensis.
frater Benedictus Groppengisser ordinis carmelitarum ex monasterio Hedstedt.
Ewaldus Cloßer de Hachenborg.
Henricus Schell de Franckenbergk.
15 Leonhardus Regis Basiliensis. f. 75 d
Caspar Wenix de Butzbach.
Iohannes Cluß de Echsel.
Iohannes Korp de Grunberg.
Iodocus Beyer de Windicke.
20 Georius Wyse } de Franckfordia.
Georgius Krachenbein } de Franckfordia.
Nicolaus Voyt } de Franckfordia.
Gotfridus Fincke de Butzbach.
Valentinus Pawll } de Heger.
25 Heynemannus Iodoci } de Heger.
Iohannes Sommering de Burn.
Adam Rotsagk de Hetstedt.
Oswaldus Andreas de Nuenkirchen.
Petrus Kempff de Guntheim.

[1] Unten ein Stadtwappen: in Roth eine natürliche Mauer mit zwei blaugedachten Thürmen; zwischen denselben auf der Mauer ein eiserner Stechhelm, aus welchem ein grüner Baum wächst. Die große Initiale L nimmt die ganze Breite des Blattes ein; in dem aufrechtstehenden Stabe des L ein Bischof mit Stab und Walkerbaum, mit gelben Handschuhen, in rother Dalmatica über der Alba und blauem Mantel und mit Nimbus; in dem liegenden Stabe des L ein bärtiger Greis in blauem Gewande und rothem Mantel mit blauem Barett (Jesse); aus seiner Brust wächst der Stammbaum hervor, der mit einer geöffneten Blume schließt, aus deren Kelche die jungfräuliche Gestalt Mariens emporsteigt, in blauem Gewand ohne Mantel mit gefalteten Händen und von einem goldigen Strahlenglanz umgeben. Links von ihr kniet der Rector in Chorkleidung; rechts von ihr, nahe dem äußeren Rande, steht ein Cardinal in weißem Gewande, rothem Mantel und mit rothem Hute; in der Linken hält er einen schwarzen Beutel, in welchem sich ein Gebetbuch befindet. Vor dem Rector steht sein Schild: goldnes Feld mit schwarzem Monogramm, in welchem die Buchstaben M, A, R, T, S zusammengezogen sind.

f. 76a
Iohannes Iohannis Georii de Bornheim.
Iohannes Kladt de Gengebach.
Ciriacus Bodwitz.
Nicolaus Schilling Erffurdensis.
5 Nicolaus Westhan.
Iohannes Bruck de Nuweiler.
Sebastianus Phor de Gotha.
Eckardus Francke, Ioannes Fabri, 10 Iohann Adolphi, Iohannes Szon } de Bercka.
Heinricus Gost de Spangenberg.
Vitus Zwickell de Lansberga.
Iacobus Nyrer de Wertheim.
15 Iohannes Fleuther de Sprotavia.
Wigandus Sartoris de Buseck.
Iacobus Schneck de Stadelhoffen.
Georgius Andros de Zotenberg.
Maternus Woyner de Groneborg.
20 Bertramus von dem Dann Brunswicensis.
Martinus Wyrach de Forzcen.
Martinus Kremer de Nunburg.
Nicolaus Meder de Wysensehe.
Iohannes Pistoris Argentinensis.
25 Iohannes Trost de Gebach.
Petrus Hermanßdorff Grotkovius.
f. 76b
Nicolaus Maurer de Koburg.
Iohannes Koch Magdeburgennsis.
Iohannes Wall, 30 Cristofferus Gran } de Witzenhusen.
Leonhardus Holtzey de Augusta.
Sebastianus Gotherdis, Iohannes Wedeling, Iohannes Gyseler } Gottingensis.
35 Nicolaus Rymenschneider Babenbergensis.
Ioannes Dachsberger de Welßhoffen.
Nicolaus Bruck de Nugwiler.
Valentinus Morch, Iacobus Kranchfelt, 40 Ioannes Frutsthet, Iohannes Flidener } de Gotha.
Udalricus Kemmer de Ulma.
Ioannes Bauer de Miltenberg.
Iohannes Lange de Myltz.
45 Iohannes Große de Franckenhusen.
Iacobus Reinhartt de Wormatia.
Augustinus Schichlin de Confluencia
Petrus Spengell de Wachenheim.
Iohannes Pletzhoffer de Bethmis.
50 Iohannes Molitoris ex Baußdorff.
Michel Börer de Belingenn.
Eckardus Geyl de Marburg
f. 76c
Iohannes Schuchart de Nunkirchen.

Philippus Schuch.
Adam Fallerey de Aschaffenburg.
Georgius Crofft de Popardia.
Augustinus Kesseler de Wymaria.
Georgius Herdan de Brambach. 5
Simon Hartung de Dorla inferiori.
Iohannes Rybeler de Cammerforst.
Iohannes Gengebach de Wymaria
Iohannes Dop de Fridbergk.
Iohannes Lawer de Hongenn. 10
Heynricus Maul de Fridberg.
Baltassar Rebeman de Rinfelt.
Iohannes Geg de Gotha.
Iohannes Schorn de Steffelstein.
Iohannes Flidener de Sula. 15
Iohannes Bode Brunswicensis.
Steffanus Otto de Elßfelt 5 nivenses.
Siffridus Retzer de Butzbach.

Sequentes dederunt quatuor nivenses:

Steffanus Pistoris de Sayda. 20
f. 76d
Iohannes Carpentary de Urlenheym.
Iohannes Pilgerim Erffurdensis reliquum dt. doctori Materno Pistori.
Leonhardus Wedell residuum dt. magistro Lich. 25
Iohannes Reuther de Armburga.
Iohannes Bartholomei de Homberg.
Petrus Emerich de Bischoffsem.
Iohannes Phor de Isenach.
Sebastianus Rupgis de Gliporch. 30
Henricus Screntze de Gardolfsen.
Iohannes Jungelib de Rudelstat.
Iohannes Swerwin de Kissingenn.
Henricus Glotz Homburgennsis.
Iohannes Schmit de Topperßhusenn. 35
Georgius Keltz de Salveldia.
Iodocus Pletz de Lymporch.
Adam Heydenrich, Math(ias) Totschnider } de Gretz.
Guntherus Truter de Konigssehe. 40
Steffanus Sartoris de Usingenn.
Mauricius Kremer de Franckenhausenn.
Nicolaus Schleger de Kall.
Iohannes Molitoris, Iohannes Denleder } de Lasphe. 45
f. 77a
Vitus Tichgreber de Stolbergk.
Wilhelmus Sachse de Brubach.
Philippus Groß de Strentz.
Arnoldus Gumbrecht de Embeck.
Volckmarus Kletting de Sula. 50
Iohannes Dylstadt de Fladungen superiori.

Oswaldus Sommer de Schleutz dt. residuum magistro Lich (Rect. 243)
Iohannes Nesteler de Buchen.
Philippus Wolff Basiliensis.
5 Valentinus Bobb de Wathwiler ex Alsacia.
Conradus Plack de Wymaria dt. residuum magistro Lich.
Symon Ciplinger de Greutz
Iohannes Uterßhusenn de Homberg.
10 Iohannes Gerwigk de Gonstedt.
Nicolaus Voyt de Kyssingenn.
Martinus Sorger de Esthain.
Iohannes Brucker de Brachenheim.
Adam Eberhardi de Wysenstein.
15 Franciscus Kreysser de Hailenhayn.
Iohannes Eharst de Moppell.
Iacobus Schade de Sancto Wendelino.
f. 78a Heynricus Hafenn de Iphoffenn; residuum dt. mag. Lich.
20 Heinricus Noßs de Komberg.
Heinricus Sterbeck de Bodewerde.
Iacobus Dolmann de Norlungenn.
Heinricus Hartenstein de Ebern.
Iohannes Currificis de Osteringen.
25 Vitus Rube de Lusin inferiori.
Ludewicus Stern de Gamundia.
Bertoldus Tumßberg de Nurnberga.
Gotschalcus Mach de Segenn.
Heinricus Bawr de Borckenstadt.
30 Martinus Vilweber de Statkranach.

Nicolaus Lynck de Meynungen.
Ambrosius Löber de Kauffburn.
Wolffgangus Schuller de Römelt baccal. Liptzensis

Inequaliter solventes: 5

Wylhelmus Grameister Bernensis 15 antq.
Petrus Werdolt de Morstadt 3 niv.
Iacobus Rubenkonig de Homberg 3½ nivens.
Iohannes Messerschmidt de Gengen 3 nivens. residuum dedit magistro Lich (Rect. 243). 10
Wolffgangus Greg de Drautmansdorff 2 nivenses.
Georgius Sorg Herwipolensis 3 nivenses. f. 78c
Iohannes Kuppe de Aldendorff 3 nivenses.
Caspar Fredelantt de Stolberg 3½ nivenses.
Georgius Moller de Schwinfordia 3 nivenses. 15
Iacobus Schaub de Ilmenn 2 nivenses.

Paupcres:

Iacobus Wingolt de Sangerhausen 1 solidum dedit gratis ob reverenciam rectoris.
Symon de Morlen orphanus egenus et pauper 20 1 schneberg. pro pedellis.
Iacobus Polstedt de Kyndelbrucken propter[a] deum 1 schneberg. pedellis.
Philippus Fabri de Kronberg pro reverencia unius magister quia inops dt. 1 schneberg. 25

Summa 168.[b]

De[c] residuo intitulature:

Valentinus Sachsenburg de Blichenrode dt. 15 antq. gr.
Simon Heczman de Hilperhusen dt. 14 antq. gr.
35 Baltazar Rydt de Fulda dt 14 antq. gr.
Albanus Hoffen de Wert dt. 15 antq. gr.

Enophus de Laspho dt. 15 antq.
Ioh. Reyth(?) de Landenbornn 15 antq.
Henricus Werner de Ammeneburg 14 antq. 30
Iohannes Vockel de Arternn 14 antq.

Summa 1½ sexag. 26 antq. gr.[d]

[a] proper E. [b] Richtig. [c-d] Aus dem Rechnungsbuche des Rectors. [e] S. 280 Sp. 1 Z. 23 am Rande l. 77a; Sp. 2 Z. 21 l. 77b; Z. 46 l. 46.

1513. Mich. 241. Rect. Valent. Jungermann.[1] f. 79ab

(M)ore[1] vetusto approbatoque, quem sacratissime leges imitari fidissime suadent, hac de re venerabiles spectabiles et prestantissimi viri et domini Sigismundus Thome de 35 40 Sthokheym, bonarum arcium sacrarumque litterarum ast ecclesie dive Marie Erffordensis canonicus, Herbordus de Margritis Leoborgius, gemini iuris, nec non Argus Henricus f. 79a

[1] Wappen und Initiale fehlen.

Trilman de Lych, dicte edis Mariane collega, professores disertissimi hanc ob rem accersiti et deputati, virum omni honore dignum **Valentinum Jungerman** ex Czerbest, utriusque iuris interpretem sollertissimum templi Severiani prefati opidi canonicum dignissimum, in principem Erfordiani gymnasii anno nostre salutis 1513 ipso die sancti 5 Luce, Cristi tabellionis veridici, unanimi corde eo usi delegerunt; cuius sub guberna- 5 mine sequentes intitulati atque immatriculati sunt:

Sequentes integrum scilicet 8 snebergenses solverunt:

Heinricus de Helversen de civitate Ußler nobilis 10 dt. med. flor.
Anthonius de Mandelßem canonicus maioris ecclesie Hildeßsemenis dt. 12 snoberg.
Iohannes Scheffler Erffordensis.
Iacobus Hafener de Ulmen.
15 Laurencius Dalem Goßlariensis.
Nicolaus Heyger de Winstedt (?).
Valentinus Hafener de Auerdorff.
Wulffgangus de Alennblumen de Monte nivis.
fr. Michahel Heße de Friberga.
20 Ciriacus Manstedt de Sunderßhaußen.
Philippus Spicht de Senborgk.
Iohannes Borkhardt de Koffburen.
Henricus Küll Erffordensis.
f. 79d Iohannes Wilhardt de Buchenaw.
25 Wendelinus Spodt de Westhaven.
Wulffgangus Mertz de Gochsteyn.
Iohannes Gebel Gothensis.
Henricus Hofeman Erffordensis.
fr. Matthias ord. carmelitarum.
30 Petrus Guthenbergk nobilis dt 8 sneberg.
Sittich Marschalk nobilis dt. 8 sneberg.
Michahel Reynhardt de Eberen.
Iohannes Bapptista de Koffburingk.
dns Wulffgangus Pautinger de Eberen.
35 Hermannus Krugk Putzbachensis.
Sebastianus Molitoris de Buchenheym.
f. 80a Gregorius Ausperger de Spira.
Eustachius Herdele de Koffburinge.
Gregorius Muczel Nurenbergensis.
40 Iohannes Monner de Wisßense.
Hermannus Voydt de Saltzsa.
Iohannes Funck de Usingenn.
Iacobus Herberdeß Gottingensis.
Andreas Lehenhauß Gottingensis.
45 dns Laurencius Pusch de Luchaw.
Adelarius Kell Erffordensis.
Iohannes Fabri de Richenborgk.
Vitus Haubaß ex Koffburinge.
Iohannes Hildebrant de Karstadt.
50 Iohannes Eßelßkerch de Aufsatz.

Cristoferus Krunoghe de Moringen.
Ludowicus Dorwertter de Höst.
Cristoferus de Werenrode nobilis de opido Klettenbergk. 10
Iacobus Hartwig de Wißsungenn.
Iohannes Petri de Wißsungen.
Valentinus Phister de Kytzcyngen.
Henricus Lutter Ißlevensis.
Iacobus Sichter de Erdorff. 15
Iohannes Wyghe de Gerlaßhafen.
Andreas Mundemann Gottingensis.
Iacobus Ludowici Erffordensis.
Iohannes Guldenhauß de Hunefeldt.
Cristoferus von der Heyde nobilis ex opido 20 Wisßense.
Wendelinus Brechtel de Myngelßheym. f. 80b
Sixtus Beningk de Arneborck.
fr. Matthias Sturtz Fribergensis ord. predicatorum. 25
Michel Hipper de Gundelßheym.
Casper Fronßperger Erffordensis.
Laurencius Ottonis de Sommerde.
Casperus Thaurer de Staffelsteynn.
Leonhardus Obinhin } de Wechingen. 30
Andreas Süre }
Urbanus Meßhen de Wisßsenhorn.
Iohannes Stenghel de Utztzingen.
Hermannus Steyn de Moßhengen.
Iohannes Wynßhammer de Westheym. 35
Melchior Scheynwardt de Fritzlaria.
Simon Hildebrant de Molhußen.
Iohannes Muderßheym de Inkeleym.
Liborius Lywhe de Bylefeldt.
Antonius Blanckenbach de Aschenborgk. 40
Michel Koch de Baßedingen.
Henricus Hyldt de Aßchenborgk.
Iohannes Byrbuch de Sangerhausen.
Reynhardus Burchhoffen de Eßwhe.
Summa 100 (?). 45

Inequaliter persolventes sequuntur: f. 80c

Cristoferus Meyer de Koffburingen dt. 4 sneberg.
Achacius Edelingk dt. 4 sneberg.

Iohannes Keßler de Amborck dt. 4 sneberg.
Andreas Becherer de Gadebuß omnino pauper gratis pro deo inscriptus.
Wilhelmus Schopen de Seßlach dt. 4 sneberg.
5 Wulffgangus Ibhel de Egra dt. 4 sneberg.
Petrus Idgeß de Lutzcerodt dt. 4 sneberg.
Iohannes Lubechen de Dynen prope Kyrchperck uff dem Huntzruck dt. 4 sneberg.
Iohannes Wylandt Erffordensis dt. 2 sneberg.
10 Georgius Wiße de Lassvhee dt. 5 sneberg.
Georgius Ratzczenbergk de Salfeldia } dt.
Steffanus Sulmundt de Ingelheym } 4 sneberg.
Henricus Becker de Hopfgarthen dt. 4½ sneberg.
15 Iohannes Lintperk ex Werben dt. 1 sneberg. pedellis quia iterato intitulatus.
Iohannes Hoffeman de Reynstorff.
fr. Iohannes Thrindo de Campis ord. carmelitarum dt. 4 sneberg.
20 baccalaurius Wulfgangus Stheyn iterum intitulatus dt. pedellis 1 sol.

Iacobus Wydeman de Norlingen dt. 4 sneberg.
Iohannes Hofelich de Aßchenborch dt. 4 sneberg.
Albertus Wacker Gotensis dt. 4 sneberg.
Iohannes Greß de Alceia dt. 2 sneberg. famulus mag. Henrici Sickten relegatus perpetuo. 5

Sequentes gratis sunt intitulati intuitu rectoris:

Valentinus Frederun Erffordensis gratis quia patrinus rectoris. 10
Petrus Pucker Erffordensis gratis quia famulus rectoris.
Valentinus Schelhorn Erffordensis gratis quia patrinus rectoris.
Iohannes Buchener Erffordensis gratis quia filius Andree pedelli et famuli dni prepositi beate Marie. 15

Summa 125 [a]

In dem Rechnungsbuche des Rectors ist das 241. Rectorat ganz übergangen.

[a] Richtiger 100.

1514. Ost. 242. Rect. Conradus Widelingk II. 20 f.81ab

Navis[1] sine gubernatore haud rarenter (?) facit naufragium, sine auriga currus 25 confringitur, sine magistratibus civitas labascit et dissolvitur. Ideo pro rectore denuo declaratus est et assumptus venerabilis magister dominus Conradus Widelingk, contubernii Porte celi collega medicine indagator et baccalaurius sollertissimus, ut sub sua tutela gubernacula academie nostre foveret et prudenter moderaretur, ne gymnastica 25 dignitas nostra vacillaret et periclitaretur. Accedentibus ad id prius suffragiis atque 30 consensu prestantissimorum dominorum Iodoci Trutfetter Ysennachensis, Mariane edis canonici, sacre pagine interpretis sapientissimi, et Martini Margariti, Severiane edis canonici pontificii cesareique iuris consultissimi, et Henrici Dyppachii, bonarum artium magistri facundissimi, anno nostre salutis XIV° supra MDum VI° nonas Maias; sub 30 cuius prefectura inscriptionem sequentes petiverunt atque in numerum scholasticorum 35 relati sunt:

Sequentes integrum solverunt:
Georius Masbach, canonicus maioris ecclesie Herbipolensis dt. med. flor.
Iohannes Besserer de Nuefels dedit 8 sneberg.
Gregorius Smedt Werdenbergius mag. Coloniensis.
Iohannes Lichtenawe de Roderßhaym. 35

[1] Wappen: im blauem Felde ein goldnes W mit liegendem C darüber. In der grünen Initiale N steht der heilige Bartolomaeus in blauem unten gelb besetztem Gewande, darüber einen weißen goldbordirten, innerlich roth gefütterten Mantel mit breitem buntem, reich mit Gold besetztem Saume; in der Rechten ein Buch, in der vorgestreckten Linken ein Schlachtmesser vor sich haltend.

Iohannes Bartholomei de Felßbergk.
Cristofferus Falckensteyn ex Roteßdorff.
Iacobus Böthener de Hachenbergk.
Iohannes Melgiß de Rotenbergk.
5 Hermannus Melgis de Rotenbergk.
Iohannes Lange de Northeym.
Iohannes Eßpach.
Conradus Sichmoller de Salczungen.
Ieorius Meynfel de Ingelheym.
10 Ieronimus Ulm de Waßungen.
Udalricus Rost de Ueberingen.
Iasperus Steynniger de Nachilch.
Iohannes Stamler de Staffhußen.
Gregorius Mey Errfordensis.
15 Cristofferus Basseler de Schußlicz.
Iodocus Wynter de Harle.
f. 61c Lodewicus Smedt de Slitz.
Iohannes Aßmuß de Ifft.
dns Cristofferus Machwitz de Salvelt.
20 Casperus de Wertern.
Andreas Tuderstat de Roteleuben.
Iohannes Loner de Franckenhusen.
Henricus Unkenrot de Franckenhusen.
Henricus Hopff de Franckenhusen.
25 Ditmarus Vorman de Wetter.
Nicolaus Zcitter de Nutlingen.
Henricus Dam de Franckenberg.
Andreas Wigant de Hunefelt.
Iohannes Zcol de Hunefelt.
30 Hennyngus Papemeyer.
Balthesar Feyscher ex Franckenhusen.
fr. Leonhardus Lompel de Vremia.
Marcus Kelner Errfordensis.
Iodocus Rulandi de Cassel.
35 Iacobus Möller Wormaciensis.
Georius Andree Herbipolitanus.
Vitus Hömer Herbipolitanus.
Georius Fabri Herbipolitanus.
Bernhardus Lysch Herbipolitanus.
40 Tylmannus Schutte de Brunswick.
Magnus Thyrn de Fußen.
Ioachim Grympen de Warperg.
Iohannes Grane de Badelborn.
Cristofferus Greve de Hoxaria.
45 Theodericus Sleyter de Hoxaria.
Cristofferus de Lyppia Hoxariensis.
Nicolaus Meyer de Gera.
Laurencius Fabri de Nuwestadt.
Iohannes Oethe de Northusen.
50 Iohannes Puffel de Lehsten.
Eobanus Güntzel Errfordensis.
Iohannes Sawer de Ratelßtorff.
Fridericus Meck de Erßpach.

Martinus Koch de Stolbergk.
Benedictus Buchenberger de Cepter.
Wilhelmus Wenix de Putzbach.
Ieorius Fenerer de Sula.
5 fr. Paulus Hurmer de Nörlingen. f. 61d
Martinus Hoch de Wida.
Valentinus Spicznagel Errfordensis.
Symon Femel de Molhußen.
Anthonius Helwigk de Ewerdorff.
10 Cristofferus Steyler de Butenheym.
Conradus Robist de Molhusen.
Martinus Kempten ex Valle sancti Petri.
Conradus Hencke de Eymbeck.
Casperus Geylfot de Wiczenhusen.
15 Balthasar Bem de Putzbach.
Kilianus Zceyße de Karlstat.
Iohannes Schoman de Franckenhusen.
Iohannes Fecher de Aschaffenburg.
dns Iohannes Rapmut Goßlariensis.
20 dns Petrus Gussigk de Gosserstat.
Anthonius Koch de Weysel.
Iohannes Holßer de Lasphe.
Iohannes Schobel de Lasphe.
Vitus Trul de Swerstat.
25 Iohannes Sculteti de Sundelingen.
Eckarius Hada de Lundorff.
Conradus Wichmanßhusen de Eschewe.
Rolandus Hüter de Eschwe.
Ieorius Steynheym de Ulma.
30 Theodericus Stuve Osnaburgensis.
fr. Georius Leonis.
Franciscus Ditmar Vratislaviensis.
Tilmannus Balder Goslariensis.
Wencelaus Ungefogk de Homberg.
35 Iohannes Kaufman de Franckenhusen.
Egidius Hertigk de Mergetheym.
Nicolaus Reymbolt de Tan.
Erhardus Rauch de Than.
Nicolaus Zcymmerman de Tan.
40 Henricus Sypel alias Vircanus de Rotenberg.
Baltasar Arnoldi de Pingia.
Iacobus Heßling de Dossenhusen.
Iohannes Swartz de Laudenburgk.
Nicolaus Eichhorn de Cellis.
45 Iohannes Ley de Koburck.
Martinus Stornigk de Northusen.
Arnoldus Herbartzhusen de Lasphe. f. 62a
Conradus Koch de Bermaßhusen.
Conradus Amelon de Hoxaria.
50 Valentinus Arper de Ettenhusen.
Iohannes Trappen de Osterode.
Valentinus Moliatoris de Nova ecclesia.
Bartholomeus Meyer de Welczheym.

Iohannes Breyting de We.[a]
Iohannes Molitoris de Wessungen.
Udalricus Kruter Wilensis.
Iohannes Meyer Wilensis.
5 Hylarius Bernhart Oczenensis.
Wolfgangus Smerlin de Kyppenheym.
Fridelinus Weger Basiliensis.
Hartungus Kemmelsetzer de Fulda.
Valentinus Schenck de Fulda.
10 Magnus Fischer de Eßlingen.
Iohannes Fyleyß de Tettelbach.
Laurencius Meyner de Haustra.
Theodericus Teuffel de Patensheym.
Bertoldus Cryweß de Hildenßheym.
15 Andreas Körber de Reczstat
Iohannes Kromysen de Sisgadia.
Nicolaus Syer de Myltenberg.
Iacobus Hacke de Ißleuben.
Severus Steyndorff Erffordensis.
20 dns Theodericus Zcymmerman de Padelborn.
Iohannes Gauferdes ex Alßfeldia.
Iohannes Hovet Gottingensis.
Iohannes Kerchoff de Denstet.
Ciriacus Dubental de Gerßbach.

25 Solventes medium:

Iohannes Leutolt de Berreuth.
Iodocus Menigus de Fulda, residuum dt. mihi Ioanni Hoch Widensi (Rect. 244).
Iohannes Schucz Bambergensis.
30 Conradus Bottener de Sonneborn.

Quatuor snebergenses solventes:

Andreas Eymes de Swynfordia.
f. 81b Petrus Nedersteyn de Herbornn.

Casperus Cordua de Northeym.
Iohannes Heßße de Gundelfingen.
Georius Lauphayn de Ulma.
Casperus Meßßener de Hallis.
Wendelinus Gross. 5
Cristofferus Dalhey(m) de Rasenheym.
Iohannes Schoßßer de Walterßhusen.
Iohannes Pistor de Go'tbach.
Iohannes Dalman de Bottenborn.
Leonhardus Junge de Norlingen. 10
Wolffgangus Pawel de Argentina.
Iohannes Ryman de Erbendorff.

Inequaliter solventes:

Hermannus Bernhardi de Gemünden.
Vitus Kestener de Weyckerheym. 15
Iohannes Frawhöffer de Ettenfelt.
Iohannes Rasser de Delitz.
Iohannes Weyß de Sletz.
Iohannes Heylman.
Valentinus Snelhart. 20

Propter deum: ~~20~~

Nicolaus Fel Erffordensis.
Iohannes Schuchst de Weyckerheym ob honorem doctoris Dörsten.
Martinus Grotz de Swickavia.
Iacobus Scholeben de Dornstet. 25
Marcus Horn de Stockardia
Albertus Fruschehorn de Urba.

Summa 161.[b]

In dem Rechnungsbuche der Rectoren ist nichts aufgezeichnet, als der Name
35 des Rectors. 30

f. 82cd

[a] Vielleicht unvollendet statt Wessungen. [b] Richtiger 165

1514. Mich. 243. Rect. Henr. Drolmeyer.[1]

Officium[1] pii rectoris et gymnasiarche, festo die sanctissimi medici Luce sortitus eximius et spectate fidei ac erudicionis vir dns Heinricus Drolmeyer de Lych,

[1] Wappen in Mitte des Blumengewindes am untern Rande: in Blau nebeneinander vorn die rechte Hälfte einer goldenen Lilie, hinten ein goldner Leuchter mit zwei brennenden Lichtern. — In der Initiale O links (vom Beschauer) ein weißbärtiger Apostel (der heilige Thomas) mit Nimbus in braunem Gewande mit langen Aermeln, darüber blauem Mantel, eine Lanze in der Linken haltend, rechts ein Herrscher (Heinrich der Heilige) mit Krone, Scepter und Reichsapfel in den Händen, in grauem mit Hermelin ausgeschlagenem Brokattalar, einen Hermelinkragen auf den Schultern.

philosophus et theologus valde acer, edis dive virginis Marie canonicus et curator dignissimus fidissimusque, ab spectatissimis et egregiis viris electoribus et nunctiatoribus benignissimis, doctore Valentino Jungerman de Zcerbst, iureconsulto edis Severiane, canonico Wolfgango Schoel Herbipolitano, maioris collegii, et Philippo Combergk de 5 Segen, Porte celi collegis magistris et philosophis valde eruditis, rempublicam litterariam pro viribus et fideli officio tutatus est, nomenclacionique scholasticorum subsignatos discipulos hyberno semestri adiecit collegitque: 5

Subscripti dederunt totum:
Andreas Brun de Franckenhusenn.
10 Iohannes Brussel de Goltpach.
Iohannes Schultheys de Cassel.
dns Bernhardus Krymelßperg de Northusen sacerdos.
Burgkhardus Schultheis de Armenn-Sachssenn.
15 Lampertus Kirchoff de Confluencia.
Laurencius Hesselandt de Saltza.
Georgius Totteleben de Erich.
Wickerus Reyßee de Franckfordia.
Iohannes Hermani de Butzpach.
20 Iohannes Landvoygt de Munzenpergk.
Heinricus Rabe de Eynbeck.
Heinricus Hermanni de Hungenn.
Pasta Rinck de Aquisgrano.
David Fickel de Alen.
25 Iacobus Laup ex Valle sancti Petri.
Iacobus Cerdonis de Butzpach.
Heinricus Snyder de Bodingen.
Hildebrandus Stockey de Stolpergk.
Franciscus Beyer de Gorlitz.
30 Hermannus Ancken de Osnaburgis.
Melchior Hartmanni de Linden.
Caspar Wockesser de Linden.
f. 83b Eucharius Molheltzer de Winßheim.
Cristofferus Schotz de Quernfart.
35 Iohannes Fabri de Ameneburgk.
Henricus Molitoris de Ameneburgk.
Heinricus Gumpel de Ameneburgk.
Iacobus Tottensnyder de Ingwyler.
Iohannes Hirspach Erffurdensis.
40 fr. Casperus Leytzsche Errfordensis ord. regularium.
Adelarius Hoch Erffurdensis.
Iohannes Laurencianus de Herbipoli.
Kilianus Ulmer de Herbipoli.
Vitus Bertramus de Gamstedt.
45 Valentinus Bertramus de Gamstet.
Iohannes Stock de Kirchayn.
Iohannes Kolhardt de Forcheym.
Wolffgangus Fueß de Wyßkirch in Austria.
Conradus Gerick de Gottingen.
50 Heinricus Steffan de Gottingenn.

Iohannes Haselbaum ex Maguncia baccalaurius.
Andreas Ryneck de Northusen.
Iohannes Rudiger de Waltorflebenn. 10
Iohannes Kyle ex Middern-Welnstat. f. 83c
Iohannes Wispach de Allendorff.
Iohannes Wolfferingk de Budingen.
Iohannes Aschwe de Hilpergehusenn.
Conradus Hawschildt de Grussenn. 15
Iohannes Negelin ex Kauffburen.
Michael Schlauman ex Franckenhußenn.
Leo Obenblos ex Hilporgehusenn.
Mathias Smedt ex Rissenburgk.
Iodocus Dasselman de Eynbeck. 20
Martinus Fröhme de Heilgenstadt.
Valentinus Schutz de Stetin nobilis.
Sigismundus Worm de Thomaßbruck.
Laurencius Stumpf de Scharndorff.
Iohannes Czigeler de Arnstadt. 25
Ciriacus Muller Erffurdensis.
Georgius Krumpff de Gysenheym.
Iohannes Winter de Cassel.
Heinricus Schnubbe de Luneburgk.
Gallus Hufnagel de Gemundia. 30
Liborius Schriber de Northusenn.
Heinricus Swanfogel Gottingensis.
Iohannes Baptista Scherinhagen ex Hannoffer.
Valentinus Fabri ex Hademar. f. 83d
Iohannes Swertfeger ex Hanoffer. 35
Guntherus Dixelonis ex Franckenbergk.
Adrianus Fabius ex Franckenpergk.
Matthias Sartoris Exfellen.
Iohannes Scriptoris ex Wetzflaria.
Iohannes Stichterisen de Gottingen. 40
Eberhardus Wammer de Gyssenn.
Nicolaus Londorff Franckfurdensis.
Heinricus Rump de Butzpach.
Conradus Roden de Padelbornn.
Hermannus Voßlo de Padelbornn. 45
Iohannes Keller Herbipolitanus.
Lucas Torigk de Havelbergk.
Conradus Schonheyme ex Huxaria.
Iohannes Hartmanni de Kircheym dt. 6 snebergenses. 50

Subscripti dederunt 4 snebergenses:

fr. Thomas de Bopardia ord. fratrum charmelitarum.
Conradus Textoris de Confluencia.
f. 84ᵃ 5 Iohannes Scheffer de Fritzlaria, residuum dt. mihi Iohanni Hoch.
Iohannes Beger de Hartheym.
Laurencius Wylandt de Kolquitz.
Sebastianus Schigk.
10 Iohannes Khone ex Wyderßtorff.
Iohannes Kuhfueß de Usßler.
Iohannes Muller de Tittelpach.
Nicolaus Buffel de Wißpach.
Melchior Elnungen[a] de Confluencia.
15 Cristianus Sartoris de Eynbeck.

Subscripti dederunt medium:

Anthonius Rumisen de Hunefelt.
Iohannes Swinckhuß de Wissenhorn.
Iohannes Blaulingk de Cellis.
20 Virgilius Huck de Nysa.
Gerhardus Saltzman de Gotha.
Wolfgangus Kroel de Rodenhayn.
Iohannes Lebeneben de Elrich.
Andreas Menckel de Landaw.
Valentinus Eschenbach de Landaw.
Ciriacus Bertage de Tenstedt.
Andreas Werner de Tenstedt.
Georgius Hyntz de Gysslingenn. 5
Iohannes Ramme Northusen.
Wilhelmus Pistoris de Antiqua ecclesia.
Iohannes Schal de Wissensteck residuum dt. Materno Pistoris (Rect. 246).
Kilianus Russo Herbipolitanus. 10
Martinus Schruthayn de Staffelstein.
Anthonius Bachara de Wesalia dt. snebergensem cum dimidiato.

Sequentes sunt gratis intitulati et aliqui pauperes: 15

Wolffgangus Schenck Erffurdensis.
Cornelius Gotwaltz Erffurdensis.
Iob Fuldensis.
Bernhardus Coci de Lych.
Iodocus Eckardi de Oschaffenborgk. 20
Iohannes Moer de Salmonster quilibet eorum dt. 1 sneberg. pro pedellis.

Summa 120.[b]

De[c] residuo intitulature:

25 Iacobus Snaphoff de Sangerhusen dt. med. sub licent Dulcis.
Petrus Hoegest de Karlstat dt. med. sub dr. Henrico Eberbach (Rect. 238).
Iohannes Strombergk de Erphordia dt. med. 30 sub mag. Werlich (Rect. 239).
Leonhardus Weddel de Amburga dt. 14 gr. antq. leon. sub lic. Ylmen (Rect. 240).
Heinricus Hafen de Ypofen 14 antq. sub lic. Ylmen.
Iohannes Messersmedt de Gengen 6 nov. sub lic. Ylmen. 25
Georgius Ratzenburgk de Salveldia 14 antq. sub dr. Zcerbist
Conr. Pflagk de Wymaria $3^1/_2$ schneb. sub lic. Ylmen.
Conradus Fabri de Molhusen 5 nov. sub cantore Heringen. 30
Oßwaldus Sommer de Schlewitz 14 antq. sub lic. Ylmen.[d]

[a] Elnwngen. [b] Richtig. [c-d] Aus dem Rechnungsbuche des Rectors.

1515. Ost. 244. Rect. Ioannes Hoch de Weyda.

f. 84ᶜᵈ

35 Principatus[1] ubi nullus est, malum quidem est et multarum cladium hec res existit occasio et confusionis turbacionumque principium. Sicut enim, si ex choro ipsum 35 principem auferas, nequaquam modulatus chorus vel ordinatus existit, et falanga,

[1] In der Initiale die heil. Ursula in blauem Gewande, rothem Mantel, schützend die Arme über die (11000) sie umgebenden Jungfrauen ausbreitend, in der Hand hält sie zwei Pfeile. Unten das Stadtwappen von „Weyda": goldnes Schild, Mauer mit Zinnen, auf derselben ein grünender Baum zwischen zwei blaubedachten Thürmen.

militum, si ducem non habeat, nullo modo numerosa acies illa vel ordinate procedit, et navis, si gubernatore privetur, pessum eat necesse est et gregi, si pastorem abstuleris, cunctus dispergetur et peribit[a]; eam ob rem post sanctorum Philippi et Iacobi apostolorum solemnitatem altera die sequenti, anno a nativitate salutis nostre 1515 facta plena congregacione universitatis nostre pro novo deligendo rectore, eximii ac venerabiles viri domini Sigismundus Thome ex Stockheym, arcium et sacre theologie decanus, Iudocus Trutvetter de Isennaco, doctores profundissimi ecclesie beate Marie canonici bene merentissimi, et magister Philippus Comberck ex Segen, Porte celi collega, ultimi tres electores, prout fieri solet, in monarcham et rectorem gymnasii nostri rite elegerunt ac publicitus pronunctiarunt eximium et egregium virum Ioannem Hoch ex Weyda, arcium ac sanctarum scripturarum professorem templi sancti Severi vicarium et plebanum; sub cuius principatu sequentes universitati nostre incorporati et immatriculati sunt:

Gabriel Fincke ex Eystadt arcium mag. studii Ingolstadiensis dt. 1/2 floren.
Ioachim de Rosennaw nobilis dedit 1/2 flor.
Casparus de Tettellebenn nobilis dt. 1/2 flor.
Ioannes Harinck de Hildenßheym canonicus ibidem dt. 8 sneberg.
Ioannes Tüsenbach Erffordensis dt. 8 sneberg.
fr. Iacobus Schuedorick de Ibegaw sacre theologie lector ord. fratrum minorum gratis ob reverenciam rectoris et paupertatem.
Ioannes Pistoris ex Kirchpurgk gratis ob reverenciam rectoris.
Wolfgangus Iohel sacerdos baccal. Lipzensis ob reverenciam rectoris.

Sequentes dederunt totum scilicet 8 schneberg.:

Volffgangus Ibenn, Georgius Milczer } de Weyda.
Casparus Stegener ex Coburgk.
Ioannes Sartoris de Tüncenhaußenn.
Ioannes Pabest de Northeym.
Leonardus Liberstnn de Weyckerßem.
Ioannes Fixlen de Wendigen.
Ioannes Mennichfelligen de Dranßfelt.
Conradus Brandt de Dranßfelt.
Ioannes Tegetmeyger de Münden.
Henricus Tuchscherer de Cassel.
Melchior Iacobi de Hilperhausenn.
Ioannes Ziermer de Rotenburga baccal. arcium studii Ingulstadiensis.
Ioannes Horber de Elcheleubenn.
Thomas Schocke de Meheler.
Petrus Grimmen de Guslaria.

Valentinus Wanß, Ioannes Hattenbach } de Salczung.
Andreas Balneatoris
Laurencius Helbich de Schueynfordia.
Otto Roßworm de Wratißlavia.
Anthonius Huter, Gabriel Heyße, Conradus Clerici, Ioannes Reße } de Eschwe.
Ewaldus Vögeler de Vilbel.
Hartmannus Hilchgen de Lorch.
Petrus Roßpach de Rotheym.
Ioannes Sommer de Kelbra
Ioachim Goltsteyn de Frisslaria.
Cristianus Bläß de Dorla inferiori.
Michael Haueyßen, Sebastianus Hoffemann, Iacobus Kreczmar, Ioannes Mathie, Egidius Buczwach, Nicolaus Burckardi, Ioannes Gebhart, Nicolaus Leffeler, Ioannes Leybennicht } Erffordenses.
Bartholomeus Rasoris de s(uperiori?) Symmerenn.
Laurencius Wischs de Hallis.
Theowaldus Volcz de Dernsteyn.
Bernhardus Lengefelt, Lodovicus Urbech, Symon Volckenant, Ioannes Hillebrant, Henricus Amberck } de Molhausenn.

[a] periet E.

Nicolaus Kremer sacerdos baccal. Lipzcensis }
Iodocus Peyenrodt } de Molhausenn.
Ioannes Soldenn }
5 Hermanus Wilnn } de Wetter.
Ioannes Weuffenbach de Gotha.
Steffanus Proczel de Nedelnburck.
Sebastianus Treczlen de Kirchem.
Engelbertus Menze de Herffordia.
f.86b 10 Volffgangus Vachener de Schleusyenn.
Conradus Güde de Ballerßbach.
Lodobicus Faulhaber de Hüßbach.
Conradus de Ottern.
Volffgangus Krömmer de Werda.
15 Bernhardus Silchmuller de Fargala.
Cornelius Keyser de Bercka.
Hartmannus Rodau de Wydesheym.
Ioannes Kruczenbürck de Denstet.
Michael Balneatoris de Gamundia.
20 Iacobus Laingen de Ursel.
Hermannus Dide de Wellingenrode.
Bernerus Landaw de Hunefelt.
Melchior Molitoris de Wessingen.
Ioannes Volff }
25 Ioannes Grislinck } de Neydennaw.
Ioachim Flans de Kanneberff.
Walthazar Wendelebenn de Kelbra.
Volffis Wiczeleubenn[a] de Püchel.
Laurencius Bisthusenn de Helgenstadt.
30 Bartholomeus Greuczenbach de Homberck.
Henricus Eberweyn de Franckenberck.
Ioannes Doleatoris de Schuarcza.
dns Rup de Hallis in Schuevia alias de Geyßlingenn.
35 Ioannes Schwabenheym de Maguncia.
Sifridus Eygenrodt de Northaußenn.
f.86c Colummannus de Schaumberck nobilis.
Andreas Eych de Wesalia superiori.
fr. Matheus Herichstadt de Wymelburck ord.
40 sancti Benedicti.
Ioannes Cleynn de Schleczstadt.
Ioannes Heffener de Mönchperck.
Ioannes Singer de Gemundenn.
Ernestus Allant de Gebesehe.
45 Philippus Furtlebe de Herbipoli.
Otmarus Eschey de Bobingen.
Nicolaus Monner }
Valentinus Dirbach } de Osterfelt.
Nicolaus Algißheymer de Grunigenn.
50 Melchior Gener sacerdos de Quernfurt.
Ioannes Stockhausenn de Sondershaußenn.

Iacobus Hydeckenn de Northaußenn.
Mauricius Schober de Jochsheym.
Euckarius Meyer de Winsheynn.
Georgius Kun de Fuessenn.
Ioannes Wilcke de Elbingenrode. 5
Eraßmus Ackerman de Kelbera.
Iacobus Hondorff }
Ioannes Wickeman } de Numburck.
Ioannes Emes de Schleusingen. f.86d
Ioannes Possenn de Hildesheym. 10
Petrus }
Nicolaus } Hauff fratres de Herbestadt.
Iacobus Vechelt de Brunschweick.
Michael Heydeler de Curia Regenicz.
Ioannes Neuber de Eßlebenn. 15
Conradus Redenhaußenn de Fritzlaria.
Steffanus Heugel de Wrateslavia.
Nicolaus Eyseman de Westerschunickel.
Theodericus Wildenfeur de Hildelsheym.
Ioannes Doelhenne de Langesdorff prope Lich. 20
Elias Streicz de Herbipoli.
Ioannes Franck de Burcktonna.
Martinus Menhylt de Salcza.
Henricus Wrinckman de Northeym.
Laurencius Schulteti de Arnstadt. 25
Nicolaus Lawbestadt de Miltenburck.
Henricus Günst de Frißlaria.
Ioannes Knauß }
Ioannes Ricklinck } de Neuensteyn.

Infra scripti dederunt medietatem hoc est 3 gr. et 9 ₰ leon. 30

Ioannes Kestener de Wimaria.
Clemens Pergler de Wynßheym.
Blasius Eyffeltstadt de Anspach.
Andreas Rutlich de Mergetheim. 35 f.87a

Sequentes dederunt quattuor schnebergenses:

Ioannes Militis de Zcirenberck.
Iacobus Haubensteyn de Bischoffsheym.[b]
Heydericus Nerkornn }
Iudocus Cauponis } de Tillenburck. 40
Ioannes Reychart de Meckmöl.
Blasius Molitoris de Zceytz.
Petrus Heuser de Wehenn.
Bonifacius Francke de Sangershausen. 45
Anthonius Büchener de Günstedt.
Henricus Schuelle de Wetter.
Iob Wenczeslay de Numburck.
Ioannnes Ferig de Hilspach.

---

[a] u wieder ausgestrichen. [b] Wischoffsheym E.

Henricus Schmidt de Halberstadt.
Caspar Vogelgesanck de Wechen.
Cristophorus Erckenbrecher de Hilperhausenn.
Gasparus Engel de Grunsfelt.
5 Ioannes Ackerman de Wert.
Nicolaus Friderici de Salcza.
Mathias Alderman de Goslaria.
Ioanes Erkenbrecher de Hilperhausenn.
Volffgangus Engelschalck de Fridewerck.
10 Valentinus Raßel de Dibach.
Melchior Fabri de Tillenburck.
Ioannes Popp de Hilperhausenn.
Georgius Hawßecker de Novo foro.
Georgius Haganmoller de Kircheim.
15 Hieronimus Weyssebach de Tillenburck.
Theodericus Keyth de Erich.
Adellarius Warck Erfurdiensis.
Kilianus Kern de Konigeshoffenn.
Ioannes Monster de Cellis.
Hermannus Grefe de Wolffhagen.
Ioannes Wymynger de Schaffhausenn.
Sixtus Lindenmeyer de Par.
Benedictus Morder } de Sangerhausenn. 5
Ioannes Schallitz }

Pauperes:

Gregorius Paumann de Herbipoli dedit dt. 3 gr. ob peticionem dni mag. Widelinck cuius famulus est. 10
Erhardus Langhanß de Waltkirchen dt. 2 schneberg. ob peticionem dni mag. Henrici Brunschwiczensis senioris.
Ioannes Fabri alias Junckindt de Hilchenbach gratis propter paupertatem quia orphanus. 15
Summa 176.[c]

De[d] residuo intitulature:

20 Ioannes Scheffer de Friczlaria intitulatus sub mag. Henrico Lich (r. 243) dt. $3^1/_2$ schneberg. et 3 ₰ leon.
Iodocus Meymius[e] de Fulda sub rectoratu mag. Conradi Wydelinck (r. 242) dt. $3^1/_2$ schne- 25 berg. et 3 leones.
Lodowicus Gobel de Lindenn dt. $3^1/_2$ schneberg. et 3 den. leon. intitulatus[f] sub dr. Henrico Eberbach (r. 238).
Ioannes Konicksteynn de Dicz dt. 4 schne- 20 berg. et 3 leones intitulatus[f] sub mag. Werlich (r. 239).[g]

[c] Richtig. [d-g] Aus dem Rechnungsbuche des Rectors. [e] Oben S. 285 Sp. 1 Z. 27 Menigus. [f] Intutulatus E.

---

f. 87c d

1515. Mich. 245. Rect. Herbordus Margariten.[1 a]

f. 89a

Sequentes dederunt totum:
Augustinus Gerich de Mosbach.
Nicolaus Kocheym.
30 Iohannes Kocheym.
Iacobus Biel.
Wolffgangus Bock de Ottingen. 25
Iohannes de Gemonia.
Martinus de Gemonia.

[a] Die Einleitung fehlt ganz.

f. 87c d

1 Das Wappen der Familie (s. Rect. 207) hat 1510 durch Verleihung Kaiser Maximilians eine Wappenbesserung erfahren. Der Schild ist in 4 Felder getheilt: 1., 4. in blau ein silberner links gewendeter Löwe, 2. und 3. der ursprüngliche Wappenschild, leider nicht völlig ausgeführt und illuminirt. Zu dem unverändert gebliebenen Stammhelm ist ein zweiter gekrönter Helm verliehen, der heraldisch rechts steht; das Kleinod desselben ist der silberne Löwe wachsend nach vorn gekehrt, in jeder Pranke eine Fahne haltend. Schildhalter sind: rechts ein vollgeharnischter Ritter, der im rechten Arme eine an der Lanze befestigte Fahne hält; heraldisch links eine Dame in der Tracht der damaligen Zeit. Das Hauptbild umgeben auf beiden Seiten je 4 Wappen, welche aber auch nicht ausgeführt, sondern nur theilweise illuminirt sind. Dem zweiten an der äußeren Randleiste steht gegenüber auf der innern das seiner Gemahlin, welches in Silber zwei blaue Schrägbalken zeigt, vor denen nach rechts ein Steinbock (noch ohne Farbe) aufspringt; auf dem Helme derselbe Steinbock

Iohannes Wynolt de Alßfeldt.
Georgius Monch } de Hungen.
Conradus Schriniator } de Hungen.
Leonhardus Fuchßlin de Wendingen.
5 Udalricus Napercurdt de Warpurgk.
Hereboldus Heiman de Warpurgk.
Michael Stude de Limpurgk.
Wernerus Stude de Limpurgk.
Martinus Horer (Hoier?) Brunschwicensis.
10 Cristofferus Cocus de Saltzungen.
Iohannes Mengel de Gronungen.
Nicolaus Ottonis de Bingen.
Henricus Steffanus Badensis.
Iohannes Soleder de Sültze.
15 Michael Schelhase de Balstedt.
Ioannes Hertig de Munden.
Daniel Stiber canonicus in Herriden.
Sebastianus Seyler ex Sangerhusen.
Martinus Weydemann de Buchaw.
20 Ioannes Schonefelt Erffurdiensis.
Bartholomeus Kollingk Erffurdensis.
f. 89b Ioannes Saer de Paerruth.
Melchior Schmidt Erffurdensis.
Casperus Rudiger Erffurdensis.
25 Ioannes Affterbenck ex Austria.
Conradus Schmedeknecht Magdeburgensis promisit se totum daturum et nichil dedit adhuc, mag. Ioannes Geckuß Erffurdensis fideiussit pro eo.
Ioannes Vetter de Altestadt.
30 Ioannes Fuerbach ex Butzpach.
Ioannes Binder de Pfifflingen.
Ambrosius Reuther Nürmburgensis.
Arnoldus Pathoff de Brunschwigk.
Hermannus Scheffer alias Romer de Liech.
35 Hartmannus Hartungi pistoris de Liech.
Ioannes Wyda de Wesalia superiori.
Ioan Casperus de Sancto Ioare.
Wendelinus Rom de Geberhausen.
Sigismundus Militis de Wendingen.
40 Ioannes Sachsenroder Erffurdensis.
Georgius Piscatoris de Blanckenbergk.
Andreas Thomas de Molhusen.
Petrus Cerdonis de Andernach.
Iodocus Pistoris de Arnsteynn.
f. 90a 45 Hermannus Beckman de Islebenn.

Ioannes Schmedichen de Aßerßleben.
Andreas Wolff de Brunschwigk.
Burckhardus Pattiner de Brunschwigk.
Conradus Nydderlant de Salczungen.
5 Ioannes Pein de Huneteldt.
Henricus Sellen de Hilperhusen.
Valentinus Kruse de Schwinfurdia.
Laurencius Neuwirdt de Puchenn.
Ludolffus Kock de Bilfeldia.
10 Ioannes Kock de Bilfeldia.
Hermannus Walckenhast de Bilfeldia.
Wolffgangus Reuß de Friberga.
Heinricus Wesemar Franckfurdensis.
Philippus Wesemar Franckfurdensis.
15 Conradus Weiß de Obernhart (-hait?).
Nicolaus Suner de Wertheim.
Ioannes Kesseler de Bettinghusen.
Wilhelmus Rinterben de Herfordia.
Petrus Rücker alias Heckman de Aßschoffenburgk.
20 Iohannes Forsteher de Freistadt.
Sebastianus Gremar de Oringen.
Iacobus Erhardus de Ulma.
Ioannes Brochhagen de Wilbalt.
f. 89d Michael Gutfleis de Wissenstarck.
25 Iodocus Rucker de Neuenburgk.
Henricus Welmerinck de Halberstat.
Gotfridus } fratres nobiles de Libenstein.
Ioannes } fratres nobiles de Libenstein.
Ioannes Ruperpusche de Hildisheym.
30 Ludwicus Thiel de Saltzungen.
Martinus Fulda de Saltzungen.
Heinricus Waltsachse de Römhilt.
Michael Weißheit de Arnsteyn.
Heinricus Marolßhausen de Widerkop.
35 Michael Nosse de Grotkaw.
Melchior Lacker de Pfofflingk.
Ioannes Forster de Herridenn.
Ioannes Bode de Clettenbergk.
Thomas Hildebrant de Molhusen.
40 Iohannes Ludolffus de Molhusen.
Heinricus Slempde de Wanckenheim.
Georgius Rebenknecht de Ensesheim.
Iohannes Weckman de Wittenburgk.
f. 90a Thilmannus Teinfel de Brunschwig.
45 Ioannes Rodeck de Brunschwigk.

---

wachsend; Helmdecke blau und silbern. — Auch das zweite Bild auf der oberen Hälfte von fol. 88[ab] ist nicht vollständig ausgeführt. Unter einem goldnen Bogen begrüßen sich Ioachim und Anna, beide mit Heiligenschein, und reichen sich die Hände; hinter ersterem kniet der Rector, hinter der heil. Anna die Frau des Rectors. Aus dem Herzen der beiden Heiligen sprossen grüne Zweige hervor, welche sich zu einem strauchartigen Gewächs mit einer Blume vereinigen, aus der zunächst Maria, darüber aus einer Blume im obersten Theile des Bogens Christus herauswächst.

Ioannes Dorngenbergk de Cirenbergk.
Henricus Stappensen de Eympeck.
Martinus Lutz de Gundelfingen baccal. studii Tubingensis.
5 Bartholomeus Theodericus de Wynßheim.
Theowaldus Burgkman de Than.
Ioannes Rittelin de Ulma.
Bernhardus Wagener de Bamberga.
Petrus Wigant de Kirchburgk.
10 Ioannes Grüffe de Eympeck.

Sequentes
dederunt quatuor schnebergenses:

Valentinus Heylman de Wormacia.
Cristofferus Richenbacher[a] ex Wendingen.
15 Georgius Belver de Hammone.
Martinus Heier Brunschwicensis.
Ioannes Walter de Milsingen.
Anastasius Wanger Zaralbinus.
Nicolaus Waige Pitlingensis.
20 Baltazar Piscatoris de Herlingen.

Casperus Molitoris de Wyhe.
Michael Schimmel de Wimpina. f. 90b
Wolffus Winther de Helbronn.
Conradus Glim de Gotha.
Ioannes Iohen de Arnstein. 5
Bartholomeus Swab de Derdingen.
David Faber de Wilfeldt.
Guntherus Cocus de Numburgk.
Ioachim Schonaw de Linungen.
Ioannes Volradt de Swartza. 10
Arnoldus Textoris de Tillenburgk.
Conradus Cauponis de Tillenburgk.
Theodericus Kulinck de Walstet.
Ioannes Textoris de Kauffbewrenn.
Aßmandus Isenbergk de Ortenbergk. 15

Pauperes:

Sebastianus Adrianus de Sula dt. 2 schneberg.
Valentinus Norterman de Bettenhausen dt. 3 schneberg.

Summa 129.[b] 20

In dem Rechnungsbuche der Rectoren steht nur der Name mit einer späteren Beifügung: Obiit Moguncie.

[a] Richenbather E. [b] Richtig.

---

f. 90cd

1516. Ost. 246. Rect. D. Maternus Pistorius.

Reipublice[1] literarie huius augustissimi quondam gymnasii Erphurdiensis per 25 postremos insignes viros electores, excellentem iurisconsultum dominum Martinum de Margaritis, canonicum Severianum ac Clementinarum professorem, magistrum Henricum Brunopolitanum maximi,[2] et magistrum Philippum Camburgium de Segen, Porte celestis contuberniorum collegas, unanimi suffragio postridie apostolorum Philippi et Iacobi, id 25

[1] Maria, gekrönt, mit dem Kind auf dem rechten Arme, in der Linken den Scepter, steht auf dem goldnen Halbmonde; zu ihrer Rechten ein Bischof in grünem Gewande mit rothem Mantel und blauen Handschuhen; links steht ein zweiter mit einem flach gehaltenen Buche, auf welchem zwei Eier liegen; im Vordergrunde kniet mit gefalteten Händen der Rector in schwarzem ärmellosen Talar, aus welchem die Arme in goldbrokatenem Gewande hervorschauen; hinter ihm, die Hände auf seine Schultern gelegt, Jacobus der Aeltere; vor ihm halten zwei sitzende Engel das Wappen, das Monogramm M P in gelbem Schilde. An der äußeren Randleiste steht oben Johannes der Täufer in ein Fell gekleidet, in der Linken ein Buch mit dem Agnus dei flach haltend, die Rechte segnend erhoben. Unter ihm der Erzengel Michael mit Schwert und Waage; in der untern Randleiste ein Allianz-Wappen: dasjenige links vom Beschauer vierfach getheilt: 1., 4. schwarzer Löwe in roth, 2., 3. rother Löwe in weiß; auf dem silbernen Helme wachsender rother Drache. Das andere Wappen, nach der innern Seite, zeigt einen rothen Schrägbalken in Silber, auf dem silbernen Helm ein Pfauenschweif zwischen roth und silbernen Flügeln. Die Helmdecken beider sind roth und weiß.

[2] Des Collegium majus in der Michaelisparochie.

est Ascensionis dominicae, quo die utrimque solenne convenerunt, hoc est VI nonas
f.91a Maii, humanus et pius Maternus Pistorius de Inguiler, liberalium studiorum et sanctae
theologiae doctor, collega item maximi gymnasii designatus, praefuit pro virili qua
potuit et tempore et hominum consensu permittente, praeturae scholasticae illosque
5 communis albo scholae nuncupatim pro vestusto more adscribi procuravit anno 5
Christianae foelicitatis 1516:

Integrae solutionis et pauxillo amplioris:
Chunradus Thun nobilis dt. 1/2 flor.
Arnoldus Schonermarck de Stendalia 8 sn. 3 ₰.
10 dns Liborius Hopff de Heilgenstadt.
dns Georgius Freitag Nunburgensis.
Lucas Wultzig de Havelberg nobilis.
Ioannes Mehem Zicensis.
Sixtus Bruwch Argentinensis.
15 Ioannes Meyger de Gottingen.
Leonardus Riettener de Frickenhausenn.
Henricus Lösch de Rudeslebin.
Henricus Krawel de Northeim.
Hildebrandus Petri Northemius.
20 Wolffgangus Keller Herbipolitanus.
Petrus Wurtzler de Almanhusenn.
Ioannes Susseman de Alsfeldia.
Ioannes } Hoffemann Ihenenses germani
Erasmus } fratres.
25 Guilhelmus Stingelhamer de Patavia.
Ioannes Lyrer de Spangenberg.
Guendelinus Canczler de Bischoffsheim.
Petrus Queck de Selbach.
Leonardus Buberling de Dheyningen.
30 Ioannes Schirmer de Segenn.
Laurentius Hinckelbein de Spangenberg.
Stephanus Lindeman de Sangerhusen.
Christianus Koto de Stahelberg.
Georgius Reuber de Gothau.
f.91b 35 Paulus Hardysleben Buthstadiensis.
Mihael Pistoris Neapolitanus.
Chunradus Grone ex Stolczberg.
Matthaeus Bertoldi alias Klopstein Gothensis.
Valentinus Hubener de Northusenn.
40 Ioannes Waltkirch de Patavia.
Gaspar Geilhofer Gundelfungensis.
Matthaus Stockalck Osnaburgensis.
Ioannes Buller de Arnstad.
Ioannes Kranchfeld de Gotha.
45 Ioannes Hefentreger Frislariensis.
Chunradus Hiem de Wolfferburn.
Rupertus Kauffman.
Ioannes Iacobi de Cassel.
Iacobus Bertram Sarburgensis.
50 fr. Gotscalcus Cocus } professione Benedictina
fr. Melchior Boß } mon. S. Egidii Brunopolitani.

Simon Krug de Aeustad.
Ioannes Bader de Northusenn.
Hermannus Faber de Zygenhain.
Ludovicus Schenck de Wetra. 10
Ioannes Naffser de Wissensteck (?).
Ioannes Bersick de Helbronna.
Andreas Gentzel de Stahelberg.
Ioannes Mentz de Ellerslebin.
Iacobus In Curia de Bercka. 15
Martinus Fellendorff Erphordensis. f.91c
Ioannes Supel de Selgenstadt.
Leonardus Berner de Frembdingen.
Ioannes Zcigeler de Arnstad.
Iacobus Ervan de Protyg. 20
Iacobus Sutoris de monasterio Meinfelt.
Franciscus Textoris de Seinheim.
Ioannes Burmeister de Heilgenstad.
Ioannes Bremer Bremensis.
Iacobus Ort de Martpurg. 25
Petrus Spelter de Weickersheim.
Ioannes Werneck.
Severinus Kremer de Cassel.
Ioannes Burcardi de Aldendorff.
Wilibrordus Karbach de Wuesalia. 30
Petrus Schönwetter de S. Goare.
Christophorus Kyser Erphordensis.
Antonius Spet Vratislaviensis.
Hermannus Rule Erphurdensis quadrimulus
non iurauit sed. M. Io. Butsted pro eo. 35
Erasmus Schad Erphurdensis.
Udalrichus Erhalt de Göppingen.
Mihael Kuder ex Lichynga.
Wolffgangus Hermannus Steinensis.
Fridericbus Knobloch } de Hertzogenaurach. 40
Ioannes Im Hoff }
Ioannes Ammon de Forcheim.
Andreas Ascherman Erphurdensis.
Ioachimus Kopheim Erphurdensis.
Ioannes Goetz de Wassertrudingen. 45
dns Hermannus Bischoff vicarius Eberensis
antea ytem intitulatus.
Author Schult Brunsvicensis.
Groppo Fleckelbohel ord. teutonicorum militaris
fr. 50
Melchior Engelberti de Salcza. f.91d

Matthias Hildebrandi de Sueidnitz.
Ioannes Gadamer de Schuarczaw.
Christianus Vureden de Lemego.
Antonius Lippige Lemegensis.
5 Ioannes Strauch Herbipolensis.
Adelarius Wuller Erphurdensis.
Volffgangus Frowin de Bercka.
Vitus Robel de Erbingen.
Barptholomeus Dyonysii alias Dones Erphurdensis.
10 dns Hermannus Vinck de Lichtennaw.
Ioannes Fabri de Koburgo
Henricus Fabri alias Furbach de Buczbach.
Georgius Rasoris de Francophurdia.
Ioannes Hebeler de Fritzlaria.
15 Martinus Binckeman.

Dispares solutu 4 gr. schneberg. et Hennii (?) Bini (?).

Ioannes Molitoris Erphurdensis.
Nicolaus Ernst de Gebhusen.

20 Quattuor gr. schneberg. sto (?)[1] scripti solvere (?).

dns Sanderus Pau canonicus Embicens. antea ytem inscriptus
Wolffgangus Well de Cuba.
25 Iacobus | Stephanus } Breitscheid de Veteri ecclesia fratres.
Cyriacus Gerlich de Unslebin.
Iacobus Baltersleben de Sangerhusen.
Ioannes Huffer de Escfelt.
30 Ioannes Vuoltz Herbipolitanus.
f. 92a Gervicus Deinardi de Melsungen.
Ioannes Breiting de Emelhusen.
Wolffgangus Waltz Salczungensis.
Chonradus Heyl de Offenbach.
35 Henricus Pope de Heilgenstad.
Theodoricus Seule de Hachenburg.
Christophorus Sawrwin Luchstatensis.
Chunradus Michener de Obernmessingen.
Ioannes Goth (Goch?) de Treissa.
40 Laurencius Wolphius Foldanus.
Antonius Wellendorff de Gotha.

Hi semiquatuor sneburg.:

Ioannes Sminck de Feilsberg.
Gregorius Steinmetz Eislebensis.
Nicolaus Auriga de Kulsheim.
Georgius Georgii de Treschnicz.
Georgius Brwhart de Spangeberg.

Solvendo medii:

Georgius Dobeler Hoxariensis. 5
Andreas Bochsler de Wertheim.
Ioannes Zimm de Ostheim.
Michael Rusticus de Lorissa.
Ditmarus Winkelman Homburgensis.
Ioannes vom Dinen Erphordensis. 10
Iacobus Wentzel de Frankenhusen.
Georgius Bart de Gamundia.
Ioannes Rost Bucheimensis.
Ioannes Delsker Bucheimensis.

Hi modicillum quiddam: 15

dns Ioannes Kramer antea inscriptus dt. 3 schneberg.
Ioannes Zcapf de Sueina prope Salczungen dt. 3 schneberg. ad petitionem Io. Schleusingen mag. 20
Ioannes Speer de Hopfgarten dt. 2 schneberg.

Subscripti gratuito, ob petitionem rectoris quia vel patrini vel paupertate pressi grandi: f. 92b

Ioannes Megen | Maternus Beck } Erphurdinus 25
Ioannes Krumpe alias Geisenheim | Vuolffgangus Kyeser } Erphurdenses non iurarunt dum essent impuberes.
Udalrichus Stockhawer de Swacz ob petitionem rari amici. 30
Chunradus Guntheri Erphurdensis famulus rectoris.
Henricus Hecker de Bercka quia pauper: singuli illorum 7 statoribus tradiderunt suum debitum. 35
fr. Julianus Lamberti Bruccellensis Brabantinus.
fr. Hermannus Almariensis Hollandinus vel Phrysius ord. sancti Francisci ord. tertia fcg (?) gratis omnino 40

Summa 149.

45 De residuo inscriptionis in album studiosorum:

Ioannes Pilgerim Erphurdiensis et Ioannes Scholl de Wissenstegk ddt. 10 nov. Ioannes Hilspach et Iob Numburgensis 5 schnebergenses. 45

[1] sto = stomacho, slo (mit durchstrichnem l) wird solutio von Walther erklärt; keines paßt hier.

1516. Mich. 247. Rect. Henricus Leonis.[1]

f. 92cd

(S)Apienter inter reliquas statutarias leges hanc multo editam sale (?) almum gymnasium Erphordiense condidit, ut singulis mediis annis rectorem creandum esse ducat, qui prospiciat in dies et vigili cura rebus incumbat et negotiis amministrandis, quae 5 detrimentosa reipublicae literariae, quae salutaria et conducibilia cadere possint, ut haec studiosissime prosequatur, illa veluti scopulum navigando devitet, ut nulla sit racio, quae a disciplinis rectissimis capescendis et beate vivendi praeceptis praeter cetera optimis scholasticos remorari queat. Hanc ob rem XV° kalendas Novembris anno etc. decimosexto academia nostra nomine suo designantibus tribus electoribus 10 spectatissimis, doctore Ioanne Emerici ex Franckenburgo, iureconsultissimo, Wolfgango Scholl Herbipolitano, maioris collegii, Philippo Combergi ex Segen, Portae coeli collegis et magistris doctissimis, moderatorem Henricum Leonis phisicum ex Bercka prefati contubernii, cui nomen Porta coeli, decanum et collegam perlibenter ascivit ea conditione et foedere, quo per semestre tempus pro vetere instituto gymnasticae prae- 15 fecturae gubernaculis praeesset et eam pro virili sua tranquille prudenter et sancte moderaretur ad optimi maximi Dei gloriam et dictae praecellentis universitatis decus et conservationem; sub cuius prefectura subscripti ad scholasticorum numerum feliciter sunt collocati:

f. 93a

Integrum sequentes dederunt:

20 Nobilis et generosus dns Henricus comes de Swartzburch dns in Arnstat et Sundershusen, canonicus cathedralis ecclesiae Coloniensis 2 flor. universitati dt. et pedellis 1.

25 Ionas de Stochusen nobilis praenominati dni famulus gratis.

f. 93c

Albertus Kanno, Ioannes Meyger } Cloppenbergenses.

Hieronimus Vetter de Giengen.

30 Iacobus Lyczsel de Brambach.

Georius Krafft ex Hertzou.

Wolfgangus Fabri de Ylmenau.

Ioannes Otto de Gundelfingen.

Ioannes Meckebach de Spangenberch.

35 Vicencius Episcopus ex Ghenis.

Casperus Sanheym de Cappel.

Georius Seel de Karlstat.

Ioannes Schetzlen de Karlstat.

Anthonius Gezendorffer de Karlstat.

40 Erhardus Buespluck ex Sausenhem.

Henricus Gogrevo de Hamel.

Ioannes Scholl de Rytnorthusen.

Casperus Volsken Erffordianus.

Balthasarus Schaffenrayt de Kindelbruch.

Ioannes Kop ex Hoxaria.

20 Michael Heyn Butstadius.

Anthonius Gerken ex Gottingen.

Ioannes Falckenberch nobilis.

Conradus Hofman ex Sultzbach.

Ioannes de Dam ex Brunswick.

25 Ioannes Peyn ex Heligestat.

Borchardus Wenck ex Vach.

Fredericus Sneman de Ebeck.

f. 93d

Nicolaus Notele ex Hall.

Bernhardus Pistoris ex Crutzenach sacerdos.

30 Georius Brusener ex Missna.

Heltwinus Greeff Erffordiensis.

Ioannes Dunckel de Weberstat.

Georius van Hagen.

Nicolaus Poppe ex Gota.

35 Mattheus Koler ex Molhusen.

Martinus Keyser de Schzyren.

Eberhardus Suebus nobilis.

Hermannus Winckel, Hermanus Holten } Bremensis.

40 Carolus Bucke Osnaburgensis.

Wolfgangus Schele.

Cristophorus Weyneig de Rynholt

fr. Paulus Cothwicensis canonicus regularis.

Ioannes Wesinbach ex Bydenkap.

[1] Das Wappen fehlt, ebenso die Initiale S.

Hieronimus Walpoth ex Gottingen.
Laurencius Grossener ex Frinstat.
Ioannes Wyrach de Swinfordia.
Iodocus Ernst ex Oberisselheym.
5 Ioannes Peyns de Swinfordia.
Udalricus Zculeys ex Steynach.
Balthasarus Bech de Lutzdorff.
Albertus Cordis ex Menningen.
Ioannes Krafft ex Aresteyn.
10 Ioannes Geyger.
f. 94a Martinus Wolfgouwer ex Wershusen.
Bernhardus Schober de Hellurch.
Valentinus Sydenbant de Obehem.
Andreas Reindt ex Gottingen.
15 Ioannes Dytwyn de Echzel.
Georius Textoris ex Groningen.
Henricus Textoris ex Ursel.
Wilhelmus Fabri ex Gampach.
Henricus Brecht ex Gottingen.
20 Marcus Moldefelt ex Gottingen.
Georius Wiczel ex Vach.
Gotmannus Lyntz ex Sarburch.
Henricus Patberch ex Werdena.
Ioannes Cyrolt ex Iheuis.
25 Iacobus Pfatt ex Freptungen.
Gotfridus } Stromer ex Duderstat.
Nicolaus }
Franciscus Grunsfelter ex Bochen.

Medium infrascripti dederunt:

30 Ioannes Knebel ex Crutzenach.
Ioannes Weser de Ylmen
Ioannes Petzscholt Herbipolitanus.
f. 94b Valentinus Muller ex Elrich.
Anthonius Hasmar Lyppiensis.
35 Ioannes Rodulphi ex Uslaria.
Martinus Buen ex Cassel.
Georius Snydewynt ex Herbipoli.
Ioannes Fabri de Memminge(Meinninge?).
Ioannes Precht de Gunstehusen.
40 Hermannus Folgelboltz ex Merano.

Quatuor solidos sequentes dederunt:

Stephanus Piscatoris ex Wissen.
Valentinus Hoffeman de Usingen.

Ioannes Frytz de Nova ecclesia.
Gregorius Neckel de Kelbra.
Casperus Lynse de Guttern.
Hermannus Listingen ex Warborch.
Bernhardus Harder de Dornstat. 5
Theodericus Edessem de Northusen.
Iodocus Wisser de Esslingen.
Gerwicus de Rotwersen.
Nicolaus Bardt ex Bayreudt.
Iodocus Minor ex Gundersheym. 10
Theodericus Prues ex Hanover.
Udalricus Lubel de Gundelfingel.
Georius Ulner ex Ysennach.
Ioannes Koll ex Gottingen.
Henricus Rodolphi ex Northeym. 15 f. 94c
Ioannes Czigeler } ex Ethusen.
Michael Falckensteyn }
Philippus Damiani ex Lutzeborch.
Henricus Wigant ex Gebisse.
Mathias Hocher } ex Bochen. 20
Henricus Steller }
Petrus Steynmetz ex Laudeborch.

Solvendo dispares sequuntur:

fr. Ioannes Fytzer artium mag. Wittenburgensis. 25
fr. Nicolaus Iodoci de Antwerpia mag. Lovaniensis.
fr. Fredericus Hunoldi baccal Lyptzensis.
fr. Ioannes Guttern studens Coloniensis.
fr. Georius Rasemann } Erffordienses. 30
fr. Georius Hoech }
fr. Ioannes Leuterpach Colbacensis.
fr. Gabriel Czwincling baccal. Wittenbergensis.
fr. Oswaldus Hubener.
Isti novem fratres ord. Augustiniani ob religionis dignitatem sunt inscripti. Unusquisque tamen pedellis 1 sol. dedit. 35 f. 94d
Nicolaus Coci ex Remde dt. 3 sneberg. et 6 ₰.
fr. Iacobus Polbiser carmelita ex Vienna Austriae dt. 3 sneberg. et 3 ₰. 40
Henricus Marpach ex Ysennach dt. 3 sneberg.
Gwilhelmus Axt ex Helborch dt. 3 sneberg.
Summa 123.[a]

De residuo intitulature:

45 Kilianus Fabri Erphordiensis dt. 15 antq.
Ioannes Ryman de Edendorff dt. 3 sol. et 6 ₰.
Nicolaus Fel dt. 10 antq.
Ioannes Rutter de Cyrenborch dt. 10 antq. 45
Caupo ex Dillenborch dt. 3 sol 6 ₰.
Melchior Fabri ex Dillenborch dt. 3 sol. 6 ₰.

[a] Richtiger 121.

1517. Ost. 248. Rect. Lic. Bernh. Ebeling.[1]

f. 95ab

Tibi[1] Erfurdiano gymnasio nobiliter in orbe famato, non sibi ut consuleret, **Bernhardus Ebeling** Brunopolita, philosophus iuris utriusque ut aiunt licenciatus et Severiani templi canonicus vigilans tutor, fidelis moderator et pius, rector designatur 5 et salutatur postridie magnorum apostolorum Philippi et Iacobi anno domini natalis XVII° post 1500mum in dominum[a] Ioannem alterum Sommeringium, alterum Emericum, equissimum iureconsultum, et Heinricum Herboldi Hoxarianum, philosophum undecumque egregie doctum, curiatis comiciis sorte incidentibus. Qui militie litterarie 174 addidit tyrones, non solum ea opinione et proposito, ut bonis artibus, verum etiam honestis 10 institutis et moribus eciam usque ad sudorem bonam navarent operam, ut cursu sibi propositam metam indefesso pro sua peculiari commoditate et gymnasii laude et gloria contingerent. Hi post sacramentum a se sancte prestitum iura fisci pro suis facultatibus contulerunt; quorum patriam cognationem et nomina offendere licet ut sequitur:

f. 95cd

Integrum dederunt:

15 dns Otto Beckman de Warburgk mag. et lic. iuris studii Wittenbergensis gratis propter honorem sue universitatis.
Iudocus de Bicken canonicus Wetzflarensis dt. 1 flor. iuliacensem.
20 dns Iohannes de Lapide canonicus ecclesie Herbipolitane.
dns Andreas frater eiusdem, dederunt 1 flor.
Eberhardus von der Thanne Eystatensis canonicus 1/2 flor.
f. 96a 25 Fridericus von der Than canonicus Novi monasterii Herbipolensis 8 gr.
dns Udalricus Eckenbirger de Augusta, canonicus beate Marie Erffurdensis dedit 11 schneberg.
Vitus Brenck nobilis de Blanckenaw 10 sne-
30 berg.
Iacobus Stromel de Bappenlaw tm.
Vitus Roßpacher de Rastadt tm.
Iohannes Adelunck de Gamstet.
Petrus Textoris de St. Gwerßhußen.
35 Petrus Pistoris de St. Gwerßhußen.
Michael Guntzel Erphurdianus.
Iohannes Bußhecker Erphurdianus.
Paulus Weydeman Embeccensis.

Iohannes Berndes ex Brunschweigk.
Iohannes Sercken Goßlariensis totum. 15
Matthias Rincken baccal. Lipsensis ex Ißleuben.
Andreas Sichman de Kissingk.
Bertoldus Jeger Embeccensis
Iohannes Derdental Hoxariensis. 20
Iohannes Tetzemkanp de Oldendorp. f. 96b
Bertoldus Piltzer Hoxariensis.
Heinricus Mathie Hoxariensis.
Iohannes Gröven Hoxariensis.
Iohannes Derndal Hoxariensis. 25
Conradus Thuntzebach de Guckeßheim.
Martinus Schram de Alstet.
Andreas Witterl Fuldanus.
Andreas Brun Northusensis.
Andreas Warmuth Northusensis. 30
Gerlacus Ebel de Gyßen.
Franciscus Waldenroth de Saltza.
Iohannes Geyer de Murstadt.
Eucharius Lutzman de Kunigeßhofen.
Nicolaus Siffridi de Gotha. 35
Christofferus Meßner de Fussen.
Iohannes Prusse de Isennacho.
Wolffgangus Gunckel ex Sula.

[a] In E binum (wohl im Sinne zweifacben, d. h. 2 mit gleichem Namen).

[1] In einer Kapelle kniet der heil. Bernhard mit Nimbus in schwarzer Cistercienser-Kutte vor einem Bilde der Maria mit dem Kinde auf Goldgrund; die Worte: „monstra te esse matrem dei" stehen auf einem Spruchbande; vor ihm steht das Wappen des Rectors: blauer Schild mit goldenem Bischofsstab, belegt mit einem Schrägbalken, der 2 Reihen Schachfelder zeigt (roth und weiß), über dem Schild eine weiße innen blaue Bischofsmütze.

Fridericus Winckelman ex Frauaurach.
Petrus Reynicken ex Pattense.
Balthasar Viehe ex Cappel.
f. 96c Nicolaus Santrock Oldendorffensis.
5 Valentinus Lanius ex Hoestat.
Iohannes Volques de Bergen.
Conradus Platz de Bergen.
Hermannus Riperbusch Hildesemensis.
Heinricus Heyneman Hildesemensis.[b]
10 Iohannes Schrillen de Segen.
Hermannus Balistarius ex Herborn.
Sebestianus Herdan ex Saltza.
Philippus Echter de Eupach.
Laurencius Kerner Erphurdianus.
15 Wolffgangus Zeygeler Erphurdianus.
Georius Hennenberiger de Randesacker.
Nicolaus Bachman Erphurdianus.
Cristophorus Bartolff de Gutteren maiori.
Ioachimus Negenborn Hildensemensis.[b]
20 Symon Negenborn Hildensemensis.[b]
Hartmannus Bingel ex Groningen.
Iohannes Glym ex Hersfeldia.
f. 96d Wilhelmus Kystener de Moßbach.
Cristofferus de Hoffgart
25 Iohannes Lysemuch de Franckfordia.
Melchior de Aquisgrano canonicus Northusensis.
Iohannes Oßwalt Isennacensis.
Hermannus Bern de Wolffhagen.
Iohannes Gron de Obenhene.
30 Iohannes Stocken de Hilchenbach.
Borckardus, Lippoldus, Fridericus } de Hansteyn nobiles ddnt 1 flor.
Nicolaus Hansteyn.
35 Conradus Hempe de Kelbra.
Iohannes Bodunck de Anderstat.
Henningus Stuke Brunopolita.
Nicolaus Widelunck Erphurdianus.
Herbordus de Ienis nobilis.
40 Laurencius Wiltzfur de Evertorff.
fr. Iohannes Krußen Northusianus professus Walckenreden baccal. Lipsensis.
Mathias Berkestel Treverensis.
f. 97a Iohannes Gladii de Oreyn.
45 Nicolaus Meßmacher de Reppin baccal. Franckfordensis.
Heinricus Morhardt ex Vach.
Leonardus Wymar de Urba.
Iohannes Kleyn de Aschaffenburgk.
50 Henningus, Rudolphus } de Margaritis Erphordiani.

Andreas Beßel Brunopolita.
Franciscus Fachs ex Saltza.
Wolffgangus Storch de Retwitz.
Remigius Bercka de Franckenhusen.
Leonhardus Ernst de Molhusen. 5
Adamus Sump de Brittenbach.
Martinus Windorff de Hilgenstadt.
Adamus Krebtz ex Kocheym.
Iohannes Kun de Weldungen.
Heinricus Schnarman Paderbornensis. 10
Iohannes Slothawer Saltzensis.
Benedictus Keller Herbipolita.
Iohannes Roßman de Ilmen.
Severus de Sachsßa Erffurdianus.
Sebaldus Krap ex Breßlavia. 15
Wilhelmus Schott canonicus Herbipolitanus.
Iacobus Wytman de Carlstat baccal. Wittenbergensis. f. 97b
Christofferus Furster de Cassel.
Iacobus Plemmiger de Luneburgk presbiter. 20
Sixtus Reyßner, Balthasar Pistoris } de Phistingen.
Iohannes Lafferdes Brunopolites.
Bartolomeus Herinck de Fissen.
Wilhelmus Vellichhawer, Iacobus Baerl, Iohannes Hunt } Berckenßes. 25
Wilhelmus Thorn de Notstadt.
Iohannes Strich de Milen.

Dantes 4 snebergenses: 30

Heinricus Kolbach ex Saltzungen.
Michael Borchfeldt ex Saltzungen.
Iohannes Helmbrecht Gottingensis.
Vitus Marggreffe ex Ißleuben.
Iohannes Gerleges Hoxariensis 35
Conradus Runger ex Ebern.
Iudocus Fackeler ex Oltztenitz.
Wolffgangus Mostel ex Plaw.
Valentinus Suerkeße ex Dyemsteyn.
Melchior Reyer ex Friburgk. 40
Georius Schibelhut ex Luttenbach. f. 97c
Georius Siffridi ex Cappel, Iohannes Beyer ex Plaw } 5 schneberg.
Wolffgangus Huler ex Plaw.
Heylmannus Moller de Dorfelde. 45
Iohannes Wolfftall de Bistzusen.
Baltazar Schlichter ex Saltzungen.
Casperus Schrurer ex Fritberg.
Michael Hottensteyn ex Wißen.
Syntramus Lotze ex Groningen. 50

---

[b] Hildemensis E.

Iohannes Ibenhain ex Gota.
Iohannes Beyer ex Warbergk.
Petrus Schwester de Holfelt.
Meinhardus Schadeck ex Nuelenungen.
5 Hieronimus Uffeme ex Heringen.
Iohannes Franck } Erphurdianus.
Iohannes Coci }
Iohannes Schmalholtz de Stoltzenhusen.
Philippus Petri ex Lutzelborgk.
10 Iohannes Eckers de Ertz.
Henricus Henger ex Dannidel.
f. 97c Wendelinus Figulus ex Carlstet.
Iohannes Dinckel ex Kunnigeßhoffen.
Iohannes Ißman ex Peynitz sacerdos.
15 Iohannes Opilionis ex Limpurg.
Benedictus Berckman } de Aldenburg.
Alexander Frenis }
Wolffgangus Krauß de Constat.
Sigismundus Sterr de Halxenn.
20 Heinricus Wigenrodt de Duderstaidt.
Laurencius Fennichter de Gyßßen.

Dantes tres snebergenses et 9 nummos:

Guilhelmus Streum de Beckerßen.
Petrus Kroge de Orlemunde.
25 Iohannes Knabenschuch de Hombergk.

Erhardus Schultis de Saltza.
Iohannes Götz de Dinckelspul.

Inequaliter et pauperes:

Alexander Cordewan Embeccensis ad honorem rectoris gratis quia ipsius inquilinus et famulus. 5
fr. Iohannes de Sachßa monachus cenobii Walckenredensis gratis ad honorem sui abbatis. f. 98a
David Mollori } 2 gr. pedellis. 10
Wilhelmus Koarnay }
fratres et sacerdotes Francisci ord. penitentium ex Hibernia.
Heinricus Nithardt gratis ob honorem rectoris.
Iohannes Heyl de Schalkeldia $3^1/_2$ schneberg. 15
Raymundus Gist Erphurdianus cuius patrinus et aliorum gemellorum fuit cardinalis Raymundus et legatus de latere 1 schneberg.: famulis, semel nati.
dns Iohannes Kurlebeck Embeccensis dedit famulis 1 schneberg. 20
Hermannus Sturmer Erfurdiensis } pauperes
Oßwaldus Batzer de Weickorsem } chorales Se-
Paulus Beck ex Grefenaw } veriani prop-
Iohannes Windolff ex Hilgenstadt } ter deum. 52

Summa 174.[a]

De residuo intitulature:

Guntherus Ciriaci } ddt. 4 schneberg.
Ioannes Johen de Arnstein }
Ioannes Volradt de Swartza }
30 Arnoldus Textoris de Tillenberg }
Conradus Cauponis }
Theodericus Kulinck }
Erasmus Isenberg }

Ioannes Walteri } ddt. 4 sneberg.
Conradus Zeyl de Offenbach }
Ioannes Zcyman de Ostheim med. dt. 30
Ioannes Lich 4 sneberg.
Nicolaus Ernst 3 sneberg.

Summa 35 (?) sneberg. 3 ₰.

[a] Richtiger 172.

1517. Mich. 249. Rect. Mich. Textoris. f. 98cd

35 Radiis[1] solis micantibus, quibus divi Luce evangeliste solennia agebantur, ab 35 optimi summique Salvatoris nostri anno 1517, quo undique pestilentiae rabies et furor et obsidebat et oppugnabat, partim necando partimque fugiendo[a] sic, quod propter

[a] Richtiger wäre wohl fugando.

[1] Kein Wappen. Vor dem gekrönten Bilde der Madonna mit dem Kinde in einem Kapellenbogen, innerhalb der Initiale R, kniet der Rector in schwarzem Talar und schwarzem Käppchen; seinen Händen ist ein Gebetbuch entfallen. Hinter ihm an einem Pfeiler steht der heil. Bartholomaeus mit Nimbus, ein kurzes Messer in der Hand (mit dem er geschunden wurde) aufrecht haltend.

defectum et absenciam personarum universitatis a venerabilibus viris et dominis, mag. Iohanne Hupff ex Kyn, baccalario formato in theologia facultatis arcium decano, a mag. Eobano Draconis, nec non a mag. Ambrosio Carlaw Wittenburgensi designatus electus et f. 99a pronunciatus est in rectorem atque monarcham almae universitatis Erfurdensis Michael 5 Textoris ex Hirsaw, bonarum artium magister tunc temporis tanquam senior ecclesiaeque beate Mariae Virginis vicarius; sub cuius rectoratu intitulati sunt subscripti:

Totum solventes:

Iohannes Libolt Erphurdiensis gratanter ob reverenciam rectoris.
10 fr. Iohannes Stammeler de Bomberga prior monasterii Bega med. flor.
Iohannes Lentz de Suntra.
Clemens Diskaw de Stasfort.
Iacobus Wigandi de Lindenn.
15 Iohannes Werner de Gysßen.
Nicolaus Navia de Quary (?).
Marcus Zimmerman de Franckenborck.
fr. Wychmanus Lutteri de Brunswyck.
Nicolaus Symerinck de Saltza .... (in Sthûig?).
20 Ioannes Mollefelt de Marczhusenn prope Gottingen.
Ioannes Meyr ex Reckingen.
Ioannes Ottilge de Papolawer.
Ioannes Schlick de Honebra.
25 Matheus Schrotter ex Dalebenn:
Iohannes Keyser de Honeffer.
Emericus Bingel ex Grunigenn.
Iohannes Kremer de Collede.
Ieorius Dor ex Lebenfels.
f. 99b 30 Bartholomeus Blun de Stockheim.
Anthonius Hermanni ex Mellestat.
Iohannes Dript de Bercka.
Iohannes Werdorff de Hungenn.
Iohannes Hylnn ex Busseck.
35 Conradus Hebt[a] de Grunigenn.
Iohannes Ber de Brunschwig.
Thilmannus Brunß de Osterrodt.
Iohannes Tzirler de Ylmennaw.
Nicolaus Rodt de Kamburgck.
40 Mathias Cauponis ex Tyllenburg.
Valentinus Tyl Schnebergensis.
Ioannes Reysß de Nova Wilnaw
Wendelinus Summer de Butzbach.
Petrus Greff de Hagennaw.
45 Iodocus de Manshusenn.
Theodericus Tristolatoris de maiori Braupach.
Petrus Kruger de Brunschwig.
Baltasar Seypp ex Butzbach.

Augustinus Baßer de Nyda
Wernerus Ebling de Ruffach.
Ioannes Bruderlin de Pegenytze. f. 99c
10 Iacobus Smalsfelt de Ymeshusen.
Georius Rot Phorcensis.
Sigismundus Rapp de Schweinfordia.
fr. Vuolgangus Hoffman de Schueinfordia.
Andreas Krauch de Ordorff.
15 Heinricus Furster de Allenburck.
Nicolaus Spalt de Schweinfordia.
Petrus Sygel de Rikren.
Eberhardus Hokaw de Argentail.
Ioannes Schalck de Ulma.
20 Eberhardus Hun ex Fulda.
Bartholomeus Schleffras de Fulda.
Leonardus Bartholomeus de Rottenburg.
Iohannes Hosspach de Brosßla.
Andreas Feller de Lor 1/2 schock.
25 Gerlacus Walteri de Battenburck 1/2.
Heinricus Glime de Felsburck.
Iulianus Dormann de Gottingen 1/2.
Wendelinus Rützmann Lutterbergensis 1/2.
Urbanus Robin de Gosslaria 7 schneberg.
30 Cristophorus Backer de Bichhildt.
Georius Graw de Ryczbach.
Nicolaus Schmidt de Tundorff.
Petrus Glock de Ingelheim.
Anthonius Reysß de Maguncia.
35 Nicolaus Heunisch, Edigius Herman, Iohannes Seysoft } de Karlstat. f. 99d
Iohannes Wylch de Eschia.
Michael Friderici de Heustra.
40 Heinricus Fygenn de Homburgk.
Dionisius de Monte ex Buseck.
Ioannes Heuger ex Northusen.
Lodovicus Pußch ex Northusen.
Philippus Sudre de Thuderstat.
45 Ioannes Reyssenhundt de Thuderstat.
Fridericus Textoris de Höchestat.
Ioannes Ciriaci de Sebach.
Martinus Glassualdt de Kirch.

[a] Am Rande Het.

Laurentius Wolfart de Salveldia.
Erasmus Begaw ex Northusen.

Medium dantes:

Guntherus Glongus de Dinstett mihi Iacobo
5 Hornensi (r. 253) dt. $3^1/_2$ sneberg.
Anthonius Meyger de Lutrea.
Conradus Hoffelandt de Tenstet.
Paulus Gedeler ex Weycht.
Iacobus Schuchart de Sangerhusen.
10 Henricus Brentz de Saraponte.
Georius Doringck de Seslach.
Heinricus Schun de Wickensheim.
Heinricus Paldeman de Spira.
Caspar Linhossenn de Hassel.
15 Andreas Textoris de Dillenborgk.
Matheus Lintener de Schalcken.
Ioannes Coci de Brunschwig.
Ioannes Patzelt de Pytzelheim.
Pancratius Bohemer de Borckstat
f. 100a 20 Ieronimus Kelner de Borckenstat.
Iohannes Cordeman ex Einbeck.
Iacobus Kolbe de Lobensteinn.
Andreas Torcher } de Hechstett.
Martinus Gobel }
25 Mathias Felthoffen de Hesße.
Vitus Vappel de Ysslebenn.
Leonhardus Marx de Wynisheim.
Ludovicus Brexsch de Wyssensteig.
Franciscus Bamgartte ex Arnstett.
30 Sebastianus Thynis de Hertzbergk.
Fridericus Hold de Larendt.
Georius Hubener ex Greffenburg
Nicolaus Hochenschuch Erfurdensis.
Nicolaus Schwab de Egra.
35 Adam Agricola de Holler.

Iohannes Hermanni de Montzeger.
Iohannes Schlaginhauffen Spalatinus dt. et michi Ludovico Melsungen reliquum 4 nivenses.
Euckarius Rappolt de Tottelbach. 5
Heinricus Schlauff } de Lich.
Iohannes Gysß }
Iacobus Gybel de Möster.
Ioannes Schöppelschmidt de Constancia.
Iohannes Sanderi de Munden.
Heinricus Kracht de Wolmaria. 10
Georius Gunst de Fyslaria.
Caspar Scharr de Heppach prope Schorndorff. f. 100b
Iohannes Reisman de Weisman.
Ioannes Hochenberger de Wisman.
Conradus Gottfridi de Lautterbach. 15
Petrus Ney de Alndorff.
Iohannes Margreff Erfurdensis.
Iodocus Konigspach Erfurdensis.
Iohannes Krobenn de Confluencia.
Baltasar Butzbach de Schwalbach. 20

Inequaliter:

Udalricus Miller de Salmonster 3 schneberg.
Ioannes Stange de Burckhun 2 sneberg.
Nicolaus Beck de Sundershusen 2 sneberg.
Nicolaus Morstenschmidt de Wannenfridern med. dt. 25

Gratis et propter deum quia choraules Mariani:

Gallus Linck de Lindenn.
Egidius Kerler de Rosenheim. 30
Nicolaus Syffart de Hegckstet.
Iacobus Schmidt de Elssenn.

Summa 141.[c]

De residuo intitulature:

Georius Necker de Kelbra } quivis illorum
Iohannes Monster de Cellis } dt.
Nicolaus Friderici de Salcza } $3^1/_2$ sneberg.

Augustinus Wegener de Cappel } quivis illorum 35
Nicolaus Honeracker } dt. $3^1/_2$ sneberg.

[c] Richtig.

---

40 **1518. Ost. 250. Rect. Math. Meyger.**[1] f. 100c d

Christiane[1] salutis anno decimo octavo supra MD^um altera die sanctorum Philippi et Iacobi **Mathias Meyger** de Hallis, iuris utriusque doctor Hildensemensis cathedralis 40

[1] Kein Bild und kein Wappen.

et beate Marie Erffordensis canonicus ac in dicta Hildensemensi archidiaconus in Schmedestedt, in hoc florenti studio iura canonica ordinarie legens, per eximios clarissimosque viros dominos Casparem Eburneum de Schmalkaldia, sacre theologie professorem monasterii predicatorum Erffurdensium priorem theologiceque facultatis, ac Hinricum Eberbach, utriusque medicine doctorem et medice facultatis decanos, nec non Rembertum Remberti Brunsvicensem, arcium et philosophie magistrum et in utro que iure baccalaureum eruditum, in rectorem huius gymnasii designatus et electus est; sub cuius semestri hij qui sequuntur recepti et matricule inscripti sunt:

Reverendus pater dns Davidt abbas scholarum huius universitatis conservator gratis pro honore universitatis.

f. 101a **Integrum solventes:**

dns Martinus de Wisentaw canonicus Herbipolensis dedit 1/2 flor.
Fridericus Georg von Th un tm.
Bernardus de Droschwicz·.
Leonardus de Borckeßrode
Fridericus de Borckeßrode.
Ioannes de Beudeleben.
Georgius de Herbstett.
Ludolphus de Walmede.
Iodocus de Ettla mag. Coloniensis de Oßnaburgis.
Petrus Homike lic. in decretis.
Henningus Pawest canonicus Gandersemensis et prepositus sancti Petri Goslariensis.
Bernardus Feder de Herbipoli.
Ioannes Reger de Gemyndt.
Ioannes Volckmar de Hirschfelt.
Bonifacius Blichenrodt de Gota.
Michael Doliatoris de Herbipoli.
Henricus Rode de Weckeßheym.
Ioannes Kuttzenberg de Echsel.
Ioannes Kogel de Gottingen.
Iacobus Eilhard de Northußen.
Georgius Brunhorich de Sigen.
Sebaldus Welker de Isenach.
Ioannes Eichman de Wetter.
Nicolaus Balman de Wissensee.
Ioannes Aldenberg de Renchshußen.
Ambrosius Tam de Kemnicz.
Ioannes Tam de Kemnicz.
Franciscus Rebis de Northußen.
Casperus Dillige de Aschania.
Andreas Eckart de Mansfelt.
Iodocus Peynis de Hildensem.
Conradus Schelt de Cassel.
Wilhelmus Roßdorff de Wasunge.
Caspar Clenster de Gisßen.
Hinricus Fredeman de Goßlar.
Georgius Kopman de Goßlar.
Symon Kopman de Goßlar.
Andreas Retem de Osterrode.
Hinricus Bruel de Gangolffsommerde.
Ioannes Ettla Oßnaburgensis.
Ioannes Schewmlin de Miltenburg.
Melchior Homberg de Frißlaria.
fr. Wolffgangus Meckheymer ex Borghaußen ord. Cisterciensis. f. 101b
fr. Ioannes Zcange de Cranach ord. Cisterciensis.
Cornelius Linden de Bercka.
Wilhelmus de Mosa de Goch.
Iacobus Molsenn (-seym?) ex Argentina.
Wilhelmus Schadt de Sultzfelt.
Ioannes Node de Isenach.
Ciriacus Hilkener Erffordensis.
Iheronimus Dytenheimer de Wissenstenn.
Casperus Adorff Schmalkaldensis.
Gotfridus Finck de Rusthenberg.
Petrus Mock de Echsel.
Ioannes Arleiter de Echsel.
Caspar Starck de Heynichen.
Ioannes Meyer de Alsbach.
Leonardus Petri de Laer.
Hermannus Greunig de Gestke.
Nicolaus Hempel de Grevenaw.
Wilhelmus Wagener de Daen.
Iodocus Fewrer de Randerßacker.
Donatus Schmanch de Stolberg.
Gorgius Gelberti Scotus.
Ioachim Kammermeister Bambergensis.
Martinus Sulczman de Stolberg.
Georgius Reynschmydt de Colmbach.
Ioannes Hage de Fronigke.
Conradus Mißner de Geißmaria.
frater Martinus Rota ord. sancti Benedicti de Porta.
Ioannes Thomas de Zcigerust.
Stephanus Crawße Nurenbergensis.
Iacobus S oer Erffurdensis.

Leonhardus[a] Kolman de Krailßheym.
Stephanus Schreiner de Krailßheym.
Leonardus Schmydt de Willeczen.
Mauricius Vilter de Gottingen.
5 Conradus Flam Volgmariensis.
Georgius Schmydichen de Stolberg.
Ioannes Fabri de Ilmenaw.
Dythmarus Knor de Halberstadt.
Georgius Zcindel de Herbipoli.
10 Eberhardus Ferber de Montebur.
Gothardus Kirchberg de .[b]
f. 101 c Nicolaus Zceitlos de Schweinfurt.
Mathias Treisa de Isenach.
Sebastianus Molitoris de Rotensteyn.
15 Georgius Gossel Brunsvicensis.
Iodocus Bergentrike Embicensis.
Tilemannus Stephani Embicensis.
Hinricus Bergentrike Embicensis.
Conradus Grißmar de Cletner.
20 Gaspar Schuczbar dictus Melcheling nobilis de Treiße.
Ioannes Gockel de Hilchenbach.
Conradus de Lor nobilis.

Medium solventes:

25 Hurpertus Zonilim de Rorbach.
Anthonius Weck de Wisenhorn.
Albertus Kiß de Wittenborg.
Hermannus Monck Eymbicensis.
Ioannes Sartoris de Raen.
30 Ioannes Kurcz de Neuenkirch.
Wilkinus Wissel de Brunschwig.
Ioachim Jeck de Eyssenßheym.
Ioanneß Husingen de Schwyna.
Cristianus Pagensterker Monasteriensis.
35 Thomaß Meder de Walteßhawßen.
Bartholomeus Balnhawßen de Kassel.
Sebastianus Glesener de Cassel.
Arnoldus Symon de Huxaria.
Melchior Feller de Loer.
40 Andreas Gertener ex Tillingen.
Andreas Hertrich de Franckfordia apud Moganum.

Tilemannus Schult de Ritnorthawßen.
Ioannes Heubtman de Hove.
Wernerus Coci de Luden (Linden?) maiori.
Ioannes Rupertus de Pfortzen.
Mathiaß Sideler de oppido Glaßhutten. 5
Ioanneß Zcewleiß de Stunach.
Nicolaus Meincz de Ulma.
Ioannes Weiget de Romilt.
Symon Wallich de Bußwiler.
Ioannes Beyer de Schalken. 10
Tilemannus Godder de Sigen.
Nicolaus Mues de Northaußen.
Georgius Beheiner de Constancia.
Ludewicus Lepper de Friborg.
Iacobus Steppe de Lasphe. 15 f. 101 d
Ioannes Pfanmuß de Herbipoli.
Wilhelmus Gunderßleber de Reczbach.
Wilhelmus Graw de Reczbach.
Reinhardus Rangloß de Hayne
Valentinus Zcimmerman de Schwiger. 20
Vitus Burckart de Gemunda.
Ioanneß Windensteyn de Meyningen.
Wolffgangus Ranfelt de Wasserfelß.
Karolus Gunter de Karlstadt.

Inequaliter solventes: 25

Caspar Groß de Karlstadt }
Petrus Tewerlen de Karlebur } ddt. 8 schneberg.

Gratis:

Ioannes Schnydewint de Ermeßleven familiaris rectoriß. 30
Ioannes Scheuwerrer de Ehing.
fr. Conradus[1] Clinge Northusensis minor.

Gratis pro Deo:

Wernerus de Bacherach Hebreus baptizatus gratis ad peticionem dris Isenach. 35
Ioannes Buring de Brunschwig familiaris rectoriß.

Summa 144.

[a] Leonhrdus E. [b] Vielleicht Montebur zu ergänzen.

[1] Gewiß jener muthige Barfüßermönch, der 1522ff. in der erregtesten Zeit in Erfurt aushielt und sich nicht scheute, den zurückgebliebenen Anhängern der alten Lehre in der Hospitalkirche zu predigen. Sein Bild ist noch im Dom vorhanden.

1518. Mich. 251. Rect. Andr. Frowin.[1]

Omnium[1] sanctorum opitulamine nec non legittimis suffragiis eximii et venerabilium virorum domini Henrici Aperbachi, arcium et medicine doctoris expertissimi eiusdemque facultatis decani dignissimi, atque dominorum Hinrici Sigten Brunopolite et Laurencii Arnoldi de Usingen, arcium liberalium magistrorum doctissimorum maiorisque collegii collegarum optime meritorum, anno salutis 1518 sanctissimi et scribe et medici Luce festo designatus pretor scolasticus eximius vir, dominus Andreas Frowin Errfordianus, sacre theologie licentiatus et durante suo officio in doctorem promotus ecclesie. Omnium sanctorum pastor vigilantissimus; qui hos albo universitatis inseruit.

Solventes integrum:

Iohannes Homperti de Frangfordia.
Iohannes Saur de Morle.
Iacobus Buczbach Erffordensis.
Ludovicus Romer de Frideburck.
Anthonius Helmsdorf de Molhusen
Andreas Ful de Salczungen.
Iohannes Hoffeman de Gotha.
Iohannes Gocz de Gruningen.
Henricus Schnider de Wolffhagen.
Wencislaus Hartbrecht de Salveldia.
Ioannes Demicker de Hanburck.
Georius Mathis Erffordensis gratis ob reverenciam rectoris, quia filius Sebastiani Mathis proconsulis.
Bernhardus Mengos de Herbipoli.
Ioannes Brawer de Sancto Nabore.
Ioannes Grebe de Margburck.
Petrus Heuck } Cellenses.
Iacobus Schinen }
Alexander von der Thannen nobilis dedit 10 nivenses.
Ieorius de Raczenburck ex Hornesruth.
Kuno Schwint de Uffinbach.
Iacobus Langenhain de Gotha.
Ludolffus Schultus Brunopolita dt. 8 nivenses.
Ludowicus Remlinger } Errfordenses.
Ioannes Gunderam }
Laurencius Lutherer de Eslyngen.
Thilomannus } Ludolpff Erffordenses ddt. 8 nivenses, reliquum ob reverenciam rectoris condonatum est quia eius parrochiani.
Nicolaus }
Ioannes Wydelman de Ingelstet.
Michael Schubart de Tetelbach.
Bernhardus Peczolt de Herbipoli.
Iohannes Roder ex Schwisch.
Adam Blichenrode de Thundorff dedit 7 nivenses.
Conradus Yrinck de Aldendorff prope Werram canonicus Ferslariensis.
Iohannes Swynforter de Nurenberga.
Mathias Kauth } ex Mundra.
Gregorius Konnig }
Leo de Lyebensteyn.
Rabanus de Dorenburck } nobiles.
Philippus de Webelyingen }
quilibet dt. 8 nivenses
Ioannes Heuck Erffordensis dt. 4 nivenses, reliquum ob rectoris reverenciam condonatum est.
Henricus Must de Marpurck.
Valentinus Ickelsamer de Rotenburgia.
Ioannes Brysenschuch de Herbipoli.
Martinus Helmuth de Sula.
Georius Blawrock de Herbipoli.
Ioannes Sartoris de Ordorff.
Michael Reuger de Escfelt.
Iohannes Balistarius Erffordensis.

[a] Die Zahlen Fol. 102—110 sind in der Foliirung der Handschrift übersprungen; daher folgt auf Fol. 101 gleich 111, 112 u. s. f.

[1] In der die obere Hälfte der Seite bedeckenden Initiale schwebt Maria empor, zwischen Gott Vater und Christus, welche die mit Edelsteinen geschmückte Krone über sie halten (Inthronisation); beide führen den goldenen Reichsapfel; auf den äußersten Enden steht je ein Engel; über der für Maria bestimmten Krone schwebt der heilige Geist als Taube. Unten stehen von links her eine heil. Frau ohne Attribut, Paulus mit dem Schwerte, Petrus mit dem Schlüssel, eine Heilige, der Bischof Nicolaus mit drei goldenen Kugeln in der linken Hand und Katharina mit dem Schwerte.

Conradus Holczer de Marpurck.
Erhardus Frawenholcz de Kemmath.
Wilebaldus Sawr de Arburck.
Vitus Prempach de Eichelborn.
5 Georius Wayner de Rotenburck.
Sebastianus } Lancker de Marpurck.
Daniel
Marcus Horenn de Herbipoli.
Ioannes Sterner de Herbipoli.
10 Ioannes Raw de Nurdeck.
Petrus Gruß de Fallendar.
Martinus Kulbe de Arnstedt.
Ioachim Krill de Werben.
Adam Moer de Honburck.
15 Iohannes Kangisser de Homburgk.
f. 112a Luderus Seurinck Hildesianus dt. 8 nivenses.
Ioannes Lutholt de Berreuth.
Sebastianus Weser de Ylmen.
Ioannes Furbacher de Wymaria.
20 Georius Marpach de Ysennach.
Ioannes Hartung de Herbipoli.
Udalricus Promer de Lansberck.
Ioannes Graffe Badensis.
Andreas Fust de Fulda.
25 Cristopherus Nebelung de Ysennach.
Wernerus Rysener de Schlicz.
Valentinus Geysa de Fulda.
Lucas Wige de Aldendorff.
Hermannus Forck de Dorstenn.
30 Casparus Hermanni de Buczbach.
Conradus Heyser de Salcza.
Hermannus Ciriaci de Homburck.
Walterus Roth de Melbach.
Iacobus Demuth de Constancia.
35 Ioannes Hedden de Wildungen.
Christianus Fabri de Kula.
Matheus Ruckenfuß de Molhusen.
Ioannes Wayner de Grussen.
Conradus Frey ex Wyngarth.
40 Andreas Roße de Heringen.
Nicolaus Lorbecher de Wesalia.
Henricus Fritag de Franckenberck.
Ioannes Seuttel de Melsungen.
Hermannus Sybelding clericus Heildesemiensis in-
45 titulatus eciam prius sub licenciato Naubenstadt.
Conradus Fabri de Regelsteyn.
Ioannes Maurer de Rotenburgia.
Ioannes Apphelstedt ex Mittelhusen.
Servacius Brickel de Langunsen.
f. 112b 50 Melchior Ioachim } de Gyssenn.
Reinhardus Hedderich
Melchior Klar de Lundorff.
Ioannes Fabri Volckmargensis.

Ioannes Sydemann Czwickaviensis.
Baltazar Czan de Waltershusenn.
Ioannes Steynnacker de Haczgenrode.
Martinus Klemenberck } de Stolberck.
5 Martinus Harleb
Anthonius Hußhan de Haczgerode.
Bruno de Wesenthaw nobilis.
Augustinus Koch de Wirnigerode.
Silvester Czotengortel de Tudersted.
10 Ioannes Onesorge Wulfershusenn.
Iacobus Paulenn de Northusen.
Vitus Bester de Monte nivis.
fr. Martinus Sutoris de Bisseneck.
Ludewicus Holstain de Sonberck.
15 Iacobus Piscatoris } de Tuderstad.
Ioannes Piscatoris
Nicolaus Bonsag
Andreas Ailharth Erffordensis.
Petrus Scheffer de Osterich.
20 Adelarius Rich Erffordensis gratis ob rectoris reverenciam quia filius sororis.
Henricus Doleatoris de Gorslebenn gratis ob rectoris reverenciam quia ecclesie Omnium sanctorum edituus.
25 Sifridus de Castro ex Susato.
Fridericus Balfe de Susato.
Georius Schuller de Cappel.
Nicolaus Gutman de Fulda.
Fridericus Türcke Brunopolita.
30 Martinus Merglyn Herbipolensis.
Hermannus Reße Erffordensis.
Fridericus Felder de Collede.

Solventes 4 snebergenses: f. 112a

Ioannes Neße de Bernbach.
35 Ioannes Bicken de Waldennaw.
Nicolaus Fickart de Kirchburck.
Ioannes Loder de Wassertrudingen.
Hinricus Gerber de Thaleber.
Petrus Ernst de Mansfelt..
40 Franciscus Tuncker Bremensis.
Philippus Hussel de Langensdorff.
fr. Ioannes Gocz de Albo fonte ord. divi Wilhelmi.
Ioachim Hamer de Sundershusen.
Fridericus Sartoris de Nida.
45 Hermannus Sommerinck de Salcza, reliquum dt. mag. Ludovico Melsungen.
Iohannes Sperber de Greffenaw.
Martinus Taurus } de Nurnbergia.
Ioannes Hagenn
50 Ioannes Rothaut de Meyningen.
Andreas Vipach de Butstadt.
Iodocus Kloster de Hachenborck.

Mathias Blecz de Hachenborck.
Erhardus Czeuleysenn de Statenach.
Eberhardus Czyczeman de Statenach.
Sebastianus Isenman de Frickenhusen.
5 Iohannes Heysse de Salczungen.
Ioannes Tuppeler de Gundelfingen.
Hennignus Bobenczan de Eusler.
Mathias Fabri, Petrus Czydel } de Treysa.
10 Andreas Garman, Iodocus Gulmen } de Fulda.
Ioannes Weylant de Eschwe.
Ioannes Gircke de Axterode.
Bartholomeus Schroter de Molhusen.
15 Gregorius Friderich Erffordensis.
Melchior Rockart de Thomasbrucke.
f. 112d Heinricus Groffen de Hugsaria.
Georius Grabick de Soraphia.
Gangolffus Meyger, 20 Ioannes Walter } de Norlyngen.
Wendalinus Precht Brucksellanus.
Iudocus Beyger Udenheymius.[a]
Iudocus Piscatoris de Heydenheym.
Ioannes Sicz de Gamundia.
25 Iohannes Ernst Erffordensis.
Georius Messerschmidt de Schorndorff.
Georius Sarctoris ex Delsberck.
Conradus Foyt de Meyningen.
Hermannus Carpentarius de Wettra.
30 Bernhardus Lyntearius de Lasphe.
Ioannes Kracka de Haya.

Adam Basthart de Tuschnicz.
Wolffgangus Abelen de Augusta.
Ludovicus Großhennig ex Basilea.
Melchior Lange de Hyrsburck.
5 Cristianus Gallicantus, Franciscus Gicher } de Herborn.
Benedictus Filsdorffen de Oeringen.
Ioannes Syginger de Oeringen.
Valentinus Czegenhain de Rasdorff.
10 Michael Folmicken de Lando.
Nicolaus Rebel Udenheymius.
Ioannes Rinner de Danstadt.
Andreas Küne de Northeym.
f. 113a Nicolaus Orbus de Fulda.

15 **Inequaliter solventes:**

Ieorius Roth de Bibrach 3½ nivenses.
Alexander Wynnegel de Tetelbach 5 nivenses.
Andreas Czolch de Hirczberck dt. 4 nivenses et 8 ₰.
Ioannes Hebestrit de Willerstadt dt. 3 nivenses
20 et 9 ₰.
Urbanus Muller de Gotha dt. 4 nivenses ad peticionem magistri Hilperhusenn.
Ioannes Scheider de Hallis gratis ad peticionem mag. Buczbach.
25 Nicolaus Knapp Erffordensis gratis, quilibet illorum dt. 1 nivensem bedellis.
Ioannes Gast de Wympin 2½ nivenses.
Ciriacus Fabri de Eschwe dt. 5 nivenses.
Iudocus Bibin de Hunefelt dt. 1 nivensem pe-
30 dellis quia pauper.

Summa 201.[b]

De residuo intitulature:

Wendelinus Figuli, Baltazar Stiche ex Saltzung, 35 Laurentius Samthe, Henricus Weyngherodt } quilibet dt. 3½ nivenses.

Philippus Damiani, Andres Bostler, Ioannes Gerlaci } quilibet dt. 3½ nivenses.
Ioannes Sanderi de Munden dt. 5 nov. gr. 35

[a] Udenheym s E. [b] Richtiger 204.

1519. Ost. 252. Rect. Dr. Iudocus Ionas.

f. 114ab Insignes[1] illas et frequentiores scholas, quae vel olim apud Athenas et Massilias floruere, vel et hodie ubivis gentium harum utcunque referunt imaginem, semper 40 optimam fuisse partem orbis atque adeo delicium et florem generis humani, nemo ut

f. 113cd [1] Großes Bild. Im Vordergrunde das Vordertheil eines schwarzen Walfisches, aus dessen geöffnetem Rachen Jonas in lilla an der unteren Seite zerrissenem Gewande und mit nackten Beinen in das Meer nahe einer Insel zu springen versucht, an deren Ufer Perlen, Muscheln und Korallen sichtbar sind. Darunter fährt ein Schiff mit eingerefftem Segel. Auf dem Rücken des Wallfisches steht

opinor est qui nesciat. Nec forsan quisquam ignorare potest, homines eruditos et doctos
non aliter differre ab idiotis quam coeci a videntibus, unu.. ac spirantes a mortuis, et
gymnasia non tam domicilia esse et theatra studiorum, quam augustissima fana et
templa, philosophiae aut sapientiae, e quibus totum hoc, quod vel ad vitam recte in-
5 stituendam privatorum hominum, vel ad respublicas administrandas et communem 5
pacem constabiliendam quoquo modo pertinet, velut coelestibus oraculis petatur. Cum
autem eorum, quae sacra sunt, primam oporteat esse curam, mox deinde eorum, quae
maxime sunt publica, adeo ut hic demum sit et censeatur vir optimus, et γνήσιος
Christianus, qui quam minime curat quae sua sunt, totus deditus usibus publicis; quas
10 cortinas, quaeso, quos sacros foros, quae adyta, secundum ecclesiam ipsam immaculatam 10
sponsam Christi cum gymnasiis conferas, i. e. quibus tot sacri concionatores, tot principum paedagogi, tot theologi in orbem mittuntur, ut salis illius evangelici, quo Christus
terram saliendam predicavit, propriae salinae videri possint. Quodsi publicum
commodum quis spectet, ubi quaeso illa occasio bene merendi de multis Christiano
15 cuivis ubique avide captanda est, si modo praestare velit, quod profitetur, vel latius 15
patet vel extat apertius. Certum est, quod episcopi, quod principes in prima illa aetate
didicerunt a paedagogis et praeceptoribus, quod viri iam audiunt a theologis a iuris
peritis a concionatoribus, hoc moribus exprimunt, hoc vitae exemplis in subditos trans-
mittunt. Quod pastores ecclesiarum et concionatores e templorum suggestis magna
20 authoritate docent, quod vita moribusque prae se ferunt, hoc fere populus ille promis- 20
cuus opinionibus totaque vitae ratione referre consuevit. Quando ergo hii ut ita loquar
morum et vitae magistri, ad quorum praecepta et vivendi formam tam multi sese adfingunt,
omnes velut e seminario quodam e scholis depromuntur. Nimirum haud parvi refert,

---

ein Dreifuß über einem angezündeten Feuer, welches ein Mensch mit dem Blasebalge anfacht. Im Hintergrunde des festen Landes das Ufer, auf welchem links in der Mitte Jonas in lilla Mantel und Barett vor Christus kniet, der, das Siegesbanner in der Linken haltend, nackt und mit dem Lendentuche geschürzt, unter dem Kinne den im Winde fliegenden Mantel zusammengekettet hält und von goldenem Strahlenkranze umgeben ist. Hinter Christus ist eine Felsengrotte, das heilige Grab enthaltend. — In den vier Ecken des großen Bildes sind Wappen: oben links das Stadtwappen von „Northusen", schwarzer Adler in goldnem Felde; rechts das des Rectors, ein nackter Jüngling aus dem Walfischrachen herausspringend (ähnlich in Nr. 4 der Wappengruppe Rect. 255); links unten ein silberner Schild mit grünem Gebüsch im rechten Untereck, aus welchem ein brauner Fuchs hervorspringt; rechts ein goldner Schild mit einem großen grünen mit vier rothen Rosen besetzten ringförmigen Kranze. Zwischen beiden Wappen stehen auf einem Blatte die Worte: ὥσπερ γὰρ ἦν Ἰωνᾶς ἐν τῇ κοιλίᾳ τοῦ κήτους τρεῖς ἡμέρας καὶ τρεῖς νύκτας, οὕτως ὁ υἱὸς τοῦ ἀνθρώπου ἐν τῇ καρδίᾳ τῆς γῆς. — Auf der folgenden Seite ist über der Initiale I der in der Einleitung (S. 308 Z. 19) erwähnte Besuch des Jonas bei dem von den Humanisten damals hochverehrten Erasmus von Rotterdam dargestellt. Links steht der im J. 1519 erwählte und in der Einleitung S. 308, Z 13, erwähnte Kaiser „Carolus" (V) in gelbem mit Pelzkragen verzierten Talar, schwarzem Barett; vor ihm in der Mitte des Bildes Erasmus in violettem mit weißem Pelz verbrämten Talar und schwarzem Mantel. Hinter ihm zeigt ein eingetretener Jüngling, in roth violettem kurzen Rocke, gelben Tricots, breiten schwarzen Schuhen (der Aehnlichkeit mit dem Jonas auf fol. 118[cd] hat) den Gelehrten den hinter ihm eintretenden Studenten; aus seiner Hand geht ein Schriftband heraus: „hic est ille Erasmus.": Am Rande stehen, wie auf einem Anschlage, die Worte: τάδε τοι κλέος ἐσσομένοιο.

I. 114a

taliter instituta et huiusmodi professoribus instructa habere gymnasia, qui ante omnia opinionibus imbuti sint incorruptissimis, qui de studiis et eorum delectu rectissime sentiant indicioque doceant, non qui sub pretextu publici commodi aut reverenter habitae antiquitatis in aliena causa suae faveant et patrocinentur desidiae. Id tum demum optime fiet, si eruditus et literatus ille populus passim in gymnasiis reipublicae literariae gubernaculis talem adhibuerit, qui intelligat penitus, quibus sit prefectus et quam eruditum ac prudentem deceat esse principem, qui non alicui crassae et barbarae genti, f. 115a sed plebi eruditissimae et Musarum alumnis imperet. Porro hic graviter expendentes Erphordiani gymnasii proceres, tametsi sepe mile natalium splendori, ubi sine iactura fieri potuit, quid donarint, ut plerumque tamen viros insigniter graves, tum aetate venerabiles et longo rerum usu iam ad prudentiae fastigium evectos, literariae reipublicae praeficere consueverunt. Verum anno a natali Cristiano 1519 altera cal. Maii, quo Carolus Romanorum rex ditionem primum(?) accepit orbis romani, electoribus ut vocant et triumviris spectabilibus et doctissimis viris, domino Henricho Aperbacho, medicinae doctore et Ioanne Dracone Carolostadio, viro saue in studiorum amore flagranti, et I. Femilio Erphurdiano, viro nec graece inerudito, amicis nimirum tum nimis amanter errantibus, rerum summa huius celeberrimi Erphordiani gymnasii incipit esse apud Iodocum Ionam Northusensem i. u. designatum doctorem, aedis Severianae canonicum. Is quamvis tum in profectione esset ad invisendum Erasmum Roterodanum, cui et diebus aliquot conversatus Antverpiae, Bruxellae et Lovanii, bonaque pars proventuum huius magistratus ob absentiam cessisset alteri, pluris tamen apud eundem fuit ratio reipublicae, quam ulla spes compendii. Et licet in ipso tum desideraretur aetatis authoritas, quandoquidem 26um dumtaxat absolverat annum, tantillum tamen dispendii utcumque pensavit, mirus ardor in provehendis tum studiis, tum studiorum nervis generosis ingeniis, et propensus atque adeo inhians et anhelans ad augendam suis opibus rempublicam literariam animus. Huius magistratu durante creati sunt Octumviri, qui studium utriusque linguae, graecae pariter et latinae, cum vera philosophia coniunctum Erphordiae dedicarent. Praeterea[a] amplissimus ordo artisciorum, quem quis merito totius gymnasii proram et puppim dixerit, eodem tempore quorundam gravissimorum iuxta ac doctissimorum virorum hortatu tot prandia redegit ad unum catholicum et ut appellitant generale, sumptibus his in minerval professorum utriusque linguae conversis. Et iam tum teste Michaelis eiusdem anni de 57 baccalariandis unum prandium dumtaxat est instructum:

Tunc inscripti in album gymnasii:

Dns Iodocus Teczel Norinbergensis canonicus ecclesie St. Severi in Erphordia dt. 1 flor. in moneta.

dns Sigismundus Trugses canonicus ecclesie Bambergensis dt. 12 snebergenses.

Classis prima, qui solverunt assem[b]: f. 115b

Ioannes Hemel Schmalckaldensis.
Ioannes Pollen Gottingensis.
Ioannes Gerbot Gottingensis.
Ioannes Halbmeister Wassertruhedingensis.[c]
Erhardus Balckmacher Coburgensis

---

[a] Pretera. [b] Das Ganze. [c] Hassertruhedingeñ E.

Hupertus Purgeshaus de Sigen.
Ioannes Sprenger de Sigenn.
Gotfridus Schuler Wetzflaerensis.
Iacobus Roder Demerensis.
5 Stephanus Wacker Fridbergensis.
Conradus Harnisch de Altkirchen.
Ioannes Bernshausen de Lasve.
Christopherus Fabri de Aschaffenburg.
Ioannes Usleber de Wassungen.
10 Ioannes Betman de Goslaria.
Sebastianus Wenck de Fach.
Friderichus Hilchen de Campe.
Gerhardus Arstet de Campe.
Ioannes Gothardi Vratislaviensis ord. canoni-
15 corum regularium.
Bertoldus Kogel Gottingensis.
Ioannes Klingenberger de Dinckelspull.
Ioannes Grabenreuther Hallensis Sueviae.
Ioannes Schaller de Wieh.
20 Ioachimus Meierhoffer de Gamundia.
Martinus Rothe de Heringen.
Georgius Rotter Argentinensis.
Ioannes de Heringenn nobilis.
Iodocus de Brea Susatensis.
25 Stephanus Zcigeler de Heidingesfelt.
f. 115a Cyriacus Gauß Weidensis.
Christopherus Gluck de Oringen.
Lubertus de Heiden nobilis ex arce Hagen-
buck.
30 Volffgangus Jurspach Erffordensis.
Ioannes Bruel de Gangolffsomeren.
Mihael Fuese Amorbacchensis.
Andreas Vendt Arnstetensis
Philippus Wirdt Francofurdensis.
35 Henrichus Bender Buczbachensis.
Nicolaus Wolff Buczbacensis.
Chunradus Reget Winshemius.
Ioannes Badeberg Werdensis.
Wolffgangus Walter Hilperhausensis.
40 Simon Winckeler de Ienis.
Martinus Bodung Stalbergensis.
Ioannes Fuchs de Neressenn.
Antonius Bryel de Oberweiler.
Ioannes Webers de Hinczweiler.
45 Iacobus Wemer de Beckelheym.
Ioannes Schneidewein Rotenburgensis.
Iosephus Duck Bambergensis.
Ioannes Hubener Herbipolensis.
Gregorius Theolius Aldendorff.
50 Matthias Thorey Aldendorff.
Ioannes Nidenstein Aldendorffensis.
Chunradus Kulman de Gelnhausenn.
f. 116a Emerichus Hemhemer de Osterreich.

Ivo Schoeffer Moguntinensis.
Carolus Gyso de Leich.
Franciscus Liebman de Ostereich.
Ioannes Kaler de Schweinfordia.
Laurentius Olffenhain Northusensis. 5
Gaspar Meler Molhusensis.
Wernerus Schmidt de Gife.
Ioannes Volckmar de Hersfeldia
Ioannes Schirnschmidt Erphordensis.
Bernardus Portius Saburnensis. 10
Sebastianus Ellen Saburnensis.

Classis secunda qui semissem:

Philippus Folrad de Schwarczach.
Petrus Brecher de Lauppach.
Petrus Hanick de Creutznach. 15
Andreas (Andras E) Pfleumle de Altkirchen.
Theodericus Hildebrant de Mardberg.
Laurencius Heuser de Neukirchen.
Philippus Carpentarii de Bebingen.
Iodocus Pistoris de Greß. 20
Petrus Schmereger Kirchbergensis.
Petrus Bader de Durckheim.
Ioannes Rigelborn de Durckheim.
Ioannes Volcker Carolostadius
Matthias Dunspaech de Hernborn. 25
Petrus Klicker de Lonfelt.
Ioannes Steinbeiß de Torgaw.

Classis tertia qui plus minus semisse: f. 116b

Caspar Haug de Meiningen 4 sneberg.
Ioannes Forcheim de Durlach 4 sneberg. 30
Philippus Hubener de Wasenn 4 sneberg.
Benedictus Pistoris de Westhofenn $3^1/_2$ sne-
berg.
Chunradus Vilibella Fridbergensis $3^1/_2$ sneberg.
Chunradus Wencelaus de Kirchberg 2 gr. 35
pauper.
Antonius Aschenbronner de Dassenhausen 4
sneberg.
Henrichus Brand Gottingensis 4 sneberg.
Nicolaus Schuler Nisensis 4 sneberg. 40
Henrichus Topffer de Hanaw 4 sneberg.
fr. Ambrosius Pheberius ord. St. Benedicti
Schwarczach dioc. Argentinensis 4 sne-
berg.
Balthasar Calenberg de Molslebenn 4 sneberg. 45
Chilianus Hildebrant de Halberstadt $3^1/_2$ sne-
berg.
Chunradus Strudwolff Erphordensis $3^1/_2$ sne-
berg.
Laurentius Hanunnsch Plauensis 4 sneberg. 50
Ioannes Morgen de Altkirchen 4 sneberg.

fr. Wolffgangus Wernlin de conventu Ordorffensi 4 sneberg.
Ioannes Craushar de Nawenstad 3½ gr. sneberg.
5 Michael Helbach Molhusensis 3 gr. sneberg. famulus et pauper.
Michaels Phister Herbipolensis 5 sneberg.
Bartholomeus Botticher de Mytweide 4 gr. sneberg.
10 Friderichus Ketterer de Tetelbach 4 sneberg.
Burcardus Muller de Tetelbach tantidem.
Chunradus Kangisser de Aschaffenburg 3½ sneberg.
Ioannes Leuterod ex Salcza pauper 1 sneberg.
Viacrius Finck de Molhausenn 4 gr. sneberg. f.116d
Marcus Scheffer de Tetelbach 4 sneberg.

Gratuito et gracia rectoris:

Laurentius Rebeis Northusensis nepos rectoris. 5
Iodocus Knouff Northusensis.
Ioannes Wedigenhusenn de Hanofer.
Henrichus Goldstein de Friczlar.
Summa 115.

Vale et salve sequens aetas. 10

1519. Mich. 253. Rect. Iacobus Ceratinus.[1]

f.117a b

15 Alma parens sophie prolem est enixa nepotes
Lege gubernantem, quam statuere patres:
Sustulit hanc eademque lubens, quo pertrahat omnis
Subiectos votis adsimulare probis. 15
Fonsque salutaris nomen dedit hoc Iacobo
20 Rectori: titulum iussit adire schola;
Isque domus magne nutu collega senatus
Fit: durante suo (quod tenet) officio.
Horn urbs insignis puerum tellure bathava 20
Edidit hunc veri Deucalionis ope.
25 Anno milleno cum viginti minus uno
Ter quoque bis centum sceptra manu tenuit[a] (?).

f.117c d

Rerum[1] vicissitudines considerantes predecessores nostri quam facile queque res in hac mundi varietate altercationi subiiciantur[b] prudenter[b] statuerunt singulis semestribus pactorem selegendum, cuius iussu ac intuitu probate executioni demandentur. 25
30 Nempe et nonnullorum efferi mores regulentur ac vicia subcrescentia supprimantur; ast aliorum puta proborum innocentia tueatur. Elucente itaque statuto die, quo gymnasiarche[c] nostri id muneris subire soliti sunt, magno stipati comitum agmine tandem

[a] Die letzten Worte sind schwer lesbar. [b] subiiceantur pudenter E. [c] gymnachiarche E.

[1] Vierfach getheiltes Bild: 1. In dem linken Obereck (Initiale A) ein Geistlicher in weißer Alba, darüber grünem Levitenrock, welcher Brote in dem Faltenwurfe trägt, wahrscheinlich der heil. Nicolaus von Bari. Neben ihm steht ein ähnlich gekleideter Geistlicher, der in der Rechten einen Palmzweig hält; leider ist der obere Theil desselben mitsamt dem ihn umgebenden Goldgrunde losgelöst; mit der Linken führt er einen Hund am Stricke. 2. Rechts vom Beschauer der heil. Iacobus maior als Pilger, vor ihm steht ein Engel in gelbem Gewande, der mit einem löffelförmigen Werkzeuge die Wunde am rechten Oberschenkel (wahrscheinlich mit Salbe) bestreicht. 3. In dem linken Untereck die heil. Katharina in blauem Gewande und rothem Mantel, mit der Krone auf dem Haupte und dem Schwerte in der Linken, welches sie in der Mitte des Rades auf den Boden stößt. 4. Rechts der

convenerunt designato loco rectorem per tempus semestre selecturi; horum collatis votis post institutum ordinem postremo sors tres statuit viros non minus famae nobilitate quam eruditione insignes, quorum primus artium iurisque[h] utriusque doctor egregius ac unice Hierosolimitanus Martinus Margaritensium vetusto stemmate procreatus, edis Severiane 5 canonicus optime meritus, alter vero artium liberalium septenarum magister venerandus ac sacrosancte theosophie[d] baccalaureus suppletus, alias ut dici solet formatus, Theodoricus[e] scilicet nomine cognomento Butzbachius, et tercius admodum studiosus ac eruditus baccalaureus Ioannes Wolkensteyn Hallensis, edis Mariane vicarius; quorum unanimi consensu Iacobus Ceratinus Theodorici[e] natus, alias Hornensis dictus, uni- 10 versitatis rector denunciatus est. Is itaque amiculorum exhortacioni non dissentiens sub pretorio munere theologica[f] licentia designari pollicitus est teste reddite sue rationis libello; ideimque sub sui successoris officio doctoralibus insigniis insignitus est anno, ut .... in versibus annotatum est, in die Luce evangeliste 1519:

f.117a Persolventes hii et quadam gratitudine:

15 Iohannes Berner nobilis et ecclesiae Hildesemensis maioris canonicus dt 12 sneberg.
Georgius de Beumelburg nobilis dt. 11 nivenses.
Cristofferus de Witzleuben nobilis dt. 10 nivenses cum dimidiato.
f.117b 20 Varnerus de Reda nobilis dt. 10 nivenses cum dimidiato.
Georgius Goltacker nobilis integrum dt.
Wolffgangus Zwengefelt gratis rectoris reverentia 1 tamen sol. famulis universitatis dt.

25 Integre solventes sequuntur:

f.118a Iohannes Utloe[g] de Zutwoldia.
Petrus Reinstein de Nova civitate ad Montem nivis.
Cristofferus Keim de Oringen.
30 Michael Kuner de Kuntzelßeim.
fr. Guntherus Rasoris de Eßlingen ord. carmelitarum.
Lambertus Lamberti alias Heißberg Amsterdamensis Hollandus.
Andreas[i] Lesck Erphurdianus.
15 Ioannes Zcuster de oppido Regio mari (Königsee?).
Laurentius Foit de Goythan.
Ioannes Ludolff de Duderstatt.
Nicolaus Pistoris de Butzbach.
20 Nicolaus Meir de Norlingen.
Heinricus Werneri de Hamelen.
Andreas[i] Duxeren de Weilburg.
Ioannes Filman de Popardia.
Philippus Hardung de monasterio Meinfelt.
25 Bartzopharus Steiber de Bamberga.
Iodocus Rolandt ex Lantzhuet.
Andreas[i] Oet ex Northußen.
Georgius Reißeler de Northusen.
Petrus Haen de Leysingen.
30 Simon Schusseler Erphurdianus.
Nicolaus Schilling Erphurdianus.
Michael Molitoris de Feltenstein.
Ioannes Oestertag de Elbeging.
Ioannes Kitzingen de Wimaria.
35 Ioannes Jeger de Winscheim.
Petrus Calciatoris de Bitz.

[d] theosophie E. [e] Thodoricus E. [f] thelogyca E. [g] Wtloe. [h] iuriumque E. [i] Andareas E.

Kardinal Hieronymus, mit seinem Attribute dem Löwen, dem er den Kopf streichelt. Ausserhalb der Bilder in der rechten Randleiste (oben) stößt der heil. Georg in goldner Rüstung mit dem Speer in den Rachen des Drachen, auf den er mit dem linken Fuße tritt; unter ihm steht die heil. Margaretha in blauem Gewande mit dunkelrothem Mantel auf einem Drachen, dem sie das untere Ende eines langen aber kurzarmigen rothen Kreuzes in den Rachen stößt. — Das Wappenschild, in der Mitte des unteren Randes, quer weiß und roth getheilt, darin ein blattloser grüner Stengel, unten in eine Wurzel, oben in eine goldne vielblättrige Blüthe endigend; das Ganze ist in ein goldnes Rad mit vierzehn nach außen gehenden Spitzen eingeschlossen.

f. 118d Nicolaus Landenzluft } Collenses.
Ioannes Wints }
Ioannes Forster ex Myzau.
Steffanus Mercatoris ex Zwinbencken.
5 Heinricus Sertoris ex Wilburgen.
Michael David de Bruxella.
Fridoricus de Thuna (Juna?).
Eberhardus Stummel de Frideberg.
Wigandus Lutz de Homburg.
10 Ioannes Sonolt de Bidenkap.
Ioannes Lodewicus Kießberger.
Burckardus Stech de Hamelen.
Ioannes Kniche de Aschania
Andreas[1] Keut } Erphordiani.
15 Nicolaus Dolphei }
Ioannes Phaff alias Magk de Wesensteg.
Ioannes Feem de Koburg.
Franciscus Molitoris de Beringdorff.
Bartoldus Witing Lunenburgensis
20 Andreas Knab } Erphordiani.
Ioannes Knab }
Thimotheus Huttener.
Ioannes Wel de monasterio Meinfelt.
Matthias Fideler de Duderstat.
f. 118c 25 Ioannes Hemeler de Waßertrudingen.
Franciscus Kircher Fuldenßis.
Simon Scharff de Furcheim.
Ioannes Lazarus de Wassertrudingen.
Ioannes Froes de Molhußen.
30 Gregorius Zcippe de Wallendorff.
Heinricus Vox de Burckconstat dt 7 nivenses.
Iacobus Beyr de Danneberg.
Ambrosius Camerer de Sangerhußen.
Hermannus Lasterpage de Herfordia
35 Ioannes Sigel Bruxellanus.
Wolffgangus Tuckscherer Ihenensis.
Ludulphus Meyer de Hyldischeim.
Conradus Ruden de Alveldia.
Udulricus Hensßen Hildesemensis.
40 Ioannes Fabri Alveldensis
Conradus Folckomer de Nurenberga.
Heinricus Otten Lunenburgensis.
Hardewicus Tybenberg Lunenburgensis.
f. 118d Heinricus Eelbeck Lunenburgensis.
45 Michael de Delsten Hamburgensis.
Theodericus Bottner } Lunenburgenses.
Heilmoldus Meyen }
Valentinus Fedenus Aegepolitanus.
Ioannes Berndes Ußlarienßis.
50 Ioannes Weydeman Goßlariensis.
Ioannes Mencheim } de Elrich.
Ioannes Ertmar }
Nicolaus Opest de Ederßleben.

Ioannes Regis de Isenacho.
Conradus Flyger de Homburg.
Sebastianus Bild Dorlazenus.
Ioannes Remmelman de Saltza.
David Clarus Dorlazenus. 5
Georgius Scheffer de Bomberga.
Nicolaus Fischer ex Bridenbach.
Ioannes Brunnelant Eymbeccenßis.
Leonardus Scarff Eisfeldensis.
Conradus Smuck de Rottau. 10 f. 119
Michael Piscatoris de Rottau.
Conradus Swert de Alfeldia.
Ioannes Knerle Slusingen.
Michael Finck de Dillenburg.
Sebastianus Rost } de Salsa. 15
Ioannes Snabel }
Iacobus Ionas de Sonneborn.
Valentinus Rudolff Argentinensis.
Petrus Bygler de Crisopoli.
Leonardus Dapifer de Hecksted. 20
Nicolaus During de Ostenrodt.
Balthasar Rumpheilt de Walffdorff.
Melchior Bauman de Ottingen.
Iob Gast de Kuntzelscheim.
Casparus Frinstadt de Aschaffenburg. 25
Ioannes Hack de Rottelstad.
Albertus Vecht de Hildeßheim. f. 119
Iohannes Sertoris Goßlariensis.
Iohannes Szwacb de Geißlischenen.
Iohannes Coci de Dyllenberg. 30
Iohannes Ravenstein de Winscheim.
Hillebrandus Korl de Gottingen.
Petrus Oringer de Winscheim.
Iohannes Mercatoris Dorsten.
Angelus Berwart Basiliensis. 35
Nicolaus Riling Seropolitanus.
Iohannes Dir Ulmensis.
Iohannes Fyßbach de Segen.

Quattuor solventes nivenses:

Casparus Ulster de Ilmen. 40
Iohannes Spangenburg ex Northeim.
Silvester Altenbrecht Tulidensis.
Iacobus Fullonis de Aschaffenburg.
Thomas Ulberg canonicus regularis Erffurdensis. f. 119
Nicolaus Hauck de Rixenhußen prope Meiningen. 45
Iohannes Gerken de Gottingen
fr. Nicolaus Westfalus ex Norwegia.
fr. Olavus Danßberginus ex Norwegia.
Conradus Fabri de Dytwoldia Padebornensis diocesis. 50
Andreas[1] Fauck Erphordianus.
Casparus Vubel de Winterhußen.

Laurencius Kern de Barent.
Georgius Schwaltz de Clavicampo.
Iohannes Preyr Hamelenßis.
Laurentius Prant Hamelensis.
5 Laurentius Numeyr de Hardorff.
Iohannes Moliator de Wassertrudingen.
Vendalinus Hardecken de Weychen prope Cronach.
f.119a Steffanus Carpentarius de Udenheim.
10 Iohannes Hatwick de Schlatheim.
Gabriel Reb de Batavia.
Michael Ploderlin, Erhardus Arnolt } Batavienses.
Albertus Gerart de Berlyn.
15 Andareas Molitoris de Eißfelt.
Martinus Prattvisch de Altendorff.
Iohannes Messinger de Oringen.
Laurentius Hyll Goßlariensis.
Albanus Opperman de Gysßen.
20 Iohannes Schusseler de Zitza dt 5 sneberg.

Solventes dimidium, quilibet eorum dedit $3^1/_2$ nivenses:

Iohannes Werner de Rottenburga.
Iohannes Poppa de Hagenberg.
f.119b 25 Philippus Walthußen de Bacharach.
Lodowicus de Lutzen de Hachenberg.
Balthasar Strutenbach de Arnstat.
Paulus Fabri de Mergethe.
Wolffgangus Part Zwickaviensis.
30 Ratmannus Aff de Wettenhußen.
Simon Wylhelmi, Philipus Mey } ex Usingen.

Andareas Stumppe de St. Goaro.
Sebaldus Well de Kuba.
Ludolphus Wetzen de Hildenßheim.
Thomas Michdys de Brambach.
Hermannus Rottmann de Hilden. 5
Henricus Nottfogel de Bodenwerder Hildenßheimensis.

Disparis solutionis[k] fuerunt sequentes:

Ioachimus Wechter de Herbßleben[l] dt. 3 nivenses. 10
Adrianus Rapis de Tenstet dt. 3 nivenses.
Casparus Linden de Gronberg dt. 2 nivenses et 6 den.
Iohannes Weller de Hagenberg dt. 2 nivenses. f.120a
Andareas Schiltknecht de Herbipoli dt. 2 nivenses. 15
Iohannes Styer de Ostenrodt dt. 3 nivenses.
Eberhardus Hegetman de Blinthußen dt. 3 nivenses.
Iohannes Fressel de Heideck dt. 1 nivensem pedellis.[m] 20
Iodocus Blixstein de Isenach dt. 1 nivensem pedellis.[m]

Pauperes:

Matheus Reuchlein ex Ulma gratis omnino ad petitionem decani theologice facultatis dni dris Iohannis Schoneman. 25
Heinricus Muller ex Hilperhaußen gratis obsequio mag. venerandi Conradi Hilperhußen. 30

Summa 183.

De residuo intitulature:

Guntherus Gloga de Dinstedt
35 Nicolaus Fickart
Ioannes Bicken
Mathias Pletz de Hachenberg
Anthonius Weck de Wißenborn
Wilhelmus Gundersleben de
40 Retzbach
Wilhelmus Grau de Retzbach
Ioachimus Jeck de Kuselheym
Leonardus Marr de Wissenheym
} quivis illorum dt. semiquatuor nivenses.

Nicolaus Morstenshunt de Wannenfindenn
Petrus Nye de Aldendorff
Anthonius Hoffelant
Iodocus Minor de Gunderheym
Mathias Fabri de Treysa
Petrus Czydel de Treysa
Ioannes Syginger de Oeringen
Benedictus Fylsdorffer
} quivis illorum dt. semiquatuor nivenses. 35

[k] solitioni, E. [l] Herßleben E. [m] pidellis E.

f. 120c d

1520. Ost. 254. Rect. Lud. Platz de Melsungen.[1]

Bone[1] littere sic debent irrepere in academia, non ut hostes omnia depopulaturi videantur, sed hospites potius paulatim in civilem consuetudinem coalituri. Que tres cum nunquam non Ludovico Platz de Melsungen sacre theologie licentiato cure fuerit, tum tamen maxime totus ut debuit in hoc negotio fuit, quando anno videlicet domini 1520 postridie apostolorum Philippi et Iacobi a tribus electoribus, nominatim Iohanne Sommeringo, iuris utriusque doctore ac eiusdem facultatis artium decano edis Severiane canonico et cantore dignissimo, Philippo Komberck ex Sygen, facultatis arcium decurione et magistro Ioanne Hupff de Kindelbrock, sacre theologie baculareo formato, delectus est in Erfurdiensis academie presidem et inclyte familie litterarie moderatorem, prius id ipsum factis strenue et pro virili moliens, quam ad debita sue functionis regimina a magno Erasmo Roterodamo in epistola quapiam inter laboriosas sui muneris curas ad illum scripta adhortaretur atque propensissimam animi sui voluntatem erga nobilissime huius urbis scholas publicas in eadem epistola attestaretur. Ad hec ne quis desideret numerum illorum, qui post sacrosanctum iusiurandum sua nomina commemorato rectori dederint omnes suo ordine ut sequitur conscribi studuimus:

(Margin: f. 121a s. Anm. a)

Hieronimus Stehelyn artium et medicine dr. dt. 11 nivenses.
Benedictus de Mandelslo nobilis dt. $10^1/_2$ nivenses.
Georius de Tawbenheym nobilis dt. $10^1/_2$ nivenses.
Tobias Schlütenbach de Gissen dt. 11 nivenses.

Integrum sequentes dederunt:

Georius tor Molen, Hermannus Aste, Ludolphus Peltzser } Bileveldenses.
Ioannes Kopman de Hervordia.
Philippus Saltzman de Ellerscleben.
Henricus Bockenau Paderbornensis.
Ioannes Erenbreytsteyn de Confluentia.
Adamus Unger de Eysentzem.
Ludowicus Pistoris de Sygen
Ioannes Wolff Vratislaviensis.
Ioannes Kirchans Nissenus.
Servatius Voyt Vratislaviensis.
Matheus Pfyl de Cappel.
Iacobus, Henricus } Lersemecher de Marborch.

(Margin: f. 121b s. Anm. a)

a Auf der Vorderseite des Blattes, welches auf das Bild zu Rectorat 254 folgt, steht f. 121, auf der Rückseite schon f. 122, sodass jedes fol. nur 2 Spalten a und b enthält.

1 Vor dem Erlöser am Kreuz innerhalb der Initiale B (in freundlicher landschaftlicher Umgebung) kniet der Rector in schwarzem Talar; auf einem Bandstreifen stehen die Worte: Advenit regnum tuum. Unter dem Kreuze sein Wappen: in blauem Schilde ein Eichbäumchen mit drei goldnen Eicheln, welche zwischen den Armen eines goldnen Andreaskreuzes (oder dem Buchstaben X) zum Vorschein kommen. Im Stabe der Initiale steht die heil. Elisabeth in gelbem Kleide, blauem innen roth gefütterten Mantel, einer weißen Schaube und goldnem Nimbus auf dem Kopfe, einen Krug in der Rechten, einen flachen Teller mit einem Brote in der Linken haltend. Vor ihren Unterschenkeln und Füßen steht das landgräflich hessische Wappenschild, 6fach getheilt: 1. gelb mit dem rothen schreitenden Löwen, 2. schwarz mit silbernem Stern, 3. schwarz mit zwei silbernen Sternen, 4. und 5. bloss gelbe Schilde, 6. roth mit zwei goldnen Löwen. In der Mitte des Wappens zwischen 3 und 4 blauer Schild mit dem Thüringer roth und weiß gestreiften Löwen. Im untern Theile des äußern Randleistens ein fliegender gelbgewandeter Engel mit oben rothen, unter grünen Flügeln, der in der Linken einen Henkeltopf trägt. Ueber der Heiligen steht am oberen Rande: „sancta Elisabetha Hessorum patrona."

Wernerus Broesken de Mengerhusen.
Ioannes Helbick de Krumbach.
fr. Ioannes Goltart ord. carmelitarum.
Iohannes Scheller ex Forcheym.
5 Conradus Hagenauer de Hoxaria.
Iacobus Franck de Vach.
Cunradus Walich }
Nicolaus Walich } de Saltzungen.
Wolfgangus Eberhardus de Ordorf.
10 Melchior Sartoris de Steynfart.
Nicolaus Hafenman de Langendepach.
Iodocus Kock Hervordiensis.
Ioannes Lober de Marpurck.
Ioannes Gleser de Isenach.
15 Ioannes Strack de Hotzfelt.
f. 122a Ioannes Rensch de Grefental.
Ioachimus Wissenfeger de Wymaria.
Nicolaus Lunker de Monte regio.
Ciriacus Rytze de Sontra.
20 Petrus Kaufman de Honsfelt.
Melchior Entz de Boirbergk.
Ioannes Santzen }
Detmarus Rich } de Cappel.
Iodocus Tzygeler de Saltza.
25 Andreas Gaulnhofer de Tzwyckauia.
Ioannes Foxschwantz de Wertheym.
Ioannes Simonis Erffordensis.
Sebastianus Hordelman de Geysmaria.
Casperus Gammerot de Gutteren.
30 Matheus Rudiger de Wertheym.
Sigismundus Schyber de Regensbergk.
Erasmus Sorer de Monte sancte Anne.
Iacobus Foman de Rotenburga.
Ioannes Schlaysen Badensis.
35 Ioannes Tufel de Luder.
Georius Wolf Erffordiensis.
Andreas Koetle de Rotenkirchen.
Symon Wygel ex Forcheim.
Sebaldus Tutzerot Erffordensis.
40 Hermannus Sartoris Padelbornensis.
Georius Tzermer de Rotenburga.
Petrus Lentz de Usyngen.
Crisstofferus Reyf de Lor.
f. 122b Ioannes Schillinck de Nassach.
45 Ioannes Punt de Hachenbeck.
Wolfgangus Haym de Forcheym.
Stephanus Schol de Franckenhusen.
Ioannes de Lippia Hoxariensis.
Teodoricus Grinda de Nyestat.
50 Petrus Meyger de Monte nivis.

Erasmus Stortz de Gyger.
Ioannes Huter de Lychtenfels.
Ioannes Senff de Schwynfordia.
Ioannes Pretel Erffordensis.
Ioannes Geyer de Schwynfordia. 5
Georius Heber de Nive montis.[b]
Ioannes Gothart Herpipollensis.
Thomas Burckhart de Illeben.
Leonardus Reuchlyn de Geylsheym.
Henricus Frebel de Gudensperck. 10
Nicolaus Binthrime de Schmalkaldia.
Melchior Spyß de Langens.
Ioannes Schroter de Trostat.
Ioannes Hartenius }
Marquardus Mandixen } ex Flensporch. 15
Ioannes Schwerten Bophardiensis.
Damianus Tzygeler de Friburgo.
Valentinus Proel de Aldendorf.
fr. Hanso in Curia ord. premonstratensis.
Wolfgangus[c] Holach de Schwynfordia. 20
Petrus Wyger de Herbipoli. f. 123a

Quatuor nivenses dederunt sequentes:

Michael Funck de Berchtam.
Bonifatius Gerberck de Rynstet.
Ioannes Schade Erffordensis. 25
Ioannes Pechman de Schwartzburck.
Andreas Schmet de Jussen.
Ioannes Tepelen de Lichtenau.
Georius Meyer de Urbach.
Henricus Lamperti Embecksensis. 30
Ioannes Herdam Miltenbergensis.
Martinus Stempflyn de Schongaw.
Petrus Schwock }
Petrus Wyrtenpacher } de Landoga.
Ioannes Stender de Hardesleben. 35
Nicolaus Tunkel de Adelstatz sacerdos.
Ioannes Hemspach }
Iodocus Vyrnykel } Confluentinus.
Michael Gebeler de Schongau.[d]
Georius Schmytter de St. Gallo. 40
Iacobus Mutscheller de Wortzach.
Theodericus Muris de Gronyngen.
Ioannes Bernhardi de Hungen.
Sacharias Kesseler de Fussen.[e]
Ioannes Pax de Crucenach. 45
Borchardus Vorwolt de Hannover.
Hilarius Berwarterus de Seckyngen.
Bartolomeus Rauschwytz de Bernstat. f. 123b
Gallus Schmet de Sullgen.

---

b monte E. c Wolfangus E. d Schangav. e Füßen?

Wolfgangus Anders, Cunradus Kelner } Erffordenses.
Georius Apis de Wympina.
Wolfgangus Jeger de Gulingen.
5 Ioachimus Cancellarius de Landa.
Tilemannus Arnt de Duderstat.
Valentinus Pistoris Landogensis.
Antonius Werneken, Martinus Durkop } de Goslaria.
10 Georius Wolff de Hagenau.
Ioannes Textoris[f] de Kussel.
Georius Woltz de Herbipoli.
Nicolaus Stroeff de Ilmen
Gerhardus Hunt Berckensis.
15 Casparus Henriches de Bacharach, hic solus dt. 5 nivenses.

Sequentes dederunt alii medium, alii semiquatuor nivenses:

Ioannes Koune de Usingen.
20 Bartolomeus Selman de Honsfelt.
fr. Bartholomeus Kysewetter, fr. Andreas Hanmantel, fr. Nicolaus Neuper, frater Egidius Heyder } ord. predicatorum conventus Erffordensis.
f. 123e 25 Cristopherus Henebol de Oschatz.
Ioannes Meyerhentz de Folklingen.
Henningus Meyer de Hildensheim.
Mathias Konick de Saltza.
Valentinus Hessus de Elrych.

Wolfgangus Keppener de Anspach.
Nicolaus Willer de Dypach.
Mauricius Hompel Bombergensis.
Petrus Kempfer Forchemius.
Ioannes Wolffer de Hallis.
Henricus Halfpape de Gottingen.
Ioannes Mengos de Aldendorf.
Ioannes Pitz de Simmern.

Pauperes et in solvendo dispares sequuntur: 10

Ioannes Haken de Gottingen dt. 3 nivenses.
Matheus Kyrchaw de Quiddelingenburck dt. 3 nivenses.
Adamus Ebenhen de Kyrchperck dt. 3 nivenses.
Ioannes Stade de Eckersperck dt. 3 nivenses 15 cum 4 denariis.
Ioannes Bomhower de Hagen ad preces magistri Bilevelt dt. 1 nivensem.
fr. Ioannes Wagener de Karlstat Augustinianus dt. 1 nivensem pedellis. 20
Nicolaus Retscher de Putzpach ad petitionem magistri Echtzel dedit 1 nivensem.
Laurentius Dobelin de Gottingen pressus paupertate dedit 1 nivensem.
Ioannes Architectus ex Ottyngen ad petitionem 25 mag. Ioannis Melsungen dt. 1 nivensem quia pauper.

Summa 160.

30 **De residuo intitulature ab intitulatis sub aliis rectoribus:**

Ioannes Hachenberger de Wysman
Hermannus Carpentarii
Iodocus Kalmen Fuldensis
Georius Grabick de Scrophia
35 Ludovicus Basiliensis
Ioannes de Kyn Seratoris
Caspar Groeß Karolostadius
} ab illis 13 Michaelis promotis presentavit mihi iunior pedellus residuum 46 nivenses cum 6 ₰.

Sebastianus Glesener de Cassel
Nicolaus Kibbel Undenhemius
40 Andreas Kone Northeymensis
Franciscus Gycher de Herbern
Petrus Brecher de Lauppach
Fredericus Kerterer de Tettilbach
} Sed de 5 sequentibus sub idem tempus promotis nichil portavit, cum dixissent se dedisse, scilicet: 30 fl 35

Gangolffus Meyeri
45 Ioannes Walter de Norlingen
Ioannes Schlaginhauffen Spalatinus
Hermannus Sömerinck de Saltza
} quisque ex his dedit $3^1/_2$ nivenses.

Hieronimus Uffeni de Heringen
Hermannus Baldeman de Spira
Ludovicus Bersich de Wesenslick
Conradus Pacificus de Frideburgk
Conradus Hartman de Geysmaria
} quos pedellus adhuc admonebit. 40

[f] Tertoris E.

1520. Mich. 255. Rect. Ioannes Crotus Rubianus.

f. 124a

Anno[1] 1520 a natali Christiano XV kalendis Novembris rector huic augustae scholae Erphordianae vir humanitate pietateque insignis Ioannes Crotus Rubianus, bonarum artium magister ac sacrarum literarum professor, renunciatus est per ornatissimos viros 5 Martinum Margaritum, patritium Erphordianum iureconsultum canonicumque Severianum, Georgium Petz Forchipolitam, ingenuarum artium magisterio cultuque theologico clarum; deinde equestris ordinis iuvenem Georgium de Thuna, ad quos more institutoque maiorum ius eligendi in frequentibus comitiis scholasticis devenerat. Biduo ante intraverat urbem Crotus salutandi veteres amicos ergo, reversus nuper ex Italia, 10 quam ob ingenii cultum continuo triennio perlustraverat. Erat igitur oneri improvisus ille magistratus, tamen proprio commodo utilitatem communem praetulit atque statum

---

[1] Das Wappen des Rectors (eigentlich Jäger von Dornheim, einem Dörfchen bei Arnstadt, daher er ein Jagdhorn gewählt hat) stellt in silbernem Felde auf Goldgrund den rechten mit einem goldbrokatnen Aermel bekleideten Arm eines Jägers dar, der aus blauen Wolken im rechten Obereck nach links hin ein schwarzes Jagdhorn hält, welches oberhalb der Oeffnung von einem goldnen Streifen umgeben ist. Es ist von sechzehn Wappen seiner humanistischen und reformatorischen Freunde umgeben, was Eoban Hesse mit den von ihm eigenhändig geschriebenen Distichen motivirt hat, welche ja nicht die Anwesenheit dieser aller in Erfurt bezeugen sollen:

„Ut nunquam voluit sine charis vivere amicis,
Hic etiam solus noluit esse Crotus.
Picta vides variis fulgere toreumata signis
His sociis nostrae praefuit ille scholae E. H“

Die anderen Sinnsprüche sind, oben:

„Scutum meum et cornu salutis mēe“;

links an der inneren Seite:

„Tuum brachium cum potentia.“

Rechts an der äußeren Seite:

עֶרֶת הֱיֵה זְרֹעָם אַף יְשׁוּעָתֵנוּ בְּעֵת Esai. 33 (V. 2)

(nach der Vulgata: auxilium (?) esto brachium nostrum et salus nostra in tempore [tribulationis]; das erste Wort steht nicht im hebräischen Texte und ist vielleicht durch עֶזְרָה zu ersetzen).

Unten über den angeführten Distichen steht:

Ἐν σοὶ τοὺς ἰχθροὺς ἡμῶν καιρατιοῦμεν, Ps. 43.

Die Wappen sind schon im Keyser'schen Erfurter Reformationsalmanach, Erfurt 1817., und von Ad. M. Hildebrandt im „Herold“ 1881 N. 9 abgebildet und daselbst S. 115, 116 besprochen (vgl. auch Kampschulte, Univ. Erfurt u. s. w., Bd. I, S. 258. Es sind, von den obersten Bandstreifen links angefangen, folgende: 1. „M. Lutt.“ (Luther) in Blau weiße sechsblättrige grünbespitzblätterte Rose, belegt mit rothem Herzen, auf welchem ein goldnes Doppelkreuz aufliegt. 2. „Ul(rich) de Hutt(en)“: in Gold zwei rothe Schrägbalken. 3. „E(oban) Hess(us)“: in Gold ein stehender Schwan, zu blauen Wolken im linken Obereck aufschauend, über dem Wappen eine goldne Krone, weil ihn Reuchlin Rex genannt hatte, s. oben S. 288, Krause, Eob. H. I, S. 175, Anm. 1. 4. „Ju(stus) Jonas,“ s. oben Rect. 252 S. 306, aber hier abweichende Darstellung: in Gold, aus dem linken Untereck hervorwachsend, ein den ganz nackten Jonas ausspeiender Walfischkopf. 5. (Desiderius) „Eras(mus von Rotterdam)“: Roth, ein niedriger goldner Säulenstumpf, oben mit einem nach rechts gewendeten natürlichen Menschenkopfe besetzt. 6. (Das

f. 124 d literarii ordinis, quem perturbatum invenit, pro virili studuit parare. Sub hoc tempus Carolus V prima sua comitia apud Wormatiam urbem Vangionum frequentissima sane maximeque necessaria coacta habuit, quibus ultra quatuor menses acriter est consultum de summa imperii, de caussa Martini Lutheri, qui primus post tot secula 5 ausus fuit gladio sacrae scripturae Rhomanam licentiam iugulare. Hoc Croto praeside 150 iuvenes donati sunt civitate academica, nominibus in album relatis fidem facientibus:

Ioannes de Heideck baro canonicus maioris ecclesie Babenbergensis dt. 1 flor.

10 dr. Ioannes Copus Ausbergentinus dt. 10 sneberg.

f. 125 a Sigismundus de Gronbach canonicus maioris ecclesiae Herbipolensis.

Philippus de Sensheim canonicus czum Heygk, 15 hi duo ddt. 1 flor.

Classis prima solventium assem:

Ioannes Gulckershoben de Hochenburgk.
Ioannes Braun ex Windingen. 10
Ioannes Groningen Erphordiensis.
Otto Mulner de Cranach.
Georgius Denstedt Erphordiensis.
Caspar Denstet Erphordiensis.
Ioannes Krug de Waßerdruending. 15
Ioannes Albertus.

---

zweite Wappen an dem äußeren Randleisten) „Phi(lipp) Me(lanchthon)“: in Blau ein bräunliches Antoniuskreuz, um welches sich eine natürliche Schlange windet, das kirchliche Symbol der Erlösung. 7. „Doct. (Iohann) Lang(e)“, Prior des Augustinerklosters, bald nachher erster lutherischer Prediger an der Michaeliskirche und Pastor nonarius am Dom: in Roth ein weißer zwischen Felsen hervorspringender Hase. 8. „(Heinrich) Eberbach“, s. Rect. 238, Sohn des Dr. Georg E. von Rotenburg. s. Rect. 2[illegible]. in Gold schwarzer nach links emporspringender Eber. 9. „(Conrad) Mutianus“ (Rufus), Canonicus aus Gotha, Haupt des Erfurter Humanistenkreises: in Silber zwei goldene Sparren, in Form von Winkelhaken, im Schildesfuße eine fünfblättrige goldne grünbespitzblätterte Rose. 10. (Ge. Petz) „Forchemius“: in Gold ein schwarzes Monogramm C. P. 11. „Urb(anus) Reg(ius)“, vielmehr der mit Crotus befreundete Cistercienser Heinr. Urban: rother, durch einen goldnen Schrägbalken, der mit den Buchstaben C M T (Christus mein Trost) belegt ist, getheilter Schild; in beiden Abtheilungen eine weiße Rose. 12. „(Eobanus Draco von) Carolostad(t)“, nicht zu verwechseln mit dem Schwärmer Andreas Bodenstein von Karlstadt: in Gold ein schwarzer stehender zum Flug nach links hin sich anschickender Adler oder Falke. 13. „Jo(hann) Reuchl(in)“ von Pforzheim: in Silber ein thurmartiger rothbrauner oben brennender Altar mit der Inschrift: „Ara Cap(nionis).“ 14. „Adam Cr(afft)“: in Gold eine grüne Weinranke mit drei blauen Trauben. 15. „Joach(im) Came(rarius)“: in Weiß oben zwei, unten ein schwarzer Vogel. 16. „Jod(ocus) Men(ius)“: unter goldnem Schildhaupte, in welchem die Buchstaben C. H. V. (Christe hilf uns), das verschlungene goldene Monogramm Christi X P zeigen, darunter ein goldnes Ψ, beseitet von den Anfangsbuchstaben seines Namen „I“ und „M.“ — Hildebrandt findet, daß Crotus ein guter Heraldiker gewesen sein müsse, da er die Freundschaft, welche ihn mit allen jenen Mannern verband, durch die schöne Zusammenstellung ihrer Wappen symbolisirte. Das ganze Allianzwappen ist wahrscheinlich gleich nach dem 6. April 1521 gemalt worden zum Andenken an die feierliche Einholung D. M. Luthers auf seiner Fahrt nach Worms durch den Rector an der Spitze zahlreicher Lehrer und Studenten und von Rath und Bürgerschaft, welche Eoban Hesse in der zweiten der „Elegiae quaedam pro assertione Lutherani dogmatis olim anno ferme XX. scriptae ac aeditae“ besingt. Auch in Mutian's gastlicher Wohnung glänzten, wie Euricius Cordus singt, die Wappen seiner jungen Freunde dem Besucher entgegen, der Schwan Eoban's, der Storch des Spalatin und das Horn der Musen, welches er selbst, wie er einmal äussert, für seinen Crotus als besonderes Zeichen seiner Würde und Ehrenhaftigkeit ausgesucht hatte. S. Krause Hel. Eobanus Hessus I, S. 44. Die in „ “ eingeschlossenen Namen sind den Wappen beigeschrieben; die in Parenthesen gesetzten Buchstaben hat der Herausgeber ergänzend beigefügt.

Udalrichus Steten nobilis.
Zacharias Papae de Gorslaria.
Ioannes Theodorici de Aschlar.
fr. Ioannes Loer ord S. Benedicti.
5 Wilhelmus Spitzling de Argentina.
Friderichus Goltschmid de Arnstadt.
Nicolaus Rudiger de Schwartzburg.
Iacobus Ioannes Haugk Ambsdrodamus.
Georgius Geron Spalatinus.
10 Ioannes Straus Miltenbergensis.
f. 125b Hermannus Gromoge de Moringen.
Martinus Sauffaus de Orba.
Wolfgangus Glaser de Hilperhausen.
Casparus Bischoff de Hilperhausenn.
15 Vincentius Sickel.
Ioannes Febeweyner de Elrich.
Ioannes Ossenkopf de Elrich.
Bertoldus Worneri Hildesheimensis.
Guilhelmus Schaffrock de Coverna.
20 Ludovicus Winter de Molheim.
Cristophorus Scriptoris de Lauden.
Martinus Sichart de Bischofsheim.
Nicolaus Knauff de Rodisheim.
Philippus Reyman Herbipolita.
25 Valentinus Schoner de Ordorff.
Ioannes Czorn de Ordorff.
Theodericus Dantzgeschier de Gutzleben.
Iacobus Schmitz de Bachrach.
Guilhelmus Vogel de Bachrach.
30 Henricus Neidecker de Wismenn.
Conradus Lemlin de Scheislitz.
Leonhardus Schmid de Morstadt.
Rulinus Diel bacul. et civis Erphordiensis denuo inscriptus
f. 125c 35 Nicolaus Kemmerer de Burgstadt.
Ioannes Schubart do Tetelbach.
Emricus Konigstein de Ditz.
Petrus Stuck de Limpurgk.
Nicolaus Wettich de Ordorff.
40 Wolfgangus Eb de Schweynfart.
Leonhardus Schot Herbipolita.
Georgius Kolb de Kulsheim.
Henricus Nabe de Osterode.
Andreas Claffrod de Osterode.
45 Sixtus Birck de Augusta.
Ioannes Himelreich de Gengenn.
Wendelinus Plaustrarius Phorcensis.
Ioannes Westerstedt de Ulm.
Ioannes Schroter Franckenbergensis.
50 Ioannes Rubenkonigk Hombergensis.
Ioannes Misner Brunopolita.
Ioannes Schutzer Magdeburgensis.
Casperus Senff de Saltzungen.

Blasius Steffan de Molhausenn.
Hermannus de Hertingenhausenn.
Georgius Stuffen de Mingerthusenn.
Henricus Hartich alias Ducis Bockeimensis.
5 Conradus Fischer Hildesheimensis.
Daniel Dachmis Hildesheimensis.
f. 125d Hermannus Hoss de Cassel.
Conradus Victoris de Franckenberg.
Ioannes Henobel canonicus regularis de Misna.
10 Ioannes Hager de Misna.
Ioannes Moldefelt de Martzhausen.
Bartholomeus Morisni Constantiensis
Iodocus de Gladebeck nobilis.
Conradus Blomo Honoverensis.
15 Nicolaus Klein de Treysa.
Ioannes Karl de Meynemlebenn.
Conradus Schreyneysen de Cassel } fratres.
Iob Schreyneysen de Cassel } fratres.
Wigandus Kamp de Grunebergk.
20 Ioannes Voyt Erphordiensis.
Ioannes Lob de Wolffhain.
dns Henningus Dhegen de Gorslaria.
Tilomannus Ditmar de Gorslaria.
Petrus Lolwiß de Komburg.
25 fr. Theodericus Cappendorff Erphordiensis.
Ioannes Weygant de Framersbach.
Ioannes Meytinger de Augusta.
Gothardus Schuch de Fiessen.
Ioannes Freiburger die Fiessen.
30 Henningus Schenck de Schladem.
Conradus Pregnitz Mundensis.
f. 126a Ioannes Luning Bilfeldensis.
Sebastianus Roeff de Norlingen.
Oswaldus Ruland Ratisponensis } fratres.
35 Erasmus Ruland Ratisponensis } fratres.
Conradus Ackerman de Spangenberg.
Martinus de Egilfstein } nobiles.
Ioannes de Egilfstein } nobiles.
40 Laurentius Wirter de Northausen.
Petrus Metzler de Echczel.
Henricus Blome ex Osterode.
Adam Seydenczail de Arnstadt.
Henrichus Ultzs de Rudelstadt.
45 Michael Erben de Coburgk.
Georgius Czolner de Babenberga.
Henricus Wege Coloniensis 3 den. desunt.
Anthonius Virger de Sontra.
Theodericus Hildesheim de Halberstadt.

Classis semissem solventium:

50 Hermannus Steynenbach de Aldenkirchen.
Henricus Kuser de Hochenburg.

Petrus Eck de Ousbach.
Ioannes Bader de Symmenach.[a]
Henricus Naute Treverensis.
Caspar Basseck de Loer.
f. 126b 5 Adamus Beger de Crauta.

Classis inaequaliter solventium:

Ioannes Coci presbiter dedit 7 sneberg.
Iodocus Berncastel 5 sneberg.
Oswaldus Backer de Rogendorff 5 sneberg.
10 Ioannes Rudel Neopolitanus 5 sneberg.
Ioannes Fritz de Genis 4 sneberg.
Georgius Blanckenberger de Rosenheim dt. 4 sneberg.
Henrichus Sauffaus de Bachrach 4 sneberg.
15 Wolfgangus Hein de Monsterberg 4 sneberg.
Bernhardus Steinhart Friburgensis 4 sneberg.
Ioannes Hardissenn 4 sneberg.
Iacobus Leden Orsnoburgensis 4 sneberg.
Ioannes Robel 4 sneberg.
20 Ioannes Morbach de Confluentia 4 sneberg.
Florinus Lancken de Ortenberg 4 sneberg.
Leonhardus Kegel Mindelheimensis 4 sneberg.
Sebastianus Hass de Themar 4 sneberg.
Valentinus Strowitz de Nissa 4 sneberg.
25 Ioannes Emrici Czaberniensis 4 sneberg.

Nicolaus Engelhart de Jusche 4 sneberg.
Ioannes Franck de Collida 4 sneberg. f. 126c
Friderichus Kauringer de Grossentingen 4 sneberg.
Leonhardus Hieber de Augusta 4 sneberg. 5
Ioannes Ber de Forcheim 4 sneberg.
Michael Franck de Franckenhausen 4 sneberg.
Ioannes Hutener de Selbet 4 sneberg.
Ioannes Weysbaub de Thanckerode $3^1/_2$ sneberg.
Bernhardus Coppinger Hebraeus 3 sneberg. 10

Inscripti gratis:

Hermannus Jeger de Dornheim gratis inscriptus benevolentia rectoris, cuius nepos est e fratre.
Iacobus Ribde Monasteriensis ob reverentiam 15 dni dris Brandis benefactoris scholae Erphordianae, qui istius est famulus et unus inter eos, quos sua liberalitate in hac schola alit.
Valentinus Heubt de Rockhausenn inscriptus 20 gratis propter deum dt. 1 sneberg. pedellis.
Georgius Schweser de Holfelt inscriptus gratis propter paupertatem dedit 1 gr. pedellis.
Summa 150.

De residuo intitulature: 25

Ioannes Knoblauch de Homborgk
Christianus Begenstecker Monasteriensis
30 Ioannes Steynnes Torriensis
} dimidium dederunt.

Marcus Scheffer de Titelbach dt. 4 sneberg.
Ioannes Wernerus Rotenburga dt. $3^1/_2$ sneberg.
Paulus Fabri de Mirgeten dt. $3^1/_2$ sneberg.

[a] Symnenach.

f. 127cd

1521. Ost. 256. Rect. Dr. Martinus de Margaritis.[1] 30

Bonus[1] et non indiligens literarie Erffordiane scole ut futurus esset rector, passim is creditus est, qui plurimum et agendorum prudencia et rerum experiencia valeret; quorum utrumque ex multis spectatis urbibus, hominum consideratis moribus et populorum denique non unius gentis visis ritibus colligitur. Proinde quum anno a natali 35 Christi 1521, postridie festivarum pomparum et amicorum et apostolorum dei Philippi 35

[1] Das die ganze Seite bedeckende, technisch vollendet zu nennende Bild bezieht sich auf die Pilgerfahrt des Rector's nach Jerusalem: unten in der linken Ecke das mit vollen Segeln nach dem Ufer zu fahrende, mit Mannschaft gefüllte Schiff: am Ufer empfängt eine Schar Bewaffneter mit zwei Reitern den Reisenden, dem ein lediges Maulthier zugeführt wird; vor ihnen über der nahen Stadtmauer ist die Stadt Jerusalem mit heiligen Gebäuden und Festungswerken zu sehen, in der Ferne links (im Obereck) an einem Hügel das heilige Grab, in dessen engen höhlenartigen Eingang der

et Iacobi, cum designandi rectoris in tris illos sapientissimos theologos, Bartholomeum scilicet Usingensem Augustinianum et theologici ordinis maiorem, Hermannum Serges Dorstensem, Iohannem Schonemannum Erffordianum reposita esset, non incommode communi eorundem sententia **Martinus** ille **Margaritensis** patricie familie, sue patrie originarius civis, vir profecto preclarus, non eo solum pensiculato denunctiatus est iam iterum rector, quod clerice et deinde literarie milicie veteranus, hoc est canonicus Severianus esset et arcium et iurium doctor, verum eciam ideo, quod recens Hierosolymitane peregrinacionis strenuus evasisset miles. Miro equidem in Cristum mentis ardore flagrans fidefrago sepe mari se credere non formidavit, Palestinam ut inviseret et nataliciam Cristi casam in Bethlehemitico rusculo et dominice passionis et resurrectionis in Helia (ex Hierosolymorum fragmentis et cineribus congesta) conspiceret sacrosanctissima loca, et ut adoraret ibi, ubi steterunt pedes domini. Sub illius magistratu catalogo scolasticorum sequentes sunt additi, nomenclatura persone familie ac patrie haud omissa:

Illustris princeps et dns dns Otto comes in Hennenbergk, cathedralium ecclesiarum Agrippinensis Argentinensis et Herbipolensis canonicus 2 aureos nummos dt. universitati, item et 1 aureum nummum bedellis.

f. 129a

Integrum sequentes solverunt:

dns reverendus pater Henningus, abbas monasterii divi Gothardi in Hildesheim, dimidiatum aureum universitati contulit.
Martinus de Margaritis nepos ex fratre dni magnifici[a] rectoris.
Valentinus Dawe de Artern nobilis.
Cristofferus | Hieronimus } de Obernitz nobiles.
Cristofferus Kolman Errfordensis.
Melchior Nayl Erffordensis.
Nicolaus Kirchoff de Rudelsthat.
Iohannes | Frydericus } Ebel ex Gysen.
Springelinus Echczel ex Butzbach.
Iohannes Echczel ex Butzbach.
Franciscus Otterer | Martinus Moller } de Molhusen.
Andreas Walter ex Schweinfordia.
Bertoldus Ben de Hünefelt.
Iohannes Enckenbergk Lypsensis.
Iacobus[b] Grymmer de Monte sancto Anne.
Iohannes Babst de Widenkap.
Michael Neuman de Fuessen.
Adelarius Fabri presbiter | Iohannes Range | Henricus Czymmermann } de Newekirchen.
Iacobus Ernesti | Iodocus Begaw | Andreas Moller } de Northusenn.
Iohannes Seligk de Bercka.
Franciscus | Cristofferus } Schurschab fratres Nurmbergenses.
Henricus Koler de Michelaw.

f. 129b

Iohannes Adelper de Rain.
Volckmarus Winter de Franckenhusen.

[a] mangnifici E. [b] Iocobus E.

Reisende auf den Knieen hineinkriecht, während drei Gestalten an der Oeffnung Platz genommen haben. Andre grüne Auen und einzelne Berge erscheinen hinter der Stadt bis zum Horizonte. In der linken Randleiste ein Affe, der die Laute spielt. Die folgende Seite ist getheilt: oben rechts Golgatha mit dem gekreuzigten Heiland, zu dessen beiden Seiten Johannes und Maria stehen; in der Nähe kniet der Rector in Chorkleidung mit betend erhobenen Händen; links das heilige Grab und der aus demselben steigende Heiland, zu beiden Seiten schlafende Wächter. Die untere Hälfte füllen Allianz-Wappen: 1. zur Rechten das einfache v. d. Marthen'sche Wappen: getheilter Löwe, oben roth im silbernen und unten silbern im rothen Felde: auf dem goldnen Helme zwei Hirschstangen, silbern und roth, je an den 3 Enden mit Rosen gewechselter Farbe besteckt. 2. Zur Linken getheilter Schild, oben silbern mit natürlichem nach rechts laufendem Wolfe; unten silbernen Halbmond in roth; auf dem goldenen Helme zwei aufgerichtete zugewendete silberne Fische. In der untern Randleiste eine Eule, die von Vögeln umschwärmt wird, zwischen Blumen. Das Rectorat dauerte ein Jahr.

Iohannes Engelman de Neuendorff.
Theodericus Dauber de Limpergk.
Ludolffus } Eckhardus } Harlsthenn fratres de Hildesheim.
5 Georgius Fabri de Geysmaria.
Cristofferus Elstede } Iohannes Awlep } de Kindelbruck.
Henningus Mechshusen Gosslariensis.
fr. Iohannes Wunschalt Curiensis lector ord.
10 minorum propter deum gratis Sclesie heresiarcha duxit mo..(?)[b] anno 1526.
Iohannes Crist de Olen.
Matheus Meiger de Basilea.
Nicolaus Waluff Maguntinus.
15 Frowinus Frinschein de Geilhausen.
Erasmus Fullemunt de Gebesa.
Gotfridus Enteschar de Wetzlaria
Conradus Kemnate Schonburgensis.
Iohannis Windisch de Witterde.
20 Nicolaus Kalpsnes } Iohannes Kleinhen } de Offenbach.
Heinrich Reimberti Hoxeriensis.
Paulus Praß de Taubenheim.
Iohannis Muris de Hanaw.
25 Lodewicus Schrinteisen de Gotenborgk.
Georgius Hohuff } Iohannes Dorman } Gottingenses.
Baltasar Hertzpocher de Nida.
Wilhelmus Prediger de Allendorff.
30 Conradus Dorinck de Lewbingenn.

f. 129c

Quatuor nivenses sequentes solverunt:

fr. Henricus Henczel professus in Eilfelt.
fr. Iohannes Kircher ord. divi Benedicti Fuldensis.
35 Lucas Grym.
Teoboldus Textoris de Usingen.
Henricus Lange de Forcheim.
Georgius Schropff de Ostrach.
Henricus Boet de Hachenborgk.
40 Nicolaus Brinckel de Hilperhausen.
Nicolaus Pentz de Schweinfordia.
Conradus Besserer de Segingen.
Andreas Gotscheiner de Badeweiler.
Iohannes Schmaltz de Nesselwengen.
45 Iohannes Weiß de Elfftel.
Iohannes Fabri de Waltbeckelein.
Valentinus Hafener de Weila.
Martinus Sigil de Lutrea.
Wenczelaus Orter } 50 Silvester Wolgemut } de Stahelbergk.

Iohannes Wolff de Bamberga.
Gilbertus Burgkhardi de Franckfordia.
Iohannes Olendorb de Einbecke.
Vitus Papenheimer de Amerdingen.
Ioachaimus Papenheimer de Wendingen. 5
Iacobus Koch de Grotgaw.
Georgius Sthruve Ostenburgensis.
Iohannes Hecke de Lorchgershausen.
Henricus Windigk de Tuba.
Iohannes Mors } Iacobus Graes } Ellerenses. 10
Bartholomeus Rucker de Sonnenborn.
Vitus Nichtenns de Herbipoli.
Georgius Wersberger de Meidesheim.
Iacobus Deutschman de Saraponte. 15
Iohannes Wolffhain ex Dachbich. f. 129d
Henricus Czygeler Errfordensis.
Petrus Hageman de Ivodio (?).
Melchior Salomon de Cranton.
Wolffgangus Keller de Ionswel. 20
Vitus Dobeler de Gemundia.
Andreas Karstat Erffurdensis.
Iohannes Schreiner de Huntgen.
Simon Issenbrant de Groningen.
Iohannes Sibenhaer de Forcheim. 25
Henricus Grafenbergk de Dorsten.
Henricus Mercatoris } Iohannes Dresseler } de Confluencia.

Pauperes sequentes et parum solventes:

Iohannes Wuest de Ottingen gratis ob reverenciam dni rectoris, nam familiaris eius. 30
Erasmus Weinhorst de Hamel 2 nivenses solvit.
Eberhardus Retscher ex Butzbach 1 nivensem bedellis. 35
Nicolaus Gobel de Olsnitz 1 nivensem bedellis.
Henricus Gloesthet Erffordensis ob reverenciam proconsulis mag. Meigen 1 nivensem bedellis. 40
Andreas Graffe Ilmensis } Matheus Bethler Coloniensis } corales divi Severi 1 nivensem bedellis.
Conradus Gerschepuch (?) de Lutsted } Iohannes Frochtel de Robendorff } ambo gratis ob reverenciam abbatis divi Petri Errfordensis 2 nivenses bedellis. 45
Theodericus Gluntz de Dorsten, gratis, nam famulus dris Hermani Dorstensis, 1 nivensem bedellis.

---

[b] monial m (?) (eine Nonne).

Iohannes Portenhen de Hausen gratis ob reverenciam divi Severi, nam edituus eiusdem.

Iohannes Sonnabunt, Georgius Wegelin } de Gündelsdorff causa dei.

Summa 120.

De residuo intitulature:

5 Petrus Dorheim, Nicolaus Silesitanus, Philippus Usingen } quilibet 3 1/2 schneberg dt

Caspar Bacherach 5 nivenses dt.

Iacobus Oschaffenburgensis 3 nivenses cum 4 den.

Ioannes Egkerspergk 3 niv. cum 4 ₰. 5

Adamus Kirchburgk 3 niv. dt.

Summa 26 schneberg.

1522. Ost. 257. Rect. Henningus Blomberg.[1]

f. 180a b

10 Cuilibet[1] regno aut politie, ut quam saluberrime pro subiectorum commoditate gubernetur, suum moderatorem aut monarcham naturali aut civili quadam processione 10 prefici ac designari more mortalium vestustissimo receptum esse, luce meridiana liquidius videmus. Id quod academie litterarie ne acephale viderentur quam sapientissime imitantes singulis semestribus rerum summam in unum veluti ducem ac rectorem, 15 qui iuventutem ad dextros mores adhortetur, facinorosos coerceat ac omnia prudenter sapientum consilio adhibito administret, transfuderunt. Proinde cum anno a natali 15 Christiano supra 15 secula vigesimo secundo postridie kalendarum Maii academie proceres pro monarcha deligendo ad futurum semestre convenissent, eligendi tandem sors super 3 spectabiles ac venerabiles viros et dominos, Henricum Sickten Bruno- 20 politam, maiusculi contubernii collegam, ac Ioannem Backhus[a] Erphurdianum, liberalium studiorum magistros, ac Conradum Piscatorem ex Hildeshem, arcium baccalarium 20 paucis tamen post annis insigniis magistralibus decoratum, volente Deo cecidit concordi suffragio, sancti spiritus gratia primum expetita. Spectabilem ac eruditum virum, dominum Henningum Blomberg Goßlariensem, artium ingenuarum magistrum ac utrius- 25 que iuris designatum doctorem nec non edis divi Severi Erphurdiensis canonicum, licet ob oneris magnitudinem graviter renitentem, academie nostratis rectorem delegerunt ac 25

f. 180c d

[a] Backus E.

---

[1] In der violetten Initiale C steht ein Bischof in grüner goldbefranzter Dalmatica über der Alba, mit rothem Mantel und blauer Mitra, den Bischofstab in der Rechten, den Walkerbaum in der Linken; zu seiner Rechten kniet eine Heilige in grünem Gewande ohne Attribut; zu seiner Linken eine Frau (wahrscheinlich die Gattin des Rectors) in blauem Gewande mit weißer Schaube. Am äußeren Randleisten steht oben ein Heiliger in rothem goldbesetzten Talar und mit blauem Shawl darüber, ein goldnes Salbgefäß in der Rechten haltend, in der Mitte der Bischof St. Nicolaus in Alba, blauer Dalmatica und carmoisinfarbigem Mantel, in der Linken den Hirtenstab, in der Rechten ein Buch mit drei goldnen Kugeln haltend; unten ein dritter Heiliger in violettem Talar mit Pelzaufsatz und rothem Barett auf dem weißen lockigen Haare; er zeigt mit der Linken auf einen Gegenstand, den die Rechte emporhebt und der einem Schilfkolben ähnlich sieht. In der untern Randleiste (links vom Beschauer) das Stadtwappen von Goslar: schwarzer Adler in Gold; rechts das des Rectors: drei rothe Blumen aus einem Grasboden hervorwachsend in Weiß.

salutarunt. Is tandem non sibi tantum se natum credens, pro communi gymnasii utilitate regiminis habenas suscipiens, collapsa ob complurium vituperonum latratus literarum studia sublevare cum schole nostratis primatibus attentavit; verum ob eorundem vituperonum et ipsis adherentium potentiam quod voluit perficere nequivit, 5 paucos tamen, qui erarium publicum sacramento religiose prestito auxerunt tyrones, 5 in ordinem scholasticum redegit, plures quoque forte ascripsisset,[b] nisi liberalia studia tam inverecundos vituperones habuissent:

dns Wulbrandus Bock canonicus et scholasticus ecclesie beate Marie Einbeckensis dt. 10 8 sol.
Wulbrandus Bock iunior canonicus cathedralis ecclesie Hildeshemensis dt 8 sol.
Henricus Strasborg de Bacharach dedit 8 sol.
f 131[b] Wedekindus de Falkenberg de Herstall nobilis 15 dt. 8 sol.
Andreas Borgen Confluentinus.
Wernerus Hugk ex Zcuschen.
Ioannes Frund ex Treysa.
Conradus Fruner }
20 Nicolaus Fruner } ex Treysa.
Hermannus Ungefuge ex Homberg.
Michael Graßman ex Gerelczhofen.
Iodocus Ratzeburg de Suntra.
Cunradus Nusbaum de Rudesheym.
25 Carolus Sorbillo de Gysenheim.
Petrus Puschs de Rudesheym.
Hermannus Muden de Brunopoli
Henricus Faust de Groneberg.
Wulfgangus Bernardi de Gorlitz.
30 Caspar Moldenfeldt ex Gottingen.
Nicolaus Pistoris ex Crutzeborg.
Theodericus Meckebach de Spangenberg.
Ioannes Ridesell de Bellersheym.
Casper Bum Argentinensis.

Inequaliter solventes:
Paulus Weystrer de Kaufbeiren 4 sol.
Georgius van Luden } de Hannover dt. 4 10
Ludolphus Dickman } solidos.
Nicolaus Steinbrecher de Romhilt 4 sol.
fr. Nicolaus Heidentrich[c] canonicus regularis dt. 4 sol. 3 denarios.
Vincentius Libolt de Romhilt 4 sol. 15
Georgius Kohes de Augusta 4 sol.
Arnoldus Iberger de Hervordia 4 sol. f. 131[c]
Iacobus Spanagel de Brusella 4 sol.
Martinus Hauman de Themar 4 sol.
Conradus Tymme de Czellis 4 sol. 20
Theodericus Bußman de Wesalia 4 sol.
Ioachim Sappell de Bidencap dt. 5 nov.
Petrus Bonecker de Bidencap dt 5 nov.
Valentinus Proell de Lichtenaw dt. 5 nov.
Ioannes Gyselman de Cassell 5 nov. 25
Ioannes Spalt de Schweinfordia 5 nov.
Casperus Zuayer de Augusta 4 sol.
Hermannus Grone (Grove?) de Gottingen 3 sol
Petrus Schwob }
Volkmarus Hertelep de } chorales ddt. 1 sol. 30
Arnstedt } bedellis.
Sigismundus Dyroff de Rastenburg }
p. famulus } nihil.
Ioannes Faber de Wie p. }
Summa 46. 35

[b] ascripsisset. [c] Heidenreich?

---

f. 132ab 35 1522. Mich. 258. Rect. Otho C. in Henneberg.[1]

Omnino[1] sapienter ut sapientissimi prodiderunt factum ab illis est, qui primi respublicas constituerunt, constitutis principes ac magistratus praeposuerunt; ea enim ratione factum esse videmus, ut que antea inordinata et confusa prorsus erant, sibi

[1] Das Hennebergische vierfach getheilte Wappen: 1. 4 weiße dorische Säule mit goldner Krone von gleichem Durchmesser, wie das Capitäl, in roth; 2, 3. schwarze Henne in gold; mit zwei goldnen Helmen bedeckt, auf dem rechts weiße und goldne Helmdecke; aus der Krone über dem Helme wächst eine goldgekrönte Frau heraus, in rothem Gewand mit hochgelbem über die Schultern herabfallendem

consentiant cohaereantque nexu quodam pulcherrimo, nec id in civitatibus modo aut quibusvis imperiis administrandis, sed in literarum initiis quoque, que et ipsa nisi ordine certo ac legibus suis regantur moderenturque, iaceant frigeant fluitentque sine rectore necesse est. Quod animadvertentes electionem sortiti magistri insignes, Ioannes 5 Foemilius, artisciorum decanus, Henricus Sickten et Theodericus Faurbach sub annum 5 1522 circa autumnale equinoctium uno consensu elegerunt studiosis huius Erphordiensis scholae rectorem illustrem et generosum principem et dominum d. Othonem comitem ab Henneberg, metropolitanae Coloniensis cathedralium Argentinensis et Herbipolensis ecclesiarum canonicum; sub cuius administratione in album studiosorum sequentes sunt adscripti:

10 Solventes integrum:

Iudocus Luna Vangio.
Ioannes Grevenstein Berckensis.
Carolus Phrisius de Gera.
Nicolaus Tewber de Colida.
15 Valentinus Schillingstadt de Colida
Ioannes Seseman de Hildensheim.
f.132a Benedictus Purgolt de Isennach.
Conradus Leo de Steinfurdt.
Petrus Linden de Bercka.

20 Solverunt 4 solidos:

Henricus Bodicker, Georgius Striechers, Henricus Meli } de Geismaria.
Iudocus Schirling de Ibelshausen.
25 Ioannes Becker de Grevenstein.
Valentinus Appelholtz de Erbach
Casparus Krebs de Eysfelt. 10
Conradus Wack de Ruschenberg.

Solverunt inequaliter:

Theodericus Stumph ex Darmstadt dt. 3 solidos 9 denarios.
Ioannes Zunthuser[a] de Bidenkap dt. 3 sol. 15 9 den.
Ioannes Lobzinck de Meppell dt. 3 sol. 8 ₰.
Nicolaus Wolff de Dinstervenis dt. 3 sol. 8 ₰.
Gregorius Hunger de Uchtericz dt. $3^1/_2$ sol.
Ioannes Gneck de Themar dt. 3 sol. 20
Ioannes Fabricius de Hildensheim dt. 2 solidos f.132d
Ioannes Mayer de Hochenwangk dt. 2 sol.
Petrus Falck de Ulma ob petitionem licentiati Melosingi dt. 1 sol. pro pedellis.

Summa 26. 25

De residuo intitulature

percepi semiquatuor solutos occasione unius baccalaurii promoti in quadragesima.

[a] Zunthuser E.

Haare, welche in jeder Hand einen abwärts gekehrten Fisch hält; auf dem Helme links schwarze und goldne Helmdecken, aus der Krone wächst eine gekrönte Jungfrau in gelbem Gewande hervor, mit langen Zöpfen, einem hohen Kopfaufsatz und Pfauenschweife darüber, welche die Hände gefaltet hält. Die vier Randstreifen enthalten acht nicht ausgeführte Wappen, mit Blumenzweigen abwechselnd.

1523. Ost. 259. Rect. Dr. Georgius Sturcz.[1]

f.133cd

30 Quum[1a] humanum genus cicius ducatur civilitate quam austeritate protrahatur, visum est nostris maioribus, ut studiis litterarum, que prope sunt perdicionem, 30 f.140a Anm.a

[a] Wiederum fehlen in der Foliirung die Zahlen fol. 134 — 139.

[1] Das Wappen füllt mit seinen vier Randleisten die ganze Rückseite von fol. 133; es ist getheilt, oben in Silber ein wachsender goldgezäumter schwarzer Pferderumpf, der nach rechts gewendet ist;

succurratur. Nimirum quum hoc tempus non sine malo nostram circumdedit achademiam, in qua tranquillissime solebant florere litterarum studia, ea de re anno a nato servatore 1523 die secunda mensis Maii legittimis comiciis habitis tanquam ex Areopagi consilio viri clarissimi optimarumque litterarum eruditissimi Ambrosius Carlau, 5 nature rerum sagax indagator[b] phisicus ac medicine ordinarius lector, et Theodericus 5 Fauerbach ex Buczbach, arcium liberalium magister sacreque theologie baccalaureus, et Martinus Hunnus Gittelidanus, arcium ac philosophie magister collegii huius scole maioris collega, delegerunt ornatissimum virum Georgium Sturczinum, artium liberalium magistrum et medicine scholasticum, in rectorem, qui nostre preesset inven- 10 tuti eamque eruditione ornatiorem viteque meliorem redderet; et si bone littere ad 10 oceanum et prope ad ultimos studiorum terminos sint profligate, nichilominus erarium auxit scholasticis, qui hoc ordine procedunt una cum auctorio, quod contribuerunt etc.:

Dns Adrianus de Huten canonicus ecclesie sancti Burckardi Herbipolitanae dt. dimi- 15 diatum aureum minus 3 denariis.
Bernhardus Schele Hoxariensis dt 8 schneberg.
Adolphus Michelingius de Dres in Hessia dt. 8 sneberg.
20 Iodocus Ruman de Northeim dt. 7 sneberg. 6 den.
Iohannes Brandis
Thilemannus Brandis
Anthonius Jherson Myndensis, ddt. quilibet 7 25 schneberg. et 6 den.
dns Ludolphus Eggelyng Brunswigcensis sacerdos dt. 7 schneberg.
Iohannes Ditman Hildesanus dt. 4 schneberg. 15 et 6 den.
Angelus Cappel dedit 5 schneberg. et 3 den f.140b
Christianus Burius Nastadius dt. 3 schneberg.
Hinricus Porcken Hessus dt. 3 schneberg.
M. Iohannes Nenius Cemnicianus gratis in 20 favorem rectoris.
Georgius Gemunden Herbipolitanus famulus rectoris gratis
Georgius Neydecker Weyßman gratis propter paupertatem.

Summa 15. 25

[b] Indagatur E.

unten in Roth ein an zwei Ketten hängender stählerner Kesseldeckel (?); der silberne (aber noch andere Farbenspuren zeigende) Helm tragt über seiner goldenen Krone einen gleichen Pferderumpf; Decken silbern und schwarz. Auf einer Guirlande über dem Wappen sitzt ein Engel und halt in beiden Händen eine weiße Schnur, von deren Mitte Blumen mit einem Wappen (rother Hirsch, Achtender. in Silber) herabhängen. In den Randleisten stehen oder kauern gnomenartige Bergleute mit Werkzeugen in weißen Jacken und Hosen, die Köpfe mit weißen Kappen bedeckt.

f. 140cd

1523. Ost. 260. Rect. Henricus Herboldus.[1]

Revelans[1] omnia tempus et experientia rerum magistra docet, quam nihil sit stabile et firmum sub lunari globo, sed fluxa et caduca omnia velut umbra pretereant, cum a mundi exordio nullum unquam fuerit imperium tam amplum, nulla respublica tam

[1] In der grünen Initiale R sitzt der mit Wunden bedeckte und bluttriefende Heiland, den rothen Mantel über den nackten Körper mit der Fibula zusammengehalten, mit grüner Dornenkrone und Nimbus, in einer Halle, umgeben von Henkersknechten, welche mit Stangen die Dornen tiefer

florens, nulla tam firma unquam potentia nec ullus denique tam clarus et celebris rerum status, quin suo splendore aliquando destitueretur et altum admitteret casum. Sic nimirum natura est comparatum, ut rebus omnibus sint suae aetates; est quando grandescant et floreant, est quando rursum emarcescentes deficiant et ad sua redeant 5 principia. Cessit Assyriorum potentia Persarum armis, horum postea virtutem debellarunt Greci, qui temporum lapsu sui imperii habuerunt destructores Romanorum principes; qui cum iam bonam orbis terrae partem suae ditionis fecissent, eorum tam late patens dominium, cum multum iam et diu ferreis stetisset pedibus, postremo quoque fati legem sequens in angustum contractum est. Fuit item nobilis olim schola apud Tharsenses, 10 fuit et Massilioticum illud museum clara per Europam fama; viguit et peculiare Musarum domiciliam apud Athenienses tribus gymnasiis; sed occasum haec tandem invenerunt suum, quando civitates illae a suo statu et flore deciderunt. Sive enim ab externo hoste sint victae, sive intestino corruptae bello, usque tamen ruina rerumpublicarum secum traxit casum studiorum. Quod in Erffordiana republica quoque 15 verum esse, proh dolor! nunc oculis nostris conspeximus. Quae dum adhuc esset salva nec ulla civili dissensione quassata, pax erat scholae et literis suis honor; quamprimum vero discordia malorum parens civium corripuerat animos in diversum, temporis defluxu mutata vides omnia, ut nec vitae iam tranquillitas[a] studiosis, nec literis sua sit integra relicta dignitas. Malorum fuit initium collegii expugnatio quam sub 20 sequuta est una et altera ex metu pestilentiae fuga, et ne toties iam dispersa schola in pristinum rediret statum, accessit ad malorum cumulum, quod simultatis interventu sic oppugnata sit barbaries, qua studia sunt conspersa, ut non cum vitio, sed cum ipsis literis bellum nunc geri videatur. Quo venit, cum et universitates literariae prostibulum e contione conferantur, ut universae pene disciplinae iaceant con- 25 temptae, exosi fiant tituli, olim iuventutis ad honestatem illicia, et extinguatur prorsus omnis obedientia. Sed quid mirum haec accidere gymnasiis? quando nec religio per multa iam secula recepta non sit tuta a calumniis. Sic meruerunt peccata nostra, ut factiosis hominibus hac tempestate impune tentare liceat, quicquid modo libuerit, ut nihil propemodum nunc ducatur esse honestum, nisi quod antea 30 fuerit semper ut turpe despectum. Ne tamen in hac omni rerum turbatione, quam congressus pene omnium planetarum in piscibus Iovis domicilio in anni sequentis

(Margin: 5 f. 141ᵇ; 10; 15; 20; 25; 30)

[a] tranquilitas E.

eindrücken. Der eine, rechts vom Beschauer, hat einen rothbraunen Rock, der andere kurze Beinkleider und Strümpfe von derselben Farbe an; der obere Theil des Körpers ist nur mit dem Hemd bekleidet. Ein dritter kniet vor ihm (in gelber Jacke und einer Miparthose und mit Strümpfen bekleidet, reicht ihm mit der Rechten das Ysoprohr als Scepter und greift mit der Linken an sein schwarzes Barett, um ihm mit spöttischer Miene seine Huldigung darzubringen. In der äußeren Randleiste stehen, von goldnen, rothen und blauen Ranken umwunden, oben der heilige Jacobus der jüngere in grünem Gewande und in roth-braunen Mantel gehüllt, in der Linken einen kurzen umgekehrten Walkerbaum haltend; unten ein andrer Heiliger in blauem Gewande und rothem Mantel mit Nimbus, in der Rechten ein Buch, in der Linken ein goldnes langes Kreuz, oben mit kurzen Armen, haltend. In der untern Randleiste ist das Wappen des Rectors: quer getheilter Schild, oben gold, unten roth.

principio nobis significare possunt, studiosorum reliquiae sine moderatore essent. Consueta comitiorum die divo Lucae sacra, anno a natali Christiano 1523,[a] ius eligendi rectorem pro veteri more obvenit sorte tribus illis clarissimis viris, Mathiae Meyer, utriusque iuris doctori, preposito sancti Mauricii et cathedralis ecclesiae in Hildensem canonico, Marianae quoque aedis apud Erffordiam cantori et canonico, Reinberto Reinberti Brunopolitae, artium magistro utriusque iuris designato doctori aedisque beatae Virginis canonico, et mag. Ioanni Gronigensi artisticae facultatis decurioni. A quibus venerabilis vir Henricus Hereboldus Hoxariensis, bonarum artium mag. sacrae theologiae bacularius et Saxonici collegii decanus, concordibus suffragiis in universitatis literariae monarcham electus est; qui licet animadverterit, pro temporum malitia parum vel nichil ipsum rebus lapsis posse succurrere, amor tamen in scholam et eligentium authoritas tantum apud eum valuerunt, ne fasces tandem admittere recusaret. Sub cuius officio subscripti 19 adolescentes in literaria militia sua dederunt nomina:

Ioannes a Bidenfelt nobilis 8 schneberg. dt.

Classis solventium 8 schneberg.:

Georgius Wierich Pforcensis.
Henricus Borchardus Hildesemenßis.
Hermannus Bender ex Liech.
Ioachimus Minsenberch.
Ioannes Ofenloch ex Futersehe dedit 5 sneperg.

Classis solventium 4 sneberg.:

f. 141b Georgius Amberger ex Kurnhoffstad.
Georgius Fleming Erffordensis.
Iacobus Portelbick.
Hermannus Perle de Altendorff.
Iohannes Textoris ex Cocheym.
Iohannes Guden Grevensteinensis.
Sebastianus Strubell ex Herreden.
Michael Molitor ex Herreden.[b] f. 141c
Henningus Hoppe ex Gandesheym.
Iudocus Buntemawe Einbecensis.
Ioannes Zilger ex Truhading.[b]

Inequaliter solventes:

Ioannes Heller ex Tillenberg 3 sneberg., residuum dt. michi Ioanni Edessen (rect. 270) videlicet 9 sneberg.
Mauritius Karell ex Hoffstuden 2 sneberg.

Summa 19.

[b] Die Jahreszahl „1524" in E ist falsch, da der 261. Rector 2 Semester lang vor dem Bauerntumult in Erfurt im Amte war; siehe S. 239. [c] Die vier letzten Namen stehen in einer dritten Spalte bb der vorderen Seite des fol. 114.

---

f. 141cd

1523. Mich. 261. Rect. Reinbertus Reinberti Brunsvicensis.[1]

f. 142ab Sexto[1] nonas Maii anno a Christo nato vigesimo quarto supra MD prestabilis vir Rembertus Rembertus Brunosuicanus, liberalium studiorum magister iuris utriusque designatus doctor ecclesiae divae Virgini sacrae in Erffordia canonicus, per egregios ac prestantes viros et dominos Iacobum Hornensem, theologici ordinis decurionem et maioris contubernii collegam, Maternum Pistoris, dictae ecclesiae canonicum, arcium et theologiae doctores, et Ioannem Groningum, earundem artium magistrum ordinis artiociorum decanum, rector unniversitatis in ordinario comitio rite designatus publicatus

f. 141cd [1] Wappen: in Blau eine schrag rechts gelegte silberne Pflugschar, oben links, unten rechts von je einer rothen Rose (Nelke?) begleitet: auf dem goldnen Helm ein grüner Papagei, Decken blau und silber: Schildhalter ein wilder Mann, auf der rechten Seite des Wappens kniet im Vordergrunde der Rector in Chorkleidung, das schwarze Barett in den Handen haltend, hinter ihm steht Iohannes der

et paucis post diebus cum debita ceremoniarum pompa confirmatus, prefuit officio ultra duo semestria dies 20, propterea quod stato die novi rectoris designandi comicia conmode haberi non possent ob tumultum rusticorum Errfordiensis dicionis, qui IV. calendas Maii, consule Adelario Huttenero et Georgio Frideruno, tribuno plebis, urbem 5 ingressi nulli aeque ut archipraesuli Moguntino et eius clericis et monachis molesti inter alia facinora, quae commemorare non libet, omnia illorum nobiliora cum viva tum obsonia consumpserunt. Erat sub idem tempus non tantum eorum, sed et tocius fere Germaniae gravis agricularum sedicio. Quibus a fanaticis quibusdam nebulonibus ruri libertatem ignoranter et impie predicantibus persuasum fuit, se nemini quicquam 10 debere, liberos esse ab omnibus civilibus et legibus et oneribus, silvas agros vineas predia et villas, omnia denique esse communia omnibus, non esse persolvendas decimas nec dependendos reditus,[b] breviter, quidvis licere omnibus. Cum tamen Christiana libertas sit spiritualis et eo pateat, in gratiam Dei per fidem receptos propter Christum spiritu esse liberos, non a debitis et civili servitute, sed a peccato morte et inferno, 15 ut iam peccatum et satan illis non dominetur, de qua libertate loquitur apostolus, Rom. 6: Peccatum vobis non dominabitur, et Christus, Ioann. 8: Vos filius liberaverit, vere liberi eritis. At cum eam, quae spiritus est, libertatem rudes isti homines darent in occasionem carnis, magistratus a Deo ordinatos damnare et abolere volentes et iudicium sibi conquirant, qui potestati resistunt Romaque,[a] iusto Dei iudicio 20 tulerunt mercedem suam, quando eorum, anno eodem scilicet 1525 in Thuringia Hassia Sachsonia Suevia Franconia et Alsatia ultra centum milia sunt occisa, quorum necem hodie lugere licet. Et quamvis huius rectoratus infelici cursu omnia tumultuarentur, adeo ut bonae literae viderentur relegatae in novas insulas, tamen studiorum gratia advolarunt infrascripti:

f. 142c

25 Sequentes duodecim dederunt integrum:

Christoferus Bordian
Nicolaus Buech Reinstadius.
Andreas Weinbargk Osterodanus.
Ioannes Keudell.
30 Wernerus Troch.
Henricus Poschman Hildensemensis.
Bernhardus Rohen alias Ranis de Eberenn.
Nicolaus Koße ex Inguiler.
Henningus Eberdes Hildensemensis.
35 Christoferus Hagen Hildensemensis.
Henningus Probst ex Bochelem.
Henricus Caduceator ex Aschaffenburgk.

Insequentes decem inaequaliter dederunt:

Guilhelmus Heckman de Dilenbergk.
30 Henricus Trengel de Rithnorthusen.
Ioannes Faulhaber de Aschaffenburgk.
Ioannes Penderhenrich de Ferrendorff. f. 142d
Ioachimus Pistoris.
Ludolphus Wynneguth Hildensemensis.

[a] ob Romaeque zu lesen? [b] redditus E.

Evangelist mit Nimbus in grünem Gewande und rothem Mantel, in der Linken den Kelch mit der Schlange, über welchen er die Rechte segnend hält. Im Hintergrunde der von Pfeilern und Rundbogen gestützten Kapelle hangt der Heiland am Kreuze. Im obern und im untern Randleisten je ein nackter Engel: der obere mit halb grunen, halb goldenen Flügeln, sitzt auf einer Guirlande, deren Enden er in den Händen hält, der untere mit blauen und goldnen Flügeln kniet und hält einen gelben Vogel an einer um den Hals gewundenen Schnur

Quilibet nominatorum sex 4 dt. snebergenses:

Georgius Luthensleger solvit med.
Nicolaus Franck de Tudenselle dt. 3 sneberg.
Magnus Stheinhaus de Bidenkap 3 sneberg. solvit.
Mathias Lemchen de Hilchenbach 3 dt. sneberg.

Postremi duo gratis inscripti:

Ioannes Ulner, alias Hutheyn ex Groningen. ob reverenciam dni Pauli episcopi etc. et scholastici ecclesie dive Virginis.
Mathias Sprock ob reverenciam dris Mathie Meyger, dicte ecclesie cantoris et prepositi etc. cuius erat famulus.

24 numero.

Rector[a] Rembertus Remberti — 8 sexagenas leoninas et 1 antiquum grossum accepit a 20 adolescentibus in album receptis scholasticum. Duo supra numerum gratis inscripsit, ut in ipso albo clare expressum est.

Semiquattuordecim niveses ut vocant grossos de residuo inscriptionis seu intitulature (percepit).[b]

[a] – [b] Aus dem Rechnungsbuche des Rectors.

1525. Ost. 262. Rect. M. Anthon. Leuffer.[1]

f. 143 c d Turba[1] rusticana in tota Germania in clerum quum monasticum tum secularem immaniter saeviente, immo posteaquam Erffordiensium rustici in festo Vitalis Erffordiani (28. April) non sine tremore ecclesiasticorum intrantes theolonarias Reverendissimi aedes et carnificis everterant, salinarias cadurcas annihilarant funditus, domos prelatorum et quorundam canonicorum utriusque collegii sacri et monasteria urbica et suburbana occuparant, et quicquid ibidem esculentorum et poculentorum inventum absumpserant et paucula pax membris[a] gymnasii reddita fuerat; non revera postridie divorum apostolorum Philippi et Iacobi, ut ab antiquo mos erat, sed vicesima secunda Maii anni 1525, congregatis reliquiis gymnasii in auditorio celebri beate Marie virginis pro eligendo novo rectore deliberato et unanimi consensu venerabilium electorum trium novissimorum, egregiorum scilicet theologorum domini Iohannis Schonmanni Erffordiensis, canonici beate Marie virginis predicte, domini Iacobi Theoderici Hornensis, collegae maioris collegii, et magistri Iohannis Elliger Butstadii, commissarii administratoris f. 144 a Zceicensis et episcopi Frisingensis, in annuum gymnasiarcham designatus est venera-

[a] menbris E.

f. 143 a b [1] Wappen: in Schwarz eine silberne Mauer mit drei schwarzen Fenstern und drei Zinnen, darüber aus der Mauer hervorwachsend ein goldnes Einhorn nach links gerichtet; auf dem silbernen Helme das Einhorn; Schildhalter ein wilder Mann und eine wilde Frau. Ueber dem Wappen eine Landschaft mit Bäumen und einem Flusse, auf dessen beiden Seiten Hügel und Dörfer. In der Höhe schwebt Maria mit dem Kinde auf dem Halbmond stehend; über ihr halten zwei Engel in weißen Gewändern und mit goldnen und rothen Flügeln eine goldne Krone In der äußern Randleiste oben trägt ein wilder Mann auf der linken Schulter einen Stab, an dessen Ende ein Hase hängt; darunter greift ein Affe nach einer goldnen Frucht.

bilis et doctus magister Antonius Leuffer Erffordianus, iuris utriusque bacularius collega schole iureconsultorum sacerdos Severianus; sub cuius adeo, nutante proh dolor! gymnasio, principatu subscripti 21 in album et matriculam eiusdem collecti sunt. Roga lector clementissimum Deum, indignitatem nostram mutet omniaque bene vertat, 5 si non in utriusque, quod discupimus, attamen in interioris hominis salutem: 5

Iacobus de Weddingen studens Lipsensis nobilis, collegiatus scole iuristarum dt 11 schneberg.
Iob de Teyteleuben nobilis vicarius Severianus 10 dt. 1/2 flor.
Conradus de Wintheym de Hannofer collegiatus collegii Saxonum dt. terciam partem flor.
Burchardus Mithauff, Iohannes Gerso, 15 Iohannes Pape } studentes Rostucksenses ddt. 1 flor.
Martinus Pistoris de Ingwiler dt. tm.
Adelarius Megen Erffurdensis non iuravit dum esset impubes, gratis ob reverenciam patris sui proconsulis qui presens ad- 20 erat.
Iohannes Notnagel de Hilperhusen dt. 4 schneberg.
Udalricus Schlap Gundelvingensis dt. 4 schneberg.
Iohannes Clensener dt. 14 gr. f. 144b
Iacobus de Dillenbergk dedit 14 gr.
Iohannes Waltschmedt de Wilborgk dt 14 gr. 10
Petrus Hertzog Honoltzspanus dt. 14 gr.
Franciscus Guldener de Stadthagen dt. 14 gr.
Iohannes Rincke de Gotha dt. 14 gr.
Conradus Scheunar de Western-Engell dt. 14 gr. 15
Sebastianus Knothe de Kirchengell dt. 14 gr.
Iohannes Simmersbach gratis quia famulus rectoris.
Iohannes Ißenhot de Oringen dt. 2 schneberg. quia pauper. 20
Franciscus Buchbach de Northusen dt 14 gr.
Summa 21.

Percepta de immatriculatis in album academicum, quorum ultra duos omnino gratis decem et novem sunt, qui faciunt 6 sexag. et 32 gr monete leonine.

25 **1526. Ost. 263. Rect. Eobanus Draco.**[1] 25 f. 144cd

Urbana[1] uti quacumque alia in republica bene instituta nemo frugi civis habetur, f. 145ab qui ad hostiles insidias patriae imminentes presensque exitium connivet ac in utranque ut dicitur aurem dormit, quin ut impius et ignavus exigitur urbe. Cum enim ex civium fide et concordia subsistat patria velut membrorum harmonia corpus execrabili fuerit 30 amentia, qui securus et stertens viderit pericula ingruere patriae; cum ad ipsius quo- 30 que vel incolumitatem vel interitum urbis casus pertineant. Atque haec pietas adeo est necessaria et cunctis laudata seculis, ut nullius, quamlibet inutilis, civis opera patriae consulturi vertatur vitio; adeo etiam satis est in magnis rebus ipsa voluntas, maxime ubi non suffragatur facultas. Quae omnia cum secum reputaret venerabilis et

---

[1] Das große Erfurter Stadtwappen, vgl. K. Herrmann, das Wappen und die Siegel der Stadt f. 144cd Erfurt, in „Mittheilungen des Vereins f. d. Gesch. u. Alterthumskunde von Erfurt I, 1865“: 1. Im rothen Felde ein silbernes sechsspeichiges Rad, über dem Helme eine rothe pelzverbrämte runde Mütze, darüber das gleiche Rad mit fünf Pfauenfedern besteckt. Das Hauptwappen ist umgeben von vier andern nach neuen Erwerbungen hinzugefügten Wappen: 2. drei silberne Pfähle in Schwarz (für Kapellendorf, Herrm. S. 40): 3. ein vierfach silbern, vierfach roth gestreifter, golden bewehrter und gekrönter Adler in Blau (für Vieselbach, Herrm. S. 38f.); 4. gespalten und zweimal getheilt von Roth

syncerus vir dominus Eobanus Draco Erffurdiensis, liberalium studiorum magister sacrarum litterarum baccalaurius, collegii caelestis Porte collega, patriae suae amore ductus persuaderi tandem quamvis egerrime sibi permisit, ut magistratum gymnasii nostratis Erffurdiensis annuo tempore susciperet, precipue ab iis viris ad id muneris 5 unanimiter delectus, quibus repugnare nephas duceret Nempe domino Ioanne Schonemann Erffurdiano, artium et sacrae theologiae doctore sapientissimo, Reinberto Reinberti Brunopolitae, ingenuarum artium magistro, utriusque iuris designato doctore consultissimo, utroque Marianae aedis canonico dignissimo, atque Ioanne Echeilio, artium et philosophiae magistro. Hanc itaque monarchiam inter haec longe horrendissima 10 Christianae reipublicae pericula perpetuo anno ita ut potuit, dum quod maxime vellet minime liceret, administravit, ut animum saltem suum in rempublicam literariam aequum et amicissimum ac minime ignavum testaretur, ad Dei optimi maximi gloriam et laudem ac dulcissimae patriae suae decus et honorem. Actum anno domini 1526 postridie kal. Maii; sub huius pretura subscripti iuvenes in album achademicum 15 sunt relati:

Classis prima integre solutionis, nempe 8 snebergensium:

Georgius vonn der Thanne nobilis.
Ioachimus Hesse ex Havelbergk.
f. 145c Iohannes Dethmarus ex Hyldesheym.
20 Hieronymus Bergk de Franckenhausen.
Iohannes Ruckersfeldt de Hombergk.
Iohannes Rumann ex Northeym.
Caspar } von Nordecken zw Rabenaw,
Iudocus } nobiles.

25 Classis secunda, medietatem et citra ultra solventium:

Iohannes Dorhagen ex Dreysenn dt 4 nivenses.
Bartholomeus Setzphanndt de Weysensehe dedit 15 antq
Ioannes Ditterich de Umbstadt dt. 15 antq
Bertoldus Rynge ex Hyldeßheym dt. 15 antq.

Gratuito adscripti 20

Classis tertia:

Eobanus Mege Erffurdensis.
Melchior Franneck ex Heylpron pro deo quia pauper dt. 1 sneberg.

Summa 14.[a] 25

Pro residuo suae intitulaturae:

30 (Georgius von der Thann nobilis dt. 5 nivenses.)
b(accal.) Guilelmus Heckmann[1] de Dillenburgk dt. 10½ nivenses de completione biennii.
b(accal.) Georgius vom Hain dt. 12 nivenses de completione triennii.

[a] Richtiger 13.

und Silber, schachbretartiger Schild, (für Vippach, Herrm. S. 47); 5. schwarzes sechsspeichiges Rad in Silber (für Vargula, Herrm. S. 48). Im oberen goldnen Randleisten auf Bandstreifen die Worte:

Quem vita et studiis Erphurdia fovit Ebanum,
Illius hec meriti conscia signa vides;

auf der unteren:

Que fuit et vitae et studiorum Erphurdia mater,
Illius hec nuper signa Draconis erant.

[1] Immatriculirt 1524 im 261. Rectorat.

1527. Ost. 264. Rect. D. Maternus Pistoris II.[1]

f. 146ab

Χιλιάδος[1] ἡμή, id est sesquimillesimo supra septimum ac vicesimum a Virginis intemerate incontaminato partu anno, postridie divorum apostolorum Philippi et Iacobi secundo prefectus est gymnasio Erffurdiensi rector **Maternus Pistoris** de **Ingwyller**. Erat is annus nefastus, proh dolor! Romano praesuli et urbi, episcopis et cunctis divine operae in Germania magistris, qui vetuit plures fieri magistros, qualibus orbis iam totus prope scaturit, pacem fidelibus suis semel pro inenarrabili sua clemencia reddere dignetur. Erat etiam multis piis sub idem tempus viris spes reparande (f. 146cd) relevandeque iacentis universitatis, sed quid id humanarum virium non sit, rogandus est idem benignissimus Deus, ut rursum in Israelem suum intendat Iosephumque velut ovem in adeo morbosa Aegypto ad desiderabilem portum deducat. Sub anno vero Materni supradicto munere, qui sequuntur, albo gymnasii communi inscripti sunt:

Reverendus pater dns Georgius Ludolphi abbas monasterii beatae Mariae in Volckerode: qui et grossum Ioachimicae[2] vallis pro se et 2 fratribus contulit.
fr Andreas Schadenbergk prior eiusdem monasterii.
fr. Nicolaus Holtzschucher oeconomus in Schwerstedt cistertiennsis professione.
Ottho, Nicolaus } de Ebelebenn germani fratres nobiles ddt. 21 sneberg.

Hi solverunt ½ sexag. leoninam singuli:

dominus Georgius de Haxtusen nobilis canonicus Fritzlariennsis.
Adelarius Otthera de Molhausenn.
Tilomannus Hovel de Hildesheim vicarius aedis dive Virginis.
Georgius Claus ex Heringenn.
Laurencius Meyde de Kirchheylingenn.
Iohannes, Christofferus, Volffgangus } de Deynstadt ex Dieffurt nobiles.
Theodericus Grevenstein ex Bercka.
Theodericus de Mosa ex Goch.
Iohannes Repe de Bercka.
Valentinus, Iohannes } Sutoris Erphurdienses germani filii dni Valentini m(agistri) coquinae curiae archipresularis. (f. 147ab)
Blasius Amera de Molhußenn.

---

[1] Ueber der Einleitung ein Bild aus der Marien-Legende: auf einer Treppe von elf (gewöhnlich sind es fünfzehn) Tempelstufen schreitet die Jungfran Maria (als 13jähriges Kind) in blauem Gewande mit Nimbus und mit gefalteten Händen hinauf zum weißen Altar im Tempel, auf welchem ein Bronze-Leuchter mit angezündetem Lichte steht, hinter demselben sitzt der Hohepriester mit Mitra, ein aufgeschlagenes Buch in den Händen, an welchen er gelbe Handschuhe trägt. Links von der Treppe kniet der Rector in Chorkleidung und mit schwarzem Käppchen, aus seinem Munde kommen die auf einem Bandstreifen stehenden Worte: „Virgo roga prolem, quo clerum servet et urbem“ (Rom), und vor ihm steht sein Wappen, gelb mit Monogramm „M P“ wie in Rect. 246. Hinter der Jungfrau folgt die heil. Anna in blauem Gewande, rothem Mantel und mit nonnenhaftem Kopftuche, neben ihr ihr Gatte Joachim mit schwarzem Barett; hinter ihr noch zwei andere Frauen mit gleicher Kopftracht. Auf der linken Seite des Hauptbildes steht der heil. Adelar mit Buch und Krummstab in den Händen, in grünem Gewande und rothem Mantel, mit Mitra und Nimbus; rechts vom Hauptbilde der heil. Eoban, ebenfalls mit Bischofsstab und Buch in blauem Gewande, über der Alba rothem Mantel. In der untern Blumenverzierung steht ein Pfau. (f. 146ab)

[2] Nach dem Einnahmebuche des Rectors (Liber receptorum fol. 143) war ein Joachimsgroschen = 24 schnebergenses oder nivenses.

Adelarius | Herolt uterinus | fratres.
Iohannes | Curiae Erffordensis, |
Eobanus | germani |
Iacobus | iusiurandum non prestiterunt
5 Christophorus | defectu aetatis.

Horum singuli 7 schneberg. solverunt:

Rudolphus Hoffemann Erffurdensis.
Vitus Streuber ex Greussenn.
Eustachius Steindorf Erphurdianus.

10 Inequalis solutionis:

Iohannes Thunnagel de Wittenbergk 7 | snebergenses solverunt.
Iohannes Alberti de Umbstad 4 |
Hildebrandus Vurren de Nort-
15 heim 7 |

Adamus Ascherman de Wissensehe $3^1/_2$ | snebergenses solverunt.
Hieronimus Beyhun de Brunopoli $3^1/_2$ |
Iohannes Rhodiennsis Nasdianus $3^1/_2$ | 5
Iohannes Krautwerth de Thungen |
Iste Nasdianus pro residuo inscriptionis dt. sub rectoratu doctoris Enrici Eberbachii adhuc 3 snebergenses.

Gratuito: 10

Maternus Steindorf Erfurdensis patrinus rectoris defectu etatis non iuravit, idem iuravit anno 33 in presentia rectoris.
Iohannes Schmit de Wiemaria famulus adulescentum de Ebeleben. 15

Summa 36.

f. 148a

1528. Ost. 265. Rect. Dr. Enricus Eberbach II.[1]

Classis Neoptolemorum rectoratus secundo anno 1528.

Solventium totum:

Uberkhun ab Rosenaw nobilis canonicus sancti
20 Burgkardi Herpipolensis ecclesie dt. $^1/_2$ flor.
Georgius | Aperbachi filii rectoris.
Ioannes |
Henricus |
Baltasar | Wissensehe fratres Errfordenses.
25 Wolffius |
Henricus Sichelberg de Jhechenburg.
Cristofferus Baumgarten Molhusensis.
Bertholdus Kunerding Hildeßheimensis ecclesie sancti Mauricii in monte Rainerii.
30 Theodericus Blecker Hildeßheymensis.
Wolffgangus ab Tenstet Erffurdensis.
Iodocus Scharffenberg de Franckenhusen.
Hartungus Fischer de Franckenhusen.
Volgmarus ab Breitenbach de Franckenhusen.
35 Marcus Theoderici de Umbstet.

Classis secunda solventium inequale: f. 148b

Sebastianus ab Willenrode Erffurdensis 4 sol. 20
Franciscus Dorefellt Saltzennsis 4 sol.
Ioachimus Quentzel Tenstatinus 4 sol.
Anthonius Fleischawer Molhusennsis 4 sol.
Georius Papyrius Molhusensis 4 sol.
Wetegus Cleinberg Einbeckensis 4 sol. 25
Vitus Plomberg Hoxariensis 4 sol.
Henricus Rosa Erffurdensis 4 sol.
Nicolaus Merius Trerensis $3^1/_2$ sol.
Petrus Welp ex Homberg 3 sol. 3 den.
Fridericus Uttmann Erffurdensis 3 sol. 30
Ioannes Textoris Groningensis famulus mag. Ioannis Groningen 2 sol.
Mauritius Busch 1 sol. quia pauper.

Summa 28.

[1] Wappen, Initiale und Einleitung fehlen. Heinrich Eberbach war früher der 238. Rector.

1529. Ost. 266. Rect. Heinr. Eberbach III.[1]

Classis neoptolemorum

f.148a rectoratus tertio[1] anno 1529 solventium totum:

5 Georius Specht de Bobenhusen nobilis.
Ludewicus ab Ihenis Erffurdensis.
Ioannes Scheckenbach Erffurdensis.
Cristianus Pleidorn Heldeßmensis collega collegii saxonici.
10 Ioannes Pistoris Hildeßmennsis collega collegii saxonici.
Iodocus Spigelbergk de Northeim.
Nicolaus Reinhardi de Linderbech.
Casparus Scharffenburg de Franckenhausen.
15 Melchior Breithenbach de Northausen.

Classis II solventium inaequale: f.148a
Cristofferus Taffelmacher de Braunschwiga 4 sol.
Ioannes Utla ex Drentia ex Geldria 4 sol.
Casparus Femelius Erffurdensis 5 sol. 5
Iacobus Siboldi de Franckenhusen 4 sol.
Iacobus Giße de Franckenhusen 4 sol.
Valentinus Friderici 3 sol. 9 ₰.
Sebastianus Coci de Sunderßhusen $3^1/_2$ sol.
Daniell Mauch Ulmensis propter honorem sui 10 dt. pedellis 1 sol.
Ganderus Blecker Hildeßmensis 4 sol. 3 ₰.
Simon Blanckensteiner de Monte sancte Anne $3^1/_2$ sol.
Steffanus Schwab Erffurdensis 1 sol pedellis. 15

Summa 20 (48)

[1] Sein erstes Recterat war das 238. 1512; sein zweites das 265.

1530. Ost. 267. Rect. M. Chunradus Foelix.[1] f.149a

Integrum solventes:

Reverendus pater dns Liborius Voyt ex Molhusen abbas coenobii divorum Petri et
20 Pauli Erffurdensis dt. pro se et duobus fratribus sequentibus unum grossum Joachimicae vallis.
Heinricus Krol ex Thomasbruck.
Cristianus Nuwemarch supradicti ord. pro-
25 fessores.[a]
Georgius de Dumpstorff Oßnaburgensis.
Iohannes Rosa Salcenßis.
Georgius Crocovitanus canonicus regularis.
Paulus Michelbach de Wetzlaria.
30 Wesselus Hasenkamp ex Bugheym.
Iohannes Kretschmar de Heydelbergn.
Nicolaus Muller Erffurdensis.
Adelarius Carolostadius Erffurdensis.
Cunradus Coci Hoxariensis presbyter.
35 Martinus Sartoris de Groningen.
Barwardus Mancinus ex Hildeßheym.

Inequale solventes:
Gerlacus Kirchenbrant de Wetzlaria dt 4 nivenses. 20 f.149a
Heinricus Rochterus Erffurdensis dt. $3^1/_2$ nivenses.
Georgius Wenth Northusen dt. $3^1/_2$ sneberg. et 3 den.
Heinricus Hopffe Northusen dt. $3^1/_2$ nivenses. 25
Cunradus Brunßheym Embicensis dt. 4 nivenses residuum dt. M. Ioanni Groningo (R. 272).
Daniel Rost Molhusensis dt. 4 nivenses.
Arnoldus Beyn Brunswicensis dt. 4 nivenses.
Adelarius Schmidt Erffurdensis dt 4 nivenses. 30
Iohannes Kaltwasser Erffurdensis dt. 1 gr. schreckenbergensem.
Nicolaus Scholl ex Franckenhusen dt. 4 schneberg.

Gratuito inscriptus: 35

Bonifacius Ungefugk Erffurdensis patrinus rectoris.

Summa 25.

[a] Es ist wohl in „professi" zu ändern.

[1] Die Seite für das Wappen ist leer gelassen, es fehlt auch die Einleitung. f.149ab

f. 151ab

1531. Ost. 268. Rect. Nicolaus Rothendorffer.[1]

Clade[1] almi gymnasii Erphurdiensis, que proh dolor! multis iam duravit annis necdum omnino instaurata, etsi ab aliquibus pientissimis atque clarissimis viris fideliter pro eiusdem innovatione exacta proxima[a] hyeme instanterque laboratum erat, venerabilis et eximius vir, dominus Nicolaus Rotendorffer Carolipolitanus Franco, aedis collegiate gloriose Dei parentis virginis Marie canonicus senior ac aedilis, unanimi honorabilium postremorum consensu electorum, M. Materni Pistoriensis ex Ingwyller, theologorum decani ac iampridem dicte ecclesie canonici et scolastici videlicet, nec non doctissimi M. Petri Vorchemii, medicine oppidoquam studiosi pedagogiani ludi pridem ab universitate et inclito senatu Erphurdiensi instituti ex contribucione piorum, que tunc cepit preceptoris et domini Anthonii Fleischhauwer, Molhausensis patricii honestarumque artium baccalaurii, in monarcham et rectorem annuum Augusto eidem quondam designatus est VI. nonas Maii, id est postridie apostolorum sanctorum, ut ab antiquo fieri assolet, Philippi et Iacobi anno a Christiana felicitate 1531; sub cuius gubernatae reipublicae litterariae duracione qui sequuntur in album commune[b] seu matriculam inscripti sunt:

f. 151a

Nobilis et generosus dns Iohannes de Nostwitz; qui et pro se et famulo universitatem 1 floreno Ungarico honoravit.
20 Paulus Ethe famulus iam dicti domini.

Equalis solutionis 24 sunt, quorum singuli singulas ½ sexagenam leoninam dederunt:

Iohannes in Curia ex Bercka.
25 Heinricus Coci ex Hoxaria.
Balthazar Denstadt Erphurdianus.
Conradus Syffridi de Wertheim.
Heinricus Wolff de Hoffheim.
Iohannes Dieche de Eymbigk
30 Iohannes Herßbach Erphurdiensis.

Dythmarus Schimpff Erffurdensis.
Casparus Bointz de Ahla.
Iohannes Dutzenrodt } Erphurdiani.
Wilhelmus Dutzenrodt } Erphurdiani. 20
Iheronimus de Höningen nobilis
Heinricus Arndes Eymbiczensis.
Iohannes Wigandi de Saltza.
Heinricus Schillingestadt de Collede
Bonaventura Bodewitz Erphurdianus. 25
Paulus Griebe de Gruningen.
Iodocus Buschs ex Northußen.
Nicolaus Horcher Confluentinus.
Iohannes Segell ex Munden.
Cristofferus Muelleri } Erphurdenses. 30 f. 151a
Marcus Zeiegeler } Erphurdenses.

[a] proximo E. [b] communem.

f. 150cd [1] In dem die ganze Seite einnehmenden von vier Randleisten mit Blumen und Vögeln eingeschlossenen Bilde steht in der oberen Reihe Maria mit dem Kinde auf dem goldnen Halbmonde, beide einen rothen Apfel in den Handen haltend, von zwei Engeln in gelben Kleidern mit rothen Flügeln umschwebt, welche den Nimbus halten; zu ihrer Rechten stehen der Apostel Simon mit der Säge in der rechten Hand, der heil. Judas Thaddäus mit der Keule; zur Linken der Jungfrau ein jugendlicher Bischof, der das Schwert in der Rechten hält (Kilian), in grünem Gewand und rothem Mantel. In der untern Abtheilung kniet der Rector in schwarzer und weißer Chorkleidung mit schwarzem Barett in den Händen; hinter ihm ein Wappen: in Roth ein zugebundener silberner Sack; vor ihm ein zweites: in Silber ein aufgerichteter schwarzer Bar, der eine Hellebarde über der rechten Schulter trägt. Auch zu den Füßen des heil. Kilian steht ein Wappen: weißes Feld mit vier rothen von dem obern Rande herabhängenden Spitzen

Cristofforus Denstat Erphurdensis.
Paulus Kolhausen de Rastorff.

Inequalis solutionis:

Bartholomeus Fugespan de Saltza 5 schneberg.;
5 residuum dt. michi Ioanni Edissem (R. 270).
Iohannes Schnorman de Thomaßbrucken 4 solidos.
Georius Pfefferling de Augusta 4 sol.
Iohannes Sussefleisch ex Sesschen prope Osterrode 4 sol.
10
Casparus Berlyps 4 sol. } Errfordenses.
Georius Kolman 4 sol. }
Iodocus Wildefeur ex Hyldeßheim 3 1/2 sol. 3 ₰.
Henningnus Blum 3 1/2 sol. 3 den. ex Hyldeßheim.
15

Iodocus Wildefeur praescripti agnatus ex Hyldeßheim 3 1/2 sol. 3 ₰.
Ioachim Branthis de Hyldeßheim 3 1/2 sol. 3 ₰. f. 152a
Clemens Brothart de Manßfelt 3 1/2 sol. 5
Martinus Gallus 3 1/2 sol. ex Hylgensthadt.
Fridericus Haße Creutzeburgensis 3 1/2 sol.
Iohannes Schenberg de Wissensehe 5 schneberg.

Gratuito inscripti ob reverenciam rectoris tres sunt: 10

Iohannes Sculteti famulus rectoris Bambergensis.
Valentinus Klinckart Erffurdensis.
Steffanus Uher[a] Bambergensis choraulis.
Summa intitulatorum 43. 15

[a] Wher E.

1532. Ost. 269. Rect. Ioh. Schoneman.[1]

f. 152d

Dum[1] multis retro annis Erffurdiensis utraque respublica faustissima pace et concordia esset gubernata, surrexit nuper Augustiniaster quidam perfidus apostata discordie odii et schysmatis suscitator et auctor. Qui virolento suo dogmate nullum habens nec 20 loci nec temporis nec vel persone discrimen temeravit omnia. Nam vestalium 20 monachorumque vitam execrabilem predicans multos, heu, inde gemini sextus apostatare degenerare vel retrospicere fecit, ut sue heresis et perfidiae sequaces haberet perniciosissimos. Etiam ne resipiscerent in auctarium sui sceleris monasteria altaria subvertens et sacerdocium et sacrificium idololatriam esse heretico ore ganniens eatenus 25 profanavit, ut terciam pene stellarum partem ceu alter Lucifer[a] cauda suae perfidie in 25 scandalum traxerit[b] et ruinam. Denique sui sacramenti oblitus[c] ut tandem preclara gymnasia profligeret lupanaria esse ganniens non erubuit. Idcirco ne scolasticus ordo sine preduce longius deviaret, primores nostri coetus et ludi literarii monarcham eligere volentes tribus egregiis viris, Georgio Sturtz, medicine facultatis prudentissimo, Rein-30 berto Reynberti, gemini iuris licenciato aedis quoque Mariane canonico dignissimo, item 30 Ioanni Exsellano, arcium et philosophie magistro bene merito, divina sorte premissa, plenariam illius provincie facultatem commiserunt. Qui divino sic oraculo commoti concorditer parique voto egregium integerrimumque virum Iohannem Schonman,

[a] Lucipher E. [b] traxit E. [c] obliteratus E.

[1] In der rothen Initiale D ist die Taufe des im Flusse stehenden nur mit dem Lendentuche bekleideten Heilands durch den am Ufer knienden Johannes, in goldbrokatenem Rock mit rothem, blaugefütterten Mantel, dargestellt. In der Höhe schwebt Gott Vater mit der Weltkugel (Reichsapfel mit Kreuz), dessen Worte: „Hic est filius meus dilectus“ auf einem unter ihm flatternden Bandstreifen stehen. Ueber dem Haupte Jesu schwebt der heilige Geist in Gestalt einer Taube mit Nimbus.

theosophie doctorem profundissimum eiusdemque deipare virginis Marie aedis canonicum, qui eciam antea semel (R. 236.) rei literarie magistratum gessit, moderatorem omnibus gratissimum denuo constituere; sub cuius ducatu et prefectura quadraginta duos infra nominatim albo scholastico inscripsit, principio

5 Integrum solventes, scilicet:

f. 153c Inclitus et nobilis Wolffgangus Blick de Blickstein nacione Bohemus, arcium et gemini iuris doctor egregius, statutis sese conformans dimidiatum obtulit Annenbergensem[1] grossum.
10
Ioannes de Horstein Ossanaburgensis ecclesie, dedit dimidium flor.
Iodocus Barckhusen canonicus in Fyrßler (Frysl.) dt. dimidiatum flor.
15 Ioannes Widerßhusen de Hyldesia ibidem ad sanctam Crucem canonicus dt. 8 nivenses.
Adamus Emilius ex Walterßhusenn.
Melchiar Junge }
Valentinus Fabri }
20 Iacobus Sendewin } Erffurdenses.
Gregorius Müller }
Steffanus Isenach }
Iohannes de Peyn Brunopolitanus.
Iacobus Troci ex Fridebergk.
25 Bertoldus Soethe ex Duderstatt.
Iohannes Noelte Bilfeldiensis.
Matthias Deytz ex Boppart.
Ioannes Zcymmerman ex Ammerbach.
Georius Puschman Hieropolita.
30 Ioannes Nyer de Sobernheim.
Sebastianus Biereige ex Walßleben.
Ioannes Tynnig Wymarianus.

f. 153d Citra medium:

Ioannes Poltyn ex Northusen dt. 5 nivenses.
35
Ioannes Steyn } Erfordenses { 4 nivenses.
Ioannes Koellingk } Erfordenses { 5 nivenses.

Petrus Foeldener ex Walterßhusenn dt. 4 nivenses. 5
Ioannes Lanifici ex Hackenbergk dt. 3 et dimidium nivensem.
Petrus Wolff Confluentinus dt. 3 nivenses.
Ioannes Eleves ex Hyldesia 4 nivenses. 10
Fridericus Reimbothe ex Grussen dedit 4 nivenses.
Petrus Pheffer 4 nivenses }
Mattheus Klingseysen 4 nivenses } ex valle Ioachymitica. 15
Christofferus Bertolt 4 nivenses }
Vitus Blasius ex Soehetz dt. 2 nivenses, servus trium predictorum }
Eraßmus Schroeter dt. 4 nivenses } 20
Cristofferus Cophen dt. 4 nivenses }
Wilhelmus Winckelman dt. 4 nivenses }
Wolffgangus Muller dedit 4 nivenses } Erffurdenses. 25
Iohannes Hoch dt. 4 nivenses }
Valentinus Brun dt. 4 nivenses }
Franciscus Walter ex Wyssensehe dt. 4 nivenses } 30

Ad graciam rectoris immatriculati: f. 154

Iohannes Fabri }
Conradus Drumel } Erffurdenses.
Adelarius Rudolff } 35

Summa intitulatorum 42.

---

[1] Wahrscheinlich gleichwerthig mit dem grossus Ioachimicus, der im Jahre 1527 24 Schneberger Groschen galt; siehe oben Rectorat 264 z. A. S. 333 Anm. 2.

1533. Ost. 270. Rect. Ioh. Edessem.[1]

f. 155ab

Erphurdiane[1] huic academie quondam augustissime prefectus est rector et monarcha spectabilis dominus licenciatus Ioannes Edeßhemius de Northeim, Severiane aedis canonicus et scolasticus, vir humanitate pietateque insignis et praeclarus, designatus 5 autem postridie divorum apostolorum Philippi et Iacobi anno a Virginis intemerate incontaminato partu sesquimillesimo supra tricesimum tercium. Erat sub idem tempus profecto eruditis bonisque viris magna spes reparande relevandeque iacentis et afflicte universitatis nostre. Nam cum annis, heu! nimium multis ingenua literarum studia misere iacuerunt depressa, eodem tamen anno, quo Edeßhemius noster, vir provehendis 10 studiis natus, literarie palestre gubernator denunctiabatur, mediocri felicitate languidas voces primum resumere et egrum caput levare incipiebant dulces studiorum camene. Ab huius enim clarissime urbis magistratibus nec non schole nostre primoribus largiori (f. 155cd) tunc revocabantur stipendio quidam eruditi literarum professores[2] qui corruptissimorum morum lue rudique barbarie explosa iuventutem Erfordianam literatas literas docerent 15 optimisque moribus imbuerent. Quod si fortunante Deo eadem studia, ut cepta sunt, processerunt et magistratus Erphurdianus academieque nostre proceres eorundem studiorum et professorum patrocinium non deseruerint, procul dubio brevi fiet, ut et nostra schola, que hactenus desolata et collapsa, insuper quorundam improborum temeritate et schismaticorum perversitate plus quam dici potest afflicta, velut ex ruinis 20 suis pulchrius et invitis eciam inferorum portis resurgat et renascatur. Hoc ut futurum sit, spondet nobis et pollicetur trium sapientissimorum virorum electorum propensa in recta studia voluntas, quam in eligendo rectore prudentissimo diligenti consultatione unanimi suffragio splendide commonstrarunt. Exstitere autem electores postremi tres ornatissimi viri, quorum primus prestantissimus vir Maternus Pistoriensis etc., sacrarum literarum doctor celeberrimus aedis Marianae canonicus et 25 scholasticus, secundus electorum clarissimus vir doctor Ambrosius Carlavius, nature rerum (f. 156ab) sagax indagator phisicus ac medice professionis ordinarius lector, tercius vero venerabilis magister dominus Ioannes Elliger Butstadius, vicarius Marianus. Faxit Christus Ihesus ut, quod eius divina voluntate feliciter coeptum est, felicissimo eventu fortunare 30 dignetur ad ipsius sempiternam gloriam scholeque nostre decus et incrementum. Sub eiusdem autem rectoris prefectura, que ex maiorum instituto nunc est annua, suscripti tyrones scholasticorum albo sunt inaugurati et primum tyrones

Prime classis solventes plus solito:

Andreas de Mandeschlo ex opido Moringen 35 nobilis dt. dimidium gr. joachimum.

Georgius Breyttenbach Erffurdensis 8 schneberg. dt.

Heinricus Hoerst ex civitate Oßnaburgensi 8 schneberg. dt. 35

---

[1] In der oberen Abtheilung drei Heilige: „S. Egidius“ mit Bischofsstab in schwarzem Talar mit schwarzem Barett, von einem Reh angesprungen; „S. Severus“ mit Bischofsstab, die Linke auf einen Walkerbaum gestützt (er war ein Tuchmacher) in bischöflicher Kleidung; als dritter „S. Blasius,“ in blauem Gewande mit rothem Mantel, mit einer bemalten brennenden Wachskerze in der Rechten, einem (f. 154cd)

Vitus Muller de villa Tanheim prope Arnstadt dt. 8 schneberg.
Heinricus Bocke de Hameln mag. Wittenburgensis hic decanus in collegio Saxonum dt. 8 schneberg. 5
Bruno Hafferman de Dinckler prope Hildeßheim dt. 8 schneberg.
Conradus Bulaw de Bocklem dt. 8 schneberg.
Georgius Wideman de Honnoffer dt. 8 schneberg.
10 Ericus Werner de Honoffer dt. 8 schneberg.

f. 156c

Secunde classis solventes assem:

Cristofferus Mengerßhusen de Munden.
Iohannes Winckelman } Erffurdenses.
Nicolaus Swobe } Erffurdenses.
15 Iohannes Falcke de Molhußen.
Franciscus Hagen de Hildeßheim.
Philippus Selbach de Eltfelt in Rinckavia.
Cristofferus Derrer ex Saltza.
Felix Herczog de Molhusen.
20 Crispinus Northoffe } de Hamelen.
Iohannes Ricke } de Hamelen.
Iohannes Hollenstedt } de Hamelen.
Cristofferus Ritter de Molhußen.
Iohannes Birdumpffel de Römolt.
25 dns Martinus Klencke canonicus regularium ord. divi Augustini in arena extra muros civitatis Vratislaviensis collega burse pauperum.
Petrus Grosse Erffurdensis.
Iohannes Henning de Tenstedt.
30 Gotfridus Bergkman de Susato.
Adam Syber de Zwickauw.
Melchior Eyhrer de Nurinberga.
Iohannes Stockerode de Fertzlaria.
Balthasar Redehusen de Fertzlar.
35 Nicolaus Mende de Friburg ex monasterio Pauline Zelle de consensu abbatis.

f. 156d

Iohannes Grißwalt de Hameln.
Iohannes Birman de Wartburg.
Georgius Fechel } Brunschwigenses.
40 Henningus de Dham } Brunschwigenses.
Henningus de Hagen Hildeßhemensis.
Iohannes Hoffman de Numburg.
Laurencius Ritter de Hagenauw.

Andreas Koch de Loven in Lusacia.
Valentinus de Bambach ex Thanberg.
Thomas Godicke } fratres de Molhusen.
Iohannes Godicke } fratres de Molhusen.
5 Casperus Kannengisser de Quernfart.
Heinricus Lackeman de Hoen Hameln.
Heinricus Kosemundt de Kollede.
Fridericus Khern de Umbstedt.
Iohannes Menges de Aldendorff.
10 Georgius Frundt de Franckfurdia apud Mogonum.
Leonhardus Iacobi de Northausen.
Franciscus Rorhardt de Molhusen.
Guntherus Bocke Erffurdensis.
15 Heinricus Kottha de Isennach.
Henningus Konerding de Hildeßheim.
Martinus Billerßheim de Minzenberg.

Tercie classis inequaliter solventes:

20 Heinricus Pilgerim de Limpurgk dt. 4 sneberg.
dns Pangracius Stafel de Staffelstein dt. 4 sneberg.
Mathias Rosenkranz de Molhausen dt. 4 sneberg.
25 Andreas Reynhardt de Molhausen dt. 4 sneberg.
Wolffgangus Gronewalt de Walterßhausen dt. 4 sneberg.
Valentinus Riman de Molhusen dt. $3^1/_2$ sneberg.
30 Thomas Kahan ex imperiali opido Goßlar dt. 4 sneberg.
Alexander Behr de Forcheim dt. 4 sneberg.
Iheronimus } fratres Erffordenses filii mag. Eobani Hessi[1]
Hessus } fratres Erffordenses filii mag. Eobani Hessi[1]
35 Iulius Hessus } ddt. insimul $7^1/_2$ sneberg.
Nicolaus Prell de Sangerhausen dt $3^1/_2$ sneberg. et 3 ₰.
Nicolaus Faleman de Itzehohe prope Hamburg dt. 4 sneberg.
40 Nicolaus Gilbe alias Spinler de Gotha dedit 3 sneberg. 9 ₰ leon.
Valentinus Marpich Erffurdensis dt. 4 sneberg.

grünen Buche in der Linken. In der unteren Abtheilung das Wappen des Rectors: rechts gewendeter silberner Stechhelm, besteckt mit zwei geschrägten grünen Lilienstäben; links begleitet von einem kleinen silbernen Stern in blauem Felde. Auf dem Helme zwei Lilienstäbe, Decken silbern und grün.

[2] Dieser war damals gerade, 3. Mai, nach 7 Jahren großer Thätigkeit in Nürnberg nach Erfurt zurückgekehrt, von wo er Ende August 1536 nach Marburg ging. Krause, Hel. Eob. Hessus II, S. 139, 197; über die Söhne S. 261. Auf seine Berufung spielt der Rector an S. 339 Z. 13, wo am Rande beigeschrieben ist: Signatur Eob. Hessus a Nurnberga revocatus.

Vitus Thunger de Neuwenstat prope Nurenberg dt. 4 schneberg.
Iohannes Mensingen de Herverde dt. 3 sneberg. 9 ₰.
5 Iohannes Moge de Remmoldt dt. 3 sneberg.
Iodocus Avenßhausen et
Iodocus Molitoris de Eymbeck ddt. insimul 7 1/2 sneberg.

f. 157b

Gratuito inscripti:

Iohannes Lens alias Linck de Glogaw maiori in Schlesia inferiori ad Oderam poeta intitulatus gratis pro honore universitatis dt. pedellis 1 sneberg. 5
Petrus Axt de Arnstadt, Iohannes Holle Erffurdensis } famuli domini rectoris.

Summa intitulatoris 76.[a]

Eciam[b] inscripti sunt in album sive matriculam universitatis sub suo rectoratu 76, quorum 10 duo omnino gratis et tercius eciam gratis, sed solvit 1 schneberg. pro pedellis; qui omnes 10 dederunt in summa pecuniaria 32 sexag. et 29 gr. antq. monete leonine, de quibus racio reddita est consueto more, ut testis est computus in ordinem redactus. De huiusmodi sic inscriptis pedellis 4 sexag. et 56 gr. antq. monete, videlicet de 74 personis.

Percepta ex residuo intitulature:

15 Bartholomeus Fugespan de Saltza dt. 2 1/2 sneberg. 15
Iohannes Haler dt. 5 sneberg.
de quibus debentur { rectori 9 gr. antq. 1 ₰ leon. mon. / universitati 18 gr. antq. 2 ₰ leon. mon.[c]

[a] Richtig. [b-c] Aus dem Rechnungsbuche des Rectors.

1534. Ost. 271. Rect. Ioannes Mengerszhusen.

f. 158ab

20 Faustum[1] felix bonumque sit, quod proximis comiciis litterariis, ubi de huius in- 20 clitae scholae summo principe ageretur, optimus summaque et aequitate et prudentia vir dominus Ioannes Mengershusen Northemius patricius, liberalium studiorum magister iurium doctor designatus cantor canonicus ac edilis collegiate ecclesie Errfordensis Marie virgini sacre, rector denunctiatus est per ornatissimos viros dominum 25 Rembertum Gegenmeiger, medicine doctorem expertissimum, Iacobum Horle Berckensem, 25 liberalium artium magistrum perquam eruditum Porte celestis collegam, deinde Henricum Ducem Brunschwickcensem, ingenuarum artium magisterio clarum maioris collegii collegam; ad quos more instituto maiorum ius eligendi in frequentibus comitiis scholasticis devenerat. Comitia autem isthec habita sunt VI° nonas Maias anno MDXXXIIII 30 a natali Christiano; sub cuius presidentia 68 iuvenes donati sunt civitate academica 30 nominibus in album relatis fidem facientibus:

f. 158cd

Philippus Schencke canonicus Wirtzburgensis sancti Burcardi dt. 16 schneberg.
Ioannes Rawe de Holtzhusen canonicus S. Albani Maguntinensis dt. 16 sn. 35
Andreas Stubar canonicus Bambergensis dt. 16 schneberg.
Godtschalcus de Buchenawe canonicus Frißlariensis dt. 20 sneberg. 35

[1] In der oberen größeren Abtheilung steht Maria mit dem Kinde auf dem rechten Arme, welches die Hände auf den rothen Apfel legt, den Maria in der Linken ihm vorhält: zu ihrer Linken steht Johannes der Täufer mit dem Lamme auf seiner linken, zu ihrer Rechten Andreas sein Kreuz mit der

f. 157cd

Mathias Bernhardi canonicus novi monasterii Wirczburgensis dt dimidium flor.
Melchior et } de Kuczlebenn fratres ddt.
Casperus } 1 thalerensem; non iurarunt propter defectum etatis. 5
mag Petrus Gelter Bambergensis dt 12 schneberg.
Rembertus de Amelingeshusen nobilis dt. 12 schneberg.
f. 158c 10 Nicolaus Zceuzum canonicus S. Castoris Confluentie dt. 12 schneberg.
Martinus de Huthen Wirczburgensis dt. 12 schneberg.
David Truchses de Wirzhusenn nobilis dt. 12 schneberg. 15
Mathias Bostorff Ascaniensis dt. 8 schneberg.
Ioannes Dörringk Brunopolitanus dt. 8 schneberg.
dns Georgius Girisch religiosus Preslaviensis dt. 8 sneberg. 20
Michael Mackstedt de Eslingen dt. 8 schneberg.
Nicolaus Sleicher Nurenbergensis dt. 8 schneberg.

f. 158d 25 **Sequentes dederunt totum:**

Matheus et } Friderici fratres ddt. 1 sexag.
Nicolaus }
Georgius Reinhardi Isenachcensis dt. $1/2$ sexag.
Georgius Jude Molhusensis dt. semisexagenam.
30 Philippus Apell de Mörstedt dt. $1/2$ sexag.
Conradus Leindener de Erich dedit $1/2$ sexag.
Petrus Wilczel Friburgensis dt. $1/2$ sexag.
Ioannes Kauffman Erffordiensis dedit $1/2$ sexag.
Georgius Rudiger Erffordensis dt. $1/2$ sexag.
35 Ioannes Köningk dt. $1/2$ sexag.
Conradus Weisse Fuldensis dt. $1/2$ sexag.
Petrus Scheffer de Kindelbrucke dt. $1/2$ sexag.
Thomas Bussian Ascaniensis dt. $1/2$ sexag.
Cristopherus Schultheis de Salcza dt. $1/2$ sexag.
40 David Meiger de Lichtenfils dt. $1/2$ sexag.
Fridericus Thulenius de Monte Martis dt. $1/2$ sexag.
Wilhelmus Megel dt. $1/2$ sexag.
Paulus et } Moeß Errfordenses ddt. 1 sexag.
45 Ioannes }
Henricus Francke Erffurdiensis dt. $1/2$ sexag.

Ioannes Lisenbergk Northemensis dt. $1/2$ sexag. f. 159a
Ioannes Thurbecker ex Nauwenkirchen dt. $1/2$ sexag.
Iodocus Schonebach Herbornensis dt. $1/2$ sexag.
Lucas Kooch de Heringen dt. $1/2$ sexag. 5
Ioannes Weinbier de Weickersheim dt. $1/2$ sexag.
Gregorius Namman Herbipolensis dedit $1/2$ sexag.
Ioannes Gulman Herbipolensis dedit $1/2$ sexag. 10
Franciscus Hagk Margendalensis dt. $1/2$ sexag.
Melchior Hamel Hilgenstadensis dt $1/2$ sexag.
Liborius Schroter Hilgenstadensis dt. $1/2$ sexag.
Ioannes Heiße de Allendorff dt. $1/2$ sexag.
Ioannes Huboldt dt. $1/2$ sexag. 15
Georgius Ringer Hasfurdensis } ddt. tm.
Melchior Winter Erffurdiensis }
Ioannes Reße ex Denstedt dt. $1/2$ sexag.
Andreas Tychgreber de Stolbergk dt. $1/2$ sexag.

Inequaliter solventes: 20

Cristopherus Dockerus Hilgenstadensis dedit 5 sneberg.
Nicolaus Sachsenstetter Erffurdiensis dt. 4 sneberg.
Gerhardus Weynrancke ex Bercka dt. 4 sneberg. reliquum dt. mihi Ioanni Groningo (Rect. 272). 25 f. 159b
Thomas Fugespan Salczensis dt. 5 sneberg.
Georgius Rötel Forchemius dt. 4 sneberg.
Ioannes Geuckler Forchemius dt. 4 sneberg. 30
Ioannes Wyczel de Vach dt. 4 sneberg.
Laurentius Paurenheim de Friburgia dt. 4 sneberg.
Simon Kannegiesser de Quernfurdt dt. 3 sneberg. 4 den. 35
Conradus Hammenstede Gandersemensis dt. 4 sneberg.
Ioannes Kle frater M. Petri Forchemii dt. 3 sneberg.

Pauperes et gratis intitulati: 40

Franciscus Reinbote Erffurdiensis dt. 1 sol. pedellis.
Martinus Hoffeman Wirczburgensis dt. 1 schneberg. pedellis.

rechten Hand haltend, in der linken ein Buch, alle vier Köpfe haben den Nimbus. In der untern Abtheilung das Wappen getheilt: oben in Gold ein wachsender rother Löwe nach rechts gewendet, unten grünes Feld; silberner Helm, darüber rother Löwe; Decken roth und gold.

Cristopherus Imel de Meiningen dt. 1 solidum pedellis.

Wolffgangus Koch famulus rectoris dt. 1 sol. pedellis

Summa intitulatorum 68.[a]

De[b] residuo intitulatorum

14 gr. leon. de quibus rectori 4 gr. 2 ₰, universitati 9 gr. 1 ₰.[c]

[a] Richtig; doch ist im Rechnungsbuche des Rectors angegeben, dass von 69 Immatriculirten 35 sexagenae 11 gr. leonin. eingezahlt worden seien. [b–c] Dieser Zusatz ist, wie gewöhnlich, dem Liber racionum (Rechnungsbuche des Rectors) entnommen.

5 1535. Ost. 272. Rect. Ioann. Algesheim Groningensis.[1] 5

Gratiis[1] ac Musis, quae omnium bonarum maximeque christianarum artium praesides habentur, ita bono publico decernentibus et sic maxime postulante communi rei literariae (hac tum tempestate fatali quadam clade afflictae) necessitate, ut in rectorem et moderatorem huius inclytae nuper adeo scolae Erphurdiensis eligeretur multis nomi- 10 nibus vir dominus Ioannes Algeshemius Groningensis, bonarum artium doctor 10 aedis divae Virginis matris Erphurdiensis canonicus sacrarum literarum baculaurius, visum est optimis et eruditis viris, domino Remberto Remberti Brunsvicensi, gemini iuris doctori designato aedis divae Virginis matris Erphurdiensis canonico, domino Iacobo Barle Berckensi, bonarum artium magistro collegii Portae coelestis collegae, 15 denique domino Henrico duci Brunschuicensi, liberalium disciplinarum magistro collegii 15 maioris collegiato, ad hoc munus obeundum tunc temporis in frequentibus admodum scholastici coetus comiciis delegatis. Quae habita sunt IV. nonas Maias, eo anno quo res maximae terra marique contra Asiae Aphricaeque et Europae potentissimos reges vel gerebantur, vel gestae gloriam invictissimi imperatoris Augusti Caroli eius nominis 20 Quinti magis illustrem reddidere, quod et Turcam, immanissimum Christiani nominis 20 hostem, Peloponneso omni et ferme Graetia universa tum expulerit tum expulsurus videretur et Aphricae florentissimum regnum ex potestate crudelissimi pyratae, quem Barbarossam vocabant, ereptum in suum ius et libertatem adseruerit; qui fuit MDXXXV.

Hoc Ioanne Groningo preside 74 iuvenes donati sunt civitate academica nominibus 25 in album relatis fidem facientibus: 25

Plus solito solventes:

Georgius Fuchs canonicus ecclesiae chathedralis Wirtzburgensis donavit universitati 24 schneberg.

30 Conradus Ket'eller de Buckhevel dt. 24 schneberg.

Sebastianus Haberkorn ab Zeligen.

Michael Haberkornn ab Zeligenn nobiles fratres germani ornaverunt universitatem 24 schneberg.

Adam Fochs de Heydinßfelt dt. 8 sneberg. 30

[1] Unter dem gemalten Christus am Kreuze, vor welchem auf der Erde ein Schädel und ein Knochen liegen, stehen Maria und Johannes, die Hände zu ihm emporhebend; auch zeigt sich (was bei früheren Bildern nicht gefunden wird) ein Monogramm D und H in einander gezeichnet, wahrscheinlich den Maler bezeichnend. In den vier Ecken der Randleisten sind Medaillons antiker Helden und Dichter angebracht; in der Mitte des untersten Randleistens das Wappen des Rectors: zwei grüne Ranken mit 3 blauen Trauben in Silber.

f. 160a

f. 159c.d

f. 160b Ioannes Paschasius Cassellanus ord. Teutonicorum, plebiarius (plebanus?) ecclesie sancti Nicolai Erffordensis dt. $8^1/_2$ schnebergenses.
Ioannes Kokeldei ex Zigenruck pharmacopola
5 tzum Drappen dt. $8^1/_2$ schneberg.
Ioannes ab Mosselheym nobilis dt. 12 schneberg.
Franciscus von Dassell Embeccensis dedit 8 schneberg.
10 Ioannes Meiendorff Magdeburgensis nobilis dt. 12 schneberg.
Ioannes Brandis ex Hildensheym dt. 8 schneberg.
f. 160c Erasmus ab Enceburgio nobilis dt. 8 sneberg.
15 Cristophorus Bastwinter de Susato dt. 8 schneberg.

Sequentes singuli numerarunt singulos semiocto snebergenses:

Liborius Mangolt ex Warborch.
20 Casparus Glaum ex Kloen.
Ambrosius Lutterbach ex Heylgenstat.
Nicolaus Lutterbach ex Heylgenstat.
Ioannes Schwellengrebel Brunswicensis.
Ioannes Koch Hillenshemensis.
25 Ioannes Anderten ex Hannover.
Ioannes de Krobitz } fratres germani dederunt
Iudocus de Krobitz } 1 sexag. leon.
Valentinus Fischer ex Franckenhusenn.
dns Clemens Lasan Zwickaviensis presbiter.
30 Christophorus Wedemeyger Brunschwicensis.
Georgius Franck ex Caßell.
Ioannes Calden Corbacensis.
Henricus Albertus Huxariensis.
Ioachimus Westphalus Hamburgensis Vitten-
35 bergici studii mag.
Hieronimus Hauschilt ex Saltza.
Georgius Stauffenboel Wymariensis.
f. 160d Lazarus Greuser ex Breslau.
Conradus Pottinger ex Wissensehe.
40 Mathias Pottinger ex Wißensehe.
Ioannes Hochstetter Bambergensis.
Georgius Steyn ex Aldendorff.
Henricus Krippendorff ex Bilschleben.
Thomas Cantoris ex Czeitz.
45 Valentinus Huden ex Arnsteyn.
Ioannes Kilburgk ex Sobernheym.
Henricus Ossenbergk ex Bercka.
Iacobus Schillingk de Eschve.
Ioannes Grieb Groningensis.
50 Ioannes Hebestreit Erphordiensis.
Ioannes Plau ex Tittelbach.
David Zirfus Erphordiensis.
Ioannes Thunger ex Altheym.
Georgius Schwan ex Volkach.
Ciriacus Barringerus Erphordiensis.
Andreas Lisenbergk ex Northeym.
Ioannes Streckenwalt ex Northeim.
Mauricius Engelernstede Brunschwicensis.
Hermannus Worm Erphordiensis.

Inequaliter solventes: 10

Henricus Herisbachius filius Ioannis dt. 4 schneberg.
Baltasar Herisbachius Erffurdensis Balthasaris filius dt. 4 schneberg.
Nicolaus Weißenburgk Erffurdensis dt. 4 schneberg. 15
Ioannes Meynhardi } Erphordienses fratres ddt.
Clemens Meynhardi } 7 schneberg.
Ioannes Jungelingk ex Saltza dt. 2 schneberg. f. 161a
Laurencius Monch Erphordiensis dt. 4 schneberg. 20
Adelarius Findeisen Erphordiensis dt. 4 schneberg.
Mathias Kolman Erphordiensis dt. 3 schneberg.
Georgius Morhart ex Fach dt. 3 schneberg. 25
Blasius Thausentschon ex Buttstedt dt. 4 schneberg.
Nicolaus Brandis ex Denstat dt. 4 schneberg.
Nicolaus Aderkas Brunschwicensis dt. 4 schneberg. 30
Iohannes Moringk Brunschwicensis dt. 4 schneberg.
Ioannes Paschasius Marpurgensis dt. 4 schneberg. residuum dt. J. Eobano Draconi (R. 270).
Hermannus Widela Braunschwicensis dt. 4 schneberg. 35
Ioannes Gryß Brunschwicensis dt. 4 schneberg.
Georgius Wendi Brunschwicensis dt. 4 schneberg.
Egidius Lamperti Brunschwicensis dt. 4 schneberg. 40

Gratuito inscripti:

Ioannes Schnider ex Dittelbach ob honorem Eobani Hessi gratis in hunc ordinem relatus dedit pedellis 1 schneberg. 45
Sifridus Hette Groningensis nepos rectoris ex f. 161b sorore dt. 1 schneberg. pro pedellis.
Ioannes Algesheym Groningensis ex fratre nepos rectoris dt. 1 schneberg. pro pedellis.
Intitulatorum numerus 74.[a] 50

[a] Richtig.

De residuo intitulature:

septem snebergenses 3 ₰, de quibus cedunt rectori 2 sneberg. denarii 5; universitati 4 sneberg. 10 denarii.

1536. Ost. 273. Rect. Ioannes Hupfh Kindelbrug.[1] f. 161cd

5 (H)abitis[1] comiciis pro consuetudine ultra omnium hominum memoriam prescripta, 5f. 162ab anno a Christo nato 1536 postridie divorum apostolorum Philippi et Iacobi ad designandum et creandum annuum monarcham, tam augusto prioribus annis atque per totam fere Europam multis nominibus laudatissimo Erffurdiensi nostrati publico gymnasio, non absque celestis numinis (ut credere par est) divino afflatu ius illud, nempe 10 creandi nominandique novum rectorem ac gymnasiarchen, legittima sorte cecidit super 10 tres insignes illos philosophos et theologos ac denique citra controversiam synceros et optimos viros ac dominos, Ioannem Schoneman Erffurdianum; arcium et sacrarum litterarum doctorem sapientissimum atque theologici ordinis decurionem Mariane aedis canonicum meritissimum, Henricum Hereboldum Hoxariensem, Severiani collegii sacerdotem, et 15 Eobanum Draconem Erffurdianum, Mariani collegii canonicum, liberalium studiorum 15 magistros plane doctos sacre quoque theologie designatos doctores aut, si ita mavelis, licenciatos doctissimos. Qui pro suo officio uti constantissimi theologi catholicique dogmatis adsertores prorsus incorrupti, divino auxilio et numine prius suppliciter adorato ac invocato, matura denique ac multa deliberacione prehabita unanimis suffragiis 20 delegerunt crearunt electumque annuum rectorem magnificum mox pronunciarunt pre- 20 stantissimum virum dominum Ioannem Hupfhen ex Kyndelbrucken, Severiane aedis cantorem et canonicum optime meritum artium ingenuarum magistrum doctissimum sacre theologie designatum doctorem longe dignissimum, avite denique et orthodoxe catholiceque religionis adsertorem constantissimum; qui nominatim subscriptos in hoc 25 album universitatis nostre Erffurdiensis iureiurando prius accepto retulit ad dei optimi 25 maximi laudem et honorem atque reipublice litterarie decus et incrementum:

Sequentes plus solito solverunt:

Reverendus pater dns Henningus Brandis ex Hannofer abbas Ilsenburgensis dt. 1 flor. 30 in auro.

Reverendus pater dns Uldalricus Molitoris ex Hildeßheim abbas monasterii sancti Gothardi ibidem dt. 1 flor. in auro.

Reverendus pater dns Theodericus Altfort 35 Ruremundensis abbas Abdingkhofensis in Paderbornn dt 1 flor. in auro.

f. 162c fr. Theodericus Liebkenß cellerarius monasterii sancti Michaelis in Hildeßheim dt. 12½ schneberg.

Gallus Mohen ex Friburgk artium et philosophie mag. et sacre theologie baccalaureus formatus Lyptzsensis dt. 12½ schneberg. 30

Ulpius Lisseus Fronikerensis artium et philosophie mag. Lovoniensis dt. 12½ schneberg.

Ambrosius Korlaw dt. 12½ schneberg.

Iohannes } Grassenbergk fratres ddt. Christophorus } 1 flor. 35

Iohannes von Oberweymar dt. 10½ schneberg.

dns Iohannes Mauricii ex Magdeborgk dt. 8 schneberg.

f. 161cd [1] Bild und Wappen fehlen, daher die ganze Rückseite leer; auch die Initiale fehlt.

Sequentium quilibet solvit semiocto schnebergenses:

Albertus Draco de Sotz.
Fridericus Erffa de Saltza.
5 Iohannes Ludolff de Tuderstadt.
Valentinus Krippendorff de Kyndelbrugken.
Christopherus Jordan de Allendorff.
Iohannes Ort de Martborgk.
Iohannes Uldekopff de Hildenßheym.
10 Georgius Musagk Erffordensis.
Franciscus Docius de Korbach.
Andreas Offenmey de Heringen.
f. 162d Tilemannus Steyfen de Ganderßheym.
Bertoldus Raven de Eymbeck.
15 Iohannes Ruschenbach de Ihene.
Michael Muller Erffordensis.
Cristoforus Iber de Vach.
Andreas Molhausen Erffordensis.
Balthaßar Schetzleyn Erffordensis.
20 Heinricus Hutten de Hinnefelt.
Cristoforus Reyneck de Mansfelt.
Nicolaus Ohmeler de Mansfelt.
Iohannes Hummel Erffordensis.
Wendelinus Zymmerman de Alich.
25 Mathias Muller Erffordensis.
Sebastianus Hallenbergk de Themer.
Iosephus Drisseler ex Molhausenn.
Iohannes Zoberer de Weymar. f. 163a

Inequaliter solventes:

dns Iodocus Stuten de Eymbegk dt. 6 schneberg. et 3 ₰. 5
Conradus Cassel de Frißlaria dt. 4 schneberg.
Philippus Bonsagk de Tuderstadt dt. 4 schneberg.
Sixtus Ruman de Northeym dt. 4 schneberg.
Balthaßar Beyer Erffordensis dt. 4 schneberg. 10
Hermannus Fabri de Corbach dt. 4 schneberg.
Heinricus Loeßman de Corbach dt. 4 schneberg.
Albertus Rosingk de Warborgk dt. 4 schneberg. 15
Geòrgius vom Hagen dt. 4 schneberg.
Iohannes Heyse dt. 4 schneberg.
Simon Fungk de Ramelt dt. $3^1/_2$ schneberg.

Postremi tres (?) gratis inscripti:

Iohannes Smedt Erffordensis patrinus rectoris dt. nivensem pedellis. 20
Nicolaus Danner Erffordensis.

Summa 50.[a]

De[b] residuo intitulature:

Item 1 sexag. 38 ₰ gr. 2 ₰ leon., de quibus obveniunt universitati 1 sexag. 5 gr. 1 ₰ leon., rectori autem 33 gr. 2 ₰ leon.[c] 25

[a] Richtig. [b-c] Aus dem Rechnungsbuche des Rectors.

---

f. 164ab 30 **1537. Ost. 274. Rect. Ioann. Prieszbergk.**[1]

(I)ngenuarum[1] arcium studia earumque vere studiosos obviis ulnis amplectens eximius et egregius dns **Ioannes Prißberck** Erfordensis, arcium et philosophie magister sacrosancte theologie doctor designatus aedis dive Virginis Erfordensis canonicus et plebanus, anno domini 1537 per eximios et venerabiles dominos Iacobum Reussel Nürbergensem, arcium liberalium magistrum et theologie ut vocant licenciatum aedis Severiane canonicum, Ioannem Backhauß et Ioannem Bosecker, arcium liberalium magistros, illum medicinae hunc vero utriusque iuris baccalaureum, ultimos tres electores, sexto nonas Maii unanimi consensu in rectorem huiusce Erfordensis universitatis 35

f. 163cd [1] Bild und Initiale fehlen, die ganze Rückseite ist leer.

eligitur et electus publice pronunciatur; sub cuius rectoratu sequentes studiosorum ordini et matricule sunt inscripti:

Plus solito solventes:

Nobilis et generosus dns Bartholomeus Fridericus comes a Bichlingen dt. 21 sneberg. 5
Nobilis et generosus dns Ludowicus Albertus comes a Bichlingen dt. 21 sneberg.
Nicolaus Fritag de Wonstorff nobilis canonicus ecclesiae maioris Hildeshemensis dt. integrum ioachimicum grossum. 10
Ioannes Monchusen de Obeler nobilis canonicus ecclesiarum maiorum Hildeshemensis et Mindensis dt. integrum ioachimicum grossum.
15 Ioannes Dolczge Hammelensis ecclesie cathedralis vicarius dt. medium iochimicum grossum et $12^1/_2$ sneberg.
f. 164c Wernerus Wiczthum, Theodericus Wiczthum canonicus Numbergensis } fratres ddt. 1 florinum in auro. 20

Sequentes ddt. integrum:

Karolus a Jena.
Petrus a Brurin.
Wilhelmus a Brurin.
25 Ioannes Coci Erfordensis.
Andreas Coci Erfordensis
Conradus Anthonius Erfordensis.
Ioannes Hebener Erfordensis.
Conradus Fabri Francfurdtensis.
30 Iacobus Hopf de Molschleben.
Philippus Borthener de Mergenthaim.
Liborius Ochsenkopf de Heiligenstadt.
Iudocus Brandis, Christophorus Brandis } de Hildesheim.
35 Nicolaus Eulener de Schluchter.
Conradus Wicht de Wilfelt.
Nicolaus Langestedt Erfordensis.
Wolfgangus Segelicz de Querfurt.
f. 164d Ioannes Stolcz Erfordensis.
40 Baptista a Heuger Mindenensis.
Ciprianus Friseus Homelius.
Ioannes Magen Nove civitatis.
Sebastianus Berninger de Koldesheim.
Nicolaus Aschenberger Herbipolensis. 5
Andreas Baß Eimbeccensis.
Baltasar Rabe Eimbeccensis.
Lucianus Glock Halberstadensis.
Gotschalkus, Cristophorus } de Sachssa fratres Erfordenses. 10
Ioannes Thome Erfordensis.
Laurencius Erbs Erfordensis.
Cristophorus Bucher Erfordensis.
Martinus Wettich Erfordensis.
Hennignus Wolfers Hildeßensis. 15
Heinricus Irinck de Allendorff in Hassia.
Laurencius Swabesdorff Erfordensis. f. 165a
Ioannes Grußenius Schlesie Vratlaviensis.
Ioannes de Sachssa Erfordensis.
Andreas Schultes de Northusen. 20
Ioannes Wigant Erfordensis.
Georius Zeise de Meingen.

Inequaliter solventes:

Ioannes Pistoris de Rotenberck dt. 4 sneberg.
Ioannes Swanseer Erfordensis dt. $2^1/_2$ sneberg. 25
Gregorius Schormannus de Thomasbrock dt. $3^1/_2$ sneberg.
Nicolaus Bertuch de Tenstedt dt. $3^1/_2$ sneberg.
Ioannes Fabri de Tondorff dt. 4 sol.
Ioannes Fabri Erfordensis dt. 4 sol. 30
Ioannes Korner Erfordensis 4 sneberg.
Iacobus Franck Erfordensis 4 sneberg.
Georius Drosselerus Ambffordianus 4 sol.

Gratuito inscripti:

Ioannes Cleiden Erfordensis dt. pedellis 1 sol. 35
Gregorius Simmerhußer Erfordensis filius pedelli Wolfgangi dt. 1 sol. pedellis.
Andreas Stireus de Willensheim famulus rectoris dt. pedellis 1 sneberg.
Intitulatorum numerus 59.[a] 40

De[b] residuo intitulature:

Item 11 sneberg., de quibus redduntur rectori $3^1/_2$ sol. 2 ₰, universitati 7 sneberg. 4 denarii.[c]

[a] Richtiger 56. [b—c] Aus dem Rechnungsbuche des Rectors.

f. 165 c d

1538. Ost. 275. Rect. Iacobus Russel.[1]

f. 166 a b

Kalon[1] quum sit et gloriosum viris sapientissimis studiorum racionem habere in urbibus gimnasia constituere litteraria atque[a] agminatim undique conveniunt confluuntque sincere multi iuge erudicionis candidati[b] adolescentes, quibus cure est linguam eloquio animum disciplinis excolere, id imis sensibus divino instinctu egregius vir Martinus Margritensis, utriusque iuris doctor edis Severiane canonicus nec non alme nostre universitatis vicecancellarius, magister Christianus Hoerver et magister Ioannes Femelius, sacre theologie baccalaurius, perpendentes, ne huiusmodi ornatissimus scolasticorum conventus rectore et gubernatore careat, tanquam ultimi tres electores anno domini 1538 VI[o] nonas Maias unanimiter elegerunt electumque publice pronunciarunt in universitatis Erffurdiane monarcham eximium virum Iacobum Russel Nurembergensem, sacre theologie licenciatum nec non edis Severiane canonicum, deinde anno elapso secundario tota universitate (ut moris est) convocata unanimi consensu per ultimos tres electores, puta eximium virum Eobanus Draconem Erffurdianum, sacre theologie licenciatum edis Mariane canonicum, magistrum Ioannem Backhaws et magistrum Cornelium Linden de Bercka, de novo prefatus Iacobus Russel electus confirmatus atque ad dimidium usque annum favorabiliter continuatus est; sub cuius magistratu sequentes sunt inscripti:

Plus solito solventes:

Reverendus pater Nicolaus Hopffener ex Thomaßbruckenn abbas monasterii in Homburgk prope Saltza dt. 1 joachimicum.[c]
dr. Lucas Hardiseus Radebergensis dt. 1 joachimicum.[c]
dr. Petrus Eckhardt Mellerstadtensis dt. 1 flor. in moneta.
nobilis Ioannes vonn der Borcht canonicus maioris ecclesie Paderbornensis 1 joachimicum.[c]
fr. Martinus Karle ex Saltza conventualis monasterii in Hombergk dt. 12½ nivenses.
Nicolaus Crutzemann Erffurdensis dt. 8 nivenses.
Ioannes Reuber dt. 8 nivenses.
Thomas Minternus Patavius dt. 8 nivenses.
Georius Buchener ex Breßlavia dt 8 nivenses.
Adelarius Reynboth Erffurdensis dt. 8 nivenses.
Christopherus Rabe Empickenßis dt. 8 nivenses.

f. 166 c

Oribasius Sturtz Erffurdensis, Valentinus Sturtz Erffurdensis — fratres ddt 22 schneberg. iusiurandum non prestiterunt defectu etatis.
Ioannes Lange Erffurdensis, Martinus Lange Erffurdensis — fratres dederunt 16 sneberg. iusiurandum non prestiterunt defectu etatis.

Sequentes integrum dederunt quisque semiocto nivenses:

Ioannes Utla de Deberenn.
Silvester Apell de Morstadt.
Wendelinus Lindershausen de Othleybenn.
Valentinus Helmolt de Molhausenn.
Erasmus Zcigeler Erpffurdianus.
Andreas Kegell de Hedtstedt.
Wilhelmus Breytzenn de Braunschwigk.
Casparus Grunebergk Erphurdianus.
Dionisius Braunstorff de Zcerbeß.
Hugoldus Strecker Heylingstatensis.
Iacobus Hermannus Magburgensis.

[a] adque E. [b] canditati E. [c] Jochimicum E.

f. 165 c d

[1] Christus am Oelberg knieend; drei Jünger schlafen an einen steilen Felsen gelehnt, auf dessen Höhe ein goldner Kelch steht; in der Nähe fliegt ein Engel; ein rothes Kreuz auf der rechten Schulter tragend, zum Heiland herab; in der Ferne Blick auf Jerusalem und hohe felsige Berge dahinter.

Casparus vom Endt Erffurdianus.
Christofferus vom Endt Erffurdianus.
Hermannus Hausenn de Bercka.
Bertholdus Witzenhausen Gottingensis.
5 Ioannes Weißman Gottingensis.
Anthonius Speckbeuttell Gottingensis.
Ericius Gobert Erpffurdianus.
Bartholomeus Meyer Hilemshemensis.
Iacobus Bilach Erpffurdiensis.
f. 167b 10 Simon Leheman de Vhaner.
Ludewicus Presant Erffurdianus.
Petrus Wittich Lipsensis.
Michael Letzsch Erffurdianus.
Martinus Neumerus Schlesiensis.
15 Nicolaus Molitoris Ruttenus.
Philippus Morich de Duderstadt.
Nicolaus Hunus Erffurdianus.
Bartholomeus Molner ex Kindelbrug.
Christofferus Schreckenbach Erffurdianus.
20 Christofferus Im Hoff Erffurdianus.
Andreas Breuser Hilhemensis.
Esaias Peltzer Erffurdianus
Ioannes Radweis de Umbstedt.
Simon Gobel Gottingensis.
25 Bertholdus Nagell Hilhemensis.
Hermannus Botticher Northusensis.
Ioannes Kophenn Erffurdianus.
Petrus Henckel Erffurdianus.
Franciscus Frangk Erffurdianus.
30 Franciscus Martzhausen Gottingenßis.
f. 167a Ioannes Femelius Erffurdianus.
Laurencius Schenck de Marelshausen.
Simon Hennigk Heringensis.
Georius Erffurdt Oberßlebenn.
35 Wolffgangus Brauer de Quernfurt.
Valentinus Hick de Meringenn.
Casparus Beck Zceutße.
Melcher Branth de Quitelbrugk.
Nicolaus Herthell Erpffurdianus.
40 Valentinus Rohman Northemensis.[b]
Christopherus Langius Gottingenßis.
Christofferus Molitoris Gottingenßis.
Heinricus Franck Erffurdianus.
Valentinus Magen de Newemargkt.
45 Alexander de Edessem Northemenßis.
Andreas Koler de Penick.[c]
Erasmus Flog Norembergenus mag. Wittenbergensis.
Theobaldus Thamerus mag. Wittenbergensis.
Wolffgangus Koberer Winffingensis.
Ioannes Kurtzrock Hombergensis.
Alexander Reyfftochius Spirensis.
5 Christopherus Reyfftochius Spirensis.
Daniel Promius Franckfurdensis.
Christopherus Lendeyßen Argentinensis.
Nicolaus Loticius de Schluchtern.

Inequaliter solventes:

10 Anthonius Krumpfus Erffurdianus dt. 4 schneberg. reliquum dt. lic. Eobano Draconi (Rect. 276).
Martinus Stein de Rebell dt. 4 schneberg.
15 Casparus Hoffeman Forchemensis dt. 4 schneberg.
Ioannes Goderdurffer vom Hoef dt. 4 schneberg.
Laurencius Ruger Forchemenßis dt. 3 schneberg.
20 Paulus Ala Erffurdianus dt. 4 schneberg.
Esaias Mechelerius Erffurdianus dt. 4 schneberg.
f. 167d Iosephus Kirchener Erffurdianus dt. 4 schneberg.
25 Melchior Weythman Erffurdianus dt. 4 schneberg. reliquum dt. licenciato Hoxariensi (Rect. 278).
Ludewicus Walterus Erffurdianus dt. 4 schneberg.
30 Paulus Stromerus de Bischleben dt. 4 schneberg. reliquum licenciato Hoxariensi dt.
Iacobus Arnoldi Balbardiensis dt. 4 schneberg.
Ioannes Ioch Erffurdianus dt. 3 schneberg. 9 denarios reliquum dt. licenc. Hoxariensi.
35 Casparus Mefferth de Romelt dt. 4 schneberg.
Wolffgangus Zschepnerus Zcigneus[1] dedit 5 schnebergenses.
Ioannes Faber ex Wimaria dt. $3^1/_2$ schneberg.
40 Georius Stubenrauch ex Morstadt dt. 4 schneberg.
Steffanus Hemelius de Romelt dt. 4 schneberg.
Ioseph Guntheri Erffurdianus dt. 4 schneberg. non iuravit defectu etatis.
Georius de Lippia Hoxarienßis dt. 4 schneberg.
45 Martinus Sax Erffurdianus dt. 4 schneberg. reliquum dt. lic. Hoxariensi.
Henricus Garthuff Franckenhausanus dt. 7 schneberg.

[b] Nothemensis E. [c] Penigk E.

[1] Aus Zwickau.

Nicolaus Kranth Popardiensis dt. 4 schneberg. residuum dt. lic. Eobano Draconi.
Sebastianus Bilmperger de Forcheim dt 4 schneberg.
5 Erasmus Bechman de Arnstat dt. 4 schneberg.
Martinus Breitteus Cassellanus dt. 3 1/2 schneberg.
Melchior vom Klein Erignensis dt. 3 1/2 schneberg.
10 Ioannes Heinricus Gruner Argentinensis dt. 3 1/2 schneberg.
Andreas Greve Erffurdianus dt. 3 1/2 schneberg.
Erasmus Krubel ex Buchholtz dt. 3 schneberg.
Ioannes Zcigeler de Maningen dt. 4 schneberg.

Gratuito inscripti:

Anthonius Stahel de Dettelbach famulus rectoris 5 dt. 1 schneberg. pedellis.
Vincentius Am Endt edituus S. Severi ob reverenciam rectoris inscriptus est dt. 1 schneberg. pedellis.
Intitulatorum numeru 114.[c] 10

De[d] residuo intitulature:

15 Item 21 nivenses 3 ₰, de quibus cedunt rectori 7 schneberg. 1 ₰, universitati 14 schneberg. 3 ₰.[e]

[c] Richtig. [d-e] Aus dem Rechnungsbuche des Rectors.

---

f. 168a b

1539. Mich. 276. Rect. Lic. Eobanus Draco II.[1]

(L)atere bene Christoque ac sibi vivere semper maluit pius ille avitae et catholicae 15 religionis studiosus assertor, dominus Eobanus Draco Erfurdiensis, liberalium 20 studiorum magister, sacrae theologiae ut vocant licenciatus atque Mariani collegii canonicus, quam publicum gymnasiarchae munus plane magnificum iterum administrare, hoc precipue tempore longe tumultuosissimo, quando scilicet exicialibus bellis conflictarentur principes prophani, bellorum undis involverentur et proceres ecclesiastici, 20 ignobile vulgus denique perniciosis inter se odiis[a] committeretur, pax Christiana mire 25 per Germaniam passim distraheretur, quin et fidei sinceritas[b] variis modis viciaretur. Quis vero sane[b] meritis non mallet potius in angulo quopiam delitescere exitum huiusmodi tragediarum avide exspectaturus, quam vel tantillum prodire tum in publicum? Tantum ergo abfuit, ut integerrimus ille theologus reipublicae litterariae fasces gerere 25 ac scolae nostrae Erfurdianae etiam secundo iam prefici et rector salutari vel unquam 30 ambierit? Verum ne ingratus in scolam et patriam suam argui posset, quemadmodum nuper eundem canonicatum in aede deiparae Virginis dignatae fuissent atque ab ineunte aetate nedum corpus victu vestituque humanissime confoverint, sed et animum bonis litteris ac inprimis christiana et sincera[a] religione piissime formaverint ex- 30 coluerintque, dum denique ab integerrimis viris theologo et philosophis iuxta bonis ac 35 doctis, videlicet eximio et venerabilibus dominis, Henrico Hereboldo Huxariensi, theologiae doctore designato gravissimo aedis Virginis matris canonico longe dignissimo, Petro Forchemio et Nicolao Bauch, rarae ac plurimae erudicionis magistris et philosophis

[a] y statt II E. [b] ae statt e E.

[1] Bild und Initiale fehlen.

doctissimis unanimis suffragiis[a] electus esset, secundum[c] hunc gymnasiarchae magistratum honestate victus suscepit perpetuoque anno, utcunque per maliciam temporum licuit, administravit, ad Dei optimi maximi laudem et patriae suae decus. Actum feriis[a] divi evangeliographi et medici Lucae anno domini 1539; sub cuius hac secunda presidencia subscripti in ordinem studiosorum sacramento prius prestito sunt recepti et adscripti:

Classis prima plus asse solventium:

Reverendus pater dns Iohannes Specht, abbas coenobii Montis divi Petri Erphurdensis: pro sua in universitatem singulari benivolentia contulit semisex integros joachimicos et dimidiatum ioachimicum pro pedellis.
fr. Erhardus Dobener ex Fyschstein pro reverencia abbatis cuius existit conventualis.
Vitus a Wirtzpurck nobilis Bambergensis et Herbipolensis cathedralium ecclesiarum canonicus dt. 1 flor.
Iohannes a Senßheim nobilis dt. 1 flor.
Iohannes a Bibra nobilis Bambergensis cathedralis ecclesiae canonicus dt. 1 flor.
Georgius Ulrichus a Kongßperck nobilis cathedralis Bambergensis ecclesiae canonicus dt. 1 flor.
Fridericus von der Thanne nobilis canonicus cathedralis ecclesiae Herbipolensis dt. 1/2 flor.
Otto a Beuneburck nobilis dt. 1/2 flor.
Otto Mangelman Berckensis dt. 1/2 flor.
Theodericus Reuber ex Warberck nobilis dt. 1/2 flor
Stilfridus Blick a Blickenstein nobilis dt. 9 sneberg.

Secunda classis solventium assem:

Iohannes Oleman Eimbeckcensis.
Iohannes Oßenkopff ex Heiligenstat.
Conradus Meder ex Newstadt[d] an der Harth.
Georgius Zygler Erffordensis.
Georgius Friderun Erffordensis.
Iohannes Butzbach Erffordensis.
Iohannes Riman Molhusensis.
Balthasar Frisch Herbipolensis.
Iodocus Worczeler ex Saltza.
Nicolaus Backoffen Lipczensis.
Casperus Kunemundt ex Herleshusen.
Melchior Leonhardus Erffordensis.
Christoforus Reinhardus ex Mansfelt.
Laurencius, Iohannes Bucher ex Ißleben fratres.
Conradus, Ernestus Ernst fratres ex Northusen.
Christoferus Alguerus[e] Erffordensis.
Iohannes Breßanth Erffordensis.
Georgius Willer Erffurdensis.
Iohannes Licht ex Staffelstein.
Iohannes Beck Molhusensis.
Christoforus Kornerus Erffordensis.
Ioannes Ulricus Ballenburgensis.
Iohannes Boßecker Erffordensis.
Henricus Teleman ex Northusen.
Iohannes Casperi ex Hildesheym.
Laurencius Rorbachius Erffurdensis.
Otto Henricus, Wilhelmus von Westerhagen fratres ex Alten Gutthern.
Christianus vom Hayn ex Alden Gutthern.
Iohannes vom Hayn ex Alden Gutthern.
Wolffgangus Werner, Iohannes Swanhusen ex Bamberga.
Nicasius Mack Erffordensis.
Casperus Bastwinder ex Sußato.
Christoforus Nopell ex Merßburck.
Nicolaus Marius ex Dinckelspuel.
David Monner Erffurdensis.
Clemens Hoderman ex Smalkalden.
Laurentius Kirchenbranth ex Wetzflaria.
Iohannes Bolthen ex Warberck.
Henricus vom Hayn ex Duderstedt.
Philippus Schindel ex Bamberga.
Iohannes Morich ex Duderstadt.
Adelarius Hirnworst Erffordensis.

Classis tercia inequaliter solventium:

Martinus Rothzscherus ex Nebra dt. 4 sol., reliquum dt. L(udovico) lic. Hoxero.[1]

[c] sequundum E. [d] Nawstadt E. [e] Am Rande Algnerus beigeschrieben und über dem n ein u E.

[1] Henricus Hereboldus de Hoxaria war der 278. Rector.

Iohannes Moller Errffordensis dt. 4 sol. reliquum dt. mihi mag. Cornelio Linden.
Ciriacus Smidt Errffordensis dt. 4 sol.
Henricus Peyn ex Heyligenstadt dt. 4 sol. reliquum dt. lic. Hoxero[1] (S. 351 Anm. 1).
Iohannes Wyßpach Errffordensis dt. 4 sol.
Martinus Phoconius Annaemontanus dt. 4 sol.
Iohannes Gulcher Franckfurdensis dt. 4 sol. reliquum dt. L. Hoxero[1] (S. 351 Anm. 1).
Christianus Roden ex Duderstadt dt. 5 nov.
Matthias Meinhardi Errffordensis dt. 5 nov.
Iosua Felix Errffordensis dt. $3^1/_2$ sol.
Theodricus Wörneri ex Butzbach ob paupertatem gratis.

Summa 68.

De[f] residuo intitulature:

Item 21 nivenses 3 ₰, de quibus cedunt rectori 7 schneberg 1 ₰, universitati 14 sneberg. 2 ₰.[g]

f-g Aus dem Rechnungsbuche des Rectors.

f.169cd

1540. Mich. 277. Rect. Ioa. Rudolphi.[1]

f.170ab

Monarchiam[1] saluberrimam esse omnium formarum cuiusque reipublicae, omnium philosophorum ferme consensus est; nimirum ad exemplar dei ut rerum summa penes uuum sit:

Οὐκ ἀγαθὸν πολυκοιρανίη, εἷς κοίρανος ἔστω.

Nec dubium est quin monarchia seu regnum sit optimus status, verum ita, si monarchia ad imaginem dei sapiencia bonitateque ceteris omnibus antecellat, nichil studeat quam prodesse reipublicae. Approbat et rerum natura unius dominacionem. Rex unus est apidus, in gregibus dux unus, et in armentis rector unus; grues quoque ordine literato suum ducem sequuntur. Est enim omnis potestas impaciens consortis sociisque comes discordia regnis. Magnopere igitur laudandum consilium eorum, qui unicum tantum praefectum coetui scholastico creandum indicarunt, qui cuncta sua prudencia dispiciat omniaque consilio administret. Conventu itaque ordinis scolastici instituto maiorum ad natalem St. Lucae evangeliographi anno a reparacione generis humani 1540 facto, eximii et doctissimi viri Guntherus Gloga, liberalium disciplinarum magister theologiae baccalareus et aedis Severianae vicarius ac plebanus, Iacobus Barle Berckcensis, bonarum arcium magister et collegii Porte coelestis collega, denique mag. Laurencius Mueth, canonicus ecclesiae Virginis matris, penes quos creandi praefectum ius fuit, suffragiis minime dissencientibus crearunt et denunctiarunt clarissimum et

f.169cd [1] Anbetung der drei Könige vor Maria, auf deren Knien das von ihr gehaltene Kind steht: mit der Rechten greift dasselbe nach dem Schmuckkästchen, welches der vor ihnen knieende Magier, in grünem Talar mit schwarzem rothbestickten Kragen, geöffnet darbietet. Hinter ihm steht der zweite in grünem Wamms, Tricots und rothem spanischen Mantel mit rothem Barett und goldner Halskette, ein Weihrauchgefäß mit Deckel in der Linken, neben demselben der dritte, Caspar, in gelbem Wamms, blauem Untergewande und Tricots mit einem ähnlichen goldnen Gefäß. Hinter Maria steht der heil. Joseph in rothem Gewande, mit einer blauen Kopfbedeckung; in einer mit Brettern bedeckten Seitenhalle stehn ein Esel und ein Ochs. Im untern Theile de Gemäldes steht das Wappen: goldner Schild durch einen blauen Querbalken getheilt, oben ein schwarzer Adler mit ausgebreiteten Flügeln, unten

multis nominibus ornatissimum virum Ioannem Rodolphi Northeimium, arcium et iuris utriusque doctorem aedis deiparae Virginis Erphurdensis decanum ac eiusdem et Halberstadensis canonicum, sanctae apostolicae sedis protonotharium, denique aulae Lateranensis comitem palatinum; sub cuius speciosissimo magistratu sequentes 69 iure 5 academico donati sunt, nomenclaturis in album relatis fidem facientibus: 5

f.170d **Plus solito solventes:**

D. Laurencius Schinnenn alias Goltschmidt canonicus Northimensis Moguntinensis diocesis dt. 1 flor.
10 Iohannes de Helderich canonicus Herbipolensis dt. 1/2 joachimtaler.
Iohannes Spitznaße canonicus Hildenßheimensis dt. 1/2 joachimtaler.
Georius Milbitz Erffurdensis dt. 1/2 joachimtaler.
15 dns frater Petrus Anspach predicator.
dns frater Georius Kramer predicator gratis hii duo intitulati.

f.171a **Totum solventes:**

20 dns Iodocus Stuten Eymbicensis vicarius Marianus Erffordensis.
dns Iohannes Beckman Gotingensis vicarius Erfordensis.
dns Iohannes Spys alias Schilt de Oldendorff
25 vicarius Erffurdensis.
Adamus Bodewitz } Erffurdenses fratres.
Iohannes Bodewitz }
Iohannes Scheffer de Sangerhußen.
Heinricus Buntschuch Erffurdensis.
30 Theodericus Wanßlebenn Erffurdensis.
Iohannes } Machemist Erffurdenses.
David }
Iacobus Schmaltz Erffurdensis.
Mathias Horenn Bamburgensis.
35 Iohannes Anacker Erffurdensis.
Erasmus Hoppfner[a] Salcensis.
Iohannes Friderun Erffurdensis.
Lodovicus Wyda ex Gunstat.
Michael Beyer ex Dachbich.
Laurencius Schade de Heuderisch.
Conradus Bermstein Erffurdensis.
Iohannes Knigge Hoexariensis.
Iulius Dreuer Northusensis.
Heinricus Teytz de Meyningen. 10 f.171b
Martinus Muller Heilgenstadensis.
Matheus Wolff de Zceyts.
Sebastianus Schwollenborch de Molhusenn.
Apel Scherdinger de Pfertingeßlebenn.
Ioachim de Hußen nobilis de Lutzensommeringen. 15
Vitus Cluglin de Lichtenfels.
Nicolaus Fryßler de Molhußenn.
Iohannes Knoblauch de Konigshofen.
Quirinus Listeman de Molhusenn.
Sebastianus Rodeman maior } fratres de Molhusenn. 20
Sebastianus Rodeman minor }
Iohannes Fabri de Wechmer.
Ieronimus Erpha de Saltza.
Christoferus Rost Salcensis.
Andreas Weinrich de Heringen. 25
Paulus Recor Erffurdensis.
Andreas Knypstein Erffurdensis.
Conradus Reße ex Dachbich.
Baltazar Wilderus Mißnensis civitatis.
Iohannes Husingk de Tenstet. 30
Georius Baumgarte Molhusensis.
Iohannes Arnolt de Gotha.
Sivarus Wichardi Gwaring de Martpurgk dt. 5 sol. f.171c

Medium solventes: 35

Sebastianus Bysschoff de Gotterde reliquum dt. L. Hoxero.[b]
Wolffgangus Reinewolt Arnstedensis dt. reliquum lic. Hoxero.[b]

[a] Ursprünglich Huffner in E geschrieben. [b] Henr. Herebaldus de Hoxaria war der 278. Rector.

---

ein wachsender rother Löwe in Gold nach rechts gekehrt mit vierfach getheiltem Schwanze. Ueber dem Wappen schwebt ein schwarzer Hut mit verschlungenen Schnüren auf beiden Seiten. Rechts vom Wappen Johannes der Evangelist mit goldnem Becher und Schlange in der Rechten, links der Rector in Chorgewand, sein rothes Barett vor sich haltend. — Die Initiale blau in Gold; unter der Einleitung auf einem schmalen Randleisten zwei gegeneinander gewendete goldne Wappenschilder, auf dem rechts ein schwarzes Monogramm: X, darüber ein Kreuz; auf dem links ein schwarzes R.

Iohannes Sanderi de Gotterde; alteram medietatem dt. lic. Hoxero.
Conradus Bischoff de Gotterde; hii quatuor superiores ddt. 1 sexag.
Heinricus Droell Eimbicensis.
Ludowicus Koch Huxariensis reliquam medietatem dt. Cornelio Linden.
Conradus Grünewalt Erffurdensis restantem medietatem dt. Henningo Hopffen (R. 281).
Samuel Utzpergk Erffurdensis.
Iohannes Zcymmer Erffurdensis.
Franciscus Kretzschmer ex Perenn.
Bartholomeus Fabri de Grussen reliquam partem dt. mihi Cornelio Linden (R. 279).
Abraham Mechler Erffurdensis.
Iohannes Molitoris Ganderßhemensis 4 sneberg. dt. mihi Nicolas Algesheim.
Andres Kramer de Sesenn.
Martinus Hoffman de Buchholtz.

Gratis intitulati:

Iohannes Kalmes de Zcwickaw dt. 3 den.
Andreas Probest Ganderßemensis.
Iohannes Wickenbergk. Summa 69.

Item[a] de 67 adscriptis albo studiosorum percepit (rector) 44 sexag. 10 schneberg. et 2 ₰.[b]

[a-b] Aus dem Rechnungsbuche des Rectors, dessen Mittheilung sonst mangelhaft.

---

f. 172ab

1541. Mich. 278. Rect. Lic. Henr. Hereboldus de Hoxaria II.[1]

Nemo[1] non intelligit credo gymnasia, quae sunt veluti domicilia doctrinarum etc.[2] —

f. 172cd

XV⁰ Kalendarum Novembris, quo die pro illo magistratu conferendo celebrari quotannis consueverunt comitia, Heinricus Hereboldus, sacrarum literarum designatus professor, ad hanc prefecturam secundo electus est dominicae incarnationis anno 1541 a tribus insigni pietate et multis nominibus clarissimis viris, in quos ex sorte devenit haec autoritas: Iacobo Russel Nornbergensi, bonarum artium magistro sacrae theologiae doctori designato, Severiane aedis cantore et canonico, doctore Martino a Margaritis, iureconsulto ac eiusdem ecclesiae canonico; tertius autem fuit licentiatus Draco, philosophus et theologus. canonicus item, sed aedis deiparae Virginis; quam functionem ubi divino auxilio per annum pro virili obivisset, adessetque iam dies, quo pro novo deligendo rectore conventus quoque haberetur, visum tum est 12 illis viris, per quos iuxta

---

[1] Das Wappen (getheilt von gold und roth, oben rother Löwenkopf in Gold, aus dessen Maul drei goldne Spitzen in das untere rothe Feld hineinragen) steht in der Initiale; über derselben Maria knieend vor dem auf einem Korbe und darüber gebreitetem leinenen Tuche liegenden Christuskinde, neben demselben Joseph, in grünem Gewande mit rothem Himation, auf einen Stab gestützt herbeieilend. Alle in einer von steinernen Bogen eingeschlossenen Halle; im Hintergrunde eine Landschaft, in welcher ein Hirt auf einem grünen Hügel Schafe weidet; über ihm der Engel Gbariel, die Geburt Christi verkündend. An den Randleisten stehen links Petrus mit dem Schlüssel in blauem Unterkleide und fliegendem rothen Mantel; rechts Paulus auf das Schwert gestützt in orangefarbigem Unterkleid und grünem kurzärmeligen Mantel. Am oberen Randleisten steht: „Ave Maria gratia plena, Dominus tecum"; an der unteren ein Monogramm D und H verbunden (Name des Künstler's, siehe Rect. 277), darunter die Worte: „Benedicta tu in mulieribus et benedictus fructus ventris tui Jesus Christi."

[2] Die unaufhörlich wiederholte Betonung der Nothwendigkeit, daß auch die Universitäten einen Vorsteher haben müssen, wenn sie nicht verfallen sollen, mag hier wegbleiben.

statutorum praescripta totus electionis actus consuevit celebrari, presentem rectorem pro temporum conditione esse nova electione in offitio continuandum; quam prorogationem praefecturae quamquam non placido acceperit vultu sibi factam esse conareturque varias ob causas onus illud ab humeris suis excutere, tum maxime ob pestilenticam rabiem crudeliter passim sevientem, attamen in dominum reposita fidutia tandem locum dedit tot prestantissimorum precibus virorum, necenseretur inexorabilis areopagita aut homo ingratus in universitatem literariam, a qua superioribus annis donatus prebenda et canonicatu in aede beatae Mariae virginis, posteaquam huc sese velut ad piam contulisset matrem e patria, post occupatam ibi a schismaticis aedem divi Petri apostoli, in qua erat canonicus et decanus, quando amplius non concedebatur in templo id libere agere, quod erat offitii pastoris:

Catalogus studiosorum, qui inscripti sunt primo anno (1541), quando Heinricus Hoxaerus secundo[1] tenuit scholastici regiminis gubernacula:

Reverendus pater Ioannes monasterii St. Georgii Clusensis abbas dt. 12½ sneberg.
dns Bertoldus Boeck Hildesemensis ecclesie canonicus dt. 12½ sneberg. ult. Junii.
dns Vulfgangus Westermeyer ex Ingolstad mag. Lipcensis dt. 8 sneberg.

Classis solventium tertiam florenum cum snebergensi et 8 ₰:

Baltasar Junge ex Kindelbruck, 8. Januar.
Christopherus Echt ex Kindtbrugk.
Ioannes Beck Arnstadensis, 29. Jan.
Andreas Hunolt Sebergensis.
Nicolaus Heyner ex Waltershusen.
Andreas Mergitum Islebianus, 22. Febr.
Abelus Strube ex Andersleiben.
Christopherus Strecker Helgenstadensis.
Georgius Beyer ab Konnigeshove, 27. Mart.
Abrahamus Truller Erffordensis, 12. April.
Mauricius Coci Hildesemensis, 6 Maii.
Henricus Snider Erffordensis, 11. Maii.
Conradus Helmerdingk Magdeburgensis, 19. Juni.
Andreas Wysbroeth ex Aschersleiben, 5. Juli.
Guilhelmus Beringer Erffordensis. 12. Aug.
Hieremias Rabe ex Ortern, 12. Julii.

Classis solventium dimidiatam sexagenam:

Mathias Rebelingk Islebensis, anno 41 29. Novemb.
Pancratius Vulff Czicensis, 1 Jan.
Ioannes Altheim ex Diburch.
Baltassar Koning ex Totelstet.
dns Matthias Bock ex Misna.
dns Ioannes Forstenberg a Forstenwaldis.
Ioannes Kilianus ex Hasleiben, 14. Jan.
Ioannes Vluth Melosingus, 17.
Ioannes Kyll Spangenbergensis, 17.
Vulfgangus Knippe Feltdorfensis, 17. Mart.
Thomas Sperlingk Erffordensis 18.
Georgius Dürhoff Denstetinus 18.
Ioannes Hornickel Sangerhusensis, 17. April.
Paulus Schulteߧ Erffordensis, 22. Mai.
Ioannes Kortfleisch Herfurdensis ½ sexag.
Georgius Herspach Erffordensis.
Valentinus Grönberch Erffordensis, 3. Maii.
Ioannes Holla ex Nuenmarckt, 8.
Ioannes Fabri alias Tzimmermann Frislariensis, 10.
Ioannes Textoris } germani
Georgius Textoris } fratres Erffurdenses.
Hieronymus Heigendorffinus Lipcensis.
Theodericus Ciriaci ex Benesteth, 16.
Nicolaus Alberti Northemensis, 10. Jun.
Andreas Erhardi Osterodamus per ven(iam?) rectoris (?), 19.
Iohannes Henningi Gotingensis, 5. Jul.
Valentinus Bertuch } ex Denstet fratres.
Syntrum Bertuch }
Ioannes Bertuch Denstatinus, 8.
Christopherus Molhußen ex Tuntorff, 14.
Mihahel Pulner ex Frieberga, 14.
Iohannes Sanderi ex Frankenhusen.
Georgius Hirspecher Dispoldiswaldensis, 21.

[1] Sein erstes Rectorat war das 260. Das L. vor Hoxero in den früheren Angaben de residuo intitulaturae bedeutet Licentiatus.

Ioannes Fischer Bambergensis, 21. Jul.
Ioannes Ludolff Erffordensis, 1. Aug.
Iacobus Naffzcer Erffordensis, 2.
Ioannes Sagittarius Erffordensis, 2.
5 Ioannes Femelius Erffordensis, 13.

Classis solventium quatuor snebergenses:

Hieremias Kirchener Erffordensis, 1. Novembr., reliquum mihi dt. Nicolao Algesheim (280. R.).
10 Damianus Elliger Orlemundensis.
Samuel Haen .1. (?) Gallae (?) Erffordensis, 3. Febr., reliquum dt. mihi Cornelio Linden (279. R.).
f. 173c Mathias Gotze Erfordensis 4 sneberg., 3. Febr.
15 Henricus Crawel Erffordensis, reliquum mihi Nicolao Algeshemio.
Baltasar Saxe Erffordensis, 3. Mart., reliquum mihi Nic. Algesheim.
Ioannes Bretell Erffordensis, reliquum mihi Nic.
20 Algesheim.
David Gruber, Erffordensis reliquum dt. mihi Nicolao Algesheim.
Nicolaus Bretel.
Ciriacus Stael Duderstadensis, 3. Maii; alteram
25 medietatem solvit mihi Cornelio Linden.
Iudocus Grave Warbergensis, 23.
Ioannes Scherer Gronesfelt, 12.

Ioannes Auwerstet Erffordianus, 16.
Casparus Schymmel Erffordianus, Junii 14; residuum mihi Nicolao Algesheim (280. R.).
Ioannes Schymmel Erffordianus, 30.
Henricus Steven Helgenstadensis, 5. Julii. 5
Petrus Gualterus Brandensis, 21.
Valentinus Martius Mennigensis, 21.
Ioannes Finke Remhiltensis, 18. Aug., reliquam partem satisfecit mihi Cornelio Linden (279. R.).

Inequaliter solventes: 10

Gerhardus Schade Erffordensis 4 sneberg., 3. Jan., reliquum dt. mihi Cornelio Linden.
Baltasar Cunrad Oxenfordensis $3^1/_2$ sneberg., reliquum intitulature dt. mihi Henrico Hoxer (278. R.). 15
Henricus Hellingk Grucensis 2 sneberg., 25. Jul.

Gratis inscripti:

Paulus Sperwer familiaris et domesticus rectoris dt. 1 sneberg. pedellis.
Iacobus Bantze Themarenßis, 1. Jul. tm dt. mihi Nicolao Algesheim } ob pauper- 20
Ioannes Viator ex Ekirchen } tatem.
Summa 82 numero primo praefecturae anno academica civitate donati.

Laus deo. 25
Suma 82 ...

Ab[a] intitulatis intra annum:

35 sexag. cum 7 sneberg. ab 83 studiosis, quorum unus, quia domesticus
30 rectoris, solum sneberg. dt. et duo ob inopiam prorsus nihil dederunt. De quibus cedunt pedellis 5 sexag. 5 sneberg., rectori 10 sexag. 8 ₰, universitati 20 sexag. 1 sneberg. 4 ₰. 30

De residuo intitulature:

28 sneberg. 9 ₰ de quibus cedunt rectori 9 sneb. 7 ₰, universitati 19 schne-
35 berg. 2 ₰.[b]

a-b Aus dem Rechnungsbuche des Rectors.

---

f. 174ab 1542. Mich. (278. Rect.) Henricus Hereboldus Hoxerus III.[1]

Anno sequenti, quando jam tertio rectoris ius Hoxaerus per novam electionem obtinuisset: quot numero studiosi nomina sua dederunt in
40 album gymnasii, in sequenti producitur catalogo.

Casparus Milchelingus nobilis dt. 12 sneberg., 35 15. Junii.
Sifridus Obergius Hildesemensis, huius nomine accessit ioachimensi hoc est 24 sneberg.

---

[1] Weder Bild noch Wappen, auch wird es nicht als Rectorat besonders numerirt.

dns Thomas Meyse ab Ebenfelt canonicus Severianus dt. 12 sneberg.

Classis solventium octo snebergenses:

Henricus Bochener Erffordensis, Febr. 17.
5 Ioannes Erich ex Andersleiben, 18.
Ioannes Femelius Erffordianus, 19.
Ioannes Frobenius Ilmensis, 16. Mart.
Nicolaus Suicelius ex Konnigesteyn.
Ioannes Bileb ex Dälheim.
10 Leonhardus Forster ex Elleben.
Nicolaus Coppe Arnstatensis.
Ioannes Oelsleger Erffordianus, 9. April.
Christannus Czigler Erffordianus.
Ioannes Ernestus Hildesemensis, 11. Apr.
15 Iudocus Dethmarus Hildesemensis.
Ioannes Storing Hildesemensis.
Mathias Cröm Salsensis, 30. April.
Ioachimus Brömer Magdeburgensis, 10. Maii.
Wulfgangus Strecker ex Ilmenaw, 21.
20 Henricus Täll ex Grussen, 7. Junii.
Henricus Molitor ex Hasleiben.
Valentinus Vogespön Salsensis, 13.
Ioannes Gotensis ex veteri Gut'ernn, 13.
Conradus Hedenrich ex Mittelhusen, 15.
25 Christopherus Hoveman Erffordianus.
f. 174a Ioannes Gebhart Erffordianus dt. 8 sneberg., 15. Jun.
dns Bartolomeus Grimmer de Elsterwerdis presbiter, 8. Julii.
30 Ioannes Wigandus Winariensis, 11.
Baltassar Kelner Erffordianus, 19.
Ioannes Magner Herbipolensis, 14. Aug.
Ioannes Weydener Bambergensis.
Theodericus Appel Herbipolensis.
35 Thomas Speth Murstadensis, 18.
Marcus Strecker Helgenstadensis, 20. Septe.
Erasmus Werneke Northemensis, 21.
Henricus Helias de Grevensteyn.
Henricus Hartwich ex Harste.
40 Anthonius Hofemann Helgenstadensis.
Ioannes Gladebeck Gotingensis.
Wulfgangus Milwitz filius Wulfgangi Milwitz proconsulis Erffordensis.
Iohannes Algesheim Erffordensis, 6. Oct.
45 Mathias Hiendl Ingolstadensis.
Conradus Kule ex Benesteth.
Nicolaus Wisborn ab Eltfelt, 17.
Albertus Leubenicht Erffordensis.
Iohannes Snelle Duderstadensis.
50 Gotfridus Groningen Erffordensis.
Ioannes Groningen Erffordensis }
Hermannus Groningen Erffordensis } fratres.

Sequentes singuli numerarunt singulos semiocto snebergenses: 5

Christopherus Wittingius ex Ordorf, 8. Jan.
Bonifacius Hofemannus Erffordensis, 23. Jan.
Ioannes Isenbergk Gotensis, 23.
Andreas Oleman Embecensis, 27. Febr.
Iacobus Markwort Embecensis. 10
Iohannes Reifsnider Merspurgensis. 2. Mart.
Georgius Megner ex Manstede, 9. Mart.
Valentinus Poltermannus Smirensis, 9. Ap.
Adamus Hasenbalch ex Frankenhusen, 14.
Henricus } Rese fratres Erffordenses, Mart. 15
Georgius } ultimo.
Philippus Hugolt Molhusensis, 9. Junii.
Christopherus Meler Molhusensis, 9.
Ioannes Elkesleiben Erffordensis, 27. Junii.
Erasmus Schaner Ordorffensis. 20
Martinus Cziglerus Erffordensis, 17. Julii.
Cornelius Gotisbalth Erffordensis.
Ioannes Berncastel Erffordensis.
Georgius Fredenberger ex Tetelbach, 1. Aug.
Nicolaus Jans Northemensis, 23. Oct. 25
Henricus Fischer Salsensis, 26.
Christopherus Berncastel Erffordensis, frater Ioannis, 17. Jul.

Inequaliter solventes:

Ioannes Stockhart Weichmariensis dt. 4 sneberg., 9. April 30
Christopherus Udonis de Gandersheym dt. 3 sneberg. cum 9 ₰, 14. April.
Anardus Tusch ex Harhusen dt. 4 sneberg., 1. Maio.
Ionas Gans Salsensis dt. $6^1/_2$ sneberg. 4 ₰, 1 sneberg. mihi Nicolao Algesheim. 35
Petrus Tzimmermann Frislariensis dt. 4 sneberg.
Christopherus Kremer dt. 4 sneberg., 1. Jul.
Chileanus Gentzel Salsensis dt. 4 sneberg., 16. 40
Ioannes Fneß ex Nuenstadt, 17. Octo.

Gratis intitulati:

Baltasar Arndes Warbergensis ob honorem rectoris dt. 1 sneberg. pedellis.
Iohannes Kelbra ob paupertatem nihil prorsus dedit. 45

Inscripti 81 secundo rectoris anno qui a natali Christiano 1543.[a]

[a] Richtiger wäre 1542/43.

Percepta[b] in tercio rectoratu 41 sexag. leon. c. 7 ₰ ab 81 studiosis albo inscriptis; de quibus cedunt: pedellis 5 sexag. 6 sneb., rectori 11 sexag. 13 sneberg. 6 ₰, universitati 23 sexag. leon. 12 sneberg.

De residuo intitulaturae:

11 sneberg. cum tribus nummis, videlicet, de quibus cedunt rectori 3 sneberg. 9 ₰, universitati 7 sneberg. 6 nummi.[c]

b-c Ebenfalls aus dem Rechnungsbuche des Rectors.

---

f. 171cd

1543. Mich. 279. Rect. M. Cornel. Linden ex Bercka.[1]

f. 175ab

Operae[1] pretium est etc. — — — —.[2] Ac plus[2] aequo hominum favori concedens tantam licentiam et malitiam non huic solum gymnasio, verum toti propemodum orbi invexit, ut nisi rebus turbatis omnibus divinis favor aut praesidium accesserit, certum est interire, quidquid est vel orthodoxae religionis vel melioris literaturae. Atque furiosi huius seculi miserrimam conditionem quibus aliis debemus, quam aut crassae inscitiae ac supinae negligentiae episcoporum et summorum prelatorum circa Christianae religionis diligenter obeunda munia? sive obsequentiae potius atque indulgentiae in manifestis suorum vulgique coercendis corrigendisque flagitiis et erroribus? Qui si parem semper facilitati severitatem eruditionem vitaeque innocentiam adiungere studuissent, tum profecto et indoctam plebeculam a tam nefanda licentia cohibuissent. Et in magnis honoribus constituti Christianae religionis negotium in publica et optata tranquillitate gubernassent, quam nunc desperatis omnibus in varium subinde eventum fluctuantem et tantum non funditus eversam videntes a solo Carolo seram defensionem ac praesidium implorant. Qui tametsi natura propensus sit ad componendos Germa-

---

[1] Vor einem gekreuzigten Christus, der nur mit einem Lendentuche bekleidet und dessen Haupt mit Dornenkrone von einem goldnem Strahlennimbus umgeben ist, kniet der Rector in violettem Talar mit schwarzem Aufschlag und schwarzer Fußbekleidung, das schwarze Barett in den Händen haltend: vor ihm eine Bandzeile: „Tu es patientia mea, domine, domine, et mea a iuventute mea spes, psalm. 70.“ Hinter ihm ein Felsen mit einem Baume; im Hintergrunde eine Stadt am Fuße eines felsigen Hügels, der eine Burg trägt. Am Fuße des Kreuzes ist dasselbe Monogramm des Künstlers, D H, wie Rect. 277 und 278. In den oberen Ecken Stadtwappen: links vom Beschauer getheilter Schild, oben drei goldne Kronen in schwarz, darunter gold mit den Worten „o felix Colonia“: rechts weißes Kreuz, rothes Viereck mit silbernem Schlüssel und auf dem Querholze „Bercka“; unten links Wappen des Rectors: eine grüne Linde in Silber, rechts ein Wappen: goldner aufgerichteter nach rechts gewendeter Löwe in Blau. Unten zwischen beiden Wappen vier Distichen mit der Ueberschrift: „Precatio M. Cor. Linden ad Jesum.“ — In der blauen Initiale O eine grüne Linde auf Goldgrund auf einer Erhöhung, an welcher der Name des Rectors angeschrieben ist.

[2] Die lange Einleitung enthält zuerst eine Vergleichung des Rectors und der Universität mit der Sonne und dem Weltall, eine Empfehlung des rechten Maßes zwischen allzugroßer Strenge und schädlicher Nachsicht. Die darauffolgende Klage über die traurigen Zeitverhältnisse schließt sich daran *mit* den Worten: Ac plus (factiosum hoc tempus) a. h. f. etc.

norum animos implacabilibus alioqui dissidiis commissos. Si tamen vita prius in melius f. 175a commutata, quotquot sumus ardentibus animis piisque precibus, Deum merito nobis offensum placaremus, haudquaquam esset dubitandum, qua est singulari vitae pietate praeditus, Christum quoque egregiis suis conatibus faventem haberet, quo ecclesiae 5 statu ab innumeris vitiorum monstris repurgato inconditis hisce rerum omnium motibus finem tandem imponere liceret. Verum in hac dolenda rerum confusione cum tanta sit ubique peccandi licentia, tanta obsequendi indulgentia, nulla denique vitae morumque gravitas, nulla in cohibendis vitiis ac flagitiis severitas: qua, precor, ratione Erfordiani nostri gymnasii celebritas in tam proposita ac destinata hominum malitia durare potuit? 10 Quae hactenus inter tot dissidentium opinionum pugnas, inter tot discrepantes religionis nostrae tumultus ac tot viperarum morsus et insultus aegre substitit. Quod equidem multis consiliis gravissimis perpendentes huius literariae reipublicae proceres diu multumque deliberarunt, quo remedio quave ratione succurri posset rebus nostrae scholae deploratissimis, insuper cuius esset potissimum curae et industriae haec iuvandi 15 gymnasii nostri deleganda provintia. Quae res etiamsi virum desiderare videretur aetate doctrina et vitae integritate conspicuum, cuius consilio et autoritate literaria praetura summa cum laude administraretur; attamen anno 1543 nostrae salutis XV. kalendarum Novembrium, quo Carolus imperator maximus et invictissimus comitia sane frequentissima apud Spiram inclitam Nemetum urbem agenda decrevit. In quibus sub 20 vernum tempus aliquot mensibus inter alia quam acerrime actum est de Galliarum regis perfidia. Cuius regnum aestate succedente maximo iuxta ac speciosissimo apparatu bellico ingressus vi atque armis hostis natura insitam perfidiam ac rebellionem evertere contendit, quam incredibili pietate animique clementia hactenus superare non potuit. Eo denique tempore, quando in frequentissimo scholastico conventu monarcha literariae 25 reipublicae foret praeficiendus, post maturam atque acrem consultationem, tandem ab eximiis atque doctissimis triumviris, clarissimo atque expertissimo medico, domino doctore Eckhardt, eiusdem facultatis decurione, egregio atque doctissimo viro mag. Casparo Caerameo, collegii Saxonum moderatore, summae denique integritatis atque eruditionis viro Wendelino Zcymmerman, humanarum artium mag. ac professore, ad quos tum 30 eligendi ius, observato hactenus maiorum instituto, devenerat, magistratus ac rerum summa huius incliti gymnasii demandatur domino Cornelio Linden ex Bercka, artium et philosophiae mag. ac professori mathematices decano et collegae collegii Amploniani. Is licet non ignoraret obeundi officii difficultatem seseque videret omni ex parte imparem f. 176a tantarum virium, verum quoniam ita visum erat huius scholae magnatibus, ut penes 35 eum essent gymnasii nostri gubernacula, aequum putavit sese non immemorem concreditae provintiae, imo maximo industria et sedulitate duxit annitendum, quo tam insigne sibi delegatum munus ad laudem solius dei et publicam nostrae universitatis utilitatem et honorem posset administrare. Sub cuius praetura ad finem paulatim decurrente ii 88 subscripti in album studiosorum adsciti literariae militiae nomina dedere:

40 Sequitur ordo plus asse solventium:

Nobilis et generosus dominus Ernestus comes a Regenstein et Planckenburg cathedralis ecclesiae Neunburgensis prepositus et metropolitanae ecclesie Coloniensis canonicus dt. 1 talerum.

Thomas Laebnerus de Regenstein dicti comitis paedagogus gratis.
Lucas Otho Lypsensis mag. et baccal. iuris Lipsensis dt. 1 talerum.
5 Laurentius a Wirtzpurg nobilis et canonicus dt. 16 sol.
Ioannes Wolfgangus de Regenstein nobilis dt. dimidiatum talerum.
Wilhelmus a Pirckam Preitingensis nobilis dt.
10 dimid. talerum.
Ioannes a Trebra ex Gehoffen nobilis dt. dimid. talerum.
Ernestus ab Eberstein ex Gehoffen nobilis dt. dimid. talerum.
15 Philippus ab Eberstein ex Gehoffen nobilis dt. dimid. talerum.

Ordo assem solventium, quorum 39 ddt. 7½ sneberg. reliqui, 8:

20 Stephanus Wey de Dettelbach.
Lodowicus Tansgescher Erffordensis.
Valentinus Henschelep ex Denstadt.
f. 176b Matthias Schleyger Erffordensis.
Laurentius Schew ex Wyckersheim.
25 Martinus Kastner Ambergensis.
Mattheus Heße Erffordensis.
Melchior Horn Erffordensis.
Oswaldus Ruterkoch Duderstadensis.
Ioannes Schneling iunior Erffordensis.
30 Iacobus Foman iunior Erffordensis.
Ioannes Richart ex Hasleben.
Erhardus Moller Calensis.
Laurentius Robein Halberstadensis.
Franciscus Coërders Embeccensis.
35 Ioannes Kuleman Northeimensis.
Iodocus Balduin de Eschwege.
Iodocus Beuerborch Hildesheimensis.
Wolterus Knoke Hyldesheimensis.
Georgius Voigt Erffordensis.
40 Nicolaus Stael Erffordensis.
Anthonius Barkei Bilveldensis.
Ioannes Krompmacher Erffordensis.
Ioannes Kuchel Magdeburgensis.
Henricus Nicolai de Monster.
45 Iodocus Meusche de Thomesbrugk.
f. 176c Ioannes Sinderam de Gitthelt.
Ioannes Knor Erffordensis.
Adolarius Rosingk Erffordensis.
Egidius Inguilerus Erffordensis.
50 Andreas Kophen Erffordensis.
Ioannes Auenshusen Embeccensis.
Michael Rodehose Novoforensis.
Henricus Utlo ex Duerrest.
Georgius Probst Sesensis.
Ioannes Dhonen Sesensis.
Bernardus Weygandt ex Gebessen.
Pancratius Halwig (R.295?) Erffordensis.
Petrus Hoddo Hildesheimensis.
Adamus Hafferman Salczensis.
Ioannes Groven Huxoriensis.
Iohannes Othonis Magdeburgensis. 10
Hermannus Adelungk ex Apffolstadt.
Paulus Seligk Molhusensis.
Christophorus Heimborger Hilgerstatdensis.
Ioachimus Hausmann ex Buxtehausen.
Sebastianus Dithmer Halberstadensis. 15
Burghardus Heddewig de Tunttorf.
Martinus Weidemann Northeimenßis.
Erasmus, Martinus } Sutoris fratres Erffordenses.
Lodowicus Herpelius Wetteranus. 20
Henricus Engelhard Huxariensis.
Wilhelmus Kengerath Erffordensis.
Ioannes Greff Greussensis.
Bonaventura Alberti Salveldensis.
Valentinus Krougk ex Arnstedt. 25 f. 176d
Nicolaus Gerolthius Ruedelstadensis.
Zacharias Willer Gorlicensis.
Hieronimus, Lucas } Widdemann fratres Erffordenses.
Michael Fideler ex Mellerstadt 30
Nicolaus Rosaeus ex Mellerstadt.

Minus asse solventes:

Paulus Kroner Erffordensis dt. 4 sneberg.
Ioannes Till ex Lauffen dt. 4 sneberg.
Blasius Michael Northusanus dt. 4 sneberg. 35
Augustinus Bopp ex Erffa dt. 4 sneberg.
Wigandus Khees de Haselbach dt. 4 sneberg
Adelarius Klopffell Erffordensis dt. 4 sneberg.
Adelarius Merten Erffordensis dt. 4 sneberg. 40
Laurentius Grauß ex Belheim dt. 4 sneberg.
Henricus Wernecke Magdeburgensis dt. 4 sneberg.
Ioannes, Melchior, Balthasar } Hopgarthen fratres ex Schlotheim ddt 12 sneberg. 45
Thomas Schleifer ex Großen Guttheren dt. 4 sneberg.
dns Guilielmus Offenbach de Bingen dt. 4 sneberg. 50

Nihil solventium ordo:

Wolffgangus Anher Plauensis.
Ioannes Thenner ex Mellerstadt ob honorem dni dris Petri Eckhart medici, qui eum inscribendum adduxit.

Nummus adscriptorum 88.

Soli Deo gloria:

5 Ex 88 intitulatis 44 sexag. leon. 4 sneberg. 5 ₰ atque hinc pedellis et item rectori sua cuique cedet portio. Ex residuo intitulaturae, ex sigillo et pena 8 sexag. leon. 8 ₰. Cuius item tertia pars rectoris est, postremo ex promotis et receptis 11 sexag. leon. 10 sneberg. Summa omnium 89 sexag. 9 sneberg. 11 ₰. 5

a-b Aus dem Rechnungsbuche des Rectors.

10 1544. Mich. 280. Rect. M. Nic. Algesheim Groningen.[1] 10 f. 177ab

Post[1] annum ab orbe redempto 1544 ipso die divi Lucae scriptoris evangelici, ab eximiis dominis mag. Heningo Hopff ex Gandersheim, apud divam Virginem Erphordiac canonico et aedili bene merito et viro singulari ingenio eruditione et facundia praedito f. 177cd mag. Valentino Klinckhart Erphurdiano homine plane musico et ad iurisprudentiam 15 et res civiles rite expediendas nato, ac Quirino Listemann a Mulhusia oriundo, ingenuarum artium baccalaureo, delectus et designatus est in huius universae scholae monarcham et rectorem, dns Nicolaus Algeshcim Groningensis, liberalium studiorum doctor et utriusque iuris baccalaureus aedis divae Virginis praedictae canonicus, vir non vulgari ingenii acrimonia et in rebus civilibus singulari prudentia prae- 20 ditus, qui quidem eum magistratum ea reverentia, eo magnifico sumptuum apparatu suscepit, ut decet virum, qui ad eam condicionis sublimitatem evehitur. Quem etiam magistratum sic honorifice susceptum non sine magna laude profectu et incremento publicae scholae per integrum annum gessit. Totus enim in hoc et plene solicitus erat, ut inter studiosos tranquillitatem et pacem conservaret. Qui tunc temporis miri- 25 fice vexabatur et turbabatur ab iis, qui Christum ipsum pacis autorem eiusque pacificam et amabilem doctrinam longe magis in ore quam in corde et vita habebant ostendebantque. Exacto autem eo anno designatus et delectus est in monarcham et publicae scholae gubernatorem vir vere pius ac doctus, dominus Ioannes Ruperti Hoxariensis, ingenuarum artium magister sacrarum literarum baccalaureus apud divum Severum 30 canonicus. Qui benevolo et spontaneo animo eam monarchiam et scholae administrationem suscipere paratus erat et omnibus modis hoc agebat, ut honorifice et

[1] In der rothen Initiale P mit Goldgrund steht Maria mit einem Blumenkranze auf dem Haupte, das Kind im rechten Arme haltend und mit der linken Hand stützend, zwischen zwei Bischöfen: zu ihrer Rechten ein Bischof in grünem Gewande mit blauem Mantel, ein Buch in der Rechten, den Krummstab in der Linken haltend; zu ihrer Linken ein zweiter, in rothem Gewande und grünem Mantel, mit Buch und Stab; wahrscheinlich die heiligen Adolar und Eoban. Das Bild trägt, wie die vorhergehenden, das Monogramm des Künstler's D H.

magnifice ad eius magistratus auspicia veniret, verum adversa et gravissima valetudine praepeditus id, quod maxime volebat, in honorem et commodum publicae scholae perficere non potuit. Qua de causa Nicolaus Algesheim adhuc ad dimidiatum annum in eodem rectoratu continuatus est. — Sub cuius imperio in studiosorum ordinem 5 nominatim adnotati sunt sequentes, postquam jurejurando adfirmassent, sese gymnasio nostro fideles fore. —

178a Prima classis plus toto solventium;

Pangracius a Rabenstein cathedralis ecclesiae Bambergensis canonicus dt. 18 schneberg.
10 Mauricius de Holdrit cathedralis ecclesiae Herbipolensis canonicus dt. 12 schneberg.
Ernestus de Botmer canonicus Hyldesheymensis 12 schneberg.
Ioannes Breunig ex Jena Wittembergici studii
15 mag. 12 schneberg.
Hartungus Hincken nobilis ex Bodenwerder 12 schneberg.

Secunda classis 8 schneberg. numerantium:

20 Ioannes von Berga ex Bega vicarius Marianus Erphurdensis.
Henningus Kreves Hildesheymensis.
Ludovicus Bach Franckfurdensis.
Martinus More Groningensis.
25 Ioannes Coci Hoxariensis.
Gerardus Curio Berckensis.
Ioannes Walderot Northusensis.
Burckhardus Stentzing Melrichstatensis.
Georgius Weysse Erffurdensis.
30 Georgius Sachenburg Northusensis.
Valentinus Henning ex Bodenhusen.
Ioannes Koch ex Mulhaussen.
Andreas Heyße Erffurdensis.
Nicolaus Bergner Eisfeldianus.
35 Valentinus Schütz } Erphurdianus.
Heinricus Wagener }
178b Ioannes Rodemeyer (Bodem.?) Eynbeccensis.
Ioannes Zilman } Duderstadenses.
Christianus Karl }
40 Heynricus Bergnerus Eisfeldianus.
Georgius Grun Magdeburgensis.
Henricus Sigelbach Northusensis.
Nicolaus Seltzner Eisfeldensis.
Iacobus Arnoldus Gotanus.
45 Severus Ottho Lipsensis et eiusdem studii baccal.
Volckmarus } Wilhelmi Meiningenses.
Mathias }
Ioannis Hallis Erphurdensis.

Liborius Rubener Mulhausen.
Ioannes Honacke Hoxariensis.
Ioannes Meiendorf ex Magdeburg.
Fridericus Langk Keisserswertensis. 10
Ioannes Wedekint ex Northem.
Martinus Burggraf ex Manstedt.
Chunradus Ritterus ex Isenach.

Tertia classis $7^1/_2$ solventium:

Theodoricus Pule Erphurdianus. 15
Ioannes Korner Herbipolensis.
Ioannes Nirer Erphurdianus.
Georgius Rost ex Thomasbruck.
Ioannes Gergk ex Gottingen.
Ioannes Greve Wimariensis. 20
Thomas Zimerman ex Thorn.
Martinus Hyckel ex Trebentz.
Iacobus de Mosa Gochensis.
Christofferus Bildschmidt ex Kyndelbrucken.
Nicolaus Ernst ex Kyndelbrug. 25
Erasmus Werter Erphurdianus.
Ioannes Bergkman Susatensis. f. 178c
Melchior Weysser Erphurdianus.

Quarta classis semissem sive quatuor schneberg. numerantium: 30

Ioannes Kroner Erffurdensis.
Gregorius Happach ex Kyndelbrugk.
Caspar Schulteis Novoforensis.
Michael Fabri Herbipolensis. 35
Georgius Edelmann ex Weyssenburg.
Iosua } Fabri ex Kuntzberg.
Philippus }
Tomas Hoffe ex Frauenhain.
Iacobus Schade ex Weinbelt. 40
Mathias Ole Erphurdianus.
Tomas Bodanus Gottingensis.
Cyriacus Oßwaldt ex Molßlebenn.
Ludovicus Stolzebeche ex Duderstat.
Heinricus et } Vischeri dicti Hessen ex Duderstat. 45
Andreas }
Ioannes Backhuß Duderstatensis.
Tilomanus Lappen Northemensis.

Ioachim Tant ex Plawe.
Henricus Moritz ex Melrichstadt.
Henricus Offener Heringensis.
Tilomanus Blatner[a] Stalbergensis.
5 Steffanus Walter ex Gotha.
Ioannes Top Franckofurdensis.
179d Ioannes Mentzel ex Balstet, reliquum dedit Henningo Hopfen (R. 221).
Heinricus Zymmer ex Gotha.
10 Bartholomeus Fabri Erphurdensis dt. 2 schneberg.

Gratuito inscripti:

Herbardus Nack Erphurdianus gratis ob reverenciam providi Henrici Nacke proconsulis genitoris sui, aetatis defectu non iuravit.
Martinus Hordiseus ex Radeberg gratis ob reverenciam dris Lucae fratris sui dt. 1 schneberg. 5
Ioanneß Beyer de Steinwiesen scriptor huius matriculae gratis pro reverencia rectoris dt. 1 schneberg.
Theodoricus Algeßheim ex Grunningen nepos rectoris dt. 1 schneberg. 10
Ioannes Rese Erphurdensis dt. 1 schneberg.
Ioannes Kolbe Roldißlebensis gratis.
Ioannes Winter Herbipolensis gratis.

Numerus adscriptorum 87.

15 **Ab[b] intitulatis intra annum** 15

ac dimidiatum 35 sexag. leon. 8 sneberg. ab 87 intitulatis, quorum 3 prorsus nihil ddt.; de hac summa cedunt pedellis 5 sexag. 9 sneberg., rectori 9 sexag. 14 sneberg. 8 ₰, universitati 19 sexag. 14 sneberg. 4 ₰.

De residuo intitulature

20 2 sexag. 6 sneberg., de quibus rectori 11 sneberg. 10 ₰, universitati 23 sneberg. 8 ₰.[c] 20

[a] Die richtigere Schreibart ist Plathner oder Platner. [b-c] Aus dem Rechnungsbuche des Rectors.

1546. Ost. 281. Rect. M. Henn. Hoppe Gandershemensis.[1] f. 179a

Quadragesimo[1] sexto post millesimum quingentesimum annum pridie calendas Maii, (postquam egregius virtute ac erudicione precellens Iohannes Rupertus Huxariensis, 25 honestarum disciplinarum magister ac sacrarum litterarum baccalaureus ecclesie Severiane canonicus, anno superiori in rectorem designatus propter chronicum morbum non posset hanc functionem subire) in frequentibus literariis comiciis, more et instituto f. 179c maiorum servatoque ordine sortis, ius eligendi devenit ad excellentes et ornatissimos viros, Gottridum Bergmann de Suste, ingenuarum arcium magistrum collegam Porte 30 celi, facultatis arcium decurionem doctum et appositum mathematices professorem, 30 magistrum Hermannum Hausen de Berca, collegii Amploniani decanum et collegam eruditum et facundum professorem oratoriae Quintiliani, denique pari doctrina et

[1] Auf das noch versiegelte heilige Grab, neben welchem zwei Kriegsknechte sitzen, ein dritter mit Morgenstern bewaffnet steht, tritt der auferstandne Christus mit Lendenschurz und rothem Mantel, in der Linken eine flatternde rothe und weiße Fahne haltend; im Hintergrunde ein grüner Grund von Bergen begrenzt, deren einer eine Burg trägt. Unter dem Bilde steht: „Resurrectio Christi initium salutis." Am untern Rande 3 Wappen: 1) senkrecht gespaltener Schild, schwarz und gold; 2) natürliche gebogene Hopfenrebe in Silber; 3) gekröntes goldenes Minuskel-g in Silber.

probitate praeditum magistrum Martinum Carolum de Saltza, per quos insignis vir rarae integritatis et crudicionis, Henningus Hoppe de Gandersem, bonarum arcium magister aedis deipare Virginis canonicus et aedilis, alienissimo reipublicae tempore tumultuante tota Germania huic academiae moderator renunctiatus est; qui non ambicionis vento-
5 saeque famae studiosus, sed scholae tantum bono communique utilitati consulens, tandem in electionem consensit solennique instituto convivio est confirmatus; quamvis hominum studiis recte agendi defervescentibus, atque palma viciorum, tota scelerum panegyri malisque omnibus agminatim ingruentibus et invicem succedentibus, nulla legibus reverencia, nulla morum disciplina, nulla ecclesiae autoritate, nulla reipublicae
10 dignitate manente; postremo omni iusticiae pietatis religionis et honestatis disciplina situ et incultu obsolescente, ac quorundam hominum precipiti temeritate omnibus sacris et prophanis, divinis et humanis confusis et implicitis, quibus nihil inausum intemeratumve fuit. Quot enim hoc anno 1547 archiepiscopi episcopi e sedibus suis pulsi, quot duces a divo caesare Carolo V (qui iusto ense vindicabit nephas malorum)
15 capti et ad dedicionem compulsi; quot civitates imperiales in dedicionem et fidem receptae grandi accepta multaticia pecunia! O dira portentosaque praestigia, quibus humanae mentes sic fascinantur! In tam turbida facie ancipitique statu reipublicae dedit tamen hic rector operam pro viribus, si multitudinem desuefactam a lectoriis ad veteris scholae similitudinem non posset revocare, ut reliquias utcunque sustentaret.
20 Porro sui magistratus anno evoluto cum ad creandum novum rectorem comicia haberentur, idem magister Henningus Hoppe a 12 electoribus suffragantibus eorumque iudicio approbantibus, postridie Philippi et Iacobi anno 1547 in immanissima atrocitate temporis et in maxima consternacione huius urbis iterum ad semestre est electus, utrumque autem magistratum ita gessit, ut nulla in parte communi bono defuisse vidêri possit.
25 Sub cuius praefectura sequentes in album academicum sunt relati:

f.180a Classis prima plus asse solvencium:

Dr. Matheus Metz Northemensis, theologiae doctor Lipsensis dt. 1 aureum renensem.
30 Hector ab Habßburg nobilis dt. 12 schneberg.
Wolffgangus Milcheling de Treisa 12 schneberg.
Guilielmus a Greußen 12 schneberg.
35 Sifridus a Rutenberg 12 schneberg.

Classis secunda solvencium assem:

dns Ioachimus Schutte de Buxtehusenn Verdensis diocesis.
dns Fridericus Krugk de maiori Guttern plebanus scti Severi.
40 Author Schlicke Brunschwicensis.
Ioachimus Hencke Hildesianus.
Iohannes Brecht Gottingensis.
Fridericus Reuther Bombergensis.
Marcus Erffurdt de Sommerde maiori.
Michael Hesse Erphurdianus.
30 Guilielmus Faber Erphurdianus.
Georgius Eiring de Neustedt.
Iohannes Tausentschone Arnstadensis.
Iohannes Victor Molhusensis.
Iohannes Reinhart de Grawinckell.
35 Iohannes Uden Hildesianus.
Cristopherus Feder Arnstadensis.
Georgius Lingke Menningensis.
Iohannes Starcke de Popardia.
Heinricus Kune de Danrhode.
40 Iohannes Hausener Bombergensis.
Iohannes Gropeleven Halberstadensis.
Iohannes Becke Erphurdiensis.
Iohannes Steynbruck de Molßlebenn.
Wulffgangus Wachtel Vinimariensis.
Michael Langenhain Gothanus.

Petrus Kolbe de Anspach.
Iacobus Othenius Northusianus.
Steffanus Benner de Franckenhusen.
Hieremias Seltzer Erphurdianus.
5 Simon Geissel ex Grissen.
[f. 180b] Iohannes Saxo Erphurdianus.
Martinus Poppe Gothanus
Georgius Bobentzan Erfurdianus.
Matheus Amberg de Ordorff.
10 Cristopherus Lindeman Brunsvicensis.
Petrus Avianus Vallensis.
Georgius Heisa de Heringen.
Marcus Rudigerus Butstadiensis.
Balthasar Ziegeler Erphurdiensis.
15 Theodericus Rodemeir Eymbeccensis.
Bonifacius Hordorff de Molhusen maiori.
Burchardus Molitor de Nova Civitate.
Heinricus Fischer de Franckenhusen.
Caspar de Neidbruck e Lotringia, non iuravit.

Andreas Henneffling de Mellerstadt.
Iacobus Zimmerman Spirensis.
Caspar Grel Menningensis.
Iohannes Wagener de Lichtensteyn.
Balthasar Faber Erphurdianus. 5
Heinricus Gunther de Northusen.
Guilielmus Huthans Erphurdianus.
Heinricus Wicker Erpfurdensis.
Iohannes Zacharias, Iohannes Rudiger } de Rochusen. 10
Caspar Koler, Iohannes Gunderam } Erphurdienses.
Sigismundus Schotus ex Patavia.
David Langius de Denstedt. [f. 180a]
Iohannes Ostwalt de Molsleben. 15
Hartungus Lauterbach de Isenach.
Ambrosius Carolus Neuntbergensis.
Christopherus Rudolff de Duderstadt.
Ioannes Münnich Erffurdensis.

20 Classis tercia solvencium dimidiatam sexagenam:

Conradus Helwig Herbipolensis.
Iohannes Wisse de Wiesenfelt.
Conradus Apel de Susato.
25 Laurencius Hoffman de Mellerstedt.
Cristianus Zcistorff de Monra maiori.
Iohannes Reutter Erpfurdianus.

Classis quarta solvencium semissem:

Gabriel Hasentzagel Bombergensis.
30 Mathias Knop Popardiensis.

Gratis adscripti: 20

Ionas Nagel Einbeccensis in gratiam rectoris et ob honorem dni Iohannis Leonis dt. pedellis 1 schneberg.
Thomas Berndes Goslariensis.
Lucas Iesse Arnstadensis in honorem sui 25 patrini Lucae Ottonis fundatoris nove vicarie beate Marie virginis, quae erit de collatione collegarum maioris collegii. 30

76 primo anno inscripti.[a]

Ab[b] inscriptis intra annum

35 sexag. 10 sneberg. ab 76 in album relatis, quorum unus dt. pedellis 1 sneberg., duo nichil ddt.; de quibus cedunt pedellis 4 sexag. 14 sneberg., rectori 10 sexag. 3 sneberg. 8 ₰, universitati 20 sexag. 35 7 sneberg. 4 ₰.

De residuo intitulaturae

4 sneberg., de quibus rectori 16 ₰, universitati 2 sneberg. 8 ₰.[c]

[a] Richtiger 78. [b-c] Aus dem Rechnungsbuche des Rectors.

f. 180c

1547. Ost. 281b. Rect. M. Henn. Hoppe.[1]

Anno 1547 sexto Nonas Maii in plenis comitiis, cum per novam electionem a 12 electoribus suffragantibus secundo scolasticus magistratus magistro Henningo Hoppen delegaretur, sequentes sunt academica civitate donati:

f. 180d

Secundo rectoratu ascripti:

Nobiles et generosi comites a Schwartzburgk et Sunderßhaußen ac dni in Arnstadt
Iohannes Guntherus canonicus maioris ecclesie Herbipolensis } fratres
Guilielmus Guntherus } fratres
Bernhardus a Kisleben
Longinus a Vitzthum
Iodocus ab Heiligenn
} ddt. 4 thal.
Heinricus Mollitor Budingensis magister Marpurgensis dictorum comitum preceptor.

Classis secunda solventium assem:

dns Valentinus Rost de Gera plebanus scti Severi.
Victorinus Strigil de Kauffburen mag. Wittebergensis.
Martinus Sidemanus Rheticus mag. Wittenbergensis.
Alexius Nabut Calensis mag. Witenbergensis.
Thomas Henning Gottingensis.
Leonhardus Eberhardt, Heinricus Doringeßman } Erphurdenses.
Stanislaus Bornbach Polonus.
Nicodemus Wilmering Halberstadensis.
Iohannes Thoman Erphurdianus, propter defectum aetatis non iuravit.
Andreas Rusche Magdeburgensis.
Melchior Marquart de maiori Gutern.
Conradus Heideken Northemensis.
Ioannes Farenheide, Conradus Grimpe } Hildesemensis.
Crafft Weiffenbach Hersfeldenses.
Georgius Walter, Iacobus Saltzman } Gothani.
f. 181a Heinricus Steinmetze Molhusensis.
Nicolaus Florus Gothanus.
Hieremias Willer Erphurdianus.
Valentinus Quel de Sonneborn.
Guntherus Lover de Franckenhußen.
Kilianus Schleffer de Heringen.
Iodocus Oethe Northusianus.
Daniel Hugk Erphurdensis.
Iohannes Groschener Erphurdensis.
Iohannes Stolberg de Sommerde maiori.
Nicolaus Hawhart Erphurdianus.
Kilianus Gocking, Iohannes Mollerus } Schmalcaldensis.
Ioachimus Berckenfelt Gottingensis.
Adolphus Hausen de Bercka.
Georgius Pistor, Ioachimus Bart } de Stocheim.
Iodocus Ruffe de Hamelenn.
Nicolaus Winckeler, Iohannes Belhoffer } de Forcheim.
Iohannes Eckel de Ordorff.
Iohannes a Teuteleben Hildesianus.
Iohannes Kestener Wimariensis.
Iodocus Opperman Embeccensis.
Steffanus Wesamerus de Franckfurdt.
Ioachimus Teuber de Atzscherode.
Caspar Rabe, Heinricus ab Edessem, Daniel Burchardus } Embecani.
Bruno ab Einem.
Georgius Arpmerus Gottingensis.
Cristopherus Furste de Bombergk.
Iosias Oppermann Goslariensis.
Anthonius Sutoris, Paschasius Cristianus, Iohannes Tubecke } Magdeburgenses.
Conradus Psuor Mennigensis.
Georgius Frewin Herbipolensis,
Iohannes Metzel de Ochssenfurt.
Iohannes Gerttener Fuldanus.
Andreas Strecker Hilgenstatensis.
Georgius Ostman Hardesianus.
f. 181b Andreas Keimer, Marcus Neidecker, Lucas Neidecker } Bombergenses.
Heronymus Henningus Orduniensis.
Iohannes Albertus Gothanus.
Andreas Kerst Erphurdianus defectu aetatis non iuravit.
Cristopherus, Iohannes, Georgius } Schreiber fratres Heiligenstadenses.

---

[1] Bild und Wappen fehlen.

Erasmus Herbst de Thonna.
Michael Lapicida Erphurdianus.

Classis tertia solventium dimidiatam sexagenam:

5 Urbanus Polentz de maiori Schuckernn.
Iohannes Heimerigk de Schweinfurt.
Paulus Amandus Cignaeus.
Adamus Carolus Duderstatensis.
Sebastianus Coci Erphurdianus non iuravit de-
10 fectu aetatis.
Nicolaus Hogreffen Hilgenstadensis.

Classis quarta solvencium semissem:

Ionas Arnoldus de Neuwenmargkt dt. 6 schne-
berger.
15 Nicolaus Rube de Greußen.
Thimotheus Kirchener de Dachibich ✠.
Ioannes Stoßelius de Kitzingk ✠.
Petrus Hele de Kauffburn.
Wolgangus Rosenthail } Magdeburgenses.
20 Heinricus Iemick } Magdeburgenses.
Martinus Presinger Gothanus.
Laurencius Furstenhauwer Salfelldensis.
Ioannes Muller } de Ordorff.
Iacobus Pedelius } de Ordorff.

Cristopherus Strube de Wanderslebenn. f. 181c
Iohannes Gerlach de Schwabehusenn.
Andreas Oethe Northusianus.
Ioannnes Mathias de Ollershalbenn.
5 Adamus Ursinus de Molbergk.
Ioannes Pontanus Orduniensis.
Iacobus Lutteroth de Weringerode.
Franciscus ab Hagenn.
Hercules Haußman Halberstadensis.
10 Daniel Seltzer Erphurdianus.
Nicolaus Sinderam Embeccensis.
Ioannes Schelhorn Schleussingensis.
Theodericus Haffermaltz de Blanckenhain.
Steffanus Lintle Bombergensis.
15 Andreas Forsterus de Meinungenn.
Iohannes Forster de Elbrechtstgehoffenn.
Thomas Engeler Magdeburgensis.

Gratis adscripti:

Christopherus ab Eytzenn de Ultzen dictus
20 Verdensis secretarius Cristophori ducis
Brunsvicensis archiepiscopi Bremensis.
Sifridus Wenth de Ganderßsem nepos rectoris
dt. pedellis 1 schneberger.
113 secundo anno adscripti.

25 Percepta[a] in secundo rectoratu 25

54 sexag. 14 sneberg. a 113 ascriptis quorum unus nichil dt.; de quibus pedellis 7 sexag. et 7 sneberg., rectori 15 sexag. 12 sneberg. 4 ₰., universitati 31 sexag. 9 sneberg. 8 ₰.

De residuo intitulature

30 4 sneberg., de quibus rectori 16 ₰, universitati 2 sneberg. 8 ₰.[b] 30

[a-b] Auch aus dem Rechnungsbuche des Rectors.

1547. Mich. 282. Rect. Frid. Burdian de Münnerstad.[1] f. 182ab

Reipublicae[1] literariae Erffurdiane, cum coetus quam amplissimus multisque nominibus ornatissimus principe ac moderatore quodam indigeret, et novus ex doctissimorum virorum corona esset creandus, qui prudentia sua vitae integritate et doctrina eam, f. 182cd

[1] Der Rector in schwarzem Talar und weißem Chorhemd kniet vor dem Stamm des Kreuzes; im Hintergrunde eine Stadt mit Burg auf einem Felsen (seine Heimath?) Am Stamme des Kreuzes lehnt sein Wappen: rechts gewendetes natürliches Meerweibchen ohne Arme mit goldener Halskette in Roth. Auf dem Helme die gleiche Schildfigur; Decken silber und gold. Auch auf diesem Bilde das Monogramm D H. f. 182ab

quam foelicissime moderaretur, non forte fortuna sed divino quodam dei omnipotentis nutu, ipso die S. Lucae evangelistae anno a nato Christo 1547 creandi potestas in prestantes viros Liborium Chrisandrum alias Mangolt Nurebergensem, disciplinarum ingenuarum magistrum phisices in hoc nostro gymnasio professorem publicum bursae-
5 que Georgianae rectorem, et in egregium probitate et doctrina virum Casparum Grunenberg Erffurdianum, artium liberalium doctorem et medicae facultatis addictissimum studiosum, deinde in bonae indolis adolescentem, Ioannem Stoltzen Erffurdensem, bonarum artium baccalaureum, incidit; qui triumviri omni hactenus maiorum servato ordine et instituto summa acrique consultatione et haud precipiti consilio, sed Christo
10 generis humani unico redemptore eorum consilia foelicissime regente, crearunt et in monarcham nostrae scholae ac ereatum ingenti alacritate in maximo clarissimorum virorum studiosorumque coetu publicarunt, videlicet natalibus suorum maiorum et rebus foeliciter gestis nobilem et venerandum virum, dominum Fredericum Burdian arcis sive burgi Munerstadii haud ignobilis Franciae orientalis opidi incolam et (ut
15 vocant) burckmannum natum, insignis ecclesiae collegiatae divi Blasii Brunsvicensis decanum longe dignissimum et ecclesiae deiparae Virginis Erffurdensis canonicum et scholasticum; qui licet omnibus et remis et velis a se hanc pulcherrimam provinciam amovere et propellere voluerit, tamen honestatis ratione et precibus gravissimorum virorum, omnium facultatum decanorum impulsus et, cum videret divinae voluntati
20 ita visum esse, liberali animo hoc munus publicum humeris suis tandem imposuit.

Quanta vero (dii immortales!) ingenii sui sagacitate prudencia et consilio suam administravit monarchiam, ex eo abunde patet, quod solius industria oratione et persuasione ad senatum praeclara illa ac longissima domus collegii maioris versus orientem quinta kalendarum Iulii, positione primi lapidis ex fundo coepta est aedificari. In
25 eius vero aedificatione cum opes universitatis facultatisque artium decrescere videret, non erubuit una cum precibus gymnasii precibus familiarissimis apud reverendissimum et praesulem et electorem Maguntinum sollicitare et obsecrare, ut suas haud denegaret suppetias; qui singulari sua in artium cultores gratia et favore ducentos aureos academiae nostrae largitus est. Praeterea eo etiam patrium solum repetente ac gravibus
30 quibusdam cognatorum negotiis solutis et peractis, impetu quodam divino erga rempublicam fidelissime administrandam sibi commissam motus, iter suum versus Wurtzeburgum instituit; quo ubi pervenit, magna ibidem praesulis piisimi et benignitate et speciali gratia exceptus ac tandem ab eo in coeptae aedificationis subsidium aureos centum et ab archiepiscopo episcopis Magdeburgensi Babenburgensi et Misnensi in
35 fine suae administrationis laudabilia et satis opima dona impetravit et efflagitavit.

f. 183a b

Insuper praefatus magnificus rector singulari quadam familiaritate personalique profectione cum suapte industria tum diligencia donationem quandam quingentorum aureorum, qui etsi academiae Erffurdensis ante aliquos annos pro stipendiis certarum lectionum, non tamen absque praeiudicialibus conditionum annexis elargiti addictique
40 erant, ad debitum finem perduxit, ita ut documenta et literas (quae tempore donationum desuper conficiendae fuissent) neglectas, quas universitas in sedecim annis (quamvis gravibus sumptibus et expensis licenciatos et magistros pro his sollicitandis ad donatorem

in Saxoniam usque saepissime frustra misisset) erogare non poterat, ipse dominus rector solus a donatore omni etiam conditione sublata cassata et revocata expedivit elaboravit et obtinuit, praecavens ne universitas ex insperata donatoris morte (qui jam ultimae aetatis erat) tam chirographis quam censibus ex huiusmodi literarum defectu 5 ac resistentia eorum (qui nonnihil et certis modis interesse habebant) omni tandem donationis emolumento frustrata fuisset. Ex quibus omnibus facile constat, saepedictum f. 183ᵃᵈ rectorem omnium votis in hac sua monarchia gubernanda accuratissime respondisse. Porro sub huius magistratu, licet Tridentinum concilium generale iamdudum indictum inchoatumque propter grassantem pestem ac alias ob causas suspensum prorogatumque 10 fuisset, vt incepta[a] non peragerentur, caesarea tamen maiestas in Augustanis comiciis eo tempore celebratis christianorum abusus discordias et rebelliones ex officio et auctoritate sua tollere cupiens, reformationem et quandam vivendi normam (omnium tamen statuum ac principum tam spiritualium quam secularium sacri imperii consensu) in lucem foeliciter edidit,[a] quo videlicet pacto omnia tam in causa religionis quam alias 15 (usque ad determinationem dicti concilii) medio tempore debeant observari. Ex qua piissimi et christianissimi imperatoris ordinatione perniciosissima Lutheranorum haeresis divina cooperante clementia (uti speratur) tandem penitus eradicabitur eiicieturque, ita ut semel iam omnia (multorum piissimorum hominum precibus id a deo optimo maximo efflagitantibus) in pacem et tranquillitatem pristinam et veram 20 catholicam religionem redigantur restituanturque. Quod Deus omnipotens in sui gloriam et laudem faxit.

Qui vero miliciae literariae sub eius magistratu nomina sua dederunt sunt infrascripti, quorum patricii et 25 plus solito ex quadam gratia solventes primo ponuntur loco:

Nobilis et generosus dominus Guntherus ex comitibus Schwartzburgensibus inter fratres maior natu 17 Novembris anno 47, et dt. 30 1 dalerum et coronatam.
Ioannes de Lawenstein ex Hassia dt. 12 gr. nivens.
Ioannes de Northausen Hallensis dedit 12 schneberg.
Georgius Gabriel Stiebar ecclesiae maioris Her- 35 bipolensis canonicus 12 schneberg.
f. 183ᵈ Georgius Fischer Novi Monasterii Herbipolensis canonicus 12 schnebergenses.
Heinricus ab Eschwe 12 schneberg.
Theodericus Bumeiger[b] Soltweldensis 12 schneberg.
40 Wilhelmus Fischer canonicus Novi monasterii Herbipolensis 12 schneberg.
Ludowicus ab Beymelburg 12 schneberg.
Melchior Haberkorn canonicus scti Burckhardi Herbipolensis 12 schneberg.

f. 184ᵃ Pangratius Neustetter[b] Bambergensis canonicus sancti Burckhardi Herbipolensis 12 schneberg.
25 Ioannes ab Wisenthaw canonicus ad S. Steffanum Bambergensem 12 schneberg.
Philippus de Lichtenstein canonicus ecclesiae Herbipolensis 20 schneberg.
Casparus de Kinßberg canonicus ecclesiae divi Burckhardi Herbipolensis 1 flor. 30
Iacobus Crellius ex Heyngen Misniae prope Freiberg 12 schneberg.
Erhardus Stiber canonicus in Haugis Herbipolensis 12 schneberg.
Heinricus Stieber 12 schneberg. 35
Martinus Stieber 12 schneberg. sed defectu aetatis non iuravit.
Conradus Dimer 12 schr(eckenberger?).
Ioannes Hilken canonicus S. Albani Maguntini 1 flor. 40
Heinricus ab Bibra canonicus maioris ecclesie Herbipolensis 12 schneberg.
Nicolaus Georgius ab Egloffstein 12 schr(eckenberger?).

[a] ae statt e E. [b] w statt u E.

Liborius ab Wichsenstein 12 schneberg.
Christopherus ab Wichsenstein canonicus scti Albani Maguntinensis 12 schneberg.
Ioannes Wolff Marschalck de Marschfelt 12
5 schneberg.

Sequuntur integre solventes videlicet 8 schnebergenses:

Ioannes Sanderus de Franckenhusen.
Iacobus Seyfarth de Konigsehe
10 Lazarus Resche de Haßleben.
Theodericus Reinharth.
Iohannes Erb de Hertzogenaurach.
f. 184b Iheronimus Poppius
Ioannes Lutz } de Gotha.
15 Thomas Hirschbach
Ludolphus Hacken Gottingensis.
Casparus More de Ichterßhausen.
Albertus Hertwich de Leybingen.
Nicolaus Mauer de villa Eyschleben.
20 Marcus Heyne
Ioannes Nawenhem } de Budtstadt.
Nicolaus Fabri Ihenensis.
Heinricus Wincklerus Northusensis.
Ioannes Thylo Gottanus.
25 Balthasar Hildebrecht de Weringerode.
Martinus Karel de Heiligenstadt.
Ioannes Daniel Gothanus.
Wolffgangus Zceysche Fuldensis.
Iosephus Schneidewindt de Roßla mag. Lipsensis.
30 Heinricus Kiselinck Erffurdensis.
Heinricus Machelt de Cronach.
Ioannes Wolphius
Hiob Eurisicodon } de Wymaria.
Ludovicus Sturmius
35 Iacobus Graß
Kilianus Nauschilt[c] } de Northusen.
Ioannes Porta Norlingensis.
Casparus
Balthasar } Piscator de Franckenhusen; huic Iheronimo iuramentum fuit re-
40 Iheronimus missum propter defectum aetatis.
Martinus Haneman de Wyhe.
Ioannes Hertinck de Balstadt.
Philippus Sommerinck.
f. 184c Ciriacus Ernestus Northusianus.
45 Iheronimus
Heinricus } Utzberg fratres Erffurdenses.
Ioannes Kala de Kunßbruck prope Dreßen.
Augustinus Fauer Erffurdensis.
Andreas Mulhausen de Tundorff.

Petrus Lenewetter
Casparus Kurtzhanß } Whienses.
Adelarius Nier Erffurdensis.
Albertus Prenner de Romhilt.
Heinricus Marckscheffel de Sommerde. 5
Martinus Steffan
Georgius Knap
Christopherus Orlinck } Erffurdenses.
Nicolaus Rudolf hic propter pueritiam non iuravit 10
Andreas Otto de Elxleben.
Matheus Streckerode de Baumbach.
Nicolaus Hillebrandt Erffurdensis.
Ludevicus Weßarck de Scheppensted.
Christopherus Hornburck Halberstadensis. 15
Ioannes Marckscheffel de Bilßleben.
Georgius Heß de Franckenhusen.
Georgius Weidnerus de Unßleben.
Michael Reinss Fuldensis.
Andreas Hagensis de Revalia Livonie. 20
Philippus Heber de Umbstad.
Heinricus Beringer de Berelstedt.
Conradus Steinheim Frißlariensis.
Georgius Bedanus de Daventria.
Anthonius Bisseleben de Densted. 25
Adamus Miricianus de Crimitz
Ciriacus Spigel de Vargula maiori.
David Rudolphus
Salomon Wipper } Ascanienses. f. 184d
Michael Horninge Babenbergensis. 30
Paulus Gerckerus
Heinricus a Vienna } Gottingenses.
Valentinus Heylanth
Salomon von der Hale } Gottingenses.
Andreas Ritzel Erffurdensis. 35
Petrus Zimmermahn Theimarensis.
Ioannes Walther de Hilperhusen.
Valentinus Windolff
Aureus Schaumberg } de Heiligenstad.
Martinus Fockenthal de Witzenhusen. 40
Balthasar Dul Herbipolensis.
Nicolaus Ballinck de Munerstadt.
Bernhardus Vette
Rudolphus Hanmackor } Osnaburgenses.
Iacobus Ersame 45
Iacobus Schmolle
Hermannus Welner } de Coburck.
Nicolaus Ditherich
Everhardus Fischer Hildesemensis.
Ioannes Marolt Herbipolensis. 50

---

[c] Nawschilt E.

Severus Haufelt[d] Erffurdensis.
Salomon Muntzenberg Wimariensis.
Ioannes Listinck de Warberg.
Ioannes } Dachig Torgenses fratres.
5 Helias
Christopherus Hornburgk Brunschwicensis.
Ioannes Weissenborn de Elrich.
Ioannes Korbach de Hanaw.
Simeon Pfeiffer Gottensis.
10 David Rößer de Mellerstadt.
Laurentius Behem de Hilperhausen.
Andreas Pfister Erffurdensis.
f. 185a Iheronimus Gantzhorn Novi monasterii Herbipolensis canonicus.
15 Ioannes Franck Portunus.
Ioannes Harde Verdensis.
Iustus Rufferus Fuldensis.
Ioannes Mönich Erffurdensis.
Simon Geisell de Geisen.
20 Richardus Custer Babenbergensis.
Andreas Mey Romhildensis.
Valentinus Engelharth Gottanus.
Nicolaus Zcickel Erffurdensis.
Zacharias Sperber de Alckerßleben.
25 Ioannes Groß Salveldensis.
Nicolaus Wendelinus de Aschfeldia.
Conradus Schmidt de Northausen.
Sebastianus Holtzer de Murstadt.
Michael Hagen de Morstedt.
30 Simon de Sachsa, qui propter defectum aetatis non iuravit.
Theodericus Entefiel Erffurdensis, qui ex defectu aetatis non iuravit.
Valentinus Wiprecht Gottanus.
35 Ioannes Thilte Herbipolensis.
Ioannes Gußregen Halstadiensis.
Christopherus Baumgertner Novi monasterii Herbipolensis canonicus.
Iodocus Moltenfelt Heiligenstadensis.
40 Georgius Moltenfelt frater eius.
Valentinus Oßvalt de Molßleben.
Kilianus Pfnor de Meiningen.
Nicodemus Hochenawer Monacensis.
Christopherus Hoffman Grothgoviensis.
45 Blasius ab Ottera Mulhusensis.
Gedeon } Hoffman Zwickavienses fratres.
Ioannes
Nicolaus Leo Plawensis.
f. 185b Gabriel Appel Mersburgensis.
50 Franciscus Sandt Erffurdensis.

Conradus Greulich Fuldensis.
Wilhelmus Konigsehe Saltzungensis.
Ioannes Walmerßbach de Tettelbach.
Rudolphus } fratres
Christianus } de Margaritis Erffurdenses. 5
Ioannes Wolfferam Gottensis.
Adelarius Culman Erffurdensis } fratres,
Nota { Ioannes Culman Erffurdensis } cui remissum est iuramentum propter defectum aetatis cum quinque se- 10 quentibus:
Valentinus } Museus
Nicolaus } fratres Erffurdenses.
Michael Kranchfelt Erffurdensis.
Andreas } Braun fratres Erffurdenses. 15
Ioannes }
Christianus Keyser Erffurdensis.

Medietatem
solventes videlicet 4 schnebergenses:

Ioannes Leneus de Ordorff. 20
Leonhardus Stuler de Forcheim.
Iheronimus Zcerleder de Ordorff.
Marcus Wagner Gottensis.
Conradus Brunß Hyldesemensis.
Laurentius Sibelius Fridenburgensis dt. $3\frac{1}{2}$. 25
Siffridus Nuntz ex Langsdorff.
Iodocus Algeßheim Groningensis.
Gabriel Lembgen de Sittaw.
Georgius Renus Ißnacensis.
Samuel Pfeiffer de Krawinkel. 30
Andreas Lebemerus Frimariensis
Iosephus de Pinu Aurbacensis.
Christopherus Maul Heiligenstadensis. f. 186a
Iacobus Schwabacher Bambergensis.
Georgius Petze ex Valle Ioachimica. 35
Vitus Baumgertner Monacensis.
Valentinus Listeman Mulhusensis.

Pauperes et alias ob reverentiam gratis inscripti:

Gregorius Lendlein Herbipolensis dt. 1 schneberg. pro pedellis. 40
Ambrosius Tonsor de Lichtenaw dt. 1 sol. pro pedellis.
Conradus Scipio de Medebach dt. 1 sol. pro pedellis, gratis ut famulus dris Heinrici 45 Eggolings promotoris dris Curionis.
Heinricus Reckerßhusen canonicus beatae Virginis Halberstadensis, gratis pro comite

[d] Hawfelt E.

eiusdem dris Eggelingi et ob commissionem certi negotii universitatis.
dr. Heinricus Eggelingus Brunswicensis phisicus Halberstadensis ad promovendum drem
5 Curionem accersitus et vocatus gratis.
Ioannes Lutherus Lochaviensis.
Matheus Remeler famulus rectoris.

Summa II C : 200.

Laus omnipotenti deo.

Percepta[e]:

109 sexag. 9 schneberg. ddt. 200 inscripti in album academiae nostrae; de quibus debentur pedellis 13 sexag. 5 schneberg., rectori 32 sexag. 1 schneberg. 4 ₰, universitati 64 sexag. 2 schneberg. 8 ₰.

10 **De residuo intitulaturae:**

Thomas Bodanus Gottingensis 4 schneberg. 10
Mich. Fabri Herbipolensis 4 schneberg.
Siffridus Nuntz de Langßdorff 4 schneberg.
Wilh. Huthans Erffurdensis 4 schneberg.
15 Summa 16 schneberg.
de quibus rectori 5 schneberg. 4 ₰, universitati 10 schneberg. 8 ₰.[f] 15

e-f Aus dem Rechnungsbuche des Rectors.

---

f. 186a b

1548. Mich. 283. Rect. M. Ioh. Ellingerott Gottingensis.

f. 186c d

Sicut[1] in apibus, ut divus Iheronimus et canon testantur, princeps unus et grues unam sequuntur literato ordine et in armentis rector unus, in naturalibus etiam omni-20 bus iste accedens consensus ad hoc ipsum, quod optimum in toto universo, ut mundi unus gubernator, qui universa administret, singula ratione dispenset, verbo iubeat et 20 virtute omnia consummat. Roma etenim condita non potuit duos fratres habere simul reges, quin statim parricidio alter dedicaretur; Rebecce uterus geminos non facile perulit. Hinc monarchiam Plato ille divinus et alii, qui plurimi accuratissime commendarunt, 25 ut praeclarissimum excellens et summopere necessarium, in rebus politicis taceo philosophicis et litterariis administrandis, ut eum statum optimum prestantissimamque 25 conditionem esse credamus, in qua unius studiosissimi administratio et principatus, ut recte Domitianus dixisse videatur ex Homeri sententia:

---

f. 186a b

[1] In einer Felsenhöhle, aus welcher ein Blick auf einen Fluß mit einem Schiffe, am Ufer eine Kirche mit Doppelthürmen, sich eröffnet, kniet der heil. Hieronymus in rothen Mantel gehüllt (neben ihm der Löwe) vor einem Altar, auf welchem ein aufgeschlagenes Buch liegt und ein Crucifix steht. Unter dem eingerahmten Bilde drei Wappen: 1) schräg rechts gelegtes verschlungenes schwarzes Monogramm (J und E) in Gold; im rechten Unter- und linken Obereck ein schwarzer Stern; goldgekröntes rothes Majuskel-G in Silber. Zwischen beiden Wappen steht ein Vogel auf einem Zweige (Dompfaff?). Das erste der beiden Wappen ist das des Rectors; das zweite wahrscheinlich das seiner Gattin. Unter dem Bilde steht das Monogramm eines andern Malers als in den Rect. 277 bis 282: HB 1549.

Non opus ut multi, sed princeps imperet unus; nimirum omnis potestas consortii inpatiens, pars itaque philosophiae et ea pulcherrima, administrare rem communem, quae quam maxime ad eruditionem et morum compositionem facit, et praeclarum sane hominem ac gnavum ostendit, qui patrocinari et ita regere potest, ut in universum 5 cunctorum commoda complectantur in sublevandis collapsa utcumque restituantur et 5 tandem hoc commoditatis bonum, quo schole consistant, adaugeantur vel reflorescant maxime. Hoc ipsum sollicite primates huius inclite academiae attendentes celebri loco f. 187a b et usitato convenerunt, anno 1548 XV. kalendarum Novembrium, animos paratissimos pollicentes, ut gymnasiarcham designarent. Ex quorum numero profecto gravi et magno 10 satis preter ceteros eximios et preclarissimos exstitere summe integritatis et eruditionis 10 Nicolaus Algesheim, liberalium artium magister gemini iuris baccalaureus et sacrae aedis beatae Virginis canonicus dignissimus, magister Gotfredus Berckman Susatensis, ecclesiae scti Severi canonicus prestantissimus, et multe doctrine et scientie baccalaureus, Michael Alich, schole Mariane paedotrives[1] diligentissimus, ad quos tum ius eligendi 15 devenerat, qui probe maiorum instituto observato magistratum et monarchiam huius 15 inclyti gymnasii erudito viro et humano magistro Ioanni Ellingerot Gottingensi, canonico Severiano strenue demandarunt. Iis quamvis non ignoret, quam officiosum regendi munus, attamen pietate persuasus onus iniunctum minime excussit. Sub cuius praefectura subsequentes in ordinem studiosorum sunt recepti:

20 Achatius Schwartzenberg canonicus Herbipolensis dedit dimidium thalerenn.

Hii hyberno tempore in numerum studiosorum recepti solverunt integrum, hoc est 8 schnebergenses:

25 Ioannes Wirt Ochssenfurdensis mag. Lipsensis.
David Steurlin Schmalcaldensis.
Casparus Lener de Franckenhusen.
Andreas Hune Northusensis.
Ioannes Schraut de Berchta.
30 Iodocus Trautmann de Unterbleyfeltt.
Ioannes Scobertus Gottensis.
Mauricius Stiffel de Schwartza.
Christopherus Widekint Hildesemensis.
f. 187c Ioannes Benne Hunefeldensis.
35 Thomas Rugen Fuldensis.
Georgius Gelingus de maiori Brambach.
Ioannes Berthel Erphurdianus non iuravit propter aetatem.
Wolfgangus Lindener Nurenbergensis.
40 Wolfgangus Harnisch Numbergensis.
Hermannus Hornburg Brunsvicensis.
Ioannes Missener de Sunderßhausen.

Ioannes Backhaus Erphurdianus non iuravit 20 defectu aetatis.
Nicolaus Kalhaldus de Balstett.
Ioannes Zierfueß de Balstett.
Ioannes Sibelius ex Segena.
Casparus Fargula de Denstet. 25
Heinricus Therner Salcensis.
Laurentius Schinder Erphurdianus.
Christophorus Druckenbrott Clingensis.
Wilhelmus Friderich Querfurdensis.
Iohannes Wolf Strigel Erphurdianus. 30
Ioannes Rembda Erphurdianus.
Nicolaus Monetarius Erphurdianus.
Conradus Tubingenn Magdeburgensis.
Michael Westermeier Ingolstadensis.
Ioannes Hafferlant Brunsvicensis. 35 f. 187d
Athanasius Daniel de Burckthonna.
Ioannes Heße Erphurdianus.

Hii in gremium universitatis tempore vernali et estivali ascripti:

Ioannes de Bothmar ecclesiae maioris Hildesemensis canonicus dt. 1/2 talerenn. 40
Fridericus Kuche Erphurdinus dt. 1/2 talerenn.

---

[1] Schulmeister.

Ioannes Albertus Ludovici Steinheim dt. $1/2$ talerenn et hii duo ob defectum aetatis non iuraverunt.

Sequentes integrum
5 hoc est 8 schnebergenses solverunt:

Ioannes bey der Linden Gottingensis.
Ioannes Helfelt Heilgenstadensis.
Leonhardus Zimmerer de Schwartzenberg.
Christopherus Strube Gandersemensis.
10 Iacobus Kifhaber de Neuenstat.
Ioannes Scriba de Lichtenfels.
Hermannus Kremer de Lubeca.
Ioannes Geuß de Seßlau.
Petrus Figilius Confluentinus.
f. 188a 15 Ludovicus Helmbolt } Molhusenses.
Ioannes Ludolffus } Molhusenses.
Hermanus Karchof Halberstadensis.
Ioannes Lantvogt de Mintzenburg.
Ioannes Urbach Molhusensis.
20 Christopherus Sibegerode Halberstadensis.
Nicolaus Hartung Erphurdianus.
Andreas Meuser Sanderhusensis.
Ioachimus Drautte de Lebestet.
Franciscus Knacher de Zeitz.
25 Vitus Wolckenstein } Arnstadensis.
Sigismundus Wolckenstein } Arnstadensis.
Christopherus } Sehmann.
Daniel } Sehmann.
Ioannes Fischer Erphurdianus.
30 Augustinus Heer de Tuttelstet.
Martinus Wagenburg Numbergensis.
Ciriacus Hartung Salcensis.
Ioannes Schelhase Creutzenburg.
Sifridus Asterius Hildesemensis.
35 Liborius Bischausen Heilgenstadensis.
Wolfgangus } Blanckinenses.
Kirstann } Blanckinenses.
Leonhardus Gnesius Ichtershusensis.
Isac Hoch } de Sulczenbrugk.
40 David Hoch } de Sulczenbrugk.
Georius Sibelerius Treßdensis.
Franciscus de Mingerode.
Theodericus Meingelius Groningensis.
Ioannes Strube } Gandersemenses.
45 Ioannes Notturft } Gandersemenses.

f. 188b Hii brumali tempore
intitulati 4 schnebergenses dederunt:

Wendelinus Lantz de Friburg.
Valentinus Rechtenbach Salcensis non iuravit.
Valentinus Oswaldus de Tungeda.
Ioannes Goltstein de Walstat.
Anthonius Fueß de Beierstet.
Nicolaus Fischer de Blanckenhain.
Ioannes Schiffhauer Salcensis.
Ioannes Hesse de Eberßburg.
Iheronimus Keule ex Truchtenborn.
Georius Kodewitz Erphurdianus dt. 3 schneberg.

Sequentes in numerum studiosorum adnumerati post festum apostolorum 10
Philippi et Iacobi 4 schnebergenses
solverunt:

Ioannes Seligman Spangenbergensis.
Ioannes Goringius de Walterßhusen.
Bartholomeus Buchter de Ihßleben non iuravit. 15
Zacharias Schade de Bacharadach.
Matheus Kaler Hirschedensis.
Ioannes Schnor Gandersemensis.
Christophorus Waldecken Embeccensis. 20
Balthasar Friderich Erphurdianus non iuravit.
Franciscus Kirchner Schmalkaldensis.
Ioannes Gungermann Erphurdianus.
Christophorus Krumauge de Moringenn. 25
Heinricus Krauchfelt Arnstattensis.
Michael Pfronscherus Coburgensis.
Ioannes Draga Helmestettensis.
Bernhardus Scharff Molhusensis.
Petrus Hanicka Misnensis. 30
Casparus Hermannus Mansfeldensis.
Conradus Keibe Hunefeldensis.

Gratis inscripti:

dns Fridericus Stael Muntzenburgensis dt. pedellis 1 schnebergensem. 35
Ioannes Mollerus Stolpensis.
Ioannes Krosch Erphurdianus filius senioris pedelli.

Summa intitulatorum 108.[a]

Laus deo. 40

---

[a] Richtig.

Percepta[b]:

49 sexag. leoninas 9 schneberg. ddt. 108 inscripti in numerum studiosorum et in album academiae et scolae Erphurdianae. De quibus debentur pedellis 7 sexag. leon. 2 schneberg., rectori 14 sexag. 2 schneberg. 4 ₰, universitati 28 sexag. 4 schneberg. 8 ₰.[c]

[b-c] Aus dem Rechnungsbuche des Rectors.

1549. Mich. 284. Rect. Ioann. Leonis Embeccensis.[1]

Turbantes[1] ac rumpentes pacificum et tranquillum reipublicae statum cum magistratus officio rite et legittime puniantur, operae pretium est hisce maxime temporibus viros et prudentia et eruditione fulgentes rebus publicis litterariis praeficere, ut iuventutem variis scelerum generibus addictam quam severissime reservare ac coercere queamus. Etenim ratione impelluntur disciplinis liberalibus operam navare diligentissimam, pectusque suum optimis et probatissimis moribus ornare, ut parentum suorumque necessariorum expectationi satisfacere cogantur nostroque gymnasio esse honori. Quod equidem cum accuratissima perpenderent trutina egregii et candidissimi viri, Henningus Hoppe, disciplinarum liberalium magister et iuris gemini baccalarius phani dive Virginis canonicus, et Gotfridus Berckman Susatensis, artium quoque bonarum magister et canonicus Severianus, postremo eruditus et moratus adolescens Andreas Kemmer, praedictarum artium baccalaureus, qui eodem anno accepit insignia magisterii: diu multumque deliberarunt, quem potissimum (postquam[a] in illos divina gratia eligendi et creandi gymnasiarcham pervenerat potestas) crearent. Tandem post longam deliberationem rite et sapienter elegerunt candidum et summa humanitate ac pietate virum Ioannem Leonis Embecksensem, liberalium disciplinarum baccalaureum canonicum subseniorem Severianum, studiosi gregis et cunctorum doctorum vel praecipuum Mecaenatem, eumque ipso die XV. calendarum Novembrium anni Christi nati 1550 (?),[b] omnibus viris eruditis ipsis comitiis curiatis congregatis, alta proclamarunt voce. Ipse

[a] quam E. [b] Es muss 1549 stehen.

[1] In der oberen größeren Abtheilung steht ein Bischof mit einem Buch und dem Stab in der Rechten, dem Walkerbaum in der linken Hand, auf beiden Handschuhen außen ein Edelstein wahrnehmbar, in grünem Gewande über der Alba und purpurnem mit goldnen Streifen und unten goldnen Franzen besetzten Mantel; zu seiner Rechten die matronale Gestalt einer Heiligen mit goldnem Rosenkranz in den Händen, in blauem Gewande, darüber schwarzem Mantel, den Kopf ganz in Weiß gehüllt. Zu ihrer Linken eine jugendliche Heilige mit einem Buche in der Linken, in grünem Unter- und lilla Obergewande, das die Rechte nach vorn etwas aufnimmt (Katharina?). In der unteren Abtheilung steht hinter dem nach links gewendeten knieenden Rector in schwarzer Chorkleidung (mit schwarzem Käppchen in den Händen) der heil. Alexander in Ritterrüstung, eine weiße Fahne haltend, auf der ein goldgekröntes rothes lateinisches E steht. Das Wappen zur Linken des Rectors: ein sitzender silberner Löwe in blau mit zwischen den Beinen durchgezogenen Schwanz, in der rechten Pranke ein grünes Kleeblatt haltend; darunter Monogramm I.L.

vero[c] quam aegro animo hic acceperit[d] nuntium,[d] vix verbis exprimi potest. Nec immerito; maximo enim confectus senio et omnibus corporis viribus bene exhaustis et extinctis coactus est importunis potius quam iustis precibus aliorum suscipere gubernationem, cum iustissimis de causis eam a se propulsare potuisset; verum postquam (f. 190ab) 5 hanc provinciam arduam et difficilem susceperat, in ea tranquille et moderato vixit animo, toto tamen anni spaciolo adverse valetudini fuit obnoxius, idque senii magis causa quam publicae administrationis gratia. Sub eius autem literaria militia strenue stipendia fecere sibique iuramentum consuetum prestitere infra ordinibus rectis notati:

Numerus eorum, qui nomina dederunt 10 matricule Errfordiane universitatis et plus solito solverunt:

Unum talerum dt. Ioannes de Boemelbergk canonicus Bunnensis et collega Porte coeli. } Errffordenses.
15 12 sol. dr. Adamus Schneidewin syndicus Errffordensis senatus } Errffordenses.
12 sol. dns Burckardus Krostenn prepositus regularium } Errffordenses.
12 sol. Valerianus Höffener Lypsensis canoni- 20 cus et sacellanus praedicti prepositi.
12 sol. mag. Laurentius Friseus Vurtzburgensis canonicus scti Iohannis Novi monasterii.
12 sol. Heinricus de Aldendorff canonicus Maguntinensis ad gradus.
25 12 sol. Casparus Klinckhauff de Heydesfelt canonicus Herbipolensis ad sctum Ioannem.
12 sol. Ioannes de Werter de minore Balhussenn.
12 sol. Christopherus Zengo nobilis de Otten- 30 husen.
12 sol. Heinricus Ilnecken Gottingensis.
12 sol. Philippus de Stockheim canonicus Moguntinensis.
12 sol. Burckhardus de Kutzleben nobilis.

(f. 190c) 35 Numerus eorum qui octo solidos dederunt:

Iudocus Sigeling Confluentianus.
Simon Mulde Confluentianus.
Wolfgangus Schwengefelt Errffordensis.
Daniel Molner Ascaniensis.
40 Ioachimus Heydelbergk Ascaniensis.
Philippus Drachstett de Eyßlebenn.
Lampertus Gul de Berca collega Porte coeli.
Ioannes Iordens Hildesianus.
Bartolomeus Coci ex Befera.
45 Ioannes Bornerus de Schmalkaldia.
Adelarius Egenolff de Brampach.

Simon Lange de Eyßlebenn.
Philippus Scheffart Northemensis. 10
Theodericus } Amsphordienses.
Wilhelmus } Amsphordienses.
Ioannes } Amsphordienses.
Nicolaus Tusche Arnstatensis.
Anthonius Teitz Schmalkaldensis. 15
Nicolaus Lutius de Kindelbrugk.
Ioannes Faberus de Melsingenn.
Ioannes Theoderici Gandersemensis.
Iodocus Molen Gottingensis.
Andreas Tappe Gottingensis. 20
Laurentius Mey ex Romfeltt.
Ioannes Vielbe.n de Sommerde.
Clemens Franco.
Michael Witzel ex Fulda. (f. 190d)
Wichmannus Rothenbeck Halberstatensis. 25
Martinus Rorbach ex Bambergk.
Lucas Maius de Hilperßhausen.
Leonhardus Sibothenrot ex Ichterßhußen.
Henningus Kirchof Hildesianus.
Theodericus Fincke de Salczungen. 30
Mathias Monichlingius de Drausfelt.
Adolphus Schillingk nobilis de Langenstein.
Heiso Horn Northemensis.
Gobelinus Arnoldi Halberstatensis.
Ioannes Ludovici Errffordensis. 35
Sebastianus Molitoris de Rotelstorf.
Ioannes Bulczman ex Hoeffe.
Enoch Roth Fuldensis.
Heinricus Grath Berckensis collega Porte coeli.
Conradus Wedemeyer de Gronawe. 40
Philippus Apel Heilgestatensis.
Ioachimus Nithart Ascaniensis.
Paulus Nithart Ascaniensis.
Ioannes Mawe Ascaniensis.
Erasmus Chor Bambergensis. 45
Isaias Stromar Errffordiensis.
David Stromar Errffordiensis.

[c] vere E. [d] accipierit nunctium E.

Iacobus Hartung de Kaldennortheim.
Christopherus Gunderam Errfordiensis.
Heinricus Brandis Salsensis.
Hieronimus Engelhart Salsensis.
5 Hermannus Capitis Hildesemensis.
Alexius Fabri Northusensis.
Ioannes Herre de Tuttelstett.
Valentinus Remmer.
Ioannes Krumhar Werdensis.
10 Melchior Stolcz Errfordiensis.
f.191a Iacobus Holczel Bambergensis.
Matheus Maler Bambergensis.
Franciscus Zelle Magdeburgensis.
Henningus Grethe ex Horneburg.
15 Andreas Haustro de Elsingen.
Bartoldus Sperber Gorßlariensis.
Fabianus Dichmolner de Salczungenn.
Ioannes a Greusßenn a Greusßen.
Michael Lynsebart de Gebesen.
20 Sebastianus Hildebrant de Gebesen.
Albertus Opatius Alstadiensis.
Nicolaus Mengelius de Gronningen.
Georgius Lepper Herbordiensis.
Daniel Kircheim Fuldensis.
25 Matheus Wilstorf } Errfordiani.
Lucas Wilstorf frater eius }
Ioannes Steynnach de Buttelstatt.
Michael Schoneman de Melderstatt.
Ioannes Hessenbeck de Ordorff.
30 Ioannes Brassenborger de Wangheym.
Fabianus Lutter de Mansfelt.
Apollinaris }
Athanasius } Sturtz fratres,
Ioannes }
35 qui iubente Martino Sydemann, grecarum literarum professore in collegio Saxonum, f.191b noluerunt iurare hanc iuramenti partem et sanctorum evangeliorum conditores non intelligentes conditores pro re condita
40 positos figura omnibus doctis manifesta.
Isaias Willer Erffordiensis.
Ioannes Wolff a Greußen.

Ordo et numerum eorum qui dederunt quatuor solidos:

45 Nicolaus Domianus Machernitanus.
Conradus Christenn.
Adamus Scubertus ex Citasagensi in Schlesia.
Paulus Hovemann Herbipolensis.
Ioannes Weitman Errfordensis.
5 Laurentius Hellerman Errfordensis.
Petrus Schuler Bischofswirdensis.
Ioannes Brodener Misnensis.
Ioannes von der Heydenn.
Ioannes Waggoner Forchemius.
10 Ioannes Mitliß ex Gorlitz.
Michael Molitoris de Melderstat.
Iacobus Herttel de Curia im Vogett-Lande.
Casparus Guntheri de Greventhal.
David Volckmar Ascaniensis.
15 Ionas Hopffe Gottensis.
Georgius Bartholdi Cicensis
Sebastianus Leypsigk.
f.191c Martinus Voche de Fridericherode.
Ciriacus Stuntze Ratenbergensis.
20 Wolffgangus Muller de Appelstett.
Iohannes Zymmerman de Appelstett.
Iosephus Utzbergk Errffordensis.
Conradus Rabe.
Leonhardus Pick Lichensis.
25 Georgius Utzbergk Errffordensis.

Qui sub aliis rectoribus sunt adscripti:

Dominus Wilhelmus Offenbach de Byngenn vicarius Severianus et baccalaureus Treveriensis, sub Cornelio Linden (Rect. 279)
30 Adelarius Martini sub eodem Cornelio Linden.
Anardus Tusch ex Horhusen sub licentiato Huxoriensi (R. 278).
Ioannes Schnor Gandersemensis sub mgro Ioanne Elligerott (R. 283).

Qui gratis ascripti sunt:

35 f.191d Ioannes Spegel Embeccensis.
Valentinus Michelman Fuldensis
Ludolffus Krumpenius Einbeccensis.
Numerus intitulatorum 131.

40 41[b] thalerenn ddt. 128[1] intitulati et inscripti in matriculam gymnasii Erffurdiani; de qua summa datum est bedellis

[1] Abgerechnet die drei letzten, welche gratis eingeschrieben wurden. Die hier vorkommenden Thaler haben den Werth von 22 1/2 Schneeberger Groschen, also das Dreifache der gewöhn-

lichen Immatriculationsgebühr oder ½ Schock Löwengroschen, deren vier auf einen Schneeberger gehen.

---

f. 192 c d

1550. Mich. 285. Rect. M. Herm. Hausen[1]

juris baccalaureus Severianae ecclesiae canonicus.

5 Viri[1] quique sapientissimi quantopere semper fugerint civilem administrationem, 5
nemini vel mediocriter in historiarum lectione versato dubium existit, neque id ob
aliam causam, quam quod non exigui muneris est nec ingenii, in publici muneris administratione mediocri saltem cum laude versari posse. Non enim una aliqua virtute
praeditus salutaris reipublicae princeps constituitur, sed is, qui omni virtutum genere
10 claret et ornatus existit, optime rempublicam constituit et optime constitutam conservat. 10
Hinc permulti iique praestantissimi Graecorum et Romanorum maluerunt in privatis
parietibus suis studiis consulere, quam reipublicae gubernaculis assidere, intelligentes nimirum nihil difficilius esse et magis arduum, quam imperitam multitudinem regere et animis
imperium aegre ferentibus imperare. Quam quoque rem diligenter examinans egregius
15 et humanissimus vir Hermannus Hausen ex Bercka, artium liberalium magister et 15
iuris utriusque baccalaureus nec non aedis Severianae canonicus, nihil prius habuit,
quam domi intra privatos parietes suis Musis vacare, quo et majori cum fructu et
laude praelectioni sexti decretalium praeesse potuisset; ad quam per proceres huius
universitatis ante sesquiannum erat vocatus, existimans eam quoque rem longe uti-
20 lissimam rebuspublicis praestare, qui id disciplinarum genus diligenter tradit, sine 20
f. 193 a b quibus neque respublica recte constitui neque constituta conservari potest. Hac ratione
licet reipublicae nostrae literariae se pro virili inserviturum constituisset, tamen per
ornatissimos et omni disciplinarum genere claros viros, Valentinum Klinckhart Erphurdianum, artium magistrum et iuris utriusque baccalaureum nec non reverendissimi
25 archiepiscopi Moguntini vicedominum et schultetum, Gotfridum Berchman Susatensem, 25
artium magistrum aedisque Severiane canonicum, et Ioannem Hebenstreidt Erphurdianum,
artium magistrum et medicinae baccalaureum, anno a Christo salvatore nato 1550
ipso die divi Lucae evangelistae in rectorem universiatis est electus; qui idem cum
citra ignominiae notam (incivile enim est et inhonestum bono viro honores publice et
30 de more decretos repudiare) a se reiicere non potuisset debita cum solennitate accep- 30
tavit. Et licet in ea incidit tempora, quae omnium turbulentissima fuerunt, tamen ita
suum hunc magistratum administravit, ut nihil detrimenti respublica literaria ceperit.
Sub cuius regimine hi subsequentes in numerum studiosorum sunt recepti:

---

[1] Kein Bild und kein Wappen, eine Lücke statt der Initiale.

Plus solito solventes:

Nobilis et generosus dns Casparus Ulricus comes a Regenstein et dns in Blanckenbergk.
5 Sebastianus Schrötter Blanckenbergensis } ddt. 2 thal.
Casparus Roder }
193a Ernestus à Priesburgk nobilis et canonicus ecclesiae cathedralis Hildesiensis dt. 12
10 schneberg.
Casp. Cannenbergk nob. dt. 12 schneberg.
Andreas a Bibra nobilis dt. 12 schneberg.
Ioannes Georgius Neusteter nobilis dt. 12 schneberg.
15 Ioannes Schauppius Geroligopolitanus magr. Ingolstadiensis et dt $10^1/_2$ schneberg.
193d Ioannes Baunach canonicus Herbipolensis in Haugis dt. 12 schneberg.
Heinricus à Bila Hegenredensis dt. 12 schne-
20 berg.
Sebastianus Fenckius lic. medicinae dt. 12 schneberg.
Bernhardus a Mitzephal nobilis dt. 12 schneberg
25 Vincentius Chuno Usingensis mag. Heidolbergensis dt. 12 schneberg.

f. 193c (Mitte) **Numerus eorum qui totum solverunt:**

Casparus Hune Horhausensis.[a]
Ludovicus Hune Horhausensis.[a]
30 Michael Lang Islebiensis.
Adularius Richer Erphurdensis.
Ioannes Iorian Erphurdensis.
Cuno Lau[b] Islebiensis.
Ioannes Steinhardt Islebiensis.
35 Georgius Silberschlag Erphurdensis.
Wernerus Sifardt Salsumensis.
f. 193d (Mitte) Hermannus Papa Aßerlebensis.
Martinus Felt Lichensis.
Mattheus Minges Groningensis.
40 Bertholdus Berlaw de Grena.
Adamus Riepkogel de Osterradt.
Conradus Horn Erphurdensis.
Iheremias Mecheler Erphurdensis.
Christophorus Henckel Gottingensis.
45 Ioannes Leuffer Erphurdensis.
f. 194a Balthasar Leuffer Erphurdensis.
Georgius Richter Bebrensis.
Wolfgangus Lieb Pambergensis.

Ionas Spangenbergensis Northausiensis magr. Wittenbergensis.
Ioannes Andreas Spangenbergensis Northausensis.
Ioannes Lampertus Islebensis.
David Wigel } Erphurdenses. 5
Henricus Wigel }
Ioannes Ibelius Crantzbergensis.
Henningus Schapffer Osfeldensis.
Henricus Spangenberg Halberstatensis.
Bartholomeus Fuchss de Morstedt. 10
Georgius Helf Ganderssamensis.
Conradus Pistoris de Holtzhausen.
Ioannes Fromholt Frislariensis.
Guilhelmus Krawel Bilefeldensis.
Ionas Albertus Chreishemensis baccalaureus 15 Heidelbergensis.
Georgius Kleinschmidt Molhausensis.
Valentinus Fabri Herbipolensis. f. 193b
Casparus Piscator Herbipolensis.
Mauritius Helwich Herbipoleusis. 20
Casparus Andreas Pillex Herbipolensis.
Ioannes Hunger Molhausensis.
Christophorus Ruder Hatzkeradensis.
Adamus Cellarius Sigensis.
Ioannes Roscharus Morinbergensis (Nor. ?). 25
Zacharias Kempfen Gottingensis.
Georgius Beibelhen Bopardiensis.
Nicolaus Rosencranz Pambergensis.
Ioannes Murer Erphurdensis.
Laurentius Greffe Erphurdensis. 30
Kilianus Storich de Karlstadt.
Franciscus Hegerus Molhausensis.
Quirinus Greffius Apollinus.
Guntherus Brecht de Estorff.
Iodocus Tollen Gottingensis 35 f. 194c
Laurentius Stutzing de Neustedt.
Augustinus Utman de Wißensche.
Ioannes Heucher Minsbergensis.
Sigismundus Rhein Herbipolensis.
Andreas Siegman Kisgwgensis (?).[c] 40
Anastasius Schaden Eisfeldensis
Erasmus Schaden iuramentum non praestitit propter aetatis defectum.
Fabianus Ruchardt de Mechmöl Wirtebergensis.
✝ Hermannus Suringk Hildesiensis. 45
Christophorus }
Syntramus } Finsterer,
Erasmus }
non praestiterunt hi tres fratres iuramentum propter defectum aetatis. 50

---

[a] Wahrscheinlich aus Haarhausen, einem am Fuße der Wachsenburg gelegenen Dorfe. [b] Law E. [c] Der Anfangsbuchstabe könnte auch ein L oder T mit u statt i sein, die Mittelsilbe gne statt gw.

Georgius Schnotz Herridianus.
f. 194d Zacharias Musingk Erphurdensis.
Christophorus Radelebenn Halberstatensis.
Ioannes Blanck Embeccensis.
5 Conradus Buck Halberstatensis.
Valentinus Naboth Callensis.
Ioannes Maro Foldensis.
Sebastianus Franck Foldensis.
Conradus Klock a Bibrach.
10 Christophorus Kern Wormaciensis.
Stephanus Fabri Hunefeldensis.
Ludowicus Lauda Hunefeldensis.
Wolfgangus Schne Neberensis dt. 6 schneberg.
Ioannes Thun Asleviensis.
15 Andreas Vonbergo Pegaviensis.
Laurentius Batemeyer de Garlebenn.
Nicolaus Oley Franckenhausensis.
Nicolaus Clausius Franckenhausensis.
Nicolaus Ottinger Norembergensis.

f. 195a 20 **Numerus eorum qui quattuor solidos numeraverunt:**

Georgius Rutter de Sawsling.
Paulus Heupt Simardensis.
Ioannes Hager ex Volckach.
25 Hieronimus Zigler de Wissensehe.
Michael Boldewan de Rostock.
Nicolaus Eberhardt de Schmalkaldia.
Henningus Beck Erphurdensis non iuravit ob defectum aetatis

Ioannes Trappen de Weggelebenn.
Georgius Zar de Neustadt.
Henricus Huso Isenacensis.
Burchardus Haverman de Seslach.
Nicolaus Ruther Erphurdensis. 5
Ludowicus Weydeman Molhausensis
Blasius Woyt Molhausensis.
Michael Gallus ex Dansick non praestitit iuramentum. f. 195b
Ioannes Römer Norenbergensis non praestitit iuramentum. 10
Ioannes Dickman Hildesianus.
Stephanus Ebeling non iuravit solitum iuramentum.
Mauritius Kachant Erphurdianus. 15
Henricus Bovius Paderbornensis.
Franciscus Hasen Embeccensis.
Henricus Strawe Gandersamensis.
Michael Stintzingk ex Gochßenn.

Laus deo omnipotenti. 20

Gratis inscripti: f. 195c

Georgius Molhausenn in gratiam rectoris.
Ioannes Erbs Erphurdensis in gratiam dni Georgii Jude.
Burchardus Wegener in gratiam rectoris de 25 Waltershausenn.
Nicolaus Heckel Erphurdensis ob paupertatem.
Summa 125.

30 **Percepta**[b]:

38 thaleros ddt. 122 in album studiosorum relati, de quibus pedellis 5 thal. 2 schneberg., rectori 11 thal. 6 schneberg. 10 ₰, universitati 22 thal. 13 schneberg. 8 ₰. 30

De residuo intitulaturae:

35 28 schneberg., de quibus rectori 9 schneberg. 4 ₰, universitati 18 schneberg. 8 ₰.[c] 35

b–c Ebenfalls aus dem Rechnungsbuche des Rectors.

---

f. 196ab

1551. Mich. 286. Rect. Wolffg. Westermerus[1]

(N)on[1] omnino temere fortunam caecam fingunt poetae, quod indignos fere magnis honoribus ornare soleat, dignos vero ac magnis rebus administrandis idoneos negligat

[1] Kein Bild und kein Wappen; eine Lücke statt der Initiale.

atque deiiciat; cius rei passim obvia sunt exempla, quae nunc adferre necesse non est. Caecam, inquam, recte fingunt fortunam maxime, quod me Wolphgangum Westermerum Ingolstadensem, bonarum artium magistrum atque canonicum Marianum Erphordiensem, ad summum Erphordianae academiae dignitatis gradum evexerit. Quum 5 enim omnium fere ad tantos honores indignissimus sim ac aliis occupationibus sacris quidem illis ac arduis occupatus, per triumviros tamen non certe mediocri doctrina et prudentia praeditos electus sum, nimirum excellentem peritissimumque medicinae doctorem dominum Iohannem Curionem, spectabilem tunc temporis facultatis artium decanum et magistrum doctissimum sacracque theologiae baccalaureum insignem, dominum Ioannem Femelium, 10 atque Christopherum Kune, optimarum artium magistrum, Moguntini iudicii scribam optime meritum, anno a Christo nato supra millesimum quingentesimum quinquagesimo primo, postridie divi Galli (festum enim S. Lucae, in quo moris est rectorem eligere, in dominicam diem cecidcrat); quo denique anno non solum literariae reipublicae tanta fuerat perturbatio, quanta vix unquam. Nam asilum nostrum oppidum Erphordianum 15 quum obsideretur hostibus inopinatis et civibus armata manu defendere illud maximopere incumberet, militesque stipendiarios conducere illis necessitas urgens postularet, magna pars eorum, qui honestissimarum scientiarum adipiscendarum caussa huc confluxerant, invitis etiam parentibus et praeceptoribus in tantam audaciam proruperunt, ut stipendium militare vitamque suam venum exponere pluris aestimarent quam bonis 20 ac pacatis literis (ad quas discendas huc missi a suis erant) navare. Quorum petulantia, quam exercebant isti, non quidem in hostes, verum potius in suorum studiorum commilitones, imo et in praeceptores ipsos suos. Haec illa proh flagitia istorum quae f. 196a sibi licere ob militare commercium putarunt, ansam dederunt quotidianis fere rectori suisque assessoribus, molestissimis sessionibus et ad convocandos plus consueto dominos 25 de secreto ut nominant consilio. At deus omnipotens per suam gratiam contulit in hoc horrendo perturbationis tumultu, ne omnino immorigera iuventus suae audaciae iuxta animum satisfaceret, sed praeventa doctissimorum virorum prudentia et consilio, ut transquilliori more viveret, coacta: boni quidem diligentiores, mali vero emendatiores in academia nostra degerent. Quantus autem sit praeterea auctus studiosorum 30 numerus, index huc relatus recensebit:

Catalogus eorum qui plus aequo dederunt:

Albertus de Redewitz dt. 1 talerum.
Wilhelmus a Clauer de Whar dt 1 talerum.
35 Harthmannus a Clauer de Whar dt. 1 talerum; hi duo coenobitae et fratres ordinis S. Benedicti.
Adamus Curcus Freystadiensis Schlesius mag. Wittenbergensis dt. 1/2 talerum.
40 Georgius Schlegel dt. 1/2 talerum.
Achatius a Feldtheim dt. 1/2 talerum.
f. 196a Boldewinus a Knessebeck Kolbornensis dt. 1/2 taler.
Iohannes Henricus à Feltheym dt. 1/2 taler.
Fridericus a Byla dt. 1/2 taler.
Alexius Frawentraut dt. 1/2 taler.
Ioachimus a Recke Westphalus canonicus Sandensis dt. 1/2 taler.
35 Ioannes Meyer canonicus Hildesheymensis extra muros ad sctum Mauricium dt. 1/2 taler.
Iohannes Meyer canonicus Hildesheymensis intra muros ad sctam Crucem dt. 1/2 taler.

Catalogus eorum qui dederunt id quod aequum est, videlicet 8 schneberg.: 40

Henricus Berndes Lunaburgensis.
f. 196a Stephanus Wynter Wittenbergensis.

Bartholomaeus Sigismundi Kropff.
f. 196d Ciriacus Droß Zcyzensis.
Carolus Beyerus Spyrensis.
Marcus Kützler Norinbergensis.
5 Georgius Kützler Norinbergensis.
f. 197a Erasmus Floßerus Norinbergensis.
Hieremias Schütz Norinbergensis.
Ioannes Gerhardi Walterhusanus.
Laurentius Wandt.
10 Bartholomaeus Schmiedt Schleysingensis.
Ioannes Nicolai ex Beringhausen.
Daniel Bawnach Herbipolensis.
Ioannes Dewerkauff Erphurdiensis et quia minorennis erat iuramentum facere commode non potuit.
15 Philippus Nöhe Herbipolensis.
Ioannes Dräwen Coloniensis.
Bartholdus Warnnecke Alpheldensis.
Conradus Schwartz Mulhausensis.
20 Cornelius Pfluckwel Erphordiensis.
Bonaventura Pfluckwell Erphordensis, et hi duo fratres quia adeo minorennes non potuerunt facere iuramentum.
Nicolaus Helfeld Gottanus.
25 Matheus Petrus Gottanus.
Bartholomeus Schmiedt Erphordiensis.
Adamus Mocka ex magna Phaner.
Hieronymus Zygler Saltzensis.
Henricus Volmarus Barbergensis.
30 Ulricus Kyrßberger Halberstadensis.
Casparus Krappe Lichensis.
Ioannes Birnbaum Halberstadensis.
Matheus Newekyrche Mulhausianus.
Ioachimus Gröber Erphordianus.
35 Egidius Hachelenburgk Erphordianus.
Ioannes Beckman Islebiensis.
Michael Aeneas Meyenburgk Northausanus.
Ludolphus Wüstenfeld Eypeckensis.
f. 197b 40 Thomas vom Ende Zerwustensis.
Petrus Weyßbach Erphordianus et iuramentum non prestitit defectu aetatis.
Andreas Sewfried Eysfeldensis,
Adamus Landaw Islebiensis.
45 Marcus Angelus Eschwitzensis.
Georgius Schweinfurter Bombergensis.
Christopherus Widelagi Brunschwitzensis.
Iohannes Ragehalß Bombergensis.
Iosephus Kremer de Sesen.
50 Franciscus Thor Dumanus.
Nicolaus Lange Erphordianus.
Iohannes Muller Rumbergensis.
Theodoricus Dantzgschier Erphordianus.
Iohannes Stockhausenn Erigensis.
Nicolaus Gelff Ebellebensis.
Henricus Gropenpeter Eynberckcensis.
Lazarus Gotter Erphordianus.
Hermannus Otto Erphordiensis.
Nicolaus Mundt ex maiori Sommern.
Sebastianus Strobelius Herridensis.

Catalogus eorum qui dederunt minus aequo hoc est quatuor schnebergenses: 10

Casparus Pelstadt de Mulhausenn.
Bernnerus Maius Numburgensis Hassiae.
Nicolaus Fabri Numbergensis Haßiae.
Ioannes Außreyter.
15 Georgius Mohrman Erphordiensis.
Adalarius Faber Eckerbergensis.
Iohannes Krol Hoxariensis.
f. 197c Georgius Schawenbergk Heylingenstadensis.
20 Theodoricus Janus Halberstadensis.
Matthias Han Heylingenstadensis.
Lucianus Widenpeck Halberstadensis.
Ioannes Eycholtz de Unna.
Nicolaus Nehewser Erphordensis.
25 Iohannes Stümmer de Ochsenfurt.
Casparus Sterruff de Westhausen.
Fridericus Kanewinus de Mertenrodt.
Nicolaus Reuthner de Staffelstein.
Petrus Newpawer Collensis.
30 Iacobus Franck Lutstadiensis.
Henricus am Ende Erphordianus.
Bartholomeus Steyn Erphordianus.
f. 197d Mattheus Stein Erphordianus.
Ioannes Reißman de Sultzenbruckenn.

Numerus eorum qui gratis inscripti sunt albo studiosorum: 35

Philippus Wolrab Lyptzensis in gratiam rectoris.
Bonaventura Franck Camitianus in gratiam rectoris. 40
Iohannes Leutenhold in gratiam rectoris.

Integer numerus inscriptorum huius anni in honorem et gloriam omnipotentis dei continet 95.

Percepta[a]:

30 taleros 12 schneberg. ddt. 92 in album studiosorum inscripti; de quibus pedellis 3 tal. 20 schneberg., rectori 8 tal. 21 schneberg. 4 ₰, universitati 17 tal. 18 schneberg. 8 ₰.[b]

a-b Aus dem Rechnungsbuche des Rectors.

5 f. 198a b

1552. Mich. 287. Rect. Heinricus Coci Hoxariensis.[1]

Y Samii[1] Pitagore littere forma, ante oculos seu pro exemplo studiosorum ordine proposita, humane vite spetiem pre se ferre videtur, dextrum latus virtutis viam difficilemque aditum primum spectantibus offert et iuxta preclaram poetae sententiam requiem prestat fessis in vertice summo, quod infrascripti 73 adolescentes, qui amore scientie et virtutis patriam deserentes parentes et amicos reliquerunt, sedula meditationum majorum vestigia cupientes imitari, ex divitibus pauperes et exules facti, vitam propriam omnibus periculis exponentes se ipsos exinaniverunt et a vilissimis sepe hominibus (quod graviter ferendum) iniurias sine causa pertulerunt, vt sibi laudem decusque pararent, duros subire causus non dubitarunt; privilegiis itaque universitatis securitatis tuitionem fori et incolatus etiam gavisuri, optimis literarum studiis se manciparunt, vt probis moribus ditarentur et in patriam lauro decorati redire possent, se in Erffurdiensem academiam olim florentissimam contulerunt et debita cum instantia a venerabili viro domino Henrico Coci Huxariensi, utriusque juris bacculaureo aedis Severiane scholastico et canonico huius schole moderatore, prestito prius per eosdem solito juramento, vt eorum nomina et cognomina ac paternum solum matricule universitatis asscriberentur postularunt; que petitio cum ratione et juri consona videretur, digni habiti consecuti sunt, quod optabant, a tempore electionis usque in diem sancti Luce evangeliste anno elapso, quo novus rector more antiquo (ab ?) electoribus, spectabili facultatis artium decano atque magistro Liborio Mangolt, magistro Hugoldo Streckero Heilgenstadensi, et designatus et publicatus est anno quinquagesimo tertio (?)[2]; perceptorum autem et expositorum rationem cathalogus infrascriptus (quem praesenti offert) predecessoris consuetudine inserendam indicavit:

Numerus eorum qui plus toto dederunt:

Wylhelmus a Wyrtzburchk Bambergensis Herbipolensis canonicus dt. 12 schneberg.

Iacobus Muller ex Heubetingen ducatus Wyrtenbergensis dt. 12 schneberg.

f. 198c dns Lambertus Brachsatoris magister Lipsensis sacre theologie baccalaureus pastor ecclesie beate Marie dt 12 schneberg.

Ioannes Georgius Wyborgius magister Haffniensis dt. 12 schneberg.

Iohannes Adolphi Rau ab Holthusen canonicus Moguntinus dt. ½ talerum. f. 198d

Iodocus Rau nobilis dt. ½ talerum.

Martinus Holtzentorff nobilis Caminensis dt. 12 schnebergenses.

[1] Kein Wappen und keine gemalte Initiale; doch ist an deren Stelle Y mit Tinte geschrieben.

[2] Gewöhnlich wurde die Einleitung erst am Ende des Jahres eingeschrieben.

f. 198c **Numerus eorum qui totum dederunt:**

Petrus Milius }
Iohannes Cumerus } ex Arnstadt.
dns Sebastianus Schuman vicarius S. Severi.
5 Christofferus Avianus magister Wyttenbergensis.
Henricus Heßelinck }
Gideon[a] a Sachsa } Erffurdenses.
Iohannes Godeken Molhusensis.
10 Iohannes Wykelius Argentinensis mag. Wyttenbergensis.
Georgius Scheyer Northensis.
Iohannes Selczer ex Collendo.
Iohannes Smyrer Wurtzenbergensis.
15 Theodericus Elnauger Wyrtzbergensis.
Benedictus Krautworst Coburgensis.
Andreas Wagenburg Numbergensis.
Stanislaus Wanck Aschaffenburgensis.
Lucas Wicelius Erffurdensis.
20 Henricus Stein Goslariensis.
Eobanus Huttener Erffurdensis.
Nicolaus Sturmius Smalkaldensis.
f. 198d Henricus Volckmar ex Cranichfelt.
Theodericus Thalemanus }
25 Cristofferus Koch } Erffurdenses.
Anthonius Meynen Einbeccensis
Sebastianus Langhanß Magdeburgensis.
David Kirchnerus Erffurdensis.
Theodericus Jordans Hildesimensis.
30 Iohannes Trummer Bambergensis.
Henricus Rembda Erffurdensis.
Iohannes Reinhart Osfordensis.
Nicolaus Gundermann Wyrtzburgensis.
Michael Cantzeler Herbipolensis.
35 Henricus Gotze Groningensis.
Balthasar Murck Meyningensis.

f. 199a **Numerus qui ad medietatem dederunt:**

Iacobus Gigas Tentebornensis.
Iohannes Rust ex Greffenthunna.
40 Iohannes Muth Erffurdensis
Iodocus Gruner ex Zegenruck.
Georgius Underbruck Northemiensis.
Henricus Northemiensis.
Wylhelmus Lauchenbach ex Fladia.
Sebastianus Swartz Erffurdensis.
Casparus Marx Forchemensis.
Iohannes Beiger ex Coburgk.
Iohannes Sommerus Erffurdensis.
Iacobus Strube Gottingensis.
Henricus Thalheim Bleichenrode. 10 f. 199b
Christofferus Heyneman ex Ylenburgk.
Mattheus Haleci Erffurdensis.
Erhardus Braun ex Rodach Franconie.
Iohannes Schilerus Stolbergensis.
Iacobus Berwart }
Iohannes Hartman } Molhusenses. 15
Valentinus Haße Schillingstein.
Iohannes Snabell ex Aschenburgk.
Erhardus Ringelynck Northemensis.

Numerus eorum qui inequaliter dederunt: 20

Paulus Lüsungk ex Aranis dt. $7^1/_2$ schneberg. 10 ₰. f. 199c (Mitte)
Iodocus Brachman ex Greven $7^1/_2$ schneberg.
Panthaleon Dancklüfft } Finarienses quilibet
Sebastianus Heydenrich } dt. 5 schneberg. 25
Iohannes Dyman Hildegenensis 5 schneberg. f. 199d
Georgius Mhenhaupt }
Petrus Bock } Vinarienses quilibet dt.
Ciriacus Niclaus } 5 schneberg. 30

Numerus eorum qui gratis sunt aßcripti:

Henningus Lamperti Huxariensis in favorem rectoris dt. 1 schneberg. pedellis.
Georgius Venator Ratisponensis in gratiam domini abbatis Schottorum. 35
Henricus Groß Erffurdensis in gratiam rectoris dt. 1 schneberg. pedellis.

73 intitulati.

Percepta[b] ab intitulatis

Item 20 taleros 3 schneberg. 4 ₰ et 1 alb. ddt. 72 intitulati; de quibus universitati 11 tal. 10 schneberg. 3 ₰, rectori 6 tal 5 sneberg $1^1/_2$ ₰, pedellis 3 tal.[c] 40

[a] Ursprünglich stand Georgius, darüber Gideon. [b–c] Auch aus dem Rechnungsbuche des Rectors.

f. 200 a b

1553. Mich. 288. Rect. Dr. Eob. Tzigeler Saltzensis.[1]

Laudatissimo[1] more a primoribus reipublicae universitatis Erfordiensis racionabiliter statuto atque per multa vetustissimi temporis curricula hactenus inconcusse observato, regnante Iulio tertio pontifice maximo et Romanorum imperatore invictissimo 5 semper augusto Carolo V., anno videlicet incarnationis dominice post millesimum quingentesimum quinquagesimo tertio ipso die Luce evangeliste per venerabiles spectabilesque viros philosophie et artium liberalium magistros, dominos Hugoldum Strecker, utriusque iuris baccalaurium ecclesie S. Severi canonicum, Quirinum Listeman, sacre theologie baccularium vicarium ecclesie beate Marie virginis Erffordensis, et magistrum 10 Ioannem Femelium, in quos plena ab omnibus interesse habentibus fuit translata eligendi potestas, designatus nominatus et electus est in monarcham et rectorem annalem universitatis supradicte venerabilis et egregius vir dominus Eobanus Tzigeler ex opido Saltza oriundus, decretorum doctor collegiatarum ecclesiarum S. Steffani Saltzensis et S. Nicolai veteris civitatis Magdeburgensis decanus atque 15 memorate ecclesie beate Marie Erffordensis cantor et canonicus; sub cuius magistratu ad album studiosorum recepta sunt infrascriptorum nomina:

f. 200 c

Plus solito solventes:

Phillippus Mansfeldtt 12 gr.
Sigrofredus ab Egolfsteyn 12 gr.
20 dns Iohannes comes de Gleich 24 gr.
Ludolfus a Rosinngen 12 gr.
Wolfgangus, Dietterich } Beme Fuldensis 12 gr.
Conradus Breittsprach Halberstadensis 24 gr.
25 Burckhardus von Langen-Schauberg 12 gr.
Georgius Hune Fuldensis 12 gr.

Numerus qui octo solidos dederunt:

Nicolaus Haine Fritzlarienn.
Ioannes Schneider Oschnaburgensis.
30 Cunradus Rabst Eypirensis.
Georgius, Ioannes } Londicke fratres Mindenses.

Ioannes Aldenroth Mindensis.
Nicolaus Crolock de Elleben.
Cunradus Fedtt Fritzlariensis.
20 Dionisius Dambach.
Christophorus Gotha Isenacensis.
Iohannes Rudtgeri Huxariensis.
Paulus Hanne Hallensis.
Iodocus Heyde Grimennsis.
25 Iohannes Bleystein de Ilmenoch.
Mathusalom Hilborch de Weringroda.
f. 200 d Henning Brandis Hildensemensis.
Dilo Prandis Hildenheimensis.
Iohannes Doring Hildenstadensis.
30 Leonhardus Thesaurus Bibra.
Iohannes Hottenus Grimensis.
Baltasar Muller Erffordensis.
Ludowicus de Jena Erffordensis.

---

[1] In einen goldnen Rahmen eingefaßt, der von Zierrathen in Renaissancestil umgeben ist, steht der nackte, nur mit Lendenschurz umgürtete, aus seinen Wunden blutende Heiland mit Nimbus, die Geißeln und Staupbesen in den vor der Brust übereinander gelegten Händen haltend, neben der Mater dolorosa; zu seiner Linken vor ihm kniet der Rector in Chorkleidung, das rothe Barett in den Händen haltend. Außerhalb der Randleiste steht hinter dem Heiland ein Engel mit den Marterwerkzeugen, Lanze, Ysopstengel mit Schwamm und Becher mit Galle und Essig; hinter Maria ein Engel, eine von Goldschnuren spiralförmig umwundene Martersäule in den Händen haltend. Unter dem Rahmen ist das Wappen angebracht, welches nicht das Ziegler'sche ist: goldner nach rechts vorwärts springender Greif in Blau. Das Bild gehört zu den schlechteren und rührt, nach dem Monogramm E. D. zu schließen, von dem Chronistenschreiber Eoban Dolgen her. Die Initiale ist braun auf blauem Grunde.

Iohannes Reinhartt Arnstadensis.
David Riman Erfurdensis.
Petrus Bone Hildenheim.
Iohannes Spinros Burgensis.
5 Mattes Seyler Bambergensis.
Heinricus Gothfrist Bambergensis.
Adamus Kalden Fritzlariensis.
Wolfgangus Stripperg Staffelsteinn.
Dilomanus Pertram Halberstadensis.
10 Ioannes Herling Halberstadensis.
Iohannes Heger Molhausanus.
Heinrich Hane Molhausanus.
Kilianus Muller de Rattelstorff.
Nicolaus Nonsam Herwipolensis.
15 Valentinus Braun Erfordensis.
f. 201a Casparus Schatz Erffurdensis.
Iodocus Molmes Hildensheimensis.
Georgius Schmeling de Griße.
Adamus Kahl Herwipolensis.

20 **Ordo et numerus eorum qui dederunt quatuor solidos:**

Valentinus Muntzer Fuldensis.
Adamus Reimppus Libergensis.
Nicolaus Carolus Dolburgk.
25 Ioannes Almannus Hilgenstadt.
Baltasar Kremer Erffurdensis.
Paulus Sitzs de Blanckenburg.

Anndreas Nolle Eimbick.
Michael Dripsteinn de Unsleben.
Paulus Waynerus de Unsleben.
Arnoldus Utlaw ex Frisia.
Melchor Moller Erffurdensis.
Iohannes Galle Erffurdensis.
Steffanus Textor Erffurdensis.

Numerus eorum qui inequaliter dederunt:

Iohannes Kiriacus Homburg. 7 gr.
Iohannes von Berga de Bege 3 gr. 10

Qui sub aliis rectoribus sunt adscripti:

Quidem Blasius Molhausensis 4 gr.
Laurencius Hellermann 4 gr.
Heinricus am Ende.

Intuitu paupertatis gratis inscripti: 15 f. 201

Iohannes Firneman Aschfelliensis.
Franciscus Schillingk in majori Sommering.

Ex gratia rectoris:

Iodocus Linse Arnstadensis pedellus curie Moguntinensis. 20
Iohannes Leonis Fanner.
Casparus Heeringk Saltzensis.

Summa 74.

22[a] thaleros 21 gr. argent. ddt. 67 ad album studiosorum relati, de qua summa, defalcatis 2 thaleribus 18 gr. argent. pro pedellis, remanebunt 25
30 6 thal. et 9 gr. arg. pro dno rectore atque 12 th. et 21 gr. argent. pro universitate.

De residuo intitulaturae:

4 gr. argenteos quidam Blasius origine Mulhusensis.
4 gr. arg. Laurentius Hellermann. 30
35 4 gr. arg. Heinricus Am Ende.[b]

a-b Aus dem Rechnungsbuche des Rectors.

---

f. 201c

1554. Mich. 289. Rect. M. Ioh. Femelius.[1]

Usitato[1] more alme universitatis studii Erffordiensis quatuor facultatibus convocatis in die S. Luce Evangeliste anno domini millesimo quingentesimo quinquagesimo quarto nominatus electus et pronunctiatus est in rectorem venerabilis vir dominus Iohannes 35

[1] Kein Bild und kein Wappen, statt der Initiale ein leerer Raum.

Femelius artium liberalium magister sacre theologie baccalaureus formatus ecclesie collegiate beate Marie Virginis Erffordensis canonicus; sub cuius rectoratu intitulati sunt infrascripti:

201d

Solventes 12 solidos:

5 Dns Valentinus Seidel Annemontanus artium magister et iurium licentiatus nec non reverendissimi archiepiscopi Moguntini apud Erffordiam schultetus et vicedominus.
10 Fridericus von Herlingshusenn a Stornfels.
Iodocus a Kalenberg ex Padeborn.
Georius a Warmbach Planci Companis.
Wilhelmus vonn Hopfgartenn.

Numerus illorum qui dederunt octo solidos: 15

Valentinus Hornburg Brunschwicensis.
Iohannes Alberti ex Schmalkaldia.
Laurentius ab Ochtringen Lunenburgens.
Ioannes Lanck vonn Franckenburgk.
20 Heinrich Wenckl vonn Aschenburgk.
f.202a Iohannes Tantz e Schmalkaldia.
Georius Kornbach Erffordiensis.
Philippus Kempf } ex Hamelburg.
25 Paulus Decker }
Alexander Plecker Feldensheim.
Henningus Konerdingk Erffordiensis.
Nicolaus Weser Erffordiensis.
Noe Landestadt Erffordiensis.
30 Rotgerus Kramer Hoxariensis.
Vitus Grovenius Hoxariensis.
Conradus Menius Fuldensis.

Ioannes Grich Saltzensis.
Nicolaus Schickler Erffordiensis. 5
Hieremias Thicker Erffordiensis.
David Hase ex Osterfelt.
Andreas Seydell de Gretz.
Nicolaus Junge Erffordiensis.
Achatius Lochaw Halberstadensis. 10
Gerhardus Fabritius Berckensis.
Lampertus Drotbaum ex Bercka.

Numerus eorum qui dederunt quatuor solidos:

Eucharius Homerich de Westhausen. 15
Mauricius Conla de Cranach.
Sebastianus Schubart Gretzensis.
Iohannes Schillingius e maiore Sommerda.
Sigismundus } Femelius Erffordiensis. 20
Andreas }

Qui dederunt inequaliter: f.202b

Iohannes et } Weser 21 solidos.
Wolfgangus }
Iohannes Pick Lichensis $7^1/_2$ solidos.
Ioannes Straube ex Dilstorff 7 solidos. 25

Intuitu paupertatis gratis inscripti:

Heinricus Helgart Cranachensis.
Iohannes Bottener ex Udestedt.

Supradicto monarcha magistro Iohanne Femelio in anno rectoratus sui defuncto sub vicerectore eiusdem venerabili et eximio viro domino doctore Eobano Zeigeler, 30 35 ecclesie beate Marie Erffordiensis scolastico et canonico curieque archiepiscopalis ibidem sigilifero, recepti sunt ad album studiosorum infra designati:

Dederunt totum:

Laurentius Schrader Halberstadensis.
Wilhelmus Lobenberger Bambergensis.
f.202c Martinus Moldefelt Heilgenstadensis.
40 Iohannes Kreigk Numburgensis.
Georius Menius Isenacensis.
Georius Stede Erffordensis.
Ioannes Sella de Denstadt.
45 Theodericus Brickelius } de Lichaw fratres.
Crato Brickelius }
Bruno Novianus Hallensis.

Lucianus Wachtell Brunschwitzensis.
Iohannes Grippensrut Hagennsis.

Dederunt medietatem totius: 35

Casparus Ingelheit de Schmalkalden.
Chilianus Werner de Schmalkalden.
Valentinus Ambacha.
Iohannes Lewer Wetzlariensis.
Alexander Robein Gittelensis. 40
Ludovicus Schmelingk de Geisaw.
Philippus Starcke Bambergensis.

Heinricus Wiße Rastorfensis.
Nicolaus Dittelsheim Mintzbergensis.
Nicolaus Cammerforst de Mulverstedt.
Iohannes Hagen Fuldensis.
5 Iohannes Hufener Erffordensis.
Iodocus Wagener Forchensis.
Iohannes Junge de Rudestedt.

Dederunt plus solito:
Niclaus de Zcersen.
Leonhardus Nenning Wurtzpurgensis.
Matthias Hochslein Wurtzpurgensis.
Reinhardus Willungk Homborgensis. 5
Summa 73.

---

f. 201cb f. 203cd

1555. Mich. 290. Rect. M. Io. Sutoris de Marckerlbach.[1]

f. 204ab A[1] nativitate redemptoris nostri Iesu Christi supra millesimum quingentesimum[a] 10 quintum ipso die S. Luce evangelistae cum iuxta vetustissimam huius inclitae universitatis nostre Erphurdianae consuetudinem in lectorio theologico ambitus ecclesiae sacra- 10 tissimae deiparae virginis Mariae comitia pro eligendo novo rectore agerentur, omnibus debitis et consuetis rite et legittime observatis, tandem ipsa potestas eligendi novum monarcham et gubernatorem effrenae huius seculi iuventutis cecidit in reverendum in 15 Christo patrem et dominum Wolffgangum dei gratia episcopum Ascaloniensem de Ingolstat, liberalium artium et philosophiae magistrum Lipsiae promotum et hic re- 15 ceptum, reverendissimi in Christo patris et domini nostri domini Danielis sanctae Moguntinae sedis archiepiscopi, sacri Romani imperii per Germaniam archicancellarii ac principis electoris et celebris huius nostri gymnasii cancellarii, in pontificalibus vicarium, ecclesiae 20 beatae Mariae predictae canonicum, et prestantem ac eruditum virum, dominum Quirinum Listeman de Molhausen, artium ingenuarum et philosophiae magistrum collegam 20 maioris collegii apud S. Michaelem et dialectices professorem diligentissimum et fidelissimum, denique et in honestum et eruditum Michaelem Heßen Erphurdensem, baccalaureum et collegam Portae coeli; qui quidem tres ultimi electores, invocato prius 25 sancti spiritus auxilio, concordi unanimique consensu et voce elegerunt et statim post electionem et consensum publice denunctiarunt venerabilem eximium et prestantem 25 f. 204cd virum dominum Ioannem Sutoris de Marckerlbach, artium et philosophiae magistrum ecclesiae beatae Mariae virginis pretactae canonicum et seniorem ac nobilium illorum Georgii Christophori et Heinrici a Wertter dictorum consiliarium, magnam de 30 eo concipientes spem et opinionem, sua prudentia et consilio nostram rempublicam

[a] Hier ist quinquagesimum zu ergänzen.

---

f. 201ab [1] Großes Bild: Mariae Verkündigung; sie kniet vor einem Betpult, zu ihr tritt der Engel Gabriel in blauem faltigen Gewande, einen Szepter in der Linken; zwischen beiden steht auf dem Boden ein grüner blühender Lilienzweig in einer Vase. Ueber ihr schwebt der heilige Geist als Taube in einer goldstrahlenden Glorie, darüber Gott Vater. In den Ecken der Randleisten vier Medaillons antiker Köpfe. Unter dem Bilde kniet der Rector, Iohannes Sutoris, in Chorkleidung; vor ihm sein Wappen: ein silbernes Hirschgeweih (Achtender, wie auf dem Zieglerischen) in rothem Felde; das gleiche Geweih auf dem silbernen Helme, Helmdecken silber und roth. Das Monogramm des Künstlers G.N.; das Bild ist f. 204a farbenreich, aber ziemlich geschmacklos ausgeführt. In der blauen Initiale A mit Goldgrund steht dasselbe einfache Wappen (Achtender).

litterariam multum quidem eum posse iuvare. Quae quidem spes etiam minime fefellit. Nam post traditum sceptrum diu noctuque animo volvens revolvensque, quo collapsae nostrae academiae subveniretur, et cum ipse prae fortunae suae tenuitate non posset eam multum ornare et restaurare, tamen abiecto prorsus omni pudore et timore non 5 cessavit piorum et bonorum virorum auribus insonare, et precibus sollicitare, ut gymnasio nostro destituto et collapso facultatibus suis, quibus sine dispendio carere possunt, pro amore dei et nostre inclitae scholae incremento subveniant; et id quod tentavit bene cecidit. Nam reverendum in Christo patrem et dominum Ioannem Picum, divina gratia abbatem montis S. Petri, multis persuasionibus et precibus flexit et tandem 10 commovit, ut ex singulari pietate et benevolentia, qua esset affectus erga gymnasium nostrum Erphurdense, olim celeberrimum et fama inclitum, mille florenos ad comparandos annuos census pro augendis professorum salariis et stipendiis universitati hilari et prompto animo, haud inscius evangelici dicti „hilarem datorem diligit deus" donavit. Sub cuius prefectura et regimine hi sequentes litterariae militiae suae nostra dederunt:

15 Solventes 12 solidos:

Valentinus Roßwurm nobilis a Breittung dt. 12 solidos.

f. 204 d Numerus illorum qui dederunt 8 solidos:

Ioannes Schirmer de Zwickavio.
20 ✝ Arnoldus Sturmer filius civitatis Helomensis.
Wolffgangus Widel de villa Ehgenen prope Frinsingen in Beiernn.
Volckmarus Monder de Molhausen maiori prope Erffurt.
f. 205 a 25 Ioannes Steurlein de Schmalkalden.
Philippus Zyslerus de Kindellbruckenn.
Georgius Wartburgensis.
Iosephus Keuttel de Bamberga.
Ioannes Brune Wetzlariensis.
30 Valentinus Heun von dem Dorff Großenn Molhausen.
Nicolaus Marx de Forcheim.
Valentinus Ciremarus von Konigsehe.
Ioannes Molhausen von Tuntorff.
35 Michael Schilling de Molhaussenn.
Georgius Wentzel de Dottelbach.
Philippus Schultes de Schleusingen.
Christopherus Wagener filius Erphurdensis.
Gotfridus Schilbricht filius Erphurdensis.
40 Michael Ruel filius Erphurdensis.
Albertus Langhorst Zellensis.
Iacobus Volradt de Wercknerßhausen.
Michael Thurnus de Gebeßenn.
Ioannes Eliste Merseburgensis.
45 Ioachimus Dachauw.
Ioannes Burggraff Susatensis.
Sebastianus Hellerman.

Georgius Eylfer Luneburgensis. 15
Nicolaus Glener filius Erphurdensis.
Hieronimus Furster filius Erphurdensis.
Nicolaus de Lapide filius Erphurdensis.
Nicolaus Ziliax de Nehausen maiori.
Iacobus Krafft Mansfeldensis. 20
Conradus Heckel de Großen Burßla.
Erhardus Sibger de Bamberga.
Bertholdus Gothenn Duderstatensis. f. 205 b
Laurentius Bier Morstatensis.
Paulus Nier Erphurdensis. 25
Georgius Hollen.
Heinricus Wurtzler de Salcza.
Bonaventura Reich filius Erphurdensis.
Georgius de querco.
Valentinus Linderbach de Gunerßleben. 30
Simon Paulus de Egra.
Clemens Rasch Stolpensis.
Ioannes Ruprechthshausenn de Lasphe.
Bartholomeus Petri Striniensis.
Wolff Wampach filius Erphurdensis. 35
Friderieus Wager Rudigensis.
Heinricus von der Mesenn de Iocha.
Conradus Hauseman Bechemensis.
Cornelius Hartung filius Erphurdianus.
Valentinus Netius Wimariensis. 40
Petrus Mangler ex Francia.
Petrus Hartung Erphurdianus.
Georgius Leuttel Austatensis.
Nathanael Hauer Magdeburgensis.
Georgius Doliatoris de Steinheim. 45
Constantinus Kuch Erphurdensis.
Sifridus Kuch Erphurdensis.
Wolwertus Cordes Helemensis.

Numerus eorum qui dederunt quatuor solidos:

Martinus Brauquel Halberstatensis.
Conradus Weigelholcz Chalamensis.
5 Ieremias Nicolai de WergerßhaußenN.
Thomas Funck Talhemensis.
f. 205c Andreas Plomentrutz de Ordorff.
Ioachimus Kranchfelt de Arnstat.
Ioannes Sturm Kemnicensis.
10 Ioannes Wittel filius Erphurdensis.
Laurentius Behem Bambergensis.
Hartmannus Frey de Wixhausen.
Thomas Matheus Schmalkaldensis.
Andreas Plumastadiensis.
15 Conradus Betobius.
Daniel Engler de Munsterberck.
Laurentius Plavius de Cassel.
Ioannes Schol de Wanderßleben.
Valentinus Listeman de Molhausen.
Iosias Fabrinus Erichensis.
Caspar Zeutgraff de Tottelbach.
Wendelinus Wentzelius de Tottelbach.
Christophorus Gymmerßhausenn Romundensis.

Gratis et in gratiam magistri Andreae Kolers notarii universitatis inscripti sunt: 10

Georgius Loffeler de Grunhagen.
Daniel Loffeler de Grunhagen.

Summa 84.

Percepta[b]: 15

summa summarum de intitulatis 27 flor. 13 sol., de qua summa cedunt pedellis 3 flor. 20 sol., quia de quolibet intitulato debetur illis 1 sol. Rectori 7 fl. 19 sol.; nam tertia pars est rectoris; universitati 20 flor. 20 17 sol.; quia universitas habet duas partes de intitulatis.[c]

[b-c] Aus dem Rechnungsbuche des Rectors.

---

f.206a-b 1556. Mich. 291. Rect. Henningus Hopfe II.[1] 20

Bonis[1] placere qui studet, illi danda est opera, ut omni generi si possit satisfaciat et, si quod munus publicum ei obvenerit, ne tunc suum officium periclitanti reipublicae subducat, sed ad salutem et incolumitatem eiusdem omnem operam curamque convertat. 25 Ad hanc quidem integri animi sententiam suas actiones composuisse celeberrimum ac praestantissimum virum dominum Henningum Hopfen, praepositum et canonicum 25 beatae Mariae virginis, in confesso est. Nam cum anno 1546 esset in rectorem electus ac sequenti anno 1547 denuo pronunciatus moderator huius academiae suisque partibus, quantum animo totisque viribus conniti potuit, in utroque magistratu perfunctus fuisset, 30 ut merito spectatus satis et donatus iam rude debuisset censeri. Nihilominus cum pridie S. Luce evangelistae anno 1556 a venerabilibus ac doctissimis viris magistro 30 Hugoldo Strecker, canonico S. Severi, et Ioanne Hebenstreit, artium magistro et medicinae baccalaureo, ac magistro Michaele Beier, supradictae ecclesiae beatae Mariae canonico, in publicis literariis comiciis rector tertium renunciaretur, quamvis primo 35 quidem meditaretur hoc onus deprecari, tamen passus est tertio se includi gravissimae publicae functioni atque ut studiosorum commodum iuvaret, suo consilio et sedulitate est e 35

[1] Hinter der goldenen Initiale B in Blau steht der heil. Bartholomäus mit Nimbus in grünem Gewande mit rothem Ueberwurf, ein Buch in der Rechten, ein Schlachtmesser mit Schwertgriff in der Linken haltend. Monogramm: I. B. 1580.

Lovanio evocatus, latinae ac graecae linguae professor, Suffridus Petrus Leovardiensis Frisius, in utraque literatura ad unguem doctus, singulari modestia ac moribus mire candidis.

Sub huius magistratu sequentes sunt in album studiosorum recepti:

5 Suffridus Petrus Leovardiensis Frisius, latinae ac graecae linguae professor, donatus precio inscriptionis, ob reverentiam universitatis. 5

Plus toto solvens unus:

Simon de Tzerßen dt. 12 schneberg.

Catalogus totum solventium:

10 Ioachimus Gripswalt Luneburgensis magister Witenbergensis.
Henricus Breut Berckensis.
Martinus Schifferdecker Wittenbergensis.
Theodericus Frise Northemensis.
15 Ioannes Beyer de Dochebich.
Ioannes Hebell Eimbeccensis.
Sigismundus Plorock Herbipolensis.
Ioannes Stadelman de Hertzogenaurach.
Ludovicus Poppe Saltzensis.
20 Valentinus Smersingk de Geysa.
Ioannes Salman de Brochstedt.
Daniel Muller Wirtzburgensis.
Ioannes Biederman Bambergensis.
Justus Breytingk Fuldensis.
25 Ioannes Hoineman Osiburgensis.
Albertus Boden Gandersemensis.
Ioannes Suringk Hildeshemensis.
Valentinus List Molhusensis.
Alexius Lebenberger Bambergensis.
30 Ioachimus Schuneman[a] Luneburgensis.
Ioannes Muller Brunsvicensis.
Vitus Buscherus Hoxariensis.
Menolphus Mossingk Vunnenbergensis (Wim. ?).
Henricus } Guntheri fratres Erfurdienses non
35 Michael } iurarunt ob defectum aetatis.
Samuel Herbst de Gamstedt.
Andreas Tzwentzigk de Aschersleben.
Henningus et } vom Hagen
Christopherus } fratres Hildeshemenses.
40 Ioannes Arnstein } Erffurdienses non iurarunt
Henricus Grosse } ob defectum aetatis.
Ioannes Spet Fuldensis.
Ioannes Vulffgangus Dutzenrot filius doctoris Ioannis Dutzenrot, non iuravit ob defectum
45 aetatis.

Fridericus a Weyda de Hannover.
Ioannes Heunisius Borchtorpiensis.
Georgius Stocheim Luneburgensis.
Ioannes Schencke de Danrode. 10
Conradus Pruckener de Butstadt.
Valentinus Linck de Stocheim.
Ioannes Caesar Erfurdiensis.
Christopherus Knor Molhusensis.
Ioannes Lobestein Erfurdiensis. 15
Ioannes Schetlich Erfurdiensis
Nicolaus Lippart Erffurdiensis.
Iodocus Grunerme de Neustadt.

Ordo illorum qui dederunt 4 solidos:

Hartungus Ohem Molhusensis. 20
Daniel Steurlin de Smalckaldia.
Conradus Lange de Gamstedt.
Nicolaus Kappus de Buttelstedt.
Steffanus Heuck de Colleda.
Bertoldus Ruter Eimbeccensis. 25
Ioannes Nolte de Lasphe.
Zacharias Schuman de Schwerborn.
Nicolaus Raub de Zymmern am Etisberge.[1]
Laurentius Muth Erffurdensis non iuravit.
Iodocus Rulant Eimbeccensis. 30
Andreas Herwigk de Colleda.
Henricus Meyger Cellensis.
Adamus Balneator de Geysa.
Ioannes Muller Erffordensis non iuravit ob defectum aetatis. 35
Ioannes Jungkuntz Teuschvitzensis.

Ascripti gratis et pauperes:

Ioannes Hopffe Gandersemensis, nepos rectoris.
Sebastianus Kilian de Weychmar famulus rectoris.
Hemmingus Knoche Peinensis pauper dt. 1 solidum. 40

Summa 66.

[a] Schumeman.

[1] Ettersberg bei Weimar; das Dorf heißt Zimmern infra.

Accepta[b] priori anno:

20 flor. 17 sol. ab 65 in album relatis, quorum unus dt. 12 sol., et 45 ddt. tm., nempe 8 sol., facit 7 flor. 3 sol. Deinde 16 solverunt dimidium, scilicet 4 sol., facit 3 flor. 1 sol.; tertius pauper dt. 1 sol. ac duo nihil dederunt. De quibus cedunt pedellis 3 flor., rectori 5 flor. 19 sol. 8 ₰., universitati 11 flor. 18 sol. 4 ₰.

De residuo intitulature:

4 sol. dt. Steff. Weber.
4 sol. dt. Nic. Neuhuser, de quibus rectori 2 sol. 8 ₰, universitati 5 sol. 4 ₰.

b-c Aus dem Rechnungsbuche des Rectors.

f. 207a b

1556. Mich. 291b. Rect. Henningus Hopfe praepositus.[1]

(C)omitiis[1] literariis die Lucae evangelistae anno 1557 indictis, cum praecellens ac celeberrimus Henningus Hopfe praepositus et canonicus beatae Mariae virginis ingenti desiderio flagraret, ut a publico munere cessare permitteretur et promeritam rudem acciperet, diversum sibi contigit. Frustrata enim spe, dum cessationem sperat, magistratus a duodecim electoribus inopinanti et obluctanti sibi prorogatur, ut nolens intellexerit verum esse quod dicitur: Non omnia evenire, quae quis animo statuerit.

Aequo itaque animo tolleranda erant fata numinum, per quae sibi non daretur quies, quam eo magis optaverat, quod praevidisset Musarum sacra hic temporum malignitate et iniuria rerumque omnium perturbatione, aliquamdiu irreverenter habita et tantum non pereuntia, se autem imparem esse, qui ea ab impendenti interitu recipere et in suum locum reducere posset. At vero fatis adactus indecorum putavit suam stationem deserere, quin potius impigre magnoque animo curas huius scholae capessere aggressus pro virili tutatus est tristes Camoenas omnemque operam contulit, ut res literaria inclinata, si non posset instaurari, saltem fulciretur. Quodsi non omnia ex sententia successerunt, fortunae imputandum est. Homines utilia consulere possunt, sed eventus bene consultorum in manu dei est. Quod quoque negocium coenobii Augustinensium[2] lente procedit, non defuit neque animus neque conatus. Profecto summa cura optimaque fide elaboratum est ut exequeretur, sed iniquitas temporis intulit moram ac bella, maxima vitae humanae mala, odiose obstiterunt. Non est tamen spes prorsus abiicienda, neque ab ipsa messe discedendum, satis accurate et exquisite haec providentur, modo dominus Deus nos respiciat detque foelicem exitum.

Hoc anno infrascripti nomina sua academiae dederunt:

f. 207c d

Plus toto solventes:

Ciriacus de Burgdurff nobilis dt. 12 sol.
Otto a Gratinga Frisius nobilis dt. 12 sol.
Vitus Ulricus Truchses a Kuntzhusen nobilis dt. 12 sol.

[1] Kein Bild, kein Wappen, statt der Initiale eine leere Stelle.

[2] Dies bezieht sich unzweifelhaft auf die beabsichtigte Gründung des evangelischen Rathsgymnasiums; siehe die Einleitung zum 295. Rectorate und des Herausgebers Hierana I, Erfurter Gymnasialprogramm Mich. 1861, S. 24; Hogel's Chronik zu den Jahren 1556 und 69, fol. 196c und 203a.

Totum dantes:

Bertoldus Laffart patricius Luneburgensis.
Hermannus Kramer Hildesemensis.
Henricus Ebelius Gißensis.
f. 297d 5 Sigismundus Zoschelein Wirtzburgensis.
Ioannes Hillewinck Erfurdensis.
David Keppeler Saltzensis.
Andreas } Wettich Erffurdenses fratres
Ioannes } non iuravit ob defectum aetatis.
10 Iodocus Beutler Wetzlariensis.
Casparus Dolesius de Gorbetzhoffen.
Georgius Leffeler de Gronenhagen.
Henricus Francke Erfurdiensis.
Theodosius Heldingk Moguntinensis.
15 Gregorius Doringk Bernburgensis.
Nicolaus Pfoel Erfurdiensis.
Henricus Wagener Erfurdiensis.
Baltazar Schwengefelt Erfurdiensis non iuravit ob defectum aetatis.
f. 298a 20 Tako Thiara Leovardiensis Frisius.
Ioannes Wachtel Heilgenstadensis.
Laurentius Dithmar de Binterslebenn.
Gregorius Gregorii Halberstadensis.
Andreas Regenboge Hildessemensis.
25 Henningus Philips } de Bokenem.
Ioannes Bosse }
Henricus Merckel } de Bamberga.
Henricus Hager }
Ioannes Hochenbergk Erfurdiensis.
30 Ioannes Eltzen Halberstadensis.
Bertoldus Sprochoff Gottingensis.
Petrus Buttener de Gera.
Caspar Kannegisser } Erffurdienses non iurarunt
Paulus Mueße } ob defectum aetatis.
35 Baltazar Hartmannus Molhusius.
Paulus Molstein Misnensis de Franckenbergk.
Ioannes Hesbergk patricius de Humborgk.
Ioannes Oemechen ex Berga in Norvagia non iuravit ob inscitiam latinae linguae, sed
40 promisit fidelitatem stipulata manu.
f. 298b Ioannes Hofaleyn Plenckfeldensis.
Steffanus Soltwedell Osterburgensis.
Iustus Brandes Hildessemensis filius patroni collegii Saxonici.
Ioannes Wildefuer Hildessemensis.
Georgius Gleiman Mulhusensis.
Ioannes Utlo Gottingensis. 5

Numerus qui dederunt 4 solidos:

Ioannes Krumpach Schmalchaldensis.
Iacobus Holtegell Eimbeccensis.
Paulus Guldener Meiningensis.
Andreas Koler de Nortten. 10
Nicolaus Mullor Erfurdiensis.
Caspar Köningk Erfurdiensis.
Conradus Eberhardus de Schmalkaldia.
Daniel Schulteß Peinensis.
Adamus Mangolt Fuldensis. 15
Andreas Koch Aschaniensis.
Ioannes Metzell de Brampach maiore.
Valentinus Guicks Geysensis.
Ioannes Faber de Brampach maiore.
Conradus Bohemus Bambergensis. 20 f. 298c
Paulus Friderich de Stendel.
Abrahamus Orlingk Erfurdensis.
Henricus Caspar de Marlshusenn.
Andreas Francke }
Andreas Thomas } Erfurdienses. 25
Abrahamus Reych }
Nicolaus Holtzapfel Bambergensis.
Martinus Floccus Fuldensis.
Ioannes Hertzogk de Neunburgk.
Ioachimus Getelins Erfurdensis. 30
Magnus Mettenkop Hamburgensis.

Gratis ascripti:

Georgius Wenth Gandersemensis.
Henningus Barla Eimbeccensis, nepotes rectoris ex sororibus. 35
Christophorus Raspach Fuldensis pauper famulus mag. Sifridi Went. f. 298d

Summa 73.

Accepta[a] posterioris anni ab ascriptis:

22 flor. 10 sol. ddt. 73 albo conscripti, quorum 3 ddt. singuli 12 sol., facit 1 flor. 15 sol. Deinde 42 solverunt tm., facit 16 flor.; tertio 25 dt. dimidium, facit 4 flor. 16 sol. De quibus pedellis 3 flor. 7 sol., rectori 6 flor. 8 sol., universitati 12 fl. 16 sol.[b] 40 45

a-b Aus dem Rechnungsbuche des Rectors.

f.209cd

1558. Mich. 292. Rect. M. Hugold. Strecker.

Die[1] divi Lucae evangelistae anno a nato Iesu Christo salvatore nostro 1558, existentibus triumviris atque electoribus multis nominibus ac virtutibus ornatissimis viris et dominis Gotfrido Berckman, sacrarum literarum et Hermanno Hausen, jurium bacca-
5 laureis artium bonarum magistris et ecclesiae beatae Mariae virginis Erphordensis canonicis, nec non magistro Ludovico Helmboldo, poëta insigni et sobrio gymnasii maioris collega, divino ut par piumque erat invocato numine, ex improviso et praeter omnem spem in monarcham universitatis Erphordiensis electus atque designatus est multae eruditionis magnaeque facundiae vir, dominus Hugoldus Strequerus Heiligen-
10 stadiensis Moguntinensis diocesis, artium ingenuarum magister et ecclesiarum sancti Severi Erphordensis et S. Martini Heiligenstadiensis canonicus. Qui licet inprimis tantam subire provinciam se omnino non idoneum agnosceret eamque suscipere summis conatibus recusaret, victus tamen sedulis precibus praefatorum dominorum electorum aliorumque optimorum ac honestissimorum virorum et, quod saepe in ore habere con-
15 sueverat, Ciceronis dictum: „Neminem nimirum sibi soli natum, sed partem ortus nostri sibi vendicare patriam, partem parentes, partem amicos etc.," in memoriam revocantium, totum se universitati nostrae dedit et addixit, et ita ut potuit, non ut voluit, rempublicam literariam administravit. Fuerunt autem passim et ubique per totum hunc annum, quo summa potestas scholae Erphordianae apud praedictum Hugoldum fuit
20 omnibus modis admirandae considerandae et suspiciendae omnium rerum atque temporum et personarum quoque vicissitudines ac mutationes.

Invictissimo enim vereque magno divoque imperatore et augusto Carolo V. die f.210ab 20. mensis Septembris anno 1558 mortuo, Ferdinandus frater eius germanus ex resignatione Caroli iamdudum facta imperator Romanorum Francofordiae pronunciatus
25 prima comitia primo Martii anno 1559 Augustae coegit.

Bellum maximum ultra annum inter duos potentissimos Galliae et Hispaniae reges, summis et maximis impensis, sub diverso plane Marte multis militibus interemptis et captis, civitatibus quoque ac munitionibus pluribus exustis debellatis et devictis, gestum aequissimis passim propositis condicionibus pacis est sopitum et in perpetuae firmissi-
30 maeque pacis fidem rex Galliae Hispaniarum regi Philippo filiam et duci Sophoiae sororem matrimonio iunxit. Ipse vero rex dum in nuptiarum solennitatibus 30. die Iunii anno 1559 tertium cum quodam insigni emerito militum suorum praefecto, acri ferro (principes uti solent) eques dimicaret, fracta lancea in fronte percussus, undecimo die Iulii vitam finivit.

35 Dithmarienses, populus fere Scythicus, debellati et victi sunt.

Rege Daciae, Augusti Saxoniae ducis atque principis electorisque socero, defuncto filius eius in regem unctus est et coronatus

Livonia immania bella, a magno potentissimoque Muscoviensi principe illata, est passa neque eorum adhuc est finis.

[1] Kein Bild, kein Wappen, keine bunte Initiale. Die Einleitung wurde erst gegen Ende des Jahres 1558/59 eingetragen; s. Z. 32.

19cd Abbates et monachi Bursfeldiacae reformationis coacto capitulo iubilate anno 1559 Erphordiae in coenobio regio divi Petri convenerunt, fuerunt autem praesentes abbates solummodo novem.

Venerabile capitulum ecclesiae S. Severi sibi magnificum dominum rectorem 5 Hugoldum in scholasticum, quod foelix faustumque parti utrique sit, elegit atque praefecit

Pancratius Helbichius Erphordianus, per Iunium Paulum Crassum in doctorem promotus Patavii ibidemque rector et in ditione Venetorum eques auratus, ad facultatem medicam penultima Ianuarii anno 1559 receptus, dt. 1 florenum in auro. In- 10 scripti 1558 et 1559:

f. 211a **Dederunt 12 solidos:**

Ioannes Clinckhart Erphordensis dni Valentini, artium mag. iurium baccalaurei et quondam apud Erphordiam sculteti et vicedomini, 15 filius.
Liborius Strecker, Ioannis fratris rectoris filius.
Andreas } Ioannes } Guttiar fratres sororis rectoris filii.
20 Reinhardus Hugoldt Molhausensis, Ioannis Hugolt consobrini rectoris filius. Et nota quod ultimi hii quatuor ob aetatis et intellectus defectum non iurarunt.
Bernhardus Monnich Naumburgensis nobilis 25 et ibidem ecclesiae cathedralis canonicus.
Albertus Reich ex Leubingen nobilis.
Henricus de Werdern Cadensis.
Ioachimus de Werdern Woltersdorffensis.
Christophorus a Bila nobilis.
30 Melchior a Rindtdorff nobilis.
Lucas Worm ex Volgmarßhausen nobilis.
Georgius ab Heilingen Neunheilingensis nobilis.

Dederunt 8 solidos:

Valentinus Gilde ex Aldendorff qui nondum 35 praestitit iuramentum.
Valentinus Bilep ex Thalheim.
f. 211b Ioannes Wendel ex Rattelsdorff.
Hieronimus Hennig Erphordianus.
Georgius Eberhardi Wurtzburgensis.
40 Iacobus Dornpuschel Carlstadianus.
Bartholomeus Moller Erphordianus, qui ob aetatis defectum nondum iuravit.
Philippus Junger Oschacensis.
Helias Krug ex Mergelheim.
45 Valentinus Behemer Amerbawensis.
Adamus Bernhardt Gottingensis.
Theodericus Ghering Gottingensis.
Nicolaus Lusche Erphordensis.

Vitus Ulricus Schade ex Tunttorff, qui ob aetatis defectum nondum iuravit.
Theodericus Krumme Erphordianus.
Ioannes Ludeman Halberstadensis.
Georgius Schußeler Wartbergensis. 15
Michael } Iacobus } Wirsing fratres Erphordiani.
Cornelius Bernhardi } Hugo in den Hoffen } Berckenses.
Ioannes Röseler Rödingensis. 20
Adelarius Voigt Holtzhausensis.
Andreas Tziegeler Coloniensis.
Ioannes Georgius Scheld Casselensis.
Marcus Daltsch Hamelensis.
Ioannes Wolfgangus Otto Geriltzhoffen ecclesiae 25 Novi monasterii apud Wurtzburgenses canonicus.
Burghardus Beckman Gottingensis.
Sebastianus Bischoff Saltzensis.
Caspar Leuffer Erphordensis. 30 f. 211c
Ioannes } Sebastianus } Napttzer fratres Erphordiani ob aetatis defectum nondum iurarunt.
Georgius Tziegler Erphordensis nec hic ob causam iam dictam iuravit.
Ioannes Dornheim Erphordensis, qui etiam nondum iuravit. 35
Eberhardus Utlo Svollensis.
Caspar Schirnhag ex Hannover.
Simon Heronis Alcmarianus Hollandus.
Valentinus Sperling Carlstadiensis. 40
Balthasar Sutoris Erphordianus qui ob causam ut alii hic suprapositi non iuravit.
Thomas Stephani Molhausensis.
Georgius Rudiger Erphordensis, nec hic ex causa supradicta iuravit. 45
Michael Gerstenbergk Erphordensis.
Ioannes Gruppe } Ioannes Silberschlag } Bartholomeus Bering } Ioannes Hopffner } Erphordiani nondum iurati hic; hic (Ioa.) iuravit mihi Ioachimo Henken iurium dri 18. Sept. 1567. 50

Caspar Stöcker Gottingensis.
Philippus Rost Saltzensis nondum iuratus.
Philippus Grune Magdeburgensis.

Dederunt 6 solidos:

5 fr. Volgmarus Schuppe } ex maiori Guttern.
fr. Ioannes Weber
f. 211d fr. Michael Herwigen } Molhausenses,
fr. Ioannes Beidell
omnes conventuales monasterii Reiffen-
10 stein Moguntinensis diocesis nondum iurarunt.

Dederunt 4 solidos:

Caspar Styher ex maiori Brempach.
Balthasar Coci Buttelstadiensis.
15 Thomas Mey Franckenhausensis.
Ioannes Pilwitz.
David Thilo Vratislaviensis.
Ioannes Albinus Rastorffensis.
Michael Molitoris Thonnensis.
20 Michael Saccus Meringensis.
Ioannes Bauenstede Hildeshemensis.
Ioannes Adamus Sesensis.
Valentinus Bartholomeus Kindelbrugensis.

Gratis:

Christianus Moller ex Talheim.
Constantinus Taubenrauch. 5
Ioannes Deder Northausianus in gratiam reverendi dni Augustini abbatis in Reiffenstein nondum iurarunt.
Hieronimus Acker Salctzungensis famulus dni licentiati Valentini Seidelii Sculteti et vice- 10 domini Erphordensis et in gratiam eiusdem.
Ioannes Strecker Heiligenstadiensis rectoris fr. dt pedellis 1 sol.
Severus Baumgarte Erphordensis dt. pedellis 15 1 sol.
Ioannes Ham ex Teußnitz rectoris famulus.
Et nota: omnes tres in gratiam rectoris sunt inscripti, sed ultimi duo ob aetatis defectum nondum iuraverunt. 20

Summa 84.

Ab[a] ascriptis:

25 thal. 18 sol. ddt. 84 in album universitatis nostrae relati, quorum 13 singuli solverunt 12 sol., facit $6^1/_2$ thal.; 49 ddt singuli 8 sol., 25 facit 16 thal. 8 sol.; et 4 singuli 6 sol., facit 1 thal. 11 vero singuli ddt. medietatem, utpote 4 sol., facit 1 thal. 20 sol. Et deinceps 7 gratis sunt inscripti, quorum 2 saltim ddt. singuli pedellis 1 sol. — De quibus pedellis 3 thal. 7 sol., rectori 7 thaleri 11 sol. 8 ₰, universitati 14 thal. 23 sol. 4 ₰.[b]

a-b Aus dem Rechnungsbuche des Rectors. Auch in diesem wird der Joachimsthaler = 24 sol. gerechnet.

---

f. 212a b 30 1559. Mich. 293. Rect. M. Gotfr. Berckman Susatensis II.[1] 30

Eo[1] tempore, quo singuli quorum potissimum interest ad electionem novi rectoris ex more et instituto maiorum convenire solent, ipso die, scilicet divi Lucae evangelistae anno incarnationis filii dei 1559, sors eligendi forte fortuna devenit ad egregios et omni virtutum genere prestantissimos viros, dominum magistrum Hermannum Hausen, 35 iuris utriusque baccalaureum ac eiusdem ordinarium interpretem accommodatissimum, 35 pium eruditumque virum dominum magistrum Theodoricum Algessheim, aedis Marianae canonicos, et dominum ingenuarum artium magisterio clarum Ioannem Gunderamum,

[1] Die blaue Initiale E, durch drei Vordertheile von Delphinen gebildet, steht in einem rothen Bogen, welcher von zwei grünen unten bauchigen Säulen getragen wird.

dialectices artis professorem acutissimum collegiique Portae coelestis collegam dignissimum, qui invocato nominis divini auxilio unanimi consensu in gymnasiarcham elegerunt omniumque applausu pronunciarunt honestum virum, dominum artium et philosophiae magistrum Gotfridum Berckman Susatensem, sacrarum rerum mysten aedisque 5 beatae Mariae virginis canonicum. — Sub cuius prefectura (a non vulgariter eruditis et celebritate famae conspicuis viris in biennium usque prorogata et divini luminis assistentia administrata) hi subscripti literariae militiae nomina dederunt:

Plus solito solventes:

Reverendus pater dns Kilianus Vogel, coenobii 10 montis divi Petri Erphordiensis abbas dt. septem florenos et unum pedellis.
Clarissimus dns dr. Ambrosius Schurerius Annemontanus syndicus huius almae urbis dt. 1 thalerum.
f.212b 15 Eximius dns Henricus Knaust Rostockensis iurium licenciatus et ecclesiae beatae Mariae virginis Erphordensis canonicus dt. 1 thal.
Ioannes Henricus a Beschwitz nobilis canonicus 20 Neubergensis dt. thal.
Simon Truchses de Westhausen nobilis ecclesiae cathedralis Wurtzburgensis canonicus dt. 18 schneberg.
Christianus Judae clarissimi domini doctoris 25 Georgii Judae filius dt. 12 schneb.
f.212c Ericus de Lippia Padebornensis nobilis et canonicus Vrislariensis dt. 12 schneberg.
Bernhardus Judae Padebornensis nobilis et canonicus Vrislariensis dt. 12 schneberg.
30 Heinemannus Droste Warburgensis canonicus Vrislariensis dt. 12 schneberg.
Christophorus de Valckenbergk Paderbornensis nobilis et canonicus Spirensis dt. 12 schneberg.
35 Georgius Swallenbergk Paderbornensis canonicus Vrislariensis dt. 12 schneberg.
Henricus ab Heinetz in Lethau nobilis dt. 12 schneberg.
Hermannus Caesarius Berckensis Coloniensis 40 magister dt. 12 schneberg.

Integrum solventes:

Georgius Schurer Lipsensis filius clarissimi dni dris Ambrosii Schurers dt. 8 schneberg. ob defectum aetatis non iuravit.
45 Henricus Vischer de Franckenhausen.
Georgius Wenth Ganderßhemensis.
Conradus Lampertus Bodenwerder.
Iodocus Lupi Hoxariensis.
Conradus Behem Aschaffenburgensis.

Wolffgangus Sommer de Sebach.
Henricus Wißbach Erffordensis.
10 Christophorus Brunkhorst
Hyeronimus Kerst
Abraham Dolle
Balthasar Freundt } fratres
Laurentius Freundt
15 Chasparus Nack
(Christophorus Brunkhorst … Chasparus Nack: Erffordenses non iurarunt.)
f.212d Georgius Schurer Annemontanus.
Andreas Giesell Trevordensis.
Wolffgangus Roderman Molhusensis.
Henricus Eggerdes Ganderßhemensis.
20 Ioannes Herringshusen Ganderßhemensis.
Ioannes Wagener de Weistenaw prope Moguntiam.
Balthasar } Deustat Erffordenses fratres non
Iacobus } iuraverunt.
25 Hieronimus Bernstell } Erffordenses fratres.
Wilhelmus Bernstell
Sebastianus Steude } Erffordenses fratres non
Andreas Steude } iurarunt.
Ioannes Machemeß Erffordensis non iuravit.
30 Georgius de Margaritis.
Nicolaus Gunderamus Erffordensis non iuravit.
Fridericus Glaser de Horthusen.
Eobanus Ziegeler Erffordensis non iuravit.
Ioannes Fhoell Gottingensis.
35 Bartholomeus Duchner Arnsteinensis.
Laurentius Faber Morstadensis.
Philippus Faber Hamelborgensis.
dns Nicolaus Groner Zigenrickensis.
Henricus Muntzerus Sebergensis.
40 Bonaventura Stirnnickell Ilmensis.
Georgius Hartungus Danhemensis.
Liborius Franckenhuß Erffordensis.
Michael Willerus } Erffordenses fratres.
Iosephus Willerus
45 Ioannes Ottho Duderstadiensis.
Ioannes Vargelius ex Reinsdorf prope Arternam.
Casimirus Wilt Crallessemensis.
Balthasarus Pambst Carolostadiensis.
50 f.213a Ioannes Eggerdes Gandershemensis.

Conradus Bitter Hildeßhemensis.
Henricus Wageman Hanoverensis.
Kilianus Richardt Wurtzburgensis.
Georgius, Erasmus, Eobanus, Ioannes Moller, Errfordenses fratres ob defectum aetatis non iurarunt.
Ioachimus vom Hofe Errfordensis, Chasparus Duns Errfordensis nondum iurarunt.

10 Numerus eorum qui quatuor solidos numerarunt:

Bartholomeus Morenbart Errfordensis.
Ioannes Arnoldi de Heringen.
Urbanus Walter de Rochlitzenn.
15 Ioannes Rodolphi Erffurdensis.
Burckhardus Warendorpius Gestorpiensis.
Conradus Vette Padebornensis.
Daniel Ebelinck Zesensis.
Ioannes Lange Ganderßheimensis.

Theodorus Einem Hildeßheimensis.
Ioannes Steinfelt Molhusensis.
Ioannes Hertterich Konichbachensis.
Stephanus Hernworst Ilmennacensis.
Georgius Hernworst Errfordensis non iuravit. 5
Georgius Pfaffe Geisensis.
Ioannes Colbius Steinbachius.
Ioannes Nachtweide Duderstadiensis.
Iodocus Schonenbergk Hildeßhemensis.
Nicolaus Helbach Errfordensis. 10

Gratis inscripti:

Ambrosius Grosche Molhusensis in gratiam dni doctoris Juden.
Chasparus Adam Grotgoviensis gratis ob paupertatem. 15
Bartholomeus Schlosser alias Schaffer Grotgoviensis nepos ex sorore M. Christophori Hoffman, in cuius gratiam inscriptus est.

Summa 90.

---

20 1560. Ost. 293b. Rect. M. Gotfridus Berckman II.[1]

Anno[1] hoc presenti 1560 die vero XIX. mensis Maji, insigni pietate erudicione absoluta dignitatibus titulisque multis praediti viri et domini undiquaque reverenter suspiciendi doctoratus insignia:

Dns Henricus Coci decanus aedis Severianae 25 pius et religiose devotus.
dns Lucas Otto syndicus admodum doctus et facundus imperialis civitatis Mulhusensis.
dns Henningus Hopffe, ecclesiae beatae Mariae virginis praepositus dignissimus, unicus 30 studiosorum omnium supra quam dici potest, Mecaenas paratissimus praesidiumque certissimum. 25
dns Hermannus Hausen cantor et canonicus ac syndicus aedis Marianae, non minus facundia quam morum suavitate raraque doctrina praestans,

artium et philosophiae magistri, maximo rerum apparatu ac in magna hominum 30 frequentia omnibusque applaudentibus, per egregios et clarissimos viros ac dominos utriusque iuris doctores Georgium Juden et Ambrosium Schurerium in celebri loco, nempe famoso choro Mariano, sunt consequuti.

35 Plus solito solventes:

Iacobus de Etschendorff nobilis dt. 16 schneberg.
dns Hoigerus Wittekop Soltwedelensis canonicus Marianus dt. 12 sneberg.
Gebhardus de Bothmar nobilis canonicus Hyldeshemensis dt. 12 sneberg. 35
Ioannes Timpe Coisvaldiensis canonicus Halberstadensis ad beatam virginem dt. 12 sneberg.

---

[1] Kein Bild und keine Initiale. Ueber seine Wiederwahl ist schon oben fol. 212ab, S. 397 Z. 6, berichtet, daher hier nur einige Universitätsakte des zweiten Rectorats aufgeführt sind.

Cornelius Kastener Confluentinus 10 sneberg.
Bartholdus Naschius Hoxariensis 10 sneberg.

Totum solventes:

Ioannes } Thym fratres Erffordenses non
5 Balthasar } iurarunt.
Rodolphus }
Ioannes Elias Lemgoviensis.
Franciscus Hordorff Molhusensis.
Adolarius Treuner Erffordensis.
10 Valentinus } von der Sachßen fratres Erphor-
Erhardus } denses non iurarunt.
Anthonius Möckerus Hillesiensis.
Martinus Thomas Erffordensis.
Henricus Rodius Erffordensis.
15 Georgius Hornungk }
Conradus Stille } Erffordenses non iurarunt.
Georgius Utisber }
f. 214 b Mauricius Kollingk Erffordensis.
Franciscus Kein de Dachbich.
20 Paulus Deslach ex Bingen.
Ludovicus Rothaus Confluentinus.
Ioannes Nether Erffordensis.
Ioannes Malsius Prodrodensis.
Petrus Scheidewegk Ascaniensis.
25 Ioannes Brawer Annemontanus.
Mathias Barthius Laupachensis.
Conradus Modigerus Lutbeccensis.
Henningus Pini Hildesianus.
Eobanus } Ziegler fratres
30 Wendelinus } Erffordenses non iurarunt.
Ioannes Philips }
Tilemannus Dove Gandershemensis.
Ioannes Gotfridus Gontz de Schluchter.
Ioannes Koster Wolffenbuttellensis.
35 Ioachimus Mollitz Werungkradensis.
Henricus Volckerath Weichmariensis.
Ioannes Lemmer Erffordensis non iuravit.
Godescalcus de Satha Erffordensis iniuratus.
Wolffgangus Monich Erfordensis.
40 Michael Greitz } Erffordenses non
Hieronimus Willer } iurarunt.
Georgius Weysmantel }

Nicolaus Stotterheim Erffordensis.
Christophorus Mollerus Brunschwicensis.
Ioannes } Faber fratres
Valentinus } Erffordenses iniurati.
Valentinus Volckenrath Saltzensis. 5 f. 214 c
Fridericus Wullenschleger Erffordensis.
Georgius Dorffig ex minori Ochssenfort.
Batholdus Starcke Molhusensis.

Medium solventes:

Ioannes Tecke Bargentricken iniuratus. 10
Ioannes Triller Erffordensis } iniurati.
Andreas Herinck de Northausen }
Christophorus Cellarius Wachemensis.
Michael Gebhardt Eislebiensis (Eischleben) prope Erffurdiam. 15
Ioannes Nagel Doringensis prope Erffurdiam.
Ioannes Durkauff }
Iacobus Beisse } Erffordenses non iurarunt.
Nicolaus Wittel }
Ioannes Mebius Erffordensis. 20
Laurentius Ala Erffordensis.
Christophorus Kersten Vortzensis.

Gratis inscripti: f. 214 d

Gotfridus Klemme } Erffordenseis patrini 25
Siffridus Gotfridus Ziegler } rectoris iniurati.
Gotfridus Eberbach }
Gotfridus Stede }
Sebastianus Bruhem ex maiore Vargula.
Ioannes Starcke Erffordensis.
Gregorius Schirweiß Grotgoviensis. 30
Ioannes Meister de Blaw prope Arnstadt in gratiam reverendi suffraganei.
Nicolaus Walter Erffordensis non iuravit.
Andreas Engelhart de Kranach famulus rectoris. 35
Nicolaus Splendidus Molhusensis pauper. Hic solvit 8 sneberg. sub rectoratu doctoris Pancratii Helbich (R. 295).

Summa 76.

Percepta[a] posterioris anni: 40

3 thal. ddt. 6 inscripti. quorum primus dt. 16 sneberg., 3 sequentes duodenos sneberg. et 2 sequentes quilibet 10 sneberg.; 16 thal. 8 sneberg. ddt. 49 inscripti totum solventes; 2 thal. ddt. 12 medium solventes; 11 gratis, quorum septimus dt. 1 sneberg. pedellis. De quibus pedellis 2 thal. 20 sneberg., rectori 6 thal. 4 sneberg., universitati 12 thal. 8 sneberg.[b] 45

a-b Aus dem Rechnungsbuche des Rectors, welches aber 49 als voll bezahlend anführt statt 47.

f. 215a b

1561. Mich. 294. Rect. Dr. Herm. Hausen I Berckensis.[1]

Felicem[1] eum vitae statum esse, qui procul a negotiis publicis semotus sit, licet quam plurimi et recte et sapienter censuerunt, eo quod in publica functione constituto multa praeter opinionem et spem contingere soleant, et alias difficillimum sit aliis 5 bene imperare, tamen cum ex praestantissimi philosophi Platonis sententia (quam sapientissimi quique omnibus modis approbant, et eruditissimi scriptis celebrant) nemo sibi tantum natus sit, sed ortus nostri partem patriam, partem parentes et partem amicos sibi vendicare et cognatio illa, quam ex Florentini iurisconsulti sententia natura inter nos constituit, omnino nobis persuadeat nostram operam et officium aliis 10 communicare ipsisque quantum in nobis est benefacere, non potuit non egregius et clarissimus vir dominus **Hermannus Hausen** ex Bercka, artium et iurium doctor collegiatae ecclesiae divae virginis Erphurdensis cantor et canonicus, iam secundo ad rectoratus dignitatem per ornatissimos viros dominos Hugoldum Strecker Heilgestadensem, sacrae aedis S. Severi scholasticum et canonicum, Ludovicum Helmboldum 15 Molhusensem et Bonifacium Hordorff ex pago Molhusia maiori, artium et philosophiae magistros, anno a partu virgineo millesimo quingentesimo sexagesimo primo, die vero S. Lucae evangelistae vocatus eam lubens suscipere, eo quod scholae nostrae se plurimum debere non ignoravit; ut enim ambitionis est magistratum aliquem facile suscipere, ita pertinacis est, oblatum legitime imperium detrectare. Sub cuius magistratu hi sub- 20 sequentes universitati nomina sua dederunt:

Series eorum qui plus solito dederunt:

Ioachimus a Britzke nobilis dt. 12 sol.
Oswaldus Wittich von Craumsdorff dt. 12 solid.
Guilhelmus Wittich von Craumsdorff dt. 12 solid.
f. 215b 25 Ernestus Wittich von Craumsdorff dt. 12 solid.
Daniel Muller Braunschweichsensis dt. 1/2 floren.

f. 215c

Ordo eorum qui octo dederunt:

Christophorus Walwitz Magdeburgensis.
Casparus Bauch Erphurdensis.
30 Ioannes Fischer Erphurdensis.
Adelarius Horningk Erphurdensis.
Henricus } Pinckpanck
Bartholomeus } fratres Erphurdenses.
Eobanus Kestener Erphurdensis.
35 Christianus Kemer Croneburgensis.
Caspar Kesseler Erphurdensis non iuravit propter aetatis defectum.
Balthasar Heide de Arnstein.
Ioannes Eichler Ingelstadiensis.
40 Henricus Schade Erphurdensis.
Nicolaus Dichmannus Erphurdensis.
Gabriel Heisse Northemensis.
Ioannes Marggraf Erphurdensis.
Georgius Zacharias de Waltersleben.
Valentinus Kern Herbipolensis.
Ioannes Reyse Erphurdensis.
25 Sigismundus Senior Mersburgensis.
Samuel Spiess Erslebensis.
Christophorus Milwitz Erphurdensis.
Valerius Agricola Chemnicensis.
Valentinus Muller Gandersheimensis.
30 Georgius Agricola Chemnicensis.
Adelarius Boner Franckenhausensis.
Henningus Fuschs Hildesianus.
Ioannes Buntzer alias Berichus Fritzlariensis.
Carolus Opel }
35 Volckmarus Opel } de Jorgenthal.
Hieronymus Leo }
f. 215d Laurentius Rywendt de Bredoto.
Henricus Vespermannus Hamelensis.
Christianus Eckardus Bodenrodanus.
40 Georgius Idershausen Gottingensis.
Andreas Schmides Halberstadensis.
Ioannes Kniphoff Hildesyanus.
Henricus Sodt Duderstadensis.

[1] Kein Bild und kein Wappen, auch keine gemalte Initiale.

Rudolphus Iring Duderstadiensis.
Ioannes Holderus Juterburgensis.
Ioannes Martinus Juterburgensis.
Ioannes Leman Juterburgensis.
5 Andreas Poach Northusanus.
Petrus Poach Northusanus.
Augustinus Schade Erphurdensis.
Simon Rudiger Walterslebianus.
Fridericus Schmidt ex Zimmerden.
10 Petrus Heine Franckenhausensis.

Series eorum qui quatuor numerarunt:

Ioannes Weise Erphurdensis.
Gotfridus Oerlen Erphurdensis dt. totum anno 69. 6. Marcii (R. 299).
15 Georgius Friderich Erphurdensis.
Stephanus Stier Schwartzensis.
Ioannes Heim ex Dropstadt.
Valentinus Pilgrim Erphurdensis.
Bernhardus Roß ex Dropstadt.
20 Iosephus Lintorff Erphurdensis.
Ioachimus Rosenthal a Nawenmarkt
f. 216a Ioannes Mauß Erphurdiensis.
Simon Gumbertus Selstadiensis.
Valentinus Schuslerus Utstadiensis.
25 Bartholomeus Schubertus Theodorus.
Henricus Nettherus Erphurdensis.
Paulus Moseler Redensis.
Conradus Cranus Fridburgensis.
Georgius Welscherus Rudelstadiensis.
30 Erhardus Wippel Naumburgensis.
Blasius Doliarius Elsterburgensis
Casparus Voytlensis Guttrensis.
Christophorus Rolwurs Tuttelstadensis.
Balthasar Krumphart Molslebiensis.
Ioannes Ludowicus Clingenbergensis.
Valentinus Lobenstein ex Sula.
Theophilus Horberg Elxlebiensis.
Hieronymus Baumgarthe Erphurdensis.
5 Sebastianus Siphardt Weringerodensis.
Henricus Kathardt Balstadiensis.
Thilomannus Sacus Goltpachensis.
Ioannes Pfeifferus Gravingellinus.
Ioannes Beyer Erphurdensis.
10 Ioannes Dinckell Truchtelbornensis.
Andreas Klotzius Hoichemiensis.
Ioannes Carolus Ilmensis.
Henningus Weddinus Weringerodensis.
Michael Kirchener Duderstadiensis.
15 David Reinhardt Gravingellinus.
Erasmus Heupt Balzahensis.
Christophorus Golstein Erphurdensis.
Ioannes Reuchß Deitlebensis.
Georgius Lagus Weichmargensis.
20 f. 216b Ioannes Hanmillerus Gotthanus.
Valentinus Zoberlein Erphurdensis.
Henricus Gerbing Erphurdensis.
Henricus Reichmannus Wunstorpiensis.
25 Valentinus Heineman ex Wolffis 4 addidit anno 70 dominica Invocavit (12. Februarii) (Rect. 300).

Gratis inscripti:

Christophorus Puchardt Erphurdensis.
Hermannus Puchardt Erphurdensis.
30 Georgius Graße Carolstadiensis.
Gerhardus Tilebeck Rudensis.
Martinus Germershaussenn Stolbergensis.
Summa 103.

35 Percepta[a] ex intitulatura:

25 thal. 10 sol. et 6 denar. ddt. 10 adscripti; de quibus bidellis 4 thal. 2 sol., rectori 7 thal. 2 sol. 8 denar., universitati 14 thal. 5 sol. 4 ₰.[b]

a-b Ebenfalls aus dem Rechnungsbuche des Rectors.

1562. Mich. 294b. Rect. Dr. Hermannus Hausen III.[1]

f. 216c

Licet[1] egregius et clarissimus vir dominus Hermannus Hausen ex Bercka, 40 artium et iurium doctor ecclesiae collegiatae divae Virginis cantor et canonicus, anno

[1] Auch hier kein Wappen und keine bunte Initiale.

rectoratus sui effluxo vacationem speraret et optaret, tamen anno subsequenti (qui erat sexagesimus secundus) die solito et consueto unanimi dnorum consensu in rectoratus officio est continuatus. Et dederunt hoc anno nomina universitati nostrae hi infrascripti:

5 Ordo eorum qui plus toto numerarunt anno 62.

dns Michael Bodecken Blanckeburgensis iurium doctor, scholasticus et canonicus beate Virginis Halberstatensis dt. 1 thal.
10 Antonius Balderslebiz (s. Z. 47) Sangerhausanus dt. 1 thaler.
Georgius von Lebenstein Botzigerode dt. 1/2 flor.
Ioannes Ernestus, Georgius Victor, 15 Hermannus Ernestus — fratres a Saltza quilibet dt. 1/2 thaler.
Philippus Spigel de Rodenburg canonicus Halberstatensis dt. 1/2 thaler. 8 Januarii inscriptus.
Albertus ab Heinitz dt. 1/2 thaler.
20 Wedekindus a Falckenburgk dt. 1/2 thaler.
Caspar von Marnholtz Luneburgensis dt. 1/2 thaler
:216d Liborius Geilinck Volckmariensis canonicus Fritzlariensis dt. 1/2 thaler.
25 Wolfgangus Albertus a Wurtzburg nobilis cathedralium ecclesiarum Bambergensis et Herbipolensis canonicus dt. 1/2 thaler.
Hieronymus a Wurtzburgk nobilis dt. 1/2 flor.
Christophorus a Wissenthawer nobilis dt. 1/2
30 thaler.
Christophorus Wurtzburg dt. 1/2 flor.
Sebastianus a Rotenhan nobilis canonicus cathedralis ecclesiae Bambergensis dt. 1/2 thaler.
35 Ludovicus a Rotenhan nobilis canonicus cathedralis ecclesiae Bambergensis dt. 1/2 thaler.
Sebastianus a Guttenbergk nobilis canonicus cathedralis ecclesiae Bambergensis dt.
40 dimid. thal.
Vitus Guttether Collenbachsensis artium magister dt. 1/2 flor.
Ioannes Henricus von Nanckenridt canonicus
217a cathedralis ecclesiae Bambergensis dt. 1/2
45 thaler.

Ordo eorum qui totum numerarunt:

Ioseph Balderslebig (s. Z. 10) Sangerhausanus.
Henricus Sidelius Heilgenstadiensis.
Daniel Seuring Thoringensis.
Ioannes Schade Erphurdensis. 5
Ioannes Borcksteiner de Egra.
Sigismundus Lang Erphurdensis.
Gabriel Schilling Molhausensis.
Henricus Biermannus Wartburgensis.
Andreas Heupt de Osteroda. 10
Andreas Krebig ~~Northeusinensis~~.
Ioannes Limberg Teutlebiensis.
Georgius Callenbergk Molslebiensis.
Nicolaus Grosman Tenstadiensis.
Ioannes Sabelius Franckenhausensis. 15
Christophorus Regeler Erphurdensis.
Andreas Wermer Oxaviensis.
Iodocus Zieglerus Oxaviensis.
Antonius Edler Witsorbensis.
Philippus Molhausen Erphurdensis propter aetatem non iuravit. 20
Bartholomeus Gelbhardt Leubingensis.
Esaias Pruser Salveldiensis.
Valentinus Hachenburgk Erphurdensis.
Iodocus Rhaw Salveldiensis. 25
Nicolaus Tageritz Hiltpurgensis.
Georgius Khun Hilpurgensis.
Wolfgangus Popp Wimariensis. f. 217b
Georgius Lawe Magdeburgensis.
Henricus Breylcken Gandersheimensis. 30
Henricus Reckershausen Hamelensis.
Conradus Hartung Erphurdensis.
Ioannes Erffa Erffurdensis.
Christophorus Weinbergk Osteradensis.
Ioannes Huffmannus Osnaburgensis. 35
Ioannes Hopff Erphurdensis.
Christianus Lindener a Steinnach.
Ioannes Agricola Naumburgensis.
Georgius Kinggius Uslariensis.
Philippus Pombergius Assenheimiensis. 40
Ioannes Weis Islebiensis.
Casparus Chrispach ex Altenguttern.
Henricus Figulus Erphurdensis.
Michael Weck Morstatensis.
Ioannes Kirchovius ex Witzhausen. 45
Hermannus Gerleiff Gandersheimensis.
Ioannes Schmidt Paderbornensis.
Georgius Geisse Erphurdensis.
Iacobus Krauß Bambergensis.
Thomas Vogelius Weißenhornensis. 50
Ioannes Heuringk Erphurdensis.

Balthasar Musaeus Schmalkaldensis.
Philippus Wagener Wanderslebiensis.
Heimbertus Ocke de Wolmerbuch.
Ioannes Schmidt.
5 Erasmus Trubenbach Salzensis.
Martinus Eckesack Erphurdensis.
Albertus Hopff Embeccensis.
Sebastianus Scholl Erphurdensis.

f. 217c Ordo eorum qui quatuor dederunt:

10 Bartholomeus Hubnerus Erphurdensis.
Matthias Alberti Monnichbergensis.
Ioannes Gebhardt Erphurdensis.
Samuel Gallus Erphurdensis.
Ioannes Rapa Erphurdensis.
15 Andreas Hider Erphurdensis.
Ioannes Fleischacker Erphurdensis.
Henricus Gebhardt Erphurdensis
Simon Pfaffenrodt Mulhausensis.
Ioannes Thegen ex Wißensehe.
20 Christophorus Rudel Halberstatensis.
Wolfgangus Rolman Fuldensis.
Fredericus Vith Barcholtensis.
Valentinus Weiroch Caßeliensis.
Christophorus Leo Arnstatensis.

Georgius Leo Arnstatensis.
Ioannes Reinhardus Schleusingensis.
Ioannes Holderus Julibergensis.
Ioannes Martinus Julibergensis.
Sebastianus Agricola Schmalkaldiensis. 5
Nicolaus Pittorff Schleusingensis.
Paulus Artopaeus Salzungensis.
Laurentius Agricola Cranacensis.
Gamaliel Luleus ex Phasinna.

Ordo eorum qui gratis sunt inscripti: 10 f. 217d

Nicolaus Hausen Berckensis in gratiam rectoris.
Christophorus Zimmerman Annemontanus in gratiam dni Ambrosii Schurerii juris utriusque dr.
Liborius Sidelius Heilgestadensis in gratiam 15 patris sui Valentini Sidelii vicedomini.
Paulus Bastian Erphurdensis.
Nicolaus Behem de Steffenstein.
Ioannes Zimmerman Erphurdensis.
Ioannes Gronawer Bambergensis. 20
Georgius Sideler Ihenensis.
Fridericus Genckeler Erphurdensis.

Summa 110.

25 Percepta[a] posterioris anni ex intitulatis: 25

33 thal. 1 sol. 6 denar. ddt. 103 inscripti, quorum 20 plus solito, 57 totum et reliqui dimidium, exceptis iis qui gratis sunt inscripti, numeraverunt. De quibus bidellis 4 thal. et 7 solidi, rectori 9 thal. 14 sol. et 2 denar., universitati 19 thal. 4 sol. 4 ₰.[b]

a-b Auch aus dem Rechnungsbuche des Rectors.

---

30 1563. Mich. 295a. Rect. Pancrat. Haelbich I.[1] f. 218a b

Permagni[2] interest ad conservandum decus reipublicae literariae praeficere scho- 30 lasticae iuventuti eiusmodi gubernatores, qui doctrina dexteritate iuditii plurimarum rerum cognitione et vi ingenii excellant et sua authoritate scholas ornatiores et celebriores reddere suoque exemplo et vitae et morum integritate iuveniles animos ad vir-
35 tutem pietatem et diligentiam in omni officio accendere et exuscitare queant. Talem cum omnes boni et docti in hac academia esse ducerent clarissimum virum eruditione 35

f. 218c d 1 Große schöne Landschaft am Jordan (welche zwei Seiten bedeckt) mit weiter Fernsicht in das Land; im Vordergrunde vollzieht sich die Taufe Jesu; aus dem geöffneten Himmel spricht Gott Vater die bekannten Worte: „dies ist mein lieber Sohn u. s. w."; darunter schwebt der heil. Geist in Gestalt einer Taube, von welcher goldne Strahlen zu der Gruppe des Vordergrundes herniedergehen.

virtute et dignitate eminentem, dnum Pancratium Helbichium Errfordiensem, artis medicae et philosophiae doctorem, equitem S. Marci, quem quidem et antea magistratum scholasticum cum summa laude diligentiae moderationis et iustitiae in celeberrima schola Patavina gessisse constabat, suffragantibus et approbantibus omnibus academiae
5 nostrae primariis viris, qui ad electionem novi rectoris convenerant, rectorem eum 5 nostrae academiae declararunt clarissimus sapientia virtute et eruditione vir, Ambrosius Schurerius Annaemontanus, I. U. doctor et reipublicae Erffordiensis syndicus et humanissimi et doctissimi viri, dns Sebastianus Langenhans Magdeburgensis, et dns Michael Hess Errfordensis artium baccalaureus, anno domini 1563 die Lucae Evange-
10 listae. Nec vero hic Pancratius, dum rectoris munere functus fuit, sapientum et 10 bonorum de se spem frustratus est, siquidem nihil prius et antiquius incolumitate ecclesiae habuit, in nullam rem maiore industria cura et solicitudine incubuit, qui in inclitae et ruinam minitantis scholae nostrae instaurationem nulla onera nullos labores
f.220cd subterfugit, quos iuventuti ecclesiae et reipublicae literariae profuturos cognovit. Ideo-
15 que antequam magistratum scholasticum consecutus fuit, proceribus academiae nostrae 15 et prudentissimo senatui novam scholam, in qua recte et ordine artium et linguarum fundamenta et praecipua doctrinae coelestis capita iuventuti traderentur, in monasterio divi Augustini aperturis egregiam et praeclaram operam praebuit. Et cum sapientissime et rectissime iudicaret, duo praecipua scholarum ornamenta et officia esse
20 alterum verae et incorruptae doctrinae coelestis et bonarum conservationem illustrationem 20 et propagationem, alterum adsuefactionem iuventutis ad pietatem modestiam et ad amorem disciplinae et omnium officiorum, ipse partim soluta oratione et carmine typis excusis et publice propositis, partim voce sua domi hortator fuit magistris et omnibus, quibus cura iuventutis et huius scholae nostrae commendata fuit, ut sedulam fidelem et
25 bonis praeceptoribus dignam operam scholae navarent et iuventutem diligenter in 25 doctrina ecclesiae et omni philosophia erudirent. Vidit enim philosophiam recte et

---

f.219cd Auf der Rückseite des zweiten Blattes ist ein prächtiger Triumphbogen gemalt, von vier rothen dorischen Säulen getragen, auf dem oben drei allegorische Figuren stehen: links vom Beschauer die „Temperantia (?)", welche aus einer Amphora eine Flüssigkeit in eine Schale ausgießt (Mischung des Weins), rechts die „Fortitudo"; in dem mittleren Bogen, der sich über den Triglyphen des Architravs erhebt, die Veritas mit der Sonnenscheibe in der Hand, mit der sie einen auf dem Boden liegenden nackten Mann blendet, sodaß er sich die Augen mit der Linken bedeckt; oben ein geflügelter Knabe, einen Bandstreifen in der Hand: „Gloria." Zwischen den Säulen steht das Wappen: dreifach getheilt, ein schwarzer Querstreif zwischen zwei silbernen, auf dem goldnen Helm eine goldne Krone; darüber ein Flug, rechts ein silberner und schwarzer, links ein schwarzer und silberner Flügel; Helmdecken silbern und schwarz. Ueber dem Wappen steht an der Wölbung des Bogens eine Inschrift:

„Magna petunt homines, affectant plurima, confert
Pro ratione tamen, quae magis apta, Deus.
Sunt igitur magni, qui nil nisi magna loquuntur,
Me iuvat ex animo, quod iubet esse Deus.

f.220a [2] Die Initiale P ist blau auf Goldgrund, von vier halb rothen, halb grünen Randleisten umgeben.

sobrie tractatam necessariam esse ad explicationem doctrinae propheticae et apostolicae. Ipse etiam ad illustrandas et propagandas literas omne studium omnemque conatum et industriam contulit. Deinde disciplinae severae custos fuit et quidem leges seu statuta huius nostrae scholae emendari renovari et in ordinem redigi curavit. Revocavit et antiquum morem inspiciendi collegia, qui sapienter a maioribus nostris institutus fuit, ut docentes et discentes eo facilius in officio continerentur et ut iuniores ad modestiam exercitia virtutum et diligentiam in omni officio adsuefierent et immorigeris et efferis scholasticis peccandi licentia praecideretur. Fuit insuper erga pauperes beneficentissimus, quorum non paucos sua beneficentia ad colendum et exercendum poetices studium invitavit et accendit; erga quoslibet, cuiuscunque erant conditionis et loci, fuit humanissimus aequitatis iustitiaeque observantissimus, injuriarum patientissimus et vere fuit ἐν πατρὸς τάξει τοῖς ἀρχομένοις μετὰ πάσης ἡμερότητος ὁμιλῶν ἅπασι, quod boni magistratus officium esse Chrysostomus inquit. Porro cum metus belli hic esset, voluit senatus civitatis nostrae prudentissimus, ut omnes scholastici, qui αὐθιγενεῖς essent, munia et onera civilia perinde ut iurati cives subirent. Et quamquam norat hic Pancratius sapientis esse χαίρω δουλεύειν, tamen huic senatus edicto, eo quod academiae eiusque celebritati et dignitati fraudi futurum videretur, de consilio et sententia suorum συμβούλων et assessorum, doctrina virtute et pietate praestantium virorum, adversatus fuit. Et in eo laboravit omni conatu et studio, ut boni magistratus officio fungeretur. Proprium autem officium boni magistratus esse intellexit, eius reipublicae cui praeest dignitatem et decus tueri et quae fidei suae commissa non solum integra et inviolata, sed etiam ornatiora et cumulatiora posteris tradere et relinquere. Ideo ne scholae nostrae dignitas iura et privilegia labefierent aut convellerentur, senatui ea qua decet moderatione refragatus fuit et petiit ab eo, ne eam voluntatem et animum ad studia literarum propaganda et scholam hanc conservandam ornandam et provehendam semper habuisset paratissimum abjiceret. Senatus itaque audita rectoris sententia et re rectius expensa et deliberata nihil dignitati et splendori academiae detrahendum putavit; ideoque edictum id urgere noluit et moderatione latae sententiae. suam erga scholam nostram eiusque alumnos voluntatem benignissimam non obscure declaravit. Coeterum qua laude et commendatione rectoris munus obierit in Patavina celeberrima academia Italiae, vel id documento esse potest, quod eius ductu instinctu et hortatu clarissimi artis medicae doctores in gratiam iuventutis operas lectionum medicarum ita instituerint et inter se communicaverint, ut intra anni unius spatium omnium morborum causas et curationes absolvere et auditoribus monstrare et exponere potuerint. Carus itaque illic fuit non Germanis tantum, sed et Italis et omnium aliarum nationum scholasticis. Nam pariter omnium studia provehere conatus fuit, omnibus rectissime consultum cupiit, omnium commoda defendere et omnes eadem aequitate continere studuit. Probavit insuper senatus Venetus amplissimus eius ingenium morum et vitae integritatem et diligentiam in officio summam; ideoque cum magistratu abiisset, eum in ordinem suae reipublicae equestrem dignissimum et amplissimum cooptavit et omnia eiusdem ordinis ἀξιώματα iura et privilegia benigne et large ei impertiit et contribuit. Quae quidem adhuc summa cum laude sustinet eaque virtute innocentia et morum castitate ornare illustrare ac amplificare studet. Quod reliquum est, agimus gratias deo sempiterno, patri redemporis liberatoris et salvatoris nostri unici Iesu Christi, una cum filio eius et spiritu sancto, quod in his locis Germaniae inter multiplices imperiorum confusiones et in hac squallida et delira mundi senecta excerpit 5 copulat et colligit sibi coetum, a quo recte invocetur agnoscatur et colatur et cui suam lucem bonitatem et iustitiam in omni aeternitate communicaturus sit, quodque accendit multorum animos et industriam ad colenda bonarum artium studia, quae sine dubio magnus thesaurus ecclesiae sunt, et quod huic scholae omnibus aetatibus aliquos pios et salutares gubernatores attribuit:

10 Anno 1563 ordo eorum qui dederunt plus solito:

Alhardus a Quernheim canonicus Padebornensis et Myndensis dt 1 thaler.
Ioachimus Querntenus artis medicae doctor dt. 15 12 gr.
Hermannus a Winthusen } ddt.
Iohannes Wolffgangus Schut } flor. in auro.
Ioannes Kling Hallensis clarissimi iureconsulti Melchioris Kling filius dt. 12 gr.
20 Hermannus Spiegell nobilis dt. 12 gr.
f. 222 Valentinus ab Angern dt. 12 gr.
Iacobus a Bendeleben dt. 12 gr.
Wolffgangus Theodericus a Greußen } fratres ddt. integrum thal.
Marcus Guilhelmus a Greußen }
25 Henricus } Denstadt, fratres Erffordienses ddt.
Casparus } thaler., non iurarunt defectu aetatis
Iodocus a Merlen canonicus S. Burghardi Herbipolensis dt. 12 gr.
Ioannes a Wertern dt. 12 gr.

30 Hi dederunt totum:

Tylomannus Kyll Hyldensemensis.
Eberhardus ab Holdingshausen non iuravit.
Fridericus ab Holdingshausen.
Adolarius Praetorius Erffordiensis.
35 Ioannes Botenius Quedlinburgensis.
Sabinus Spieß Islebiensis.
Urbanus Hunate Herbslebiensis.
Volckmarus Ecus Herbslebiensis.
Nicolaus Groscurt Dachviensis.
40 Eobanus Rese Erffordiensis non iuravit.
Baltasar Brunner Hallensis.
Valentinus Hortensius Cepusianus.
Martinus Kantagießer Quernfurdensis.
Laurentius Thall Greußensis.
45 Christophorus Botnerus Goßerstadensis.
Conradus Selmius Greussensis.
f. 222b Christophorus Fridericus Islebiensis.
Andreas Meyenberck Osterrodensis.
Andreas Wernerus Osterrodensis.

Georgius Paxmannus (Paym.?) Hyldensemensis. 10
Franciscus Griesbach Mulhusensis.
Martinus Lange Erffurdiensis non iuravit.
Wendelinus Ernestus Kindelpontanus.
Ioannes Winckelman Erffurdiensis } non iurarunt defectu aetatis.
Adamus } Eberbach fratres } 15
Gottschalcus } Erfurdienses }
Ioannes Rechener Bopardensis }
David Kerstenberger Butstadiensis.
Stephanus Petz ex Ilmenahe.
Martinus Hoffeman Bucholzensis. 20
Ioannes Ziegeler ex Grimmenthal.
Theodericus Wittich Erffurdiensis.
Georgius Lochener Erfurdiensis. f. 222c
Bernhardus Schriba Magdeburgensis.
Georgius Bachman Heßus 25
Gabriel Hoffman ex Klein Vaner.
Nicolaus Splendidus gratis alias a rectore mgro Gottfr. B. inscr.ptus (Rect. 293).
David Fensterer Erfurdiensis non iuravit.
Conradus Grunevalt Transfeldensis. 30
Balthasar Bappelt Hunefeldensis.
Vincentius Frueauff Saltzensis.
Conradus Gallus Wurtzburgensis.
Valentinus Huttenus Hunefeldensis.
Ieronimus Zuirner Zapffendorffensis.
Hermannus Blecker Hyldensemensis. 35
Christophorus Wriesberg Hyldensemensis.
Ioannes Berve Hervordianus.
Philippus Hatzfelt Dillenburgensis.
Martinus Beringer Gothanus.
Ioannes Keul a Gleichenstein. 40
Georgius Kuche Erfurdiensis.
Ioannes Westermeyer Ingolstadiensis.
Christophorus Schmidt Mulhusensis.
Nicolaus Muller Erfurdiensis.
Ioannes Hopff Bambergensis. 45
Wernerus Beck Erffurdiensis.
Sebastianus Fuegespon Mulhusensis.
Adamus Eckart Mulhusensis.
Andreas Funck Erfurdiensis.

Daniel Straube Gandershemensis.
Nicolaus Gebhardt Erfurdiensis.
f. 222d Christophorus Binhase Erffurdiensis.
Ioannes Meyer Leutenburgensis.
5 Ionas Wolffius Schmalkaldensis.
Nicolaus Wagener Eschviensis.
Georgius Quente Vinariensis non iuravit.
Ioannes Kegell Erffurdiensis.

Inaequaliter solventes:

10 Georgius Jaeßaeus Havelbergensis dt. 6 sol.
Christianus Boetius Ditmariensis 6 sol.

Sequentes dimidium dederunt:

Eberhardus a Remen Daventriensis.
Ludolfus Heintzeman Gottingensis.
15 Volckmarus Bock Erffurdiensis.
Ioannes Volckerus Isenacensis.
Nicolaus Zan Herschlichavensis.
Ioannes Dolerus Orlishausensis.
Andreas Schultheis Torgensis.
20 Ioannes Tonsor Murstadiensis.
Ioannes Machaei Ditmariensis.
Nicolaus Schreyer Weistespergensis.
Ioannes Köler Mulhusensis.

Balthasar Wydeman Ordewiensis.
Sigismundus Muller Erfurdiensis.
Nicolaus Reynes Golpachensis.
Ciriacus Meckardt Flaingensis.
Nicolaus Hartung Hilperhausensis. 5
Ortolphus Faber Schleusingensis.
Leonhardus Wolff } Schleusingenses. f. 223a
Sebastianus Wolff
Georgius Glatz Vilseccensis } non iurarunt defectu aetatis.
Leonhardus Belhöfer[a] } Erfurdienses 10
Ioannes Belhöfer
Bartholomeus Hubener Erfurdiensis.
Ioannes Dinckelius Truchtelbornensis; hi duo alias inscripti a rectore Hermanno Hausen doctore (s. Rect 294 f. 217c). 15

Gratis inscripti: f. 223b

Ioannes Sthenius Luneburgensis in gratiam rectoris.
Ioannes Sygfriedt Melisensis propter paupertatem. 20

Summa 110.[b]

Laus deo omnipotenti.

Percepta[c] ex intitulatura:

25 34 thal. et 5 sol. cum dimidio ddt. 107[b] inscripti; quorum unus dt. 1 thal., duo 1 flor. in auro, 11 vero dimidios thal., 66 totum, 25 dimidium ddt. Unus autem 6 sol. et alter 5 cum dimidio numeravit. De quibus bidellis 4 thal. 11 sol, rectori 9 thal. 22 sol. 2 denar., universitati 19 thal. 20 sol 3 denar.[d] 25

[a] obiit 1. Junii 1579 (späterer Zusatz am Rande). [b] Richtiger 109, mit Einschluß der 2 Gratis inscripti, welche Z. 25 nicht mitgezählt sind. [c-d] Aus dem Rechnungsbuche des Rectors.

30 1564. Mich. 295b. Rect. Pancratius Helbich II.[1] f. 223cd

Hac[1] in urbe cum ad annum millesimum quingentesimum sexagesimum quartum 30 pestis admodum graviter saeviret et ideo magnificus dns rector **Pancratius Helbich** Erfurdia discessisset, habita per clarissimum virum iuris utriusque doctorem et vicerectorem, dnum Georgium Iuda, legitima convocatione a duodecim electoribus in officio 35 rectoratus absens continuatus fuit. Lue itaque ista cessante reversus eos, qui nomina sua in album universitatis nostrae referri petierunt, hic annotari curavit: 35

[1] Nur eine einfache blaue Initiale H auf Goldgrund, wie im vorhergehenden Rectorate.

Plus solito solventes:

dns magister Paulus Dummerichius Hallensis scholae monasterii Augustiniensis apud Erfurdiam gubernator dt. 1 thaler.
5 Michael Zölner canonicus ecclesiae cathedralis Wurtzburgensis dt. thalerum.
Iodocus Cappell Waldinburgensis dt. thalerum.
Albertus Blanckenagel Susatensis dt. 12 solid.
Henricus Christianus Januvitz canonicus eccle-
10 siae cathedralis Hyldensemensis dt. 12 solid.
Ioannes ab Heynitz dt. 12 solidos.

Totum solventes:

Thomas Stenlage Embeccensis.
15 Martinus Braunn Erfurdiensis non iuravit.
Adamus Wennige Erfurdiensis.
f. 223d Casparus Baur Wurtzburgensis.
Conradus Rinner Isenacensis.
Bartholdus Mummae Halberstadiensis.
224a 20 Samuel Lubitius Hottelstadiensis.
Ioannes Wackerhagen Pattensis.
Wilhelmus Lautitz Wolffenbuttelensis.
Ioachimus Brandes Hyldesemensis.
Henningus Brandes Hyldensemensis.
25 Henningus Krebs Hyldensemensis.
Martinus Gallus Boleslaviensis Sylesius.
Victor Kettel Magdeburgensis.
Ioannes Darmstadius Erfurdiensis.
Leopoldus Obtichius Calensis.
30 Victor Sybelitz Caßellanus.
Henricus Zymmerman Erfurdiensis.
Bernardus Munster Runensis Frisius.
Martinus Saltzerus Erffurdiensis.
Christophorus Bertach Pfertingslebiensis.
Ioannes Zymmerman Erfurdiensis gratis alias inscriptus a doctore Hermanno Hausen.
Ioannes Heylperck Ascaniensis.
Andreas Muller Ascaniensis.
Nicolaus Heylperck Ascaniensis. 5
Theodoricus Ingenhaff Berckensis.

Inaequaliter dantes:

Ioannes Sempachius Graffentonnensis dt. 6 solid.
Henricus Stengel Graffetonnensis dt. 6 solid.
Christophorus Mengewein Graffentonnensis dt. 10 f. 224b
6 solid.

Medium dantes:

David Aquila Northemensis.
Andreas Dufelius Northemensis.
Matthaeus Schothusius Binstadiensis. 15
Casparus Grune Witterdensis.
Iacobus Ciriacus Sebachlensis.
Wendelinus Fulda Erfurdiensis.
Iacobus Erbsmeler Gottingensis.
Nicolaus Bertoldus Gottingensis. 20
Iohannes Armsmaker Gottingensis.
Ioannes Sterner Gottingensis.
Iustus Maior Gottingensis.
Andreas Breckenfelt Gottingensis.

Gratis inscripti: 25

Martinus Petzius Northusianus in gratiam rectoris.
Stephanus Venatorius Lubecensis propter paupertatem.
Thomas Wilhelmus Werningerodensis propter 30 paupertatem.

Summa 50.

35 **Percepta[a] posterioris anni ex intitulatura:**

15 thal. 22 sol. ddt. 47 inscripti, quorum tres ddt. thaleros, tres dimidios thal., reliqui tres singuli 6 sol. De quibus debentur bidellis 35
1 thal. 23 sol., rectori 4 thal. 15 sol. 8 den., universitati 9 thal. 7 sol. 4 den.[b]

[a-b] Aus dem Rechnungsbuche des Rectors.

1565. Mich. 297. Rect. M. Quirinus Listemann Mulhusensis.[1]

f.224cd

Solenni[1] academiae die sancti Lucae evangelistae anno 1565, quo a tota universitate in unum locum coacta deliberari ac consultari quotannis solet de eo, qui coetui academico in sequentem annum praefici cum utilitate et incremento scholae 5 debeat et possit, vir integritate morum et cognitione rerum maxime conspicuus, Quirinus Listeman Mulhusensis, artium ac philosophiae magister collegii maioris collega senior et rhetorices in facultate artium professor diligentissimus, suffragiis et sententiis consentientibus venerabilium ingeniis ac doctrina excellentium virorum ac dominorum domini Valentini Schutz Erphordensis, artium magistri ac ecclesiae beatae Mariae vir-10 ginis canonici dignissimi, domini Matthaei Dresseri Erphordensis, artium ac philosophiae magistri, communitatis philosophicae nunc decani spectabilis ac graecarum literarum professoris celeberrimi atque eximii, et domini Ioannis Senioris Mersburgensis, magistri artium et scholae Severianae moderatoris appositissimi, in rectorem academiae electus est; qui cum intelligeret, neque se deprecari posse neque honeste recusare onus 15 magistratus scolastici, quod tum sibi imponebatur, post trium dierum secum habitam deliberationem sententiis electorum suorum paruit et suis humeris illud onus imponi passus est et officium suscepit. In quo administrando negocia gubernationis publicae, pro virili sua et dei inprimis auxilio et virorum pietate doctrina atque fide praestantium opera adiutus, fideliter et ad communem utilitatem accommodate expedivit et 20 executus est. Quae autem in eius officio acta sint et per secretum consilium (ut vocant) deliberata et conclusa, reperire licet in libro, quem confici authoritate procerum universitatis curavit, cui a materia nomen factum, ut dicatur liber continens consilia et deliberationes universitatis Erphordensis simulque ea complectens, quae singulis annis in academia acciderunt atque evenerunt.

5f.225ab

25 Deus aeternus pater domini nostri Iesu Christi prohibeat, ne qua calamitas reflorescentium studiorum cursum interrumpat neve, quod bene feliciterque coeptum est, turbetur aut dissipetur.[1] — In album universitatis sub rectoratu annuo magistri Quirini Listemanni Molhusensis relata sunt subsequentium nomina:

f.225c

Numerus eorum qui plus solito dederunt:

30 Reverendus et amplissimus dns abbas coenobii celeberrimi in Erphordia montis divi Petri, Gerhardus Zinckgräffe Berckensis, dt. pro se fratribusque subsequentibus 2 flor. in auro.

fr. Ioannes Zehner Coburgensis.
fr. Conradus Schlegel nobilis.
fr. Henricus Molitoris Hildesianus.
fr. Adolarius Vischer Erphordensis.

[1] In einer grünen von einem sich dahin schlängelnden Flusse bewässerten Landschaft sitzt ein weiblicher geflügelter Engel mit grünem Kranze um das Haupt, einen goldnen Scepter in der Linken, welche sich auf zwei Bücher stützt, und schaut, mit der Hand nach oben weisend, auf Gott Vater, der aus den Wolken im linken Obereck herabsieht. Zu den Füßen des Engels steht ein getheiltes Wappen: unten ein silbernes I in schwarz, oben ein herauswachsender einköpfiger Adler in Silber; über dem Wappen steht „cognitio." Unter der Einleitung steht das dreifach getheilte Wappen des Rectors: in der Mitte eine silberne Lilie in Gold zwischen zwei rothen Querstreifen, welche den Schild einnehmen. Außerhalb des Wappens Q. L., der Name des Rectors.

Hermannus Zinckgräff Berckensis cognatus dni abbatis praedicti.
Reverendus dns Ioannes Monasteriensis abbas Bursfeldensis dt. 1 thal.
5 Reverendus in Christo pater Carthusianus apud Erphordenses dns Thomas Berckaw Brandenburgensis dt. 1 thal.
f. 225a Reverendus dns Ioannes Bechman abbas Northeimensis exul 12 gr.
10 Reverendus dns Henricus Barthel abbas in Reiffenstein dt. 1 thal.
Clarissimus vir Bruno Seidelius Quernffurtensis artis medicae doctor dt. ½ thal.
Heidenricus de Aschenbergk nobilis dt. 18 gr.
15 Theodericus de Aschenbergk nobilis dt. 18 gr.
Henricus Reitesel nobilis ½ thal.
Casparus Reitesel nobilis ½ thal.
Philippus de Holdingshusen nobilis dt. ½ thal. non iuravit propter defectum aetatis.
20 Gerhardus a Wullen nobilis dt. ½ thal.
dns Iacobus Wegelein Augustanus mag. Vitebergensis dt. ½ flor.
Reverendus vir mag. Andreas Poach gratis inscriptus ad honorem universitatis et
25 praedicti viri in publicum usum sacrosanctae scripturae professoris assumpti.

f. 226a **Ordo eorum qui dederunt integrum, id est octo grossos:**

Ioannes Kruper de Halberstatt 8 gr.
30 Henricus Werner Wirtzburgensis 8 gr.
Fridericus Senger Cicensis 8 gr.
Ioannes Hultz Teuschitzensis 8 gr.
Lazarus Weisbrott Ascanius 8 gr.
Andreas Burggrafius Susatensis 8 gr.
35 Thomas Selge Eichsfeldiacus 8 gr.
Petrus Deute Mancheymensis 8 gr.
Leonhartus Hyslerus Noricus magister Vitebergensis dt. 8 gr.
Christianus Dasch Gotanus 8 gr.
40 Ioannes Forsteri Vinariensis 8 gr.
Georgius Dresserus Erphordianus 8 gr.
Iacobus Karsthans Lubbeccensis 8 gr.
Michael Karsthans Lubbeccensis 8 gr.
Severus Kefferhusen Mulhusensis 8 gr.
45 Christophorus Rauch Magdeburgensis 8 gr.
Ioannes Werner Erphordianus 8 gr.
Casparus Cunerding Hildesianus 8 gr
f. 226b Lampertus Dionysius Ilsenburgensis 8 gr.
Valentinus Langius Halberstatensis 8 gr.
50 Valentinus Dolle Altendorffensis 8 gr.

Zacharias Schumannus Poteslaviensis 8 gr.
Mauritius Herling Halberstadiensis 8 gr.
Andreas Coci Halberstadiensis 8 gr.
Ioannes Lubren Hildesianus 8 gr.
5 Henningus Wildefeur Hildesianus 8 gr.
Ioannes Brandes Hildesianus 8 gr
Sylvester Stecus Waltershusensis 8 gr.
Gyselerus Fleischawer Mulhusinus 8 gr.
Casparus Frolich Stolbergensis 8 gr.
10 Adamus Ludicke Heilgenstadensis 8 gr.
Ioannes Pistor 8 gr.
Ioannes Fridericus Aurifaber 8 gr.
Ioannes Wilhelmus Aurifaber 8 gr.
Erasmus Lakenmacher Ostervicensis 8 gr.
15 Christianus Lambhart Mulhusensis 8 gr.
Philippus Morick Duderstadensis 8 gr.
Iacobus Korner Erphordianus 8 gr.
f. 226c Adolarius Pflugwalt Erphordianus 8 gr.
Ioannes Grobius Aschachensis 8 gr.
20 Ioannes Sanderi Vinariensis 8 gr.
Hadrianus Wengerus Neustadiensis 8 gr.
Ioannes Kangießer Quernffortensis 8 gr.
Gobelinus Gericka alias Brilensis 8 gr.
Ioannes ab Hagen Magdeburgensis 8 gr.
25 Paulus Clauserus Grussensis 8 gr.
Ioannes Schroter Erphordianus 8 gr.
Iustus Schonborn Naumburgensis 8 gr.
Georgius Muller Erphordianus 8 gr.
Ioannes Keut Erphurdinus iniuratus 8 gr.
30 Marcus Menningus Brandenburgensis 8 gr.
Ioachimus Molitor Halberstadensis 8 gr.
Andreas Volprecht Erphordianus 8 gr.
Valentinus Fichtelius Smalcaldensis 8.
Casparus Arnoldus Kinderbrucensis 8.
35 Casparus Scheffer Sonnenbornensis iniuratus 8.
Andreas Talheim Erphurdensis iniuratus 8.
Ioannes Feurlein Erphurdensis iniuratus 8.
f. 226d Ioannes Schoner Arnstadensis 8 gr.
Nicolaus Fabri Eisfeldensis 8 gr.
40 Ioannes Scriba Sleusingensis 8 gr.
Ioannes Coch Gunstetensis 8 gr.
Hieronimus Drachstet Hallensis 8 gr.
Sebastianus Drachstet Hallensis 8 gr.
Henricus Birchhem Magdeburgensis 8 gr.
45 Henricus Richelmus Gottingensis 8 gr.
David Cnock Hallensis 8 gr.
Rabanus Gerck Göttingensis 8 gr.
Georgius Steinbruck Lubecensis 8 gr.
Franciscus Walther junior Erphordinus 8 gr.
50 Simon Wurffel Arnstatensis 8 gr.
Casparus Ludolph Arnstatensis.

Hi sequentes 6 grossos dederunt:

Ioannes Keidelius Gitteleusis 6 gr.
Ioannes Knivel Heilgenstatensis 6 gr.
Iustus Setzkorn Dungetensis 6 gr.
5 Ioannes Selcking Hildesianus 6 gr.
f.227a Laurentius Adoreus Hadelensis 6 gr.
Hermannus Fenstermachr Osterwicensis 6 gr.
Ioannes Hase Franckenhusanus 6 gr.
Hermannus Krack Hannoverensis 6 gr.
10 Wolffgangus Schumannus ex minori Brembach 6 gr.
Laurentius Boumengerus Fuldensis 6 gr.

Sequentes dimidium, id est 4 grossos dederunt:

15 Georgius Polterman Erphordensis 4 gr.
Volckmarus Berckman Erphordensis 4 gr.
Ioannes Schwan Erphordensis 4 gr.
Andreas Salfeldt Waltershusanus 4 gr.
Iacobus Neuberus de Wilfesch 4 gr.
20 Ioannes Hopfnerus de Grawinckel 4 gr.
Salomon Umberius de Wulfesch 4 gr.
Hermannus Contus Curbachensis 4 gr.
Rodolphus Corlenius Curbachensis 4 gr.
Zacharias Schner Gandersheimensis 4 gr.
25 Ioannes Ziesolt Ruttelstatensis 4 gr.
Henricus Tilemannus Trefordensis 4 gr.
Andreas Metzlerus Neagorensis 4 gr.
f.227b Ludovicus Geinetz Erphordianus 4 gr.
Ioannes Rhodolphi Cibusianus Hungarus 4
30 gr. dt.
Daniel Sang Tuntzenhusanus 4 gr.
Sebastianus Reichenbergr de Berlersreith 4 gr.
Antonius Hegen Northeimensis 4 gr.
Iodocus Vos Hildesianus 4 gr.
35 Hieronimus Pflugwalt Erphordensis 4 gr.
Ioannes Hertzer Lewensteinensis 4 gr.
Ioannes Noltheníus Wilfeldanus 4 gr.
Sebastianus Mangolt Elckslebensis 4 gr.
Georgius Bruchardt Mulhusensis iniuratus
40 4 gr.
Henricus Bruheim Elckslebensis 4 gr.
Casparus Bottinger Kelbingeranus 4 gr.
Daniel Heer Erphordensis 4 gr. addidit 4 gr. 6. Marcii 1569.
45 Ioannes Hyperius Rotenburgens 4 gr.
Ioannes Grosolaviensis Silesius 4 gr.
Henricus Sproeten Summerdensis 4 gr.
Erasmus Ostwaldus Gotanus 4 gr.
Hermannus Vischlachius Fritzlariensis 4 gr.
Fridericus Dentinus 4 gr. f.227c
Georgius Gyseler Erphurdensis 4 gr.
Iacobus Poppius Arternensis 4 gr.
Ioannes Gerstenberg Summerdensis non iuratus 5
4 gr. Hic Ioannes Gerstenberger pro intitulationis residuo 4 gr. dt. et fidelitatis iuramentum praestitit alterum 4. Aug. anno 1581.
Paulus Ruscherus Summerdensis 4 gr. 10
Ioannes Martius Vilsicensis 4 gr.
Iodocus Martius 4 gr.
Franciscus Euehwin Gottingensis 4 gr. Tra

Ordo eorum, qui tantum tres grossos numerarunt: 15

Martinus Weinreich Heilgenstattensis 3 gr.
Ioannes Eckhardt Mulhusensis 3 gr.
Albinus Brelluff Harnensis (Hornensis) 3 gr.
Ioannes Gattinus 3 gr.
Georgius Corles 3 gr. 20

Sequentes dederunt duos grossos:

Nicolaus Schwein Bambergensis 2 gr.
Ioannes Molitor Vachensis 2 gr.
Ioannes Wildfahr Iphofiensis 2 iniuratus. f.227d
Ioannes Hauck Stockheimensis 2. 25

Gratis inscripti sunt qui sequuntur duo priores in gratiam et honorem rectoris, alii propter paupertatem:

Quirinus Ebenavus nepos ex sorore rectoris, non iuravit defectu aetatis. 30
Quirinus Hordorff Erphordiensis patrinus rectoris, dt. magistro Siffrido Wendt rectori 8 solid. (s. Rect. 306).
Christophorus Appelius Penitzensis.
Ioannes Grunewaldt Dransfeldensis iniuratus. 35
Ioannes Konigsehe Wilfechs.[1]
Nicolaus Mesentin Garlebiensis.
Henricus Frolichusen de Munden.
Bartoldus Brunst Trevordensis.
Sebastianus Pier vel Bantz; hic ad opimiorem 40 fortunam veniens postea sub rectoratu mgri Antonii Mokeri a 1589 dt. 12 gr. (Rect. 313).

[1] Vielleicht Wilfechs aus Königssee.

Andreas Wechsius.
Gregorius Hertwich Boleslaviensis.
Ioannes Bockshorn Boleslaviensis.
Ioachimus Fasolt Wildungensis.
Augustinus Pacaeus Lutzensis.

Summa 164.[a]

Percepta[b] ex intitulatura:

5 40 thal. 21 solid. et 6 denar. ddt. 159 inscripti, quorum unus pro se et sex aliis dt. duos floren. in auro: unus 1 thal., duo 18 sol., quinque dimidios thal., unus $^1/_2$ flor., sexaginta novem 8 sol., decem 6 sol., quadraginta unus 4 solid., quinque 3 sol. quatuor 2 sol. Reliqui gratis, cum in honorem rectoris et universitatis, tum propter paupertatem in-
10 scripti sunt.

De quibus { bedellis 6 thal. 1 solid.
rectori 11 thal. 14 sol.
universitati 23 thal. 5 sol. 8 ₰.

Item 3 thal. ddt. 5 inscripti; duo 1 thal. tres 8 gr.
15 De quibus bedellis 5 sol., rectori 22 sol. 4 ₰, universitati 1 thal. 20 sol. 8 ₰.[c]

[a] Richtiger 165. [b-c] Bis hierher gehen die Rechnungen über die Einnahmen und Ausgaben des Rectors für Rechnung der Universität in dem Bande „Liber Rationum I"; an denselben schließt sich der „Liber rationum rectoralium universitatis electoralis Moguntiae de anno 1567 usque ad annum 1700", welches auf dem Rücken mit „VII" bezeichnet ist, Cod. Erfurt f. 110.

---

f. 229ab : 1566.[a] Mich. 297. Rect. Rectoratus doctoris Ioachim(i) Hencke.[1]

(D)ecimo[1] octavo die Octobris anno 1566 comitiis literariis pro more institutis consilio ultimorum trium electorum, videlicet clarissimi atque excellentissimi viri, dni doctoris
20 Ioannis Hebenstreit medici, physici et professoris publici, ac venerabilium virorum, dni magistri Valentini Schuzen, canonici Mariani, et dni magistri Henningi Lamberti Saxonis, pastoris Laurentiani, ego Ioachimus Hencke Hyldesianus, iuris utriusque hoc loco promotus doctor et professor publicus Saxonici collegii decanus, eligebar et contra voluntatem meam Deo soli cordium scrutatori notam renunciabar rector totius
25 scholae Erphurdensis. Licet vero huius officii delati magnitudinem ac temporum horum ferociam plus quam beluinam ac factiosa malorum hominum consilia, tum etiam iuventutis libertatem damnandam et tenuitatem mearum virium agnoscens et considerans, renunciatione vixdum facta, ex vero et integro animi affectu et laterum et vocis contentione summa munus hoc alteri deferri studiose et quidem obtestando petierim: tamen cum
30 magnificus dns rector et reliqui sua secessione notum facerent, me actum agere et praeterea multi boni, spacio temporis deliberatorii mihi ex consuetudine scripta dati, suscipiendae delatae provinciae authores essent, deo volenti et vocanti obtemperare in hac parte cogebar et quidem invitus. Verebar etenim ne perversis multorum studiis, praesertim vero usitatis et omni iure prohibitis diffamationibus refringendis, imbecillior

[a] In der Ueberschrift von E steht irrig 1567.

[1] Weder Bild, noch Wappen, noch Initiale finden sich auf der dazu leer gelassenen Seite fol. 228ab.

essem atque tenuior, neve alioquin vel temporum malignitate vel circumstantiarum ratione honesti mei iuvandae universitatis conatus impedirentur; prout etiam toto fere cursu administrationis meae rerum usu et eventu iusperato videre et experiri coactus sum, quemadmodum annales universitatis ex parte aliqua docere poterunt. Nam praeterquam quod bellum gravissimum, hisce in oris authoritate totius imperii Romani inchoatum et Dei consilio potius quam hominum fortitudine spacio aliquot mensium confectum, acerbitates animorum, privata odia proficiscentia ex diffamationibus, quas ego solus tollere non potui, et rebus ita poscentibus impunitas vel renitentibus nostris et omnium imperiorum iustis legibus relinquere debui. Ego sane quantum in me fuit pro legibus pace et utilitate communi, prout et alii, nullum laborem subterfugi; et credo temporum vicio factum esse, ut minus pacatam provinciam sortitus sim. Deus aeternus, pater domini nostri Iesu Christi, pro sua misericordia in genus humanum faciat, ut sequentes hoc in officio successores non tantum utilia praecipiant, sed et audientes subditos habeant, qui legum vincula non excutiant nec ex proprio arbitrio ad stabiliendam privatam authoritatem ex iure scripto ad promovenda commoda publica actiones cum proprias instituant, tum aliorum determinent et ita in tranquilliore statu officii sui partibus invigilent. Iustos procerum universitatis conatus ac incrementa plurimae dissensiones civiles non nuper natae, sed etiam ab aliis visae et ad eruptionem sese efferentes, non parum impedierunt. Obfuit iisdem bellum publicum, de quo pauca in libro actorum[1] universitatis scripsimus. Hoc subsecutus est deputationis sacri Romani imperii per antecessores et consiliarios omnium ordinum eius hic per aliquot menses magno apparatu celebratus dies occupatissimus. Taceo communem morbum minacissimum ac proprii corporis habitudinem adversam. Quibus omnibus, maxime vero tumultu bellico, licet varie agitata sit et impedita literaria nostra respublica — quod, ut Cicero ait, exorto armorum strepitu artes nostrae illico conticescunt — non tamen defuerunt, qui in mediis hisce rerum omnium perturbationibus nomina sua universitati dederunt, quae quidem singula sequenti fida et diligenti adnotacione continentur et exprimuntur.

Nomina eorum qui plus solito dederunt:

Adamus Kuche filius prudentissimi viri dni Friderici Kuchen senioris hoc loco archimagiri Moguntini dt. 12 gr.

Ascanius a Bortfeldt nobilis, filius Christophori de Bortfeldt 1. Iunii dt. 24 gr.

Iohannes Rudolphus von Feilitzß nobilis ultimo Febr. 24 gr.

Theophilus Schutz Cronenbergensis, in Gotica obsidione partes aliquas nomine Landtgravii sustinens, tum in honorem universitatis se asscribi civibus literariis in fidem Parisiis et Pauduae (Paduae?) iuratum peteret solvit 9 gr. 1 ₰.

Assverus de Beveren nobilis canonicus Hildesianus 1. April. 24 gr.

Henricus Dutzenradt Lunenburgensis filius dni doctoris Ioannis Dutzenradt syndici ibidem, non iuravit, 14. Sept. 12 gr.

---

[1] Dieses Buch findet sich nicht mehr.

[2] Die Grumbach'schen Händel und die dadurch veranlaßte Belagerung Gotha's und des Schlosses Grimmenstein. Ortloff, die „Grumbach'schen Händel" Jena 1868, und die Einleitung zu Rect. 298, S. 416 Z. 19. Durch die Truppenmärsche litt natürlich auch Erfurt und sein Gebiet viel.

Erdewinus a Dumpstorff Osnaburgensis 13 Octob. 12 gr.
Baltazar vonn Grisenn nobilis 12 gr.
Samson de Rotenhausen Fritzlariensis 12 gr.
5 Summa 9 personae.

f. 230b **Singuli numerarunt totum:**

Casparus Muer Erphurdensis propter aetatem non iuravit 8 gr.
Cunradus Gebhardt Bambergensis 22. Novemb.
10 8 gr.
Ioannes Hake Ramellensis (Hamel.?) 23. Novemb. 8 gr.
Bartoldus Pictor Fritzlariensis 4. Decemb. 8 gr.
15 Hartwigus Bodungenn Duderstadianus 5. Decemb. 8 gr.
Adolarius Iringus Aldendurfensis 16. Decemb. 8 gr.
Balthazar Stoternheim Erphurdensis ob defectum
20 aetatis non iuravit 18. Decemb. 8 gr.
Casparus Koler Sangerhusensis in die trium regum 8 gr.
Ioannes Cristophorus Leffelladius Ratisbonensis 8 gr.
25 Henricus Smit Erphurdensis 7. Januarii 8 gr.
Valentinus Zapf Sumerachensis 16. Maii 8 gr.
Georgius Reis Eislebiensis 16. Martii 8 gr.
Abraham Birnbaum Hochstetensis 16. Martii 8 gr.
f. 230a 30 Casparus Kroner Erphurdensis[b] 7. Maii 8 gr.
Wulfgangus Ruchter Ordrufiensis 31. Maii 8 gr.
Ioannes Kirchaff Ordruviensis 31. Maii 8 gr.
Georgius Cantoris von Zeicz nou iuravit ex
35 aetate eodem die 8 gr.
Ioannes Grevingk von Beberstet aufm Ecksfelde 8 gr.
Apollo Pomerello Sundershausensis 5. Junii 8 gr.
40 Ioannes Pflugk Esperstadiensis 20. Febr. 8 gr.
Henricus Scheiter Lothemensis 24. Febr. 8 gr.
Iacobus Munnech Erphurdensis ult. Febr. non iuravit ob aetatem 8 gr.
Ioannes Weisbagh Erphurdensis non iuravit
45 18. Mart. 8 gr.
Paulus Tondorff Quedelburgensis 21. Mart. 8 gr.
Ioannes Becker Erphurdensis non iuravit 28. Mart. 8 gr.

Baltazar Thuen Haslibensis 15. April 8 gr.
Peter Guldenzopff Erphurdensis eodem die 8 gr.
Ioannes Werner von Bienstech 8 gr. f. 231a
Ioannes Wise Erphurdensis eodem die non iuravit 8 gr. 5
Baltazar Kirchoff Wißensebensis 24. April 8 gr.
Christophorus Heße Gebeldehausensis 2. Maii 8 gr.
Henricus Krebs Warburgensis 10 Junii 8 gr. 10
Cunradus Schonhenne Huxariensis 27. Junii 8 gr.
Ioannes Grimme Erphurdensis 8 gr.
Ioannes Kachent Erphurdensis 8 gr.
Ioachimus Henningh Erphurdensis 8 gr. 15
Ioannes Beier Erphurdensis 8 gr.
Valentinus Hopphe Gandershemensis 8 gr.
Simeon, Ioannes, Casparus } Pinckepanck fratres Erphurdenses singuli 8 gr. posteriores duo non iurarunt propter defectum aetatis. 20
Heidenrichus Geislerus Stauffenbur ex Hassia 28. August 8 gr.
Ioannes Lichander Erpellensis 6. Septemb. 8 gr.
Ioannes Kune Erphurdensis 20. Septemb. 8 gr.
Andreas Ratzenberger Erphurdensis 21. Septemb. 25 f. 231b
8 gr.
Thomas Becker Warpurgensis 8 gr.
Ioannes Bernhart Erphurdensis 8 gr
Henricus, Ioannes } Smit fratres Erphurdenses singuli 8 gr. 30
Andreas Kolditz Islebiensis ult. Octob. 8 gr.
Georgius Ubelaccerus magister Arenstadensis 12. Novemb. 8 gr.
Hyeronimus Starck Neunburgensis 14. Novemb. 8 gr. 35
Valentinus Whal Cassellanus 1. Novemb. 8 gr.

Numerus eorum qui minus solito dedere:

Adularius Hausen 10. Julii numeravit 7 gr.
Gotscalcus Lamberti Huxariensis 3 Jan. 6 gr.
Wilhelmus Gebzer Erphurdensis non iuravit 40 6 gr.
Casparus Theider Colledensis 10. Junii 5 gr.
Andreas Osse Bernstadensis 24. Februarii non f. 231a iuravit ob defectum aetatis 4 gr.
Ioannes Hausen vonn Kamerforst non iuravit 45 4 gr.
Martinus Wittel Erphurdensis non iuravit ult. Febr. 4 gr.
Ioannes Dorre von Tunne 18. April. 4 gr.

---

[a] Erpurdensis E.

Martinus Fabri Drosnensis Marchita pastor 27. Junii 4 gr.
Ioannes Hake Sunthausensis 4. Septemb. 4 gr.
Valentinus Schabacker Ebelebiensis 4 gr.
5 Sunt 11 personae.

Gratis inscripti:

Georgius Phessinnchstorf Burgensis, fuit aliquando Saxonici collegii famulus itaque gratis admissus.
10 Henricus Schwob Molhusinus 23. Maii gratis susceptus, quia pauper et famulus doctissimi ac reverendi viri dni mag. Ioannis Aurifabri.
231c Iodocus Hesse senator Hildesianus in honorem 15 rectoris, non iuravit.
Baltazar Hencke Hildesianus frater rectoris non iuravit.
Rempertus Rotendorfer Erphurdensis patrinus rectoris n. j.
Ioachimus Mechler Erphurdensis patrinus rectoris n. j.
Ioannes Engelken Alveldensis,
Henningus Balhorn Doderensis, ambo fratres congregationis Hildesianae 25. Maii gratis 5 inscripti sunt.
Nicolaus Krebs Erphurdensis civis in gratiam dni pastoris ad divum Michaelem, cuius ille aedituus est, gratis admissus iuravit.
Benedictus et Ioannes } Sidel fratres Erphurdenses non iurarunt. 10
Christophorus Reinhardus Islebiensis in honorem Ioachimi Brandis filii patroni Saxonici collegii, consulis Hildesiani.
Adamus Sneider Quernfurdensis in gratiam 15 magistri Andreae Judis discessuri non iuravit.
Andreas Sturmius Aichensis ex Bavaria in gratiam prioris rectoris gratis admissus.
Summa 86. 20

20 Percepta[b] ex intitulatura:

73 personae contulerunt pro inscriptione 25 thal. 19 gr., tres solverunt singulae 24 gr., quinque 12 gr., una 9 gr., 53 8 gr., una 7 gr., tres 6 gr., una 5 gr., sex 4 gr.
Hinc debentur pedellis conjunctim a singulis inscriptis, qui aliquid con- 25
25 tulerunt, 1 gr. et ita 73 gr. qui faciunt 3 thal. 1 gr.; rectori de residuo 22 thal. 18 gr. debetur pars tertia 7 thal. 14 gr.; universitati 15 thal. 4 gr.
Summa 15 thal. 4 gr.

Ex residuo intitulature in primo baccalaureatu 4 gr., in secundo 12 gr.[c]

b-c Aus dem Rechnungsbuche des Rectors.

1567. Mich. 298. Rect. Lic. Valent. Sydelius.[1]

30r.232ab

30 Tametsi[1] non ignorabam, munus reipublicae literariae hoc calamitoso et periculoso tempore, ubi nulla pietas nulla religio nulla denique fides nullus amor proximi, integritasque et candor ab hominum mentibus recesserit et, quod olim vitio dabatur, nunc vero ab illa indomita feroci et ab omni pietate aliena iuventute quam maxime laudi ducatur: ut interim tenuitatem mearum virium, quique etiam tam alienis negotiis 35
35 ratione publici officii, quam domesticis sim occupatus, in me suscipere, taceam: tamen quia excellentissimus et doctissimus vir, dominus Ioannes Hebenstreit, artium et medicinae

[1] Ein illuminirter Kupferstich, bestehend aus einem Hauptbilde in der Mitte (Christus am Kreuze, unter dem Maria und Johannes stehen; in einiger Entfernung hinter jener das Opfer Abraham's, hinter diesem die Aufrichtung der ehernen Schlange durch Moses) und acht kleineren um dasselbe

doctor et apud Erphordiam physicus, nec non venerabilis et doctissimus dominus magister Theodericus Algesheim, ecclesiae divae Mariae virginis canonicus, et discretus ac providus Christophorus Raspach, artium liberalium baccalaureus, 18ª mensis Octobris die vero S. Lucae evangelistae, anno a virgineo partu 1567, matura deliberatione 5 iuxta veterem et laudabilem consuetudinem hactenus in eligendo rectore observatam praehabita, me in rectorem publice proclamarunt, nec non dominus magnificus rector caeterique clarissimi et ornatissimi viri huius suscipiendae et postmodum susceptae provinciae authores essent: tandem omnibus circumstantiis hinc inde perpensis deo tanquam sic volente et annuente horum votis acquievi, sed quidem invitus, nec id 10 quidem immerito. Cum enim insuper mecum animo revolverem multorum principum et Romani imperii statuum dissensiones mutuas iniurias, nec hospitem ab hospite tutum esse, et saevissima bella deplorandas caedes hinc inde subsecutas, nec quidem tali inveterato malo vel gloriosissimum et invictissimum regem et imperatorem nostrum, principem et dominum dominum Maximilianum II. semper augustum, nullis admonitionibus nullis adhortationi-15 bus (quod unicum quidem, si obedientiae amoris pacis et mutuae dilectionis esset habita ratio, remedium fuisset) quicquam proficere potuisse.[1] Quid ergo in tam effrenata et indomita iuventute, quae laxis frenis regi vult et desiderat, sperandum habeam, omnibus candidis et bonis iudicandum relinquo. Quem autem inobedientia et rebellio sint sortitae exitum, id in Wilhelmo Grumbachio caeterisque bannitis et suis complicibus et conspiratoribus 20 magna cum calamitate et dolore Thuringiacae regionis huius 67ᵐⁱ anni compertum fuit et ipsi quoque 17ᵐᵃ mensis praenominati anni, non sine eorum inenarrabili dolore comperti sunt. Nam cum nec admonitiones adhortationes multorumque principum legationes suis orationibus apud bannitos et rebelles quicquam proficere possent, eo res est deventa (sic!), ut propter contemptam Caesareae maiestatis authoritatem et iustitiae 25 violationem status Romani imperii, quo innocentes in pace degerent tuerentur (sic!) et conservarentur, Gotham oppugnarent et castrum seu fortilitium Grimmenstein (quod invictissimum ducebatur) diruerent devastarent et everterent. Cujus rei tristes exitus et eventus non testantur nobis solummodo hac de re publica et emanata scripta et praemissa condigna declaratio banni imperialis: verum etiam publicum genus illustrissimi 30 principis et domini, domini Augusti ducis Saxoniae principis electoris et burggravii Magdeburgensis etc. incusi numismatis, cum duobus gladiis ad instar crucis in una facie in haec verba: „Tandem bona causa triumphat"; in altera vero: „Gotha capta supplicio de proscriptis imperii hostibus obsessis sumpto caeterisque fugatis." Quae tamen omnia absque laesione cuiuslibet, salva pace utputa ex relatione dixerim et 35 scripserim. Deus optimus maximus det suam gratiam, quo a deo ordinata maiestas et

herum: 1. Abraham und Melchisedech; 2. zwei Evangelisten: Mathaeus mit dem Engel, ihm gegenüber Marcus mit dem Löwen: 3. Moses und Aaron auf einem Hügel, darunter Einsammlung des Manna's: 4. ein Prophet mit einer Schrifttafel in der Hand („Supplicium Crucis et Christi ter maxima sacra"): 5. (Hauptbild); 6. ein andrer Prophet mit einer Schriftafel „Ad longum vates praecinuere pii"; 7. Passahmahl der zum Abmarsch gerüsteten Israeliten; 8. Lucas mit dem Ochsen und Johannes mit dem Adler; 9. das Abendmahl, auf welches sich die vorhergehenden Bilder und Stellen des A. T. beziehen.

[1] Auf den Vordersatz folgt kein Nachsatz.

magistratus honoretur et veneretur, honor et reverentia cuilibet magistratui, cui merito debetur, detur et tribuatur, et tandem omnia ad gloriam sui nominis reipublicae et proximi utilitatem et commodum dirigantur et disponantur; et nostra ferme collapsa respublica literaria in mutua concordia reflorescere et crescere incipiat, nec aliqua calamitas odium invidia livor seu superbia studiorum cursum interrumpat! Amen.

In album universitatis sub rectoratu annuo Valentini Sydelii iuris utriusque licentiati relata sunt subsequentium nomina anno domini 1567.[a]

Numerus eorum qui plus solito dederunt:
Casparus Muller Schmalkaldensis dt. 12 gr.
Christianus Schvindt decanus et canonicus ecclesiae beatae Mariae virginis Halberstadiensis dt. 12 gr.
Carolus a Sternsehe Frislandus dt. 2 taler.
Paulus Plager Confluentinus dt. 12 gr.
Bruno Delinckshausen Embeccensis dt. 12 gr.
Lazarus Andrelinus Ioachimus dt. 1/2 flor.

Ordo eorum qui plus solito dederunt id est 8 grossos:
Adamus Listeman Mulhusensis 8 gr.
Ioannes Widling de maiori Sommerda propter legitimam aetatem non iuravit 8 gr.
Wolfgangus Faber Bambergensis 8 gr.
Ioannes Mycelius Brembargensis 8 gr.
Laurentius Kniser (Kins.?) a Frinstelt 8 gr.
Ioannes Rodacker Erfurdensis 8 gr.
Ioannes Kannengießer a Kranchfeldt dt. 8 gr
Valentinus Junghans Kemnicensis 8 gr.
Zacharias Kolman Erfordiensis 8 gr.
Ambrosius Kerst Erfordensis 8 gr.
Bernhardus Gutlerus 8 gr.
Ioannes Wilt Sessaciensis 8 gr.
Ioannes, Nicolaus } Specht fratres, quilibet 8 gr. et propter aetatis defectum non iurarunt. Iohannes praestitit mihi mag. Sif. Wenth (Rect. 306) iuramentum 25. Febr. 77.
Hartungus Brunerus Franckenhausanus 8 gr.
Georgius Denstadt Erfordiensis 8 gr.
Iob Stotterheim Erfordiensis 8 gr. propter defectum aetatis non iuravit.
Laurentius Rodomannus Northusianus 8 gr.
Liborius Otto Northusianus 8 gr.
Samuel Sibenson Pesnitzensis 8 gr.
Iacobus Andreas Erffordensis 8 gr.
Philippus Mandt Berckensis 8 gr.
Iodocus Transfelt, Iodocus Schulter } Gottingensis 16 gr.
Alexander Sander Vinariensis 8 gr.
Henricus Zinck Duderstadiensis 8 gr.
Matthaeus Hirschberger Nörlingensis dt. 8 gr.
Christopherus Döler Orleshausensis 8 gr.
Christopherus Herdegen Heiligenstadensis; anno 1586[b] magister promotus, anno 1589[b] decanus S. Severi, ao. 1600 obiit.

Inaequaliter solventes:
Ioannes Berreuter, Wolfgangus Summer, Casparus Molitor } Orlamundenses et
Nicolaus Knabe Neustadiensis hi quatuor numeraverunt 26 gr.
Martinus Schwippe, Nicolaus Schwippe } fratres 12 gr.
Zacharias Spisheim Northemensis 6 gr.
Conradus Hencaeus Witzenhausianus 6 gr.

Sequentes dimidium dederunt videlicet 4 grossos:
Henricus Rothe Erffurdensis 4 gr. addidit 4 gr. in promotione crucis 1569.
Christophorus Kalips Franckfurdensis.
Casparus Axt a Sonnenborn.
Philippus Ruder Erpelensis addidit 4 gr. 6. Marcii 1569.
Laurentius Muller Erfurdensis.
Erasmus Stolbergius.
Bartholdus, Christianus } Greffenses
Bartholomeus Brambus Berckensis.
Volckmarus Wechter Andeslebianus.
Ioannes Danrodt a Dilsdorff.
Sebastianus Huck Erffurdensis.
Ioannes Musel Erffurdensis.
Henricus Buchener ab Gispersleben.
Andreas Waltz Erffurdensis.
Iodocus Kuchenbrot Laudensis addidit 4 gr. magistro Ioanni Burggravio 12. Martii anno 1576.

[a] 1568 irrig in E. [b] In E steht 1686 und 1689; der Name scheint später beigefügt.

Christopherus et Casparus } 1 (?) Doler abs Orleßhaußen ddt. 8 gr.

Pauperes:

Matthaeus Dopff a Wickerstedt dt. 2 gr.

f. 285d 5 Gratis inscripti:

Ioannes Piscator Erffurdensis dt. 8 gr. sub rectoratu doctoris Adami Myritiani.

Ioannes Schubhart zum Hain in gratiam mgri Ludovici Helmboldi.

10 Philippus Magnus, Hermannus, Valentinus Wolfgangus, Gabriel } fratres filii domini rectoris.

Ambraham Doltzke in gratiam Russorum ut cancellarius.

Casparus, Valentinus } Ziegeler pater et filius in gratiam magnifici rectoris.

Theodorus Plateanus Cynensis in gratiam Petri 5 Platiani praeceptoris magnifici domini rectoris.

Thomas Franck in gratiam capituli Halberstadiensis.

Daniel Lang in gratiam rectoris. 10

Henricus Völcker in gratiam parentis sui Ioannis Völckers secularis iudicii Erffurdiae schabini.

Ioannes Rost Gottingensis in gratiam domini magistri Ludovici Helmboldi. 15

Summa 75.[c]

Percepta[d] ex intitulatura:

15 sex ddt. 4 dal. 10 gr. 6 ₰; viginti octo 5 dal. 14 gr.; octo solverunt 2 dal. 2 gr.; octodecim 2 dal. 18 gr.; quidam pauper 2 gr. Summa 20 eorum qui contulerunt 61; facit 16 dal. 20 gr. 6 ₰. Hinc debentur pedellis coniunctim a singulis inscriptis, qui aliquid contulerunt, grossus unus et ita 61 gr. constituunt 2 dal. 13 gr. Rectori de residuo, vide-20 licet 11 dal. 17 gr. 6 ₰, debetur pars tertia, videlicet 4 dal. 3 gr. 2 ₰. universitati 8 dal. 6 gr. 6 ₰.[e] 25

[c] Richtig, wenn Herdegen nicht mitgezählt wird; s. S. 417 Anm. [b]. [d-e] Aus dem Rechnungsbuche des Rectors.

---

f. 286ab 1568. Mich. 299. Rect. Dr. Theoder. Buhemeyger.[1]

In[1] matriculam (olim celeberrime) huius universitatis inscripti sunt sub rectoratu venerandi atque eximii domini Theoderici Buhemeigeri, sacrorum[a] canonum 25 doctoris decani collegiate ecclesie beate Marie virginis Erffordensis curieque archiepiscopalis Moguntinensis ibidem in Erffordia sigilliferi[b] etc., qui die sancti Luce 30 f. 286c evangeliste anno Christi supra sesquimillesimum sexagesimo octavo per ultimos tres electores, scilicet venerabiles atque clarissimos dominos Petrum Avianum, medicinae doctorem, Gotfridum Berckman, beate Marie, et Laurentium Erbs, S. Severi ecclesiarum 30 canonicos artiumque magistros, in gymnasiarcham electus designatus et in publico pronunciatus est: 35

[a-b] Dieselben Worte stehen im Nominativ neben dem Namen des Rectors in der Ueberschrift am oberen Rande.

[1] In der braunrothen Initiale kniet vor Maria mit dem Kinde (beide von goldnem Strahlenkranze umgeben), der Rector in Chorkleidung; zwischen ihm und dem Kinde zieht sich ein Bandstreifen hin: „Iesu fili Dei, miserere mei.“ Vor ihm ist sein Wappen an Maria's rechten Fuß gelehnt; dasselbe ist schräg in Silber und Gold getheilt; beide Felder bedeckt ein Eichbäumchen mit einer Eichel in der Spitze.

Sequentes dederunt plus solito:

Humbertus de Langen Schonebergensis dt. 18 sol., 2. Maii.
Helias Valtzke Hamelensis dt. 10 sol. eodem die.
5 Christopherus Kracht de Achensleben dt. 1 flor. 23. Maii.
Bertholdus Lantzberger canonicus maioris ecclesiae Hildesemensis dt. 1 thaler. 1. Junii.
Heinemannus Gehlingk canonicus Fritzlariensis
10 dt. 1/2 thaler. 10. Junii.
Albertus de Kappell Osnaburgensis dt. 1/2 thaler. 22. Junii.
Barthel Sehber Pegaviensis dt. 1/2 thalerum 21. Julii.
f.236d 15 Andreas Schimmel Erphordianus 18. Decembris.
Franciscus Faber Molhaußensis 15. Februarii.
Ioannes Schilling Molhausensis eodem die.
Adelarius Ziegeler filius Marci . 9. Marcii; non iuravit ob defectum aetatis.
20 Nicolaus Kilianus Spirensis prope Sundershausen 18. Aprilis.
Nicolaus Boßelius Monrensis 23. Aprilis.
Iohannes Sachsse Erphordianus filius Melchioris 28. Aprilis non iuravit ob defectum aetatis.
f.237a 25 Iohannes Seideman Erphordianus eodem die; non iuravit ob defectum aetatis; prestitit iuramentum mgro Sifrido Wenth 25. Febr. 1577.
Iohannes Hoffeman Forcheimensis 11a Maii.
30 Ludolphus Sutelius Gottingensis eodem die.
Levinus Krantz Hildesianus collega Saxonici collegii 16. Maij.
Iohannes Fleischawer Molhausensis 22. Junii.
Cunradus Muller Verdensis canonicus S. Bonifacii Halberstadensis 1a Julii.
35
Iohannes Hartman Northusensis 6. Julii.
Wendelinus Burggrave Manstatensis prope Collen 9. Julii.
Wernerus }
40 Iohannes } de Usseler Goßlariensis eodem die.
Georgius Abell Erphordianus 10 annorum eodem die non iuravit ob defectum aetatis.
Gothfridus Abell Erphordianus 6 annorum eodem die; non iuravit ob defectum aetatis.
45 Iohannes Ruschingius Franco de Themaria 27. Julii.
Christopherus a Helephant filius doctoris eodem die, non iuravit ob defectum aetatis.
f.237b Christianus Loßekamp Saltzensis eodem die.
50 Conradus Hohegrew Bilveldensis 29. Julii.
Iohannes Theodorus Fritzlariensis 17. Septemb.
Carolus Hirßperger Hildesemensis 6. Octobris.
Blasius Wunsch Witterensis 26. Octobris.
Iohannes Oerlborn Northusensis eodem die.
Michael Pisonis Errfordianus 3. Novembr.
Henricus Pisonis Franco Trumstatensis eodem die.
Georgius Hatzfeldt Dillingenbergensis 9. Novembris. 5
Valentinus Nicolaus Erphordiensis eodem die.
Christopherus Bernwaldus Erphordiensis eodem die.
Martinus Gisecke Peinensis prope Hildesheim 17. Novembris. 10

Ordo eorum qui medietatem scilicet 4 grossos dederunt:

Christopherus Fulstedt Waltterßhusanus 2. Decembris. 15
Georgius Muller Chrimmicensis 4. Decembris.
Conradus Bottungen Herbßlebensis 18. Decembris.
Andreas Vatianus Arnstadiensis eodem die. f.237c
Marcus Hoheman ex Geißen eodem die.
Sebastianus Biereige Erphordianus eodem die dt. 4 solid. magro Theoderico Algesheim (R. 307). 20
Nicolaus Lanchwigk Spretensis eodem die.
Andreas Breitbauch Molhausensis 15. Februarii.
Heinricus Vitzthumb Erphordianus 18. Aprilis. 25
Laurentius Thun eodem die. Hic Laurentius Thun Errfordianus 4 solid. pro immatriculationis residuo dt. 1. Martii anno 76 rectori mgro Iohanni Burggravio Susatensi.
Marcus Kunemuth de Viheleben Schwartzburgensis 23. Aprilis. 30
Nicolaus Rawhe Jessensis prope Salveldt eodem die.
Nicolaus Martscheffel Bulßleviensis prope Kindelbrucken eod. die. 35
Erasmus Teurkauff de Tulstedt 2. Maii.
Henricus Bachfelder Kranichfeldensis 22. Junii.
Ionas Schubertus Gorlicensis ex Slesia 9. Julii.
Oßwaldus Maurer Erphordianus 21. Julii non iuravit; quia est saltem 11 annorum 14. Sept. 79; iuramentum dt. 4 solid. mgro Theoderico Algesheim (R. 307b). 40
Henricus Listeman Hieropolitanus 8. Octobris.
Iohannes Worle Eckstadiensis prope Vippach 15. Novembris. 45
Iohannes Ohll Eckstadiensis eodem die. f.237d
Sebastianus Molitor Vachensis eodem die.
Iohannes Korner Udestadensis.

Gratis sequentes sunt inscripti:

Conradus Ecke Lubecensis famulus rectoris 7. Februarii. 50

Nicolaus Sidolt filius Sculteti Monrensis 23. Aprilis.
Ioannes Maior Erphordianus famulus mgri Anthonii Mokeri 16. Maii.
5 Martinus Bauchmeiger Bavarus 17. Julii non juravit ob defectum aetatis.
Gregorius Alberti Borgensis prope Magdenburgk 12. Novembris.
Ludowicus Helmboldus Molhusinus famulus doctoris Ioachimi Hencken 17. Novembris.
Sed horum quilibet dt. pedello 1 solidum. 5
Summa intitulatorum 68.

Percepta[c] de residuo intitulaturae:

4 gr. dt. Gothfridus Öhrlen.
4 gr. dt. Daniel Herz.
10 4 gr. dt. Philippus Rhoder. 10
4 gr. dt. Heinricus Rhota sub rectoratu dris Hermanni, item vicedomini et mag. Quirini Listemans intitulati. Summa de residuo facit 16 gr., de quibus rectori 5 schneberg. 4 ₰; universitati 10 schneberg. 8 ₰.

Ex intitulatura

15 11 thal. contulerunt 33 personae, qui ddt. totum; 3 thal. 16 gr. contulerunt 22 personae, quae ddt. medium; 2 thal. contulerunt 4 personae: 20 gr. contulerunt 2 personae; 18 gr. dt. 1 persona. 15

Summarium 18 thal. 6 gr.

hinc debentur pedellis 62 gr., rectori 5 thal. 5 sol. 4 ₰, universitati
20 10 thal. 10 sol. 8 ₰.[d] 20

a-b Aus dem Rechnungsbuche des Rectors.

188a b

1569. Mich. 300. Rect. M. Ioh. Gallus.

rector ad regulares et postea promotus Ienensis theol. doctor.

Quinque ter exierant a nato saecula Christo,
Bis sex lustra super, nonus et annus erat,
25 Festaque fulgebant divi solennia Lucae, 25
Cum fierem patriae gymnasiarcha scholae,
Vota mihi, sacri iuris, cognomine Coci,
Doctor, et Hubnerus Dynckeliusque dabant;
Officio sane (quid enim manifesta negarem?)
30 Non ego par tanto sufficiensque fui, 30
Sed quod sedulitate tamen curaque fideli
Munere sim functus iusticiaque scio,
Nec dubito noster quin consiliarius omnis,
Omnis et aßeßor confiteatur idem.

---

1 Bild und Wappen fehlen; statt der Einleitung folgen auf die Ueberschrift acht Distichen des Rectors.

Qui fecit quantum potuit, sat praestitit ille,
Det deus ut rector plura novellus agat;
Sunt vero centum, me principe, quinque remotis,
In studiosorum nomina scripta gregem.
5 M. Iohannes Gallus manu propria scripsit. 5

Hi plus solito dederunt:

Iohannes Fridericus de Milich 1 flor.
Iohannes de Neumarck 16 gr.
Iohannes Gromannus Erphordianus 14 gr.
10 Sebastianus a Reus 12 gr.
Matthaeus John Molibergensis 12 gr.
Sebaldus de Margaritis Beringensis 12 gr.
Hieronimus Krantz Halberstadensis 1/2 flor.
Stephanus Schröter Halberstadensis 1/2 flor.
15 Iacobus Marius Ingolstadensis 1/2 flor.
Wolfgangus Knippe iunior Erphordianus 9 gr.
Hermannus Fellichius Hildesianus 9 gr.
Volckmarus Cramerus Friczlariensis 9 gr.

Sequentes
20 solverunt solitum 8 videlicet gr.:

Iohannes Schilling Uldensis 8 gr.
Bartholomaeus Dichman Erphordensis 8 gr.
Casparus Matthias Elckslebiensis 8 gr.
Iohannes Cotta Wolfsberingensis 8 gr.
25 David Cordus Franckbergensis 8 gr.
Henricus Leo Oslariensis 8 gr.
Iohannes Schauer Erphordensis 8 gr.
Georgius Glaserus Salveldensis 8 gr.
Andreas Schreckius Rodestadiensis 8 gr.
30 Nicolaus Faber Erphordensis 8 gr.
Theodericus Kautz Erphordensis 8 gr. non iuravit; praestitit mihi magistro Ioanni Burggravio iuramentum in die Petri et Pauli apostolorum anno etc. 76 (Rect. 305).
35 Iohannes Eckebrech Eberensis 8 gr.
Georgius Krippendorf } Erphordenses { 8 gr.
Theodericus Krippendorf } Erphordenses { 8 gr.
iurarunt sub mgro Sifrido Wenth (R. 306).
Daniel Gebhardus Erphordensis 8 gr.
40 Marcius Langius Calensis 8 gr.
Martinus Bischoff Billebensis 8 gr.
Iohannes Craspach Erphordensis 8 gr.
Andreas Schneider 8 gr. } iuravit mgro Sifrido Wenth (Rect. 306) Erphordenses.
Melchior Schneider 8 gr. }
45 Georgius Oetheus Fuldanus 8 gr.
Iohannes Range Gisperslebensis 8 gr.
Henricus Pfankuch Warpurgensis 8 gr.
Casparus Schopperus Bambergensis 8 gr.
Iohannes Plaw Sitzensis 8 gr.

Ioachimus Brandes Hildesianus 8 gr.
Christophorus Meier Hildesianus 8 gr.
Tilomannus Beuerburgk Hildesianus 8 gr.
Balthasar Papa Nehusensis 8 gr.
Georgius Hoester Eristaeus 8 gr. 10
Iohannes Pfeiffer Northusanus 8 gr.
Christophorus Briheimus Vargulensis 8 gr.
Nicolaus Praetorius Bleichenrodensis 8 gr.
Lucas a Collonia Hamburgensis 8 gr.
Iohannes Schulteis Erphordensis 8 gr. } non iurarunt. 15
Iohannes Beier Erphordensis 8 gr. }
Laurentius Schamberger Erphordensis 8 gr. }
Petrus Compter Franckfurtensis 8 gr.
Georgius Fabricius Oslariensis 8 gr. 20
Iohannes Pistor Cranachensis 8 gr.
Bonifacius Aureus Botlariensis 8 gr.
Christopherus Femelius Erphordensis 8 gr. non iuravit.
Casparus Seib Erphordensis 8 gr. non iuravit. 25
Iohannes Huth Erphordensis 8 gr. }
Georgius Huth Erphordensis 8 gr. }
Simon Hartung Erphordensis 8 gr. }
Iohannes Winckelman Erphurdensis 8 gr. } non iurarunt. 30
Severus Schatz Erphordensis 8 gr. iuravit mihi mgr. Sifrido Wenth }
Melchior Saxo Erphordensis 8 gr. iuravit anno 78 10. Januarii sub mgro Sifrido Wenth } 35

Septem grossos dedit unus:

Iohannes Rodstat Nothlebiensis.

Singuli numerarunt sex grossos:

Casparus Rodolphi Gottingensis 6 gr.
Iohannes Gerlacus Saßenhusensis 6 gr. 40
Conradus Kerstingus Saßenhusensis 6 gr.
Iohannes Hampe Gottingensis 6 gr.
Iohannes Botner Gottingensis 6 gr.
Georgius Bruns Gottinchensis 6 gr.
Christophorus Maier Walhusensis 6 gr. 45

Ordo eorum qui quatuor gr. dederunt:

Iohannes Flemmer Schmalkaldensis 4 gr.
Iohannes Schravius Naumburgensis 4 gr.

Iohannes Ferrarius Melosingensis 4 gr.
Iohannes Angermannus Talbornensis 4 gr.
Iohannes Methsch Ulmensis 4 gr.
Daniel Krappe Wildungensis 4 gr.
5 Iohannes Kroll Salzensis 4 gr.
Iohannes Helderus Erffordensis 4 gr.
Adolarius, Erhardus, Nicolaus } Egenolphi Sommerenses { 4 gr., 4 gr., 4 gr.
10 Iohannes Gerner Dittelstadensis 4 gr.
Georgius Hummel Gritheimensis 4 gr.
Heinricus Breitenbach Greusensis 4 gr.
Martinus Weisor Strausfurtensis 4 gr.
Christophorus Moller Erphordensis 4 gr.
15 Tobias Frideraun Erphordensis 4 gr.
Iohannes Josquinus Melosingensis 4 gr.

Gratis inscripti:

Iohannes Gallus iunior Vinariensis filius rectoris.

Gregorius Borck Salveldensis.
Cyriacus Weßelius Erphordensis in gratiam mgri Adolarii Praetorii p. L. non iuravit. f. 240
5 Cyriacus Bole Budistadiensis in gratiam mgri Pauli Dummerichii dialecticae et mathematum professoris.
Burckhardus Benderus Oringensis Suevus.
Casparus Menserus Sangerhusanus.
10 Nicolaus Kirchoff Greussensis. 10 t.
Casparus Bertoldus Gottingensis in gratiam magri Theoderici Geringi diaconi rectoris.
15 David Gallus in gratiam mgri Samuelis Galli pastoris ad S. Andream dt. 8 solid. et iuravit sub rectoratu mgri Sifridi Wenth (Rect. 306).

Summa 95.[a]

20 Percepta[b] ex intitulatura:

unus dt 1 flor.; unus 16 schneberg.; unus 14 schneberg.: tres ddt. quilibet 12 schneberg.; tres ddt quilibet $1/2$ flor.; tres ddt. quilibet 9 schneberg.; 49 ddt. quilibet 8 schneberg., unus dt. 7 schneberg.; 7 ddt. quilibet 6 schneberg.; 17 ddt. quilibet 4 schneberg.; reliqui gratis in honorem 25 rectoris et aliorum atque universitatis tum propter paupertatem inscripti sunt. Cedit pedellis conjunctim a singulis inscriptis 3 thal. 23 schneberg.; rectori 7 thal. 18 sneb. 6 ₰; universitati 15 tal. 13 sneb.

De residuo intitulature:

4 sneb. dt. Valentinus Heineman ex Wolfis sub dre Herm. Hausen in-30 scriptus anno 61. Cedit rectori 1 sneb. 8 ₰, universitati 2 sneb. 8 ₰. Omnium perceptorum summa hujus anni 47 thal. 9 sneb. 6 ₰.[c]

[a] Richtiger 96, 1. Helder (Sp. a Z. 6) scheint später immatriculirt zu sein. [b-c] Aus dem Rechnungsbuche des Rectors.

1570. Mich. 301. Rect. D. Wendelinus Zymmermann.[1]

f. 240 a b

Nativitate[1] domini nostri Ihesu Christi salvatoris nostri unigeniti anno 1570 ipsa die Lucae sancto evangelistae celebri, universitatis Erphurdensis quatuor facultatum 35 coetu iuxta statutorum formam causa eligendi novi rectoris convocato, ex 12 electoribus praeclarissimis excellentissimis fortuna iudice ad eligendum novum rectorem designati sunt praeclarissimi pietate doctrina prudentia viri ac domini praestantissimi, Ioachimus Hencke, philosophiae ac iuris utriusque doctor nec non eiusdem facultatis publicus professor, venerabilis vir Valentinus Schucze, philosophiae et sacrarum literarum

[1] Auf fol. 239[cd] fehlt das Bild, auf fol. 240 die Initiale, ebenso das Wappen des Rectors.

magister Iohannes Dingelius,[1] bonarum disciplinarum et philosophiae magister, qui tres Spiritus sancti invocatione praemissa ad electionem novi rectoris accesserunt et in honorem atque utilitatem reipublicae literariae Erphurdensis unanimo consensu atque f.240c d conscienciarum rectitudine in gymnasiarcham creaverunt honestum atque providum 5 virum ac dominum Wendelinum Zymmerman, iuris utriusque doctorem et eiusdem 5 facultatis publicum professorem nec non reipublice Erphurdiane consulum tercium; qui audita suae electionis renunciacione, suorum electorum suffragiis spacio deliberandi relicto, annuit, licet grave atque difficile sit in extrema mundi senecta effrenem studiosorum adolescentum libidinem vincere atque cohibere, qui nullis neque moribus neque 10 legibus se teneri putant, tamen muneris difficultatem potius subire quam ejus magni- 10 tudinem detrectare voluit et divino inprimis auxilio, authoritate et consilio consultissimorum consiliariorum adjunctorum negotia universitatis expedivit, lites atque controversias inter studiosos motas ad arma pervenire non concessit, sed piis et familiaribus adhortationibus decidit atque composuit; sub cuius rectoratus officio octuaginta unus f.241a b 15 (communi pretio oblato) studiosi nomina sua in catalogum studiosorum inscribenda 15 dederunt, in sequentes classes sunt relati atque intitulati:

Classis prima eorum qui plus solito precio ius universitatis redemerunt:

Fridericus a Bulckesclebenn Wirczburgensis 20 canonicus 12 gr.
Sebastianus Ramrot nobilis 12 gr.
Georgius Rudinger a Wallenrot Herbipolensis canonicus 24 gr.
Iohannes Blume Hanovariensis 12 gr.
25 Ioachimus Hellerus mgr Wittenbergensis 12 gr.
Wolffgangus Rude a Bordingen chatedralis et imperialis Bambergensis ecclesiae canonicus 24 gr.
Sifridus, 30 Balthasar } Nunche fratres 21 gr.
Iohannes von Schinck nobilis 21 gr.
Summa prime classis 5 thaler. 18 gr.

f.241c Secunda classis eorum qui octo grossos numeraverunt:

35 Alexander Lundenberg Hildesianus.
Nicolaus Sticheling Erphurdensis non iuravit.
Philippus Rachenberger.
Cunradus Waltlerus Corbachiensis.
Baltasar Drosanck de Ascherschleben.
40 Michael Gudeler Erphurdensis non iuravit.
Christofferus Maul Erphurdensis.
Ernestus Andreas de Moerschleben.
Iohannes Lucht Hilperhausensis.
Iohannes Boesecker Hilperhausensis.
Heynricus, Nicolaus } Eberbach non iuraverunt. f.241d
Martinus Senckethal ex Salcza. 20
Heinricus Thilo Gottingensis.
Cunradus Genczel Northusianus.
Iohannes Wellendorff Erphurdensis iuravit sub rectoratu mgri Sifridi Wenth.
Casparus Matthes Erphurdensis. 25
Andreas Wille Northusianus.
Melchior Backhusius.
Iohannes Kinbart Bambergensis.
Philippus Scholle Erphurdensis. f.242a
Georgius Sömering Erphurdensis. 30
Severus Leubenicht Erphurdensis non iuravit.
Valentinus Wutte a Kranichborn.
Iheremias Storck a Kranichborn non iuravit.
Iohannes Molitor Willingensis.
Gisselerus Utlo de Gottingen. 35
Thomas Gercke de Gottingen.
Heinricus Scherdigerus Erphurdensis.
Michael Monnich non iuravit.
Rotgerus Hagenacker Orsensis.
Esaias, Georgius } Silberschlack fratres. 40
Georgius Silberschlack frater mgri Silberschlack. f.242b
Casparus Schmidt.

---

[1] Richtiger Dinkelius zu schreiben; er war aus Dröchtelborn gebürtig und wurde in demselben Jahre als Professor am evangelischen Gymnasium senatorium (paedagogium Augustinianum) angestellt.

Iohannes Zygeler.
Blasius Fischer de Spreta.
Christofferus Grasbach.
Franciscus Iudae
5 Sebastianus Piscator.
Summa secundae classis 13 thaler. 8 gr.

Tercia classis eorum qui 6 gr. dederunt et horum sunt quatuor:

Steffanus Busche Hildesianus.
10 Iohannes Stannffe Windenrodensis non iuravit.
Daniel Eymen
Iohannes Wideman Erphurtiensis.
Summa terciae claßis 4 personae 1 thaler.

f. 242c 15 Claßis quarta eorum qui 4 grossos tantum solverunt et horum sunt 29:

Sebaldus Argentifaber Erphurdensis.
Martinus Lengenfeltt Corbachiensis.
Philippus Rugius Wittenbergensis.
20 Gabriel Röden Erphurdensis.
Iheremias Schwinvort.
Guntherus Siffridus de Guldendorf.
Casparus Hillebrant Erphurdensis.
Christianus Merten de Gisperschleben Kiliani
25 non iuravit.
Beniamin Starck de Greußen.
Leonhardus Niderlender de Lautershausen.
Cunradus Wern Rhemensis.
f. 242d Thilemannus Keulingen de Goltbach.
30 Martinus Herber.
Mattheus Brushard de Elxschleben.
Ignacius Hilfferich Franckenburgensis.
Anthonius Faber Ludensis (Lub.?).
Iohannes Dies Braunschwigensis.
Ioachimus Fritzstadius Mulhusinus.
Valentinus Camerarius.
Bartholdus Sartor Lubensis.
Theodericus Görtze Prynnensis. 5
Iohannes Wagener Erphurdensis non iuravit dt. 4 gr. et iuravit mihi mgro Sifrido Wenth 20. Novemb. 77.
Mattheus Gerecke de Waltershausen.
Eucharius Sanck Mellerstadensis. 10 f. 243a
Iheremias Wagener Erphurdensis.
Christofferus Wagener Erphurdensis.
Iohannes Sturmius Erphurdensis.
Balthasar Faber Horschalabensis.
Iohannes Eygenrauch Elxschlebensis. 15
Summa quartae classis 4 thaler. 20 gr.

Classis quinta qui gratuito inscripti sunt: f. 243b

Georgius Listeman Gabratensis (?) ad petitionem mgri Dreßeri.
Valentinus Seuberlich Erphurdensis. 20
Bartholomeus Bratfisch de Franckenhausen.
Iohannes Boppius Allersburgensis.
Iheronimus Thimus de Waltershausen ad petitionem depositoris.
Iohannes Bonigerus ad petitionem mgri Danielis Seuring. 25
Christofferus Sommering ad petitionem mgri Cornelii Hartung.
Iohannes Campius de Ilffersgehoffen.
Sebastianus Salveldensis ad petitionem mgri Dingelii.[a] 30
Valentinus Zymmerman ad petitionem rectoris.
Summa 92.

Deo laus et honor.

Percepta[b] ex intitulatura: 35

35 24 thal. 22 gr. contulerunt 81 studiosi iuxta ..drum classium in libro rectoris scriptorum, in quibus nomina studiosorum sunt inscripta. Cedit pedellis coniunctim a singulis inscriptis 3 thal. 9 gr.: rectori 1 thal. 4 gr. 4 ₰; universitati 14 thal. 8 gr. 8 ₰.

Ex residuo intitulaturae: 40

40 12 gr.; cedit 4 gr. universitati 8 gr.

---

[a] S. S. 423 Anm. 1. [b-c] Aus dem Rechnungsbuche des Rectors.

1571. Mich. 302. Rect. Dr. Ambrosius Schurerius.[1]

f. 243 c d

Anno[1] a nativitate domini ac salvatoris nostri Iesu Christi 1571 die S. Lucae evangelistae more maiorum in comitiis scholasticis per humanissimos et doctissimos dominos magistros Valentinum Schuczen et Christophorum Goltstein nec non Levinum 5 Crancz electus proclamatus et designatus est rector vir clarissimus ac doctissimus Ambrosius Schurerius, iuris utriusque doctor ac professor publicus, civitatis Erphurdensis syndicus supremi iudicii electoralis Saxonici advocatus et procurator etc. Is etiamsi varias ob causas non minus primo quam secundo anno sese excusare et a se removere hoc munus potuisset: attamen non ex levi ambitione neque vanae gloriae 10 affectatione, multo minus turpis lucri aut ostentationis gratia sed studiorum, quibus a teneris (ut Graeci dicunt) unguiculis addictus fuit, mediocriter sublevandorum vel potius reservandorum et augendarum reliquiarum causa, in hoc turbulento ecclesiae Christi et studiorum atque adeo rerum omnium statu, hominum etiam ingeniorumque perversitate, cum timore Dei et syncero animo hanc provinciam suscepit et facta prorogatione altero 15 quoque anno retinuit et in magna negociorum mole ita magistratum gessit, ut res atque tempora tulerunt; nec grave ipsi fuit coetum scholasticum regere, sed turbas, quae in primi anni initio medio et fine extrinsecus quasi accesserunt, aliquanto graviores ei acciderunt, quas tamen et ipsas auxilio[a] Dei fretus quadam longanimitate partim superavit partim vindicavit partim denique avertit, ita etiam ut functio sua 20 Dei benignitate foelicem habuerit exitum, non solum quoad splendidum circa finem rectoratus celebratum doctoratum, sed et quoad finem ipsum pacificum, cum in aliis negociis tum in benevolo suo successore. Pro quo et omnibus aliis beneficiis laus et honor sit sanctae et individuae Trinitati, Deo patri filio et spiritui sancto in infinita[b] saecula[b] saeculorum. Amen.

244a 25 Inscripti primo anno plus solito numerantes:

Ioannes Brandes Hildesianus 12 gr.
mgr Andraeas Fulda Salcingensis 12 gr.
Basilius Faber[2] Soranus 12 gr.
30 Christophorus Statmion Coburgensis 12 gr.
Christophorus Wiltfeuer Hildenshemensis 12 gr.
Heinricus à Bodmars Luneburgensis 24 gr.
Martinus Götz Schluchterensis 12 gr.
Heinricus Sibolt Franckenhusanus 12 gr.
35 Hieremias Zolman Stolbergensis 12 gr.
Dr. Tilemannus Hamilius Brunsvicensis 12 gr.
Nicolaus Boticher Halberstadensis 12 gr.
Pasche Böticher Halberstadensis 12 gr. 25
Hermannus Böticher Petri f. Northusanus 12 gr.
Hermannus Böticher Caspari f. Northausanus 10 gr.
Iustus Böticher Petri f. Northusanus 10 gr. 30
Ioannes a Steinheim 12 gr.
Philippus Spigel 12 gr.
Summa 8 thaler. 14 gr.

Constitutum precium solventes 8 gr.

Andreas Darmstadt Erphurdensis. 35
Balthasar Muller Erphurdensis.

[a] auxilii E. [b] infinite saecule E.

[1] Für ein Bild und eine Initiale ist nicht einmal Platz gelassen.

[2] Damals Rector des evangelischen Rathsgymnasiums zu Erfurt und Leiter des Alumnats; siehe Weißenborn's Hierana I, 31, III 114 und seine später aufgefundene Bestallung von 1570, ebd. S. XVII.

Theodoricus Muller Erphurdensis.
Conradus Kruling Bantstetensis.
Ioannes Emerich Franckenbergensis.
Hadrianus Wahl Wildungensis.
5 Ionas Rueling Sonnenbornensis.
Melchior Denstet Erphurdensis.
Paulus Munch Erphurdensis.
Hieronymus Gunther Soraviensis.
Cornelius Krell Oxariensis.
10 mgr Egidius Misnerus Lipsensis.
Ioannes Ludolphi Duderstadensis.
Nicolaus Wundersleben Erphurdensis.
Balthasar Dunner (?) Erphurdensis.
Esaias Danner Erphurdensis.
15 Ioannes Stang iunior Erphurdensis.
f. 244b Nicolaus Gasmannus Eldrichensis.
Constantin Casselmann Sommerdensis.
mgr Wolfgang Milius.
Heinricus Coci Halberstadensis.
20 Ioannes Gunczelius Herressenonsis.
Wilhelmus Frölich Stolbergensis.
Mathatias Magdeburgius Asmonita.
Albertus Hopfe.
Ioannes Bentler iuravit mgro Theod. Algesheim
25 in vigilia Martini 1580.
Sebastianus Reuse Turca dictus.
Iacobus Hartmannus Gandensis.
Summa 9 thaler. 8 gr.
Nicolaus Taute Erphurdensis 6 gr.

f. 244c 30 **Qui dimidium nempe 4 grossos dederunt:**

Wilhelmus Crantz Hildesianus.
Hieronymus Martschofel Sonnebornensis.
Ioannes Fröschelius Erphurdensis.
Gregorius Utzbergk Elxlebensis.
35 Matthaeus Crusius Halberstadensis.
Ioannes Krautgart Butstadensis.
f. 244d Thomas Weidener Frinstadensis.
Heinricus Kestner Erphurdensis.
Ioannes Frowein Halberstadensis.
40 Ioannes Wermut Oxariensis (Oxoriens. E).
Wolfgangus Wagner Erphurdensis.
Summa 2 thaler. 2 gr.
Ioannes Kuchenbrot Laud(ensis) gratis.

f. 244e **Secundo anno inscripti plus solito**
45 **solverunt:**

Ioannes a Redewitz Franco 14 gr.
Gregorius Fleischhauer Mulhusanus 12 gr.
Heinricus Fasolt Erphurdensis 12 gr.
Iodocus Schloch a Niderhafen Iuliacensis 12 gr.
50 Ioannes Conradus Kotwig 24 gr.
lic. Ioachimus Gregorii de Britzen 12 gr.
Martinus Doberzin Magdeburgensis dr. 12 gr.
Michael Gros Pfeisfelder dictus Bamberg 12 gr.
Sigismundus } a Weidensehe { 12 gr.
Heinricus } Thonnenses { 12 gr. 5
Eberhardus } { 12 gr.
Summa 6 thal. 2 gr.

Statutum precium videlicet 8 gr. numerarunt:

Michael Mentzing Erphurdensis. 10
Elias Heine Erphurdensis.
Ioannes Hofman Schurler (?).
Ioannes Herczog Gottrianus.
Ioannes Achenbach Lasphensis.
Ioannes Schwanengel Hornsömerensis. 15
Heinricus Hofman Hornsommerensis.
Matthias Lutherus Northusanus.
Georg Agricola Herbipolensis.
Andreas Hofman Isnacensis.
Ioannes Schamberger Erphurdensis. 20
Bernhardus ab Hausen.
Iustus ab Hagen.
Reinhardus ab Hausenn.
Ioannes Faber Baritricanus (?).
Ioachimus Berckman Kirspele(bensis). 25
Wilhelmus Forkaus Frisius.
Ioannes Krumpmacher Stotterhemensis.
Ioannes Herterus Culmbacensis. f. 244f
Adamus Gotling Denstetensis.
Martinus Ludovicus Denstetensis. 30
Andreas Kophenn Erphurdensis.
Mattheus Kophenn Erphurdensis.
Wilhelmus Statmion Coburgensis.
Wilhelmus Heczfelt Tilnbergensis.
Bartholomeus Gerhart Quedlinburgensis. 35
Andraeas Rauchpar Quedlinburgensis.
Martinus Schifhusius Glogaviensis.
Ioannes Vollant Greusensis.
Gosmannus Dorsthemius Susatensis.
Ciriacus } Ernestus Northusanus. 40
Georgius }
Samuel Albertus Anderslebensis.
Volckmarus Tilo Thambachensis.
Georgius Fricz Würzburgensis.
Ioannes Fritz Würczburgensis. 45
Ioannes Enczeman Gotingensis. f. 245a
Eberhardus Sprocovius Wunstorp(ensis).
Augustinus Bertach Pfertislebensis.
Ioannes Gebhard Erphurdensis.
Fridericus Vogel Illebiensis. 50
Christophorus Faber Northusanus.
Christophorus Aurifaber Vinariensis.

Ioannes }
Pancratius } Gebhardt Erphurdenses.
David }
Gunther Adolphus } Schiferdecker
5 Wolfgangus Benedictus } dr. Davidis filii.
Ambrosius }
Sigismundus } Schurer Erphurdenses
Ioannes } dr. Ambrosii filii.
Esaias }
10 Ioannes Lincke Erphurdensis.
Paulus Gerhardus Erphurdensis.
Ioannes Grefenstein Erphurdensis.
Erasmus Germarus Arnstadiensis.
Summa 18 thaler. 16 gr.

f. 243b 15 Dimidium videlicet 4 gr. etc. etc.:

Ioannes Clodius Warpurgensis.
Ioannes Albertus Casselmann Hallensis.
Andreas Fridericus Casselman Hallensis.
Valentinus Krumbhard Molschlebensis.
20 (Matthaeus Rotstadius Turlebiensis).[b]
Vincentius Lucze Martvippachensis.
Blasius Maurer Frondorfensis.
Nicolaus Engelhardus Konigsehensis.
Marcus Lausch Bechstetensis.

Sebastianus Conradus Greußensis.
Ioannes Huflandus Denstadtensis.
Ernestus aus der Mulen Osterodensis.
Erasmus Schmidt Mulhusanus.
Zacharias Schröter Schwerbornensis. 5
Antonius Elbeck Miltensis.
Gerhardus Didericus Gottingensis.
Hermannus Segebrecht Herfordiensis.
Ioannes Walter Bilfeldensis.
Stephanus Krebs Gottingensis. 10
Liborius Treutman Weberstadensis.
Antonius Segebrecht Herfordiensis.
Ioannes Lang Erphurdensis.
Ioachimus Kaltwaßer Sonnebornensis.
Martinus Wurm Erphurdensis. 15
Summa 4 thlr.

Gratis: f. 245c z. E.

Georgius Thausanus Ripensis.
Conradus Sigman Mundensis.
Ioannes Grolandus Northemensis. 20
Paulus Lemmer Plauensis dt. 8 solid. Ioanni Guntram (Rect. 308) anno 81.
Balthasar Brehm Salfeldensis.
Summa 154.

25 20 thal. 1 gr. ab inscriptis primi anni accepit, de quibus pedellis nomine inscriptorum dati sunt 2 thal. et 9 gr., remanent 17 thal. 16 gr.; de quibus cedunt rectori pro sua tertia parte 5 thal. 21 gr.; tandem remanent universitati 11 thal. 18 gr. 8 ₰. 25

Percepta ex intitulatura:

30 29 thal. 18 gr. ab inscriptis secundi anni, de hac summa pedellis 4 thal., restant 25 thal. 18 gr.; de his cedunt rectori pro tertia parte 8 thal. 14 gr., remanent fisco universitatis 17 thal. 4 gr.[d] 30

[b] In E wieder ausgestrichen; unten ist bemerkt: „Hic Matthaeus Rotstadius sub rectoratu (310) dris Thomae Selgen etc. ex matricula et consortio studiosorum deletus fuit, consilii secreti authoritate, excessibus fuit (?) suadentibus, ut latius videre est in libro actorum universitatis v. fol. (Lücke); postea tamen rectore Dr. Sigfr. Nuntio in album consensu secreti consilii relatus (hierher gehört fuit) anno 1585. [c-d] Aus dem Rechnungsbuche des Rectors.

1573. Mich. 303. Rect. Dr. Adamus Myricianus alias Heide.[1] f. 240cd

Anno[2] Christi 1573 die vero mensis Octobris 18°, quo singulis annis proceres uni-
35 versitatis Erphordianae cum subditis in loco usitato convenire solent ac iuxta statuta 35
et leges eiusdem novum rectorem scholae praeficere consueverunt, in principio huius

[1] Bild: Christus am Kreuze (dahinter Häuser auf einem Felsen); vor dem Crucifix kniet der Rector in schwarzem Talar und gleichen Tricots und Schuhen, den Hut in der Rechten; aus seinem f. 245ab

congregationis rite omnibus peractis, a tribus electoribus, ad quos sortito potestas eligendi devolvebatur, in rectorem academiae Erphordiensis creatus est clarissimus et ornatissimus vir Adamus Myricianus Chrymmicensis, artium et medicinae doctor de civibus huius oppidi optime meritus propter sedulam et prosperam curationem, qua 5 annos ferme 20 in facienda medicina usus est. Electores autem huius erant viri praestantissimi, clarissimus nimirum et excellentissimus vir Wendelinus Zcymmerman, iuris utriusque doctor et eiusdem facultatis decanus et professor egregius nec non senator amplissimus, item vir optimus et magister doctissimus, dominus Ioannes Burckgravius Susatensis, facultatis philosophicae decanus spectabilis, et vir humanissimus Cornelius 10 Hartungus Erphordiensis, doctissimus artium magister et iuris utriusque baccalaureus. Quantam autem hi nominati gratiam suffragiis suis apud electum rectorem iniverunt, satis ipsis constat; dici enim non potest, quam aegre adduci potuerit electus, ut assumeret officium, et nisi ipse veritus fuisset, nominis infamiam se incursurum, certe delatam sibi provintiam respuisset; cum vero et cobortationibus et precibus insignium 15 et sibi admodum bene faventium moveretur suoque iudicio rem prudenter aestimaret, fieri sine magno famae suae detrimento non posse, ut officium prorsus abiiceret, tandem persuasus suismet et aliorum doctissimorum virorum argumentis bonam spem sibi concipiendo, fore gubernationis suae tempus tranquillum, provinciam in se suscepit et eam qua potuit cura ac industria administravit. Est autem a Deo, omnipotente pacis 20 authore, mediocrem tranquillitatem in suo regimine expertus, pro quo clemente favore a Deo sibi concesso vicissim et agit et habet acturusque et habiturus est posthac omnibus diebus vitae suae gratias conditori coeli et terrae maximas. Hoc autem anno hinc inde in diversis terrae partibus varia acciderunt. Heinricus Valesius Caroli regis Galliarum frater in regem Polonorum electus per has nostras regiones, salvum con-25 ductum concedentibus ei electoribus Romani imperii, in Poloniam proficiscitur; Carolus in Gallia diem suum obit, quod cum frater rex Polonorum Heinricus cognosceret, clam et mirando artificio e Polonia paucis comitatus equitibus se proripit ac in Galliam ad occupandum sibi a fratre relictum imperium abit; paulo post magnum conscribit exercitum, quo Galliam pacatam reddat et sub potestatem rebellantes redigat. — Hoc eodem 30 anno die 27. mensis Maii reverendissimus in Christo pater amplissimusque princeps ac dominus dominus Daniel sanctae Moguntinae sedis archiepiscopus, sacri Romani imperii per Germaniam archicancellarius et princeps elector. in Eisfeldiam ingreditur et locum commorandi ibidem aliquamdiu Heilgenstadii sibi eligit, ubi per aliquot dies haerens ad 13[um] diem Iunii Molhusium se confert ac colloquium secretum et arcanum cum

f. 247a b

Munde kommen die Worte: „In te Domine sperans non confundar in aeternum.“ Im linken Obereck des Blattes hängt eine Tafel: „Turbabor sed non perturbabor, vulnerum enim Christi recordabor 1574.“ Am Fuße des Kreuzes lehnt das Wappen: in Silber eine ausgerissene Haidekrautstaude mit fünf Blüthenstengeln; silberner Helm: wachsender Mann in rother Kleidung und spitzer Mütze mit silbernen Aufschlägen, die Staude in der Rechten haltend; Helmdecken silbern und roth. Zur Seite des Wappens steht das Monogramm H M.

[2] Eine rothe verschnörkelte Initiale ohne Einfassung.

illustrissimo principe ac domino domino Augusto duce Saxoniae principe electore et burckgravio Magdeburgensi, et ad integras 4 horas in conclavi quodam curiae oppidi Molhusensis miscet; post iterum abit Heilgenstadium et quendam nobilem, Bertholdum de Wintzegerode in arce Boddenstein, propter varias accusationes et ipsius iniustas 5 grassationes cum ministris quibusdam sibi adhaerentibus deprehendi ac capi curat, qui et paulo post Aschaffenburgum ferreis cathenis constrictus curru ducitur. Interea idem reverendissimus archiepiscopus Eisfeldiam in ordinem redigit[1] et ei regendae atque administrandae strenuum nobilem et excellenti doctrina praeditum virum Leopoldum a Stralendorff[a] Meckelburgensem praeficit; multa praeterea ibidem corriguntur et con- 10 stituuntur, quibus peractis omnibus 19° Iulii reverendissimus in Christo pater ac princeps elector et archiepiscopus Moguntinensis relinquens Eisfeldiam Moguntiam repetit. Nunc hisce brevibus, pie et candide mi lector, optime vale et pro religiosis ac honestis studiis religiose ora, anno humanae salutis 1574, die vero mensis Novembris 16.

f. 247c Nomina eorum qui plus toto dederunt:

15 1. Generosus et inclytus comes Sigissmundus de Gleichen et dominus in Tonna, qui rector Ihenensis academiae fuit anno Christi 1570, dt 2 thaler.
2. Generosus et nobilis Philippus Ganß baro 20 et dominus in Bottlitz 1 thaler.
3. Reverendus et gratiosus dominus Hermannus abbas monasterii ad S. Gotthardum in Hildeßheim dt. 1 flor. in auro.
4. Franciscus a Domstorpff nobilis Ioannis 25 filius dt. 1 thaler.
5. fr. Andreas Luderitz Stendaliensis prior ad S. Petrum in Erphordia.
6. fr. Bernhardus Bottener Molhusensis.
7. fr. Nicolaus Brauer Annaemontanus.
30 8. fr Bertrandus Reckerßhawsen Einbecensis.
9. fr. Ioannes Wernerus Fladingensis. et hi omnes quinque sunt professi sacerdotes
10. fr. Casparus Zall Fladingensis Franco ac novitius ad S. Petrum; pro his sex fratri- 35 bus reverendus et gratiosus dominus abbas regii monasterii ad S. Petrum in Erphordia Ioannes Zcener dt. 3 thaler.
11. Wilhelmus Heinricus a Steinaw genandt Steinruck canonicus Herbipolensis, propter 40 aetatem non iuravit dt. 12 gr.
12. Ioannes Victor E'er Moguntinensis 12 gr.
13. Ioannes Weidman Moguntinensis 12 gr.
14. Ludovicus Christophorus a Kindtsbergk canonicus Herbipolensis 12 gr.
15. Andreas Besselius in ducatu Brunsvicensi oriundus 12 gr. 15
16. Christophorus Milwitz Erphordiensis filius f. 247d Gangolphi Millwitz, non iuravit ob defectum aetatis dt. 12 gr.

f. 248a Nomina eorum qui totum octo videlicet grossos dederunt: 20

1. Samuel Starck Greusensis.
2. Valentinus Leychtius Holnstadensis.
3. Henningus Kramer Sesensis, qui propter aetatem non iuravit.
4. Sebastianus Zeigler Erphordensis propter 25 aetatem non iuravit.
5. Hieronimus Sendel Islebiensis propter aetatem non iuravit.
6. Heinricus Andreas Erphordensis propter aetatem non iuravit. 30
7. Valentinus Iacobus Erphordensis.
8. Ioannes Buchnerus Herbschlebiensis.
9. Ioannes Herbst Herbornensis baccalaureus Marpurgi promotus.
10. Valentinus Osbrugk Heilgenstadiensis. 35
11. Christophorus Herdegen junior Heilgenstadiensis non iuravit.
12. Ioachimus Marquardus Isennacensis.
13. Conradus Widderßhausen Hildeshemensis 40
14. Christophorus Griebe Erphordensis iuravit mgro Ioanne Gunderamo (R. 308).

[a] postmodum imperatoris Rudolphi II cancellarius effectus (Zusatz in E).

[1] d. h. er setzt die Gegenreformation durch; auch Winzingerode war ein Anhänger Luthers.

15. Nicolaus Knauff } fratres Erphordenses
16. Iacobus Knawff }
17. Nicolaus Zcigler Erphordensis; hi tres praenominati non iurarunt.
5 18. Wendelinus Kliperus Erphordensis.
19. Ioannes Gebeser Erphordensis.
20. Ioannes Menigfelius Transfeldensis.
21. Ioannes Burckart von Alich, hic non iuravit.
f. 248b 10 22. Balthazar Juncker Heringensis.
23. Bartholomaeus Hillebrandus Erphordensis.
24. Georgius Krawse Krymmicensis.
25. Ioannes Leonhardus Erphordensis.
26. Ioannes Echardus Erphordensis.
15 27. Zacharias Waltz Erphordensis.
28. Sebastianus Fontanus filius pastoris maioris Gottern Abrahami Fontani.
29. Heinricus Mulhausen Waltcappellensis Haßus.
20 30. Erasmus Rost Anderslebensis qui propter aetatem non iuravit.
31. Ioannes Atzkerodt Erphordensis.
32. Sigismundus Sewder Arnstadiensis.
33. Philippus Arbogastus Merseburgensis.

Ordo eorum qui medietatem 4 grossos videlicet dederunt:

34. Volpertus Schrotherus Amoeneburgensis.[b] 5
35. Bartholomeus Schillprecht Erphordensis, hic propter aetatem non iuravit.

Gratis inscripti:

1. Ioannes Pfaw Emensis,
2. Ioannes Reusse Beiersdorffiensis, 10
3. Andreas Kob Hilpershausensis; isti inscripti sunt ob intercessionem dni mgri Francisci collegae maioris collegii.
4. Ioannes Luncksbein Etzelbachensis.
5. Georgius Greiphus Isenacensis. 15
6. Heinricus Bobezelius Mecherstadensis.
7. Ioannes Heße Erphordensis non iuravit.
8. Veit Wagner von Grusbach non iuravit.
9. Ioannes Gerheuserus Kreglingensis.

Summa 60. 20

Percepta[c] ex intitulatura:

2 thal. dt. generosus et inclytus comes Sigismundus de Gleichen et dns 25 in Tonna, qui rector Ihenensis academiae fuit anno Chri 1570. 1 thal. dt. generosus et nobilis Philippus Ganß baro et dns in Bottlitz. 1 thal. dt. nobilis Franciscus a Dompsstorff Ioannis filius; 1 flor. in auro 25 renensi dt. reverendus et gratiosus dns Hermannus abbas monasterii ad S. Gothardum inn Hyldeßheim. 5 thal. 12 gr. ddt. 11 inscripti, quilibet 30 eorum 12 gr. Summa 9 thal. 12 gr. 1 flor. in auro. 10 thal. et 16 gr. ddt. 33 studiosi, quorum nomina sub certis classibus in matricula continentur. Summa summarum 20 thal. 4 gr. et 1 flor. in auro. 30 Cedunt universitati 12 thal. 8 gr. 1 flor. in auro; rectori 6 thal. 0 gr. 8 ₰; pedellis 2 thal. Florenum in auro universitatis ad honorem rector 35 ex liberalitate integrum eidem relinquit nec partem ullam sibi adiudicari cupit.

De residuo intitulaturae: 35

8 gr. dt. venerabilis dns Chrstph. Hehrdegen Heilgenstadiensis sub rectoratu clarissimi et eximii viri ac dni iuris utriusque lic. Valent. Sidelii 40 praetoris Moguntinensis inscriptus.
8 gr. dt. studiosus adolescens Ioannes Piscator Erphordiens. sub eodem rectoratu inscriptus. Cedunt universitati 10 gr. 8 ₰; rectori 5 gr. 4 ₰. 40 Summa omnium perceptorum huius anni facit 81 thal. 8 gr. 1 ₰ et 1 flor. in auro; de qua summa cedunt rectori 7 thal. et 12 gr. pedellis 45 2 thal. Remanent universitati 71 thal. 20 gr. 1 ₰ et 1 flor. in auro.[d]

---

[b] alumnus R. arch(iepiscopi). Zusatz in E. [c-d] Auch aus dem Rechnungsbuche des Rectors.

248b

1574. Mich. 304. Rect. Dr. Phil. junior Oschacensis.[1]

Rector[1] designatus est Philippus Iunior Oschacensis iuris utriusque doctor, electoribus mgro Constantino Kuch, mgro Iodoco Wolffio et mgro Ioanne Friderico Aurifabro. Sub cuius rectoratu sequentium nomina albo universitatis conscripta sunt:

249a 5 **Nomina eorum qui numerarunt plus solito:**

1. Ludolphus de Falckenberg 1 flor. rhenan.
2. Ioannes Mörder } 1 thaler.
3. Georgius Mörder }
10 6. Ioannes Schelliger a Newstad non iuravit 12 gr.
4. Ioachimus Wahll Quedlinburgensis 12 gr.
5. Elias Meyer Quedlinburgensis 12 gr.

Ioannes Georgius Pierer ab Ilmenah, non iura-
15 vit. 12 gr.
Georgius a Podewils Pomeranus 12 gr.
Hartungus a Stockhausen 12 gr.
Nicolaus } a Munchausen non iurarunt
Otto } 1 thaler

20 **Nomina eorum qui solitum dederunt:**

Martinus Voygt Erffurdensis } non
Valentinus Polterman Bischlebensis } iurarunt.
Melchior[a] } Weidman fratres Gothani
Modestinus[b] } non iurarunt.
25 Matthias[c] }
f.249b Ioannes Ruger Erfordensis.
Nicolaus Herning Waltschlebensis.
Valentinus } Bawman fratres non iurarunt.
Georgius }
30 Georgius Buckel Erfurdensis non iuravit.
Ioannes Repscher de Ganglofsemmerda.
Casparus Straub Herbipolensis.
Andreas Siverdes Halberstadensis.
Martinus Bilgerim Erffordensis.
35 Chilianus Ebrsam Mellerstadensis.
Samuel Berringer Erffordensis }[e] non
Matthaeus Hillebrant Erffordensis } iurarunt.
Rudolphus Iunior filius rectoris non iuravit.
Georgius Berger[d] Erffordensis } non
40 Ioannes Bate[e] Erffordensis } iurarunt.
Heinricus Zwinckawer Kitzingensis.
mgr Ciriacus Polaeus Leutenthalensis Wittebergae promotus.

Matthias Moinzer Francfurdensis. 5
Ioannes Pistorius Erffurdensis.
Ioannes Retzschius Molybergensis.
Gangolphus Rex Vogelsburgensis. f.249c
Heinricus Walther a Wechmar.
Elias Fabricius } fratres Erffurdenses non 10
Ioannes Fabricius[f] } iurarunt.
Hieronimus Fredenbergius Hildeshemensis.
Valentinus Kircheim Stadtlauingensis.
Ioannes Ficus Silesius.
Iobbus Georgius Hoffman filiolus des gleitts- 15
mans Schnebergensis: non iuravit.
Ioannes Ruell Erffurdensis.
Paulus Bertram a Pleichroda.
Ioannes Hug Erffurdensis.
Ioannes Dunger Erffordensis iuravit sub mgro 20
Sifrido Wenth.
Heinricus Bölikinus Gottingensis.
Heinricus Bachman Erffurdensis.
Georgius Eccelius Ohrtruviensis.
Ioannes Meyer Munderensis. 25
Ioannes Wigelebius Denstadensis.
Ioannes Nicolaus Erffurdensis iuravit mgro Theoderico Algesheim 79 (Rect. 307) 2 schneberg.
Valentinus Höneus Schallenburgensis. 30
Heinricus Bindeman Saltquellensis.
Matthaeus Bock Erffurdensis.
David Rödiger Elxlebianus.
Matthaeus Apel Erffordensis.
Ioannes Dinckel Erffordensis } non 35
Theodericus Mack Erffordensis } iurarunt.
Hartungus Ursinus Hildesianus.
Andreas Oette Fuldanus.

Nomina eorum qui 4 tantum grossos solverunt: f.249d 40

Iacobus Pavo Erffordensis.
Ioannes Reglerus Erffordensis.
Ioannes Schönnersted Zimmerensis.

[a] Iuravit mgro Theodoro Algesheim die Gregorii 79. [b] Iuravit sub Thoma Selgen (R. 310). [c] Iuravit sub rectore M. Antonio Mokero anno 89 die 17. Februarii. [d] Iuravit sub mag. Sifr. Wenth (R. 306). [e] Iuravit mihi mag. Sifr. Wenth. [f] hic Iuravit rectore Thoma Selgen.

[1] Kein Bild auf der leeren Seite fol. 248[cd]; kein Wappen und keine Initiale.

Zacharias Königk Zimmerensis.
Nicasius Pfeiffer Erffordensis non iuravit.
Philippus Lamprecht de Schönaw.
Wendelinus Hasfelt Saltzungensis.
5 Christophorus Paul Erffordensis non iuravit.
Ioannes Picus Erffordensis non iuravit.
Gangolphus Saurbier Holtzengelensis non iuravit.
Ioannes Linck Erffordensis iuravit mihi rectori
10 mgro Antonio Mokero additis 4 grossis
30. Novembris anno 87.
Georgius Ammon Erffurdensis.
Casparus Geringius Mecherstadensis addidit 4 gr.
mgro Sifrido Wenth 25. Februarii 77.
Henningus de Margaritis } hi duo non iura-
Ernestus de Margaritis } runt.

Gratis inscripti:

Ioannes Kupper de Newstadt.
Melchior Mercator de Greffenthal dt. 8 sol.
M. Theoderico Algesheim (Rect. 307) die
exaltationis sctae Crucis (14. Sept.).
Summa 79. 10

Accepta[g] – ex inscriptis:

Summa 25 thal. 23 gr., detractis 3 th. 6 gr. qui debentur pedellis;
15 deinde 7 th. 13 gr. 8 ₰, qui debentur pro tertia rectori; debetur fisco
ex inscriptis 15 thal. 3 gr. 4 ₰.[h]

[g-h] Ebenfalls aus dem Rechnungsbuche des Rectors.

f. 250ab

1575. Mich. 305. Rect. Dr. Io. Burggravius Susatensis.[1] 15

Beati[1] Lucae evangelistae die anno salutis humanae 1575, cum proceres huius reipublicae literariae omnesque qui universitatem repraesentant convenissent, quo 20 monarcha in frequentissimo auditorio nostro gymnasio praeficeretur, post invocationem gratiae Spiritus sancti et praehabitam maturam consultationem a clarissimis et politioris Musae exornatissimis omnique virtutum genere instructissimis triumviris, videlicet 20 excellentissimo atque iuris utriusque cognitione doctore exercitatissimo, domino Ambrosio Schurerio Annaemontano, syndico Erphurdianae reipublicae vigilantissimo, et 25 eximio artisque medicae peritissimo domino doctore Ioachimo Querdteno ac perdocto humanarum artium callentissimo domino, mag. Christophero Goldtstein Erffurdensi, ad quos tum eligendi ius (observato hactenus venerandae antiquitatis instituto) devenerat, 25 gymnasii huius inclyti rerum summa et gubernatio demandatur singulari probitate et melioribus litteris, tum legitimae scientiae conspicuo viro, domino Ioanni Burg-30 gravio Susatensi, artium ac philosophiae magistro, qui (vix a decanatus munere communitatis artisticae praecedenti die relevatus) ad hanc officii obeundi difficultatem vocatur. Is memor praestiti iuramenti ad electorum instantiam et bonorum praestan- 30
f. 250cd tissimorumque dominorum suasum concreditam provinciam in Dei praepotentis nomine

[1] Im linken Obereck der Seite keine bunte Initiale, sondern ein golden eingerahmtes Bild: Vor Christus, der in Lendenschurz und rothen Mantel gehüllt an seinem Kreuze steht (an dessen Fuß das Monogramm des Malers H. N. angeschrieben ist) kniet der Rector und spricht: „Christus spes mea." In der Mitte des untern Randleistens das Wappen des Rectors: in Schwarz ein hellgrünes Gestell, auf welchem ein dunkelbrauner Vogel mit rothem Schnabel Augen und Füßen steht, daneben die Anfangsbuchstaben des Namens J. B.

suscepit eiusque divino fretus auxilio industria id effecit, ut sua consilia et actiones ad communem non privatam utilitatem dirigeret impenderetque. Pro cuius insigni sibi delegati[a] muneris pacifica administratione omnipotenti Deo agit et habet gratias immortales ac successori maiorem felicitatem regendi in tam proposita ac destinata hominum malitia sibi a Deo dari ex animo precatur:

Memorabilia in hac annali rectoratus[b] functione facta ex multis sunt haec referenda:

1. lic. Henricus Fabritius Erphurdensis in doctorem artis medicae a clarissimo et doctore medico peritissimo Petro Aviano, decano eiusdem facultatis promotore, in frequentissimo Mariano choro decoratus est 28. Nov. anno 1575.
2. lic. Andreas Besselius, Ioachimus Wahl et Guilielmus Fokaeus[c] Frisius, in utroque iure doctores clarissimos renunciati sunt, a promotoribus suis Wendelino Zimmermanno, decano iuridicae facultatis, et Ambrosio Schurerio seniori, uterque utriusque iuris cognitione legumque civilium consultissimis et cultissima facundia praecellentissimis dominis doctoribus etc. idque maximo cum apparatu et admiratione multorum, nono Calendarum Martii anno 76.
3. Duo optimi et legitima iuris scientia praestantes viri, mgr Ioannes Guntherus Kirchoff Witzenhausensis et Ioannes Reinhardi Arnstadiensis, licentiam sive insignia doctoralia in utroque iure suo tempore accipienda a subvicecancellario universitatis in lectorio theologico Mariano consequuti sunt 7. Idus Junii Anno 1576.

31ᵃᵇ

Sequentes autem sub huius praefectura civitate academica donati et ad matriculam relati:

Subnotatio eorum qui plus solito pro immatriculatione numeraverunt:

1. Valentinus Zieglerus de Kindelbrugk mag. Wittenbergensis dt. universitati et rectori immatriculationis ergo 1 thaler.
2. Ioannes Hauff Herbornensis 21. Decembris 10 solid.
3. Wilhelmus Conradus Mulich nobilis in Hardißleben dt. 22. Decembris 12 schneberg.
4. Ioannes Stibitz, Zwantz genandt, nobilis, de pago Nauwondorff in Lusatia superiori 8. Febr. 12 schnoberg.
5. Iacobus Reiffenberger Heygerensis ex ditione Nassaviensium 17. Februarii 10 schneberg.
6. Iustus de Borlipsch — 12 schneb.
7. Christophorus de Berlipsch — 12 schneb.
8. Hanß Georg de Minningenrode — 12 schneb.

(6.–8.: nobiles iniurati 15. Iunii dederunt)

9. Friderich vom Hagen zu Thuena — 12 schneberg.
10. Richardus a Berlipsch — 12 schneberg.
11. Henricus a Berlipsch — 12 schneberg.
12. Otto a Berlipsch — 12 schneberg.

(10.–12.: nobiles ob defectum aetatis non iurarunt in die Petri et Pauli)

13. fr. Anthonius Hauseman Beckemensis prior in Liseborna 23. Iul. fidelitatem universitati pro posse exhibendam promisit, sed iuramentum solitum non praestitit dt. 12 schneberg.
14. Theodorus a Plettenbergh Susatensis nobilis dt. 7. Augusti 12 schneberg.
15. Ioachimus de Germar
16. Ioannes de Germar

(15.–16.: in Gebesen nobiles fratres non iurarunt 17. Octobris ddt. 1 thal.)

17. Conradus Schmidt
18. Christophorus Schmidt

(17.–18.: fratres filii praefecti[d] in Wißensehe, etiam ob defectum aetatis non iurarunt ddt. 1 thaler.)

Subnotatio eorum, qui integrum et totum solverunt scilicet 8 schnebergenses: f. 231c

1. Bartholus Albrecht Hoxariensis 8 schneb.
2. Ioannes Zinckhel Hardißlebiensis 8 schneb.
3. Sebastianus Knohr Molhusinus 8 schneb.
4. Ioannes Weiseman de arce Wipach 8 schneb.
5. Valentinus Huno Molhusinus non iuravit propter aetatem, 8 schneberg.

---

[a] delegatae E. [b] rectoralis E. [c] Richtiger wohl Fachaeus. [d] praefectus E.

6. Ioannes Seltzerus }
7. Aelias Seltzerus } fratres Erffordenses 16. schneberg.
8. Georgius Ruperti Mollerstadensis 8 schneberg.
9. Sebastianus Steltz Erffurdensis ob aetatem a rectore iniuratus dimissus est in vigilia Trium regum 8 schneb.
10. Nicolaus Muntzenbergk Erffurdensis 8 schneb.
11. Iustinus Haulsborg }
12. Christophorus Haulsborg } fratres germani Erffordenses. 16 schneberg.
13. Ioannes Thun Erffordensis non iuravit propter aetatem 8 schneberg.
14. Ioannes Eckelt Ordorffensis non iuravit defectu aetatis, 8 schneberg. iuravit rectori mgro Gunderam (Rect. 308).
15. Ioannes Wolraben de Rinckeleben, etiam consideratione aetatis non iuravit 8 schneberg.
16. Iacobus Erffurdt Wisensehenensis non iuravit aetatis defectu 8 schneberg.
17. Ioannes Beußelius Molhusinus 8 schneb.
18. Georgius Kreutziburgius Molhusinus 8 schneberg.
19. Ioannes Dunckelius de Gotha 8 schneb.
20. Ioannes Poppe Gothanus et
21. Thomas Bodischs junior Naumburganus non iurarunt propter aetatem 10. Martii 16. schneberg.

f. 251b

22. Matthaeus Funckius Gothanus 8 schneberg.
23. Ieremias Vogt Gisperslebiensis 8 schneberg.
24. Michael Meyfardt Waltershausanus 8 schneberg.
25. Ioannes Hunger }
26. Christophorus Hunger[a] }
27. Balthazar Hunger } fratres Germani Erffurdenses, ob minorem aetatem non iurarunt 1 thaler.
28. Henricus Gallus Ellerslebiensis 8 schneberg.
29. Ioannes Lindenbergh Hyldesianus 8 schneberg.
30. Andreas Severus Erffurdensis 8 schneberg.
31. Valentinus Schanerus Ordruviensis 8 schneberg.
32. Gabriel Fischer Erphurdianus desiderio aetatis ad iurandum non admissus 8 schneberg.
33. Ioannes Moringh Arnstadiensis ob aetatem iniuratus a rectore dimissus 8 schneberg.
34. Ioannes Cuntzel Semmerdensis 8 schneberg.
35. Andreas Guldener Erffurdensis 8 schneberg.
36. Henricus Berckenfelt Gottingensis 8 schneberg.
37. Georgius Ellnn de Nawestadt 8 schneberg. }
38. Ciriacus Ionas Erffurdensis 8 schneberg. }
39. Christianus Ziegeler Erffurdensis 8 schneberg. }
40. Wolffgangus Stolbergk Vinariensis 8 schneberg. }
41. Andreas Schauber de Melchendorff 8 schneberg. } hi quinque praenominati propter aetatem iuramentum non praestiterunt, sed fidelitatis et obedientiae sunt a rector. admoniti 2. Aug.
42. Ioannes Rudigerus Klingenburgensis in vigilia S. Bartholomaei dt. 8 schneberg.
43. Ioannes Hartungus Sultzburgensis prope Arnstadt 8 schneberg.
44. Iacobus Bien de Heunfeldt civitate prope Fuldam, ob certas causas aetatis rector eum iurare noluit 26. Sept 8 schneberg.
45. Ioannes Groningus Ilmensis iniuratus 8 schneberg.

f. 252a

46. Christianus Kestener Waltershausanus 22. Octob. 8 schneberg.
47. Longinus Eckelt Ordorffensis iuramentum praestare non potuit commode, quia in minorenni erat aetate 8 schneberg.
48. Ioannes Heidolff Lichtennaviensis 5. Novembris 8 schneberg.
49. Ioannes Wirii Hyldesianus 24. Octobris 8 schneberg.

Nomina eorum qui minus solito dederunt, quatuor videlicet schnebergenses:

1. Rudolphus Geitzmahn Erffurdensis non iuravit aetatis defectu 4 schneberg.
2. Michael Tuteleben de Frimaria primo Martii 4 schneberg.
3. Ioannes Sagittarius Sunteranensis ex Haßia 20. Martii 4 schneberg.
4. Ioannes Opilio Richensachsensis ex Hassia 20. Martii 4 schneberg.
5. Martinus Hylle Erffurdensis 18. Aprilis 4 schneberg.
6. Gabriel Linck Ritzschenhausensis prope civitatem Meiningen 4 schneberg.
7. Ioannes Gother Ellerslebiensis 15. Martii 4 schneberg.
8. Georgius Novi Gallus Molhusensis 23. Iunii 4 schneberg. dt. 4 solidos mgro Theo-

[a] hic Christophorus iuravit sub rectore M. Antonio Mokero 16. Februarii anno 89.

derico Algesheim die exaltationis sctae Crucis 79.

9. Cristianus Steinbach Molhausensis 10. Iulii 4 schneberg.

10. Georgius Hertz de Donawerdt civitate 14. Iulii 4 schneberg.

11. Ioannes Attener Erffurdensis propter aetatem iniuratus 4 schneberg.

12. Ciriacus Truthenius Schwartzhusinus prope Isenacum dt. 4 schneb. mgro Theoderico Algesheim rectori anno 79 die Agapae.

13. Tobias Lamhardt Molhusinus iniuratus 23. Iulii 4 schneberg.

14. Ioannes Knör Erffurdiensis iniuratus 23. Iulii 4 schneberg.

15. Gerhardus Schwinde de pago Hersfeldia prope civitatem Bickomensem (Bochum?) in Westphalia iniuratus 23. Iulii 4 schneberg.

16. Augustinus Ackerman de pago Eichelborn non iuravit 24. Iulii 4 schneberg.

17. Nicolaus Caesar ad S. Crucem prope civitatem Werthaim cis Moenum infra Wirtzburgk non iuravit ob defectum aetatis 14. Septembris 4 schneberg.

18. Guntherus Romanus Arnstadiensis 9. Octobris 4 schneberg

19. Georgius Mollerus Erffurdensis } fratres Erffurdenses { 4 schn.
20. Philippus Mollerus } 4 schn.
21. Christianus Mollerus } 4 schn.

22. Ioannes Gunderamus iunior Erffurdensis 10. Novembris 4 schneberg.: et hi tres fratres uterini ob minorennem aetatem iuramentum praestare non potuerunt.

23. Christophorus Graner Saltzensis 4 schneberg.

Classis eorum, qui ob gratiam quorundam gratis inscripti sunt:

1. Ioannes Fringilla Wißensehenensis in gratiam reverendi dni mgri Gottfridi Berckmann Susatensis canonici (?) Mariae et quondam rectoris maecenatisque universitatis.

2. Ioannes Lipperus Susatensis in gratiam rectoris, ut patrinus et nepos ex sorore ad matriculam relatus est 22. Decembris dt. et numeravit 8 gr. anno 1582.

3. Henricus } Wormbs fratres germani Erffurdenses in gratiam patris
4. Ioannes } prudentissimi et clarissimi dni mgri Hermanni Wormbs consulis etc. 14. Februarii; non iurarunt ob aetatem sed obedientiae eos rector admonuit ddt. pro pedellis 3 schneberg.

5. Ioannes Abel Erffurdensis in honorem rectoris et patris sui mgri Conradi inscriptus est iniuratus, 1 schneberg. pedellis.

6. Casparus Henricus Marci Pabebergensis patrinus rectoris in gratiam eius inscriptus est et quia minorennis erat iuramentum commode facere non potuit.

7. Iosias Sprockhovius Erffordensis in gratiam rectoris et patris sui dni magri Bartholdi Sprockhovii parochi ad Augustinienses inscriptus est et non praestitit iuramentum defectu aetatis 9. Octobris. Iuravit mgro Iodoco Algesheimio rectore (Rect. 314).

8. Sebastianus Schuister iunior Erffordensis in gratiam rectoris affinitatis ergo inscriptus est et iniuratus.

9. Gregorius Resemer Naumburgensis ut famulus 4 nobilium ad matriculam relatorum et ad petitionem reverendissimi viri dni mgri Bartholdi Sprockhovii inscriptus est gratis.

10. Valentinus Cuntzelius Erffurdensis ob reverentiam spectabilis domini facultatis artium et Portae celi decani ut famulus rectoris inscriptus.

Ordo eorum qui ob urgentem paupertatem ad numerum studiosorum relati sunt:

1. Martinus Pfefferman Mollerstadiensis (Mell.?) non iuravit 21. Decembris.

2. Ioannes Ringk } Erffurdenses fratres
3. Christopherus Ringk } non potuerunt praestare iuramentum eo quia in minorenni essent aetate 9. Martii.

4. Ioannes Reutherus Westhausensis.

5. Christopherus Helderus Erffurdensis.

6. Petrus Cuntzelius Erffurdensis.

7. Henricus Wigandus Nibemensis.

8. Andreas Felgenhauwer Wippachensis 1 schneberg. pedellis.

9. Erasmus Tuetz Schwartzagensis in Franconia 1 schneberg. pro pedellis.

Hic ad opimiorem fortunam veniens et testimonium ab universitate petens praeter 6 grossos ejus causa numeratos quoque residuum intitulature (ut vocant) solvit et adhuc 7 gr. dedit sub secundi anni recto-

ratu (313) mgri Autonii Mockeri in fine a. 1588 die S. Thomae.
10. Nicolaus Cuntzelius Errfurdensis dt. mgro Theoderico Algeshemio 8 solid. 10. Martii 79.

Summa 101.[b]

Gratiarum actio, honor
5 et virtus et fortitudo Deo nostro, in saecula saeculorum. Amen

Ex[c] residuo immatriculationum:

4 schneberg. Laurent. Thun Erffordensis pro completione immatriculationis 1. Martii.
4 schneberg. Iodocus Kuchenbrodt (Ruch.?) Laudensis addidit 12. Martii.
10 4 schneberg. dt. Ioannes Froschilius ad supplementum intitulaturae 14. Martii.
pro tertia rectoris 4 schneberg.; universitati 8 schneberg.

Ex inscriptis:

29 thal. 9 sol. et 6 ₰ est summa omnium perceptorum ab inscriptis,
15 qui aliquid contulerunt. Hinc pedellis debentur 3 thal. 18 schneberg.; pro tertia rectoris remanentis summae (quae est 25 thal. 15 sol. et 6 ₰) 8 thal. 13 sol. et 2 ₰, universitati de inscriptis 17 thal. 2 schneberg. 4 ₰.[d]

[b] Richtiger 110. [c-d] Aus dem Rechnungsbuche des Rectors.

---

f.258ab

1576. Mich. 306. Rect. M. Sigefr. Wendt Gandersheimensis.[1]

20 Qui[1] eligendi publicos magistratus potestatem habent, omni studio et cura providere debent, ut ex coetu eos quaerant et eligant, qui sapientiae iusticiae vitae sanctimoniae et caeterarum virtutum ornamentis magis sunt conspicui. Quod praeceptum observare volentes reverendi excellentes et eximii viri, ad quos anno Christi 1576 ipso die Lucae evangelistae designandi novum rectorem ius deferebatur, videlicet dominus
25 Guilielmus Fockaeus iuris utriusque doctor et professor nec non reipublicae Erfordensis syndicus, dominus Henningus Lamperti Huxariensis, artium et philosophiae magister ecclesiae sancti Severi canonicus et ad divum Laurentium animarum curator, et dominus Philippus Mandt Berckensis, Portae coeli collega, post accuratam deliberationem in magnificum rectorem declararunt reverendum amplissima dignitate summa animi
30 moderatione et sapientia praeditum dominum Sigefridum Wenth de Gandersheim, bonarum artium magistrum ecclesiae B. Mariae virginis canonicum eiusdem prae-

f.258cd

[1] Auf einem Bilde in goldnem verschnörkelten Rahmen ist die Taufe Jesu im Jordan dargestellt: über Jesus schwebt die weiße Taube mit Nimbus, aus der Höhe streckt Gott Vater, in der Linken die Weltkugel mit dem Kreuze haltend, die Rechte segnend aus. In der Ferne sieht man eine Stadt. Im untern Randleisten das Wappen: in Silber ein grüner Zweig mit drei Blüthenstengeln (rothe Blumen); um das Wappen die Anfangsbuchstaben S. W. G. Unten liegen zwei weibliche Figuren, deren eine den goldnen Kelch, die andere einen Vogel hält.

positurae officialem. Hic cum eam provintiam sibi traditam percepisset, magno animi maerore perfusus est, metiri se incipiens animique sui dotes, quas tanti muneris moles exigeret, iisdem se destitutum inveniebat. Ob quam causam utraque manu officium in se recipere recusabat. Cum autem debitae fidei ac religionis datae academiae commone-5 fieret, aliisque rationibus ac argumentis ad acceptandam dignitatem rectoralem induceretur, tandem auctoritati et consilio electorum suorum acquievit et reipublicae literariae administrandae onus sibi ad annum committi passus est. In quo suo officio iurisdictioni scholasticae addicti sibi et legibus academiae eam oboedientiam praestabant, ut nihil ferme difficultatis in gubernatione sentiret. Quod cum fieret, bene feli-10 citerque actum secum in officio clara voce affirmabat, cumque finis et terminus anni instaret ex animo sibi gratulabatur, quod gubernationis onus brevi alii imponendum esset. Sed quid fit? elapso spacio integri anni more recepto academiae coactis in unum locum universitatis subditis, ut novus deligeretur in sequentem annum rector, suffragiis publici consilii iterum in officio continuatur sibique non solum, quod pestis 15 tum grassari inciperet, verum etiam quod prudenter et summa animi moderatione ante officio suo functus esset, rursus defertur. Quam continuationem licet graviter ferret, tamen tot clarissimorum virorum autoritatem aspernari noluit. Munus itaque denuo sibi commissum iterum suscepit, spem hanc animo concipiens fore, quod administratio sequentis anni placide decursura sit; qua in re sua spe deceptum propter nefarias 20 quorundam adolescentum improbissimorum molitiones se cognovit. Non libet hic referre quae acciderint, sed ut immanis et plus quam Scythica perditissimorum quorundam feritas reprimeretur, rector de salute academiae sollicitus sub gravissimarum poenarum comminatione edicto typis stanneis impresso vetat, ne quis posthac arma gerat, ne quis noctu in oppido discurrat et tumultus excitet, ne quis in tabernis cum potoribus 25 et lusoribus versetur, ne quis in collegiorum habitaculis vel alibi commessationes et ludos prohibitos exerceat Hac severitate legum et poenarum comminatione aliquo modo discolorum improbitas coercita est. Quia vero etiam rector sua vigilantia et cura providebat, ne quid contra edicta fieret, principia dura suae continuationis feliciores et tranquilliores exitus habuerunt. Hoc anno Christi 1577 die vero 27. mensis 30 Martii illustrissimus princeps ac dominus dns Augustus dux Saxoniae, sacri Romani imperii elector et archimarscallus landgravius Thuringiae marchio Misniae et burggravius Magdeburgensis etc. Salza Erfordiam venit non ita magno comitatu et ibidem in diversorio ad Altum lilium pernoctavit. Altero die bona feria audita in dicto hospitio a dr. Iacobo Andrea concione Vinariam petiit. Deus optimus maximus ordinem scho-35 lasticum clementer conservet et rectorum succedentium mentes sua gratia illustret, ut quae ad incolumitatem academiae pertinent curare velint ac possint. Amen.

Inscripti plus solito numerantes 12:

Ernestus Lunaeburgensis de Cella.
Iodocus Brunius Hyldesianus.
40 Philippus Hermannus de Manspach non iuravit.
Boldevinus Voß de Dineckla.
Iohannes Dorgeloe de Lohne.
Gisbertus, Iohannes } Osnaburgenses fratres.
Wolfgangus de Thanna.

Solitum solventes:

Andreas Teucker Hamelburgensis.
Christophorus Weisbach Hamelbergensis.
Iohannes Rauch Carolostadensis.
5 Adolarius Fischer Erfordianus.
Bernhardus Schonheintz von Randersacker.
Georgius Koler von Teugersheim.
Augustinus Fritz Mulhusinus.
Theodoricus Elias vel Heße non iuravit. obiit
10 1597.
Fabianus Knauf Erfordianus.
Georgius Hagen Hyldesianus non iuravit.
Ioachimus Rollig de Rastorf.
Laurentius Arndes Halberstadensis.
15 Christianus Loboricht de Gunstedt.
Adamus Schmidt Gothanus.
Christophorus Oringius de Ordrof.
Wolfgangus Richter de Ordrof.
Nicolaus Gerstenbergk de Sommerda maiori.
20 Melchior Bothe de Ordrof.
Martinus Spehrschneider de[a] Obernensis prope Erfort.
Valentinus Schilling de Teuteloben prope Gotham.
Iohannes Bibeler Erfordensis non iuravit.
25 Ortholfus Fohman de Schleusingen.
Alexander Thrieselman Heligenstadensis.
Heinricus Endert Erfordensis.
Ioachimus Piscator Urslariensis.
Franciscus Oswalt Isennacensis.
30 Philippus Rhuel Erfordianus non iuravit. Iuravit Sifrido Nuntz (Rect. 311) anno 86.
Euritius Dedekindus Neostadiensis Saxo.
Hermannus Schlandnerus Herbornensis.
Georgius Wille de Angelroda.
35 Barnimus Sturio Servestanus, iuravit Sifrido Nuntz a. 86.

Ordo illorum qui dederunt 4 solidos: f. 234

Simon Fabri de Goltbach.
Nicolaus von Hoffer de Greventonna.
Georgius Lange de Illeben.
Quirinus Moller Erfordensis. 5
Andreas Schneider Ehrenfriedersdorff Annamontanus.
Christofforus Eckardt Erfordensis non iuravit.
Ioannes Spitznase Molhusinus.
Baldaßar, Melchior, Caspar } Walther Erfordenses 10
sed ultimus non iuravit ob defectum aetatis. numeravit Sifrido Nuntz 4 gr. anno 86 (Rect 311). 15

Inaequaliter dedit unus:

Cunradus Ursunius Herbornensis dt. $^1/_2$ gr.

Ascripti gratis et pauperes:

Iodocus Leicht de Ibelstad non iuravit.
Sifridus Bosecker patrinus rectoris non iuravit. 20
Ioannes Roseler de Totteleben.
Martinus Alther de Wimpfen.
Laurentius Wenth Gandersheimensis patruelis rectoris.
Sifridus Walther Erfordensis patrinus rectoris 25 non iuravit.
Iohannes Wenth Erfordensis non iuravit.
Sifridus Kluge Erfordianus patrinus rectoris non iuravit.

Summa 55.[b] 30

Percepta[c] — ab inscriptis primi anni:

16 thal. 4 schneberg. ab inscriptis, qui aliquid contulerunt; de quibus cedunt pedellis 2 thal. 2 schneberg., pro tertia rectori[d] remanentis sum-
40 mae, quae est 14 thal. $2^1/_2$ sol. facit 4 thal. 16 schneberg. 10 ₰: universitati 1 thal. 9 schneberg. 8 ₰. 35

Ex residuo intitulaturae:

8 schneberg. Quirinus Hordorff, filius mag. Bonifatii Hordorff Erffurdens.
4 schneberg. Casparus Geringius Mecherstad. ad supplementum intitu-
45 laturae 23. Sept. 77. Pro tertia rectoris 4 schneberg., universitati 8 schneberg.[e] 40

[a] Ist wegzulassen. [b] Richtiger 53. [c-e] Aus dem Rechnungsbuche des Rectors. [d] rectoris Cod.

1577. Mich. 306 b. Rect. M. Sigefr. Wenth II.[1]

Posteriori anno inscripti:

Plus toto solventes:

Georgius Barchfeldt Salzungensis 12 gr.
5 Augustinus Kloeß Fuldensis 11 gr.

Totum scilicet 8 solidos dantes:

Matthias Lackius Reesensis.
Georgius Treutwein Isenachensis.
Godfridus Spangenberg Mansfeldensis.
10 Heinricus Everhard Hyldesianus.
Christophorus Huno Mulhusinus.
Hermannus Casselius Frizlariensis.
254c Everhardus Brunchorff Daventriensis.
Gerhardus Brandes Hannoverensis.
15 Ioannes Stufel Salzensis.
Sebastianus Birckener Molhusinus.
Andreas Seling Molhusinus.
Michael Stobaeus Dilstadiensis prope Schlysingam.
Bernhardus Segardes Hyldesianus.
20 Iohannes Greyn Erfordensis non iuravit.
Iohannes von Steinheim iunior Baderbornensis.
Iohannes Hagenow Baderbornensis.
Iohannes Spenglerus Wirsburgensis prope Culmbach.
25 Andreas Winklerus de Gunsted.
Christoforus Wincklerus de Gunsted non iuravit.
Matthaeus Bereigius Erfordianus.
David Erichius de Gebesee.
Everhardus Hartung Lunaeburgensis.

30 Numerus eorum qui dederunt 4 solidos:

Paulus Rodiger Molhusinus.
Stephanus Fleischman de Weißensee.
Adolarius Erichius Anderslebianus.
Matthaeus Schneider de Konigsberg.
Ieremias Alberti de Walschleben.
Iohan. Beier de Elxleben ad Geram. 5
Leonhardus Meierlein de Konigswartt prope Egra.
Petrus Rodiger de Eckersleben prope Salza.
Iohannes Rahusius Vargulensis.
Oswaldus Stöher de Illeben prope Thonna iuravit. 10
Baldasar Salveld de Gebesen non iuravit.
Christophorus Burckman de Elxleben ad Geram.
Georgius Fleck Grusenius. f. 254d
Hermannus Kufener Erfurdensis.

Gratis et ob urgentem paupertatem inscripti: 15

Sigefridus Zigler Erfordensis patrinus rectoris non iuravit.
Heinricus Gotting Wizenhausanus dt. 1 gr. pedellis. 20
Iohannes Huler Bristadensis famulus rectoris.
Iohannes Ruhel de Herlam.
Iohannes Wenth Gandersheimensis patruelis rectoris.
Bernhardus Molitoris de Rotenburga dt. 1 gr. pedellis. 25
Liborius Wagner Heiligenstadensis famulus rectoris et patrinus.
Martinus Gallus prope Cassellanum Wirspurgensis. 30

Summa 47 (Richtiger 46).

Soli deo laus et gloria.

Percepta — ab inscriptis:

10 thal. $13^1/_2$ schneberg. ab inscriptis secundi anni; de hac summa pedellis 1 thal. 14 schneberg. Restant 8 thal. 24 schneberg. Cedunt rectori pro tertia parte 2 thal. 28 schneberg. 10 ₰; remanent fisco universitatis 5 thal. 23 schneberg. 8 ₰. 35

Ex residuo intitulaturae:

4 schneberg. Ioannes Wagener Erfford.
8 schneberg. David Galle Erfford. 40
$3^1/_2$ schneberg. Severus Schatz Erfford.

[1] Das Studentenverzeichnis des zweiten Jahres (1577) schliesst sich ohne Unterbrechung an das von 1576 an, sodass gar kein Platz für Bild, Wappen und Initiale bleibt.

f. 256a b

1578. Mich. 307. Rect. M. Theodericus Algesheim.[1]

Necessarium[2] praesidium rerum publicarum omnium scholas sive academias esse, nemo sane inficiari potest. — —.[a] Admodum sapienter ab antiquo constitutum est, ut haec nostra schola singulis annis viri boni pii et sapientis industriae ac virtuti 5 regenda committatur. Quae ratio etiam anno a Christo nato 1578 ipso die divo Lucae sacro custodita et observata est. Ubi cum comitia universitatis ad novum rectorem eligendum haberentur, Deo optimo maximo summo caelorum atque terrarum omnium f. 256c d monarcha ita providente, non fortuna, non casu aut temeritate aliqua, sed iudicio et sententia gravissimorum virorum, respectu habito virtutis scientiae et sapientiae aca- 10 demiae, praefectus est, quem magna iamdudum exspectatione academia habere rectorem expetiverat, utpote sub quo rerum omnium tranquillitatem fore etiam speraverat. Electores autem tres ab universitate sortito constituti fuerunt reverendus pietatis maxime conspicuus et rerum ad academiam pertinentium peritissimus vir, dominus magister Gotfridus Berckman Susatensis, canonicus ecclesiae beatae Mariae virginis et 15 in eadem ecclesia concionator summus nec non theologiae facultatis decanus spectatissimus, excellentissimus insuper et praestantissimus vir iuris utriusque doctor et eiusdem professor in academia celeberrimus, dominus Wendelinus Zimmerman, senator et proconsul Erphordianae reipublicae dignissimus. Postremo et eximia doctrina legum et utriusque iuris scientia ornatissimus vir dominus doctor Guilhelmus Fochaeus[b] Frisius, 20 reipublicae itidem Erphordianae syndicus fidelissimus. Hi caelitus sibi data intelligentia, prudentia etiam sibi studio et industria comparata iudicioque longe acerrimo suffragiis consentientibus gymnasio administrando praefecerunt reverendum pietate doctrina et sapientia praestantem virum, dominum Theodericum Algesheim Groningensem, artium ac philosophiae magistrum et ecclesiae beatae Mariae virginis 25 canonicum: cui paulopost praenominati electores academiam in suam fidem pietatem et tutelam humillime et reverenter commendarunt, qui sic electus et designatus licet gubernationis onus impar viribus suis, pro sua modestia agnosceret et ob id primum acceptare munus recusaret, tandem tamen cum divinae sapientiae sic visum esse

[a] Die zunächst folgenden allgemeinen Sätze sind ausgelassen. [b] Siehe S. 433 Anm. c.

f. 255c d [1] In der Mitte des die ganze Seite bedeckenden Bildes steht auf einem grünbewachsenen Felsen, aus welchem nach allen Seiten Wasserquellen herabfließen und einen von den sich daraus benetzenden Gläubigen umlagerten Strom bilden, das Lamm mit der Fahne in einer goldnen Strahlenglorie, auf welches Iohannes der Täufer hinweist („Ecce agnus Dei"), der mit einem Fell geschürzt und darüber von einem rothen Mantel umflattert ist. Unterhalb des Täufers sitzt David mit der Harfe im Strome und spricht: „Asperges me domine etc. Ps. 50; im rechten Untereck Ezechiel: „effundam super vos aquam mundam etc." c. 36 und über ihm Esaias: „Haurietis aquas in gaudio de fontibus salvatoris" c. 12. Ueber dem Lamme schwebt ein Bandstreif: hic est filius meus dilectus, Math. 3, und oben der heilige Geist als Taube in goldner Glorie von Engeln umgeben. Das große Bild, wie dies Wappen, hat das Monogramm I. B. neben der Jahreszahl 1580, was schließen läßt, daß beide von einem Künstler I. B. $1^1/_4$ Jahr nach Anfang der Amtsthätigkeit gemalt worden sind, vielleicht erst am Ende des zweiten Amtsjahrs.

f. 256a [2] In der goldnen Initiale N steht das Wappen: in Blau ein seine drei Jungen nährender Pelikan.

crederet nec se ulla honesta ratione ab officio liberare posse animadverteret, provinciam sibi oblatam suscepit et postea toto functionis tempore nullos non labores et pericula pro salute academiae subiit, et sic paratam atque tranquillam tueri eam atque conservare studuit, ut optimus quisque censor suo anno praeclare eum de universitate 5 meritum dicere non dubitaret. Hoc ipso anno, proh dolor! pons ille Mercatorum (ut vocant) in hoc oppido ferme totus incendio orto absumptus est, item inundatio magna in oppido et circum orta est. Porro, quod merito plangendum est, prudentissimus et primarius consul huius reipublicae, magister Paulus Musaeus academiae patronus studiosissimus, obiit. Quae alia ex iustissima ira dei hinc inde incommoda extiterint, 10 silentio praetereunda sunt, peccata enim cumulantur et divinitus vindicantur. Quod superest, rectoratus officio perfunctus vir clarissimus, gratias immortales ex toto pectore Deo optimo maximo pro singulari bonitate et clementia sibi in sui muneris administratione ostensa agit et eundem pariter clementissimum et iustissimum Deum patrem domini nostri Iesu Christi unici salvatoris et redemptoris supplex orat, ut pro 15 sua ineffabili pietate scholam nostram diu salvam ac incolumem conservet suoque successori in regenda academia auxiliares manus admoveat, quo pacata et tranquilla sit eius gubernatio ad incrementum scholae et honorem et gloriam Dei omnipotentis, cuius nomen in aeterna laudetur secula. Amen.

Numerus eorum qui plus solito dederunt:

20 Christopherus Durfelt Ienensis dt. 1 flor.
Iacobus Heidecus Bernburgensis dt. 12 solid.
Franciscus Nedham Londinensis Anglus dt. 12 solid.
Franciscus Gorlicius Magdeburgensis dt. 12 solid.
25 Georgius Lochander Gorlicensis magister Parisiensis dt. 10 solid.
Hermannus a Porta de Essendia nobilis ecclesie beatae Mariae virginis canonicus dt. 1 thaler.
Philippus Leo Dilstadiensis dt. 9 solidos.
30 Ioannes Mebius Dilstadiensis dt. 9 solidos, non iuravit.
Ioannes Albertus Erphordiensis dt. 9 solidos non iuravit.

Classis eorum qui octo dederunt:

35 Petrus Nicolai Erphordensis.
Valentinus Hellius Epherstotensis[a] prope Gotham.
Casparus Wenhardt Erphordensis non iuravit.
Iohannes Mangolt de maiori Mulhusia non iuravit, praestitit iuramentum mihi Antonio 40 Mokero rectori (Rect. 313).
Michael, Nicolaus Möller fratres Erphordenses non iuraverunt.
Ioannes Wagener Erphordiensis.
Egidius Berlisius Erphordiensis.
Ioannes Calwitz Erphordiensis.
20 Balthasar Erbenius de Sundershausen.
Christophorus Bilgerim de Viselbich.
Hieronimus Loeber Erphordiensis.
Stephanus Felckner Erphordiensis.
Ioannes Hertzogk Erphordiensis.
25 Wernerus Gentenius Wecensis.
Nicolaus Robock Vogelsburgensis.
Hermannus Zacharias Erphordiensis.
Bernhardus Griesbach Molhusinus.
Ioannes Schröter de Weisensehe.
30 David Kirchener Erphordiensis non iuravit. Iuravit doctore Thoma Selgen rectore (Rect. 310).
Ioannes Andersleb de Kindelbruck non iuravit.
Iacobus Querntenus Erphurdiensis non iuravit. Sed iuravit magro Valentino Sagittario 35 anno 87 (Rect. 312).
Quirinus Hoffman Erphordensis.
Guntherus Bierwirth Arnstadensis.
Henricus Haueisen Erphordensis.
40 Herbordus Limpricht Erphordensis.
Waltherus Stephanus Francofordiensis ad Moenum.
Ioannes Spinler Erphordensis non iuravit.
Ludolphus, Gabriel, 45 David Boden fratres Gottingenses.

[a] Eberstedt.

Valentinus Wigandus Erphordensis.
Henricus von Hekeren Berckensis.
Martinus Lochander Gorlicensis.
Nicolaus Ebart Erphordensis non iuravit; iuravit Sifrido Nuntz (Rect. 311) anno 86.
Ioannes Bischoff de Ilmen.
Balthasar Baumeiger Erphordensis non iuravit.
Henricus Guntzel Erphordiensis non iuravit. Iuravit me Thoma Selgen etc. rectore.
Ioannes Heuer Sulensis.
Gallus Serenus de Tottelstedt.
f. 258ᵃ Valentinus Eccardus de Geisa.
Ioannes Wittelius Frondorffensis non iuravit. Hic iuravit rectore Thoma Selgen.
Rudolphus Heße Erphordensis non iuravit: sed iuravit mgro Valentino Sagittario (Rect. 312) anno 87.
Wilhelmus Schneidewindt Erphordensis.
Andreas Beyer de Zimmern Ettersbergk.
Vitus Theodericus de Krawinckel.
Iosephus Bavarus de Sommerda maiori.
Nicolaus Kalmus Erphordiensis.
Ioannes Frey de Franckenbergk non iuravit.

Series eorum qui quatuor dederunt:

Petrus Seifridus Aquensis.
Hieremias Kirchener Erphordensis non iuravit.
Philippus Foch Fuldensis.
Michael Wolfart Neostadiensis non iuravit.
Iacobus Schlaff Eimbeensis.

Iacobus Goeringk de Mechderstedt.
Iustus Koch de Mechderstedt. Residuum dt. sub rectoratu magri Mokeri.
Ioannes Emel de Mechderstedt non iuravit.
Bartholomaeus } Christophorus } Wittelius Frondorphenses iniurati.

Unus inaequaliter solvens:

f. 258ᵇ Sebastianus Griphius Marleshusanus dt. 5 solid.

In gratiam rectoris inscripti:

Nicolaus Rosa de maiori Mulhusia famulus rectoris dt. 1 solid. pedellis.
Nicolaus Chilian de Sangerhusen illustrissimi principis Friderici Wilhelmi ducis Saxoniae ab organis.
Balthasar Chilian Erphordensis.
Georgius Chilian Vinariensis et
Fridericus Wilhelmus Chilian Ienensis fratres germani et nepotes rectoris iniurati, ddt. 3 solidos pedellis.

Pauperes:

Michael Schmollius Dinckelspulensis.
Nicolaus Steinwender Erphordiensis.
Michael Schmelingk Erphordiensis non iuravit.

Summa 77.

Percepta[b] — ex intitulatura:

23 thal. $3^1/_2$ sol. ddt. 69 studiosi, quorum nomina sub certis classibus in matricula continentur: cedunt universitati $13^1/_2$ tal. 4 ₰; rectori 6 tal. 18 sol. 2 ₰; pedellis 2 tal. 21 sol.

Ex residuo intitulaturae:

4 sol. dt. Ciriacus Trutemius.
8 sol. Nicol. Cuntzelius.
8 sol. Melch. Mercator.
4 sol. Georgius Novigallus.
4 sol. Oswaldus Meurer.

Summa 1 thal. 4 sol.

Cedunt universitati 18 sol. 8 ₰; rectori 9 sol. 4 ₰.[c]

b-c Aus dem Rechnungsbuche des Rectors.

1579. Mich. 307b. Rect. M. Theod. Algesheim II.[1]

f.258cd

Elapso[1] rectoralis gubernationis primo anno dominus magister Theodericus Algesheim, canonicus ecclesiae beatae Mariae virginis et scholae huius supremus moderator, publico edicto congregatis proceribus universitatis et omnibus subiectis eius-
5 dem in spem hanc erectus, fore ut novus academiae administrator more recepto constitueretur, eadem spe frustratus est. Cum enim iuxta laudabilem consuetudinem scholae et statutorum eiusdem normam iam ad prodendum novum rectorem procedendum esset, ex omnibus facultatibus sortito collecti viri praestantes et eximii unanimi consensu decreverunt, habenas academiae in sequentem denuo annum rectori iam existenti com-
10 mittendas esse, hac praesertim consideratione moti, quod in officio, quo per annum functus erat, mentem suam nullo impotentiae aut temeritatis incursu transversam ferri passus esset et eam fidem academiae praestitisset iisque consiliis communi semper utilitati prospiciendo usus fuisset, ut reprehensionis morsu prorsus omni caruerit. In hanc continuationem cum duodecim electores in universum consentirent, publica voce
15 in conspectu et facie totius congregationis academiae iterum idem dominus magister Theodericus Algesheim rector universitatis Erphordiensis in annum sequentem declaratus est. Quam renunciationem moesto vultu et corde tristi cognoscens, voce supplici et confusa improbata omnium de se sententia ab ipsis petiit, ut quemadmodum sperasset munus rectoratus longe gravissimum et suis viribus impar ad alium magis
20 idoneum transferrent. Quod cum impetrare ab excellentissimis et praestantissimis electoribus suis non posset, partim admonitionibus partim precibus ipsorum compulsus citra ulteriorem recusationem partes administrandae academiae per annum sequentem sibi iterum demandari permisit. In toto autem anni huius posterioris curriculo idem rector sollicitudine cura et animi alacritate qua potuit maxima conatus inobedientium
25 improbos comprimere et quae bene erant priori anno statuta defendere pacemque in academia pro viribus tueri quo potuit studio et cura (absit arrogantia dicto) operam dedit. Orandus Deus optimus maximus est, ut tranquillum Musis hoc iniquissimo tempore hospitium et hic et passim ubique praebeat coetumque discentium in hac academia et in aliis, quae sunt seminaria ecclesiae, colligat copiosum, qui in omnibus bonis
30 ac salutaribus humano generi artibus et disciplinis rite informetur.

f.259ab

Plus solito solventes:

Henricus Hermes Luneburgensis magister Wittebergensis dt. 1 flor. in auro.
dns Gregorius Korner vicarius Mariae Erphor-
35 densis dt. 10 solid.
Iodocus Schomburgk Hildesianus dt. 12 solid.
Conradus Culrave Lemgoviensis dt. 12 solid.
Iacobus Trische de Franckenhusen dt. 10 solid.
Laurentius Solender Weisenfeldensis mag. Lipsensis dt. 12 solid.
Petrus de Aschenberg nobilis dt. 1 thal.
Philippus Pauli de Lengsdorff in Wetteravia non iuravit dt. 9 sol.
Paulus Findeisen Erphordiensis dt. 12 sol.

f.259c

[1] Im untern Theile der goldnen Initiale E, welche von zwei halbkreisförmig gewundenen Delphinen gebildet wird und in einem von zwei Säulen getragenen Bogengewölbe steht, liegt ein Stier mit Nimbus; auf demselben sitzt der Apostel „S. Lucas" (sein Name auf einem horizontalen Bandstreifen) in grünem Gewande und rothem Mantel, ein spitzes Messer in der Linken haltend; zu seiner Rechten ein aufgeschlagenes Buch.

Fridericus } de Wintzigeroda fratres nobiles,
Wilkinus } non iuraverunt ddt. 1 thal.
dns Vitus Myletus Gammundiensis Suevus ss. theol. dr. Bononiae promotus, canonicus
5 S. Severi dt. 1 thal.
Simon Fuscinula Elckershovius Bavarus mgr Dilingensis dt. 10 sol.
Georgius Olandus Leodiensis non iuravit dt. 12 solid. praestitit iuramentum sub rectore
10 mgro Antonio Mokero (Rect. 313).
Anthonius a Werden Duderstadensis dt. 12 sol.
Michael Doebel Hallensis dt. 10 sol.
Henricus Selge Eichsfeldiacus iuris utriusque doctor Romae promotus, ecclesiae b. Mariae
15 virginis scholasticus et canonicus dt. 1 thal.

Classis eorum qui octo dederunt:

Wolffgangus Funcke Erphordiensis non iuravit, dre Thoma Selgen rectore iuravit.
Tobias Limprich Erphordiensis non iuravit,
20 rectore (314) mgro Iodoco Algesheim iuravit anno 90.
Iacobus Kuck de Staphorst.
Ioannes Rodewaldt Mindensis.
Ernestus Ludolff Molhusinus.
25 Ioannes Ullenius Gothanus.
Ambrosius Scybe Cizensis non iuravit, postea iuravit mgro Valentino Sagittario anno 87 (Rect. 312).
Iacobus Stech Cizensis non iuravit.
30 Balthasar Schrepfer Erphordensis non iuravit.
Andreas[b] } Wanckheim Erphordienses
Heribordus[c] } non iurarunt.
Valentinus Reiße Erphordensis non iuravit.
Ioannes Albertus Erphordiensis non iuravit.
35 Tilomannus Weydershausen Hyldesianus non iuravit.
Georgius Kiselingk Erphordiensis.
Martinus Monde Brigensis.
Bernhardus Eyerhundt Dingelstadensis.
40 Paulus Drachstedt Hallensis.
f. 260a Hieronimus Koch Erphordiensis non iuravit.
Ioannes Möllerus de Wanfrieden.

Ioannes Conradus Kargius de Lora.
Zacharias } Monachus fratres de Buttelstedt.
Abrahamus }
Zacharias Weiß Sondensis Pomeranus non iuravit. 5
Ioannes Thoman Erphordiensis non iuravit.
Zacharias Hyrinck Erphordiensis non iuravit.
Engbertus a Doetinchem Trans-Rhenanus.
Ioannes Seyse de Weysensehe.
Vitus Moresfeldt de Dilsdorff. 10
Ioannes Fredelieb Osnabergensis.
Wenceslaus Crucius Trebicensis Moravus.
Martinus Todt ex pago Ermut-Sachsen prope Waldtcappel.
Mattheus Gloger Grotcoviensis. 15
Adolarius Rotha de Dehnstadt retro Vinariam.
Petrus Fildener Waltershusanus.

Series eorum qui quatuor grossos dederunt:

Ioannes Rubolt de Staffelstein. 20 f. 260b
Henricus Levecken Alfeldensis.
Christophorus } Seyse fratres de Weysensehe
Zacharias } iniurati.
Ioannes Hoever de Botenheilingen non iuravit.
Ioannes Schlegell de Olberslebenn. 25
Eytell Wolff Creutz Erphordiensis.

In gratiam rectoris inscripti:

Fridericus Faber Erphordiensis patrinus rectoris.
Iacobus Nandelstadt Aldenburgensis.
Erasmus Getzman Erphordiensis famulus rectoris, 30 non iuravit.
Ioannes Körner junior Udestadiensis.

Pauperes:

Chilianus Jeger de Waltershusen in finibus Franciae, non iuravit. 35
Fridericus Piscator de Wertheim dt. pedellis 1 solid.

Summa 65.

Percepta[d] — ex intitulatura:

40 23 tal. 2 sol. ddt. 59 studiosi, quorum nomina certis sub classibus in
45 matricula habentur. Cedunt universitati 13 tal. 18 sol.; rectori 6 tal. 21 sol.; pedellis 2 tal. 11 sol.

[b] iuravit Thoma Selgen rectore. [c] Heribardus E.

Ex residuo intitulaturae:
4 sol. dt. Sebast. Biereige Erphord.
Cedunt universitati 2 sol. 8 ₰; rectori 1 sol. 4 ₰.[e]

d-e Aus dem Rechnungsbuche des Rectors.

1580. Mich. 308. Rect. M. Ioa. Gunderam Erffordensis.[1]

f. 261 c d

5 More[2] et consuetudine recepta comitiis academiae Erphordensis, quae singulis annis stato die divi Lucae sacra haberi solent, sors eligendi novum rectorem ita Deo ordinante cecidit in reverendum clarissimum eximium virum, dominum Henricum Selgen Eisfeldensem, utriusque iuris doctorem ecclesiae beatae Mariae virginis in hoc oppido canonicum ac scholasticum dignissimum, nec non dominum Ioannem Eccardum, artium 10 ac philosophiae magistrum collegii maioris collegam Erphordensem, et egregium artium baccalaureum, dominum Ioannem Lyndenberger Hildesianum et Saxonici collegii alumnum. Qui invocato divini numinis auxilio in monarcham academiaeque rectorem anno 1580 die supradicto elegerunt eruditum honestum ac bonum virum, dominum magistrum Ioannem Gunderam Erphordensem, Amploniani collegii sive Portae coeli olim 15 collegam et facultatis philosophicae cum moderatorem tum artis disserendi professorem ordinarium; qui amore patriae et inprimis academiae iuvandae studio incitatus oblatam rectoris provinciam in se recepit eamque pro ingenioli sui viribus studiose administravit. Sub cuius vigilanti et pacata gubernatione subsequentes cum adolescentes tum iuvenes atque viri, et modestia morum vitae integritate doctrina praestanti et simul natalium 20 splendore conspicui, universitati se consecrarunt, quorum nomina subscripta hic ponuntur:

f. 262 a b

Classis prima:

Reverendus vir dns Lucas Muranus Ellensis artium et philosophiae mgr, Perusii promotus dt. 1 thal.

Clarissimus vir medicinae dr. Andreas Starcke Basileae promotus dt. 1 flor. in auro.

Nobilis Adamus a Breittenstein Babergensis et Herbipolensis ecclesiarum canonicus dt. 1 thal. non iuravit. 25

[1] Ein illuminirter Kupferstich, in dessen Mitte das Hauptbild (4.) den heiligen Geist als große weiße Taube in goldner Glorie von Engelsköpfen umgeben darstellt, auf jeder Seite drei kleinere, das achte unter dem Hauptbilde, die „septem dona Spiritus sancti“ versinnbildlichen: 1. „donum sapientiae,“ Salomon's Urtheil; 2. „donum intellectus,“ Joseph vor Pharao; 3. „donum timoris Domini,“ der betende Noah vor dem Altare liegend, auf welchem sein Dankopfer brennt, dahinter die Arche: 5. „donum consilii,“ Nathan und König David; 6 „donum pietatis,“ Abel vor dem Brandopferaltar (im Hintergrunde Kain); 7. „donum fortitudinis,“ Simson mit dem Eselskinnbacken; 8. „donum scientiae,“ Paulus in Athen. (f. 261 a b)

[2] Neben der Einleitung steht Christus an der Martersäule mit rothem Lendenschurz, Geißel und Staupbesen in den über die Brust gelegten Händen, mit dem Ausdruck des Schmerzes. Neben seinem rechten Fuße Wappen 1: goldnes W mit herauswachsender Fahne (goldnes Kreuz) in Roth; neben dem linken Fuße 2. zwei rothe Jagdhörner in Silber. (f. 261 c)

Nobilitate generis conspicuus iuvenis Balthasar a Rabenstein praedictarum ecclesiarum canonicus 1 thal. dt. nec iuravit.
Ioannes de Heringen Mindensis 12 gr.
5 Pancratius Schade Weismariensis 12 gr.
f. 262cd mgr Andreas Getzmannus Lucanus Lusatius 12 gr. dt.
Valentinus Rulrauf Saltzungensis 12 gr.
Bernhardus Teggo Hamburgensis 12 gr.
10 Ioannes Erbstosser Wißenschensis 12 gr.

Classis secunda:

Ioannes Schade[b] 8 gr.
Ioannes Keul[a] 8 gr.
Davit Stromer[b] 8 gr.
15 Martinus Bote 8 gr.
Iacobus Schultheiß 8 gr.
} Erphordenses non iurarunt.
Ioannes Reinhardt Eltzlebiensis 8 gr.
Ioannes Schmidt de Richem 8 gr.
} non iurarunt.
Ioannes Zacharias Erphordensis 8 gr.
20 Henricus Schonnigk Lippiensis 8 gr.
Henricus de Senden Luneburgensis 8 gr.
Henricus Rhodius Eislebiensis 8 gr. non iuravit.
Georgius Hetzen de Northeim 8 gr. non iuravit.[c]
25 Eberhardus Mollerus Gandersheimensis 8 gr. non iuravit.[c]
Iustus Kniphof Hildesianus 8 gr.
Petrus Teuthorn Franckenhusanus 8 gr.
Thomas Blatz Berckensis 8 gr.
30 Lampertus Heck Berckensis 8 gr.
Conradus Steygerwaldt Schmalkaldensis 8 gr.
f. 263ab Nicolaus Becke de Udestedt 8 gr.
Bernhardus Grisbach Molhusinus 8 gr.
Ioannes Pfick Hamburgensis 8 gr.
Philippus Buhamer Hallensis 8 gr.
Ioannes Thölde de Grevendorf 8 gr.
Ambrosius Sydelius iunior 8 gr. Erphordensis non iuravit. 5

Classis tertia:

Hermannus Willerus Badenburgensis 6 gr.
Georgius Schiller Erphordensis 4 gr. et non iuravit. 10
Simon John Konigssehensis 4 gr.
Michaël Dresserus Molhusinus 4 gr.
Adolarius Gydeler Erphordensis non iuravit 3 gr.

Classis quarta: 15

In gratiam rectoris et pauperes:

Ioannes Kesselringk Erphordensis
Franciscus Ebart Erphordensis
} non iurarunt.
Samuel Groschener Erphordensis.
Henricus Huck Erphordensis. 20
Simon Dornigk Salveldensis.
Nicolaus Bavarus de Langwesen.
Georgius et Paulus } Piscatores fratres Erphordenses non iurarunt et quilibet dt. 1 gr.
Henricus Zimmerman de Weihe non iuravit. 25
Theodericus Gans Errfordensis famulus rectoris. f. 263cd
Conradus Gans frater ob aetatem non iuravit.
Leonhardus Kaufman de Grefenthal.
Ioannes Wanderßleb de Waßerthal.
Summa 52. 30

Ex intitulatura:

20[d] thal. 8 gr. ex inscriptis numero 47; cedunt universitati 12 thal.
35 4 gr.; rectori 6 thal. 3 gr.; pedellis 2 thal. 1 gr.

Ex residuo intitulaturae:

4 gr. Ioannes Gerstenberger; 35
universitati cedunt 2 gr. 8 ₰; rectori 1 gr. 4 ₰.[e]

---

[a] Iuravit Thoma Selgen rectore. [b] Ioannes Schade et David Stromer iurarunt me Thoma Selgen rectore.
[c] Iurarunt me Thoma Selgen rectore. [d-e] Aus dem Rechnungsbuche des Rectors.

1581. Mich. 309. Rect. Dr. Guil. Fachaeus Frisius.[1]

f.265 a b

Anno[2] a nativitate domini nostri Iesu Christi 1581 die, qui divo Lucae Evangelistae quotannis sacer est, 18. mensis Octobris, almae academiae Erffordiensis rector indignus ego Guilielmus Fachaeus[a] Frisius, I. U. D. et reipublicae Erffordiensis syndicus, 5 creor et pronuncior. Quod ut mihi non modo inopinato sed etiam ignoranti (aberam enim tunc temporis reipublicae causa) accidit, sic etiam hoc mihi imponi munus non statim adduci potui. Palam siquidem[b] reverendis clarissimis ac doctissimis viris, dri Theoderico Algesheim, optimarum artium mgro ac aedis deiparae virginis Mariae canonico, dno Bartholomeo Hubnero, artium ac medicinae doctori, ac domino 10 Simeoni Binckebanck, philosophiae ac artium magistro, qui sorte de more ad electionem venerant mihique officium rectoratus suis suffragiis impositum esse renunciabant, significavi, ad hoc augustum nec non difficile regendae iuventutis munus et ingenium et otium mihi deesse; ingenium, quod nemo magis quam ipse ego inscitiae meae mihi conscius essem, et otium, quod me et publicis et privatis negotiis occupatissimum esse 15 tota civitas norit. Accedebat etiam hoc, quod munere molestissimo syndicatus scilicet f.265 c d fungerer, ut altero non modo ex praescripto iuris civilis, sed etiam statutorum nostrorum merito onerari non debuerim. Has excusationis causas tametsi post triduum, quod ad deliberandum sumpseram, repeterem ac urgerem, tamen apud ipsos obtinere non potui, ut me a constituto munere absolvere voluerint. Memor igitur iuramenti, quo academiae 20 obstrictus sum quodque nihil natura malim, quam studia bonarum literarum quantum in me est promovere, hanc qualemcunque operam scholae et gymnasio nostro promitto officiumque rectoratus (ut vocant) quod faelix faustumque reipublicae literariae sit, in

[a] Auf f. 264 a b in der Ueberschrift ist Fochaeus geschrieben. [b] sequidem E.

---

[1] In der Mitte Christus mit Lendenschurz und rothem Mantel, einen Schlüssel in der Rechten, eine weiße Fahne mit rothem Kreuze in der Linken haltend, mit Nimbus und in goldner Glorie, mit dem linken Fuße auf dem Schädel, mit dem rechten auf dem teufelsähnlichen Kopfe einer rothen sich windenden Schlange stehend, auf beiden Seiten von je zwei golden eingerahmten Tafeln mit Sprüchen aus der Bibel umgeben. Ueber ihm steht von zwei Engeln umgeben die Aufschrift: „Alter status Christi est status exaltationis et gloriae, cum gloria et honore coronatus est et se ad dextram maiestatis in excelsis locavit, ubi eum omnes angeli adorant, Hebr. 1.“ Unter dem Bilde Christi (mit der Umschrift: Prior status Christi. Oportuit pati Christum et intrare gloriam suam, Matth. 24) steht sein Sarcophag, aus welchem das mit einem grünen Kranze geschmückte Kreuz emporragt; zur Linken (vom Beschauer) kniet der Rector „Guilhe. Fach. I. U. D. In Christo omnia“; vor ihm ist sein Wappen: in Gold ein grauer Vogel von einer bläulichen Dornenkrone umgeben; darüber auf einem silbernen Helme der gleiche Vogel; Decken gold und grün. Er selbst trägt einen schwarzen pelzbesetzten Mantel; auf der rechten Seite kniet seine Gemahlin („Dorot. Fens(terer); Auf Gottes Gab' ich Hoffnung hab'“) in schwarzem Kleide mit schwarzen goldbestickten Puffenärmeln, auf dem Kopfe eine weiße goldbestickte Haube. Vor ihr das Wappen ihrer Familie: in Gold ein hohes Doppelfenster, aus dessen unteren nach außen geöffneten Flügeln zwei Personen herausschauen. Unter dem ganzen Bilde sind wiederum Spruchtafeln aus Ps. 94, Apostelgesch. 2, Ioh. 5 und Phil. 2.

[2] Rothes A auf Goldgrund.

nomine Iesu suscipio orans ex animo, ut ille coepta secundet. (An)[c] Verum enim vero ut dispensator ille omnis boni, quem iam nominavi, Christus dominus me non modo hoc honore, sed etiam paulo ante, nempe 25⁰ Junii anni eiusdem, honestissima lectissimaque uxore Dorothea Fenstorin, prudentissimi et nobilis viri Balthasari de Weißensehe consulis Erffurdiensis relicta vidua, condecoravit, sic tamen et quidem eodem tempore, quam omnium rerum vicissitudo, quamque nihil stabile et firmum in hoc mundo sit, non obscure experior; statim enim a die electionis meae et antequam publice et auspicato hoc mihi demandatum officium suscipio, non modo ex electoribus meis unus, et is quidem mihi longe amicissimus, dr. Theodericus Algesheim, sed etiam ipse clarissimus et addictissimus mihi socer Erasmus Fensterer in die Simonis et Iudae 28. Octobris ex hac vita migrant. Quapropter actum confirmationis, qui merito solennis ac letus esse debet, in luctu et pullatis vestibus celebrare coactus sum. Quod ad res gestas in meo rectoratu adtinet, nihil admodum memorabile occurrit, nisi quod civitate academiae donatae ac in album sive matriculam universitatis relatae sint sequentes personae:

Classis prima eorum qui plus solito numerarunt:

Sibo a Dornum cognomento Geersma Frisius dt. 12 gr.
Guilielmus a Doetinckem Transiselanus dt. 12 gr.
Christopherus Schelcherus Neostadianus ad Orilam medicinae doctor dt. flor. in auro.
Andreas Quenstadius Quedlinburgensis non iuravit 12 gr.
Iohannes Mylwitz
Quirinus Mylwitz
Christophorus Milwitz } hi tres fratres et filii Wolffgangi Milwitzii senioris non iurarunt ob defectum aetatis, dederunt 1 thaler. Vallensem et flor. in auro.
Iohannes Krugman Ascanius dt. 12 gr.
Herdanus Ernestus a Wörbis Addemiensis 12 gr.

Secunda classis eorum qui 8 grossos numerarunt:

Gerhardus
Hieronimus } de Sachßa fratres non iurarunt.
Nicolaus Schmaltz Erffurdensis non iuravit.
Wedderoldus Wedderoldt Warburgensis.
Theodericus Schmaltz Fuldensis.
Iohannes Fabritius Erffurdensis non iuravit, (rectore Thoma Selgen iuravit).
Iohannes Friedericus Molhusensis.
Anthonius Radius Eblebiensis.
Nicolaus Iunior Erffurdiensis non iuravit. Iuravit me Thoma Selgen rectore etc.
Iosua Grüber Erffurdiensis.
Iohannes Richter Chemnicensis.
Casparus Hartman Forchemensis.
Thomas Nieman Briecensis Marchiacus.
Adamus Curaeus Vratislaviensis.
Elias Weißerus Erffurdiensis.
Valentinus Frey Erffurdensis, iuravit me mgro Antonio Mokero rectore (313) anno dni 87 die 30. Novembris.
David Retsch Molibergensis.
Georgius Bader Erffurdiensis.
Georgius Ziegeler
Eobanus Ziegeler } fratres Erffurdienses non iurarunt.
Rudolphus Hierschberger Erffurdensis.
Ioannes Kniphoff Hildesianus
Michael Kunnerding[d] Hyldesianus.
Urbanus Stobenrauch Elxlebiensis.
Iohannes Mueß Erffordensis non iuravit.
Georgius Moller non iuravit.

Tertia classis eorum qui quatuor grossos numerarunt:

Theodericus Bruningk Utenhusanus non iuravit.
Christianus Riese Erffurdensis non iuravit.
Herbordus Iuchius Erffurdiensis non iuravit.
Iustus Gericus Göttingensis.
Ioachimus Roperus Luithorstensis.
Conradus Thoelde Herdensis.

[c] „An" giebt hier keinen Sinn; es ist auch nur am Rande beigeschrieben. [d] Kunnerding E.

Samuel Klobe Erffurdiensis.
Henricus Hudt Erffurdiensis.

Gratis inscripti:

Michael Faber Torgensis.
5 Iacobus Schmiedt Frietzlariensis.
Valentinus Drubius Regiomontanus.
Thomas Hessus de Truchtelborn.
Conradus Resselius Hiersfeldensis in gratiam mgri Antonii Mockeri inscriptus.
10 Iohannes Sommerde Saltzensis.

Nicolaus Kirchnerus Erffurdiensis.
Simon Kummerus Vinariensis.
Nicolaus Baur Rudelstadiensis; numeravit universitati 8 gr. sub rectore mgro Antonio Mokero. 5
Iohannes Mannus Erffurdiensis.
Iohannes Gerlachius Erffurdiensis.
Christophorus Meisterus Erffurdiensis, non iuravit propter defectum aetatis.

Summa 54.[e] 10

Percepta[f] — ex intitulatura:

15 thal. 18 gr. ddt. 55 studiosi, quorum nomina sub certis classibus in matricula continentur; cedunt universitati 8 thal. 5 gr.; rectori 5 thal. 6 gr.: pedellis 2 thal. 7 gr.

15 Ex residuo inscriptionis: 15

6 gr. cedunt { universitati 4 gr. / rectori 2 gr.[g]

[e] Richtiger 55. [f-g] Aus dem Rechnungsbuche des Rectors.

1582. Mich. 309b. Rect. Dr. Guilielmus Fachaeus Frisius II.[1]

Cum[2] anno sequenti pestis grassari coepisset[a] placuissetque imperium in me 20 Guilielmum Fachaeum tametsi indignum prorogari, ut ante, sic et tum excusari 20 potui. Quia autem animus fuit in eo, quod semel suscepi, etiam denuo adflictae nostrae academiae gratificari, omittere non volui, quin quod huius fuit pari diligentia obire:

Sequentes inscripti plus solito numerarunt:
Iohannes Philippus de Selmenitz Dresdensis in 25 Vhera Thuringica.
Casimirus de Selmenitz Dresdensis in Vhera Thuringica.

[a] cepisset E.

[1] Groſses Bild. Ein Engel, auf einer Höhe am linken Rande des Bildes stehend, zeigt dem Johannes das neue Jerusalem; darüber die Worte: „Ecce tabernaculum Dei cum hominibus, Apocal. 21:“ im Hintergrunde hohe schneebedeckte Berge. Im unteren Theile des von Goldleisten eingeschlossenen Bildes steht ein Kind. welches die beiden Allianz-Wappen des Ehepaars Fachaeus (wie Rect. 309a S. 445 Anm. 1 z. E.) hält. In den Ecken vier Medaillons; links oben drei in braune Kutten gehüllte Wanderer an den Grabmälern der Erzväter Abraham, Isaac und Iacob, mit der Umschrift: Stipendia enim peccati mors est, Paul. Roma. 6 (v. 23). Rechts oben Adam und Eva unter dem verbotenen Baume mit der Schlange und der Umschrift: „Omnes declinaverunt (defluxerunt Vulg.) simul inutiles facti sunt, Paul. Rom. 3.“ Links unten Moses die eherne Schlange erhöhend, „qui credit in me, etiamsi mortuus fuerit vivet. Joh. 11 (v. 25).“ Unten rechts: fünf Jungfrauen mit Geräthen in den

Friedemannus de Selmenitz Rinckelebiensis fratres germani numerarunt 3 thal. Vallenses.
Balthasar Utisbergk Erffurdensis } hi duo
Sigismundus Utisbergk Erffurdensis } fratres
5 solverunt 1 flor. in moneta, et non iurarunt ob defectum aetatis.
f. 269cd Paulus Schade Erffurdensis dt. 1/2 flor. } non iurarunt.
Vitus Gerlachius de Margaritis et
10 Lauenburg Bergensis solvit 1/2 flor.
Iohannes Georgius Rappe Balstadensis dt. 1/2 flor.
Anthonius Rappe Balstadensis dt.
15 quoque 1/2 flor.
Balthasar Dalsche Halberstadensis 1/2 flor.
Edzardus ab Immingen Frisius nobilis solvit 12 gr.
Georgius Leneman Lipsensis } fratres.
20 Casparus Leneman Erffurdensis
Rudolphus Leneman Erffurdensis
Augustus Hieseler Erffurdensis.
Ioannes Ludolphus Erffurdensis.
Franciscus Ludolphus Erffurdensis.
25 Sigismundus Gerlach Tonnensis.
Crato Hochimerus Laubachius.
Christianus Gerlach Quedelburgensis.
Paulus Gerlach Quedelburgensis.
Paulus Rhuel Quedelburgensis.
30 Hi undecim inscripti, quorum nullus ob defectum aetatis iuravit, ddt. 1 thal. et croßatum aureum.

Ordo eorum qui 8 grossos solverunt:

Martinus Leonhardus Friedstadiensis.
35 Iohannes Rienner Erffurdensis } fratres
David Rienner Erffurdensis } non iurarunt.
f. 270ab Gerhardus Stönick Coloniensis.
Elias Götlein Erffurdiensis.
Matthias Schiemmelius Rudtstadiensis.
40 Henricus Reus Warburgensis.
Matthaeus Schrötterus Weißensehensis.
Robertus Frosch Erffurdiensis.
Valentinus Aethiops Harthausen.
Georgius Widmannus Oringensis.
45 Volgmarus Michael Erffurdiensis.

Andreas Heneus Meurstadiensis.
Henningus Dedekindus Neostadiensis-Saxo.
Wolffgangus Junger Oschatzensis.
Iohannes Colemannus Erffurdiensis.
Hieronimus Wolff Oschatzensis.
Nicolaus Weisser Erffurdiensis.
Andreas Weidmannus Erffurdensis.

Solventes quatuor grossos: f. 270

Valentinus Herdegen Heiligenstadiensis non iuravit (sub rectore mgro Antonio Mokero 10 praestitit iuramentum hic Valentinus et solvit residuos 4 gr. 15. die Febr. anno dni 1589).
Georgius Pflugius Heringensis.
Nicolaus Wettich Molhusinus. 15
Samuel Mouder Roslaviensis.
Iohannes Pflugius Heringensis.
Zacharias Mouder Roslaviensis.
Iohannes Gerhardus Erffurdensis non iuravit. (Rectore me mgro Antonio Mokero prae- 20 stitit iuramentum et solvit residuum nempe 4 gr. 30. Nov. anno 87).
Bartholomeus Dhommel Erffurdensis non iuravit.
Georgius Hausenius Zymmerdensis prope montem f. 270 Oethisberg. 25
Iohannes Sartor Saltzensis.
Iohannes Schvabe Erffurdensis.
Martinus Weisser Erffurdensis.
Casparus Walther Erffurdensis.

Pauperes et gratis inscripti: 30

Nicolaus Schorckelius Numburgensis in honorem dr. Georgii Lenemans inscriptus.
Ioachimus Molitor Saltzensis in honorem mgri Bartholdi Sprockovii.
Henricus Litteu . Almensis in gratiam 35 rectoris.
Anthonius Steinburg Mittelhausensis quoque in gratiam rectoris.
Iacobus Schorus Witzenhausensis in gratiam mgri Hartungi Ursini inscriptus. 40

Summa 59.

Händen dahin schreitend: „qui dicit se in ipso manere, debet sicut ille ambulavit et ipse ambulare." Wahrscheinlich sind es die fünf klugen Jungfrauen mit Lampen, aus denen Flammen emporbrennen.
[2] Rothe geschnörkelte Initiale auf blauem Grunde mit weißen Arabesken.

Percepta[b] — ex intitulatura:

17 thal. 13 gr. 6 ₰ ddt. 59 studiosi, quorum nomina sub certis classibus in matricula scripta continentur; de quibus cedunt universitati 9 thal. 6 gr.; rectori 5 thal. 20 gr. 6 ₰; pedellis 59 gr.[c]

b-c Aus dem Rechnungsbuche des Rectors.

5 **1583. Mich. 310. Rect. D. Thomas Selge Eichsfeldiacus.**[1] 5 f. 271 a b

Pro memoria.[a]

Ecce Eichsfeldiacum Musarum ex iure Monarcham!
Qui prudens fortis vir sapiensque fuit.
Matricula hunc primum pictum sic effigiatum
10 Exhibet, ipsius gloria magna manet: 10
ita notavit mgr Isidorus Kepler rector 1784.

Sequitur eiusdem nominis Selge vir doctissimus Eichsfeldiacus ultimus (?) rector (319 b) in hac matricula.[b]

Thomas Selge,[1] i. u. doctor, electoralis Moguntinensis consiliarius, praetor f. 272 a b
15 Erffordensis, provincialis iuditii territorii Eichsfeldiaci, eiusdem domini electoris referendarius assessor et pro tempore iuridicae facultatis decanus. 15

In huius universalis scholae rectorem votis paribus suffragantibus dominorum Valentini Sagittarii Erffurdensis, artium liberalium magistri ss. theologiae professoris f. 272 c d publici, ecclesiae b. Mariae virginis canonici ibidemque et ad S. Bonifacium parochi etc.,
20 Heinrici Fabritii, medic. dris, et Samuelis Alberti, artium quoque magistri, facultatum 20 theologicae medicae et artisticae respective decanorum, eligitur statuto divi Lucae evangelistae die anno Christi 1583.

Qui electioni huiusmodi solenniter factae — licet Margarethae filiae ex obitu, biduum ante defunctae puellae sexennalis festivae et lepidae ideoque charissimae, totus tristicia
25 circumfusus videretur — laetus tamen vel eo nomine assensit et omine, quod is mensis 25 sibi faustus antea saepe et tum praecipue extitisset: quando superioribus annis (1568 videlicet) parente proprio iter monstrante ad debellandos Galliae perduelles, Carolo IX. regi ob mutatos antiquae religionis ritus improbe adversantes, equestri phalangi se adiungeret et anno LXXI[o] in urbe tum studiorum causa agens literisque
30 interea valedicens, ad Ottomannicum toto mediterraneo mari immaniter grassantem 30 f. 273 a b classem dissipandam Marco Antonio Columnae, cive Romano duce Palliani et Tagliacozzae, regni Neapolitani admirallio et pontificiae classis praefecto et ductore, proficisceretur: quique successu faelici magna secuta strage,[2] cadente nempe Ludowico Borbonio Condaeo principe et regi victoria cedente, ex Galliis post invisam Coloniam Agrippinam

a-b Späterer Zusatz von 1784.

1 Das erste und in diesem Bande das einzige große Oelbild eines Rectors; häufiger sind dieselben f. 272 c d in dem 4. und 5. Bande der Matrikel. Wappen (im linken Obereck) getheilt: oben goldne Mondsichel in Grün, unten drei braune Kugeln in Gold. 2 Siehe S. 454 Anm. 1.

et ibi prima in artibus laurea adepta[c] in Italiam delatus voluntaria militia Pii V optimi et maximi pontificis publicis adhortationibus motus, ei se navali et in omne aevum gloriosae ingessit expeditioni; qua ab ipsius mundi constitutione nec maiorem unquam novit Oceanus nec mediterranea aequora meminere instructiorem, quaque in
5 Ionii maris amplitudine ad sinus Corinthiaci fauces eam laudis perennis recordationem 5
meruit divinus prorsus adolescens, magnanimus ille heros fortissimus princeps aureique velleris eques vixdum vigesimum primum aetatis annum ingressus Iohannes Austriacus,
f. 273 c d Caroli V. Romanorum Imperatoris filius, ut fortiter collatis rostris nonis Octobris ab immanissimo Turcarum rege Selymo sultano ingentem omnemque spem totius Christia-
10 nitatis excedentem victoriam reportaret: 30000 Turcarum cum Caracossa Bassa truci- 10
datis, 5000 captis, 55 navibus submersis, 90 exustis, 15000 Christianis ad transtra catenatis servituteque barbarica detentis liberatis et 212 magnarum galearum cum omni apparatu bellico summa cum laude atque salute communis reipublicae Christianae interceptis etc. (Siehe S. 356 Anm. 1.)
15 Cui Thomae Selgen, et id ominosum, accidisse putabatur, quod suo in rectoratus 15
magistratu confirmationis die (qui secundum illud divo Nicolao sacer erat) novum et Gregorio XIII. pontifice maximo authore reformatum Iulianum calendarium perque reverendissimum principem ac dominum dominum Wolfgangum archipraesulem Moguntinum, principem electorem etc. dominum nostrum clementissimum, in tota suae celsitudinis
20 dioecesi[d] publicatum, primo in hac alma civitate observaretur. Nec sine fatali provi- 20
f. 274 a b dentia, ut qui ad Naupacteam illam multo maximam victoriam, non ita remote a Patris (in Peloponneso Achaiae peninsulae), civitate divi Nicolai nativitate quondam et incolatu celebri, fortem suam operam praestare, sanguinem etiam suum fundere pro Christi gloria paratus erat, eiusdem nunc caelitis auspiciis in patria Germania die
25 eidem quotannis solenni publico rursus honore condecoraretur. Sed et illud etiam 25
admodum hoc anno memorabile fuit, quod Gebhardus e Truchsessiorum de Waltpurgk baronica familia oriundus, in archiepiscopum Coloniensem electus inque maioribus ordinibus constitutus, novo inaudito et in imperio Romano hactenus insueto exemplo per intempestivas nuptias cum Agnete quadam Mansfeldiaca consummatas domino
30 Ernesto Bavariae duci episcopo Leodiensi etc. successionis fenestram ad archiepiscopatus 30
Coloniensis sedem aperiret. In album vero universitatis hoc anno relati sunt:

Iohannes Weber Steinachensis, publicus notarius arithmeticus et civis Erffordianus, qui in gratiam et honorem huius almae universitatis haec propria manu scripsit et pro hoc studio et labore in numerum studiosorum est receptus.

f. 274 c d 35 Classis prima eorum qui plus solito numerarunt:

David Worm filius dni Hermanni Worms consulis olim Erphurdiani dt. crosatum 1 ½ thaler.

Ioachimus, Martinus } Selgen Eichsfeldiaci 35
filii Ioachimi Selgen, quondam praefecti Gebeldehausensis et Lindaviensis rectoris germani fratres ddt. 1 flor.

---

c adeptae E. d diaecesi E.

Fridericus } à Tostungen Eichsfeldiaci
Christophorus } fratres ddt. 1 thaler.
Hermannus Heymart à Bultzingsleben Eichsfeldiacus dt. 1/2 thal.
5 (Vorname fehlt) Wintzingeroda Eichsfeldiacus 1/2 thal.
Bartholdus Blumb Lyropolitanus dt. 1/2 thal.
Hans Heinrich } Hundt de Wenckheim
Burckhardt Georg }
10 in Aldtenstein fratres ddt. 2 thal.
Caspar Adolph von Beckerodt in Brandenburg } fratres ddt. 2 thal.
Hans Geörg }
Heinricus à Calenberg canonicus Fritzlariensis
15 dt. 1 konigsthaler.
Heinricus Wolfgangus à Weren filius Guilielmi à Weren, praefecti equitum, dt. 12 gr.
275ab Georgius Wernerus } à Bodungen Eichsfeldiaci
Georgius }
20 moderni praefecti Gebeldehausensis filii ddt. 1 flor.
Iacobus Hitterodt Norimbergensis 12 gr.
Iacobus Beringer Erphurdensis 1/2 flor. iuravit sub rectore mgro Antonio Mokero anno 88.
25 Heinricus Meppelbensis de Blanckenstein Drentinus prope Phrisiam dt. 12 gr.
Ioachimus Crusius Neobrandenburgensis Neopolitanus iur. utr. dr. Basiliensis 1/2 flor.
Ioannes Lauensen abbas monasterii ad S. Michaelem in Hildeshem dt. aureum.
30
Zacharias Gunther abbas in Steina dt. aureum.

Classis secunda eorum qui totum scilicet octo grossos numerarunt:

Georgius Steinbeis maior natu Franckenhausensis
35 non iuravit et absens ad instantiam mgri Pinckebanck inscriptus fuit.
Hieremias Schelhorn Ochsenfurtensis non iuravit propter aetatem.
Ludolphus Heinckelius Gottingensis, post doctor
40 medicinae.

Conradus Herdegen Gottingensis (iur. utr. dr. Ienensis.)
Andreas Grote Gottingensis, non iurarunt propter aetatem.
fr. Ioannes Keilman Tremoniensis ordinis prae- 5 dicatorum.
Thobias Theune Hildesianus.
Conradus Brandes Hildesianus.
Paulus Seibe Zizensis n. iur. pr. aet.
Ioannes Gruner Erphurdensis. 10

Tertia classis eorum qui minus solverunt: f.275cd

Georgius Geringus Mechterstadiensis dt. 4 gr. / n
Ioannes Essiger Erphurdensis, non iuravit propter aetatem 4 gr. Praestitit hic iuramentum rectori mgro Antonio Mokero solutis adhuc 15 residuis 4 grossis.
Conradus Dedekindus Neapolitanus in ducatu Brunsvicensi frater Grobiani. Ipsius enim pater huius author est, dt. 4 gr.

In gratiam rectoris inscripti: 20

Dns Quirinus Hosius Vitrensis ex ducatu Lucelburgensi art. mag. soc. Iesu sacerdos et professor collegii Fuldensis.
dns Ioannes ab Hucklem nobilis Noviomagus artium mgr. soc. Iesu sacerdos et professor 25 collegii Fuldensis.
Ioannes Brambach Stadt-Wormiensis.
Thomas Freiburg Gebeldehausensis patrinus rectoris.

Gratis inscripti: 30

Ioannes Vollant Ernstadianus Thuringus.
Heinricus Gerwinck Erphordensis in gratiam mgri Christophori Grisbach ludimoderatoris ad Franciscanos.
Ioannes Burckhardus Greußensis in gratiam 35 mgri Gotifridi Orlaei; numeravit hic 8 gr. sub rectoratu mgri Antonii Mokeri.

Summa 42.

Ex[e] precio inscriptionis:

17 tal. contulerunt 34 personae, ut videre est in matricula. Cedunt 40 universitati 11 tal. 8 gr.; rectori 5 thal. 16 gr.[f]

---

e–f Aus dem Rechnungsbuche des Rectors.

f. 276cd

1584. Mich. 310b. Rect. D. Thomas Selge Eichsfeldiacus.[1]

f. 277ab

Thomae Selgaeo Eichsfeldiaco iur. utr. dri, electorali Moguntinensi consiliario praetori Erphurdensi et provincialis iuditii Eichsfeldiaci eiusdem domini electoris referendario assessori, secundo rectoratus sui anno, quo scholae huius generalis gubernatio praeter expectationem et omnem rationem contraque statutorum normam unanimis licet votis denuo illi offerebatur, diversis sibi diversorum commissorum offitiorum negotiis publicis distento, id animadversione dignum contigit, quod Ioachimi Selgei patris praefecti Gebeldehausensis quondam et Lindaviensis, 3. die Maii in domino defuncti, locus agnatione primogeniti filii sui Iohannis Thomae optato familiae omine, 2. die Iulii restitueretur; matriculae vero universitatis subsequentium studiosorum nomina inscribi mandavit:

f. 277cd

Classis prima:

Phaio Holdingh de Aeysingha Phrisius dt. 1 thal.
Ioannes Hellerus Sulensis Francus iur. utr. dr. Patavinus.
Christophorus Praetorius Oldendorphensis 12 gr.
Iacobus Rodtstadt Notlebiensis iur. utr. dr. Basiliensis 12 gr.
Hans Heinrich Vasoldt Erphurdensis 12 gr.
Reverendissimus in Christo pater dns Nicolaus Elgardus episcopus Ascaloniensis, reverendissimi dni archiepiscopi et principis electoris Moguntini Erphurdiae in pontificalibus vicarius et universitatis procancellarius ibidemque collegiatae b. Mariae virginis praepositus et canonicus, sacrosanctae theologiae doctor Bononiensis dt. 1 goldflor.
Michael Hertzogk canonicus beat. Mariae virginis Erphurdensis $^1/_2$ thaler.

Classis secunda eorum qui totum scilicet octo dederunt:

Paulus Bischoff Erphurdensis
Martinus Volckemuth Holnstadiensis
Ioannes Leubenicht Erphordensis
Theodericus Baumeyer Magdeburgensis
Michael Crause Chemnicensis
} non iur. pr. aet.

Ioannes Guilielmus Forsterus Vinariensis.

f. 278ab

Heinrich Ziegler Erphurdensis
Wendelinus Daniel Holtzhausanus
Ioannes Wechter Erphurdianus[a]
} defectu aet. non iur.

Matthaeus Sarth Breittenbachensis.

Hartmannus
Theodoricus
Hieronimus
Heinricus
} Nacke fratres Erphurdenses non iurarunt defectu aetatis.

Christianus Leise Erphurdensis
Andreas Muller Northusanus
Sebaldus Hammer Erphordensis
Ioannes Reichart[b] Erphordensis
Hieronimus Sperlingk Witzenhausensis
Sebastianus Michael Alichensis
} non iur. defectu aet.

Hieronimus Lambertus Erphurdensis.
Gislerus Ruchman Gottingensis.
Marcus Stockelesius Gottingensis
Ioannes Riemschneider Gottingensis.
Georgius Fritzlerus Mulhausensis.

Ioannes
Tobias
Emanuel
} Lonae fratres Molhusini.

Blasius Stiler Molhusensis non iuravit.
Iodocus Friedelich Osnaburgensis.
Andreas Henningus Erphordensis.

[a] Hic praestitit iuramentum sub rectore mag. Antonio Mokero (Rect. 313). [b] Iuravit anno 97 me Io. Cornero rectore.

f. 278cd

[1] Hierzu gehört das große Schlachtenbild von Montcontour, ein illuminirter Kupferstich in Querfolio mit der Umschrift: „Die Papisten haben bei Montcontour in der Schlacht 3000 teutsche Landsknecht umbracht, welche denen von der reformierte religion Dieneten, aber die zohen schetlich davon, nachdem sie den feindt gethon großen Schaden, erschlagen Philbert den Marckgraf von Baden, den Rheingraf und den von Clermont Sampt vil andern, und den von Guise gwor. Am 3. Mai 1569."

Hermannus Ilsing } Mulhusenses non
Beniamin Bißhausen } iurarunt.
Nicolaus Wotenius Hartorfensis.
Sebastianus Wernerus Mulhausensis.

Classis tertia qui minus:

Christophorus Rothardt Mulhausensis 4 gr.
Ioannes Schlibizius Erphurdensis 4 gr.
Ioannes Berthes Camerforstensis 4 gr.
Erasmus Rotemallerus Eilefeldensis 6 gr.
Heinricus Duncherus Sommerdanus 4 gr.
Balthasar maior Elvicensis 4 gr.
Heinricus Samen Moringensis 4 gr.
Michael Hortelius Wullarschlebiensis 4 gr.

In gratiam rectoris:

Ioannes Dachlerus Heiligenstadiensis.
Thomas Geynitz Erphordensis patrinus rectoris.

Melchior vom Rhein Erphurdensis, non iuravit defectu aetatis.
dns Henricus Hauerius artium mag. Coloniensis rector collegii societatis Iesu Heyligenstadii.
Nicolaus Hircius i. u. lic. artium mag. et societatis Iesu Heiligenstadensis professor.
Martin Flucke Heyligenstadensis.

Gratis inscripti:

Martinus Cabuth Erphurdensis.
Petrus Bleise Berlinensis in gratiam mag. Iohannis Corneri.
Ioannes Weisbach Rudestadianus in gratiam mag. Gotfr. Orlaei; solvit postea sub rectore (313) M. Mokero. 4 gr.

Summa 59.

Ex[d] precio inscriptionis:

17 tal. 8 gr. contulerunt 50 personae in matricula sub classibus eorum qui numerarunt signatae. Cedunt universitati 11 tal. 16 gr. 8 ₰; rectori 5 tal. 20 gr. 4 ₰.[e]

[c] Wiederum ist in der alten Folirung fol. 279 übersprungen. [d-e] Aus dem Rechnungsbuche des Rectors.

1585. Mich. 311. Rect. Sigefr. Nuntz.[1]

Fausto quidem applausu et communi totius universitatis nostrae gratulatione, inopinato vero, eheu! successu ad rectoratus apicem, electorum certe authoritate et literarum cognitione quam maxime celebrium, domini Nicolai Elgardi Arlunensis, episcopi Ascoloniensis reverendissimi domini archiepiscopi et principis electoris Moguntinensis Erphurdiae in pontificalibus vicarii et universitatis procancellarii ibidemque collegiatae b. Mariae virginis ecclesiae praepositi et canonici ss. theologiae doctoris, dni Ioachimi Querntení medicinae doctoris et mag. Hugonis in Curia, collegii Portae coeli decani, expolitis et acrioribus juditiis, consueto divi Lucae evangelistae die anni huius recedentis 1585 evehitur vir clarissimus et longo rerum usu experientissimus, dominus Sigefridus Nuntz ex Hassia oriundus, iur. utr. doctor episcopatus Hildesheimensis cancellarius quondam cathedralisque ecclesiae Halberstadensis advocatus et sindicus. Qui etsi haud dubie, utsi superioribus eum temporibus publicis in hac schola bonorum authorum praelectionibus inventuti et a plurimis annis reipublicae in diversis sibi concreditis partibus apprime consuluisse constabat, huic suae fidei commissae

[1] Obgleich der größte Theil der Seite fol. 280[ab] und die ganze fol. 280[cd] leer ist, findet sich weder Bild, noch Wappen, noch bunte Initiale.

scholae maximo ornamento et utilitati fuisset; tamen morbo exitiali ab ipso limine initi magistratus correptus et spem de se optime conceptam fallere, et antecessori successionis locum reddere mortique succumbere fato urgente cogebatur. Id tamen, quod lecto ad diem 4. usque Martii decumbens praestare potuit, reipublicae literariae haud denegavit, augendo videlicet corpus eiusdem receptione subscriptorum studiosorum:

Classis prima qui solito plus numerarunt:

Mauritius Georgius Spiegell, ad montem Dreßenbergk. canonicus Frideslariensis dt. 1 thal. et defectu aetatis non iuravit. (f. 282ab)
Sigefridus Krugkman de Schedeleben rectoris ex filia nepos. dt. 1/2 flor. nec iur. aet. defectu.

Classis secunda eorum qui totum scilicet octo grossos numerarunt:

Urbanus Polentz Erphurdensis.
Theodorus à Barll Berckensis.
Hermannus Lindanus Berckensis.
Ioachimus Cranichfeldt Dresdensis.
Ioachimus Sellius Ballenstadensis.
Hermannus Huberti Braunsvigensis. (f. 282cd)
Nicolaus Abentrodt Erphurdensis.
Theodoricus Fudeß Hildesiensis.
Ioannes Femelius Erphurdensis.
Sebastianus Schertiger Rumdorfensis.

Classis tertia eorum qui minus octo numerarunt:

Melchior Waltzer dt. 4 gr
Andreas Wachtelius Erphurdensis dt. 4 gr.

In gratiam rectoris inscripti:

David Liberick Erphurdensis n. iur.
Severinus Köhn Bonnensis.
Hervordus Guntzelius Erphurd. n. iur.

Summa 17.

1586. Mich. 311 b. Vicerect. Thomas Selge.[1]

(f. 283cd) (f. 284ab) ( )omae Selgei Eichsfeldiaci i. u. doctoris electoralis Moguntinensis consiliarii prae . . . . .

Hier bricht die Fracturschrift ab; es ist anzunehmen, dass der 310. Rector nach dem 4. März bis zum 18. Oct. 1586 Vicerector war, worauf als 312. Rector Val. Sagittarius gewählt wurde. S. oben Z. 2 u. f. 296cd z. Anf., wo angegeben wird, dass Nic. Vogel von Dr. Th. Selige am Ende des Rectorats des Prof. Nuntz immatriculirt worden sei Noch deutlicher beweist dies die Mittheilung in dem Rechnungsbuche der Rectoren, Bd. II fol. 64: Sigefr. Nunntz, i. u. doctore cancellario quondam episcopatus Hildesheimensi et sindico cathedralis ecclesiae Halberstadiensi, in sui rectoratus officio defuncto et Thomae Selgen i. u. doctori atque consiliario Moguntino tertium eodem magistratu oblato, Sigefridus filius has subsequentes rationes exhibuit et residuum tradidit, praesentibus Hugone In Curia Portae coeli decano et Iodoco Algesheim artium et philosophiae magistris ad hoc iussu secreti consilii deputatis. — Und in demselben Buche, f. 66, wird die Rechnungsführung des 311. Rectors mit folgenden Worten eingeleitet: Thomae Selgen.

(f. 283cd) [1] Hierzu gehört der große illuminirte Kupferstich in Querfolio darstellend in Vogelperspective die Seeschlacht von Lepanto, deren oben im Rectorat 310 S. 452 Z. 8 gedacht worden ist, mit einer Karte der beiden gegenüberliegenden Küsten und der Inseln des ionischen Meeres, und mit der Ueberschrift: Cette victoire a esté l'an 1571 le 7 de Octobre entre Lepanto et Ceffaloine et sont prins environ 180 galeres. sure quesques et sont morts environ 30000 Turcs et 15000 Christens liberte. Dieselbe Inschrift in holländischer Sprache steht im rechten Untereck mit dem Zusatz: „Goat, gedruckt by Gerard de Jode."

i. u. doctori, electorali Moguntinensi Erphurdiae praetori et provincialis iudicii Eichfeldiaci referendario assessori, per obitum dni Sigefr. Nuntz, i. u. doctoris in officio rectoratus successoris et antecessoris, cancellarii quondam etc. — consilii secreti, consuetudinis universitatis normam sequentis, decreto tertium magistratu scholastico oblato rationibusque dati et expensi a
5 Sigefrido Nuntz iuniore calendis Septembris huius 86. anni acceptis, easdem is usque ad 3. Dec. 5
continuare voluit, qua die et officium iterum deposuit et suo successori — Val. Sagittario — in praesentia dominorum secreti consilii residuum rationis huius fisco debitum una cum designatis supellectilibus et ornamentis universitatis tradidit.

284 c d

Classis prima eorum qui plus solito
10 dederunt:

Ioannes Balthasar à Bretto iur. utr. lic. Ienae promotus Hallensis dt. 1 thal.
Hieremias Eberbach Lasphaeus Haßus 1 flor.
Christophorus ab Honrodt Ernesti filius nobilis
15 in Veltem an der Awe prope Brunsvigam $^1/_2$ konigsthaler.
Ioannes Heinricus Spiznase Wechmariensis dt. aureum.
Valentinus Lucanus Francoburgensis $^1/_2$ flor.
20 Ioannes Mulhelzer Norinbergensis.

Classis secunda eorum qui totum scilicet 8 grossos numeraverunt:

Zacharias Staudener Sultzbachius Palatinus artium mag. Ienensis } solverunt aureum.
25 Philippus Herbst Norimbergensis } solverunt aureum.
Thobias Heß Norinbergensis } solverunt aureum.
Ioannes Christianus Wildeck Rormicensis.
Egidius Daërn Erphurdensis

285 a b

Ioannes Kucher Volckerodensis.
30 Sebastianus Andreas Kucher Volckerodensis.
Christophorus Weise Stralsondensis Pomeranus.
Elias Schleußer Hallensis } fratres.
Heinricus Schleußer Hallensis } fratres.
Ioannes Everhardus Widthauer Bolsladiensis.
35 Adamus Schlem Mulhusinus.
Georgius Scholtzen Erphurdensis.
Ioannes Richer Seideradensis.
Adamus Oßwaldt Grabensis.
Ioachimus Mauritius Wahl Lipsensis absens
40 fuit inscriptus in gratiam mgri Antonii Mockeri.
Casparus Wipperman Brackelensis.
Ludovicus Heisterman Marpurgensis.

Matthaeus Rudtstadius Tutlebiensis postridie S. Michaelis de novo inscriptus fuit in 10
consilii secreti praesentia: vide nomen huius in rectoratu dni dris Ambrosii Schurerii (Rect. 302)[1] anno 1572 et in actis universitatis anno videlicet 1585
et 86. 15
Bartholomeus Rieser Erphurdensis.
Daniel et David } Welner Erphurdenses fratres germani.

Tertia classis eorum qui minus octo solverunt: 20

f. 285 c d

Ioannes, Paulus, Elias } Zincke fratres germani Regiomontenses in Franconia ddt. flor.
Hervordus Wellendorff Erphurdensis 4 gr.
Martinus[a], Paulus } Eckardt Erphurdenses fratres quilibet 4 gr. 25
Samuel[b], David[c] } Gudelinii fratres Errfordenses 4 gr.

In gratiam rectoris inscripti:

Casparus Northausen Weimariensis artium mag. 30
Moguntinus soc. Iesu sacerdos.
Ioannes Hasius Silviducensis ss theologiae dr. Trevirensis soc. Iesu sacerdos et theologiae professor Herbipolitanus.
Sebastianus Kunolt Vinariensis. 35

Gratis inscripti:

Ioannes Friesleben Rodensis prope Ienam.
Heinricus Seuring Gisperslebianus in gratiam mag. Io. Heringi parochi ad S. Michaelem.

f. 286 a b

Ioannes Brummer Denstadiensis in gratiam 40
mag. Ioannis Wellendorff.

[a] hic restantes 4 solidos solvit mgro Erbeßen (Rect. 315) sexta Marcii anno 1591. [b] iuravit et restantes 4 sol. persolvit 7° Ianuarii novi stili a. 92 (Rect. 315b). [c] hic restantes 4 sol. solvit sub rectoratu mag. Erbeßen a. 91 6. Martii. Unter Samuels Namen stand, ist aber wieder ausgestrichen: Hic fuit perfidus nequissimus academiae inobedientissimus, igitur (?) non (?) ab omnibus actibus publicis exclusus propter sacrilegium in censibus bursae pauperum (unleserlich) pro tempore . . . iurisiurandi (?) in academia.

[1] Siehe oben fol 245[b] S. 427 Sp. 1 Z. 20.

Ioannes Fritz Geisensis in gratiam mag. Guil. Schmidt praefecti Moguntinensis
Nicolaus Vogel Erphurdensis[d] } in gratiam M. Mokeri (f. 29$^{\beta cd}$ Z. 2).
5 Conradus Ostieger }
Laurentius Demuth Konigshovensis solvit 8 gr. sub rectoratu mag. Antonii Mokeri anno 88.
Petrus Moggius Manderensis Hassus.
Ioannes Bischoff Neustadensis, in gratiam mag. Melchioris Weidtman iunioris. 5
Summa 48.

Accepta[e] — ex precio inscriptionis:

12 tal. 9 gr 6 ₰ contulerunt 36 personae testante matricula. Cedunt universitati 8 tal. 6 gr. 4 ₰; rectori 4 tal. 3 gr. 2 ₰.

10 Ex residuo inscriptionis: 10

4 gr. numeravit Ioannes Cholerus Molhausinus canonicus et parrochus ad S Severum in promotione baccalauriatus.
4 gr. Ioannes Schlebitz Erphurdensis itidem in baccalauriatu.
8 gr. Martinus Cabothus Erphurd. in baccalauriatu.
15 Cedunt universitati 10 gr. 8 ₰; rectori 5 gr. 4 ₰.[f] 15

[d] hic Nic. Vogel postea sub M Mokeri rectoratu solvit 8 gr. [e-f] Aus dem Rechnungsbuche des Rectors.

f. 288ab

1586. Mich.[1] 312. Rect. Valentinus Sagittarius Erphord.[2]

(N)on minus vere quam sapienter Demeam Terentianum dixisse putandum est in Adelphis, cum ait: Nunquam ita quisquam bene subducta ratione ad vitam fuit, Quin res, aetas, usus semper aliquid adportet novi. Hoc memorabile dictum sive praeclarum 20 apophtegma omnino verum esse re ipsa expertus est venerandus spectabilis perdoctus 20 et ornatissimus vir dominus Valentinus Sagittarius Erphordianus, ingenuarum artium ac philosophiae magister, sacrosanctae theologiae candidatus et collegiatae ecclesiae deiparae virginis Mariae apud inclitam Erfordiam canonicus atque parochus sive plebanus (ut vulgo dicitur) legitime ad officium parochiale vocatus. Cum enim anno a 25 natali Ihesu Christi filii Dei vivi 1586 ipso die divi Hieronymi electus esset in vice- 25 decanum theologicae facultatis studii Erphordiensis et postea in festo S. Lucae evangelistae, cuius dies in percelebri academia Erphordiensi a maioribus electioni novi rectoris consecratus et destinatus est, una cum aliis proceribus et moderatoribus universitatis

[1] Nach dem Liber rationum übernahm Thom. Selge die Rechnung von dem Sohne seines im März verstorbenen Vorgängers Sigfr. Nuntz d. J. am 1. Sept. und übergab sie am 3. Dec. seinem Nachfolger Val. Sagittarius. Siehe oben zu Rect. 311b Anfang S. 456 Z. 32.

f. 287cd [2] Illuminirter Kupferstich: Christus nackt und mit Lendenschurz vor dem Kreuze stehend, an dessen Querbalken die bei der Stäupung und Kreuzigung angewendeten Geräthe und Werkzeuge, auch der Hahn und der Kopf des Judas mit dem Geldsacke darunter, angebracht sind. Aus seiner Wunde an der rechten Seite, an die er die Rechte hält, spritzt zwischen Zeige- und Mittelfinger ein Blutstrahl hervor in den zu seinen Füßen stehenden Kelch.

conscendisset in lectorium dictae Marianae annexum, circa quod novus rector eligi solet et nihil minus cogitasset, quam in se vota et suffragia eligentium casura, praeter opinionem suam accidit, ut a tribus electoribus, nimirum ab eximiis spectabilibus clarissimis doctissimisque viris ac dominis, dno Henrico Selgen, iurium doctore scho-5 lastico et canonico aedis Marianae, domino Bartholomeo Hubnero, medicinae doctore et Eberhardo Mollero Gandershemense, bonarum artium ac philosophiae baccalaureo (ad quos ius eligendi rectorem novum per sortem devolutum erat) non sine speciali providentia Dei optimi maximi electus et ibidem publice in conspectu omnium ingenuis artibus et disciplinis liberalibus excultorum ornatissimorumque virorum et studiosorum 10 adolescentium pronunciatus et proclamatus sit. Cum autem ei ad deliberandum, an vellet hanc gravissimam provinciam suscipere, triduum fuisset pro veteri more concessum, matura praehabita deliberatione, triduo exacto suis electoribus responsum postulantibus his verbis satisfecit: Quanquam certo sciret, provinciam illam suis humeris longe imparem esse seque insufficientem tanto oneri ferundo, cum non ignarus esset 15 suae infirmitatis et tenuis fortunae doctrinaeque admodum exiguae; tamen cum patriae academiae iuramento obstrictus et a moderatoribus eius multis affectus beneficiis et in eadem universitate a teneris fere annis educatus bonis literis eruditus optimis artibus liberalibus disciplinis honestisque moribus institutus et informatus esset, divina quasi virgula oblatum rectoris munus non pertinaciter recusavit, sed electorum suorum auxi-20 lium et consilium humiliter expetens in dei nomine acceptavit et se facturum promisit, quantum pro ingenii sui tenuitate omnibusque tam animi quam corporis viribus praestare possit. Porro quod inter alia officium rectoris requirit aut concernit rectorale munus cum dato prandio (sicut moris est) facta esset rectoratus sui confirmatio, hosce ingenuos liberalium Musarum alumnos et Apollinearium artium fidelissimos cultores 25 atque studiosos, quorum nomina iusto ordine subscripta certisque classibus distincta sunt, academica civitate nostra donavit et in amplissimum gremium perantiquae ac almae celeberrimaeque huius academiae Erphordiensis recepit ipsemet Erphordianus, partim anno 86. partim anno 87. minoris numeri durante sui rectoratus officio.

Classis prima doctorum virorum
30 et studiosorum qui plus solito dederunt:

Ennius Wiarda Frisius iuris utriusque dr. Marpurgi promotus dt. 1 thal. et iuravit.
Suffridus a Burmania nobilis Phrisius dt. 1 thal. et iuravit.
35 Iohannes Pennas Leodiensis iuris utriusque lic. dt. dimidium thal. et iuravit.
Sebastianus Saltzer Erphordianus dt dimidium thal. et iuravit.
Iohannes Hermstadius Greussensis dt. 1/2 thal.
40 Georgius Musaeus Erphordianus n. iur. ob defectum aetatis dt. 1/2 thal.
Balthasar Groman Erphordianus non iuravit dt. 1/2 thal.
Reinhardus a Bodungen Mertenfeldensis 1/2 thal.

Secunda classis eorum qui octo solidos dederunt: 30

Martinus Erbsmannus Erphordianus.
Sigismundus de Saxa Erphordianus, non iuravit ob aetatis defectum.
Georgius Agricola Erphordianus.
Iohannes Heuptt Erphordianus n. iur. 35
Iohannes Königk Erphordianus n. iur.
Hieremias Langgut Erphordianus n. iur.
Iacobus Langgut Erphordianus non iuravit.
Iohannes Eckhardus Erphordianus.
Udalricus Nicolai Luzensis. 40
Gabriel Schwanflugel Gottingensis.
Henricus Heisen Gottingensis.
Guilielmus Bode Hildesianus.
Hieremias Volandus Wunpinensis.

Georgius Eccelius Emblebiensis.
f. 290 a b Henricus Becker Emlebiensis.
Christophorus Molitor Emlebiensis.
Petrus Francus Emlebiensis.
5 Henricus Stengelius Emlebiensis.
Georgius Barnerus Saxo Hildesianus.
Christianus Sclebingius Osnaburgensis.
Rodolphus a Lengercke Osnaburgensis.
mag. Adrianus Gravius Allendorffensis Hessus
10 Witebergae promotus.
Iohannes Scheuch Erphordianus n. iur.
Balthasar Scheuch Erphordianus n. iur.
Christophorus Friedraun Erphordianus n. iur.
Elias Friedraun Erphordianus n. iur.
15 Iohannes Schmidt Erphordianus non iur.
Oswaldus Pfister Langviensis n. iur.
Christophorus Avianus Erphordiensis.
David Alshausen Northeimensis.
Zacharias Bitterpfeil Northusanus.
20 Zacharius Hogel Gisperslebianus n. iur. Hic iuravit sub rectore (315.) mag. Erbeßen.
Iustus Schrinius Huxarianus.
Remigius Fischer Franckenhausanus.

Classis eorum qui 4 solidos dederunt:

25 Henricus Bolandt Erphordianus n. iur.
Georgius Sommerus Erphordianus, reliquum dt. sub successore.
f. 290 c d Friccius Busmannus Brunopolitanus residuum solvit sub rectoratu mag. Antonii Mokeri.
30 David Dantz Erphordianus.
Sebastianus Fleischman Arnstadiensis dt. reliquos 4 sub rectore mag. Mokero.
Iohannes Sommer de Longo Prato dt. residuum sub mag. Antonio Mokero rectore.
35 Daniel Moller Herdensis.
Iohannes Tappius Gottingensis.
Iohannes Ursinus Gottingensis monetarii filius.
Ludolphus Warnerus Gottingensis.
40 Erichus Gödeceus Gladebecensis.
Georgius Rheinhardus Hilgenstadensis.
Marcus Cocus Weissesehensis
Iohannes Sporledder Duderodensis.
Petrus Hopffe Sebelhusensis.
45 Hoyerus Went Erphordianus n. iur.
Henricus Went Gandershemensis n. iur.
Georgius Esaias Ruhelius Fuldensis.
Iohannes Nentzelius Paedapontanus.
Constantinus Seheman Franckenhusensis n.
50 iur.

Guilielmus Seheman Franckenhusensis n. iur.
Simon Grinicius Limbachensis.
Laurentius Weber ab Hagen solvit sub rectore mag Ant. Mokero reliquos 4 gr. 15. Febr.
5 a. 1589.
Michael Steinwender Erphordianus solvit rectore mag. Ant. Mokero 4 gr. residuos.
Syphridus Wolff Erphordianus n. iur.
Georgius Beier Beurensis Eisfeldiacus.
10 Georgius Groscuntz Hocheimensis n. iur.

Nominа eorum qui gratis sunt inscripti:

f. 291

Reverendus dominus Georgius Trevir artium mag. societatis Ihesu sacerdos minister collegii Fuldensis.
15 Adrianus Falconius Bruxellensis art. mag. soc. Ihesu fr.
Petrus Gelingius Zencramundus soc. Ihesu frater mag. Lovaniensis.
Hi praescripti tres tantummodo solitum iuramentum praestiterunt.
20 Andreas Bart Giesperslebensis pauper n. iur.
Iohannes Mages Deckelbergensis.
Nicolaus Kluge Erphordianus n. iur.
25 Ioachim Oefftinger Kiercheimensis n. iur.
Wilhelmus Mages Deckelburgensis n iur.
Georgius Hornung de Iphofen ex dioc. Herbipolensi.
Balthasar Muntzer Fuldensis n. iur.
30 Nicolaus Schmidt ex oppido Wihe.
Hieremias Nantwig de Stotternheim.
Iohannes Wollenschleger Erphordianus n. iur.
Iacobus Schmidt de Alschleben Franco.
35 Henricus Gröner Erphordianus n iur.
Thomas Altkeier Erphordianus n. iur.
Georgius Schmidt Heilgenstadianus.
f. 291 c Hermannus Wollenschleger Erphordianus iuravit mag. Henr. Listeman, 23. Octobris
40 a. 95.
Wendelinus Hocklerus Heilbrunensis.
Iohannes Blancken Gottingensis.
Iohannes Francus Osnastadiensis.
Paulus Blidstedt Erphordianus.
45 Iohannes Zymmermannus Colledanus solvit 8 gr. sub rectoratu M. Antonii Mokeri.
Iohannes Braunoldus Rustefeldensis.
Christophorus Keyser Melchendorffensis n. iur.
Summa 94.

Accepta[a] — ex pretio inscriptionis:

20 tal. 20 sol. pro intitulatura doctorum virorum et studiosorum. Hinc cedunt universitati 13 tal. 21 gr. 4 ₰: [b]rectori 6 tal. 22 gr. 8 ₰.[b]

b-b Aus dem Rechnungsbuche des Rectors.

---

5 1587. Mich. 313. Rect. M. Ant. Mockerus Hildeshemius.[1] 5f.292cd

Omnium fortunarum dispensator Deus praeter meam omnem opinionem atque expectationem, nihilque huius omnino veritum et in loco electionis ob infirmitatem aliquam valetudinis non praesentem me Antonium Möckerum, artium et philosophiae mag. poesios et graecae linguae publicum professorem et scholae in coenobio Augustiniano 10 gubernatorem, patria Hildesheimum Saxonem, juxta calendarium sive stylum veterem 10 11° die Octobris anno servatoris Iesu Christi 1587, per tres reverendos spectabiles clarissimos doctissimos et humanissimos viros, dnum Sigefridum Wenth Gandersheimensem, artium et philosophiae magistrum, ecclesiae beatae Mariae virginis canonicum eiusdem praepositurae officialem et theologicae facultatis decanum, dnum Ioachi- 15 mum Querntenum, medicinae doctorum et eiusdem facultatis decanum, et dnum Lam- 15 pertum Hegen Berckensem, artium et philosophiae baccalaureum et Portae coeli collegam, quibus ius eligendi novum rectorem sorte obtigerat, ad nostrae huius scholae universalis Erphordianae gubernationem evexit. Quo sublimi honore et onere delato annunciatoque, me indignum ipsique ferendo non satis parem sentiens, exacto spatio tridui ad 20 deliberandum concessi, maluissem id oneris detrectare quam recipere, mole negotiorum 20 mihi incumbentium et temporum praesentium difficultatibus rerumque perturbationibus f.293ab adeoque huius advenientis anni 88, de quo multi sermones infausti iam multos annos sparsi fuerunt, metuendis periculis et mutationibus deterritus, nisi ratione praestiti iuramenti, cuius ab electoribus instantibus fui admonitus, me ad quaevis academiae 25 obligatum considerassem et Dei promissionibus, quae vera fide invocantibus opem et 25 prosperos successus pollicentur, confisus fuissem. Recepi itaque in me non sine animi tristitia hoc grave onus et munus gubernandae academiae, nonnihil tamen hac consolatione sublevatus, quod secreto consilio sub antecessorum rectoratu decretum esset, hunc magistratum non biennii, ut saepe antea factum, sed unius tantum anni in posterum 30 esse debere. Confirmato autem mihi paululum mittitur nuncius ex urbe imperiali 30 Mulhusina ab affinibus meis et scribitur, sequenti die post electionem praedictam in

[a] pollicentur E.

---

[1] Auf dem leer gelassenen Raume ist weder ein Bild, noch ein Wappen, noch eine bunte Initiale.

comitiis scholasticis factam, nempe 12° Octobris, mane intra horam octavam et nonam, uxoris meae Lydiae carissimam matrem Barbaram, patriciae familiae, clarissimi et prudentissimi viri dni magistri Hermanni à Reis, dictae urbis imperialis piae memoriae consulis relictam viduam socrum meam, pie et placide in Christo diem obiisse. Quo ex nuncio alia mihi perturbatio accidit, qua tristitiae vulnus, quod vix post recentem electionis memoriam coaluerat, refricari et quasi recrudescere cepit. Quem enim repentina illa casuum improvisorum vicissitudo non varie afficeret? Pullis igitur vestibus et lugubri habitu sine musicis instrumentis confirmationis actum et prandium celebrare coactus fui. Post aliquot menses ab omnibus collegis collegii Saxonum popularibus meis unanimiter eligor in decanum istius collegii; quod officium cum ante 16 annos iuvenis caelebs sustinuissem et tunc ducta uxore mea Lydia deposuissem, f.293cd non in me iam denuo recipere vel per substitutum aliquem (ut suadebatur) administrare volui, ne vel multitudine officiorum et negotiorum obrutus minus ad singula recte efficienda cogitationibus distractis attentus vel aptus essem vel occasionem aliquam praeberem, ne per vices, quae geruntur, minus fideliter et diligenter expedirentur. Gratias itaque egi[b] conterraneis electoribus, quod me isto decanatus honore exemplo suorum antecessorum ornare voluerint, et omnino eum recusans excusavi me honestis aliquot rationibus, inprimis etiam magnitudine huius commissi officii regendae totius academiae. Cuius ad gubernationem meam quod attinet, de ea gloriari multum nequeo. Fuit mihi certe (voco testem Deum scrutatorem cordium) animus et prompta parataque voluntas, quantulascumque huius afflictae scholae reliquias et quasi tabulas veteris naufragii Dei ope non modo tueri, sed etiam aliquo modo augere et restaurare ad uberiorem doctrinae bonarum artium linguarum atque superiorum facultatum propagationem. Sed possum uti querela, quae mihi cum multis antecessoribus meis communis est, quod propter temporum difficultates in hac effoeta mundi senecta ac fatali quadam rerum omnium inclinatione disciplinaeque virtutis atque honestatis labefactatione atque eversione florentissimorum imperiorum gliscentibus tumultibus bellicis et variis atque intestinis ubique fere locorum dissidiis, non tantum, quantum voluerim et debuerim, praestare potuerim. Qua in re mihi, ut aliis, veniam dabunt omnes boni, qui recte sentiunt, quibus nostrae afflictae scholae conditio non est incognita. In cuius curatione sapientia et eloquentia saepe infeliciter et frustra laboratur, cum tot sese interdum offerant obstacula, ut plus mali ex remedio, quam ipso morbo, metuendum videatur et ideo pro effugiendis deterioribus malis vulnera quaedam praestet intacta relinqui et merito quis excusatione dignus sit, qui bonam proaeresin habet, si honestis et utilibus conatibus atque consiliis eventus ad placitum non respondeant. Nam ut Ovidius canit:

„Non est in medico semper relevetur ut aeger,
saepe etenim docta plus valet arte malum.“

f.294ab Etsi vero impossibile fuit ad veterem celebritatem felicitatem et frequentiam nostram academiam praesentem redigere neque quicquam de mea gubernatione gloriari queo; tamen hoc vere dicere possum, fretus testimonio conscientiae meae et comprobatione

---

[b] aegi E.

bonorum et candide iudicantium virorum, quod spartam, quam Deo sic disponente et providente nactus fui, ornare studuerim et quod cupierim, quantum possibile fuit, obsequi consilio Epicteti sapienter momentis: In officiis debere nos imitari simplices oves, quae non iactitent, quid et quantum quovis die comederint, sed id testentur intra 5 breve tempus lacte lana foetu. In hac proaeresi mea si idem facere et praestare in 5 viribus meis non fuit sique non tantum assequutus sum, ut in votis fuit et omnibus aeque satisfacere possit, acquiesco bonitate voluntatis meae et rectitudine iudicii bonorum virorum, qui dicere consueverunt id quod est in Graecanico pentametro:

Ἀρκεῖ ἐν μεγάλοις καὶ τὸ θέλημα μόνον,

10 id est: in rebus magnis et voluisse sat est. Ago etiam gratias Deo, quod mihi tran- 10 quillam gubernationem benigne et clementer largitus fuerit, cuius etiam singulari beneficio contigisse agnosco et praedico, quod non contemnendus numerus personarum sese hoc anno obtulerit, quae sua nomina professae fuerint et universitatem nostram auxerint et quodammodo locupletiorem et ornatiorem reddiderint; quarum classes distinctas 15 iuxta receptum morem ordine hic subiiciam. 15

Classis prima
earum personarum quae pro inscriptionis precio plus solito numerarunt:

Gulihelmus Henricus Cranichfeldt Erphordianus, 20 ab anno aetatis suae 6° unicus filiolus orbatus suis parentibus et avia Sipiana, unde domum magni paradisi iuxta pontem institorum hac in urbe patria sua et praedivitem haereditatem Dei providentia et 25 beneficio nactus est, consilio et autoritate suorum tutorum ratione aviae, dni Iohannis Darmstadii, i. u. lic. et reipublicae Erphordianae synd ci, et dni Iohannis Schultes, eiusdem reipublicae proconsulis sive arcium domini, et 30 ratione dni magistri Andreae Funckii et domini Nicolai Ludolphi senatorum eiusdem reipublicae et totius familiae consensu, sub disciplina cura et inspectione quasi paterna f.294a rectoris iam septimum annum educatus et in- 35 stitutus, quem Deus spiritu suo sancto regat, ut de se concitatae spei et expectationi satisfaciens, olim μακρόβιος bonis fortunae et ingenii dotibus, quibus abundat recte, uti possit ad divini nominis gloriam patriae 40 utilitatem totius familiae ornamentum et propriam salutem, universitati solvit aureum rhenanum et ob aetatis defectum non iuravit.

Christophorus Theodericus Bock à Northoltzen, nobilis canonicus Hildesheimensis Saxo dt. 45 aureum rhenanum.

Hermannus Bock à Northoltzen, frater ipsius dt. quoque aureum rhen.

Willichius de Platen nobilis Pomeranus dt. aureum rhen.

Iohannes Fridericus a Gettfart nobilis Thuringus dt. thal.

Abrahamus Faber iun. Lipsensis, dni doctoris 20 Abrahami Fabri huius reipublicae syndici filius ob aetatem n. iur. et dt. 12 gr.

Iohannes Darmstadt Erphordianus filiolus dni Iohannis Darmstadt i. u. lic. eiusdem reipublicae secundi syndici, n. iur. ob aet., 25 solvens 12 gr.

Iacobus Lenemannus Erphordianus dt. 12 gr. n. iur. o. aet.

Philippus Quendtstadt Quedlinburgensis Saxo dt. 12 gr. n. iur. o. aet. 30

Iodocus Tappe Hildesianus Saxo dt. 12 gr.

Hieronymus Faber Franckenhusanus dt. 12 gr.

Iacobus Femelius Erphordianus dt. 12 gr. n. iur. o. aet.

Stephanus Schaff Franckenhusanus dt. 12 gr. 35

Fridericus Sigismundi Peizenerus Gorlicensis dt. 12 gr. die 14. Mart.

Lucas Maius Rotelstadianus dt. 12 gr.

Erhardus Crusius Weidensis Palatinus dt. 12 gr. 27. Iun. 40

Leonhardus Francisci Aristapolitanus (1. Aug.) dt 10 gr. 6 ₰.

Iohannes Georgius Hofeman Northusanus dt. 10 gr. 6 ₰.

Georgius à Patberg canonicus Frislariensis 45 3. Sept. stylo vet. dt aureum rhen.

Baltazar Wechman Werlensis dt. 12 gr.

Upius de Burmania Frisius nobilis dt. 1 thal.
Iohannes Henricus Vogt Erphordianus
Baltazar Vogt Erphordianus } fratres dt. uterque 12 gr. non iuravit ob aetatem.
f. 295a b 5 Casparus Hofeman Northusanus dt. 10 gr. 6 ₰.
Abrahamus Arnoldus Cronbergensis Silesius dt. 10 gr. 6 ₰.
Iohannes Fabricius Herbornensis Hessus dt.
10 10 gr. 6 ₰.

Classis secunda eorum studiosorum qui 8 grossos solverunt:

Christianus Faber Erphordianus.
Abrahamus Bock Augustanus Vindelicorum.
15 Bertoldus Gravius Allendorphensis Hessus.
Iohannes Flessa Gfresensis.
Bartolomaeus Löneisen Cuprimontanus, (rectoratus officio per biennium anno Chr. 1613 et 1614. Deo laus et gratia,
20 functus fuit.)
Ioachimus Stein Hildesianus Saxo.
Nicolaus Hessus Erphordianus.
Iohannes Mangolth alias Chrysander dictus Elxlebinas Hieranus.
25 Henricus Uringk Ronneburgensis
Iohannes Nagel Erphordianus
Bartolomeus Weisbach Erphordianus } n. iur. ob aetat.
Noah Otto Aumensis sub ditione elect. Saxon.
Andreas Wernerus Suntranus.
30 Henricus Pistor Erphordianus
Nicolaus Vilweber Erphordianus
Iohannes Caps Erphordianus } non iur. ob aet.
Ioachimus Landtgravius Kornhochenensis.
Michael Wustius Rorbacchensis
35 Wolffgangus Peschel Balstadiensis.
Nicolaus Schimmel Rotestadianus
Iohannes Mollerus Erphordianus
Franciscus Mollerus Erphordianus } non iurarunt ob aetatem.
Vitus Burchardus Neagorensis.
40 Iohannes Grunewalt Erphordianus hic iuravit sub rectoratu mgri Erbessen (315) a. 91 6. Martii
Iohannes Molitor Rotenbergensis
45 ad Fuldam } non iurarunt ob aetatem.
Samuel Wenigerkindt Balstadiensis.
Iohannes Weinigerkindt Balstadiensis filius senioris Iohannis Weinigerkindt pastoris Balstadiensis. Is non iuravit ob aetatem.

Ioannes Zimmermannus Colledanus solvit residuum gratis inscriptus sub antecessore meo (S. 460 Z. 45).
Nicolaus Brawer Rudelstadianus.
Sebastianus Zacharias Erphordianus. f. 296a
Martinus Cantzeler Grunstadiensis.
David Bratfisch Erphordianus n. iur. o. aet.
Christophorus Grisbach Erphurdianus n. iur. o. aet.
Christophorus Cuntzelius Eistedensis. 10
Israhel Thoreus Allendorphensis Hessus.
Iohannes Funcke Erphordianus
Casparus Mock Erphordianus } ob defectum aetatis non iurarunt.
Bonaventura Ludolphus Erphordianus 15
Iohannes Ludolphus Erphordianus
Iacobus Ludolphus Erphordianus } ob defectum aet. non iur.
Laurentius Stier Erphordianus.
Hieremias Hernvurst Sultzbruckensis. 20
Bonaventura Fleischman Erphordianus iuravit anno 97
Iosua Weidmannus Gothanus
Iobus Weidmannus Erphordianus } iurarunt tempore rectoratus mgri Henrici Listemanni (Rect. 317)
Hieronymus Sticcheling Erphordianus } n. iur. o. aetat 25
David Reifenberger Erphordianus.
Fridericus Diener Erphordianus
Thomas Dumpfel Salburgensis in Voitlandia } n. iur. o. aet. 30
Thobias Lobensthein Oberntarlensis
Zacharias Lobensthein Oberturlensis
Iacobus Spinler Erphordianus[a] } n. iur. uterque o. aet.
Michael Stozelius iun. Weberstadensis. 35
Simon Lomengrube Grifstadiensis
Urbanus Winckelerus Gunstadiensis
Ioachimus Nicolaus Reinnesius
Iohannes Naphtzerus Erphordianus 40
Hieronymus Naphtzerus Erphordianus
Christianus Naphtzerus Erphordianus
Iacobus Naphtzerus Erphordianus 45
Matthias Hoffman Erphordianus } non iurarunt ob aet. defectum.
Nicolaus Stide Erphordianus iuravit mag. Henrico Listeman 95 (Rect. 317).
Wolffgangus Bodenschatz Lucimontanus.
Nicolaus Rosfeldt Magdeburgensis. 50

---

[a] hic praestitit iuramentum mgro Ioanne Erbessen (Rect. 315).

Iohannes Thomas Erphord. n. iur. ob aet.
Ignatius Tresselius Konigseensis.[b]
Christophorus Claudius Geringswaldensis.
Martinus Mollerus Mariaebergensis
5 Georgius Mollerus Mariaebergensis
Georgius Monner Northusanus
David Monner Northusanus
Ciriacus Braunschmit Northusanus
Leonarthus Pabest Northusanus
10 Georgius Meinhardt Molhusinus
Iohannes Braun Northusanus
Iodocus Ittershagen Goterensis
Zacharias Braun Erphordianus
Georgius Braun Erphordianus
15 Martinus Schniter Erphordianus
Iohannes Pistorius Erphordianus
Baltazar Callenburg Molschlebiensis
Christophorus Lamprecht Erphor-
20 dianus
Ioannes Caesar Erphordianus
} non iurarunt ob aetatis defectum.
Ioachimus Starcke Erphordianus.
Michael Gerstenberger Vogelsburgensis.
Henricus Reuter Roeckensusensis Hessus.
25 Marcus Berger Herbipolensis
Christophorus Arnoldus Dresdensis.
Iacobus Peschelius Balstadiensis non iur. ob aetat.
Martinus Leidenfrost Burgelensis.
30 Ioachimus Lange Demminensis Pomeranus.
Iohannes Landtgravius Kornhochenensis.
Georgius Flittener Herbslebiensis.
Martinus Winter Rotenbergensis ad Fuldam non iuravit ob aetatem.
35 Iohannes Burchardus Grussensis.
Laurentius Demutt Konningshovensis, antea fuit gratis inscriptus sub dno doctore Sigefrido Nuntz (Rect. 311)
Nicolaus Glaserus Waltershusanus.
40 Andreas Gallus Erphordianus.
Iohannes Treffart Erphordianus.
Vincentius Fabius Denstadinus.
Fridericus Vehmannus Weißenseensis.
Iohannes Loo Meinberniensis ex Kitzinga.
45 Nicolaus Vogel Erphordianus numeravit universitati 8 grossos, alias gratis in fine rectoratus dni doctoris Sigefridi Nuntz per dnum doctorem Thomam Seligen inscriptus (Rect. 311).

Classis tertia eorum qui numerarunt 4 grossos:

Iohannes Wileth Schnyensis.
Christophorus Wernerus Suntranus Hessus.
Martinus Tulpius Albimoeniensis. 5
Iohannes Hochheim Erphordianus non iur. o. aet.
Iohannes Forsterus Clettebicensis.
Iohannes Zveidlerus Tenschmitzensis.
Samuel Vigelius Islebiensis n. iur. o. aet.
Conradus Lange Erphordianus n. iur. o. aet. 10
Sebastianus Pucchart Erphordianus n. iur. o. aet.
Martinus Hildesheim.
Martinus Zveidlerus n. iur. o. aet.
Iohannes Wechter Herbslebiensis.
Conradus Egenolphus Simmerdensis. 15
Georgius Beccker Rettinchstadius alias gratis inscriptus sub dno doctore Thoma (Selgen, Rect. 310).
Michael Spangenbergius Gisperslebiensis.
Iohannes Clugelingius Vargelensis. 20
Bartolomaeus Schawtantz Butstadiensis.
Daniel Thuringus Northusanus.
Iohannes Weisbach Rudestadianus.
Theodericus Gravius Allendorphensis Hessus.
Iohannes Gerhardus Erphordianus. 25
Iohannes Linckius Erphordianus.
Michael Steinwendor Erphordianus.
Iacobus Schultes Quedlinburgensis.
Friccius Busmannus Brunopolitanus dt. hic alias sub antecessore meo 4 gr. 30
Sebastianus Fleschman Arnstadiensis reliquum dt. sub antecessore meo.
Georgius Sommerus Erphordianus reliquum dt. sub antecessore.
Iohannes Sommerus de Longo prato residuum dt. nempe adhuc 4 gr. 35
Christophorus Femelius Erphordensis residuum dt. 4 gr. anno sequenti ut ita totum numerarit, videbitur in catalogo sequentis anni. 40
Christianus Mundt Zimmeranus n. iur. o. aet.

Classis quarta eorum qui in gratiam rectoris aut ob paupertatem gratis ad petitionem dominorum MM. in matriculam sunt recepti: 45

Iohannes Schilling Erphordianus non iuravit ob aetatem dt. 1 gr. pedellis.
Baltazar Eberhart Kinhusensis.

---

[b] hic iuravit in secundo rectoratu mag. Erbeßen, postquam 92 e carceribus senatus liberatus.

Iohannes Muth Erphordiensis in gratiam mag. Io. Retzii.
Valentinus Vigelius in gratiam rectoris.
Haman Spreterus Simmerdensis in gratiam mag. Io. Teiffenthalen.

Iohannes Krose Erphordianus
Bonaventura Krose Erphordianus } non iur. ob aetatem in gratiam mag. Gerhardi Fabricii.

Christophorus Biaunitz Gotpusiensis
Iohannes Schermer Brembachzensis } ad instantiam ludimoderatoris Zimmerani gratis nec iurarunt ob aetatem.

Summa 168.[c]

Ex.[d] precio inscriptionis:

56 thal. 3 gr. et 6 nummos a personis 159, quae nomina sua professae aliquid ddt., inter quas etiam paucae antea gratis inscriptae residuum intitulaturae (ut vocant) solverunt, ut apparet in matriculae distinctis classibus. Cedunt hinc universitati 37 thal. 10 gr. 4 ₰; rectori 18 thal. 17 gr. 2 ₰.

Ddt. 5 personae singulae 27 gr.; duae 24 gr.; quatuordecim 12 gr.; quinque 10 gr. 6 ₰; centum tres 8 gr.; triginta 4 gr.

Summa 56 thal. 3 gr. 6 ₰.[e]

[c] Richtiger 172. [d-e] Aus dem Rechnungsbuche des Rectors.

---

f. 297c d

1588. Mich. 313b. Rect. M. Ant. Mokerus II[1]

Hildesianus Saxo, in hac academia ethicorum Aristotelis ad Nicomachum Homerique publicus professor et paedagogii in Augustiniano coenobio gubernator[2] etc.

Epigramma ad lectorem:

Quod sperant homines semper non evenit illis,
In me quod vero verius esse puto.
Nam mihi spes fuerat, lapso concepta quod anno
Essem rectoris depositurus onus.
Consilio fuerat secreto namque statutum,
Ultra annum ne quis tam grave gestet onus.
Fiat ut ipsius translatio quolibet anno
Perque vices nunc hic, nunc sed id ille gerat.
Res aliter cecidit, mea me spes ista fefellit,
Anno iterum rector namque sequente creor.
Nescio quid proceres a lege recedere lata
Moverit, indignum me satis esse scio.
Agnosco vires tenues, si forte quid autem
Utiliter gestum, gaudeo corde meo.
Acceptumque Deo referendum censeo soli,
Omnia in ipsius sunt sita namque manu.
Hic tibi subiicio, sua sunt quicunque professi
Nomina, cum rector continuatus eram.

autore Ant. Mokero.

[1] Kein Raum für Bild oder Wappen.
[2] Er war Nachfolger des ersten Rector's, des M. Paul Dumerich, der, 1563 von Wittenberg zur Leitung des evangelischen Rathsgymnasiums berufen, 1582 starb. Von 1570—1576 war indessen Basilius Faber paedagogarcha

Classis prima eorum qui plus solito dederunt:

Bolo Bolardus Frisius nobilis 1 thal.
Henningus Rennemann[1] Papaeburgensis mag. Helmstadensis, decanus collegii Saxonum 12 gr.
Iodocus Helmstorff Heilgenstadensis mag. Moguntinensis 12 gr.
Ignatius Kruguma Frisius occiduus 12 gr.
Henningus Stein Hildesianus collegiatus collegii Saxonum 12 gr.
Martinus Iacobi Altenburgensis n. iur. o. aet. 12 gr.
Iohannes Groman Erphordianus n. iur. o. aet. 12 gr.
Ioh. Frid. Mulphordt Rhodensis 12 gr.
Sebastianus Bantz olim sub rectoratu dni mgri Quirini Listoman (Rect. 296) gratis inscriptus, factus opimioris fortunae ex peregrino loco sub ducatu Herbipolensi misit 12 gr. nobis a mag. Francisco Schmit numeratos.
Christophorus Konemundt mag. Ienensis, senator reipublicae urbis imper. Mulhusinae 10 gr 6 ₰.
Zacharias Newehaus Frisius occiduus 10 gr. 6 ₰.
Christianus, Georgius, Baltazar, Michael — Erphordiani fratres germani, dni Iohannis Gebart arcium domini filii ob aetatem non iurarunt, ddt. 42 gr.
Matthias Caesar Wertheimensis Francus 9 gr.
Rudolphus Kranigfelt Erphordianus, Baltazar Kranigfelt Erphordianus — fratres non iurarunt ob aetatem ddt. 1 flor. in auro.
Georgius a Reis, Hermannus a Reis, Emanuel a Reis, Sebastianus a Reis — Mulhusini, nepotes ex fratribus duobus uxoris rectoris, non iurarunt ob aetatem dederunt 36 gr.
Victorinus Gronerus Ienensis 12 gr. n. iur. o. aetat.

Classis secunda eorum qui totum sive 8 grossos numerarunt:

Christophorus Grisbachius dni mag. Christophori Grisbachii diaconi aedis divi Andreae filius, patrinus rectoris n. iur. ob aet.
Theophilus Gerbrandi Rubema Phrysius occiduus.
Philippus Hermstadius, Wolffgangus Hermstadius, Antonius Hermstadius — Greussenses non iurarunt ob aetatem.
Gulihelmus Birnstell, Hieronymus Birnstell, Hieremias Birnstell — Erphordiani ob aetatem non iurarunt.
Dionysius Foccke Erphordianus.
Iohannes Rese Erphordianus n. iur. o. aet.
Paulus Buchenerus Erphordianus o. aet. n. iur. praestitit iuramentum in secundo rectoratu (315.) mag. Ioh. Erbessen, postquam e carceribus senatus liberatus.
Georgius Acckerman Erphordianus eadem de causa non iuravit.
Henricus Schnider Erphordianus.
Martinus Schmuck Zimmerensis.
Marcus Gelitz Osthusensis.
Iosephus Bottiger Erphordianus n. iur. o. aet.
Iacobus Blancke Alichensis.
Petrus Kirsgarte Franckobergensis.
Iohannes Kempff Staffelstheinensis
Wolffgangus Schnap Staffelstheinensis.
Hieremias Nagel Erphordianus n. iur. o. aet.
Iohannes Hase Erphordianus non iuravit ob aetatem; iuravit ao 97.
Thomas Copius Susatensis.
Iohannes Wackerus Mingerinchusanus.
Melchior Mollerus alias Thurholtz Franckenhusanus n. iur. ob aet. Hic iuravit mag. Iohanne Erbessen.
Iohannes Thoren Erphordianus, Daniel Thoren Erphordianus — non iur. ob aet.
Bonaventura Gebhart Erphordianus, Casparus Pilgerim Erphordianus, Ioachimus Pilgerim Erphordianus — eadem ex causa non iurarunt hi tres.
Iohannes Macholt, Adamus Iohannes Schaubert, Georgius Schaubert, Laurentius Schaubert, Georgius Nitsche, Casparus Helmendorff, Christophorus Steltzener, Melchior Weber, Iacobus Luderus — Northusani non iurarunt ob aetatem.

[1] Auch dieser war Rector des evangelischen Gymnasium senatorium 1602—1612, legte aber diese Stelle wegen allerhand Verdriesslichkeiten nieder, wurde mehrmals Rector der Universität, 1638 oberster Rathsmeister. Von seiner wunderlichen lateinischen Orthographie wurde oben (Bd. II S. 80 Anm. 1) gehandelt.

Liborius Rinckeleben } Northusani non
Andreas Petri } iurarunt ob aetatem.
Henricus Mungolt Walschlebianus.
Iohannes Volradt Bischoffheimensis Francus.
5 Christophorus Breting } Mulhusini non iur.
Ludovicus Breting } ob aet.
Valentinus Dichne Stolbergensis.
Martinus Bartolomeus Sebacchensis.
Andreas Oswaldus Grabensis.
10 Liborius Gallus Kirslebianus.
Andreas Strickrock Molhusinus.
l. 299 cd Christianus Berwardus Zellerfeldensis.
Laurentius Heupt Buttelstadianus
Wilhelmus Knor Neunheiligensis.
15 Matthaeus Lerpius Milverstadensis.
Ludovicus Petri Mulhusinus.
Albertus Angelus Weberstadensis.
Bernhardus Beuteler Witzenhusanus Hessus n. iur. ob aet.
20 Hermannus Munsterus Osenbruggensis.
Conradus Vergerius Herphordiensis.
Valentinus Titzelius Witzenhusanus.
Iohannes Bottner Vogelsbergensis.
Casparus Hopfener Erphordianus.
25 Iohannes Aerarius Wolfburnensis, sub mag. Henrico Listemanno rectore (317) iuravit.
Henricus Circinor Vinariensis.
Ioannes Arnoldus senior } Erphordiani non iu-
30 Ioannes Arnoldus iunior } rarunt ob aetatem.
Ioannes Kone Erphordianus non iuravit ob aetatem.
Iohannes Baumgarte Elckslebianus eadem ex causa non iuravit.
35 Iacobus Heine Erphordensis n. iur. minorennis.
Bartolomaeus Brulapius Andorslebiensis.
Theodoricus Meinerus Stedtensis.
Samuel Hornung Erphordianus n. iur. o. aet.
Vitus Beccker Tangerodensis n. iur. o. aet.
40 Iohannes Konning Erphordianus n. iur. o. aet.
Martinus Mundt Schallenburgensis n. iur. o. aet.
Andreas Fritze Erphordianus n. iur. o. aet.
Abrahamus Winckelman Mittelhusanus n. iur.
45 o. aet.
Conradus Brant }
Henricus Brant } Erphordiani fratres n.
Rhodolphus Brant } iur. o. aet.
David Brant }
l. 300 a 50 Nicolaus Ellinger.
Nicolaus Wiganth Weingartensis n. iur. o. aet.
Iohannes Alberti Elckslebiensis.
Iohannes Mollerus Scalckenburgensis.

Tertia classis eorum qui inaequaliter solverunt:

Nicolaus Dreiherus Erphordianus adhuc puer non iuravit dans 6 gr.
5 Wendelinus Borns Gorslebianus 6 gr.
Sebastianus Fleck Ottenhusanus n. iur. o. aet. dt. 6 gr.
Iohannes Reichart Erphordianus 6 gr.
Andreas Cramerus Sesensis 5 gr. 3 ₰.

Quarta classis eorum qui dederunt dimidium 4 grossos: 10

Iohannes Weisbach } Erphurdiani
Henricus Weisbach } non iur. ob aetat.
Iosephus Mocheus Burgelensis.
Iohannes Teifenthal Erphordianus non iuravit. 15
Christophorus Christianus Rinckelebianus non iuravit ob aetatem.
Valentinus Ruperti Gorslebianus.
Iohannes Walterus Erphordianus n. iur.
Nicolaus Weisbach Rudestadensis. 20
Michael Hase Erphordianus n. iur.
Kilianus Albot Erphordianus.
Samuel Bavarus Elckslebianus.
Andreas Weber Northusanus.
Iohannes Kirchner Salisbornensis ante finem 25 rectoratus addidt adhuc 4 gr.
Laurentius Imhalt Oßmantstedensis non iuravit.
Iodocus Kuch priores 4 dt. sub rectore (314) mag. Theod. Algeshem.
Iohannes Essiger priores 4 dt. sub rect. (310) 30 et dre Thoma Selgen.
Christophorus Femelius priores 4 dt. in primo anno nostri rectoratus.
Ioachimus Heick Arterensis propter aetatis defectum non iuravit. 35
Iohannes Theling Apoldanus eandem ab causam non iuravit.

Gratis inscripti partim in gratiam rectoris et aliorum dominorum magistrorum partim propter paupertatem: 40

Laurentius Holdefrundt Quedlinburgensis.
Sigismundus Walterus Erphordianus non iuravit ob aetatem dt. gr. pedellis.
Ioachimus Jan Berlinensis.
Wolffgangus Kirnerus Leutenbergensis. 45
Georgius Mylius Arnstadensis.
Philippus Leopoldus Scherbazensis.
Michael Ditmarus Erphord. } n. iur o. aet.
Iacobus Aerarius Erphordianus }

Sit sine fine Deo gloria laus et honos. 50

Summa 140. In biennali rectoratu hoc inscripti sunt 312.

Posteritas ventura vale salveque beata
Posteritas salve lector amice vale;
anno Christi 1589 16. Novembris.

Temporibus huius biennalis rectoratus in exteris nationibus videlicet in Polonia Anglia Hispania et inprimis Gallia excitati sunt multi et magni motus bellici, inter quos rex Galliae Henricus de Valois, ut a quibusdam nominatur, in obsidione Parisiensi 1. die Augusti anno 89 iuxta Gregorianum calendarium a monacho quodam ordinis praedicatorum vel (ut quidam sentiunt) sub habitu monachi incedente milite ex insidiis et fraudulenter interfectus est. In Germania etiam bellum Ubiorum, quod superioribus annis arserat, nondum est extinctum, de quibus omnibus et aliis legantur historici. Deus largiatur salutarem nobis pacem in diebus nostris, Amen. Tanta etiam fuit praedicto anno vitium sterilitas, ut melioris notae vini urna Erphordensis 14 florenis sit vendita, et senatus politicus in publico oenopolio vendidit vulgarius vinum et mediocrius, cuius quarta constitit duobus grossis et 6 nummis.

Ex[a] intitulatura sive professionibus nominum:

43 thal. 13 gr. 3 ₰ de personis 132, quae aliquid ddt. Nam una persona dt. thal., duae ddt. singulae 13 gr. 6 ₰ et 9 ddt. 12 gr. singulae, 6 vero personae ddt. singulae 10 gr. 6 ₰; 5 ddt. singulae 9 gr.; 84 ddt. singulae 8 gr.: 4 singulae 6 gr.; una persona 5 gr. 3 ₰; 19 singulae solverunt 4 gr.; una persona dt. gr. 1 pedellis. Ex summa 43 thal. 13 gr. 3 ₰, cedunt universitati 29 thal. 10 ₰; rectori 14 thal. 12 gr. 5 ₰.

Ex residuo inscriptionis vel (ut vocant) intitulaturae:

Erasmus Deutzch Schwartzachensis dt. residuos 7 gr., 1 gr. dederat pedellis inscriptus sub rectoratu dni mag. Ioannis Burggravii gratis.

Valentinus Hardegen 4 gr. }
Laurentius Weberus 4 gr. } uterque in baccalaureum promotus.

Summa 15 gr., cedunt universitati 10 gr,; rectori 5 gr.[b]

a–b Aus dem Rechnungsbuche des Rectors.

1589. Mich. 314. Rect. M. Iod. Algeshemius Groningus.[1]

f. 301cd

Anno[1] Christi 1589 die vigesimo mensis Octobris praeter expectationem in rectorem universitatis sum electus. Etsi vero tanto muneri minus idoneum me agnoscebam, tamen iudicio praestantissimorum virorum obtemperandum fuit. Erant autem electores

[1] Kein Bild auf der leeren Seite fol. 301ab, keine Initiale und kein Wappen auf fol. 301c.

reverendi clarissimi, humanissimi doctissimique viri, dns mag. Sigefridus Went Gandershemensis, officialis et canonicus beatae Mariae virginis, dns doctor Andreas Starcke Molhusinus medicus et dominus magister Hugo in Curia Berckensis decanus collegii Portae caeli. Fuit anni 1590 aestas calidissima et siccissima, ita ut versus de anno 5 1540 compositus de hoc etiam anno recte usurpari potuerit: Exiccata levis cur flumina 5 cerve requiris? Nam et cervos aquis deficientibus gravissima siti laborasse compertum fuit. Eodem anno die mensis Iulii decimo paulo ante horam secundam pomeridianam incendium ortum est in illo loco urbis, qui wolgo die Queriehgasse appellatur, in domo f.302ab zum Lachs, quam possidebat dns mag. Adelarius Pflugbeyl procurator, quod latissime 10 viciniam illam vastavit, conflagrasse autem aedificia circiter 300 creduntur Memorabile 10 etiam illud est, quo 26. et 27. Augusti diebus oppidi Weißensehe maior pars exusta est. Quin totum illud tempus propter crebra incendia periculosissimum fuit, non solum Thuringiae, sed etiam exteris nationibus. Deus porro tueatur nos et in ira misericordiae recordetur. Vini boni quidem proventus eo anno fuit, sed non copiosus fuitque 15 et vini[a] et annonae caritas magna. A bellicis tumultibus immunis non fuit Gallia 15 Polonia et inferior Germania. Hoc vero gubernationis meae tempore in numerum universitatis relatae sunt sequentes personae:

Classis prima eorum qui plus solito pro inscriptione numeraverunt:

20 Rupertus Mollerus Friedbergensis ex Wetruvia dt. 12 sol.
Conradus Abel Erffurdiensis dt. 1/2 flor. et non iur. ob defectum aetatis.
Sigefriedus Widershausen Hildesianus dt. 12 sol.
25 Gieslerus Elbich Götingensis dt. 12 sol. n. iur.
Ioannes Wentrup Mindensis ad Vesurgim dt. 13 sol. 6 ₰.
Ascanius Buschius Hildesianus dt. 12 sol.
30 Samuel Baner (-au-) Erffurdensis dt. 12 sol.

f.302cd Classis secunda eorum qui totum vel 8 grossos numeraverunt:

Paulus Steche Zizensis dt. 8 sol.
Henricus Breidenbach Erffurdensis dt. 8 sol.[b]
35 Tilomannus Butterman Berckensis dt. 8 sol.[c]
Iohannes Bartholomeus Schieferdecker domini doct. Davidis
40 Schieferdeckeri filius dt 8 sol.
} non iurarunt ob aetatem.
Heizo Sergeber Hildesianus dt. 8 sol.
Iohannes Schnetter Mittelhausanus dt. 8 sol.
Henricus Leo Hildesianus dt. 8 sol.
Iohannes Georgius Weber Erffurdensis dt. 8 sol.
Michael Weber Erffurdensis dt. 8 sol.
} non iurarunt. 20
Sigismundus Schmidt Weißesehensis dt 8 sol.
Tobias Lotze Tenstadianus dt. 8 sol.
Christianus Juch Erffurdensis dt. 8 sol. non iuravit. 25
Iohannes Wagener Wanderschlebiensis 8 sol.
Philippus Wagener Wanderschlebiensis 8 sol.
Iohannes Schmidt Nissensis Silesius 8 sol.
Iohannes Hunger Erffurdensis 8 sol.
Henricus Hunger Erffurdensis 8 sol.
} non iurarunt. 30
Iohannes Linde Wanderslebiensis dt 8 sol
Iohannes Berichius alias Bincerus Frictzlariensis dt. 8 sol.
Volgmarus Berichius Frietzlariensis[d] dt. 8 sol. 35
Martinus Berichius Frietzlariensis dt. 8 sol.
Elias Berichius Frietzlariensis fratres superiorum dt. 8 sol.
} Hi 3 non iurarunt.

Classis tertia eorum qui inaequaliter numerarunt: 40f.303a

Henricus Willichius Hannovariensis dt. 5 sol.

---

[a] vnl E. [b] Iuravit a. 97. [c] hic iuravit. [d] Hic sub rectore (318) Cornero ao 98 iuravit.

Classis quarta eorum qui 4 solidos numerarunt:

Wolffgangus Am Ende Buttelstatensis dt. 4 sol.
5 Iohannes Heisser Donstadiensis dt. 4 sol.
Iohannes Schmuck Witterdensis dt. 4 sol.
Iohannes Zenneman Weidensis dt. 4 sol.
Balthasar Rahausen Coledanus dt. 4 sol.
Valentinus Haufilt Coledanus dt. 4 sol.
10 Matthaeus Rathe Coledanus dt. 4 sol.
Sebastianus Seidler Coledanus dt. 4 sol. n. iur.
Wolffgangus Kempfius Caprimontanus dt. 4 sol.
Iohannes vonn Geylkirchen Hamburgensis dt 4 sol.

Pauperes gratis inscripti:

Iohannes Kupper ab Iserlo non procul a Bercka, 5 non iuravit ob aetatem.
Conradus Poppo Erffurdensis n. iur.
Erhardus Rahausen Coledanus n. iur.
Iohannes Matthaeus Leubingensis.

Summa 44. 10

Percepta[e] — ex intitulatura sive professionibus nominum:

12 thalari 17 sol.; cedunt universitati 6 thal. 19 sol. 4 ₰; rectori 4 thal. 5 sol. 8 ₰; pedellis 1 thal. 16 sol.[f]

[e-f] Aus dem Rechnungsbuche des Rectors.

15 1590. Mich. 315. Rect. Io. Erbes Erphordensis.[1] f.304 a b

Bene pieque ecclesiae catholicae et christiane reipublice presidentibus Sixto V. 15 Urbano VII. et Gregorio XIV. pontificibus maximis et invictissimo Romanorum imperatore Rudolpho II. anno incarnationis dominicae post MD[um] 90[0] altera die divi Lucae evangelistae veteris calendarii, que erat 29. mensis Octobris correcti calendarii, per 20 reverendos spectabilesque viros et eximios dominos a reverendissimo in Christo patre amplissimoque principe et domino dno Wolphgango, sanctae sedis Moguntinae archi- 20 episcopo sacri Romani imperii per Germaniam archicancellario et principe electore etc. specialiter deputatos executores et iudices generales hic Erphordiae presidentes, dnum Ioannem Cornerum Erphordianum, sacrosanctae theologiae doctorem decanum collegiatae 25 ecclesiae beatae Mariae virginis et plebanum parrochialis ecclesiae S. Nicolai, dnum Henricum Selgen Eichsfeldiacum, iur. utr. drem praefataeque ecclesiae scholasticum almae- 25 que huius universitatis vicecancellarium nec non Burflariensis ecclesiae et scholae iuris

[1] Auf einer purpurnen mit dünnen goldnen Streifen gestickten Decke und einem grünen Kissen sitzt das Christuskind in weißem Gewande (mit dem Nimbus um das Haupt) und reicht dem vor ihm knieenden Knaben (Johannes, welcher in der Linken einen Stab mit einem kleinen goldnen Kreuze trägt) seine Rechte. Zur Linken Christi steht die große Weltkugel mit dem Kreuze, daneben kniet das Lamm, weiter hinten Elisabeth anbetend, beide mit Nimbus. Ueber Christus schwebt in goldner Glorie der heil. Geist als Taube, von welcher auf den Heiland ein weißer Strahl herabfällt; das ganze in ein Achteck eingeschlossene Bild hält Gott Vater mit seinen Händen. Unter der Inschrift: „Verum asylum" und einem längeren Spruch aus Jesaia 61: „Spiritus domini super me etc." kniet im linken Unterecke in einer Landschaft der Rector in violettem Talar und weißem Chorhemde, sein schwarzes Barett in den Händen; im rechten Untereck der Evangelist Johannes mit Kelch und Schlange in der Rechten. f.303 c d

in Erphordia decanum, honestissimumque artium baccalaureum ac iuris studiosissimum Hermannum Lindanum Berckensem, collegii Porte coeli collegam, tamquam tres ultimos electores a toto academico senatu in loco ordinario praedictae ecclesiae Mariae solenni more pro eligendo novo rectore congregatos unanimiter constitutos in rectorem huius universitatis electus publiceque renunctiatus est dns **Ioannes Erbess** Erphordiensis, artium et philosophiae magister praefataeque ecclesiae beatae Mariae virginis subsenior canonicus, cui cum praeter omnem spem et expectationem suam offitium rectoratus a praenominatis dominis electoribus denunciaretur, rei quasi novitate turbatus vix invenit quid eisdem responderet; sumpto itaque deliberandi spatio tandem cum gravissimorum et prudentissimorum electorum suorum consilium improbare aut reprehendere non posset nec etiam deberet, ipsorum voluntati obtemperavit et in Dei nomine administrandae academiae Erphordensis provinciam in se recepit, sibi non dubia fide promittens fore, ut qui sibi adiungendi essent se consilio opera et authoritate sua benigne adiuturos esse (!). Faxit itaque Deus optimus maximus pater domini nostri Iesu Christi, ut tranquillitas civitati huic et academiae concedatur et haec schola eiusque alumni a Deo gubernentur, utque grata et accepta ipsi sint fiant et gerantur etc. Sequentes autem hoc anno nomina sua professi sunt:

Classis prima
earum personarum qui (!) plus solito pro inscriptione numerarunt:

Georgius Eberbach Erphordianus 1 thal.
Pholianus Herckenroht Leodiensis vicarius ecclesiae collegiatae S. Severi Erphordiensis 12 gr.
Ioannes Ludicke Hildesianus 12 sol.
Henricus Wesenerus alias Gebhardus Erffurdensis n. iur. ob defectum aetatis 12 sol.
Wilhelm Schifferdecker filius dris Davit Schifferdeckers 10 sol.

Classis secunda et eorum qui totum scilicet 8 grossos dederunt:

Ioannes Kuch iunior Erphordensis filius archimagiri curiae archiepiscopalis Moguntinensis in Erphordia, qui ob defectum aetatis n. iur.
Andreas Marquardus ex Rudersdorff.
Bernhardus Steffanus Klein-Heilligenstadensis.
Wolphgangus Apelius Erffurdensis.
Iacobus Husseler Northausensis.
Ioannes Hoffeman Erphordensis n. iur.
Georgius Bantz Francus orientalis ex Sula.
Ernestus Gentzman Erphordensis.
Christophorus Hiltnerus Bambergensis.
Andreas Nentwich Coburgensis.
Nicolaus Schulzius Coburgensis.
Blasius Gitter Ellerslebiensis.
Iohannes Feltkirchenn Schmalkaldensis et baccal. Lipsensis.
Ludolphus Hoilinghius ab Utloe Phrisius ex pago Borger.
Casparus Engelman Oberingensis.
Balthasar Küne Erphordensis n. iur.
Valentinus Eberhart et
Sygismundus Eberhart fratres
Ioannes Heinrich Wellendorff } Erphordenses n. iur. ob defectum aet.
Simon Lemmerus Arnstadiensis
Nicolaus Cesarius Erphordensis
Stephanus Zeigeller Halberstadiensis
Henricus Lemmerus Ilmensis
Christophorus
Balthasar et
Hervordus } Biernstill Erphordenses fratres
Philippus Tautte Erphordensis } ob defectum aetatis non iurarunt.
Matheus Frostius Zimmeranus sub monte Ettersberge.
Ioannes Steinbrück Molslebiensis prope Gotham.
Nicolaus Henningus Erphordensis.
Nicolaus Michaell Erphordensis n. iur.
Severinus Nienzius Leovardiensis, hic autem ultra speciale praestitum iuramentum et contra inhibitionem secreti consilii et rectoris cum aliis duobus suis conterraniis discessit.

Classis tertia et eorum qui quatuor solidos numeraverunt:

Christianus Knauff
Andreas Bernhart } Erffurdenses et non iurarunt.

Matheus Drapitius Collirensis.
Ioannes Hogell Bechstadiensis.
Fridericus Nentwick ex minori Rudestat.
David vom Rein } Erffurdenses n. iur.
5 Ioannes Gehra
Ioannes Tauthenius Gothanus.
Michaell Wilhelmus ex pago Linensi prope Gotha.
Bernhardus Netzius Vogelßbergensis.
10 Casparus Bambachius Mellerstadensis.
Ioannes Kempff Albinwiningensis.
Baltazarus Dilliger Schweinfurttensis.

Classis quarta qui inequaliter dederunt:

Nathanaell Küne Colledanus filius mag. Ioannis
15 Küne n. iur. 3 sol. 6 ₰.

Nomina eorum qui gratis ascripti:

Ioannes Thomas Selgenn Erffurdensis in gratiam eiusdem parentis clarissimi dni dris Thome Selgen reverendissimi archipresulis Moguntinensis consiliarii et secularis iuditii in Erphordia sculteti etc. n. iur. ob defectum aet.
Ioannes Erbesius Moguntinensis ibidemque in 5 mag. art. ac philosophiae promotus, nepos rectoris in cuius gratiam ascriptus.
Nicolaus Senior Erffurdensis in gratiam mag. Ioannis Senioris.
Nicolaus Bertoldus Franco de Schwartzaw in 10 gratiam ecclesiastici Mariae.
Christophorus Bucher } Erphordenses non iurarunt.
Wolphgangus Wollenschleger
Eobanus Mauth
Matheus Ahlich ex pago Hosfellt in gratiam 15 mag. Samuelis Albrechts plebani ecclesiae minorum.

Summa 59.

Percepta[a] — ex pretio inscriptionis sive professionibus nominum videlicet:

20 1 persona 1 thal.; 3 quilibet 12 sol.; una 10 sol.; 31 octo sol.; 14 quatuor sol.: una tres sol. 6 ₰; summa eorum qui contulerunt 51 facit 15 thal. 17 sol. 6 ₰. Hinc cedunt universitati 9 thal. 1 sol. 8 ₰: rectori 4 thal. 12 sol. 10 ₰; pedellis 2 thal. 3 sol.

Ex residuo inscriptionis sive (ut vocant) intitulaturae:

25 4 sol. dt. pro toto Davit Gundeling sub rectoratu dris Syffridi Nuntzen inscriptus (Rect. 311).
4 sol. dt. Martinus Eckart sub prefato doctore Nuntzen inscriptus et uterque in baccalarium promotus.
Summa huius 8 sol. Cedunt universitati 5 sol. 8 ₰; rectori 2 sol. 4 ₰.[b]

a-b Aus dem Rechnungsbuche des Rectors.

---

30 1591. Mich. 315b. Rect. Ioa. Erbess II.[1]

Cum eidem inopinanti ipso die S. Lucae evangelistae anno salutis 1591[a] in plenis comitiis literariis a 12 electoribus secundo scholasticus magistratus demandaretur et in continuationem officii declaratus erat (!), subsequentes in album academicum sunt ascripti ac universitati se consecrarunt.

a 1592 in E; aber die letzte I wieder ausgestrichen.

1 Kein Bild und keine Initiale.

Classis prima qui plus solito pro inscriptione dederunt:

Salomon Plattenerus Stolbergensis 12 sol.

Classis secunda qui totum scilicet octo grossos dederunt:

Michaell Voigtt Erphordensis.
Ioannes Rodolphi Lobedanus.
Ioannes Melz Colledanus.
Christianus Eckart Erphordensis iuravit ao 96. 4. Martii.
Christophorus Benupius } Hildesienses.
Ioannes Lubbrenius
Ioannes Stueler } ex Gebehsen non iurarunt.
Nicolaus Weisbeck
f.307a b Henricus Müller Erffurdensis } n. iur. ob aetatem.
Gerhardus Bitterman Berckensis
Christophorus Besollt Erphordensis.
Victor Kettelius Hildesianus.
Ciriacus Mollerus Goslariensis.
Ioannes Oberlender Schmalkaldensis.
Georgius Tonner ex Vogelßbergk.

Classis tertia qui 4 solidos numerarunt:

Sebastianus Waltherus Meiningensis.
Ioannes Rottel de Osmanstet in ducatu Vinariensi, numeravit residuum ao 96.
Iacobus Liebe de Ludwigsstat prope Salfellt.
Valentinus Kaps Erffurdensis dt. residuum anno etc. 98, 12 Martii.
Abraham Müller Erffurdensis non iuravit.
Ioannes et } Breittinger fratres Erffurdenses n. iur.
Hieronymus

Davit Leipzigk Erffurdensis } solvit residuum et iuravit a. etc. 96. 22. Febr.
Ventur Eßchewe ex Gebesen non iurarunt

Classis quarta qui inequaliter numerarunt:

Christophorus Schubert Franco ex Kupfferberck Bambergensis dioc. n. iur. 2 sol.
Nota: hic Christophorus Schubert solvit reliquos 6 gr. mag. Henrico Listeman rectori (317) et iuravit 27. Ian. a. 95.
Iohannes Pflogk ex Cassel 6 sol.
Ioannes et } Erbess Erffurdenses
Georgius
fratres filii Ioannis Erbess patruelis rectoris 6 sol.

Gratis et pauperes inscripti:

Ioannes Sommering Erffurdensis in gratiam Ioannis Sommerings pedelli universitatis.
Georgius Popffinger Miltenburgensis vicarius S. Victoris Moguntinensis et sacellanus dni suffraganei ibidem in gratiam dni Theoderici Chrum.
Ioannes Fabritius Erffurdensis in gratiam parentis mag. Gerhardi Fabritii, non iuravit.
Ioannes Fraxineus Gothanus porta coronatus in gratiam et honorem universitatis.
Syffridus Hering Erffurdensis famulus rectoris.

Summa 17.

Percepta[b] — ex pretio inscriptionis sive intitulaturae:

7 thaler. 14 sol. ddt 29 studiosi, quorum nomina certis sub classibus in matricula habentur, videlicet: 12 sol. una persona; 5 thal. 15 personae; 36 sol. 9 personae; 14 sol. 4 personae. Huius cedunt pedellis conjunctim a singulis inscriptis, qui aliquid ddt., gr. unus et ita 29 gr. constituunt 1 thal. 5 sol.; rectori de residuo, videlicet 6 thal. 9 sol., debetur tertia pars vid. 2 thal. 3 sol.; universitati 4 thal. 6 sol.

Ex residuo inscriptionis:

4 sol. dt. Samuel Gudelius baccalaureus Friburgens. et a dno decano facultatis artium hic receptus pro toto. Hinc cedunt universitati 2 sol. 8 ₰; rectori 1 sol. 4 ₰.[c]

b—c Aus dem Rechnungsbuche des Rectors.

1592. Mich. 316a. Rect. Io. Wagner Forcheimensis.[1]

f. 307 c d

Die sancto Lucae evangelistae sacro anno domini 1592 reverso, qui (quo?) iuxta consuetudinem hactenus in alma nostra universitate observatam novus rector eligi solet, facultatum omnium decani iisdemque adiuncti et addicti doctores licentiati magistri baccalaurei et studiosi literarum publico rectoris mandato obtemperantes in loco usitato et consueto ad novum rectorem eligendum convenerunt: praelectis autem in primis statutis novi rectoris designandi formam et modum in se continentibus, iuxta ea ex omnibus facultatibus delecti in conclave simul omnes se contulerunt, qui habita matura deliberatione de reverendo pio ac docto viro dno magistro Ioanne Erbeß, aedis deiparae virginis Mariae canonico, qui munus rectoratus per biennium summa cum laude administrarat, eo onere liberandum esse existimarunt et novum rectorem eligendum esse decreverunt. Sorte itaque iuxta veterem consuetudinem hinc inde missa tandem novum rectorem eligendi potestas data est tribus spectabilibus reverendis eximiis et praestantibus viris, videlicet dno Ioanni Kornero, sacrae theologiae doctori eiusdemque facultatis ac aedis beatae Mariae virginis decano et canonico dignissimo, dno Syfrido Wenth, artium ac philosophiae magistro praedictae aedis seniori canonico atque officiali fidelissimo, ac Melchiori Weydtman, liberalium artium ac philosophiae magistro maioris collegii collegae seniori et physices in facultate artium professori dignissimo. Hi segregati ab aliis, invocato prius divino numine et consultatione gravi habita, unanimi consensu in rectorem universitatis reverendum pium doctum usuque rerum peritum et praestantem virum, dnum Ioannem Wagnerum Forchemium, artium ac philosophiae magistrum nec non collegiatae ecclesiae S. Severi scholasticum et canonicum elegerunt ac statim electum atque designatum rectorem publice proclamarunt et electo in aedibus suis electionem denunciarunt. Qui etsi onus et officium tantum utpote suis viribus impar acceptare initio prorsus recusaret, tamen concesso sibi ad deliberandum trium dierum spacio iuramenti olim universitate praestiti memor et aliis rei praesentis circumstantiis consideratis in Dei nomine provinciam sibi oblatam acceptavit atque divina gratia sibi assistente diligentia et cura quanta potuit administravit.

f. 308 c d, f. 309 a b

Quo in anno pauca notatione digna subiicere hic posteritati placuit.

f. 309 c d

Anno igitur 1592 in Decembri dux Saxoniae Vinariensis Fridericus Wilhelmus, tunc temporis electoratus Saxonici administrator, arces duas Thundorff videlicet et Möllbergk occupavit.

---

[1] Ganzes Bild: Christus am Kreuze hängend, über ihm Sonne und Mondsichel; an der Spitze des Kreuzes schwebt der heil. Geist und darüber Gott Vater in den Wolken. Zur Linken des Heilands steht der Hauptmann: „Vere filius Dei erat iste," hinter diesem ein Kriegsknecht, zwischen beiden ein Greis in grünem Gewande. Unter dem rechten Arme des Kreuzes zwei fromme Frauen, eine in gelbem, die andere in rothem Gewande, zwischen ihnen ein Jüngling in grüner Tunika mit rothem Mantel. Im linken Untereck kniet der Rector in Chorkleidung. Unter dem Kreuze stehen die Worte:

Nec Deus est nec homo praesens, quam cerno, figura;
Sed Deus est et homo, quem signat sacra figura.

f. 308 a b

Hoc ipso anno rectoratus huius in hoc oppido, quod ante hac non est auditum,[a] urna vini Erffurdensis nunc 12, nunc 13, nunc 14, nunc 15, imo et 16 flor. empta et vendita est. Item una mensura lupuli valuit communiter 7 et 8 flor. Item una quarta frumenti tribus florenis, 1 quarta hordei duobus thalerensibus, 1 quarta avena 1 thal.
5 Porro sub regimine rectoris huius primo anno nomina inscriptorum in album universitatis haec sunt: 5

Prima classis eorum qui plus solito numerarunt:

Balthasar Fachaeus de Weißensee filius clarissi-
10 mi viri dni Wilhelmi Fachaei I. U. dris
f.310ab ac proconsulis Erffurdiensis dt. 1 flor in auro Renensi.
Ernestus Sigismundus Podewitz Erphordianus dt. unum thalerum.
15 Hi una praesente rectore deposuerunt cornua, sed propter aetatem non iurarunt.
Ioannes Rhose Molhusinus dt. 12 gr. propter aetatem non iuravit.
Ioannes Steinmetz Molhusinus dt. 12 gr. ob
20 defectum aetatis non iuravit.
Wolffgangus de Wesera Erphordianus dt. 14 gr. non iuravit.
Wolffgangus Grüningius iuris utriusque doctor Hirsfeldensis dt. 12 gr.
25 Giselerius Stocklebius Gottingensis dt. 12 gr.
David Speiferus Sunderßhausinus dt. 12 gr.

Classis eorum qui 8 grossos numerarunt:

Ioannes et Adolarius } Hieringii Udestadienses territorii Erffurdensis.
f.310cd 30 Ioannes Wernerus Erphordianus.
Adamus Venatorius Blanckenhagiensis
Ioannes Prunius alias Reiffe Schmalkaldensis.
Christophorus Schaffius Schwinfurdensis.
Sebaldus Gobelius Rugheimensis.
35 Georgius Leifferus Schwerbornensis territorii Erffurdensis.
Ioannes Radeckius Trephurdensis.
Iacobus Francke Erphordianus.
Leonhardus Eberhardus Erphordianus.
40 Balthasar Zigler Erphordianus n. iur.
Hieronimus Gromann Erphordianus n. iur.
Quirinus Heune Erphordianus n. iur.
Severus Fuehr Erphordianus n. iur.
Adamus Schubart Erphordianus non iuravit, 10 praestitit iuramentum rectori mag. Augustino Friderici 1603 (Rect. 320).
Iacobus et Iob } Pflugkbell fratres Erffurdienses n. iur.
Ioannes Fridericus et Casparus Fridericus } Mellerstadienses Franci 15 fr. germani.
mag. Ioannes Langius Havelbergensis.
Ioannes Lagus alias Hase Norththensis.
Matthaeus Zhemius Cygneus.
Bartholomeus Bock Erphordianus non iuravit. 20 f.311
Ioannes Honermundus Einbeccensis.

Classis eorum qui 4 grossos numerarunt:

Nicolaus Clemenß Cassellanus
Blasius Knor Gutterensis
Ioannes Reichbrun Erphordianus n. iur. 25
Andreas Beyer Kersplebiensis.
Christianus Zihn Thalebiensis.
Erasmus Eckart Erphordianus n. iur.
Abelus Cramerus Sesanus.

Classis eorum qui gratis inscripti sunt: 30

P. Ioannes Edigerus soc. Iesu sacerdos in honorem ordinis.
Ioannes Langenburgk de Blanckenhagenn.
Valentinus Engelhardt Erphordianus ad petitionem abbatis Petrensis, n. iur. 35
Georgius Harboni Westheckensis ad petitionem dni mgri Sprocovii plebani Augustinensis.
Summa 44.

Ex precio inscriptionis:

14 thal. 16 gr. 6 ₰ de 40 personis inscriptis, ex quibus cedunt: universitati 8 thal. 15 gr. 8 ₰; rectori 4 thal. 7 gr. 10 ₰; pedellis 1 thal. 16 gr. 40

Ex residuo inscriptionis: nihil.

[a] audita E.

1593. Mich. 316 b. Rect. M. Io. Wagner Forchemius II.[1]

f.312a1

Elapso primo rectoratus anno sperans rector, fore ut alteri munus et administratio eius demandaretur, praeter omnem[a] expectationem[a] a duodecim novis electoribus legitime constitutis modernus[b] rector eorundem omnium suffragiis[c] in officio suo con-
5 tinuatus atque confirmatus est; sub cuius rectoratus secundo anno sequentes nomina 5
sua universitati dederunt:

312cd

Prima classis eorum qui ultra debitam portionem dederunt:

Bernhardus Burgoldt Isonacensis dt. 12 gr.
10 Bartholomeus Copperus Herbornensis dt. 1/2 flor.
Theophilus Mattheus | Hildesienses fratres
Christophorus Mattheus | ddt. thal.
Widekindus a Falckenbergk dt. 1/2 thal.
Ioannes Schwan Erphordianus et
15 Nicolaus Clemen alias Butstadt Erphordianus: hi duo ddt. 1 thal.

f.313ab

Classis eorum qui 8 gr. numerarunt:

Thomas Bonaventura Pastorius Schonfeldensis Mansfeldiacus.
20 Sebastianus Fenusius Saltzensis.
Christianus Seuberlich Notlebiensis.
Matthias Hillebrandt Erphordianus.
Heinricus Kießbetter Erphordianus non iuravit; iuravit ao 98 sub Cornero rectore (318).
25 Guntherus Iacobus Milwitz Erphordianus n. iur.
Conradus Unckel Coloniensis.
Ioannes Utzbergk Erphordianus n. iur.
Ioannes Brodt Erphordianus n. iur.
30 Ioannes | Noeda alias Albrecht fratres
Christophorus | Isonacenses n. iur.
Nicolaus Girmarus Uttenbach non iuravit.

Henricus Pottinger Northausensis.
Thomas Hudh Erphord. iuravit a. 96, 26. Febr.

f.313cd

Classis eorum qui 4 numerarunt:

10 Henricus Weisbach non iuravit.
Iustus Heckel Erphordianus non iuravit.
Philippus Heineman Erphordianus non iuravit.
Iacobus Hillebrandt Erphordianus non iuravit.
Iosias Iudelerus Erphordianus non iuravit.
15 Ioannes Hausen von Holtzhausen.
Volckmarus et | Haumar fratres Erphurdenses.
Philippus |
Iacobus Fischer Erphordianus non iuravit.
Iacobus Grim Erphordianus non iuravit.
20 Valentinus Ibertus Erphordianus non iuravit.
Henricus Albertus Sultzenhagensis prope Elrich n. iur.
Casparus Taute Heringensis.
25 Paulus et | Weisbach fratres Erphurdenses
Philippus | non iurarunt.

Gratis inscripti:

Michaelis Novigallus famulus rectoris Molhusensis; haec mea propria manu scripsi et subscripsi.[2]

30 Summa 94.

Percepta — ex precio inscriptionis:

10 thal. 10 gr. 6 ₰; hinc cedunt: universitati 5 thal. 23 gr.; rectori
35 2 thal. 23 gr.; pedellis 5 1/2 thal. de 36 personis intitulatis.

[a] omen expectatiem E. [b] modernus E. [c] suffragis E.

[1] Kein Bild und kein Wappen; die Amtsführung dauerte vom 18. Oct. 1593 bis zum 22 Nov. 1594.
[2] Er hat also die ganze Liste der Immatrikulirten in E eingeschrieben.

f.314ab 1594. Mich. 317. Rect. M. Henricus Listemann Heilgenstadensis.[1]

f.315ab Neque ecclesia neque respublica sine scholis recte administrari potest. In iis enim tanquam sapientiae et virtutum officinis eruditur studiosa iuventus in pietate artibus 5 linguis et aliis rebus scitu necessariis. Quoniam autem gubernatio ecclesiae reipublicae 5 atque scholarum sine gradibus officiorum et ducibus autoritate doctrina virtute et coeteris animi dotibus coeteros anteeuntibus minus est foelix et ordine caret, laude digna est maiorum consuetudo, quae in nostra hac universitate quotannis in die sancti Lucae evangelistae certum eligit rectorem, qui instar capitis caetera membra regat omnia et 10 et toti corpori scholastico praesit, proque eo paterno animo semper sit sollicitus, idque 10 sibi commendatissimum habeat. Eum equidem hoc praesertim periculoso tempore, in quo omnia quotidie fiunt deteriora et disciplina fit laxior, magnam arduam et difficilem provinciam sustinere, omnes viri boni vident et testantur, ut merito iam de eo possit dici, quod olim a Cicerone eloquentiae Romanae principe vere et graviter pronunciatum 15 fuit: „Difficile est tueri personam principis." Proinde ut necessarium ita quoque ae- 15 quum et utile est iis personis officium sive onus gubernandae academiae totius imponi, quae ad illud sustinendum sint paratiores et promptiores. Hoc considerantes viri reverendi clarissimi pietate doctrina virtute et humanitate praestantes, dnus Ioannes Cornerus, f.315cd sacrae theologiae doctor ecclesiae beatae Mariae virginis decanus et canonicus etc., 20 dns mag. Sigefridus Wentt, eiusdem praedictae ecclesiae senior canonicus et viceprae- 20 positus, item dns mag. Melchior Wedman, physicae publicus professor, commemorato die S. Lucae ius et potestatem eligendi novi rectoris adepti, aliquem virum, qui me autoritate doctrina consilio et eloquentia longe superasset, eligere debuissent. Sed me mag. Henricum Listemannum, ecclesiae supradictae canonicum, infirmitatis atque 25 tenuitatis meae mihi conscium onerique ferendo imparem aliisque me superioribus et 25 doctioribus istum honorem non invidentem, praeter omnem meam opinionem unanimi consensu rectorem creaverunt idque officium mihi denunciatum et detulerunt, quod invitus quidem sed iuramenti obligatione, quod academiae praestiti, adductus post tridui deliberationem elapsi in me recepi idque divina ope quanta potui cura diligentia 30 et fide administravi, ac si fortassis tantum quantum a me fuit expectatum non praestiti, 30 spero bonos viros meam promptam voluntatem aequi bonique consulturos. Sub meo autem rectoratu primo anno sua nomina professi sunt hi sequentes:

f.316ab Classis prima eorum qui plus solito pro inscriptione numerarunt:

35 Laurentius Nurnberg Somariensis i. u. doctor dt. 1 thal.

Daniel a Bodungen nobilis Eisfeldiacus n. iur.

Ioannes Lubbren dni doctoris Ioannis Lubbren Hildeshemi filius n. iur. ob aet. defectum.

Eckhardus Lubbren Hildesianus non iuravit.

Ioannes Herdegen Heiligenstadensis non iuravit. 35

Sigismundus Rörer Erphordensis, filius dni Conradi Rörer consulis Erphurdensis, non iuravit.

f.314cd [1] An den Saulen, welche ein Giebelfeld tragen (Stil der späten Renaissance) halten zwei weinende Engel das Schweißtuch der heil. Veronica mit dem Kopfe des Heilands „Conr. Geltzius fecit, I. Hussemecher exc." (L. war Rector vom 22. Nov. 1594 bis 18. Oct. 1595).

Classis secunda eorum qui totum id est 8 grossos numerarunt:

Thomas Meisnerus Alstedensis.
David Scharff Budtstadensis non iuravit.
5 Ioannes Berdingius Solitariensis.
Petrus Thiele Bisselebensis non iuravit.
Nicolaus Apell Butstadiensis n. iur.
Paulus Iacobi Aldenburgensis }
Iacobus Gebertt Erphordensis } non iurarunt.
10 Herbordus Nacke Erphordensis }
116ª Wendelinus Gerstenberg Budtstatensis non iuravit.
Martinus Borner Stolbergensis n. iur.
Ioannes Gerstenberger Budtstadiensis n. iur.
15 Philippus Schmidt Heiligenstadensis.
Ioannes Lubker Heiligenstadensis n. iur.
Ioannes Born Erphordensis.
Ioannes Schall Erphordensis.
Wilhelmus Vetter.
20 Ioannes Fridericus Pflickius Cassellanus.
Iacobus Tecke Halberstadensis.
Martinus Mauß Erphordensis }
Iacobus Saxo Erphordensis } non iurarunt.
Hartwigus Kramer Eckstadensis n. iur.
25 Conradus Schirmer Battichendorffensis iuravit.
Ioannes Rießman Oldendorffensis }
Paulus Kuche Huntheimensis }
Ioannes Feige Bickenridensis } non
Ioannes Christoff Erphordensis } iurarunt.
30 Ioannes Mollerus dni Nicolai senatoris filius Erphordensis }
Casparus Wittichius Frondorffensis iuravit.
Ioannes Christophorus Wittelius Arollishausanus.
35 Ioannes Sidelius Coledanus n. iur.
Henricus Binckepanck Bruelensis non iuravit dt. 8 gr.
f.317ªb Guilihelmus Francke Berckensis.
Eobanus Thomas Mollerus Erphordensis } non iurarunt propter
Guilhelmus Blanckenstein Erphordensis } aetatis defectum.
5 Henricus Konigrath Erphordensis.
Ioannes Rudortus Erphordensis.
Gangolphus Gölingius Erphordensis.

Tertia classis eorum qui solito minus et inaequaliter dederunt:

10 Ioannes Gorze Northusanus n. iur. dt. 7 gr.
Iacobus Harlebius Northusanus dt. 6 gr.
Nicolaus Wintterhaberus Gittelensis dt. 6 gr.
Ernestus Stange Northusanus dt. 6 gr. } non iu-
Andreas Ausfeldt Schonstatinus dt. 5 gr. } rarunt.
15 Iohannes Sartorius Urbachensis dt. 4 gr. 6 ₰ }
Reinhardus Perß Uffrungensis dt. 4 gr. 6 ₰ } non iurarunt.
Reinhardus Titmar Schonstatinus dt. 5 gr. }
20

Quarta classis eorum qui 4 gr. solverunt:

Ioannes Casparus Neunesius Schmalchaldensis n. iur.
Georgius Breittinger Erphordensis } non
25 Balthasar Magen ex Greussen } iurarunt.
Andreas Baderus Gebracensis.
Matthaeus Freybott Silusianus.
Matthaeus Erbenius Alslebiensis.
Iohannes Kessel Walrodensis n. iur.
30 f.317ªª Ioannes Salfeldt Erphordensis proximo sequenti anno dt. residuos 4 gr.
Ioannes Schwann Henrici iun. filius non iuravit defectu aetatis.
35 Ioannes Christophorus } Grothenius Gottingensis.

Summa 62.

Ex precio inscriptionis:

40 1 persona dt. 1 thal. 7 gr, ddt. singulae personae quatuor 14; duae 12; triginta sex 8; tres 6; duae 5; duodecim 4 grossos. Hae 63 personae dt. 20 thal. 5 gr. 6 ₰. Hinc cedunt 11 thal. 17 gr. 8 ₰ universitati: 5 thal. 20 gr. 10 ₰ rectori; 2 thal. 15 gr. 0 ₰ pedellis.

Ex residuo inscriptionis:

45 6 gr. dt. Chrstph. Schubertus Franco Cuprimontanus sub rectoratu mag. Ioannis Erbeß inscriptus. Hinc cedunt universitati 4 gr. rectori 2 gr.

f. 317c d

1595. Mich. 317b. Rect. M. Henr. Listemann Heiligenstadensis II.[1]

In occasu praecedentis anni mihi, allevationem oneris speranti et abituro magistratu, tempus administrationis a dominis proceribus universitatis de eligendo novo rectore usitato more deliberantibus diutius praeter meam opinionem mihi fuit prorogatum, ut 5 me sequentem quoque annum 1596 rectoris onus sustinere oportuerit; quod cum detrectare non potuerim nec debuerim, has sequentes personas quae dederunt universitati sua nomina subieci:

f. 318a b

Plus solito solventes:

Ioannes Fridericus Kämmerer nobilis Herbs-
10 lebiensis.
Iodocus Buschius Hildesiensis.
†Rudolphus Wildefeur collegiatus collegii Saxonum.
†Henricus Ludeken Hildesianus.
15 Ioannes et } Mannichius Noribergenses, primus
Casparus } iur., alter n. iur.
Lucas Krugius Hoembrensis.
Martinus Koch Ericensis.
Ioannes Zacharias Froschelius Weißensehensis
20 n. iur.
Andreas Merten Erphordensis n. iur.
Conradus Wernerus Hildesianus.

Octo grossos solventes:

Ioannes Chuno Erphordensis.
25 Bartholomeus Kramer Heldrungensis n. iur.
Blasius Siboth Erphordensis.
Sebastianus Poschelius Orleshusianus n. iur., me M. Henr. Selgen D. rectore ao 99 iuravit.
David Grawellius Rathenoviensis Marchiacus.
30 Georgius Zorn Meinungensis.
Ioannes Hertreich Pechstetinus n. iur.
Melchior Brawer Plauensis.
Bernhardus Trost Balhusiensis.
Georgius Henricus }
f. 318c 35 Adamus } Vasoltt fratres Erphordenses n. iur.
Rudolphus }
Samuel Sidelius Cöledanus.
Simon Henricus Pinckepanck.
Zacharias Pinckepanck Erffurdenses n. iurarunt.
40 Iuravit rectori (324) Helmsdorf 30. Sept. a. 1609.
Hermannus Renneman Papaeburgensis iuravit.
Michael Manicke Erphordensis.
Ernestus Stide Erphordensis }
45 Ioannes Schulttes Erphordensis } non iurarunt.

Ioannes Witkenius Gottingensis.
Ioannes Lunden }
Ioannes Helmoltt } Gottingenses n. iur. 10
Christophorus Monch }
Ioannes Geberdt }
Ioannes Drefurdt } Erphordenses non iurarunt.
Elias Heine Erphordensis non iuravit. f. 318d
Christophorus German Soltquellensis. 15
Augustus Zeitthopf }
Ioannes Vogtt } Erphordenses
Martinus Bottiger Oortruviensis.
Hieronymus Scharffenberg Franconhusanus.
Henricus Billebius Talebiensis. 20
Ioannes Mentz Ellerßlebensis n. iur.
Ieremias Querntenus Erphordensis n. iur.
Ioannes Hauseman Bußelebensis n. iur.
Leonhardus Eringius Ambergensis Palatinus hic solus dt. 6 gr 25

Quatuor grossos solventes: f. 318e

Matthaeus Gerwingius et
Blasius Eissen Sommerdenses.
Volcmarus Lampricht Erphordensiz n. iur.
Casparus Engelhart Erphordensis n. iuravit. 30
Ioannes Zacharias et }
Christianus Schröter }
Christophorus Vasollt } Erphordenses non iurarunt.
Udalricus Babst }

In gratiam rectoris inscripti: 35 f. 318d

M. Iosephus Mangoltus Fuldensis sacerdos soc. Iesu.
mag. Gerardus Willich Coloniensis sacerdos soc. Iesu.
Martinus Wenningius Schlotheimensis cantor 40 scholae Severianae Erphordensis.
Constantinus Casselman Erphordensis consanguineus rectoris non iuravit.

[1] Kein Bild und keine Initiale.

Gratis inscripti:

Ioannes Groscurt Waschtet nsis

Ioannes Cunzelius antiqui pedelli filius, non iuravit. Hic satisfecit universitati et iuravit sub rectore (323) mag. Lamberto Heck, ut in suo rectoratu videbitur.[a]

Henricus Kinhausen Erstendius in gratiam mag. Bartholomei Loneißen qui dt. pro eo 1 gr. pedellis.

Summa 62.

Percepta[b] — ex intitulatura sive nominum professionibus:

18 thal. 12 gr., quos 55 personae contulerunt; nam una dt. 13½ gr., 10½ gr., 6 gr., personae ddt. singulae septem 12 gr.; duae 9 gr.; 35 octo gr.; octo 4 gr. Ex praedicta summa de singulis inscriptis, qui aliquid ddt., pedellis conjunctim unus datus est gr.; et remanserunt 16 thal. 5 gr.: de quibus cedunt universitati 10 thal. 19 gr. 4 ₰; rectori 5 thal. 9 gr. 8 ₰.

Ex residuo inscriptionis:

4 gr. dt. David Leiptzigk Erphordens.
4 gr. Ioannes Rottell.
4 gr. Valentinus Kaps } Erphordenses.
4 gr. Ioannes Salfeldt }
Cedunt universitati 10 gr. 8 ₰; rectori 5 gr. 4 ₰.[c]

[a] viderit in E. [b-c] Aus dem Rechnungsbuche des Rectors.

1596. Mich. 318. Rect. Dr. Io. Cornerus.[1]

Ioannes[2] Cornerus, ss. theologiae doctor, anno a Christo nato 1596 inclytae academiae Erphordiensis rector creatus et a reverendis ornatissimis ac humanissimis viris, dno mag. Sigefrido Wenth Gandersheimensi, ecclesiae beatae Mariae virginis canonico seniore et praeposituraе ibidem officiali, dno mag. Io. Erbesio Erphordensi, praedictae ecclesiae similiter canonico subseniore, et dno mag. Ioanne Burggravio Susatensi, facultatis artium pro tempore decano, renuntiatus fui. Sane non potui non invitus tantae molis onus in me suscipere, quippe cui cervicem istam mearum virium aequus aestimator longe imparem sciebam et valentiorem aliquem Herculem sive Atlantem fulciendo huic coelo delectum maluissem. Sed interea tamen aeternum et immensum Deum, quod vile hoc et obnoxium peccatis caput nullis eius meritis sola sua benignitate ex agresti tugurio, ad quam honorata munia et munera, decanatum

[1] Am Postamente eines von vier goldnen Säulen getragenen Aufbaues ist das ovale durch einen schwarzen Schrägbalken mit goldnen Muscheln getheilte Wappen angebracht: oben eine weiße Blume in Blau, unten eine rothe in Silber.

[2] Goldne Initiale I; auf der linken Seite steht Iohannes der Täufer mit dem Agnus dei in der linken Hand, die rechte segnend darüber haltend: auf der rechten Seite steht Iohannes der Evangelist mit dem Kelch in der Linken, die Rechte darüber hält er segnend.

ecclesiae divae Virginis, prosigilliferatum reverendissimi et illustrissimi Maguntinensis archiepiscopi et septemviri, incrementis insperatis evectum, nunc etiam in fulgida rectoratus dignitate constituere voluerit, immortalibus gratiis et laudibus veneratus sum: illud potissimum regii vatis et fibris et labris identidem ingeminans „suscitans a terra inopem et de stercore erigens pauperem.“ Utinam autem eidem divino numini laetiori rerum temporumque statu magistratum meum insignire placuisset! Atqui ille funesta duntaxat et luctuosa clade memorabilis. Pestilentia commune ea tempestate malum Erphurdiam etiam et finitima loca, noxis ita nostris exigentibus, anno 1597 praecipiti vere affecit, duplicato vi aestus contagio populari morbo civitas coepta; autumno quotidiana funera et mors ob omnium oculos esse et undique dies noctesque ploratus audiri: mortui aegros, aegri validos cum metu tum tabe ac pestifero corporum odore conficere. Quid multis? 7767 homines intra oppidi huius muros eo malo absumti. Georgius Olandus, vir incomparabilis mihique et iustitiae inter paucos charus, postquam plurimis in republica laboribus et gravissimis legationibus defunctus atque octo et decem annos electoris Maguntinensis Nestor et Erphordiae vicedominus fuisset, eodem tempore, non eodem morbo ex hac luce imo luctu ereptus est, sortitus exitum facilem et illam toties ab Augusto Caesare optatam εὐθανασίαν; aeternandae amicissimi viri memoriae hoc qualecunque eius elogium hic extare volui. Nec pluribus hanc naeniam exequens nomina potius eorum, qui me rectore academiae nostrae membra accesserunt, enumerabo:

Primus annus rectoratus. Classis prima eorum qui plus solito pro inscriptione numerarunt:

Ioannes a Porta, Hermannus a Porta } fratres ab Essendia n. iur. ob aetatem, ddt 1 flor. aureum rhenanum.
Nicolaus Wundtschaeus Witterdensis vicarius collegiatae ecclesiae b. Mariae virginis Erphordensis dt. 12 gr.
Henningnus a Stamer auff Wormlitz prope Magdeburgum dt. 12 gr.
Ioannes Christophorus à Trebra auff Neuses dt. 12 gr.
David Ernestus, Theodoricus } Fensterer ob def aet. n. iur. ddt. 1 thal.

Classis secunda eorum studiosorum qui octo grossos solverunt:

Ioannes Georgius Eberbach Hocheimensis, patrinus magnifici dni rectoris } non iurarunt.
Dominicus Kappius Arlunensis
Michael Schannaeus ab Herzich
Wolffgangus Margckardt Erphordensis
Henricus Lappe ab Armutsachsen
Petrus Suringus Hildesianus
Echardus Philippus Stutziades Erphord.
Valentinus, Iacobus } à Sachsa fratres Rockhusani
Thilo, Erhardus, Sebaldus } à Sachsa fratres Erphordenses
Ioannes Thomas Erphordensis } non iurarunt
Conradus Martdorff Zigenhanensis.
Georgius Wickerstadt Erphordensis.
Andreas Forsterus de Klettebich.
Ioannes Zacharias Erphordensis.
Ioannes Mangolt Warpurgensis.
Salomon Steinbach Erphordensis.

Classis tertia eorum, qui numerarunt 4 grossos:

Christianus, Urbanus[a] } Heune fratres Erphordenses n. iur.

---

[a] Iuravit rectori dr. Georgio Thomae Selgen (Rect. 331) postquam procancellarius universitatis declaratus esset 11. Aug. 1625 dt. 1 gulden thaler.

Henricus, Quirinus, Theodoricus } Bucher fratres Erphordenses non iurarunt.
Andreas Weisse à Neumarck prope Martisburg n. iur.
Ioannes Hesse Erphordensis n. iur.
Balthasarus Bien Heunfeldensis n. iur.
Valentinus Grüningk Erphordensis n. iur.
Georgius Hoffman Hocheimensis n. iur.
David Meurer Erphordensis n. iur.
Ioannes Schonburgk Erphordensis non iuravit.
Liborius[b], Ioannes } Kaps fratres Erphordenses non iurarunt.

Classis quarta eorum qui inaequaliter solverunt:

Hermannus Newbawer Holsatus dt. 6 gr.
Sebastianus Grimmaeus Manstadensis dt. 3 gr.
Sigefridus Pauli a Langsdorff dt. 3 gr. et non iuravit.
Nicolaus Christophori Erphordensis dt. 2 gr. et non iuravit.

Ioannes Walther, Nicolaus Walther } fratres Erphordenses ddt. 4 gr. et non iurarunt.

Gratis inscripti partim in gratiam rectoris et aliorum dominorum magistrorum, partim propter paupertatem:

f.323ab

Ioannes[c], Georgius, Ioannes Georgius } Kallenburg fratres germani Erphordenses, nepotes rectoris ex sorore, def. aet. n. iur., ddt. tamen 3 sol. pedellis.
Philippus Meister Espefeldensis famulus magnifici rectoris n. iur., dt. tamen pedellis 1 gr.
Nicolaus, Christophorus } Fischerus fratres Erphordenses, n. iur., intitulati ad petitionem M. Francisci Fabri.
Ioannes Henricus Schonberg patrinus rectoris non iur.

Summa 53.

Ex[d] precio inscriptionis:

ddt. singulae personae duae 13½ gr.; quinque 12 gr.; novemdecim 8 gr.; quatuordecim 4 gr.; duae 3 gr.; tres 2 gr.; una 6 gr. Hae 46 personae ddt. 13 thal. 1 sol. Hinc cedunt 7 thal. 9 sol. 5 ₰ universitati: 3 thal. 16 sol. 8 ₰ rectori; 1 thal. 22 sol. pedellis.[e]

[b] Hic Liborius Kaps iuravit rectori (324) dno Iodoco Helmsdorff et solvit adhuc 14 gr. 29. Sept. anno Chr. 1609. [c] hic Ioannes Kallenburg iuravit mag. rectori (325) Augustino Friderici et solvit 8 gr. 4. Sept. 1604. [d-e] Aus dem Rechnungsbuche des Rectors.

1597. Mich. 318b. Rect. D. Io. Cornerus.[1]

f.328ab Mitte.

Defunctum[1] me amplissimo munere et tanto levatum fasce putabam, cum refecto rectori imperii huius academici fasces denuo deferuntur. Quos sive assuetudo sive serenior illucescens temporum facies mihi haud paullo reddidit leviores. Etenim primum vis illa morbi, quae funeribus nuper civitatem repleverat orbaverat civibus, vel intemperie coeli vel coelestium iris mitigatis sedata fuit. Iaurinum inde firmissimum adversus aeternum hostem propugnaculum et ab exigua illa Hungarici regni lacinia, quae ex tam pulchra et solida veste Othomannici dominatus remansit expers, nostrorum ignavia aut perfidia anno 94 avulsum ductu illustris et catholici herois Adolphi.

f.328cd

[1] Die goldne Initiale D auf blauem Grunde mit goldgelben Arabesken ist von einem viereckigen goldnen Rahmen eingefaßt.

Schwartzenbergii, saeculorum memoria digno stratagemate, cui favisse etiam divina consilia nec paucis nec vanis compertum est signis, anno 98 29. Martii orbi Christiano et imperatori Rudolpho II. perquam feliciter restitutum. Nec ita multo post atroces bellorum motus inter potentissimos Europae catholicum et christianissimum reges, 5 Philippum inquam II. et Henricum IV., sequestro Clemente VIII. pontifice maximo 5 f.324a-b magno reipub. Christianae commodo sopiti. Qua parta suis pace Philippus in ipsis etiam gratulationum exordiis sicut aevi satur, primum et septuagesimum nempe agens annum, sic gloriae saturrimus, videlicet aetatum omnium et totius orbis amplissimi imperii optimus maximus monarcha audiens, aerea aureis commutando ex istis ad 10 supera regna decessit. Secundum cuius mortem laeti rumores de Budae parte a nostris 10 occupata increbuere. Utinam totam brevi cum vicino Pesto in potestatem redactam audiamus! In quo voto manum de tabula tollo; prius tamen syllabum de more daturus eorum, qui me secundum rectore academiae nomina dedere:

Christophorus Schadewaldt Budissinensis Lusatius, qui in gratiam et honorem huius 15 almae universitatis haec scripsit et pro hoc studio atque labore in hunc album relatus et in numerum studiosorum est receptus.

f.324c-d 20 Classis prima eorum qui plus solito dederunt:

Reverendus dns Georgius Rhoderus abbas in Marien Munster congregationis et observantiae Burschfeldensis per Germaniam 25 praesidens principalis dt. 1 thaler.
Reverendus dns Andreas Moltzfeldt abbas Montis SS. Mauritii et Simeonis in Minden dt. 1 thal.
Reverendus dns Ioannes Walckerus Elginiensis 30 Scotus monasterii S. Iacobi Scotorum Erphordiae abbas dt. 1 thal.
Ioannes Kurschner Magdeburgensis dt. 12 gr. et non iuravit.
Henricus Beisnerus Hildesianus dt. 12 gr.

35 Classis secunda eorum qui totum sive octo grossos numerarunt:

David Brauer Erphordensis.
Ioannes Könıgk Rudolphopolitanus.
Ioannes Scheman Heiligenstadianus
40 Sebastianus Holenberg Northeimensis.
Ioannes Agricola Lauffensis Noricus.
Ioannes Meinhardus Brembachiensis, non iuravit.
Petrus Hofferus Pomsensis.

Ioannes Silge Rudolphopolitanus
Ioannes Conradus Roßnagel Halensis Suevus. 15
Georgius Conradus Lechner Suevo-Halensis.
Christophorus Leipnitz Misnicus.
Samuel Albrecht Erphordiensis non iuravit.
Ioannes Stockbörner Erphordensis non iuravit Iuravit sub rectore (323) mag. Lamberto 20 Heck
Henricus Voigt } fratres Erphordenses non iurarunt. f.325a
Philippus Iacobus Voigt }
Henricus Buttstedt Erphordianus non iuravit.
Ludolphus Lappe Erphordianus non iuravit. 25

Classis tertia eorum qui inaequaliter solverunt:

Adolarius Ködizerus Bitstadiensis dt. 6 gr.
Matthaeus Göringius Waltershusanus dt. 4 gr. 30
Andreas Grüning Erphordensis dt. 4 gr. et non iuravit.

Gratis inscripti:

Nicolaus Bucher Erphordianus.
Eobanus Buttstedt Erphordianus. 35
Georgius Haun Neusensis n. iur.
Ioannes Funcke Erphordianus n. iur.
Valentinus Reichenberger Erphordensis n. iur.
Henricus Vogelsburgk Erphordensis n. 40 iur.

Summa 31 (Richt. 32).

Ex[a] pretio inscriptionis:

Ddt. personae singulae tres 1 thal; duae 12 gr.; octodecim 8 gr.; una 6 gr.; duae 4 gr. Summa 10 thal. 6 gr. Ex praedicta summa de singulis inscriptis, qui aliquid ddt., pedellis coniunctim unus datus est gr. et remanserunt 9 thal. 4 gr; de quibus cedunt universitati 6 thal. 2 gr. 8 ₰, rectori 3 thal. 1 gr. 4 ₰.[b]

[a-b] Aus dem Rechnungsbuche des Rectors.

1598. Mich. 319. Rect. D. Henricus Selge Eichsfeldiacus.[1] f.326cd

(Q)uamvis novisset Achilles nitorem et lucem sibi aeternae famae futuram, si expugnationem Troiae suis impositam humeris perficeret, tamen a Thedide (!) matre puellari indutus tunica occultatus inter filias Lycomedis regis ne in hoc bello caderet: sed pulchre fallit vulpem Ulysses, suo eum commento hanc subire provinciam prodens. Idem dicere in comitiis nostris academicis, quibus ducem seu potius rectorem universitatis, eandem non oppugnantem sed defensantem, non evertentem sed aedificantem, eligere consuevimus, me fecisse non inficias ibo; siquidem tum temporis non corpore, sed animo me occultabam; induebar non fallibili quadam veste, sed occupationibus meis undequaque tectus delitescebam, ne et iisdem hac cura accessa (!) depressus occumberem. At praevertit anchorae iactum Deus; reperiuntur non unus sed plures Ulysses, qui suo summo et ingenio et prudentia rectorem me electum proclamarent. Ex Amphyctionum ergo nostro consessu anno 1598 Henricus Selge Eichsfeldiacus, iur. utr. dr. ecclesiarum b. Mariae virginis Erphordensis scholasticus eiusdemque praepositurae officialis S. Bonifacii in maiori Bursla decanus S. Crucis Northausanus canonicus, huius nostrae (f.327ab) universitatis vicecancellarius, comes palatinus et eques auratus, a viris reverentia doctrina prudentia et humanitate praestantissimis, dno mag. Ioanne Wagnero, ecclesiae divi Severi Erphordensis scholastico et canonico, dno mag. Augustino Friderici, b. Virginis ibidem canonico, nec non dno mag. Antonio Mokero, utriusque linguae in hac academia professore publico et coenobii Augustani ludimoderatore vigilantissimo, rector renunciatus fui. Certe non potui non contristari, cum longe acrius ea perturbent, quae molesta sunt, quam iucunda delectent. Licet in academiae negotiis libens tingerem animum, non tamen omnino mergerem, occupationum etiam vortices horrerem, iis ne involverer assiderem et obambularem saltem earundem ripas; praeterea cum eo me tempore electum viderem, quo nymbi et procellosae malorum nubes dudum iam ante coactae nunc uno quasi impetu irruerent et meo capiti malum intentarent; collegi me tamen aliquantulum et sumpto triduo ad deliberandum recordabar, me non solum omni officiorum genere universitati, sed et vita ipsa obstrictum onus illud etsi maximum, Deo ter optimo adiuvante et praeeunte, cervici meae impositum acceptavi: subibat

[1] Kein Bild, kein Wappen, keine Initiale, aber fol. 325cd und 326ab leer.

nimirum animum illud Homeri „Ardua res homini humano vincere numen." Deinde f. 327cd in omnibus semper divûm aliquis adstare, qui me ut post adeptum Moguntiae magisterii titulum in alienis quoque finibus Romae sat diu commorantem doctoris u. i. titulo insignire, post comitem palatinum et equitem auratum creare, nunc etiam cum 5 in patria versarer praeter magnas et pene multas praestitas dignitates myrtea corona ornare et in summis rectorum subselliis considere voluissent. Hic autem honos quamvis non parum concusserit, tamen non deiecit; cogitabam nimirum laborem fore genitorem gloriae; quod ipsum non rarenter Sigismundus Transylvaniae princeps aliquando iactitavit, qui nescio queis furiis agitatus iniquis foedus[a] impium cum Turcis inire 10 volens, ab invictissimo et augustissimo romano imperatore Rudolpho II. e regno pulsus per generosissimum ducem Michaelem de Weywoda profugus ergo ad regem Poloniae devenit.

Nostrae etiam Germaniae principes, inter quos vere principes dux Brunscwicensis Henricus Iulius et lantgravius Hassiae Mauritius, ignotum fere ob quem panicum casum 15 omnia tuta timentes, milite coacto tumultuabantur, conductum vero suum exercitum in Westphaliae tractum misere, ut de finibus copias archiducis Alberti coercerent, sed militarunt cum Erisinade. Nostros hic etiam milites, qui Musarum castra secuti me duce nomina dedere, recensebo:

f. 328ab

Classis prima eorum qui plus solito 20 dederunt:

Leopoldus ab Hansteinn Eichsfeldiacus iur. dans 1/2 philippensem.[1]

Fridericus Zwingkman Duderstadensis Eichsfeldiacus rectoris ex sorore nepos iur. 25 solvens 1/2 daler.

Andreas Schaffenicht Heligenstadensis Eichsfeldiacus dt. 1/2 dal. et iur.

Philippus Georgius a Zwistenn Padebornensis canonicus Fritzlariensis dt. 1/2 taler.

30 Fridericus Gellich Frisius dt. 1/2 philippens. et iur.

Michael Klingkhardt Fuldensis n. iur. ob aetatem dt. 1/2 flor.

Henricus a Rockenbach Silesius iuravit dans 35 1/2 flor.

Fridericus a Zedlitz Silesius in Clockaw 1/2 flor. dt.

Guilhelmus Georgius Iude Padebornensis nobilis canonicus Fritzlariensis iur. et dt. 14 gr.

Classis secunda eorum qui octo grossos 40 solverunt:

Iosias Saltzer Erphordensis dt. 9 gr.

Iacobus Iunior Lichtensteinensis dt. 8 gr.

Ioannes Reutherus Heiligstadensis dt. 8 gr. hi duo iurarunt. 20

Iacobus Ottonis med. dr. Holdrungensis iur. dt. que 8 gr.

Georgius et Melchior } Brahman fratres Saltzenses ddt. 16 gr. et iur.

Casparus Huenermundt Eimbeccensis dt. 8 gr. 25 et iur.

Andreas Graw Gebeshausensis dt. 8 gr. et iur.

Constantinus Muller de Schallenburg
Nicolaus Agricola Gerltzhausensis 30 ex comitatu Hennenberg
Eckhardus Schachthawer Erphordensis
Ioannes Bawr Walligenfeldensis Francus 35
} hi 4 iurarunt.

f. 328cd

Ioannes Gerstenberg Erphordianus
Simeon Graim Kupfferbergensis
Christophorus Hopffelt Allendorffensis
Ioannes Molßdorff Erphordensis 40
Georgius Wachtell Heiligenstadensis
} iurarunt omnes.

[a] faedus E.

[1] Ein Philippsthaler ist 1 Thl. 3 Gr.

Gotfridus[b] Starck Gottingensis
Samuel[c] | Isaac[d] | Andreas[e] } Starck Erphordenses
5 Beniamin | Nathaniel } Starck Mulhausini fratres
Andreas Steinn | Henricus Ilgenn } Erphordenses.
} nullus horum iuravit.
Ioannes Fischer Franckenhausensis
10 Christianus Kuchenbahr Magdeburgensis
Iacobus Fraczelius Drieffenstadensis
Michael Aldenburgius de Alich
} iurarunt.

Classis tertia eorum qui inaequaliter
15 solverunt:

Melchior Junge | Georgius Junge | Philippus Eckhardt } Erphordenses ddt. 21 gr.
Henricus | 20 Theodoricus } Wiederholtt Erphordenses ddt. 12 gr.
Ioannes Lippardt
Leonhardus | Ludolphus } Gottschalck fratres
Ioannes Moller
} Erphordenses quilibet horum dt. 6 gr.
25 Theophilus Ecke Erphordensis dt. 4 gr.

Christophorus Schmidt Heiligstadiensis dt. 6 gr. ob aetatem non iuravit.
Hieronymus | Ioannes Albertus } Caßelman fratres Hallenses ddt. 1/2 dalerum et iurarunt. f.320a b
Ioannes Constantinus | Balthasar } Fabri Erphordenses ddt. 1/2 thal. 5
Iacobus Litterolavius Lomacensis Misnicus iur. dans 7 gr.
Fridericus Ballhoffer Erphordensis
Christophorus | Nicolaus | Casparus } fratres Funcken Erphordenses
Hieronymus Schmidt Erphordensis
} quilibet horum dt. 4 gr. 10

Classis quarta eorum qui gratis inscripti:
Georgius Frebell Dingelstadiensis 15
Ioannes Kirchnerus Kalmerodensis
Ioannes | Conradus } Hafferkorn fratres de Hupstett
Ioannes Probst de Berkungen
} Eichsfeldiaci omnes gratis inscripti, dt. magnificus in gratiam horum 6 gr. pedellis.
Ioannes Stoltz de Orßell 20
Nicolaus Ludwig Erphordensis.
Ioannes Faber lignarius de Eckenrodt Moguntinensis.
Ioannes Krippendorffer | Ioannes Wittwer } Erphordenses. 25

Summa 69.[f]

Accepta[g] ex precio inscriptionis:

Summa 1 thal. 20 gr. Ddt. singulae personae tres 13 1/2 gr.; tres 12 gr.; tres 10 1/2 gr.; una 9 gr.; 28 (Richtig. 29) octo gr.; undecim 6 gr.; una 7 gr.; tres 5 gr. et 4 ₰; sex 4 gr. et personae 59[f] ddt. 19 thal. 3 1/2 gr. 30
30 Hinc cedunt universitati 10 thal. 19 gr. 0 ₰; rectori 5 thal. 13 gr. 6 ₰; pedellis 2 thal. 11 gr.[h]

b-e quatuor fratres filii drIs Andreae Starckii rect. (320a u. b) 1601 et 1602. f Richtiger 70. g-h Aus dem Rechnungsbuche des Rectors.

1599. Mich. 319b. Rect. D. Henricus Selge II.[1] f.320c d

(A)d Phasim usque per hosce tumultuorum (!) fluctus me navigasse putabam, nunc vero rude donatum iri. At lupus circa puteum chorum egit et cum Homero 35

35 Frivola scilicet existunt et inania quaedam
Somnia, nec quodcunque vides sic evenit omne.

Votis nimirum paribus recto pectore et conspirantibus sententiis secundo hanc honoris purpuram induere et rectoratus officium suscipere cogor. Quandoquidem autem

1 Kein Bild, kein Wappen, keine Initiale.

annum hunc laetiorem speraram, evenit illud ipsum quidem in Germania; at in Ungaria Polonia Transylvania Germania inferiori Gallia excitantur crebri et novi motus bellici. Rex Franciae Henricus contra ducem Sapphoiae conscripto milite, hic contra ipsum pugnat, sed in herba bellum. Michaell de Weywoda aperto Marte bis profligat Sigismundum Transylvaniae principem cum Ieremia Weywoda, qui milite Polonico muniti Walachiam petierant. In Ungaria Franci et alii quidam Papam propugnaculum firmissimum tenentes rebellantur (!), Turcis illud dedere volentes; in quo a nostris oppugnando illustris et generosus heros Adolphus a Schwarzenberg globo traiectus occubuit, vir certe Nestorios vivere dignus, in Ungaria dux uti charus ita rarus. Rebelles vero capto propugnaculo stupendis et inauditis cruciatibus afficiuntur. Hoc etiam tempore mense circiter Septembri administrator Saxoniae Wilhelmus Fridericus, paulo post legati a rege Persarum ad Imperatorem Romanum missi Erphordiam venere. In fine huius anni ab immanissimo christiani nominis hoste Canisa, uti optimum ita et arte et natura munitissimum propugnaculum, oppugnatur et a nostris inibi commorantibus lugendum ipsi 22. Octob. deditur.

Incidit etiam in hoc meum regimen sacratissimus jubilaei annus piissimo pontifice Clemente VIII. celebrante. cuius mentionem pluribus facere non liquet; quod igitur hic diminutum, exaequabitur relatis nominibus eorum, qui hoc anno in matriculam universitatis inscripti:

Classis prima eorum qui plus solito solverunt:

Marcus Daltsch Hamellensis an der Weser iur. et solvit 13 1/2 gr.
Ioannes Daniel Forster Arnstadensis 1/2 flor.
Tobias et Georgius } a Wertternn Frondorffenses
Iodocus Henricus Hacke
Ioannes Eichhorn. hi 4 non iurarunt et ddt. 2 flor.
Ioannes et Henricus } Schmidt Erphordenses ddt. 1 flor. n. iur.
Ioannes Wedigenius Warborgensis dt. 12 gr.
Bertoldus Henricus Rennemahn Hildesianus n. iur. et dt. 1/2 thlr. (iur. sub rectoratu (324) D. Iodoci Helmsdorff).
Iacobus Scholl canonicus Mariae Erffurti. iuravit et dt 1/2 thal.

Classis secunda eorum qui octo grossos solverunt:

Valentinus et Otto } Ludolphi fratres in Francken-hausen, prior iuravit et dt. 16 gr.
Valentinus Henningius Werterensis.
Ioannes Christophorus Thomas de Salder.
Tobias Richter Schmalcaldensis.
Ioannes Gallus Stobaeus Erphordensis.
Paulus Septemtrio Butstadianus.
Michael Tautte Butstadianus.
Tobias Luttiger Erphordensis.
Henricus Pictor Erphordianus.
Valentinus Erichius Andislebianus,
Valentinus Walttberger Erphordianus, omnes hi iur. excepto ultimo.
Hieronymus Henning Saltzensis
Ioannes Rehtsch Erphordianus[a]
Ioannnes Henricus vom Stege Allembergensis } non iurarunt.
Ioannes Knoll Gandersheimensis
Ioannes Schmidt Heiligenstadensis } iurarunt.
Christophorus Schmidt Erphordensis
Fridericus Sprockhoffus von Hagenberg } non iurarunt.
Georgius Jhanuß Langvicensis iur.
Christophorus Gebnerus ad rivum Czibrae Neapolitanus iuravit.
Michael Iunior et Samuel Rothardus } Mulhausenses n. iur.

---

[a] Iuravit sub rectore mag. Lamberto Heck.

Conradus Antiphilus Hambergensis Cattus
Zacharias Steinmetz Mulhausinus
Herphordus Weiße Erphordiensis[b]
5 Ioachimus Kersell ex minori Mulhusia
Ioannes Zincke
} Nullus horum iuravit.

Philippus Heinricus Greyff iuravit sub rectore (321) mag. Augustino Friderico a. 1603.

Ioannes Sippell Erphordensis
10 Melchior Wennige Erphordensis
Ioannes Babtista Schwemmeler de Colleda
} iurarunt hi tres.

Classis tertia eorum qui inaequaliter solverunt:

15 Henricus Phodratz ab Wusto collegiatus maioris collegii dt. 4 gr. et non iuravit.

Valentinus Hybertus dt. pro totali solutione 4 gr.

Herboldus Forsterus ex Zimmern non iuravit et dt. 8 gr, (iur. sub rectore dr. Helmsdorff a. 1610). f. 331[c-d]

Sebastianus Henricus dictus Heintz de Alich dt. 4 gr. 5

Nicolaus Hutt Erphordianus iuravit et dt. 4 gr.

Classis quarta:

Elias Hueßen de Hopffgartten n. iur. hic, in gratiam mag. Bertholdi Sprockhoffy inscriptus. 10

Adamus Hir(y?)beill Dantiscanus
Georgius Steinsohn Wartenburgensis
Laurentius Hauß de Hopffgarten non iuravit
} Hi tres gratis inscripti. 15

Summa 52.

Ex[c] precio inscriptionis:

20 Ddt. personae singulae una $13^1/_2$ gr.; tres 12 gr.; septem $10^1/_2$ gr.; 33 octo gr.; una 6 gr.; quatuor 4 gr. Summa ex inscriptis 16 thal. 22 gr. Hinc cedunt universitati 9 thal. 22 gr.; rectori 4 thal. 23 gr. pedellis 2 thal. 1 gr.[d] 20

[b] hic iuravit rectore dno Iodoco Helmsdorff 29. Sept. anno Ch. 1609. [c-d] Aus dem Rechnungsbuche des Rectors.

T. III f. 1ab

Matricula III

ab anno 1600 inchoata et anno 1682. 84. consummata.[1] —

Vor Folio 1 geht eine bunte Zeichnung vorher, welche im Innern einen kleinen braunen Kreis mit einem Glaubensspruch darstellt, umschlossen von einem blauen viereckigen Rahmen, der wiederum in ein Dreieck eingezeichnet ist, an dessen inneren Basiswinkeln Namen, links: „Andreas Starck, Dr. Erffurt. reipub. med. ord. F. F.“, rechts „Barbara Birckneri ipsius coniux“ eingeschrieben sind. Die Spitzen des Dreiecks reichen bis an die Peripherie eines braunen Ringes, auf den ein gelber und dann ein blauer folgt; jeder dieser Ringe enthält Bibelsprüche. Unter der Basis des Dreiecks steht Christus mit Lendenschurz und rothem Mantel auf seinem Grabe mit der rothen Kreuzesfahne in der Hand und zertritt der Schlange den Kopf; dazu noch verschiedene Bibelsprüche.

Rectoratus biennalis Andreae Starckii doctoris, medicae facultatis decani medici ordinarii reipublicae Erffurtensis ab anno nato Christo 1600 ad 1602.

f. 1cd

1600. Mich. 320. Rect. D. Andreas Starck.[1]

Anno a salutifero partu domini Ihesu Christi θεανθρώπου et Immanuelis nostri 1600 triarcha Deo sic gubernante, academico senatu Erffurtense consentiente iubente, more die loco consuetis a tribus electoribus dno Iodoco Helmdorffio, i. u. d. eximio reverendissimi et illustriss. archiepiscopi et electoris Moguntinensis consiliario et huius curiae sculteto dignissimo, dno mag. Ioan. Gebhardo professore rhetorices et dno mag. Samuele Monnero, professore physices, in rectorem academiae huius electus et proclamatus sum ego Andreas Starck, doctor medicae facultatis decanus et reipublicae (f. 2ab) Erffurtensis medicus ordinarius, die vero 25. Novembris solenni ritu in praesentis senatus tam academici quam politici urbis Erffurtensis corona in rectoratus munus inauguratus et confirmatus; Deus optimus maximus propter filium suum per spiritum sanctum me nunc, successores meos et singulos scholares sic regat adiuvet ducat, ut nomen suum sanctificetur, regnum suum adveniat et voluntas sua, ut in coelis sic etiam in terris et hac academia nostra, fiat, fiat, fiat, Amen.

f. 2cd

Studiosorum nomina qui civitate academiae donati ac in album seu matriculam hanc universitatis relati sunt sequuntur: et quidem,

[1] Dieser erste Titel des 3. Bandes ist von Professor Isidor Kepler's (1784) Hand geschrieben; hierauf folgen zwei Blätter Verzeichnisse der Rectoren von Rectorat 320 — 365, in der nächsten Columne die NN. 1 — 45; auf der andern Seite die entsprechende Foliirung von fol. 1 — 254, ohne Beifügung der Jahreszahlen.

Classis prima eorum qui plus solito numerarunt:

Abel Ludiken, Hildesianus Saxo dt. 1 thal. et iuravit.
5 Iodocus Christianus } fratres ab Hagen ddt.
Adolphus Georgius } thal. non iurarunt.
Henricus a Milwitz Erffurdensis dt. 1 thal. philipp. non iuravit.
Christophorus Voigt Stetinensis Pomeranus dt. 12 gr. } iurarunt.
10 Iacobus Heys Berckensis dt. 10 gr. 6 ₰ } iurarunt.
Ioannes[a] } Meler fratres Mulhusini 10 gr. 6 ₰ } non iurarunt.
Salomon } Meler fratres Mulhusini 10 gr. 6 ₰ } non iurarunt.
15 Henricus } Meler fratres Mulhusini 10 gr. 6 ₰ } non iurarunt.
Wilhelmus Kautz Mulhusinus 10 gr. 6 ₰ } non iurarunt.
Georgius Hildebrandt Bockamensis apud Francofurtum ad Moenum dt. 10 gr. 6 ₰
20 iuravit.

Classis secunda qui totum sive 8 gr. numerarunt:

Iacobus Eichorn Erffurdensis } iurarunt.
Ioannes Luttiger Bebergensis ad Unstrutum } iurarunt.
25 Ioannes Saxo Hermesfeldensis Francus } iurarunt.
Balthasarus Mokerus Langenwisensis } iurarunt.
Melchior Thaler Erffurdensis } non iurarunt.
30 Nicolaus Muller Hernsvenedensis } non iurarunt.
Matthias Haccius Wildenmannensis } iurarunt.
Conradus Schmidt Suerstedensis } iurarunt.

Hieremias Assingius Colledensis } iurarunt.
Philippus Ransbachius Treisensis Hassus } iurarunt.
Casparus Otto Budstadensis } iurarunt.

Classis tertia
5 qui 4 gr. tantum solverunt:

Iacobus Schlemilch } Erffurdenses non iurarunt.
Casparus Borlisaeus } Erffurdenses non iurarunt.
Iacobus Mhorenhandt } Erffurdenses non iurarunt.
10 Ioannes Muller } Erffurdenses non iurarunt.
Henricus Riegler } Erffurdenses non iurarunt.
Ioannes Reincke Elricensis iuravit.

In gratiam rectoris et gratis inscripti:

15 Martinus Herbst Northusanus rectoris paedagogus } iurarunt.
Georgius Andr. Fabritius Hertzbergensis } iurarunt.
Samuel Rakebrandus Herdesianus } iurarunt.
20 Henricus Rhetelius Osterodensis, ad petitionem dni doctoris Ioannis Pandochaei } non iurarunt.
Michael König Freienbessingensis } a praeceptoribus commendati } non iurarunt.
25 Ioan. Berckman Erffurdensis } a praeceptoribus commendati } non iurarunt.
Constantinus Zöberer } fratres Erffurdenses.
Ioannes Zöberer } fratres Erffurdenses.

Summa 36.

30 Ex[b] precio inscriptionis seu immatriculationis 10 thal. 22 gr. ddt. 36 studiosi, quorum nomina sub certis classibus in nova matricula continentur. Hinc cedunt universitati 7 thal. 6 gr. 8 ₰; rectori 3 thal.
35 15 gr. 4 ₰.[c]

[a] iuravit. [b-c] Aus dem Rechnungsbuche des Rectors.

f. 4ab

1601. Mich. 320b. Rect. Dr. Andreas Starck II.

Prima classis qui plus solito dederunt:

mag. Ioannes Weberus scholasticus et canonicus b. Mariae virginis collegiatae ecclesiae Erffurdensis iur. et dt. thalerum philippicum.
mag. Ioannes Winzetus Glasguensis Scotus, vicarius B. Mariae Virginis iur. et dt. 12 gr.
Sebastianus Glaumius Melbachius Wedderavius iuravit et dt. 12 gr.
Ambrosianus Kynast Frondorffensis iur. et dt. 12 gr.
Henricus Hitzingh Lipprechterodensis iuravit et dt. 12 gr.
Thomas Tollenius Clausthalensis iuravit et dt. 10 gr. 6 ₰.

non iurarunt:
Hermannus, Levinus } Crammon fratres Megapolitani ddt. 20 gr.
Casparus, Philippus } Ernste fratres Northusani ddt. 21 gr.
Beniamin Engelhardt Mulhusinus dt. 12 gr.
Matthaeus Helbingk Frienstadensis dt. 10 gr. 6 ₰ iuravit

f. 4cd

iurarunt:
Theodorus Bussius Calenbergus Saxo — 12 gr.
Iustus Bock Hildeshemius Saxo — 12 gr.
Christophorus ab Hagen Hildeshemius — 12 gr.

non iurarunt:
Casparus Bußius Calebergus Saxo — 12 gr.
Georgius Bußius Calebergus Saxo — 12 gr.

non iurarunt:
Ioannes Melchior Förster Arnstadensis — 10 gr. 6 ₰.
Ioannes Baptista Förster Erffurdensis — 10 gr. 6 ₰.
Elias Seltzerus Erffurtensis — 10 gr. 6 ₰.

Classis secunda qui totum seu integrum scilicet 8 gr. numerarunt:

iurarunt:
Ioannes Bovius Hildesheimensis
Georgius Langius Laubanensis Silesius

iurarunt:
David Boniger Erffurdensis
Georgius Molitor Fuldensis
Matthaeus Seitz Kennichensis Francus
Matthaeus Beteleius Colmariensis

f. 5ab

Wolffgangus Henrici, Ioannes, Christophorus, Balthasarus } a Milwitz fratres Erffurdenses non iurarunt ddt. cruciatum in auro.

non iurarunt:
Balthasarus Lippart Erffurdensis
Valentinus Faber iun. Erffurdensis
Martinus Faber Erffurdensis
Michael Sommer Erffurdensis
Ioannes Zacharias Erffurdensis
Wilhelmus Weber Erffurdensis
Christophorus Hunermundus Embecensis (iur. rectori mag. Lamberto Heck 1607.)
Laurentius, Ioannes } Monachus Rudelstadenses fratres
Ioannes Georgius, Levinus Christianus } Greiff fratres Lindavenses, Silesii.

iurarunt:
Melchior Funcius Wihensis
Simon, Henricus } Starckloff fratres Pfertingslebienses
Cyriacus Felsbergk Isenacensis
Conradus Albinus Rhudolphopolitanus

f. 5cd

iurarunt:
Ioannes Bock Erffurdensis
Ioannes Kirchofius Blanckenbergensis

non iurarunt:
Ernestus Adolphus, Ioannes Georgius } ab Ottra fratres Mulhusini
Henricus Engelhardt Mulhusinus
Georgius Andreas Sheling Grezensis
Paulus Rotscher Mulhusinus
Michael Rotscher Langen-Eichstadensis
Ioannes Leuber Gorslebiensis
Hieronymus Tilesius Mulhusinus
Hermannus Schwartzkopff Mulhusinus
Christophorus Öhemius Mulhusinus
Bernhardus, Ioannes } Rhodeman Mulhusini
Casparus Schonfeldt, Fuldensis
Hugoldus, Andreas } Strecker Mulhusini
Beniamin Wilhelmus, Christianus, Rudolphus, Salomon, Iustus } Berckman Mulhusini
Ioannes Walter Mulhusinus
Matthias Hoffman Mulhusinus

f. 6ab

Georgius Hoffman Mulhusinus
Ioachimus Molitor Mulhusinus } non iurarunt.

Classis tertia qui 4 gr. tantum numerarunt:

5 Ioannes Rhödinger Chranichbornensis
Fridericus Teuerkauff Hachelbichensis
Georgius Berger Erffurdensis
Ioannes Unbereit Harhusiensis } iurarunt.
10 Casparus Schwan
Laurentius Ziegler } Sömmerendenses non iurarunt.
Martinus Burgraff a Manstadt
Thomas Gerstenbergh Sömmeredensis } non iurarunt.
15 Ioannes Hermannus Königerodensis Cheruscus iuravit.
Samuel Wagner Gothanus, praestitit hic iuramentum rectori (321b.) mag. Augustino
20 Friderico solutis adhuc 4 grossis residuis 2. Sept. 1604.
Volckmar Wagner Erffurdensis
Georgius Röst Erffurdensis
25 Christophorus Fhemel Erffurdensis
Iacobus Wagner, hic datis residuis 4 gr. iuravit rectori mag. Bartholomaeo Löneisen (326) in secundo rectoratus
30 sui anno, anno Chr. 1614.
Otto Koch } non iurarunt.
f. 6cd Paulus Beumler Saltzensis iuravit.
Erhardus Bartholomaei Wolffersvendensis
35 Christianus Losekam Saltzensis
Ioannes Kirchoff Blanckenbergensis
Liborius Rudolphus Heiligstadensis
Ioannes Otto Mulhusinus
Quirinus
40 Christophorus
Ioannes Sebastianus } Knor Mulhusini. } non iurarunt.

Christophorus Borlaeus Mulhusinus
Valentinus Ebenau Mulhusinus
Ioannes Georgius Hhönrath Mulhusinus
5 Ioannes Weyda Mulhusinus
Ioannes Schmidt Heiligstadensis
Valentinus Botner Eswicensis } non iurarunt.

In gratiam rectoris et gratis inscripti:

10 Sebastianus
Ioannes } Starck fratres Greussenses, rectoris nepotes ex fratre mag. Sebastiano Starck ludimoderatore Greußense.
Sebastianus Henricus Starck Mulhusinus. nepos rectoris ex fratre Nathanaele collaboratore
15 p. m.[1] scholae Mulhusinae.
Beniamin Starck Dachredensis nepos rectoris ex fratre dno Ernesto pastore in Dachreden.
Ioannes Bartholomaei Wolffersvendensis, iuravit. f. 7ab
20 Nicolaus Daniel Smirensis, ex commendatione praeceptoris, non iuravit.
mag. Marcus Hassaeus Havelbergensis in academia Rostochiensi, sanctae linguae Ebraeae professor publ. in gratiam mag. Mökeri
25 inscriptus. Non iuravit.
Cyriacus Henricus Becherer Mulhusinus
Emanuel Breidtbart Mulhusinus
Ioannes Oswaldus Mulhusinus
30 Ioannes Botticher Mulhusinus
Gabriel Sembach Almenhausanus
Ioachimus Helmboldus Creuczburgensis
Henricus Andreas Brigensis
35 Ioannes Thron Heiligstadensis
Andreas Praetorius Franckenhusanus
Matthias Weber Solstadensis
Sebastianus Hermstedt Greussensis } ad petitionem praeceptornm inscripti non iurarunt.
40 Summa 120.

Accepta — ex intitulatura: Studiosi 120 ddt. 32 thal. 6 ₰; nomina horum ut e spiciur(?) inscriptionis in matricula continentur. Hinc universitati cedunt 21 thal. 8 gr. rectori 10 thal. 16 gr.

---

[1] postmeridiano, Nachmittagsprediger.

f. 8cd 1602. Mich. 321. Rect. M. Augustinus Friderici Mulhusinus.[1]

f. 9ab Beatissimi[2] evangelistae Lucae sacro academiae Erphordianae solenni die anni 1602 more maiorum senatu academico rite collecto delegendique potestate ad hos triumviros spectabiles clarissimos atque doctissimos dnos, mag. Antonium Mocerum artisticae facul-
5 tatis pro tempore decanum, mag. Simeonem Binckebanck et mag. Bartholomaeum Löneysen, eiusdem facultatis moderatores vigilantissimos, delata diu multumque deliberatum, ut novum non modo rectorem, sed prudentem pacatum ac utilem quoque reipublicae litterariae nominarent; cum ecce omnium animus idem ingestus sensus accendit ad constituendum mag. Augustinum Friderici Mulhusinum, ecclesiae beatae Mariae
10 virginis canonicum et aedilem aedis omnium sanctorum parochum, qui cum divi Hiero-
f. 9cd nymi adversus Vigilantium scribentis sententia monitus „Non parum est scire, quod nescias, prudentis hominis nosse mensuram suam nec zelo diaboli concitatum imperitiae suae cunctum orbem testem facere," inter eos sane profiteri nomen suum maluisset, „quos nec falsus honos iuvat aut mendax infamia terret," induciarum tamen tempore,
15 quae ad deliberandum datae, ne laboris potius qui plurimus quam commodorum quae nulla sunt fugitans videretur, subscripsit Marco Tullio et aliis, asserentibus hominem homini natum, et nos partim nobis partim patriae aut reipublicae in qua degimus natos, onus hoc humeris non aequis passus est imponi. Et certe fortunavit hunc annum Deus. Cum enim 1600 anno secularis ille sacer sive iubilaeus, qui maiorum
20 aetate ab iis, qui Christi ecclesiae in terris militanti praefuerunt, ad nutrimentum pietatis et noxis purgandis institutus, in urbe orbis capite celebratus, reverendissimus
f. 10ab atque illustrissimus princeps Ioannes Adamus, archiepiscopus sedis Moguntinae etc. a pontifice maximo pro grege sibi commisso impetratam sua in dioecesi peccatorum seu poenarum, quae his temporibus debentur, indulgentiam Erffurti etiam fecit promulgari.
25 Et apparatus fructusque maximus extitit. Nam totos 14 dies, qui divo Martino episcopo et confessori sacrum antecedunt, eorum qui poenitentiam agerent de peccatis confiterentur sacrosanctum eucharistiae sacramentum obirent aliisque pietatis operibus vacarent, multitudo pro conditione temporum magna fuit. Ipsomet vero die, qui Novembris 11., urbana processio a clero toto ex Deiparae per S. Severi ad regalis mona-
30 sterii S. Petri peracta. Intererant e primoribus civitatis, qui fidem orthodoxam profitentur, et veteri more variae sanctorum reliquiae cum augustissimo eucharistiae sacramento circumlatae. Auxerunt numerum catholicorum, qui e vicinis pagis reverendissimo nostro archiepiscopo Moguntino parentibus certo ordine ac christiana cum pietate
f. 10cd adventantes agricolae civium legebant vestigia. Confluxerunt multi etiam remotis e

f. 8cd [1] Christus hängt am Kreuz, aus seiner Wunde in der rechten Seite schießt das Blut in Pfeilform auf den vor ihm knieenden heil. Augustin, welcher den Hirtenstab im rechten Arme hält, während die Mitra auf dem Boden steht; im Hintergrunde die Stadt Jerusalem. Das Bild ist von vier Goldleisten eingeschlossen, an denen weibliche und Engelsköpfe angebracht sind. Neben dem Kreuze Goldschrift: D(ivus) Augustinus: sagittaveras tu, Domine, cor meum charitate tua.

[2] Goldne Initiale B auf blauem Grunde in einen goldenen Rahmen eingeschlossen.

locis alii ob religionem alii ob spectaculum. Summa, tanta fuit illius diei in Erffurdina ecclesia pietas animorumque commotio, ut priscam devotionem postliminio huc reductam crederes.

Nomina illorum studiosorum qui albo universitatis sunt inserti:

Classis prima eorum qui plus solito solverunt:

Henricus Philippus ab Usler dt. 1 thal. iur.
Christianus Vitzthumb ab Eckstadt Wenigen Vargulensis } ddt. 1 flor. pro
Otto Christophorus a Kerstlingeroda Herbslebiensis } 21 schneb. n. iurarunt.
Martinus Albertus Chemnicensis medicus Paracelsicus dt. ½ flor. iuravit.
Iustus Zinzerling Eschenbergensis dt. ½ flor. iur.
Ioannes Dalraeus Hamelensis dt. 12 schneb. iur.
(f. 11a b) Christophorus Sigismundus[a]
Iacobus[b] } Eichler fratres ddt. 1 flor.

Classis secunda illorum qui totum sive 8 gr. solverunt:

Valentinus
Ioannes } Ziegler fratres non iurarunt.
Balthasarus Klemme Erffurdensis n. iur.
Ioannes Robock Kleine Vanerensis
Ioannes Muess Erffurdensis } non iurarunt.
Ioannes Zieglerus Jenensis
Paullus Albinus Trugelebiensis
Ioannes Storgaeus Gottingensis } iurarunt.
Sebastianus
Ioannes } Grasbach fratres Erffurdienses non iurarunt.
Ionas Leufferus Erffurdiensis
Henricus Rhodius Bienstadiensis
Georgius Budtstadt Battichendorffensis } iurarunt.
Ioannes Lemmerhirt Pfullendorffensis.
Ioannes Lubitius Rorbachcensis, iuravit.

Inaequaliter solventes:

Ioannes Ludovicus Liphardus Erffurdensis non iuravit dt. 5 schneb. 3 ₰.
Christophorus
Ioannes } Wagner fratres Erffurdenses, ddt. 12 schneb. { iur. / n. iur.

Classis tertia eorum qui 4 gr tantum solverunt: (f. 11c d)

Ioannes Naumburg Erffurdensis.
Constantinus Schmidt
Ioannes Henningius
Sebastianus Schmidt } Erffurdenses.
Ioannes Buttener Vogelsbergensis.
Hieronymus Suesse Danrodensis.
Franciscus Walther
Ioannes Mattheus Lasphe } Erphurdenses.
Petrus Scuring Urlebianus.
Christophorus Francke Gebesensis.
Michael Beuttler
Conradus Bothe } Erffurdensis.
David Crusius Crimnicensis iuravit.[c]
Ioannes Gerlinus
Valentinus Gronneberger
Melchior Frey } Erffurdenses
Paullus Dalacker Zimmerensis
Ioannes Ringer[d]
Fridericus Schadirthalerus[e] } non iurarunt.
Ioannes Schumannus Ernsterodanus
Ioannes Reinisius Gorlicensis
Christophorus Sagittarius Saltzensis
Ioannes Geller Kalebsrinensis
Wolffgangus Rosenstadt
Quirinus Pflug } Erffurdenses } iurarunt.

In gratiam rectoris et gratis inscripti: (f. 315 a1)

Ernestus Eckardt
Ioannes Klemme } Erffurdenses non iuravit.
Iacobus Berchaus Breckerfeldensis in gratiam mag. Gerhardi Fabricii.
Georgius Pfaffe Biberstedensis non iuravit.
Ludovicus Fideler Mulhusinus famulus rectoris.
Ioannes Wickeman Siesensis.
mag. Albertus Echardus Wetteranus Hassus diaconus Grunbergensis.
Lucas Beisselius Mulhusinus diaconus in Walschleben.
Georgius Leinert Klettbichcensis non iuravit.

Summa 60.

---

[a] iuravit. [b] non iuravit propter defectum aetatis. [c] iur. et reliquos gr. dt. sub rectore M Lamberto Heck. [d] iur. rectori D. Iod. Helmsdorff et solvit D Iod. 4 gr. 29. Sept. a. 1609. [e] iuravit et reliquos 4 gr. dt sub rect. (323) M. Lamb. Heck.

Percepta[e] — ex precio inscriptionis: 16 thal. ddt. 51 personae quorum nomina una cum precio inscriptionis in matricula habentur. Hinc cedunt 10 thal. 16 schneberg. universitati: 5 thal. 8 schneberg. rectori.[f]

[b-e] Aus dem Rechnungsbuche des Rectors.

---

f. 12[c d]

1603. Mich. 321b. Rect. M. Augustinus Friderici Mulhusinus II.[1]

5 Cogitaram dixeramve iam saepius anno priore rectoratus evoluto me plenis buccis cantaturum:

Et iam tempus equûm spumantia solvere colla
Pacem orare manu finemque imponere curis.

Cum ecce praeter expectationem cogor academico senatui occinere cum Horatio:

10 Spectatum satis et donatum iam rude quaeris,
Mecaenas, iterum antiquo me includere ludo.
Non eadem est aetas, non mens, Veianius armis
Herculis ad postem fixis latet abditus agro.

Illi contra excipiunt illo Virgilii:

15 Illa seges demum votis respondet avari
Agricolae, bis quae solem bis frigora sensit.

Acquiesco igitur et iugo iam suaviore ob consuetudinem colla submitto. Verum ut praecedens annus laetas indulgentias, sic praesens tristissimum funus produxit reverendissimi atque illustrissimi principis Ioannis Adami a Bicken archiepiscopi Moguntini, 20 aeterna memoria digni, qui ut ad magna natus ita brevissimo eo (a 15. Maii anno 1601 usque ad a. 1604 diem 10. Ianuarii, quo morte iustorum pie defunctus:) quod in Moguntinae f. 13[a b] ecclesiae gubernatione posuit multa tempora complevit, ut multis fuerit admirationi, quibusdam etiam stupori. Quare merito spe maiori concitata Moguntia threno, quem typis mandavit, maesta et illachrymans sic eum prosecuta:

25 Ioannes Adam a Bicken aetate virenti,
Qui mihi more novi sideris ortus erat.
Tertia cum florentem illum praestantibus ausis
Et spe complentem cuncta videret hyems,
Heu raptus leto[a] est et pulchri fulminis instar,
30 Quam cito promicuit, tam cito disperiit.

Levavit hunc dolorem aliquantum ad eundem praesulatum evectus 17. Febr. anno 1604 reverendissimus atque illustrissimus princeps Ioannes Schwichardus a Kroneberg etc, qui ut conscius antecessoris sui consiliorum, sic etiam speramus imitatorem praeclarissi- f. 13[c d] morum factorum. — Nomina illorum, qui anno secundo rectoratus sunt inscripti:

[a] laeto E.

[1] Kein Bild und keine Initiale.

Prima classis eorum qui plus solito dederunt:

Iacobus Winzetus Glasguensis Scotus monasterii S. Iacobi Scotorum Erffurd. abbas electus
5 et confirmatus dt. 1 flor. in auro.
Petrus Kraus Magdeburgensis medic. dr. dt. 1 thal.
Ernestus Reinhardus Bodewitz Erffurden. dt. 1 thal. n. iur.
10 Georgius } a Denstedt fratres
Ioannes } germani Erffurdenses ddt. 15 schneberg. 3 ₰. non iurarunt.
Ioannes Conradus Schönewaldus Weisensehensis
15 dt. 12 sol. iuravit.
Henricus ab Usler Gorslariensis dt. 12 sol. iur.
Ioannes } Bruckman Mulhusini fratres
Bernardus } 2 flor. non iuravit.
20 mag. Henricus Stoltz Erffurdensis notarius iudicii Moguntinensis dt. 12 sol.
Ioannes Praetorius Nihemensis dt. 12 sol.
Ioannes Georgius } ab Hoym fratres ddt.
Christianus Iulius } 1 thal.
25 mag. Ioannes Merck Renweinsdorffensis Francus dt. 12 sol.

Classis secunda eorum qui 8 grossos dederunt:

Ioannes Kretzmuller Hassus iuravit.
30 Georgius Zimmermann Erffurdensis n. iur.
f. 14ab Nicolaus Bechstedt Bilredensis } iurarunt.
Martinus Spira Colledanus }
Hieremias Alberti Ermstadiensis n. iur.
Ioannes Werneri Dingelstadiensis }
35 Herbordus a Dinglagh Vechtensis Westphalus } iurarunt.
Poppeius Nortechius Frisius }
Adamus Schmidt Greffenthalensis }
Vitus Georgios Schmidt Greffen-
40 thalensis } non iurarunt.
Martinus Spangenberg Erffurdensis }

Ioannes Melchior Bodewitz }
Laurentius Kramer } Erffur-
Ioannes Bonnewetter } denses
Ioannes Heroldt } non
Paullus Sigismundus Utzberg Erffurdens. } iurarunt. 5
Ioannes Saltzer } Erffurdenses
Melchior Kalmus }
Georgius Lasphe }
Ionas Weismantel } Erffurdenses } iurarunt. 10
Martinus Mullerus }
Georgius Wilibertus Mellingensis }

Classis tertia illorum qui tantum 4 gr. solverunt:

Andreas Monhammer Erffurdensis iuravit. 15
Ioannes Gordian Erffurdensis non iuravit.
Michael Wehe Islebiensis } f. 14cd
Ioannes Thomas Stromarus Bergensis }
Andreas Schmidt Ottmanshusanus }
Ioannes Behme Erffurdensis } 20
Ioannes Laurentii Husensis Holsatus }
Rudolphus Sartorius Erffurdensis } iurarunt.
Valentinus Witichius Dieffengrubensis }
Ioannes Rempe Erffurdensis }
Ioannes Venatorius Hamburgensis } 25
Michael Vogell Alichensis }
Henricus Launius Tundorphinus,
Henricus Fabricius Revaliensis ex Livonia.
Ludolphus Kunemundus Rodigerus Erfurdensis.

In gratiam rectoris ac gratis inscripti: 30

Ioannes Colinus Mentzel Treverensis societ. Iesu sacerdos.
Robertus Bruno ab insulis Orcadibus oriundus. in gratiam rectoris iur.
Ioannes Geynitius Erffurdensis in gratiam rec- 35 toris inscriptus non iuravit.
Ioannes Kestnerus Erffurdensis } iurarunt.
Sigismundus Kirchoff Blanckenburgensis }

Summa 56. 40

Pro precio inscriptionis: 18 thal. 23 schneberg. 3 ₰ ddt. 51 personae.
Hinc cedunt 12 thal. $15^1/_2$ gr. universitati: 6 thal. 7 schneberg. 9 ₰ rectori.

Ex residuo inscriptionis:

45 8 gr. dt. dns Ioannes Callinberg. 45
4 gr. Samuel Wagner.
Hinc cedunt 8 gr. universitati: 4 gr. rectori.

f. 16ab

1604. Mich. 322a. Rect. M. Ioannes Weber.[1]

Postquam[2] disciplina prudentia aliisque virtutibus reverendus insignis et magnificus huius almae Erphordianae universitatis dns rector Augustinus Friderici Mulhusinus anno 1604 edicto suo cavisset, ut omnes litterarii sui regiminis ordines die
5 divo Lucae sacro hora locoque consuetis confluerent atque de altero rectore magnifico 5
eligendo, qui non minus virtutibus ac scientiis ornatus sit, quam probatissimis moribus praefulgeat, cuius consilio dexteritati gravitati pietatique Palladiae habenae per sequentis anni intervallum committantur, mature deliberent ac legitime eligant; nescio quo fato ab admodum eximiis clarissimisque viris, in quos universum eligendi ius dela-
10 tum erat, nimirum a consultissimo prudentissimoque viro dno Iodoco Helmsdorfio 10
sacrorum canonum ac legum dre, reverendissimi ac illustrissimi archipraesulis Moguntinensis electoris et principis nostri clementissimi apud Erphurdienses praetore ac consiliario dignissimo, consultissimo etiam iuris utriusque dre huius celeberrimae urbis senatore dno Bartholomaeo Zeppero, atque experientissimo viro dno Petro Crusio,
15 medicinae doctore, tanquam triumviris ego, Ioannes Weberus, ecclesiae b. Mariae 15
virginis scholasticus et canonicus, rite electus publice proclamatus et cum solennitate consueta confirmatus sum. Terrorem mihi haud exiguum incussit deplorandum hoc tempus, quo et gladio et peste Deus ter maximus inobedientem omnibusque vitiis con-
f. 16cd spurcatum terrae marisque ambitum iusto iudicio suo divino ob nostra peccata affligit
20 omniaque regimina exitiosa et funesta reddita sunt, attamen cum providentissimis 20
ornatissimisque triumviris resistere aut reclamare eorum imperio fas non esset, in regis supremi, qui omnia inferiora regimina constituit ac fovet, nomine oneri oblato arduo satis et difficili humillimos humeros subieci. Quodsi tantorum doctorum totiusque universitatis exspectationi de me conceptae aliquantulum respondissem, esset de quo mihi
25 gauderem; sin minus, partem vires meas excedenti muneri, partem depravato tempori 25
adscribi posse spe maxima laetarer. Hoc enim funestum et pestilens huius anni

---

f. 15cd

[1] Ein uraltes auf das Pergamentblatt der Matrikel aufgeklebtes Bild (XIII. Jahrh.) stellt einen hochbejahrten König mit der Krone dar, bekleidet mit braunem Gewande, darüber einen goldnen Ueberwurf und kleinen Pelzkragen; vor ihm stehen auf zwei rothen einen Giebel bildenden Balken auf weißen aneinander sich reihenden Scheiben die Bezeichnungen der Verwandtschaftsgrade vom abavus bis zum abnepos und die der Seitenverwandten (agnati und cognati) bis zu den pronepotes fratris und links vom König zu den pronepotes sororis. Der Oberkörper des königlichen Stammvaters ist von bunten Arabesken umgeben, deren Hauptranken er mit seinen Händen umfasst hält; in den vier Ecken des aus einem alten Codex ausgeschnittenen, auf der Rückseite beschriebenen Blattes befinden sich Medaillons mit den Köpfen der Mutter, des Vaters, der Schwester und des Bruders des Erblassers, welcher selbst auf der Mittelscheibe zwischen denen seiner Ascendenten und Descendenten und zwischen denen von Schwester und Bruder bildlich dargestellt ist.

[2] Goldne Initiale P (?). Vor einem thronenden Bischof in Alba und rother Dalmatika kniet ein Geistlicher in grünem, ein andrer steht daneben in blauem Gewande. Rechts sitzt ein älterer Mann in grünem Gewande auf einer Brücke zwischen einer Doppelreihe von Zinnen und hält einen Stab in das vor ihm vorüberfließende Wasser, während die linke Hand eines Dahinterstehenden zum Himmel emporzeigt.

spacium etc.[1] — — Sed ne copiosor quam par est inveniar, nomina eorum qui sub hoc meo scholastico imperio litterario otio se tradiderunt subiungam.

f.18ab

Classis prima eorum qui plus solito solverunt:

5 Dns Andreas Burckner S Caesareae maiestatis familiaris aulicus dt. 2 thaleros imper.
Ioannes Thilo a Sebach de Opershausen dt. 1 thal. imper.
Ioannes Quirinus a Sebach de Opershaußen dt.
10 1 thal. ob defectum aetatis non iuravit.
Ioannes Ernestus ab Hawwitz dt. 1 flor.
Mauritius vom Stege Annaemontanus dt. 1/2 thal. philippicum, non iuravit.
Nicolaus Schanaeus ab Hertzig dt. 12 schneb.
15 n. iur.
Hermannus Tappe Hildesheimensis dt. 12 schneb.
Wilhelmus Zepperus } Erphordienses fratres
Ioannes Henricus Zepperus }
20 dt. 1 flor. n. iur.
Sebastianus Alverdes Halberstadensis dt. 1/2 flor.

Classis secunda qui totum sive octo grossos solverunt:

Ioannes Heinricus Hugoldus Mulhusinus.
f.18cd 25 Christophorus Truttiger Hala-Saxo.
Ioannes Preger Hanentornensis.
Heinricus Guntherus Einbecensis.
Ioannes Heniceus Duderstadiensis.
Heinricus Trosten Gottingensis.
30 Bertoldus Boekenaw Warburgensis
Paulus Femelius Erphordensis[a]
Isaac Ciriaci de Oppershaußen
Ioachim Rullius Hirsfeldensis
Heinricus Heine de Raßdorff
35 Ioannes Blanckenbergk de Monra maiori
Adamus Wettig } Colledani fratres.
Bartholomaeus Wettig }
Volckmarus Funcke Erphordiensis
40 Hermannus Flacken Hildesheimensis
Ioannes Reisnerus Hirsfeldensis
} non iurarunt.

Ioannes Kirchberg Arnstadiensis
Gotfridus Blattener de Langen Saltza
5 Guntherus Heinricus Blattener de Langensaltza
} non iurarunt.
Christophorus Beringer Gothensis
Michael Weisbach Erphordiensis
Ernestus Gebhardt Erphordiensis
} non iurarunt.
10 f.19ab Ioannes Brunckurst Erphordiensis
Robertus Brunckurst Erphordiensis[b]
Gabriel Heune Erphordiensis
Georgius Heune Erphordiensis
Heinricus Schmidt Erphordiensis, mihi
15 mag. Bartholomaeo Löneysen in meo rectoratu (326b) iuravit 1613
Ioannes Schmidt Erphordiensis
Paulus Schmidt Erphordiensis
Volckmarus Avianus Erphordianus
20 Iohannes Christophorus Avianus Erfordiensis
Heinricus Koltzschwig Erphordensis
Ioannes Sorge Gothanus
Georgius Krauße Sümmeranus
25 Sebastianus Wittichius Islebiensis iuravit
} non iurarunt.

Classis tertia eorum qui inaequaliter solverunt:

Alexander Heune Erphordensis 6 gr.
30 Melchior Muller Daverstadiensis 6 gr.
Martinus Schederich Lactevillensis (aus Melchendorf) 5 gr.
Balthasar Meister Erphordiensis 5 gr.
Christoffel Schonberg Erphurdiensis
35 5 gr.
f.19cd Martinus Meister Arnstadiensis 4 gr.
Valentinus Muth Erphordiensis 4 gr.
Fridericus Molitor Bibrensis 4 gr.
Ioachim Boccius Wulffingensis Saxo
40 4 gr.
} non iurarunt.

[a] iuravit rect. dno Iudoco Helmsdorff 29 Septemb. anno 1609. [b] iuravit rect. (326b) M. Bartholomaeo Löneisen Cuprimontano so. 1614.

[1] Ausführlich bespricht nun der Rector die bedeutsamen Ereignisse dieses Jahres: den Tod zweier Päpste, Clemens' VIII. am 3. März, Leo's XI. am 27. April, die Wahl Paul's V. am 16. Mai, dem Tauftage des spanischen Thronerben (Philipp IV.) endlich die Siege und Eroberungen Spinola's in den Niederlanden, und schliesst mit den Worten: Sed me copiosior u. s. w.

Andreas Haso Erphordiensis 4 gr.
Wilhelmus Vetterus de Reyda 4 gr.
Nicolaus Herselman a Bercka prope[c] 2 gr. } non iurarunt.

5 In gratiam rectoris et gratis inscripti:

Casparus Himbach Bononiensis famulus rectoris
Ioannes Flegel alias Herckenroda Leodiensis } non iurarunt.

Widerholdus Widerholdt de Wolckhausen
Ioannes Kirchner Vachensis
Georgius Köhler de Kemnitz
Fridericus Muller Erphordiensis
Severus Greffenstein Erphordiensis } non iurarunt.

Summa 65.

10 Percepta — ex precio inscriptionis: 21 thal. 23 gr. ddt. 57 personae, quorum nomina una cum precio inscriptionis in matricula habentur. Hinc cedunt 14 thal. 12 schneb. universitati; 7 thal. 4 schneb. rectori.[e] 10

[c] ppe mit 2 Strichen durch beide p, ohne folgenden Orts- oder Flussnamen [d-e] Aus dem Rechnungsbuche des Rectors.

f. 21ab

1605. Mich. 322b. Rect. M. Io. Weber II.[1]

Vertente[2] amplissimi rectoratus renovandi anno ex more institutoque maiorum 15 nostrorum ac huius perantiquae et almae universitatis, omnibus eidem subiectis pro academia nostra bene sapienterque instituenda atque regenda convocandis a me imperii 15 fasces adhuc tenente ad diem divi Lucae solennem et sacrum conscriptis, probatissimis et sanctissimis maiorum legibus ac consuetudinibus rite decenterque observatis, celeberrimis nec non doctissimis dnis proceribus et prudentissimis electoribus placuit in 20 huius perantiquae academiae primatu et rectorali culmine per sequentem etiam annum onus sustinere et provinciam susceptam arduam sane et difficilem humerisque meis 20 imparem subire; qui annus num priori dici possit foelicior, lectorum iudicio committo et iudicandum relinquo. Nam barbara militaris manus multa munitissima propugnacula f. 22ab Mitte Transilvaniae et Hungariae invasit etc.[3] — — Deum optimum maximum omnium rerum

f. 20cd [1] Auf einem ähnlichen, aus einer alten Handschrift herausgeschnittenen und eingeklebten Bilde in romanischem Stile (wie Rect. 322a) thront oben in der Mitte Christus mit Nimbus in Goldgrund, ein Buch in der linken Hand haltend; zu beiden Seiten hält je eine schlanke weibliche Figur sich an den Arabesken. In der unteren Hälfte sind ähnlich, wie auf Rectorat 322a, auf weißen Scheiben die vier Verschwägerungsarten dargestellt. genera affinitatis: vom frater abwärts bis zum fratris pronepos. daneben von der uxor fratris olim relicta bis zum vir proneptis; zur Rechten der Mittellinie von der soror bis zur sororis proneptis, daneben von dem vir sororis olim relictus bis zum vir proneptis sororis; neben der Brudersgattin steht der relictus relictae fratris. neben dem Schwestermanne die relicta relicti sororis, die beiden äußersten aber ohne Descendenz. Unten zu beiden Seiten lange Heiligenfiguren ohne Attribute; links ein Bischof, rechts ein Apostel mit Nimbus.

[2] Vor einem sitzenden Papste (Gregor?) erscheint ein Bischof mit zwei Schriftbändern in den Händen, von zwei anderen Figuren gefolgt.

[3] Hier folgen Schilderungen der begangenen Grausamkeiten und Erwähnung der Rüstungen in Italien, eines fürchterlichen Gewitters und der Tiberüberschwemmung in Rom am Tage Pauli

protectorem deprecamur atque obsecramus, ut cunctis ista lecturis suam aspirat (!) gratiam eosdemque incolumes omnibusque rebus bonis eximie florentes et circumfluentes una cum academia nostra perantiqua diutissime conservet.

Classis prima eorum qui anno 5 secundo rectoratus sunt inscripti et plus solito dederunt:

Dns Ioannes Heinricus ab Hesbergk Homburgensis canonicus Fritzlariensis dt. 1 thal. hispanicum.
10 dns Hermannus Godefridus Schungell de Echthaußen canonicus Fritzlariensis dt. 1 thal. hispan. (122 c d)
dns Ioannes Leiserus Amstadiensis[a] vicarius S. Severi dt. $1/2$ thal.
15 Ioannes Wildtfeier Hildesheimensis Saxo dt. $1/2$ thal.
Ioannes Petreus a Nisten Frisus dt. 10 gr.

Classis secunda qui totum sive octo grossos solverunt:

20 Heinr. Scherckinger (Schertt. ?) Erphordiensis.
Gregorius Gottingensis.
Ioannes Moßmeyer Mundensis.
Wolffgangus Maßmeyer Mundensis.
Stephanus Roserus Harreslebiensis.
25 Andreas Bunsenius
Ioannes Henricus Bunsenius
Heinricus Hefferer Erphordensis
Nicolaus Rausch Erphordensis
Sigmundus Frey Erphordensis
} non iurarunt.

Classis tertia eorum qui inaequaliter 5 solverunt:

Michael Rollenbergius Mulhusinus dt. 6 gr.
Casparus Neppe Haslebiensis dt. 4 gr.
Quirinus Mack Erphordiensis dt. 4 gr.
Christophorus Petri Erphordensis dt. 4 gr. 10 (f. 23 a b)
Conradus Ebert Erphordensis dt. 4 gr.
Andreas Macke Erphordensis dt. 4 gr.
Michael Grabisleb Walschlebiensis 4 gr.

In gratiam rectoris et gratis inscripti: 15

Dns Michael Victor de Hewstrau vicarius beatae Mariae virginis.
M. Adamus Junge Fuldensis.
Casparus Freittag Naumburgensis scriba rectoris. 20
Alexius Marburgk Episcopius Franco. Iuravit et 8 gr. dt. rectore mag. Lamberto.
Wendelinus Heroldt.
Ioannes Schwan Erphordiensis.
Godefridus Frisius Leoverdensis. 25

Summa 44.

30 Percepta — ex precio inscriptionis: 8 thal. 12 schneberg. Hinc cedunt 5 thal. 16 gr. universitati; 2 thal. 20 gr. rectori.

[a] Arnstadiensis (?).

Bekehrung 1606; der gewaltigen Stürme in Deutschland und an der flandrischen Küste am 2. Osterfeiertag, weshalb Paul V. ein dreitägiges Fasten ausgeschrieben habe; endlich der Eroberungen Spinola's (Lochum, Groll und Rheinberg).

f. 24 a b

1606. Mich. 323. Rect. M. Lambert. Heck Rhenoberck.[1]

Narrat[2] Titus Livius lib. I ab urbe condita, filiis Tarquinii Delphos profectis et interrogantibus, quis eorum Romae principatum esset obtenturus, responsum datum esse: eum regnaturum, qui prius matrem osculatus esset. Cum autem illi currerent, ut 5 matrem oscularentur, L. Iunius Brutus, qui aderat et responsum audierat, prolapsum 5 se finxit et terram osculatus est, eam esse matrem suam, de qua responsum loquebatur, intelligens; idque ita esse eventus comprobavit. Nam cum Bruti opera Tarquinius expulsus esset, ipse Brutus primus consul creatus est. At quomodo quaeso academicum regnum nuper (die videlicet 15. mensis Octobris huius currentis anni 1606) in hac inclita 10 Erphordiensium republica translatum est? Omnibus constat, illud publicis academicis 10 comitiis ad creandum novum regni caput indictis triumviris ex duodecim sortito creatis electoribus, eximiis clarissimis consultissimis atque excellentissimis viris, dno Bartholomaeo Zeppero utriusque iuris doctore, et dno Andrea Starckio, medicinae doctore eiusdemque facultatis decano dignissimo, nec non ingenuo probo atque perdocto iuvene 15 Iacobo[a] Heisio Rheno-Berckense, artium ac philosophiae baccalaurio, delatum esse 15 M. Lamperto Heck Rheno-Berckensi, b. Mariae virginis canonico ibidemque ecclesiaste: ei scilicet, qui cum nullus candidatorum de imperii successione contenderet, quod hominis esset impudentis potius quam prudentis; aut qui terram, quae pedibus conculcatur et proteritur, oraculo Pythiae consulto, sed qui Spiritus sancti instinctu

f. 24 c d 20 sanctam Dei ecclesiam, in qua regenerantur fideles et omnes divitiarum gratiae ex- 20 penduntur copiosissime, unice exoscularetur cum verbum Dei docendo tum solemnia sacra administrando. Qui licet statim in initio hoc nuncio accepto prope attonitus et quid responsi ablegatis electoribus pro more hoc ipsi annuntiantibus daret, animi anceps et dubius esset, re tamen deliberata exacto deliberandi spatio, haud immemor 25 iurisiurandi sui olim universitati religiose praestiti, voluntati dominorum electorum se 25

[a] Iacabo F.

f. 23 c d [1] Ein illuminirter Kupferstich; oben in den Wolken eine Stadt „Jerusalem caelestis“ von vier musicirenden Engeln umschwebt; zu derselben führt die „scala Iacob“ auf die „via caeli“ aus dem oberen Thore der „civitas sancta“, welche von einer großen Mauer umgeben und mit zahlreichen Bildern geschmückt ist, durch welche die Lauretanische Litanei illustrirt wird. In der Mitte der ovalen Ringmauer dieser heiligen Stadt steht in goldner Strahlenglorie. in prachtvollem Brokat-Untergewand und blauem Obergewande, die „Ecclesia Christi sponsa,“ eine goldne Krone auf dem Haupte, zwei Schlüssel in der Rechten, ein Buch mit der dreifachen Krone in der Linken haltend. Unten am entgegengesetzten Ende der heiligen Stadt die Porta coeli, vor welcher Krieger mit Schwertern und andere Feinde der Kirche: „hypocrita, apostata haereticus, pharisaeus und scriba“ sowie Thiere „serpens, canis aper, lupus vulpes cancer“ u. a. heranstürmen. Sie kommen aus der „Porta inferni,“ einem von Flammen umspielten Unholde.

[2] An Stelle der Initiale N erscheinen Krieger mit Waffen vor einem Gebäude, aus dessen Vorbau eine Familie, darunter der Träger eines Reisekoffers, abzieht. Das Bild ist ebenfalls, wie die vorhergehenden, eine Miniatur aus dem 13. Jahrhundert, welche aus einem sehr alten Buche (13. Jahrh.) ausgeschnitten ist.

submisit et delatum sibi illud summum purpurae decus, licet Atlante gravius, quod felix et faustum sit, humeris suis imponi passus est. Sub cuius rectoratu sequentes personae in ordinem scholasticum assumptae sunt et in album universitatis (matriculam vulgo nominatum) relatae.

5 Classis prima eorum qui plus solito solverunt:

Burchardus Hermannus Roßworm dt. 1 flor. ungaricum in auro.
Iustus Ioschias Rennemannus Hildesianus Saxo dt. 12 gr. iuravit sub rectore Zeppero (327). } hi non iurarunt.
10 Henricus Nack Erphordiensis dt. 15 gr.
15 Henricus Iulius Jageman zue Hardeßen Gottingen Wernroda beinn (?) Dorst. dt. 24 gr. non iuravit.
Gerhardus Blidius medicinae dr. clarissimus dt. 1 flor. et iuravit.
f.24b 20 Matthias Franchena Frisius occidentalis Langwerdiensis dt. 13½ gr.
Fridericus Dominicus Frisius occidentalis dt. 13½ gr.
Anthonius Beuerer Hildesiensis dt.
25 12 gr.
Ioannes Stieffius Arnstadensis dt. 10½ gr.
Ioannes Schenck Winariensis dt. 12 gr.
30 Fridericus Raphaëll de Herda in Brandenburgk nobilis dt. 13 gr.
Sebastianus Leonhardus junior Dresdensis dt. 11 gr. } iurarunt.

Classis secunda qui totum sive 8 grossos
35 solverunt:

Christophorus Blossius Thuringus Mulhusinus
Iacobus Wolle Erphordensis
Abrahamus Dunckell Druchtelbronnensis
40 Iodocus Rodius Herbornensis Nassovius
Simon Clavarius Westgrussenus
Andreas Erhardus Wessenseensis
45 Ioannes Kleinschmidt Engelbachensis } iurarunt.
Heinricus Essers Rheno-Berckensis ex sorore nepos.
Henricus Steiger Erphordensis
Ioannes Richter Erphordensis
45 Casparus Lasphe Erphordensis } non iurarunt.

5 Ioannes Brauer Erphordensis
Balthasarus Hubener Erphordensis
Sebastianus Schröter Erphordensis, iuravit rectori mag. Bartholomaeo Löneisen anno Chri 1613 } non iurarunt.
10 f.25ad Sebastianus Seltzer
Ieremias Herbordus Seltzer
Henricus Seltzer } fratres Erphordenses
Hieronimus Biell Denstadiensis
15 Sigismundus à Saxen Erphordensis
Ioannes Anacker Erphordensis } non iurarunt
Nicolaus Schmidt Erphordensis
Ioannes Nicolaus Erphordensis
20 Andreas Buchener
Beniamin Monachus
Michaell Monachus } non iurarunt.

Classis tertia eorum qui inaequaliter solverunt:

25 Ioannes Heun Erphordensis dt. 2 gr.
Ioannes Forwerck dt 4 gr.
Simon Colerus Erphordensis dt. 4 gr.
Ioannes Textorius Erphordensis dt. 4 gr.
30 Wolffgangus Heunmanus Erphordensis dt. 4 gr.
Ioannes Voglerus Marllashusensis dt. 4 gr.
35 Ioannes Botticherus Erphordensis dt. 4 gr.
Kilianus Frentzelius Marpachensis dt. 4 gr.
Ioannes Landtmannus Fanckenhaunensis (Frankenhaus. ?) dt. 4 gr.
40 Ioannes Crauserus Georgenthallensis dt. 4 gr.
Georgius Torrelus Erphordensis dt. 4 gr. } iurarunt.
f.26ab Ioannes Graubelus Erphordensis dt.
45 4 gr.
Niolaus Comes Erphordensis dt. 4 gr.
Ioell Strobach Stotterheimensis dt. 4 gr.
50 Martinus Kerst Rettebizensis dt. 4 gr. } iurarunt.

Ioannes Babst Ilmensis dt. 3 1/2 gr.
Ioannes Stormius Erphordensis dt. 4 gr.
Fridericus Virn Erphordensis dt. 4 gr.
Valentinus Henningus 4 gr.
Valentinus Nattermannus Bettenhusanus dt. 4 gr.
Ioannes Angelrodt Erphordensis dt. 4 gr.
Sebastianus Kentzelius Kerpslebiensis 4 gr.
Georgius Wincklerus Krimnizensis dt. 3 1/2 gr.
} iurarunt.

Gotfridus Bernhardi Erphordensis dt. 4 gr.
Bartholomeus Vogell Alizensis dt. 4 gr.
Rudolphus Fabritius Erphordensis dt. 4 gr.
Michaell Sack Erphordensis dt. 4 gr.
} non iurarunt.

Christophorus Scheidt Erphordensis dt. 4 gr.
Melchior Nickell, Bernhardt Nickell } fratres Erphordenses dt. coniunctim 8 gr.
} non iurarunt.

Classis quarta et ultima eorum qui gratis inscripti sunt:

Henricus Penseler Heilgenstadiensis, iuravit.
Ioannes Ebeling
Andreas Hesse
Heinricus Langenthall
Andreas Großkuntze
Christophorus Kirchner
Martinus Wunsch
Ioannes Roth
} non iurarunt.
Ioannes Drumbeler non iuravit.
Ioannes Fomelius Erphordensis, iuravit.
Casparus Dudendty iuravit.
Melchior Mohrs Linhusensis.
Samuel Libitius Rornbornensis.
Andreas Röse Erfhordensis.

Summa 81.

Percepta[b] — ex precio inscriptionis: 21 thal. 20 gr. 6 ₰ ddt. 68 personae, quarum nomina una cum precio inscriptionis in matricula habentur. Hinc cedunt 14 thal. 13 gr. 8 ₰ universitati 7 thal. 6 gr. 10 ₰ rectori.

Ex residuo inscriptionis:

8 gr. Iohannes Cunzelius.
4 gr. David Crusius Criminicensis.
4 gr. Fredericus Schaderthalerus.
8 gr. Alexius Marburgk Episcopius Franco.
Hinc cedunt 16 gr. universitati; 8 gr. rectori.[c]

[b-c] Aus dem Rechnungsbuche des Rectors.

f. 266d

1607. Mich. 323b. Rect. M. Lamb. Heck II.[1]

In secundo rectoratus anno sunt sequentes personae in ordinem scholasticum assumptae et inscriptae:

Classis I (plus solito solventium):
Theodericus Nack Erphordensis dt. 12 gr.
Henningus von der Mardten dt. 19 gr. iur.
Fridericus Franciscus von Ußlar Wolfferbitanus dt. 15 gr. iuravit.
Guilhelmus Christophorus a Mansbach, Otto Henricus a Mansbach } fratres, hi coniunctim pro se, et pro illorum famulo.

[1] Kein Bild, kein Wappen, keine Initiale.

Conrado Molitoro Rosderffensi dt. 2 flor.
Iulius Francke Volfferbitanus dt. 15 gr.
Ioannes Rehneman Frisius occid. Leohardiensis dt. 10 gr. } iurarunt.
5 Rumbertus Syrzma Sneconus Frisius occiduus dt. 10 gr.

Classis II (8 grossos):

Christophorus Fabritius Büllobiensis.
10 Henricus Muller Dellendorfensis.
Henricus Sebenik Winariensis.
Simon Vootman Tonniensis.
Ioannes Michaell Degen Weissenseensis.
f. 27a b Gerhardus ab Utlo.
15 Henricus Trülweber Northeimensis.
Baltasarus Kirchoff Weissenseensis.
Ludovicus Schirnhage Halberstad.
Tobias Scelingius Cruciburgensis.
Steffanus Helmsdorff Mülhausinus.
20 Emanuell Grießbach Mülhusinus.
Christophorus Steinbauch Mulhusinus.
Otto Mehlbach Mülhusinus.
Valentinus Muntzerus Gotanus.
Ioannes Brochus Thannensis Bucho.
25 Casparus Mehlbach Mulhusinus.
Ioannes Weingardtener Palhusanus.
Ioannes Schrodius Klingensis.
Sebastianus Heboldt Erphordiensis
Andreas Stobenrauch Erphordiensis
30 Volckmarus Michaell Erphordiensis
Ioannes Scurerius Erphordiensis
Ioannes Reuter Erphordensis
Georgius Abentroth Erphordiensis } non iurarunt.

Martinus Finckenhain Erphord.
Ioannes Nicolaus Hermannus Coburgensis
Rubertus Weisse } fratres
Andreas Weisse } Erphordenses
Christophorus Vogt } fratres
Christianus Vogt[a] } Erphordenses } non iurarunt. 5
Caspar Henricus Marx, iuravit rectori dri Georgio Thomae Selgen 10. Aug. a. 1625. f. 27c d.
Casparus Freyer Ernstadiensis. 10
Caspar Pastor Erphordiensis.
Ioannes Hesse Hocheimensis.

Classis III (inaequaliter solventium):

Ionas Urticus Erphordensis dt. 5 gr. iuravit.
Ioannes Philippus Schonniger Ienensis, iur. sed gratis est inscriptus ad intercessionem Eobari (?) pedelli. 15
Ioannes Cunonius Custrinensis Marchicus dt. 4 gr.
Andreas Maßbach dt. 4 gr. 20
Ioannes Fridericus Jungerus Raunhennensis dt. 4 gr.
Micolaus Syringff (?) Erphord. dt. 4 gr., idem autem (?) assumpturus gradum baccalaurei residuos 4 gr. annumeravit rectori M. Herm. Lindano 20. Sept. a. 21. 25
Ioannes Baldwein dt. 4 gr.
Ioannes Klem Erphord. dt. 4 gr.
Ioannes Erbsman Erphord. dt. 4 gr. } n. iur.
30

Laus Deo semper et beatissimae Deiparae virgini Mariae.

Summa 54.

Percepta[b] 2di anni rectoratus — ex pretio inscriptionis: 16 thal. 18 gr. 6 ₰ ddt. 52 personae, quorum nomina cum pretio inscriptionis in matricula habentur. Hinc cedunt 11 thal. 4 gr. 4 ₰ universitati, 5 thal. 14 gr. 2 ₰ rectori. 35

Ex residuo inscriptionis:

2 gr. Theodoricus Wederholt dt. per suum parentem; hinc cedunt 1 gr. 4 ₰ universitati, 8 ₰ rectori.[c] 40

---

[a] hic iuravit rectori M. Bartholomaeo Löneisen a. C. 1613. [b-c] Aus dem Rechnungsbuche des Rectors.

f. 29ab

1608. Mich. 324. Rect. D. Iodocus Helmsdorff Eichsfeldiacus.[1]

Laudabili[2] hujus academiae nostrae hactenus introducto more 18. die mensis Octobris divo Lucae evangelistae sacro anno a nativitate Christi 1608 jus eligendi novum rectorem seu caput academicum ad clarissimos consultissimos ac doctissimos viros, dnum Bartholomeum Zepperum, jur. utr. doctorem ac senatorii ordinis in hac civitate proconsulem, dnum Bartholomaeum Löneisen et dnum Samuelem Monnerum, artium ac philosophiae magistros et professores, usitato sortis ordine devenit. Qui praehabita matura deliberatione et consilio dnum Iodocum Helmßdorff Eichsfeldiacum i. u. doctorem, reverendissimi ac illustrissimi dni archipraesulis ac electoris Moguntini consiliarium ac in hac alma urbe praetorem vigilantissimum judiciique provincialis per Eichfeldiam referendarium assessorem etc., concordibus votis ac suffragiis in praedictae universitatis gubernatorem praecipuum elegerunt. In quo officio, licet non exigua cum discommoditate, utpote qui gravibus negotiis et muneribus alias incumbentibus cumulatim quotidie premeretur, ad biennium continuatus fuit. Quo quidem temporis spacio ab ipso et adiunctis proceribus nihil intermissum fuit, quod cum ad defendendum et conservandum, tum propagandum et amplificandum commodum honorem et jura universitatis pertinere potuit. Utinam omnia uti prompto animo et pro virili suscepta, ita ex voto contigissent aut adhuc quamprimum, prout communis rei literariae necessitas exigere videtur, finem exoptatum sortiri possent! Quod cum turbulentis hisce temporibus in solius omnipotentis Dei manibus situm sit, ad ipsius divinam benignitatem (f. 29cd) et clementiam confugiendum ardentibus votis exorandus erit, ut hasce universitatis ad extremum quasi vergentis reliquias ad sui nominis gloriam studiorumque singulare incrementum ulterius clementissime tueri augere ac amplificare velit. Sub hoc biennali rectoratu subsequentes personae in album seu matriculam studiosorum relatae sunt.

Classis prima eorum qui plus solito solverunt:

Iohannes Iodocus Helmßdorff Erphordensis filius rectoris dt. 1/2 tal. non jur.

Georgius Thomas Selge, Iodocus Thomas Selge[a] non iuravit — Erphordenses fratres filii dris Thomae Selge, piae memoriae dt. 1 taler.

[a] iuravit rectori (331) dni Georgio Thomae Selgen 2. Aug. anno 1625.

(f. 28cd) [1] Großes Bild: Maria mit dem Kinde, eine von goldenem Strahlenkranze umgebene Thurmkrone auf dem Kopfe; das Kind hat eine Blume in der Hand; die Umrisse der Gewänder beider und der Faltenwurf werden durch feine äußerst saubre mikroskopische Schriftzeilen, welche Gebete enthalten, gebildet. Unter dem blau roth und gelb eingerahmten Bilde stehen die Worte:

Salve parve puer, salve virguncula mater,
Ter felix soboles, ter quoque fausta parens.

Weiter unten: Monstra te esse matrem.

Das Ganze ist eine prachtvoll ausgeführte Federzeichnung, in welcher die Köpfe und die Hände mit feinen rothen und braunen Pünktchen so kunstvoll ausgeführt sind, daß sie wie gemalt erscheinen.

(f. 29a) [2] Neben der goldenen Initiale auf blauem Grunde das Wappen des Rectors getheilt: oben in Gold nach rechts aufspringender schwarzer Bock, ähnlich dem Wappen derer von der Sachsen; unten silberner Helm mit goldner Krone. Helmschmuck: goldne Krone, aus der zwei schwarze Bockshörner hervorkommen; Helmdecken roth und gelb.

Ioannes Bernhard Schenck a Schweinsbergk capitularis Fuldensis, dt. 1 tal. philippicum.
Ioachimus Opperman Hildesheimensis dt. 1/2 tal.
Bertramus Brandis Hildesheimensis dt. 1/2 tal.
5 Phillippus Sigismundus Ulrici Verdensis dt. 1/2 philipp.
f. 30ab Mattheus Kelnerus Lochredensis dt. 12 gr.
Ioh. Ernestus } Linck Eisenaccenses ddt.
Henricus Phil. } 1 tal. n. iur. o. aet.
10 Alexander Rudolphus Hondorff Erphordensis dt. 1/2 tal. n. iur.
Ioannes Mullerus Windsheimensis Francus dt. 1/2 flor.
Michael Rudolphus Ernst } Erphordenses fratres
15 Christoph. Ernst } tres ddt. 20 gr. n. iur.

Classis II (8 grossos):

Ioannes Theodericus Muller Erphord.
Ioannes Gruebe Erphord.
20 Ioannes Wernerus Raßdorffiensis
Heinricus Forst Müllnerstadenis
Conradus Erhardt Erphordensis
Ioannes Huegk Erphordensis
Philippus Ziegler Erphordensis } non iurarunt.
25 Heinricus Happe Stolbergensis.
f. 30cd Georgius Vodtbergerus a Coschinn.
Emanuel Tilesius Mulhusinus
Christianus Tilesius Saltzensis
Ioannes Zahn Schönnerstadensis
30 Balthaßar Gronenbergk Erphordiensis
Ernestus Nicolaus Ludder } Erphor-
Herfordus Ludder } denses
Valentinus Ludder } fratres
Ioannes Wilhelmus Nafzer } Erphord.
35 Iacobus Naffzer } fratres
Georgius Zigler } Erphordienses
Elias Zigler } fratres
Martinus Kreuter Erphordiensis
Iacobus Berringer Erphord.
40 Eusebius Noß } Erphordienses
Philippus Noß } fratres
Ioannes Sengewein Erphord.
Ioannes Taute Erphord.
Heinricus Weisbach Erphord.
45 Ioannes Wilhelmus Pflugk Erphord.
Iacobus Thime Erphord. } non iurarunt.
Ioannes Heinricus Faber Chemnicensis.
f. 31ab Iacobus Michael Gothensis.

Ioannes Cornerus Hildesheimensis.
Laurentius Bandtt Erphord.
Nicolaus Wallendorff Erphord. } non iur.
Ioannes Christophorus Schöner Ordroffensis 5
Samuel Dillinger Vinariensis
Martinus Bütingshausen Wartburgensis
Heinricus Harttleb Erphordensis
Hieronimus Weidtman Erphordensis 10
Iohannes Fischer Erphordensis
Melchior Henne Erphordensis } non iurarunt.

Classis tertia eorum qui solverunt 4 grossos:

Christophorus Gebhardt Erphordensis 15
Ioannes Sebastianus Keseman Erphordensis
Henricus Keseman Erphordensis
Georgius Erbs Erphordensis } non iurarunt.
Rupertus Erbs Erphordensis 20 f. 31cd
Martinus Rößeler Hagenoensis
Nicolaus Poster Vanrensis
Ioannes Severus Böttener Erphordensis
Valentinus Lange Daberstadensis
Melchior Kirchner Erfordensis } non iurarunt. 25
Ioannes Orff Tannensis Buchovius.
Melchior Schellenberger Tannensis Buchovius.
Valentinus Lobenstein Oberndorlensis
Georgius Silberschlagk Halberstadensis 30
Augustinus Silberschlagk Halberstadensis[b]
Ioannes Werner Erphordensis
Ioannes Sebald Erphordensis 35
Ioannes Meyer Erphordensis
Valentinus Großbach Erphordensis
Hieronimus Buchener Erphordensis
Nicolaus Pilgrim Erphordensis
Laurentius Drach Coburgensis[c] 40
Heinricus Quel Erphordensis
Davidt Mylius Annaemontanus
Nicolaus Probus Ilmensis
Nicolaus Hagor Mündensis
Ioannes Schatz Erphordensis 45
Esaias Ackerman Erphordensis f. 32ab
Ioannes Creutzburgk Erphordensis
Sebastianus Keule Töttelstadensis } non iurarunt.

---

[b] Hic iuravit et dt. residuos 4 gr. ante assumptionem gradus baccalaureatus sub rectoratu (329) mag. Herm. Lindani 25. Septemb. a. 1621. [c] iuravit 4. Octobr 1624 et dt. reliquum

Bartholomeus Hubener Erphordensis
Valentinus Schmidt Taberstadensis
Ioannes Tobias Bodinus Sultzenbrückensis
5 Heinricus Berlach Erphordensis
} non iurarunt.

Hermannus Budttstedtt filius pedelli
Ioannes Feigell Erphordensis
Iodocus Hertzogk Erphordensis patrinus rectoris
Ioannes John Erphordensis
} non iurarunt. 5

In gratiam rectoris et gratis inscripti:

Iohannes Hoffeman Eissfeldiacus
Paulus GoldttWitterdensis non jur.
} famuli rectoris.

Summa 95.

Percepta[d] — ex precio inscriptionis: 26 thal. 20 gr. 6 ₰ ddt. 89 personae, quarum nomina una cum precio inscriptionis in matricula habentur. Hinc cedunt: 17 thal. 21 gr. 8 ₰ universitati; 8 thal. 22 gr. 10 ₰ rectori. 10

Ex residuo inscriptionis:

4 gr. Iohannes Ringer Erphordiens.
15 4 gr. Liborius Kaps Erphordiens.
3 gr. Ioannes Urbich Erphord.
Hinc cedunt 7 gr. 4 ₰ universitati; 3 gr. 8 ₰ rectori.[e] 15

[d-e] Aus dem Rechnungsbuche des Rectors.

f. 32cd

1609. Mich. 324b. Rect. D. Iodocus Helmsdorff Eichsfeldiacus II.

Secundo rectoratus anno inscriptae sunt sequentes personae:

20 **Classis I (plus solito):**

Iohannes Christophorus ab Harstall nobilis filius vicedomini Erphordensis dt. 1 ducat. ungar.
Michael Müller Gothanus mag. Wittenbergensis
25 dt. aureum rhenensem.
Georgius Thilo a Werttern
Iohannes Henricus a Werttern
} fratres filii Hansonis a Werttern domini haereditarii in Wertern-Beuchlingenn, Wihe, Frondorff et
30 Brucka, non juraverunt ddt. 1 ungar. ducat.
Balthasar Marschalck nobilis ex diocesi Bremensi dt. $1/2$ thal.
f. 33ab Tobias Schwengefeldt Erphordensis
35 Melchior Schwengefeldt Erphordensis jurarunt
} fratres ddt. 20 gr.
Theodericus Brandtt Erphordensis dt. $1/2$ flor.

Ioannes Balthassar à Brettin Erphordensis
Christophorus Rudolphus Balthassar a Brettin Erphordensis
} fratres ddt. 1 flor. 20

Classis II (octo grossos):

Samuel Fridericus Fischer Ilmensis.
Rudolffus Viniola Italus.
Ioannes Asinius Hemblebiensis. 25
Mattheus Weiße Tieffentalensis.
Ioannes Gudelius Erphordensis[a]
Samuel Krebs
Ioannes Krebs
} Erphordenses
Casparus Leonhardus Arnstadiensis 30
Ioannes Toßer Erphordensis
Ioannes Ernst Northusanus
Herfordus Kallenbergh Erphordensis
Ieremias Seltzer Erphordensis
} non jurarunt.

f. 33cd

[a] Hic iuravit rectori M. Bartholomaeo Löneisen Cuprimontano ao 1614.

Ioannes Hofeman Friderichrodensis
Ieremias Martin Erphordensis
Tobias Huetsticker Austriacus
Ioannes Rudolffus Wernerus Erphordensis
Friedericus Balthasar Werneri Erphordensis
} non iurarunt.

Classis III (4 grossos):

Otto Franciscus Fürstenfeldensis Neomarchus.
Ioannes Goldelius Dienstadiensis.
Ioannes Tambachius Kirsplebiensis.
Gottfridus, Ioannes, Christianus, Augustinus } Förster } Zimmernenses fratres.
Georgius Hertz[b], Samuel Hertz, Michael Hertz } Erphordenses fratres.
Ioannes Mewrer Erphordensis
} non iurarunt.

f. 34 a b
Ioannes Weingertner Erphordensis
Ioannes Sommer Erphordensis
Steffanus Heßeler Erphordensis
Georgius Etthaußen Hopfgartensis
Valentinus Ritter Stotternheimensis
Georgius Balhöffer Erphordensis
Ioannes Lobstein Oberndorlensis
Ioannes Biereyge Walschlebiensis
Davidt Binckebanck Mechelburgensis
Iohann[c] Volbrecht Erphordensis: hic magnus error occurrit: duo fuere inscripti diversi nominis: 1. Iohann. Volprecht de quo infra fol. 52 (Rect. 327b) et 132 (Rect. 345). 2. Ieremias Martini condiscipuli ex schola regularensium; num vero III. ordine prioris folii VI. immutato praenomine[d] dubitandum
Ieronimus Keyßer Erphordensis[e]
Gabriel Steinmetz Erphordensis
Ioannes Baptista Stirius
Christofforus Platzer Erphordensis
Heinricus Winsemius Erphordensis
Laurentius Tumbler Vippachensis[f]
} non iurarunt.

In gratiam rectoris et gratis:

Iohannes Hartmannus Heiligenstadensis soc. Iesu sacerdos.
Zacharias Kömmel Eichsfeldiacus.
Carolus Andreas Oschatz Salbornensis.
Christophorus Milbitz Erphordensis.
Heinricus Fischer Erphordensis.
Christophorus Bencerus Erphordensis.

Summa 60.

Percepta[g] — ex precio inscriptionis: 17 thal. 21 gr. 3 ₰ ddt. personae, quarum nomina una cum precio in matricula habentur. Hinc cedunt 11 thal. 22 gr. 2 ₰ universitati; 5 thal. 23 gr. 1 ₰ rectori.

Ex residuo inscriptionis:

2 gr. Herbordus Forsterus.
Hinc cedunt 1 gr. 4 ₰ universitati; 8 ₰ rectori.[h]

[b] Hic iuravit et dt reliquum 4. Octobr. 1624. [c] ursprünglich stand Ieremias, ist aber ausgestrichen und Iohannes dafür am Rande bemerkt. [d] Cod F pronomine. [e] Iuravit sub dre Lindemann a. 1621 (rect. 329). [f] Hic iuravit ao dni 1612 die 2. Decemb. mag. Bartholomaeo Löneisen. [g-h] Aus dem Rechnungsbuche des Rectors.

1610. Mich. 325. Rect. Iac. Scholl dict. Walstetter.[1]

f. 35 a b

Iac. Scholl dictus Walstetter Aschaffenburgensis, ecclesiae b. Mariae virginis canonicus eiusdem praepositurae officialis reverendissimi et illustrissimi archiepiscopi

[1] Die goldene Initiale J wird durch eine Säule mit dem Monogramm JHS und darunter 3 Nägeln gebildet; neben denselben steht links der h. Jacobus der ältere als Pilger, rechts der h. Jacobus der jüngere, barfuß in grünem Gewande und rothem Mantel, den Walkerbaum in der Rechten haltend, in der Linken ein Buch. Die ganze Seite ist von Blumen und Blättern umgeben, unten stehen zwei Vögel darauf.

Moguntini in spiritualibus iudex et sigillifer, nec non S. Bonifacii in maiori Bursla decanus, alienis licet curis et negotiis non levibus fuerim implicitus, praesertim ab acutissimo tum calculi tum maxime cholicae passionis atque malignae febris malo morboque vix pristino vitae tenori restitutus, in die tamen S. Lucae evangeliographi anno post reparationem generis humani 1610 ex duodecim per triumviros electoribus praeter omnem spem et exspectationem in consulem academicum seu gymnasiarcham (f.35cd) concordantibus votis et vocibus electus et quasi alter Cincinnatus in magistratum fui proclamatus. Electores fuere admodum reverendus et eximius itemque clarissimi doctissimique viri ac domini, dns Augustinus Friederici Mülhusinus, aedis b. Mariae virginis et facultatis theologicae decanus, rev. et ill. archiepiscopi et principis electoris Moguntini in spiritualibus executor necnon ad S. Nicolaum parochus, et dns Gerardus Butterman Rheno-Berckensis, collega Portae coeli, et dns Henricus Kieswetter Erfordianus, omnes liberalium artium et philosophiae magistri; quibus prandii hora ad aedes mihi insperatam rei novitatem adportantibus tum ob delibatas causas tum et ob graviores rationes iure optimo sensa mentis meae negative potuissem aperire, sed quia proprii aestimatio honoris praestitique gravitas iurisiurandi in aliud me consilium revocabant, petita et accepta triduana deliberatione, tandem licet invitus adfirmative praebui assensum. Et huius quidem anni impensarum, quae non sunt paucae, valuissem oblivisci (f.36ab) et labores, qui varii gravesque sunt, etiam citra molestiam sustulissem, si illi dumtaxat, qui Bellonam cum Apolline copulare innituntur, paullo satius manum removissent, moverentque etiamnum de tabula: ast eius farinae male feriatos Troës nullus magistratuum in tutelam suscipere nedum defensare, sed pro autoritate reipublicae pro legum reverentia pro obedientiae stabilimento virtutis pro custodia rectarum disciplinarum ad eum potius, cui in eiusmodi jus dicundi potestas est, deberet remittere: sed pro,[a] iam omnia variis inturbantur emblematibus, nec suppudet instar Morychi, ἐν ἀλλοτρίῳ χορῷ πόδα τίθεσθαι, ut ait Plutarchus; proin nihil in admirationem trahendum est, si in tali rerum turbine permittente coeli terraeque monarcha funesta saeviat quotannis pestilitas, crudelia passim crepant (!) arma dura, ubivis augeatur annonae caritas, alia denique absumantur incendiis, alia diglomerentur inundationibus, quia summus ille aedilis „ad mores nostros ordinat imperium.“ Sublatis ergo literis eversisque academiis (f.36cd) omnis moriatur honestas omnisque vanescat[b] pietas redeatque inhumana veterum barbaries necesse est. Quapropter ex re quidem una illi ipsi, qui scholas erexerunt dotarunt conservarunt pro literarum literatorumque honore, per quos ut ecclesia Christi longe lateque excresceret palmitesque verae vitis ad solis radios, ut uberiores in republica ferant fructus, producerentur, immortalem in omni hominum memoria laudem aeternamque foelicitatem sunt consecuti, quibus non immerito omnibusque aliis, qui laudabili aemulatione nobilem illorum industriam hodieque prosequuntur hoc, quod Euripidi aliquando a Macedonibus adfixum est, hic suspenditur mnymosinon

Οὔποτε σὸν μνῆμα Εὐριπίδης ὤλετό που

---

[a] Soll wohl Interjection sein, statt proh dolor! [b] ob evanescat?

Sed eorum nunc, qui more maiorum sua nomina in album senescentis nostrae academiae dedere, sequuntur.

Classis prima eorum qui plus solito numeraverunt:

5 Henricus Muller Erfordensis filius Balthasaris zum Haan ufm Rubenmark[e] dt. 4 thal. non juravit ob aetatem.
Ioannes Lippius Argentinensis Alsatus sacrosanctae theologiae dr. dt. 1 flor.
10 Lucas Gollius Argentinensis Alsatus dt. 12 sol.
Mathias Leschenbrandt Viennensis Austrius dt. $^1/_2$ flor.
Ioannes Rehefeldt Magdeburgensis dt. 12 sol.
Ioannes Klock Ingelfingensis Francus dt. 1 flor.
15 5 sol. 3 ₰.
David Bertach Erfordensis dt. $^1/_2$ flor.
Ernestus Fridericus Honning Heiligenstadianus dt. $^1/_2$ flor.
Basilius Schmirer Waldenburgensis Francus
20 dt. $^1/_2$ flor.
Iodocus Gravius Allendorffensis Hassus dt. 12 sol.
Hieronimus Wernerus Alenstiga Austrius dt. $^1/_2$ flor.
25 Ioannes Schelius Eilenburgensis Misnensis dt. $^1/_2$ flor.
Georgius ab Olnhausen Francus dt. 12 sol.
Ioannes Georgius Hagen Wintzenheimensis Francus dt. 12 sol.
30 Ioannes Wolffius Wintzensis Francus dt. 12 sol.
Ioannes Reichenhardt Sessensis Brunsvicensis dt. 10 sol.
Christoferus Volhardus } fratres Dresdenses
Gotfridus Volhardus } ddt. 20 sol.
35 Ioannes Bernhardt Kericke Zerbstensis dt. 10 sol.

Classis II (totum scilicet 8 solidos):

Urbanus Polentz filius, Erfordensis ob defectum aetatis non iuravit.
40 Ioannes Rodstatt alias Rosenstatt Trichtelbornensis Thuringus, togatae et armatae militiae alumnus.
Heinricus Hoffman ex majori Mohnra Thuringus.
Ioannes Stadius Graecio-Styrus.
45 Iacobus Knesbelius } Ellenbogenses
Christoferus Rettichius } Bohemi.
Antonius Idesheim Hannoveranus Saxo.
Ioannes Schlotheuer Silberhausanus Eisfeldiacus.
Sebastianus Carolus Ratisbonensis.
Ioannes Adamus Horoldus Michelbacensis Francus.
Ioannes Mauck Schiffensis Francus.
5 Abrahamus Schweickerus Hallensis Suevus.
Heinricus Schmidt Erfordensis Sebastiani filius zum Anklöff.
Laurentius Degener Oxariensis.

Classis III (4 solidos):

10 Ioannes Iacobus Wechter } fratres Errfordenses
Georgius Wechter ddt. 12 sol. }
Iacobus Wollenschleger Erfordensis dt. 6 sol.
Baltasar Gottschalck Erfordensis dt. 6 sol
15 Heinricus Molitor Sasheimensis dt. 6 sol.
(ob aetatem non iurarunt.)
Ioannes Rodiger Erfordensis dt. 6 sol.
20 Christoferus Mosch Nedanus dt. 4 sol.
Hieronymus Denstett Cassellanus dt. 4 sol.
Paullus Burckhardus Argentinensis dt. 4 sol.
Ioannes Erbeß Erfordensis dt. 4 sol.
25 Georgius Bringoltt Trifurdensis ad Werrham dt. 4 sol.
Ioannes Heyderer Erfordensis dt. 4 sol.
30 Sigfridus Fridericus Keselinus Daberstadianus prope Erfurtum dt. 4 sol.
Georgius Brawer Erfordensis dt. 4 sol.
Hermannus Otto Erfordensis dt. 4 sol.
35 Matthaeus Kranch Friederichrodensis prope Gotham dt. 4 sol
(non iurarunt ob aetatem.)

In gratiam rectoris gratis inscripti:

40 pat. Hugo Würffel Cellensis ex terra Trevirensi sacerdos
mag. Albertus Holtzapffel Monasteriensis Westphalus
mag. Ioannes Dulman Clivensis
(societatis Iesu)
45 Ioannes Fideler Mulhusinus
Michael Kamb Erfordensis
Ioannes Bolterman Erfordensis
(non iurarunt.)

Summa 55.

[e] Rubemark E

Percepta[e] — ex precio inscriptionis: 17 thal. 23 gr. 9 ₰ ddt. 53 personae, quarum nomina una cum precio inscriptionis in matricula juxta classes continentur. Hinc cedunt 11 thlr. 23 gr. 10 ₰ universitati, 5 thlr. 23 gr. 11 ₰ rectori.[d]

b-e Aus dem Rechnungsbuche des Rectors.

f. 39ab 5

1611. Mich. 325b. Rect. Io. Scholl II.

Sperabam[1] satur quidem molestiarum, hoc anno decurso me cursu alteri cuipiam lampada traditurum, tum quod serpens passim mala lues viventibus incutiat inopinae metum mortalitatis, tum quod praeter causam contraque mentem nonnulli de corpore universalis studii alienos sibi in auxilium invocarint loves; sed quia sic ex irrepta 10 quadam consuetudine, ut secundum rector imperii fasces susciperem academicos, consentiens animis dominorum procerum sedit sententia, necesse mihi fore duxi, ut aequis illorum parerem decretis. Fuit autem exordium huius anni Romano imperio nimis luctuosum. Ut enim superioris anni mense Octobri illustrissimorum collegium electorale septemvirûm Norinbergae ob imminentia hoc tempore pericula et pro vit ndis omnis 15 generis, quae interregna plerumque comitari solent, incommodis, si Caesarea maiestas f. 39cd insperato forsitan casu ut evenit ad beatiorem transiret vitam, inter alias causas etiam de novo eligendo rege Romanorum diem 11./21. Maii insequentis anni Francofurti celebrandum decrevisset, praevenit diem illum suo fato gloriosissimus princeps et invictissimus Caesar Rudolphus II. eque vivis 10./20. Februarii huius anni 1612 excessit 20 magnum omnibus imperii principibus post se luctum relinquens. Ast quo dies illa singulis fuit tristior, eo cunctis sol ille effulsit clarior lae̜tiorque, dum scilicet 3./13. Junii serenissimus potentissimus et invictissimus princeps et dominus, dns Mathias Hungariae et Bohaemiae rex etc. idemque rex Romanorum unanimi omnium consensu electus futurusque imperator propalam denunciabatur. Liceat, quamvis abs me in tempore fusum 25 ideoque minus politum, in rei memoriam hoc addere carmen:

Phoebus ut Austriacus cecidit revocante Rudolphus
Numine, terrai climata quassa tremunt.
f. 40ab Urbe sed imperii patriae succurritur, et dum
Septem regnandi constituere caput.
30 Sol novus ortus adest, quia vox audita superne:
MatthIa Caesar, VIVe perenne Deo.

Sequuntur nunc nomina eorum, qui hoc secundo anno in album studiosorum recepti sunt:

---

[1] Rosa und blaue Initiale auf goldenem Schilde mit rothem Mittelstreifen, auf dem drei silberne Lilien; innerhalb der Windungen des S fünf blaue Kreuze.

Classis prima eorum qui plus solito dederunt:

Ioannes Georgius à Denstadt patricius Erfordensis dt. 1/2 flor. non iuravit.
5 Ioannes Iustus ab Usler dt. 12 gr.
Casparus Bernardus von Tettenborn dt. 12 gr.
Ioannes Henricus von Tettenborn dt. 12 gr.
Anthonius Henricus von Rixleben dt 12 gr.
mgr. Balthasar Tham Rochlicensis dt. 15 gr.
[c-d] 10 Anthonius Horn Hildesianus Saxo dt. 1/2 flor.
Ioannes Ringk Trifurdensis ad Werrham dt. 1/2 flor.
Henningus Ludekenius Hildesianus dt. 12 gr.
Tobias Hufler Francohusanus Thuringus dt.
15 1/2 flor.

Classis II (totum scilicet 8 gr.):

Bartholomaeus Sprockovius Hannoveranus.
Zacharias Rimeschneider Gottingensis.
Ernestus Beningius Mindensis Westphalus.
20 Erasmus Rhon Eisenacensis.
Franciscus Ernestus vom Schnee } fratres Gottingenses non iurarunt ob aetatem.
Otto Henricus vom Schnee }
Iustus Bottger } fratres Northusani.
25 Andreas Bottger }
Helmoldus Hedvigus Rennemannus[a] Erfordensis } non iurarunt.

Iulius Meyer Gottingensis Saxo } non iurarunt ob aet.
Quirinus Schmaltz } fratres Erfordenses }
Christoferus Schmaltz } }
Christoferus Bassen Gottingensis Saxo non iuravit. f. 41ab 5
Georgius Hennaeus Lohranus.
David Bestell Crimnicensis } ob aetatem non iurarunt.
Christianus Schlichter de Blanckenhagen }
Georgius Kaltschmidt[b] Crimnicensis } 10

Classis eorum qui 4 gr. dederunt:

Ioannes Dresanus Iuliacensis Marco-Duranus; residuum annumeravit rectori dri Valentino Herdegen 8. Maii a. 1631 (Rect. 333). 15
Theodoricus Wollenschleger Erfordensis.

Gratis inscripti:

Ioannes Nether ex maiori Rettbach famulus rectoris.
Ioannes Schoderus Mariae-thalensis Franco in 20 gratiam dnorum Carthusianorum, solvit integrum precium et iuravit rectori (331) Georgio Thomae Selgen 11. Novemb. a. 1625.

Summa 31. 25

Percepta[c] — ex precio inscriptionis 9 thal. 21 gr. ddt. 31 personae, quarum nomina una cum precio inscriptionis in matricula habentur.
30 Hinc cedunt 6 thal. 14 gr. universitati; 3 thlr. 7 gr. rectori.[d]

[a] hic iuravit mihi mag. Herm. Lindano rect. (329) 17. Iuli a. 1616. [b] hic iuravit rectori mag. Bartholomaeo Löneisen Cuprimontano a. 1614. [c-d] Aus dem Rechnungsbuche des Rectors.

1612. Mich. 326. Rect. M. Barthol. Löneysen[2] Cuprimontanus I.[1] f. 42cd

Rectoratus biennalis mag. Bartholomaei Löneysens[2] Cuprimontani, facultatis 30 philosophicae assessoris senioris, in paedagogio publico maioris collegii professoris, civis

[1] 2 Bilder: Christi Verklärung: sein Kopf ist von einem Strahlenglanze umgeben. Zu seiner Rechten f. 41cd schwebt Elias in goldbrokatnem Talar und darüber rothem Mantel, betend; zu seiner Linken Moses in rothcarmoisinem Talar und darüber scharlachrothem Mantel, in der Linken die Gesetzestafeln haltend, die Rechte dem Herrn entgegenstreckend; unten die 3 Jünger. Ueber dem Bilde steht die Stelle Matth. 17, 2. 3. und „Filii Dei sumus etc." Joh. 3, 2. 2. Bild: Christus am Kreuz, über ihm der h. Geist f. 42ab als Taube, darüber schaut Gott Vater aus dem geöffneten Himmel; oben der Wahlspruch des Rector's: Propitia Trinitas est mea haereditas. Unter dem Kreuze stehen Maria in rothem gegürteten Gewande

Erphordiani et sacrosanctae theologiae candidati, nec non scholae parochialis, quae est ad S. Michaelem archangelum ibidem (elapso hoc biennali rectoratu) ab integris triginta annis collegae et directoris, d. s. Lucae a. Chr. etc. 1612 electi et sequenti anno 1613 continuati usque ad diem evangelistae Lucae a. 1614.

Annus rectoratus mei primus: Anno a nativitate domini nostri Iesu Christi redemtoris humani generis unici 1612 die divo evangelistae Lucae quotannis sacro, qui est 18. mensis Octobris, almae academiae Erphordensis rector indignus ego mag. Bartholomaeus Löneysen[2] Cuprimontanus Variscus, philosophicae facultatis senior assessor, et pro tempore eiusdem facultatis octava vice electus decanus etc. creor et pronuncior per tres subsequentes spectabiles reverendos doctissimos et humanissimos viros, videlicet per reverendum dnum mag. Augustinum Friderici Mulhusinum, theologicae facultatis et beatae Mariae virginis decanum atque canonicum, spectabilem dnum decanum Portae coeli mag. Hermannum Lindanum Berckensem, philosophicae nostrae facultatis collegam et rhetorices professorem publicum, et dominum mag. Fridericum Gieltium Documanum, maioris collegii collegiatum. Hoc pergrave rectoratus onus, licet humeris meis admodum impar, memor tamen beneficiorum ab universitate et inprimis a facultate philosophica tanquam a pia matre perceptorum, nec non juramenti, quo academiae obstrictus sum, quodque nihil magis in votis habeam, quam studia bonarum literarum pro ingenioli mei tenuitate juvare et promovere in nomine Dei omnipotentis, quod felix faustumque sit reipublicae literariae suscipio Deumque toto pectore orans (sine cuius divino numine nihil est in homine, nihil est innoxium) ut ille coepta secundet mihique felicem huius officii catastrophen benigne concedat et donet. In primo autem rectoratus mei biennalis anno civitate academiae donatae et in album sive universitatis Erffurtensis matriculam relatae atque notatae sunt sequentes personae:

Classis prima illorum studiosorum, qui pro inscriptionis pretio plus solito dederunt, in primo rectoratus mei anno 1612 a die Lucae 1612 usque ad sequentem diem Lucae 1613:

1. Iohannes Waltman dt. 10 gr. 6 ₰.
2. Iohannes Wilhelmus et 3. Heinricus Iulius } Krannichfelt fratres ddt. 30 gr.
4. Valentinus Gronnenberger et 5. Wilhelmus Gronnenberger non iurarunt } fratres Erphordenses ddt. 26 gr.
6. Bartholomaeus Spenling Vinariensis dt. $16\frac{1}{2}$ gr. non iuravit.
7. Iustus Sommer Cotbusiensis Lusatus dt. 16 gr.
8. Ioannes Zeiß Swinfurtensis dt. $10\frac{1}{2}$ gr.
9. Tobias Apoldus Oberbraitensis Francus dt. $10\frac{1}{2}$ gr.

und blauem über das Haupt gezogenen Mantel, beide mit Nimbus über ihrem Kopfe. Unter dem Bilde eine Spruchtafel eingerahmt: „Turbabor, sed non perturbabor, quia vulnerum Christi recordabor. Sanguis Christi clavis Paradisi.“

[2] Dieser ist der Herausgeber eines Verzeichnisses der Rectoren der Universität unter dem Titel: „Series magnificorum (Academiarum facile antiquissimae, quae in amplissima Tyrigetarum metropoli Erfurti — adhuc conservatur etc.) rectorum continua successione ab anno 1392 ad a. C. 1614 etc. impr. Erfurti per Mart. Withelium a. 1614 4. Bei jedem Rector sind ausser der Jahreszahl und der Nummer auch seine Würden, die Nummern der Baccalaureats- und Magister-Examina und die Zahl der Promovirten beigeschrieben; in einem Anhange folgen auch die Namen der in den andern Facultäten promovirten Doctoren, wie sie in Cod. A und B aufgezählt sind.

10. Iosephus à Wolffram̄dorff nobilis Misnicus dt. imperialem pro 30 gr.
11. Heinricus vom Roda nobilis. Saxo dt. 12 gr.
12. Heinricus Mentzius Hildesiensis dt 12 gr.
13. Henningus Kniphoff Hildesianus Saxo dt. 12 gr.
14. Michael Threveren Erpellensis Rhenanus bacc. Coloniensis, Portae coeli collega dt. 15 gr.
15. mag. Iacobus Schalling Winshemio-Francus medicinae candidatus 1 flor.
16. Fridericus Monavius Vratislaviensis dt. 12 gr.

Classis secunda illorum qui totum seu 8 gr. solverunt:

1. Melchior Gutt ex privigna nepos.
2. Herphordus Juch.
3. Iohannes et
4. Elias } Schatz fratres.
5. Melchior
6. Ioannes et
7. Andreas Bartholomaeus } Möring fratres ex ss. baptismatis fonte susceptus.
8. Herphordus Thieme.
9. Conradus et
10. Wilhelmus } Brandt fratres.
11. Heinricus Killmau.
12. Andreas Nickel.
13. Melchior Röseltt.
14. Georgius Mehling.
15. Georgius Örtel et
16. Stephanus Örtel[a] } fratres.
17. Aegidius Sommer.
18. Renatus Hubner et
19. Iustus Wilhelmus Lipsius } fratres uterini.
20. Herphordus Rodolphus Nacke.

(1–20:) Erfurtenses ob aet. defect. non iurarunt.

21. Georgius Rösler Rhodensis non procul ab Erphordia.
22. Andreas Ebert.
23. Bartholomaeus Weisse[b] susceptus.
24. Iohannes Wilhelmus Buchner et
25. Barthólomaeus Buchner susceptus } fratres.
26. Conradus Muller Haslebiensis.
27. Ioannes Wagner[c] Obernüßensis in diocesi Erphordensi non iuravit.
28. Iohannes Fridericus Raetius
29. Nicolaus Schade
30. Iacobus Langutt } Erphordenses non iurarunt.
31. Iohannes Formander Salzungensis non iuravit.
32. Iohannes Fischer von Tundorff.
33. Iodocus Ioachimi Northuso-Cheruscus.
34. Iohannes Paedopater Northusanus.
35. Iohannes Mitzingius Bleicherodensis.
36. Samuel à Reis Mulhusinus.
37. Bartholomaeus Elsnerus Girapolitanus.
38. Christianus Urbich
39. Herphordus Schröter
40. Heinricus et
41. Bonaventura } Dützenrodt fratres } Erphordenses non iurarunt.
42. Heinricus Strick.
43. Dionysius à Fürden[d]
44. Iacobus Larsen
45. Gosquinus Göetz[e] } Berckenses ob defectum aetatis non iurarunt.
46. Ieremias Seuberlich et
47. Iohannes Seuberlich } fratres Tölstadenses non iurarunt.
48. Christophorus Bernhardus Ordruvianus
49. Iohannes Alberti Ermstetensis } non iurarunt.
50. Christophorus Diener alias Heroldt
51. Martinus Mangollt
52. Iohannes Hausen
53. Iohannes Stößel } Erffurtenses non iurarunt.
54. Iacobus Iohannis Deverensis Frisii stipendii stipendiatus non iuravit.

Classis tertia eorum qui numerarunt 4 grossos:

1. Iohannes Wantschleben natu major.
2. Heinricus Stier
3. Iohannes Rost
4. Michael Richenberger
5. Bartholomaeus Huck susceptus
6. Tobias Gruhne
7. Zacharias Wagner } Erffurtensis non iurarunt.
8. Nicolaus Pfohl Wissensehensis
9. Andreas Monner Wisensehensis } non iurarunt.

[a] Iuravit et reliquum solvit 4. Octobr. 1624. [b] hic iuravit sub rectoratu (332) mag. Urbani Henn 30. Sept. 1629. [c] iuravit sub rectoratu (3[illegible]) mag. Herm. Lindani 16. Sept. 1622. [d] Hic iuravit. [e] Hic iuravit.

10. Iacobus Rothardus Thingeda-Gothanus.
11. Simeon Abicht } Königsehenses
12. Laurentius Hartmannus } non iurarunt.
13. Iohannes Koch Vogelsbergensis non iu-
5 ravit.

In gratiam rectoris et gratis inscripti in primo rectoratus mei anno:

1. Volradus Zocht ex salinis Saxonicis nobilis.
2. Conradus Victor Hoingensis Wetteravius.[f]

Summa primi anni inscriptorum 85. 5

Percepta[g] — ex precio inscriptionis: accepi et collegi: 27 thal. 12 gr.; personae inscripti fuerunt 85; quarum nomina una cum precio inscriptionis in matricula iuxta classium ordinem habentur et continentur. Hinc cedunt universitati 18 thal. 8 gr.; rectori 9 thal. 4 gr.

10 Ex residuo inscriptionis: 10

4 gr dt. Iacobus Wagner praestito juramento ante assumtionem primae laureae. Hinc cedunt 2 gr. 8 ₰ universitati: 1 gr. 4 ₰ rectori.[h]

[f] Hic promisit quidem se aliquid daturum et universitati iuramentum praestiturum, sed neutrum fecit. [g-h] Aus dem Rechnungsbuche des Rectors.

f 44cd

1613. Mich. 326b. Rect. M. Barthol. Löneysen Cuprimontanus II.[1]

Classis prima illorum studiosorum,
15 qui pro inscriptionis pretio plus solito
dederunt in secundo rectoratus
mei anno 1613 usque ad annum 1614:

1. Iohannes Heinricus Voigdt Erphordensis ½ flor. et ob aetatis defectum non
20 iuravit.
2. Iustus Ferber Marpurgensis Cattus dt. ½ flor.
3. Vitus Purgoldus Hilperhausanus Francus ½ flor.
25 4. Georgius Metzger Kittingensis Francus ½ flor.
5. mag. Heinricus Hermannus Eckelius Heiligenstadiensis vicarius beatae Mariae virginis Erffurtensis dt. 12 gr.
30 6. Iustus Volquinus Northemensis Saxo Brunswiga dt. 12 gr.
7. Georgius Opperman Trendelburgensis Haßus ½ flor.
8. Iohannes Casparus Cremerus Swinfurtensis
35 Hassus ½ flor.
9. Rudolphus Fridericus Mindanus Westphalus 12 gr. 15
10. Rodolphus Ernestus Worm Erffurtensis ½ flor. ob defectum aetatis non iuravit.
11. Ernestus Gothofredus Noribergius et } fratres ddt. 1 flor.
12. Iohannes Fridericus Noribergius[a] } et non iurarunt. 20
13. Theodoricus Nacke Erphordensis dt. 15 gr. non iuravit.
14. Christophorus Heinricus à Rhode Hildesiensis dt. 12 gr. 25
15. Bartholomaeus Zapperus Erphordensis dt. 12 gr.
16. Martinus Iacobus jun. } Groman fratres
17. Paulus Sigismundus } uterini ddt. 1 flor. non iurarunt. 30
18. Iohannes Heinricus Ziegler et } fratres Erphordenses
19. Iacobus Fridericus Ziegler } ddt. 1 flor.
20. Rudolphus Kirchner Erffordensis dt. ½ flor.
21. Nicolaus Kühn[b] vel Cuna Erphordensis 35 ½ flor. non iuravit.

[a] assumpturus gradum baccalaureatus iuravit sub rectoratu (329) mag. Herm. Lindani 25. Sept. a. 1620. [b] iuravit instante promotionis tempore 12. Febr. a. 36 H. Rennemanno dre (rect. 336).

[1] Kein Bild und keine Initiale, nur an allen 4 Rändern jeder Seite schmale Blumengewinde.

Classis secunda illorum qui totum seu octo grossos solverunt:

1. Iohannes Georgius Trunck Erffordensis non iuravit
2. Christophorus Vetter Northusanus non iuravit.
3. Ernestus Avianus Erffordensis non iuravit.
4. Iohannes Iacobus Draco Lohranus Francus.
5. Philippus Koch Erphurdensis
6. Georgius Arnoldt Erphurdensis
7. Pangratius Sengewein Erphurdensis
   } ob aetatis defectum non iurarunt.
8. Christophorus et
8. Andreas } Wagner fratres
10. Christophorus Brunkorst[c]
   } Erphordenses non iurarunt.
11. Casparus Kleinhelfius Hilperhusanus Francus.

45 c d

12. Iohannes Georgius
13. Christianus et
14. Christophorus
   } Rhahusii fratres Cöledani non iurarunt.
15. Florianus Wolrabe Erffordensis non iuravit.
16. Iohannes Senger Erffordensis non iuravit.
17. Ioachimus Taute Erffordensis non iuravit.
18. Michael Rudolphus.
19. Iohannes Wilhelmus
20. Iacobus
21. Michael
22. Christophorus
23. Marcus
   } Gerstenbergk Erffordenses fratres germani ob aetatis defectum n iurarunt.
24. Iacobus Heinricus Ziegler Erffordensis non iuravit.
25. Rudolphus et
26. Stephanus
   } Geißler fratres germani Erffordenses non iurarunt.
27. Tobias Luckertus Kindelbruccensis.
28. Iohannes Wartze Haslebiensis Thuringus non iuravit.
29. Matthaeus Schröter Erffordensis non iuravit.
30. Casparus Mock
31. Iobus Frideman[d]
32. Iohannes Wolrabe
33. David Reinboth et
34. Iohannes Reinboth } fratres
   } Erffordenses non iurarunt.
35. Christianus Bandt
36. Iacobus Naphzer
   } Erffordenses non iurarunt.
37. Franciscus Ambrecht Gandersheimensis.

f. 46 a b

38. Laurentius Fischerus Kircheimensis Thuringus.
39. Sigismundus Schmidt
40. Andreas Mauritius Zocht
   } Erffordenses non iurarunt.
41. Ditmarus Platenius Corbachiensis Waldeccus.

Classis tertia illorum, qui dimidium seu quatuor grossos in secundo rectoratus anno numerarunt:

1. Henningus et
2. Fridericus Melchior
   } Dedekindus fratres Salzenses dni Henningi dia coniibidem filii non iurarunt.
3. Iacobus Leyrer
4. Iohannes Christianus Wagner
5. Georgius Capsius
   } Erffordenses ob aetatis defectum non iurarunt.
6. Valentinus Schaubis von Kleinmulhausen non iuravit.
7. Constantinus Richter Erphordensis non iuravit.
8. Martinus Stockheim Kerstlebiensis non iuravit.

f. 46 c d

9. Iohannes Kestner
10. Hiobus Kuhne
   } Erphordenses non iurarunt.
11. Florianus Muller
12. Iohannes Hundorff[e]
   } non iurarunt.
13. Iohannes et
14. Adamus
   } Wenige fratres non iurarunt.
15. Iohannes Theodericus Michaël Wanfridensis Hassus.
16. Iohannes Zeithoff Erphordensis non iuravit.
17. Georgius Wernerus Erphordensis
18. Christophorus Riecker Erphordensis
19. Iohannes Melchior Balcke Erphordensis
20. Phillippus Keille Erphordensis
   } non iurarunt.
21. Sebastianus Keule Exlebinas Hieranus.
22. Laurentius Heine Erphordensis.
23. Iohannes Röseler Erphordensis
24. Iacobus Rese Erphordensis
25. Iohannes Weingärtner Erphordensis
26. Iohannes Lieber alias Heine Erphordensis
27. Michaël Hoffman[f] Erphordensis
28. Iohannes Schwenckenberger Erphordensis
29. Iohannes Wantschleb iun. Erphordensis
   } non iurarunt.

---

[c] iuravit 4. Octobr. 1624. [d] hic aduleguum (?) admissus ad assumpt(ionem) gradus baccalaureatus iuravit sub rectore (329) mag. Herm. Lindano, Portae coeli decano 25. Sept. a. 21. [e] iuravit ao 1652 9. Febr. sub. rectoratu (351) Wolfgangi Crusii dris. [f] iuravit 22. Maii anno 1630 rectori dri Valentino Herdegen dt. residuum.

30. Christophorus Siegeler Erphordensis
31. Iohannes Wilhelmus Kuhne Erphordensis
32. Balthasarus Schmidt Erphordensis } non iurarunt.
33. Iohannes Fischer Erphordensis non iuravit.
34. Iohannes Georgius Breitinger rectoris nepos ex privigno Erfurtensis. non iuravit.

Classis quarta illorum qui inaequaliter dederunt:

1. Andreas Herber 2 gr.
2. Iohannes Dila 2 gr.
3. Iohannes Köler 2 gr. } Erphordenses non iurarunt.

In gratiam rectoris et gratis inscripti:

1. M. Petrus Muller Norinbergensis rectoris cognatus
2. Christophorus Khern Ambergo-Palatinus } non iurarunt.
3. Iohannes Wigandus et
4. Valentinus Wigandus } fratres Erphordenses non iurarunt.
5. Iohannes Stiltzefus Erphordensis, juravit 4. Octobr, 1624 et 8 gr. solvit.

6. Barptolemeus Bilovius à Bilow Stendalius Marchicus sacri palatii comes eques auratus civis Romanus philosophus et poëta laureatus Caesarius. Hic saltem stipulata manu obedientiam promisit.
7. Naamannus Bernhardinus Husanus Holsatus obedientiam stipulata manu promisit (Vitebergensis studiosus).
8. Iacobus Heine Erffurtensis
9. Iohannes Ernestus Löber Erffurtensis } non iurarunt
10. Iacobus Eskerus
11. Samuel Eskerus et
12. Iohannes Bartholomaeus Eskerus[g] } fratres Erffurtenses non iurarunt.
13. Michaëll Schmidt Marlishusinus Thuringus non iuravit.
14. David Francke
15. Samuel Kamp } non iurarunt.
16. Iohannes Günsch Gillersdorffiensis non iuravit.
17. Iacobus Langpeter Erphordensis non iuravit.
18. mag. Nicolaus Placcius Greventhalensis pastor in Schwerstadt.
19. Iohannes Winnius Butstadiensis pastor in Krautheim.

Summa secundi anni inscriptorum 118[h]

Percepta[i] — ex pretio inscriptionis: 35 thal. et 18 gr. ddt. 118 personae, quarum nomina una cum pretio inscriptionis secundum classium ordinem inveniuntur in matricula. Hinc cedunt universitati 23 thal. 20 gr.; rectori 11 thal. 22 gr.[k]

[g] Hunc ex sacro baptismatis fonte suscepi. [h] Richtiger 115. [i-k] Aus dem Rechnungsbuche des Rectors.

1614. Mich. 326c. Rect. Barth. Löneysen III.[1]

Rectoratus praeter omnem spem et exspectationem tertius mgri Bartholom. Löneiscus etc. anno Christi 1614 in annum 1615 quo sequentium studiosorum nomina albo universitati sunt inserta:

[1] Eingerahmtes Bild von Kupfferberg aus der Vogelperspektive mit viereckiger Ringmauer, Thoren und Thürmen; daneben mehrere Hügel an einander sich reihend, aus deren vorderstem Erze herausgefahren werden. Links vom Beschauer steht der Rector, rechts seine Gattin Margareta L. mit schwarzer Schaube, beide in schwarzem Gewande. Ueber der Landschaft die Allianzwappen: über dem Rector rothes Schild mit nach rechts herauswachsendem Raben, darüber ein goldenes Kreuz. Helmdecken roth und gold; über der Frau ein weisses Schild mit schwarzem Monogramm: M, aus welchem ein Kreuz herauswächst. Unten ein Spruch in Distichen mit dem Symbolum des Rectors:

M(ihi) B(onum) L(ubrari) C(oelestia).

Classis prima eorum qui plus solito dederunt:

1. Otto Fischerus Treffurtensis 12 gr. iuravit.
2. mag. Hieronymus Anschutz Arnstadiensis Thuringus Witebergae promotus 1/2 flor. juravit.
3. Hieronymus Hammerschmidt Lichtenbergensis Thuringus et
4. David Hammerschmidt Lichtenbergensis Thuringus fratres germani ddt. integrum joachimicum pro 30 gr.
5. Iohannes Weitzius et
6. Fridericus Weitzius } Gothani fratres germani dd. 18 gr. non iurarunt.
7. Iohannes Benedictus Reinert Erphordensis dt. 15 gr non iuravit.
8. Adamus Glebe Großendaffensis vicarius beatae Mariae virginis dt. 15 gr. iuravit.
9. Christophorus Arndt Heiligenstadensis vicarius beatae Mariae virginis dt. 12 gr. iuravit.
10. Iohannes Boëlius Gerstungensis 1/2 flor. iuravit.
11. Iohannes Ludwig von Wangenheim zu Winterstein dt. 1/2 flor.
12. Iacobus Beck von Olpershausen Thuringus 1/2 flor.
13. Adamus Ecker Isenac. Thuringus 1/2 flor. n. jur.

Classis secunda illorum, qui totum seu 8 gr. dederunt:

1. Georgius Monner Northusanus non iuravit.
2. Nicolaus Bejerus Coburgo-Francus non iuravit.
3. Ieremias Apfelius Waltershusanus Tyrigeta iuravit.
4. Martinus Dickel Sebachensis non iuravit.
5. Michael Allendorff
6. Nicolaus Zwatz } Haslebienses non iurarunt.
7. Iacobus Zinckeysen
8. Nicolaus Klobe } Erphordenses non iurarunt.
9. Hartmannus Hissius Einbeccensis iuravit.
10. Casparus Steven Gandershemensis iuravit.
11. Christophorus Schmelingius Erphordianus iuravit.

Classis tertia illorum qui dimidium nempe 4 gr. solverunt:

1. Heinricus Schönningk Erphordensis iuravit.
2. Iohannes Wiedling[a] non iuravit.
3. Iohannes Guldenzopff Wernichshusanus non iuravit.

In gratiam rectoris sunt inscripti:

1. Beniamin Dedekindus Saltzensis non iuravit.
2. mag. Iohannes Weitzius Hohenkirchensis scholae Gothanae conrector superiorum Weitziorum fratrum germanorum primae classis parens 7. Iunii.
3. Heinricus Laurentius Erphordianus non iurarunt.

Summa tertii anni inscriptorum studiosorum 30.

Summa summarum trium annorum inscriptorum studiosorum est 233.

I. Corinth. I, V. 31.

ὁ καυχώμενος, ἐν κυρίῳ καυχάσθω.
Qui gloriatur in domino glorietur.

I. Timoth. I, V. 17.

Regi seculorum immortali, invisibili, soli
Sapienti Deo, sit honor et gloria in secula seculorum. Amen.

Percepta[b] — ex pretio inscriptionis: 9 thal. ddt. 30 personae, quarum nomina una cum pretio inscriptionis habentur in matricula. Hinc cedunt 6 thal universitati; 3 thal. rectori.[c]

[a] iuravit et solvit reliquum 4. Octobr. 1624. [b-c] Aus dem Rechnungsbuche des Rectors.

f. 50ab

1616. 10. Jan. 327a. Rect. D. Bartholom. Zepperus I.

Rectoratus biennalis dni Bartholomaei Zepperi, i. u. dris eiusdemque facultatis in alma academia Erfurdiana professoris primarii et reipublicae ibidem politicae proconsulis, a die 10. Ianuarii anno 1616 usque ad diem 16. Novembris anno 1617: 5 sub quo biennali rectoratu subsequentes personae in album seu matriculam studiosorum relatae et inscriptae sunt:

Classis I (plus solito solventium):

dns Ambrosius Seelingk Rastorffensis decretal. dr. 1½ flor.
10 mag. Iohannes Streso Hertestanus ½ flor.
Elias Schamrodt Schweinfurtensis ½ thal.
Ludovicus Helmerding Halberd. (?) ½ flor.
Tobias Holtzhausen Blanckenburgensis Saxo ½ flor.
15 Hermannus Lucaemus Brunsvicensis ½ flor.
Samuel Dauts Norahnus ½ flor.
Ioannes Ernesti Northusanus ½ thal.
Casparus Berlisaeus Erphordensis ½ flor
Hainemannus Trost Marpurgensis ½ flor.
20 Henricus Iulius Huwet Halberstadiensis Saxo.
Ioannes Melchior Zulandt } fratres non iurarunt
Gothofredus Zuhlandt } ddt. 1 flor.
Ioannes Weber Thomaepontanus Thuringus ½ flor.
25 Georgius Coppen Marchicus ½ flor.
Iacobus Rohlstadt ½ flor.

f. 50cd Classis secunda illorum qui integrum seu octo grossos solverunt:

Georgius Henricus Berckbusch Ulcensis Saxo.
30 Balthasar Muller Erphordianus.
Ioannes Hildebrandus } Lappenii fratres
Burckhardus } Gittelenses.
Lodovicus Hais Rastorffensis.
10 Conradus Hoffmeister Stadtwormiensis.
Casparus Chilander Zignaeus.
Bartholomaeus Kayser Erphordensis.
Ioannes Langerhan Erphordensis.
Balthasar Brandt } fratres germani Erphordenses.
15 Wilhelmus Brandt non iuravit }

Classis III (gr. 6 vel circa solventium):

Aegidius Noß 6 gr. omnes.
Ioannes Seeber } fratres 6 gr.
20 Balthasar Seeber } 6 gr.
Paulus Groß 5 gr.
Rudolphus Nafzer 6 gr.

Classis IV (4 gr. solventium).

Ioannes Dost Calmaerodensis Eisfeldiacus.
25 Christophorus Simmeringh Haistriensis Francus.
Volemarus Franck (dt 4 gr. residuos mag. Hermanno Lindano rectori 25. Septembr. anno 21. ante assumptionem gradus baccalauriatus).
30 Elias Mundorff.

f. 51ab Summa primi anni inscriptorum 35[a]: summa collectarum pecuniarum primi anni 15 flor. 1 gr. 3 ₰.

Percepta[b] — ex precio inscriptionis: 35 personae, quarum nomina una cum precio inscriptionis in matricula habentur. ddt. 15 flor. 1 gr. 3 ₰.
35 Hinc cedunt universitati 10 flor. 10 ₰. rectori 5 flor. 5 ₰.[c]

[a] Richtiger 36. [b-c] Aus dem Rechnungsbuche des Rectors.

1ab

1616. Mich. 327b. Rect. D. Barth. Zepperus II.

Secundo rectoratus anno inscriptae sunt sequentes personae:

Classis I (plus solito):

Conradus Sigfridus Zigenmeier Hildesheimensis
5 dt. 1/2 thal.
Ioannes Hardung Eisfeldiacus Heiligenstadensis 1/2 thal.
Casparus Adolphus Von der Dann dt. incluso testimonio 2 flor.
10 Wilhelmus Teueren Erpellensis ex dioecesi Coloniensi dt. pro testimonio et inscriptione 2 flor. 10 gr. 6 ₰.

Classis II (totum vel 8 gr. solventium):

Sebastianus Reinhausen Pleychrodensis Saxo.
15 Ioannes Boremann Göttingensis.
Erasmus Steinmetz Lipsiae depositus.
Ioannes Seehatt Tritelburgensis Thuringus.
Georgius Sonnenwaldt Buldilstadiensis.
Balthasar Uthsperg non iuravit.
20 Zachaeus Franckenstein Mittelhusanus.
Iobus Kolstadt Erphordensis.
Ulricus Denizaeus Brausnicensis.
Christophorus Zevetinus Jenstostiensis Thuringus
25 Nicolaus Wechter Erphordiensis.
51cd Christianus Thimothaeus
Fridericus Emanuel Dufft[1] Erphordensis.
Casparus, Henricus } Stieler fratres Erphordenses.
30 David Mark Erphordensis.
Nicolaus Stenger[a] Erphordensis.
Nicolaus Arnold Erphordensis.
Philippus Eysell Erphordensis.
Nicolaus Hildenbrandt Erphordensis.
35 Michael Tost Erphordensis.
Iohannes Stephan, Christianus, Iacobus[b], Hieronymus[c] } Schmidner[b] (?) fratres Erphordenses ddt. 32 gr.

Iohannes Stephan, Adamus, Rudolphus } Creuderi fratres Erphordenses ddt. 24 gr.
5 Ioannes Henricus Mulbach Erphordensis.
Ioannes Frey Erphordensis.
Ioannes Henricus, Georgius } Creuteri fratres Erphordenses ddt. 16 gr.
10 Henricus Hondorff Erphordensis.
Ioannes Norenbergius Ortorffensis.
Sebastianus Nafzer Erphordensis.
Iohannes Christophorus, Iohannes, Rudolphus } Gotzii fratres Erphordenses ddt. 1 thal.
15 Hieronymus Bandt Erphordensis. jur. rectori (333) Valentino Herdegen 28. Marcii 1631.
f.52ab Michael, Iacobus } Mangoldt fratres Erphordenses 16 gr.
20 Daniel Leopoldi Hieranus Frudlandus.
Martinus Colman Erphordensis.
Iohannes Volbrachtius ut affirmat sub dre Iodoco Helmsdorff (324 b) inscriptus sed non inventus, implevit 8 gr.[d]

Classis III minus integro plus tamen 4 gr. solventium:

25 Stephanus Urtell Erphordensis dt. 6 gr.
Fridericus Cohanus Bornensis Misnicus 6 gr. iuravit et dt. reliquum 4. Octobr. 1624.
30 Samuel Erhardus Erphordensis 5 gr.

Classis IV (dimidium integri vel 4 gr. solventium):

Rudolphus Furster a Zimmern.
Valentinus Haißberg Erphordensis.
35 Casparus Ostbott Stadwormiensis.
Iohannes Rincke Aleensis.
Iohannes, Henricus } Saade Erphordenses fratres 8 gr.

[a] Iuravit ad manus rectoris (332) mag. Urbani Heun 2. Octobr. anno 1628. [b] hic Iacobus Schmidt praestitit iuramentum consuetum in manibus rectoris Georgii Thomae Selgen. [c] 10. Septemb. iuram. praestitit rectori dri Valentino Herdegen 1631 (333). [d] NB. sub D. dr. Iod. Helmsdorf (R. 324) inscriptus Ierem. V.; itaque alter erat Ioh. V., alter Ierem. Martini: v. supra f. 34[a] et f. 34[b] (S. 509 Sp. 2 Z. 3).

[1] Derselbe war Pfarrer in Mühlberg: Fridericus Emanuel könnte sein 3ter und 4ter Vorname gewesen sein, da weder der Familienname 2mal genannt, noch wie bei den beiden folgenden fratres hinzugefügt ist.

Henricus Wolff Erffurtensis.
Iohannes Albell Erffurtensis.
Iohannes Quell Erffurtensis.
Nicolaus Wellendorff Erffurtensis.
Casparus Richenberger Erffurtensis.
Matthaeus Schwenckenberger Erffurtensis.
Samuel Tischer Erffurtensis.
Wolffgangus Cuilcaeus Erffurtensis.
Melchior (Michael übergeschrieben) Silberschlag Halberstadiensis iur. et solvit reliquum 4. Octobr. 1624.
Iohannes Bauman, Iohannes Weidenhan[e] } Erffurtenses.
Hermannus Duch Erffurtensis.
Iohannes Baußilian Erffurtensis.
Iohannes Zaps Denstadiensis.
Ernestus Ostwaldt Gronstorff Isterhausanus (Ichtersh. ?).
Iohannes Salome Islebiensis.
Iohannes Muller à Schaalenburg.

Classis V in gratiam rectoris et gratis inscriptorum:

Iohannes Modestinus Dufft, Christophorus Dufft } fratres Molibergenses.
Adolarius Eiffe Erphordiensis.
Georgius Eiffell Erphordiensis.
Wolffgang Rost Erphordiensis
Iohannes Hoffman Erphordiensis.
Christophorus Luther Erphordiensis in gratiam rectoris non jur.

Summa 81.

Summa secundi anni inscriptorum 73[f] omissis illis, qui gratis inscripti sunt.

Percepta[g] — ex precio inscriptionis: 73 personae, quarum nomina una cum precio inscriptionis in matricula juxta classium ordinem continentur et habentur, ddt 25 flor. 2 gr. Hinc cedunt universitati 16 flor. 15 gr. 4 ₰; rectori 8 flor. 7 gr. 8 ₰.[h]

[e] Weydenhaun reliquos 4 gr. solvit 8. Decemb. a 1623 rectori (330) L. Norinbergio. [f] Richtiger 74. [g-h] Aus dem Rechnungsbuche des Rectors.

---

f. 53ab 1617. Mich. 328. Rect. Dr. Henningus Rennemann Papaeburgensis I.

Anno salutis humanae 1617 comitiis pro eligendo rectore novo indictis, munus electurae sortito obvenit viro nobili amplissimo et consultissimo dno Iodoco Helmsdorffio j. u. dri, comiti palatino consiliario et praetori Moguntino, et doctissimis atque humanissimis viris dno Ioanni Raetio et Liborio Capsio, philosophiae magistris et professoribus: qui subfragiis suis me Henningum Rennemannum Papaeburgum Saxonem Brunsvigium, philosophiae et j. u. drem et professorem conlegii Saxonici decanum et inlustrissimae principi Hennebergicae viduae, inlustri item et generoso comiti Gleichensi dno Philippo Ernesto a consiliis domi dandis, XV. cal. Novemb. ad anni sequentis recturam elegerunt; et anno hoc elapso in annum subsequentem electores hoc munus obeundum porro prorogarunt; quod biennium in rebus imperii Germanici publicis multis mutationibus et novitatibus notatu dignissimis obnoxium fuit: de quibus exemplo meorum praedecessorum pauca quaedam memoriae caussa in posteritatis, si qua futura sit, usum praefari non inutile visum fuit. Incidit enim hic annus in centesimum ab eo, quo prima obcasio religioni reformandae per dnum Martinum Lutherum sacrosanctae theologiae drem Vitebergensem ex eo data fuit: (f. 53cd) quod contra indulgentiarum praecones et venditores pridie cal. Novemb. anno 1517 disputationem publicam proposuerat, quae prima religionis reformatae per Germaniam et post per alias orbis christiani provincias jecit et in hoc usque tempus propagavit. Cum igitur annus hic reformatae religioni

secularis esset, serenissimus princeps dns Iohannes Georgius Saxoniae dux elector per suas provincias festos tres dies iubilaeos, nimirum pridie cal. Novembris, ipsis cal. et postridie, publicis concionibus psalmis precibus et gratae recordationi religionis ante centum annos hisce diebus reformari coeptae consecratos sollemnes constituit et mense
5 Augusto suis hoc ante subditis publicis edictis indicium fecit; cujjus exemplum imitati 5 plaerique sunt omnes non modo Germaniae principes optimates et respublicae civitatum celebriorum, sed etiam exteri reges principes et rerum publicarum praesides, qui a Romano pontifice in forma et norma religionis secessionem fecerant.

Anno subsequente, qui erat 1618, posteaquam divus Matthias imperator Romanus
10 rex Ungariae et Bohemiae ex Praga sedem aulae Viennam Austriae transtulisset et 10 f. 34ab Bohemici regni praesides pontificii absentis regis vices gerentes paullo asperius reformatae religionis subditos, quos sub utraque vulgo vocant, quibusdam in locis tractarent, templis, quae pro suae confessionis usu subditi vel de novo exstruxerant, vel in illorum ante conditorum possessionem venerant, partim dirutis partim clausis et aliis
15 quibusdam rebus contra privilegium religionis, quod vulgo majjestatis litteras ad- 15 pellant, ab imperatore Rudolfo piae memoriae largius indultum, ut interpretabantur religionis sub utraque confessorum praesides, quos defensores nuncupabant, attentatis; cum hi aliquoties frustra regem supplicibus litteris interpellassent, regni tres ordines sub utraque hanc ob caussam Pragae non semel congregati tandem a patientia lon-
20 giore in furorem versi non sine vi armata in aulam regiam mense Majjo duce Henrico 20 Matthaeo comite a Thurn inruperunt et ingressi consistorium, in quod regii vicarii consultatum iverant, ex his duos e nobilitate una cum secretario e fenestris in profundam vallem praecipites dederunt, arcem regiam et totum regnum occuparunt et milite conscripto se contra vim regiam praemunierunt; Jesuitas cum quibusdam, qui regias partes
25 deserere nolebant, proscripserunt et ex suo numero triginta inter tres regni ordines, 25 f. 34cd quos directores indigetabant, qui rempublicam administrarent interim, ne quid detrimenti caperet, cum plena potestate selegerunt. Horum exemplum postea secuti sunt Moravi, Silesii et Lusati, qui cum Bohemis icto foedere et Jesuitis pariter eiectis belli molem aliquamdiu contra imperatorem Matthiam, qui duabus legionibus sub ducibus Buquojo
30 Hispano et Dampiero Gallo comitibus in Bohemiam missis confoederatos punire et ad 30 pristinam obedientiam revocare conatus erat, soli sustinebant. In quo rerum statu cum Pilsena civitas a directoribus ad regem defecerat et Ernestus Mansfeldius, Petri Ernesti famosi illius Hispaniarum regis in Belgio olim gubernatoris filius nothus, in illius obsidione totus esset, cometa pogoniates horrendae longitudinis se conspiciendum mense
35 Novembri dabat; sub cujjus primordio e vita discedebat primum Maximilianus Austriacus 35 imperatoris frater; hunc sequebatur 14. Decembris augusta imperatoris coniux Anna Austriaca et tandem Matthias imperator ipsemet anno subsequente 1619 vitam cum morte 10. Martii commutabat. Cui cum subcedere vellet Ferdinandus archidux Austriae imperatoris patruelis, dudum ante ad regiam Ungariae et Bohemiae dignitatem f. 35ab
40 promotus, omnem quidem movit lapidem, ut et Bohemos ad officium revocare posset, 40 quorum provincias variis conflictibus expugnationibus obsidiis direptionibus et depopulationibus infestas fecit et imperii germanici decus ambiret. Cujjus etsi tandem

post longas electorum consultationes Francofurti compos est factus; accidit tamen interim, ut cum electores 18. Augusti Ferdinandum Caesarem proclamarent, Bohemi cum sociis postero die eundem regia dignitate ex(s)uerent et 26. die post Fridericum V. comitem Palatinum electorem sibi regem novum eligerent et circa finem mensis Octobris sollemniter coronam illi regiam imponerent; cum paullo ante sui muniendi caussa cum Gabriele Bethlehemo Transsilvaniae principe foedus inissent, qui circa idem tempus non modo Bohemis suppetias milite misso tulit, sed etiam Hungariam invasit et pene totam sibi subiecit, Austriae quoque ipsi vim inlaturus. Quas inter molitiones principes Germani in diversas ita partes abierunt. ut pontificii et plerique ex protestantibus singuli se foedere communire dudum ante voluerint, quorum illud Ligam, hoc Unionem vocant. Utrique conventus sibi suos illi ut ferunt Francofurti, hi vero Noribergae 11. Nov. indixerunt, ad quorum hunc novus Bohemiae rex ipsemet se contulit et suos plaerique proceres et civitates reformatam religionem sequentes legatos eo miserunt. Quid in hisce turbis sint utrique partium molituri, dies dabit. Interim elector Saxo neutri se hucusque parti coniunxit. Faxit Deus optime maximus, ut procellis hisce compositis religioni et politiae sic consulatur, ut etiam litterariae rei suum constare decus possit. Quam hucusque per clementiam suam Deus hac in academia nostra benigniter ita fovit, ut priore regiminis anno a 28. Nov. anni 1617 usque ad anni sequentis eundem mensem in album hoc[a] academicum relati sint[a], in I ordine, qui plus solito dederunt:

Iustus Schaumburg Hildesheymus Saxo 12 gr.
Iohan Georgius Strecker Heiligenstadiensis Eichsfeldius 12 gr.
Iohannes Muller Heringensis Thuringus 12 gr.
Noe Seidler Isenacensis Thuringus 12 gr.
Burcartus a Saldren Burcarti filius nobilis Brunsvigus 1 flor. 12 gr.
mag. Sebastianus Anschutz Arnstadiensis Thuringus 12 gr.
Iohannes Heinricus Volfius Saltzensis Thuringus 12 gr.
Balthasarus Berndesius Noribergensis 1 flor.
Heinricus Berndesius Noribergensis 1 flor.
Heinricus Luder Halberstadius Saxo 12 gr.
Iohannes Olpius Saltzungensis Thuringus $10^1/_2$ gr.
Hieronymus Hoffmannus Mulhusinus Thuringus 12 gr.
Iohannes Mejjer[b] Eschvegio Hassus $9^1/_2$ gr.
Fridericus Rochs Regiomontanus Borussus 12 gr.
Iohannes Ludovici Mundensis Saxo 9 gr.
Cunrathus Ludovici Mundensis Saxo 9 gr.
Siegfridus
Erhartus
Eitel Heinricus } à Bulzingsleben auf Heienroda nobiles Thuringi { 12 gr.
12 gr.
12 gr.
Laurentius Rackebrand Gottingensis Saxo 12 gr.
Tobias Martini Isenacensis Thuringus 12 gr.

Summa horum 21; summa pecuniae 13 flor. 8 gr.

In II (ordine) qui solitum obtulerunt nimirum 8 gr.:

Iohan Ernestus Neuhoff Valdgiemensis ad Lanum Cattosolmejus notarius publicus.
Heinricus Meimerus
Iacobus Meimerus } Reno-Bercenses jurarunt.
Hermannus von der Linden Reno-Bercensis nepos ex Wilhelmo fratre mag. Hermanni Lindani.
Iohannes Gotsgerath Slesvicensis Holsatus.
Mauritius Rehefeld Magdeburgensis.
Michael Ulle Erfurtensis.
Henricus Berlisaeus Eschenbergius Thuringus.
Hermannus à Wingenn Treisensis Hassus.
Andreas Rembda Erfurtensis.
Heinricus Keseweis Salzensis.

[a] hunc — sunt F. [b] So nach Rennemanns Orthographie statt Meyer.

Tobias Wunderlich Erfurtensis.
Volfgangus Flier Ossitiensis Misnicus.
Nicolaus Apelius Erfurtensis.
Hieronymus Schilling Erfurtensis.
Otto Stieda Erfurtensis.
Bartholomaeus Barnstein Erfurtensis.
David Schmidt Erfurtensis.
Antonius a Wingen Mulhusinus.
David Tromlitz Erfurtensis, juravit sub rectore mag. Hermanno Lindano 16. Septr. 22.
Hieremias Arnstein Erfurtensis.
Iacobus Neugebaur Erfurtensis.
Melchior Bronchorst Erfurtensis.
Nicolaus Agricola Ullerslebiensis Thuringus.
Georgius Leufferus Isenacensis Thuringus.
Christophorus Dietsch Romhildensis Francus.
Samuel Vulpius Stetino-Pomeranus.
Iohannes Christophorus Bodinus Marlishusanus Thuringus.
Nicolaus Mohn Erfurtensis.
Iohannes Coppius Blancenhainensis.
Heinricus Vilhelmus Huffeißen notarius publicus.
Justus Ernestus Reinholdus Bliecherodensis Thuringus.
Iohannes Rudolfus Gitteldensis Brunsvigus.
Heinricus Lappenius Gitteldensis Brunsvigus.
Iohannes Bernhardus Ringer Erfurtensis.
Hieremias Ludovicus Frimariensis Thuringus.
Nicolaus Rhonius Isenacensis Thuringus.
Christophorus Albinus Primislaviensis Marchicus.
Georgius Rhaenius Gumpelstadius Thuringus.
Christianus Otvaldus Volcershusanus Haßus.
Iohannes Martinus Husanus Salzensis Thuringus
Bernhardus Melchior Husanus Salzensis Thuringus.

Summa 42; summa pecun. 16 flor.

in III qui dimidium soliti:

Caspar Mieber Erfurtensis 4 gr.
Nicolaus Heiner 4 gr.

post quos gratis inscripti sunt:

Michael Horn Erfurtensis (juravit sub rectore mag. Hermanno Lindano 16. Septbr. a. 22).
Iohannes Nicolaus Schmaltz Erfurtensis.
Stephanus Dedekindus Saltzensis Thuringus.

Summa ~~66~~. 71

Accesserunt[c] — ex precio inscriptionis anni prioris: pro personis 21, quae plus solito, pro 42, quae solitum, pro 2, quae minus solito obtulerunt: 29 flor. 16 gr.[d]

c–d Aus dem Rechnungsbuche des Rectors.

1618. Mich. 328b. Rect. Dr. Henn. Rennemann II.

Posteriore (regiminis anno) a fine mensis Octobris anni 1618 usque ad exitum mensis Novembris anni 1619:

In primo ordine:

Henricus Kempfer Dippoldisvolda-Misnicus j. utr. dr. 12 gr.
Petrus Ambrosius Vomelius Stapert Spirensis 16 gr.
Iohannes a Tastungen Eichsfeldiacus nobilis 12 gr.
Caspar Mietschepfal nobilis Hoensteinius Thuringus 12 gr.
Christianus Tolcke Bliecherodensis Hoensteinius Thuringus 12 gr.
Simon Leutner Vienna Austriacus $10^1/_2$ gr.
Philippus Glaum Vedderavius j. u. dr. 1 flor. 15 gr.
Henricus Torneman Northeimensis Saxo 1 flor.
Christophorus Henricus } nobiles a Bila Thuringi auf Heienroda { $10^1/_2$ gr.
Iohan Caspar } $10^1/_2$ gr.
Iohan Heinricus } $10^1/_2$ gr.
Ioachimus Friedericus } $10^1/_2$ gr.
Georgius a Zitzwitz Pomeranus $10^1/_2$ gr.
Ernestus a Bergelas Pomeranus $10^1/_2$ gr.
Poppo Silchmuller Ilmenaviensis Thuringus 12 gr.
Heinricus Guntherus Weis Farnrodensis Thuringus 12 gr.
Iohannes Lampertus Winter Erfurtensis rev. dni mag. Augustini Friederici decani b. Mariae sororis filius 1 flor. 15 gr.

Summa horum 17; summa pecuniae 12 flor. 2 gr. 6 ₰.

In secundo qui solitum 8 gr.:

Cunrathus Bergkman Schallenburgensis Thuringus.
Iohan Heinricus Bielstein Gottingensis Saxo.
5 Martinus Veberus Vratislaviensis Silesius.
Iohannes Stier Schwartzensis Thuringus.
Bernhartus Korner Ilmenaviensis Thuringus.
Iohannes Wittich Frondorfensis Thuringus.
Ambrosius Wittich Frondorfensis Thuringus.
10 Heinricus Kindleb Burgthonnensis.
Martinus Ulrich Ohrdrufiensis Thuringus.
Ernestus Theleman Bliecherodensis Thuringus.
Christianus Victor Franckenberger Smalcaldensis Francus.
15 Andreas Behr Saltzensis Thuringus.
f. 59a b Melchior Stangius Aggeripontanus Thuringus.
Iohannes Stephanus Preger Saltzensis.
Sebastianus Hopfner Saltzensis.
Henningus Otto Tautte Valschlebiensis Thuringus.
20 Michael Tautte Valschlebiensis Thuringus.
Thomas Falco Magdeburgensis Saxo.
Melchior Butstadius Sveinfurtensis Francus.
Florianus Botticher Erfurtensis. jusjurandum praestitit rectore (329) mag. Hermanno
25 Lindano 16. Septbr. anno 22.
Christophorus Berlisaeus Erfurtensis.
Michael Kaiser Erfurtensis.
Iohannes Vilhelmus Beier Kircheimensis Thuringus.
30 Iohannes Heinricus Hergoth Erfurtensis.
Vilhelmus Agricola Frimariensis Thuringus.
Iohannes Rausch Erfurtensis.
Paullus Juch Erfurtensis.
Crafft Melchior Huebener Erfurtensis.
Caspar Nusbaum Erfurtensis.
Volfgangus Hueber Erfurtensis.
5 Iohannes Melchior Klem Erfurtensis.
Iohannes Saule Erfurtensis.
f. 59c Heinricus Capsius Erfurtensis.
Nicolaus Pinselerius Erfurtensis.
Elias Biernstel Erfurtensis juravit 4. Octobr. 1624.
10 Valentinus Trochophorus Mulbachius Francus.
Summa 36; summa pecuniae 13 flor. 15 gr.

In III qui minus scil. 4 gr.:

Ioachimus Mosengelius Saltzensis Thuringus.
15 Iohannes Gernerus Mulhusinus Thuringus.
Michael Trauttwein Witterdensis Thuringus.
Cunrathus Koning Vitterdensis Thuringus.
Zacharias Hogel (II) Erfurtensis juravit 15. Maji anno 1628 sub rectore (332.) mag. Urbano
20 Heun et persolvit residuos 4 gr.
Herfortus Hogel Erfurtensis.
Summa 6; summa pecuniae 1 flor. 3 gr.

Gratis:

Elias Wunderlich Erfurtensis.
25 Cunrathus Volfgangus Marggraff Erfurtensis.
Summa omnium inscriptorum 129; summa pecuniae collectae per annum utrumque 56 flor. 6 ₰.

Act. 24. Nov. an. 1619.

30 35 Accepta[a] — ex pretio inscriptionis anni posterioris pro personis 17 quae plus solito; pro 36 quae solitum; pro 6, quae minus solito ddt. 26 flor. 20 gr. 6 ₰. Summam igitur pecuniae hujus ex inscriptione hoc biennio conlectae pro personis 124 est 56 flor. 15 gr. 6 ₰. Unde rectori cedit pars tertia; remanent universitati 37 flor. 17 gr. 4 ₰.

35 40 Pro inscriptis 45 personis sunt exsoluti ministris academicis 3 flor. 2 gr.[b]

a-b Aus dem Rechnungsbuche des Rectors.

1619. Mich. 329. Rect. M Herm. Lindanus Rhenoberckensis.[1]

f. 60ª ᵇ

Cum[1] viri sapientes etc.[2] — — Cordatum neminem fuisse arbitror, qui mihi Hermanno Lindano, alias Burcharth sive Bärsdoncks Rheno-Berckensi, artium liberalium et philosophiae ethicae et eloquentiae professori nec non collegii Amploniani vulgo Portae caeli decano et collegae, latere potius et meis professionibus vacare, quam in luce versari et augusto dignitatis titulo gaudere cupienti, iure succensere potuerit, quod rectoralis purpurae decus, quod solitis comitiis sub diem 18. mensis Octobris[a] divo Lucae sacrum anni recuperatae salutis 1619 in campo nostro academico ad eligendum novum rectorem indictis augustissimi triumviri, viri inquam nobilissimi eximii amplissimi clarissimi consultissimi ac omnium doctrinarum atque virtutum ornamentis politissimi, scilicet dns Laurentius Nurenbergius, juris utriusque dr., nec non huius inclutae ac pacificae Erphordianae reipublicae syndicus meritissimus, dns Jeorgius Thomas Selgen, etiam juris utriusque dr. simulatque reverendissimi ac illustrissimi archipraesulis et principis electoris Moguntini dni nostri clementissimi consiliarius dignissimus, et denique dns mag. Bartholomaeus Löhneysen, professor publicus et ad S. Michaelem rector fidelissimus, ad quos jus et potestas eligendi hac vice sorte devenerat, detulerunt delatumque et post deliberationem acceptatum perque integrum triennium, quod nulli praeter me (credo ob temporis iniquitatem et injuriam) per electionem ex insperato tamen antea obtigit, continuatum et sapientum dictis et praestantissimorum virorum exemplis territus prius suscipere dubitarim: quam sumpto deliberandi spacio considerarim et animo mecum perpenderim, me non temere seu casu, ut Epicurei, aut occulta vi et potestate fatorum, ut stulte Stoici opinantur: sed post seriam divini nominis invocationem ab iis, quorum certe ego neque benevolentiam erga me ignorare neque autoritatem et consilium aspernari neque voluntatem negligere vel debeam vel ausim inter aras propemodum et altaria conspirantibus sententiis, non vi non astu et fraude, imo invitum in caput academici corporis electum esse. Animo repetiverim honestatem et salutem publicam privatae utilitati aliisque difficultatibus et incommodis, quae imperia secum trahunt et adferunt, praeferri oportere: hac nos lege atque conditione suavissimam huius lucis usuram accepisse, ut ortus nostri partem patria sibi vendicaret, partem parentes poscerent, partem amici sumerent; illud Platonis in mentem venerit, quod alicubi prudentes monet: qui civis munus sibi a republica demandatum recusarit, damnatus[b] esto: illud Justiniani, imperatoris censentis convenire,

f. 60ᶜ ᵈ

[a] In F irrig Septembris; nach fol. 58ª und fol. 61ª z. E. (oben S. 527 Z. 2) dauerte das 2. Amtsjahr Dr. H. Rennemann's sogar bis Ende Nov. 1619. [b] damnas F.

[1] Ein in Gold ausgeführtes Fractur-C bedeckt das Bild der Stadt Rheinsberg aus der Vogelschau. Die Randleisten enthalten Arabesken.

[2] Die allgemeinen Sätze im Eingange, welche sich über die Schwierigkeiten des Regierens auslassen, sind weggelassen; dagegen die Hinweisungen auf die Schicksale Friedrich's V. von der Pfalz und die durch die Kipper und Wipper verursachte Geldnoth wegen ihrer Bedeutung für die Geschichte der Stadt abgedruckt.

ut honestiores quique civitatibus, quas incolunt, operam et ministerium suum exhibeant et hanc quodammodo ipsis pro incolatu gratiam rependant. Memoria recoluerim iuramentum quondam universitati nostrae praestitum eiusque beneficia permulta et magna ab illo inde tempore, quo studiorum gratia huc migrarim atque a prudentissimo senatu Rhenoberckensi, patrono meo summa animi observantia mihi colendo, exoratus hactenus hic commoratus fuerim, liberalissime in me collata. At enim his demum considerationibus suffultus, quae mihi sceptra oblata fuerunt, in nomine sanctissimae Trinitatis acceptavi iisque pro viribus et quantum potui integro triennio moderatus fui: hac potissimum fiducia fretus, illa mihi divinitus concredita esse; Deum ipsum principum nostrae scholae rectorem, me vero ipsius vicarium et prorectorem fore. A domino enim, inquit scriptura, magistratus etc. — — Eundemque tanto ardentioribus votis rogo, ut hac faelicitate deinceps frui possimus, quanto, proh dolor! hoc ipso tempore pericula, quae sacrosancto Romano-germanico imperio impendent, cum prisca omnia tum praecipue illud, cui imperante domino Carolo Austriaco eius nominis V. augustae memoriae, anno videlicet 1553, cuius patruus meus magnus mag. Cornelius Lindanus Rheno-Berckensis, decanus et collega Portae coeli nec non id temporis universitatis nostrae rector piae recordationis in proxima matricula non absque dolore meminit, longius superant. Idque propter cruentum illud bellum inter imperatorem Ferdinandum II. Austriacum et electorem Palatinum Fridericum V. de regno Bohaemico, quo etiamnum universa Germania flagrat et ardet, aliquot annos, at ex parte comitis Palatini hactenus adverso Marte et infaelicissime motum. Hic enim non modo proelio, eodemque omnium primo, anno 1620 mense Novembri collatis signis ad Montem album, ut vocant Wißenberg, prope regiam urbem Pragam commisso fusus fugatus castris cum omnibus impedimentis exutus dictaque urbe eiectus est, ad 8000 ut referunt ex suis in illa strage desideratis, sed etiam insequentibus annis, deficientibus simul Bohaemis Silesiis Moravis Austriacis et Ungaris, partim vi etiam et armis iterum subiugatis, directoribus vero quos vocant cuiuslibet status ac dignitatis partim gravissimis suppliciis affectis partim proscriptis eorundemque bonis confiscatis, toto Palatinatu paterna et avita ditione expulsus ad confoederatos inferioris Germaniae ordines et status Hollandicos profugere necesse habuit. Atque hoc sit primum, quod in meo regimine memoratu dignum accidit. Alterum monetam concernit; res equidem dira et de qua posteritas obstupescet. Haec enim adeo corrupta fuit, ut aestimatione novae monetae antiquus thalerus 12 florenos, grossus vero antiquus 12 grossos novos aequaverit; et vice versa thalerus novus respectu antiquae monetae 2 grossos, grossus autem novus unicum denarium valuerit. Unde in rerum omnium, quae ad vitae necessitatem requiruntur, abundantia et copia tanta annonae charitas subsecuta est, ut undecuplo charius quam antea omnia vaenierint sive quod nunc uncia vel denario, mox asse vel grosso divenditum sit: sic ut libram butyri duobus solidis antiquis emi solitam thalero novo, stupham vini vetusti 8 solidis antiquis antea emptam 4 florenis novis, modium tritici siliginii „ein malder gemancks Korn",[c] qui paulo ante decem florenis antiquis plus minus emebatur,

[c] Mit deutschen Lettern geschrieben.

120 flor. et ultra emi necesse fuerit. Plura huius tam dirae et vere, negotiatoribus tamen et opificibus exceptis, cum omnibus tum potissimum ecclesiis hospitalibus scholis tam particularibus quam universalibus et id genus aliis supra modum stupendae caritatis exempla hic recensere non vacat. Ex his tamen specimen capere quivis potest reliquorum quasique ex unguibus leonem ut dicitur aestimare. Exitiale autem et detestabile hoc malum arte cacodaemonis ministerioque suorum organorum, execrandorum istorum argentariorum et monetarum tinctorum, quos nostra Germanica lingua a re ipsa, id est aere, ex quo nummos adulterinos conflant et more argento leviter tingunt „Wöpffer-Köpffer“[d] uno nomine appellamus; quorum aliqui iam pridem iusto dei iudicio (ut fama fert) tragicum exitium sortiti sunt, primum in inferiori Saxonia inventum, inde etiam in Saxoniam superiorem Thuringiam Franconiam et alias tum vicinas tum longe dissitas regiones longe lateque diffusum tantisper viguit, donec fraude et dolo istorum nebulonum et furum deprachenso et cognito recens illa improba moneta a pio magistratu prorsus iterum interdicta et prohibita, antiqua vera ad pristinum valorem reducta fuerit. Etsi iam academia nostra inter medias hasce tempestates non prorsus halcyonios egerit dies, eam tamen aeternus deus, omnis boni autor et largitor benignissimus, sub umbra alarum suarum tam paterne fovit, ut primo administrationis nostrae anno, incaepto 23. die mensis Novembris anni 1619 finito vero sub ipsum diem divo Lucae sacrum anni sequentis 1620, in hoc albo academico inscripti sint:

In I curia qui supra constitutum inscriptionis pretium numeraverunt:

Ioannes Georgius Breytz Halberstadiensis numeravit 10 sol. 6 denar. 18. Mart. a. 1620.
Wilhelmus Ioannes a Stapler Brunsvicensis 10 gr. 6 denar. 20. Aprilis.
Ioannes a Berlepsch Sebachensis 10 gr. 6 ₰ eodem die.
Elias Augustinus Hufflerus Francohusanus 10 gr. 6 ₰ eodem.
Valentinus Georgii vom Kierspleben Erfurtensis 10 sol. 6 denar. 22. Apr.
Ioannes Wenigerkindt Westhusanus 10 sol. 6 denar. 8. Iun.
Conradus Krausen Tambachensis 10 sol. 6 denar. eod.
Henricus, Daniel } Gebhardi fratres Tenstettini 1 flor. 27. Iun.
Georgius Teichman Gurensis Silesius 10 sol. 6 ₰ 8. Iul.
Iob Henricus Waldtman Erfurtensis 10 sol. 6 ₰ 8. Iul.
Iob Sigismundus von der Sachsen Erfurtensis 1/2 flor. eodem.
Ioannes Friedereich Förster Erfurtensis 1/2 flor. eod.
Hanß Wilhelm von Dachwitz Stetensis 1/2 flor. eod.
Ioannes Wilhelm Schmidt Erfurtensis 1/2 flor. eod.
Ioannes Stephanus Schmidt Erfurtensis 1/2 flor. eod.
Georgius Ernestus ab Harres Walchensis 1/2 flor. eod
Reichardus Hertzog Tomaepontanus 10 sol. 6 ₰ n. iur.
Elias Teichman Gurensis Silesius 12 sol. 12. Iul.
Hieronymus Brücknerus dni dris Hieron. Brückneri consulis Erfurtensis filius 3 flor. aur. rhen. eod.
Ioannes Wilhelmus Norinbergerus Erphordianus 12 sol. eod.
Christoph. Rudolphus Brandt Erfurtensis thal. in moneta eod.
Michael Scherer Vargulensis 1/2 flor. eod. } non iurarunt.
Nicolaus Herling Schleusingensis 1 flor. 21. Aug.

[d] Ebenfalls mit deutschen Lettern geschrieben.

Henricus Cilingus Frauenbrisnizensis 9 sol. eod.
Ioannes Wedekindus Hildeshemensis 12 sol. 29. Aug.
Ioannes Hallenhorst Hildeshemensis 12 sol. eod.
Ioannes Henschlebius Neoheiligensis Tyrigeta 1/2 flor. 3. Sept.
Ioannes Rhaupius Roteburgo-Tuberanus 1/2 flor. 6. Sept.
Valentinus Möllerus Groswetteranus 1/2 fl.
Georgius Witlerus Hildesiensis Saxo 12 gr. 23. Sept.
Andreas Losanus Misnicus Bornensis 12 gr. 17. Oct.
Ioannes Henricus Faust Moguntinus 1 flor. n. jur. Summa 33.

In II curia (8 sol. solventium):

Sebastianus Rodiger Mulhusinus 8. Febr. a. 20.
mag. Lucas Berger Martisburgensis 28. Febr.
Ioannes Wiegandus Vargulanus 18. Mart.
Heinricus Schrickelius Ilmenaviensis 29. Mart.
Ioannes Christophorus Alberti Erfurtensis 13. Apr.
Hieronymus Richelius Sebachensis 20. Apr.
Nicolaus Mulhusius Salzensis 29. Apr.
Bonaventura Kachendt Erfurtensis 26. Mai. n. jur.
Andreas Groman Budissinus Lusatus eod.
Nicolaus Pfottenhauerus Ilmensis eodem 14. Iun. } fratres.
Theodericus Pfottenhauerus Ilmensis eod. }
Heinricus Gerstenberger Erfurtensis 8. Iul.
Rudolphus Faemel Erfurtensis eod.
Israel Brassikanus Eischlebiensis eod.
Ioannes Georgius Ziegler Erfurt. } eod. n. jurarunt.
Georgius Luppe Erfurt. }
Bartholomaeus Koch Erfurt. }
Balthasarus } Reinbott fratres Erfurtenses eod. n. jur.
Wolffgangus Heinricus }
Enoch }
Hieronymus Stiede Erfurt. } eod. n. jur.
Iob Ziegler Erfurt. }
Tobias Fischer Erfurt. }
Henningus Bock Linderbachensis } eod. n. jur.
Simon Gothofridus Weiße Erfurtensis }
Ioannes Reinhardt Erfurtensis }
Nicolaus Reinhardt Erfurtensis }
Nicolaus Stibelius } Giesperslebienses fr. eod. n. jur.
Adiel Stiebelius }

Ioannes Lochner.
Ioannes Henricus Ernst } Erfurtenses eodem non iurarunt.
Hieronymus Ernst* }
Christianus } Hertzog Thomaepontani eod. n. jur.
Ioannes Georgius }
Nicolaus Wartz Walschlebiensis 24. Iul. } non jur.
Theodericus Nacken Erfurtensis eod. }
Heinricus Wagner 23. Aug. }
Ioannes Budtstädt eod. }
Christophorus Nenebaur eod. }
Ioannes Hauthall Hemlebiensis 2. Septembris.
Paulus Schlotterus Heringensis.
Martinus Kelner Heringensis.
Henricus Brumhardus Ilmo-Thuringus 20. Sept.
Beniamin Tilesius Mulhusinus } n. iur.
Gotfridus Tilesius Mulhusinus }
Ioannes Christianus Urbach Mulhusinus }
Ioannes Hagen Geysensis Bucho } n. iur.
Philippus Bottner Erfurtensis }
Sifridus Bottner Erfurtensis }
Ioannes Thomas Lotz Gerveßhusianus }
Summa horum 50; summa pecuniae 19 flor. 1 gr.

In III curia qui integrum inscriptionis pretium non dederunt:

Ioanne[s] Thorfeldt } fratres Erfurtenses 15 sol. 8. Iul. n. jur.
Henricus Thorfeldt }
Ioannes Schneider Erfurtensis 4 sol. eod.
Martinus Schneider Erfurtensis 4 sol. eod. } n. iur.
Philippus Schröter Stetensis 4 gr. eodem }
Ioannes Sengwitter Erfurtensis 3 sol. eodem.
Georgius Haun Erfurt. 4 gr. eod.
Marcus Rausch Erfurt. 4 sol. eod.
Ioannes Stirius Erfurt. 4 sol. eod.
Ioannes Kerselius Erfurt. 4 gr. eod.
Paulus Tusch Erfurtensis 4 sol. eod.
Georgius Ebertt Erfurtensis 4 sol. eod.
Modestinus } Hase fratres Oltentorffenses 4 sol. n. jur.
Ioannes }
Georgius Wolffgangus Schroterus Blanckenhagiensis 4 sol. } n. iur.
Conradus Brücknerus Schonawiensis 4 gr. }

* [I]uravit ad manus rectoris (332) mag. Urbani Heun 2. Oct. a. 1628.

Ioannes Brücknerus Schonawiensis 4 gr.
Ioannes Hopffgarten Zömmerensis 4 sol. } n. iur.
5 Ioannes Möller Erfurtensis 4 sol. 23. Aug.
Simon Meuschlizer Erfurtensis 4 sol. eodem
Christophorus Limpricht 4 sol. eodem
Christophorus Apffelstadt[f] 4 sol. } non iurarunt.
10 Michael Fränzer 4 sol.
Ioannes Volcmarus Zirfuß 4 sol. } non iurarunt.

Ioannes Nicolaus Stahll Erfurtensis 4 sol.
Ioannes Ernestus Löber Erfurtensis 4 sol.
Balthasar Goetzgerad Holsteinensis 6 sol. } non iurarunt. 5

Summa inscriptorum 27; summa pecuniae 5 flor. 7 gr.

Valentinus Rabe
Hieronymus Heineman } gratis inscripti sunt in quarta curia. 10

Summa inscriptorum primi anni 112[g]; summa pecuniae 43 flor. 18 gr. 6 ₰.

Percepta[h] — prioris anni: 43 flor. 18 gr. 6 ₰ ex precio inscriptionis pro personis 33 plus solito, 50 solitum, 27 minus solito solventibus, prout
15 matricula testatur.
Ex residuo inscriptionis solverunt 8 gr. Ioannes et Severus Butneri, 15
fratres germani, primum philosophiae gradum assumpturi, 25. Sept. — 4 gr. Georgius Wechterus. — 12 gr. Hieronymus Kheiser.[i]

[f] Iuravit sub rectoratu (322) mag. Urbani Heun 30. Sept. 1629 solvit 4 gr. [g] Richtiger 114. [h-i] Aus dem Rechnungsbuche des Rectors.

1620. Mich. 329b. Rect. M. Herm. Lindanus II.

f. 63ab

20 Secundo regiminis anno a die s. Lucae anni 20. usque ad eundem diem anni 21 inscripti sunt: 20

Ieorgius Zieglerus Erfurtensis 12 sol. 20. Oct. n. iur.
Heinricus Oldecopius Hildesiensis 12 sol. 2. Nov.
25 Philippus Georgius Tilemanni Leubingensis ½ flor. 28. Ian. a. 1621.
Hermannus Ufedich Hildesianus ½ flor. 20. Febr.
Gerhardus Schaunburg Hildesianus Saxo Brunschvigus 12 sol. 10. Mart.
30 Casparus Hamelius Servesta-Anhaltinus 1 fl. 15. Mart.
Gotfrid Fincelius Iobi Vinariensis filius ½ fl. 28. Mart.
Christophorus Meyerus Hildesiensis 12 gr.
35 18. Apr.
Ioannes Kniphoffius Hildesiensis 12 gr. eod.
Paulus Sehlig Mulhusinus ½ flor. 19. Apr.
Sebastianus Ottho Mulhusinus ½ fl. eod.
Erasmus Fabritius Hildesiensis 12 sol 26. Apr.
40 Melchior Waltherus Thomae-Pontanus 11 sol. 1. Mai.
Conradus Andreae Sommerdensis 10 sol.
Andreas Woldenfeldt Mulhusinus 10 sol.

Bartholomaeus Bruckner Curiensis 16 sol. 13. Mai.
Esaias Kiesewetter Erfurtensis 16 gr. 4. Maii.
Nicolaus Schlegelius Geranus Misnicus 12 sol. 8. Iun.
Tobias Lagus Gräventhalensis Thuringus 16 sol. eod. 25
Ioannes Georgius ab Holle Werdensis 1 flor. 3 sol. 9. Iun.
Georgius Cotta Isenacensis Thüringus 12 sol. 21. Iun. 30
Adamus Crusius Grimnicensis ½ flor. 29. Iunii.
Nicolaus Brinckenhoffius Desenbergensis Padebornensis dioecesis 16 sol. 13. Iulii.
Christophorus Ericus Brandis Hildesianus Saxo 16 sol. 9. Augusti. 35
Constantinus
Casparus } fratres Erfurtenses { 1 fl. 29. Aug.
Ioannes Acanthiscus Gröbzensis Saxo 16 sol. 13. Oct.
Michael Zachariae Ingerslebiensis 12 sol. 16. Oct. 40
Et hic finit I classis, cuius summa inscriptorum 28, pretii 17 flor. 7 gr.

f.63c d

In II. classe collocati sunt:

Georgius Christophorus Graman 8 sol. 4. Nov. } non jurar.
Iustus Frölich Mulverstadiensis 16. Nov. } non jurar.
5 Georgius Aemilius } fratres Zömmerenses } non jurar.
Christophorus Aemilius } fratres Zömmerenses } non jurar.
Ioannes Gehern Halberstadiensis 18. Nov.
Iacobus Büell Halberstadiensis eod.
Timotheus Lönichartt Mulhusinus 19. Aprilis a. 21.
10 Ioannes Urbanus Polentz Erfurt. eod.
Ioannes Madehumius Ebersheimensis 27. Apr.
Zacharias Bruckman Erfurtensis eod.
Christophorus Rudolphi } Erfurtenses 28. Apr.
Ioannes Hislerus } Erfurtenses 28. Apr.
15 Elias Rödgerus } Erfurtenses 28. Apr.
Christophorus Zachariae Longosalissanus 30. Apr.
Matthaeus Ludovicus Stolbergus Saltzensis eod.
Ioannes Buchner Ludwigstadiensis eod.
Ioannes Schwembler Francohusanus eod.
20 Ioannes Heinricus Magdeburgae Gebecensis 1. Mai.
Laurentius Mentz Ellerslebensis eod.
Georgius Weberus Thomae-Pontanus eod.
Balthasar Stangius Thomae-Pontanus eod.
25 Ioannes Moschius Thomae-Pontanus.
Fridericus Weiße Saltzensis eod.
Christophorus Meyer Errfordensis 3 Mai.
Iodocus Schideus Mulhusinus eod.
Andreas Praetorius Statworbiensis Eischfeldiacus 12. Iun.
Christophorus Cramerus Northusanus eod.
Georgius Henricus Vasoldus Erfurt. 16. Iun.
Ioannes Hertzbergerus Coburgo-Francus 30. Iul. 5
David Engelhartt Sonnenbornensis eod.
Ioannes Wilhelmus Schmidt Schlothemensis 6. Septemb.
Paulus Betmannus Heße Arteriensis eod.
Balthasarus Siegemundt Erfurtensis 6. Sept. n. j. 10
Martinus Eschner Erfurtensis 16. Oct.
Valentinus Nauhart Ulberschlebensis eod.

Summa inscriptorum 34[a]; summa pretii 12 flor. 20 gr.

In tertia classe: 15 c d

Heinricus Rheiner Kertt Erfurt. 4 sol. 29. Apr. a. 21.
Bonaventura Weißer Erfurt. 4 sol. eod.
Nicolaus Kreiße Erfurtensis 4 sol. eod.
Conradus Henricus Heuertt Blanckenheimensis 4 gr. eod. 20
Wigandus Kulmorgen Magdalensis 4 sol. 1. Mai.
Pancratius Heine Erfurtensis 4 sol. eod.
Ambrosius Deichweida Erfurtensis 4 gr. eod.
Iacobus Langstadt Erfurtensis 4 gr. eod. 25

Summa inscriptorum 8; pretii 1 fl. 11 gr.

Summa omnium inscriptorum 2[di] anni 70[b]; pretii 31 flor. 15 gr.

30 Accepta[c] 2[i] rectoratus anni 31 flor. 17 gr. pro personis inscriptis I[ae] cl. 28, II[ae] 34,[a] III[ae] octo; 12 gr. residuos ddt. Augustinus Silberschlag, Nicolaus Siringus et Volcmarus Franck, antequam prima in philosophia laurea ornarentur.[d] 30

[a] Richtiger 35 incl. Nauhart. [b] Richtiger 71. [c-d] Aus dem Rechnungsbuche des Rectors.

1621. Mich. 329c. Rect. M. Herm. Lindanus III.

35 **Tertii et ultimi regiminis anni immatriculati primi ordinis sunt:**

Sebastianus Beyeradus Mulhusinus Thuringius, qui dt. 12 gr. 27. Oct.
Ioannes Weinreich Isenacensis 1 fl. 4 gr. 15. Nov.
Ioannes Rhodius Vinariensis $1/2$ flor. 21. Nov.
40 Elisaeus Rhodius Vinariensis $1/2$ flor. n. iur.
Henricus Michaelis Hamburg. 1 flor. 29. Nov.
Franciscus Michaelis Hamburgensis 1 flor. eod.
Thobias Weinreich Isennaco-Thuringus 16 sol. 11. Ian. a. 1622.
45 Henricus Weskeman Eschvega-Hessus 12 sol.
Iustus Conradinus Embecensis 2 flor. in novo thal. 27. Ian. 35
Ioannes Henricus Ernestus Northusanus 12 sol. 8. Mart. n. iur.
Ioannes Stomatius Sarae-Pontanus medic. stud. 12 sol. 17. Mart.
Christianus Reuth Bernburgo-Anhaltinus 16 sol. 10. Apr. 40
Georgius Judex Chrysolitranus Moravus 1 flor. 22. Apr.

Eberhardus Heydtfeldt Quedlinburgensis Saxo 1 fl. eod.
Ioannes Iacob Tuschang Znoyma Moravus 1 fl. eod.
Georgius Volschovius Grypschwaldensis Pomeranus 4 fl. 22. Mai.
Martinus Zerbst Heigenradanus quartam partem joachimici ad 1 flor. 4. Iun.

Matthias Böttiger Ordruffiensis 1 fl. 6. Iun.
Wolffgangus Marggrafius Barbiensis Saxo } fratres 12 flor. in joachim. 27. Oct.
Simon Marggrafius Barbiensis Saxo }
II ord.: Ioannes Mosellerus 8 sol. 16. Sept.
Summa horum inscriptorum 21; pecun. 32 fl 8 gr.

Accepta[a] III[1] rectoratus anni: 32 fl. ex inscriptione 20 studiosorum, qui plus solito, et unius, qui solitum numeravit.

12 gr. ex residuo Christoph. Sömmerings et Mich. Horns, baccalaureatus gradus assumpturi.[b]

Summa omnium — inscriptorum de tribus annis 203, at pecuniae collectae 107 fl. 20 sol. 6 ₰.

Rectori studiorum summo soli Deo honor et gloria in omne aevum fiat!

a-b Aus dem Rechnungsbuche des Rectors

1622. Mich. 330a. Rect. D. Laurentius Norinbergius.

Anno salutis humanae 1622 more die loco consuetis a tribus electoribus reverendis clarissimis doctissimis, dno Ambrosio Seling decr. dre, b. Mariae v. ecclesiae canonico, dno mag. H. Hermanno Eccelio, ecclesiae s. Severi vicario, et dno mag. Iusto Heckelio, philosophicae facultatis assessore et publico professore etc. rector universitatis electus et proclamatus sum ego Laurentius Norinbergius j. u. dr., p. t. iuridicae facultatis decanus reique publicae Erphordianae syndicus, nec non comitis Glichensis consiliarius; die vero 12. Nov. solemni ritu inauguratus et confirmatus in nomine ss. Trinitatis P. F. et Sp. s. Porro anno primo elapso placuit proceribus academicis id munus in sequentem etiam annum prorogari. Etsi autem turbae Bohemicae, quarum occasione non solum Romanum imperium, sed et tota Europa adscitis in auxilium Turcis et Tartaris concussa, inprimis autem patria nostra dulcissima Germania ubique fere dirum in modum vastata et direpta est, nondum cessarint, tamen Θεός ter optimus maximus academiae nostrae gratia sua non defuit, sed tam docentium quam discentium caetum defendit conservavit et auxit; prout inscriptorum numerus infra testabitur. Sunt enim priore rectoratus mei anno, a. 12. Novembr. usque ad anni sequentis mensem eundem, in numerum studiosorum recepti, et quidem in primo ordine, qui plus solito dederunt:

M. Iohannes Altkopff Hildesius 1 fl. 3 gr.
Hermannus Mauritius Feyge Allendorffensis Hassus 13 gr. 6 ₰.
Richardus Blanckenheym Lubecensis 12 gr.
Iodocus Henke Hildesheimensis 12 gr.

Wolffgangus Udalricus Amthor Schleusingensis 18 gr.
Casparus Abrahamus à Bodewitz Erffordensis 10 gr. 6 ₰.
Iohannes Iacobus Mohr Erffordensis 12 gr.

Balthasarus Kühne Errfordensis 10[1]/[2] gr.
Cunradus Rudolphus } Ludolphi fratres { 1 fl.
Georgius Heinricus } Erphordenses { 1 fl.
Ferdinandus Franckh Islebiensis 12 gr.
5 Christophorus Salfeldt Zwetzensis 12 gr.
Summa horum 12, pecun. 8 flor. 10 gr. 6 ₰.

In II ordine (solitum i. e. 8 gr.):

Balthasar Reichardt Cruceburgensis.
Ieremias Schoderus Mechterstadiensis.
10 Christianus Chrysander Berllstettensis.
Andreas Brust Regiomontanus Francus.
Christianus Zinck Regiom. Francus.
Adamus Valentinus Schauffel Regiom. Fr.
Zacharias Matthaeus Regiom. Fr.
15 Iohannes Natze Regiom. Fr.
Iohannes Faulhaber Regiom. Fr.
Fridericus Schnapp Regiom. Fr.
Iohannes Müller Regiom. Fr.
Wolffgangus Truckenbrot Regiom. Fr.
20 Elias Christophorus Zinck Regiom. Fr.
Iohannes Bonaventura Steinmacher Errfordensis.
Heinricus Götze Errfordensis.
Iohannes Melchior Ziegler Errfordensis.
25 Gottfriedt Schreiber Errfordensis.
Sigismundus Holtzhauer Errfordensis.
Georgius Hartung Errfordensis.
Wolffgangus Hartung Errfordensis.
f. 66[a b] Martinus Gießer Errfordensis.
30 Adamus Martini Anderslebiensis.
Christophorus Heckel Errfordensis. jur. sub rectoratu (332) mag. Urbani Heun 30. Sept. 1629.
Iacobus Eberling Errfordensis.
35 Iohannes Angelrose Errfordensis.
Iacobus Schröterus Erff. iuramentum praestitit rectori (333) Valent. Herdegen d. 10. Febr. anno 1631.
Nicolaus Wolff Errfordensis.
40 Zacharias Wolff Errfordensis.
Martinus Kronenberger Errfordensis.
Zacharias Freche Errfordensis.
Christophorus Heinricus Heß Beichlingensis.
Iohannes Iacobus Tutzenrod Errfordensis.
45 Iohannes Sidelius Ellerslebiensis.
Iohannes Ritter Grosrudenstattensis.
Bartholomaeus Schilling Marcovippacensis.
Fridericus Paulus Kircheim Arnstadiensis.
Iohannes Wilhelmus Bock Erphordensis.
Rudolphus Helwig Erphordensis.
Iohannes Helwich Noribergensis.
Andreas Helwig Errfordensis.
Iohannes Ziegler Errfordensis } fratres.
Stephanus Ziegler Errfordensis }
Casparus Eyßmann Errfordensis.
Iohannes Arzkerodt Errfordensis.
10 Iohannes Georgius Gabler Errfordensis.
Fridericus Künhanß Errfordensis.
Iohannes Flinder Errfordensis.
Iohannes Günther Wolff Salzensis.
Casparus Weber Thomaepontanus.
15 Iohannes Ernestus Ziehn Kindelbruccensis.
Gregorius Aßell[a] Halberstadensis.
Iohannes Christophorus Bergmann[b] Arnstadiensis.
Paulus Nicolai[c] Obringensis Thuringus.
20 Ioh. Georg. Henaeus[d] Lohranus Francus.
Iohannes Closius[e] Dinsterbergensis Thuringus.
Salomon Nicolai Errfordensis.
Iustus Schröter Errfordensis.
Balthasar Knappe Errfordensis.
25 Nicolaus Eschenbach Ludowigstadianus.
Iohannes Atterodt Errfordensis.
Iohannes Wilhelm Stoß Errfordensis.
Christophorus Leipziger Erphordensis.
Iohannes Heß Wihensis.
30 Iohannes Georgius Heß Tundorffensis.
David Heß Naumburgensis.
Iohannes Adelung Errfordensis.
Herebertus Weißer Errfordensis.
Iohannes Stephanus Weißer Errfordensis.
35 Iohannes Reichardt Errfordensis.
Iohannes Leiptziger Errfordensis.
Stephanus Lobenstein Merxlebiensis.
Summa horum 66[f]; summa pecuniae 25 flor. 3 gr.

In III ordine (minus solito solventes): 40

Nicolaus Wagner Obernüßensis 4 gr.
Iohannes Habermaltz Errfordensis 5 gr.
Balthasar Faber Errfordensis 4 gr.
Philippus Ranspachius Errfordensis 4 gr.
45 Iohannes Müller Errfordensis 4 gr.
Iohannes Thyme Errfordensis 6 gr.
Nicolaus Stier Schwerstadensis 4 gr.

[a-e] Die Namen der Inscribirten kommen abermals in der 2. Ordnung des 2. Rectoratsjahres vor, S. 535 Z. 37 ff.
[f] Mit Weglassung der 5 siehe Anm. [a] bis [e].

Matthaeus Iohannes Göring Regiomontanus Francus 6 gr.
Andreas Kalenberg Erffordensis 4 gr.
Daniel Thalacker Neostadiensis 4 gr.
5 Iustinus Sorge Erffordensis 4 gr.
Christophorus Otto Erffordensis 4 gr.
Tobias Krombhardt Erffordensis 4 gr.
Samuel Iudelius Erffordensis 6 gr.
Laurentius Schefer Erffordensis 4 gr.
10 Iohannes Christophorus Rotlender Erphordensis 4 gr.
Christophorus Bockel Erffordensis 4 gr.
Bernhardus Emler Erffordensis 4 gr.
Constantinus Müller Erffordensis 4 gr.
15 Heinricus Kahl Erffurdensis 4 gr.
Melchior Otto Erffordensis 4 gr.
Iohan Michael Wenige Erffordensis 4 gr.
Iohannes Dünckel Zimmerensis 4 gr.
Antonius Forlon Riga-Livonus 5 gr.
Summa horum 24: summa pecuniae 4 flor. 20 gr.

Erit igitur summa precii inscriptorum hujus prioris anni 38 flor. 12 gr. 5 ₰. 5

Sequuntur gratis inscripti:

1. Theodericus Wechter Blanckenbergensis publicus academiae pedellus, qui tamen insalutatis omnibus alio discessit gratiae sibi factae parum memor. 10
2. Nicolaus Klöpffel Neilstadiensis pauper.
3. Heinricus Gesnerus Blanckenhaynensis et ipse pauper.
4. Iohannes Bernhardt Erffordensis idem pauper. 15

Summa 106.[f]

Percepta[g] prioris anni: 38 flor. 12 gr. 6 ₰ ex precio inscriptionis 101 personarum, quarum 12 plus solito, 66 solitum et 24 minus solito exol- 20 verunt, prout matricula testatur. Hinc cedunt universitati 26 flor. 1 gr. 4 ₰, pro tertia parte rectori 12 flor. 11 gr. 2 ₰.[h] 20

g-h Aus dem Rechnungsbuche des Rektors.

1623. Mich. 330b. Rect. M. Laur. Norinbergius.

f. 67 c d

Posteriore anno inscripti sunt qui plus solito dederunt:

Marquardus Möller Hamburgensis 1 flor. 3 gr.
25 Christianus, Godofredus — Braun Lipsenses 1 flor. 3 gr.
Iohannes à Fuerden Rheno-Berckensis 14 gr.
Iohannes Albinus Dürschoviensis Borussus 12 gr.
Ieremias Calmberger Salzensis 12 gr.
30 Sebastianus Liborius Hagemann Göttingensis 10 gr.
Iustus Heinricus Helmoldus Gottingensis 3 gr.
Andreas Richter Steina-Silesius 12 gr.
Summa horum 9: summa pecuniae 5 fl 13 gr. 35

Qui solitum solverunt:

Gregorius Aßell[a] Halberstadensis.
Iohannes Christophorus Bergmann[b] Arnstadiensis.
Nicolaus Treisaeus Salzensis.
Paulus Nicolai[c] Obringensis Thuringus.
Iohannes Georgius Henaeus[d] Lora-Francus. 25
Iohannes Closius[e] Dinsterbergensis Thuringus.
Ioachimus Hoikenius Gandersheimensis.
Valentinus Götz Mülhusinus.
Iohannes Fabricius Sebacensis.
Iustus Christophorus Ludolffi Cammerforstensis. 30
Heinricus Colerus Kerstlingerodensis.
Iohannes Schneider Kerstlingerodensis.
Ioachimus Wedekindus Magdeburgensis.
Summa horum 13; summa pecuniae 4 fl 20 gr. 35

Qui gratis ob paupertatem:

f. 68 a b

1. Iohannes Brandt Thürsenreutensis Palatinus.

a, b, c, d und e Siehe oben fol. 66cd, S. 534 Z. 16ff.

2. Christianus Reinmannus Rotenburgo-Hassus.
3. Ieremias Heune Tonna comitum rectoris famulus.

Nomen etiam dedit juramento praestito Paulus Ulricus Rembdanus, sed fidem de precio datam fefellit et insalutato rectore abiit

Summa omnium inscriptorum est, annumeratis etiam gratis in album relatis, 131.
Summa precii ex inscriptione collecti, quod pro duabus partibus universitati accedit, 33 flor. 2 gr. 8 ₰.

Accepta[f] posterioris anni: (10 flor. 5 gr. 6 ₰ ex reliquiis prioris anni): 10 flor. 12 gr. 6 ₰ precium inscriptionis 22 studiosorum, quorum 9 plus solito, 13 solitum matricula teste solverunt. Hinc cedunt universitati 7 flor. 1 gr. 4 ₰: rectori 3 flor. 11 gr. 3 ₰.

Ex residuo inscriptionis: 2 gr. Steph. Ortelius Errfordens., 2 gr. Fridericus Lohanus. 4 gr. Georgius Hertz, 4 gr. Laurentius Draco. 4 gr. Michael Silberschlag. 8 gr. Iohannes Stils uß, 4 gr. Iohannes Weidling. Summa 1 fl 7 gr. Hinc cedunt universitati 18 gr. 8 ₰; rectori 9 gr. 4 ₰.[g]

Hierauf folgt: „Coronidis loco," ein Anhang über die Kriegsereignisse nach der Prager Schlacht, die Kämpfe Bethlen Gabors, in welchen Bucquoi durch Hinterhalt bei Neuhäusel fiel; die Züge Ernst von Mansfelds nach dem Verlust von Pilsen über Speier, Worms, durch den Elsass, Luxemburg, Brabant gegen Don Cordova; den Fall Herzog Friedrichs von Weimar und die schwere Verwundung des Halberstädter Bischofs Christian von Braunschweig, der einen Arm verlor, dann aber vor den Kaiserlichen unter Gr. Anholt nach Westphalen zurückwich, nachdem er Paderborn und seinen reichen Dom geplündert hatte, hierauf über Höxter und durch das Fuldaische gegen den Rhein vorrückte und bei Höchst von Tilly und Cordova geschlagen wurde, sich aber zu Mansfeld nach Brabant flüchten konnte. Mit einem neu geworbenen Heere durchzog er Holland und Westphalen, überwinterte in den Bisthümern Hildesheim und Halberstadt und dem Eichsfeld, wurde aber, mit Mansfeld wieder vereinigt, von Tilly bei Stadtlohn geschlagen; Christian entkam mit der Reiterei nach Breford in Belgien; aber Wilhelm von Weimar, Friedrich von Altenburg und 5 Grafen (Isenburg u. a., Herm. Fränk u. a.) wurden gefangen. Georg Friedrich von Baden-Durlach verlor bei Wimpfen Schlacht (der junge Herzog von Würtemberg fiel) und Land. Endlich Markgr. Johann Georg von Jägerndorf, vom Kurfürsten von Sachsen vertrieben, ging nach Ungarn zu Bethlen und starb dort. Hierauf berührt der Rector was Erfurt näher angeht

Ex quibus omnibus, quae memoravi, satis apparet, rectoratum meum multiplici imperatoris Ferdinandi II. dni nostri clementissimi victoria nobilitatum esse. Sed quorsum haec? ut scilicet ea posteris exemplo sint, unde divinum in magistratibus contra inobedientes auxilium quamque sit contra stimulum calcitrare durum, aliorum experimento cognoscere discant.

Ad finem facere non possum quin damnum illud, quod Friderici Altenburgensis Saxoniae ducis milites subditis in agro reipublicae nostrae inclytae degentibus non hostili, sed Turcico plane more per septem hebdomadas in hospitiis intulerunt, paucis attingam. Tantum enim illud fuit, ut reditibus multorum hinc sequentium annorum vix reparari possit. De quo si quis plura cognoscere cupit, ea legat, quae cum scriptis tum aliis rerum monumentis de hoc edita sunt. Ego sane, ne vel vulnus, quod nondum valuit, refricem vel mihi periculum essem, plura scribere supersedeo. Illud

f–g Aus dem Rechnungsbuche des Rectors.

interim grato animo agnoscendum, quod inter has tam vicinas turbas bellicas deus ter optimus maximus coetum docentium et discentium in hac alma universitate benignissime conservare dignatus sit: cui ut porro sua gratia adsit, ex animo precor. Scripsi Erphordiae 20. Novembris die anno 1624. L. Norinberg.

5 1624. Mich. 331. Rect. D. Georg. Th. Selge. 5 f. 71ab

Anno post restauratam hominum salutem 1624 die 18. m. Oct. divo Lucae sacro in ipsis comitiis de more hujjus universitatis novo eligendo rectori indictis, viri reverendi admodum clarissimi et doctissimi, dns magister Lambertus Heck Rhenobercensis, b. Mariae virg. canonicus et scholasticus, dns Ambrosius Selinge decr. dr. b. Mariae vir-
10 ginis item canonicus, et dns Georgius Kaltschmid artium et philosophiae magister, ad 10 quos nempe ius et potestas eligendi sorte devenit, unanimi consensu munus rectorale detulerunt viro nobili clarissimo consultissimoque dno **Georgio Thomae Selgen** u. j. dr., reverendissimi archipraesulis Moguntini dni nostri clementissimi consiliario facultatis juridicae adsessori dignissimo. Sub cujjus rectoratu biennali sequentes sunt
15 in numerum studiosorum recepti et in album universitatis relati; in I ordine qui plus 15 solito dederunt:

Georgius de Wangenheim nobilis Thuringus dt. 1 thal. hisp. n. jur.
Ioannes Balthasarus Muller Erfordensis 1/2 thal.
20 hisp. n. jur.
Ioannes Ulnerus Hirschfeldiacus 10 gr. jur.
Heinricus Ellinger Erfordensis dt. 1/2 thal. } n. iur. ob aet.
Rupertus Apfelstedt Erfordensis
25 dt. 1/2 thal. }
Georgius Eckolt } fratr. Ingerslebienses
Iodocus Eckolt } unusquisque dt. 1/2
Ioannes Christoph. Eckolt } thal., n. jur. ob aet.
Balthasar Rudolphus[a] }
30 Conradus Theodoricus } Brand fratres Erfor-
David }
denses, unusquisque horum dt. 1 Rthlr. facit 3 thal. n. jur. ob aet.
Barvarius Volckening Hildesiensis 1/2 thal.
35 Bernhardus Fridericus a Kutzleben nob. Thuringus 1/2 thal.
Ioannes Volckening Hildesiensis 1/2 thal.
Sebastianus Werner Quedlenburgensis 1/2 thal.
f. 71cd dns mag. Urbanus Heun decanus sigillifer et
40 universitatis designatus procancellarius sub dno doctore Cornero inscriptus (juravit); jam dudum solvit 1 guldenthaler, gebuehrt universitati (1) 4 gr.
Henricus Blanckbeyll Rhunensis Frisius 10 gr.
Theodoricus Meyer Hildesiensis 1/2 thal. juravit. 20
Ioannes Cramerus Magdeburgensis 1/2 thal.

Summa horum 19; summa pecuniae 12 flor. 15 gr. 0 ₰.

In II ordine (solitum i. e. 8 gr.):

Ioannes Guilhelmus Webener Erfordensis. 25
Bernhardus } Ruhland fratres Er-
Hermannus } fordenses.
Nicolaus }
Iodocus } Bötner fratres Erfor-
Ioannes Henricus } dienses. 30
Franciscus[b] }
Christianus Eysell Erfordiensis }
Ludovicus Coltorff Erfordiensis }
Andreas Starckloff Erfordiensis }
Christianus Lumpel Erfordiensis } ob aet. n. jur. 35
Volcmarus et } Michel fratres Er- }
Paulus } fordienses }
Ioannes Scheffer Erfordiensis }
Ioannes Leße Erfordiensis[c] }
Volcmarus Lumpel Erfordiensis } 40

[a] juravit rectore (333) doctore Valentino Herdegen ao 1630 12. Maji. [b] hic solus juravit. [c] juravit a. 1636.

Christianus Neuwbauwr Erfordiensis[d] | ob aet. n. iur.
Michael Thaler Erfordiensis
Rudolphus et / Ioannes } Arnsbach fratres Erfordienses
5 Iosephus Bottiger Erfordiensis
Rudolphus Crusius Erfordiensis[e]
Andreas Michel Duderstadius juravit.
f. 72ab Ioachimus Rehse Melchendorfensis.
Wolfgangus Albertus Zinck Herbipolensis,
10 juravit.
Emanuel Köhler Mulhusinus non jur.
Ioannes Treyhaupt Budstadiensis Eichsfeldiacus n. jur.
Michael Schober Kannewurfensis, juravit.
15 Ioannes Heinricus Bötner Creussensis non jur. ob imperitiam.
Nicolaus Trumperus Osterodensis, juravit.
Martinus Frisius Hamburgensis, juravit.
Petrus Rambskopff Eichenfeldiensis Buchonius
20 juravit.
Heinricus Georgius Stemplin Botenheilingensis n. iur.
Michael Hego Saltzensis.
Christianus Oßwaldus / 25 Christophorus Rhodius } Weber Stadiani non jurarunt.
Stephanus Kuhn Schlosvippachiensis, jur.
Matthaeus Keule Schlosvippachiensis juravit.
Martinus Botticher Frondorfiensis.
Christianus Goldelius Arnstadiensis juravit.
30 Erhardus von der Sachsen Erf. n. jur ob aet.
Christophorus Andreas Ziegler Erfordiensis non jur. ob aet.
Iosephus Böttiger Erfordiensis non jur. ob aet.
Augustinus / 35 Ioannes Ludovicus } Gromeyer[f] fratres Kaltzbachenses Austriaci n. jur. ob aet.

Summa horum 45; summa pecuniae 17 flor. 3 gr. 0 ₰.

In III ordine (minus solito solventes):

40 Iacobus Kayser Erfordensis 5 gr.
Ioannes Lautterborn Erfurtensis, complevit solitum 4 gr. et jur.
Christophorus Schaderthal Erfordiensis 4 gr. n. jur.

Samuel Bock[g] Erfordiensis.
Ioannes Leine Erfordiensis 4 gr. n. jur.
Heinricus Rode Erfordiensis 4 gr. n. jur.
f. 72 Noah Stahl Erfordiensis 4 gr. n. jur.
5 Balthasar Licht Erfordiensis 4 gr. n. jur.
Andreas Leubnicht Erfordiensis 4 gr. n. jur.
Ioannes Volcmarus Erfordiensis 4 gr. n. jur.
Georgius Stößell Erfordiensis 4 gr. n. jur.
Ioannes Dorfeld Erfordiensis 4 gr. n. jur.
10 Laurentius Otilge Erfordiensis 4 gr. n. jur.
Nicolaus Rost Erfordiensis 4 gr. n. jur.
Sebastianus Glaser Erfordensis 4 gr.
Henricus Barnstein Erfordensis 4 gr.
Iacobus Langstadius Erfordensis 4 gr.
15 Ioannes Werner Erfordensis 4 gr.
Melchior Arnold Erfordensis 4 gr.
Nicolaus Kohler Erfordensis 4 gr.
Ioannes Georgius Wagner Erfordensis 4 gr.
Michael Altenberger Erfordensis 4 gr.
20 Erhardus Schnitzhut Erfordensis 4 gr.
Ionas Lumprecht Erfordensis 4 gr.
Volcmarus Erhardinus Alicensis juravit dt. 4 gr.
Casparus Keller Raboltzhusensis Hirschfeldiacus
25 4 gr.
Michael Henricus Spindeler Zimmerensis 4 gr.
Iacobus Hartlips Ilmenavensis 4 gr.

Summa horum 28; summa pecuniae 5 flor. 8 gr. — ₰.

30 Gratis inscripti:

Georgius Thomas Rhuland ceu (?) patrinus rectoris in ejjus gratiam non juravit ob aetatem.
Kilianus Schlamilch Erfordensis pedellus univ.
f. 73ab Volcmarus Stoltz Niderorsellanus Eichsfeldiacus.
Ioannes Georgius Leubenicht Erford. famulus
35 rectoris.
Michael Leiser pauper, non juravit.
Nicolaus Stirnickell Umstadiensis ex ducatu Vinariensi / Valentinus Reinhard Rudensis ex Harcinia sylva } hi duo paupervili (?) ad
40 intercessionem sui praeceptoris Iohannis Fabri scholarchae regularium adscripti non jur.

(Summa omnium 99.)

45 Summa igitur pretii inscriptorum prioris hujjus anni est 35 flor. 5 gr. 45

[d] juravit 23. Jan. 1637 sub rectoratu (351) W. Crusii dris. [e] juravit ao 1650. [f] Kromayer; die Familie war aus Sachsen nach Böhmen gekommen, musste aber wegen Religionsverfolgung fliehen und fand in Erfurt Aufnahme. [g] adhuc dedi 4 gr. et juravi 27. Jan. ao. 1645; utor habitatione cantoris dominicanorum.

Ex[b] pretio inscriptionis: 91 personarum (35 flor. 5 gr. 0 ₰) quarum 18 plus solito, 45 solitum, 28 minus solito solverunt, ut in matricula videre licebit. Hinc cedunt universitati 23 flor. 10 gr. 4 ₰; mag. rectori pro tertia parte 11 flor. 16 gr. 8 ₰.[1]

b-1 Aus dem Rechnungsbuche des Rectors.

5 **1625. Mich. 331 b. Rect. D. Ge. Thom. Selge II.** 5

Secundo rectoratus anno inscripti sunt: in primo ordine:

Andreas Sylvanus Rundensis Brunsvigius 1/2 thal.
Tobias Sylvanus Rundensis Brunsvigius 1/2 thal. 10
Ioachimus Rudolphus Brunsbuttell Ditmarsus 1/2 thal.
Ioannes Ludolphus } Hasenbein Gottingenses
Ioannes Christophorus } ddt. 1 aur.
15 Tobias Cramerus Hohenkirchensis 10 gr.
Ioannes Wagner Erffordensis 12 gr.
Ludovicus Lichefeld Martisburgensis 15 gr.
Bartholomaeus Moltzer Calensis 24 gr.
Summa horum 9: pecuniae vero 5 flor. 19 gr.

II. (8 gr.) Fridericus Schmid. 10 f. 73ᵃᵈ
Casparus Reichenberger.
Summa horum 2; summa pretii 16 gr.

Gratis inscripti:

pat. Melchior Tettelbor Brunvicensis soc. Iesu presb. collegii Erford. theologiae moralis professor. 15

Summa omnium inscriptorum 111; summa pecuniae per utrumque annum ex inscriptione collectae 41 flor. 19 gr. 0 ₰.

Ex[a] precio inscriptionis: 10 personarum, quarum nomina una cum 20 pretio habentur in matricula, 6 flor. 14 gr. Hinc cedunt universitati 4 flor. 9 gr. 4 ₰; rectori pro tertia parte 2 flor. 4 gr. 8 ₰.[b] 20

a-b Aus dem Rechnungsbuche des Rectors.

1626. Mich. 331 c. Rect. D. Geo. Thom. Selge III. f. 74ᵃᵇ

1627. 8./18. Febr. Vicerector D. Laur. Norinbergius.[1]

Anno post Christum natum 1627 8./18. Febr. magnificus dns rector et dr. Georgius 25 Thomas Selge morte satis praematura beata tamen obiit, cujus vices supplere me, Laurentium Norinbergium u. j. drem, pie defuncti antecessorem, statuta universitatis 25 nostrae jusserunt. In eo igitur prorectoratu meo a calendis Junii, siquidem intermedio fere tempore pestis grassata est, usque ad (Lücke) Novembris diem in album studiosorum relati sunt: in primo ordine qui plus solito dederunt:

30 Petrus Bube Rudislebiensis Schwartzburgensis dt. 10 gr.
Iohannes Korndorff Erffordiensis 10 gr. 6 ₰.
Iohannes Bernhardus Beyer Warpurgensis 12 gr.
Iohannes Georgius Jordan } Erffordenses ddt.
Iohannes Iacobus Jordan } 1 flor. 6 gr. 30
Iohannes Rudolff Ilgen Erffordensis 14 gr.
Michael vom der Mölen Corbacensis Waldecus 14 gr.

1 Statt der Initiale ist ein aus einer alten Handschrift ausgeschnittenes Bild auf Goldgrund aufgeklebt, das einen schwer zu bestimmenden Gegenstand (Vermählung Maria's mit Joseph?) darstellt.

Iohannes Mohr Corbacensis Waldecus 12 gr.
Iohannes Paulus Döring Errfordensis 14 gr.
Christianus Heuser Sundhusius 10 gr. 6 ₰.
Ieremias Heuck Thannensis 10 gr.
5 Ernestus Gotfridus Leo Errfordiensis 9 gr.
Iacobus Leo Errfordiensis 9 gr.
Iacobus Wilhelmus (Holtz)Förster Errfordiensis 12 gr.
Christophorus Wilhelmus Lindner Errfordiensis
10 12 gr.
Nicolaus Pantzer Errfordiensis 1 flor. 3 gr.

f. 74cd
Christian Günther, Georgius Bartholdus, Albertus Philippus } fratres à Schlotheim { 12 gr., 12 gr., 12 gr.
15 juraverunt rectore mag. Iusto Heckelio.
Iustus Fridemannus[a], Christianus } fratres à Schlotheim { 12 gr., 12 gr.
Melchior Mondenus canonicus Fritzlariensis 12 gr.
20 Christophorus, Theodericus, Wolffgangus } fratres à Wertern { 1 fl. 3 gr., 1 fl. 3 gr., 1 fl. 3 gr.
Iacobus Finkennest Errfordiensis 10 gr. 6 ₰.
Wolffgangus Rudolphus Cranichfeld 12 gr.

25 Summa inscriptorum 27; summa pecuniae 17 flor. 14 gr. 6 ₰.

In II ordine (solitum dantes):

Valentinus Leysemann Errfordiensis.
Henricus Stötzer Errfordiensis.
30 Iohannes Henricus Brömmer Errfordiensis.
Melchior Schultheiß Errfordiensis.
Iohannes Georgius Kalmuß Errfordiensis.
Henricus Boltz Errfordiensis.
Iohannes Ernestus Stida Errfordiensis.
35 Daniel Wellner Errfordiensis.
Iohannes Matthaeus Meltzer Errfordensis.
Christianus Ziegler Errfordiensis.
Georgius Ziegler Errfordiensis.
40 Christophorus, Andreas, Balthasar } Bertuchii fratres Denstadienses.
Nicolaus Meister(hans) Errfordiensis.
Iohannes Wilhelmus Schmidt Errfordiensis.
Andreas Heß Errfordiensis.
45 Georgius Ellinger Mulhusinus.

Summa inscriptorum 18; summa pecuniae 6 flor. 18 gr.

In III ordine (minus solito dantes):

f. 75ab

Bartholomaeus Keysser Berlstetensis
Henricus Haaß Tuntzenhusanus
Iohannes Kramer Errfordiensis 5
Henningus Hoffmann Errfordiensis
Philippus Scheurer Errfordiensis
Iohannes Gallus Errfordiensis
Iohannes Weise Wihensis
Nicolaus Lemrich Errfordiensis 10
Antonius Brückner Kircheinensis
Christophorus Henneus Errfordiensis
Philippus Barzefelder Errfordiensis
Georgius König Errfordiensis
Christophorus Eccardus Errfordiensis 15
Laurentius Kämmerer Errfordiensis
Christianus Juch Errfordiensis
Christophorus Friese Langsalcensis
Iohannes Gießer Errfordiensis
Iohannes Heylandt Gillersdorffensis 20
Sebastianus Müller Errfordiensis
Iohannes Herdwig Errfordiensis
Philippus Bieber Errfordiensis
Georgius Behem Errfordiensis 25
Hieronymus Volckmar Errfordiensis
Georgius Andreae Errfordiensis
Hiob Burckhardt Errfordiensis
Henricus Belle Errfordiensis
Otto Bölle Errfordiensis 30
Thomas Thile Errfordiensis
Iohannes Backhauß (Brawhauß) Erfurtensis[b]
Davit Koch Erfurtensis
Casparus Töpffer Erfurtensis 35
} omnes ddt. 4 gr. paucique jurarunt.

f. 75cd

Iohannes Kramer Errfordiensis
Nicolaus Leubing Errfordiensis
Laurentius Hoffmann Errfordiensis
Hermannus Tritzsche Errfordiensis
Henricus Stöckler Erfordiensis 40
Iohannes Steurwaldt Erfordiensis
Georgius Luther Erfordiensis
Iohannes Liebe Erfordiensis
Matthaeus Hase Obernüssensis
Hieronymus Mechler Erfordiensis 45
Iohannes Fröschel[c] Breitenbaccensis
Cyriacus Weber Haslebiensis
Sixtus Röhrer Ollerslebiensis
Michael Fleischauer Alichensis 50
} hi ddt. 4 gr. nec jurarunt.

---

[a] Juravit mag. rect. Justo Heckelio. [b] Juravit a. 36 subplevit 4 gr. [c] Juravit.

Iohannes Georgius Iunior Errfordiensis.[d]
Iohannes Wolle Errfordiensis 6 gr.
Andreas Beichenbach Errfordiensis 6 gr.
Christophorus Haupt Errfordiensis 6 gr. } uti nec hi jurarunt.
Adamus Caesar Lauffzellensis 5 gr. uti nec hic juravit.
Summa studiosorum 50; summa pecuniae 19 flor. 18 gr.

Gratis (ob paupertatem):

Samuel Schnepff Erffordiensis.
Augustinus Schöpffe Beichlingensis.

Summa igitur inscriptorum 97, summa inscriptionis precii 34 flor. 8 gr. 6 ₰.

Ex[e] quo universitati duae, mihi una pars obtingit.[f]

[d] Juravit. [e-f] Aus dem Rechnungsbuche des Rectors.

1627. Mich. 332. Rect. M. Urb. Heun.[1]

f. 77ab

Deo divisque sic providentibus. Anno a salutifero Virginis partu 1627 ad 15. kal. Novembris die s. evang. Lucae sacro indictis more majorum academicis novo reipublicae literariae rectori ac gubernatori designando comitiis, reverendi ac eruditi spectabiles item ornatissimique dni triumviri sorteque academica electores, dns M. Joannes Lambertus Winther, dns mag. Georgius Kaltschmith me, M. Urbanum Heun, collegiatae ecclesiae b. Mariae virginis hic decanum reverendissimi atque illustrissimi archiepiscopi Moguntini sigilliferum ac academiae procancellarium, in universitatis rectorem eligentes exin ante diem 12. cal. Dec. in lectissimo ordinum consessu ritu pompaque solenni naugurarunt, quam inaugurationem ita non modo ratam sed et confirmatam esse proceres academici voluerunt, ut anno proxime consequente 1628 eisdem divi Lucae feriis hunc magistratum mihi prorogandum per academica comitia decreverint; biennio itaque (utinam ut ex voto ita facto) onus sustinui academicum, quo divina sic affavente clementia feliciter nunc decurso placuit honoratissimorum praedecessorum insistere vestigiis et sane nihil earumce rerum, quas in hanc meam dieteridem rectoralem ejusdem divini numinis providentia clementissime reservarat, academicae posteritati transcribere atque in hoc albo perpetuae memoriae consignare. Quamvis igitur Germania octennali jam Marte fatigata nec adhuc ob rebellium factiosorumque alias ex aliis gliscentes in annos prope singulos conjurationes pacata satis Caesarianus miles in circumvicina regione continuo ad fortuita belli excubavit: nec modicae fuerint rerum omnium difficultates, ita

[1] Brustbild Christi, die Weltkugel in seiner Linken haltend, die Rechte segnend darüber erhoben; über ihm in einem Bogen, der von je 2 zierlichen Säulen getragen wird, stehen die Worte: „Ego sum via veritas et vita." Unter dem Bilde sind in wundervoll ausgeführter Kunstschrift 2 Gesetzestafeln mit dem Wortlaute der Gebote, zwischen ihnen der Kelch und die Hostie mit Inschrift, darunter ein großes Schriftband. Unter der Einfassung das Brustbild des Rectors, welcher betend die Hände faltet; über dem oberen Rande sein Wappen: ein silbernes Einhorn im rothen Felde nach rechts aufspringend; goldgekrönter Helm mit Einhorn; Helmdecken roth und gold. f. 76cd

ut studii literarii jugulum omnino peti videretur: singulari tamen et insperato plane Dei beneficio factum est, ut academiae nostrae dignitas non modo detrimentum non sit passa: sed etiam novis iisque maximis ornamentis ac viribus multo quam multo ante tempore luculentis enituerit. Praeterquam enim quod medicae facultatis decanatus, quem ab annis 24 aliquis magister artium tanquam vicarius gerebat, postliminio in integrum sit restitutus, assumpto in ejusdem facultatis album ac jura expertissimo dno **Quirino Schmaltz** medicinae doctore, praeter ternas etiam publicas in utroque jure licentiatorum et unam quoque doctoralem promotiones, **theologica** praecipue facultas tandem aliquando pristino vigori magna ex parte restitui coepta est. Aucto primum collegarum numero acceptoque in eam sub finem Decembris anni 1628 reverendo et eximio in Christo patre Ioanne Bettingen, collegii soc. Iesu hic rectore sacrosanctae theologiae doctore et diversarum universitatum professore etc.; sub cujus directione ac praesidio, excussis diligenter antiquis ejusdem facultatis statutis, anno deinde insequenti 1629 publicae disputationes tribus vicibus pro supremo in theologia gradu propositae sunt ab admodum reverendo et eximio dno magistro Casparo Henrico Marx, collegiatae ecclesiae b. Mariae virg. cantore sacrosanctae theologiae baccalaureo Moguntiae promoto et hic professore ordinario, disputantibus variis qua ecclesiarum praelatis qua facultatum diversarum doctoribus ac magistris, collata quoque ad tertium kal. Jun. in publico theologorum acroaterio insigni solemnitate et pompa hoc loco inusitata eidem admodum reverendo dno cantori licentia theologica; unde ulterius processum est anno proximo ad promotionem doctoralem, quae in ipsa divae Virginis collegiata basilica, adiuncto socio religioso patre fr. Jacobo Zeliero ordinis s. Augustini, magna pompa magnoque hominum consessu in ipso parochiali altari exstructo desuper theatro sonantibus organis crepantibus campanis inflatis tubis peracta est. Accessit et hoc, quod intermissi aliquo tempore honores philosophi in utroque gradu viguere, cum baccalaurei quinque magistri quatuor fuerint promoti; hic vigor flosque academicus, quem Dei benignitate pullulantem me vidisse mihi gratulor![2] — — Denique hoc anno ex vita mortali ad meliorem transiit reverendissimus et illustrissimus piae memoriae princeps noster Georgius Fridericus archiepiscopus et elector Moguntinus, universitatis Erfurtinae cancellarius perpetuus; in cuius locum magna animorum gratulatione ad octavum idus Augusti omnium suffragiis in archiepiscopalem sedem atque electoralem dignitatem elevatus est reverendissimus et illustrissimus princeps Anselmus Casimirus Wamboltt ab Umbstat, dns noster clementissimus, cui diuturnam in gubernando felicitatem ex animo precamur. Hic fasti nostri, haec gesta.

[2] Der Rector berichtet nun über den schon 8 Jahre währenden Krieg, die päpstlichen 14tägigen Jubelfeiern im J. 1628 und 1629, die Krönung des Königs von Ungarn Ferdinand (III.) zum böhmischen König, Tilly's glückliche Kriegführung gegen Christian IV., den Frieden 1629, die Vertreibung ketzerischer Bisthumsverweser von Magdeburg u. a. norddeutschen Sitzen, die Eroberung von La Rochelle durch die Franzosen, von Herzogenbusch in den Niederlanden und Wesel's; das Restitutionsedict, März 1629 und dessen Ausführung in Augsburg — endlich den Tod des Erzbischofs von Mainz.

Sequuntur nunc ii, qui academicis legibus se subjicientes nomina quoque hic subjici voluerunt.

Classis I (plus solito dantium):

Iacobus Heun[a] } Witterdenses, fratres germani 1 flor.
Ioannes Heun[b] }
Ioannes Christophorus Weberus 16 schreckenbg.
Ioannes Georgius Dehmer } Catlernbergenses
Fridericus Wilhelmus Dehmer } fratres 1 thal.
Ioannes Leonhardus Krehmer ab Hentzbergk Erffurtensis 1 thal.
Ioannes Martinus Stobaeus Erffurtensis $^{1}/_{2}$ flor.
Balthasarus Freündt Denstadiensis $^{1}/_{2}$ flor.
Andreas de Papa Lovaniensis $^{1}/_{2}$ thal.
Wolffgangus Braestelius Norinbergensis 10 schreckenberg.
Bertramus Mittendorff Hildesheimensis $^{1}/_{2}$ thal.
Hieronymus Junger Pragensis $^{1}/_{2}$ thal.
Iacobus Steyerwalt $^{1}/_{2}$ thal.
Summa horum 13; summa pecuniae 7 flor. 17 schreckenbg.

Cl. II (solitum nim. 8 schreckenberg.):

Augustinus Pastor Erffurtensis.
Hieronymus Macke }
Valentinus Macke } Erffurtenses.
Gabriel Macke }
Balthasarus Macke }
Hiob Stieler Erffurtensis.
Erasmus Breise Werringshausanus.
f. 79 c d
Nicasius Macke Ilvershovensis.
Wolradus Remberti Gandersheimensis.
Philippus Ernesti Becheler.
Christianus Schurch.
Melchior Möringk.
Martinus Göttingk.
Ioannes Christophorus Segerdes.
Rudolphus Fasoldt.
Ioannes Weise.
Ioannes Ernestus Gabler.
Ioannes Zachariae.
Ioachimus Andreas a Brettin.
Henricus Bartholomaeus Huffeisen.
Damianus Schönbergk.
Henricus Sommer.
Thobias Paulus Spendlinus.
Ioannes Melchior Brandt.
David Kircheim.
Iacobus Hertenich.
Franciscus Diener.
Georgius Frideraun.
Christophorus Atzman.
Ioannes Lindeman.
Iacobus Bernhardt Vogelber.
Summa horum 31; summa pecuniae 11 flor. 17 schreckenberg.

Cl. III (minus solito dantium):

Stephanus Böel 5 schreckenberg. 3 ₰.
Ioannes Henricus Schmaltz 6 schreck.
Ioannes Henricus Birnstiel 6 schreck.
f. 80 a b
Michael Stutzer 6 schr.
Ioannes Eichelborn 6 schr.
Herbordus Budstadt 6 schr.
Wolff Georg Ernst 6 schr.
Henricus Reinhardt Coburgensis 6 schr. complevit duobus grossis et juravit.
Ioannes Balthasarus Schade 6 schr.
Ioannes Nicolaus Tusch 6 schr.
Ioannes Georgius Dörner 6 schr.
Christophorus Illigen 5 schr.
(Cunrathus Isserstet Erfurtensis 6 schr., juravit cum complemento; später nachgetragen.)
Summa horum 12 (13); summa pecuniae 3 flor. 7 schr. 3 ₰.

Cl. IV (solverunt 4 schreckenb.):

Thomas Walther Erffurtensis.
Ioannes Klinge Erffurtensis.
Volckmarus Kannegießer Erffurtensis.
David Schanöller Erffurtensis.
Henricus Francke Erffurtensis.
Ioannes Stephan Erffurtensis.
Henricus Zeithoff Erffurtensis.
Ioannes Seill Erffurtensis.
Emanuel Dunckell Zimrensis.
Andreas Eberth.
Hieronymus Scheffer.
Udalricus Fichtler.
Theodericus Herleb.
Iacobus Natan Michel.
Henricus Harstal.
Summa horum 15; pecuniae 2 flor. 19 schreck.

---

[a] jur. rectori (333) Valentino Herdegen, causa promotionis 14. Jan. 1631.
[b] jur. et hic promotionis causa gratia mihi H. Rennemanno (336) dri 11. Febr. 1636.

f. 80c d

Classis quinta:

Christophorus Ludovicus 3 schr.
Christianus Weidenhaun 3 schr. 6 ₰.
Christophorus Buchener 2 schr.
5 Georgius Harleb 3 schr.
(Summa) horum 4: pecuniae 11 schr. 6 ₰.

Summa omnium inscriptorum hujus anni 75(76); summa precii inscriptorum 26 flor. 8 schr. 9 ₰.

Gratis inscripti:

10 Admodum rev. in Christo pat. Ioannes Bettingen soc. Jesu rector s. theologiae dr. obiit in Apr. 1632.
rev. pat. Henningius Wolff soc. J. praefectus.
rev. pat. Martinus Franck soc. Jes. concionator.
Adamus Eckholdt Errfordensis.
Leonhardus Eisen Errfordensis.
Georgius Henricus Naumbergk.
Ioannes Weiser.
Nicolaus Schmith.
Hieronymus Dettingk.
Michael Auge.
Christophorus Gisseler. 10
Ioannes Herborth Förster.
Henricus Sebastianus Birnstill.
Summa 13, summa prioris anni 88/[illegible]

Ex[c] precio inscriptionis: 75 personarum 26 fl. 8 schreckenbg. 9 ₰. quarum nomina una cum precio inscript. in matricula habentur; hinc 15 cedunt universitati 17 flor. 12 gr. 10 ₰: rectori pro tertia parte 8 flor. 16 schreckenbg. 11 ₰.[d]

c-d Aus dem Rechnungsbuche des Rectors.

1628. Mich. 332b. Rect. M. Urbanus Heun II.

Posteriore anno inscripti sunt qui plus solito dederunt:

Hadrianus Selle 12 schr.
20 Sebastianus Selle Alslebiensis 12 schr.
Rubertus Balthasarus Wechmar Westphalus 12 schr.
dns Christophorus Ulricus Lagus Isnacensis 12 schr. juravit.
f. 81ab 25 dns Georgius Glebe Fuldensis 18½ schr. jur.
Thobias Klugius 12 schr.
Ioannes Schelhasius 10 schr.
Thobias Kolbius 10 schr. juravit.
nobilis Bernhardus a Wangenheim 2 flor.
30 12 schr.
Conradus de Fuerden Rhenoberensis 12 schr.
Ioannes Syringus Hildesiensis 12 schr.
Georgius Erasmus Ordruffius 10 schr.
Thobias Diener alias Heroldt Errffordensis
35 12 schr.
Ioannes Thomas Muller Errffordensis 12 schr.
nobilis Ioannes Theodoricus a Vitzthumb 1 thal.
Summa horum 15: pecuniae 10 flor. 19 schr. 6 ₰.

40 Qui solitum solverunt:

Iacobus Bertach.
Nicolaus Nidecken.

Paulus Böttnerus mag. juravit ipsi magnifico. 20
Iustinus Schelhasius.
Henricus Henningius.
Nicolaus Himmel.
Ioannes Helbich.
Philippus Helbich. 25
Bartholdus Paulus Gildelius juravit.
Christophorus Hesse.
David Heße.
Thobias Babst
Summa horum 12; summa pecuniae 30 4 flor. 12 schr.

In III ordine:

Christophorus Drautwein 5 schreck.
Erasmus Debelius 4 schr.
Horum 2, pecuniae 9 schr. 35
Summa omnium inscriptorum hujus anni 29: pecuniae 15 flor. 19 schr. 6 ₰.

Gratis inscripti:

Admodum rev. in Christo pater Valentinus Laurius Walturnensis soc. J. 40
admodum rev. in Christo pat. fr. Iacobus Zelier ss. theol. lic. ord. S. Augustini.
Summa 31.

Summa omnium biennio 106.

Ex[a] precio inscriptionis 29 personarum: 15 flor. 19 schreckenb. 6 ₰, quarum nomina una cum precio in matricula habentur. Hinc cedunt universitati 10 flor. 13 schreckenbg.; rectori pro tertia parte 5 flor. 6 schreckenbg. 6 ₰, 12 schr. ex residuo inscriptionis Christophori Apffelstets, Herm. Tusch et Henr. Bornstein baccalaureatus gradum assumpturi.[b]

a-b Aus dem Rechnungsbuche des Rectors.

1629. Mich. 333. Rect. D. Valent. Herdegen.

f. 83ab

Rectoratus Valentini Herdegens j. u. dris, collegiatae ecclesiae ss. Petri et Pauli in Northen. et s. Severi Erfurti respective praepositi et cantoris a die Lucae anno 1629 usque etc. 31.

I. ord. ultra assem solventes:

Rudolphus a Bunau de majori Oberingen (Heringen) 8. Maji 1630 juravit 1 thal.

clarissimus dns dr. Joannes Schönemann Heiligenstadensis praetor Erffordiensis Herbipolensis dr. 15. Jun. 18 gr. 8 ₰

Balthasar Hardtwigus Kramer Erffordiensis 10. Apr. 13 gr. 6 ₰ | Nicolaus Henricus Langutt Erffordiensis eod. 12 gr | Hiobus Ludolff Erffordiensis eod. 10 gr. 6 ₰ } non jurarunt.

Rudigerus Bauerburg Hildesiensis collegii Saxonici collegiatus 10 gr. 8 ₰.

Jonas Rabanus Gleba Fuldensis n. iur. ob aet. 12 gr.

Summa horum 7; facit in pecunia 4 flor. 17 gr. 4 ₰.

II. ordinis ex asse annumerantes 8 grossos:

Christophorus Hollant Ortturffius 29. Jan. ao. 1630 | Georgius Christophorus Hagen Elxlebianus eodem } non jurarunt.

Herbordus Döring Erffordiensis 10. Aprilis; hic cum juramentum academiae praestare nollet, exclusus est ab universitate totius consilii secreti consensu sub rectoratu (351) dris Wolffgangi Crusii; subscripserat nempe famoso pro Götelio conflato scripto atque ideo poenam metuebat.

Balthasar Rudolff Erffordiensis eodem.

Ioannes Stephanus Wagener Erffordiensis 8. Iun.

Joannes Balthasar Schwengefelt Erffordiensis eodem.

Joannes Michael Breittenbach Erffordiensis.

David Capsius filius M. Liborii Erffordiensis 8. Maj.

Rudolphus Toppius Hildesianus Saxo collega Saxonicus 7. Jun.

Georgius Schmetius Isenaccensis n. jur.

Casparus Braunmüller Isenaccensis n. jur.

Henricus Wilhelmi Isenaccensis 29. Apr. n. jur.

Henricus Mardsteck 9. Aug. juravit.

Hieronymus Rein Isenaccensis n. j.

Summa horum 14, deponentes in pec. 5 flor. 7 gr.

III. ordinis (6 gr. solventes):

Hiobus | Melchior } Bader fratres Erffordenses } 10. Apr. n. jur.

Jacobus Weiser eod.

Justus Herbordus Bötticher Rofferßhausensis prope Clingen; recepit testimonium dep(ositionis?) a. 46 secul. m. Febr. | Henricus Breittinger } n. jur.

Summa 5, offerentes 1 fl. 9 gr.

IIII. ord. ex semisse et infra deponentes (usque) videlicet 4 gr.:

f. 84cd

Michael Bader fil. Georgii organici 10. Jan. 1630.

Georgius Schmidt Töttelstettensis 10. Apr.

Nicolaus Müller Udestattensis eod.

Conradus Carlstadt Erffordiensis eod.

Samuel Nößeler Erffordiensis eod.

Sebastianus et | Michael } Himmel fratres Isenaccenses.

Henricus et Sifridus } Pappe frr. Errford. } 6 gr.

Summa horum 9, deposuerunt 1 flor. 13 gr.

Summa omnium inscriptorum 33, summa pretii 13 fl. 4 gr. 4 ₰; subtractis 33 gr. pro famulis, remanent dividendi 11 flor. 13 gr. 4 ₰; hinc cedunt universitati 7 fl. 15 gr. 10 ₰ rectori 3 fl. 13 gr. 5 ₰.[a]

Gratis assumpti:

Valentinus Ketsch Errfordiensis patrinus rectoris.

Ioannes Meister fil. Martini Meisters | Ioannes Walter chyrurgi filius | Henricus Stickel sartoris filius } Errfordienses jur. post prandium 1629.

Ioannes Thaue Errfordiensis 10. Apr. 1630.

Ioannes Rumeisen Appfelstedensis eod.

Matthaeus Klee Rohrbornensis eod.

Ioannes Hirschfelt Arterensis.

De his pedelli suam portionem etc. summa novellorum 43.

Insuper studiosi externi:[1] gymnasii archipraesulis 75; prudentissimi senatus 90; Praedicatorum 240; Franciscanorum 150; Mercatorum 180; Regularium 120; Joannis 105; Michaelis 90; Thomae 80; Andreae 80; Summa horum 1210.[1]

[a] In dem Rechnungsbuche des Rectors sind die gleichen Summen angegeben.

f. 85ab

1630. Mich. 333b. Rect. D. Valent. Herdegen II.[2]

Anno 1631 continuationis:[3]

I. ordinis ex asse et ultra, qui albo universitatis inserti sunt:

Nicolaus Lindeman Franckenhusensis 30. Dec. 1630 jur. 12 sol.

Ioannes Wilhelmus a Gleichen in Danroda nativ. Chr. 1630 n. jur. 12 sol.

Günterus a Bunau ibidem eod n. jur. 12 gr.

Wilhelmus Henricus a Duna Ingerschlebiensis eod. non jur. 12 gr

dns Georgius Schulttenius juriscons. Eichsfeldiacus 13. Ian. 1631 1 tal.

Philippus Kram Bleichenrodensis 13. Mart. n. jur. 14 sol.

Petrus Cappius pro complendo biennio (sed non absolvit) 20. Dec. 1630, non juravit 8 sol.

Augustus Praetorius in Mölberg nativ. Chr. 1630 n. jur. 8 sol.

Ioannes Mathias Praetorius Mulbergensis eod. non jur. 8 sol.

Zacharias Bösezehn Osterodensis 13. Mart. 1631, juravit 8 sol.

Henricus Wedekindus Northeimensis 13. Mart 8 sol.

Valentinus Stender Harrodianus eod. 16 gr. n. iur.

Christophorus Rost Errfordiensis 17. Mart. jur. a. 46, 25. Iul. 16 gr.

Conradus Ernestus a Beuneburg in Stettfelt 29. Apr. n. jur. 16 gr.

Ioannes Gerardus Dresanus clariss. dni dris Ioannis Dresani filius 13. Maj. receptus 8 gr.

Ioannes Blanckenbiel Gröningensis eod. 8 gr.

Ioannes Hecker ex minori Nehausen 23. Maj. non jur. 8 gr.

Michael Wolffius Schwabhusensis Jenae depositus 20. Maj. n. jur. 8 sol.

[1] Das hier folgende Verzeichniss enthält die Zahl der Schüler aller anderen Latein lehrenden Schulen und gewährt zugleich eine Uebersicht über die Grösse der Gemeinden vor der Schwedenzeit. Motschmann, Erford. lit. I S. 525 druckt das Verzeichniss ab und giebt die Zahl der Schüler im J. 1731 an (Gesammtzahl 1076).

[2] Kein Raum für Bild, Wappen und Initiale.

[3] Nur wenige Studenten wurden in den letzten Monaten 1630 immatriculirt.

Ioannes Bader jur. 24. Maji 8 sol.
Rudolphus Scholasticus Caßellanus 30. Iul. n. jur. 8 sol.
Ioannes Gebhardus ap. (?) s. Georii non juravit 8 sol.

Omnes, numero 21, obtulerunt 10 flor. 4 sol.

Cum his quidem de novo inscripti ratione complendi:

Ioannes Ernestus ab Harstal vicedni filius (biennalis studii, sibi triennalis) causa praebendarum cathedralium Frislariensis et Halberstadiensis 2. Dec. a. 1630.
Fridericus Hermannus ab Harstal frater ejusd. simili intentione 12. Mart. 1631.
Ioannes Schröderus canonicus b. Mariae virg. simili ratione pro complendo biennali studio in collegiata ecclesia B. M. V. in loco. 12. Mart. 1621 nihil.

NB. honoris gratia inscripti.

II. ord. ex semisse et ultra:

Ioannes Rinner Errfordiensis 17. Mart. 1631. 6 sol. } non iurarunt.
Herbordus Börner eod. 6 gr. } non iurarunt.
Hieronymus Dosser eod. jur. a. 1646 8/18. Aug. 6 gr. } non iurarunt.
Paulus Gleich eodem 6 gr. } non iurarunt.
Ieremias Baltasar Ludovici juravit 5 gr. 4 ₰.
Georgius Wittzleb ex maj. Rudestad 4 gr.
Bernardus } Richter ex majori Rudestad 17. Martii non jurarunt 12 gr.
Georgius } Richter ex majori Rudestad 17. Martii non jurarunt 12 gr.
Ioannes Ernestus } Richter ex majori Rudestad 17. Martii non jurarunt 12 gr.

Ioannes Rudolphus Spindeler } non iurarunt 12 gr.
Henricus Haffreck (?) Isennaccensis } non iurarunt 12 gr.
Ioannes Nicasius Macke pharmacopola } non iurarunt 12 gr.

Summa 12 personae, contulerunt 2 flor. 19 sol. 4 ₰; summa summarum 33 personae, horum omnium pretium 12 flor. 19 sol. 4 ₰. — De hac summa obveniunt 1 flor. 12 gr. pedellis. Quibus deductis remanent dividendi 11 flor 7 gr. 4 ₰. f. 85cd

His adduntur ex residuis 16 gr., quos consultissimus dns dr. Io. Dresanus supplevit causa inscriptionis: item 4 gr. Ionas Lumpricht in promotionem baccalaureorum supplevit: summa huius 20 sol. et hic constituet summam 12 flor. 6 sol. 4 nummos, qui divisi, cedunt de his universitati 8 flor. 4 gr. 2 ₰; rectori 4 flor. 2 gr. 1 ₰ remanet 1 ₰.

Subjiciuntur gratis inscripti 4:

Nicolaus Heidenreich ex Ashra nativ. Chr. 1630 per intercessionem dni mag. Pretorii.
Engelbertus Sturtzius Monasteriensis ex commendatione clarissimi dni dris Caspari Henr. Morer (?) 18. Ian. 1631.
Ioannes Wolffram famulus majoris collegii 17. Mart. idiota.
Nicolaus Heineman Errfordiensis ex commendatione praeceptoris regularium 11. Iul. a 1631.

Summa 4.

Summa omnium inscriptorum totius biennii 80 (83) personarum.

1631. Mich. 334. Rect. M. Just. Heckelius. f. 86ab

(1631—34.)

Deo uno et trino sic dirigente: Anno Chr. salvatoris humani generis 1631 die, qui sacer divo Lucae, videlicet 18. Octobris comitiis secundum statuta et consuetudinem hactenus observatam ad caput et gubernatorem academiae Erfurtensis eligendum indictis, admodum rev. magnifici et experientiss. viri dni triumviri sorte deputati electores, dns Henningus Rennemannus, j. u. dr. et publicus professor ac reipublicae Erfurtensis proconsul amplissimus, reverendus dns Lambertus Heck, scholasticus et b. Mariae virginis canonicus, dns Quirinus Schmaltz, medicinae dr. et professor celeberrimus, me mag. Iustum Heckelium publicum professorem rectorem elegerunt, electum in amplissimo ordinum consessu rituque solemni die 16. Novembris inaugurarunt. Quem exacto anno comitiis academicis indictis ipso die divo Lucae sacro in officio rectorali academiae proceres continuarunt. Sed ecce! qui jam successorem secundo etiam anno finito sperabat, [f. 66cd] gravioribus quibusdam caussis incidentibus, in secreto consilio in officio fuit confirmatus. Per triennium itaque onus hoc academicum in maximis rerum turbis sustinuit.

Tandem ergo, divina adspirante gratia, officio hoc triennali feliciter ad finem perducto nomina studiosorum, qui in album hujjus academiae recepti, adnectere voluit.

Classis prima eorum qui plus solito dederunt:

Ernestus Loth de Milditz (jur. et) dt. 12 gr.
Valentinus Jacobus Schaler Ohrdrufiensis dt. 12 gr. non juravit.
Iohannes Melchior Mengwein Wechmariensis dt. 12 gr.
Georgius Ludovicus, Hieronymus Wilhelmus } Scherer fratres ddt. 1 rhen. n. jur.
Iohannes Georgius Sack Erfurtensis dt. 12 gr. n. jur.
Iacob Henricus Heidenreich Weisenseensis dt. 12 gr. non juravit.
Iohannes Jacobus Rehefeldt Erfurtensis dt. 12 gr. n. jur.
[f. 67ab] Rupertus Hewberger Erfurtensis dt. 1 flor. et n. jur.
Iohan Henrich von Brettin Erfurtensis dt. 12 gr. non juravit.
dns Iohannes Rehefeldt pro receptione ad facultatem medicam dt. 1 rhenanum.
Summa 7 flor. 18 gr.

II classis (solitum dederunt nim. 8 gr.)

Hieronymus Wurtzgarten Kindelbruccensis jur.
Iohannes Henricus Born Salfeldensis n. jur.
Iohannes Eobanus, Franciscus Joachimus } Schüßler fratres n. jur.
Iacobus, Hiob, Valentinus } Effler fratres Erfurtenses non jurarunt.
Iohannes Fridericus Sippel Erfurt. n. jur.
Antonius Francke Rodelstadensis jur.
Iohannes Weidner Ohrdrufiensis jur.
Henricus Helffling n. jur.
Gothofredus, Elias } Bavarus Austriacus jur.
Bartholdus Baumgarten Erfurtensis n. jur.
[f. 67cd] David Helt Bornenhuso-Brunovicensis Saxo jur.
Iohannes Apffelstedt Erfurtensis n. jur.
Simon Reinhard Erfurtensis n. jur.
Iohannes Georgius Schelber n. jur.
Summa 6 flor. 18 gr.

III. classis (minus solito).

Iohannes Rosenthal Semmerdensis dt. 5 gr.
Martinus Leo Berlestadensis 5 gr.
Hieronymus Hempel Erfurtensis dt. 5 gr. n. jur.
Conradus Hiepe Erfurtensis dt. 6 gr. n. jur.
Simon Kiede Erfurtensis 5 gr. n. jur.
Iohannes Ulricus Gollart Erfurtensis dt. 4 gr. n. jur.
Iacobus Ernestus Erfurt. dt. 5 gr. 4 ₰ n. jur.
Elias Friederaun Erfurtensis 7 gr. n. jur.
Hermannus Wolckenstein Waldershausensis dt. 4 gr. n jur.
Henrich Dommel dt. 5 gr. 4 ₰ n. jur. recepit testimonium anno 1646 m. Dec. extorris dt. 8 gr.
Michael Eckardus Alicensis 4 gr. n. jur.
Christophorus Fridericus Lagus Cruceburgensis dt. 6 gr. n. jur.
Iohannes Lagus Longo-Salißanus dt. 6 gr. n. jur.
[f. 68ab] Henricus Kaderfeld Gothanus dt. 5 gr.
Nicolaus Kölner Erfurt. dt. 4 gr.
Iacobus Tasch Erfurt. dt. 4 gr. n. jur.
Simon Schenck Treisius Hassus dt. 6 gr. 9 ₰
Franciscus Schiller Erfurtensis 6 gr. n. jur.
Iohannes Henricus Weißmandel Erfurtensis dt. 3 gr. non juravit.
Balthasar Weißmandel Erfurt. 3 gr. n. j.
Summa 4 flor. 15 gr. 5 ₰.

Gratis inscriptus:

Ioh. Taur Erfurt. n. jur.
Martinus Teutsch Erfurtensis non juravit.
Summa 51.

Ex[f] precio inscriptionis 50 (51) studiosorum 19 flor. 16 gr. 2 ₰: quorum nomina in matricula inveniuntur, de hiis cedunt universitati 13 flor. 3 gr. 9 ₰ 1 h. rectori 6 flor. 12 gr. 4 ₰ 1 h.[g]

---

f-g Aus dem Rechnungsbuche des Rectors.

1632. Mich. 334b. Rect. M. Just. Heckelius II.

Secundo anno inscriptorum:

Cl. I (plus solito).

Bertholdus Morhardus Franckenhusanus dt. 10
5 gr. 8 ₰.
Cunradus Brandt Erfurtensis dt. 10 gr.
Iohannes Valerianus Böttiger Ohrdrufiensis dt. 10 gr. 8 ₰.
Iohannes Andreas Bottiger Ohrdrufiensis dt.
10 10 gr. 8 ₰ n. jur.
dns Georgius Thilo j. u. dr. dt. 1 flor.
88cd dns mag. Georgius Grosehein dt. 1 thal.
mag. Iohannes Mose Ohrdrufiensis jur. et dt. 1 rhen. pro se et 4 nobilibus a Schlot-
15 heim videlicet:
Christiano Gunther, Georgio Bartholomaeo, Alberto Philippo } fratribus a Schlotheimb
qui rectore j. u. dro Georgio Selgen in
20 album recepti et sub meo rectoratu juramentum praestiterunt.
Iusto Friedemann a Schlotheimb qui jur.
Henricus Beza alias Friedlieb Wernigeroda-Saxo dt. 13 gr. 6 ₰.
25 Lippoldus von Oldershausen Osterodensis Saxo dt. 16 gr.
Hermannus a Süsteren Rhenoberg. dt. $^1/_2$ flor.
Michael Bartman Rhenoberg. dt. $^1/_2$ flor. n. jur.
Secunda vice dedi 4 gr. cum praestarem
30 juramentum: habitatio est Porta coeli a. 1645 27. Jan.
Petrus Deckerus Rhenoberg. dt. $^1/_2$ flor. juravit.
admodum rev. et clariss. vir ss. theol. dr. dns Iohannes Matthaeus Meyfartus dt.
35 1 thal. et juravit.
Wolffgangus Krappius Eisfeldensis fr. dt. 12 gr.
Iohannes Bejjer Coburgensis dt. 1 thal.
Bernhardus Schenckius Coburgensis dt. 1 regium thal.
40 Iohannes Rab Coburgo-Francus dt. 12 gr.
adm. rev. dns Iohannes Matthaeus Meyfartus ss. theol. dr. 1 th.
rev. dns mag. Georgius Grosehain 1 th.,
45 rev. dns mag. Zacharias Hogelius sen., reverendus dns Bartholomaeus Elsner } 4 rhen.
Georgius Sigismundus Cornarius Coburg. dt. 12 gr.
50 Henricus Stephanus, Hiob Rudolphus } ab Utisbergk fratres ddt. 1 th.

Iohan Guilielm. Gainigl nobilis Austriacus dt. 12 gr.
Wolffgangus Andreas a Rorbach eques Austr. 5
dt. 12 gr.
Nicol. Schönthal Ermstadensis dt. 12 gr.
Carolus Guntherus Förster Arnstadensis dt. 10 gr.
Christianus Guntherus Förster dt. 10 gr. jur. 10
Iohan Maßlitzer Coburgensis dt. 12 gr.
Balthasarus Klein Schönfeldensis Misnicus dt. 12 gr.
Iohannes Iacob Förster Erfurtensis dt. 12 gr. non juravit. 15
dns mag. Nicolaus Zaptius fac. philos. Witeberg. adjunctus primarius dt. 1 thal.
Wolffgangus Guntherus Baomelius Allendorffensis Thuringus dt. 12 gr.
Summa 26 flor. 15 gr. 20

Classis II (solitum vid. 8 gr.): f.89cd

Iohannes Belle Erfurtensis juravit.
Hieronymus Lemmerhirt Erfurt n. jur.
Iohannes Martini Eisradensis Thuringus.
Wolffgangus Eckardus Ohrdrufiensis. 25
Martinus Spangenbergk Kindelbrucensis jur.
Nicolaus, Iacobus, Paulus Rudolphus } Pilgerim fratres n. jur.
Ioh. Paulus Seldius Hilpershusanus. 30
Erhardus Nöller Rembdensis.
Wilhelmus Gering Buschlöbiensis n. jur.
Martinus Sickel Erfurtensis n. jur.
Bartholdus Helleman Osterodensis.
Martinus Nagelius Coladinus Thuringus. 35
Christoff Henrich Anschutz Arnstadensis.
Iohannes Museus Longopratensis Thuringus.
Christophorus Lenius Arnstadensis juravit.
Summa 6 flor. 10 gr.

Classis III (minus solito solventium): 40

Martinus Albet Zimmert. dt. 6 gr. juravit.
Iacobus Möller Erfurtensis dt. 5 gr. n. jur. f.90ab
Hieronymus Thomas Erfurtensis dt 5 gr. n. jur.
Iohannes Henricus Leopoldi Erfurtensis dt. 6 gr. non juravit. 45
Mauricius Kaiser Erfurt. dt. 6 gr. n. jur.
Iohannes Langenburgk Erfurt. 4 gr. n. jur.
Augustinus Thile Erfurt. dt. 4 gr. n. jur.
Hieronymus Graff Erffurtensis 4 gr. n. jur.

Georgius Kleinschmidt Strausfurdensis 5 gr. 4 ₰.
Wolffgangus Musaeus Longopratensis 4 gr. n. jur.
Georgius Fridericus Nagelman dt. 4 gr.
Christophorus Reinhardus Nagel Schwondensis
5 dt. 4 gr. n. jur
Michael Kampffer Rembdensis dt. 4 gr n. jur.
Hieronymus Francus Ohrdrufiensis dt. 4 gr. n. jur.
Laurentius Falcken Arnstadiensis dt. 4 gr. n. jur.
10 Otto Christophorus Bernhardus dt. 4 gr. n. jur.
Andreas Dalian Arnstadiensis dt 4 gr. n. jur.
Iohannes Wechter Tundorffensis dt. 6 gr. n. jur.
Christophorus Röber Rudolphopolitanus 4 gr. n. jur.
15 Iohannes Albertus Ammannus Rudelstadensis 4 gr. n. jur.
f. 90cd Iohan Cunradus Billeb Bumontanus dt. 4 gr. n. jur.
Andreas Erleman Arnstadensis dt. 6 gr. n. jur.
20 Valentinus Arnoldus Bergensis Visurg dt. 4 gr.

Iohannes Tischer dt. 6 gr. n. jur.
Valentinus Andreas Möllenbrugk Erfurtensis dt. 6 gr. n. jur. Iuravit 20. Nov. 1650 sub rectoratu (335) Wolffgangi Crusii dris.
Gothofredus } Kleintz fratres ddt. 5
Georgius Christophorus } 12 gr. n. jur.
David Andreas Krimme dt. 6 gr. n. jur.
Daniel Caesar Immelbornensis 6 gr. n. jur.
Summa 6 flor. 19 gr. 4 ₰. 10

Gratis inscripti:

Michael Weber Erfurtensis n. jur.
Christophorus Rost Tachwicensis n. jur.
Thomas Ertman Rodensis n. jur.
Iohannes Christophorus Seldius Hilpershusanus Francus. 15
Theodericus Fiedlerus Dambachensis n. jur.
Nicolaus Kisterus Breitenbacensis n. jur.
Bartholomaeus Stidaeus Welfershusanus n. jur.
(Summa 46).

Secundo[a] anno accepi ex precio inscriptorum et ad facultatem theologicam receptorum: 5 studiosorum quorum nomina in matricula universitatis habentur 40 flor. 13 gr. 8 ₰; cedunt universitati 27 flor. 2 gr. 1 ₰ rectori 13 flor. 6 gr. 1 ₰ 1 h.[b] 20

a-b Aus dem Rechnungsbuche des Rectors.

f. 91ab 25 1633. Mich. 334c. Rect. M. Iust. Heckelius III.[1]

Tertio anno inscripti sunt sequentes, quorum classis prima est illorum qui plus solito dederunt: 25

Andreas Erhardi Ummerstadensis Francus dt. 12 gr.
30 Balthasarus Herdwich Kramer Erfurtensis dt. 12 gr.
Benedictus Schröter Saltzungensis Buchonius dt. 12 gr.
Georgius Heße Gothanus dt. 12 gr.
35 Henricus Hoffman Ilmensis dt. 12 gr. juravit.
Iacobus Napzer Erfurtensis n. jur. dt. 12 gr.
Nicolaus Bantzinger Themariensis dt. 10 gr. 4 ₰.
Casparus Holtzheiger Weisbacensis Thuringus dt. 10 gr. 6 ₰.
40 Sigismundus Abesser Schleusingensis Francus dt. 12 gr.

reverendus dns Samuel Zehnerus superintendens Hennebergicus dt. 1 thal.
Iohan Georg a Sebach dt 18 gr.
Iohan Henricus Martini Isenacensis Thuringus dt. 15 gr. 30
mag. Iohan Raw Berlinensis dt. 13 gr. 6 ₰.
Wolffgangus Pabst Coburgensis Francus 12 gr.
Iohannes Groner Alstedensis juravit et dt. 9 gr.
Andreas Schmidt Denstadiensis dt. 12 gr. jur. 35
Wolffgangus Crusius Erfurtensis dt. 12 gr n. jur.; juravit anno 1648 sub rectoratu doctoris Barthol. Elsneri (vide p. 136[b]).
dns Iohannes Reckius Goslariensis dt. 13 gr. 6 ₰. 40

[1] Kein Raum für Bild, Wappen und Initiale.

Balthasarus Hecht Sebachensis Thuringus dt. 10 gr. 8 ₰.
Paulus Christophorus } Ziegler fratres ddt.
Georgius } 1 thal. n. jur.
5 Nicolaus Volckmarus Fischer Arnstadiensis dt. 12 gr.
mag. Henricus Neuman Sagano-Silesius dt. 12 gr.
Casparus Keßlerus Themara-Francus 12 gr.
10 Matthaeus Michael Keßlerus Stanfershusa-Francus dt 10 gr. 6 ₰ jur.
mag. Georgius Schultz Sora-Lusatus dt. 14 gr.
mag. Henricus Schwartz de Wertheimb dt. 12 gr. jur.
15 Sigismundus Räthel Sagano-Silesius dt. 10 gr. juravit.
Thomas Billeb Abtsbürgel dt. 12 gr. n. jur.
Henricus Billeb Tonnensis dt. 12 gr. n. jur.
Georgius Götz Heldburgo-Francus dt 12 gr.
20 Rudolphus Fridericus Marschalck dt. 13 gr. 6 ₰.
Andreas Schmidehenig Pollensis Saxo dt. 10 gr.
Ioh. Iac. Zang Werningshusanus dt. 14 gr.
Iohannes Pillingius Eisenbergensis dt. 13 gr. 6 ₰
Casparus Themar Mulhusinus dt. 15 gr.
25 Iohan Christoff Dahmer dt. 15 gr.
mag. Iohannes Schmidt Waltershusanus Thuringus dt. 12 gr. 8 ₰.
Ernestus Ludovicus Aveman Isenacensis Thuringus dt. 1 thal.
30 Iohannes Dippoldus a Schönfeldt dt. 12 gr.
David Rhostius Chemnicensis dt 10 gr. 8 ₰.
Iohannes Gödelman Coburgensis dt. 12 gr. non juravit.
Cyriacus Fulda Isenacensis dt. 12 gr. n. jur.
35 Iohannes Matthaeus Hedbart Isenacensis dt. 12 gr.
Iohannes Daniel Aspachensis dt. 10 gr. 6 ₰.
Georgius Ernestus Tenner Sulanus dt. 10 gr. 8 ₰.
Martinus Bittdorff Kaltennortheimensis dt. 10 gr.
40 8 ₰.
Summa 28 flor. 7 gr. 2 ₰.

Classis II (solitum ddt. nim. 8 gr.):

Ieremias Kechle Erfurtensis.
Samson Seuberlich Pferdischlebiensis.
45 Laurentius Seuberlich Pferdischlebiensis.
Ioh. Daniel Ludovicus Gothanus.
Martinus Eckardt Erfurtensis n. jur.
Georgius Henricus Landgravius Franckenhus.
Casp. Rostius Vinariensis Thuringus.
50 Iohannes Franciscus Waltherus Erfurtensis n. jur.
Georgius Hillebrandt Erfurtensis n. jur.
Laurentius Eiserus Illebiensis n. jur.
Tobias Brelbergerus Erfurtensis n. jur. prioribus 8 gr. adjeci 4 gr. 27. Ian. a. 1645, cum jurarem, vivo in aedibus fusoris campanarum in lo..go ponte cujus nomen est Iac. König.
5 Hieronymus Eckard Alicensis.
Augustus Alberti Erfurtensis n. jur.
Oswaldus Dreßel Eisfeldiacus Francus.
Wolffgangus Naderman Memmingensis.
10 Balthasarus Heß Waldaviensis Francus.
Christianus Heige Mulhusinus.
Iohannes Hoffereck Mulhusinus.
Iacobus Otto Mulhusinus.
Bernhardus Grunewaldt Erfurtensis n. jur.
15 Martinus Cato Kleinrodensis.
Philippus Iacobus Sutorius Eistadensis.
Sebastianus Knor Mulhusinus.
Timotheus Kulandt Orleshausanus.
Georgius Kölerus Brudersdorffensis.
20 Christoff Reise Gehovensis.
Iohannes Wendeling Knlandus Aroldishausensis n. jur.
Iohannes Hanfft Eisfeldensis Francus n. jur.
Iohannes Caesar Halberstadensis Saxo.
25 Christophorus Alhusius Breitlebensis.
Mauritius Christophorus Stida Wölffershausa-Melalopurguus (Schwarzb.)
mag. David Francus Leina-Thuringus jur.
Iohannes Kirchnerus Eisfeldiacus Francus jur.
30 Iohannes Steiner Eisfeldensis Francus jur.
mag. Martinus Mutrichius Berolinensis jur.
Hieronymus Spangenbergius Kindelbrucensis jur.
Iohan Casimirus ab Hutten n. jur.
Valentinus Fridericus ab Hutten n. jur.
35 Andreas Otto Wasungensis juravit.
Summa 14 flor. 18 gr.

Classis III (minus solito ddt.):

Nicolaus Witzman Gelensis dt. 6 gr.
Iohannes Schlimbach Hochkirchensis 6 gr.
40 Iohannes Farlandus Brandenburgicus dt. 6 gr.
Balthasarus Michael Crötingensis Ohrdrufiensis Thuringus dt. 5 gr. 4 ₰.
Iohannes Christophorus Ulpius dt. 6 gr.
Iustus Han Isenacensis dt. 6 gr.
45 Iohannes Avenarius Trevordensis dt. 6 gr.
Henricus Stör Francenrodensis dt. 6 gr.
Christophorus Andreae Wackenhausanus Ilmen. dt. 6 gr.
Christophorus Ulpius Isenacensis dt. 6 gr.
50 Ieremias Haupt Isenacensis dt. 6 gr. jur.
Hermannus Christianus Himmel Isenacensis dt. 6 gr.

Iohannes Fridericus Schenck Herdensis dt. 6 gr. n. jur.
Georgius Schenck Herdensis dt. 6 gr. n jur.
Iohannes Möller Dodorffensis Francus dt. 4 gr.
5 Christophorus Greger dt. 6 gr. n. jur.
Christianus Greger dt. 6 gr. n. jur.
Franciscus Isentrautt Ohrdrufiensis dt. 4 gr. n. jur.
Christophorus Möller Weringshausanus dt. 4 gr.
10 n. jur.
Christoph. Schreiber Mulhusinus 6 gr. n. jur.
Wolffgangus Schuman Eisfeldensis dt. 7 gr. 6 ₰
Paulus Fridericus Neumeiger Middelhausanus 6 gr. n. jur.
15 Georgius Simon Neumeiger Middelhusanus dt. 6 gr. non jur.
Paulus Thanneman Salfeldia-Thuringus dt. 5 gr. 4 ₰.
Ioh. Christoff Urbich Budstadensis 6 gr. n. jur.
20 Samuel Erich Bacherensis dt. 6 gr. n. jur.
Georgius Marquart Andislebiensis dt. 6 gr. n. jur.
Nicolaus Lorber Rachenburgensis dt. 6 gr. n. jur.
25 Nicolaus Crusius Lussensis dt. 6 gr. n. jur.
Iohannes Axhelmus Nehusanus dt. 6 gr. n. jur.
f. 94 a b Iohannes Georgius Wilbrecht Altenbeichling. dt. 6 gr. n. jur.
Basilius Meyr Hauderodensis 6 gr. n. jur.
30 Iohannes Christoph. Wolff dt. 6 gr. n. jur.
Basilius Schreiber Colledanus dt. 6 gr.
Christophorus Axhelmus Nehausanus dt. 6 gr
Conradus Schilling Tutlöbiensis dt. 6 gr.
Augustinus Reichenbach Harterodensis dt. 6 gr.

Hieronymus Kiliani Bruckiensis dt. 6 gr.
Iohannes Christophorus Botticher Frondorffiensis dt. 6 gr.
Gothofr. Kiliani Bruckiensis dt. 6 gr.
Ioh. Ringleben Illelensis dt. 6 gr.
Paulus Ringleben Kaiserhanus dt. 6 gr.
Petrus Hawthal Hemmelebensis dt. 6 gr.
Martinus Didigius Fridberga-Silesius dt. 6 gr.
Georgius Kaiser Ottenhausanus dt. 6 gr.
Elias Erasmus Mürlich Arnstadensis dt. 5 gr. 10
Christianus Cnorr Mulhusinus dt 5 gr. 4 ₰ jur.
Andreas Wedeman Erfurtensis dt. 5 gr n. jur.[a]
Christophorus Sturtz Erfurtensis dt. 6 gr. n. jur.
Summa (49): pecuniae 13 flor. 12 gr. 6 ₰:
summa summarum 116 flor. 7 gr. 5 ₰. 15

Gratis inscripti:

Andreas Mohr Ohrdrufiensis n. jur.
Thedoricus Schenk Ohrdrufiensis jur.
Fridericus Gläring Ivenaco-Mejapolitanus jur.
Thomas Eisen Erfurtensis. 20 f.
Iohannes Schlömilch Erfurtensis n. j.
Casparus Hammerschmidt Egranus j.
Fridericus Huldericus Dietericus Byrutho-Francus j.
Leonhardus Ianus Selbiovariscus 25
Martinus Kemnitz Walderschlebiensis.
mag. Andreas Weingärtner Heldburgo-Francus.
Casparus Hilwigius Fridberga-Silesius.
Otto Sieben Schleusingensis-Francus.
Georg. Gleichman Eisfelda-Francus. 30
Henricus Kriebel Eisfelda-Francus.
Leonhardus Adelung Erfurtensis n. jur.
Summa 140.

35 Summa omnium inscriptorum in triennali meo rectoratu 292.

Domino soli sit laus honor et gloria dicta.

Tertio[b] anno 1634 ex pretio inscriptorum studiosorum 141, quorum nomina in matricula inveniuntur, accepi 58 flor. 12 gr. 10 ₰. Ex his cedunt universitati 39 flor. 1 gr. 6 ₰, rectori 19 flor. 11 gr. 3 ₰.[c] 35

[a] iuravit anno 1646 pridie cal. Sept. rectori (347) Ioh. Volbracht. [b-c] Aus dem Rechnungsbuche des Rectors.

---

f. 95 a b 40 ## 1634. Mich. 335. Rect. D. Io. Matth. Meyfartus.

Posteaquam alma semper inclyta et pervetusta universalis studii apud Erfurtenses academia, Deo sic volente et amplissimo senatu pro salute ecclesiae ac reipublicae summis 40 viribus allaborante, e ruinis suis resurgere integris quatuor facultatum collegiis et[?] crescere comitiis doctoreis pristinam dignitatem theologis et medicis ostendere vigoremque statutorum generalium novis legibus auctorum expolitorum et digestorum urgere coepit et dies electionis rectoralis illuxit; designatus fuit feria ceu loquuntur, Lucae evangelistae sacra anno Christi 1634 concordibus suffragiis totius consilii e professoribus convocati gubernator et rector Iohannes Mathaeus Meyfartus, ss. theologiae doctor ejusdemque et historiarum ecclesiarum professor publicus. In aede gloriosissimae Virginis et matris una (cum) viris tribus aliis theol. fac. professoribus ab utroque senatu politico et academico inauguratus confirmatus[a] et festivis ceremoniis immissus.

Durante regimine, cum ingens seculi difficultas et tot provinciarum ac nationum desolationes quam plurimos adolescentes et juvenes a literis plane abigerent et multorum ausa in urbe tam populosa jurisdictionem academicam, quamvis praesentes essent, eluderent, sequentes tantum tam antiquae matri tam augustae patronae et tam eruditae magistrae se delatione nominis et fidelitatis sive juramento sive promissione subjecerunt.

Honoris ergo inscripti sunt:

Excellentiss. vir dns Iosephus Hochschild, philos. et utr. medic. dr.
rev. vir dns mag. Nicolaus Harprecht Steinbruccensis Cheruscus, nuper pastor Schwartzburgicus.

Sequ'tur cl. I (plus solito solventium):

Iohannes Keilholtz Hohenkirchensis Thuringus dt. 10 gr. 6 ₰.
Nicol us Standhart Longosalissanus Thuringus dt. 12 gr.
David Heberer Swinfurto-Francus dt. 12 gr.
Matthias / Georgius David } fratres ab Hein nobiles Brunsvicenses ddt. 21 gr. n. jur.
Balthasar Christophorus Avianus Erfordensis 12 gr. n jur.
Iohannes Henricus Menius Vinariensis Thuringus 12 gr juravit.
Valerianus Lappe Erfurtensis Thuringus 12 gr. n. jur.
Christophorus Juncker Waltershusio-Thuringus 10 gr.
Iohannes Christophorus / Iohannes Theodorus } fratres Stromeri Ienenses ddt. 24 gr.
Iohannes Christianus Amling Coburgensis Francus 12 gr. n. jur
Iohannes Wintzerus Muhlbachensis Thuringus 12 gr.
Christophorus Thymus Isennacensis Thuringus dt. 10 gr. ... jur.
Iohannes Melchior Kniphoff Erfurtensis Thuringus 18 gr. n. jur. Iuravit 16. April 1654 sub rectoratu (351) W Crusii doctoris.
Iohannes Scharff Heldburgensis Francus dt. 12 gr.
Daniel Agricola Isennacensis Thuringus 12 gr.
Iohannes Georgius Friederich Eisenberga-Misnicus 12 gr.
Michael Sigismundus Wolffius Vinaria-Thuringus dt. 12 gr.
Ludovicus Meurer Saltzunga-Thuringus dt. 12 gr.
Christophorus Schleutze / Adolphus Strecker } Muhlhusini Thuringi ddt. 21 gr. n. jur.
Christophorus / Ieremias } fratres Zahn Gothani Thuringi ddt. 24 gr. n. jur.
Iohannes Lucas Leo Saltzunga-Thur. 10 gr. n. jur.
Georgius Thomas Helmershusanus Henneberg. dt. 12 gr.
Iohannes Christianus / Christophorus Volcquinus } fratres Volckhart Saltzunga-Thuringi ddt. 24 gr. n. jur.
Iohannes Sebastian Abesser Zeilbachensis Henneb. 10 gr. jur.
Henningus Armbrecht Erfurtensis dt. 10 gr. n. jur.

Classis illorum qui hactenus solitam numeraverunt monetam:

Andreas Werner Walterhusanus Thur. dt. 8 gr.
Hermannus Wachman Goslariensis Saxo 8 gr.
Ioachimus Klöpffer Santerslebiensis Thur. 8 gr.
Ernestus Fridericus Selig Muhlhusinus Thur. dt. 8 gr. n. jur.
Ludovicus Conradus Heusius Cruceburgo-Thuringus dt. 8 gr.
Iohannes Weiß Isennacensis Thur. dt. 8 gr. n. jur.

[a] Hier muss wohl est eingeschoben werden.

Martinus Lesner Byruthanus Marchicus Montan. dt. 8 gr.
Ioh. Nicol. Rhön Lupnizensis 8 gr. n. jur.

Classis III illorum qui minus quam legibus
5 praecipitur numeraverunt:

M. Christianus Rave Berlinensis Marchicus dt. 7 gr.
Iohannes Casparus } Franci fratres Hiltingenses
Sebaldus Michael } ddt 12 gr. n. jur.
10 Paulus Pfnörr Martinrodensis Hennebergicus dt. 5 gr. juravit.
f. 96cd Iohannes Georgius Schuman Arnstadensis Thuringus dt. 6 gr. jur. dno mag. Heckelio.
Thomas Saurman Erfurtensis dt. 6 gr. n. jur.
15 Michael Schöniger Erfurt. dt. 4 gr. n. jur.
Christoph. Walschlebe Gerenner (?) Thur. dt. 7 gr.

Gratis inscripti, tum propter paupertatem tum causas alias:

20 Wolffgangus Erhardi Münchbergensis e Montania Franconia.
Casparus Thanneman Salfeldensis Thur.
Paulus Roßteuscher Hilperhusanus Francus.
M. Casp. Lützelberger Hilperhus. Francus.
25 Ioh. Arnold Hilperhus. Francus.
Gobelinus Kunstman Eisfeldiacus.
Iohannes Leopoldus Bedwitzio-Palatinus.
Iohannes Balthasar Tag Wertheim. Francus.
Iohannes Schuman Salfeldensis Thur.
Petrus Pistoris Neusensis Francus. 5
Rombtetus Conen Nordanus Fris. orient. n. jur.
Theodoricus Casparus Quernt. Erfurt. n. jur.
Iohannes Erhartus } Meyfarti rectoris filii
Iohannes Stephanus } carissimi sed nunc desideratissimi. 10
Praeter hos est alia et hactenus non visa classis in hac academia, illorum scilicet qui possunt, sed pollicitis (?) tantum divites fuerunt.[1]
Iohannes Debelius Saltzensis Thur. n. jur. ob imped(imentum?). f. K 15
Michael Rosa Schwinicensis Saxo.
Thomas Godofredus Amman Rudolphopolitanus Thur.
Georgius Melchior Thilo Bichlingensis n. jur.
Matthaeus Jahni Regisseã-Thuringus jur. 20
Matthaeus Fischerus Regissea (ita uterque scripsit)[2] Thuringus jur.
Elias Rudolphus Heydenreich Weißenseensis Thur. n. jur.
Michael Bauchius Cizensis Misnicus. 25
Iohannes Henricus Mehno Wetzlariensis Hessus.

Summa 71.

Tot accesserunt civitati academicae per anni decursum.

Soli deo gloria.

Ex[b] inscriptionibus 30 studiosorum qui plus solito solverunt 16 flor. 12 gr. Cedunt universitati 10 flor. 2 gr.; rectori 5 flor. 1 gr.; ministris 1 flor. 9 gr. 30

Ex inscriptione 8 studiosorum qui 8 sol. tantum numeraverunt 3 flor. 1 gr. Cedunt universitati 1 flor. 16 gr. 4 ₰; rectori 18 gr. 8 ₰; ministris 8 gr. 35

Ex inscriptione 8 studiosorum qui minus solito solverunt 2 flor. 1 gr. Cedunt universitati 1 flor. 5 gr.; rectori 13 gr.; ministris 8 gr.[c]

b-c Aus dem Rechnungsbuche des Rectors.

1 Die Schrift ist nicht deutlich genug, auch der Sinn nicht klar; sie haben nichts bezahlt, obgleich sie nicht zu arm dazu waren.

2 Diese Bemerkung ist darum beachtenswerth, weil sie zu der Annahme berechtigt, dass jeder Student bei der Aufnahme seinen Namen selbst in ein uns nicht mehr erhaltenes Verzeichniss eintrug, wahrscheinlich als schriftlichen Beleg für seine Verpflichtung oder Vereidigung. Davon steht in den älteren Statuten von 1449 nichts.

1635. Mich. 336. Rect. D. Henning. Rennemannus.[1]

Anno salutis humanae 1635 die Octobris 16. ad academicae provinciae hujus administrationem, quam ante annos 16 deposuerat, revocabatur Henningus Rennemannus Papaeburgicus Saxobrunsvicus juriscons. dr., professor et conlegii Saxonici 5 decanus: non illo veteri electionis modo, qui ab antiquis constiterat temporibus: sed 5 novo quodam, non ita pridem sub praesidio Suedico introducto.[2] De quo ut posteritati constet, pauca quaedam sunt altius ab origine sua repetenda.[3] — — — (Ende Sept. 1631.) Rex itinere festinato ad hanc nostram cum toto exercitu suo contendebat urbem, f. 99 vim minitans, si ipsum ab ingressu prohibituri essemus. Admissus nihil quidem hosti-10 liter agebat, praesidio tamen hic relicto et domino Vilhelmo Saxoniae duce Vinariensi 10 constituto gubernatore, triduo post in Franconiam cum exercitu ibat etc. — (1632) Rex — magnis itineribus factis Erfurtum ingrediebatur 28. Oct. et armilustrio in campo Iohannis

[1] Kein Platz für Bild, Wappen und Initiale.

[2] Siehe oben IId, rubr. 2 § 1, Bd. II S. 26ff; Motschmann Erf. lit. I, S. 341. 507.

[3] Von diesem ausführlichen Berichte soll im Text nur der kurze Bericht über Gustav Adolph's zweimaligen Aufenthalt in Erfurt und der Schluß der ganzen Einleitung wörtlich mitgetheilt werden, welcher die Schicksale der Stadt und der Universität seit Baners Wiederkehr nach der Schlacht bei Wittstock 1636 darstellt. Rennemann schliesst an seine Berichte von 1619 und seines Vorgängers Heun (R. 332 S. 542 Anm. 2) an, er beschreibt den Verlauf des böhmischen und des niedersächsisch-dänischen Krieges und die darauf folgenden schwedischen Händel bis zum J. 1636. — Der Rector bespricht (1627 f.) das Streben der katholischen Häupter nach gänzlicher Unterdrückung der Protestanten, das Restitutionsedict, die Herstellung der norddeutschen Bisthümer durch die Heere Tilly's, der für sich das Herzogthum Kalenberg, und Wallensteins, der für sich Mecklenburg erworben und nach der Herrschaft über die Ostsee gestrebt habe. als Stützpunkt für seine Operationen gegen die drei nordischen Länder. Der Widerstand Stralsunds mit Gustav Adolph's Hülfe, die selbst von den katholischen Reichsfürsten geforderte Abdankung Wallensteins, das Landen und siegreiche Vorrücken des anfangs gering geachteten Schwedenkönigs gegen Tilly's Feldherrn, waren schwere Hindernisse für den Kaiser; die Rüstungen Sachsens, Hessens und Braunschweigs zur Unterstützung des Widerstands gegen das Edikt führten zum verheerenden Einfall Tilly's in die Lande Johann Georgs, zu dessen Bündniss mit Schweden und zum Siege bei Breitenfeld, nachdem Tilly's Angriffe vorher schon bei Werben an der Unterelbe von Gustav Adolph zurückgewiesen worden waren. Von Halle (8. Sept.) zogen Johann Georg gegen Böhmen und Oestreich, Gustav Adolph über Erfurt (s. oben Z. 8), Königshofen, Würzburg, Mainz nach Baiern, wo ihm Tilly am Lech erlag; hierauf Wallensteins Ernennung zum Generalissimus, die Kämpfe vor Nürnberg und Gustav Adolph's Zug nach Baiern, worauf er dem durch Wallensteins Vordringen geängsteten Kurfürsten von Sachsen zu Hülfe eilte und bei Lützen fiel, wie auch Pappenheim und der Abt von Fulda. Hieran knüpft Rennemann einen kurzen Bericht über die im J. 1633 von den Evangelischen fortgesetzten Kämpfe im Elsass Schwaben und Franken unter Bernhard von Weimar und Horn, in Westphalen unter Wilhelm von Hessen, dem Sohne Moritz des älteren, in Niedersachsen unter Georg von Lüneburg; von Wallensteins geheimen Anzettelungen und seiner Ermordung, der Wiedereroberung Regensburgs durch Ferdinand (III.) und dessen Sieg bei Nördlingen, dem Prager Separatfrieden, dem auch Erfurt beitrat und die schwedische Besatzung entließ (Sept. 1635 siehe S. 556 Z. 2). Die mit den Kaiserlichen vereinigten Sachsen unter Hatzfeld (Anf. 1636) verdrängten die Schweden aus den pommerschen Festungen und aus dem von ihnen besetzten Magdeburg; aber Baner schlug sie (24. Sept.) bei Wittstock und gewann im Dec. Erfurt wieder. welches Schweden dann bis zum Friedensschluss besetzt hielt (S. 556 Z. 8).

facto ad hostem properabat, qui tunc Lipsiam denuo ceperat. — Civitates imperiales et aliae, quae liberae sunt,[1] quibus fere solis onera bellica imposita erant, pacem amplexabantur; inter quas etiam haec nostra respublica, quae circa mensem Septembris dimisso Suedorum praesidio Moguntinis et clericis restituebat omnia, quae ipsis erant Suedico sub praesidio ademta.[2] — (1636.) Cum reliquiae fugati exercitus per Tyringiam praedas facerent crudeles, Banerus hos praedatores insecutus ex Tyringia propulsabat, eos per Hassiam ad Renum usque persecutus et in reditu ad nostram usque ditionem progressus per tubicinem nos ad fidem anno 31 regi Suedo datam revocabat, flagitato commeatu pro suo exercitu; quod licet detrectarent nostri, quia tamen vim intentabat per machinas in urbem explosas, unde incendium oriebatur, tandem obtinebat ut praesidium denuo imponerent. Et haec sunt, quae ab eo tempore, quo reverendus et clarissimus dns Heunius (332) desiit, ad hunc usque diem, quo se rectura academica exrector abdicavit, per Germaniam, inprimis autem his in oris gesta fuere; quae ad posteritatis, si qua nos est secutura, memoriam antecessorum exemplo hic commemorare placuit. Sed ad rem h. e. academiam nostram redeundum; cujus quidem inter hasce bellorum procellas varia tempestas erat; cum adventante rege Suedo ex clericis plerique hinc abirent, quidam ex vita exirent, pauci latitarent, ut tandem facultatem theologicam solus dns dr. Caspar Henricus Marx sustineret; cum quo post ob pestiferam luem exspirante facultas etiam theologica a parte illorum, qui se catholicos vocant, agonizabat. Et cum reliquae etiam facultates propter penuriam redituum, qui nusquam inter hasce bellorum pressuras exigi poterant, labefactae pene jacerent, amplissimus senatus noster urbanus, quamvis ipsius aerarium esset ad fundum per sanguisugas militares exhaustum, cum suo nobis deesse patrocinio nollet, subpetias, quas inter tot fundi sui calamitates potuit, singulari munificentia[2] tulit. Dominus procancellarius vero professionem theologicam jam silentem, pro sua qua polluit solicitudine, arcessitis aliunde theologis instauravit; medica et ipsa professoribus vacua restituta; philosophica vocato ex academia Lipsica professore mathematico subpleta; juridicae professiones duae antehac tenuiores aliquali augmento mactae sunt, utque status academicus ex omnibus membris cum suo capite rectore felicius refloresceret, statutis tam generalibus quam specialibus in singulis facultatibus, ut revisionis et sicubi foret opus emendationis impenderetur cura, inter professores unanimi consilio et quidem comprobante senatu effectum fuit. In quibus veterum vestigia quantum potuit fieri lecta quidem fuere; sed circa electionem rectoris et pauca quaedam alia fuit aliquid ex caussis aequissimis innovatum, quod iam in tertium annum fuit etiam in novi rectoris electione observatum. Deum rogamus et imploramus omnes clementissimum, ut conatus hosce senatus amplissimi, quo suo nobis patrocinio velit et in posterum subcurrere, promovere ne gravetur; eique gratias agimus perquam maximas, quod inter tot ruinas durante hoc miserabili 18 annorum bello per

---

1 Hierzu rechnet er also Erfurt, welches erst 1664 den Kurfürsten Johann Philipp als Landesherrn anerkennen musste.

2 Die grosse Schenkung Gustav Adolphs war von Nördlingen 9. Oct. 1632 datirt. Siehe oben S. 10 Z. 5. Motschmann, Erford. liter. I. S 525 z. E. Vgl Alfr. Kirchhoff im Erfurt. Lutherfestalmanach (1883) S. 213f.

Germaniam academiis nobilissimis inlatas huic nostrae inter varias quidem procellas, sed ut tamen eversa non fuerit, halcedonia benignissime concessit mediocria. Cui sit laus et gloria etc. His annalibus pro more praemissis, quae futura sunt posthac subcessoribus committuntur. Sunt autem hoc anno recturae hujjus in album academicum relati subsequentes:

f. 102cd

In I ordine plus solito solverunt:

Balthasar Gopelius Schveinfurtensis 1 flor. 3 gr.
Georgius Gatzerus Valtershusanus 10 gr.
Henricus Rudolfus Gerstenberger Erfurtensis 12 gr.
Hieronymus Antonius Hallenhorst Erfurtensis 12 gr. (juratus a 1646 25. Febr.)
Hieremias Ercold Erfurtensis 12 gr.
Antonius Zincernagel Uthofius Tyringus 10 gr. 6 ₰.
Samuel Zincernagel Uthofius Tyringus 10 gr. 6 ₰.
Christianus Seye Longosalissanus 10 gr. 6 ₰.
Caspar Reinhartus Essert Henningslebinus Tyringus 10 gr.
Iohannes Salomon Platnerus Longosalissanus 10 gr.
Henricus Gansehals Valtershusanus 13 gr. 4 ₰.
Matthaeus Morhart Volfisius Tyringus 10 gr. 8 ₰.
Iohannes Philippus von Vippach Tyringus 12 gr.
Ioh. Christianus Prebisius (-bitz) Culmbachensis.
Iohannes Behm Gothanus 10 gr.
Valentinus Schotsac Sonnenbornensis Tyringus 10 gr.
Iohannes Stiefel Langenhainensis Tyringus 10 gr.
Sebastianus Valzius Verda-Noricus 10 gr. 8 ₰.
Matthaeus Klehe Rorbornensis Tyringus 10 gr.
Sebastianus Sellius Isenacensis 13 gr. 6 ₰.
Hieronymus Bötticher Hamburgensis 1 flor. 3 gr.
Georgius Geiger Ambergensis 12 gr.
Iohannes Fridericus Fischer Francenhusanus 12 gr.
Samson Liebe Notlebinus Tyringus 10 gr.
Iohannes Ernestus Gander Weissenseh. 10 gr. 8 ₰.
f. 103ab Iohan Fridericus Ohrdrufinus 9 gr. 4 ₰.
Christoph. Larentius (Laurentius?) Tonnanus Tyringus 9 gr.
Iohan Valther Ohrdrufinus 9 gr. 4 ₰.
Cunradus Hesse Didersinus Tyringus 9 gr. 4 ₰.
Fridericus Iustus Mengwein Loranus Tyringus 9 gr. 4 ₰.
Iohannes Georgius Nose Ohrdrufinus 9 gr. 4 ₰.
Balthasar Kranichfeld Erfurtensis 15 gr.
Iohannes Sebastianus Kranichfeld Erfurtensis 15 gr.
Caspar Rudolfus Spielhausen Cruciburgensis 10 gr.
Caspar Purgoldus Isenacensis 10 gr.
Quirinus Mauch Isenacensis 10 gr.
Iacobus Votlichius Soraviensis Lusatus 12 gr.

Summa 37 personae; summa pecuniae 20 flor. 8 gr. 10 ₰.

In II ordine octo grossos dederunt:

Iohannes Veber Merxlebinus Tyringus.
Iohan Kleber Longosalissanus.
Fridericus Ioachimus Schlothawer Valtershusanus.
Mychael Brandenburg Lynensis Thuringus.
Abrahamus Giesbach Scheudicensis Misnicus.
Iacobus Ilgen Erfurtensis.
Iohan es Hase Eisfeldensis.
Georgius Theodorus Brand Erfurt.
David Henricus Brand Erfurt.
Georgius Rothlander Erfurtensis.
Iohan Rothlander Erfurtensis.
Christophorus Hofman Erfurtensis.
Iacobus Weidman Erfurtensis.
Iohannes Herfortus Schuemacher Erfurt.
Iohannes Christophorus Beissel Erfurt.
Rudolfus Henricus Winzheim Erfurt.
Levinus Thelemannus Northusanus.
Aegidius Krebs Erfurtensis.
Iohannes Vilhelmus Rudolfi Schönstetinus Tyringus.
Iohannes Sturmius Freienvaldensis Pomeranus.
Iohannes Truckenbrot Herlishusanus Tyringus.
Hieronymus Eichelborn Erfurtensis.
Georgius Eichelborn Erfurtensis, juratus testimonium recepit anno 1646 20. Aprilis.
Iohan Heinricus Gesel Rembdanus Tyringus.
Ioh. Fridericus Schaderthal Erfurtensis.
Melchior Cromaier Erfurtensis.
Volfgangus Augustinus Dorsterus.

Summa 27; summa pecuniae 10 flor. 2 gr.

In III° ordine (minus solito):

Matthaeus Bircner Schleizensis 6 gr.
Iohannes Caspar Benz Greilshaimus 5 gr. 4 ₰.
Iohannes Vitus Neostadius an der Aisch 5 gr. 4 ₰.
Iustus Cyriaci Valtershusanus 5 gr. 4 ₰.
Iohannes Zieler Valtershusanus 4 gr.

Iohannes Traberus Vargulensis Tyringus 5 gr.
Iacobus Bonsac Cavorzensis Tyringus 4 gr.
f. 104a b Iohannes Christophorus Gudeling Erfurt. 4 gr. 6 ₰.
Iohan Hofeman Erfurt. 4 gr. 11 ₰.
Georgius Roche Erfurt. 5 gr.
Iohannes Juncker Waltershusanus 5 gr. 4 ₰.
Theodoricus Stötzelberg Erfurtensis 5 gr. 4 ₰.
juratus anno 1646 25. Iulii.
Simon Wolf Erfurtensis 5 gr. 4 ₰.
Iohannes Georgius Kerer Langenzonus 5 gr. 4 ₰.
Iohannes Hieronymus Bitter Erfurtensis 7 gr. 3 ₰.
Iacobus Bitter Erfurtensis 7 gr. 3 ₰.
Christianus Bitter 7 gr. 3 ₰.
Christophorus Pabst Erfurtensis 4 gr.
David Taube 4 gr.
Iohannes Gerlach Erfurtensis 4 gr.
Iohannes Nicolaus Walther Erfurtensis 6 gr.
Ambrosius Scheurer Erfurtensis 4 gr.
Sigismundus Scheurer Erfurtensis 4 gr.
Georgius Lauterbrun Erfurtensis 4 gr.
Franciscus Michael Melitz Erfurtensis 4 gr.
Rudolfus Sommer Erfurtensis 3 gr. 2 ₰.
Matthaeus Möring Erfurtensis 4 gr.
Iohannes Kindleb Erfurtensis 3 gr. 8 ₰.
Iacobus Bauch Erfurtensis 4 gr. pro testim. dt. 6 gr. 22. Martii a. 1646.
Michael Daniclis Horselgavius Thuringus 5 gr. 1 ₰.
Iohannes Georg Weinman Erfurtensis 4 gr.
Andreas Gleiche Erfurtensis 4 gr.
Nicolaus Meisner Erfurtensis 4 gr.
Iohan Bötticher Erfurtinus 4 gr.
Iohan Christophorus Francke Erfurtensis 4 gr. testim. accepit anno 1649

Iohannes Georgius Denstet Erfurt. 2 gr. 8 ₰. f. 104a c
David Schade Erfurtensis 6 gr. 9 ₰.
Iohannes Schade Erfurtensis 6 gr. 9 ₰.
Christophorus Heinricus Wagener Erfurtensis 6 gr. 9 ₰.
Franciscus Wagener Erfurtensis 6 gr. 9 ₰.
Christophorus Fras Erfurt. 6 gr.
Iohannes Fras Erfurtensis 6 gr.

Summa 42; summa pecuniae 9 flor. 13 gr. 8 ₰.

Praeter hos inscribti sunt ex favore domini rectoris sine precio:

Henningus Aegidius Renneman Erfurt.,
Iohannes Iosias Renneman Erfurt.,
Henningus Hermannus Lagus } nepotes dni rectoris.
item Heinricus Gotfriedus,
Elias,
Christophilus } Erichii fratres
Tyringi, reverendi dni Adolarii Erichii theologi et historici doctissimi pro memoria filii dno rectori adfinitate juncti.

Item propter inopiam gratis inscripti:

Iohannes Christoph. Hartwig Rastenburgus Tyringus.
Nicolaus Lutzelberger Hilpershusanus Francus.
Iustinus Hirsfeld Erfurtensis.
Christophorus Steiger Erfurtensis.
Iohannes Thomas Apel Erfurtensis.

Summa horum 11; summa omnium 117.

Et hic quidem etc. — —[1]

Pro[a] testimoniis 6 flor. 7 gr. ex precio inscriptionis pro personis 37 quae plus solito, pro 27 quae solitum, et pro 42 quae minus solito obtulerunt, exsurgunt summatim 40 flor. 3 gr. 6 ₰. Ex hac summa subtrahitur pars tertia rectori pro labore debita (!) 15 flor. 15 gr. 10 ₰. quibus subtractis remanent 32 flor. 1 gr. 8 ₰.[b]

a–b Aus dem Rechnungsbuche des Rectors.

1 Das Schlusswort enthält nur Betrachtungen über die mehrmals erweckten, aber wieder getäuschten Hoffnungen auf eine Beendigung des furchtbaren Krieges.

1636. Mich. 337. Rect. D. Quirinus Schmalz.

f. 106ab

Quod ab ipsius divinae triadis inexhausto bonorum omnium fonte promanavit:

Anno reparatae salutis humanae 1636 die Lucae s. evangel., qui erat 18. Octobris, 5 in concilio academico omnium consensu procerum secundum statuta et consuetudinem post instauratam ac reflorescentem universitatem aliquoties receptа ego Quirinus Schmalz, medicinae doctor professor publicus et p. t. facultatis ejjusdem decanus et senior, caput et rector almae et perantiquae hujjus academiae rite electus et postea die 2. Nov. in amplissimo ac spectatissimo ordinum consessu ritu solemni in collegio 10 majjori proclamatus et confirmatus sum, traditis insignibus ad magistratum scholasticum pertinentibus. Et quamvis dnis antecessoribus meis etiam in turbulentissimo rerum statu ea felicitas contigerit, ut cottidie numerus studiosorum augeri coeperit; majjor tamen infaelicitas ad meas tempus (?) defungendas provincias accessit, ut propter obsidionem urbis Suedico-Banerianam ejjusdemque deditionem; deinde etiam Caesarianorum 15 copias, quibus cincti eramus, aditus studiosorum plane fuerit interclusus. Sed praestat etiam exiguum Musarum militum numerum non omittere. Deus mutet tempora! Amen.

f. 106cd

Ordo plus solito solventium:

Martinus Schele Hamburgensis 12 gr. }
Georgius Schele Hamburgensis 12 gr. } fratres.
20 Martinus Röver Hamburgensis 12 gr.
Fridericus Ulricus Cedaner Wolfferbüto-Brunsvigus 12 gr.
Christophorus Rodeman Mulhusius 12 gr.
David Amsinck Hamburgensis 12 gr.
25 Martinus Kefferhausen Micro-Sommerdanus 10 gr. 8 ₰ juravit.
Iohannes Georgius Gablerus Erffurt. $13^1/_2$ gr.
Iohannes Gerlach Dantiscanus 24 gr. jur.
Iohannes Ernestus Eulenhaupt Longo-30 salissanus 12 gr. }
Adolphus Wilhelmus Eulenhaupt Longosalissanus 12 gr. } fratres.
Georgius Scholberus (Scholberg) Buttstadiensis 12 gr.
35 Iohannes Georgius Brem Francohusanus 10 gr.
Elias Evander Vinariensis 13 gr. 6 ₰.
Henricus Stichling Erffurtensis 12 gr. juravi 27. Ian. a. 1645, vivo in aedibus patris.
f. 107ab Ioh. Rud. von Cölln Erffurt. 12 gr.
40 Henricus Weise Erffurtensis 12 gr.
Christophorus Stichling Erffurt. 12 gr.
Ioh. Christoph. Börner Erffurtensis 12 gr.
Quirinus Stieler Erffurtensis 12 gr.
Casparus Stieler Erffurtensis 12 gr.
45 Iohannes Christianus Stromer Ienensis 12 gr.

Summa (22; summa) 13 flor. 2 gr. 8 ₰.

Ordo solitum nempe 8 grossos solventium:

Laurentius Lanselottus Ordruffiensis.
Richardus Neuhaus Esvecensis Hessus.
Georgius Inngius Longo-Salissanus, non stetit 20 promissis in solutione.
Iohannes Henricus Helwich }
Casparus Helwich } fratres
Iacobus Helwich } Kindelbruccenses.
Stephanus Langius Francohusanus. 25
Wilhelmus Fridericus Thelmannus Northusanus.
Martinus Evenius Hallensis Saxo jur.
Ioh. Christoph. Schatz } Erffurtenses fratres. f. 107
Ioh. Severus Schatz }
Iohannes Schottius. 30
Levinus Holtzegge Erffurtensis.
Iohannes Wilhelmus Bruckner Gebesensis.
Christophorus Schmeling Erffurtensis.
Casparus Stenger Erffurtensis jur. v. fol. 144 fac. b.
Ioachimus Schultze Erffurtensis. 35
Georgius Umbführer Erffurtensis.
Ioh. Philippus Brückner Erffurt.
Iohannes Ludowicus Newenhain Erffurtensis.
Iohannes Gensehalß Waltershusanus.
Georgius Weber Erffurtensis. 40

Summa 8 flor.

Ordo minus solito solventium:

Christianus Dommel Erffurtensis 5 gr. 4 ₰.
Andreas Karnroth Weissenseensis 5 gr. 4 ₰ jur. 45

f.108a-b Iohannes Georgi Neostadiensis 5 gr. 4 ₰ jur.
Iohannes Melchior Starckloff Erffurtensis 7 gr.
Summa 1 flor. 2 gr.

Ordo gratis inscriptorum,
5 partim propter inopiam, partim ex favore rectoris:

Stephanus Schlegemilch Sulanus
Iohannes Richard Erffurtensis.
Quirinus Lappe } fratres
Iohannes Georgius Lappe } Erffurtenses.
Ulricus Galenus Arnstadiensis.
Iohannes Martini Ingerslebiensis.
Henningus Wittledder Erffurtensis.
Nicolaus Eyser Wegmariensis jur.
Wilhelmus Hieronymus Stenger Erffurtensis.
Simon Rose Erffurtensis.

Summa 14.

10 Ex[a] precio inscriptionis pro personis 22 quae plus solito ddt., 22 quae solitum ddt., 4 quae minus solito ddt. Summatim 24 flor. 18 gr. 8 ₰. Summa omnium acceptorum 45 flor. 4 ₰. Ex hac summa cedit pars tertia rectori, inter quam etiam numerata est dimidia pars ex intimat. 13 flor. 4 gr. 6 ₰. ministris pro intimat. 3 flor. 2 gr. pro inscriptione 2 flor. 6 gr.; quibus subductis remanent aerario 26 flor. 8 gr. 10 ₰.[b] 15

a-b Aus dem Rechnungsbuche des Rectors.

Rectoren der folgenden Jahre.

welche in den vorhergehenden Verzeichnissen genannt werden:

	Name.	Tag der Wahl.	Zahl der Immatrikulirten.	Cod. F.
[illegible]	M. Herm. Lindanus Berck. II.	18. Oct. 1637	25	f. 108c d
[illegible]	D. Nic. Zapfius Thur.	18. Oct. 1638	56	f. 110
[illegible]	Tob. Lagus	18. Oct. 1639	34	f. 113
341.	Ioh. Rehefeld Magd.	18. Oct. 1640	38	f. 115
342.	M. Lib. Capsius Erfurt.	18. Oct. 1641	53	f. 116
343.	Barth. Elsnerus Erfurt.	18. Oct. 1642	81	f. 119
344.	Henn. Rennemann IV.	18. Oct. 1643	21	f. 125
345.	Ioh. Rehefeld	18. Oct. 1644	19	f. 131
346.	M. Ioh. Volbracht	18. Oct. 1645	85	f. 132
347 a.	Barth. Elsner	18. Oct. 1646	39	f. 135
347 b.	idem continuatus	18. Oct. 1647	13	f. 136c d
348.	D. Benjamin Schütz	18. Oct. 1648	38	f. 137
349.	M. Urbanus Heun	29. Nov. 1649	45	f. 141c d
350 a-g.	D. Wolfg. Crusius I-VII.	24. Nov. 1650—56	s. Anmerk.[1]	f. 150
351.	M. Nicol. Stenger	25. Mai/4. April 1657	69	f. 159
352 a.	M. I. Lamb. Winter	18. Oct. 1658	28	f. 169
355 b.	idem continuatus	1. Mai 1659	101	f. 175
356 a.	M. Nic. Stenger II.	30. Apr. 1660	—	f. 181
356 b.	idem continuatus	30. Apr. 1661	—	f. 185

1 Studentenzahl in den 7 Jahren 84, 46, 87, 46, 58, 105, 18.

7
25

Lightning Source UK Ltd.
Milton Keynes UK
UKHW021306180219
337443UK00006B/123/P